康德

Kant

Sanda Pipan Heji

上

三大批判合集

[德]康德 著 邓晓芒 译 杨祖陶 校

人民出版社

合　集　序

　　我与杨祖陶老师通力合作七年译出的康德三大批判于 2004 年出齐，至今又有五年了。在这五年中，我听到了不少赞誉，也收到了很多有益的意见。对于赞誉，我将它们视为对我们工作的一种鼓励，实际上我知道这个译本还远不是那么完善，有很多需要修改的地方。而对于各方面来的意见，我在这里要表示由衷的感谢。这些意见，有些是来自素不相识的读者，通过来信或发电子邮件向我表达了他们在阅读过程中发现的问题；另外还有大量的意见是在我讲解康德哲学原著的研究生课堂上由研究生们提出来的。多年来，由于我逐字逐句地解读康德的著作，并要求研究生们对照德文和英文原版对我们的翻译进行字斟句酌，我在课堂上收获了数以百计的修改意见。这些意见经过我的再思考，大部分都被我采纳并反映在后来的多次重印中了（因此，越是读到后面批次印本的读者，所读的文本就越精确）。例如这次将三大批判集结为《合集》再版，我所提供的再修改目录（包括我自己提出的和学生提出的）总共达三百多处。但尽管如此，我仍然感觉心里很不踏实，因为我的康德哲学课并没有结束，所涉及的地方，仅限于《纯粹理性批判》中收入到《康德三大批判精粹》中的那二十多万字，以及《实践理性批判》的前一部分、《判断力批判》中的一小部分，其他未涉及的部分都没有来得及再作这样仔细的重新审查。当然，我也知道，像康德这样的哲学大师的作品，我们中国人恐怕要经历好几代翻译家的埋头苦干，才有可能逐渐接近理想的译本，任何单个人的努力只能视为前进路上的路标。由此我深感任重而道远。

　　另外要说明的是，我们翻译康德的著作，原本就是出于研究的需要，即我和杨祖陶先生共同合著《康德〈纯粹理性批判〉指要》一书，而萌发的一个念头。就我来说，首次意识到国内康德著作翻译状况的严重问题则更早地要追溯到我的硕士论文的写作(1982 年)(该论文于 1997 年以《冥河的摆渡者——康德的判断力批判》为题由云南人民出版社出版),其中的康德著作译文大都由我本人根据德文本重译。不过那时做梦也没有想到有一天能够自己来全部重译康德的三大批判。所以后来我和杨老师真正着手来干这件大事,最终目的仍然是想要弄清康德哲学到底说了些什么,而不仅仅是为国内研究康德的人提供一个比较信得过的译本。因此,甚至还在翻译的过程中,我就已经开始把翻译的最初成果运用在教学中了。自 2000 年起,我的"德国古典哲学原著选读"研究生课就开始以我们的《康德三大批判精粹》(1999 年)中的译文为教材,一方面是锤炼译文,另方面也是通过讲课来加深理解。这门课用 7 年时间共 14 个学期连续讲解,到 2006 年底完成了《精粹》中的《纯粹理性批判》部分 20 余万字的解读,所留下的录音资料经整理成文有两百多万字(基本上是用十句话解读康德一句),即将由人民出版社以《康德〈纯粹理性批判〉句读》为书名出版。目前正在进行第二批判即《实践理性批判》的讲解,估计还需要三年(六学期)才能将《康德三大批判精粹》中的这一部分讲完。我的一个主要的想法是,中国人翻译西学经典,目的不在于将西方所有的宝贝都收入麾下,而在于用中国人的思维去理解西方思想的真谛。因此我的研究是以翻译为基础的研究,而我的翻译是以研究为基础的翻译。这就是我为什么在翻译完三大批判之后将主要精力转向对三大批判的解读的原因。我认为,翻译做得再好,再成功,如果没有相应的解读,也是白费力气。

　　而这种解读则是为了提升中国人的思维能力。我在长期的研究和思考中,深感中国人在思维能力方面的薄弱,缺乏思维训练,更缺乏强韧的逻辑头脑。数千年的中国文化所重视的不是这个,而是别的东西,如情感、情绪、体验和习惯等等。中国人的头脑被限制在一个狭小的圈子中,在里面沉醉和陶醉,当然也可以获得一些诗意和感悟,但无法应付更广阔的现代生活。在这方面,康德哲学无疑是一部极为便利的教科书,它可以训练我们懂得如何进行严格的、有条理的思考。你可以不同意他的观点,但你不得不佩服他论证自己观点的那种严谨和深刻,那种层层递进和秩序井然,那种面面俱到而滴水不漏。多年来我在课堂上给同学们讲授并让他们注意的就是这个,对康德的具体观点的介绍倒在其次。人们常说,绕过康德不会有好的哲学,我认为就是在这个意义上来说的。直到今天,认真地、深入地阅读和读懂康德,还是提高自己的哲学素养的最好办法。这当然不是什么赶时髦的事情,而是一个愿意作哲学思考的人所不得不下的一番苦工夫。最近几年,国内学术界对于康德哲学似乎也有一个小小的热潮,关于康德哲学的书和译本在市面上销得不错。这与目前国际上对康德的重新重视有关,但也说明我国学者对康德哲学的重要性有了更深刻的认识,这是值得庆幸的。我希望这不只是又一种过眼烟云的热闹,而是中国人真正肯花心思来正眼看待西方学术思想、领会西方文化精神的一个信号。我相信,只要我们这样做个一二十年,我国的学术事业和学术水平就会跃升到一个新的台阶,达到能够真正与西方一流学者平等对话的境界。

邓　晓　芒

2009 年 1 月 20 日于珞珈山

纯 粹 理 性 批 判

Immanuel Kant

Kritik der reinen Vernunft

Hrsg. von Raymund Schmidt, Verlag

von Felix Meiner, Hamburg 1956, Nachdruck 1976.

根据 Raymund Schmidt 编《哲学丛书》第 37a 卷，

费利克斯·迈纳出版社,汉堡 1956 年版,1976 年重印本。

目　　录

一、先验要素论

第一部分　先验感性论

第二部分　先验逻辑

二、先 验 方 法 论

《纯粹理性批判》中译本序

　　康德的第一批判——《纯粹理性批判》,是其三大批判著作,也是其全部哲学著述中意义最为特殊和重大的巨著。正是这部巨著开始了18世纪末至19世纪40年代的德国哲学革命,改变了整个西方哲学前进发展的方向和进程。正是这部巨著,奠定了整个批判哲学体系以及往后的全部哲学研究工作的认识论、方法论、逻辑学和形而上学的基础。也正是这部巨著,成了康德哲学对后世直到当代西方哲学方方面面的经久不衰的深刻影响的最本原的源泉。人们常说康德哲学是"现代哲学的源泉"①,是"认识论和形而上学历史上的转折点"②,人们在这样说时,心目中首先想到的和所指的毫无疑问就是康德的这部巨著。因此,英国的著名康德哲学专家、《纯粹理性批判》第四个英译本③的译者、《康德〈纯粹理性批判〉解义》一书的作者康蒲·斯密有充分的理由而且十分正确地宣称:"《纯粹理性批判》是哲学史中转折点上的一部经典著作。"④

　　《纯粹理性批判》的完成不是一朝一夕,甚或三年五载之功。它是康德从1770年起长达11年之久的潜心研究、上下求索、反复尝试、千锤百炼和呕心沥血的成果。它初版于1781年,再版于1787年,第二版对第一版的某些部分做了重大的修改,甚至重写。后世研究康德哲

---

　　① 贺麟:《现代西方哲学讲演集》,上海人民出版社1984年版,第3页。

　　② 施太格谬勒:《当代哲学主流》上卷,王炳文等译,商务印书馆1986年版,第16页。

　　③ 迄今有五个《纯粹理性批判》的英语全译本,它们依次是:F. Haywood本(1838年);J. M. D. Meikle John本(1855年);Max Müller本(1881年);N. K. Smith本(1929年);W. S. Pluhar本(1996年)。

　　④ 康蒲·斯密:《康德〈纯粹理性批判〉解义》,韦卓民译,华中师范大学出版社2000年版,序第2页。

学的学者,有的推崇和强调第一版,有的推崇和强调第二版,但无论持哪种观点的人,都一致同意必须把两个版本结合起来研究,不可有所偏废。所以,后来出版的《纯粹理性批判》单行本,无论是德文本或其他文字的译本,一般都是把两版的异文全部包含在内的合刊本,并在栏外注明版次和页次——以 A 代表第一版,以 B 代表第二版,A、B 之后的数字则指该原版的页码。

《纯粹理性批判》一书贯彻始终的根本指导思想或一条主线就是:通过对理性本身,即人类先天认识能力的批判考察,确定它有哪些先天的即具有普遍性和必然性的要素,以及这些要素的来源、功能、条件、范围和界限,从而确定它能认识什么和不能认识什么,在这基础上对形而上学的命运和前途作出最终的判决和规定。由此可见,《纯粹理性批判》的使命是为真正的、作为科学的形而上学提供坚实可靠的基础,而这样性质的“纯粹理性批判”虽然属于一般形而上学,但本身并不就是形而上学,而只是形而上学的一种“入门”、“初阶”或“导论”。由于康德把只涉及知识的先天要素即先天的知识形式而不涉及对象的一切知识都称为先验的知识,所以他认为“纯粹理性批判”这样一种研究应称为“先验的批判”。①　这种先验的批判属于先验哲学,“它是先验哲学的完备的理念,但还不就是这种先验哲学本身。”②

《纯粹理性批判》全书除了序言和一个总的导言外,分为“先验要素论”和“先验方法论”,前者占全书约 4/5 的篇幅,是全书的主体部分,讨论人类认识能力中的先天要素;后者讨论在这些先天要素基础上建立形而上学体系的形式条件。人类认识能力由作为接受性的直观能力的感性和作为自发性的思维能力的理性这样两类原则上不同而又彼此联系的认识能力构成,因而“先验要素论”就区分为讨论感性的先天要素的“先验感性论”和讨论(广义的)理性的先天要素的“先验逻辑”。由于人类的思维能力有知性、判断力和(狭义的)理性这样三个

---

①　A12 即 B26。

②　A14 即 B28。

彼此不同而又相互联结的环节,因而"先验逻辑"就区分为讨论知性和判断力的先天要素的"先验分析论"("真理的逻辑")——其中讨论知性的先天概念(范畴)的称为"概念分析论",讨论判断力的法规即知性的先天原理的称为"原理分析论"——和讨论理性的先验理念和先验幻相的"先验辩证论"("幻相的逻辑")。

第一版序主要阐明对理性进行批判的必要性首先在于确定一般形而上学是可能还是不可能和规定其源流、范围和界限。第二版序主要阐明对理性进行批判所遵循的"不是知识依照对象,而是对象依照知识"这一"哥白尼式变革"原理的来源、内容和意义。

导言提出了全书的总纲:纯粹理性批判的总任务是要解决"先天综合判断"即具有普遍性和必然性而又扩展了知识内容的真正科学知识是"如何可能"的问题,并将这个总问题分解为如下四个依次回答的问题:数学知识如何可能? 自然科学如何可能? 形而上学作为自然的倾向如何可能? 形而上学作为科学如何可能?

先验感性论阐明,只有通过人的感性认识能力(接受能力)所先天具有的直观形式即空间和时间去整理由自在之物刺激感官而引起的感觉材料,才能获得确定的感性知识,空间和时间的先天直观形式是数学知识的普遍必然性的根据和条件。

先验逻辑的导言阐明感性必须与知性结合,直观必须与思维结合,才能产生关于对象的知识即自然科学知识,因而必须有一门不同于形式逻辑的先验逻辑来探讨知性的结构及其运用于经验对象时的各种原理,包括这种运用的限度。先验逻辑立足于知识与对象的关系,即知识的内容,而不是单纯的思维形式,这标志着辩证逻辑在近代的萌芽。

先验分析论(真理的逻辑)中阐明了知性的先天概念和先天原理是自然科学知识之所以可能的根据和条件。在概念分析论中,通过对知性在判断中的逻辑机能(形式逻辑中一般判断形式的分类)的分析,康德发现了知性的十二个(对)先天的纯粹概念即范畴;通过对范畴的"先验演绎"则阐明了,知性从自我意识的先验统一出发,运用范畴去综合感性提供的经验材料,这是一切可能的经验和经验对象之所以可能的条件,从而证明了范畴在经验即现象的范畴内的普遍必然的有效性。原理分析论主要阐明了知性指导判断力把范畴运用于现象的法规:判断力是用普遍(规则)去统摄特殊(事例)的能力;范畴运用于现象必须以时间图型为中介;通过时间图型把先天感性要素统摄于范畴之下所产生的先天综合判断就是知性的先天原理,亦即判断力的法规。依照范畴表,知性先天原理的体系由"直观的公理"、"知觉的预测"、"经验的类比"和"一般经验思维的公设"所构成,而经验的类比中的"实体的持存性原理"、"按照因果律的时间相继的原理"和"按照交互作用律(在空间中)并存的原理"是作为自然科学的最根本的基础的三条最普遍的原理,也就是自然界(作为现象)的三条最普遍的规律。知性的先天原理只是对现象有效,对超越现象的自在之物或本体则无效,严格划分可知的现象和可思而不可知的本体的界限是"纯粹理性批判"的最根本的要求。

先验辩证论(幻相的逻辑)主要阐明了理性不可避免地要超越现象去认识超验的本体,由此产生的作为自然倾向的形而上学只不过是一些先验的幻相,而不可能是真正的科学。康德在这部分的导言中指出,理性这种推理的能力由于要从有条件者出发通过推论去认识无条件者,这种自然倾向就成了先验幻相的来源和所在地,即它把由于推论的主观需要而产生的有关无条件者的概念看做了有客观实在的对象与之相应的实体概念了。先验的理念就是理性关于这类无条件者(如灵魂、世界整体和上帝)的概念,这样三个先验的理念起着一种为知识的经验认识提供可望而不可及的目标以引导其不断前进、并达到越来越大的统一的调节性(范导性)的作用。纯粹理性的辩证推论就是理性力图运用只对经验、现象有效的范畴来认识上述三个无条件者即超验对象的推论,这样的推论相应地有三种:关于灵魂作了含有"四名词"错误的"谬误推理",关于世界整体陷入了由两组截然相反的判断彼此对立冲突的"二律背反",关于上帝则推出了一些无客观实在性的"先验理想"。所有这些都只不过是一些属于先验幻相的假知识而已。

先验方法论首先阐明,纯粹理性的经验使用虽然有正确使用的法规(知性的先天原理),但其理论的(思辨的、先验的)使用却没有法规可言,因而必须对其先验使用的方法(从定义出发的独断论方法、从正反两方争辩并互相证伪的怀疑论方法、还有假设和证明的方法等四个方面)加以"训练",确立一些"消极的"规则,以限制纯粹理性扩充到可能经验之外的倾向,从而为建立一种有关经验或现象的"内在的"自然形而上学准备了方法论的原则。其次阐明,与纯粹理性的理论的使用相反,其实践的使用则是有正确使用的法规的,这就是道德法则;那些理论理性所不能认识的超验的对象如自由意志、灵魂不朽和上帝,可以成为实践理性所追求的对象,因而对它们有"实践的知识",即信念或信仰,这就为人类道德生活和幸福的和谐统一从而达到"至善"提供了前提,这就说明一种超验的道德形而上学是可能的。此外,康德还从"纯粹理性的建筑术"出发,说明了作为科学出现的未来形而上学的总体构成(以"批判"为导论,以自然形而上学和道德形而上学为主体),特别是自然形而上学的总体构成。

*　　　　*　　　　*

《纯粹理性批判》在国内已有四个译本:1935 年商务印书馆出版的胡仁源本,1957 年三联书店出版(后由商务印书馆续印)的蓝公武本,1983 年台湾学生书局出版的牟宗三本,1991 年华中师范大学出版社出版的韦卓民本。胡译本是康德著作在中国的第一个译本,自有其意义和作用。但这个本子只包括 1787 年第二版的内容,缺少第二版中删去了的 1781 年第一版的内容;且由于对康德的哲学术语和概念缺乏深入切实的理解,译文在不少地方欠准确;译文表述上虽然用的是当时的白话文,但也已陈旧而不合现代汉语的习惯。蓝译本译于 1933 年—1935 年,直到 1957 年才刊行,自那以后的三十多年里它是中国大陆唯一正式出版的《纯粹理性批判》全译本,流传颇广,不少对康德哲学有兴趣的人都是通过这个译本来了解这部著作的主要思想及其全貌的。但这个译本的最重要的缺陷就是译文用的是文言文,这是现代读者一般难以接受的,使用起来也极为不便。牟译本的译者评注是一大特色,但译文所使用的近乎半文半白的文字和对康德哲学术语的个人色彩较浓的译法也偏离了一般读者(特别是大陆读者)的习惯。韦译本的初稿于1962年译出,直到1991年才经曹方久教授等人校订整理出版。这个本子是用现代汉语译出的,对康德的某些术语、概念虽有译者异于通常的译法,但仍明白易懂,所加注释也有益于增进理解,从而使康德这部艰深难读的著作对于中国读者初次有了可读性,这是我国康德译事中明显的进展。但是,包括韦译本在内的所有这些译本的一个共同的缺点就是,它们都不是从德文原本而是从英译本转译的,最多仅以德文版本作参考,因而都不可避免地受到英译本的限制,难以摆脱英译本的种种缺陷,如行文与德文原本出入较大,错漏较多,译意不明确和欠准确,甚或与德文的原意相左之处也不鲜见。显然,从英译本转译而来的译本很难令有志于进一步学习和了解康德哲学的中国读者们满意,更不用说满足对康德这部巨著作深入研究的人的迫切需要了。

摆在读者面前的这个译本是《纯粹理性批判》的第五个中译本,它不同于前面四个译本的一个重要的特点就在于它是从德文原本直接移译过来的。这个译本从最初的尝试到最终的脱稿经历了差不多近十年的时间。

1993年到1995年,我和邓晓芒教授计划共同撰写一部逐章逐节解说康德这部巨著的书——《康德〈纯粹理性批判〉指要》①。这样性质的著作不可避免地要有大量的原文引述。鉴于《纯粹理性批判》一书现有几个中译本的情况,我们达成了一个共识,就是"引文均须从德文原本重新译出"。这个决定是有基础的,因为负责提供《指要》初稿的邓晓芒当时已经翻译出版了康德的《实用人类学》和《自然科学的形而上学基础》两部著作,具有这方面的翻译经验。尽管这样,重译引文的决定仍然大大增加了我们撰写《指要》一书的工作量。不过,这个最

---

① 《康德〈纯粹理性批判〉指要》,杨祖陶、邓晓芒著,湖南教育出版社1996年初版,人民出版社2002年再版。

初的尝试也使我们更加深刻地体会到了从德文原本译出《纯粹理性批判》的必要性和迫切性，更加真切地领会到了翻译康德此书的那些冗长、复杂、晦涩难懂的文句的困难和艰辛，但同时也增强了我们有朝一日能够把这部巨著较忠实地翻译出来的信心和信念。

这样的机会不久就降临了。1997 年初，人民出版社的张伟珍女士约请我们编写一个"康德读本"，在确定这个读本的内容为康德三大批判著作的选本后，我们决定所选部分全部从德文原本重新译出。当时的想法是："对于康德三大批判著作译本的现状，学术界和青年学子们都深感遗憾。如果这个选本仍旧利用现有的译本，那是绝对不会有丝毫改善的。因此，我们决心走一条费力的、可以说是自找苦吃的道路，要求这本书的全部译文都根据德文原著重新译过来。"经过差不多三年的时间，我们终于完成了这部直接从德文原本译出的 40 万字的《康德三大批判精粹》①，其中《纯粹理性批判》部分占了全书的约1/2的篇幅。

《精粹》出版后，受到广大读者和学术界的热烈欢迎，它立刻为一些高校指定为研究生的教材。许多青年研究者和学术界老专家都迫切希望我们能在《精粹》的基础上译出三大批判的全本，特别是《纯粹理性批判》的全译本。一位西方哲学专家在得到《精粹》后随即在来信中向我们提出了"一点想法"，颇具代表性："对于康德《纯粹理性批判》这一极其重要的经典著作，迄今我国尚无从德文原文翻译过来的全译本……现在二位先生既然已经精译了约一半多，何不乘胜前进，将它全译出来，以填补此项空白而满足我国学界之迫切需要！这无疑将是一项里程碑意义的更伟大的历史贡献，此乃后学们衷心仰求于二位先生者。"另一位专家也在《读书》上发表评论说："两位作者既已付出了巨大的劳动，完成了一部《精粹》选本，曷不再接再厉，提供给读者三部完

---

① 《康德三大批判精粹》，杨祖陶、邓晓芒编译，人民出版社 2001 年版。上述引文见"编译者导言"第 32 页。

整的批判?"①学术界同仁对于得到从德文原本直接译出的《纯粹理性
批判》全译本的这种渴望,对于我们的这种厚望和信赖,我们能够无动
于衷而淡然置之吗? 何况通译康德三大批判著作实在也是我们长久以
来的心愿,甚至是多年来我们视为不可推卸而应勉力承担的一种职责。
我们的想法得到了人民出版社的大力支持。这样,我们就一不做二不
休,不惜投入更大的精力和更多的时间,连续奋战,力求尽快地完成这
一巨大的系统工程。自《精粹》交稿后,又经过三年的努力,现在终于
胜利在望了。在这期间,我们先送出了第三批判即《判断力批判》的译
稿②,目前《纯粹理性批判》和《实践理性批判》的译稿也都脱稿,相信
不久就可以全部与广大读者和学术界同仁见面了。此时此刻涌上我们
心头的,可以说是一种比《精粹》交稿时更为巨大更为深沉的"完成了
应负的一项使命的愉悦感"!

　　三大批判著作的译稿,无论是其选本(《精粹》),还是三个全译本,
都来之不易。它们的完成首先要归功于译者邓晓芒译出的初稿和最后
的订正定稿。他是在电脑中译出初稿的,要在电脑中以这样的速度直
接从德文原本译出三大批判著作的初稿,没有对康德哲学的深厚理解,
没有娴熟地掌握德语,没有精通现代汉语表达功能的功夫,没有沉下心
来为学术而学术的一往直前的精神,是无从谈起的。每当我接到初译
稿的样稿时,我都为能如此直白地译出难懂难译的康德式文句,仿佛是
(借用一位评论者的话)康德在用现代汉语道白自己的哲学思想似的,
而感到一种异常的惊喜和慰藉,赞叹有加。但是,由于一种挥之不去的
对康德、对学术、对读者也对译者负责的心态,我又不得不根据德文原
本,参考不止一种英译本(特别在校订《纯粹理性批判》译稿时是如此)
和中译本,再三推敲,用铅笔(这原是为了便于译者对校者的意见作取
舍或变通)对初稿进行了逐一仔细的校订,以致(诚如译者在《判断力
批判》的"中译者序"中所言)"在初稿上用极小的字体校改得密密麻

---

①　见《读书》,2003 年第 3 期,何兆武文:《重读康德》。

②　康德:《判断力批判》,邓晓芒译,杨祖陶校,人民出版社 2002 年初版。

麻,几乎要把原文都淹没不见了"。每当我把校订完的译稿交给译者时,我都感到有一种内心的不安,我真不知道他在电脑中将如何根据校订的样稿进行最后的订正和定稿,留给他的显然不是一件轻松自如的工作,做起来也许比他直接翻译起来还更加不易。这时我也出现过下次再不这么挑剔的念头或决心。可是当我执笔校订新的初译稿时,却又鬼使神差地一头栽了进去,什么念头和决心都忘记得干干净净,仍是"积习难返",以致结果依然如故。在这么多年的合作过程中,我的这些彼此矛盾的心态就这样周而复始地交替着。现在,面对即将全部竣工的庞大工程,无论我怎样高兴、兴奋乃至激动,我都无法去掉心里由于过分执着而加给译者以过分负担的那份歉意。最后还要说明的是,为每一部批判著作编制词汇译名索引和人名索引的繁重工作,也是由译者单独一人完成的。

这部《纯粹理性批判》的翻译所依据的主要是德文《哲学丛书》第37a 卷,Raymund Schmidt 编,费利克斯·迈纳出版社,汉堡 1956 年版,1976 年重印(Kritik der reinen Vernunft, Hrsg. von Raymund Schmidt, Verlag von Felix Meiner, Hamburg 1956, Nachdruck 1976),这个本子所收录的各家各派知名康德专家的大量校订意见对研究和理解康德此书大有帮助。此外还参照了普鲁士科学院版《康德著作集》第 3、4 卷,柏林 1968 年版,及《康德全集》著作部分,第 3、4 卷,柏林 1911 年版(Kants Werke, Akademie Textausgabe Ⅲ. Ⅳ, Berlin, 1968; Kants Gesammelte Schriften, Hrsg. von der Königlich Preußischen Akademie der Wissenschaften, Band Ⅲ. Ⅳ, Berlin, 1911);《哲学丛书》第 37 卷,Theodor Valentiner 编,费利克斯·迈纳出版社,莱比锡 1919 年版(Kritik der reinen Vernunft, Hrsg. von Theodor Valentiner, Verlag von Felix Meiner, Leipzig 1919);英译本参考了康蒲·斯密本(Critique of Pure Reason, translated by Norman Kemp Smith, 收入《西学经典》,中国社会科学出版社 1999 年版)。校译所依据的主要是阿底克斯编注的《纯粹理性批判》(Immanuel Kants Kritik der reinen Vernunft——mit einer Einleitung und Anmerkungen, Hrsg. Dr. Erich Adickes, Mayer & Müller, Berlin, 1889);还参考了米

勒的英译本修订第 2 版(Immanuel Kant's Critique of Pure Reason, Tras. F. Max Müller, 2d, revised ed. Macmillan, New York, 1924),和普鲁哈尔的最新英译本(Critique of Pure Reason, Tras. Werner S. Pluhar, Hackett Publishing Company, Inc. Indianapolis/Cambridge, 1996)。此外,在翻译和校订过程中还参考了蓝公武和韦卓民两位先生的中译本,得益于这两个译本、尤其是韦译本处甚多,这是我们永远不能忘记的。

　　康德的著作,特别是《纯粹理性批判》以文字晦涩、语句复杂、概念歧义繁多著称,我们的译文也受到我们的德语水平和对原著义理的理解水平的限制,疏漏、不当甚至错误之处在所难免。我们恳切地希望得到专家和读者的一切方式的批评和指正,以便改进和完善这个译本。

杨 祖 陶

2003 年 6 月于珞珈山

维鲁兰姆男爵培根
《伟大的复兴》序

"对于我自己,我不想说什么。至于这里涉及到的那桩事业,那么我希望它将不会被视为只是某种意见的表达,而是被视为一件正当的工作,人们在从事它时可以相信,它不是什么单纯为了建立某个宗派或辩护某种偶然的念头的事,而是为了奠定人类一般福利和尊严的基础。希望每个个人因此都可以在其最独特的兴趣中……考虑这一普遍的福利……并予以支持。最后,希望人人都能对我们的这一复兴表示良好的信任,相信它决不会显得无穷渺茫和超出人力,因为事实上它是无休止的错误的结束和正当限度。"①②

---

① 该段文字是第二版加上去的,省略号为康德从培根的文章中删去的部分。——德文编者

② 培根引文原为拉丁文,后附德文译文。——译者

致宫廷国务大臣冯·策特里茨 男爵大人阁下

BⅢ

仁慈的先生！ BⅣ

　参与促进科学的发展,此乃从事大人阁下您所萦系于怀的工作;因为这种关怀与各门科学有最为密切的联系,不仅是由于您这位保护者的崇高地位,而且是由于您作为一位爱好者和明察秋毫的行家的见多识广。因此我也就用这种几乎是我力所能及的唯一的方法来表示谢意,感谢大人阁下使我有幸获得这种宠信,认为我能够对这桩事业作出某些贡献。

　对于大人阁下曾认为本书第一版所值得的这种仁慈的关怀,我要再献上这个第二版,同时献上①我的文字工作的一切其他著述,并谨向 BⅣ

大人阁下

致以最深切的敬意

---

　① 　这句话到此为止在第一版中阙如,而代之以如下文字:

　"对于满足于思辨生活的人来说,在通常的各种愿望中,受到一位开明而有影响力的裁判官的赞赏是一种强有力的鼓舞,鼓励他去努力从事那些作用巨大的工作,哪怕这种工作由于其效果遥远而完全为常人所忽视。

　"对于您这样一位裁判官和您的仁慈的关注,我要献上这本书,而对于您的庇护,我要献上"……(接下半句)——德文编者

您最忠实而恭顺的仆人

伊曼努尔·康德

哥尼斯堡，
1787 年 4 月 23 日①

———————————

① 　第一版为："1781 年 3 月 29 日"。——德文编者

第 一 版 序①

人类理性在其知识的某个门类里有一种特殊的命运,就是:它为一些它无法摆脱的问题所困扰;因为这些问题是由理性自身的本性向自己提出来的,但它又不能回答它们;因为这些问题超越了人类理性的一切能力。

人类理性陷入这种困境并不是它的罪过。它是从在经验的进程中不可避免地要运用、同时又通过经验而充分验证了其运用的有效性的那些基本原理出发的。借助于这些原理,它(正如它的本性所将导致的那样)步步高升而达更遥远的条件。但由于它发现,以这种方式它 的工作必将永远停留在未完成状态,因为这些问题永远无法解决,这样,它就看到自己不得不求助于一些原理,这些原理超越一切可能的经验运用,却仍然显得是那么不容怀疑,以至于就连普通的人类理性也对此表示同意。但这样一来,人类理性也就跌入到黑暗和矛盾冲突之中,它虽然由此可以得悉,必定在某个地方隐藏着某些根本性的错误,但它无法把它们揭示出来,因为它所使用的那些原理当超出了一切经验的界限时,就不再承认什么经验的试金石了。这些无休止的争吵的战场,就叫作形而上学。

曾经有一个时候,形而上学被称为一切科学的女王,并且,如果把愿望当做实际的话,那么她由于其对象的突出的重要性,倒是值得这一称号。今天,时代的时髦风气导致她明显地遭到完全的鄙视,这位受到驱赶和遗弃的老妇像赫卡柏②一样抱怨:modo maxima rerum, tot generis

---

① 1781 年第一版的这个序在第二版中被康德删去了。——德文编者

② Hecuba,希腊神话中的特洛伊王后,赫克托尔的母亲,特洛伊被攻陷后成了俘虏,下场悲惨。——译者

natisque potens—nunc trahor exul, inops—Ovid. Metam. ①

最初,形而上学的统治在独断论者的管辖下是专制的。不过,由于这种立法还带有古代野蛮的痕迹,所以它就因为内战而一步步沦为了完全的无政府状态,而怀疑论者类似于游牧民族,他们憎恶一切地面的牢固建筑,便时时来拆散市民的联盟。但幸好他们只是少数人,所以他们不能阻止独断论者一再地试图把这种联盟重新建立起来,哪怕并不根据任何在他们中一致同意的计划。在近代,虽然一度看来这一切争论似乎应当通过(由著名的洛克所提出的)人类知性的某种自然之学(Physiologie)来作一个了结,并对那些要求的合法性进行完全的裁决;但结果却是,尽管那位所谓的女王的出身是来自普通经验的贱民,因而她的非分要求本来是理应受到怀疑的,然而,由于这一世系事实上是虚

AX 假地为她捏造出来的,她就可以仍然坚持她的要求,这就使得一切又重新坠入那陈旧的、千疮百孔的独断论中去,并由此而陷入到人们想要使科学摆脱出来的那种被蔑视的境地。今天,当一切道路(正如人们所以为的)都白费力气地尝试过了之后,在科学中占统治的是厌倦和彻底的冷淡态度,是浑沌和黑夜之母,但毕竟也有这些科学临近改造和澄清的苗头,至少是其序幕,它们是由于用力用得完全不是地方而变得模糊、混乱和不适用的。

因此,想要对这样一些研究故意装作无所谓的态度是徒劳的,这种研究的对象对于人类的本性来说不可能是无所谓的。上述那些伪称的冷淡主义者也是这样,不论他们如何想通过改换学院语言而以大众化的口吻来伪装自己,只要他们在任何地方想到某物,他们就不可避免地退回到他们曾装作极为鄙视的那些形而上学主张上去。然而,这种在一切科学繁盛的中心发生并恰好针对着这些科学的无所谓态度——这些科学的知识一当它们能够被拥有,人们就无论如何也不会对之有丝

---

① 拉丁文,引自奥维德的《变形记》,据瓦伦廷纳(Valentiner)德译意为:"不久前我还是万人之上,以我众多的女婿和孩子而当上女王——到如今我失去了祖国,孤苦伶仃被流放他乡。"——译者

毫的放弃——毕竟是一种值得注意和深思的现象。这种态度显然不是 **AXI**
思想轻浮的产物,而是这个时代的成熟的判断力①的结果,这个时代不
能够再被虚假的知识拖后腿了,它是对理性的吁求,要求它重新接过它
的一切任务中最困难的那件任务,即自我认识的任务,并委任一个法
庭,这个法庭能够受理理性的合法性保障的请求,相反,对于一切无根 **AXII**
据的非分要求,不是通过强制命令,而是能按照理性的永恒不变的法则
来处理,而这个法庭不是别的,正是纯粹理性的批判。

但我所理解的纯粹理性批判,不是对某些书或体系的批判,而是对
一般理性能力的批判,是就纯粹理性可以独立于任何经验而追求的知
识来说的,因而是对一般形而上学的可能性和不可能性进行裁决,对它
的根源、范围和界限加以规定,但这一切都是出自原则。

现在我走上了这条唯一留下尚未勘查的道路,我自认为在这条道
路上,我找到了迄今使理性在摆脱经验的运用中与自身相分裂的一切
谬误得以消除的办法。对于理性的这些问题,我不是例如通过借口人
类理性的无能而加以回避,而是根据原则将它们完备地详细开列出来,
并在把理性对它自己的误解之点揭示出来之后,对这些问题进行使理
性完全满意的解决。虽然对那些问题得出的回答根本不是像独断论的 **AXIII**
狂热的追求者们所可能期望的那样;因为这些人除了我所不在行的魔
法的力量之外,没有什么能够使他们满足。然而,这倒也并非我们理性
的自然使命原来的意图;哲学的职责曾经是:消除由误解而产生的幻
觉,哪怕与此同时还要去掉很多被高度评价和热爱的妄想。在这件工

---

① 人们时常听到抱怨当代思维方式的肤浅和彻底科学研究的沦落。但我
看不出那些根基牢固的科学如数学和物理学等等有丝毫值得如此责备的地方,相
反,它们维护了彻底性的这种古老的荣誉,而在物理学中甚至超过以往。而现在,
正是同一个彻底精神也将在另一些知识类型中表明其作用,只要我们首先留意对
它们的原则加以校正。在缺乏这种校正的情况下,冷淡、怀疑,最后是严格的批
判,反倒是彻底的思维方式的证据。我们的时代是真正的批判时代,一切都必须
经受批判。通常,宗教凭借其神圣性,而立法凭借其权威,想要逃脱批判。但这样
一来,它们就激起了对自身的正当的怀疑,并无法要求别人不加伪饰的敬重,理性
只会把这种敬重给予那经受得住它的自由而公开的检验的事物。——康德

作中我把很大的关注放在了详尽性方面,我敢说,没有一个形而上学的问题在这里没有得到解决,或至少为其解决提供了钥匙。事实上,就连纯粹理性也是一个如此完善的统一体:只要它的原则哪怕在它凭自己的本性所提出的一切问题中的一个问题上是不充分的,人们就只好将这个原则抛弃,因为这样一来它也就无法胜任以完全的可靠性来处理任何其他问题了。

AXIV　　说到这里,我相信可以在读者脸上看出对于表面上似乎如此大言不惭和不谦虚的要求报以含有轻蔑的不满神态,然而,这些要求比起那些伪称要在其最普通的纲领中,证明例如灵魂的单纯本质或最初的世界开端的必然性的任何一个作者的要求来,还算是温和无比的。因为这种作者自告奋勇地想要把人类知识扩展到可能经验的一切范围之外,对此我谦卑地承认:这种事完全超出了我的能力,相反,我只想和理性本身及其纯粹思维打交道,对它的详尽的知识我不可以远离我自己去寻找,因为我在我自身中发现了它们,在这方面我甚至已经有普通逻辑作为例子,即逻辑的一切简单活动都可以完备而系统地列举出来;只是这里有一个问题,即如果我抽掉经验的一切素材和成分,我凭借逻辑可以大致希望有多大的收获。

　　在达到每个目标方面注重完备性的同时,也注重在达到一切目标方面的详尽性,这些并非任意采取的决心,而是知识本身作为我们批判研究的质料的本性向我们提出的任务。

AXV　　再就是确定性和明晰性这两项,这涉及到这门研究的形式,它们必须被看做人们对一个敢于做这样一种难以把握的工作的作者可以正当提出的基本要求。

　　谈到确定性,那么我曾经对我自己作过一项决定:在这类的考察中不允许任何方式的意见,一切在其中只是被视为类似于假设的东西都将是禁品,即使以最低的价格也不得出售,而必须一经发现便予以封存。因为每一种据认为先天地确定的知识本身都预示着它要被看做绝对必然的,而一切纯粹先天知识的规定则更进一步,它应当是一切无可置疑的(哲学上的)确定性的准绳,因而甚至是范例。我在这里自告奋

勇所做的这件事在这一点上是否做到了,这完全要留给读者来判断,因
为对于作者来说应做的只是提供根据,却不是判断这些根据在法官那
里得出的结果。但为了不至于有什么东西不负责任地削弱了这些根　　AXVI
据,所以倒是可以容许作者自己对那些容易引起一些误解的地方、即使
它们只是涉及附带的目的,也加以注解,以便及时地防止在主要目的方
面读者在其判断的这一点上哪怕只有丝毫的怀疑所可能产生的影响。

　　我不知道在对我们所谓知性的能力加以探索并对其运用的规则和
界限进行规定的研究中,有什么比我在题为纯粹知性概念的演绎的先
验分析论第二章中所从事的研究更重要的了;这些研究也是我花费了
最多的、但我希望不是没有回报的精力的地方。但这一颇为深入的考
察有两个方面。一方面涉及到纯粹知性的那些对象,应当对知性的先
天概念的客观有效性作出阐明和把握;正因此这也是属于我的目的中
本质的方面。另方面则是着眼于纯粹知性本身,探讨它的可能性和它
自身立足于其上的认识能力,因而是在主观的关系中来考察它,但即使　　AXVI
这种讨论对我的主要目的极其重要,但毕竟不是属于主要目的的本质
的部分;因为主要问题仍然是:知性和理性脱离一切经验能够认识什
么、认识多少? 而不是:思维的能力自身是如何可能的? 由于后一个问
题仿佛是在寻找某个已给予的结果的原因,因而本身具有某种类似于
一个假设的性质(尽管如我在另一个地方将要指出的,事实并非如
此),所以看起来在这里的情况似乎是,由于我允许自己发表这种意
见,我也就不得不听凭读者发表另一种意见。在这种考察中我必须预
先提醒读者:即使我的主观演绎不能对读者产生我所期望的全部说服
力,但我在这里给予优先关注的客观演绎却会获得其全部的力量,必要
时单凭第92—93页所说的东西就足可以应付了。①

　　最后,谈到明晰性,那么读者有权首先要求有凭借概念的那种推理
的(逻辑的)明晰性,但然后也可以要求有凭借直观的直觉的(感性的)　　AXVI

---

　　① 此处页码为第一版页码,所标出的地方为"向范畴的先验演绎过渡"一
节。——德文编者

明晰性,即凭借实例或其他具体说明的明晰性。对于前者我已给予了充分的注意。这涉及到我的意图的本质,但它也是种偶然的原因,使得我未能考虑这第二个虽然不是那么严格但毕竟是合理的要求。我在自己的工作进程中对于应如何处理这个问题几乎一直都是犹豫不决的。实例和说明在我看来总是必要的,因而实际上在最初构思时也附带给予了它们以适当的地位。但我马上看出我将要处理的那些课题之巨大和对象之繁多,并觉得这一切单是以枯燥的、纯粹经院的方式来陈述就已经会使这本书够庞大的了,所以我感到用那些仅仅是为了通俗化的目的而必要的实例和说明来使这本书变得更加膨胀是不可取的,尤其是,这本书决不会适合于大众的使用,而真正的科学内行又并不那么迫切需要这样一种方便,尽管这种方便总是令人舒服的,但在这里甚至可能引出某种与目的相违背的结果来。虽然修道院院长特拉松尝云①:

AXIX 如果对一本书的篇幅不是按页数、而是按人们理解它所需要的时间来衡量的话,那么对有些书我们就可以说,如果它不是这么短的话,它将会更加短得多。② 但另一方面,如果我们把目的放在对宽泛但却结合于一条原则中的那个思辨知识总体的可理解性之上,那么我们就会有同样的正当理由说:有些书,如果它并不想说得如此明晰的话,它就会更加明晰得多。这是因为明晰性的辅助手段虽然在部分中有效③,但在整体中往往分散了,这样它们就不能足够快地让读者达到对整体的综观,倒是用它们所有那些明亮的色彩贴在体系的结合部或骨架上,使它们面目全非了,而为了能对这个体系的统一性和杰出之处下判断,最关键的却是这种骨架。

　　我以为,对读者可以构成不小的诱惑的是,将他的努力和作者的努力结合起来, 如果作者有希望按照所提出的构想完整地并且持之以恒

---

　　① 康德引证的是特拉松院长的《哲学,按其对精神与道德的一切对象的一般影响来看》一书(1754年),1762年德文版第117页。——据英译本

　　② 意为:如果篇幅长一点,就更容易理解一些。——译者

　　③ "有效(helfen)"原文为"缺乏(fehlen)",含义不明,兹据罗森克朗茨(Rosenkranz)校改。——据德文编者

AXX

地完成一部巨大而重要的著作的话。现在,形而上学,按照我们在此将给出的它的概念,是一切科学中唯一的一门这样的科学,它可以许诺这样一种完成,即在较短的时间内,只花较少的、但却是联合的力气来完成它,以至于不再给后世留下什么工作,只除了以教学法的风格按照自己的意图把一切加以编排,而并不因此就会对内容有丝毫增加。因为这无非是对我们所拥有的一切财产的清单通过纯粹理性而加以系统地整理而已。我们在这里没有忽略任何东西,因为凡是理性完全从自身中带来的东西,都不会隐藏起来,而是只要我们揭示了它的共同原则,本身就会由理性带到光天化日之下。对于出自真正纯粹概念的知识,任何经验的东西或哪怕只是应当导致确定经验的特殊直观都不能对之产生丝毫影响而使之扩展和增加,这类知识的完全的统一性,将会使这种无条件的完备性成为不仅是可行的,而且是必然的。Tecum habita et noris,quam sit tibi curta supellex. Persius. ①

AXXI

　　我希望这样一种纯粹的(思辨的)理性的体系在自然的形而上学这个标题下被提供出来,这个体系比起这里的批判来虽然篇幅还不及一半,但却具有无可比拟地更为丰富的内容。这个批判必须首先摆明形而上学之可能性的源泉和条件,并清理和平整全部杂草丛生的地基。在这里我期待读者的是一位法官的耐心和不偏不倚,但在那里则是一位帮手的服从②和支持;因为,若是把该体系的所有原则也都完全在批判中陈述出来,属于该体系本身的详尽性的毕竟还有:不要缺乏任何派生出来的概念,这些概念不能先天地凭跳跃产生出来,而必须逐步逐步地去探寻,同样,由于在那里概念的全部综合已被穷尽了,所以在这里就额外要求在分析方面也做到这样,这一切将是轻松的,与其说是工作,还不如说是消遣。

　　我只是对印刷方面还有一些要说明的。由于开印受到一些延迟,

────────────

　　①　拉丁文,据瓦伦廷纳德译为:"看看你自己的住所周围,你将知道你的财产是多么的简单。——柏修斯"——德文编者

　　②　原文为 Willfähigkeit,德文无该词,应为 Willfährigkeit(服从)之误,兹据费利克斯·迈纳出版社 1919 年版改正。——译者

AXXII　　我只能看到大约一半的校样,在其中我虽然发现了一些印刷错误,但还不至于搞混意思,只除了一个地方,即第379页倒数第4行上,①怀疑的应改为特殊的。纯粹理性的二律背反,从第425—461页,都是用这样的版式编排的,即凡是属于正题的都排在左边,凡是属于反题的则排在右边。我之所以要这样安排,是便于更容易将命题和对立命题相互加以比较。

---

①　指第一版页码。——德文编者

第 二 版 序

对属于理性的工作的那些知识所作的探讨是否在一门科学的可靠道路上进行,这可以马上从它的后果中作出评判。如果这门科学在做了大量的筹备和准备工作之后,一旦要达到目的,就陷入僵局,或者,经常为了达到目的而不得不重新回头去另选一条路;又比如,如果那些各不相同的合作者不能像遵守这个共同的目标所应当的那样协调一致:那么我们总是可以确信,这样一种研究还远远没有走上一门科学的可靠的道路,而只是在来回摸索。而尽可能地找到这条道路,即便有些包含在事先未经深思而认可了的目的中的事情不得不作为徒劳的而加以放弃,这就已经是对理性作出的贡献了。

逻辑学大概是自古以来就已经走上这条可靠的道路了,这从以下 事实可以看出:它从亚里士多德以来已不允许作任何退步了,如果不算例如删掉一些不必要的细节、或是对一些表述做更清楚的规定这样一些改进的话,但这些事与其说属于这门科学的可靠保障,不如说属于它的外部修饰。还值得注意的是,它直到今天也不能迈出任何前进的步子,因而从一切表现看它都似乎已经封闭和完成了。因为,如果最近有些人设想要扩展这门科学,于是有的塞进来一章心理学,讨论各种认识能力(如想象力,机智),有的塞进来一章形而上学,讨论知识的起源或依据对象的不同而来的各种确定性的起源(观念论、怀疑论等等),有的塞进一章人类学,讨论偏见(其原因和对付手段):那么,这就是起因于他们对这门科学的固有本性的无知。当人们让各门科学互相跨越其界限时,这些科学并没有获得增进,而是变得面目全非了;但逻辑学的界限是有很确切的规定的,它不过是一门要对一切思维的形式规则作 详尽的摆明和严格的证明的科学而已(不管这些思维是先天的还是经验性的,具有什么起源和对象,在我们内心碰到的是偶然的障碍还是本性上的障碍）。

逻辑学获得如此巨大的成功，它的这种长处仅仅得益于它所特有的限制，这种限制使它有权、甚至有责任抽掉知识的一切对象和差别，因而在其中知性除了和自身及其形式之外，不和任何别的东西打交道。可以想见，当理性不单是和自身、而且也要和对象发生关系时，对于理性来说，选定一条可靠的科学道路当然会更加困难得多；因此逻辑学可以说也只是作为入门而构成各门科学的初阶，当谈及知识时，我们虽然要把逻辑学当做评判这些知识的前提，但却必须到堪称真正的和客观的那些科学中去谋求获得这些知识。

现在，只要承认在这些科学中有理性，那么在其中就必须有某种东西先天地被认识，理性知识也就能以两种方式与其对象发生关系，即要

BX　么是仅仅规定这个对象及其概念（这对象必须从别的地方被给予），要么还要现实地把对象做出来。前者是理性的理论知识，后者是理性的实践知识。这两者的纯粹部分不管其内容是多还是少，都必定是理性在其中完全先天地规定自己对象的、必须事先单独加以说明的部分，并且不能与那出自别的来源的东西相混淆；因为如果我们盲目地花掉我们的收入，而不能在经济陷入困窘以后分清楚收入的哪一部分开销是可以承受的，哪一部分开销是必须裁减的，那就是一种糟糕的经营了。

数学和物理学是理性应当先天地规定其对象的两门理论的理性知识，前者完全是纯粹地规定，后者至少部分是纯粹地、但此外还要按照不同于理性来源的另一种知识来源的尺度来规定。

数学在人类理性的历史所及的最早的时代以来，在值得惊叹的希腊民族那里就已走上了一门科学的可靠道路。但是不要以为，数学就

BXI　像理性只和自己打交道的逻辑学那样，很容易地一下就走上了、或不如说为自己开辟了那条康庄大道；我倒是相信，数学（尤其是还在埃及人那里时）长时期地停留在来回摸索之中，而这场变革要归功于一场革命，它是由个别人物在一次尝试中幸运的灵机一动而导致的，从那以来人们就不再迷失这条他们必须采取的道路，一门科学的可靠途径就为一切时代、且在无限的范围内被选定并被勾画出来了。这一比发现绕

过好望角的路途更为重要得多的思维方式革命的历史及那位实现这一革命的幸运者的故事,没有给我们保存下来。但毕竟,在第奥根尼·拉尔修流传给我们的传说中,他提到据称是几何学的演证的那些最不重要的、按照常识简直都用不着证明的原理的发现者,这说明,对于由发现这一新的道路的最初迹象而引起的变革的怀念,必定曾对数学家们显得极为重要,因此才没有被他们所忘记。那第一个演证出等边三角形的人①(不管他是泰勒斯还是任何其他人),在他心中升起了一道光明;因为他发现,他不必死盯住他在这图形中所看见的东西,也不必死 BXII
扣这个图形的单纯概念,仿佛必须从这里面去学习三角形的属性似的,相反,他必须凭借他自己根据概念先天地设想进去并(通过构造)加以体现的东西来产生出这些属性②,并且为了先天可靠地知道什么,他必须不把任何东西、只把从他自己按照自己的概念放进事物里去的东西中所必然得出的结果加给事物。

　　自然科学踏上这条科学的阳关道要缓慢得多;因为这只不过是一个半世纪的事:考虑周全的维鲁兰姆的培根的建议一方面引起了这一发现,另方面,由于人们已经有了这一发现的迹象,就更加推动了这一发现,而这一发现同样也要通过一场迅速发生的思维方式革命才能得到解释。我在这里只想讨论在经验性的原则上建立起来的自然科学。

　　当伽利略把由他自己选定重量的球从斜面上滚下时,或者,当托里拆利让空气去托住一个他预先设想为与他所知道的水柱的重量相等的重量时,抑或在更晚近的时候,当施塔尔通过在其中抽出和放回某种东西而把金属转变为石灰又把石灰再转变为金属时,③在所有这些 BXIII

————————

　　① 罗森克朗茨(Rosenkranz)据康德1787年6月25日致许茨(Schütz)的信校改为"等腰三角形"。——德文编者

　　② 阿底克斯(Adickes)校为:"他必须将他自己根据概念先天地设想进去并加以表现的东西(通过构造)产生出来"——德文编者

　　③ 我在这里不是要精确地追踪实验方法的历史线索,这种方法的最初开端我们也知道得不是很清楚。——康德

科学家面前就升起了一道光明。他们理解到，理性只会看出它自己根据自己的策划所产生的东西，它必须带着自己按照不变的法则进行判断的原理走在前面，强迫自然回答它的问题，却决不只是仿佛让自然用襻带牵引而行；因为否则的话，那些偶然的、不根据任何先行拟定的计划而作出的观察就完全不会在一条必然法则中关联起来了，但这条法则却是理性所寻求且需要的。理性必须一手执着自己的原则（唯有按照这些原则，协调一致的现象才能被视为法则），另一手执着它按照这些原则设想出来的实验，而走向自然，虽然是为了受教于她，但不是以小学生的身份复述老师想要提供的一切教诲，而是以一个受任命的法官的身份迫使证人们回答他向他们提出的问题。这样，甚至物理学也必须把它的思维方式的这场带来如此丰厚利益的革命仅仅归功于这个一闪念：依照理性自己放进自然中去的东西，到自然中去寻找（而不是替自然虚构出）它单由自己本来会一无所知、而是必须从自然中学到的东西。自然科学首先经由这里被带上了一门科学的可靠道路，因为它曾经许多个世纪一直都在来回摸索，而没有什么成就。

BXIV

　　形而上学这种完全孤立的、思辨的理性知识，是根本凌驾于经验教导之上的，亦即是凭借单纯的概念的（不像数学是凭借概念在直观上的应用的），因而理性在这里应当自己成为自己的学生。对于这个形而上学来说，命运还至今没有如此开恩，使它能够走上一门科学的可靠道路；尽管它比其他一切科学都更古老，并且即使其他的科学全部在一场毁灭一切的野蛮的渊薮中被吞噬，它也会留存下来。因为在形而上学中，理性不断地陷入困境，甚至当它想要（如同它自以为能够的）先天地洞察那些连最普通的经验也在证实着的法则时也是这样。在这里，人们不得不无数次地走回头路，因为他发现，他达不到他所要去的地方，至于形而上学的追随者们在主张上的一致性，那么形而上学还远远没有达到这种一致，反而成了一个战场，这个战场似乎本来就是完全为着其各种力量在战斗游戏中得到操练而设的，在其中还从来没有过任何参战者能够赢得哪怕一寸土地、并基于他的胜利建立起某种稳固

BXV

的占领。所以毫无疑问，形而上学的做法迄今还只是在来回摸索，而最糟糕的是仅仅在概念之间来回摸索。

那么，在这方面还未能发现一门科学的可靠道路的原因何在呢？难道这条道路是不可能的吗？大自然究竟通过什么方式使理性沉溺于这种不知疲倦的努力，要把这条道路当做自己最重要的事务之一来追踪呢？更有甚者，如果理性在我们的求知欲的一个最为重要的部分不仅是抛开了我们，而且用一些假象搪塞并最终欺骗了我们，我们又有什么理由来信任我们的理性！要么，这条道路只是至今没有达到；我们又可以凭借什么征兆来对下一次的探求充满希望，认为我们会比在我们之前的其他人更为幸运呢？

我不能不认为，通过一场一蹴而就的革命成为今天这个样子的数学和自然科学，作为范例，也许应予以充分注意，以便对这两门科学赖以获得那么多好处的思维方式变革的最基本要点加以深思，并在这里至少尝试着就这两门科学作为理性知识可与形而上学相类比而言对它们加以模仿。向来人们都认为，我们的一切知识都必须依照对象；但是在这个假定下，想要通过概念先天地构成有关这些对象的东西以扩展我们的知识的一切尝试，都失败了。因此我们不妨试试，当我们假定对象必须依照我们的知识时，我们在形而上学的任务中是否会有更好的进展。这一假定也许将更好地与所要求的可能性、即对对象的先天知识的可能性相一致，这种知识应当在对象被给予我们之前就对对象有所断定。这里的情况与哥白尼的最初的观点是同样的，哥白尼在假定全部星体围绕观测者旋转时，对天体运动的解释已无法顺利进行下去了，于是他试着让观测者自己旋转，反倒让星体停留在静止之中，看看这样是否有可能取得更好的成绩。现在，在形而上学中，当涉及到对象的直观时，我们也能够以类似的方式来试验一下。如果直观必须依照对象的性状，那么我就看不出，我们如何能先天地对对象有所认识；但如果对象（作为感官的客体）必须依照我们直观能力的性状，那么我倒是完全可以想像这种可能性。但由于要使直观成为知识我就不能老是停留于它们之上，而必须把它们作为表象与某个作为对象的东西相关

BXVI

BXVII

联,并通过那些表象来规定这个对象,所以我可能要么假定,我用来作出这种规定的那些概念也是依照该对象的,这样一来,我如何能先天地对它知道些什么这样的问题就使我又陷入了同一个困境;要么,我就假定诸对象,或者这是一样的,诸对象(作为被给予的对象)唯一在其中得到认识的经验,是依照这些概念的,这样我马上就看到了一条更为简易的出路,因为经验本身就是知性所要求的一种认识方式,知性的规则则必须是我还在对象被给予我之前因而先天地就在我心中作为前提

BXVIII　了,这个规则被表达在先天的概念中,所以一切经验对象都必然依照这些概念且必须与它们相一致。至于那些仅仅通过理性、也就是必然地被思考,但却完全不能在经验中被给出(至少不能像理性所设想的那样被给出)的对象,那么对它们进行思考的尝试(因为它们倒是必定可以被思考的)据此就成了一个极好的试金石,用来检验我们采取的思维方式之改变了的方法的东西,这就是:我们关于物先天地认识到的只是我们自己放进它里面去的东西。①

　　　这一试验按照我们所希望的那样成功了,它在形而上学的第一部分中,也就是在它研究那些先天概念(它们能使经验中与之相适合的

BXIX　相应对象被给予出来)的部分中,向形而上学许诺了一门科学的可靠道路。因为根据思维方式的这一变革,我们可以很好地解释一门先天知识的可能性,并更进一步,对于那些给自然界、即经验对象的总和提供先天基础的法则,可以给它们配以满意的证明,而这两种情况按照至

_____

①　所以这个模仿自然科学家的方法就在于:在可以通过一次实验加以证实或反驳的东西里寻找纯粹理性的诸要素。现在,在检验纯粹理性的诸原理时,尤其是当它们冒险超出可能经验的一切界限时,就不可能(像在自然科学中那样)对理性的**客体**作出任何实验:因此对于我们先天假定的那些概念和原理所能做的只是,把它们如此这般地加以安排,使我们能够从两个不同的方面来看待这些对象,即一方面看做对经验而言的感官和知性的对象,但另方面却又看做仅仅是我们思

BXX　维的对象,它充其量是对于孤立的、推进到超出经验界限以外的理性而言的。既然现在的情况是,如果我们从这种双重的观点来考察事物,就会和纯粹理性的原则相一致,但从单方面的观点看就会产生理性与自身的不可避免的冲突,那么这个实验就判定了那种区分是正确的。——康德

今所采取的方式都是不可能的。但是从我们先天认识能力的这一演绎中,在形而上学的第一部分,却得出了一个意外的、对形而上学的第二部分所研讨的整个目的看上去极为不利的结果,这就是:我们永远不能借这种能力超出可能经验的界限,但这却恰好是这门科学的最根本的事务。然而,这里面也就正好包含着反证我们理性的先天知识的那个 **BXX** 初次评价的结果之真理性的实验,即这种知识只适用于现象,相反,自在的事物本身虽然就其自己来说是实在的,但对我们却处于不可知的状态。因为那必然推动我们去超越经验和一切现象之界限的东西就是无条件者,它是理性必然在自在之物本身中、并且完全有理由为一切有条件者追求的,因而也是诸条件的系列作为完成了的系列所要求的。现在,如果我们假定我们的经验知识是依照作为自在之物本身的对象的,那就会出现这种情况,即无条件者决不可能无矛盾地被设想;相反,如果我们假定我们的物的表象正如它们给予我们的那样,并非依照作为自在之物本身的物,反而这些对象作为现象是依照我们的表象方式的,上述矛盾就消失了;因此无条件者决不可能在我们所知的(被给予我们的)那些物那里去找,倒是必须到我们所不知道的、作为自在之物本身的物那里去找:如果是这样,那就表明我们最初只是作为试验而假定的东西得到了证明。① 现在,当否认了思辨理性在这个超感官领域 **BXXI** 中的一切进展之后,仍然留给我们来做的是作一次试验,看看是否能在它的实践知识中发现一些依据,来规定无条件者这个超验的理性概念,并以某种合乎形而上学的愿望的方式、借助于我们只不过在实践的意图上才可能的先天知识来超出一切可能经验知识的界限。而在这样一种处理中思辨理性倒总是至少为我们作出这样一种扩展留下了余地,

---

① 纯粹理性的这个实验与化学家们的实验有很多类似之处,化学家有时称这个实验为还原性试验,一般则称之为综合的方法。形而上学家的分析把纯粹先天知识分割为两个性质极不相同的要素,即作为现象的物的知识,以及自在之物本身的知识。辩证论重又借助于无条件者这个理性的必然理念把这两者结合成一致的,并发现这种一致性永远只有凭借那种区分才显示出来,所以这种区分是真实的区分。——康德

它必须让这个位置仿佛是空在那里，因而仍然听便于我们，我们甚至还受到了思辨理性的催促，要我们在可能的时候用理性的实践依据去充实那个位置。①

BXXII

于是，纯粹思辨理性的这一批判的任务就在于进行那项试验，即通过我们按照几何学家和自然科学家的范例着手一场形而上学的完全革命来改变形而上学迄今的处理方式。这项批判是一本关于方法的书，而不是一个科学体系本身；但尽管如此，它既在这门科学的界限上、也在其整个内在结构方面描画了它的整体轮廓。因为纯粹思辨理性本身

BXXIII

具有的特点是，它能够且应当根据它为自己选择思维对象的各种不同方式来衡量自己的能力、甚至完备地列举出它为自己提出任务的各种方式，并这样来描画形而上学体系的整体轮廓；因为，就第一点而言，在先天知识中能够赋予对象的无非是思维主体从自身中取出来的东西，而就第二点来说，形而上学在认识原则方面是一个完全分离的、独立存在的统一体，在其中，像在一个有机体中那样，每一个环节都是为着所有其他环节，所有环节又都是为着一个环节而存在的，没有任何一个原则不同时在与整个纯粹理性运用的全面的关系中得到研究而能够在一种关系中被可靠地把握住的。但在这方面形而上学也有其难得的幸运，这种幸运是任何别的与对象打交道的理性科学（因为逻辑学只是和思维的一般形式打交道）所不能分享的，这就是：一旦它通过这部批判而走上了一门科学的可靠道路，它就能够完全把握住属于它

BXXIV

的整个知识领域，因而完成它的工作，并将其作为一种永远不能再有所增加的资本存放起来供后人使用，因为它只和原则及它给自己的原

---

　①　所以，天体运动的核心法则使哥白尼一开始只是认作假设的东西获得了完全的确定性，同时还证明了那使宇宙结合的看不见的力（即牛顿的引力），这种力如果不是哥白尼大胆地以一种违背感官的、但毕竟是真实的方式，不到天空中的对象那里、而是到这些对象的观察者那里去寻求所观察的运动的话，是永远不会被发现的。在这篇序言里，我也只是把这个批判所阐明的、类似于那个假设的思维方式变革当做假设提出来，这只是为了使人注意到这样一场变革的最初的、无论如何都是假设性的试验，尽管在这本书自身中这种变革是由我们时空表象的性状及知性的基本概念而得到并非假设、而是无可置疑的证明的。——康德

则所规定的限制打交道。因此这种完备性也是它作为基础科学所要求的，关于它我们必须能够说：nil actum reputans, si quid superesset agendum. ①

但如果人们要问，我们打算凭借由批判所澄清的、但也因此而达到一种持久状态的这样一种形而上学给后人留下的，究竟是一种什么样的财富呢？粗略地浏览一下这部著作，人们会以为，它的用处总不过是消极的，就是永远也不要冒险凭借思辨理性去超越经验的界限，而这事实上也是这种形而上学的第一个用处。但这个用处马上也会成为积极的，只要我们注意到，思辨理性冒险用来超出其界限的那些原理，若更仔细地考察，其不可避免的后果事实上不是扩展了我们的理性运用，而是缩小了它，因为这些原理现实地威胁着要把它的原本归属于其下的感性界限扩展到无所不包，从而完全排斥掉那纯粹的（实践的）理性运用。因此，一个限制那种扩展的批判，虽然就此而言是消极的，但由于它同时借此排除了那限制甚至威胁要完全取消理性的实践运用的障碍物，事实上就具有积极的和非常重要的用途，只要我们确信纯粹理性有一个完全必要的实践运用（道德运用），它在其中不可避免地要扩展到感性的界限之外，为此它虽然不需要从思辨理性那里得到任何帮助，但却必须抵抗它的反作用而使自己得到保障，以便不陷入自相矛盾。否认批判的这一功劳有积极的作用，这就好比是说，警察没有产生积极的作用，因为他们的主要工作只不过是阻止公民对其他公民可能感到担忧的暴力行为发生，以便每个人都能安居乐业而已。在这部批判的分析部分将要证明，空间和时间只是感性直观的形式、因而只是作为现象的物实存的条件，此外如果不能有与知性概念相应的直观给予出来，我们就没有任何知性概念、因而也没有任何要素可达到物的知识，于是我们关于作为自在之物本身的任何对象不可能有什么知识，而只有当它是感性直观的对象、也就是作为现象时，才能有知识；由上述证明当然

BXXV

BXXVI

---

① 拉丁文，据瓦伦廷纳德译为："只要还有什么要做的留下来，它就还不算是完成了。"——德文编者

也就推出,理性的一切思辨的知识只要有可能,都是限制在仅仅经验的对象之上的。尽管如此,有一点倒是必须注意的,就是在这方面毕竟总还是有一个保留,即:我们正是对于也是作为自在之物本身的这同一些对象,哪怕不能认识,至少还必须能够思维。① 因为,否则的话,就会推

BXXVII 导出荒谬的命题:没有某种显现着的东西却有现象②。现在让我们假定,由于我们的批判而成为必要的这一区别,即作为经验对象的物与作为自在之物本身的同一些物的区别,权当它没有作出,那么,因果性原理、因而自然机械作用的原理在规定这些物时就必然会绝对一般地适用于一切物,把它们当做起作用的原因。因而,关于这同一个存在物,例如说人的灵魂,我就不能不陷入明显的自相矛盾,说灵魂的意志是自由的,同时又还是服从自然必然性的,因而是不自由的:因为我在两个命题中是按照同一个含义、也就是作为一般物(作为自在的事物本身)来设想灵魂的,并且,没有经过预先的批判也不可能作别的设想。但如果这个批判没有弄错的话,它在这里教我们从两种不同的意义来设想对象,也就是或者设想为现象,或者设想为自在之物本身;如果对它的这些知性概念的演绎是正确的,因而因果律也只用在第一种意义的物身上,也就是就这些物是经验对象的范围内来运用,而不再把它们又按照

BXXVIII 第二种意义置于这条原理之下,那么,这同一个意志就被设想为在现象中(在可见的行动中)必然遵循自然法则、因而是不自由的,然而另一方面又被设想为属于物自身,并不服从自然法则,因而是自由的,在这里不会发生矛盾。现在,尽管我从第二方面来考察时并不能通过思

---

① 要认识一个对象,这要求我能够证明它的可能性(不管是根据来自其现实性的经验的证据,还是先天地通过理性来证明)。但我可以思维我想要思维的任何东西,只要我不自相矛盾,也就是只要我的概念是一个可能的观念,虽然我并不能担保在一切可能性的总和中是否会有一个对象与它相应。但为了赋予这样一个概念以客观有效性(实在的可能性,因为前面那种可能性只是逻辑上的),就还要求某种更多的东西。但这种更多的东西恰好不一定要到理论知识的来源中去找,也可能存在于实践知识的来源中。——康德

② 原文"显现"(erscheinen)和"现象"(Erscheinung)为同一词根的动词和动名词形式。——译者

辨理性(更不能通过经验观察)来认识我的灵魂,因而也不能把自由当做一个我把感官世界中的效果归于其下的存在物的属性来认识,因为否则我就必须根据这个存在物的实存来确定地认识它,却又不是在时间中认识它(这是不可能的,因为我无法把任何直观加之于我的概念),然而,我毕竟可以思维自由,就是说,自由的表象至少并不包含矛盾,如果我们批判地区分两种(即感性的和智性的)表象方式并因此而限制纯粹知性概念、因而也限制由它们而来的那些原理的话。如果现在假定,道德必然要以作为我们意志的属性的自由(最严格意义上的)为前提,因为,自由举出我们理性中那些本源的实践原理作为自己的先天证据,这些原理没有自由的前提是绝对不可能有的;但又假定思辨理性已证明自由完全不可能被思维:那么必然地,那个前提,也就是道德的前提,就不得不让位于其反面包含某种明显的矛盾的那个前提,从而自由连同其德性 (因为如果不是已经以自由为前提的话,德性的反面就不会包含矛盾) 也将不得不让位于自然机械作用。但如果是这种情况:由于我在道德上不再需要别的,只需要自由不自相矛盾,因而至少毕竟是可思维的,而不一定要进一步看透它,则它对于同一个行动的自然机械作用 (从另一种关系设想) 就不会有任何障碍了:这样,德性的学说保持了自己的位置,自然学说也将保有自己的位置。但如果不是批判预先教导我们,对于物自身我们无法避免自己的无知,一切我们可以在理论上认识的东西都限制在单纯现象的范围内,那么这一切是不可能发生的。对纯粹理性的批判原理的积极作用的这种探讨,同样可以在上帝概念和我们灵魂的单纯本性的概念上指出来,但为了简短起见我暂不谈它。所以,如果我不同时取消思辨理性对夸大其辞的洞见的这种僭妄,我就连为了我的理性的必要的实践运用而假定上帝、自由和灵魂不死都不可能。因为思辨理性为了达到这些洞见就必须使用这样一些原理,这些原理由于事实上只及于可能经验的对象,即使把它们用在不能成为经验对象的东西之上,它们也实际上总是将这东西转变成现象,这样就把纯粹理性的一切实践的扩展都宣布为不可能的了。因此我不得不悬置知识,以便给信仰腾出位

BXXIX

BXXX

置，而形而上学的独断论、也就是没有纯粹理性批判就会在形而上学中生长的那种成见，是一切阻碍道德的无信仰的真正根源，这种无信仰任何时候都是非常独断的。所以，如果一门按照纯粹理性批判的标准来拟定的系统的形而上学可以不太困难地留给后人一笔遗产，那么这笔遗产决不是一件小小的赠予；只要我们注意一下通过一门科学的可靠道路一般所能得到的理性教养，并与理性的无根基的摸索和无批

BXXXI　判的轻率漫游作个比较，或者也注意一下对渴望知识的青年时代在时间利用上的改善，青年人在通常的独断论那里这么早就受到这么多的鼓动，要对他们一点也不理解的事物、对他们在其中乃至世界上任何人在其中都会一无所见的东西随意玄想，甚至企图去捏造新的观念和意见，乃至忽视了去学会基本的科学知识；但最大的收获还是在人们考虑到这一无法估量的好处时，即：在所有未来的时代里，一切反对道德和宗教的异议都将以苏格拉底的方式、即最清楚地证明对手的无知的方式结束了。因为在这个世界上一直都有某种形而上学存在，并且今后还将在世上遇见形而上学，但和它一起也会碰到一种纯粹理性的辩证论，因为辩证论对纯粹理性是自然的。所以哲学的最初的和最重要的事务就是通过堵塞这一错误的根源而一劳永逸地消除对形而上学的一切不利影响。

即算在科学领域中发生了这一重要的变革，而思辨理性不得不承

BXXXII　受在它至今所想像的财产方面的损失，然而，一切普遍的人类事务及人世间从纯粹理性的学说中所引出来的一切好处，都仍然保持在其向来存在的有利状态中，损失的只是学派的垄断，而决不涉及人类的利益。我要问问最固执的独断论者，关于由实体的单纯性推出我们的灵魂在死后继续存在的证明，关于从主观上和客观上的实践的必然性的那些细致的然而无用的区分得出与普遍机械作用相对立的意志自由的证明，或者关于从一个最高实在的存在者的概念中（从变化之物的偶然性和第一推动者的必然性中）推出上帝存有的证明，当这些证明从学派那里走出来之后，是否在任何时候到达过公众那里并可能对他们的信念产生过最起码的影响呢？如果这种情况并未发生，如果它甚至永

远也不能被期望,因为普通人类知性不适合于这样细致的思辨;如果事情相反,在第一个证明方面,每个人都可察觉到的他天赋的素质,即永远也不能通过尘世的东西(它对于人的全部使命的天禀是不充分的)来满足的素质,已经必然导致了对来世生活的希望,就第二个证明来说,单是对义务的清楚表达,在与爱好的一切要求的对立中,就已经必然导致了自由的意识,最后,谈到第三个证明,单是从大自然中到处看得出来的庄严的秩序、美和仁慈,就已经必然导致了对一个智慧的和伟大的创世者的信仰,如果完全只凭这些,就已经必然导致了在公众中流行的信念,只要这信念立于理性的根基:那么,这宗财产不仅是原封未动地保留着,而且赢得了更大得多的威望,因为各个学派从此学会了在涉及普遍人类事务的观点上不自以为有更高更广的洞见,除非是广大(对于我们最值得关注的)群众也同样容易达到的洞见,因而只把自己限制在对这种普遍可理解的、对道德目的是足够的论据的培养上。所以这种变革只涉及学派的狂妄要求,这些学派喜欢在这方面(在其他许多别的方面他们是有权这样做的)让人把自己看做是这样一些真理的唯一的行家和保管者,他们只是把这些真理的用法传达给公众,但却把它们的钥匙由自己保管着(quod mecum nescit, solus vult scire videri)①。然而,思辨哲学家的某种较为合理的要求毕竟也被关注到了。思辨哲学家仍然是一门公众所不知道但却对他们有用的科学、亦即理性批判的科学的唯一保管人;因为这门科学是永远不能通俗化的,但它也没有必要通俗化;因为民众很少想到那些精致地编造出来的对有用真理的论证,同样也不曾想到过也是那么细致的对这些论证的反驳;反之,由于学派以及每个致力于思辨的人都不可避免地要陷入两难,所以学派就有责任通过对思辨理性权利的彻底的研究一劳永逸地防止那种丑闻,这是连民众也必定会或迟或早由于那些争执而碰上的,这些争执是形而上学家们(最后还有作为形而上学家的神职人员)都不可避免

BXXXIII

BXXXIV

---

① 拉丁文,意为:"凡是我与你都不知道的,就装出我是唯一知道的"。——译者

地毫无批判地卷入进来的,后来他们又伪造出自己的学说来。只有这种彻底的研究,才能从根子上铲除唯物论、宿命论、无神论、自由思想的不信、狂信和迷信,这些是会造成普遍的危害的,最后还有唯心论和怀

BXXXV 疑论,它们更多地给学派带来危险而很难进入到公众中去。如果政府愿意关心学者的事情,那么促进这种唯一能使理性的工作立足于坚实基础上的批判的自由,就是政府对科学和人类的贤明的关怀,这比支持可笑的学派专制要得体得多,这些学派当他们的蛛网被破坏时就大叫公共的危害,但公众对这些蛛网却毫不在意,所以也从来不会感到自己有什么损失。

这个批判并不与理性在其作为科学的纯粹知识中所采取的独断处理处在对立之中(因为这种处理任何时候都必须是独断的,亦即从可靠的先天原则严格地证明的),而是与独断论相对立,即与那种要依照理性早已运用的原则、单从概念(哲学概念)中来推进某种纯粹知识而从不调查理性达到这些知识的方式和权利的僭妄相对立。所以独断论就是纯粹理性没有预先批判它自己的能力的独断处理方式。因此这一

BXXXVI 对立不是要以自以为通俗的名义为肤浅的饶舌作辩护,更不是要为推翻整个形而上学的怀疑论说话;相反,这个批判对于促进一门彻底的、作为科学的形而上学是一种暂时的、必要的举措,这种形而上学必然会是独断的、按照最严格的要求而系统化的,因而是合乎学院规则地(而不是通俗化地)进行的;对它的这一要求是毫不含糊的,因为它自告奋勇地要完全先天地因而使思辨理性完全满意地进行它的工作。在实行批判所制定的这一计划时,亦即在形而上学的未来体系中,我们将有必要遵循一切独断哲学家中最伟大的哲学家、著名的沃尔夫的严格方法,是他首先作出了榜样(他通过这一榜样成了至今尚未熄灭的德意志彻底精神的倡导者),应如何通过合乎规律地确立原则、对概念作清晰的规定、在证明时力求严格及防止在推论中大胆跳跃,来达到一门科学的稳步前进,他也正因此而曾经特别适合于使这样一门作为形而上学的

BXXXVII 科学能够通过对工具、也就是对纯粹理性本身的批判而为自己预先准备好场地,如果他想到了这一点的话:他没有这样做,这不能怪他,

毋宁要怪那个时代的独断的思维方式，当时的和所有以前时代的哲学家们在这点上相互之间没有什么好指责的。那些抵制他的学问方式但同时又拒绝纯粹理性的批判程序的人，其意图不是别的，只能是摆脱科学的约束，把工作变成儿戏，把确定性变成意见，把哲学变成偏见。①

至于这个第二版，那么我当然不想放过这个机会来尽可能地补救那些有可能产生误解的晦涩难懂和模糊之处，思想敏锐的人们在评价这本书时偶然碰上的这些误解，也许是我不能辞其咎的。这些原理本身及其证明，正如该计划的形式和完备性一样，我都没有发现什么要修改的地方；这部分要归功于我在将该书交付出版之前曾长时期地对它进行过审查，部分要归功于这件事本身的性质，即纯粹思辨理性的本性，它包含一个真实的结构，在其中所有的机能都是一切为了一个，而每个都是为了一切，因而每个不论多么小的缺陷，不管它是一个错误 BXXXVIII（疏忽）还是一个欠缺，都必然会在运用中不可避免地泄露出来。这个体系将如我所希望的长久地维持这种不变性。使我有理由相信这一点的不是自负，而只是这个实验所产生的自明性，即从纯粹理性的最小的要素出发直到它的整体，并且反过来从整体出发（因为即使整体也是单独由纯粹理性的最终意图在实践中给出的）直到每一个部分，结果是相等的，因为试图哪怕只改动最小的部分马上就会导致矛盾，不光是这个体系的矛盾，而且是普遍人类理性的矛盾。不过在它的表述上还有很多事要做，我在这一版中试图作出的改进，有的是要纠正对感性论部分的误解，尤其是对时间概念的误解，有的是要澄清知性概念演绎的模糊性，有的是要弥补在纯粹知性概念原理的证明中被认为在充分的自明性上的缺乏，最后，有的是要补救从合理的心理学中推出的谬误推理方面的误会。到此为止（也就是直到先验辩证论第一章结束），后面 BXXXIX

① "哲学"（Philosophie）与"偏见"（Philodoxie），直译为"爱智慧"与"爱意见"。——译者

BXL　的部分我就没有再作表述方式上的改动了①,因为时间太仓促,并且我

---

　　① 真正的、但毕竟只是在证明方式中的增加,我大概只能举出我在第275页通过一个对心理学唯心论的新反驳、以及一个关于外部直观的客观实在性的严格的(我认为也是唯一可能的)证明所作的增加。唯心论尽可以就形而上学的根本目的而言仍然被看做是无辜的(事实上它并非如此),然而哲学和普遍人类理性的丑闻仍然存在,即不得不仅仅在信仰上假定在我们之外的物(我们毕竟从它们那里为我们的内感官获得了认识本身的全部材料)的存有,并且,如果有人忽然想到要怀疑这种存有,我们没有任何足够的证据能够反驳他。由于在这个证明的表述中,从第三行到第六行有些含混不清,我请大家将这一段改为:"但这一持存之物不可能是我心中的一个直观。因为我能在我心中遇到的有关我的存有的一切规定根据都是表象,并且作为表象,它们本身就需要一个与它们区别开来的持存之物,在与该物的关系中这些表象的变化、因而表象在其中变化的那个时间中的我的存有才能得到规定。"人们对于这个证明也许会说:我直接意识到的毕竟只是在我心中存在的东西,即我的外在事物的表象;结果问题仍然还是没有解决:某物是

BXL　与表象相应的外在于我的东西呢,或者不是。不过我是通过内部经验而意识到我在时间中的存有(因而也意识到它在时间中的可规定性)的,这一点是比单纯意识到我的表象要更多些,它倒是等同于对我的存有的经验性的意识,这个意识只有通过与某种和我的实存结合着的外在于我的东西发生关系才能得到规定。因此对我的在时间中的存有的意识是与对在我之外的某物的关系的意识结合为一体的,所以它是经验而不是虚构,是感觉而不是想象力,它把外部的东西和我的内感官不可分割地连结起来;因为外感官本身已经是直观和某种外在于我的现实之物的关系了,而它的与想像不同的实在性仅仅是建立在它作为内部经验本身的可能性条件而与内部经验不可分割地结合在一起之上,这就是这里的情况。假如我可以在伴随着我的一切判断和知性活动的我在表象中,同时通过智性的直观把我的存有的一个规定与我的存有的智性意识结合起来,那么一种对外在于我的某物的关系的意识就不一定属于这种智性直观了。但现在,那个智性意识虽然是先行的,但我的存有唯一能在其中得到规定的内直观却是感性的并且与时间条件结合

BXII　着的,而这一规定、因而内部经验本身都依赖于某种不在我心中、所以只在我之外的某物中的持存之物,我必须在对它的关系中来观察我自己:这样,外感官的实在性为了一般经验的可能而必须和内感官的实在性相结合:就是说,我如此肯定地知道,有在我之外与我的感官发生关系的物,正如我知道我本人在时间中确定地实存着一样。但现在,外在于我的客体究竟是现实地与哪些给予的直观相应,因而是属于外部感官的(这些直观应归因于它,而不是归因于想象力),这必须在每一特殊情况里根据一般经验(甚至内部经验)据以与想像区别开来的规则来决定,在此永远成为基础的原理是:实际上有外部经验。对此我们还可以加上一条说明:关于某种存有中的持存之物的表象与持存的表象不是等同的;因为前者如同我们的一切表象、甚至物质的表象一样,可以是极为游移不定和变动不居的,但它

在其他方面也没有发现内行而无偏见的审查者有什么误解,这些人,即
使我没有用他们当之无愧的赞辞提到他们,也已经可以在我接受他们
的提醒而加以考虑的地方自己找到自己的位置了。但这番修改同时也
给读者带来了一个不可避免的小小的损失,就是为了不使本书过于庞
大,我不得不对好些地方在表述上加以删节或压缩,以便给现在我希望
会更好理解的这种表述留下位置。这些地方虽然根本上不涉及整体的
完备性,但有些读者可能还是会感到遗憾的,因为它们在其他的目的上
还可以是有用的。我现在的表述从根本上说在原理乃至它们的证明方
面完全没有什么改变,但还是在阐述方法上这里那里对以前的阐述方
法有些偏离,不是插进一些话就可以解决问题的。每个人只要愿意,这
个小小的损失本来是可以通过和第一版作比较而加以弥补的,而由于
我所希望的这种更大的可理解性,这一损失就获得了超出分量的补偿。
我在好几篇公开发表的文章中(部分是在对一些书的评论中,部分是
在单篇论文中)怀着感激的愉快看到,德意志的彻底精神没有死灭,而
只是暂时被思想中天才式的自由的时髦风气的喧嚣盖过了,而批判的
荆棘小路,即通往一门学术性的、但唯有这样才是持久的、也才是有最
高必然性的纯粹理性科学的荆棘小路,并没有阻碍勇敢聪慧的人去掌
握这门科学。对于这些如此幸运地集见解的彻底性和明晰表述的才能
(这恰好是我不会做的)于一身的干练之士,我将留给他们来完成我在
后一方面这里那里大约还不完善的修订工作;因为在这种情况下,危险
并不在于遭到反驳,倒是在于不被理解。就我这方面说,我从现在起可
以不再参加争论了,尽管我将仔细地关注不论是朋友还是论敌的一切
提示,以便将它们用于在将来按照这个概要来建造体系的工作中。由

毕竟与某种持存之物相关,这种持存之物因而必须是与我的一切表象不同的外在
之物,它的实存必然同时被包含在对我自己存有的规定之中,并与这个规定一起
构成一个唯一的经验,这经验如果不同时(部分地)又是外在的,它就连在内部也
不会发生了。这是如何可能的?在这里不能作进一步的解释,正如我们也不能解
释,一般说来我们如何能思考时间中那个和变动之物共存便产生出变化概念来的
常住之物。——康德

于在这一工作的进行中我年事已高(本月已进入 64 岁了),所以如果我想要完成我的计划,把自然的形而上学和道德的形而上学作为思辨理性和纯粹理性的批判的正确性的证明提供出来的话,我就必须抓紧时间动手,而把澄清这部著作中一开始几乎不可避免的模糊之处以及为整体作辩护的工作,寄希望于那些把这当做自己的事来做的干练之士。任何一种哲学的阐述都有可能在个别地方被人揪住(因为它不能像数学那样防卫严密),然而,这个体系的结构作为一个统一体来看,却并没有丝毫危险,对于它的概貌,当这个体系新出现时,只有很少的人具有精神上的熟练把握,但由于对他们来说一切创新都是不合适的,则对它具有兴趣的人就更少了。即使是那些表面的矛盾,如果我们把个别地方从它们的关联中割裂开来,相互比较,也是可以在每一段尤其是作为自由谈论写下的文字中挑出来的,这些表面矛盾在信从别人的评判的人眼里就会给这些文字留下不利的印象,但对于从整体上把握了这个思想的人,这些矛盾是很容易解决的。此外,如果一个理论本身具有持久性,那么最初给它带来很大威胁的那些反复辩难随着时间的推移只会有助于磨平它的粗糙之处,而如果有不抱偏见的、有见地的、真正平实的人士从事这一工作,甚至也可以使它短时期内臻于所要求的精致优美。

哥尼斯堡,1787 年 4 月

BXLIV

第 一 版 目 录①

导　言

---

① 该目录在第二版中被删去。——德文编者

导　言

I. 纯粹知识和经验性知识的区别

我们的一切知识都从经验开始,这是没有任何怀疑的;因为,如果不是通过对象激动我们的感官,一则由它们自己引起表象,一则使我们的知性活动运作起来,对这些表象加以比较,把它们连结或分开,这样把感性印象的原始素材加工成称之为经验的对象知识,那么知识能力又该由什么来唤起活动呢? 所以按照时间,我们没有任何知识是先行于经验的,一切知识都是从经验开始的。

但尽管我们的一切知识都是以经验开始的,它们却并不因此就都是从经验中发源的。因为很可能,甚至我们的经验知识,也是由我们通过印象所接受的东西和我们固有的知识能力(感官印象只是诱因)从自己本身中拿来的东西的一个复合物,对于我们的这个增添,直到长期的训练使我们注意到它并熟练地将它分离出来以前,我们是不会把它与那些基本材料区分开来的。

这样,至少就有一个还需要进一步研究而不能一见之下马上打发掉的问题:是否真有这样一种独立于经验、甚至独立于一切感官印象的知识。人们把这样一种知识称之为先天的(a priori),并将它们与那些具有后天的(a posteriori)来源、即在经验(Erfahrung)中有其来源的经验性的(empirische)知识区别开来。

然而"先天的"这个术语还不足以确定地表示与上述问题相适合的全部意义。因为很有些出自经验来源的知识,我们也习惯于说我们能够先天地产生它或享有它,因为我们不是直接从经验中、而是从某个普遍规则中引出这些知识来的,但这个规则本身又仍然还是借自经验的。所以我们会说一个在挖自己房子基础的人：他本可以先天地知道房子要倒，即他不必等到这房子真的倒下来的经验。但他毕竟还不能完全先天地知道这件事。因为他事先总归要通过经验才得知，物体是有重量的，因而若抽掉它们的支撑物它们就会倒下来。

B3　　所以我们在下面将把先天的知识理解为并非不依赖于这个那个经验、而是完全不依赖于任何经验所发生的知识。与这些知识相反的是经验性的知识，或是那些只是后天地、即通过经验才可能的知识。但先天知识中那些完全没有掺杂任何经验性的东西的知识则称为纯粹的。于是，例如"每一个变化都有其原因"这个命题是一个先天命题，只是并不纯粹，因为变化是一个只能从经验中取得的概念。

Ⅱ. 我们具有某些先天知识，甚至普通知性也从来不缺少它们

在这里，关键是要有一种我们能用来可靠地将一个纯粹知识和经验性的知识区别开来的标志。经验虽然告诉我们某物是如此这般的状况，但并不告诉我们它不能是另外的状况。因此首先，如果有一个命题与它的必然性一起同时被想到，那么它就是一个先天判断；如果它此外不再由任何别的命题引出，除非这命题本身也是作为一个必然命题而有效的，它就是一个完全先天的命题。其次，经验永远也不给自己的判断以真正的或严格的普遍性，而只是（通过归纳）给它们以假定的、相

B4　比较的普遍性，以至于实际上我们只能说：就我们迄今所觉察到的而言，还没有发现这个或那个规则有什么例外。所以，如果在严格的普遍性上、亦即不能容许有任何例外地来设想一个判断，那么它就不是由经验中引出来的，而是完全先天有效的。而经验性的普遍性只是把对大多数场合下适用的有效性任意提升到对一切场合都适用的有效性，例如在这样一个命题中：一切物体都有重量；相反，在严格的普遍性本质上属于一个判断的场合，这时这种普遍性就表明了该判断的一个特别的知识来源，也就是一种先天的认识能力。于是，必然性和严格普遍性

就是一种先天知识的可靠标志，而两者也是不可分割地相互从属的。但由于在两者的运用中，有时指出判断的经验性的局限比指出判断中的偶然性要更容易一些①，又有些时候指出我们加在一个判断上的无限制的普遍性比指出这个判断的必然性要更明白一些，所以不妨把上述两个标准分开来使用，它们每一个就其自身说都是不会出错的。

　　不难指出，在人类知识中会现实地有这样一些必然的和在严格意义上普遍的、因而纯粹的先天判断。如果想从科学中举一个例子，那么我们只须把目光投向一切数学命题；如果想从最普通的知性使用中举这样一个例子，则在这方面可引用"一切变化都必有一个原因"这个命题；的确，在后一个例子中，原因这个概念本身显然包含着与一个结果相连结的必然性的概念，以及规则的严格普遍性的概念，以至于，如果我们像休谟所做的那样，想要把这个概念从发生的事经常地与在先的事相伴随中，从由此产生的连结诸表象的习惯（因而仅仅是主观的必然性）中引申出来，那么这个概念就会完全失去了。我们甚至无须这样一些例子来证明我们知识中那些先天纯粹原理的现实性，也可以阐明这些原理对于经验本身的可能性是不可或缺的，因而阐明其先天性。因为假如经验所遵循的一切规则永远总是经验性的、因而是偶然的，经验又哪里还想取得自己的确定性；所以我们很难把这些规则当做第一原理来看待。只是在这里，我们可以满足于摆明了我们认识能力的纯粹运用这一事实以及这种运用的标志。但这样一些先天原理的根源不仅仅在判断中，而且甚至在概念中也表现出来了。如果你从物体这个经验概念中把它的颜色、硬或软、重量、甚至不可入性这一切经验性的东西都一个个地去掉，这样最终留下的是它（现在已完全消失了）所占据的空间，而这是你不能去掉的。同样，如果你从任何一个有形的或无形的对象的经验性概念中把经验告诉你的一切属性都去掉，你却不可能取消你借以把它思考为实体或依赖于一个实体的那种属性（虽然实

B5

B6

---

　　①　依据法欣格尔（Vaihinger）的校订，该句中"判断的经验性的局限"和"判断中的偶然性"应调换前后位置。——德文编者

体这个概念比一般客体这个概念包含更多的规定）。这样，由于这个概念借以强加于你的这样一种必然性所提供的证据，你就不得不承认这概念在你的先天认识能力中有自己的位置。①

Ⅲ. 哲学需要一门科学来规定一切先天知识的可能性、原则和范围②

　　我们所要说的远不止上面说过的这一切③我们还要说，有某些知识甚至离开了一切可能经验的领域，并通过任何地方都不能提供经验

A3

---

①　在第一版中，取代以上两节的是以下文字：

A1

Ⅰ. 先验—哲学的理念

　　经验毫无疑问是我们的知性在加工感官感觉的原始素材时所得到的最初的产品。正因为如此，经验提供最初的教诲，并且在其进展中如此地海人不倦，以至于子孙万代连绵不断的生命永远也不会缺乏在这一基地上所能搜集到的新知。然而，经验远不是能让我们的知性受其限制的唯一领域。它虽然告诉我们这是什么，却并不告诉我们这必然一定会是这样而不是别样。正因此它也不能给我们提供任何真正的普遍性，而对知识的这种方式如此渴望的理性，则更多地是被经验所刺激的，而不是被经验所满足的。于是，这样一种同时具有着内在必然性特征的普遍知识，必须是不依赖于经验而本身自明的和确定的；因此我们把这种知识称之为先天的知识：因为相反的是，那种只是向经验中借来的东西，按照人们的说法只是后天地、或经验性地被认识的。

A2

　　这就表明了非常值得注意的一点，就是甚至在我们的经验中就混有一些必然具有其先天来源的知识，它们也许只是用来给我们的诸感官表象带来关联的。因为，如果我们从这些经验中去掉所有属于感官的东西，则毕竟还会余留下某些本源的概念及从中产生出来的某些判断，它们必须是完全先天地不依赖于经验而产生的，因为它们使得我们对于向感官显现出来的对象能够说出、至少是相信能够说出比单纯经验告诉我们的更多的东西，也使得各种见解包含有单纯经验性的知识所不能提供出来的真正普遍性和严格必然性。

　　德文本采取将一、二版相应文字正反页对照排的办法，本书不用此法，而采取Norman Kemp Smith 的英译本的办法，即以第二版为准，在注释中只注出第一版不同的原文。下面类似情况亦照此处理。——译者

②　此标题为第二版所加。——译者

③　仿宋体为第一版所无，第二版所加的文字。以下凡正文中第二版对第一版所增加的文字均用仿宋体排出，以下将不再注明。——译者

中相应对象的那些概念而装作要使我们的判断范围扩大到超出一切经
验界限之外。

正是在这样一些超出感官世界之外的知识里,在经验完全不能提
供任何线索、更不能给予校正的地方,就有我们的理性所从事的研究,
我们认为这些研究在重要性方面比知性在现象领域里可能学到的一切　B7
要优越得多,其目的也更崇高得多,我们在这里甚至宁可冒着犯任何错
误的风险,也不愿意由于引起疑虑的任何一种理由,或出于蔑视和漠
视,而放弃这些如此令人关心的研究。纯粹理性本身的这些不可回避
的课题就是上帝、自由和不朽。但其目的连同其一切装备本来就只是
为了解决这些问题的那门科学,就叫作形而上学,它的方法在开始时是
独断的,也就是不预先检验理性是否有能力从事这样一项庞大的计划,
就深信不疑地承担了这项施工。

现在看来这很自然,只要我们离开了经验的基地,我们就不要用我
们所具有的不知其来自何处的知识、基于对不知其起源的原理的信任
而马上去建立一座大厦,而不对其基础预先通过仔细的调查来加以保
证,因而我们反倒会预先提出这样的问题:知性究竟如何能够达到所有
这些先天知识,并且这些知识可以具有怎样的范围、有效性和价值。实　A4
际上,如果我们把自然这个词理解为本应以正当的、合理的方式发生的
事,那也就没有什么比这更自然的了;但如果我们把这个词理解为按照　B8
习惯发生的事,那么倒是没有什么比这项研究长期不得不被搁置更为
自然和更可理解的了。因为这些知识的一部分即数学,是早就具有了
可靠性的,由此也就对其他部分产生了一种良好的期望,而不管这些部
分可能会具有完全不同的本性。此外,如果我们超出经验的范围,那么
我们肯定不会遭到经验的反驳。对自己的知识加以扩展的诱惑是如此
之大,以至于我们只有在自己碰到了明显的矛盾的时候,才会停住自己
前进的步伐。但只要我们在进行自己的虚构时小心谨慎,这种矛盾是
可以避免的,只是这些虚构并不因此就不再是虚构。数学给了我们一
个光辉的范例,表明我们离了经验在先天知识中可以走出多远。数学
固然只是在对象和知识能表现在直观中这一限度内研究它们,但这一

情况很容易被忽略,因为上述直观本身可以先天地被给予,因而和一个
单纯的纯概念几乎没有什么区别。被理性力量的这样一个证明所引
诱①,要求扩张的冲动就看不到任何界限了。轻灵的鸽子在自由地飞
翔时分开空气并感到空气的阻力,它也许会想像在没有空气的空间里
它还会飞得更加轻灵。同样,柏拉图也因为感官世界对知性设置了这
样严格的限制②而抛弃了它,并鼓起理念的两翼冒险飞向感官世界的
彼岸,进入纯粹知性的真空。他没有发觉,他尽其努力而一无进展,因
为他没有任何支撑物可以作为基础,以便他能撑起自己,能够在上面用
力,从而使知性发动起来。但人类理性在思辨中通常的命运是尽可能
早地完成思辨的大厦,然后才来调查它的根基是否牢固。但接着就找
来各种各样的粉饰之辞,使我们因大厦的结实而感到安慰,要么就宁可
干脆拒绝这样一种迟来的危险的检验。但在建立这座大厦时,使我们
摆脱任何担忧和疑虑并以表面上的彻底性迎合着我们的是这种情况,
即我们理性的工作的很大部分、也许是最大部分都在于分析我们已有
的那些关于对象的概念。这一工作给我们提供出大量的知识,这些知
识尽管只不过是对在我们的概念中(虽然还是以模糊的方式)已经想
到的东西加以澄清或阐明,但至少按其形式却如同新的洞见一样被欣
赏,尽管按其质料或内容来说它们并未扩展我们所有的这些概念,而只
是说明了这些概念。既然这种方法提供了某种现实的先天知识,这种
知识又有一个可靠而有效的进展,所以理性就不知不觉地受这一假象
的欺骗而偷换了完全另外一类主张,在这类主张中理性在这些给予的
概念上添加了一些完全陌生的、而且是先天的概念,却不知道自己是如
何做到这一点的,甚至不让这样一个问题进到思想中来。所以我要马
上来着手探讨这两方面知识类型的区别。

A5

B9

A6

B10

---

① 第一版为"所鼓舞"。——译者
② 第一版为:"设立了如此多方面的障碍"。——译者

Ⅳ.① 分析判断与综合判断的区别

　　在一切判断中,从其中主词对谓词的关系来考虑(我在这里只考虑肯定判断,因为随后应用在否定判断上是很容易的事),这种关系可能有两种不同的类型。要么是谓词 B 属于主词 A,是(隐蔽地)包含在 A 这个概念中的东西;要么是 B 完全外在于概念 A,虽然它与概念 A 有连结。在前一种情况下我把这判断叫作分析的,在第二种情况下则称为综合的。因而分析的(肯定性的)判断是这样的判断,在其中谓词和主词的连结是通过同一性来思考的,而在其中这一连结不借同一性而被思考的那些判断,则应叫作综合的判断。前者也可以称为说明性的判断,后者则可以称为扩展性的判断,因为前者通过谓词并未给主词概念增加任何东西,而只是通过分析把主词概念分解为它的分概念,这些分概念在主词中已经(虽然是模糊地)被想到过了;相反,后者则在主词概念上增加了一个谓词,这谓词是在主词概念中完全不曾想到过的,是不能由对主词概念的任何分析而抽绎出来的。例如我说:一切物体都有广延,那么这就是一个分析判断。因为我可以不超出被我联系于物体的这个概念之外来发现与这概念相连结的广延,而是只分析那个概念,也就是可以只意识到我随时都在这个概念中想到的杂多东西,以便在其中找出这个谓词来;所以这是一个分析判断。反之,当我说:一切物体都是有重量的,这时谓词就是某种完全不同于我在一般物体的单纯概念中所想到的东西。因而这样一个谓词的增加就产生了一个综合判断。

　　经验判断就其本身而言全都是综合的。若把一个分析判断建立于经验基础上则是荒谬的,因为我可以完全不超出我的概念之外去构想分析判断,因而为此不需要有经验的任何证据。说一个物体是有广延的,这是一个先天确定的命题,而不是什么经验判断。因为在我去经验之前,我已经在这个概念中有了作出这个判断的一切条件,我只是从该

A7

B11

B12

---

　　① 小节标号为第二版增加的。——译者

概念中按照矛盾律抽出这一谓词，并借此同时就能意识到这个判断的必然性，它是经验永远也不会告诉我的。与此相反，尽管我在一般物体的概念中根本没有包括进重量这一谓词，那个概念毕竟通过经验的某个部分表示了一个经验对象，所以我还可以在这个部分之上再加上同一个经验的另外一些部分，作为隶属于该对象的东西。我可以先通过广延、不可入性、形状等等这一切在物体概念中所想到的标志来分析性地认识物体概念。但现在我扩展我的知识，并且由于我回顾我从中抽象出这个物体概念来的那个经验，于是我就发现与上述标志时刻连结在一起的也有重量，所以就把重量作为谓词综合地添加在该概念上。因此，经验就是重量这一谓词与物体这一概念有可能综合的基础，由于这两个概念虽然并非一个包含在另一个之中，但却是一个整体的各部分、即经验的各部分，经验本身则是诸直观的一个综合的结合，所以二者也是相互隶属的，尽管是偶然地隶属着的。①

A9
B13 　　但在先天综合判断那里，这种辅助手段就完全没有了。当我要超出概念 A 之外去把另一个 B 作为与之结合着的概念来认识时，我凭借什么来支撑自己，这种综合又是通过什么成为可能的呢？因为我在这

---

　　① 以上一段是对第一版两段话的改写，第一版原文为：

A8 　　由此可见：1.我们的知识通过分析判断丝毫也没有增加，而是分解了我已经拥有的概念，并使它本身容易被我所理解；2.在综合判断中，我在主词概念之外还必须拥有某种别的东西(X)，以便知性借助于它将那个概念中所没有的谓词仍然作为属于该概念的来以认识。

　　在经验性的或经验的判断中，后面这种情况是没有任何困难的。因为这个 X 就是我通过一个概念 A 所思维的那个对象的完备的经验，而这个概念只是构成这一经验的一个部分。因为尽管我在一个一般物体的概念中根本没有包含重量这个谓词，但物体概念却毕竟通过经验的一部分表明了完备的经验，因而我还可以在物体概念上加上这个经验的其他那些部分，作为属于该概念的部分。我可以先通过广延、不可入性、形状等等所有这些在物体概念中被想到的标志而分析地认识该概念。现在如果我扩展我的知识，并且由于我回顾我曾从中抽象出这个物体概念来的经验，于是我就发现与上述标志时刻连结在一起的也有重量。所以经验就是那个在概念 A 之外的 X，在此之上就建立起了重量这个谓词 B 和概念 A 综合起来的可能性。

　　　　　　　　　　　　　　　　　　　　　　　　——译者

里并没有在经验领域中环顾一下经验的便利。我们可以看看这个命题：一切发生的事物都有其原因。我虽然在发生的某物这一概念中想到了一种存有，在它之前经过了一段时间等等，并且从中可以引出分析判断来。但一个原因的概念是完全外在于前面那个概念的，它表示出某种与发生的某物不同的东西，因而是完全没有被包含在后一个表象中的。那么我们是如何做到用某种完全不同的东西来说明发生的某物，并且能认识到这个原因概念尽管不包含在发生的某物里，但却是属于并且甚至是必然属于它的？在这里，当知性相信自己在 A 的概念之外发现了一个与之陌生、而仍被它视为与之相连结①的谓词 B 时，支持知性的那个*未知之物* = X 是什么？这不可能是经验，因为上述因果原理不仅仅是以②更大的普遍性、而且也以表达出来的必然性，因而完全是先天地并从单纯的概念出发，把后面这些表象加在前面那个表象上。这样，我们先天的思辨知识的全部目的都是建立在这样一些综合性的、亦即扩展性的原理之上的；因为分析判断固然极为重要且必要，但只是为了达到概念的清晰，这种清晰对于一种可靠的和被扩展了的综合、即对于一个实际的新收获③来说是必不可少的。④

         A10
         B14

---

  ①   第一版为"而仍与之相连结"。——德文编者

  ②   第一版中此处还有"比经验所能提供的"一短语，被第二版删除。——德文编者

  ③   第一版为"新扩建"。——德文编者

  ④   第一版中接下来还有如下一段话在第二版中被删去：

     所以在这里藏有某种秘密［假如这个秘密被一个古代人想到了，哪怕只是提出了这一问题，那么单是这个问题就会有力地抗拒纯粹理性直到我们时代的一切体系了，而这样就会节省下不少无用的尝试，这些尝试并不知道真正要做的事情，而是盲目从事。——康德］，只有揭开这一秘密，在纯粹知性知识的无限领域中的进展才会变得确实可靠：这就是要以固有的普遍性来揭示先天综合判断的可能性根据，洞察使先天综合判断的每一种方式得以可能的诸条件，并且，把这整个知识（它构成自己特有的类）按照其本源的来源、划分、范围和界限表明在一个体系中，不是通过某种粗略的轮廓来表示，而是作出完备的和对于每种运用都充分的规定。关于综合判断所具有的特点暂时就说这么多。

                                        ——译者

V. 在理性的一切理论科学中都包含有先天综合判断作为原则①

1. 数学的判断全部都是综合的。这条定理似乎至今尚未被人类理性的分析家们注意到，甚至恰好与他们的一切推测相反，尽管它具有无法反驳的确定性并有非常重要的后果。这是因为，人们由于看到数学家的推论全都是依据矛盾律进行的（这是任何一种无可置疑的确定性的本性所要求的），于是就使自己相信，数学原理也是出于矛盾律而被承认的；他们在这里是弄错了；因为，一个综合命题固然可以根据矛盾律来理解，但只能是这样来理解，即有另外一个综合命题作为前提，它能从这另外一个综合命题中推出来，而决不是就其自身来理解的。

首先必须注意的是：真正的数学命题总是先天判断而不是经验性的判断，因为它们具有无法从经验中取得的必然性。但如果人们不愿接受这一点，那么好，我将把自己的命题局限于纯粹数学，这一概念的题中应有之义是：它不包含经验性的知识，而只包含纯粹的先天知识。

B15

虽然人们最初大约会想：7 + 5 = 12 这个命题是一个单纯分析命题，它是从 7 加 5 之和的概念中根据矛盾律推出来的。然而，如果人们更切近地考察一下，那么就会发现，7 加 5 之和的概念并未包含任何更进一步的东西，而只包含这两个数结合为一个数的意思，这种结合根本没有使人想到这个把两者总合起来的唯一的数是哪个数。12 这个概念决不是由于我单是思考那个 7 与 5 的结合就被想到了，并且，不论我把我关于这样一个可能的总和的概念分析多么久，我终究不会在里面找到12。我们必须超出这些概念之外，借助于与这两个概念之一相应的直观，例如我们的五个手指，或者（如谢格奈在其《算术》中所说的②）五个

---

① 　此节及以下第 VI 节均为第二版所增加的。——德文编者
② 　谢格奈（Segner, J. A. von, 1704—1777），匈牙利物理学家和数学家，著有《算术和几何原理》。——译者

点,这样一个一个地把直观中给予的五的这些单位加到七的概念上去。因为我首先取的是 7 这个数,并且,由于我为了 5 这个概念而求助于我的手指的直观,于是我就将我原先合起来构成 5 这个数的那些单位凭借我手指的形象一个一个地加到 7 这个数上去,这样就看到 12 这个数产生了。要把 5 加在 7 之上,这一点我虽然在某个等于7＋5的和的概念中已经想到了,但并没有想到这个和等于 12 这个数。所以算术命题永远都是综合的;对此我们越是取更大的数目,就越是看得更清楚,因为这样一来就明白地显示出,不论我们怎样把我们的概念颠来倒去,我们若不借助于直观而只借助于对我们的概念作分析,是永远不可能发现这个总和的。

　　同样,纯粹几何学的任何一个原理也不是分析性的。两点之间直线最短,这是一个综合命题。因为我的直的概念决不包含大小的概念,而只包含某种性质。所以"最短"这个概念完全是加上去的,而决不能通过分析从直线这个概念中引出来。因此在这里必须借助于直观,只有凭借直观这一综合才是可能的。① 在这里,通常使我们以为这种无可置疑的判断的谓词已经寓于我们的概念之中、因而该判断似乎就是分析性的那种信念,只不过是用语含混所致。因为我们应该在一个给予的概念上再想出某个谓词来,而这种必要性已经附着于那些概念身上了。但问题不在于我们应该想出什么来加在这个给予的概念上,而在于我们在这个概念中实际上想到了什么,即使只是模糊地想到了什么,而这就表明,这谓词虽然必然地与那概念相联系,但并非作为在概念本身中所想到的,而是借助于某个必须加在这概念上的直观。

　　几何学作为前提的少数几条原理虽然确实是分析的,并且是建立在矛盾律之上的;但它们正如那些同一性命题一样,也只是用于方法上的连接,而不是作为原则,例如 a＝a,即全体与自身相等,或(a＋b)＞a,亦即全体大于其部分。并且即算是这些原理本身,尽管仅仅按照概

B16

B17

_____

　　① 法欣格尔指出,本自然段以下文字在一、二版中均被错排到与下一自然段末尾相接之处了,兹参照英译本和韦卓民译本改正。——译者

念来说就是有效的,但它们在数学中之所以行得通,也只是因为它们能在直观中体现出来。

2. 自然科学(物理学)包含先天综合判断作为自身中的原则。我只想举出两个定理作例子,一个定理是:在物质世界的一切变化中,物质的量保持不变;另一个定理是:在运动的一切传递中,作用和反作用必然永远相等。显然,在这两个命题上,不仅仅存在着必然性,因而其

B18　起源是先天的,而且它们也是综合命题。因为在物质概念中我并没有想到持久不变,而只想到物质通过对空间的充满而在空间中在场。所以为了先天地对物质概念再想出某种我在它里面不曾想到的东西,我实际上超出了物质概念。因此这条定理不是一个分析命题,而是综合的,但却是先天被想到的,而且自然科学纯粹部分的其他一些定理也都是如此。

3. 在形而上学中,即使我们把它仅仅看做一门至今还只是在尝试、但却由于人类理性的本性而不可缺少的科学,也应该包含先天综合的知识,并且它所关心的根本不是仅仅对我们关于事物的先天造成的概念加以分解、由此作出分析的说明,相反,我们要扩展我们的先天知识,为此我们必须运用这样一些原理,它们在被给出的概念上增加了其中不曾包含的某种东西,并通过先天综合判断完全远远地超出了该概念,以至于我们的经验本身也不能追随这么远,例如在“世界必然有一个最初的开端”等命题中那样,所以形而上学至少就其目的而言是由纯粹先天综合命题所构成的。

B19

Ⅵ. 纯粹理性的总课题

如果我们能把一大堆考察纳入到一个唯一课题的公式之下,那就已经是很多的收获了。因为这样一来,当我们通过对自己的任务加以精确的规定时,我们就不仅自己减轻了自己的任务,而且也使得其他任何想要检查这一任务的人易于判断我们是否实现了自己的计划。于是纯粹理性的真正课题就包含在这个问题之中:先天综合判断是如何可

能的?

　　形而上学至今还停留在如此不确定和矛盾的动摇状态中,这只有归咎于一个原因,即人们没有让自己较早地思考上述课题,或许甚至连分析的和综合的判断的区别都没有考虑到。于是形而上学的成败便基于这个课题的解决,或者基于充分地证明它公开宣称想要知道的那种可能性实际上根本不存在。大卫·休谟在一切哲学家中最接近于这个课题,但还远远没有足够确定地并在其普遍性中思考它,而只是停留在结果和原因相连结的综合命题(因果律)之上,他相信他已查明,这样一种先天命题是完全不可能的,按照他的推论,一切我们称之为形而上学的东西,结果都只是妄想,即自以为对其实不过是从经验中借来的东西及通过习惯留给我们必然性幻相的东西有理性的洞见;如果他对我们这一课题在其普遍性中有所注意的话,他就决不会在这种摧毁一切纯粹哲学的主张上摔跟头了,因为这样他就会看出,根据他的论证,甚至连纯粹数学也不会有了,因为纯粹数学肯定是包含先天综合判断的。这样一来,他的健全知性也许就会保护他免受那种主张之害了。

　　在解决上述课题的同时,也就理解了纯粹理性在奠立和发展一切含有关于对象的先天理论知识的科学中的可能性,也就是回答了下述问题:

　　纯粹数学是如何可能的?

　　纯粹自然科学是如何可能的?

　　由于这些科学现实地存在了,这就可以对它们适当地提出问题:它们是如何可能的;因为它们必定是可能的这一点通过它们的现实性而得到了证明①。至于形而上学,那么由于它至今进展不顺利,也由于在至今提出的形而上学中没有一个可以就其根本目的而言说它是现实在

B20

B21

---

　　① 在纯粹自然科学方面,有些人也可能会对这种证明仍抱怀疑。但只要我们看看在真正的(经验性的)物理学开头出现的各种定理,如关于物质的量的守恒定理,惯性定理,作用与反作用相等定理等等,那么我们马上就会确信,这些定理构成了一门纯粹的(或合理的)自然科学,这门科学很值得作为一门独特的科学在其不论宽还是窄的整个范围内单独地创立起来。——康德

手的,所以必然会使每一个人有理由对它的可能性表示怀疑。

　　但现在,这种知识类型在某种意义上毕竟也被看做是给予了的,形而上学即使不是现实地作为科学,但却是现实地作为自然倾向(meta-physica naturalis)而存在。因为人类理性并非单纯由博学的虚荣心所推动,而是由自己的需要所驱动而不停顿地前进到这样一些问题,这些问题不是通过理性的经验运用、也不是通过由此借来的原则所能回答的,因此在一切人类中,只要他们的理性扩展到了思辨的地步,则任何时代都现实地存在过、并还将永远存在某种形而上学。于是也就有关于这种形而上学的问题:

B22　　　形而上学作为自然的倾向是如何可能的?

就是说,纯粹理性向自己提出、并由自己的内在需要所驱动而要尽可能好地回答的那些问题,是如何从普遍人类理性的本性中产生出来的?

　　但由于对这些自然而然的提问,如世界有一个开端还是永恒以来就存在的等等问题,迄今想要作出回答的一切尝试总是遇到了不可避免的矛盾,所以我们不能以形而上学的自然倾向为满足,也就是不能满足于纯粹理性能力本身,哪怕它总是能产生出某种形而上学(不管它是哪一种)来,而必须使理性能够确定地判断它是知道还是不知道它的对象,也就是要么对它所问的对象加以裁决,要么对于理性在形而上学方面的能力和无能有所判断,因而要么对我们的纯粹理性满怀信赖地加以扩展,要么对它作出确定的和可靠的限制。这个从前述总课题引申出来的最后的问题正当地说就将是:形而上学作为科学是如何可能的?

　　所以,理性的批判最终必然导致科学;相反,理性的无批判的独断

B23　运用则会引向那些无根据的、可以用同样似是而非的主张与之对立的主张,因而导致怀疑论。

　　这门科学也不会庞大浩瀚得吓人,因为它并不与杂乱无边的理性对象打交道,而只与理性本身、只与从理性自身产生出来的课题打交道,这些课题并不是由与理性不同的那些事物的本性提交给它的,而是由理性自己提交给自己的;因为当理性预先完全了解到它自己在处理

那些可能从经验中呈现给它的对象的能力时,必然就会很容易完全可靠地确定它在试图超出一切经验界限来运用时的范围和界限了。

因此我们可以而且必须把迄今为止要独断地建立形而上学的一切尝试都看做是不曾发生过的;因为在这种或那种形而上学中,凡只是分析性的东西,也就是对先天地寓于我们理性中的那些概念的单纯分解,还根本不是真正的形而上学的目的,而只是对它的一种准备,即准备要综合地扩展这些概念的先天知识。对于这个目的,概念分析是不合适的,因为它只是表明在这些概念中包含了什么,但并不表明我们如何先天地达到这些概念,以便然后也能够规定它们在所有知识的一般对象方面的有效运用。甚至只需要很少的自我克制就能 B24
放弃这一切要求,因为理性的无可否认的、并且在独断的处理方式下也是不可避免的矛盾早就已经自行使任何迄今为止的形而上学威信扫地了。需要有更多坚毅精神的是,不为内部的困难和外部的阻力所阻挡,通过另外一种与至今采取的完全相反的处理方式,来促使人类理性所不可缺少的一门科学终于有一天能够欣欣向荣、富有成果。从这门科学所萌发出来的每个枝干都可以砍掉,但它的根却是铲除不了的。

Ⅶ. 在纯粹理性批判名下的一门
特殊科学的理念和划分①

于是,从所有这些中就得出了一门可以叫作②纯粹理性批判的特 A11
殊科学的理念。③ 因为理性是提供出先天知识的诸原则的能力。所以

---

① 该标题为第二版所加。——德文编者
② 第一版为"可以用作"。——德文编者
③ 接下来第一版中的两句话在第二版中被删除了:"但任何不与丝毫异己性质的东西相混淆的知识都叫做纯粹的。不过某种知识特别被称之为绝对纯粹的,在其中根本没有任何经验或感觉混杂进来,因而完全是先天可能的。"——德文编者

纯粹理性就是包含有完全先天地认识某物的诸原则的理性。纯粹理性的一个工具论就将是一切先天纯粹知识能够据以获得并被现实地实现出来的那些原则的总和。这样一种工具论的详尽的应用就会获得一个纯粹理性体系。但由于这个体系指望得很多，而这又还取决于是否在这里一般地也会有对我们知识的某种①扩展，以及在何种情况下这种知识是可能的；于是我们就可以把一门单纯评判纯粹理性、它的来源和界限的科学视为纯粹理性体系的入门。这样一个入门将不必称作一种学理，而只应当叫作纯粹理性的批判，而它的用处就思辨方面来说实际上将只是否定性的，不是用来扩展我们的理性，而只是用来澄清我们的理性，并使它避免犯错误，而这已经是极大的收获了。我把一切与其说是关注于对象，不如说是一般地关注于我们有关对象的、就其应当为先天可能的而言的认识方式的知识②，称之为先验的。这样一些概念的一个体系就将叫做先验—哲学。但这种先验哲学对于这个开端来说又还是太多了。因为，由于这样一门科学将必须完整地既包含分析的知识，又包含有先天综合的知识，所以就其涉及到我们的意图而言它具有太大的规模，因为我们只能将这种分析推进到这样的程度，即它为了对我们唯一感兴趣的先天综合诸原则从其整个范围内加以洞察必然是不可缺少的。我们现在所从事的乃是这样的研究，这种研究我们真正说来不能称之为学理，而只能称之为先验的批判，因为它的意图不是扩展知识本身，而只是校正知识，并且应该充当一切先天知识的有价值或无价值的试金石。因此，这样一种批判就是尽可能为这类知识的一种工具论作准备的，假如这一点无法做到的话，至少是为这类知识的一种法规作准备的，按照这种法规，或许有一天纯粹理性的完备的哲学体系会有可能既是分析地也是综合地展示出来，而不管其内容是扩展纯粹理性的知识还是仅仅对之作出限制。因为，说这件事是可能的，甚至说一

B25

A12

B26

---

① 第一版为"这样一种"。——德文编者
② 第一版为："不如说是一般地关注于我们有关对象的先天概念的知识"。——德文编者

个这样的体系有可能完全不用很大的规模就有希望全部完成,这从如
下一点就已经可以预先估计到了,即在这里构成对象的不是事物的无
法穷尽的本性,而是对事物的本性下判断的知性,并且还只是就其先天　A13
知识而言的知性,它的库存,由于我们不允许从外部去寻求,所以也不
可能总是对我们隐藏着,并且从各方面来估量,其库存之小也足以被完
备地登记下来、被按照其有无价值来评判和得到正确的估价。我们在　B27
这里更不能指望有一种对书籍和纯粹理性体系的批判,而只能指望一
种对纯粹理性能力本身的批判。唯独以这样一种批判为基础,我们才
有一种可靠的试金石来估价这一专门领域中新旧著作的哲学内涵;否
则的话,不够格的历史学家和法官就会以自己同样是无根据的主张来
评判别人的无根据的主张了。①

　　先验—哲学是一门科学的理念②,对于这门科学,纯粹理性批判应
当依照建筑术、即从原则出发,以构成这一建筑物的全部构件的完备性
和可靠性的完全保证,来拟定出完整的计划。它是纯粹理性的所有原
则的体系。这个批判之所以本身并不已经就是先验—哲学,其理由只
在于它为了成为一个完备的体系,还必须包含有对人类全部先天知识
的一个详尽的分析。现在,我们的批判诚然也必须着眼于对构成上述
纯粹知识的所有那些主干概念作一个完备的列举,但它却正当地放弃
了对这些概念本身作详尽的分析,同样也放弃了对从这些概念中派生
出来的概念的完备的评论,这一方面是由于这种析分将会是不合目的　A14
的,因为这种析分不具有在整个批判真正为之而存在的综合那里所见　B28
到的那种考虑,另方面是由于,努力担当起人们按照自己的意图本来可
以摆脱的这样一个分析和推导的完备性的任务,这将违反该计划的统
一性。然而,这种析分的完备性以及从后面可以提供出来的先天概念

---

　　①　第一版中接下来有一个标题,在第二版中被删去了:"Ⅱ. 先验—哲学的
划分"。——德文编者
　　②　第一版为"先验—哲学在这里只是一种理念"。——德文编者

中所作的推导的完备性是很容易补足的,只要这些概念首先作为综合的详尽原则而存在,并且对这个根本的意图而言完备无缺即可。

所以,属于纯粹理性批判的是所有那些构成先验—哲学的东西,纯粹理性批判是完备的先验—哲学的理念,但还不是这门科学本身:因为它在分析中只进行到对先天综合知识的完备评判所要求的那个地步。

在划分这样一门科学时尤其要注意的是:必须完全不让任何在自身包含有某种经验性的东西的概念夹杂进来;或者说,先天知识应当是完全纯粹的。因此,虽然道德的至上原理及其基本概念是先天的知识,但它们却不隶属于先验—哲学,因为它们虽然不把愉快和不愉快、欲望 **A15** 和爱好等等这些全都有经验性起源的概念作为其道德规范的基础,但 **B29** 毕竟在义务概念里不得不把它们作为应当被克服的障碍,或是作为不应被当做活动根据的刺激作用,而必然一起纳入到对纯粹德性体系的构思中来。① 因此先验—哲学是一种仅仅思辨性的纯粹理性的人生智慧②。因为一切实践的东西,就其包含动机③而言,都与属于经验性知识来源的情感相关。

既然我们要从某种一般体系这个普遍观点来划分这门科学,那么我们现在所展示的这门科学首先就必须包含纯粹理性的一个要素论,其次包含纯粹理性的一个方法论。这两个主要部分的每一个又将有自己的次级划分,当然划分的根据在这里还不可能展示出来。似乎不能不当做引子或预先提醒来说的只是:人类知识有两大主干,它们也许来自于某种共同的、但不为我们所知的根基,这就是感性和知性,通过前

---

① 整个这一句从"因为"起在第一版中为:"因为愉快和不愉快、欲望和爱好、任意等等概念全都有经验性的起源,却不得不在这里加以预设。"——德文编者

② "人生智慧",德文为 Weltweisheit,通常译作"哲学",此处取其词根意义,以与前一"哲学"(Philosophie,原义为"爱智慧")区分。——译者

③ 第一版中为"活动根据"。——德文编者

者,对象被给予我们,而通过后者,对象则被我们思维。既然感性应当
包含有那些构成对象由以被给予我们的条件的先天表象,则感性将属　　B30
于先验—哲学。先验的感性学说将必然属于要素科学的第一部分,因　　A16
为人类知识的对象唯一在其之下才被给予的那些条件是先行于这些对
象在其之下被思维的那些条件的。

一、先验要素论

A19
B31

第一部分　先验感性论

A19
B33

§1. ①

　　一种知识不论以何种方式和通过什么手段与对象发生关系,它借以和对象发生直接关系、并且一切思维作为手段以之为目的的,还是直观。但直观只是在对象被给予我们时才发生;而这种事至少对我们人类来说又只是由于对象以某种方式刺激内心才是可能的。通过我们被对象所刺激的方式来获得表象的这种能力(接受能力),就叫作感性。所以,借助于感性,对象被给予我们,且只有感性才给我们提供出直观;但这些直观通过知性而被思维,而从知性产生出概念。但一切思维必须无论是直截了当地(直接地)还是转弯抹角地(间接地)借助于某些标志最终与直观、因而对我们人类来说与感性发生关系,因为以别的方式不可能有任何对象给予我们。

　　当我们被一个对象所刺激时,它在表象能力上所产生的结果就是感觉。那种经过感觉与对象相关的直观就叫作经验性的直观。一个经验性的直观的未被规定的对象叫作现象。

B34
A20

　　在现象中,我把那与感觉相应的东西称之为现象的质料,而把那种使得现象的杂多能在某种关系中得到整理②的东西称之为现象的形式。由于那只有在其中感觉才能得到整理、才能被置于某种形式中的东西本身不可能又是感觉,所以,虽然一切现象的质料只是后天被给予的,但其形式却必须是全都在内心中先天地为这些现象准备好的,因此

---

① 该小节标志为第二版所加。——德文编者
② "能……得到整理"在第一版中为"被整理、被直观"。——德文编者

可以将它与一切感觉分离开来加以考察。

　　我把一切在其中找不到任何属于感觉的东西的表象称之为纯粹的（在先验的理解中）。因此，一般感性直观的纯粹形式将会先天地在内心中被找到，在这种纯粹形式中，现象的一切杂多通过某种关系而得到

B35　直观。感性的这种纯形式本身也叫作纯直观。这样，假如我从一个物体的表象里把知性所想到的东西如实体、力、可分性等等都除开，同时

A21　又把属于感觉的东西如不可入性、硬度、颜色等等也除开，那么我从这个经验性的直观中还余留下某种东西，即广延和形状。这些东西属于纯粹直观，它是即算没有某种现实的感官对象或感觉对象，也先天地作为一个单纯的感性形式存在于内心中的。

　　一门有关感性的一切先天原则的科学，我称之为先验感性论①。

B36　所以必须有这样一门科学，它构成先验要素论的第一部分，而与包含纯粹思维的诸原则、称之为先验逻辑的那一部分相对。

A22　　　因此，在先验感性论中我们首先要通过排除知性在此凭它的概念所想到的一切来孤立感性，以便只留下经验性的直观。其次，我们从这直观中再把一切属于感觉的东西分开，以便只留下纯直观和现象的单纯形式，这就是感性所能先天地提供出来的唯一的东西了。在这一研究中将会发现，作为先天知识的原则，有两种感性直观的纯形式，即空间和时间，我们现在就要对它们加以考虑。

────────────

　　① 唯有德国人目前在用"Ästhetik"这个词来标志别人叫作鉴赏力批判的东西。这种情况在这里是基于优秀的分析家鲍姆加通所抱有的一种不恰当的愿望，即把美的批评性评判纳入到理性原则之下来，并把这种评判的规则上升为科学。然而这种努力是白费力气。因为所想到的规则或标准按其最高贵的来源都只是经验性的，因此它们永远也不能用作我们的鉴赏判断所必须遵循的确定的先天法

B36　则，毋宁说，鉴赏判断才构成了它们的正确性的真正的试金石。为此我建议，要么使这一名称重新被接受，并将它保留给目前这门真正科学的学说（这样，我们也就会更接近古人的说法和想法，在他们那里，把知识划分为 αισθητα και νοητα，即感性和理性，是很有名的）[第一版中没有圆括号（）。——译者]，要么就和思辨哲学分享这一名称，而把 Ästhetik 部分在先验的意义上、部分在心理学的含义上来采用。——康德

第一节　空　间

§2. 空间概念的形而上学阐明①

借助于外感官（我们内心的一种属性），我们把对象表象为在我们之外、并全都在空间之中的。在空间之中，对象的形状、大小以及相互之间的关系是确定的，或是可以被确定的。内感官则是内心借以直观自身或它的内部状态的，它虽然并不提供对灵魂本身作为一个客体的任何直观，但这毕竟是一个确定的形式，只有在这形式下对灵魂的内部 状态的直观才有可能，以至于一切属于内部规定的东西都在时间的关系之中被表象出来。时间不能在外部被直观到，正如空间也不能被直观为我们之内的东西一样。那么，空间与时间是什么呢？它们是现实的存在物吗？或者它们虽然只是事物的诸规定乃至于诸关系，但却是哪怕事物未被直观到也仍然要归之于这些事物本身的东西？要么，它 们是这样一些仅仅依附于直观形式、因而依附于我们内心的主观性状的东西，没有这种主观性状，这些谓词就根本不可能赋予任何事物？为了搞清这些问题，我们要首先阐明空间的概念②。所谓阐明（expositio③），我理解为将一个概念里所属的东西作出清晰的（哪怕并不是详尽的）介绍；而当这种阐明包含那把概念作为先天给予的来描述的东西时，它就是形而上学的。

1. 空间不是什么从外部经验中抽引出来的经验性的概念。因为要使某些感觉与外在于我的某物发生关系（也就是与在空间中不同于我

---

① 该标题为第二版所加。——德文编者

② 第一版为"我们要首先考察空间"。——德文编者

③ 拉丁文:阐明。——译者

所在的另一地点中的某物发生关系），并且要使我能够把它们表象为相互外在、相互并列，因而不只是各不相同，而且是在不同的地点，这就必须已经有空间表象作基础了。因此空间表象不能从外部现象的关系中由经验借来，相反，这种外部经验本身只有通过上述表象才是可能的。

A24　　　2. 空间是一个作为一切外部直观之基础的必然的先天表象。对于空间不存在，我们永远不能形成一个表象，虽然我们完全可以设想在空

B39　间中找不到任何对象。因此，空间被看做是现象①的可能性条件，而不是一个附属于现象的规定，而且它是一个先天的表象，必然成为外部现象的基础。②

　　　3. 空间决不是关于一般事物的关系的推论的概念，或如人们所说，

A25　普遍的概念，而是一个纯直观。因为首先，我们只能表象一个唯一的空间，并且，如果我们谈到许多空间，我们也是把它们理解为同一个独一无二的空间的各部分。这些部分也不能先行于那唯一的无所不包的空间，仿佛是它的组成部分（由它们才得以复合起来唯一的空间）似的，相反，它们只有在唯一空间中才能被设想。空间本质上是唯一的，其中的杂多、因而就连一般诸多空间的普遍概念，都只是基于对它的限制。由此可见，在空间方面一切有关空间的概念都是以一个先天直观（而不是经验性的直观）为基础的。一切几何学原理也是如此，例如在一个三角形中，两边之和大于第三边，这决不是从有关线和三角形的普遍

---

① 　法欣格尔指出"现象"前面漏掉了"外部的"这个限定语。——德文编者
② 　第一版中接下来一段在第二版被删掉了：

　　3. 在这一先天必然性之上建立起了一切几何原理的无可置疑的确定性、及其先天构造的可能性。因为假如这种空间表象是从普遍的外部经验中抽取出来的一个后天获得的概念，则数学规定的那些最初的原理就会不过是些知觉而已。因而它们将具有知觉的一切偶然性，而"两点之间只有一条直线"就会恰恰不是必然的，而是经验总是这样告诉我们的。凡是从经验借来的东西也都只有比较而言的普遍性，亦即由归纳而来的普遍性。于是我们将只能够说，就目前所看到的而言，还没有发现任何空间是具有多于三个量度的。"

　　相应地，下面一段开头的"3."在第一版中原为"4."。——德文编者

概念中,而是从直观、并且是先天直观中,以无可置疑的确定性推导出来的。

4. 空间被表象为一个无限的给予的量。虽然我们必须把每一个概 B40
念都设想为一个被包含在无限数量的各种可能表象中(作为其共同性标志)、因而将这些表象都包含于其下的表象;但没有任何概念本身能够被设想为仿佛把无限数量的表象都包含于其中的。然而,空间就是这样被设想的(因为空间的所有无限的部分都是同时存在的)。所以,空间的原始表象是先天直观,而不是概念。①

§3. 空间概念的先验阐明②

我所谓先验的阐明,就是将一个概念解释为一条原则,从这条原则能够看出其他先天综合知识的可能性。为了这一目的,就要求:1)这一类知识确实是从这个给定的概念推导出来的,2)这些知识只有以这个概念的给定的解释方式为前提才是可能的。

几何学是综合地却又是先天地规定空间属性的一门科学。那么,空间的表象究竟必须怎样,才会使有关它的这样一门知识成为可能?它必须从本源上就是直观;因为从一个单纯的概念中引不出任何超出 B41
概念之外的命题,这却是几何学中发生的情况(导言,V)。但这种直观又必须是先天地、即先于对一个对象的一切知觉而在我们心里,因而必须是纯粹的而不是经验性的直观。因为几何学的定理全都是无可置疑的,亦即与对它们的必然性的意识结合在一起的,例如空间只有三种量度;但这一类定理不可能是经验性的命题或经验判断,也不是从这些

---

① 这一段是对第一版中下述一段的改写:
5. 空间被表象为给予出来的一个无限的量。关于空间(它不论在一尺还是一码中都是共同的)的一个普遍概念并不能在量方面作出任何规定。假如不是有直观进程中的无限制性的话,那就没有任何关系概念会带来量的无限性原则。
——德文编者
② 该标题及整个第 3 小节均为第二版增加的。——德文编者

经验判断中推出来的(导言,Ⅱ①)。

那么,一个先行于客体本身、并能于自身中先天地规定客体概念的外部直观如何能够寓于内心中呢? 显然只有当这表象仅仅作为主体受客体刺激并由此获得对客体的直接表象即直观的形式性状,因而仅仅作为外感官的一般形式,而在主体中占有自己的位置时,才得以可能。

所以,只有我们的解释才使作为一种先天综合知识的几何学的可能性成为可理解的。任何一种做不到这一点的解释方式,即使表面上也许与它有些类似,但依据这个标志就可以最可靠地与它区别开来。

A26
B42

由上述概念得出的结论

a)空间所表象的决不是某些自在之物的属性,或是在它们的相互关系中的属性,也就是说,决不会是依附于对象本身的那些属性的规定性,似乎即使我们把直观的一切主观条件都抽掉它们还会留下来一样。因为不论是绝对的规定还是相对的规定,都不能在它们所属的那些事物存有之前、也就是先天地被直观到。

b)空间无非只是外感官的一切现象的形式,亦即唯一使我们的外直观成为可能的主观感性条件。既然主体被对象刺激的接受性必然先行于对这个客体的一切直观,所以很好理解,一切现象的形式如何能够在一切现实的知觉之先、因而先天地在内心中被给予,这形式又如何能够作为一切对象都必然在其中被规定的纯直观,而在一切经验以前就包含着诸对象的关系的原则。

这样,我们就只有从人的立场才能谈到空间、广延的存在物等等。如果我们脱离了唯一能使我们只要有可能为对象所刺激就能获得

B43　外部直观的那个主观条件,那么空间表象就失去了任何意义。这个谓

---

① 指第二版中的标号。——译者

词只有当事物对我们显现、亦即当它们是感性对象时才能赋予事物。　A27
我们称之为感性的这个接受性的固定形式，是诸对象借以被直观为在
我们之外的那一切关系的必然条件，而如果我们抽掉这些对象，它就
是带有空间之名的一个纯直观。由于我们不能使感性的这一特殊条件
成为事物的条件，而只能使之成为事物的现象的条件，所以我们很可
以说：空间包括一切可能向我们外在地显现出来的事物，但不包括一
切自在之物本身，不论这些自在之物本身是否能被直观到，也不论被
何种主体来直观。因为我们对于其他思维着的存在物的直观完全不能
作判断，不知这些直观是否也被束缚在限制我们的直观并对我们普遍
有效的那同一些条件之上。当我们把一个判断的限制加在主词的概念
上时，这样一来该判断就会无条件地有效了。"一切事物都相互并存
于空间里"这个命题，只有在这个限制之下，即如果这些事物被看
做我们感性直观的对象，才会有效。当我在这里把这个条件加到概念
上去，说"一切事物，作为外部现象，都相互并存于空间里"时，那么这
条规则就是普遍而无限制地有效的。所以，我们的这些阐明说明了就　B44
一切能从外部作为对象呈现给我们的东西而言的空间的实在性（即客　A28
观有效性），但同时也说明了就那些凭借理性来考虑它们自在的本身、
即不顾及我们感性之性状的事物而言的空间的观念性。所以我们主张
空间（就一切可能的外部经验而言）的经验性的实在性，虽然同时
又主张空间的先验的观念性，也就是只要我们抽掉一切经验的可能性
这个条件，并把空间假定为某种给自在之物本身提供基础的东西，空
间就什么也不是了。

　　但除了空间之外，也没有任何主观的、与某种外在东西相关而能
称得上是先天客观的表象了。因为我们不能从其他这些表象中，如同
从空间的直观中那样，引出先天综合命题（§3）。所以严格说来，
不能把任何观念性①归之于其他这些表象，哪怕它们与空间表象在这
方面是一致的，即它们也仅仅属于感觉方式的主观性状，例如通过颜

---

　　① 拉斯（Laas）将"观念性"校为"实在性"。——德文编者

色、声音、温度的感觉而视、听、触的主观性状，但由于这些只不过是感觉而不是直观，它们本身并不使人认识、至少是先天地认识任何客体。①

B45　　作这一说明的意图，只是为了防止有人会突发奇想，用那些远远不充分的例证来说明我主张的空间的观念性，因为例如颜色、味道等等都理应不被看做事物的性状，而只被看做主体的变化，这些变化甚至在不同的人那里也可能是不同的。因为在这种场合下，那原本只是现象的东西，如一朵玫瑰花，在经验性的理解中就被看做是一个自在之物，这个自在之物却可以在每个人的眼里在颜色上有不同的显现。

A30相反，对空间中现象的先验概念却是一个批判性的提醒：一般说来在空间中被直观到的任何东西都不是自在的事物，而且空间也不是事物也许会自在地自身固有的形式，毋宁说，我们完全不知道自在的对象，而凡是我们称之为外部对象的，无非是我们感性的单纯表象而已，其形式是空间，但其真实的相关物、亦即自在之物却丝毫也没有借此得到认识，也不可能借此被认识，但它也从来不在经验中被探讨。

------

　　①　从"因为我们不能……"到本段末是对第一版下面文字的改写："因此一切外部现象的这一主观条件是没有任何其他条件可比较的。一种酒的味道好并不属于这酒的客观规定，因而不属于哪怕作为现象看的一个客体的客观规定，而是属于在品尝酒的主体那里感官的特殊性状。颜色依附于对物体的直观却不是物体的性状，而仅仅是受到光的某种方式刺激的视觉的一些变状。相反，空间作为外部客体的条件，必然属于现象或直观本身。味道和颜色根本不是唯一能使对

A29象成为我们感官的客体的必要条件。它们只是作为对特殊器官偶然附加上的影响而与现象结合起来的。所以它们也不是什么先天的表象，而是建立在感觉上，而好味道甚至是建立在作为感觉的影响的(愉快和不愉快的)情感上的。也不可能有任何人先天地拥有不论是一种颜色表象还是任何味道的表象；而空间却只涉及到直观的纯形式，因而不包含有任何感觉(没有丝毫经验性的东西)，甚至空间的一切类型和规定都能够且必须能先天地被表象出来，如果要产生出形状和关系的概念的话。只有通过空间，事物成为我们的外部对象才是可能的。"——德文编者

第二节　时　间

B46

§4. 时间概念的形而上学阐明①

1.②时间不是什么从经验中抽引出来的经验性的概念。因为，如果不是有时间表象先天地作为基础，同时和相继甚至都不会进入到知觉中来。只有在时间的前提之下我们才能想像一些东西存在于同一个时间中（同时），或处于不同的时间内（相继）。

2. 时间是为一切直观奠定基础的一个必然的表象。我们不能在一 A31
般现象中取消时间本身，尽管我们完全可以从时间中去掉现象。所以时间是先天被给予的。只有在时间中现象的一切现实性才是可能的。这些现象全都可以去掉，但时间（作为这些现象的可能性的普遍条件）是不能被取消的。

3. 在这一先天必然性的基础上，还建立起了时间关系的那些无可 B47
置疑的原理、或一般时间公理的可能性。时间只有一维：不同的时间不是同时的，而是前后相继的（正如不同空间不是前后相继的，而是同时的一样）。这些原理不可能从经验中引出来，因为经验既不会提供严格的普遍性，也不会提供无可置疑的确定性。我们就只能说：通常的知觉告诉我们是这样；但不能说它必定是这样。这些原理作为使经验根本上成为可能的诸规则而起作用，并在经验之前教导我们，而不是通过经验教导我们。

4. 时间不是什么推论性的、或如人们所说普遍性的概念，而是感性

① 该标题为第二版所加。——德文编者
② 在第一版中序号 1. 被写成Ⅰ. 并误置于整个该小节的标题处。——德文编者

A32　　直观的纯形式。不同的时间只是同一个时间的各部分。但只能通过唯一的对象被给予的表象就是直观。甚至连"不同的时间不能是同时的"这一命题也不能从一个普遍概念中推出来。这个命题是综合的，不能单独由概念中产生。所以它是直接包含在时间的直观和表象之中。

　　5. 时间的无限性只不过意味着，时间的一切确定的大小只有通过

B48　对一个唯一的、作为基础的时间进行限制才有可能。因此，时间这一本源的表象必须作为无限制的而被给予出来。但它的各个部分本身，以及一个对象的每个大小，都只有通过限制才能被确定地加以表象，于是，这整个表象都必定不是由概念给予的（因为概念只包含诸部分表象①），而是必须由直接的直观来为它奠定基础。

§5. 时间概念的先验阐明②

　　为此，我可以援引上面第 3 条，在那里我为了简短而把本来是先验阐明的事置于形而上学的阐明这个标题下了。在此我再补充一点：变化的概念以及和它一起的运动（作为位置的变化）的概念只有通过时间表象并在时间表象之中才是可能的；而假如这个表象不是先天的（内）直观的话，那么任何概念，不论它是什么概念，都不能使一个变化的可能性、即把矛盾对立着的谓词结合在同一个客体中的可能性（如"同一个事物在某处存在又在同一处不存在)，成为可理解的。只有在

B49　时间里，两个矛盾对立的规定才会在一个事物中被发现，即前后相继地被发现。所以，我们的时间概念解释了像卓有成效的普遍运动学说所阐述的那么多的先天综合知识的可能性。

---

① 第一版为："（因为在此部分表象是先行的)"。——德文编者
② 整个第 5 小节都是第二版增加的。——德文编者

§6.①从这些概念得出的结论

a)时间不是独立存在的东西,也不是附属于物的客观规定,因而不是抽掉物的直观的一切主观条件仍然还会留存下来的东西;因为在前一种情况下,时间将会是某种没有现实对象却仍然现实存在的东西。至于第二种情况,那么时间作为一个依附于物自身的规定或秩序就会 　A33 不可能先行于对象作为其条件、也不可能通过综合命题而被先天地认识和直观到了。相反,这种事很有可能发生,如果时间无非是一切直观得以在我们心中产生的主观条件的话。因为这样一来,这一内直观的形式就能先于对象、因而先天地得到表象了。

b)时间不过是内部感官的形式,即我们自己的直观活动和我们内部状态的形式。因为时间不可能是外部现象的任何规定;它既不属于 　B50 形状,又不属于位置等等,相反,它规定着我们内部状态中诸表象的关系。而正因为这种内部直观没有任何形状,我们也就试图通过类比来补足这一缺陷,用一条延伸至无限的线来表象时间序列,在其中,杂多构成了一个只具有一维的系列,我们从这条线的属性推想到时间的一切属性,只除了一个属性,即这条线的各部分是同时存在的,而时间的各部分却总是前后相继的。由此也表明了,时间本身的表象是直观,因为时间的一切关系都能够在一个外部直观上面表达出来。

c)时间是所有一般现象的先天形式条件。空间是一切外部直观 　A34 的纯形式,它作为先天条件只是限制在外部现象。相反,一切表象,不管它们是否有外物作为对象,毕竟本身是内心的规定,属于内部状态,而这个内部状态却隶属在内直观的形式条件之下,因而隶属在时间之下,因此时间是所有一般现象的先天条件,也就是说,是内部现象(我们的灵魂)的直接条件,正因此也间接地是外部现象的条件。如果我 　B51 能先天地说:一切外部现象都在空间中并依空间的关系而先天地被规

---

① 标号"§6."为第二版所加。——德文编者

定,那么我也能出于内感官的原则而完全普遍地说:所有一般现象、亦即一切感官对象都在时间中,并必然地处于时间的关系之中。

如果我们把我们的在内部直观自己并借这种直观也把一切外部直观包括在表象能力中的方式都抽掉,因而把对象如同它们可能自在地存在那样来看待,那么时间就什么也不是了。时间只就现象而言才有客观有效性,因为现象是我们已经当做我们感官的对象的事物;但如果

A35　我们抽掉我们直观的感性,因而抽掉我们所特有的那种表象方式,而谈论一般的物,则时间就不再是客观的了。因此时间只是我们(人类的)直观的一个主观条件(这直观永远是感性的,即限于我们为对象所刺激的范围内),它超出主观就其自在来说则什么也不是。但同样,就一切现象而言,因而也对一切能在经验中向我们出现的事物而言,它又必然是客观的。我们不能说:一切事物都在时间中,因为在一般事物这个

B52　概念中抽掉了直观事物的一切方式,但这种方式却是把时间归于对象表象的根本条件。如果现在把这个条件加到概念上,并说:一切事物作为现象(感性直观对象)都在时间中,那么这条原理就具有地道的客观正确性和先天的普遍性了。

因此,我们的主张表明了时间的经验性的实在性,即对每次可能给予我们感官的一切对象而言的客观有效性。而由于我们的直观永远都是感性的,所以在经验中决不可能有不是隶属于时间条件之下的对象给予我们。反之,我们反驳一切对时间的绝对实在性的要求,这种要求

A36　以为时间即使不考虑我们感性直观的形式也是绝对依附于事物作为其条件或属性的。这样一些属于自在之物的属性也永远不能通过感官给予我们。所以在这里就有时间的先验的观念性,据此,如果我们抽掉感性直观的主观条件,时间就什么也不是,时间(去掉它与我们直观的关系)既不能自存性地(subsistierend)、也不能依存性地

B53　(inhärierend)算到自在对象的账上。但这种观念性,正如空间的观念性一样,与感觉的欺骗(Subreption)不可同日而语,因为在这种情况下,我们毕竟在这些谓词所依存的现象本身方面是以它具有客观实在性为前提的,这种实在性在这里,除非它只是经验性的,即除非

只把对象本身看做现象，否则就完全取消了：对此可参看上面第一节的说明。

§7.^①解　说

对于这个承认时间的经验性的实在性、但否认绝对的和先验的实在性的理论，我从行家们那里已听到一致的反对意见，以至于我由此而相信，在不习惯于这些考察的每个读者那里，这种反对意见都必定会自然而然地产生出来。这种意见认为：变化都是现实的（这由我们自己的表象的更替所证明，哪怕我们想否认一切外部现象连同其变化）；既然变化只在时间中才可能，那么时间就是某种现实的东西。回答这种意见并不困难。我承认这全部论证。时间当然是某种现实的东西，也就是内直观的现实的形式。因此它在内部经验中有主观实在性，就是说我现实地有关于时间和我在时间中的诸规定的表象。因而时间并不能作为客体被看做现实的，而是作为我自己把自己表象为客体的方式而被看做现实的。但假如我自己或另外一个存在者没有这种感性条件而能直观到我的话，那么正是我们现在设想为变化的这同一些规定就会提供出某种知识，在其中时间表象、因而连同变化的表象都根本不会出现。所以留下来的只是时间的经验性的实在性，作为我们一切经验的条件。只有时间的绝对的实在性如上所述是不能承认的。时间无非是我们内直观的形式^②。如果我们从时间中把我们感性的特殊条件拿掉，那么就连时间概念也消失了，时间并不依赖于对象本身，而只依赖于直观这些对象的那个主体。

但使得这种反对意见如此众口一词、乃至那些尽管不知道有什么明显的理由反驳空间的观念性学说的人亦持此见的原因，有如下述。

A37

B54

A38

B55

---

①　标号"§7."为第二版所加。——德文编者

②　我虽然可以说：我的诸表象在前后相继；但这只是说，我们把它们意识为在一个时间序列中的，也就是根据内感官的形式来意识它们的。因此时间不是某种自在的东西，也不是什么客观地依赖于事物的规定。——康德

他们并不指望能无可置疑地证明空间的绝对的实在性,因为他们遭到观念论①的反对,观念论认为外部对象的现实性不能有任何严格的证明:相反,我们内感官对象(我自身和我的状态)的现实性则是直接通过意识而澄明的。外部对象有可能只是幻相,内感官对象在他们看来则无可否认地是某种现实的东西。但他们不曾想到,这两者作为表象的现实性是不容反驳的,但双方却仍然只属于现象,现象任何时候都有两方面,一方面是从自在的客体来看(撇开直观到它的方式,但正因此它的性状总是悬拟着的),另方面是着眼于该对象的直观形式,这个形式必须不是在自在的对象本身中、而是在对象向之显现的主体中寻求,但仍要现实地和必然地归之于该对象的现象。

　　因此,时间和空间是可以从中先天地汲取各种综合知识的两个知识来源,尤其是像纯粹数学在关于空间及其关系的知识方面就提供了一个光辉的范例。也就是说,空间和时间是一切感性直观的两个合在一起的纯形式,它们由此而使先天综合命题成为可能。但这两个先天的知识来源正由此(即由于它们只是感性的条件)也规定了自己的界限,就是说,它们只是指向那些被视为现象的对象,而不表现自在之物本身。只有前者才是它们的有效性的领域,一旦超出这个领域,就不再有它们的客观运用了。此外,空间和时间的这种实在性②并不影响经验知识的可靠性:因为无论这些形式是必然地依附于自在之物本身还是只依附于我们对该物的直观,我们都同样相信这些知识是可靠的。相反,主张空间和时间的绝对实在性的人,不论他们把这种实在性看做是自存性的还是仅仅依存性的,都必然要与经验本身的原则不相一致。因为,如果他们采取自存性的看法(这是从数学研究自然的那一派人的通常看法),那么他们必然要假定两种永恒无限而独立持存的杜撰之物,它们存在着(却又不是某种现实的东西),只是为了把一切现实的东西包含于自身之内。如果他们采取第二派的观点(有些形而上学

A39
B56

A40

---

① Idealismus,本书将酌情译为"观念论"或"唯心论"。——译者
② 据拉斯(Laas)改为"观念性"。——德文编者

的自然学家所持的观点),把空间和时间看做从经验中抽象出来的诸现象之关系(并列或相继关系),尽管这些关系在分离中被混乱地表象着——那么,他们必然会否认数学的先天定理对于现实事物(如空间中的事物)有其效力,至少是有无可置疑的确定性,因为这种确定性根本不是后天发生的,而空间和时间的这些先天概念据他们看来只是想象力的产物,其来源必须现实地到经验中去寻求,想像根据这些经验的抽象关系构造成了某种虽然包含这些关系的共相、但没有自然加给它们的约束就不能存在的东西。前一派人的长处是,他们为数学的观点打开了现象的领域。但当他们的知性想要超出这个领域时,他们就反而恰好被这些条件弄得混乱不堪了。后一派人虽然在后面这点上是有利的,即当他们想要把对象不是作为现象、而只是在与知性的关系中来判断时,空间和时间的表象并不会阻碍他们;但他们既不能指出数学的先天知识的可能性根据(因为他们缺乏某种真正的和客观有效的先天直观),又不能使经验命题与他们的观点达到必然的一致。在我们关于这两个本源的感性形式的真实性状的学说中,这两个困难就都消除了。

    最后,先验感性论所能包含的要素不能多于这样两个,即空间和时间,这由如下一点可以说明,即所有其他属于感性的概念,甚至把这两方面结合起来的运动的概念,都是以某种经验性的东西为前提的。因为运动是以对某种运动的东西的知觉为前提的。但在空间中,就其自在的本身来看,是没有什么运动的东西的:因此运动的东西必定是某种仅仅通过经验在空间中发现的东西,因而是某种经验性的素材。同样,先验感性论也不能把变化的概念归入自己的先天素材之中:因为变化的不是时间本身,而是某种在时间中的东西。所以为此就要求有对任何某个存有、以及对它的诸规定的前后相继性的知觉,因而要求有经验。

B57

A41
B58

B59

§8.①对先验感性论的总说明

A42 　　Ⅰ.②为了防止一切误解,首先必须尽可能清楚地解释,我们关于一般感性知识的基本性状的看法是什么。

　　所以我们早就要说:我们的一切直观无非是关于现象的表象;我们所直观的事物不是自在之物本身,我们既不是为了自在之物而直观这些事物,它们的关系也不是自在地本身具有如同它们向我们显现出来的那种性状,并且,如果我们把我们的主体、哪怕只要把一般感官的主观性状取消掉了的话,客体在空间和时间里的一切性状、一切关系,乃至于空间和时间本身就都会消失,并且它们作为现象不能自在地实存,而只能在我们里面实存。对象自在地、离开我们感性的这一切接受性可能是一种什么样的状况,这在我们仍然是完全不知道的。我们知道的只不过是我们知觉它们的方式,这种方式是我们所特有的,虽然必须归之于每一个人,但却不能必然地也归之于任何一个存在者。我们只与这种方式发生关系。空间和时间是这种方式

B60 的纯形式,一般感觉则是质料。只有这两种形式是我们可以先天地、即在一切现实知觉之前认识到的,它们因此被叫作纯直观;感觉则是我们知识中使得这知识被叫作后天知识、即经验性的直观的东西。前两者是绝对必须依赖于我们的感性的,而不管我们的感觉可能是

A43 哪一种方式;后者则可以是极为多种多样的。即使我们能够把我们的这一直观提升到最高程度的清晰性,我们也不能借此而进一步知悉自在对象本身的性状。因为我们在一切情况下所可能完全认识的毕竟只是我们直观的方式,即我们的感性,并且永远只是在本源地依赖于主体的空间时间条件下来认识它的;自在的对象本身会是什么,这决不会通过对它们那唯一被给予了我们的现象的最明晰的知识而被我们

---

　　① 标号"§8."为第二版所加。——德文编者
　　② 标号"Ⅰ."为第二版所加。——德文编者

知道。

因此说我们的整个感性无非是对事物的混乱的表象，这种表象只包含那属于自在之物本身的东西，只不过是处于我们未借意识将之分辨清楚的那些特征和部分表象的堆积状态下：这种说法是对感性概念和现象概念的一种歪曲，它使得有关感性和现象的这一整套学说都变得无用而空洞了。不清晰的表象和清晰的表象的这一区别只是逻辑上　B61
的，而不涉及内容。无疑，健全知性所使用的公正概念，包含的正是同一个可以由最微妙的思辨从中加以发挥的意思，只是在日常和实际的运用中人们并不意识到这一思想里有这么多方面的表象而已。但人们不能因此就说，这个日常概念是感性的，它包含一种单纯的现象。　A44
因为公正决不可能成为现象，相反，它的概念存在于知性中，并表现为行为的（道德的）性状，这性状是属于这些行为的自在本身的。反之，直观中一个物体的表象就根本不包含任何可以归之于一个自在对象本身的东西，而只包含某物的现象及我们由此被刺激的方式，而我们认识能力的这种接受性就叫做感性，它与有关自在对象本身的知识之间，即使我们可以彻底看透那种现象，也仍有天壤之别。

所以，莱布尼茨—沃尔夫的哲学在把感性和智性的区别仅仅看做逻辑上的区别时，就对我们知识的本性和起源的全部研究指示了一种完全不正当的观点，因为这种区别显然是先验的，而且并不仅仅涉及清晰或不清晰的形式，而是涉及双方的起源和内容，以至于，我们不只是　B62
通过感性而不清晰地认识自在之物本身的性状，而是根本不认识自在之物本身的性状，而我们一旦抽掉我们主观的性状，被表象的客体连同感性直观赋予它的那些属性就在任何地方都找不到了，也不可能被找到，因为正是这个主观性状规定着作为现象的客体形式。

我们平常喜欢在现象中区分出：本质上依赖于现象的直观并对任　A45
何一般人类感官都有效的东西，以及只是偶然归于这些现象的直观的东西，它不是在与感性的关系上普遍有效，而只是对这个那个感官的特殊职能或机制有效。这样，我们就把前一种知识称之为表现自在的对象本身的知识，而把后一种知识称之为只是该对象的现象的知识。但这种区分只是经验性的。如果我们停留于此（如通常发生的那样），而不再把那种经验性的直观作为单纯的现象来看待（如应当发生的那样）、以致在其中根本找不到任何依赖于某种自在事物本身的东西，那么，我们的先验区分就丧失了。而这样一来我们还是会相信能认识自在之物，尽管我们（在感官世界中）到处、哪怕

B63 在对感官世界的对象作最深入的研究时，也只能与现象打交道。所以，虽然我们把虹称之为只是晴天雨的现象，而把这场雨称之为自在的事物本身，这也是对的，只要我们把这个概念仅仅从物理学上理解为在普遍经验中、在对感官的所有不同情况之下，毕竟是这样而不是别样地在直观中被规定的东西。但是如果我们一般性地看待这种经验

A46 性的东西，并且不顾及它与每一种人类感官的协调性，而探问它是否也表象了一个自在的对象本身（不是雨滴，因为雨滴作为现象已经是经验性的客体了），那么这个表象与对象的关系问题就是先验的了，并且，不光是这些雨滴只是现象，而且甚至它们的圆形、乃至于它们在其中下落的空间，都不是自在的本身，而只是我们感性直观的一些变形，或者是感性直观的基础，但先验的客体仍然是我们所不知道的。

我们的先验感性论要做的第二件重要的事就是：它不仅仅是要作为一种表面上的假设来赢得人们的一些好感，而是要具有对任何一种应被当做工具论的理论所可能要求的确定性和不被怀疑性。为了完全说明这种确定性，我们想选择某种案例，在其中这种工具论①

B64 的有效性可以变得一目了然，并用来进一步澄清在 §3. 中所讨论的问题。

于是我们假定空间和时间本身自在地就是客观的，且是自在之物本身的可能性条件，那么显然首先，将会出现大量的关于这两者的先天无可置疑的综合命题，特别是关于空间的，所以我们这里要优先把空间

---

① 阿底克斯改为："这种确定性"。——德文编者

当做例子来研究。由于几何学定理是先天综合地并以无可置疑的确定 A47
性被认识的，所以我要问：我们是从哪里取得这类定理的，并且我们
的知性是靠什么来支持自己去达到这类绝对必然的、普遍有效的真理
的？没有任何别的道路，唯有通过概念，或是通过直观；但这两者本
身要么是先天地、要么是后天地被给予出来的。后一种情况，即经验
性的概念连同它所建立于其上的经验性的直观，所能提供的综合命题
没有别的，只有这样一种本身也只是经验性的命题、即经验命题，因
而这种命题也永远不可能包含必然性和绝对的普遍性，而后者却是一
切几何学定理所表现的特征。但要达到这种知识，何者将是首要的和
唯一的手段，也就是说通过单纯概念还是通过先天直观，那么很显
然，从单纯概念是完全不能达到任何综合知识的，而只能达到分析的
知识。且让我们看看这条定理："凭两直线不能围住一个空间，因而 B65
不能有任何图形"，让我们试着从直线的概念和"两"这个数目的概
念中把这个定理推导出来；或者另一条定理："凭三条直线可以有一
个图形"，并试试同样单从这些概念中推出它来。你的一切努力都是
白费，你将发现你不得不求助于直观，正如几何学也一直在做着的那
样。所以，你给自己提供了一个直观中的对象；但这是哪一种直观， A48
是先天的纯直观还是经验性的直观？如果是后者，那么就永远不可能
从中得出一个普遍有效的命题，更得不出一个无可置疑的命题：因为
经验永远不能提供这样的东西。所以你必须给自己在直观中提供一个
先天对象并在此之上建立你的综合命题。假如在你的内部没有一种进
行先天直观的能力；假如这个主观条件按其形式来说并非同时又是唯
一使得这个（外部）直观的客体本身得以可能的先天的普遍条件；
假如对象（即三角形）是与你的主体没有关系的某种自在的东西本
身：你怎么可以说，凡是在你构成一个三角形的主观条件中必然存在
的东西，也必须属于自在的三角形本身呢？因为你毕竟不可能在你的
概念（三条直线）上添加任何新的东西（图形），使它必然会在对象 B66
上被碰到，因为对象是在你的知识之前、而不是通过你的知识被给予
的。因此，假如空间（时间也是如此）不是你的直观的一个单纯形

式，它包含有唯一能使事物对你成为外在对象的先天条件，无此主观条件对象就会什么也不是，那么，你就根本不可能对外部客体先天综合地决定任何事了。所以这是毫无疑问地确定的、而不只是可能的、也不是大概的：空间和时间作为一切（外部和内部）经验的必然条件，只不过是我们一切直观的主观条件，因而在与这些条件的关系中一切对象只不过是现象，而不是以这种方式独立地给予出来的物，因此关于这些现象，在涉及它们的形式时也可以先天地说出许多东西，但关于可能作为这些现象的基础的自在之物本身，则丝毫不能说出什么来。①

　　Ⅱ. 为了证明这一外感官和内感官的观念性理论，因而证明感官的一切客体都只是现象的理论，我们可以首先采用这种观点：在我们的知识中一切属于直观的东西（因而愉快感和不愉快感及意志这些根本不是知识的东西除外），所包含的无非是单纯的关系，在一个直观中的位置关系（广延）、这些位置的变化关系（运动）和这些变化据以被规定的法则的关系（动力）。但在这个位置上当下所是的东西，或者除位置变化之外、在事物本身中起作用的东西，却并没有借此被给予出来。于是通过单纯的关系毕竟还没有认识一个自在的事物：因此很可以判断说：由于外部感官给我们提供的无非是单纯的关系表象，所以外部感官也只能在其表象中包含一个对象对主体的关系，而不包含内部的、可归于自在客体的东西。内部直观也有同样的性质。不仅仅是外感官的表象在内感官中构成了我们用来占据我们内心的真正材料，而且我们放置这些表象的那个时间，那个本身在经验中先行于对这些表象的意识、并作为形式条件而为我们在内心中放置这些表象的方式奠定基础的时间，已经包含有前后相继、同时并存的关系及与这种前后相继伴随着的东西（持存之物）的关系。于是，凡是能够在一切有所思维的行动之前作为表象而先行的东西就是直观，并且，如果它所包含的无非是关系，它就是直观形式，这种形式由于它只有当某物被置入内心时才有所表

---

　　①　从以下直到"先验感性论"结束均为第二版所增加的。——德文编者

象,所以它不能是别的,只能是内心通过自己的活动、即通过其表象① **B68**
的这一置入、因而通过自身而被刺激起来的方式,这种方式就是某种按
其形式而言的内感官。凡是通过一个感官而被表象出来的东西,在这
范围内永远都是现象,因而要么一个内感官就必定会根本不被承认,
要么那个作为内感官对象的主体就只能通过内感官而被表象为现
象,而不是表象为像它在它的直观若作为单纯自我活动、即作为智性
直观时,它将对自己所作的判断那样。这里一切困难仅仅在于,一个
主体如何能够由内部直观自己;只不过这种困难是任何一种理论所
共同的。对主体自我的意识(统觉)是自我的简单表象,并且,假如
单凭这一点,主体中的一切杂多就会自动地被给予的话,那么这种内
部的直观就会是智性的了。在人类这里,这种意识要求对于主体中
预先被给予的杂多有内部的知觉,而这种杂多在内心中非自发地被
给予的方式由于这一区别,就必须叫作感性。如果对自己发生意识
的能力要去寻求(领会)那寓于内心中的东西,那么它就必须刺激内
心,并且只有以这种方式它才能产生出对内心自身的直观,但直观的
这种预先植根于内心中的形式则在时间表象中规定着杂多在内心中 **B69**
聚合的方式,因为内心直观自己并非像它直接主动地表象自己那样,而
是按照它从内部被刺激的那种方式,因而是像它对自己所显现的那样,
而不是它所是的那样。

Ⅲ. 如果我说:在空间和时间中,不论是外部客体的直观,还是内心
的自我直观,都是如同它们刺激我们的感官那样、即如同它们所显现的
那样来表象它们的,那么这并不是想说这些对象就只是幻相。因为在
现象中,客体、乃至于我们赋与这些客体的诸性状,任何时候都被看做
某种现实被给予的东西,只不过就这些性状在这被给予的对象与主体
的关系中依赖于主体之直观方式这点而言,该对象作为现象是与它自
身作为自在的客体有区别的。所以,当我主张说,我据以设定物体和

---

① "其表象"的"其",原文为 ihrer,指"自己的活动",Erdmann 认为应作 sei-
ner,指"内心"。——德文编者

我的灵魂的、作为两者存有的条件的那种空间和时间的性质，是在我的直观方式中、而不是在这些自在的客体中，这时我并不是说，物体只是似乎存在于我之外，或者我的灵魂只是似乎在我的自我意识中被给予的。如果我把我本想归于现象的东西弄成了只是幻相，那将是我自己的罪过①。但这种情况依照我们的一切感性直观的观念性原则并不会发生；毋宁说，如果我们赋予那些表象形式以客观的实在性，那么我们就无法避免不因此而把一切都转化为单纯的幻相。因为，如果我们把空间和时间看做按其可能性必定会在自在的事物身上找到的性状，并仔细考虑一下这样一来我们将陷入的荒唐境地，即有两个无限的物，它们不是实体，也不是某种现实地依存于实体的东西，但却实存着，甚至必须成为一切物实存的必要条件，即使一切实存之物都被取消，它们却仍然留存着；那么，我们也许就不能责备那非凡的贝克莱把物体降为单纯的幻相了，甚至就连我们自己的实存，当它以这种方式被弄得依赖于像时间这样一种杜撰物之独立自存的实在性时，也必定会和这个时间一起转化为纯粹的幻相了；这是一种至今还从来没有人能够去犯的荒唐的错误。

Ⅳ. 在自然的神学中，由于人们想到一个这样的对象，它不光对我们根本不可能成为直观的对象，而且就连对它自己也绝对不可能是感性直观的对象，所以人们就很仔细地考虑从它的直观中（因为它的一切知识必定都是直观，而不是随时表现出局限性的思维）把那些

---

① 现象的各种谓词在与我们的感官的关系上是能够被赋予客体本身的，例如赋予玫瑰花以红色或香味；但幻相却永远不能被作为谓词赋予对象，这恰好是因为，幻相把那只是在与感官的关系中、或一般在与主体的关系中属于对象的东西赋予了孤立的客体，例如人们最初把两个柄加在土星身上。凡是根本不会在自在的客体本身找到、但却能在客体与主体的关系中找到，并与主体的表象不可分的东西，都是现象。这样，空间和时间的谓词就正当地被赋予了作为感官对象的感官对象，并且在其中没有幻相。相反的情况是，我把红色赋予自在的玫瑰花，把两个柄赋予土星，或把广延自在地赋予一切外在对象，而不是着眼于这些对象与主体的一定的关系并把我的判断限制于其上：这样一来幻相才会产生。——康德

B70

B71

B70

时间和空间的条件都去掉。但我们有什么权利可以这样做——如果我们首先把这两者弄成了自在之物本身的形式，而且它们作为物之实存的先天条件，即使在该物本身被去掉时也仍然留存着？因为，作为所有一般存有的条件，它们也必然会是上帝存有的条件。如果人们不想把它们弄成一切物的客观形式，那就没有别的选择，只有使它们成为我们外部和内部直观方式的主观形式，而这种直观方式之所以被叫作感性的，是因为它不是本源的，就是说，不是这样一种本身就使直观的客体之存有被给予出来的直观方式（这种直观方式就我们的理解而言，只能属于那原始的存在者），而是一种依赖于客体的存有、因而只有通过主体的表象能力为客体所刺激才有可能的直观方式。　　　　　　　　　　　　　　　　　　　　　　　　　　B72

　　我们也并不需要把空间和时间中的这种直观方式局限于人类的感性；有可能一切有限的有思维的存在者在这点上是必须与人类必然一致的（尽管我们对此无法断定），所以这种直观方式毕竟不会由于这种普遍有效性而不再是感性，这正是因为它是派生的直观（intuitus derivativus），而不是本源的直观（intuitus originarius），因而不是智性直观，这种智性直观，依据上述同一理由，看来只应属于原始存在者，而永远不属于一个按其存有及按其直观（在对被给予客体的关系中规定其存有的那个直观）都是不独立的存在者；虽然最后这个对先验感性论的说明只应算作一种注解，而不是一种证明根据。

先验感性论的结论　　　　　　　　　　　　　　　B73

　　于是在这里，我们就拥有对于解决先验——哲学的"先天综合命题是如何可能的？"这个总课题所需要的构件之一了，这就是先天的纯直观，空间与时间，在其中，如果我们想要在先天判断中超出给予的概念之外，我们就会碰见那不能在概念中、却完全可以在与概念相应的直观中先天地揭示出来并能被综合地结合在那概念上的东西，但这

些判断①出自这一理由决不能延伸到感官对象之外,而只能对可能经
验的客体有效。

---

① 　法欣格尔指出这个转折太突然,并猜测这里要说的是:"这些纯粹直观作
为我们感性的条件,使得我们能够先于一切经验而在先天判断中规定客体的性
状,但这些判断……"。——德文编者

第二部分　先验逻辑

导言　先验逻辑的理念

Ⅰ. 一般的逻辑

　　我们的知识来自于内心的两个基本来源,其中第一个是感受表象的能力(对印象的接受性),第二个是通过这些表象来认识一个对象的能力(概念的自发性);通过第一个来源,一个对象被给予我们,通过第二个来源,对象在与那个(作为内心的单纯规定的)表象的关系中被思维。所以直观和概念构成我们一切知识的要素,以至于概念没有以某种方式与之相应的直观、或直观没有概念,都不能产生知识。这两者要么是纯粹的,要么是经验性的。如果其中包含有感觉(它以对象的现实的在场为前提),那就是经验性的;但如果表象中没有混杂任何感觉,那就是纯粹的。我们可以把感觉叫作感性知识的质料。所以纯粹直观只包含使某物得以被直观到的形式,而纯粹概念只包含一个对象的思维的一般形式。只有纯粹直观和纯粹概念才是先天可能的,经验性的直观和概念则只是后天可能的。

　　我们若是愿意把我们的内心在以某种方式受到刺激时感受表象的这种接受性叫作感性的话,那么反过来,那种自己产生表象的能力,或者说认识的自发性,就是知性。我们的本性导致了,直观永远只能是感性的,也就是只包含我们为对象所刺激的那种方式。相反,对感性直观对象进行思维的能力就是知性。这两种属性中任何一种都不能优先于另一种。无感性则不会有对象给予我们,无知性则没有对象被思维。思维无内容是空的,直观无概念是盲的。因此,使思维的概念成为感性的(即把直观中的对象加给概念),以及使对象的直观适于理解(即把它们置于概念之下),这两者同样都是必要的。这两种能力或本领也不能互换其功能。知性不能直观,感官不能思维。只有从它们的互相

B76

A52

结合中才能产生出知识来。但我们却不可因此把它们应分的事混淆起来,而有很重要的理由把每一个与另一个小心地分离出来并区别开来。所以我们就把一般感性规则的科学,即感性论,和一般知性规则的科学,即逻辑,区分开来。

而逻辑又可以依两方面的意图来处理,要么是作为普遍的知性运用的逻辑,要么是作为特殊的知性运用的逻辑。前者包含思维的绝对必然的规则,舍此则根本没有知性的任何运用,所以它针对这种运用,而无视这种运用所可能指向的那些对象的差别。特殊的知性运用的逻辑则包含正确思维某个确定种类的对象的规则。前者可以叫作要素的逻辑,后者则可以叫作这门或那门科学的工具论(Organon)。工具论在学校里大多是作为各门科学的入门课而排在前面,虽然按照人类理性的进程它是最后的,人类理性只有在一门科学早已完成、只须最后一道

B77

工序加以修正和完善时才能达到它。因为我们如果要定出一门科学怎样能够由之建立起来的那些规则,就必须对这些对象已经有了相当高的程度的了解。

普遍的逻辑则要么是纯粹的逻辑,要么是应用的逻辑。在前者中

A53

我们抽掉了使我们的知性得以施行的一切经验性条件,例如感官的影响,想像的游戏,记忆的规律,习惯的力量,爱好等等,因而也抽掉了一切成见的来源,甚至一般说来,也抽掉了使某些知识有可能由我们产生、或有可能被暗中塞给我们的一切理由,因为这些知识只是在知性运用的某些情况下才与知性发生关系,而要了解这些情况就需要经验。所以一种普遍而又纯粹的逻辑只与先天原则打交道,它是知性的法规,也是理性的法规,但只是就其运用的形式而言,而不管内容是什么(经

验性的还是先验的）。但一种普遍逻辑，当它针对着在心理学所告诉我们的那些主观经验性条件之下的知性运用规则时，就称之为应用的。因此它就含有经验性的原则，虽然就其对象不加区别地指向知性的运用而言是普遍的。因为这一点，它既不是一般知性的法规，也不是特殊科学的工具论，而只是日常知性的一种清泻剂。　　　B78

因此，在普遍的逻辑里，用来构成纯粹理性学说的那一部分必须和构成应用的（固然还是普遍的）逻辑的部分分离开来。真正说来，只有　A54
前者才是科学，虽然简略而枯燥，如同按照学院规则表述一种知性要素论所要求的那样。因此，在这种逻辑中逻辑学家必须随时把两条规则记在心里：

1. 作为普遍逻辑，它抽掉了知性知识的一切内容及其对象的差异性，并且只与思维的单纯形式打交道。

2. 作为纯粹逻辑，它不具有经验性的原则，因而不（像人们有时说服自己的那样）从心理学中汲取任何东西，所以心理学对于知性的这些法规没有任何影响。它是一种被演证的学说，在其中一切都必须是完全先天确定的。

所以，我所谓的应用逻辑（与这个词的通常意义相反，通常认为应用逻辑应包含某些由纯粹逻辑为之提供规则的练习），是表象知性及其 in concreto（在具体情况下）的必然运用规则的，所谓在具体情况下，也就是在那些能阻碍或促进这种运用的主观偶然条件下，而这些条件　B79
全都只是经验性地被给予的。它研究的是注意，注意的障碍与后果，错误的来源，怀疑、顾虑、确信等等状态，普遍纯粹逻辑与它的关系正如纯粹道德学（Moral）——它只包含自由意志的一般必然的道德律——与　A55
本来意义上的德行论（Tugendlehre）的关系，后者所考虑的是在人们或多或少所屈从的情感、爱好和情欲的阻碍之下的道德律，它永远也不能产生出一门真正的经过演证的科学，因为它正如上述应用逻辑学一样，需要的是经验性的和心理学的原则。

Ⅱ. 先 验 逻 辑

　　如我们所指出的,普遍逻辑抽掉一切知识内容,即抽掉一切知识与客体的关系,只考察知识相互关系的逻辑形式即一般思维形式。但既然(如先验感性论所证明的)有纯粹的直观,也有经验性的直观,那么也很有可能在对象的纯粹思维和经验性的思维之间找到某种区别。在这种情况下,就会有一种在其中不抽掉知识的全部内容的逻辑;因为这种逻辑将只包含对一个对象的纯思维的规则,它将排除一切具有经验性内容的知识。它还将讨论我们有关对象、而又不能归之于对象的知识来源;相反,由于普遍逻辑不涉及这种知识来源,而只是按照知性在思维时据以在相对关系中运用表象的那些法则来考察这些表象,不论这些表象是原初地先天存在于我们之中,还是仅仅经验性地被给予的,所以它只是研究可以为这些表象找到的知性形式,而不管这些表象可能来自于何处。

　　我在这里要作一个说明,它将影响到所有下面要进行的考察,是必须牢记于心的,这就是:并非任何一种先天知识都必须称之为先验的,而是只有那种使我们认识到某些表象(直观或概念)只是先天地被运用或只是先天地才可能的、并且认识到何以是这样的先天知识,才必须称之为先验的(这就是知识的先天可能性或知识的先天运用)。因此不论是空间,还是空间的任何一个几何学的先天规定,都不是一种先验的表象,而只有关于这些表象根本不具有经验性的来源、以及何以它们还是能够先天地与经验对象发生关系的这种可能性的知识,才能称之为先验的。同样,若把空间运用于一般对象,这种运用也会是先验的:但若只是限制于感官对象,这种运用就是经验性的。所以先验的和经验性的这一区别只是属于对知识的批判的,而不涉及知识与其对象的关系。

　　因此,由于期望也许会有一些可以与对象先天地相关的概念,它们既不是纯粹的直观也不是感性的直观,而只是纯思维活动,因而是一些既没有经验性来源也没有感性来源的概念，所以我们就预先为自己形成了一门关于纯粹知性知识和理性知识的科学的理念，用来完全先天地思维对象。这样一门规定这些知识的来源、范围和客观有效性的科学，我们也许必须称之为先验逻辑，因为它只与知性和理性的法则打交道，但只是在这些法则与对象先天地发生关系的范围内，而不是像普遍逻辑那样，无区别地既和经验性的知识、又和纯粹理性知识发生关系。　　　B82

Ⅲ. 普遍逻辑划分为分析论与辩证论

有一个古老而著名的问题，人们曾以为可用它迫使逻辑学家们陷入窘境，并曾试图把他们推到这一步，即要么不得不涉嫌于可怜的诡辩，要么就要承认他们的无知，因而承认他们全部技巧的虚浮，这个问题就是：什么是真理？对真理这个名词的解释是：真理是知识和它的对象的一致，这个解释在这里是给定了的前提；但人们还要求知道，任何一种知识的普遍而可靠的标准是什么。　　　A58

知道应该以合理的方式提出什么问题，这已经是明智与洞见的一个重要的和必要的证明。因为，如果问题本身是荒谬的，并且所要求的回答又是不必要的，那么这问题除了使提问者感到羞耻之外，有时还会有这种害处，即诱使不小心的听众作出荒谬的回答，并呈现出这种可笑的景象，即一个人（如古人所说过的）在挤公山羊的奶，另一个人拿筛子去接。　　　B83

如果真理在于知识和它的对象的一致，那么该对象就必然会由此而与其他对象区别开来；因为一个知识如果和它与之相关的那个对象不一致，即使它包含某种或许能适用于其他对象的东西，它也是错误的。于是真理的一个普遍标准就会是那种对知识对象不加区别地适用于一切知识的东西了。但很明显的是，由于从这个标准上抽掉了知识的一切内容（知识与其对象的关系），而真理又恰好是与这内容相关的，那么追问这一知识内容的真理性的标志就是不可能的和荒谬的，因而真理的一个充分的、但同时又是普遍的标志就会不可能确定下来了。　　　A59

由于我们在上面已经把知识的内容称之为知识的质料,那么我们就会不得不说:对知识的真理性就其质料而言不可能要求任何普遍性的标志,因为这本身是自相矛盾的。

B84　　　至于单纯就形式(而排除一切内容)而言的知识,那么同样很清楚:只要一种逻辑阐述出知性的普遍必然的规则,它也必然会在这些规则中阐述出真理的标准。因为,凡是与这些标准相矛盾的东西,由于知性在此与自己的普遍思维规则相冲突、因而与自己本身相冲突,就是错误的。但这些标准只涉及真理的形式,即一般思维的形式,就此而言它们是完全正确的,但并不是充分的。因为,即使一种知识有可能完全符合于逻辑的形式,即不和自己相矛盾,但它仍然总还是可能与对象相矛盾。所以真理的单纯逻辑上的标准、即一种知识与知性和理性的普遍形式法则相一致,这虽然是一切真理的 conditio sine qua non(必要条件)、因而是消极的条件:但更远的地方这种逻辑就达不到了,它没有什么测试手段可以揭示那并非形式上的、而是内容上的错误。

A60

　　　既然普遍逻辑把知性和理性的全部形式职能分解为各种要素,并将这些要素描述为对我们的知识所作的一切逻辑评判的诸原则,所以逻辑的这一部分可以称之为分析论,并正因此而至少是真理的消极的试金石,因为我们必须首先把一切知识根据其形式放到这些规则上来B85　　检验和估价,然后才根据其内容来研究它们本身,以便断定它们是否在对象方面包含有积极的真理。但由于单是知识的形式不论它与逻辑的规律多么一致,也还远不足以因此就断定知识的质料上(客观上)的真理性,所以没有人敢于单凭逻辑就对于对象作出判断,或是以任何方式对此有所主张,而不是在逻辑之外预先对它们进行确凿的调查,以便此后只是尝试按照逻辑规律来利用这种调查并将其连结在一个关联着的整体之中,但更好的是只按照逻辑规律对其加以检验。然而,当我们拥有一种赋予我们一切知识以知性形式的如此表面的技艺时,不论我们A61　　在这些知识的内容方面是如何的空洞和贫乏,却仍然有某种诱人的东西,使得那只不过是进行评判的一种法规的普遍逻辑仿佛像一件进行现实创造的工具一样,至少被用于有关客观论断的假象,因而事实上就以这种方式被误用了。于是,这种被当成工具论的普遍逻辑就称之为辩证论。

　　古代人在对一门科学或技艺使用这一命名时,不论其意义如何各不相同,我们仍可以从它的实际运用中有把握地认定,辩证论在他们那里只不过是幻相的逻辑。这是一种诡辩论者的技艺,要使他的无知、甚至使他的有意的假象具有真理的模样,也就是摹仿一般逻辑所规定的彻底性的方法,并利用一般逻辑的正位论来美化任何一个空洞的假定。现在我们可以作为一个可靠的和用得上的警告来加以说明的是:普遍的逻辑若作为工具论来看待,任何时候都会是一种幻相的逻辑,就是说,都会是辩证的。因为它在这里根本不能告诉我们有关知识内容的任何东西,而只不过告诉我们与知性相一致的形式条件,这些条件除此之外在对象方面是完全无所谓的;所以,强求把它作为一种工具(工具论)来使用,以便至少根据那种假定来扩展和扩大知性的知识,这种僭妄必然导致的结果无非是徒逞辩才,即借助一些幻相去主张人们所想要的一切,要么就随意地斥之为无效。

B86

A62

　　这样一种说教是与哲学的尊严无论如何都不相符合的。为此人们更愿意把辩证论这一命名作为一种对辩证幻相的批判而列入逻辑之中,而在这里我们也要记得把它理解为这样一种批判。

B87

Ⅳ. 先验逻辑划分为先验
分析论和先验辩证论

　　在先验逻辑中我们把知性孤立起来,(正如我们前面在先验感性论中把感性孤立起来一样),并且从我们的知识中只抽取出仅在知性中有其起源的思维的部分。但这种纯粹知识的使用的基础、即其使用的条件是:它可以应用于其上的对象是在直观中给予我们的。因为没有直观,我们的一切知识就缺乏客体,那么它就还是完全空洞的。所以先验逻辑的这一申述纯粹知性认识之诸要素、申述那些任何对象要能被思维都不可或缺的原则的部分,就是先验分析论,同时也是真理的逻

A63　辑。因为没有任何知识能够与这种逻辑相矛盾而不同时丧失其一切内
容、即丧失与任何客体的一切关系,因而丧失一切真理的。但由于将这
些纯粹的知性知识和原理单独地、乃至于超出经验界限之外加以运用
的诱惑和引诱力是很大的,而经验却又是唯一地能向我们提供那些纯

B88　粹知性概念得以应用于其上的质料(即客体)的:于是知性就陷入到凭
借空洞玄想对纯粹知性的单纯形式原则作质料上的运用的危险,而对
那些并未给予我们、甚至也许根本无法给予我们的对象不加区别地作
出判断。所以,既然这种逻辑真正说来只应是对经验性使用加以评判
的一种法规,那么如果我们承认它是一种普遍地和无限制地使用的工
具,并胆敢单凭纯粹知性去对一般对象综合地下判断、提看法和作裁
决,那就是对它的误用。而那样一来,纯粹知性的运用就会是辩证的
了。所以先验逻辑的第二部分必须是对这种辩证幻相的一种批判,它
称之为先验辩证论,并不是作为一种独断地激起这类幻相的技艺(一
种在各色各样的形而上学戏法中不幸非常流行的技艺),而是作为对
知性和理性在其超自然的运用方面的一种批判,为的是揭露出它们的

A64　无根据的僭妄的虚假幻相,并将理性以为单凭先验原理就能做到有所
发现和扩展的要求降低到只是批判和保护纯粹知性以防止诡辩的假象
而已。

第一编　先验分析论

这一分析论是把我们全部先天知识分解为纯粹知性知识的诸要素。在这里重要的有如下几点：1．这些概念应是纯粹概念，而不是经验性的概念。2．它们不是属于直观和感性，而是属于思维和知性。3．它们应是一些要素概念，而和那些派生出来的或由此复合出来的概念严格区别开来。4．这个概念表应是完备的，并且这些概念应当完全涵盖纯粹知性的整个领域。既然一门科学的这种完备性不能通过对单由一些尝试所凑合起来的东西加以评估就放心地假定下来，因此它就只有借助于先天知性知识的某种整体理念，并通过由此确定的对那些构成它的概念的划分，因而只有通过这些概念在一个系统中的关联，才是可能的。纯粹知性不仅把自己和一切经验性的东西分开，而且甚至和一切感性完全分开。所以它是一种自为自持的、自我满足的、并且不能通过任何外加的附件而增多的统一体。因此它的知识的总和将构成能够在一个理念之下得到把握和规定的系统，该系统的完备性和环环相扣同时也能够当做所有那些与之配合的知识成分的正确性和真切性的试金石。但先验逻辑的这个完整的部分也由两卷构成，其中第一卷包括纯粹知性的诸概念，第二卷包括纯粹知性的诸原理。

第一卷　概念分析论

我所说的概念分析论不是指对概念的分析，或者在哲学的研究活动中通常那种处理方式，即把呈现出来的概念按照其内容加以分解和

使之明晰,而是还很少被尝试过的对知性能力本身的分解,为的是通过
我们仅仅在作为先天概念诞生地的知性中寻找这些先天概念并一般地

A66
B91

分析知性的纯粹运用,来探究这些先天概念的可能性;因为这就是一门
先验—哲学的特有的工作;其余的事则是对一般哲学中的诸概念进行
逻辑处理。所以我们将把纯粹概念一直追踪到它们在人类知性中最初
的胚胎和禀赋,它们在其中做好了准备,直到最终由于经验的机缘而被
发展出来,并通过这同一个知性,摆脱它们所依附的经验性条件,而被
呈现在其纯净性中。

第一章　发现一切纯粹知性概念的线索

　　如果我们动用一种认识能力,那么各种概念就会按照各种不同的
诱因而浮现出来,这些概念使这种能力被人知悉,并能在人们对它们进
行了更长时间的、或更具洞察力①的考察之后,而被搜集在一篇或多或
少是详尽的文章中。这种研究将在什么时候完成,这是永远也不能按

A67
B92

照这样一种仿佛是机械的处理方式而得到有把握的确定的。这些我们
只是凭借机缘而找到的概念也根本没有显露在任何秩序和系统的统一
性中,而最终只是被按照类似性来配对,并被按其内容的量从简单开
始到更加复杂地置于系列之中,这些系列完全不是系统化地、虽然也是
以某种方式有条理地完成的。

　　先验—哲学具有有利的条件、但也有责任按照一条原则去寻找自
己的概念;因为这些概念必须从知性中作为绝对的统一体而纯粹地和
未经混杂地产生出来,因而本身必定是依照一个概念或理念而相互
关联的。但这样一个关联就提供出一条规则,按照这条规则,每个
纯粹的知性概念都能够先天地确定自己的位置,而它们全体就都能
先天地确定其完备性,否则这一切都会是依赖于随意性或偶然性

---

　　①　第一版为"更具敏锐性"。——德文编者

的了。

第一节　知性在逻辑上的一般运用

　　以上知性所得到的仅仅是消极的解释：即一种非感性的认识能力。
既然我们不依赖于感性就不能够享有任何直观，所以知性就不是直观　A68
的能力。但在直观之外，除了借助于概念的认识方式，就再没有任何别　B93
的认识方式了。所以每个知性的、至少是每个人类知性的知识都是一
种借助于概念的知识，它不是直觉性的，而是推论性的。一切直观作为
感性的东西都建立在刺激之上，但①概念则建立在机能之上。而我所
谓的机能是指把各种不同的表象在一个共同表象之下加以整理的行动
的统一性。所以概念是基于思维的自发性，而感性直观则是基于印象
的接受性。对于这些概念，知性就不可能作别的运用，而只能用它们来
作判断。由于除了单纯的直观之外，没有任何表象是直接指向对象的，
所以一个概念永远也不和一个对象直接发生关系，而是和关于对象的
某个另外的表象（不论这表象是直观还是本身已经是概念）发生关系。
所以判断就是一个对象的间接的知识，因而是对于对象的一个表象的
表象。在每个判断中都有一个适用于许多表象的概念，而在这许多表
象中也包括有一个给予的表象，它才是直接与对象发生关系的。所以
例如在"一切物体都是可分的"②这一判断中，"可分的"这一概念是与
各种别的概念有关系；但它在这里在别的这些概念中是特别与物体
的概念发生关系的，而物体概念又是与呈现给我们的直观③发生关系　A69
的。所以这些对象就通过可分性这一概念而间接地得到了表现。所以　B94

---

　　①　原文为"also"（因而），据阿底克斯（Adickes）校改为"aber"（但）。——德
文编者

　　②　第一、二版均为"变化的"，到第四版才依据康德自己所用的第一版样本
修改为"可分的"。——德文编者

　　③　原文为"现象"，兹按照康德所用的样本（《补遗》ⅩⅩⅩⅥ）改为"直
观"。——德文编者

一切判断都是我们诸表象中的统一性的机能,因为被运用于对象的知识的不是一个直接的表象,而是一个更高的、包括这个直接表象和更多表象于自身内的表象,而许多可能的知识由此就被集合在一个知识里面了。但我们能够把知性的一切行动归结为判断,以至于知性一般来说可以被表现为一种作判断的能力。因为按照如上所说,知性是一种思维的能力。思维就是凭借概念的认识。而概念作为可能判断的谓词,是与关于一个尚未规定的对象的某个表象相关的。所以物体的概念,例如金属,就意指着某种能够通过那个概念来认识的东西。因此它之所以是概念,只是因为在它之下包含了别的那些表象,它借助于那些表象能够与诸对象发生关系。所以它就是一个可能的判断的谓词,如"凡金属都是物体"。所以,如果我们能够把判断中的统一性机能完备地描述出来,知性的机能就可以全部都被找到。但这一点是完全可以办到的,我们在下一节中就会看到。

A70
B95

第 二 节

§9.①知性在判断中的逻辑机能

如果我们抽掉一般判断的一切内容,而只关注其中的知性形式,那么我们就发现,思维在判断中的机能可以归入四个项目之下,其中每个项目又包含有三个契机。它们可以确切地如下表所示。

1.

判断的量

全称的

特称的

单称的

---

① 标号"§9."为第二版所加。——德文编者

2.

判断的质

肯定的

否定的

无限的

3.

判断的关系

定言的

假言的

选言的

4.

判断的模态

或然的

实然的

必然的

由于这种划分在某些地方、虽然不是在本质的方面显得与逻辑学家们惯常的划分法有所偏离，所以针对我所担心的误解作如下几点辩护将不是毫无必要的。　B96　A71

1. 逻辑学家们有理由说，在把判断运用于理性推论中时，单称判断可以如同全称判断一样来对待。因为正是由于单称判断根本没有外延，它的谓词就不能只连系于包含在主词概念之下的某些东西，而被另一些东西排除在外。所以这谓词毫无例外地适用于那个概念，就好像这概念是一个拥有某种外延、而这谓词适用于这外延的全部意义的普适性概念一样。相反，如果我们把一个单称判断只是作为知识而在量的方面与一个普适性判断加以比较，那么单称判断与普适性判断的关系就如单一性对无限性的关系一样，因而就本身来说是与普适性判断有根本的区别的。所以，如果我把一个单称判断（judicium singulare）不只是按其内部的有效性，而是也作为一般知识按其与别的知识相比较时的量来估价，那么它当然就是与普适性判断（judicia communia）有区别的，并且值得在一般思维各契机的一个完整的表中（虽然并不是在那个只限制在诸判断之间相互运用的逻辑中）占　B97　一个特殊的位置。

2. 在先验逻辑中，同样还必须把无限判断和肯定判断区分开来，

A72　虽然在普遍逻辑中前者正当地被归入了后者之列，而并不构成划分的一个特殊的环节。因为普遍逻辑抽掉谓词的一切内容（即使这谓词是否定的），并只着眼于这谓词是否附加于主词，或者是否与主词相对立。但先验逻辑则也要根据这种借助于单纯否定的谓词所作出的逻辑肯定的价值或内容，来考察该判断，并考察这种肯定对全部知识带来怎样一种收获。假如我关于灵魂说道，它不是有死的，那么我就通过一个否定判断至少防止了一个错误。现在，通过"灵魂是不死的"这一命题，我虽然按逻辑形式来说作出了现实的肯定，这时我把灵魂放入了不死的存在者的那个无限制的范围之中。既然有死者在可能存在者的全部范围中包括了一个部分，而不死者则包括了另一部分，所以我的这个命题所说的无非是，灵魂是当我把有死的东西全部都去掉之后余留下来的无限数量事物中的一个。但这样一来，一切可能事物

B98　的这一无限领域所受到的限制只不过是，有死者被从中排除了，灵魂则被放在这无限领域中剩余的地方。但这个剩余的地方即便有这样的排除，却仍然还是无限的，并且还可以去掉其更多的部分，而灵魂的

A73　概念也并不因此就有丝毫的增加和得到肯定的规定。所以就逻辑范围而言的这些无限判断在一般知识的内容方面实际上只是限制性的，从这一点看它们在判断中思维的一切契机的先验表中是必定不可跳过去的，因为知性在这里所执行的机能也许在知性的纯粹先天知识的领域中可以是重要的。

　　　3. 思维在判断中的一切关系是：a）谓词对主词的关系，b）根据对结果的关系，c）被划分的知识和这一划分的全部环节的相互之间的关系。在第一类判断中只考察两个概念，在第二类判断中考察两个判断，在第三类判断中考察相互关联着的好几个判断。在"如果确有完全的正义，则一贯作恶的人将受到惩罚"这一假言命题中，实际上包含有两个命题："确有完全的正义"，和"一贯作恶的人将受惩罚"。这两个命题本身是否真实，在这里尚未决定。通过这一判断所想到的只是这种

B99　前后一贯性。最后，选言判断所包含的是两个或好几个判断彼此的关系，但不是次序上的关系，而是逻辑上的对立关系，这种对立在于一个

命题的领域排除另一个命题的领域,但同时又还是协同性的关系,这种 A74
协同性在于这些命题合起来完成了真正知识的领域,所以这是一个知
识领域的诸部分之间的关系,因为每一部分的领域都是为了真正①知
识的全部总和而对另一部分的领域所作的补充,例如,世界要么是通过
盲目的偶然性,要么是通过内部的必然性,要么是通过一个外部的原因
而存在的。这几个命题的每一个都占据着有关一个世界的一般存有的
可能知识领域的一部分,所有这些命题合起来则占据了整个领域。把
知识从这些领域之一中除开,就意味着把它放进其他领域之一里面去,
反之,把它放进某个领域之中,也就意味着把它从其余领域中除开。所
以在选言判断中有诸知识的某种协同性,这种协同性在于诸知识交相
排斥、但却因此而在整体上规定着那个真实的知识,因为这些知识总括
起来就构成了一个唯一被给予的知识的全部内容。而这也只是我觉得
为了下面要说的起见所必须说明的。

4. 判断的模态是判断的一种十分特殊的机能,它本身的特别之处 B100
在于它对判断的内容毫无贡献(因为除了量、质和关系之外再没有什
么能构成一个判断的内容的了),而只是关涉到系词在与一般思维相
关时的值。或然判断是我们把肯定或否定都作为可能的(随意的)来
接受的判断。实然判断是当肯定或否定被看做现实的(真实的)时的 A75
判断。在必然判断中我们把它们视为必然的②。所以,若两个判断的
关系构成假言判断(antecedens und consequens③),同样,若选言判断即
在于它们的交互作用(划分的诸环节),则这两个判断全都只是或然
的。在上述例子中,"确有完全的正义"这一命题并不是实然地说出来
的,而只是作为一个随意的判断、即可能有某人会承认的判断来设想

---

① 原文为"被划分的"(eingeteilten),据哈滕斯泰因(Hartenstein)校改为"真正的"(eigentlichen)。——德文编者

② 正如思维在第一种情况下将是一种知性的机能,在第二种情况下将是判断力的机能,在第三种情况下将是理性的机能一样。这一意见留待下面再作解释。——康德

③ 拉丁文:前件和后件。——译者

的,而只有那个前后连贯性才是实然的。因此这样的判断也可能显然是假的,但作为或然的来看却可以是真理性知识的条件。所以"世界通过盲目的偶然性而存在"这一判断在选言判断中只具有或然性的含义,就是说,可能有某人也许会偶尔承认这一命题,但这毕竟有助于发现真命题(如当人们在可能采取的一切途径的数目中划掉错误的途径时那样)。所以或然性命题就是这样一种命题,它仅仅表达出逻辑可能性(而不是客观可能性),也就是表达出使这样一个命题有效的自由选择,即只是任意地把它接受进知性中来的。实然命题说的是逻辑上的现实或真理,例如在一个假言的理性推论中,前件在大前提中出现为或然的,在小前提中出现为实然的,而且表明这个命题已经按照知性的规律而与知性结合着了,必然命题则把实然命题思考为由这些知性规律本身所规定的,因而是先天断言地思考它们,并以这种方式表达了逻辑的必然性。现在,由于在这里一切都逐步并入了知性之中,以至于我们首先是或然地判断某物,然后也可能就实然地把它看做是真实的,最后才断言为与知性不可分地结合着的,即断言为必然的和无可置疑的,这样,我们也可以把模态的这三种机能叫作一般思维的三个契机。

第　三　节

§10.① 纯粹的知性概念,或范畴

正如已经多次讲过的,普遍逻辑抽掉知识的一切内容,而指望从另外的地方,不管是从哪里,为自己获得表象,以通过分析过程首先把这些表象转化为概念。反之,先验逻辑则面对着由先验感性论呈现给它的先天感性杂多,这种杂多给诸纯粹知性概念提供材料,没有这种材料它们将会没有任何内容,因而就会完全是空的。空间和时间包含有先天纯直观的杂多,但它们仍然属于我们内心的接受性的条件,内心只有在它们

---

① 标号"§10."为第二版所加。——德文编者

之下才能感受到对象的表象,所以这些表象任何时候也必定会刺激起对象的概念①。不过我们思维的自发性要求的是先将这杂多以某种方式贯通、采纳和结合②起来,以便从中构成知识。这一行动我叫作综合。

但我所理解的综合在最广泛的含义上是指把各种表象相互加在一起并将它们的杂多性在一个认识中加以把握的行动。如果杂多不是经验性地、而是先天地被给予的(如空间和时间中的杂多),这样一种综合就是纯粹的。在对我们的表象进行任何分析之前,这些表象必须先已被给予了,并且任何概念按内容来说都不可能由分析产生。但对一个杂多(不论它是经验性地还是先天地被给予的)的综合最先产生出来一种知识,虽然这种知识一开头可能还是粗糙的和混乱的,因而需要分析;然而这个综合毕竟是真正把诸要素聚集为知识、并结合为一定的内容的东西;所以它是我们必须予以注意的首要的东西,如果我们要判断我们知识的最初起源的话。

我们在后面将会看到,一般综合只不过是想象力的结果,即灵魂③的一种盲目的、尽管是不可缺少的机能的结果,没有它,我们就绝对不会有什么知识,但我们很少哪怕有一次意识到它。不过,把这种综合用概念来表达,这是应归之于知性的一种机能,知性借此才第一次使我们得到真正意义上的知识。

于是,纯粹的综合,从普遍的方面来看,就提供出纯粹的知性概念。但我理解的纯粹综合是以先天的综合统一性为基础的综合:所以我们的计数(尤其是在数目较大的情况下看得更明白)是根据概念的综合,因为它是按照单位④的某种共同基础(例如十进制)来进行的。所以在

B103

A78

B104

---

①　法欣格尔校作:"必定会影响内心";埃德曼认为"这些表象"应为"这些条件"。——德文编者

②　法欣格尔在"结合"前面加上"用概念"一语。——德文编者

③　康德自用的样书中将"灵魂"改为"知性",见《补遗》XLI。——德文编者

④　"单位"原文为 Einheit,另有"单一性"、"统一性"之义,此处康德利用其多义把数学的"单位"与综合的"统一性"及下面的"单一性"范畴联系起来。——译者

这个概念之下杂多综合中的统一性就成为必然的了。

　　各种不同的表象是通过分析被带到一个概念之下的（这是普遍逻辑所处理的一件事务）。但先验逻辑教给我们的不是将表象、而是将表象的纯综合带到概念之上。为了达到一切对象的先天知识，必须首先给予我们的是纯粹直观的杂多；其次是通过想象力对这种杂多加以综合，但这也还没有给出知识。给这种纯粹综合提供统一性、并只是以这种必然的综合统一的表象为内容的那些概念，则为一个出现的对象的知识提供了第三种东西，而且是建立在知性上的。

A79

　　赋予一个判断中的各种不同表象以统一性的那同一个机能，也赋予一个直观中各种不同表象的单纯综合以统一性，这种统一性用普遍的方式来表达，就叫做纯粹知性概念。所以同一个知性，正是通过同一些行动，在概念中曾借助于分析的统一完成了一个判断的逻辑形式，它也就借助于一般直观中杂多的综合统一，而把一种先验的内容带进它的表象之中，因此这些表象称之为纯粹知性概念，它们先天地指向客体，这是普遍逻辑所做不到的。

B105

　　以这种方式产生的、先天地指向一般直观对象的纯粹知性概念，恰好有如同在前一个表中一切可能判断的逻辑机能那么多：因为知性已被上述那些机能所穷尽了，而知性的能力也借此得到了全面的测算。我们想按照亚里士多德的方式把这些概念叫作范畴，因为我们的意图原初就是和他的意图一致的，尽管在实行上与之相距甚远。

A80
B106

范畴表

1.

量的范畴

单一性

多数性

全体性

2.	3.
质的范畴	关系的范畴

实在性	依存性与自存性
否定性	（实体与偶性）
限制性	原因性与从属性
	（原因和结果）
	协同性（主动与受动
	之间的交互作用）

4.

模态的范畴

可能性——不可能性

存有——非有

必然性——偶然性

　　这就是知性先天地包含于自身中的一切本源的①纯粹综合概念的
一览表，知性也只是因为这一点而是一种纯粹的知性；因为它只有通过
这些概念才能在直观杂多上理解某物，也就是才能思维直观的客体。
这一划分是系统地从一个共同的原则中，亦即从判断的机能（这种机　A81
能与思维的机能是同样多的）中产生出来的，而不是漫游式地由于一
次碰运气地从事寻求纯粹概念的活动而产生的，这样寻求到的纯粹概
念是永远也不能确定其全部数目的，因为它仅仅靠归纳法来完备化，而　B107
不去考虑，我们以这种方式是永远也看不出究竟为什么恰恰是这些而
不是那些概念寓于纯粹知性中的。寻找这些基本概念曾经是亚里士多
德所接触到的一件值得一个目光锐利的学者去做的事。但由于他不拥
有任何原则，所以他碰到它们就把它们捡拾起来，他先是找出了十个这
样的概念，把它们称作范畴（Prädikamente，云谓关系）。后来他相信他
还发现了五个范畴，他就以"后云谓关系"的名义把它们添加上去。只
是他的范畴表始终还是不完备的。此外，也有一些纯粹感性的样态混

---

①　康德后来认为应当去掉"本源的"一词，见《补遗》XLIV。——德文编者

于其中(如时间、处所、状态,以及前时、同时①),还有一个是经验性的
(运动,motus),它们都根本不属于知性的这个名册,或者有些派生的概
念也一起被算到那些本源的概念中去了(如主动 actio,被动 passio),并
且有些本源的概念完全空缺。

　　所以还必须为这些本源的概念作一点说明:范畴作为纯粹知性的
真正的主干概念,也有自己的同样纯粹的派生概念,它们在先验哲学的
一个完备的体系中是决不可以忽视的,但我在一个单纯批判性的研究
中可以满足于只是提到它们就行了。

　　且让我把这些纯粹的、但却是派生的知性概念称之为纯粹知性的
宾位词(Prädicabilien)(以与云谓关系相对)。如果我们拥有本源的和
原始的概念,那么派生的和下属的概念就能够很容易地添加上去,而纯
粹知性的谱系就可以完整地描画出来了。由于我们在此涉及的不是系
统的完备性,而只是构成一个系统的诸原则,所以我们把这种补充留给
另一项研究去做。但如果我们手头持有那些本体论的教科书,这个目
的也就差不多可以达到了,例如把力、行动、承受的宾位词从属于因果
性范畴之下,把在场②、阻抗的宾位词从属于协同性范畴之下,把产
生、消失、变化的宾位词从属于模态的云谓关系之下,如此等等。把范
畴与纯粹感性的样态相结合,或者也使这些范畴相互结合,就会提供出
大量先天的派生概念,注意到这些概念,并在可能时把它们记载下来直
到完备无遗,这将是一项有用的、不无兴致的劳作,但在这里尚无必要。

　　在这部著作中,我有意避免了对这些范畴下定义,尽管我有可能得
到这些定义。我将在后面足以与我所探讨的方法论相关涉的程度上来
分析这些概念。在纯粹理性的一个系统中人们本可以正当地要求我作
出这些定义:但在这里,这样一些定义只会使眼光偏离研究的重点,因
为它们将引起一些怀疑和攻击,这些怀疑和攻击是完全可以无损于我

A82

B108

A83
B109

---

①　这几个词原文为拉丁文:quando,ubi,situs,prius,simul.——译者
②　据法欣格尔,"在场"(Gegenwart)应改成"反作用"(Gegenwirkung)。——
德文编者

们的根本目的而交由另一项研究去处理的。然而，从我在这方面所提出的很少的例子毕竟可以明显看出，写出一部完备的词典连同其一切必需的解释将不只是可能的，而且也是很容易做到的。科目一旦分定，所需要的就只是充实它们，而像目前的这样一个系统的正位论是不容易让任何一个概念专门所属的那个位置弄错的，同时却很容易使人注意到那仍然空着的位置。

§11.①

对于这个范畴表可以进行一些细致的考察，这些考察也许会在一切理性知识的科学形式方面产生显著的效果。因为这个表在哲学的理论部分中非常有用，甚至是完备地制定一门科学的整体规划（只要这门科学基于先天概念）、并数学地②按照确定的原则划分这门科学所不可缺少的；这一点由以下情况已经是自明的了，即上面的表完备地包含了知性的一切基本概念，甚至包含了人类知性中这些基本概念的体系形式，所以给计划中的思辨科学的所有契机乃至这些契机的秩序提供了指示，正如我在别的地方③也为此提供过一个样板一样。对于这些说明我这里提出几点。 **B110**

第一点：这个表包含有四个门类的知性概念，首先可以被分为两个部门，其中第一个部门是针对直观（纯直观以及经验性直观）的对象的，第二个部门则是针对这些对象（要么是在它们的相互关系中，要么是在与知性的关系中）的实存的。

我将把第一个门类④称之为数学性的范畴，把第二门类称之为力学性的范畴。如我们所看到的，第一门类没有相关项，只有在第二门类

---

① 本小节及下一小节（§12）文字全部为第二版所加。——德文编者

② mathematisch，据法欣格尔校改为 systematisch 即"系统地"。——德文编者

③ 《自然科学的形而上学基础》。——康德

④ Schmidt 主张这一小段中的"门类"均应改为"部门"。——德文编者

中才遇见相关项。但这一区别必定在知性的本性中有某种根据。

第二点：每一门类的范畴处处都是同一个数目，即三个，这同样令人深思，因为通常凭借概念所作的一切先天划分都必须是二分法的。此外还可注意，第三个范畴到处都是由该门类的第二个和第一个范畴的结合中产生出来的。

B111　于是，全体性（总体性）被看成不过是作为单一性的多数性，限制性无非是与否定性结合着的实在性，协同性则是一个实体在与另一个实体的交互规定中的因果性，最后，必然性只不过是由可能性本身给予出来的实存性。然而不要以为，第三范畴因此就只是纯粹知性的一个派生的概念，而不是它的主干概念了。因为第一和第二范畴为了产生出第三个概念而结合起来，这需要知性的一个特殊的行动，这种行动与在第一和第二个概念那里实行的行动是不同的。所以，一个数目（它属于全体性范畴）的概念并不是在凡有多数性和单一性概念的地方就总是可能的（例如在无限的表象中），或者，当我把一个原因概念和一个实体概念两相结合时，还不能马上由此而理解到如同一个实体可能成为另一实体中某物的原因那样一种影响。由此可见，这方面需要有一种特殊的知性行动；其余的范畴也是这样。

第三点：唯有一个范畴，即处于第三项之下的协同性范畴，它与逻
B112　辑机能表中与之相应的形式即选言判断的一致性并不像在其他范畴中那么突出。

为了保证这种一致性，我们必须注意：在一切选言判断中，它的领域（即所有被包含在它之下的东西的集合体）都被表现为一个分成各个部分（各个从属概念）的整体，并且，由于一个部分不能包含在另一个部分之下，所以它们被认为是相互配合的，而不是相互隶属的，以至于它们不是像在一个系列中那样单向地一个规定一个，而是如同在一个聚合体中那样交互地规定（如果设定了划分的一支，则排除其余各支，反之亦然）。

于是，在一个诸物的整体中也被认为有类似的连结，在这里并不是使一物作为结果从属于作为其存有的原因的另一物，而是同时并交

互地作为在规定它物方面的原因而被配备起来的（例如在一个物体中，其各部分之间交互吸引而又交互排斥），这是一种与在单纯的原因对结果（根据对后果）的关系中见到的完全不同方式的连结，在因果关系中，后果并不又交互地规定根据，因此也并不与根据一起（例如世界并不与创世者一起）构成一个整体。知性在表现一个被分割的概念的领域时，与它在把一物思考为可分的时，所遵循的是同一个处理方法，而且，正如划分的各支在被划分的概念中相互排除但又结合在一个领域中一样，知性也把一物的各部分想像为：每一部分都拥有其独立于其他部分的实存（作为一些实体），但却又是在一个整体中结合着。

B113

§12.

但在古人的先验哲学中还会碰到一个重要部分是含有纯粹知性概念的，这些概念虽然没有被归入范畴之列，但在古人看来是应该被视为有关对象的先天概念的，不过在这种场合下就会增加范畴的数目，而这是不可能的。摆明这些概念的是经院哲学家们中如此推崇的这个命题："quodlibet ens est unum，verum，bonum."①尽管这条原则的使用从后果来看（这些后果提供的纯粹是些同义反复的命题）成效非常有限，以至于在近代人们几乎只是出于礼貌才习惯性地在形而上学中把它提出来，但一种长久保持下来的观念，尽管显得如此空洞，却仍然值得探讨其起源，并有理由猜测它在某一种知性规则中有自己的根据，只是这根据如同常常发生的那样被曲解了而已。这些被以为是事物的先验谓词的，只不过是对所有事物的知识的一般逻辑要求和标准，这种知识的基础是量的范畴，即单一性、多数性和全体性，然而，这些范畴本来必须从质料上被看做属于物自己的可能性，而事实上却被经院学者们只在形式意义上当做属于一切知识的逻辑要求来使用，但又不谨慎地把这

B114

---

① 拉丁文："无论何物都是一，是真，是善"。——译者

种思维的标准变成了自在之物本身的属性。因为,在对客体的每个知识中都存在着概念的单一性,只要我们在它之下所想到的仅仅是对知识的杂多进行总括的那种统一性,例如在一出戏剧、一场演说、一个故事中的主题的统一性,我们就可以把它叫做质的单一性。其次是结论上的真实性。从一个给予的概念中得出的真实结论越多,这概念的客观实在性标志就越多。这可称之为属于一个共同根据、即属于一个概念的那些特征的质的多数性(这些特征并未在该概念中被思考为量)。第三,最后还有完善性,它就在于反过来把这个多数性一起归结到概念的单一性,并使之与该概念而不是任何其他概念相一致,这可称之为质的完备性(总体性)。由此可见,一般知识可能性的逻辑标准使这三个量的范畴发生了改变,在这些范畴中,量在产生中的单一性必须被看做是无例外地同质的,而在这里,只是为了把那些不同质的知识也连结在一个意识中,就通过作为原则的某种知识的质而改变了这些量的范畴。所以,一个概念的(而非概念之客体的)①可能性的标准就是这种定义,在其中,概念的单一性,从概念中可以直接派生出来的一切东西的真实性,以及最后,从它里面引出的东西的完备性,乃是为了产生这整个概念所需要的东西;同样,就连一个假设的标准,也是所假定的解释根据的可理解性或这根据的单一性(无须辅助假设),从中派生出来的各个结论的真实性(诸结论的相互一致及与经验一致),以及最后,解释根据对于这些结论的完备性,这些结论不多不少,正好返回到在假设中曾假定了的东西,以后天进行分析的方式重新提供出曾先天综合地想到过的东西并与之相一致。——所以,通过单一性、真实性和完备性的概念,先验范畴表根本没有得到什么补充,仿佛它还缺少什么似的,而只是由于把这些概念对客体的关系完全置于不顾,这些概念的运作才被纳入到使知识与自身一致的普遍逻辑规则之下来。

B115

B116

---

　　① 原文为“(nicht des Objekts derselben)”,意思不明,兹据哈滕斯泰因将“derselben”改为“desselben”(代“概念”)。——据德文编者

第二章　纯粹知性概念的演绎　　　A84

第 一 节

§13.① 一般先验演绎的原则

　　法学家在谈到权限和越权时，把一桩法律诉讼中的权利问题（quid juris）和涉及事实的问题（quid facti）区别开来，而由于他们对两方面都要求证明，这样，他们把前一种证明，即应阐明权限或合法要求的证明，称之为演绎。我们在使用大量经验性概念时没有人提出异议，我们也不加演绎就理直气壮地坚持赋予这些概念某种意义和自以为的含义，因为我们随时手头都有能证明其客观实在性的经验。 B117 但也有像幸运、运气这样一些不合法的概念，虽然凭借几乎是普遍的容忍而到处通行，但毕竟有时被要求回答"权利"的问题，这时人们就会由于这个问题的演绎而陷入不小的麻烦，因为人们从经验中和理性中都提不出明确的权利根据，以使这些概念的使用权限变得清晰 A85 起来。

　　但在构成十分混杂地交织起来的人类知识的各种各样的概念中，有些也被派定来做纯粹先天的（完全不依赖于任何经验的）运用，而它们的这一权限任何时候都需要一个演绎；因为对于这样一种运用的合法性从经验中不足以取得证明，但我们却必须知道，这些概念如何能够与它们并非从任何经验中拿来的那些客体发生关系。所以我把对概念能够先天地和对象发生关系的方式所作的解释称之为这些概念的先验演绎，并把它与经验性的演绎区别开来，后者表明的是一个概念通过经验和对经验的反思而获得的方式，因此不涉及合法性，而是涉及使占有

---

　　① 标号"§13."为第二版所加。——德文编者

得以产生的事实。

B118　　　我们现在已经有了完全不同种类的两类概念，它们在双方都完全先天地与对象发生关系这点上倒是相互一致的，这就是作为感性形式的空间和时间的概念以及作为知性概念的范畴。要寻求这些概念的经

A86　　验性的演绎将完全是白费力气的工作，因为它们本质的特征恰好在于，它们和自己的对象发生关系时并未从经验中为这些对象的表象借取什么东西。所以如果对它们作一个演绎是必要的，那么这个演绎任何时候都必须是先验的。

　　　　但对于这些概念，就像对于一切知识那样，我们虽然在经验中不能找出它们的可能性的原则，却毕竟能找出它们产生出来的机缘，即只要感官的印象提供出最初的诱因，整个认识能力就朝这些印象敞开，而经验就形成了，它包含两个极其不同性质的要素，一个是从感官来的、知识中的质料，一个是整理这质料的某种形式，它来自纯粹直观和纯粹思维的内在根源，后两者是在前一要素的机缘中才首次得到实行①并产生出概念来的。对我们认识能力为了从单个知觉上升到普遍概念所作

B119　的最初努力做这样一种追踪，毫无疑问是有很大的好处的，我们要感谢名声卓著的洛克，他第一个为此开辟了道路。不过，对纯粹先天概念的一个演绎却永远无法以这种方式实现，它根本不处在这条道上，因为从这些概念以后要完全独立于经验而运用来说，它必须出示一个完全

A87　不同于经验的出身的出生证。他所尝试的这种自然之学上的（physiologische）②推导真正说来并不能称之为演绎，因为它涉及的是 quaestionem facti（事实问题），所以我主张把这种推导叫做对一种纯粹知识的占有所作的解释。因此很明显，对这种纯粹知识只能有一种先验的演绎，而决没有一种经验性的演绎，后者对于那些纯粹的先天概念来说只不过是些无用的尝试，只能是那种没有理解到这些知识的全部特有本

----

　　① 哈滕斯泰因认为"实行"应为"形成"。——德文编者

　　② 该词通常译为"生理学的"，但康德是用它的古希腊文的本义，即经验自然科学的。——译者

性的人所干的事。

　　但现在,即使承认对纯粹先天知识的可能的演绎只有唯一的方式,即遵循先验途径的方式,但这并不马上说明这种方式是绝对必要的。我们前面已借助于一个先验演绎对空间和时间概念追踪了其来源,并解释和规定了它们的先天的客观有效性。然而几何学无须为自己关于空间的基本概念的纯粹而合法的出身请求哲学给它一张证明书,而仍然沿着纯然先天的知识迈出稳健的步伐。不过,空间概念的运用在这门科学中也仅仅是指向外部感官世界的,对于这个世界,空间就是它的直观的纯形式,所以在这个世界中一切几何学知识因为基于先天的直观而具有直接的自明性,而对象则通过这种知识本身先天地(按照形式)在直观中被给予出来。相反,纯粹知性概念从一开始就有这种不可回避的需要,即不仅为它们自己,而且也为空间寻求先验的演绎,因为既然它们谈论对象不是凭借直观和感性的谓词,而是凭借纯粹思维的先天谓词,它们就无需感性的一切条件而普遍地与对象发生关系,而又由于它们不是基于经验之上,也不能在先天直观中出示任何先于一切经验而把它们的综合建立于其上的客体,因而就不仅因其使用的客观有效性和限制而引起了疑虑,而且由于它们倾向于把空间概念超出感性直观的条件去加以运用,也就使这个空间概念变得模糊了,所以我们在前面对于空间概念作一个先验演绎也是必要的。因此,读者在纯粹理性领域中跨出决定性的一步之前,就必须相信这样一个先验演绎的绝对必要性;因为否则他就会盲目行事,而在他杂乱无章地四处闯荡一番之后,仍然不得不再返回到他由之出发的无知状态。但他也必须预先清醒地看到无法避免的困难,以免为事情本身所深深包藏于其中的晦暗而叹息,或是为清除这些障碍而过早地烦恼,因为关键在于,要么就完全放弃一切洞察纯粹理性的权利,即放弃这个最可人意的领域、也就是超出一切可能经验界限之外的领域,要么就要使这一批判的研究臻于完善。

　　我们在上面对于空间和时间的概念已经可以不费劲地说明了,它们何以作为先天的知识却仍然有必要和对象发生必然的关系;又何以不依赖于一切经验而使这些对象的一种综合知识成为可能的。因为既

B120

A88

B121

A89

然只有凭借感性的这样一些纯形式,一个对象才能对我们显现出来,也

B122 就是成为经验性直观的客体,那么空间和时间就是先天地包含着作为现象的那些对象之可能性条件的纯直观,而在这些纯直观中的综合就具有客观有效性。

反之,知性范畴就完全不对我们表现出对象在直观中得以被给予的那些条件,因而对象当然也就可以无需与知性的机能发生必然关系而显现给我们,这样,知性也就会无需先天地包含这些对象的条件了。所以在这里就出现了一种我们在感性领域中没有碰到过的困难,这就是思维的主观条件怎么会具有客观的有效性,亦即怎么会充当了一切

A90 对象知识的可能性条件:因为没有知性机能现象照样能在直观中被给予。我以原因概念为例,它意味着一种特殊的综合方式,这时在某物 A之上按照一条规则①设定了某个完全不同的 B。并不先天明白的是,为什么现象要包含这样一类东西(因为既然原因概念的客观有效性必须能够先天地阐明,我们不能援引经验来作证),因此先天可疑的是,这样一个概念是不是完全空洞无物,并在现象中哪儿也找不到对象。

B123 因为,感性直观的对象必须符合先天存在于内心中的感性形式条件,这一点是明白无误的,因为否则它们就不会是我们的对象;但它们此外还必须符合知性为达到思维的综合统一②所需要的那些条件,对这一点的推断就不是那么容易看出的了。因为很有可能现象是这样被造成的,以至于知性会发现它们完全不符合它的统一性的条件,而一切都处于这样的混乱中,例如在现象的次序中呈现不出任何可提供出某种综合规则、因而可与原因和结果的概念相符合的东西,这将使得因果概念

A91 完全是空洞无物、没有意义的。同样,现象将会把对象呈现给我们的直观,因为直观不需要任何的思维机能。

如果我们打算以下述方式来摆脱这种研讨的麻烦,如果我们说:经

---

① 康德在自用的样本上添加为:"按照一条先天规则、也就是必然地"。——德文编者

② 原文为"洞见"(Einsicht),兹据雷克莱(v. Leclair)校改为"统一"(Einheit)。——德文编者

验不断地呈现出现象的这种合规则性的例子,它们提供了足够的诱因使原因概念从其中分离出来,并同时以此证实了这样一个概念的客观有效性,那么我们就没有看出,原因概念根本不能以这种方式产生出来,相反,它必须要么完全先天地建立在知性中,要么就被作为单纯的幻影而整个地放弃。因为这个概念绝对要求某物 A 具有这种性质,即有另一物 B 从它里面必然地并按照一条绝对普遍的规则产生出来。现象完全可以提供一些场合,从中可以得出某物恒常地发生所依据的规则,但其后果永远也不会是必然的:所以在原因和结果的综合身上还附有一种尊严,是根本不能用经验性的东西来表示的,就是说,结果应该不只是附加在原因上的,而是通过原因建立起来、并从中产生出来的。规则的这种严格普遍性也根本不是经验性规则的属性,后者通过归纳只能得到比较的普遍性,即广泛的适用性。但现在,如果我们想把纯粹知性概念只是当做经验性的产物来对待,那我们就会完全改变这些概念的运用了。

B124

A92

§14.①向范畴的先验演绎过渡

综合的②表象可以与其诸对象恰好同时发生、必然相互关联以及仿佛是相互碰在一起,这只可能有两种情况。要么只有对象使表象成为可能,要么只有表象使对象成为可能。如果是前者,则这一关系只是经验性的,这种表象决不是先天可能的。而这就是现象就其中属于感觉的东西而言的情况。但如果是后者,由于表象自己本身(因为这里所谈的根本不是表象借助于意志产生的因果性)就存有而言并不产生自己的对象,所以仅当唯有通过表象某物才能作为一个对象被认识的情况下,表象对于对象倒还具有先天的规定性。但一个对象的知识只有在两个条件下才是可能的,首先是直观,通过它对象被给予,但只是作为现象被给予;第二是概念,通过它一个与该直观相应的对象被思维。但从上面所

B125

A93

---

① 标号"§14."在第二版中漏掉了,在第三版中才补上。——德文编者
② 法欣格尔主张将"综合的"去掉。——德文编者

讲的可以看出,第一个条件,即只有在它之下对象才能被直观的条件,事实上是客体就形式而言在内心中的先天基础。所以一切现象必然是与感性的这种形式条件相一致的,因为它们只有通过这种条件才能显现,也就是才能被经验性地直观到并给予出来。现在要问,是否连概念也是先天地在前发生的条件,某物只有在这些条件下,即使不是被直观,但却是

B126　被作为一般对象来思维?因为要是这样,一切经验性的对象知识就都是必然符合于这些概念的,因为没有它们作为前提,任何东西都不可能成为经验的客体。然而,一切经验除了包含使某物被给予的感官直观外,还包含对于在该直观中被给予或被显现的对象的一个概念,因此这些有关诸对象的一般概念作为先天的条件将成为一切经验知识的基础:这样,范畴作为先天概念的客观有效性的根据将在于,经验(按其思维形式)只有通过范畴才是可能的。这样一来范畴就必然地和先天地与经验对象相关,因为一般说来只有借助于范畴任何一个经验对象才能被思维。

A94　　　　所以,一切先天概念的这个先验演绎有一个全部研究都必须遵守的原则,这就是:它们必须被认作经验之可能性(不论是在其中遇到的直观之可能性还是思维之可能性)的先天条件。充当经验可能性之客观基础的这些概念正因此而是必要的。但这些概念在其中被碰到的那种对经验的阐发却并非这些概念的演绎(而是它们的举证),因为它们

B127　在这种情况下仍然只会是偶然的。没有对可能经验的这种本源的、让一切知识对象出现于其中的关系,它们对任何一个客体的关系都将是完全不可理解的。①

----

① 接下来的三段文字是第二版中用来替换第一版的下面一段话的:

　　但有三个本源的来源(心灵的三种才能或能力)都包含有一切经验的可能性条件,并且本身都不能从任何别的内心能力中派生出来,这就是感官、想象力和统觉。在这上面就建立起了1)通过感官对杂多的先天概观;2)通过想象力对这种杂多的综合;最后,3)通过本源的统觉对这种综合的统一。所有这些能力除了经验性的运用外,还有某种先验的运用,这种运用是仅仅针对形式并且是先天可能的。关于后一种运用我们上面在第一部分[指"先验感性论"——译者注]中曾就感官
A95　而言谈到过了,但其他两种能力则是我们现在要力图按其本性加以审查的。

　　　　　　　　　　　　　　　　　　　　　　　　　　　　——德文编者

著名的洛克由于缺乏这种考察，又由于他在经验中碰到了知性的纯粹概念，他就把这些概念也从经验中推导出来，但却又做得如此不一贯，竟敢凭借它们去冒险尝试远远超出一切经验界限的知识。大卫·休谟认识到，为了能得到这种知识，必不可少的是，这些概念必须拥有自己先天的起源。但由于他完全不能解释，知性怎么可能一定要把那些本身并不结合在知性中的概念思考为倒是在对象中必然结合着的，并且也没有想到，知性或许通过这些概念本身可以成为它的对象在其中被发现的那个经验的创造者，于是他就被迫把这些概念从经验中推导出来（也就是从一种由经验中恒常的联想而产生的主观必然性即习惯中推导出来，这种主观必然性最终被误认为是客观的），但他接下来做得非常一贯，因为他宣称，凭借这些概念及其所导致的原理，要超出经验的界限是不可能的。但这两位所想出的这种经验性的推导，并不
B128
能与我们所拥有的先天科学知识、即纯粹数学和普遍自然科学的现实相一致，因而是被事实所驳斥的。

在上述这两位著名人士中，前一位给狂信大开了方便之门，因为理性一旦有了自己的权利，它就不再让自己受到对节制的含混颂扬的限制；后一位一旦相信揭穿了对我们认识能力的一个如此普遍的被视为理性的幻觉，则完全屈从于怀疑论。——我们现在正要做一个试验，看我们是否能把人类理性幸运地从这个两难处境中救拔出来，给它指出确定的界限，但又使它的合目的性活动的全部领域对它保持开放。

不过，我还想预先对这些范畴加以解释。范畴是关于一个一般对象的概念，通过这些概念，对象的直观就在判断的逻辑机能的某个方面被看做确定了的。所以，定言判断的机能就是主词对谓词的关系的机能，例如"一切物体都是可分的"。不过就知性的单纯逻辑运用而言，却仍然没有确定在这两个概念中人们会把主词的机能赋予哪一个，把
B129
谓词的机能又赋予哪一个。因为人们也可以说："有的可分的东西是一个物体"。但通过实体范畴，当我把一个物体的概念归入该范畴下时，就确定了：该物体的经验性的直观在经验中必须永远只被看做主词,而决不被看做只是谓词;在所有其他范畴那里也是如此。①

第二节　纯粹知性概念的先验演绎
［依照第二版］

§15. 一般联结的可能性

表象的杂多可以在单纯感性的、亦即只是接受性的直观中被给予,而这种直观的形式则可以先天地处于我们的表象能力中,它不过是主体接受刺激的方式而已。然而,一般杂多的联结(conjunctio)决不能通过感官进到我们里面来,因而也不能同时一起被包含在感性直观的纯形式里;因为它是表象力的一种自发性行动,并且,由于我们必须把它与感性相区别而称作知性,所以一切联结,不论我们是否意识到它,不论它是直观杂多的联结还是各种概念的联结,而在前一种联结中也不论它是经验性直观杂多的联结还是非经验性直观杂多的联结②,都是一个知性行动,我们将用综合这个普遍名称来称呼它,以借此同时表明,任何我们自己没有事先联结起来的东西,我们都不能表象为在客体中被联结了的,而且在一切表象之中,联结是唯一的一个不能通过客体给予、而只能由主体自己去完成的表象,因为它是主体的自动性的一个行动。在这里很容易看出,这种活动必定在本源上是唯一的,并且对一切联结都是同样有效的,而分解、也就是分析,看起来像是它的对立面,其实任何时候都是以它为前提的;因为凡是在知性还没有预先把什么

B130

---

① 从以下直到整个第一卷"概念分析论"结束,是第二版对第一版的全面改写。德文本采取每一页分为上下两栏来安排第一、二版文字的办法,殊感翻阅不便。本书采取先排第二版正文、排完后再附第一版原文的办法。——译者

② 此句"经验性的"和"非经验性的",原文为"感性的"和"非感性的"(sinnlichen, oder nicht sinnlichen),显然与康德的意思不合(康德认为人的直观只能是感性的,但感性直观却可能是非经验性的,如时空直观形式)。兹依梅林(Mellin)校正。——译者

东西联结起来的地方,它也不能够分解什么东西,因为这个东西本来只有通过知性才能作为联结起来的东西被给予表象力。

但联结概念除了杂多概念和杂多的综合概念之外,还带有杂多的统一这个概念。联结是杂多的综合统一的表象①。所以这种统一性的 B131 表象不能从联结中产生,毋宁说,只有通过把它加到杂多表象上,它才首次使联结的概念成为可能。先天地先行于一切联结概念的这个统一性,并不是如前面讲的(见§10)单一性范畴②;因为一切范畴都是建立在判断中的逻辑机能之上的,而在判断中已想到了联结、因而想到了给予概念的统一性。所以范畴已经以联结作为前提了。因此,我们必须到更高的地方去寻求这种统一性(即质的统一性,见§12),亦即在那本身就包含着判断中不同概念之统一性根据的东西中,因而在包含着知性的可能性根据、甚至知性在其逻辑运用中的可能性根据的东西里面,去寻求这种统一性。

§16. 统觉的本源的综合统一

"我思"必须能够伴随着我的一切表象;因为否则的话,某种完全 B132 不可能被思考的东西就会在我里面被表象出来,而这就等于说,这表象要么就是不可能的,要么至少对于我来说就是无。能够先于一切思维被给予的表象叫作直观。所以,直观的一切杂多,在它们被发现于其中的那同一个主体里,与"我思"有一种必然的关系。但这个表象是一个自发性的行动,即它不能被看做属于感性的。我把它称之为纯粹统觉,以便将它与经验性的统觉区别开来,或者也称之为本源的统觉,因为它就是那个自我意识,这个自我意识由于产生出"我思"表象,

---

① 这些表象本身是否同一,因而一个表象是否能通过另一个而被分析地思考,在这里不是要考察的。只要谈到杂多,一个表象的意识毕竟总是要与另一个表象的意识区别开来,而在这里关键仅仅在于这个(可能的)意识的综合。——康德

② 在德文中,"统一性"和"单一性"均为 Einheit 一词。——译者

而这表象必然能够伴随所有其他的表象、并且在一切意识中都是同一个表象，所以决不能被任何其他表象所伴随①。我也把这种统一叫作自我意识的先验的统一，以表明从中产生出先天知识来的可能性。因为，在一个确定的直观中被给予的杂多表象，若不是全都属于一个自我意识，它们就不会全都是我的表象，也就是说，作为我的表象（即使我没有意识到它们是这样一种表象），它们必须与这样的条件必然地相符合，只有在这一条件下它们才能够集合在一个普遍的自我意识中，因为否则的话它们就不会无一例外地属于我了。从这一本源的联结中可以产生出许多结论来。

B133

这就是：直观中被给予的杂多的统觉，它的无一例外的同一性包含诸表象的一个综合、且只有通过对这一综合的意识才有可能。因为伴随着各种不同表象的经验性的意识本身是分散的，与主体的同一性没有关系。因此，这种关系通过我用意识来伴随一切表象还不会发生，而只是通过我把一个表象加到另一个表象上、并意识到它们的综合才会发生。所以只有通过我能够把被给予表象的杂多联结在一个意识中，我才有可能设想在这些表象本身中的意识的同一性，就是说，统觉的分析的统一只有在统觉的某一种综合的统一的前提下才是可能的②。

B134

因此，"在直观中被给予的这些表象全都属于我"这一观念不过是说，我把这些表象结合在一个自我意识中，或者至少我能把它们结合于

---

① 哥特施米特（Goldschmidt）将"伴随"（begleitet）校改为"派生"（abgeleitet）。——德文编者

② 意识的分析的统一是和所有的共同概念本身相联系的，例如当我想到一般的红，于是我就借此表象出一种性状，它（作为特征）可以在某一个地方碰到，或者可以与别的表象相联结；所以只有借助于一个预先想到的可能的综合统一，我才能想像分析的统一。一个应被设想为各种不同的表象所共同的表象是被看做属于这些不同表象的，这些不同表象本身除了拥有该表象外还拥有某种不同的东西，因此这个表象必须预先在与其他表象（即使只是可能的表象）的综合统一中被想出来，我才能在它身上想到使它成为 conceptus communis（共同概念）的那种意识的分析的统一。而这样一来，统觉的综合的统一就是我们必须把一切知性运用、甚至全部逻辑以及按照逻辑把先验哲学都附着于其上的最高点，其实这种能力就是知性本身。——康德

B134

其中,并且即使这个观念本身还不是对这些表象的综合的意识,它毕竟是以这种综合的可能性作为前提的,亦即只是由于我能在一个意识中理解这些表象的杂多,我才把它们全都称为我的表象;因为否则我就会拥有一个如此驳杂不一的自己,就像我拥有我所意识到的那些表象一样了。所以直观杂多的综合统一作为先天产生的东西,就是先天地在我的一切确定的思想之前发生的统觉本身的同一性的根据。但联结并不在对象之中,也肯定不能通过知觉从对象中移植过来并因此而首次接受到知性中来,而只是知性的一件工作,知性本身无非是先天地联结并把给予表象的杂多纳入统觉的统一性之下来的能力,这一原理乃是整个人类知识中的至上原理。　　　　　　　　　　　　　　　　B135

现在,虽然统觉的必然统一这条原理是自同一的,因而是一个分析命题,但它却表明直观中给予的杂多的一个综合是必然的,没有这种综合,自我意识的那种无一例外的同一性是不可设想的。因为通过自我这个简单的表象,并没有什么杂多的东西被给予;杂多只能在与之不同的直观中才被给予并通过联结在一个意识中被思维。一种知性,假如在其中通过自我意识同时就被给予了一切杂多,那么这种知性就会是在直观了;我们的知性却只能思维,而必须在感官中去寻求直观。所以,就一个直观中被给予我的诸表象的杂多而言,我意识到同一的自己,因为我把这些表象全都称作我的表象,它们构成一个直观。但这等于说,我意识到这些表象的一个先天必然的综合,它叫作统觉的本源的综合统一,一切被给予我的表象都必须从属于它,但也必须由一个综合　　B136
来纳入它之下。

§17.统觉的综合统一性原理是知性的
一切运用的最高原则

按照先验感性论,一切直观的可能性在与感性的关系中的最高原理就是:一切直观杂多都从属于空间和时间的形式条件。一切直观的可能性在与知性的关系中的这同一个最高原理就是:一切直观杂多都从属于统觉的本源—综合的统一的诸条件之下①。直观的一切杂多表象，如果它们被给予我们，就从属于前一条原理，如果它们必然能够在一个意识中联结起来，则从属于后一条原理；因为若没有它，由于被给予的表象并不共同具有"我思"这一统觉行动，因而不会在一个自我意识中被总括起来，所以没有任何东西能借此而被思维或认识。

B137

知性一般说就是认识的能力。认识就在于被给予的表象与一个客体的确定的关系。但客体则是在其概念中结合着一个所予直观的杂多的那种东西。然而现在，表象的一切结合都要求在这些表象的综合中的意识的统一。于是意识的统一就是唯一决定诸表象对一个对象的关系、因而决定这些表象的客观有效性并使得它们成为知识的东西，乃至于在此之上建立了知性的可能性。

所以，知性的所有其他运用所依据的、同时也完全不依赖感性直观之一切条件的最初的纯粹知性知识，就是统觉的本源的综合统一这条原理。于是外部感性直观的单纯形式即空间还根本不是知识；它只是把先天直观杂多向某种可能的知识提供出来。但为了在空间中认识任何东西，例如说一条线，我就必须划出这条线，因而对给予的杂多综合地作出一个确定的联结，使得这个行动的统一同时又是意识（在一条线的概念中）的统一，而这样一来，一个客体（一个确定的空间）才首次得到了认识。所以意识的综合统一是一切知识的一个客观条件，不仅是我自己为了认识一个客体而需要这个条件，而且任何直观为了对我成为客体都必须服从这一条件，因为以另外的方式，而没有这种综合，杂多就不会在一个意识中结合起来。

B138

后面这句话如上所述，本身是分析的，尽管它使综合的统一成为了

---

①　空间和时间及其一切部分都是直观，因而是带有它们所包含的杂多的一些单个表象（见先验感性论），所以它们就不只是使同一个意识包含在许多表象里面的概念，而且是使许多表象包含在一个表象及其意识里面的概念，因而这些表象被看做复合的，于是意识的这种统一性就被看做是综合的，但又是本源的。直观的这种单独性有很重要的用途（见后面§25.）。——康德（按：高隆斯基（Gawronsky）认为"§25."应为"§26."或"§23."。——德文编者）

一切思维的条件；因为它所说的无非是，在任何一个给予的直观里，我的一切表象必须服从这个条件，唯有在这个条件之下我才能把这些表象作为我的表象归于同一的自己，因而才能将其作为在一个统觉中综合地联结着的东西用"我思"这一普遍的表达方式总括起来。

但这一原理毕竟不是对任何一般可能的知性而言的一条原则，而只是对于这种知性而言的，这种知性的纯粹统觉在"我在"这一表象中还根本没有给出任何杂多的东西。那样一种凭借其自我意识同时就给出直观杂多来、凭借其表象同时就使该表象的客体实存起来的知性，也许为了意识的统一并不需要杂多综合的一个特殊行动，这种综合是只能思维不能直观的人类知性所需要的。但对于人类知性来说，这个行动却不可避免地是第一原理，乃至于它丝毫也不能理解某种别的可能的知性，不论是本身可以直观的那种知性，还是那种即使拥有感性直观、但却是不同于空间和时间中那样的感性直观作为基础的知性。 B139

§18. 什么是自我意识的客观统一性

统觉的先验统一性是使一切在直观中给予的杂多都结合在一个客体概念中的统一性。因此它叫作客观的，而必须与意识的主观统一性区别开来，后者是一个内感官的规定，它把直观的那个杂多经验性地提供给这样一种联结。我是否能经验性地把杂多作为同时的或相继的意识到，这取决于各种情况或经验性的条件。所以意识的经验性的统一性凭借诸表象的联想，本身是涉及某种现象的，并且完全是偶然的。相反，时间中直观的纯形式仅仅作为包含所予杂多的一般直观，则从属于意识的本源的统一性，这只是由于直观杂多对于"我思"这个"一"的必然关系；因而是由于先天地给经验性的综合奠定基础的知性之纯综合。只有统觉的先验的统一性才是客观有效的；统觉的经验性的统一性则只有主观的有效性，我们在这里不考虑它，它也只是在给予的具体条件下从前者派生出来的。一个人把某个词的表象联结于某一件事，另一个人则把它联结于另外一件事；而在经验性的东西里的意识的统一性， B140

就被给予的东西而言,不是必然普遍地有效的。

§19. 一切判断的逻辑形式在于其中
所含概念的统觉的客观统一

我从来都不能对逻辑学家们关于一般判断所给予的解释感到满

B141　意:他们说,判断是两个概念之间的关系的表象。我在这里不和他们

争论这种解释的缺陷,(也不谈由这种逻辑的失误而产生的不少恶劣

的后果),它无论如何只适合于定言判断,而不适合于假言的或选言

的判断(后两者包含的不是概念之间的关系,而是判断之间的关系)

①,我只想指出,在这里并没有确定这种关系何在。

但是,当我更仔细地研究每个判断中被给予的知识的关系,并将它

作为属于知性的关系而和按照再生的想象力规律的关系(它只有主观

有效性)区别开来时,我就发现,一个判断无非是使给予的知识获得统

B142　觉的客观统一性的方式。这就是判断中的系词"是"的目的,它是为了

把给予表象的客观统一性与主观统一性区别开来。因为它标志着这些

表象与本源的统觉及其必然统一性的关系,哪怕这判断本身是经验性

的,因而是偶然的,例如"物体是有重量的"。虽然我并不是借此要说

明这些表象在经验性的直观中是必然互相隶属的,而是说它们借助于

直观的综合中统觉的必然统一是互相隶属的,就是说,这是按照对一切

表象作客观规定的原则的,如果从这些表象能形成知识的话,而这些原

则全都是从统觉的先验统一这条原理派生出来的。只有借此才从这种

关系中形成一个判断、亦即一种关系,它是客观有效的,并且足以与同

---

①　三段论四格的详尽的学说只是涉及到直言三段论推理,并且,尽管它只
不过是一种技巧,即把那些直接结论(consequentiae immediatiae)偷运进一个纯
粹三段论推理的诸前提中去、由此骗取比第一格的形式更多的好几个推论形式这
种幻相,然而它单凭这一点本不能有特别的好运气,假如它没有做到赋予定言判
断以所有其他判断都必须能与之相关的唯一威严的话,但这一点按照§9.是错误
的。——康德

样一些表象的只具有主观有效性的那种关系、例如按照联想律的关系区别开来。按照后面这种规律我将只能说："当我托起一个物体时,我将感到一个重量的压力";但却不能说:它,这个物体,是重的;后者要说的正是:这两个表象是在客体中、亦即不管主体状态的差异而结合着的,而不只是在知觉中(不论这知觉如何重复)在一起的。　　B143

§20. 一切感性直观都从属于范畴，只有在
这些范畴的条件下感性直观的杂多
才能聚集到一个意识中来

在一个感性直观中被给予的杂多东西必然从属于统觉的本源的综合统一性,因为只有通过这种统觉的统一性才可能有直观的统一性(见§17.)。但知性把所予表象(不论是直观还是概念)的杂多纳入一般统觉之下的这种行动是判断的逻辑机能(见§19.)。所以一切杂多只要在"一个"经验性直观中被给予出来,就在判断的诸逻辑机能之上被规定了,也就是由这一机能带到某个一般意识上来了。但现在,诸范畴不是别的,恰好就是当一个给予直观的杂多在这一机能上被规定时的这些判断机能(见§13.①)。所以,在一个所予直观中的杂多必然从属于诸范畴。

§21. 注　释　　B144

在一个我称之为"我的"的直观中所包含的杂多,被知性的综合表现为属于自我意识的必然统一性,而这是通过范畴做到的②。所以范

---

① 据法欣格尔,应为"见§10.";瓦伦廷纳则认为是"见§14."。——德文编者

② 其证据建立在那得到表现的直观统一性之上,对象通过它而被给予,它任何时候都包含着对在一个直观中被给予的杂多东西的综合,并且已经含有这种东西对统觉的统一性的关系了。——康德

畴表明：对"一个"直观的所予杂多的经验性意识是从属于一个先天的纯粹自我意识的，正如经验性的直观从属于一个纯粹感性的、同样是先天发生的直观那样。——于是在上面这句话中就开始了纯粹知性概念的一个演绎，在该演绎中，由于范畴是不依赖于感性而只在知性中产生出来的，我就还必须把杂多在一个经验性直观中被给予的方式抽象掉，以便只着眼于由知性借助于范畴而放进直观中的那个统一性。在后面（见§26）我们将由经验性直观在感性中被给予的方式来指明，经验性直观的统一性不是别的，而是范畴按照前面§20.为一个所予直观的杂多而一般地规定的统一性，所以，只有把范畴对于我们感官的一切对象的先天有效性解释清楚了，这个演绎的目的才完全达到。

B145

不过，在上面的证明中有一点是我毕竟不能抽象掉的，这就是：对直观来说杂多必定是还在知性的综合之前、且不依赖于知性综合就被给予了；但如何被给予的，在这里却仍未确定。因为，假如我想思考一个本身直观着的知性（例如也许是神的知性，它不想像各种被给予的对象，而是通过它的表象同时就给出或产生出这些对象本身），那么范畴对于这样一种知识就会是完全没有意义的。范畴只是这样一种知性的规则，这种知性的全部能力在于思维，即在于把在直观中以别的方式给予它的那个杂多的综合带到统觉的统一上来的行动，因而这种知性单凭自己不认识任何东西，而只是对知识的材料、对必须由客体给予它的直观加以联结和整理而已。但我们的知性只有借助于范畴、并恰好只通过这个种类和这个数目的范畴才能达到先天统觉的统一性，对它的这一特性很难说出进一步的理由，正如我们为什么恰好拥有这些而不是任何别的判断机能，或者为什么唯有时间和空间是我们的可能直观的形式，也不能说出进一步理由一样。

B146

§22. 范畴在事物的知识上除了应用于
经验对象外没有别的运用

所以，思维一个对象和认识一个对象是不同的。因为认识包含两个方面:一是使一个对象一般地被思维的概念(范畴),二是使这对象被给予的直观;因为,假如一个相应的直观根本不能被给予概念,那么概念按照形式也许会是一个思想,但却没有任何对象,且它将不会使有关某个事物的任何知识成为可能;因为就我所知将没有、也不可能有任何东西,能够让我的思想运用于其上。既然我们可能有的一切直观都是感性的(见"感性论"),所以在我们这里,通过一个纯粹知性概念对某个一般对象的思维,只有当这概念与感官对象发生关系时才成为知识。感性直观要么是纯直观(空间和时间),要么是对于在空间和时间 B147
中直接通过感觉而表现为现实的东西的经验性直观。通过前一种直观的规定我们能得到关于对象的先天知识(在数学中),但只是根据这些对象的形式并作为现象;是否可能有必须在这种形式中被直观到的事物,这在这里却仍然还未确定。所以一切数学概念单独还不是知识;除非,我们预先假定有事物,这些事物只有符合那个纯粹感性直观的形式才能向我们呈现出来。但空间和时间中的事物只有当它们是知觉(伴随着感觉的表象)时才被给予,因而只有通过经验性的表象才被给予。所以纯粹知性概念即使当它们被运用于先天直观(如在数学中)时,也只有在这些先天直观、因而借助于先天直观使知性概念也能够被运用于经验性直观的情况下,才获得知识。因此范畴借助于纯①直观也并未提供给我们有关事物的知识,而只有通过它们在经验性直观上的可能的运用才能做到这点,就是说,范畴只用在经验性知识的可能性上。但这种知识就叫做经验。因此范畴在事物的知识上没有别的运用,除非这些事物只被看做是可能经验的对象。 B148

§ 23.

上述这一命题是极其重要的;因为它和先验感性论规定了我们感性直观的纯形式的运用限度一样,也规定了纯粹知性概念在对象方面的运

---

①　原文无"纯"字,兹据 Goldschmid 补上。——德文编者

用限度。空间和时间作为对象如何能够被给予我们的可能性条件，只不过对感官对象有效，因而只对经验对象有效。超出这一限度它们就什么也表现不出来；因为它们只存在于感官中，而在感官之外则没有任何现实性。纯粹知性概念则摆脱了这种限制而延伸到一般直观的对象之上，不论这种直观和我们的直观是否相似，只要它是感性的而不是智性的。但这些纯粹知性概念超出我们的感性直观之外的这种进一步扩张对我们丝毫也没有什么帮助。因为这样一来，它们就是一些关于客体的空洞的概念，凭借它们，我们就连这些客体是可能的还是不可能的都根本无法判断，这些纯粹知性概念就只是一些没有客观实在性的思维形式，因为我们手头并没有任何直观，能够把唯独那些思维形式才包含着的统觉的综合统一应用于其上，而这些思维形式也能在其上这样来规定一个对

B149 象。唯有我们的感性的和经验性的直观才能给这些客体带来意思和意义。

所以，当我们假定一个非感性的直观的客体是被给予的时，我们固然可以用已经包含在下述预设中的一切谓词来表象它，说不应把任何属于感性直观的东西归于它：因而，说它不具有广延，或不在空间中，说它的延续不是时间，说在它里面见不到任何变化（即在时间中诸规定的相继），等等。但这毕竟不是什么真正的知识，如果我只是指出这客体的直观如何不存在，而不能说出在直观中究竟包含有什么的话；而这样一来，我就根本没有表现出一个对于我们纯粹知性概念而言的客体的可能性，因为我没有能够给出任何与这客体相应的直观，而只能说，我们的直观不适用于它。但在这里最要紧的一点是，在这样一个某物身上甚至就连一个起码的范畴都不可能应用：例如一个实体的概念，即关于一个作为主词而永远不能仅仅作为谓词存在的某物的概念，对此我就完全不知道是否能有某种东西是与这个思维规定相应的，如果不是有经验性的直观给我提供了应用的具体场合的话。但关于这一点下面还要谈到。

B150

§24. 范畴在一般感官对象上的应用

纯粹知性概念是通过单纯知性而与一般直观对象发生关系的，并

不确定这种直观是我们的直观还是某种别的、但毕竟是感性的直观,但正因为如此,纯粹知性概念就只是些思维形式,通过它们还没有任何确定的对象被认识。杂多在它们中的综合或联结只不过曾经与统觉的统一性相关,因此曾经是先天知识就其基于知性而言的可能性根据,因而不仅仅是先验的,而且甚至纯粹只是智性的。但由于在我们心中有某种感性直观的先天形式作基础,它是立足于表象能力的接受性(感性)之上的,所以知性作为自发性就能够按照统觉的综合统一、通过给予表象的杂多来规定内感官,这样就能把对先天的感性直观的杂多的统觉的综合统一,思考为我们(人类的)直观的一切对象不能不必然从属于其下的条件,这样一来,作为单纯思维形式的范畴就获得了客观实在性,即获得了对能够在直观中给予我们的那些对象的应用,但这些对象 B151
只是现象;因为我们只对于现象才具有先天直观能力。

对感性直观杂多的这种综合是先天可能的和必然的,它可以被称之为形象的(synthesis speciosa①),而不同于在单纯范畴中关于一般直观杂多所想到的、并被叫作知性联结(synthesis intellectualis②)的综合;这两种综合都是先验的,这不仅因为它们本身是先天地发生③的,而且也是因为它们建立起了其他先天知识的可能性。

不过,这种形象的综合如果只是指向统觉的本源的综合统一,即指向这种在范畴中被思维的先验统一的话,那它就必须与单纯智性的结合不同,而叫作想象力的先验综合。想象力是把一个对象甚至当它不在场时也在直观中表象出来的能力。既然我们的一切直观都是感性的,那么想象力由于使它唯一能够给予知性概念一个相应直观的那个主观条件,而是属于感性的;但毕竟,它的综合是在行使自发性,是进行规定的而不像感官那样只是可规定的,因而是能够依照统觉的统一而 B152
根据感官的形式来规定感官的,就此而言想象力是一种先天地规定感

---

①　拉丁文:形象的综合。——译者
②　拉丁文:智性的综合。——译者
③　原文为"先行"(vorgehen),兹据埃德曼校改为"发生"(stattfinden)。——德文编者

性的能力,并且它依照范畴对直观的综合就必须是想象力的先验综合,这是知性对感性的一种作用,知性在我们所可能有的直观的对象上的最初的应用(同时也是其他一切应用的基础)。这种综合作为形象的综合,是不同于没有任何想象力而单靠知性作出的智性综合的。就想象力就是自发性这一点而言,我有时也把它称之为生产性的想象力,并由此将它区别于再生的想象力,后者的综合只是服从经验性的规律即联想律的,因此它对于解释先天知识的可能性毫无贡献,为此之故它不属于先验哲学之列,而是属于心理学的。

　　　　　　　*　　　　　　*　　　　　　*

　　这里正是澄清在对内感官的形式的说明那里(§6①)必定会引起每个人注意的那种似非而是的地方,这就是:为什么内感官甚至把我们自己,也只是像我们对自己显现的那样、而不是如我们自己自在地所是的那样向意识呈现出来,是由于我们只是如同我们在内部被刺激那样 B153 直观自己,这看起来像是矛盾的,因为我们对待我们自己必须采取被动的态度;因此人们通常也更愿意把内感官和(我们作了仔细区分的)统觉能力在心理学诸学说中冒充为同一件事。

　　规定内感官的,是知性及其对直观杂多加以联结、即将之纳入一个统觉之下(以此作为知性本身的可能性基础)的本源的能力。既然知性在我们人类中本身决不是直观能力,而直观即使在感性中被给予出来,知性也不能将之吸收进自身,以便仿佛是把它自己的直观的杂多联结起来,那么,当知性单独地就自身被考察时,它的综合无非就是这种行动的统一性,知性即使没有感性也意识到这种行动本身了,但知性本身通过这种行动就有能力从内部、就按照感性直观形式所可能给予它的杂多而言来规定感性。所以知性在想象力的先验综合这个名称下,对于被动的主体——它的能力就是知性——实行着这样一种行动,对 B154 此我们有权说,内感官由此而受到了刺激。统觉及其综合统一与内感官根本不是同一回事,乃至于统觉毋宁说是作为一切联结的根源而以

----

① 高隆斯基认为应当是"§8"。——德文编者

范畴的名义指向一般直观①的杂多的,是先于一切感性直观而指向一般客体的;相反,内感官所包含的只是直观的形式,但没有对直观中杂多的联结,因而还根本不包含任何规定了的直观,后面这种直观只有通过由想象力的先验活动而对杂多进行规定的意识(知性对内感官的综合性影响)才是可能的,这种先验活动我曾称之为形象的综合。

　　对此我们任何时候也都在自己心中知觉到了。我们不在思想中引出一条线,就不能思维任何线,不在思想中描出一个圆,就不能思维任何圆,不从同一点设定三条线相互成直角,就根本不能表象空间的三个量度,甚至于,也不能表象时间,如果我们不是在引出一根直线(想要它作为时间的外部形象的表象)时只注意我们借以前后相继地规定内感官的那种对杂多的综合行动、并因而注意在内感官中这种规定的前后相继性的话。运动,作为主体的行动(而非作为一个客体的规定)②,因而作为对空间中杂多的综合,当我们撇开杂多而只注意这个我们由以对内部感官作与其形式相适合的规定的行动时,就甚至是首先产生出这个前后相继概念的。因此,知性决不是在内感官中已经发现了对杂多的这样一类联结,而是通过它刺激内感官而产生出这种联结。③

　　但正在思维的这个我④如何与直观到自身的我(凭借我至少还能把另外一种直观方式设想为可能的而)区别开来,却又与后者作为同一个主体而是等同的,因而我如何能够说:我,作为理智和思维着的主体,把我自己当做被思维的客体来认识,只要我还被通过这客体在直观中给予了我,不过与其他现象一样,并不如同我在知性面前所是的,而是如同我对自己所显现的那样:这个问题所带来的困难不多不少正是

B155

①　指感性的或智性的直观。——译者

②　一个客体在空间中的运动不属于一门纯粹科学,因而也不属于几何学;因为某物是运动的,这是不能先天地、而只能通过经验来认识到的。但运动,作为对一个空间的描述,却是凭借生产性的想象力对一般外部直观中的杂多进行相继综合的一种纯粹动作,它不仅仅属于几何学,而且甚至属于先验哲学。——康德

③　原文此段与下一段未分,现据法欣格尔分为两段。——德文编者

④　原文为"我所思维的这个我",据法欣格尔校正。——德文编者

如下问题的困难,即我一般说来如何能够对我自己是一个客体,而且是
B156　一个直观的和内知觉的客体? 然而这实际上毕竟不能不如此,这一点
如果我们允许把空间看做只是外感官现象的一个纯形式的话,是可以
通过如下事实得到阐明的,即我们不能把时间这种毕竟不是任何外部
直观对象的东西以别方式的设想,除非在一条我们所引出来的直线的
形象之下来设想,没有这样一种表现方式,我们将根本不可能认识时间
量度的单一性,同样,我们永远必须从变化的外部事物向我们表现出来
的东西那里为一切内部知觉取得对时间长度甚至时间定位的规定,因
而恰好必须以这种方式把内感官的诸规定整理为时间中的现象,就像
我们必须把外感官的诸规定在空间中加以整理那样,所以,如果我们承
认外感官的诸规定是我们用来仅仅在我们受到外部刺激的情况下认识
客体的,那我们也必须承认,内感官是我们用来仅仅如同我们受到我们
自己的内部刺激那样直观我们自己的,也就是说,对于内直观而言,我
们只是把我们自己的主体当做现象来认识,但却不是按照它自在地本
B157　身所是的东西来认识。①

§25.

与此相反,在对一般表象的杂多的先验综合中,因而在统觉的综合
的本源统一中,我意识到我自己,既不是像我对自己所显现的那样,也
不是像我自在地本身所是的那样,而只是"我在"。这个表象是一个思
维,而不是一个直观。既然为了认识我们自己,除了把每一个可能直观
的杂多都纳入到统觉的统一中来的那个思维行动之外,还要求有这杂
多借以被给予的某种确定的直观方式,所以,虽然我自己的存有并不是

————————

　　①　我看不出人们为什么对于内感官受到我们自己的刺激这一点会感到如
B157　此大的困难。注意力的每一次动作都可以向我们提供这方面的例子。在其中,知
性任何时候都按照它所思维的联结,而把内感官规定为与知性综合中的杂多相应
的内直观。内心通常由此受到的刺激是多么大,这是每个人都能够在自身内知觉
到的。——康德

现象(更不只是幻相),但我的存有的这一规定①却只有适应于内感官　　B158
的形式、按照我所联结的那个杂多在内直观中被给予的特殊方式才能
发生,因而,据此我关于自己并不拥有我如何在的知识,而只拥有我如
何对我自己显现的知识。所以,对存有自身的意识还远不是对存有自
身的知识,哪怕有一切范畴来借助于把杂多联结在一个统觉中而构成
一般客体的思想也罢。正如对一个有关与我不同的客体的知识,除了
需要一般客体(在范畴中)的思想之外,我总还需要一个我由以规定那
个普遍概念的直观一样,我对于我自己的知识除了意识、或除了我思自
己以外,也还需要一个我由以规定这个思想的、对于我里面的杂多的一
个直观,而且我是作为理智而实存的,这理智仅仅意识到自己的联结能
力,但就它所应当加以联结的杂多而言,这理智是服从着它称之为内　　B159
感官的限制性条件、而只有按照完全处于真正的知性概念之外的时
间关系才能使那种联结被直观到的,因此它的认识自身毕竟只能像
它在某种直观上(这直观不能是智性的和通过知性本身给予的)仅
仅向它自身显现出来那样,而不能如同假定它的直观是智性的时它
将认识自己那样。

§26. 纯粹知性概念的普遍可能的
经验运用的先验演绎

　　在形而上学的演绎中,诸先天范畴的一般起源是通过它们与思维

---

　　① "我思"这件事表达了对我的存有进行规定的动作。所以存有由此就已
经被给予了,但我应当如何规定它,即我应当如何把属于它的杂多设定在我之中,
这种方式却还没有因此而被给予。为此需要的是把一个先天给予的形式即时间
作为基础的自身直观,这时间是感性的,并且是属于可被规定者的接受性的。如
果我现在不再具有别的自身直观来把我里面的规定者——我只意识到它的自发
性——提交于规定动作面前,如同时间把可被规定者提交出来一样,那么我就不　　B158
能把我的存有作为一个自动的存在者来规定,相反,我只能对自己表象那思维活
动即规定活动的自发性,而我的存有却仍然只是在感性上、即作为一种现象的存
有才可加以规定。不过,这种自发性却使得我将自己称之为理智。——康德

的普遍逻辑机能的完全契合来阐明的①,但在先验演绎中,这些范畴的可能性被表现为对一般直观的诸对象的先天知识(见§20、21.)。现在所要说明的是,通过范畴先天地认识那些永远只能对我们的感官出现的对象、而且不是按照它们的直观形式、而是按照它们的联结法则来先天地认识它们的可能性,因而是仿佛向自然颁布法则甚至于使自然成为可能的可能性。因为没有诸范畴的这种适应性,就会无法解释,为什么凡是只要能对我们的感官出现的东西都必须服从那些唯有从知性中才先天地产生出来的法则。

B160

我首先要说明的是,我所谓的领会的综合,是指在一个经验性的直观中杂多的复合,借此,知觉、也就是对这直观的经验性的意识(作为现象)才成为可能。

我们在时间和空间的表象上拥有外部的和内部的感性直观的先天形式,而对现象杂多的领会的综合任何时候都必须适合这些形式,因为这综合本身只有按照这种形式才可能发生。但空间和时间不仅被先天地表象为感性直观的诸形式,而且被表象为(包含着杂多的)诸直观本身,因而是借助于对诸直观中的这种杂多的统一性的规定而先天地表象出来的(见先验感性论)②。因此,甚至我们之外和之内的杂多的综合统一,因而甚至一切要在空间或时间中被确定地表象的东西所必须与之符合的某种联结,就已经和这些直观一起(而不是在它们之中)同时被先天地作为一切领会的综合的条件而给予了。但这综合的统一不能是任何别的统一,只能是一个给予的一般直观的杂多在一个本源

B161

---

① 梅林在此加上:见§10.——德文编者

② 空间在作为对象被表象出来时(我们在几何学中实际上就需要这样做),就包含有比直观的单纯形式更多的东西,这就是把按照感性形式给出的杂多统摄在一个直观表象中,以致直观的形式就只给出了杂多,而形式的直观却给出了表象的统一性。这种统一性,我在感性论中曾仅仅归之于感性,以便只注意到它是先行于一切概念的,虽然它是以某种综合为前提的,这综合不属于感官,但通过它,一切有关空间和时间的概念才首次成为可能的。因为,既然空间和时间通过它(由于知性规定着感性)而首次作为直观被给予,那么这种先天直观的统一性就属于空间和时间,而不属于知性概念。(§24.)——康德

B161

的意识中按照诸范畴而仅仅应用于我们的感性直观上的联结的统一。所以甚至知觉借以成为可能的一切综合都是服从诸范畴的,而既然经验就是通过结合诸知觉而来的知识,那么范畴就是经验的可能性的条件,因而也是先天地适用于一切经验对象的。

　　　　　*　　　　　　　*　　　　　　　*

　　所以,当我例如说通过对一间房子的杂多的领会①而使这房子的　　B162
经验性直观成为知觉时,那么空间和一般外部感性直观的必然的统一
就是我的根据,而我仿佛是按照空间中杂多的这种综合统一而描画出
它的形状。但正是这种综合统一,当我抽掉空间的形式时,在知性中有
它的位置,它就是在一个一般直观中同质的东西的综合的范畴,亦即量
的范畴,因而那个领会的综合即知觉是绝对必须适合于这个范畴的。②

　　当我(举另外一个例子)知觉到水在结冰时,那么我就领会到有两
种状态(液体和固体)是彼此相对地处于一种时间关系中的。但在我
当做这种作为内直观的现象之基础的时间中,我必然表象出杂多的综　　B163
合统一,舍此那种关系就没有可能在一个直观中确定地(就时间序列
而言)被给予出来。但现在,这种综合统一作为我得以联结一般直观
之杂多的先天条件,如果我抽掉我的内直观的持久的形式即时间,就是
原因范畴,当我把这一范畴应用于我的感性上时,我就通过它对一切发
生的事情在一般时间中按照其关系加以规定。所以在这样一种事件中
的领会,因而这个事件本身,按照可能的知觉来说,都是服从因果关系
这个概念的,在所有其他情况中也是如此。

　　　　　*　　　　　　　*　　　　　　　*

　　范畴是一些给现象、因而给作为一切现象的总和的自然界(natura

----

　　①　第四版中为"综合"。——德文编者
　　②　以这种方式就证明了:那本身是经验性的领会的综合,是必须与那作为
智性的和完全先天地包含在范畴中的领会的综合必然相符合的。这就是同一个
自发性,它在那里是以想象力的名义,在这里则是以知性的名义,而把联结带进直
观的杂多中来的。——康德

materialiter spectata①）颁布先天法则的概念，现在要问，既然诸范畴并不是从自然中派生出来和依照自然作自己的模范的（因为否则它们就会只是经验性的了），那么如何能够理解自然必须遵循它们，也就是说，它们如何能够不从自然那里拿来自然杂多的联结而先天地规定这种联结？在这里就来解开这个谜。

B164　　自然界的现象的法则怎么会必然与知性及其先天形式、即和它联结一般直观杂多的能力协调一致，这丝毫也不比现象本身怎么会必然与先天的感性直观形式协调一致更值得奇怪。因为法则并不实存于现象中，而只是相对于现象所依存的主体才实存的，如果这主体有知性的话，这正如同现象也不自在地实存，而只是相对于同一个存在者而实存，如果它有感官的话。对于自在之物本身来说，它们的合规律性即使撇开对之进行认识的某种知性，也会必然地归属于它们。但现象却只是关于物的一些表象，这些物按照它们可能自在地所是的而言，是不被认识地存有着的。但作为单纯的表象，它们除了结合能力所颁布的那种法则之外，决不服从任何结合的法则。于是，那把感性直观的杂多结合起来的东西就是想象力，它按照其智性的综合统一来说是依赖于知性的，而按照领会的杂多性来说是依赖于感性的。既然一切可能的知觉都依赖于领会的综合，而领会的综合本身，作为一种经验性的综合，又是依赖于先验的综合、因而依赖于范畴的，所以，一切可能的知觉，因而甚至一切总是可以获得经验性意识

B165的东西，即一切自然现象，按照其联结来说都是服从范畴的，自然界（单是作为一般自然界来看待）是将这些范畴作为自己的必然合规律性的本源根据（作为 natura formaliter spectata②）来依赖的。但是，甚至那仅仅通过范畴来给现象先天地颁布法则的纯粹知性能力也不足以建立更多的规律，除非对于一般自然界据以作为诸现象在空间和时间中的合规律性的那些规律。那些特殊的规律，由于涉及到被经验性地规

---

①　拉丁文：物质方面的自然。——译者
②　拉丁文：形式方面的自然。——译者

定了的现象,而从范畴中并不能完备地被推导出来,即使它们全都服从那些范畴。根本说来,为了获悉这些特殊规律,就必须加上经验;但对于一般经验,以及什么是能够被作为一个经验对象来认识的东西,只有那些先天法则才提供了教导。

§27. 知性概念的这一演绎的结果

不通过范畴,我们就不能思维任何对象;不通过与那些概念相符合的直观,我们就不能认识任何被思维到的对象。现在,我们的一切直观都是感性的,而这种知识就其对象被给予出来而言是经验性的。但经验性的知识就是经验。所以唯一地除了关于可能经验的对象的先天知识而外,我们不可能有任何的先天知识①。 B166

但这种只是被限制于经验对象上的知识并不因此就全部都是由经验中吸取来的,相反,就纯粹直观和纯粹知性概念而言,它们都是一些在我们里面先天找到的知识要素。现在,经验和它的对象的概念的必然协调一致只能以两种方式来设想:要么经验使这些概念成为可能,要么这些概念使经验成为可能。前一种情况就范畴而言(甚至就纯粹的感性直观而言)并不会发生;因为它们是一些先天概念,因而是不依赖于经验的(主张一种经验性的起源将会是一种 generatio aequivoca②)。所以就只剩下第二种情况(仿佛是纯粹理性的一种新生论学说):也就是知性一方的范畴包含有一切经验的一般可能性根据。但范畴如何使经验成为可能,以及范畴在其应用于现象上时提交了那些经验之可能 B167

---

① 为了人们不至于仓促地对这一命题的令人担忧的有害推论产生反感,我只想提醒一点,即范畴在思维中并不受我们感性直观的条件所限制,而是拥有一个不被限定的领域,只有对我们所思维的东西的认识,即对客体的规定,才需要直观,在缺乏直观的情况下,对客体的思维总还是能够另外在主体的理性运用上有其真实的和有用的后果的,但这种运用由于它并不总是指向对客体的规定、因而指向知识,而是也指向对主体及其意志的规定,所以在这里还不能加以申述。——康德

② 拉丁文:双重起源论。——译者

性的何种原理,对此有关判断力的先验运用的下一章将会有更多的
说明。

　　如果有人想在仅有的上述两条道路之间建议一条中间道路,即范
畴既不是一些自己思维出来的、我们知识的先天第一原则,也不是从经
验中汲取来的,而是一些主观的、与我们的实存同时植根于我们之中的
进行思维的素质,它们是由我们的创造者这样安排的,使得它们的运用
与经验所沿着运行的自然规律恰好相符合(纯粹理性的一种预成论学
说),那么,(除了借助于这一假设,不论我们可以把预定素质的这个假
定向未来的判断推进到多么远,也看不到任何终点之外,)有一点将是
B168　与所提出的这一中间道路断然相违背的:在这种情况下范畴将缺少那
本质上属于它们的概念的必然性。因为,例如原因的概念,它陈述的是
在某种前提条件下一个结果的必然性,但假如它只不过是基于某种随
意植根于我们里面的、按照这样一种关系规则来联结某些经验性表象
的主观必然性的话,这个概念就会是错误的了。我将不可能说:结果和
原因在客体中(即必然地)联结着,而只能说,我只是被安排成这样,以
致我只能把这些表象这样结合着来思维;而这恰好就是怀疑论者最希
望发生的事;因为这样一来,我们的一切凭借我们的判断的被以为的客
观有效性而来的见解,就无非是纯粹的幻相了,而且甚至也不会缺少这
样一些人,就连自己有这种(必须被感到的)主观必然性也不承认的;
至少,我们不可能与任何人就那仅仅基于他的主体组织方式之上的东
西发生争执的。

这个演绎的要义

　　这个演绎把纯粹知性概念(并与它们一起把一切先天理论知识)
演示为经验的可能性原则,而把这些原则①演示为对现象在一般的空
B169　间和时间中所进行的规定,——最后,把这种出自统觉的本源的综合统

――――――――――

　　① "这些原则"为 dieser 之译,阿底克斯认为 dieser 应指前面的"经
验"。——译者

一原则的规定,展示为与作为感性的本源形式的空间和时间相关的知性的形式。

＊　　　　　＊　　　　　＊

只是到此为止,我才认为有必要作小节的划分,因为我们所讨论的是一些基本概念。现在我们想要表明这些概念的运用,则叙述将可以一直连贯地进行了,而不必再作小节的划分。

［附:“纯粹知性概念的先验演绎”第一版原文］　　A95

第二节　经验的可能性之先天根据
［依照第一版］

要使一个概念完全先天地产生出来并与一个对象发生关系,哪怕这概念本身既不属于可能经验的概念又不是由一个可能经验的要素所构成,这是完全矛盾的和不可能的。因为这样一来,这概念就会没有任何内容,这是由于没有任何直观与它相应,因为对象借以能够被给予我们的一般直观是构成可能经验的领域或全部对象的。一个不是与可能经验相关的先天概念将只会是加在一个概念上的逻辑形式,却不是某物借以被思维的概念本身。

所以,如果有先天的纯粹概念,那么它们诚然并不包含有丝毫经验性的东西:但它们却还必须纯属某个可能经验的先天条件,只有在它们之上经验的客观实在性才能建立起来。

因此,如果我们想知道纯粹知性概念如何是可能的,那么我们就必须研究,哪些是经验的可能性所依赖的、并且即使我们抽掉现象的一切经验性的东西仍作为经验的基础的先天条件。一个普遍而充分地表达了经验的这种形式的客观条件的概念将被叫作纯粹知性概念。一旦我　　A96

拥有纯粹知性概念,我固然也可以臆想出一些也许是不可能的对象,就是说本身虽然是可能的,但却不能在任何经验中被给予的对象,因为在那些概念的结合中可能删去了某种最终必须属于一个可能经验的条件的东西(如一个"精神"的概念),或者也许将纯粹知性概念扩展到超出经验所能把握的范围之外(如"上帝"的概念)。然而,构成一切先天知识甚至任意的荒谬臆造的那些要素,虽然不是从经验那里借来的(因为否则它们就不会是先天知识了),但它们任何时候都必须包含一个可能经验和该经验的一个对象的纯粹先天条件,因为否则不单是通过它们就根本不会有什么东西被思维到,而且就连它们自身也将会没有材料而不可能在思维中产生了。

现在,这样一些先天地包含有伴随每个经验的纯粹思维的概念,我们在范畴那里找到了,而如果我们能够证明一个对象只有借助于范畴才能被思维,那就有了对范畴的一个充分的演绎,以及对范畴的客观有效性的辩护。但由于在这样一种思维中被调动起来的不只是唯一的思维能力,亦即知性,而知性本身作为一种应当与客体发生关系的认识能力,同样也需要为这种关系的可能性作出一个阐明:所以我们必须首先对构成经验可能性的先天基础的主观来源不是按照其经验性的性状、而是按照其先验的性状加以考虑。

假如每一个单独的表象都与另一个表象相疏离,仿佛是孤立的和与之相分离的,那就任何时候也不会有像作为各种相比较和相结合的表象之整体而存在的知识这样的东西产生出来。因此如果我由于感官在其直观中包含杂多性,就把一种概观赋予感官,那就任何时候都有某种综合与这个概观相应,而接受性只有与自发性相联结才能使知识成为可能。于是这种自发性就是在一切知识中必然出现的某种三重综合的基础,这就是:作为在直观中内心的各种变状的诸表象的领会的综合,这些表象在想像中的再生的综合,以及它们在概念中的认定的综合。于是这三重综合就对知识的三种主观的来源提供了一个指导,而这三个来源本身就使知性、并通过知性而使作为知性的一个经验性的产物的所有经验成为可能。

预 先 的 提 醒

范畴的这一演绎是带有非常多的困难的,并且不得不如此深入地进到我们知识的一般可能性的最初根基,以至于为了避免一个完备理论的迂阔,同时却又在一个如此必要的研究中不忽略任何东西,我觉得与其宣讲教程,倒不如通过下面四个小节使读者有更多的准备;而在接下来的第三节中,再开始对知性的这些要素展开系统的讨论。为此之故,读者不可于这种在还完全未被踏上过的道路上最初免不了的模糊晦涩面前临阵逃脱,但我希望这种模糊晦涩在下述第三节中应会澄清为完备的洞见。

1. 直观中领会的综合

我们的表象可以不论由何处产生出来,不论是受到外部事物的影响还是受到内部原因的作用,它们尽可以先天地或是作为现象而经验性地产生;所以它们最终是作为内心的变状而属于内感官的,并且我们的一切知识作为这样一种变状,最终毕竟都是服从内感官的形式条件即时间的,如它们全都必须在时间中得到整理、结合和发生关系。这是一个总的说明,是我们在下面必须绝对作为基础的。 **A99**

每一个直观里面都包含一种杂多,但如果内心没有在诸印象的一个接一个的次序中对时间加以区分的话,这种杂多却并不会被表象为杂多:因为每个表象作为包含在一瞬间中的东西,永远不能是别的东西,只能是绝对的统一性。现在,为了从这种杂多中形成直观的统一性(如在空间的表象中那样),就有必要首先将这杂多性贯通起来,然后对之加以总括,我把这种行动称之为领会的综合,因为它是直接针对直观的,直观虽然提供了一种杂多,但却没有一个伴随出现的综合,它就永远不能将这种杂多作为一个这样的、并且是包含在一个表象中的杂多产生出来。

现在,这种领会的综合也必须先天地、亦即在那些并非经验性的表象方面加以实行。因为没有它我们将既不可能先天地拥有空间表象,

A100　也不可能先天拥有时间表象：因为这些表象只有通过对感性在其本源的接受性中提供出来的杂多进行综合才能被产生出来。所以我们拥有领会的一种纯粹综合。

2. 想象中的再生的综合

　　虽然这是一条单纯经验性的规律，据此，那些经常相继或伴随着的表象最终相互结为团体，并由此而进入某种联结，按照这种联结，即使没有对象的在场，这些表象中的一个也根据某种持久的规则而造成了内心向另一个的过渡。但这条再生的规律的前提是：现象本身确实会服从一条这样的规则，而且在这些现象表象的杂多中发生了某种依照一定规则的相伴或相继；因为舍此我们的经验性的想象力就会永远也做不出与自己的能力相符合的事，因而就会像一种死的和我们所不知道的能力仍然在内心深处隐藏着。假如朱砂时而是红的，时而是黑的，时而是轻的，时而是重的，假如一个人时而变作这种动物形态，时而变

A101　作那种动物形态，在夏至这一天土地时而果实累累，时而冰雪覆盖，那么我的经验性的想象力就会连在表象红时想到重的朱砂的机会也得不到，或者，假如某个一定的词时而伴随此物，时而伴随彼物，或者甚至同一物时而这样称谓，时而那样称谓，而没有诸现象已经在自动服从的某种规则在此统管的话，那么就不会有再生的任何经验性的综合发生了。

　　所以，一定有某种本身是诸现象的必然综合统一的先天根据、因而使得诸现象的这种再生成为可能的东西。但这种东西只要我们考虑到现象不是自在之物本身，而只是我们表象的活动，这些表象最终是归于内感官的诸规定的，则我们马上就想得到。既然我们可以说明，甚至我们的最纯粹的先天直观也不能带来任何知识，除非它们包含有对杂多的这样一种使彻底的再生的综合成为可能的联结，那么，想象力的这种综合也就先于一切经验而被建立在先天原则之上了，而我们就必须设定想象力的某种纯粹的先验综合，它本身构成一切经验的可能性（当

A102　这种可能性必须预设现象的再生性时）的基础。于是很明显，如果我在思想中引一条线，或者要思考从一天中午到另一天中午这段时间，或

者哪怕只是要设想一下某个数目,我也首先必须把这些杂多表象一个跟在另一个之后把握在思想中。但假如我总是把先行的那个表象(直线的前一部分,时间的先前部分,或是相继表象出来的那些单位)从思想中丢失了,并且我在进到继起的表象时没有把先行的表象再生出来,那就永远不会产生出一个完整的表象,也不会产生上述思想中的任何一个,甚至就连空间和时间这两个最纯粹和最初的基本表象也不可能产生出来了。

所以,领会的综合是与再生的综合①不可分割地联结着的。而既然前者构成所有一般知识(不仅是经验性的知识,而且也有纯粹先天知识)的可能性的先验根据,那么想象力的再生的②综合就是属于内心的先验活动的,而考虑到这一点,我们愿意把这种能力也称之为想象力的先验能力。

3. 概念中认定的综合 A103

假如不意识到我们在思的东西恰好正是我们在前一瞬间所思的东西,那么一切在表象系列中的再生就都会是白费力气了。因为它将是在目前状态下的一个新的表象,这表象完全不属于它本来应该借以一步一步产生出来的那个动作,而它的杂多就会永远也构不成一个整体,因为它缺乏只有意识才能带给它的那种统一性。如果我在数数时忘记了,现在浮现在我面前的那些单位曾是被我一个挨一个地加上去的,那么我就不会认识到和数是通过一个一个的连续相加而产生的,也就认识不到数目;因为数目这个概念只在于对这种综合统一的意识。

"概念"这个词本身即已有可能向我们指示出这种意思③。因为就是这样的一个意识,把杂多逐步地,先是把直观到的东西,然后也把再生出来的东西,都结合在一个表象中。这种意识有可能往往只是很微

---

①　据法欣格尔,"领会的"与"再生的"应颠倒位置。——德文编者
②　黎尔(Riehl)认为"再生的"应为"生产的"。——德文编者
③　德文"概念"(Begriff)字面含义是"抓住"、"把握"。——译者

弱的,以至于我们只在其结果中、但却并不是在动作本身中、即并不是直接地将它与表象的产生相结合①;但尽管有这一区别,毕竟总是必须要找到一个意识,即使它并不具有鲜明的清晰性,而没有这个意识,概念及与它一起的有关对象的知识都将是完全不可能的。

A104

而在这里也就有必要说明,人们所说的诸表象的对象这个用语究竟意味着什么。我们前面说过:现象本身无非是感性表象,这些表象必不可以同一种方式②自在地被视为(在表象能力之外的)对象。那么,当人们谈论一个与知识相应、因而也和知识有别的对象时,他们是什么意思呢?很容易看出,这种对象必须只被作为一般等于 X 的某物来思考,因为我们在我们的知识之外毕竟没有任何我们可以置于这个知识的对面与之相应的东西。

但我们发现,我们关于一切知识和它的对象的关系的思想带有某种必然性,因为对象被看做与上述情况③相反的东西,而且,我们的知识并不是以碰运气或随意的方式,而是以某种先天的方式被规定的,因为由于这些知识应当与某个对象发生关系,它们也就必须在与该对象的关系中相互间必然地协调一致,也就是必须拥有那构成一个对象概念的统一性。

A105

但有一点很清楚,既然我们只是在和我们表象的杂多打交道,而那个与之相应的 X(对象)由于应当是某种和我们的一切表象不同的东西,因而对我们来说什么也不是,所以对象使之成为必要的那种统一性就不可能是任何别的东西,而只是在对表象的杂多的综合中意识的形式统一性。于是我们就说:我们认识对象,是在我们于直观杂多中产生出了综合统一性的时候。但这种统一性,如果直观不能通过这样一种综合机能,按照一条既使这杂多的再生成为先天必然的、也使杂多结合于其中的一个概念成为可能的规则而产生出来的话,就是不可能的。

---

① 据阿底克斯,此句应作:"以至于我们只把这意识与结果而不与动作本身、即并不是直接与表象的产生相结合"。——德文编者

② 意即以表象的方式。——译者

③ 指"对象只被作为等于 X 的某物来思考"。——译者

所以我们把一个三角形思考为一个对象,是由于我们根据一条任何时候都能据以描绘出这样一种直观的规则而意识到了三条直线的这种组合。于是这种规则的统一性就规定了一切杂多,并将其限制在使统觉的统一性成为可能的那些条件上,而这种统一性的概念就是关于我们通过一个三角形的上述谓词所想到的等于 X 的对象的表象。

一切知识都要求有一个概念,不论这概念可能会如何不完满、如何　A106
模糊:但这概念按照其形式任何时候都是某种共相的东西,它被用作规则。于是物体的概念按照通过它而想到的杂多的统一性,而被用作我们对外部现象的知识的规则。但这概念只有通过它在给予的现象那里表象出这些现象的杂多的必然再生、因而表象出在对它们的意识中的综合统一,才能成为诸直观的一条规则。这样,物体概念在对外在于我们的某物的知觉中,就使广延的表象、并与它一起使不可入性、形状等等的表象成为必然的。

一切必然性任何时候都是以某种先验的条件为基础的。所以,在对我们一切直观的杂多的综合中,因而也在一般客体的概念的综合中,乃至于在一切经验对象的综合中,都必须找到意识统一性的某种先验基础,舍此便不可能在我们的直观上思维任何一个对象:因为这对象只不过是这个某物,其概念表达着这样一种综合的必然性。

现在,这个本源的先验条件不是别的,正是先验的统觉。对意识本　A107
身的意识,按照我们状态的规定来说,在内部知觉中仅仅是经验性的,是随时可以变化的,它在内部诸现象的这一流变中不可能给出任何持存常住的自身,而通常被称之为内感官,或者经验性的统觉。凡是那必然要被表现为号数上同一的东西,都不能通过经验性的材料而思考为一个这样的东西。这必须有一种先行于一切经验并使经验本身成为可能的条件,它应当使这样一个先验的前提发生效用。

于是,没有那种先行于直观的一切材料、且一切对象表象都唯因与之相关才成为可能的意识统一性,我们里面就不可能有任何知识发生,也不可能有这些知识之间的任何结合和统一发生。现在,我要把这种纯粹的、本源的和不变的意识称之为先验统觉。它配得上这个名称,这一点由于哪怕最纯粹的客观统一、即先天概念(空间和时间)的统一都只有通过诸直观与它发生关系才有可能,就已经很清楚了。所以,这个统觉的号数上的统一性就先天地成了一切概念的基础,正如空间和时间的杂多先天地成了感性直观的基础一样。

A108　　但正是统觉的这种先验的统一性,从一切总是能够在一个经验中相伴同的可能现象中,按照法则产生出了所有这些表象的某种关联。因为,如果不是内心在杂多知识中能够意识到这种统一性①用来将杂多综合地联结在一个知识中的那个机能的同一性,这种意识的统一性就会是不可能的了。所以,意识对它自身同一性的本源的和必然的意识,同时就是对一切现象按照概念、即按照那些规则所作的综合的同一个必然统一性的意识,这些规则不但使这些现象能够必然地再生出来,而且也由此为对它们的直观规定一个对象,即规定对那些现象必然在其中相关联的某物的概念:因为,如果内心不记得自己行动的同一性的话——这种行动使领会(这种领会是经验性的)的一切综合都服从某种先验的统一性,并首次使领会按照先天规则关联起来成为可能——,那么,内心就会不可能在其表象的杂多中而且是先天地思维自己的同一性了。②

　　从现在起,我们将可以对我们有关一个一般对象的概念作出更为准确的规定了。一切表象作为表象都有自己的对象,并且本身又都能

A109　是另外一些表象的对象。现象是能够被直接给予我们的唯一的对象,而凡是在现象中直接与对象相关的就叫作直观。但现在,这些现象不是自在之物本身,而仅仅是一些表象,而这些表象又有自己的对象,所以这一对象不再能够被我们所直观,因而可以被称之为非经验性的、即先验的对象,等于 X。

　　有关这种先验对象(它实际上在我们的一切知识中是永远等同于

_____

①　"统一性"原文为 sie,维勒认为应作 es,代"内心";埃德曼认为 sie 应指"领会的统一性",格兰德认为指"统觉的统一性"。——德文编者

②　原文此处紧接下段,但根据行文语气,法欣格尔认为应另起一段。——德文编者

X 的）的纯粹概念,就是一般说来能够在我们的一切经验性概念中①带来与一个对象的关系、即带来客观实在性的东西。现在,这个概念根本不包含任何确定的直观,因而它不涉及任何别的东西,只涉及那种只要和一个对象发生关系就必然会在知识的一个杂多中找到的统一性。但这种关系无非就是意识的必然统一性,因而也是通过内心将杂多联结在一个表象中这一共同机能对杂多进行综合的统一性。既然这个统一性必须被视为先天必然的（因为否则知识就会没有对象了）,那么与一个先验对象、即与我们的经验性知识的客观实在性的关系就将基于这条先验法则:一切现象,就对象应当借此而被给予我们而言,都必须服从现象的综合统一的先天规则,只有按照这些规则,这些现象的关系在经验性直观中才是可能的;就是说,正如现象在单纯直观中必须服从空间和时间的形式条件一样,它们在经验中也必须服从统觉的必然统一的条件,甚至唯有通过那些条件,每种知识才是可能的。　　A110

4.　对范畴作为先天知识的可能性的预先说明

只有一个经验,在其中一切知觉被表象为处于无例外的合规律的关联中;正如只有一个空间和一个时间,现象的一切形式和存在与非存在的一切关系都在其中发生一样。如果我们谈到各种经验,则它们只是就其属于同一个普遍经验而言的那么多的知觉。因为知觉的无例外的和综合的统一恰好构成了经验的形式,而这种形式无非是诸现象按照概念的综合的统一。

按照经验性概念的综合统一将会是完全偶然的,而且假如这些经验性的概念不是建立在这统一的某种先验基础上,那么就可能有一大堆现象充斥我们的心灵,却任何时候都不能从中形成经验。但这样一来,知识与对象的一切关系也就会取消了,因为它将缺乏按照普遍必然法则而来的结合,因而它虽然会是无思想的直观,但永远不会是知识,　　A111

---

①　埃德曼认为应作“给我们的一切经验性概念”。——德文编者

所以对于我们来说就完全等于无。

　　一般可能经验的先天条件同时也就是经验对象的可能性条件。于是我认为：上述那些范畴无非是在一个可能经验中①的思维的诸条件，正如空间和时间包含有对同一经验的直观的诸条件一样。所以，范畴也是一些在现象上思维一般客体的基本概念，因而它们先天地拥有客观有效性；正是这一点是我们原来想要知道的。

　　但这些范畴的可能性、甚至其必然性都基于这种关系，这种与本源的统觉的关系是全部感性、且与感性一起甚至一切可能的现象都具有的，在这种统觉里，一切东西是必须适合自我意识的无例外的统一性的诸条件的，也就是必须服从综合的一些普遍性的机能，即根据那些概念来进行的综合的普遍机能，只有在这些概念中，统觉才能证明其无例外的和必然的先天同一性。所以一个原因的概念就无非是按照诸概念的（对那种在时间序列中相继而来的东西与其他现象的）一种综合，而没有这样一种具有自己的先天规则并使诸现象服从自己的统一，意识的无例外的、普遍的因而必然的统一性就不可能在知觉的杂多中遇见。但这样一来，这些知觉也就不会属于任何经验，因而没有客体，不过是诸表象的盲目游戏，也就是说，还比不上一个梦。

　　因此，一切要把那些纯粹知性概念从经验中推导出来、并且想把某种单纯经验性的来源归之于它们的尝试，都是完全徒劳无益的。我并不想提及例如说，一个原因的概念就带有必然性的特征，这种必然性是任何经验都不能提供的，经验虽然告诉我们：在一个现象之后通常跟着某个另外的现象，但却不能告诉我们：它一定是必然跟随其后的，更不能告诉我们，从那里面作为一个条件可以先天地和完全普遍地推论出这一结果。但那种联想的经验性规则，当我们说在事件的相继序列中一切都是这样地服从规则，以致一物若没有它总是跟随其后的另一物先行于它，它就永远也不会产生出来，这时我们就毕竟不得不毫无例外地假定这条规则：而这作为一条自然律，我要问是建立在什么上面的

A112

A113

---

　　①　克尔巴赫（Kehrbach）校为"对一个可能经验"。——德文编者

呢? 甚至这种联想本身又是如何可能的呢? 对杂多的联想的可能性根据,就其置于客体中而言,就叫做杂多的亲和性。所以我要问的是:你们是如何使自己理解到诸现象的这种毫无例外的亲和性(诸现象由此而服从那些持存的法则,并且必须隶属于其下)的呢?

按照我的原理,亲和性是很好理解的。一切可能的现象作为表象,都是隶属于整个的可能的自我意识的。但与作为一个先验表象的这个自我意识不可分割的、并且是先天地肯定它的,是号数上的同一性,因为若不借助于这个本源的统觉,任何东西都不可能进入到知识中来。既然就诸现象的一切杂多的综合要成为经验性的知识而言,有必要把这种同一性必然地加入到这种综合中来,那么诸现象就得服从它们的(领会的)综合所必须无例外地适合的那些先天条件。但现在,某种杂多能够据以(因而以同一种方式)被建立起来的某个普遍条件的表象,就叫作一条规则,而如果它必须被这样建立起来,就叫作一条法则,所以一切现象都是处于依照必然法则的某种无例外的结合中、因而是处 　　**A114**
于某种先验的亲和性中的,而经验性的亲和性不过是先验的亲和性的结果而已。

说自然界遵循着我们统觉的主观根据,甚至说自然界在其合规律性方面是依赖于这主观根据的,这听起来的确是荒唐而令人吃惊的。但如果我们考虑到这个自然界本身无非是现象的总和,因而并非自在之物,而只是内心表象的一个集合,那么我们对于只是在我们一切知识的根本能力即先验统觉中看到自然界,即只是在自然界唯一能因之而叫作一切可能经验的客体、也就是叫作自然界的那种统一性中,看到自然界,也就不会感到奇怪了;我们也不会奇怪,我们正因此也就能够先天地、因而也是作为必然的来认识这种统一性,这一点,假如这种统一性是不依赖于我们思维的最初源泉而自在地被给予的,那我们倒也许会不得不让它存而不论了。因为这时我们将不会知道,我们应当从何处弄到这样一种普遍的自然统一性的综合原理,因为在这种情况下我们就不得不从自然对象本身中借来这些原理。但既然这只可能经验性地发生,那么从中可能引出的就会只不过是偶然的统一性,但这种统一

A115　性远远达不到我们在提到自然界时所认为的那种必然的关联。

第三节　知性与一般对象的关系及先天
认识这些对象的可能性

我们在上一节中分别地和单独地说明的东西,现在我们想结合起来在关联中加以展示。有三种主观的认识来源是一般经验的可能性和经验对象的知识建立于其上的:感官、想象力和统觉;它们每一个都可以被看做经验性的,即在它应用于给予的现象上时来考察它,但它们也全都是本身使这种经验性的运用成为可能的先天要素或基础。感官把现象经验性地展示在知觉中,想象力把现象经验性地展示在联想(和再生)中,统觉则将之展示在对这些再生的表象与它们借以被给予出来的那些现象之同一性的经验性意识中,因而展示在认定中。

A116　但全部知觉都是以纯粹直观(就其作为表象而言则是以内部直观形式即时间)为先天根据的,联想则是以想象力的纯粹综合为先天根据的,而经验性的意识是以纯粹统觉、即意识本身在一切可能的表象中毫无例外的同一性为先天根据的。

既然我们想把诸表象的这种结合的内部根据一直追踪到那一点上,在其中一切表象都必须汇合起来,以便首次在这里为一个可能经验获得知识的统一性,那么我们就必须从纯粹统觉开始。一切直观,如果它们不能被接受到意识中来的话,不论它们是直接地还是间接地对意识发生影响,它们对我们来说就什么都不是,也与我们没有任何关系,而唯一地,只有通过意识,知识才是可能的。在每次都能够属于我们的知识的一切表象中,我们先天地意识到我们自己的无例外的同一性是一切表象的可能性的必要条件(因为这些表象毕竟只有凭借它们和另外的表象都属于一个意识、因而至少必须能够在一个意识中结合起来这一点,才能在我里面有所表现)。这条原则是先天确定的,它可以叫作我们表象的(因而也是直观中的)一切杂多之统一性的先验原则。于是,在一个主体中杂多的统一就是综合性的:所以纯粹统觉就提供了

一条在一切可能直观中杂多的综合统一性原则①。　A117

但这种综合统一性是以一种综合为前提的，或者包含有一种综合，　A118
并且如果前者要是先天必然的，那么后者也必须是一种先天的综合。
因此统觉的先验统一就与想象力的纯粹综合、即与一个认识中杂多的
一切组合之可能性的先天条件相关。但只有想象力的生产性的综合才
能够先天地发生；因为想象力的再生的综合是基于经验的条件的。所
以想象力的纯粹的（生产性的）综合的必然统一这条原则先于统觉而
成了一切知识、特别是经验知识的可能性基础。

于是，当想象力中杂多的综合不区分各种直观而是仅仅只是指向
杂多的先天联结时，我们就将它称之为先验的，当这种综合的统一在与
统觉的本源的统一的关系中被表现为先天必然的时，它就叫作先验的。
既然统觉的本源的统一是一切知识的可能性的根据，那么想象力的综
合的先验统一就是一切可能知识的纯形式，因而可能经验的一切对象
都必须通过这个纯形式才被先天地表现出来。

在与想象力的综合的关系中的统觉的统一是知性，而正是在与想　A119
象力的先验的综合的关系中的这同一个统一，是纯粹知性。所以在知

---

① 我们要高度重视这条具有很大重要性的原理。一切表象都和某个可能
的经验性意识有一种必然的关系：因为，假如它们没有这种关系，假如完全不可能
意识到它们，那么这就等于说它们根本就不曾实存。但一切经验性的意识又都与
一个先验的（先行于一切特殊经验的）意识有一种必然的关系，这种先验意识就是
作为本源的统觉的对我自己的意识。所以，在我的知识中一切意识都属于一个
（对我自己的）意识，这是绝对必要的。于是这里就有（意识的）一种对杂多的综
合统一，它被先天地认识，并正好适合于充当与纯粹思维相关的先天综合命题的
根据，正如空间和时间适合于充当涉及到单纯直观的形式的先天综合命题的根据
一样。所有各种经验性的意识都必须被联结在一个唯一的自我意识中，这个综合
命题是我们一般思维的绝对第一的综合原理。但不可忽视的是，自我这个单纯表
象在与一切其他表象（它使这些表象的集合的统一性成为可能）的关系中是先验
的意识。这个表象不论是清晰的（是经验性的意识）[福伦德（Vorländer）认为括号
中是赘语，应删除。——德文编者]还是模糊的，在这里都无关紧要，甚至就连它
的现实性在这里也没有什么关系；相反，一切知识的逻辑形式的可能性是必然基
于对这个作为一种能力的统觉的关系的。——康德

性中有纯粹先天知识,它们对于一切可能现象而言包含有想象力的纯粹综合的必然统一性。但这就正是诸范畴,即各种纯粹知性概念,因而人类的经验性的认识能力必然包含有某种知性,这知性与感官的一切对象相关,虽然只是借助于直观及通过想象力对直观的综合而相关,所以一切现象作为某种可能经验的材料都是服从知性的。既然现象对可能经验的这种关系同样是必然的(因为我们若没有这种关系就根本不会通过现象获得任何知识,因而现象就会和我们了不相干了),这就得出结论:纯粹知性借助于诸范畴,是一切经验的形式的和综合的原则,诸现象则拥有某种对知性的必然关系。

A120　　现在,我们要通过自下而上地、即从经验性的东西开始,来指出知性借助于范畴而与现象的必然关联。最初被给予我们的东西是现象,现象当它与意识联结起来时就叫作知觉(没有与一个至少是可能的意识的关系,现象对于我们来说就将永远不可能成为知识的一个对象,因而对我们来说就什么也不是,而由于现象自在地本身并不具有任何客观实在性,而只是在知识中才实存着,则没有那种关系它就在任何地方都什么也不是了)。但由于每个现象都包含有某种杂多,因而各种知觉在内心中本身是分散地和个别地被遇到的,所以它们的一个联结是必要的,而这种联结它们在感官自身中是不能拥有的。所以在我们里面就有一种对这杂多进行综合的能动的能力,我们把它称之为想象力,而想象力的直接施加在知觉上的行动我称之为领会①。也就是说,想象力应当把直观杂多纳入一个形象;所以它必须预先将诸印象接收到它的活动中来,亦即领会它们。

A121　　但很明显,如果不是在此有一种主观的根据,把内心曾由之向另一个知觉过渡的那个知觉唤回到那些接踵而至的知觉中来,并这样来描

————————

　　① 想象力是知觉本身的一个必要的成分,这一点倒还没有一个心理学家想到过。之所以如此,部分是因为人们把这种能力仅仅局限于再生活动,部分是由于人们相信感官不仅把印象提供给我们,而且甚至也把这些印象组合起来并且造成了对象的形象,而要做到这一点,无疑除了印象的感受性之外,还需要某种别的东西、即需要对印象的某种综合机能。——康德

绘出完整的知觉系列,就是说,如果不是有一种想象力的再生能力,哪怕这能力只是经验性的,那么甚至单是对杂多的这种领会也还不会产生出任何形象和印象关联来。

但由于,假如诸表象如同它们互相冲突那样毫无区别地互相再生,就不会有任何确定的表象关联、而只会有无规则的表象堆积产生出来,因而根本不会产生任何知识;所以,表象的再生必须有一个规则,按照这条规则,一个表象宁可与这个表象而不是与另一个表象在想象力中建立联结。按照规则再生的这一主观的和经验性的根据,我们称之为对诸表象的联想。

但现在,假如联想的这种统一不是也具有一个客观的根据,以至于现象不可能①被想象力按照不同于在这个领会的可能综合统一的条件之下的另一种方式来领会,那么,甚至现象适合于人类知识的某种关联也会是某种完全偶然的事情了。因为,尽管我们也会具有对知觉进行联想的能力,但这些知觉是否也是可被联想的,这本身却还完全是未确定的和偶然的;而在这些知觉并非如此的情况下,则知觉的某种聚合、甚至一个整体的感性也许会是可能的,在其中也会发现有我内心的许多经验性的意识,但却是分离的,而且并不属于一个对我自身的意识,不过这种情况是不可能的。因为只有通过我把一切知觉都归属于一个(本源统觉的)意识,我才能对于一切知觉说:我意识到了它们。所以就必须有一个客观的、亦即在想象力的一切经验性法则之前就可以先天地看出的根据,基于它之上的是一条延伸到一切现象中的法则的可能性甚至必然性,这就是把这些现象无例外地看做感官的这样一些材料,这些材料本身是可被联想的,并且服从再生活动中无例外的结合的普遍规则。现象的一切联想的这一客观根据我称之为现象的亲和性。但我们除了在统觉的统一这条原理中之外,就一切应当属于我的知识而言,我们在哪里都找不到这个根据。按照那条原理,一切现象绝对必须这样进入内心中来或被领会到,即它们要与统觉的统一性协调一致,

A122

---

①　法欣格尔将此改为“有可能”。——德文编者

而这一点没有在现象的结合中的、因而本身也是客观必然的综合统一，则是不可能的。

A123　　　所以，一切（经验性的）意识在一个（本源统觉的）意识中的客观统一，就是甚至一切可能知觉的必要条件，而一切现象的（或近或远的）亲和性则是在先天地建立于规则之上的想象力中的某种综合的必然结果。

　　所以想象力也是一种先天综合能力，因此之故，我们给它取名为生产的想象力，并且只要它在现象的一切杂多方面其目标是在对现象的综合中的必然统一性，这种综合也就可以被称之为想象力的先验机能。因此虽然令人感到奇怪、但唯有从前此所说过的才能弄明白的是，甚至现象的亲和性，连带一起的有联想，最后通过联想还有按照法则的再生、因而经验本身，都只有借助于想象力的这种先验机能才是可能的：因为没有这种机能就根本不会有任何有关对象的概念汇聚到一个经验中来。

　　于是，这个持存常住的自我（纯粹统觉）就构成了我们一切表象的相关项，只要这些表象能够被意识到，并且，一切意识都属于一个无所
A124　不包的纯粹统觉，正如一切感性直观作为表象都属于一个纯粹的内直观即时间一样。现在它就是这个统觉，它必须被添加在纯粹想象力之上，以便使后者的机能成为智性的。因为想象力的综合虽然是先天地实行的，但就其自己本身来说却总是感性的，因为它只是如同杂多在直观中显现那样来联结杂多，例如联结一个三角形的形状。但通过杂多与统觉的统一的关系，那些属于知性的概念却只有借助于想象力才能在与感性直观的关系中实现出来。

　　所以我们有一种作为人类心灵基本能力的纯粹想象力，这种能力为一切先天知识奠定了基础。借助于这种纯粹想象力，我们把一方面即直观杂多和另一方面即纯粹统觉的必然统一性条件联结起来了。这两个极端，即感性和知性，必须借助于想象力的这一先验机能而必然地发生关联；因为否则的话，感性虽然会给出现象，但却不会给出一种经验性知识的任何对象、因而不会给出任何经验。由现象的领会、联想

（再生）以及认定所构成的现实的经验,在那个(对经验的单纯经验性
要素的)最后和最高的认定中,包含有使经验的形式统一性成为可能、
并与此同时使经验性知识的一切客观有效性(真理性)成为可能的诸
概念。对杂多进行认定的这些根据,就其涉及的只是某个一般经验的
形式而言,就是那些范畴。所以在范畴之上就建立起了在想象力的综
合中一切形式的统一性,而借助于这种统一性,也建立起了想象力的一
直落实到现象上的一切(即在认定、再生、联想、领会中的)经验性运
用①,因为这些现象只有借助于一般知识的那些要素才能属于我们的
意识、因而属于我们自己。

　　因此在我们称之为自然的那些现象上的秩序和合规则性是我们自
己带进去的,假如我们不是本源地把它们、或者把我们内心的自然放进
去了的话,我们也就会不可能在其中找到它们了。因为这个自然统一
性应当是一种必然的、亦即先天确定的结合诸现象的统一性。但假
如不是在我们内心的本源的知识来源中包含有这样一种先天统一的
主观根据,假如这些主观条件不是由于它们作为一般在经验中认识
一个客体的可能性根据而同时在客观上有效的话,我们又怎么会有可
能先天地使一个综合统一性运行起来呢?

　　我们在上面对知性作了好几种方式的解释:认识的自发性(与之
相对立的是感性的接受性),思维的能力,或者说概念的能力,或者也
可以说判断的能力,这些解释细究之下,结果是一样的。现在我们可以
把知性的特征描述为规则的能力。这一标志是更加富有成果的并更近
乎知性的本质。感性给予我们(直观的)形式,知性则给予我们规则。
知性任何时候都致力于勘察现象,为的是在现象上找出某种规则来。
规则就其是客观的而言②(因而就其与对象的知识必然相关联而言),
就叫作规律。即使我们通过经验学到了许多规律,但这些规律毕竟只

---

　　① "一切经验性运用"原文为 alles empirischen Gebrauchs(第二格),现据阿
底克斯校为 aller empirische Gebrauch(第一格)。——德文编者
　　② 康德在《补遗 LII》中改为:"规则就其将实存作为必然的……而言"——
德文编者

是对更高的那些规律的一些特殊规定,而在这些更高的规律中,那些最高的(其他一切规律都从属于其下的)规律是先天地从知性本身中发源的,它们不是从现象中借来的,毋宁说,它们使这些现象获得了自己的合规律性,并正是由此而必然使现象成为可能的。所以知性并不仅仅是通过对诸现象的比较来为自己制定规则的能力:它本身就是对自然的立法,就是说,没有知性,就任何地方都不会有自然,即不会有诸现

A127　象之杂多的按照规则的综合统一:因为现象本身不能够在我们之外发生,而只能实存于我们的感性中。但自然作为经验中的认识对象,连同它所可能包含的一切,都只有在统觉的统一中才是可能的。但这个统觉的统一就是经验中一切现象的必然合规律性的先验根据。正是就诸表象的杂多而言的这同一个统觉的统一性(也就是从一个唯一的表象来规定杂多),就是规则,而这个规则的能力也就是知性。所以一切现象作为可能的经验同样先天地处于知性之中,并从知性而获得其形式上的可能性,正如一切现象作为单纯直观而处于感性中,并唯有通过感性而在形式上成为可能的一样。

所以,说知性本身是自然规律的来源、因而是自然的形式统一性的来源,无论这听起来是如何夸大和荒唐,然而这样一种主张仍然是正确的,是与对象也就是经验相符合的。虽然经验性的规律本身决不可能从纯粹知性中引出自己的起源,正如现象的无法估量的杂多性也不能从感性直观的纯形式中得到充分的把握一样。但一切经验性的规律只

A128　是对知性的纯粹规律的特殊规定,前者只有在后者之下并按照后者的基准才是可能的,而现象则由此而接受了某种合规律的形式,正如一切现象不论其经验性的形式如何千差万别,却仍然任何时候都必须适合于感性的纯形式的诸条件一样。

所以纯粹知性在范畴中就是一切现象的综合统一性的规律,并由此才使得经验按其形式首次且本源地成为可能。但我们在范畴的先验演绎中所能完成的没有别的,而只不过是使知性对感性的这种关系、以及借助于感性而对一切经验对象的关系,因而使知性的纯粹概念的客观有效性,先天地得到理解,并由此确定这些纯粹概念的起源和真

理性。

概述这个纯粹知性概念演绎的正确性和唯一可能性

假如与我们的知识发生关系的对象是自在之物本身的话,那么我们对它们就根本不可能有任何先天的概念了。因为我们将从何处取得这些概念呢? 如果我们是从客体上取得它们的(此处又一次未去审查这客体是如何能为我们所知悉的),那么我们的概念就会只是经验性的,而不是什么先天概念。如果我们是从我们自身中取得它们的,那么单是存在于我们里面的东西就不可能规定一个与我们的表象不同的对象的性状,就是说,不可能是一个根据,来说明为什么一个应将我们思想中具有的东西归之于其下的事物应当存在,而不是宁可这一切表象都是空的。相反,如果我们到处都只和现象打交道,那么某些先天概念先行于对象的经验性知识就不仅是可能的,而且也是必然的了。因为这些概念作为现象构成了一个仅仅存在于我们里面的对象,因为我们感性的一个单纯变形在我们之外是根本找不到的。现在,说我们所研究的所有这一切现象、因而所有的对象全都在我们里面,亦即全都是我的同一的自身的诸规定,这种说法本身即把同一个统觉中诸现象的无例外的统一性表达为必然的了。但对象的一切知识的形式(杂多由此而被思考为属于"一个"客体的)也正在于可能意识的这种统一性。所以,感性表象(直观)的杂多隶属于一个意识之下的那种方式,是在一切对象知识之前作为其智性的形式而先行的,它本身也构成了一切对象就其被思维而言的一般形式的先天知识(诸范畴)。通过纯粹想象力而对感性表象的综合,以及一切表象在与本源的统觉的关系中的统一,是先行于一切经验性的知识的。所以,纯粹知性概念之所以是先天可能的,甚至在与经验的关系中是必然的,只是由于我们的知识仅仅与现象打交道,这些现象的可能性存在于我们自身中,它们的结合和(在一个对象表象中的)统一只是在我们里面才被找到,因而是必须先行于一切经验并使一切经验按其形式首次成为可能的。而从这个一切理由中唯一可能的理由中,也才引出了我们的范畴演绎。

A129

A130

第二卷　原理分析论

普遍逻辑是建立在一种与高级认识能力的划分完全精确吻合的规划之上的。这些能力就是:知性、判断力和理性。因此,普遍逻辑学说在其分析论中,正好与被人放在一般知性这个广义称号之下来理解的上述心灵力量的机能和秩序相应,所讨论的就是概念、判断和推理。

A131

B170

既然上述单纯形式的逻辑抽掉了一切认识的内容(不论是纯粹的内容还是经验性的内容),且只是一般地研究思维(推论的知识)的形式,所以它在其分析论的部分也可以包括理性的法规,而理性的形式具有自己可靠的规范,这种规范无须对在此所运用的知识的特殊本性进行考察,就能通过单是把理性活动分解为它的各个因素而先天地洞察到。

由于先验逻辑被限制在某种确定的内容、即仅仅是纯粹先天知识的内容上,它在这里的划分就不能仿效普遍逻辑。因为很显然:理性的先验运用将根本不可能是客观有效的,因而不属于真理的逻辑,即不属于分析论,而是将作为一种幻相的逻辑,以先验辩证论的名义在学院派的学说体系中要求一个特殊的份额。

因此,知性和判断力在先验逻辑中有其客观有效的、因而真实的运用的法规,因而属于先验逻辑的分析部分。不过,理性当其试图先天地

B171

A132

对于对象有所断定,并把知识扩展到超出可能经验的界限时,它就完全是辩证的了,它对于幻相的那些主张绝对不服从于分析论本应包含的某个法规。

所以原理分析论将只不过是对于判断力的一种法规,它指导判断力把含有先天规则之条件的那些知性概念运用于现象之上。出于这个理由,我在把真正的知性原理作为主题的同时,将采用判断力的学说这一名称,以更确切地标明这项工作的特征。

导言　论一般先验判断力

如果把一般知性解释为规则的能力,那么判断力就是把事物归摄到规则之下的能力,也就是分辨某物是否从属于某个给定的规则(casus datae legis①)之下。普遍逻辑决不包含判断力的规范,也不可能包含这种规范。因为,既然普遍逻辑抽掉了知识的一切内容,那么留给它做的就只剩下一件事,就是对概念、判断和推理中知识的单纯形式作分析性的阐释,并由此建立起一切知性运用的形式规则。一旦普遍逻辑想要普遍地指出,我们应如何将某物归摄到这些规则之下、亦即分辨某物是否从属于这些规则,那么这件事就只能再通过一条规则来进行。但这条规则正因为它是一条规则,就再次要求对判断力作一个指导,而这就表明,虽然知性能用规则来进行教导和配备,但判断力却是一种特殊的才能,它根本不能被教导,而只能练习。因此判断力也是所谓天赋机智的特性,它的缺乏不是任何学习所能补偿的;因为,虽然学习可以为一个受限制的知性带来充分的、借自别人见解的规则,并仿佛是将之灌输给这知性;然而,正确运用这些规则的能力却必须是属于这个学习者自己的,任何为此目的而试图给他定下来的规则缺了这种天赋都不能防止误用②。所以,一个医生、一个法官或一个政治学家可以记住许

A133

B172

A134

---

① 拉丁文:立法的格。——译者
② 判断力的缺乏本是我们称之为愚笨的东西,这样一种缺陷是根本无法补救的。一个迟钝或狭隘的头脑,如果缺乏的只不过是知性所应该具有的程度及其特有的那些概念,是很可以通过学习来装备自己的,甚至能做到博学多识。但由于通常这时往往也会缺乏那种知性(即彼得的第二种知性)[按:指判断力。彼得(Petri)即彼得鲁斯·累马斯(Petrus Ramus,1515—1572),法国名 Pierre de la Ramée,文艺复兴时期逻辑学家,法兰西学院教授,曾将逻辑划分为三个层次;一为"自然的",二为"技艺的",三为"推理的"。这里第二层次即判断力的技巧。——译者],所以遇到一些饱学之士在运用他们的知识时经常暴露出那种永远无法改正的缺陷来,这就不是什么罕见的事了。——康德

B173　多出色的病理学、法学和政治学的规则，其水平甚至足以使他能成为这方面的功底很好的教师，但在运用这些规则时却很容易犯规，这或者是由于他缺乏天生的判断力（虽然不缺乏知性），他虽然能抽象地看出共相，但对于一个具体情况是否属于这共相却不能辨别；或者也是由于他没有从实例和现实事务中使自己在这种判断上得到足够的校正。这也是这些实例的唯一的大用，即它们使判断力得到磨砺。因为在知性洞见的正确性和精密性方面，这些实例通常毋宁会对其造成一些损害，因为它们只有在个别情况下才充分满足规则的条件（als casus in terminis①），而且还经常削弱知性力图普遍地、并脱离经验的特殊情况而按照其充分性来领会规则的努力，因而最终使人更习惯于把规则当做公式、而不是当做原理来运用。所以，实例乃

B174　是判断力的学步车，它是在判断力上缺乏天赋才能的人所须臾不可缺少的。

A135　　　　但是，虽然普遍逻辑不能给判断力提供任何规范，先验逻辑的情况却完全是另一码事，乃至于它看上去像是把在纯粹知性的运用中以确定的规则来校正和确保判断力作为自己的本职工作。因为，为了在纯粹先天知识领域中给知性带来扩展，因而作为一种学说，哲学似乎是完全不必要的，或者不如说，它对此根本不合适，因为在这方面人们作过迄今为止的一切尝试之后，还是很少或根本无所建树，相反，作为批判，以防止判断力在我们所拥有的少数纯粹知性概念的运用中的失足（lapsus judicii②），对此（哪怕这样一来只有消极性的用途）哲学将倾其全部精敏与历练来奉行。

　　　　但先验哲学所具有的特点就在于：它除了能指出在纯粹知性概念中所给予的规则（或不如说诸规则的普遍条件）之外，同时还能先天地

B175　指出这规则所应该运用于其上的那种具体情况。它在这一点上之所以具有超过其他一切有教益的科学（数学除外）的优越之处，正是由于它

---

　　①　拉丁文：限制中的格。——译者
　　②　拉丁文：判断的失误。——译者

所讨论的那些概念都应当是先天地与它的对象相关的,因而它们的客观有效性不是后天得到阐明的,因为那样就会完全谈不上这些概念的尊严了,相反,先验哲学必须同时把对象得以能与那些概念相符合地被给出的诸条件以普遍而又充分的标志阐述出来,否则它就会是毫无内容的,因而只是些逻辑的形式而不是纯粹知性概念了。　　A136

这个判断力的先验学说将包括两章:第一章讨论纯粹知性概念唯有在其下才能得到运用的那个感性条件,即纯粹知性的图型法;第二章则讨论在这些条件下从纯粹知性概念中先天推出、并成为其他一切先天知识之基础的那些综合判断,即讨论纯粹知性的诸原理。　　A137
B176

第一章　纯粹知性概念的图型法

每当把一个对象归摄到一个概念之下来时,对象的表象都必须和这概念是同质的,就是说,这概念必须包含有归摄于其下的那个对象中所表象出来的东西,因为这里所表达的意思恰好是:一个对象被包含在一个概念之下。所以,一个盘子的经验性的概念和一个圆的纯几何学概念具有同质性,因为在圆中所思维的圆形是可以在盘子中直观到的①。

但现在,纯粹知性概念在与经验性的(甚至一般感性的)直观相比较中完全是不同质的,它们在任何直观中都永远不可能找到。那么,把直观归摄到那些概念之下②、因而把范畴应用于现象之上是如何可能的呢?因为毕竟没有人会说:范畴,例如说因果性,也能通过感官而直观到,并且是包含在现象中的。这个如此自然而又重大的问题真正说来就是我们必须建立一门判断力的先验学说的原因,为的是指出纯粹　　B177
A138

---

① 　原文为:"在盘子里所思维的圆形是可以在圆中直观到的",据法欣格尔校正。——德文编者

② 　格兰德(Görland)将此句读作:"把现象归摄到范畴之下"。——德文编者

知性概念如何能一般地应用于现象之上这种可能性。在其他一切科学中,使对象得以被普遍地思维的那些概念与具体地表象这个对象(如同它被给予的那样)的概念是没有这样的区别和异质性的,就不需要为了前者在后者上的应用而提供一个特别的讨论。

由此可见,必须有一个第三者,它一方面必须与范畴同质,另一方面与现象同质,并使前者应用于后者之上成为可能。这个中介的表象必须是纯粹的(没有任何经验性的东西),但却一方面是智性的,另一方面是感性的。这样一种表象就是先验的图型。

知性概念包含有一般杂多的纯粹综合统一。时间作为内感官杂多的形式条件、因而作为一切表象联结的形式条件,包含有纯粹直观中的某种先天杂多。现在,一种先验的时间规定就它是普遍的并建立在某种先天规则之上而言,是与范畴(它构成了这个先验时间规定的统一性)同质的。但另一方面,就一切经验性的杂多表象中都包含有时间而言,先验时间规定又是与现象同质的。因此,范畴在现象上的应用借助于先验的时间规定而成为可能,后者作为知性概念的图型对于现象被归摄到范畴之下起了中介作用。

B178
A139

根据范畴的演绎所证明的,但愿不会再有人在对于下述问题作出决断上迟疑了,这就是:这些纯粹概念是否只有经验性的运用、还是也有先验的运用,就是说它们是否只能作为一个可能经验的条件而先天地与现象发生关系,或者它们是否能作为一般物的可能性条件而涉及到自在的对象本身(而决不限制在我们的感性之上)。因为在此我们看到,如果不是一个对象要么被提供给概念本身,要么至少被提供给这些概念由以构成的要素,那么这些概念是完全不可能的①,也不能有任何一种意思,因而也根本不能指向自在之物(而不考虑它们是否以及怎样可以被给予我们);此外,对象被给予我们的唯一方式是对我们的感性加以修正(Modifikation);最后,先天的纯粹概念除了范畴中的

B179

---

① 康德在《补遗 ⅬⅧ》中将"完全不可能的"改作"对我们来说是无意义的"。——德文编者

知性机能之外,还必须先天地包含有感性的(即内感官的)形式条件, 　A140
这些形式条件中包含有那些范畴只有在它之下才能应用于任何一个对
象的普遍性条件。我们将把知性概念在其运用中限制于其上的感性的
这种形式的和纯粹的条件称为这个知性概念的图型,而把知性对这些
图型的处理方式称之为纯粹知性的图型法。

　　图型就其本身来说,任何时候都只是想象力的产物;但由于想象
力的综合不以任何单独的直观为目的,而仅仅以对感性作规定时的
统一性为目的,所以图型毕竟要和形象区别开来。譬如,如果我把五
个点一个接一个地标出来,……这就是五这个数的形象。反之,如果我
只是思维一个一般的数,它可以是五,也可以是一百,那么这种思维与
其说是一个形象本身,不如说是按照一定的概念把一个数目(例如说
一千)表现在某个形象中的方法的表象,这个形象在后面这种情况下
将是难以一目了然的,也很难将它与该概念加以比较。于是,想象力为
一个概念取得它的形象的某种普遍的处理方式的表象,我把它叫作这　B180
个概念的图型。

　　实际上,我们的纯粹感性概念的基础并不是对象的形象,而是图
型。对于一般三角形的概念,三角形的任何形象在任何时候都不会合　A141
适。因为形象达不到概念的普遍性,即让概念对于一切直角的、锐角的
等等三角形都适合的那种普遍性,而是永远只被局限于这个范围中的
一个部分。三角形的图型永远也不能实存于别的地方,只能实存于观
念中,它意味着想象力在空间的纯粹形状方面的一条综合规则。一个
经验对象或它的形象则更谈不上在什么时候达到经验性的概念了,相
反,经验性的概念总是按照某个一定的普遍概念而直接与想象力的图
型、即与规定我们直观的一条规则相关联的。狗这个概念意味着一条
规则,我们的想象力可以根据它来普遍地描画出一个四足动物①的形
状,而不局限于经验向我们呈现出来的任何一个唯一特殊的形状,也不

---

　　① 梅林和埃德曼认为应于"四足动物"前加上限定语"一定的"或"这样
的"。——德文编者

局限于我能具体地表现出来的每一个可能的形象。我们知性的这个图型法就现象及其单纯形式而言,是在人类心灵深处隐藏着的一种技艺,

B181　它的真实操作方式我们任何时候都是很难从大自然那里猜测到、并将其毫无遮蔽地展示在眼前的。我们能够说出的只有这些:形象是再生

A142　的①想象力这种经验性能力的产物,感性概念(作为空间中的图形)的图型则是纯粹先天的想象力的产物,并且仿佛是它的一个草图,各种形象是凭借并按照这个示意图才成为可能的,但这些形象不能不永远只有借助于它们所标明的图型才和概念联结起来,就其本身而言则是不与概念完全相重合的。反之,一个纯粹知性概念的图型是某种完全不能被带入任何形象中去的东西,而只是合乎某种依照由范畴所表达的一般概念的统一性规则而进行的纯综合,是想象力的先验产物,该产物就所有那些应先天地按照统觉的统一性而在一个概念之中关联起来的表象而言,就与一般内感官的规定依照其形式(时间)诸条件而发生关系。

　　我们现在不再为对一般纯粹知性概念的先验图型所要求的东西进行枯燥无聊的分析而耽误时间了,我们宁可按照这些范畴的秩序并与这些范畴相联系来阐述这些图型。

B182　　外感官的②一切大小(quantorum)的纯粹形象是空间;而一般感官的一切对象的纯粹形象是时间。但量(quantitatis)作为一个知性概念,其纯粹图型是数,数是对一个单位一个单位(同质单位)连续的相加

A143　进行概括的表象。所以数无非是一般同质直观之杂多的综合统一,这是由于我在直观的领会中产生出时间本身而造成的。

　　实在性在纯粹知性概念中是和一般感觉相应的东西;因而这种东西的概念自在地本身表明某种(时间中的)存在;否定性的概念则表现某种(时间中的)非存在。所以这两者的对立是在同一时间是充实的

---

　　①　原文为"生产的",据法欣格尔校正。——德文编者

　　②　原文为"vor dem äußeren Sinne"(在外感官面前的),格里罗(Grillo)认为应改为"für den……"(对于外感官而言的)。——德文编者

时间还是空虚的时间这一区别中发生的。由于时间只是直观的形式，因而是对象作为现象的形式，所以凡是在这些对象①上与感觉相应的东西，就是②一切对象作为自在之物的先验质料（事实性，实在性）。现在，每一种感觉都有某种程度或大小，它借此能就一个对象的同一个表象而言或多或少地充实同一个时间，即内感官，直到这感觉成为无（＝0＝否定）为止。因此从实在性到否定性有某种关系和关联，或者不如说某种过渡，它把任何实在性都表现为一个量，而实在性的图型作为某物在充实时间时，其量的图型就正是这个量在时间中连续而均匀的产生，这时我们从具有某种程度的感觉在时间中下降至它的消失，或者是从否定而逐渐上升至它的这个大小。

B183

实体的图型是实在之物在时间中的持存性，即作为一般经验性时间规定之一个基底的那个东西的表象，因而这个东西在一切其他东西变化时保持不变。（时间并不流过，而是在时间中可变之物的存有在流过。所以在现象中，与那本身不变而常住着的时间相应的是存有中的不可改变之物，即实体，而且只有在它身上，现象的相继和并存才能按照时间而得到规定。）

A144

原因和一般事物的因果性的图型是那种实在之物，只要愿意设定它就总是有另外的东西接踵而来。所以这个图型就在于杂多之物的相继状态，只要这相继状态服从某种规则。

协同性（交互作用）的图型，或者诸实体在偶性方面的交互因果性的图型，就是一个实体的规定和另一个实体的规定按照一条普遍规则而同时并存。

B184

可能性的图型是各种不同表象的综合与一般时间的条件相一致（例如相对立的东西不能在一物中同时存在，而只能依次存在），因而是一物在任何某一个时间里的表象的规定。

---

① 埃德曼认为这里"对象"指自在之物。——德文编者
② 据维勒（Wille），此处应为"不是"，但细究之，殊感不妥，兹仍旧。——译者

A145　　　　现实性的图型是在一个确定的时间中的存有。

　　　　必然性的图型是一个对象在一切时间中的存有。

　　　　于是我们从这一切之中看出,每一个范畴的图型都包含和表现着仅仅一种时间的规定①,如量的图型,这就是在对一个对象的相继领会中时间本身的产生(综合),质的图型,这就是感觉(知觉)与时间表象的综合,或时间的充实性,关系的图型,这就是诸知觉在一切时间中(即根据一条时间规定的规则)的相互关联性,最后,模态及其诸范畴的图型,这就是时间本身,作为对一个对象是否及怎样属于时间而加以规定的相关物。因此,图型无非是按照规则的先天时间规定而已,这些规则是按照范畴的秩序而与一切可能对象上的时间序列、时间内容、时B185　间秩序及最后,时间总和发生关系的。

　　　　由此可见,知性的图型法通过想象力的先验综合,所导致的无非是一切直观杂多在内感官中的统一,因而间接导致作为与内感官(某种接受性)相应的机能的那种统觉的统一。所以,纯粹知性概念的图型A146　法就是给这些概念带来与客体的关系、因而带来所指的真实的和唯一的条件,因此,范畴最终就并没有其他运用、而只有经验性运用,因为它仅仅用于通过某种先天必然的统一的诸根据(由于使一切意识必然结合在一个本源的统觉之中)而使诸现象服从于综合的普遍规则,并借此使它们顺理成章地彻底联结于一个经验之中。

　　　　但是,我们所有的知识都处于一切可能经验的整体中,而先行于一切经验性真理并使之成为可能的那种先验真理则在于对这一切可能经验的普遍关系。

B186　　　　但毕竟也要注意:感性图型虽然首次使得范畴实现出来,但它们却也还是限制了这些范畴,即把它们局限于处在知性之外(即处在感性之中)的那些条件上。因此图型在与范畴的一致中本来就只是现象,或只是一个对象的感性概念。(*Numerus* est quantitas phaenomenon,

---

①　"仅仅一种时间的规定"系依据阿底克斯补加。但埃德曼不同意这一添加。——德文编者

sensatio realitas phaenomenon, *constans* et perdurabile rerum substantia phaenomenon——*aeternitas*, necessitas, phaenomena etc.①) 现在，如果我们去掉一个限制的条件，那么我们看起来就扩大了以前受限制的那个概念；则那些范畴就应该在其纯粹的意义上、不带一切感性条件地适用于一般的物，如一般物所是的那样，而不是范畴的图型只把物表现为如它们所显现的那样，这样，那些范畴就具有脱离开一切图型并大大扩展了的所指。实际上，纯粹知性概念即使在离开了一切感性条件之后，当然还留下有某种所指，但只是诸表象的单纯统一这种逻辑的所指，而对这些表象却并未给予任何对象，因而也未给予任何可以提供一个客体的概念②的所指。所以例如实体，如果我们去掉了持存性的感性规定，它就不过是意味着一个可以被思考为主词（而不是关于某种别的东西的谓词）的某物。从这个表象中我什么也得不出来，因为它根本没有向我指出，应当被看做这样一个最初的主词的那个物具有哪些规定。所以范畴离开图型就只是知性对概念的机能，却不表现任何对象。后一种所指是由感性赋予范畴的，感性通过限制知性，同时就使知性实现出来。

A147

B187

A148

第二章　一切纯粹知性原理的体系

我们在上一章中只是根据那些普遍条件而考虑了先验的判断力，它唯有在这些条件下才有权把纯粹知性概念运用于综合判断之上。现在我们要做的是：把知性以这种批判的谨慎性实际上先天作出的那些判断在系统的联结中展示出来，对此，我们的范畴表毫无疑问必然会给我们提供自然的和可靠的引导。因为正是这些范畴，它们与可能

---

①　拉丁文：数是现相的定量，感觉是现相的实在性，物的持久性和延续性是现相的实体——永恒性是现相的必然性，等等。——译者

②　康德在《补遗 LXI》中将"概念"改为"知识"。——德文编者

经验的关系必然会先天地构成一切纯粹的知性知识，而它们与一般

B188　感性的关系也将为此而完整地并系统地展示出知性运用的一切先验
原理。

先天原理之所以叫作先天原理，不仅是因为它们包含其他判断的
原理于自身，而且也因为它们本身不再以更高且更普遍的知识作为根

A149　据。但这一属性却并不每次都使它们免去一个证明。因为，哪怕这种
证明不再能够从客观上来进行，而毋宁说是关于其客体的一切知识的
基础，可是这毕竟不妨碍我们也许有可能、甚至有必要不把某种证明从
一般对象的知识之可能性的主观根源中排除掉，因为不然的话，这种原
理就会仍然带有极大的可疑性，有可能只是一种骗取而来的主张。

其次，我们把自己局限在那些只与范畴相关的原理之上。这样，先
验感性论的诸原则就不属于我们所划出的这个研究领域，根据那些原
则，空间和时间是一切作为现象之物的可能性条件，同时也是这些原理
的限制：即它们不能与自在之物本身相关。同样，数学的原理也不构成

B189　这个体系的一部分，因为它们只是从直观中、而不是从纯粹知性概念中
引出来的；但由于它们总还是先天综合判断，它们的可能性在这里仍
有其必要的位置，虽然不是为了证明其正确性和无可置疑的确定性，
这是它们所不需要的，而只是为了使这些自明的先天知识的可能性
成为可理解的，并将它演绎出来。

A150　但我们也将要讨论分析判断的原理，虽然这与我们本来要探讨的
综合判断①相反；因为正是这种对置将使综合判断的理论摆脱一切误
解，并使综合判断在自己特有的性质中明白地呈现出来。

第一节　一切分析判断的至上原理

不论我们知识的内容是什么，也不管这知识与客体有怎样的关系，
一般说来，我们所有判断的普遍的、虽然只是消极的条件终归是：它们

---

①　梅林认为应作"综合判断的原理"。——德文编者

不自相矛盾;否则的话,这些判断自在地就本身而言(即使不考虑客体)便什么都不是。但即使在我们的判断中没有矛盾,那么这判断毕竟还是有可能这样来联结概念,就如同它不是对象所造成的,或者甚至没有任何不论是先天地还是后天地给予我们的理由来批准这样一个判断,这样一来,一个判断即使没有任何内部的矛盾,却也有可能要么是错误的,要么是无根据的。　B190

于是,任何与一物相矛盾的谓词都不应归于该物这一原理就称之为矛盾原理,它是一切真理的一条普遍的、虽然只不过是消极的标准,但它也因此而仅仅属于逻辑,因为它所适用的知识仅仅是作为一般的知识,而不顾它们的内容,并宣称:矛盾将完全消灭和取消知识。　A151

但毕竟,我们也可能将这条原理作一种积极的运用,即不仅仅是清除虚假和错误(只要这是基于矛盾之上),而且也认识真理。因为,如果这判断是分析的,则不管它是否定的还是肯定的,它的真理性任何时候都必然是能够按照矛盾律来充分认识的。因为凡是作为概念已经包含在客体的知识中并在其中被想到的东西,永远都对相反的东西进行着正当的否定,却必然会由该客体对这概念本身加以肯定,因为,该概念的反面将会是与这个客体相矛盾的。　B191

所以我们也必须承认矛盾律是一切分析性的知识的一条普遍的、完全充分的原则;但它的威望和用途也不会走得比真理的一条充分标准更远。因为,不能有任何知识与这条原理相违背而不自我消灭,这诚然使这条原理成为了我们知识的真理的 conditio sine qua non①,但并没有成为它的规定根据。既然我们所讨论的本来只是我们知识的综合部分,那么我们虽然将随时操心着永远不要违背这条不可侵犯的原理,但却永远不能指望在这样一类知识的真理性方面从它那里得到一些启发。　A152

然而,这条著名的原理,虽然抽掉了全部内容而只是形式上的,但它的一个表达式却包含了由于不小心而毫无必要地混杂进去的综合成

---

① 拉丁文:必要条件。——译者

分。这个表达式说:某物不可能同时存在而又不存在。在这里,无可置疑的(通过不可能这个词的)确定性是多余地附加上去的,这种确定性却又必须是由这原理本身而不言自明的。除此之外,这条原理又附带上了时间这一条件,它仿佛宣称:一个等于 A 之物如果是等于 B 的某物则不能在同一时间又是非 B;但它完全可以前后相继地是两者(既是 B 又是非 B)。例如一个人他是青年,不能同时又是老人;但同一个人完全可以在一个时候是青年,在另一个时候是非青年即老人。现在,矛盾律作为一条单纯逻辑的原理,必须完全不把它的要求限于时间关系,因此一个这样的表达式是与矛盾律的意图根本相违的。这一误解只是由于:人们把一物的谓词预先从它的概念中分离出来,然后又把这谓词的反面与这谓词相联结,而这反面永远也不会与主词发生矛盾,只是与主词中已与其综合地联结了的那个谓词相矛盾,而且只是在前一谓词和后一谓词被设定在同一时间中的情况下才是这样。如果我说一个没有学问的人不是有学问的,那么必须伴以同时这一条件;因为这个在某一时候是无学问的人,在另一个时候完全可以是有学问的。但如果我说,没有哪个无学问的人是有学问的,那么这个命题是分析的,因为这一标志(无学问)从此也参与构成了主词的概念,然后这一否定性的命题便直接从矛盾律中显露出来,而不可添加上同时这一条件。这也就是我为什么在上面改变了矛盾律的表达式、使得一个分析命题的本质由此而清楚地表现出来的缘故。

B192

A153

B193

第二节　一切综合判断的至上原理

A154

　　对综合判断的可能性作出解释,这是与普遍逻辑完全没有关系的课题,普遍逻辑甚至可以连这个课题的名字都不知道。但这在先验逻辑中却是一切任务中最重要的任务,甚至是唯一的任务,如果所讨论的是先天综合判断的可能性,以及它的有效性的条件和范围的话。因为在完成这一任务之后,先验逻辑就可以对自己的目的,即规定纯粹知性的范围和界限,来作一全盘的考虑了。

在分析判断里,我停留于给予的概念之上,以便从它里面得出某物来。如果要使这判断成为肯定的,则我就只把在这概念中已经想到过的东西赋予这一概念;如果要使它成为否定的,则我就只把与这东西相反的东西从这概念中排除掉。但在综合判断中我想要超出这个给予的概念,以便把某种与在其中已经想到过的东西完全不同的某物与这概念置于关系中来考察,因而这种关系就决不是同一性关系,也决不是矛盾关系,而在这时从这个判断自身中就既不能看出真理,也不能看出谬误。

B194
A155

这就承认了:我们必须超出一个给予的概念以便把它和一个别的概念综合地加以比较,所以就需要一个第三者,只有在它里面两个概念的综合才能产生出来。但什么是这个作为一切综合判断的媒介的第三者呢?只有某种把我们的一切表象都包括在自身中的总括,也就是内感官,及其先天形式时间。对诸表象的综合是基于想象力,但想象力的综合统一(这是作判断所要求的)则基于统觉的统一。所以在这些东西里我们将必须寻找综合判断的可能性,而由于所有这三项[即内感官、想象力和统觉]都包含有先天表象的根源,也就必须去寻找纯粹综合判断的可能性,的确,这些纯粹综合判断甚至由于这些理由也将是必要的,如果某种有关对象的、仅仅基于诸表象的综合之上的知识要实现出来的话。

如果一种知识要具有客观实在性,即与某个对象相关,并通过该对象而拥有所指和意义,那么该对象就必须能以某种方式被给予出来。舍此则这些概念就是空的,我们虽然由此而进行了思维,事实上通过这种思维却什么也没有认识到,只是在玩弄表象而已。一个对象的给出,如果这不再只是间接地被意指,而要在直观中直接呈现出来的话,那无非就是将对象的表象与经验(不管是现实的经验或者至少是可能的经验)联系起来。即使是空间和时间,尽管这些概念摆脱一切经验性的东西而如此纯粹,尽管它们如此肯定地在内心中完全先天地被表现出来,但如果它们没有被指明在经验对象上的必然运用,它们就毕竟是没有客观效力、没有意义和所指的,的确,它们的表象只是一个永远与再

B195
A156

生的想象力相关联的图型,这种再生的想象力唤起经验的诸对象,没有这些对象,空间和时间就不会有任何所指;一切概念的情况也是如此,没有两样。

所以,经验的可能性就是赋予我们的一切先天知识以客观实在性的东西。而经验是基于诸现象的综合统一之上,即基于按照一般现象的对象之概念所作的综合之上的,舍此它就连知识都不是,而会是知觉的某种梦幻曲,这些知觉不会服从按照某种彻底联结的(可能的)意识的规则而来的连贯关系,因而也不会与统觉的先验的和必然的统一性融合在一起。所以经验拥有为它的先天形式奠基的诸原则,这就是那些在现象的综合中的统一性的普遍规则,它们的客观实在性,作为必然的条件,任何时候都可以在经验中、甚至在经验的可能性中指出来。没有这种关系,先天综合命题就是完全不可能的,因为它们没有第三者,亦即没有任何让其概念的综合统一能在上面呈现出客观实在性来的对象①。

因此,尽管我们在综合判断中对于一般空间,或对于生产性的想象力在它里面所描绘的形状,先天地知道得很多,以至于我们为此实际上不需要任何经验;但如果空间不是必须被看做构成外部经验的材料的那些现象的条件的话,那么这些知识仍将什么都不是,而只是沉迷于幻影;所以那些纯粹的综合判断,哪怕只是间接地,是与可能的经验、或不如说是与这些经验的可能性本身相关的,并且只有在这之上它们的综合的客观有效性才建立起来。

因此,由于经验,作为经验性的综合,在其可能性中是唯一赋予其他一切综合以实在性的知识类型,所以其他一切综合作为先天知识之所以具有真理性(即与客体相符合),也只是因为它不包含别的东西,而只包含对一般经验的综合统一所必要的东西。

---

① “对象”原文为“纯粹对象”,据格里罗删除“纯粹”一词。又,法欣格尔认为此句应作“没有任何让综合统一能在上面呈现出其概念的客观实在性来的对象”。——德文编者

　　所以一切综合判断的至上原则就是：每个对象都服从在可能经验中直观杂多的综合统一的必要条件。

　　以这样一种方式，当我们把先天直观的形式条件，把想象力的综合，以及这种综合在先验统觉中的必然统一性，与一般可能的经验知识发生关联，并且说：一般经验可能性的诸条件同时就是经验对象之可能性的诸条件，因而它们在一个先天综合判断中拥有客观有效性——这时，先天综合判断就是可能的。

第三节　纯粹知性一切综合原理的系统展示

　　一般说来，任何地方出现了原理，这都只能归功于纯粹知性，后者不仅仅是相对于发生的事情的规则的能力，而且本身就是原理的根源，根据这些原理，一切东西（只要是能作为对象向我们出现的）都必然服从于规则，因为没有这些规则，现象就永远不能有资格得到与之相应的对象的知识。甚至自然规律，当它们被看做是知性的经验性运用的原理［基本规律］时，同时也就带有必然性的标志，因而至少带来这种猜测，以为是出于先天的和先于一切经验而有效的根据所作的规定。但自然的一切规律毫无例外地都服从知性的更高的原理，因为它们只是把这些原理运用于现象的特殊情况之上。所以只有这些原理才提供出那包含有一般规则的条件和仿佛是这规则的指数的概念，经验则给出了从属于这规则之下的实例。

　　因此，真正说来，将只不过是经验性的原理看做是纯粹知性的原理，或者反过来将后者视为前者，这倒并不是什么危险：因为后者的特征是依据概念的必然性，这是在一切经验性的原理中、不论它多么普遍地适用，也很容易看出是不具备的，这就可以很容易地防止这种混淆。但有些纯粹先天原理，我仍然还是不想把它们特别归于纯粹知性之中，因为它们不是从纯粹概念中、而是从纯粹直观中（虽然是借助于知性而）抽引出来的；而知性却是概念的能力。数学就有这样一些原

B198

A159

B199

A160

理,但它们在经验上的运用,因而它们的客观有效性,甚至这样一些先天综合知识的可能性(即它们的演绎),都毕竟永远是基于纯粹知性的。

所以我将在我的诸原理中不把数学的原理计算在内,倒是要列入那些为数学原理的可能性和先天有效性奠定基础、因而必须被看做是这些原理的原则的原理,它们是从概念到直观,而不是从直观到概念。

在把纯粹知性概念应用于可能经验上时,它们的综合的运用要么是数学性的,要么是力学性的:因为这种综合部分地只涉及一般现象的直观,部分地涉及到一般现象的存有。但直观的那些先天条件对于一个可能经验来说绝对是必然的,一个可能的经验性直观之客体的存有的那些条件则本身是偶然的。所以数学性的运用其原理是无条件的必然的,即表现为无可置疑的,但力学性的运用其原理虽然也会带有某种先天必然性的特征,但只是在某种经验中的经验性思维的条件之下,因而只是间接的而非直接的,于是也并不包含有前一种原理所特有的那种直接的自明性(虽然也并不损害它们普遍地与经验相关的确定性)。但这一点我们在这个原理体系的结束部分将会更好地加以评判。

B200

A161

范畴表给我们的这个原理表很自然地提供了指示,因为这些原理毕竟只不过是那些范畴的客观运用的规则而已。因此所有纯粹知性原理就是

1.
直观的公理

2.　　　　　　　　　3.
知觉的预测　　　　　　经验的类比

4.
一般经验性思维的公设

我有意选择了这些名称,为的是让人不要忽视这些原理在自明性上和在实行上的区别。但马上就会表明的是:不论按照量和质(如果只注意质的形式的话)的范畴所涉及的是自明性还是对现象的先天规

B201

A162

定,量和质这两条原理都是与其他两条原理明显不同的;因为虽然双方
都能具有完全的确定性,但前两条原理是一种直觉的确定性,后两者则
只是推论的确定性。所以我将把前两者称为数学性的原理,把后两者
称为力学性的原理①。但要充分注意:我在这里一方面既不是着眼于
数学的原理,另方面也不是着眼于普通(物理学的)力学原理,而只是
着眼于与内感官相关(不论在其中给出的表象如何)的纯粹知性原理,
这样一来,前面那些原理全都获得了自己的可能性。所以我对它们的
命名不是由于它们的内容,而是着眼于其应用。现在我就按照上表中
呈示出来的那个次序来讨论它们。

B202

1. 直观的公理

其原则是:一切直观②都是外延的量。③
证　明

一切现象按其形式都包含有空间和时间中的直观,而空间和时间
共同构成了这些现象的先天基础。所以,这些现象除了通过使一个确
定的空间或时间的诸表象借以产生出来的杂多之综合外，即通过对同

---

①　一切联结(conjunctio)或者是组合(compositio),或者是结合(nexus)。前
者是杂多而并不必然相互隶属的东西的综合,例如由对角线所划分的一个正方形
中的两个三角形就是各自并不必然相互隶属的。在一切可从数学上来考虑的东
西中同质的东西的综合就是这种情况(这种综合又可以分为集合的综合和联合的
综合,前者针对着外延的量,后者针对着内包的量)。第二种联结(nexus)是杂多
东西就其必然相互隶属而言的综合,例如偶性必然隶属于实体,或者结果必然隶
属于原因,——因而表现为即使是不同质的、但毕竟是先天的联结。这种联结由
于不是任意的,所以我将它称为力学性的,因为它涉及杂多之物的存有的联结(这
种联结又可以分为现象相互之间的物理学的联结和现象在先天知识能力中的形
而上学的联结)。——康德[按:这个注是第二版添加上去的。——德文编者]

B202

②　梅林认为应为"一切现象"。——德文编者
③　第一版在"直观的公理"标题下为:"纯粹知性的原理:一切现象按照其直
观都是外延的量。"然后跳过以"证明"为题的下一段而与第二段紧接;被跳过的自
然段在第一版中阙如。——德文编者

B203　质的东西的组合和对这杂多(同质的东西)的综合统一的意识之外,是不可能被领会到、也就是不能被接受到经验性的意识中来的。于是,对一般直观中杂多同质东西的意识①,就客体的表象首次借此成为可能而言,就是一个量(quanti)的概念。所以,甚至对一个作为现象的客体的知觉,也只有通过对被给予的感性直观的杂多的这同一种综合统一才是可能的,借此对杂多同质东西的组合的统一性在一个量的概念中得到思考;也就是说,现象全都是量、确切说是外延的量,因为它们作为在空间和时间中的直观,必须通过一般说来空间和时间借以得到规定的这同一个综合而被表象。

在一个量中,部分的表象使整体的表象成为可能(因而必然先行于整体的表象),我就把这个量称之为外延的量。一条线不论它多么

A163　短,我若是不把它在思想中引出来,即不是从一个点将它的一切部分一个接一个地产生出来、并由此才记下这一直观,我就根本不能设想这条线。对于每条线的这种情况同样也适合于哪怕是最短的时间。在其中我只想到从一个瞬间到另一瞬间的相继进程,这时通过一切时间部分及其相加而最终产生出了一个确定的时间量。既然在一切现象上的单

B204　纯直观要么是空间,要么是时间,那么任何作为直观的现象都是一个外延的量,因为它只有通过(从部分到部分的)相继综合才能在领会中得到认识。因此,一切现象都已经被直观为聚合物(各个先前给予部分的集合体)了,而这恰好不是任何一种量的情况,而只是那种在外延上被我们表象和领会为这样的量的情况。

生产的想象力在产生形状时的这一相继综合,就是广延的数学(即几何学)连同它的那些公理的基础,这些公理表达了先天的感性直观的诸条件,唯有在这些条件下,外部现象的一个纯粹概念的图型才能实现出来;例如在两点之间只可能有一条直线;两直线不能围住一个空间等等。这是一些真正说来只涉及到量(quanta)本身的公理。

---

①　法欣格尔认为应为"杂多同质东西的综合统一性的意识"。——德文编者

　　但是,在涉及到量(quantitas)、即涉及到回答"某物有多么大?"这个问题时,那么虽然对此有各种这样的命题是综合的和直接肯定的(indemonstrabilia①),但却没有任何真正意义上的公理。因为,说等量加等量,其和相等,或等量减等量,其差相等,这些都是分析命题,我是直接意识到一个量的产生与另一个量的产生的同一性的;但公理却应当是先天综合命题。相反,数的关系的自明命题固然是综合的,但不是像几何学命题那样普遍的,并正因此也不是公理,而是只能被称之为算式。如 7 + 5 = 12 就不是什么分析命题。因为我既不是在 7 这个表象中、也不是在 5 这个表象中,也不是在这两者的组合这个表象中想到 12 这个数(说我应当在两者的相加中想到这个数,这并不是这里所谈论的;因为在分析命题中所探讨的只是:我是否在主词的表象中确实想到了谓词)。但虽然这个命题是综合的,它却仍然只是一个单独的命题。就此处只着眼于同质的东西(单位)的综合而言,则综合在这里只能以唯一的方式发生,尽管随后这些数的运用是普遍的。当我说:三条直线中的两条合起来大于第三条,则通过这三条直线就能画出一个三角形,这时我所拥有的就只是生产的想象力的机能,它可以让这些线引得更长一些或更短一些,也可以让其按照各种各样任意的角度相接。相反 7 这个数就只是以唯一的方式才可能的,由它与 5 的综合而产生的 12 这个数也是一样。所以我们必须不把这样一些命题称之为公理(因为否则就会有无限多个公理了),而是称之为算式。

　　诸现象的这一先验的数学原理给我们的先天知识带来了很大的扩展。因为唯有它才使纯粹数学能以其全部精确性应用于经验对象之上,这在没有这一原理的情况下就不会如此自明无疑,甚至还引起了一些矛盾。现象并不是自在之物本身。经验性的直观只有通过纯粹的直观(空间和时间)才可能;因此凡是几何学关于纯粹直观所说的,也毫无异议地适用于经验性的直观,借口说似乎感官对象可以不符合空间中的构造的规则(如线或者角的无限可分性规则),这是必须放弃的。

---

　　①　拉丁文:不能演证的。——译者

A164

B205

A165

B206

因为这样就否定了空间的、及与之一起所有数学的客观有效性,而不再知道数学为什么和在什么范围内能应用于现象之上了。空间和时间的综合作为一切直观的本质形式①,就是同时使对现象的领会、因而使那种外部经验、也因而使这经验的对象的一切知识成为可能的东西,而凡是数学在对那种综合的纯粹运用中所证明的东西,也必然适用于这些知识。对此的所有反驳都只不过是某种被误导了的理性的刁难而已,这种迷误的理性打算使感官的对象摆脱我们感性的形式条件,并且把这些对象设想为提供给知性的自在的对象本身,虽然它们只不过是些现象;在这种情况下当然就不可能对这些对象有丝毫先天的认识,因而也不会通过空间的纯粹概念对之有任何综合的认识了,而对这些概念作规定的科学即几何学本身也就会是不可能的了。

A166
B207

2.　知觉的预测

其原则就是:在一切现象中,实在的东西作为感觉的一个对象具有内包的量,即具有一个度②。

证　明

知觉是经验性的意识,也就是在其中同时存在着感觉的这样一种意识。现象作为知觉的对象并非如空间和时间那样是纯粹的(即仅仅形式上的)直观(因为后两者本身是根本不可能被知觉到的)。所以现象除了直观之外,自身中还包含任何一个一般客体所需的质料(由此某种实存的东西才在空间和时间中被表象出来),即包含感觉的实在的东西,因而仅仅包含主观的表象,对这种表象我们只能意识到主体受到了刺激,我们将它与某个一般客体联系起来。于是,从经验性的意识

B208

---

①　埃德曼校作"本质形式的综合"。——德文编者

②　在第一版中此句为:"对一切知觉本身进行预测的原理是这样的:在一切现象中,感觉、以及对象上与感觉相符合的实在的东西(realitas phaenomenon)〔拉丁文:现相的实在的东西。——译者〕,都有某种内包的量,即度。"此外,下面的"证明"二字及紧接着的第一个自然段在第一版中阙如。——德文编者

到纯粹意识就可能有一个逐步的变化,在后者那里,经验性意识的实在的东西完全消失而单留下空间和时间中的杂多的形式的(先天的)意识:因而也有对一个感觉的量之产生的综合,从这感觉的最初阶段即等于0的纯粹直观开始,直到它的随便一种什么量。既然感觉本身根本不是什么客观的表象,在其中既找不到空间的直观也找不到时间的直观,那么虽然不能把任何外延的量归之于它,但毕竟应归给它某种量(也就是通过对它的领会,在这种领会中,一定时间中的经验性意识可以从等于0的无生长到这感觉的给定的限度),因而应归给它某种内包的量,而与之相应,也必须赋予那包含这感觉在内的知觉的一切客体以内包的量,即对感官发生影响的某种度。

　　我能够用来先天地认识和规定那属于经验性知识的东西的一切知识,我都可以称之为预测,并且毫无疑问,这就是伊壁鸠鲁运用他的术语 $προλημψις$ ① 时的意思。但由于在现象上也有某种永远不被先天地认识的东西,而这种东西因而也构成了经验性的东西与先天知识的真正区别,这就是(作为知觉的质料的)感觉,所以结果就是,感觉本来应是完全不可能被预测的东西。相反,我们之所以有可能把空间和时间中的纯粹规定不论就形状而言还是就量而言称之为现象的预测,是由于它们先天地表象出那总是可以在经验中后天地被给予的东西。但假定毕竟有某种可以在任何感觉上、即在一般感觉上(而不一定给出一个特殊的感觉)先天地认识的东西,那么它就会在特别的理解中值得被称之为预测,因为在恰好与我们只能从经验中获得的经验质料相关的东西中,却要抢先于这个经验,这是显得有些奇怪的。而这正是这里实际发生的事。

A167

B209

　　只是凭借感觉的那种领会仅仅充实一个瞬间(就是说,如果我不考察多个感觉的相继而至的话)。感觉作为现象中的某物,对它的领会决不是从诸部分进到整体表象的前后相继的综合,所以它没有任何

---

　　①　希腊文,意为"主语前置法",即把从句中的主语预先提到主句中来,又称"预测词",伊壁鸠鲁则用作"从知觉中推出普遍概念"的意思。——译者

A168　外延的量；在同一瞬间中缺了感觉将会把这一瞬间表象为空的，因而等于 0。现在，凡是在经验性的直观中与感觉相应的东西，就是实在性（realitas phaenomenon①）；而凡是与这种实在性的缺乏相符合的就是否

B210　定性 =0。但现在，任何一种感觉都可能有某种减小，以至于它可以削弱因而逐渐消失。因此在现象中的实在性和否定性之间就有许多可能的中间感觉的某种连续的关联，它们的相互区别越来越小，小于给予的感觉和零之间、或者和完全的否定之间的区别。就是说：现象中实在的东西任何时候都有一个量，然而这个量并不②在领会中被遇到，是因为它只是凭借一瞬间的感觉而不是通过许多感觉的相继综合而发生，因而不是从诸部分到整体地进行的；所以它虽然有一个量，但并非外延的量。

　　于是，我把那种只是被领会为单一性、并且在其中多数性只能通过向否定性 =0 的逼近来表象的量，称之为内包的量。所以，现象中的任何实在性都有内包的量，即有一个程度。如果我们把这种实在性看做原因（不管是在现象中的感觉的原因还是其他实在性的原因，如某种变化的原因），那么我们就把这种作为原因的实在性的程度称之为一

A169　个力率（Moment），例如重力的力率；具体说，这是因为程度只表示的这种量，其领会不是前后相继的，而是瞬间的。但我在这里只是顺带提到这一点，因为我现在还没有涉及到因果性。

B211　　　这样一来，任何感觉，因而甚至现象中的任何实在性，不管它是多么地微小，都有一个程度，也就是有一个内包的量，而这个量还可以一直消失下去，而且在实在性和否定性之间有一个各种可能的实在性及各种可能的更小知觉的连续的关联③。每一种颜色，如红色，都有一个程度，它不论多么小，也永远不是最小，这同样也是热、重力的力率等等一切场合的情况。

---

　　① 拉丁文：现相的实在性。——译者
　　② 原文为"nicht"，维勒校为"只是"（nur），但似与下文不符。兹依旧。——译者据德文编者
　　③ 维勒读作"一个在可能知觉中的各种可能的更小实在性的连续关联"。——德文编者

　　量的这样一种属性，即据此它们身上的任何一个部分都不是可能最小的部分（任何部分都不是单纯的），就叫作量的连续性。空间和时间都是 quanta continua①，因为它们的任何一个部分都不可能没有将之包括进两个边界（两个点或两个瞬间）之间就被给予出来，因而以至于只有当这个部分本身又是一个空间或一个时间时才被给予出来。所以空间只是由诸空间构成的，时间只是由诸时间构成的。点和瞬间只是一些边界，即只不过是对它们进行限制的位置；但这些位置任何时候都是以那些它们所应当限制或规定的直观为前提的，而单是由这些位置中、即从这些也许还在空间或时间之前就可能被给予出来的组成部分　A170
中，是既不能复合出空间、也不能复合出时间来的。这样一些量我们也可以称之为流失的量，因为在它们的产生中的（生产的想象力的）综合是一种在时间中进展，时间的连续性我们通常是特别用流失（消逝）这　B212
个术语来标志的。

　　因此，一切现象一般说都是连续的量，要么按照其直观而是外延的量，要么按照单纯的知觉（按照感觉，因而按照实在性）而是内包的量。如果对现象的杂多的这种综合被中断了，那么这种杂多就是许多现象的一个聚合物，而不是真正作为一个量的现象，这种聚合物不是通过一定方式的生产性综合的单纯延续，而是通过对某种总在中止的综合加以重复而产生出来的。如果我把 13 塔勒称之为一个货币量，那么只有当我把它理解为含有一马克②的纯银时，这种称谓才是正确的；然而这一马克银是一个连续的量，在其中没有任何一个部分是最小的，而是每一部分都可以构成一个硬币，这硬币总是包含有更小部分的材料。但是如果我把那个称谓理解为整整 13 块塔勒，也就是这么多个银币（它们的含银量可以随便是多少），那么我把它称作这些塔勒的一个量就是不适当的了，而必须称之为一个聚合物，也就是一个数目的硬币。既　A171
然在一切数目那里都毕竟要以单位为基础，那么现象作为单位就是一

---

　　①　拉丁文：连续的量。——译者
　　②　旧时德国金银重量单位，合 24 克拉金或 8 盎司银。——译者

个量,而作为这样的量则任何时候都是一个连续体。

现在,如果一切现象不论从外延上还是从内包上来考察,都是连续的量,那么,"甚至一切变化(一物从一个状态到另一状态的过渡)也都是连续的"这一命题就会有可能轻而易举地在这里以数学式的自明性得到证明了,假如一般变化的因果性不是完全处于一个先验—哲学的边界之外并以经验性的诸原则为前提的话。因为,要是说可能有一个原因,它改变事物状态、亦即把事物规定为某个被给予的一定状态的对立面,对此知性根本没有先天地对我们作任何揭示,这不仅仅是因为,知性根本没有洞见到这种可能性,(这种洞见诚然是我们在许多先天知识中所缺乏的),而且是因为这种可变性只涉及到现象的某些规定,这些规定唯有经验才能告诉我们,然而它们的原因是可以在不变的东西中找到的。但由于我们在这里除了一切可能经验的那些必须完全不包含有任何经验性东西的纯粹基本概念之外,手头并没有任何可以为我们所利用的东西,所以,不损害系统的统一性,我们就不能抢在以某些基本经验为基础的普遍自然科学之前而行动。

然而,我们并不缺乏对我们的这一原理所具有的巨大影响的一系列证明,这个原理预测知觉,而且就它防止可能由知觉的缺乏中引出的一切错误推论而言,它甚至弥补了这些知觉的缺乏。

如果知觉中的一切实在性都有一个程度,在这程度和否定之间有一个程度越来越小的无限等级系列,虽然①每一种感官都必然有对感觉的接受性的一定的程度②:那么,就没有任何知觉、因而也没有任何经验能够不论是直接地还是间接地(即不论我们在推论中如何转弯抹角)证明在现象中一切实在东西的完全缺乏,就是说,从经验中永远不可能引出关于空的空间或某种空的时间的证明。因为第一,在感性直观中实在东西的完全缺乏本身是不能被知觉到的,第二,这种缺乏也不能从任何唯一的现象中,从这现象的实在性的程度差别中推出来,或者

B213

A172

B214

---

① 法欣格尔和埃德曼都认为此处应为"同样"。——德文编者
② 维勒读作"一定的界限"。——德文编者

永远不允许哪怕为了解释这种实在性而被假定下来。因为,即使一定空间或时间的整个直观都是逐点实在的,即它们没有哪一部分是空的,然而,由于任何实在性都有它的程度,这程度尽管有现象的不变的外延的量,却可以通过无限的等级而一直减小到无(空无),所以必然有用来充满空间或时间的无限不同的程度,而在不同现象中的内包的量也必须是可以更小或更大的,虽然直观的外延的量是一样的。 A173

我们来举一个这方面的例子。几乎一切自然学家,当他们在同一容积中(部分是通过重力或重量的力率,部分是通过对其他运动物质的阻力的力率而)觉察到不同种类的物质在量上的巨大区别时,都从中一致地推论出:这一容积(现象的外延的量)在一切物质中,虽然在不同的程度上,必定都是空的。但恐怕任何时候也不会有谁想到这些绝大部分是数学和化学的自然科学家仅仅将他们的这一推论建立在一个他们极力宣称要加以避免的形而上学前提上吧?因为他们假定空间中的实在的东西(我在此不想把它们称之为不可入性或重量,因为这都是些经验性的概念)到处都是一样的,而只能根据外延的量即数量而区别开来。针对这个他们不能在经验中找到任何根据、因而不过是形而上学的前提,我提出一个先验的证明,这个证明虽然不是要解释在空间的充满上的区别,但却完全取消了那个前提的被以为的必然性,这个前提是说只有通过必须假定的空的空间才能解释前述区别。而这个证明有这样的功劳,就是至少使知性处于这种自由之中,即当对这种差别的自然解释想使任何一个假设成为必然的时,也能以别的方式来思考这一差别。因为那时我们将看到,尽管同样两个空间可能为不同的物质完全充满,以至于在两者任何一方里面都没有一个不会在其中遇到物质在场的点,然而在同一种质那里每个实在的东西却仍然具有质的程度(阻力或重力的程度),这个程度可以不减少外延的量或数量而无限地小下去,只要它①还没有转为空无而消失。所以充满一个空间 B215

A174

B216

---

① 泡尔生(Paulson)认为这里"它"应指"无限小的东西",格兰德(Görland)则认为是指"质"。——德文编者

的某种张力,例如热,以及同样地,任何(在现象中的)别的实在性,都丝毫也无需让这空间的任何一个最小的部分空着,就能够在其程度上减少至无限,而且完全同样地以这个更小的程度充满空间,正如另一个现象以一个更大的程度充满这空间一样。我在这里的意图决不是主张:这实际上就是物质按照其特殊的重力而言的差别那样的情况,而只

A175 是主张从纯粹知性的一条原理来阐明:我们知觉的本性使得这样一种解释方式成为可能,而人们则错误地认为现象的实在东西按照程度来说是同样的,而只有按照聚合及其外延的量才是不同的,甚至谎称是通过一条先天知性原理来主张这一点的。

B217   然而,这种知觉的预测对于一个习惯于先验考察并因此变得小心谨慎的研究者来说,本身总是有某种看不顺眼的地方,它激起了对如下一点的一些疑虑,即知性能够预测①一条类似这样的综合原理,如关于现象中一切实在东西的程度的原理,因而关于感觉本身的内部区别的可能性的原理,如果我们抽掉感觉的经验性的质的话,而这样一来,就还有一个并非不值得解答的问题:知性如何能够综合地对诸现象作出先天的断言,并甚至在那些本来只是经验性的东西、也就是只涉及到感觉的东西中,也能对这些现象进行预测呢?

         感觉的质任何时候都只是经验性的,而根本不能先天地被表象(例如颜色、味道等等)。但与一般感觉相应的实在的东西,与否定 = 0

A176 相对立,却只表象着某种其概念自身包含有存在的东西,它无非意味着在一个经验性的意识中的一般综合。因为在内感官中这个经验性的意识能够从 0 一直被提升到任何更大的程度,以至于直观的这同一个外延的量(例如一个被照亮的平面)所激起的感觉,正如同许多其他(被照亮得较弱的平面的)程度加起来的一个聚合体所激起的一样大。所

B218 以我们可以把现象的外延的量完全抽掉,而仍然能在一个瞬间的单纯感觉上来表象某种从 0 到给予的经验性意识均匀上升的综合。因此,

---

① "能够预测"是据梅林、瓦伦丁纳等人补上的。——德文编者

一切感觉虽然本身都只是后天①被给予的,但它们具有一个程度这一
属性却可以先天地被认识。值得注意的是,对于一般的量,我们能够
先天认识的东西只是某种唯一的质,也就是连续性,而对于一切质
(即现象的实在的东西),我们所能够先天认识的东西却无过于其内
包的量,即认识到它们有一个程度。一切其他的事都是留给经验来
做的。

3.　经验的类比②

它们的原则是:经验只有通过对知觉作某种必然连结的表象才是
可能的。

证　明

经验就是某种经验性的知识,即一种通过知觉来规定一个客体的
知识。所以它是对知觉的某种综合,这种综合本身并不包含在知觉中,
相反,它把知觉的杂多的综合统一包含在一个意识中,这种综合统一构
成了感官客体的一个知识、也就是经验(而不仅仅是直观或感官感觉)
的本质的东西。现在,虽然在经验中诸知觉只是偶然地彼此相遇,以至
于它们相连结的必然性决不是、也不可能是从这些知觉本身中得到解
释的,因为领会只是③对经验性直观的杂多的某种编排,却并没有在这
种领会中遇到任何将诸现象编排起来、在时间和空间中将它们联结起
来的实存之必然性的表象④。然而,由于经验就是通过知觉而对客体
的知识,因而在杂多的存有中的关系不应当像它在时间中被编排那样、

B219

<hr />

① 原文为"先天",兹据梅林校正。——德文编者
② 下面一句话及以"证明"为题的第二自然段在第一版中只是如下一句话:
"它们的普遍原理是:一切现象按其存有来说都先天地服从将它们的相互关系规
定在一个时间中的那些规则。"——德文编者
③ "是"(ist)字为梅林所补加。——德文编者
④ 维勒认为此句应为:"却并没有遇到任何将诸现象编排在空间和时间中、
使它们得到联结的……"——德文编者

A177

而应当像它在时间中客观存在的那样被表象在经验中,而时间本身却不可能被知觉到,所以,对客体在时间中的实存的规定就只能是通过一般地把诸客体联结在时间中,因而只是通过那些先天进行结合的概念,才得以发生。既然这些概念任何时候都同时带有必然性,所以经验就只有通过某种把知觉必然结合起来的表象才是可能的。

时间的三种样态是持存性、相继性和同时并存。因此,现象的每个存有能够据以在一切时间的统一性方面得到规定的、诸现象一切时间关系的这三条规则,就将先行于一切经验,并首次使之成为可能。

B220　　　所有这三种类比的普遍原理,就一切可能的经验性意识(知觉)而言,是建立在对每一个时间的统觉的必然统一性之上的,因而,由于那种统觉是先天的基础,也就是建立在一切现象按照它们在时间中的关系的综合统一性之上的。因为这本源的统觉是与内感官(即一切表象的总和)相关的,确切地说,是先天地与内感官的形式、即杂多的经验性意识在时间中的关系相关的。现在,在本源的统觉中,一切这种杂多都应当按照其时间关系结合起来;因为这就意味着这些先天的时间关系的先验的统一,一切应当属于我的知识(即属于我自己的①知识)的东西、因而一切能够对我成为一个对象的东西,都服从这种统一。所以,这个在一切知觉的时间关系中先天地被规定了的综合统一就是这

A178　条法则:一切经验性的时间规定都必须服从普遍的时间规定之规则,而我们现在所要讨论的经验类比就必须是这类规则。

这些原理本身有一个特殊之处,即它们并不考虑诸现象及对其经验性直观的综合,而只考虑存有及在诸现象的这种存有方面这些

B221　现象的相互关系。现在,某物在现象中被领会的那种方式可以被先天地这样来规定,即现象的综合的规则同时也能够在每个现有的经验性实例中给出这种先天的直观,也就是说能够使这种直观由此而实现出来。不过,诸现象的存有并不能先天地被认识,而且即使我们

---

① 原文为"我的一些"(meinem einigen),据弗兰德尔(Vorländer)校改为"我自己的"(meinem eigenen)。——德文编者

有可能以这种方式做到这一点,即推论出任何一个存有,我们也不会确定地认识它,即不可能将这种存有的经验性直观借以与其他经验性直观相区别的东西预测出来。

前面的两条原理我曾称之为数学性的原理,是考虑到它们有权把数学应用到现象上去,它们曾是根据现象的单纯可能性而指向诸现象的,并且曾告诉我们这些现象是如何能够既在其直观方面、又在其知觉的实在性方面,按照某种数学性综合的规则而产生出来;因此无论在前一方面还是在后一方面,数量以及和数量一起,对现象的作为量的规定,都可以得到运用。所以我将有可能从例如 20 万个月亮照明度中复 A179 合出并先天确定地给出、亦即构造出对太阳光的感觉的程度。因此我可以将前面这两条原理称之为构成性的原理。

而对于那些要将现象的存有先天地置于规则之下的原理,情况必然完全不同。因为,既然存有不可构造,那么这些原理将只针对存有的 B222 关系,并且只能充当单纯调节性的原则。所以在这里必须思考的既不是公理,也不是预测,相反,如果一个知觉在对另一个(虽然是未规定的)知觉的时间关系中被给予我们的话,那么我们将不可能说,与这个知觉必然相联结的是哪一个另外的知觉和一个多么大的知觉,而只能说,这另外的知觉是如何按照存有而在时间的这一样态中与这个知觉必然联结起来的。在哲学中,类比的意义是很有些不同于它们在数学中所表现的东西的。在数学中这都是些公式,它们所陈述的是两个量的关系的相等,并且任何时候都是构成性的,以至于如果比例的两项① 给予了,第三项②也由此而被给予,亦即能够由此而被构造出来。但在哲学中,类比不是两个量的关系的相等,而是两个质的关系的相等,在此我从三个被给予的项中只能认识到和先天地给出与第四项的关系, A180 而不是这个第四项本身,我倒是拥有一条在经验中寻找第四项的规则,和一个在经验中找到第四项的标志。所以,一个经验类比将只是一条

---

① 据梅林,此处"两项"应为"三项"。——德文编者

② 据梅林,此处"第三项"应为"第四项"。——德文编者

规则,按照这条规则,是要从知觉中产生出经验的统一性(不是像知觉本身那样作为一般经验性直观的统一性)来,而这种经验类比作为有
B223　关对象(现象的对象)的原理将不是构成性地起作用,而只是调节性地起作用。但同样的情况也将适用于一般经验性思维的公设,这些公设把单纯直观的(现象形式的)综合、知觉的(现象质料的)综合和经验的(这些知觉的关系的)综合一起涉及到了。因为它们只是些调节性的原理,它们与那些本身是构成性的数学性原理的区别虽然不是在确定性方面——确定性在两者那里都是先天肯定的——,但毕竟是在自明性的种类方面,也就是在原理的直觉的东西方面(因而也在演证方面)。

　　但在一切综合原理那里将被提醒、并且在这里必须特别强调的一点是:这些类比并不是作为先验的知性运用的原理,而只是作为经验性
A181　的知性运用的原理,才拥有自己唯一的意义和有效性,因而也只是作为这样的原理才能得到证明,因此,诸现象必须不是径直被归摄到诸范畴之下,而只是被归摄到诸范畴的图型之下。因为,假如这些原理所应当涉及到的那些对象是自在之物本身的话,那就会完全不可能先天综合地对它们有什么认识了。现在,对它们所认识的无非是现象,一切先天原理最终毕竟总是必须落脚到对这些现象的完备的知识的,而这完备的知识只不过是可能的经验而已,因此那些原理没有别的目的,只是作
B224　为诸现象的综合中经验性知识的统一性的一些条件;但这种统一性唯独只有在纯粹知性概念的图型中才被想到,在纯粹知性概念的统一性方面,即在某种一般综合的统一性方面,范畴包含有不被任何感性条件限定的机能。所以我们凭借这些原理,将有权仅仅按照某种类比而用逻辑的和普遍的概念统一性来组合诸现象,因此我们虽然在这条原理本身中使用范畴,但在具体实行时 (在应用于现象上时) 却以范畴的图型作为范畴运用的钥匙,来取代它①的位置,或不如说让这图

---

① 这个"它"究竟代表什么,众说纷纭,穆勒(Müller)和泡尔生认为是指"范畴",诺阿(Noiré)、阿底克斯认为是指"范畴的运用",格兰德认为是指"现象的综合"。——德文编者

型以前者①的一个公式的名义,作为限定性条件来对那个范畴加以辅助。

A182

A. 第一类比

实体的②持存性原理

实体在现象的一切变化中持存着,它的量在自然中既不增加也不减少。③

证　明④

一切现象都在时间中,只有在作为基底(作为内直观的持存形式)的时间中,同时并存也好,相继也好,才能被表象出来。所以现象的一切变更应当在时间中被思考,这时间是保持着并且没有变更的;因为时间是这样一种东西,在其中,前后相继或同时并存只有作为时间规定才能被表象。既然时间不能被单独地知觉到,所以在知觉的对象中、即在诸现象中必定可以遇到这个基底,它表象出一般时间,并且在它身上,一切变更或并存都可以通过诸现象在领会中与它的关系而被知觉到。但一切实在的东西、即一切属于物之实存的东西的基底,就是实体,一切属于存有的东西都只有作为它身上的规定才能被思维。因此,现象的一切时间关系唯有通过与之发生关系才能得到规定的那种持存的东西,就是现象中的实体,即现象的那种作为一切变更的基底而一直保持

B225

---

① 穆勒认为"前者"指"范畴",诺阿和泡尔生认为指"原理",阿底克斯认为指"范畴的运用"。——德文编者

② "实体的"为第二版所加。——德文编者

③ 此句第一版为:"一切现象都包含有持存的东西作为对象本身,而包含可以变化的东西作为这对象的单纯规定、即对象实存的某种方式。"——德文编者

④ "证明"在第一版中为:"对这个第一类比的证明",以下的整个自然段第一版为:"一切现象都在时间中。时间能够以两种方式规定在现象的存有中的关系,即诸现象要么相继存在,要么同时存在。在前一种观点中时间被看做时间序列,就后一种观点而言时间被看做时间范围。"——德文编者

着同一的实在的东西。所以,既然实体在存有中不会变更,所以它在自然中的量也既不会增加也不会减少。

　　我们对现象的杂多的领会任何时候都是前后相继的,因而总是变更着的。所以我们单凭这一点永远也不能确定,这种杂多作为经验的对象是同时并存,还是前后相随,这时在这种经验那里①并没有某种任何时候都存在的东西、即某种保持着和持存的东西作基础,而关于这持存的东西的一切变更和同时并存,都不过是如这持存的东西实存时那样多的方式(时间的诸样态)而已。所以,只有在持存的东西中,时间关系才是可能的(因为同时性和相继性是时间中的唯一两种关系),就是说,持存的东西是时间本身的经验性表象的基底,只有在这基底上一切时间规定才是可能的。持存性一般来说把时间表达为现象的一切存有、一切变更和一切伴随的持久的相关物。因为变更所涉及的不是时间本身,而只是时间中的现象(正像同时并存也不是时间本身的一个样态一样,因为在时间中根本没有任何部分是同时存在的,而是一切都前后相继的)。假如我们要赋予时间本身一个前后相继的序列,那么我们就会有必要再思考一个另外的、会让这个序列在其中成为可能的时间。唯有通过持存的东西,在时间序列中前后相继的不同部分的存有才获得了某种量,我们把它称之为持续性。因为在那种单纯序列中,存有就只是永远地消长着,而永远没有丝毫的量。所以,没有这种持存的东西就没有任何时间关系。既然时间本身自在地是不能被知觉到的,所以在诸现象上的这种持存的东西就是一切时间规定的基底,因而也是诸知觉的一切综合统一的、亦即经验的可能性的条件,而在这个持存的东西身上,时间中一切存有和一切变更都只能被视为那保留和持存的东西的实存的一种样态。所以在一切现象中持存的东西都是对象本身,即实体(现象),但一切变更或可能变更的东西都只是属于这个实体或诸实体实存的那种方式,因而属于这些实体的诸规定。

---

　　①　埃德曼认为应作"在这种经验对象那里"。——德文编者

我发现,在一切时代中,不仅仅是哲学家,而且甚至普通知性,也都已经把这种持存性预设为现象的一切变更的基底了,并且任何时候也都会把它假定为无可置疑的,只是哲学家对此表达得更为确定一些,因为他说:在世上一切变化中,实体保留着,而只有偶性在变更。但关于这样一个如此具有综合性的命题,我在任何地方都不曾遇到过哪怕只是作一个证明的尝试,这一命题也的确很少像它本来应有的那样置身于纯粹的和完全先天存在的自然法则的首位。实际上,"实体是持存的"这个命题是同义反复的。因为,仅仅是这种持存性,才是我们为什么把实体范畴应用于现象上的根据,而人们本来必须证明的是,在一切现象中都有某种持存的东西,在它身上可变更的东西无非是它的存有的规定而已。但由于这样一种证明从来也不是可以独断地、即从概念中引出来的,因为它涉及的是一个先天综合命题,而人们从来也没有想到过这类命题只有在与可能经验相关时才是有效的,因而也只有通过经验的可能性的一个演绎才能被证明,所以,毫不奇怪,虽然这条原理在一切经验中都被作为基础(因为人们在经验性的知识中感到对它的需要),但却从来也没有被证明过。 B228 A185

假如一位哲学家被问到:烟的重量是多少? 他就会回答:从燃烧的木柴的重量中减去余留下的灰烬的重量,那么你就得到烟的重量。所以他的无可辩驳的前提就是:甚至在火焰中,物质(实体)也没有消失,而只是它的形式经受了一次改变。同样,"从无生无"这一命题曾经只是从持存性原理中推出来的另一命题,或者不如说,只是从诸现象的真正主体的持久不断的存有的原理中推出来的另一命题。因为,如果在现象上人们愿意称作实体的东西应当是一切时间规定的真正基底,那么不论是在过去时间中还是在将来时间中的一切存有,都必须唯一地只在这上面才能得到规定。因此,我们之所以能够给一个现象赋予实体之名,只是因为我们预设了它在一切时间中的存有,这一点是就连通过持存性这个词也没有很好地表达出来的,因为这个词更多地针对着未来的时间。然而,持存这种内在必然性毕竟是与一直存在着了这种必然性不可分地联结着的,所以这个术语尽可以保留。*Gigni de nihilo* B229 A186 nihil, in nihilum nil posse reverti①，这是古人将之不可分地结合在一起的两个命题，而现在人们有时出于误解将它们分开，因为他设想它们是针对自在之物本身的，而前一个命题有可能会与世界对一个至上原因（哪怕是按照其实体来说）的依赖相违；但这种担忧是不必要的，因为在这里所谈的只是在经验领域中的现象，它们的统一性，假如我们想让一个新的事物（按照实体）产生出来的话，将会是永远不可能的。因为那样一来，那唯一能表象时间的统一性的东西，即作为一切变更唯一据以拥有一贯的统一性的那个基底的同一性，就会被取消掉了。然而，这个持存性只不过是我们设想事物（在现象中的）存有的方式而已。

一个实体的诸规定无非是该实体实存的种种特殊方式，这些规定叫作偶性。偶性任何时候都是实在的，因为它们涉及到实体的存有（而否定性则只是那些表达实体身上某物的非存在的规定）。既然我

B230

A187

们赋予实体上的这种实在的东西（例如作为物质的一种偶性的运动）以一种特殊的存有，那么我们就把这种存有称之为依存性，以区别于我们称之为自存性的实体的存有。不过从这里也产生出许多误解，而如果我们把偶性只通过一个实体的存有被肯定地规定的那种方式来描述的话，它就会得到更精密更正确的讨论。然而，由于我们知性的逻辑运用的诸条件，我们毕竟不能避免将一个实体的存有中那可以变更的东西，不顾这实体仍然保留着，而仿佛是分离出来，并在与本来持存着的东西和根本性的东西的相对关系中对之加以考察；因此，甚至连这个范畴也都立于关系这一项之下，而不止是关系的条件，不止是它本身包含某种关系。

于是，在这种持存性之上，也建立起了对变化这一概念的校正。产生和消失不是那产生或消失的东西的变化。变化是一种实存的方式，它紧跟着同一个对象的另一种实存方式之后。因此一切变化之物都是保留着的，只是它的状态变更了。所以，既然这种变更只是涉及到一些

---

① 拉丁文：从无中生出无，能够回归于无的是无。——译者

可以终止也可以开始的规定,那么我们就能够以某种看起来有些背谬 B231
的方式说:只有持存的东西(实体)才是变化的,可变的东西并不经受
变化,而是经受某种变更,因为一些规定终止了,而另一些规定开
始了。

　　因此变化只有在实体身上才能被知觉到,而绝对的产生和消失, A188
如果不是只涉及到持存之物的某个规定的话,则根本不会是一种可
能的知觉,因为正是这个持存之物,才使得从一个状态向另一个状
态、以及从非存在向存在的过渡的表象成为可能,所以这个表象只
有作为那保留着的东西的变更着的诸规定才能被经验性地认识。若
是假定某物绝对地开始存在,那么你就必须拥有一个它曾不在其中
的时间点。但你将把这一点附着于什么上面,如果不是附着于那已
经在那里的东西上面?因为一个先行的空的时间决不是什么知觉的
对象;但如果你把这一产生连结于那些先已存在、并且直到那个产
生出来的东西为止都延续下来的事物上面,那么后面这个东西就只
是前面那个作为持存之物的东西的一个规定。消失的情况也是如
此:因为消失是以对一个现象不再存在于其中的时间的经验性表象
为前提的。

　　那些(在现象中的)实体就是一切时间规定的诸基底。一些实
体的产生和另一些实体的消失,本身将会取消时间的经验性统一的唯
一条件,这样一来,诸现象就会和两种不同的时间发生关系,存在就 B232
会在这两种不同的时间中并行地流逝:而这是荒谬的。因为只有一个
时间,在它里面一切不同的时间都必须不是同时地、而是相继地被 A189
设定。

　　因此,持存性就是一个必要的条件,只有在此条件下,那些现象才
能在一个可能经验中被规定为诸事物和对象。但什么是对这种必要的
持存性及与它一起的诸现象的实体性的经验性标准,对此我们将在下
面有机会作出必要的说明。

B. 第二类比

按照因果律的时间相继的原理①

一切变化都按照因果连结的规律而发生

证　明

（前一条原理已经表明,时间相继的一切现象全都只是变化而已,即都是在此持存着的实体之诸规定的相继存在和非存在,因而实体自身的存在紧跟着它的非存在、而它的非存在紧跟着它的存有这种情况,换言之,实体自身的产生和消失,是不会发生的。这条原理或许可以这样来表达:现象的一切变更（承继）都只是变化;实体的②产生和消失不是实体的变化,因为变化这个概念恰好是以带有两个相反规定的同一个实存着和持存着的主体为前提的。——在这个预先提醒之后,现在来进行证明。）

B233

我知觉到诸现象一个紧跟着一个,即在一个时间里有物的一种状态,其反面曾经存在于前一个状态③里。所以真正说来我是在该时间里连结两个知觉。现在,连结并不单纯是感官和直观的工作,而在此也是想象力的综合能力的产物,想象力在时间关系上规定着内感官。但它可以用两种不同的方式联结前述两个状态,使得这一状态或者那一状态在时间上先行发生;因为时间自在地本身并不能被知觉,而在客体方面也不能在与时间的关系中仿佛经验性地规定何者在先、何者在后。因而我只是意识到,我的想象力把一个置于前面,把另一个置于后面,而不是在客体中一个状态先行于另一个状态;换言之,通过单纯的知觉,相互继起的诸现象之客观关系仍然还是未定的。为了使这种关系被视为确定的,两种状态之间的这一关系必须这样来设想,即通过它,

B234

---

① 在第一版中,该标题为"产生的原理",下面一句话则是:"一切发生的（开始存在的）事都预设了某种它按照一条规则而紧跟其后的东西";再接下来,"证明"的标题及下面的两个自然段都是第二版增加的。——德文编者

② 瓦伦丁纳认为应作"实体的诸规定的"。——德文编者

③ 维勒认为,"状态"应为"时间"之误。——德文编者

两种状态中何者必须置于前面、何者必须置于后面而不是相反,这被规定为必然的。但是,带有综合统一的必然性的这个概念只能是一个纯粹知性概念,它并不处于知觉之中,而在此它就是因果关系的概念,在这种关系中,原因在时间中把结果规定为接续而来的东西,而不是规定为某种单是在想象中有可能先行(或者任何地方都不可能知觉到)的东西。所以甚至经验、也就是关于现象的经验性的知识,也只有通过我们把现象的接续、因而把一切变化从属于因果律之下,才是可能的;因此现象本身作为经验的对象,也只有按照同一个因果律才是可能的。

　　对现象的杂多的领会总是承继性的。各部分的表象相互接续。这些表象是否在对象中也相继而来,这是反思的第二点,它是不包含在第一点之中的。现在,我们虽然可以把一切东西、甚至每个表象,只要意识到了,都称之为客体;但是这个词在现象中,不从现象(作为表象)就是客体这方面说,而是就它们只是标志一个客体而言,应当表示什么意思,这是有更深的讲究的。只要现象仅仅作为诸表象而同时就是意识的对象,那么它们就与想象力的综合中的领会即接受完全没有什么区别,这样我们就必须说:现象的杂多在内心总是相继产生的。假如现象就是自在之物本身,那就会没有人能够从关于它们的杂多的表象之前后相继而估量出,这种杂多在客体中将会如何联结。因为我们毕竟只是在和我们的表象打交道;自在之物本身(不考虑它们用来刺激我们的那些表象)会是怎样的,这完全越出了我们的知识范围之外。即使现象不是自在之物本身,却仍然是唯一能给我们来认识的东西,那么我们应该指出,既然杂多的表象在领会中总是前后相继的,应把怎样一种时间中的联结归于现象本身上的杂多。例如,立于我面前的一栋房子,对于它的现象中杂多的领会是前后相继的。现在要问:这房子本身的杂多是否也自行前后相继呢? 这一点当然是不会有人承认的。但现在,一旦我把我关于一个对象的概念一直提升到先验的含义上,这房子就根本不是什么自在之物本身,而只是一个现象,即一个表象,它的先验对象是未知的;那么,我如何理解这个问题:在现象本身(但并非自在的东西本身)中杂多如何有可能被联结起来? 在这里,处于相继的

B235
A190

B236
A191

领会中的东西被看做是表象,而被给予我的现象,虽然不过是这些表象的总和,却被看做这些表象的对象,我从领会的这些表象中抽出的概念应当与该对象相符合。立刻可以看出,由于知识和客体的一致即是真理,在这里所能探究的只是经验性真理的形式条件,而现象在与领会的表象的对立关系中,只有以这种方式才能被表现为与表象不同的、诸表象的客体,即:该现象从属于某条使之与任何别的领会相区别的规则,这规则使杂多联结的一种方式成为必然的。在现象中包含有领会的这一必然规则之条件的那个东西,就是客体。

B237
A192
　　　现在让我们深入我们的课题。某物发生了,亦即某物或某种以前还没有的状态形成了,这一点,如果不是有一个不包含这一状态的现象先行发生的话,并不能被经验性地知觉到;因为一种紧跟一个空的时间的现实性,因而一个没有任何事物状态先行于之前的产生,正如一个空的时间本身一样,是无法领会的。所以对一个事件的任何领会都是紧跟着另一个知觉的知觉。但由于这是在所有的对领会的综合中都出现的情况,正如我上面在一所房子的现象上所指出的那样,所以这还没有把这个现象和别的现象区别开来。不过我也注意到:当我在包含着一种发生的现象身上把先行的知觉状态称为 A,而把继起的状态称为 B,则 B 在领会中只能跟随在 A 之后,A 的知觉却不能跟随于 B 之后,而只能先行于 B。例如我看见一艘船顺流而下。我对这艘船在这条河下游的位置的知觉是跟随在对它在上游的位置的知觉之后的,而不可能在领会这个现象时想要首先知觉到这艘船在下游,然后才知觉到它在上游。所以在这里,知觉在领会中相继而来的秩序是规定了的,而领会就受到这一秩序的约束。在前面那个关于房子的例子中,我的知觉在

B238
领会时可以从房顶开始,到底层结束,但也可以从底下开始,到上面结束,同样还可以从右边或从左边来领会经验性直观的杂多。所以在这些

A193
知觉的系列中没有任何确定的秩序,可以使得我在领会中必须从哪里①

　　　① "哪里"(wo)原文为"如果"(wenn),文意不通,在此兹据梅林校正。——德文编者

开始来经验性地联结杂多这一点成为必然的。但在有关发生的事情的知觉这里,这一规则总是能遇到的,它使得相互继起的那些知觉(在对这一现象的领会中)的秩序成为必然的。

所以,在现在的情况下,我就不能不从现象的客观相继中推出领会的主观的相继来,因为否则那种主观相继就会是完全不确定的,也就不能把任何一个现象与另一个现象区别开来了。单是主观相继丝毫不能证明杂多在客体上的连结,因为它完全是随意的。所以客观的相继就在于现象之杂多的秩序,按照这个秩序,对一个(发生的)某物的领会是根据一条规则而跟随在对另一个(先行的)某物的领会之后的。只有这样,我才能有权对现象本身、而不只是对我的领会说:在那里面有一个次序,而这也就等于说:我不能以别的方式、而只能恰好在这一次序中来进行领会。

所以,根据这样一条规则,在一般先行于一个事件的某物中必定有成为一条规则的条件,按照这条规则①该事件总是必然地跟随在后;但反过来,我却不能从这个事件倒退回去,(通过领会)去规定那个先行的某物。因为任何现象都不从随后而来的时间点倒退回先前的时间点,但的确是和某个先前的时间点相关的;反之,从某个给定的时间出发而向某个确定的后来的时间前进则是必然的。所以,由于这毕竟是后继的某物,我就必须把它与另一个一般的先行的某物必然地相联系,它是按照一条规则、也就是必然地跟随在这另一个某物之后的,这样一来,该事件作为一个有条件者就提供了某种条件的可靠指示,这条件则规定着该事件。

我们设想在一个事件之前没有任何它按照一条规则必须跟随其后的东西先行发生,那么知觉的一切相继就会只是仅仅在领会中、亦即仅仅是主观的,但这一来就完全不能客观地确定何者必定是真正的先行者,何者必定是随后的知觉。我们以这种方式将只会有某种表象游戏,

B239

A194

---

① 维勒将这一句校为:"……必定有这个条件,在这条件之下……"。——德文编者

它与任何客体都没有关系,就是说,凭借我们的知觉将根本不会有一个现象按照时间关系与任何别的现象区别开来;因为在领会中的承继性

B240

到处都是一样的,因而在现象中没有任何规定现象的东西,来使得某个一定的次序成为客观上必然的。于是我不会说:两个状态在现象中前

A195

后相继;而只会说:一个领会跟随着另一个领会,这只不过是某种主观的东西,而不规定任何客体,因而根本不能被视为任何一个对象的知识(甚至也不是现象中的对象的知识)。

　　所以当我们经验到某物发生了,那么我们在这时总是预先假定了它按照一条规则跟随其后的某样东西先行于前。否则我就不会从客体方面说它跟随在后,因为单纯在我的领会中的这个次序如果不是通过一条规则在与先行之物的关系中被规定下来,是根本没有资格成为客体中的次序的。所以,我使我的主观的(领会的)综合成为客观的,这件事总是在考虑到一条规则时发生的,根据这条规则,现象在其次序中、也就是当它们发生时,是由在前的状态得到规定的,而且唯一地,只有在这个前提之下,甚至关于某种发生的东西的经验才是可能的。

　　当然,看起来这与人们对于我们知性运用的进程一直所作的那些解释相矛盾,按照他们的看法,我们只有通过知觉和比较了许多事件协

B241

调一致地跟随先行现象这样一些次序,才被引导着去发现某种规则,按照这种规则某些事件总是跟随在一定的现象之后,由此才首次促使我

A196

们给自己制造出原因的概念。这个概念基于这一点就会只不过是经验性的,而它所带来的规则即一切发生的事情都有原因就会同经验本身一样是偶然的:这样一来,它的普遍性和必然性就会只是杜撰出来的,而不会有真正的普遍有效性了,因为这种有效性将不是先天的,而只是建立在归纳之上的。但这里的情况正如其他那些纯粹先天表象(例如空间和时间)一样,我们之所以能把它们作为清楚的概念从经验中抽出来,只是由于我们已将它们放到经验中去了,所以这些经验是通过那些概念才得到完成的。当然,一条规定诸事件的序列的规则作为一个原因概念的这一表象,其逻辑清晰性只有当我们已把它运用于经验中以后才是可能的,但把这条规则作为时间中诸现象的综合统一之

条件来考虑，这毕竟曾是经验本身的基础，所以是先天地先行于经验的。

因此关键就在于用例子来说明，我们哪怕在经验中也从来不把次序(某种从前不存在而现在发生的事件的次序)赋予客体，并将它与我们领会的主观次序区别开来，除非有一种规则作基础，它强迫我们遵守知觉的这种秩序而不是别的秩序，乃至于这种强迫本来应是使客体中某种承继性表象首次成为可能的东西。　B242　A197

我们自己拥有表象，我们也能意识到它们。但这种意识尽管可以随意地伸展到如此之远，如此精密或准确，却仍然只不过是些表象，即我们内心在这种或那种时间关系中的内在规定。那么，我们是怎样做到为这些表象建立一个客体，或者超出它们的主观实在性的各种变形，还要赋予它们以某种我不知道是什么样的客观实在性呢？客观的意义并不能存在于与另外一个表象（即关于我们想称作对象的东西的表象）的关系之中，因为否则这个问题又再次提出：该表象又是如何超出自身、并在它作为内心状态的规定而固有的主观意义之外还获得了客观的意义的？如果我们研究一下，与对象的关系究竟会给予我们的诸表象以什么样的新的性状，这些表象由此将获得的尊严是什么，那么我们就发现，这种关系所造成的只不过是使诸表象以某种形式的结合成为必然的，并使它们从属于某条规则；反过来说，只是由于在我们表象的时间关系中某种秩序是必然的，这些表象才被赋予了客观的意义。　B243

在现象的综合里，表象的杂多总是一个接一个相继而来的。通过这一点是根本表象不出什么客体来的；因为凭借这种一切领会所共有的次序，并没有将任何东西与其他东西区别开来。但是，一旦我知觉到、或是预先假定，在这种次序中有某种对先行状态的关系，表象是从这先行状态中按照某条规则而随后产生的，这样，某物就作为事件或发生的事情而表象出来了，也就是说，我就认识到了某种对象，我必须把它放置在时间中某个确定的位置上，这个位置可以在先行的状态的后面、而不能以别的方式归之于它。所以当我知觉到某物发生了时，在这　A198

个表象中首先就包含了有某物先行的意思，因为正是在与这一先行物的关系中该现象才获得了自己的时间关系，即在一个先行的、它不曾在其中存在的时间之后才实存的时间关系。但它之所以得到自己在这种关系中确定的时间位置，是由于在先行的状态中预先假定了某物，而发生的事情总是、也就是按照一条规则跟随其后的：由此就得出，第一，我不能颠倒这个序列，而把发生的某物置于它跟随其后的某物之前；紧接

B244　着是：第二，如果先行的状态被设定，则这个确定的事件就免不了必然地会跟随而来。这样一来所发生的情况就是：在我们的诸表象之间形

A199　成了一种秩序，在其中当前之物（只要它已形成了）对某种先行状态提供了指示，将它看做这个已经给予的事件的某个相关物，这相关物虽然尚未确定，但却对这个作为其后果的给予事件有规定性的关系，并且将它和自己在时间序列中必然地连结起来。

　　现在，如果我们的感性有一条必然规律，因而一切知觉有一个形式条件：在先的时间必然规定随后的时间（因为我只有通过先行的时间才能达到随后的时间），那么时间序列的经验性表象也有一条不可或缺的规律：过去时间的现象规定着继起时间中的每一个存有，而这些作为事件的现象只有当那些先行现象在时间中为它们规定了存有，即按照一条规则确定了它们的存有时，才会发生。因为只有凭这些现象我们才能经验性地认识到时间关联中的这样一种连续性。

　　一切经验及其可能性都需要知性，而知性为它们所做的第一件事并不是使对象的表象变得清楚，而是使一个对象的表象一般说来成为

B245　可能。这件事的做成是由于知性把时间秩序加到了现象及其存有身

A200　上，因为它赋予每个作为结果的现象以时间中的一个就先行现象而言的先天规定了的位置，没有这个位置，该现象就不会与时间本身达成一致，而时间是先天地为自己的一切部分规定其位置的。现在，这个位置规定不能从诸现象与绝对时间的关系中借来（因为绝对时间不是知觉的对象），恰恰相反，诸现象必须在时间中相互规定其位置，并使这一位置在时间秩序中成为必然的，就是说，跟随而来或发生出来的事情必须按照一条普遍规则而跟随于已包含在先行状态中的东西之后，由此

而形成一个诸现象的序列,而它借助于知性在可能知觉序列中产生出来、并使之成为必然的这个秩序和持续的关联,正和在所有的知觉都必须在其中拥有其位置的那个内直观形式(时间)中先天地见到的是同一个秩序和关联。

　　所以,某件事情发生了,这是一个属于可能经验的知觉,这可能经验当我把现象按照其在时间中的位置而看做规定了的、因而看做能根据在知觉关联中的某种规则而总是发现的客体时,就成了现实的经验。但这条按照时间次序来规定某物的规则就是:在先行的东西中必定有　**B246**
使该事件总是(也就是必然地)跟随而来的条件。所以充足理由律就　**A201**
是可能经验的根据,亦即现象就其在时间的相继序列中的关系而言的客观知识的根据。

　　但充足理由律的论据仅仅是基于下面的情况。一切经验性的知识都需要想象力对杂多的综合,这综合总是承继性的,也就是在其中诸表象总是一个跟随一个的。但这种相继在想象力中根本不是按照(何者必须先行、何者必须随后的)秩序来规定的,一个个跟随而来的诸表象的这个序列同样既可以视为后退的也可以视为前进的。但如果这种综合是(对一个给予现象的杂多的)领会①的综合,那么这一秩序就在客体中被确定了,更确切地说,在这综合里有规定着客体的一种承继性综合的秩序,按照这一秩序,某物必然先行于前,而这点一经确定,另一物则必然跟随于后。所以,如果我的知觉要包含某种事件的知识,也就是某物在此现实地发生的知识,那么它就必须是一种经验性的判断,在其中我们想到,这次序是确定的,即它在时间上把另外一个现象作为前　**B247**
提,它必然地、或者说按照一条规则跟随着这个现象。反之,如果我设定了先行之物,而事件不是必然地跟随其后,那么我就会不得不把它只看做我的想象力的主观游戏,如果我在其中却表象出了某种客观的东　**A202**
西,我也必须只把它们称之为一个梦。所以,诸现象(作为可能的知

———————

　　①　原文为 Apprehension(领会),据维勒应为 Apperzeption(统觉)之误。——德文编者

觉)的这种关系——按照这种关系,后继之物(发生的事情)是被某种先行之物在其存有上必然地、并且是按照某种时间规则而规定了的——,因而,原因与结果的关系,就是我们的经验性判断在知觉序列方面的客观有效性条件,因而是知觉的经验性真理的、所以也就是经验的客观有效性条件。这样,在现象的相继中的因果关系原理甚至是先于①经验的一切对象(它们服从承继性这个条件)而起作用的,因为它本身就是这样一个经验的可能性根据。

　　但在这里还表现出某种疑点,是必须提出来的。现象之间因果连结的原理在我们的表达方式中是局限于现象的相继序列上的,但在其运用中却有这种情况,即也适用于诸现象的相伴随,而原因和结果可以是同时的。例如房间中是温暖的,在室外的空气中则不觉得温暖。我寻其原因,发现一个烧热的炉子。既然这个火炉作为原因与其结果即房间的温暖是同时的,那么在这里,从时间上说并没有原因和结果之间的相继序列,而是两者同时的,但这条规律仍然有效。在自然中,绝大部分的致动因都是与它们的结果同时的,而结果在时间上的继起,只不过是由原因不能在一瞬间就完成其全部结果而导致的。但在结果最初产生的那一瞬间,它总是与其原因的因果作用同时的,因为假如原因在前面一瞬间停止存在,该结果就根本不会产生了。在此我们必须充分注意,我们针对的是时间秩序,而不是时间过程;即使没有任何时间流过,这种关系仍在。在原因的原因性及其直接结果之间的时间可以是无限小的②(因此它们可以是同时的),但前者对后者的关系却仍然总是可以按照时间来规定的。如果我把一个放在膨起的床垫上压出一个小凹陷的球看做原因,那么它与结果就是同时的。不过我毕竟通过二者的力学连结的时间关系而区分了这两者。因为,如果我把这球放到床垫上,那么在床垫原先平坦的形状上就会随之有一个凹陷,但如果床

B248

A203

---

　　①　哈滕斯泰因(Hartenstein)认为这里应为"对于",埃德曼不同意这一看法。——德文编者

　　②　verschwindend,直译为"消失着的"。——译者

垫有一个(我不知从何而来的)凹陷,那么在其上并不随之就有一个　B249
铅球。

　　这样,时间相继当然就是结果在与先行的原因的因果关系中唯一
的经验性标准了。一杯水乃是水上升到它的水平面以上的原因,虽然　A204
这两种现象是同时存在的。因为我一旦用杯把水从较大的容器中舀出
来,随之就有某件事发生,即水从原先在容器中的水平位置变得下陷了
杯中所装的那么多。

　　这种因果关系引出了动作的概念,动作则引出了力的概念,并由此
引出了实体的概念。由于我的批判的意图只涉及先天综合知识的来
源,我并不想将它混同于只是从事阐明(而不是扩展)概念的分析,所
以我把对这些概念的麻烦的讨论留给未来的纯粹理性体系:即使在迄今
所知的这一类教科书中也已经有大量的这种分析。不过,在一个实体显
得不是通过现象的持存性、而是通过动作而能更好更容易地显露出来
时,对于它的经验性标准,我是不能置之不顾的。

　　凡是在有动作、因而有活动和力的地方,也就有实体,并且只有在　B250
实体里才必定找得到现象的那种富有成效的来源之地。这一切都说得
很对;但是,如果我们想要解释什么是我们对实体的理解,并想在这种
解释中避免错误的循环论证,那么这个问题就不是很容易回答的了。　A205
我们怎么会从动作过程(Behandlung)立刻得出动作者(Han-
delnden)——它毕竟是实体(现象)的一个如此根本的和特有的标
志——的持存性的结论的呢? 这个问题虽然按照通常的方式(即只是
分析地处理这些概念)是完全不会得到解决的,不过根据我们前面所
说的,解答这一问题倒是没有这样一种困难。动作已经意味着原因性
的主体对结果的关系了。既然一切结果都在于具体发生的事情,因而
在于按照前后承继性来标明时间的那个可变易之物,那么可变易之物
的最终主体就是作为一切变更者的基底的持存的东西,即实体。因为
按照因果性原理,动作永远是现象的一切变更的最初根据,因而不能包
含在本身变更着的某个主体之中,否则就会需要有其他的动作和另一
个规定这种变更的主体。为此之故,动作作为一种充分的经验性标准,

B251　就证明了那种实体性①,而无须我通过比较各个知觉才去寻找该实体
的持存性,这也是后一种方式不能以由这概念的量和严格的普适性所
要求的那种详尽性而做到的。因为一切产生和消失的因果作用的最初

A206　主体本身(在现象的领域中)不能产生和消失,这是一个可靠的结论,
它导致存有中的经验性的必然性和持存性,因而也导致一个作为现象
的实体这个概念。

　　　　如果有某物发生,那么单是这一产生本身自在地已经是一个研究
对象了,而无须考虑在此产生的东西。从一个状态的非存在到这种状
态的过渡,即使假定它不包含有现象中的任何质,就已经必须单独地加
以研究了。正如在 A 这一小节中②已经指出的, 这一产生所涉及的不
是实体 (因为实体并不产生), 而是实体的状态。所以这只不过是变
化, 而不是从虚无中发源。如果这种发源被看做来自某种陌生原因的
结果, 它就叫作创造, 创造作为事件在现象中是不能允许的, 因为单
是它的可能性就已经会取消经验的统一性, 虽然如果我把一切物不是

B252　看做现相、而是看做自在之物, 看作单纯知性的对象, 则它们尽管是
实体, 却可以被视为就其存有来说是依赖于陌生原因的;但这样一来就
会引起完全不同的语词含义, 而与作为经验之可能对象的现象不适
合了。

　　　　那么, 一般来说某物如何能够被改变, 它如何可能在一个时间点的

A207　状态之后跟随着另一个时间点的某种相反的状态:对此我们先天不具
有起码的概念。为此需要只能经验性地给予出来的现实的力的知识,
如运动的力的知识, 或者(这也一样)使这种力得以表现出来的(作为
运动的)某些承继性现象的知识。但是, 每个变化的形式, 即变化唯有
在其下才能作为另一状态的产生而发生的条件(其内容、也就是被改
变的状态可以听便), 因而这些状态的承继性本身(即发生), 毕竟是可

---

　　①　维勒认为"那种实体性"前面应加上"一个主体的", 埃德曼认为下面的
"该实体的持存性"相应地应为"该主体的持存性"。——德文编者
　　②　指前面的"A. 第一类比"即有关"实体性"的一小节。——译者

以根据因果律和时间的诸条件而先天地来考虑的①。

　　如果一个实体从一个状态 a 过渡到另一个状态 b,那么这第二个　　B253
状态的时间点就与前一个状态的时间点有了区别,并跟随其后。同样
地,就连作为(现象中的)实在性的第二个状态,也与它当时不在其中
的第一个状态有了区别,正如 b 和零的区别一样;也就是说,即使状态
b 与状态 a 只是在量上有区别,这一变化也是一个从 b 中减去 a 的东　　A208
西的产生,它在前一状态里是不曾有的,对它而言前一状态 = 0。

　　所以问题就在于,一物将如何从一个状态 a 过渡到另一个状态 b。
在两个瞬间之间总是有一个时间,而在两个瞬间的两个状态之间总是
有种区别,它含有一个量(因为现象的所有部分仍然还是量)。所以从
一个状态到另一个状态的任何过渡总是在两个瞬间之间所包含的时间
中发生的,其中第一个瞬间规定着该物从中走出来的那个状态,第二个
瞬间规定着它所达到的那个状态。因此这两者就是一个变化的时间界
限,因而是两个状态之间的中间状态的时间界限,并且作为这种时间界
限是共同属于这整个变化的。于是每一个变化都有一个原因,这原因
在变化所发生的整个时间中表现出它的因果作用。因此这个原因就不
是突然地(一下子或在一瞬间中)产生出它的变化来的,而是经过一个　　B254
时间,以致于,正如时间从 a 这一初始瞬间一直增长到它在 b 中结束一
样,这个(b 减 a 的)实在性的量也是通过包含在最初和最终之间的所
有那些更小的程度而产生出来的。所以一切变化都只是通过因果作用
的连续动作才可能的,而这动作就其是匀速的而言,就称之为力率
(Moment)。变化不是由这些力率构成的,而是借助于力率作为其结果　　A209
产生出来的。

　　这就是一切变化的连续律,其根据是这样的:时间以及时间中的现
象都不是由一些最小的部分构成的,而物的状态在其变化时却毕竟经

---

　　①　应当倍加注意的是:我所说的不是一般关系的变化,而是状态的变化。
因此,当一个物体匀速地运动时,它完全没有改变其(运动的)状态;但在它加速和
减速运动时,倒是改变了状态。——康德

由所有这些作为要素的部分而过渡到了它的第二种状态;现象中实在之物的区别正如时间中量的区别一样,没有一个是最小的,所以实在的新状态是从它还不存在的前一状态开始,通过其所有无限种程度而形成起来的,这些程度相互之间的区别全都比 0 和 a 之间的区别更小。

B255

A210

这条原理在自然研究中将会有什么样的用处,这不是我们这里要讨论的。但是,这样一条似乎很能扩展我们的自然知识的原理如何可能是完全先天的,这是亟待我们来检验的,即使从表面上证明了它是真实的和正确的,因而人们会相信用不着提出它是如何可能的这一问题。因为有这样多毫无根据的企图,要求通过纯粹理性来扩大我们的知识,以至于必须被看做普遍的原理的是:正因此而完全不信任这一类要求,并且,若没有可以获得一个彻底的演绎的证据,哪怕依据最清楚的独断证明也决不能相信和接受这一类要求。

经验性知识的一切增加,及知觉的每一步进展,都只不过是内感官的规定的某种扩展,亦即时间中的某种进步,其对象则可以随便是现象或是纯粹直观。这个时间中的进步规定一切,而本身自在地却不再被任何东西所规定;就是说,这一进步的各部分只是在时间中并通过时间的综合而被给予,但不是先于时间的综合而被给予。因此,知觉向时间中跟随其后的东西的每一过渡都是通过这一知觉的产生而对时间的规定,而由于时间总是、并且在其一切部分中都是某种量,则一个知觉作为一个量,其产生就是通过所有的程度(其中任何一个都不是最小的程度)而从零开始,一直达到它的确定的程度。这就揭示出了一种按照变化的形式先天地认识一条变化规律的可能性。我们只是在预测我们自己的领会,其形式条件既然在一切被给予的经验之前就寓于我们之中,当然就必定能够先天地被认识。

B256

A211

因此,正如时间包含着实存之物①向跟随之物连续进展之可能性的先天感性条件一样,知性借助于统觉的统一就是对现象在这一时间中的一切位置进行连续规定的可能性之先天条件,而这是通过原因和

---

① 维勒认为此处应为"先行之物"。——德文编者

结果的序列达到的,原因不可避免地引起结果的存有,并因此而使时间关系的经验性知识对任何时间而言(普遍地)、因而客观地有效。

C. 第三类比

按照交互作用或协同性的法则同时并存的原理①

一切实体就其能够在空间中被知觉为同时的而言,都存在于普遍的交互作用中。

证　明

当经验性直观中一物的知觉能够与另一物的知觉交互地接续时 B257
(这在诸现象的时间序列中,正如在第二原理②那里曾指出的,是不可能发生的),两物便是同时的。这样,我可以将我的知觉先指向月亮,然后指向大地,或者也可以反过来先指向大地,然后指向月亮,并且正由于对这些对象的知觉可以交互地相互接续,我就说这些对象是同时实存的。于是,同时并存就是杂多的东西在同一时间内的实存。但人们却不可能知觉到时间本身,以便从事物被设定在同一时间中得出这些事物的知觉相互能够交相接续。所以想象力在领会中的综合将只会把两个知觉中的一个指定为这样一种知觉,即当另一个知觉不存在时它在主体中存在,以及交替地这样来做,但却不会把这两个客体指定为同时存在的,即当一个客体存在时另一个客体也在同一时间中存在,并把这种情况指定为必然的,以便这两个知觉能够交互地相互接续。这样一来,就需要有关于这些外在地彼此同时实存之物的诸规定交互接续的一个知性概念,以便能够说,诸知觉的这种交互接续是在客体中有

---

① 在第一版中,此标题为"协同性原理",下面一句话则为:"一切实体就其同时存在而言,都处于普遍的协同性(即相互的交互作用)之中。"再接下来的标题"证明"及下面第一个自然段均为第二版所增加。——德文编者

② 指前面"第二类比"即因果性类比。——译者

根据的,由此来把同时并存表象为客观的。但现在,在诸实体的关系
中,一个实体所包含的诸规定,其根据却包含在另一个实体中,这是一
种影响的关系,并且如果交互地这一个包含有另一个中诸规定的根据
的话,它就是协同关系或交互作用的关系。所以诸实体在空间中的同
时并存只有以它们相互的交互作用为前提,才能够在经验中被认识;所
以交互作用也是诸物本身作为经验对象的可能性条件。

　　诸物就其在同一个时间中实存而言是同时并存的。但如果在对这
种杂多的领会的综合中的秩序是无所谓的,即是说可以从 A 通过 B、
C、D 进到 E,或者反过来也可以从 E 进到 A 的话,我们又从何认识到
它们存在于同一个时间中? 因为,假如这种综合①在这时间中是前后
相继的(处于一个以 A 开始而以 E 结束的秩序中),那么在知觉中从 E
开始进行领会并继续退回到 A 就是不可能的,因为 A 属于过去了的时
间,所以它决不再可能是领会的对象了。

　　现在假定:在作为现象的实体的杂多性中每个实体都完全是孤立
的,即任何一个都不对另一个起作用,也不接受另一个的交互影响,那
么我就会说:它们的同时并存将决不会是一个可能知觉的对象,并且一
个实体的存有决不可能通过任何经验性的综合之路而达到另一个实体
的存有。因为当你设想它们被一个完全空的空间分离开来时,那么从
一个实体到另一个实体在时间中继续着的知觉,虽然能够凭借一个相
继的知觉而规定后一个实体的存有,但却不能够分辨出,这个现象是客
观上接续着前一个实体呢,还是毋宁说与它同时并存的。

　　所以,除了单纯的存有之外还必须有某种东西,A 通过它来规定 B
在时间中的位置,反过来 B 也通过它来规定 A 在时间中的位置,因为
只有在这一条件下,上述实体才能被经验性地表象为同时实存的。现
在,只有那本身是另一个东西或它的诸规定的原因的东西,才规定另一
个东西在时间中的位置。所以,每个实体(既然它只能就其诸规定而
言是一个结果)都必须是另一个实体中的某些规定的原因性,并且同

---

　　① 维勒认为应是"这些物"。——德文编者

时自身包含有另一个实体的原因性的诸结果,就是说,它必须(直接或间接地)处于力学性的协同性中,如果这种同时并存要在任何一个可能经验中得到认识的话。但现在,一切同时并存就经验的对象而言都是必然的,没有它,关于这些对象的经验本身都将会是不可能的。所以对于现象中的一切实体,就它们同时并存而言,都必然处于相互的交互作用的普遍协同性之中。

A213

B260

"协同性"(Gemeinschaft)这个词在德语中有双重含义,它可以是指 communio① 的意思,但也可以是指 commercium② 的意思。我们在这里是在后一种意义上使用这个词的,即作为一种力学性的协同性,没有它,甚至就连场所的协同性(communio spatii③)也永远不可能得到经验性的认识。对于我们的经验来说很容易说明,只有在空间的一切处所中的连续的影响才能把我们的感官从一个对象引向另一个对象;在我们的眼睛和宇宙天体之间闪烁的光线,导致了我们和这些天体之间的一个间接的协同性,并由此证明了这些天体的同时并存;如果不是无处不在的物质使我们有可能知觉到我们的位置的话,我们就不能经验性地改变任何地点(并知觉到这种改变),而这种知觉也只有借助于这些物质的交互影响,才能表明它们的同时并存,由此也才能直到最遥远的对象都表明它们的共存(虽然这些表明都只是间接的)。没有协同性,任何(对空间中的现象的)知觉都会与别的知觉断绝开来,而经验性的表象链条、也就是经验,也将会一遇到某个新的客体就完全从头开始,而前一个表象就不会与它有丝毫关联,或不可能与它处于时间关系之中。我决不是要以此来反驳空的空间;因为这种空间尽可以存在,知觉却决不会达到它,所以不会产生任何同时并存的经验性知识;但这样一来,空的空间对于我们的一切可能经验来说就根本不是什么客体了。

A214

B261

下面所说的可以用来对此加以解释。在我们内心中,一切现象作

①　拉丁文:共同性。——译者
②　拉丁文:交互联系。——译者
③　拉丁文:空间上的共同性。——译者

为包含在一个①可能经验中的东西,都必然处于统觉的协同性(com-munio②)之中,并且,只要诸对象都应当被表象为同时实存地结合着的,那么它们就必须在一个③时间中交互地规定它们的位置,并由此构成一个整体。如果要使这个主观的协同性基于客观的根据之上,或是与作为实体的诸现象发生关系的话,那么对一个现象的知觉就必须作为根据而使对另一现象的知觉成为可能,反之亦然,这就使得任何时候都存在于作为领会的知觉中的前后相继性不被加到客体上,而是这些客体可以作为同时实存的而得到表象。但这就是诸实体的一种交互影响,即它们的一种实在的协同性(commercium④),所以,没有这种协同性,同时并存的经验性关系就不可能在经验中发生。通过这种交互联系,诸现象就其相互外在却仍然处于结合之中而言,就构成了一个复合物(compositum reale⑤),而这样一类的复合体是以诸多方式成为可能的。因此,一切其他关系由以产生出来的这三种力学性关系,就是依存性关系、一贯性关系和复合性关系。

A215
B262

*　　　　*　　　　*

　　而这就正是经验中的那三种类比。它们只不过是对诸现象在时间中的存有的规定的诸原理,所依据的是时间的所有这三种样态,即作为一种量而对时间本身的关系(存有的量,即持续性),作为一个系列而在时间中的关系(即前后相继),最后是作为一切存有的总和而也在时间中的关系(即同时)。时间规定的这种统一性是彻底地力学性的,就是说,时间不是被视为经验在其中直接给每个存有规定其位置的东西,这种规定是不可能的,因为绝对的时间决不是知觉的对象,好像诸现象可以借助于它而集合在一起似的;相反,诸现象的存有唯有通过知性的规则才能按照时间关系得到综合的统一,这种知性规则给每个现象规

---

①　法欣格尔认为"一个"应加着重号。——德文编者
②　拉丁文:共同性。——译者
③　法欣格尔认为"一个"应加着重号。——德文编者
④　拉丁文:交互联系。——译者
⑤　拉丁文:实在的组合物。——译者

定了它在时间中的位置,因而是先天地并且对一切时间和每个时间都有效地作这种规定的。

我们所说的(在经验性的理解中的)自然,就是指诸现象在其存有上按照其必然规则、亦即按照规律的相互关联。所以是有某些一定的规律,也就是先天的规律,才使得一个自然成为可能的;那些经验性的规律只有凭借经验,而且是依照经验本身据以首次成为可能的那些本源的规律,才能够发生,也才能够被发现。所以,我们的这些类比真正体现了一切现象在某些指数下关联起来时的自然统一性,而这些指数无非是表达了时间(就其把一切存有都包括于自身中而言)对统觉的统一的关系,这种统一只有在按照规则的综合中才能发生。所以这些类比共同说明了:一切现象都处于一个①自然中,并且必须处于其中,因为没有这种先天的统一性,任何经验的统一性、因而任何对经验中的对象的规定也都将会是不可能的了。

关于我们曾使用于这些先验的自然规律之上的那种证明方式,以及这种证明方式的特点,有必要作一点说明,这个说明同时作为规范,对于任何想证明一些智性的同时又是先天综合的命题的其他尝试来说,必定是极为重要的。假如我们本来是想把这些类比独断地、即从概念中证明出来,即证明:一切实存之物只在持存着的东西中才找到,任何事件都以它按照一条规则跟随其后的先前状态中的某物为前提,最后,在同时并存的杂多中种种状态按照一条规则同时存在于相互关系中(处于协同性中),那么,一切努力都将会是完全白费了。因为,凭借对这些事物的单纯概念,不论我们怎样尽量对之进行剖析,我们都根本不可能从一个对象及其存有中得出另一个对象的存有或它的实存方式。现在留给我们的还有什么呢? 只有经验的可能性,即一种知识的可能性,在这种知识中,如果一切对象的表象要对于我们具有客观实在性的话,这些对象就必须最终能够被给予我们。现在,这个第三者的本质的形式就在于一切现象的统觉的综合统一,在这个第三者中,我们曾

A216
B263

B264
A217

---

① 哈滕斯泰因认为"一个"应加着重号。——德文编者

找到了对现象中一切存有作普遍必然的时间规定的那些先天条件,没有这些条件,甚至就连经验性的时间规定也将会是不可能的,而且我们还曾找到了先天的综合统一的诸规则,借助于这些规则,我们曾得以对经验进行预测。由于缺乏这一方法,并且狂妄地想要对知性的经验运用作为自己的原则所提倡的那些综合命题作出独断的证明,于是就发生了这种情况,即对充足理由律所作的某种证明曾被如此频繁地尝试,但总是白费力气。对于其他两个类比也从来没有人进行过思考,尽管人们一直在默默地使用它们①,因为还缺乏唯一能够揭示出和使人注意到知性在概念中和在原理中的每个漏洞的那条范畴线索。

B265
A218

4. 一般经验性思维的公设

1. 凡是(按照直观和按照概念)与经验的形式条件相一致的,就是可能的。

B266　　2. 凡是与经验的(感觉的)质料条件相关联的,就是现实的。

3. 凡是其与现实东西的关联是按照经验的普遍条件而得到规定的,就是(在实存上)必然的。

A219

解　释

模态的诸范畴具有自身的特殊性:它们丝毫也不增加它们作为谓词附加于其上的那个作为客体规定的概念,而只是表达出对认识能力

---

① 显然,一切现象都应当结合于其中的那个世界整体的统一性,只是那暗中被假定的一切同时并存的实体的协同性原理的一个推论而已:因为,假如这些实体是孤立的,那么它们将不会作为诸部分而构成一个整体,而假如它们的结合(杂多的交互作用)不是由于同时并存之故而已经是必然的,那么我们就不会有可能从后面这条只是作为一种理想的关系的原理,去推论出前面那个作为一种实在关系的统一性了。虽然我们在谈到这条原理的地方曾指出过:协同性真正说来应是对于并存的一个经验性知识的可能性根据,所以我们真正说来只会是从这种并存的经验性知识中反推出那个作为它的条件的协同性的。——康德

的关系。当一物的概念已经全部完备了时,我却还可以对于这个对象提问:它仅仅是可能的呢,还是也是现实的呢,或者如果它是现实的,那么它是否根本就是必然的？借此并没有任何更多的规定在客体本身中被想到,而所要问的只是,客体(连同它的一切规定)与知性及其经验性的运用,与经验性的判断力,以及与理性(在它应用于经验上时)处在怎样的关系中？

正是为此之故,模态的诸原理也就只不过是对可能性、现实性和必然性的概念在其经验性的运用中的一些解释而已,与此同时也是把一切范畴限定在单纯经验性的运用之上,而不允许和不容忍作先验的运用。因为,如果这些范畴不仅具有一种单纯逻辑上的意义,并且不是想分析地表达思维的形式,而是想要涉及到事物及其可能性、现实性或必然性的话,那么它们就必须指向认识对象唯一在其中被给予出来的那个可能经验及其综合统一。 B267

所以,事物的可能性①公设要求事物的概念与一般经验的形式条件相协调。但这些条件,也就是一般经验的客观形式,却包含有认识客体所需要的一切综合。一个包含一种综合于自身的概念,如果这综合不属于经验,它就必须被看做空的,并且不与任何对象发生关系,除非这概念要么是从经验中借来的,于是这概念就叫做经验性的概念,要么这概念是一般经验(经验的形式)当做先天条件而建立于其上的这样一种综合,于是这概念就是纯粹概念,但它却还是属于经验的,因为它的客体只有在经验中才能遇到。因为,如果我们不是从构成对客体的经验性认识的形式的那种综合中,取得被一个先天综合概念所思考的对象的可能性的特性,那又是从哪里能够做到这一点呢？在这样一个概念中必须不包含任何逻辑矛盾,这虽然是一个必要的逻辑条件;但对于该概念的客观实在性、也就是对于通过该概念而被思维的这样一个对象的可能性而言,这还是远远不够的。就如在一个由两条直线所围成的图形这个概念中并没有任何矛盾,因为两条直线及其相接的概念 A220 B268

①　埃德曼认为"可能性"应加着重号。——德文编者

A221 并不包含对一个图形的否定;相反,这种不可能性不是建立于这个自在
的概念本身上，而是建立于这概念在空间中的构成上，亦即建立于空
间及其规定的诸条件上，但这些条件又有自己的客观实在性，即它们
是指向可能的事物的，因为它们先天地包含一般经验的形式于自身。

　　而我们现在就要指明这一可能性公设的广泛的用处和影响。如果
我这样来设想一个本身持存之物，以至于一切在那里变更的东西都只
属于它的状态，那么我永远也不可能单从这样一个概念就认识到这样
一类的事物是可能的。或者，我设想某物应当具有这样的性状，即如
果它被设定，则任何时候都不可避免地会有另外的某物随之发生，那
么这个某物当然尽可以无矛盾地被这样思考；但这样一种属性（作
为原因性）是否会在任何一个可能之物上遇到,这却不能由此而得到
断言。最后，我可以设想各种不同之物（各种实体），它们具有这样的
B269 性状，即一物的状态在另一物的状态中引起了一个后果，并且反之亦
然;但是否这样一类关系可以归于任何事物,这是从这些仅仅包含某种
任意的综合的概念中根本无法得到检验的。所以，只有凭借这些概念
先天地表达了任何经验中的诸知觉的关系这一点，我们才认识到这些
A222 概念的客观实在性,即它们的先验的真实性,这种认识固然是不依赖于
经验的,但却并非不依赖于与一般经验的形式的一切关系,以及与诸对
象唯有在其中才能经验性地得到认识的那种综合统一性的一切关
系的。

　　但假如我们要从知觉给我们提供的材料中制定出有关实体、力和
交互作用的全新的概念来，而不从经验本身中借取这些概念结合的实
例，那么我们就会陷入纯粹的幻影之中，这些幻影的可能性是完全不具
有任何自身的标志的，因为我们在它们那里既没有接受经验的教导，也
不是从经验中借取这些概念的。这一类虚构出来的概念并不能像诸范
畴那样，先天地作为一切经验所依赖的条件而获得自己的可能性特性，
而只是后天地作为这样一些由经验自身所给予的概念而获得这种特性
B270 的,它们的可能性要么就必须后天地和经验性地被认识,要么就根本不
可能被认识。某种似乎在空间中当下持存的、但却并不充满空间的实

体(就像某些人曾想要引入的那种在物质和能思维的存在者之间的中间物),或者我们内心中某种能预先直观(而决不只是推断)未来的特殊的基本力,以及最后,某种与他人一起(不管他们相距多么遥远)处于思维的协同性之中的内心能力,这都是一些其可能性完全没有根据　A223
的概念,因为这种可能性不能建立在经验及其已知规律之上,而没有这些经验和规律,它们的可能性就是一种任意的思维联结,这种联结虽然并不包含矛盾,但却不能对客观的实在性、因而对一个我们在此所要思考的这样的对象的可能性提出任何要求。至于实在性,那么不取得经验之助自然就完全不可能具体地思维这种实在性,因为它只能是针对作为经验质料的感觉的,而不涉及到我们充其量有可能在虚构中玩弄的那种关系形式。

但我要跳过所有那些其可能性只能从经验的现实性中取得的东西,而在这里只考虑那由诸先天概念而来的诸物之可能性,从这些先天概念出发我断言这些物永远也不可能单独只从这样一些概念中①发　B271
生,而任何时候都只能作为一般经验的形式的和客观的诸条件而发生。

虽然表面看起来,一个三角形的可能性似乎可以从它的概念本身中认识到(这概念肯定是不依赖于经验的);因为事实上我们完全可以先天地给这概念一个对象,也就是先天地把这对象构造出来。但由于这三角形只是关于一个对象的形式,所以它毕竟依然还只是想象力的一个产物,其对象的可能性仍然还是可疑的,为了这种可能性,还要求　A224
有某种更多的东西,就是说,一个这样的图形还要在一切经验对象所依据的那些纯粹条件下得到思考。既然空间就是外部经验的一个先天形式条件,而正是我们在想象力中用以构造出一个三角形的这同一个进行构形的综合,应与我们在领会一个现象以便从中制定一个经验概念时所进行的那种综合完全等同,那么就是这一点才唯一地把一个这样

---

①　哈滕斯泰因认为"从这样一些概念中"应为"作为这样一些概念"。——德文编者

的物的可能性表象与这个概念结合起来。这样,连续的量的可能性,甚至一般量的可能性,由于其概念全都是综合的,所以从来也不是由这些概念本身而得到说明的,而是由这些量作为对一般经验中的对象进行规定的形式条件才首次得到说明的;而如果不是在诸对象唯一借以被给予我们的那种经验中,我们又将要到何处去寻求与这些概念相应的诸对象呢?尽管我们能够不预先派定经验本身,而只是当与某物在一般经验中得以被规定为对象的那些形式条件相关时、因而完全先天地认识到这些物的可能性并描绘其可能性特征,但毕竟只能在与经验的关系中并在经验的界限之内做到这一点。

A225　　　　对事物的现实性进行认识的这条公设,对于那个其存有要得到认识的对象本身虽然并不那么直接地要求有知觉、因而有被我们所意识到的感觉,但毕竟要求该对象按照经验的类比而与任何一种现实的知觉有关联,这些类比摆明的是一般经验中一切实在的连结。

　　　　在一物的单纯概念中根本不可能遇到该物存有的任何性质。因为,就算这一概念还是如此完备,以至于丝毫也不缺少用来思考一物连同其一切内部规定的东西,然而存有和所有这一切都仍然完全不相干,而只关涉到这个问题:这样一物是否给予了我们,以至于对它的知觉必要时可以先行于概念。因为,概念若先行于知觉,就只意味着该物的可能性;但为这概念提供素材的知觉,却是现实性的唯一品格。但我们也可以先于对该物的知觉、因而比较性地先天认识该物的存有,只要它是按照某些知觉的经验性结合的诸原理(按照诸类比)而与这些知觉关联在一起的。因为这样一来,该物的存有毕竟与我们在一个可能经验中的知觉发生了关联,而我们就可以按照那些类比的线索,从我们的现实的知觉而达到在那些可能知觉的系列中的该物了。我们就是这样从被吸引的铁屑中认识到某种穿透一切物体的磁性物质的,虽然按照我们的感官的性状,对这种物质的一个直接的知觉是不可能的。因为一般说来,如果我们的感官更精细一些的话,我们就也会按照感性的法则和我们知觉的连贯性而在一个经验中碰到对这物质的直接的、经验性的直观,我们感官的粗糙性对一般可能经验的形式丝毫没有关系。所以，知觉及其对经验性法则的追随①达到何种地步，我们有关物的存有的知识也就达到何种地步。如果我们不从经验开始，或者如果我们不按照诸现象的经验性关联的法则而前进，那么我们就是在虚张声势地要去猜测和研究任何一物的存有。但对这些直接证明存有的规则的一种强大的反对意见却是唯心论提出的，此处正是对唯心论提出驳斥的好地方。②

B274

*　　　　　*　　　　　*

驳斥唯心论③

唯心论（我指的是质料的唯心论）是这样一种理论，它把我们之外空间中诸对象的存有要么宣布为仅仅是可疑的和不可证明的，要么宣布为虚假的和不可能的。前者是笛卡尔的存疑式的唯心论，它只把唯一一个经验性的主张（assertio④）宣布为不可怀疑的，这就是："我在"；后者是贝克莱的独断式的唯心论，它把空间连同空间作为不可分的条件而加于其上的一切事物，都宣布为某种本身不可能自在存在的东西，因此也把空间中的诸物宣称为只是想象。当人们把空间看做应归之于自在之物本身的属性时，独断式的唯心论就是不可避免的；因为这时空间连同它被用作其条件的一切东西就都成了无稽之谈。但这种唯心论的根基已被我们在先验感性论中取消掉了。存疑的唯心论并不主张这种观点，而只是借口不可能通过直接经验证明在我们的存有之外的某

B275

---

①　维勒认为"对经验法则的追随"应作"按照经验法则的进展"。——德文编者

②　此句连同以下整个以"驳斥唯心论"为标题的数段文字（用两个三连星符号与上下文隔开的文字）都是第二版增加的。——德文编者

③　此处"唯心论"（Idealismus）前面有的地方亦译作"观念论"（如"先验的观念论"），康德也称自己的哲学是"先验唯心论"，请读者注意两种译法的内在关联。——译者

④　拉丁文：断言。——译者

种存有,它是理性的,并且是遵循某种彻底的哲学思维方式的;因为它在一个充分的证明被找到之前不允许作任何裁决性的判断。因此所要求的这个证明必须表明我们对外物也拥有经验,而不只是想象;这一点将很可能做不到,除非我们能证明,就连我们内部那种笛卡尔不加怀疑的经验也只有以外部经验为前提才是可能的。

定　理

对我自己的存有的单纯的、但经验性地被规定了的意识证明在我之外的空间中诸对象的存有。

证　明

我意识到我的存有是在时间中被规定了的。一切时间规定都以知觉中某种持存的东西为前提。但这种持存的东西不可能是某种在我里面的东西,因为恰好我在时间中的存有通过这种持存的东西才能被首次规定下来①。所以对这种持存之物的知觉只有通过外在于我的一个物,而不是通过外在于我的一个物的单纯表象,才是可能的。因此, 对我的存有在时间中的规定只有通过我在我之外知觉到的现实物的实存才是可能的。于是,在时间中的意识②与对这个时间规定的可能性的意识③就必然联结起来了:所以,它也就与作为时间规定的条件的外在于我的物的实存④必然联结起来了;就是说,对我自己的存有的意识同

B276

---

① 这句话按照康德在第二版序言中的说法(见 BXXXIX 页注)被改成下面这样:"但这一持存之物不可能是我心中的一个直观。因为我能在我心中遇到的有关我的存有的一切规定根据都是表象,并且作为表象,它们本身就需要一个与它们区别开来的持存之物,在与该物的关系中这些表象的变化、因而表象在其中变化的那个时间中的我的存有才能得到规定。"——德文编者

② 法欣格尔认为应作"对我在时间中的存有的意识",维勒认为应作"对时间中的这一规定的意识"。——德文编者

③ 维勒认为应作"可能性的条件的意识"。——德文编者

④ 维勒认为应作"对外在于我的物的实存的意识"。——德文编者

时就是对我之外的他物之存有的直接意识。

注释 1. 我们在前述证明中发现,唯心论所玩的这一花招将更有理由反过来对它进行报复。它曾假定,唯一直接的经验就是内部经验,外部之物只是由此推论出来的,但这就像每当我们从给予的结果推论出确定的原因时那样,只会是不可靠的,因为这些表象的原因也可能处在我们自身中,我们也许是错误地把它归之于外物了。不过在这里所证明的是,外部经验本来就是直接的①②,只有借助于它,内部经验才是可能的,这内部经验虽然不是对我们自己实存的意识,但毕竟是对这种实存在时间中的规定。当然,"我在"这一表象表达出能够伴随一切思维的意识,它就是那自身包括一个主体的直接实存的东西,但它毕竟还不是对这个主体的任何知识,因而也不是任何经验性的知识、即经验;因为这需要的不仅仅是关于某种实存之物的思想,还需要直观,而在这里就需要内部直观,主体必须在这种内直观③即时间方面得到规定,为此,那些外部对象就是绝对必要的,以至于内部经验本身由此也只是间接地、并且只有通过外部经验才是可能的。

注释 2. 现在,与此完全协调一致的是我们的认识能力在对时间进行规定时的一切经验运用。我们不但只有通过关系到空间中的持存之物(例如关系到太阳对于地球上的对象的运动)的外部关系中的变更(通过运动),才能着手④一切时间规定,同样,只要除开物质,我们就甚至根本不拥有我们也许可以作为直观置于一个实体概念之下的任何持

B277

B278

---

① 维勒认为此句应作"这本来直接地只是外部经验"。——德文编者

② 对外物存有的直接的意识在前述定理中并没有被作为前提,而是被证明的,不论我们是否看出了这意识的可能性。对这种可能性的问题将是:我们是否只有某种内感官,没有任何外感官,而只有外部的想象。但有一点很清楚,哪怕只是为了把某物想象为外部的,即把它在直观中向感官表现为外部的,我们也已经必须具有一个外部感官,并且必须借此把一个外部直观的单纯接受性与成为每一种想象的特征的自发性直接区别开来。因为哪怕一个外部感官只是想象出来的,那应当通过想象力而得到规定的直观能力本身就会被取消了。——康德

③ 瓦伦廷纳认为"内直观"应为"内直观的形式"。——德文编者

④ 格里罗(Grillo)认为"着手"应为"知觉到"。——德文编者

B277

存之物,而且甚至物质的持存性本身也并不是从外部经验中取得的,而是先天地被作为一切时间规定的必要条件、因而也作为通过外物的实存在我们自己的存有方面对内感官所作的规定而预设的。对我自己在我这个表象中的意识根本不是什么直观,而是对一个思维主体的自动性的某种单纯智性的表象。因此,这个“我”也不具有那种可作为持存性而用作内感官中时间规定之相关物的最起码的直观谓词:就像例如物质的不可入性之作为经验性直观的谓词那样。

　　注释3. 从对我们自身的一个确定意识的可能性要求有外部对象的实存,推不出任何外物的直观表象同时也包含这外物的实存,因为那表象很可能完全只是想象力(在梦幻和妄想中)的结果;但想象力这样做只是凭借对以前的外部知觉的再生,而这些外部知觉如已经指出的,只有通过外部对象的现实性才是可能的。这一切在此本来想要证明的B279 只是,一般内部经验只有通过一般外部经验才是可能的。至于这个或那个被认为的经验是否只是一种想象,这是必须按照它的特殊规定、并通过与一切现实经验的标准相对照来查明的。

＊　　　　　＊　　　　　＊

　　最后,至于第三条公设,那么它是针对存有中的质料的必然性,而不只是针对概念连结中的形式的和逻辑的必然性的。既然感官对象的任何实存都不能完全先天地被认识,但却可以相对于另一个已经给予A227 的存有而比较性地先天被认识,尽管这样一来只能达到那种任何地方都必须包含在经验的关联中——给予的知觉是这关联的一部分——的实存:那么,实存的必然性就永远也不可能从概念中,而任何时候只能从与被知觉之物的连结中,按照经验的普遍法则而得到认识。在这里,除了按照因果律而出自给予的原因的那些结果的存有之外,没有任何存有可能会在别的被给予的现象的条件下被认作必然的。所以这不是B280 物(实体)的存有,而是物的状态的存有,我们只能认识它的必然性,而且是按照因果性的经验性法则从别的在知觉中已被给予的状态来认识其必然性。由此就得出:必然性的标准只在于可能经验的法则,即"一切发生的事都先天地被它在现象中的原因所规定"。因此,我们只认识在自然中已给了我们原因的那些结果的必然性,而存有中的必然性标志所达到的无过于可能经验的领域,甚至在这领域中这也不适用于那些作为实体之物的实存,因为这些实体永远也不能被看做经验性的结果,或某种发生和产生出来的东西。所以必然性只涉及按照因果性 A228
的力学性法则的诸现象的关系,以及建立在这上面的从任何一个给予的存有(一个原因)先天地推出另一个存有(结果)的可能性。一切发生的事都假设是必然的;这是一个使世界上的变化都从属于一条法则的原理,也就是从属于一条必然存有的规则,没有这条规则是连自然都根本不会产生的。因此"没有任何事是通过盲目的偶然性而发生的"(in mundo non datur casus①)"这个命题是一条先天的自然律;同样的情况是:"自然中没有任何必然性是盲目的,而是有条件的,因而是可以理解的必然性"(non datur fatum②)。这两个命题都是这样的法则, B281
通过它们,变化的活动就服从于(作为现象的)物的本性,或者这样说也一样,服从于知性的统一性,诸物只有在这种知性统一性中③才能属于一个④经验,即属于诸现象的综合统一性。这两条原理都属于力学性的原理。前者本来是(在经验的类比中的)因果性原理的一个推论。后者属于模态诸原理,这种模态在因果规定之上再加上必然性概念,但这必然性是从属于知性规则的。连续性原则禁止在现象系列中(在诸变化中)有任何跳跃(in mundo non datur saltus⑤),但也禁止在空间里 A229
的一切经验性直观的总和中在两个现象之间有任何空缺或间隙(non datur hiatus⑥);这样我们就可以把这个命题表达为:在经验中不可能

---

① 拉丁文:世上没有偶发事件。——译者
② 拉丁文:没有偶发的定命。——译者
③ 原文为"在这种知性中",兹据埃德曼校正。——德文编者
④ 法欣格尔认为"一个"应加着重号。——德文编者
⑤ 拉丁文:世上没有偶发的跳跃。——译者
⑥ 拉丁文:没有偶发的裂隙。——译者

插入任何证明某种真空、或甚至只是允许真空作为经验性综合的一个部分的东西。因为,谈到我们能够在可能经验领域(即世界)之外来设想的虚空,那么它不该归单纯知性来管辖,这种知性只对那些关系到给予现象对经验性知识的用处的问题作判定;而是理想性的理性的任务,

B282　这种理想性的理性还要超出一个可能经验的范围,并且要对包围并限制这一范围本身的东西作出判断,因此必须在先验辩证论中加以考虑。这四个命题(in mundo non datur hiatus, non datur saltus, non datur casus, non datur fatum①) 就像先验起源的一切原理那样,我们将很容易按照它们的秩序,遵照诸范畴的秩序来展示它们,并对每一个都证明②它的位置,只不过已经受过这种练习的读者将自己来做这件事,或者将很容易揭示这方面的线索。但这四个命题全体结合起来,只是为了在经验性的综合中不允许有任何有可能破坏或损害知性和一

A230　切现象的连续关联、即知性概念的统一性的东西。因为知性是经验的统一性唯一在其中成为可能的东西,而一切知觉都必须在这种经验的统一性中有自己的位置。

可能性的领域是否比包含一切现实东西的领域更大,而后者是否又比一切必然的东西的总数更大,这是一些正当的问题,确切地说它们有种综合的解决,但这种综合的解决也只归在理性的审判权下;因为它们想要说的大约不过是:一切物作为现象是否全都属于一个唯一的经验的总和及前后关联,每个给予的知觉都是这个唯一

B283　经验的一部分,因而这一部分不可能和任何别的现象相联结,或者,我的知觉是否可以属于比一个可能经验(在其普遍关联中)更多的可能经验。知性对于一般经验只是按照既是感性的又是统觉的那些主观的和形式的条件而先天地给出了规则,唯有这些条件才使经验成为可能。直观的另外的(不同于空间和时间的)形式,正如知性的另外的

---

①　拉丁文:世上没有偶发的裂隙,没有偶发的跳跃,没有偶发的事件,没有偶发的定命。——译者

②　"证明"格里罗认为应作"指出",埃德曼认为应作"规定"。——德文编者

（不同于思维的推论的、或通过概念来认识的）形式，哪怕也许是可能的，但我们却不可能以任何方式给自己杜撰出来并使之得到理解，即使我们可以这样做，那么它们也毕竟不属于经验，即不属于对象在其中被给予我们的唯一知识。是否可能发生不同于一般属于我们全部可能经验的知觉的另外的知觉，因而是否有可能再产生一种完全不同的物质领域，知性对此是完全不能判决的，它只是与已经给予的东西的综合打交道。此外①，我们通常用来展示广大的可能性王国而把所有现实的东西（所有的经验对象）只作为其中一小部分的那种推理，其贫乏性是极为引人注目的。一切现实的东西都是可能的；由此按照逻辑的换位规则自然就得出这个仅仅是特称的命题：有些可能的东西是现实的，而这里的意思似乎只不过是：有许多并非现实的东西是可能的。虽然表面看来，好像我们也可以由此而直接使可能的东西的数目超出现实的东西的数目，因为为了构成现实的东西，还必须在可能的东西上加上某种东西。不过，我并不知道在可能的东西上的这种增加。因为凡是要超出可能的东西再增加上去的东西都将是不可能的。只有在我的知性上才能够添加某种超出与经验的形式条件的协调性之上的东西，即添加进与任何一个知觉的连结；但凡是与这知觉按照经验性的法则连结起来的东西都是现实的，而不管它是否直接地被知觉到。然而，在与知觉中被给予我的东西的通盘关联里可能有另一个现象系列，因而可能有比那个唯一的无所不包的经验更多的经验，这一点是不可能从已经给予的东西中推论出来的，更不能在没有任何东西被给予的情况下推论出来；因为没有素材则无论在哪里都不能思考什么。凡是只有在那些本身还只是可能的条件下才可能的东西，就不是②从任何方面看都可能的东西。但如果我们想要知道事物的可能性是否比经验所能达到的伸展得更远的话，这个问题是从任何方面看③都会被

A231

B284

A232

---

① 格兰德校作"因此"。——德文编者
② 福伦德认为"不是"应改为"是"。——德文编者
③ 瓦伦廷纳认为应作"在任何意义上"。——德文编者

问到的。

　　我只是对这些问题作了提示,以便在那种按照通常意见来说是属
于知性概念的东西中不留下任何漏洞。但事实上,绝对的可能性
(它从任何方面看都是有效的)决不是单纯的知性概念,它不可能以
任何方式具有经验性的运用,而仅仅属于那超出知性的一切可能的经
验性运用的理性。因此我们在这里就只好满足于一个仅仅是批判性的
注释,其他方面则让事情停留于黑暗之中,直到将来去作进一步
处理。

　　由于我正要结束这第四号标题的讨论①,以及与之同时结束纯粹
知性一切原理的体系,所以我还必须指出我为什么恰好把模态原则称
之为公设的理由。我在这里并不想在一些近代的哲学研究者赋予它的
那种意义上采用这个术语,那是违背数学家们的意思的,而这一术语
毕竟本来是属于数学家们的。那种意义就是:建立公设据说就意味着
把一个命题充作直接确定的、无需辩护和证明的;因为,如果我们在
综合命题那里,不论它们如何自明,想要承认不用演绎而根据它们自
己的表面言辞,就可以将它们置于无条件的赞同之下,那么知性的一
切批判就都丧失掉了,并且,由于不缺少那些即使普通的(但并无信用
的)信念也不会拒绝的大胆僭妄:所以我们的知性就会向任何妄想敞
开大门,而不能拒绝自己赞同这些说法,这些说法虽然是不合法的,但
却以同样信心十足的口气要求作为现实的公理而被接纳。所以,如果
在一物的概念上先天综合地加上一个规定,那么就必须赶紧对这样一
个命题即使不是添加一个证明、也至少是添加一个对它加以主张的合
法性的演绎。

　　但模态的诸原理并不是客观综合的,因为可能性、现实性和必然性
这些谓词丝毫也不因为它们对于对象的表象还有所补充就扩大它们所
说的那个概念。但由于它们毕竟总还是综合性的,所以它们就只是主
观综合的,就是说,它们对一物(实在之物)的概念在别的方面无所言

---

① 指"4.一般经验性思维的公设"这整个一小节。——译者

说,而是在其上增添了这概念在其中产生并有自己的位置的那种认识能力,以至于只要这概念在知性中与经验的形式条件处于结合之中,它的对象就称作可能的;如果它与知觉(作为感官质料的感觉)处于关联之中,并由这种知觉借助于知性得到规定的话,该客体就是现实的;如果它通过知觉的这种关联而按照概念得到规定,那么这对象就称作必然的。所以这些模态原理关于一个概念所说出的无非是这概念由以产生出来的认识能力的行动。现在,数学中的一个公设叫作实践命题,它所包含的无非是我们最初借以把一个对象给予自己并产生出它的概念来的那种综合,例如借助于一条给予的线从一个给予的点出发在一个平面上描绘一个圆,而一个这样的命题却不能由此而得到证明,因为这命题所要求的处理方式恰好就是我们借以首次产生出有关这样一种图形的概念来的处理方式。所以我们因此就能够有同一权利来公设诸模态原理,因为它们并没有扩大它们关于一般物的概念①,而只是指出了这概念一般说来如何与认识能力相联结的方式。

B287

A235

对这个原理体系的总注释②

B288

　　这里有一点是非常值得注意的,即我们按照单纯的范畴不可能洞察任何一物的可能性,相反,我们总是必须手头有一种直观,以便在它上面来摆明纯粹知性概念的客观实在性。让我们举关系范畴为例。我们根本不可能单从概念中看出:为何 1)某物只能作为主体而不能只作为他物的规定而实存,亦即只能是实体,或者为何 2)由于某物存在,另一个某物就必须存在,因而为何某物一般说来可以是原因,

---

　　①　通过一物的现实性,我当然作出了比可能性更多的设定,但不是在该物中;因为该物在现实性中永远不包含有比在它的完全的可能性中所曾包含的更多的东西。相反,由于可能性只不过曾是该物在与知性(即与知性的经验性运用)的关系中的一种定位,那么现实性就同时是这物与知觉的一种连结。——康德

　　②　全部这几段注释都是第二版增加的。——德文编者

或者3）为何当有多个物存有时，由于其中的一物存有，就会有某物跟随着其他诸物并且这样交互跟随着，而诸实体的协同性就能够以这种方式发生。同样的道理也适用于其他范畴，例如为何一物可以与许多物的和相等，即可以是一个量，如此等等。所以只要缺乏直观，我们就不知道我们通过范畴是否在思考一个客体，也不知道无论在哪里是否会有任何一个客体能够归之于这些范畴，而这就证实了，这些范畴单独来说根本不是什么知识，而只是为了从给予的直观中产生出知识来的一些思维形式。——正是由此也就得出，从单纯的范畴中不可能产生出任何综合命题来。例如在一切存有中存在着实体，即某种只能作为主词而不能作为单纯谓词而实存的东西；或者任何一物都是一个量等等，在这里根本就不存在任何我们能用来超出一个给予的概念之上并把一个别的概念与之相结合的东西。因此，也永远不能做到只从那些纯粹知性概念来证明一个综合命题，例如"一切偶然实存的东西都有一个原因"这一命题。我们所能够做到的只不过是证明，没有这种关系，我们就根本不能理解偶然之物的实存，即不能先天地通过知性来认识这样一物的实存；但从中并不能得出：正是这种关系也是事物本身的可能性的条件。因此，如果我们愿意回顾我们对因果性原理的证明，那么我们就会看出，我们只能在可能经验的客体上证明这一原理：一切发生的事（任何一个事件）都预设了一个原因，并且是这样预设，以至于我们也只能把这条原理作为一条经验的可能性原则、因而作为对一个在经验性的直观中被给予出来的客体的知识的可能性原则来证明，而不能从单纯概念来证明。固然不可否认的是，"一切偶然的东西都必须有一个原因"这一命题毕竟从单纯的概念中就使每个人都豁然明了；但这样一来偶然东西的概念就已经被如此地理解了：它包含的不是模态范畴（即作为某种其不存在可以被思维的东西），而是关系范畴（即作为某种只能作为另外一个某物的后果而实存的东西），但这时它就是一个同一性命题：凡是只能作为一个后果而实存的东西，就有自己的原因。实际上，如果我们要提出偶然存有的例子，我们总是要援引变化，而不只是援引对反面的思维

的可能性①。但变化就是事件，事件就本身来说只有通过一个原因才 　B291
可能，所以它的非存在独自来说是可能的，因而我们是从某物只有作为
一个原因的结果才可能实存这一点来认识偶然性的；因此如果一物被
视为偶然的，那么，说它有一个原因，这就是一个分析命题。

　　但更值得注意的一点是，为了遵照诸范畴来理解事物的可能性，因
而阐明这些范畴的客观实在性，我们不仅仅需要直观，而且甚至永远需
要外部直观。如果我们以纯粹关系概念为例，那么我们就发现，1）为
了与实体概念相应地给出直观中某种持存之物（并由此阐明该概念的
客观实在性），我们就需要某种在空间中的直观（物质的直观），因为唯
有空间是持存地规定了的，而时间、因而一切存在于内感官中的东西则
是不断流失的。2）为了把变化描述为与因果性概念相应的直观，我们
就必须拿运动这种空间中的变化作例子，甚至只有通过这个例子，我们
才能使自己直观到那些任何纯粹知性都不能够理解其可能性的变化。
变化就是相互矛盾对立的诸规定在同一物的存有中的联结。那么，从
一个给予的状态中导致同一物的与之相对立的状态，这是如何可能的， 　B292
对此任何理性不仅没有例子都不能够使之被领悟，而且就连没有直观
也不能使之被理解，而这种直观就是对空间中一点的运动的直观，只有
这一点在不同地点的存有（作为两个对立规定的某种衔接），才首次使
我们直观到变化；因为，为了使我们此后甚至也能设想内部的变化，我
们就必须使自己把作为内感官的形式的时间形象地通过一条线来领
会，把内部变化通过延伸这条线（运动）来领会，因而把我们自己在不

---

　　①　我们可以很容易地思维物质的不存在，但古人并没有从中推出物质的偶
然性来。不过，就连一物的被给予状态的存在和非存在的交替，即一切变化之所
在，都根本没有仿佛从这个状态的反面的现实性来证明这个状态的偶然性，例如
一个物体在跟随着它的运动之后的静止，还并不因为静止是运动的反面就由此证
明了它的运动的偶然性。因为这个反面在这里只是在逻辑上、而不是实在地与另
一方相对立。为了证明物体这一运动的偶然性，我们就必须不去证明在先行的那
个时间点上的运动，而去证明曾经有可能这物体那时本来是静止的，而不是证明
它在后来是静止的；因为此时这两种相反的情况完全可以很好地彼此相处。——
康德

同状态中的相继实存通过外部直观来领会；这样做的真正理由就在于，一切变化哪怕只是为了作为变化而被知觉到，都是以直观中的某种持存之物为前提的，但在内感官中却根本找不到任何持存的直观。——最后，协同性范畴就其可能性而言是根本不能通过单纯理性来理解的，因而这个概念的客观实在性没有直观，确切地说是没有空间中的外部直观，是不可能看出来的。因为我们将如何来思考这种可能性：当有多个实体实存时，就可以交互地从一个实体的实存中有某物（作为结果）紧跟另一个实体的实存而来，因而，由于在前一个实体中有某物，因此

B293 在后一个实体中也必须有某物，而这某物单从后一个实体的实存中是不可能得到理解的？因为这是协同性所要求的，但却是在那些各自由于它们的自存性而完全孤立起来的诸物之中根本得不到理解的。因此，莱布尼茨在他仅仅按照知性单独地思考世界那样把某种协同性赋予了这个世界的诸实体时，他就需要一个上帝来做调解；因为单从这些实体的存有中，这种协同性对他来说按理会显得是不可理解的。但如果我们在空间中、因而在外部直观中来设想这种协同性的话，我们是完全可以使自己领会到这种（作为现象的诸实体的）协同性的可能性的。因为空间已经先天地把那些外部形式关系作为（在作用和反作用中、因而在协同性中的）实在关系的可能性条件包含在自身中了。——同样可以很容易得到说明的是，诸物作为量的可能性，因而量的范畴的客观实在性，也只有在外部直观中才能摆明，在后来只是借助于外部直观才也被应用于内部感官之上。不过为了避免繁琐，我必须把这方面的例子留给读者去思考。

这整个的说明是非常重要的，不只是为了证明我们前面对唯心论的反驳，而且更是为了在不借外部经验性直观之助而单从内部意识和

B294 我们本性的规定出发来谈论自我认识时，给我们指出这样一种认识的可能性的局限。

所以从这整个一节中所推出的结论就是：纯粹知性的一切原理都无非是经验可能性的先天原则，一切先天综合命题也都只与经验的可能性相关，甚至这些命题的可能性本身都完全是建立在这种关系之

上的。

第三章　把所有一般对象区分为
现相和本体的理由

　　现在,我们不仅踏遍了纯粹知性的土地并仔细勘察过它的每一部分,而且还测量过它,给那上面的每一个事物规定了它的位置。但这片土地是一个岛屿,它本身被大自然包围在不可改变的疆界中。这就是真理之乡(一个诱人的称号),周围是一片广阔而汹涌的海洋、亦即幻　B295
相的大本营,其中好些海市蜃楼、好些即将融化的冰山都谎称是新大陆,在不停地以空幻的希望诱骗着东奔西闯的航海家去作出种种发现,　A236
将他卷入那永远无法放弃、但也永远不能抵达目的之冒险。但在我们冒险航行于这个大海、从一切纬度去搜索它,去确定在其中是否可以希望什么以前,最好事先还再看一看我们正要离开的那片土地的地图,并且首先要问,我们是否能以这片土地上的东西为满足,或者如果任何别的地方都没有我们可以居住的基地,我们是否就不得不被迫满足于它;其次再问一问,我们究竟能以什么名义占领这块土地,并能有把握抵挡一切敌对的要求。虽然我们在分析论的进程中已经对这些问题作了充分的回答,但以一个总体的估计把解答这些问题的各个要点集中于一点上,这就可以加强对这些解答的确信。

　　我们在前面看到,知性从自己本身中获得的一切,无须从经验中借来,但知性却并不把它们用于任何别的目的,而只是作经验的运用。纯　B296
粹知性的诸原理,不论它们是先天构成性的(如数学性的原理),还是仅仅调节性的(如力学性的原理),所包含的看来只不过是可能经验的　A237
纯粹图型;因为经验只有从知性在与统觉相关中本源而自发地赋予想象力的综合的那种综合统一中,才获得自己的统一性,诸现象作为可能知识的材料必定已经先天地与那种综合统一处于相关联、相符合中了。然而,即使这些知性规则不只是先天真实的,而且甚至是一切真理(即我们的知识与客体的符合）的根源，因为它们包含有经验可能性的、即客体能在其中被给予我们的一切知识总和的根据，但在我们看来，单是能对真实存在的东西作出申述是不够的，还要申述那为我们渴望知道的东西。所以，如果我们通过这种批判的考察只学到了我们在知性的单纯经验性的运用中即使没有这种精密的研究自己也能做得到的事，而没有更多的东西，那么从中得出的好处似乎就不值得为此作这种花费和准备了。我们虽然可以这样来回答这一点：任何想要扩展我们的知识的冒失都不如我们在从事研究之前，在对这种研究的用处（哪怕这用处已置于眼前）还没有最起码的概念之前，就冒失地总想预先知道这用处，更为有害的了。然而毕竟有一种好处，是对这样一种先验研究哪怕最感困难和厌倦的初学者都能变得易理解，同时又有兴趣的，这就是：单纯从事于自己的经验性运用的知性，当它对自己知识的来源未作反省时，虽然可以有很好的成绩，但有一点是它做不到的，这就是给自己规定自己运用的界限，并知道什么是处在它的全部领域之内、什么是处在这之外的东西；因为这恰好是我们已着手的这些深入的考察所要做的。但如果知性不能区分某些问题是否处于它的视野范围之内，那么它对于它的权利和它的所有物就永远没有保障，而当它不停地跨越自己领地的界限（正如不可避免地那样）并沉陷于妄想和假象时，就只好等着挨各种各样令人丢脸的斥责了。

　　所以，知性永远也不能对它的一切先天原理、乃至于对它的一切概念作先验的运用，而只能作经验性的运用，这是一条一旦能被确切地认识到就能看出重要后果的原理。在任何一条原理中一个概念的先验的运用都是这样一种运用，它与一般物以及与自在之物本身①相关，而经验性的运用则是当它仅仅与现象、亦即与一个可能经验的对象相关时的运用。但任何地方都只能有后一种运用，这从如下分析可以看出来。任何一个概念所需要的，首先是一般概念（思维）的逻辑形式，其次还

---

　　① "一般物以及自在之物本身"在康德的自用书中改成"并不在任何直观中被给予我们的对象，因而是非感性的对象"（《补遗》CXVII）。——德文编者

B297

A238

B298

A239

要有它与之相关的一个对象被给予它的那种可能性。没有后者它就没有意义,在内容上就完全是空的,哪怕它总还会包含有从可能的材料中制定一个概念的那种逻辑机能。现在,对象不能以别的方式、而只能在直观中被提供给一个概念,而且即使一个纯粹直观还在对象之前就是①先天可能的,那么这种纯粹直观本身也毕竟只有通过经验性的直观才能获得其对象、因而获得其客观有效性,它只是经验性直观的形式而已。所以一切概念,以及和它们一起,一切原理,不管它们是多么先天可能的,却还是与经验性的直观、因而与可能经验的材料相关的。舍此它们就完全没有任何客观有效性,而只不过是游戏,不论是想象力还是知性各自用它们的表象所作的游戏。我们只须举出数学的概念为例,而且首先举数学的纯粹直观中的例子。空间有三个量度,两点之间只能有一条直线,等等。虽然所有这些原理以及数学科学所探讨的那些对象的表象完全是先天地在内心里产生出来的,但如果我们不能总是在现象上(在经验性对象上)摆明其含义的话,它们毕竟是什么意思也没有的。因此我们也要求使某个孤立的概念成为感性的,也就是在直观中摆明与之相应的客体,因为没有这个客体,该概念就会仍然是(如人们所说的)没有意义②,亦即没有所指的。数学通过对形状的构造而满足了这一要求,形状是一种对感官的当前的(虽然是先天完成的)显现。正是在这门科学里,量这个概念在数中寻求它的支持和意义(Sinn),但数又是在手指、算盘珠或是小棒和点这些被展示在眼前的东西上来寻求的。概念仍然总是先天产生的,连同从这些概念中来的综合原理或公式也是如此;但它们的运用以及与所认为的那些对象的关系最终却不能在别处、而只能在经验中寻找,它们先天地包含有经验的(在形式上的)可能性。

　　但这也正是一切范畴及从中引出的原理的情况,这一点也可以这

B299

A240

B300

①　康德在"就是"之前加了"对于我们"一语(《补遗》CXVIII)。——德文编者

②　"意义"(Sinn)一词在德文中又具有"感官"、"感觉"之义,康德在此一语双关。下一个"意义"也是双关语。——译者

样来说明：当范畴因为其唯一对象是现象而必须限制于其上时，如果我们不立刻下降到感性的条件上、因而下降到现象的形式上，我们就根本不能对任何一个范畴作出实在的定义，即不能使它的客体的可能性得

A241　到理解，因为，如果我们去掉这一条件，一切所指，即对客体的一切关系就都取消了，我们就没有任何实例可以使自己理解到，在这样一类概念中本来究竟指的是何物。① 在上面对范畴表的描述中，我们免除了对每一个范畴所进行的定义，因为我们的意图只是针对它们的综合的运用，这就使这些定义成为不必要的了，人们不必用多余的事务去承担他本可以免除的责任。这并不是什么借口，而是一种并非不值一提的明智规则，即不要贸然下定义，不要在概念的规定中尝试或预先确定完备性和精密性，当人们有这概念的任何一个或另一个特征就可以够用了的话，就不需要去完备地列举出构成这整个概念的全部特征来。但现在却表明：这种小心还有更深的根据，因为即使我们想要做，我们也不可能对这些范畴下定义②，相反，如果我取消了使范畴作为一种可

A242　能的经验性运用的概念而突显出来的一切感性条件，而把范畴视为关于一般的物的（因而具有先验的运用的）概念，那么在这些范畴那里除了把判断中的逻辑机能看做事物本身的可能性条件之外就再也不能做任何事情了，却丝毫不能指明，这些范畴可以在哪里具有自己的应用和这种应用的客体，因而它们如何可以在纯粹知性中无须感性而具有任何一种意义和客观有效性。③

　　一般量的概念无人能做别的解释，只能解释为：量是一物的这种规定，它使我们能思考物中被设定了一（Eine）的多少倍。只是这个"多

---

① 以下直到本段末为第一版原文，在第二版中被删去。——德文编者

② 我这里指的是实在的定义，它不仅是用别的更好理解的词语来解释一件事物的名称，而且是自身包含一个清楚的特征，凭这特征，（所定义的）对象任何时候都能够可靠地被认识，并使被解释的概念在应用上成为可用的。所以这种实在

A242　的解释就将是那种不仅使一个概念、而且同时也使这概念的客观实在性变得清晰的解释。按照概念使对象在直观中呈现出来的那些数学解释就是后面这种类型的。——康德

③ 第一版中此段与下一段紧接而未分段。——德文编者

少倍"是建立在相继而来的重复之上,因而是建立在时间和时间中(同质东西)的综合之上的。对于实在性,我们只有在想到一个时间(作为一切存在的总括),它要么是以此来充实的,要么就是空的,这时我们才能在与否定性的对立中对它作出解释。如果我把持存性(它是在一切时间中的存有)去掉,那么我在实体的概念中就什么也没有留下来,只有一个主体的逻辑表象,这个表象我以为通过把某物想象为只能作为主词(而不是有关主词的谓词)而存在,就使之实在化了。但我不仅完全不知道这种逻辑的好处具体到任何一物究竟该有什么条件,而且也不能从中得出任何更多的东西,不能推出起码的结论来,因为这样做根本没有为这个概念的运用规定任何客体,所以我们完全不知道这个概念在任何地方是否会意味着什么。关于原因这个概念,我(如果我去掉某物按照规则跟随另一个某物所经过的时间)在这个纯粹范畴中不会找到别的东西,只会发现它是可以由此推出另一物之存有的某物而已,但这不仅根本没有可能把原因和结果相互区别开来,而且由于这种推论的可能性马上需要种种我一无所知的条件,所以这个概念对于它会如何与任何一个客体相适合将完全没有规定。"一切偶然的东西都有一个原因"被认为是一条原理,它虽然显得颇为威严,仿佛它自己独立地就具有自己的尊严似的。但如果我问:您说的偶然是什么意思?而您回答,偶然就是它的非存在是可能的,那么我就很想知道,您想凭什么来认识这种非存在的可能性,如果您不在现象的序列中设想一种前后承继,并在这种承继中设想一种跟随于这个非存在之后的存有(或者相反),因而设想出一种变更? 因为一物的非存在并不自相矛盾这种说法是对一种逻辑条件的无力的援引,这种逻辑条件虽然是概念所必须的,但对实在的可能性来说则远不是充分的;尽管我可以在思想中取消任何实存着的实体而不会自相矛盾,但由此完全不可能推出该实体在其存有中的客观上的偶然性,亦即它的非存在本身自在的可能性①。至于协同性的概念,那么很容易估计:既然实体的纯粹范畴和因

A243
B301

A244
B302

---

① 格兰德认为应作"亦即自在之物本身的非存在的可能性"——德文编者

果性的纯粹范畴都不允许有那种对客体作出规定的解释,那么交互因果性在与实体的交互联系(commercium)中同样没有能力做这种解释。可能性、存有性和必然性更没有人能用别的方式来解释,而只能是同义反复,如果要把它们的定义只从纯粹知性中得出来的话。因为要把概念(由于它本身不自相矛盾)的逻辑可能性偷换成物的先验可能性(由于有一个对象与概念相应)①,这种障眼法只能蒙骗没有经验的人并使他满足。②③

下述说法带有某种奇怪的甚至不可思议的性质:应该有一种毕竟有某种意义必然与之相宜的概念,但这个概念却是不能有任何解释的。不过在这里,诸范畴就是处于这种特殊的情况,它们只有借助于普遍的感性条件才能具有某种确定的意义和与任何一个对象的关系,但这个条件又被从纯粹范畴中去掉了,这样一来纯粹范畴所能够包含的除了把杂多带到一个概念下来的逻辑机能之外就没有别的了。但仅仅从这种逻辑机能中、即从概念的形式中根本不可能认识任何东西,也不能分辨出从属于其下的是哪一个客体,因为恰好一般对象能够借以从属于其下的那个感性条件被抽掉了。因此范畴超出纯粹知性概念之外,还需要对它们在一般感性上的应用所作的诸规定(即图型),没有这些规定,它们就不是一个对象借以被认识并与其他对象区别开来的概念,而只是为可能的直观思维一个对象、并按照任何一种知性机能(在尚属必不可少的条件下)赋予这个对象以其意义的这么多的方式,也就是对这对象下定义的这么多的方式:所以这些范畴本身是不能被定义的。一般判断的逻辑机能如:单一性和多数性,肯定

A245

B303

和否定,主词和谓词,如果不犯循环论证的错误的话,是不能被定义的,因为定义毕竟本身就必须是一种判断,因而必须已经包含有这些机能了。但纯粹范畴无非是一般物就其直观的杂多必须通过这些逻辑机能的这个或那个来思考而言的表象:量是那种只有通过一个具有数量的判断(judicium commune①)才能被思考的规定,实在性是那 A246
种只有通过一个肯定的判断才能被思考的规定,实体是在与直观的关系中必须作为其他一切规定的最终主词的东西。但我们必须将这一机能而不是另一机能使用于其上的到底是什么样的一些物,在此还仍然完全是未定的:因而包含有对感性直观的综合的诸范畴,若没有感性直观的条件,就根本不具有对任何一个确定的客体的关系,所以也不能对任何客体下定义,因而就其自己本身而言也不具有客观概念的任何有效性。

由此无矛盾地得出的就是:纯粹知性概念永远也不能有先验的运 B303
用,而任何时候都只能有经验性的运用,纯粹知性原理只能和某种可能经验的普遍条件、与感官对象发生关系,但决不能与一般物(不考虑我们如何能直观它们的方式)发生关系②。

于是,先验分析论就得到了这样一个重要结论:知性先天可以做到的无非只是对一般可能经验的形式作出预测,由于凡不是现象的东西都不能是经验的对象,知性就永远不能跨越感性的限制,只有在感性中对象才被给予我们。知性原理只是阐明现象的一些原则,而本体论自 A247
以为能够在一个系统的学说中提供出有关一般物的先天综合知识(例如因果性原理),它的这一傲慢的名称必须让位于那谦虚的名字,即只不过是纯粹知性的一种分析论而已。

思维就是把给予的直观与一个对象联系起来的行动。如果这种直 B304
观的方式根本无法给予出来,则该对象就只是先验的,知性概念就没有

---

① 拉丁文:集合的判断。——译者

② 康德在《补遗 CXIII,CXXIV》中将"发生关系"改为"综合地发生关系,如果它们想取得知识的话"。——德文编者

别的运用,而只有先验的运用,即具有思维对一般杂多①的统一性。于是,一个纯粹的范畴,如果其中抽掉了我们唯一能具有的那种感性直观的所有条件,那么就没有客体被它所规定,②而只有某种一般客体的思维在按照各种不同的样态被表达。现在,一个概念的运用还应该有一个对象借以被归摄到这个概念之下的某种判断力机能,因而至少应有使某物得以在直观中被给予出来的形式条件。缺乏判断力的这一条件(图型),所有的归摄都会作废;因为没有给出任何能归摄到概念之下的东西。所以,范畴的单纯先验的运用事实上就根本不是什么运用③,

A248

B305

而且没有任何确定的对象,哪怕仅仅是可从形式上来确定的对象。由此可见,纯粹范畴甚至对先天综合原理也不是充分的,纯粹知性的原理只有经验性的运用,决没有先验的运用,而越出可能经验的范围之外,任何地方都将不能提供先天综合原理。

因此我们可以不妨这样来表达:纯粹范畴没有感性的形式条件就只不过具有先验的含义,但它们不具有任何先验的运用,因为这种运用在其本身是不可能的,这些范畴缺少(在判断中)任何一种运用的一切条件,也就是把任何一个所认为的对象归摄到这些概念之下的形式条件。既然当我们将它们和一切感性分离开来时,它们(单作为纯粹范畴)不应具有经验性的运用,又不能具有先验的运用,那么它们就完全没有任何运用了,就是说,它们根本不能应用于所认为的对象身上;毋宁说,它们只不过是知性运用于一般对象上的纯形式及思维的纯形式,但却不能仅仅由这形式而思维和规定任何一个客体。④

然而在这里根本上有一种难以避免的幻觉。范畴按照其来源不是

---

① 康德在《补遗 CXXV》中将"一般杂多"改为"一般可能直观的杂多"。——德文编者

② 康德在《补遗 CXXVI》中于此插入"因而没有任何东西被它所认识,"一语。——德文编者

③ 康德在《补遗 CXXVII》中将"不是什么运用"改为"不是什么为了认识某物的运用"。——德文编者

④ 以下四段文字是对第一版修改后的第二版的文字,第一版的原文将接在这后面以异体字加方括号排出,并附以"[第一版原文]"的标题。——译者

像空间和时间这些直观形式那样建立在感性之上的;因此它们似乎允许超出一切感官对象去作一种扩展的应用。不过这些范畴本身又无非是思维的形式,它们只包含有把直观中所给予的杂多东西先天地结合在一个意识中的逻辑能力,而一旦把我们唯一可能的直观从它们那里去掉,它们所能具有的意义就比那些纯感性形式更少,通过后者至少还给出一个客体,而我们的知性所特有的结合杂多的方式如果不加上杂多唯一能在其中给出的那种直观,就毫无意义了。——可是,如果我们把某些作为现象的对象称为感官物(Phänomena 现相),而把我们直观它们的方式和它们自在的性状本身区别开来,那么在我们的概念中就毕竟已经蕴含着这样的意思:我们要么按照后一种自在的性状而把这同一些对象(哪怕并没有在这种性状中直观到它们)仿佛置于与前面那种对象的对立之中,并把它们叫作知性物(Noumena 本体),要么也对另外一些完全不是我们感官的客体、而只是由知性当做对象来思维的可能之物这样做。现在要问:我们的纯粹知性概念是否在本体方面具有意义,是否能成为关于本体的知识形式?

但在这里一开始就表现出某种可能引起严重误解的歧义性:既然知性当它在某种关系中把一个对象称之为现相时,同时又在这种关系之外仍具有关于自在的对象本身的一个表象,因而它想象它也可以对这样一个对象制定一些概念,并且,既然知性所提供出来的无非是范畴,所以,对象在后一种含义上至少必须能够通过这些纯粹知性概念来思维,但这就诱使人们把有关一个知性物、即我们感性之外的一个一般某物的不确定的概念,当做有关一个我们有可能通过知性以某种方式认识到的存在物的确定的概念了。

如果我们把本体理解为一个这样的物,由于我们抽掉了我们直观它的方式,它不是我们感性直观的客体;那么,这就是一个消极地理解的本体。但如果我们把它理解为一个非感性的直观的客体,那么我们就假定了一种特殊的直观方式,即智性的直观方式,但它不是我们所具有的,我们甚至不能看出它的可能性,而这将会是积极的含义上的本体。

B306

B307

于是,感性的学说同时就是消极理解的本体的学说,也就是关于这样一些物的学说,这些物必须由知性撇开与我们的直观方式的关系、因而不仅作为现象而且作为自在之物本身来思维,但知性在对这些物作这样一种区分时同时也懂得,它在以这种方式考虑它们时对于它的那

B308 些范畴完全不能作任何运用,因为这些范畴只有在与空间和时间中的直观统一性发生关系时才有意义,甚至它们①之所以能借助于普遍的联结概念而先天地规定这种统一性,也只是由于空间和时间的单纯观念性。一旦见不到这种时间统一性,也就是在本体的情况下,范畴的全部运用、甚至它们的全部意义都会完全终止了;因为甚至会根本看不出应当与这些范畴相适合的那些物的可能性;因此请让我援引我在前一章的总注释中一开头所说的话。既然一物之可能性决不能单凭该物的概念不自相矛盾来证明,而只能通过我们赋予它以与之相应的直观来证明,所以当我们要把范畴应用于不被视为现象的那些对象上时,我们就必须以不同于感性直观的另一种直观作基础,这样一来,对象就会是一个积极意义上的本体。既然这样一个直观、也就是智性的直观完全处于我们的认识能力之外,所以就连范畴的运用也决不能超出经验对

B309 象的界限,而与感官物相应的固然是知性物,就算我们的感性直观能力与之完全无关的知性物可以存在,但我们的知性概念作为对我们感性直观而言的单纯观念形式却丝毫也通达不了它们那里;因此凡是被我们称为本体的东西,都必须作为某种只有消极意义的东西来理解。

[附:第一版原文]

[诸现象就其按照范畴的统一性而被思考为对象而言,就叫作

A249 Phaenomena②。但如果我假定诸物只是知性的对象,但仍然能够作为

---

① 瓦伦廷纳将"它们"(诸范畴)改成"它"(知性)。——德文编者

② 拉丁文:现象。为与 Erscheinung 相区别计,译者权将该拉丁文译作"现相"。——译者

这种对象而被给予某种直观，虽然并非感性直观（作为① curam intuitu intellectuali②）；那么这样一类物就叫作 Noumena（Intelligibilia）③。

现在，我们应当想到，经过先验感性论所限制的现象概念已经由自身提供出了本体的客观实在性，并且有理由把对象划分为现相（Phaenomena）和本体（Noumena），因而也把世界划分为感官世界和知性世界（mundus sensibilis et intelligibilis④），亦即这样来划分：不仅仅在这里区分出同一物的不清晰的知识和清晰的知识的逻辑形式，而且区分出如同这些对象能被本源地⑤给予我们的知识的那样一种差异，根据这种差异，这些对象本身自在地相互有种类上的区别。因为如果感官仅仅是如某物显现那样向我们表象某物，那么这个某物毕竟本身自在地也必须是一物，是一个非感性的直观的对象，也就是一个知性的对象，就是说，一种在其中找不到任何感性的知识必须是可能的，唯有它拥有绝对客观的实在性，因为诸对象凭借这种实在性向我们表象为如它们所是的那样，相反，在我们知性的经验性的运用中，诸物只被如它们所显现的那样来认识。所以，除了诸范畴的经验性的运用（它被限制于感性的诸条件上）之外，也许还有一种纯粹的但毕竟是客观有效的运用，而我们也许不可能如我们迄今所预定了的那样，肯定我们的纯粹知性知识在任何地方都不会超出现象的展现⑥的诸原则，这些原则也不会先天地超出针对经验的形式可能性的原则，因为在这里将会在我们面前敞开一个完全不同的领域，仿佛是一个在精神中被思维的（也许还是被直观到的）世界，这个世界也许能让我们的纯粹知性不是去做

A250

---

① 原文为"als"，据法欣格尔校为"因而"（also）。——德文编者

② 拉丁文：智性直观的对象。——译者

③ 拉丁文：本体（理知的东西）。——译者

④ 拉丁文：感性世界和理知世界。——译者

⑤ "本源地"一词见于1911年的普鲁士科学院版《康德全集》第4卷中，但在1919年版的《哲学丛书》第37卷中阙如，译者所依据的德文版与1911年版同。——译者

⑥ 康德在《补遗 CXXXIII》中把"展现"（Exposition）改为"杂多的综合"。——德文编者

更差的事,而是有远为高尚的任务。

我们的一切表象实际上都是通过知性而与任何一个客体发生关系的,并且,由于现象无非是些表象,所以知性把它们联系到一个作为感性直观的对象的某物:但这个某物①就此而言只是先验的客体。但先验客体意味着一个等于 X 的某物,我们对它一无所知,而且一般说来(按照我们知性现有的构造)也不可能有所知,相反,它只能作为统觉的统一性的相关物而充当感性直观中杂多的统一,知性借助于这种统一而把杂多结合成一个对象的概念。这个先验的客体根本不能和感性的材料分割开来,因为那样一来就没有任何它借以被思考的东西留下来了。所以它并不是任何自在的认识对象本身,而只是诸现象在一般对象这个概念之下的表象,而一般对象通过诸现象的杂多是可以得到规定的。

A251

正因为如此,诸范畴甚至也不表象任何特殊的、仅仅给予知性的客体,而只是用来通过感性中被给予的东西规定那先验的客体(即有关一般某物的概念),以便由此在有关诸对象的那些概念之下来经验性地认识诸现象。

至于我们为什么还不满足于感性的基底,还给诸现相(Phaenomenis)附加上了只有纯粹知性才能思考的本体,那么其原因只是基于以下一点。感性及其领域、即现象领域本身是受到知性限制的,以至于它并不针对自在之物本身,而只是针对诸物如何借助于我们的主观性状而向我们显现出来的那种方式的。这曾是整个先验感性论的结论,也是自然而然地从一般现象的概念中推出来的:必然会有某种本身不是现象的东西与现象相应,因为现象单独就本身来说,和在我们的表象方式之外,不能是任何东西,因而,如果不想不停地绕圈子的话,现象这个词已经指明了与某种东西的关系,这个东西的直接表象虽然是感性的,但它哪怕没有我们感性的这种性状(我们的直观形式就建立

A252

---

① 康德在《补遗 CXXXIV》中把"某物"改成"作为一般直观的对象的某物"。——德文编者

在这种性状上），却自在地本身必须是某物，即某种独立于感性的对象。

于是从这里就产生出关于一个本体的概念，但这概念根本不是积极的，不是关于任何一物的确定的知识，而只意味着关于一般某物的思维，在这个一般某物那里我抽掉了感性直观的一切形式。但为了使一个本体具有一个真实的、与一切现相（Phänomenen）相区别的对象的含义，单凭我使我的思想从感性直观的一切条件中摆脱出来是不够的，我此外还必须有理由来假定一种不同于感性直观的另外的直观方式，在这种方式下一个这样的对象方能被给予出来；因为否则我的思想毕竟是空的，虽然并没有矛盾。我们虽然在上面没有能够证明感性直观是一般唯一可能的直观，而只是证明了它只对于我们来说是这样的；但我们也不可能证明还有另外的直观方式是可能的，而且，虽然我们的思维可以抽掉那种①感性，但毕竟留下一个问题：是否这样一来思维就会是一种单纯的概念形式，并且是否通过这种分隔在任何地方还会留下一个客体②。

A253

我使一般现象与之相关联的那个客体就是先验的对象，亦即关于一般某物的完全未定的思想。这个思想不能叫做本体；因为关于它，我并不知道它自在地本身是什么，并且完全没有对它的概念，只有对一个感性直观的一般对象的概念，所以这个一般对象对一切现象来说都是一样的。我不能通过任何范畴来思维这个对象；因为范畴适用于经验性的直观，以便把这直观带到一般对象的概念下来。范畴的一个纯粹运用虽然是可能的③，就是说没有矛盾的，但却由于范畴没有指向任何本应由它们来获得客体的统一性的直观，而完全不具任何客观有效性；因为范畴毕竟是一种单纯的思维机能，通过它并没有任何对象被给予

---

① 哈滕斯泰因将"那种"（jener）改为"任何"（jeder）。——德文编者

② 康德在《补遗 CXXXVII》中将此句改为："或者是否通过这种分隔在任何地方还会留下一种可能的直观"。——德文编者

③ 康德在《补遗 CXXXVIII》中把"可能的"改为"逻辑上可能的"。——德文编者

我,而只是那能在直观中被给予的东西得到了思维。]

如果我从某种经验性的知识中去掉一切(借助于范畴进行的)思维,那么就完全不会有任何对象的知识余留下来;因为通过单纯的直观没有任何东西被思维,并且,这种感性刺激在我里面发生,这根本不构成这类表象与某个客体的任何一种关系。但反过来,如果我把一切直观都撇开,那毕竟还会留下思维的形式,亦即给可能直观的杂多规定一个对象的那种方式。因此范畴就这样扩展到比感性直观更远的地方,因为它们思维一般客体,尚未看看那种使这些客体能被给出的特殊的方式(即感性的方式)。但范畴并不因此就规定了诸对象的一个更大的范围,因为我们不能在把某种不同于感性的直观方式的直观方式预先假定为可能的之前,就承认这些对象能够被给予,而我们又根本无权作这种预先假定。

如果一个概念并不含有任何矛盾,甚至还作为那些被给予的概念的边界而与其他的知识相关联,但它的客观实在性却不能以任何方式被认识,我就把它称为悬拟的(problematisch)概念。一个本体的概念,即一个完全不应被思考为一个感官对象、而应(只通过纯粹知性)被思考为一个自在之物本身的物的概念,是完全不自相矛盾的;因为我们对于感性并不能断言,它就是直观的唯一可能的方式。此外,为了不使感性直观扩展到自在之物本身上去,从而限制感性知识的客观有效性,这个概念又是必要的(因为感性直观所达不到的其余的东西之所以称为本体,正是为了借此表明那些知识不能把自己的领土扩展到知性所思维的一切东西上去)。但最终,我们一点也看不出这样一些本体的可能性,现象领域之外的范围(对我们来说)是空的,这就是说,我们有某种把自己悬拟地扩展到比现象领域更远的地方的知性,但没有能超出感性领域之外给我们提供对象并使知性超出这一领域而作实然的运用的那种直观,哪怕有关这种直观的概念都没有。所以某种本体的概念只不过是一个限度概念,为的是限制感性的僭越,因而只有消极的运用。但这个概念毕竟不是杜撰出来的,而是与感性的限制相关联的,只是不能在感性的范围之外建立某种积极的东西。

因此把对象划分为现相和本体,而把世界划分为感性世界和知性世界,在积极的意义上是完全不能容许的,虽然概念的确容许被划分为感性的和智性的;因为我们不能为后者规定对象,那么这些概念也就不能冒充为客观有效的。如果我们离开感官,我们将如何能理解我们的范畴(它们将是唯一给本体留下来的概念)还会到处有某种所指?因为在它 A256 们与某个对象的关系上还必须给出某种比单纯思维的统一性更多的东西,亦即还要加上某种可能的直观,以便它们能应用其上。即使如此,只被当做悬拟的本体的这个概念仍然不仅仅是容许的,而且甚至作为一个把感性置于限制中的概念也是不可避免的。但这样一来,本体就不是为我们的知性所特有的一个智性对象了,相反,它可能会隶属的那种知性本身就是一个问题,即是说,这种知性不是通过范畴推论式地认识 B312 其对象,而是在某种非感性的直观里直觉地认识其对象,而对这种知性的可能性我们是不能产生最起码的表象的。既然我们的知性以这种方式获得一种消极的扩展,这就是说,知性与其说是由于感性而受到限制,不如说是通过它用本体来称谓自在之物本身(而不把它看做现象),知性就限制了感性。但知性同时也限制了自己,不能通过任何范畴来认识本体,因而只能以未知某物的名义来思维这些本体。

然而,在近代的文献中我发现对 mundi sensibilis(可感世界)和 mundi intelligibilis(理知世界)这两个术语①②与古代的意思完全不同、 A257 完全相左的一种运用,这种运用当然没有什么难理解的,但其中所有的只不过是玩弄词藻。按照这种用法,一些人更愿意把现象的总和就其被直观到而言称之为感官世界,而就其关联按照普遍知性规律被思考

---

①　我们不必像人们在以德国人的表达方式通常习惯于做的那样,用智性世界(eine intellektuelle Welt)这个词来取代理知世界这一术语;因为只有知识才是智性的或感性的。然而只要是能成为这种那种直观方式的、因而客体方面的对象的东西,都必须叫作理知或可感的(尽管这很难听)。——康德

②　上述注释为第二版所增加的。——德文编者

B313　而言,则称之为知性世界(Verstandeswelt)。前者据说表现为单只报道对星空的观察的理论天文学,而后者,也就是理知世界(intelligible Welt),则表现为(例如根据哥白尼的宇宙体系或牛顿的引力定律来解释的)静观的天文学①。但这样一种词意的歪曲只不过是诡辩的遁辞,为的是将它们的意义降低到适合自己的意思以回避麻烦的问题。当然,知性和理性都可以在现象上运用;但问题是如果对象不是现象(而是本体),它们是否还有某种运用,而人们就是在这种意义上,当对象自身只是被思维为理知的,也就是被思维为只被给予知性而根本不被给予感官的东西时,来设想对象的。所以问题就在于,是否知性在它的那种经验性的运用以外还可能有(哪怕在牛顿的宇宙结构表象中)一种先验的运用,它指向作为某种对象的本体。对这个问题我们已作了否定的回答。

A258　　　所以当我们说:感官向我们表现出对象如它们所显现的样子,知性却表现出对象如它们所是的样子,这时后一情况并不能在先验的含义中、而只能在经验性的含义中来设想,也就是像它们必须在现象的彻底

B314　关联中被表现为经验对象那样,而不是按照它们在与可能经验的关系之外、因而在一般意义上并作为纯粹知性的对象所可能的那样来设想。因为后面这种情况将会是我们永远不知道的,甚至于就连这样一种超常的②先验知识在任何地方是否可能、至少是作为从属于我们通常范畴的知识是否可能,也仍然不知道。知性和感性在我们这里只有结合起来才能规定对象。如果我们把它们分开,那么我们有直观则无概念,或者有概念则无直观,而在这两种情况下我们所具有的表象都不能与任何一个确定的对象发生关系。

　　如果有人还未下决心由于这一切讨论而放弃范畴的单纯先验的运用,那么他可以试试从范畴中得出任何一个综合的断言来。因为一个

---

①　据维勒,"静观的"应与前面"理论的"互换。——德文编者

②　据法欣格尔,"超常的"(au\betaerordentliche)应为"超感官的"(au\betaersinnliche)。——德文编者

分析的断言并不使知性走得更远,知性在这里只是在讨论概念中已被想到的东西,所以它并不能决定这概念是自在地与对象本身有关,还是只意味着一般思维的统一性(这统一性完全抽掉了一个对象有可能被给予出来的那种方式),对它①说来,只要知道在它的概念中有什么就足够了;这概念本身针对着什么,这对它来说是无所谓的。因此他也可以试试任何一个综合的、被以为的先验的原理的效果,如:一切存在的东西都是作为实体或某种依赖于实体的规定性而实存的;一切偶然的东西都是作为另一物、也就是它的原因的结果而实存的如此等等。现在我要问:既然这些概念不想与可能的经验发生关系,而是要适用于自在之物本身(本体),知性将从何处得到这些综合命题呢? 综合命题总是需要一个第三者②,以便在其中把那些完全没有任何逻辑的(分析的)亲和性的概念相互连结起来,而在这里,那个第三者又在何处呢? 不顾及到知性的经验性的运用,因而不完全放弃那种纯粹的、摆脱感官的判断,知性就永不能证明它的命题,更有甚者,就连以这样一个纯粹命题的可能性为自己辩护都做不到。所以纯粹只是理知的对象这个概念③在其应用的一切原理上完全是一片空白,因为我们不能虚构出这些对象应当被给予的方式,这个悬拟的观念毕竟为这些对象留下一个位置,只是为了像一个空的空间一样对经验性的原理作出限制,但却并未把经验性原理范围以外的任何别的知识客体包含在自身中并表明出来。

A259

B315

A260

B316

---

① 埃德曼指这个"它"为"在分析的运用中的知性"。——德文编者

② 康德在《补遗 CXXXIX》中将"第三者"写作"直观的第三者"。——德文编者

③ 康德在《补遗 CLX》中将"这个概念"改为"这个概念、这种可能的知识"。——德文编者

附　录

由知性的经验性运用与先验的运用相混淆
而引起的反思概念的歧义

反省（reflexio①）并不与诸对象本身发生关系以直接获得它们的概念，而是这种内心状态，在其中我们首先准备去发现我们由以达到这些概念的那些主观条件。反省是对给予的表象与我们的不同认识来源的关系的意识，唯有通过这种意识，表象相互之间的这种关系才能得到正确的规定。在对我们的表象作任何进一步的讨论之前首先一个问题就是：这些表象共属于哪一种认识能力？使它们得以结合起来并加以比较的是知性呢，还是诸感官？有些判断是从习惯中接受来的，或者是由爱好连结起来的；但由于没有先行作任何反省、或至少在事后加以批判的反省，所以它就被看做是这样一种在知性中获得其起源的判断了。

A261

B317

并非一切判断都需要一种审查，即对真理性根据的一种关注；因为，如果它们是直接确定的：例如两点之间只能有一条直线；那么关于它们就不可能指出比它们自身所表达出来的更贴近的真理性标志。但一切判断，甚至一切比较都需要一个反省，即需要对那些给予的概念所从属的认识能力进行辨别。我用来把一般诸表象的比较和提出这种比较的认识能力相对照，并借以辨别这些表象在相互比较中属于纯粹知性还是属于感性直观的那个行动，我称之为先验的反省。但一种内心状态里的诸概念能够在其中互相从属的那种关系就是相同性和差异性、

---

① 拉丁文：反思。又，前一"反省"为德文 Überlegung，与该拉丁文为可对译的同义词，此处权作区分。——译者

一致与冲突、内部和外部的关系，最后是可规定的和规定（质料和形式）的关系。正确地规定这种关系取决于诸概念在何种认识能力中主观上相互从属，是在感性中还是在知性中。因为后面这些认识能力的区别在我们应当如何思维前面那些概念的方式上造成了很大的区别。

在进行一切客观判断以前，我们且比较这些概念，为的是找到①**相同性**（许多表象在一个概念下的相同性）以达到全称判断，或找到**差异性**以产生特称判断，找到**一致性**，从中可以形成肯定判断，找到**冲突性**，从中可以形成否定判断，如此等等。由于这种理由，就像看起来那样，我们本来应当将上述概念称之为比较性概念（conceptus comparationis②）。但由于，当事情不取决于逻辑形式，而取决于这些概念的内容时，就是说，取决于诸物本身是相同的还是相异的，是一致的还是相冲突的等等时，这些物对我们的认识能力、即对感性和知性可以有双重的关系，但事情却取决于它们应该处于其中的这个位置、取决于它们应当如何相互从属的方式：所以先验的反思、也就是被给予的诸表象对这种或那种认识方式的关系③就将是唯一能够规定这些表象的相互关系的了，并且这些物是相同的还是相异的，一致的还是相冲突的等等，都将不可能马上就从这些概念本身中通过单纯的比较（comparatio④）得到决定，而只有首先通过区别它们所属的那种认识方式、借助于某种先验的反省（reflexio⑤）才能决定。所以人们虽然可以说：逻辑的反思是一种单纯的比较，因为在它那里完全抽掉了被给予的表象所属的那种认识能力，所以就此而言这些表象按照它们在内心的位置来说必须作为同性质的东西来处理，但先验的反思（它针对的是对象本身）却包含有

A262

B318

B319

---

① “找到”为埃德曼补上的，梅林增补的是“达到”，兹从埃德曼。——德文编者

② 拉丁文：比较的概念。——译者

③ 梅林认为“关系”应为“关系的意识”。——德文编者

④ 拉丁文：比较。——译者

⑤ 拉丁文：反思。——译者

对这些表象相互进行客观的比较的可能性根据,所以它是与后者①完
全不一样的,因为这些表象所属的认识能力并不正好是同一个认识能
力。这种先验的反省是一种没有人能够放弃的义务,如果他要先天地
对事物有所判断的话。我们现在就要来履行这一义务,并且从中将在
规定知性的真正事务方面获得不少启发。

1. 相同性和差异性。如果有一个对象多次地、但每次都带着同一
些内部规定(qualitas et quantitas②)向我们呈现出来,那么如果它被看
做纯粹知性的对象,它就总是同一个对象,并且不是多个事物,而只是
"一个"事物(numerica identitas③);但如果它是现象,那么问题就根本
不在于概念的比较,而是无论就概念而言一切都是如何地相同,这一现
象在同一时间中地点上的相异却毕竟是对象(感官对象)本身在号数
上的差异性的一个足够的根据。我们可以这样来把两滴水中的一切内
部差异性(质和量的差异性)全都抽掉,但只要它们在不同的地方同时
被直观到,这就足以把它们在号数上看做不同的了。莱布尼茨曾把现
象当做自在之物本身,因而看做 intelligibilia④,即纯粹知性的对象(尽
管他由于这些对象表象的模糊性而赋予它们以现相之名),在这种情
况下他的不可分辨律(principium identitatis indiscernibilium⑤)的确是不
可反驳的;但由于现象是感性的对象,知性对它们不具有纯粹的运用,
而只具有经验性的运用,所以多数性和号数上的差异性已经由作为外
部现象的条件的空间本身点明出来了。因为空间的一个部分虽然和另
外一部分可以完全相似和相同,但却毕竟在另一部分之外,并且正因此
它就是一个与另一部分相异的部分,是加在另一部分之上以构成一个
更大的空间的部分,因此这也必定适用于一切同时存在于许多空间位

---

① 法欣格尔认为应作"前者",即"逻辑的反思";但把"后者"代"比较"也
通。——德文编者
② 拉丁文:定质定量的。——译者
③ 拉丁文:号数上同一的。——译者
④ 拉丁文:理知的东西。——译者
⑤ 拉丁文:不可分辨者的同一性原则。——译者

置上的东西,不论它们在别的方面可以是如何相似和相同。

2. 一致和冲突。如果实在性只是通过纯粹知性来表现(realitas noumenon①),那么在诸实在性之间就不可能设想任何冲突,即设想这样一种关系,它们在结合于一个主体中时互相取消其后果,就会是 3 - 3 = 0。相反,在现象中的实在的东西(realitas phaenomenon②)相互之间自然可以处于冲突之中,并且当结合在同一个主体中时,一个实在的东西就会完全或部分地取消另一个的后果,例如在同一直线上两个运动的力在它们朝相反的方向牵引或挤压一点时,或者一个与痛苦保持着平衡的快乐,都是如此。

3. 内部和外部。在一个纯粹知性对象上,唯有那与任何某种与它相异之物(在存有方面)完全没有什么关系的东西才是内部的。反之,空间中一个 substantia phaenomenon③ 的内部规定无非是关系④,而现象实体本身也完完全全是一些纯粹相关性的总和。对于空间中的实体,我们只是通过空间中起作用的力来认识的,这要么是把另一实体推向它的力(吸引),要么是阻止另一实体向空间中侵入的力(排斥和不可入性);对于构成在空间中显现的、我们称为物质的实体之概念的那些另外的属性,我们并不认识。相反,作为纯粹知性的客体,每个实体都必须拥有内部的规定和指向内部实在性的力。不过,我能够把什么样的一些内部偶性设想为我的内感官如此向我呈现的那些偶性呢? 这就是要么本身就是一种思维,要么是与思维类似的东西。因此莱布尼茨使一切实体——因为他把这些实体设想为本体——,甚至使物质的组成部分——当他在思想中把一切可能意味着外部相关性的东西、因而也把复合性从那些组成部分中去掉了之后——,成为了天生赋有表象能力的单纯主体,简言之,成为了**单子**。

A265
B321

A266
B322

---

①　拉丁文:本体的实在性。——译者

②　拉丁文:现相的实在性。——译者

③　拉丁文:现相的实体。——译者

④　在康德自己用书中此句有一条旁注:"在空间中是纯粹外部关系,在内感官中是纯粹内部关系;没有绝对者"。——德文编者

　　4.质料①和形式。这是两个被作为其他一切反思的基础的概念，所以它们与知性的每一种运用都不可分地联结在一起。质料意味着一般的可规定之物，形式意味着该物的规定（两者都是在先验的理解中，因为我们抽掉了被给予之物的一切区别以及它被给予的那种方式）。逻辑学家们以前把普遍的东西称之为质料，而把那种特殊的区别称之为形式。在每个判断中我们可以把那些给予的概念称之为（判断的）逻辑质料，而把概念（借助于系词）的关系称之为判断的形式。在每个存在物中其组成成分（essentialia②）就是质料；这些组成成分在一物中结合起来的方式就是本质的形式。甚至就一般物而言未限定的实在性也曾被视为一切可能性的质料，而它的限制（否定）则被视为一物按照先验概念借以与另一物区别开来的形式。就是说，知性首先要求某物（至少在概念中）被给予出来，以便能以某种方式规定它。因此在纯粹知性概念中质料是先行于形式的，为此莱布尼茨首先就假定了诸物（单子），并在内部假定了它们的某种表象能力，以便接着在此之上建立起它们的外部关系和它们的状态（也就是表象）的协同性。因此空间和时间两者，前者只是通过诸实体的关系，后者只是通过这些实体的诸规定作为根据与后果的相互连结，才是可能的。假如纯粹知性可以直接与对象相关，假如空间和时间就是自在之物本身的规定的话，那么事情实际上也必定就会是如此。但如果这只是些感性直观，在其中我们把一切对象仅仅规定为现象，那么直观形式（作为感性的一种主观性状）就先行于一切质料（感觉），因而空间和时间就先行于一切现象和一切经验材料，而反倒是首先使经验成为可能的了。这位智性哲学家不能容忍让形式先行于物本身并为这些物规定其可能性；当他假定了我们所直观的物是如其所是的那样（虽然带有模糊的表象），那么他的这种审查是完全正确的。但由于感性直观是一种完全特殊的主观条

A267

B323

A268

---

① “质料”和前面所译“物质”为同一词 Materie。——译者
② 拉丁文：本质的东西。——译者

件,它是一切知觉的先天基础,并且其形式是本源的①;所以这形式是　B324
自身独自被给予的,如果说物质(或者那些显现出来的物本身)应当做
为基础(如人们根据单纯的概念必然会判断的那样),就是大错特错
了,所以倒不如说,物质的可能性是以某种形式直观(时间和空间)作
为已被给予的前提的。

对反思概念的歧义的注释

请允许我把我们要么在感性中、要么在纯粹知性中给概念分派的
位置称之为先验的方位。按照这种方式,对根据概念运用的差异性而
应归于每个概念的这种位置所作的评判,以及对按照规则为一切概念
规定这种方位所作的指示,就会是先验的正位论了;这将是一种彻底防
止纯粹知性受到的欺骗及由此产生的错觉的学说,因为它任何时候都
要分辨出这些概念真正属于何种认识能力。我们可以把每一个概念,
把许多知识归属于其下的每一个条目,都称之为一个逻辑的方位。在
这上面就建立起了亚里士多德的逻辑的正位论②,当时的教师和演说　A269
家能够用它在思想的某些条目中检视什么是最适合于现有材料的,并　B325
对之进行具有表面彻底性的推想和滔滔雄辩。

相反,先验的正位论所包含的只不过是前述一切比较和辨别的四
个条目,它们与诸范畴的区别在于,通过它们,并不是对象按照构成它
的概念的东西(量、实在性)得到了描述,而只是对先行于物的概念的
诸表象的比较在其一切杂多性中得到了描述。但这种比较首先需要一
种反省,即需要对这些被比较之物的表象所属的那个方位作一种规定,
看这些表象是纯粹知性所思维的,还是感性在现象中所给予的。

这些概念在逻辑上是可以得到比较的,而无需操心它们的客体所
属何处,是作为知性的本体呢,还是作为感性的现相(Phänomena)。但

---

①　维勒认为此句应为"并且是这些知觉的本源的形式"。——德文编者
②　指亚里士多德《工具论》中的《正位篇》。——译者

如果我们要用这些概念去达到对象,那么对于这些对象应当是哪些认识能力的对象,是纯粹知性的对象还是感性的对象,首先作一番先验的反省就是必要的。没有这种反省,我就会对这些概念作一种很不可靠的运用,并且会产生出一些批判的理性不可能承认的、只是建立在某种先验的歧义即对纯粹知性客体和现象的混淆之上的臆测的综合原理。

由于缺乏这样一个先验的正位论,因而为反思概念的歧义所蒙蔽,著名的莱布尼茨曾建立了一种世界的智性体系,或者说,他宁可相信只要他把一切对象与知性和知性思维的孤立的形式概念相比较,就能认识诸物的内部性状。我们的反思概念表①给我们带来一个未曾料到的好处,就是把他在这个体系的一切部分中的原理性概念的与众不同之处,同时也把这种无非是建立在某种误解之上的特别的思维方式的主导性理由,摆在眼前了。他对一切事物只是通过概念作相互的比较,并且很自然地,除了知性借以使自己的纯粹概念相互区别开来的那些差异性之外没有发现任何别的差异性。他并没有把感性直观的那些带有自己固有差别的条件看做是本源的;因为感性在他看来只是一种混乱的表象方式,而决不是诸表象的一种特殊的来源;现象在他看来则是自在之物本身的表象,虽然按照逻辑形式来说与由知性而来的知识是有区别的,因为前者由于通常缺乏分析,而把与那些附带表象的某种混杂引入了物的概念中,知性则懂得把这些附带表象与这概念分离开来。总之,**莱布尼茨**使诸现象智性化了,正如**洛克**按照某种理性发生论②体系(如果允许我使用这一表达方式的话)将这些知性概念全都感性化了一样,也就是把它们打扮成不过是经验性的或是被抽离出来的反思概念。这两位伟人不是在知性和感性中寻找表象的两个完全不同的、但只有在结合中才能对事物作客观有效的判断的来源,而是每一位都只坚持两个来源中的一个,这个来源在他们看来是直接与自在之物本

B326

A270

A271

B327

---

① 指前述四对概念的排列:"相同和差异"、"一致和冲突"、"内部和外部"、"质料和形式"("可规定的和规定")。——译者

② 原文为 Noogonie,指理性(Noo,即希腊文 νους)从感性中发生(Gonie 希腊文 γον-)的学说。——译者

身相关的,然而另一个来源所做的则只不过是把前一个来源的表象加以混淆或整理而已。

因此莱布尼茨只是在知性中把感官对象作为一般物相互进行了比较而已。首先,这是就这些对象应当被知性判断为相同的或有差异的而言。由于这样一来他就只注意这些对象的概念,而不注意它们在直观中的位置,而这些对象只有在直观中才能被给予,又由于这些概念的先验的方位(即客体必须被归于现象还是归于自在之物本身)完全被忽视了,所以结果就不能不是:他把他的只适用于一般物的概念的不可辨别者原理也扩展到了感官对象(mundus phaenomenon①)上,并相信由此就给自然知识带来了不小的扩充。当然,如果我把一滴水按照它的一切内部规定而认作自在之物本身,那么如果一滴水的整个概念与任何一滴水是相同的时,我就不可能让任何一滴水被看做与另一滴水是有差异的。但如果一滴水是空间中的现象,那么它就不仅在知性中(在概念之下)有自己的方位,而且在外部感性直观中(在空间中)有自己的方位,在这种情况下物理上的那些方位对诸物的内部规定而言是完全无所谓的,而一个等于 b 的方位可以这样地来接受与处于某个等于 a 的方位中的另一物完全相似和相同的物,就好像它与另一物在内部还有同样大的差异似的。方位的差异性无需进一步的条件,就使得作为现象的对象的多数性和区别单凭自身已经不仅仅是可能的,而且是必然的了。所以那条表面上的规律决不是自然律。它只是一条分析的规则或通过单纯概念对诸物所作的比较而已。②

其次,诸实在性(作为单纯的肯定)绝不会在逻辑上相互冲突,这条原理是一个有关诸概念之关系的完全真实的命题,但它不论是就自然界而言,还是在任何地方就任何一个自在之物本身(对它我们没有任何概念)而言,都没有丝毫意义。因为实在的冲突凡是在 A − B = 0

A272
B328

A273
B329

---

① 拉丁文:现相世界。——译者
② 第四版为:"它只是一条通过单纯概念对诸物进行比较的分析的规则而已。"——德文编者

的地方,即凡是在一个实在性与另一个实在性在同一个主体中联结时一个就取消另一个的作用的地方,就总是会发生,这种情况是自然界所有的阻抗和反作用都不停地展示在我们眼前的,尽管这些阻抗和反作用由于它们建立在各种力之上,而必须被称之为 realitates phaenomena①。普通力学甚至可以在一条先天规则中指出这种冲突的经验性条件,因为它着眼于方向上的对立:这是实在性的先验概念对之完全一无所知的一个条件。虽然尊敬的莱布尼茨先生宣布这个命题时并不太作为一条崭新的原理大肆张扬,但他毕竟将它用于一些新的主张上,而他的后继者们则明确把它记到了他们的莱布尼茨—沃尔夫派的学说体系的账上。例如,按照这条原理,一切坏事都无非是被造物的种种局限即种种否定性的后果,因为这些否定性是与实在性唯一相冲突的东西(在一般物的单纯概念中也的确是如此,但在作为现象的物中则不然)。同样,莱布尼茨的追随者们认为,把一切实在性没有任何一种堪忧的冲突而结合在一个存在物中,这不仅是可能的,而且也是很自然的,因为他们除了矛盾(一物的概念本身由此将被取消)的冲突外不知道有任何别的冲突,也不知道有交相危害的冲突,在这种冲突中,一个实在的根据取消另一个实在根据的作用,对此我们只在感性中才发现把这样一种冲突向我们表象出来的条件。

B330
A274

第三,莱布尼茨的单子论,除了这位哲学家只在与知性的关系中设想内部和外部的区别外,根本没有任何别的根据。一般实体都必须拥有某种内部的东西,因而这种东西是摆脱了一切外部关系、因而也摆脱了复合作用的。所以单纯的东西是自在之物本身的内部东西的基础。但实体状态的内部东西也不可能是方位、形状、接触或运动(这些规定全都是外部关系),因此我们不能赋予实体任何别的内部状态,除了我们借以从内部规定我们的感官本身的那种内部状态,即诸表象的状态。这样一来,应当构成整个宇宙的原料的诸单子就完成了,但它们的活动力仅在于它们本来只是用来在自身中起作用的那些表象。

---

① 拉丁文:现相的实在性。——译者

但正因为如此,他的关于诸实体相互之间可能的协同性的原则也就必须是某种前定的和谐,而不可能是任何物理的影响。因为既然一切都只是内部的,即埋头于自己的表象的,那么一个实体的表象状态与另一个实体的表象状态就根本不可能处于任何有实效的联结中,而必须有某一个第三者的、并且在所有一切实体中发生影响的原因使它们的状态互相成为相应的,虽然不一定是通过偶尔的和在每个个别情况下特别安插进来的援手(systema assistentiae①),而是通过一个对一切实体都有效的原因的理念的统一性,诸实体全都必须在这统一性中按照普遍法则获得自己的存有和持存性,因而也获得相互之间的交互相应性。

B331
A275

第四,他关于时间和空间的著名的原理性概念,即他在其中把这两种感性形式加以智性化的那个概念,只是从对先验反思的同一种错觉中产生出来的。如果我想只通过知性来设想诸物的外部关系,那么这只要借助于一个对诸物的交互作用的概念就能做到,而当我要把同一物的一个状态与另一个状态结合起来时,这只要在根据和后果的秩序中就可以进行了。所以莱布尼茨就这样把空间设想为在实体协同性中的某种秩序,把时间设想为诸实体状态的力学性系列。而似乎是这两者本身所具有的那种特点和不依赖于诸物的性质,他却归之于这两个概念的模糊性,这种模糊性使得那本身只是力学性关系的一种形式的东西被看做了一种独立自存的、先行于物本身的直观。所以空间和时间在他那里就是自在之物本身(实体及其状态)结合的理知形式。诸物则是一些理知的实体(substantiae noumena②)。但他仍然想使这些概念对于现象有效,因为他不承认感性有自己特有的直观方式,而是在知性中寻求对象的一切表象、甚至是经验性的表象,而只留给感官去做混淆和歪曲知性的表象这种可鄙的事情。

B332
A276

但即使我们有可能通过纯粹知性对于自在之物本身综合地说出点

---

① 拉丁文:援助系统。——译者
② 拉丁文:本体的实体。——译者

什么（虽然这是不可能的），然而这毕竟根本不会有可能与现象发生任何关系，这些现象并不表象自在之物本身。所以在后面这种情况下，我在先验的反省中将不得不任何时候都只在感性的条件下对我的诸概念进行比较，这样，空间和时间就会不是自在之物的规定，而是现象的规定；自在之物可能是什么，我并不知道，而且这也不需要知道，因为一物除了在现象中外，毕竟永远也不可能出现在我面前。

　　其他的反思概念我也照此办理。质料是 substantia phaenomenon①。凡是应归于它的内部的，我都在它所占据的空间的一切部分中、以及它所产生的一切效果中去寻找，这些效果当然永远只能是外部感官的现象。所以我虽然不拥有任何绝对内部的东西，而只不过拥有比较性的内部的东西，它本身又是由外部的关系所组成的，然而，质料的依照纯粹知性的绝对内部也只是一种幻念；因为质料任何时候对于纯粹知性都不是什么对象，但那个可能作为我们称之为质料的这一现象的基础的先验客体，却只是一个"某物"，我们连它是什么都不会理解，即使有人能够告诉我们。因为我们所能够理解的只是在直观中带有和我们的语词相应之物的东西。如果有人抱怨说：我们根本洞察不到事物的内部，而他的意思是想说我们通过纯粹知性并不理解向我们显现的事物自在地可能是什么的话，那么这些抱怨就是完全没有道理和不合理性的；因为这就是要求人们不凭感官却能够认识事物，因而直观事物，所以就是要求我们拥有一种与人的认识能力不仅在程度上、而且甚至在直观和种类上都完全不同的认识能力，因而要求我们不应当是人，而应当是一些这样的存在者，我们甚至不能指出它们是否会存在，更不用说指出它们具有怎样的性状了。对现象的观察和剖析逼进到自然的内部，而没有人能够知道这将随着时间进行到多远。但尽管如此，对于那些超出自然之外的先验的问题，哪怕整个自然都被揭示在我们面前，既然就连用一种与我们的内感官的直观不同的直观来观察我们自己内心这种能力都并没有被给予我们，我们也毕竟永远不会有

A277
B333

A278
B334

---

　　①　拉丁文：现相的实体。——译者

可能回答它们。因为在我们自己的内心中包含有我们的感性起源的秘密。感性对一个客体的关系,以及它们的统一性的先验根据会是什么,这些无疑是隐藏得太深了,以至于我们这些甚至对我们自己也只是通过内感官、因而也只是作为现象才了解到的人们,不会有可能运用我们的一种如此不适合的研究工具,去发现某种与总是又成为现象的东西不同的东西,当然这些现象的非感性的原因我们还是很乐意地要去研究的。

对单纯以反思活动为根据的那些推论所作的这一批判带来的极大好处在于:它清楚地阐明了关于人们只是在知性中加以相互比较的那些对象所作的一切推论的毫无意义,同时证实了我们曾特别再三提醒的主要之点:虽然现象不是作为自在之物本身而被包括在纯粹知性的诸客体之中,但它们是唯一我们的知识能够据以拥有客观实在性的一些客体,就是说,在这里有直观与这些概念相应。 A279 B335

如果我们只是进行逻辑的反思,那么我们只是在知性中对我们的概念作相互的比较,看两者是否包含同一个东西,看它们是不是相互矛盾,看某物是包含在这个概念内部还是加在这个概念之上,看两个概念中的哪一个应当被视为给予的,哪一个则只是思维那被给予的概念的一种方式。但如果我把这些概念应用于一个(在先验的理解中的)一般对象,而不去进一步规定这对象是一个感性直观的对象还是一个智性直观的对象,那么,那些颠覆这些概念的一切经验性运用的(不超出这种概念的)限制①就马上显示出来了,而正是这样就证明了:一个作为一般物的对象的表象决不仅仅是不充分的,而且如果没有对它的感性规定,如果脱离了经验性的条件,就是在本身中自相冲突的,因而我们要么就(在逻辑中)把一切对象都抽掉,要么,如果我们假定一个对象,我们就必须在感性直观的那些条件下来思考它,因而理知的东西将

---

① 法欣格尔校作:"那些不禁止这些概念的经验性运用的(不超出这种概念的)限制";美迪库斯(F. Medicus)对法欣格尔再校作:"那些(超出这种概念的)禁止一切非经验性运用的限制"。——德文编者

B336
A280
会要求一个我们所不具备的完全特殊的直观，而没有这种直观它对我
们来说就会是无，而反过来说，现象也不可能是自在的对象本身。因
为，如果我只思考一般的物，那么外部关系的差异当然也就不可能构成
事物本身的差异，而不如说倒是以事物本身的差异为前提的，而且，如
果一物的概念与他物的概念完全没有内部的区别，那我只不过是把同
一物置于不同的关系中。此外，通过把一个单纯的肯定（实在性）附加
到另一个之上，的确就增加了积极的东西，而没有从它那里减去或取消
任何东西；因此在一般物中的实在的东西并不会相互冲突，如此等等。

＊　　　　　　＊　　　　　　＊

正如我们已指出的，反思的这些概念由于某种误解而对知性的运
用有这样一种影响，以致于这些概念甚至能够诱使一切哲学家中最敏
锐的人士之一陷入到一种被臆测的智性知识体系中去，这个体系力图
无须感官的到场而规定它的对象。正是为此之故，对这些概念的歧义
在诱发一些虚假原理时的欺骗性的原因作出阐明，就具有可靠地规定
和确保知性的界限的巨大好处。

B337
A281
虽然我们必须承认：凡是普遍地与一个概念相适合、或是与它相矛
盾的东西，也与包含在那概念之下的一切特殊的东西相适合或与之相
矛盾（dictum de Omni et Nullo①）；但荒唐的是将这条逻辑的原理变成
这样的意思，即它意味着：凡是在一个普遍概念中未曾包含的东西，也
就不包含在隶属于该概念下的特殊的东西中；因为这些特殊的东西之
所以是特殊的概念，正是由于它们比在普遍概念中所想到的东西包含
有更多的东西。但现在，实际上正是在后面这条原理之上，才建立起了
莱布尼茨的整个智性体系；所以这个体系就与这条原理一起，连同从中
产生出来的一切在知性运用中的含混性，而同时垮台了。

那条不可分辨者的原理本来是建立在这个前提上的：如果在一般
物的概念中没有遇到某种特别之处，那么这种特别之处也不会在该物
本身中遇到；因而一切物若不是在其概念中已经相互（在质或是量上）

---

①　拉丁文：遍有遍无公理。——译者

有区别,它们就会完全是相同的了(numro eadem①)。但由于在有关某一物的单纯概念中已被抽掉了一个②直观的好些必要条件,所以,出于某种离奇的草率,那被抽象掉的东西就被当做在任何地方都不会遇到的东西,而被同意给予该物的就只有那已经包含在它的概念中的东西了。 B338

一立方尺空间的概念,不论我在何处和怎样多次地思考它,它自身 A282 都完全是一样的。不过,两个立方尺在空间中却仅仅由于它们的方位就被区别开来了(numero diversa③);这些方位就是这概念的客体在其中被给予出来的那个直观的诸条件,它们不属于概念,但却是属于整个感性的。同样,在一物的概念中,如果没有任何否定的东西与一个肯定的东西相联结,就根本不存在任何冲突,而一些单纯肯定的概念在相联结时也根本不可能产生任何抵消。不过,在实在性(例如运动)于其中被给予的感性的直观中,却可以找到在一般运动概念里曾被抽象掉了的条件(相反的方向),这些条件使一种当然并非逻辑上的冲突成为了可能,即是说,使从完全积极的东西中得到一个等于 0 的无成为可能,而人们并不能说:由于在实在性的概念之间没有找到任何冲突,因此一切实在性就都是相互一致的④。按单纯的概念来说,内部的东西是一 B339 切关系或外部规定的基底。所以如果我抽掉了直观的一切条件并且仅 A283 仅固执于一般物的概念,那么我就可以抽掉一切外在关系,但却必然还会留下一个有关那根本不意味着任何关系而只意味着内部规定的东西

---

① 拉丁文:号数上等同。——译者
② 据埃德曼,"一个"应为"它的"。——德文编者
③ 拉丁文:号数上有别。——译者
④ 如果有人想在此利用一个常见的托辞:至少 realitates Noumena(本体的实在性)相互间是可以没有对抗作用的,那么他毕竟不能不举出一个关于这类纯粹的和脱离感性的实在性的例子,以便人们能了解一个这样的实在性一般来说表象 B339 了某物还是根本就不表象什么。但除了从经验中外,从任何别的地方都不可能举出什么例子来,而经验所提供的东西永远不会超过现相(Phänomena),所以这个命题的意思无过于说,那纯粹只包含肯定的概念不会包含任何否定的东西;这是一个我们从未怀疑过的命题。——康德

的概念。于是看来由此就可以得出:在任何一物(实体)中都有某种绝对是内部的东西,它先行于一切外部规定,因为它使这些外部规定首次成为可能,因而这个基底是这样的某物,它不再包含有任何外部的关系,因而是单纯的(因为有形之物毕竟永远只是关系,至少是相互外在的各部分的关系);而由于我们除了通过我们的内感官所作的规定外不知道任何绝对的内部规定,所以这个基底就不仅仅是单纯的,而且也是(按照和我们的内感官的类比)被诸表象所规定的,就是说,一切物

B340　真正说来都是单子,或者说天生赋有诸表象的单纯的存在物。假如除了对一个一般物的概念之外,绝对再没有什么东西属于那些唯有在其之下外部直观对象才能被给予我们、而又为纯粹概念所抽掉了的条件

A284　的话,上述说法也是会有它的全部正确性的。因为这就表明,一个在空间中持存的现象(一个不可入的广延)所能包含的只不过是关系,而根本不是什么绝对内部的东西,但它却可以是一切外部知觉的最初的基底。凭借单纯的概念,我当然没有某种内部的东西就不可能思考任何外部的东西,但这正是由于,关系概念毕竟预设了绝对被给予之物,它们没有这些绝对被给予之物就不可能存在。但由于在直观中包含了某种在一般物的单纯概念中根本没有的东西,而这种东西提供出凭单纯概念根本不会被认识的基底,也就是一个空间,它和它所包含的一切东西都是由纯粹形式的关系、或者也由实在的关系所组成的,所以我们就不能说:因为若没有绝对内部的东西就没有任何物能通过纯粹概念被表象出来,所以就连在这些概念之下所包含的那些物本身中,以及在它们的直观中,也都没有任何不以某种绝对内部的东西作基础的外部的

B341　东西。因为,如果我们抽掉了一切直观条件,那么在单纯概念中留给我们的当然就只剩下一般内部的东西及其相互关系,外部的东西唯有通过这种关系才是可能的。但这种唯一建立在抽象上的必然性并不会在

A285　诸物那里发生,只要这些物在直观中连同这样一些只表明关系而不以某种内部的东西作基础的规定一起被给予出来,这是因为,这些物不是自在之物本身,而只是一些现象。尽管凡是我们仅仅在质料上所知道的都只不过是关系(我们称之为质料的内部规定的东西只就比

较而言是内部的），但在其中有独立的和持存的关系，一个确定的对象就是由此而被给予我们的。如果我抽掉这些关系，我就根本不可能再思考任何东西，这并没有取消有关作为现象的物的概念，甚至也没有取消有关一个抽象对象的概念，倒是取消了这样一个可以按照单纯概念来规定的对象、即一个本体的一切可能性。当然，听到说什么一物彻头彻尾是由关系所构成的，这是令人诧异的，但一个这样的物也只是现象，而根本不能通过纯粹范畴来思考；它本身是以一般某物对感官的单纯关系为内容的。同样，如果我们从单纯概念入手的话，我们也的确不能把诸物的关系抽象地思考成别的样子，而只能思考为：一物是另一物中诸规定的原因；因为这就是我们　B342
关于关系的知性概念本身。不过，由于这样一来我们就抽掉了一切直观，所以杂多的东西得以互相规定其方位的整个方式、即感性的形式（空间）也就被取消了，而空间毕竟是先行于一切经验性的因果关　A286
系的。

　　如果我们把单纯理知的对象理解为不靠任何感性图型、而是通过纯粹范畴所想到的①物，那么这样一类对象就是不可能的。因为我们一切知性概念的客观运用的条件仅仅是对象借以被给予我们的那种感性直观的方式，并且如果我们抽掉这种方式，则那些知性概念就完全不具有与某个客体的任何关系了。甚至就算我们想要假定一种不同于我们的感性直观的另一种直观方式，我们的思维机能对这种直观方式而言也还是不会有任何意义。如果我们把这些理知对象只是理解为某种非感性的直观的一些对象，对此我们的范畴诚然是无效的，因而我们任何时候都根本不会对之有任何知识（既没有直观也没有概念），那么，这种单纯消极意义上的本体当然就必须得到容许：因为这些本体无非是说，我们的直观方式并不针对一切物，而只针对我们感官的对象，因　B343
而它的客观有效性是受限制的，这样就为某种另外的直观方式、因而也

---

　　①　康德在《补遗 CL》中把"所想到的"改为"被我们认识到的"。——德文编者

就为作为这种直观方式之客体的物留下了余地。但这样一来，一个本体的概念就是悬拟的，亦即是这样一个物的表象，对这个物我们既不能说它是可能的，也不能说它是不可能的，因为除了我们的感性直观外，我们根本不知道任何直观方式，除了范畴外，也根本不知道任何概念方式，但感性直观和范畴两者没有一个适合于某种外在于感性的对象。因此我们之所以还不能把我们思维的对象领域积极地扩展到超出我们感性的条件，并在现象之外还假定纯粹思维的对象即本体，是因为这些对象不具有任何可以指定的积极意义。因为对于诸范畴我们必须承认：它们单独并不足以达到对于自在之物本身的知识，而没有感性的材料，它们就会只是知性统一性的一些无对象的主观形式而已。思维虽然本身并不是感官的产物，并且就此而言也不受感官的限制，但并不因此马上就有自己特有的纯粹的运用而无须感性的参与，因为这样一来思维就是没有客体的。我们也不能把本体称之为一个这样的客体；因为本体恰好意味着这样一个对象的悬拟的概念，这对象是对于①一个与我们的直观完全不同的直观和一个与我们的知性完全不同的知性而言的，因而它本身就是一个问题。所以本体的概念不是有关一个客体的概念，而是与我们感性的限制不可避免地关联着的一个课题：看是否可能有完全免除了那种感性直观的对象，这样一个问题只可能得到不确定的回答，即：由于感性直观不是毫无区别地针对一切物的，它可能为更多的另外的对象留下了余地，所以这些另外的对象并不能完全被否认，但由于缺乏一个确定的概念（因为没有任何范畴与此相适宜），也不能作为我们知性的对象而被断言。

　　所以知性限定了感性，并不因此就扩展了它自己的领域，而由于它警告感性不要妄想指向自在之物本身，而只能指向现象，所以它思维一个自在的对象本身，但却只是作为这现象的原因（因而本身不是现象）的先验客体，这客体既不能作为量、也不能作为实在性、也不能

---

　　① "对于……而言"（für）第一版为"在……面前"（vor）。康德在《补遗》第45 页中又改回了 vor. ——德文编者

A287

B344

A288

作为实体等等被思维（因为这些概念永远要求它们借以规定一个对象的那些感性形式）；所以关于这先验客体，我们完全不知道它可以在我们里面还是我们外面找到，它是随着感性一同被取消了呢，还是当我们去掉感性时还会留存下来。如果我们由于这个先验客体的表象不是感性的，因而要把它称之为本体，那么这是我们的自由。但既然我们不能把我们知性概念中的任何一个应用于其上，那么这个表象对我们来说毕竟还仍然是空洞的，除了用来标志我们感性知识的限度、并留下一个我们既不能用可能经验也不能用纯粹知性去填充的空间之外，没有任何用处。 B345 A289

所以，这个纯粹知性的批判不容许在那些可以作为现象出现于知性面前的对象之外，建立一个新的对象领域，不容许放纵于理知世界、哪怕是这些理知世界的概念之中。以最虚伪的方式诱使人们这样做、虽然不可能得到辩护但却可以原谅的错误就在于：使知性的运用违背它的使命而成为先验的，而对象、也就是可能的直观必须依照概念，而不是概念必须依照可能的直观（作为概念的客观有效性所唯一依据的可能的直观）。但其原因却又是在于：统觉以及和统觉一起的思维先行于表象的一切可能的确定了的秩序。所以我们思维一般某物，并且一方面从感性上规定它，但却把普遍的和被抽象表象出来的对象与直观这对象的方式区别开来；于是，留下给我们的就是一种单凭思维来规定对象的方式，它虽然是一种无内容的单纯逻辑的形式，但却对我们显得像是自在的客体实存的方式（本体），无须考虑那被限制于我们感官之上的直观。 B346

＊　　　　　＊　　　　　＊

在我们离开先验分析论之前，我们还必须附带有一点说明，它虽然本身看起来并不具有特别的重要性，但却似乎是这个体系的完备性所要求的。人们通常作为一个先验哲学的开端的最高概念往往是对可能的东西和不可能的东西的划分。但由于一切划分都以一个被划分的概念为前提，所以就还必须指出一个更高的概念，而这个概念就是关于一个一般对象的概念（至于这对象是某物还是无则是悬拟的和未 A290

定的）。因为诸范畴是唯一的一些与一般对象发生关系的概念，所以对一个对象是某物还是无进行区别就将按照范畴的秩序和指示来进行。

B347　　1. 与全体、多数和单一这些概念相对立的是这个取消一切的概念，即虚无（Keines）的概念，于是一个概念的这种完全没有任何可指出的直观与之相应的对象就等于无（Nichts），也就是一个无对象的概念（ens rationis①），如那些不能被归入可能性之下的本体，即使它们也并A291　不因此就必须被当做是不可能的，或者例如人们想到的某些基本力，它们虽然是无矛盾地、但也是没有来自经验的例子而被想到的，所以也是必须不被归入可能性之下的。

　　2. 实在性是某物，否定性是无，即有关一个对象的缺乏的概念，如阴影、冷（nihil privativum②）。

　　3. 没有实体的单纯直观形式本身并不是对象，而只是对象（作为现象）的形式条件，如纯粹空间和纯粹时间（ens imaginarium③），它们虽然作为进行直观的形式而是某物，但本身决不是被直观的对象。

B348　　4. 一个自相矛盾的概念的对象是无，因为这个概念是无，即某种不可能的东西，例如一个由两条边构成的直线形（nihil negativum④）。

　　因此，这种对于无的概念进行划分的表就必须像这样来安排（因A292　为与这种划分并行的对某物的划分自然就会得出来）：

无
作为
1.
没有对象的空虚的概念
理论的东西

---

① 拉丁文：理论的东西。——译者
② 拉丁文：缺乏性的无。——译者
③ 拉丁文：想象的东西。——译者
④ 拉丁文：否定性的无。——译者

2.　　　　　　　　　3.

一个概念的空虚对象　　没有对象的空虚直观

缺乏性的无　　　　　　想象的东西

4.

没有概念的空虚对象

否定性的无

　　我们看到,思维之物(1.)与荒诞之物(4.)的区别在于,前者之所以不可归入可能性之下,是因为它只是虚构出来的(虽然并不是自相矛盾的),后者与可能性相对立却是由于甚至这个概念本身就是自我取消的。但这两者都是空虚的概念。反之,缺乏性的无(2.)和想象的　　B349
东西(3.)则是对于概念的空虚材料。如果光明不给予感官,那么我们也就不能表象黑暗,而如果没有广延的存在物被知觉到,也就不能表象任何空间。不论是否定性还是直观的单纯形式,若没有实在的东西就决不是客体。

第二编　先验辩证论

导　　言

Ⅰ．先验幻相

我们在前面曾把一般的辩证论称为幻相的逻辑。这并不意味着它就是一种或然性的学说;因为后者是真理,只是通过不充分的根据被认识罢了,因而它的知识虽然是有缺陷的,但并不因此就是骗人的,因而

不必与逻辑的分析部分划分开来。更不能把现象和幻相看做一回事。因为真理或幻相并不在被直观的对象中,而是在关于被思维的那个对象的判断中。所以人们虽然正确地说:感官不犯错误,但这并不是由于它们任何时候都正确地作出判断,而是由于它们根本不作判断。因此真理也好,谬误也好,诱导出谬误的幻相也好,都只是在判断中、即只有在对象与我们知性的关系中才能发现。在一个与知性的规律彻底符合

的知识中是没有错误的。在一个感官表象中也没有错误(因为它根本不包含判断)。但没有任何自然力会自发地从它自己的规律偏离开。所以不仅知性独自(没有其他原因的影响)不会犯错误,感官独自也不会犯错误;因此,知性不会犯错误是由于,当它只按自己的规律行事时,其结果(即判断)必然会与该规律一致。但与知性的规律处于一致中的是一切真理的形式的东西。在感官中根本没有判断,既无真判断也无假判断。既然我们除了这两种知识来源之外没有别的来源,所以结论是:错误只是由于感性对知性的不被察觉的影响而导致的,它使判断

的主观根据和客观根据发生了混合,并使它们从自己的使命那里偏离　B351
开来①,例如一个运动的物体虽然总是会在同一方向上自己保持着直
线,但如果有另一个力按照另一个方向同时影响它,它就会转入曲线运
动。因此,为了把知性所特有的活动与混在其中的力区别开来,有必要　A295
把错误的判断看做两个力之间的对角线,这两种力按照两个不同的方
向来规定这个判断,好像夹有一个角度,并把那个复杂的作用分解为知
性和感性这两个简单的作用。这件事在纯粹先天判断中必须由先验的
反思来做,这就使每个表象(如我们已经指出过的)在与之相适合的认
识能力中被指定了自己的位置,因而感性作用对知性作用的影响也就
被区分开来了。

我们在这里的任务不是要讨论经验性的幻相(例如视觉的幻相),
这种幻相是在对那些本来是正确的知性规则的经验性运用中出现的,　B352
通过它判断力就受到了想像的影响的诱惑。相反,我们所要谈的只是
先验的幻相,这种幻相影响着那些根本不是着眼于经验来运用的原理,
如果它们用于经验,我们至少还会有一种衡量这些原理的正确性的标
准。然而先验幻相甚至不顾批判的一切警告,把我们引向完全超出范
畴的经验性运用之外,并用对纯粹知性的某种扩展的错觉来搪塞我们。
我们可以把那些完全限定在可能经验范围之内来应用的原理称为内在
的原理,而把想要超出这一界限的原理称为超验的原理。但我并不把　A296
这些超验的原理理解为范畴的先验的运用或误用,后者只不过是未受
到本应由批判而来的束缚的判断力的一个错误,这个判断力没有充分
注意到纯粹知性唯一允许它起作用的那个基地的界限;相反,我把它们
理解为一些现实的原理,它们鼓励我们拆除所有那些界标,而自以为拥
有一个在任何地方都不承认有什么边界的全新的基地。所以先验的和
超验的并不是等同的。我们在前面所阐述的纯粹知性原理只应当具有

---

①　感性在从属于知性而作为知性施展其机能的对象时,就是实在的知识的
来源。但同一个感性,当它影响知性本身的活动并规定它的判断时,就是错误的
根据。——康德

B353　经验性的运用,而不能具有先验的、即超出经验范围之外的运用。但一条取消这些限制甚至要求人们跨越这些限制的原理,就叫作超验的。如果我们的批判能够做到揭示这些僭越的原理的幻相,则前一类只有经验性运用的原理就与后一类原理相反,可以称为纯粹知性的内在的原理。

　　　逻辑的幻相(误推的幻相)在于对理性形式的单纯模仿,它只是产

A297　生于对逻辑规则的缺乏重视。所以一旦加强了对当前具体情况的重视,这种幻相就会完全消失。相反,先验幻相不论我们是否已经把它揭示出来,是否已经通过先验批判清楚地看出了它的无效性,它仍然不会停止。(例如这一命题中的幻相:世界在时间上必定有一个开端)。其原因就在于,在我们的理性(它被主观地看做人的认识能力)中,包含着理性运用的一些基本规则和准则,它们完全具有客观原理的外表,并导致把我们的概念为了知性作某种连结的主观必要性,看做了对自在之物本身进行规定的客观必然性①。这是一种幻觉,它是完全不可避

B354　免的,正如我们不能避免海面在中央比在岸边对我们显得更高,因为我们是通过比岸边更高的光线看到海中央的;或者更有甚者,正如哪怕一个天文学家也不能阻止月亮在升起来时对他显得更大些,尽管他并不受这种幻相的欺骗。

　　　所以先验辩证论将满足于揭示超验判断的幻相,同时防止我们被它所欺骗;但它永远也做不到使这种幻相(如同逻辑的幻相一样)也完

A298　全消失并不再是幻相。因为我们与之打交道的是一种自然的和不可避免的幻觉,它本身基于主观的原理,却把这些主观原理偷换成了客观原理;反之,逻辑的辩证论在解决误推时却只是在处理遵守这些原理时的错误,或在模仿这些原理时的某种人为的幻相。所以纯粹理性有一种自然的和不可避免的辩证论,它不是某个生手由于缺乏知识而陷入进去的,或者是某个诡辩论者为了迷惑有理性的人而故意编造出来的,而是不可阻挡地依附于人类理性身上的,甚至在我们揭穿了它

B355　的假象之后,它仍然不断地迷乱人类理性,使之不停地碰上随时需要

---

　　① 此句中"必要性"和"必然性"均为德文 Notwendigkeit 一词。——译者

消除掉的一时糊涂。

Ⅱ. 作为先验幻相之驻地的纯粹理性

A. 一般理性

我们的一切知识都开始于感官,由此前进到知性,而终止于理性,在理性之上我们再没有更高的能力来加工直观材料并将之纳入思维的最高统一性之下了。现在,当我要对这一最高认识能力作出一种解释时,我感到有某种尴尬。在理性这里,正如在知性那里一样,当它抽掉了一切知识内容时,有一种单纯形式的、亦即逻辑的运用,但它也有一种实在的运用,因为它本身包含有既非借自感官、亦非借自知性的某些概念和原理的起源。前一种能力固然早已由逻辑学家们以间接推理的能力(不同于直接推理即 consequentiis immediatis)而作了解释;但后面这种自身产生概念的能力却还没有借此得到理解。既然在这里出现了理性的逻辑能力和先验能力的划分,那么就必须去寻求有关这一知识来源的一个把这两个概念都包括在自身之下的更高的概念,然而我们可以通过与知性概念的类比而指望使逻辑概念同时成为先验概念的钥匙,使前者的机能表同时提供出理性概念的谱系。

我们在先验逻辑的第一部分曾以规则的能力来解释知性;在这里我们把理性与知性相区别,将把理性称为原则的能力。

原则这个术语是含糊不清的,它通常意味着一种能被作为一条原则来运用的知识,哪怕它自己本身及按照其自身来源并不是什么原则。任何一个全称命题,即使它是从经验中(通过归纳)得出来的,都可以在一个理性推论中用作大前提;但它并不因此而本身成为一条原则。数学公理(例如两点间只能有一条直线)甚至是先天的普遍知识,因此它相对于能归摄于其下的那些情况而言有权叫作原则。但我仍然不能因此而说我是从原则而认识直线的一般的和自身的属性的,而只是在纯粹直观中认识它的。

A299

B356

A300

B357

　　所以我将把出自原则的知识叫作这样一种知识，即我通过概念在普遍中认识特殊的知识。这样一来，每一个理性推论都是从一个原则中推出一个知识来的形式。因为大前提总是提供一个概念，它使得所有被归摄于该概念条件下的东西都按照一条原则而从这概念中得到认识。既然任何普遍知识都可以在理性推论中被用作大前提，而知性则为这种知识提供普遍的先天原理，那么这些原理就其可能的运用而言，也可以叫作原则。

A301　　但如果我们按照其来源考察这些纯粹知性原理本身，那么它们就根本不是来自概念的知识了。因为假如我们不是援引纯粹直观（在数学中），或援引可能经验的诸条件，这些知识甚至都不会是先天可能的。"一切发生的事都有原因"完全不能从"一般发生的事"这个概念中推出；勿宁说，这一原理表明我们如何才能对于发生的事得到一个确定的经验概念。

B358　　所以，知性根本不可能获得来自概念的综合知识，而这些知识才真正是我不折不扣地称作原则的知识；当然，所有的一般全称命题在比较上都可以称为原则。

　　有这样一个不知哪一天也许会实现出来的古老的愿望，即：我们总有一天可以不去寻求民法的无穷无尽的杂多条款，而去寻求它们的原则；因为只有在这里面，才包含着人们所说的立法简化的秘密。但这些法律在这里也只是把我们的自由限制在它得以与自身彻底一致的那些条件之上；因而法律所针对的是完全由我们自己所造成、并且我们能通过那些概念本身而成为其原因的那种东西。但事物的本性如自在的对A302　象本身那样，会如何从属于原则之下以及应如何根据单纯概念来对它作出规定，这一点如果不是不可能的事，至少在其要求中总归是极为荒唐的。但不论这里的情况将会如何（因为这是我们目前还要探讨的），至少有一点是明确的：来自原则的知识（就其自身来说）完全不同于单纯的知性知识，后者虽然也能以某种原则的形式而先行于其他知识，但就其自身来说（如果它是综合性的）却不是基于单纯思维之上的，更不包含依照概念的普遍性。

　　知性尽管可以是借助于规则使诸现象统一的能力,而理性则是使　B359
知性规则统一于原则之下的能力。所以理性从来都不是直接针对着经
验或任何一个对象,而是针对着知性,为的是通过概念赋予杂多的知性
知识以先天的统一性,这种统一性可以叫作理性的统一性,它具有与知
性所能达到的那种统一性完全不同的种类。

　　这就是在完全缺乏(如我们想在下面才提供出来的)实例的情况
下,我们已能理解到的关于理性能力的普遍概念。

B. 理性的逻辑运用　　　　　　　　　A303

　　人们在直接认识到的东西和只是推论出来的东西之间作出了区
别。在由三条直线所界定的一个图形中有三个角,这是直接认识到的;
但这三个角的和等于两直角,这只是推论出来的。由于我们总是需要
推论并因此终于完全习惯于它,我们最终就不再注意这一区别了,且常
常像在所谓感官的欺骗的场合那样,把我们只是推论出来的某种东西
当做直接知觉到的东西。在每个推论中都有一个作为基础的命题,以　B360
及另外一个、也就是从前一个中引出来的结论命题,最后还有推论程序
(Konsequenz),按照这一程序,结论的真实性就不可避免地与前提的真
实性连结起来。如果推论出来的判断已经包含于前一判断中,以至于
不必借助于第三个表象就可以从中推导出来,则这种推论就叫作直接
推论(consequentia immediata);我更愿意把它称为知性推论。但如果
除了那作为基础的知识外,还需要另一个判断才能产生结论,那么这一
推论就叫作理性推论。在一切人都是会死的这个命题中已经包含着这
几个命题:有些人是会死的,有些会死的是人,没有任何不会死的东西
是人。因而这些命题都是直接从第一个命题中得出来的结论。反之,　A304
"一切有学问者都是会死的"这一命题则不包含在那个基础判断中(因
为"有学问"这一概念在其中根本没有出现),它只有借助于一个中间
判断才能从中推出来。

　　在每一个理性推论中我首先通过知性想到一条规则(大前提)。
其次我借助于判断力把一个知识归摄到该规则的条件之下(小前提)。

B361　最后,我通过该规则的谓词、因而先天地通过理性来规定我的知识(结论)。所以,作为规则的大前提在一个知识与其条件之间所设想的关系就构成了理性推论的各种不同的类型。因而这些类型正如一切判断一般地被按照如同在知性中表达知识关系的那种方式来划分那样,恰好有三个:定言的,或假言的,或选言的理性推论。

　　如果像多数情况下那样,结论作为一个判断被当做一项任务,为的是看它是否是从已经给出的、也就是使一个完全不同的对象被思维的判断中推出来的:那么我就是在知性中寻求这个结论命题的肯定性,看它是否在该命题中按照一条普遍规则而处于某些条件之下。如果现在

A305　我发现了这样一个条件,而该结论命题的客体又能归摄到这个被给予的条件之下,那么该命题就是从这条对其他知识对象也有效的规则中推断出来的。我们从中可以看出:理性在推论中力图将知性知识的大量杂多性归结为最少数的原则(普遍性条件),并以此来实现它们的最高统一。

B362

C. 理性的纯粹运用

　　我们能否孤立理性? 如果能,理性是否还是概念和判断的一个特有的来源,它们唯有从理性里面才产生出来,而理性借它们与对象发生关系? 还是说理性只是向已给予的知识提供某种形式的从属的能力,这种形式是逻辑上的,它只是使知性知识相互从属,并使低级规则从属于高级规则(后者的条件在其范围内包含着前者的条件),只要通过对它们的比较能做到这一点? 这就是我们现在马上要讨论的问题。实际上,规则的杂多性和原则的统一性是理性的要求,为的是把知性带进和自己的彻底关联之中,正如知性把直观杂多纳入概念之下并由此将它

A306　们连结起来一样。但这样一条原理并未给客体预先规定任何规律,也未包含把客体作为一般客体来认识和规定的可能性根据,而只是一条日常处理我们知性的储备的主观规律,即通过比较知性的诸概念而把它们的普遍运用归结为尽可能最小的数目,而并不因此就有权要求对

B363　象本身有这样一种一致性,来助长我们的知性按照自己的意思去扩

充,同时也无权赋予那条准则以客观有效性。总之一句话,问题是:理性本身、也就是纯粹理性,是否先天地包含有综合原理和规则,以及这些原则有可能存在于何处?

在理性推论中,对理性的形式的和逻辑的处理方式已经给我们提供了充分的指示,指出在由纯粹理性而来的综合知识中理性的先验原则将基于何种根据之上。

首先,理性推论并不是针对直观、以便将其纳入到规则之下(如知性以其范畴所做的那样),而是针对概念和判断的。所以纯粹理性即使针对对象,它也没有与这些对象及其直观的直接的关系,而只有与知性及其判断的直接关系,这些判断是最先指向感官及其直观以便为它们规定自己的对象的。所以理性的统一不是可能经验的统一,而是与这种知性统一本质上不同的。"一切发生的事情都有原因"决不是通过理性而认识和预先规定的原理。这原理使经验的统一性成为可能,而没有从理性那里借来任何东西,理性没有这种与可能经验的关系单从概念中是根本不可能提供出这一综合统一性来的。

其次,理性在其逻辑运用中寻求的是它的判断(结论命题)的普遍条件,而理性推论本身也无非是通过将其条件归摄到一条普遍规则(大前提)之下而来的判断。既然这条规则又要接受理性的同一个检验,因而只要行得通,就必须(通过前溯推论法 Prosyllogismus)再去寻求条件的条件,那么我们就看到,一般理性(在逻辑的运用中)所特有的原理就是为知性的有条件的知识找到无条件者,借此来完成知性的统一。

但这条逻辑准则不能以别的方式成为纯粹理性的一条原则,而只能这样来假定:如果有条件者被给予,则整个相互从属的本身是无条件的条件序列也被给予(即包含在对象及其连结之中)。

而纯粹理性的这样一条原理显然是综合的;因为有条件者虽然与某一个条件分析地相关,但并不与无条件者分析地相关。这就必须从这条原理中再产生出纯粹知性在只和可能经验的对象打交道时根本不知道的各种综合原理,对这种可能经验的知识和综合总是有条件的。但无条件者如果确实存在,就会被按照将它与那个有条件者区别开来

A307

B364

A308

B365

的一切规定性来加以特殊的思量，并由此而给某些先天综合命题提供材料。

　　然而，由这种纯粹理性对我们最高原则中产生出来的原理将对于一切现象都是超验的，也就是说，将永远不可能有任何与这原则相适合的对它的经验性运用。所以它是与一切知性原理完全不同的（后者的运用完全是内在的，因为它们只把经验的可能性作为自己的主题）。现在，条件序列将（在现象的综合中，乃至在对一般物的思维的综合中）一直伸展到无条件者，这条原理是否有其客观正确性？它将对知性的经验性的运用产生什么结果？或者，是否任何地方其实都没有这样一类客观有效的理性原理，而只有一种逻辑上的规范，即向越来越高的诸条件逐步上升而逼近它们的完成，并借此把理性最高可能的统一性带入到我们的知识中来？或者，是否理性的这一需要由于误解曾被看做了纯粹理性的某种先验原理，这个原理太急于把诸条件序列的这样一种无限制的完备性设定在对象本身之中？但即使是这种情况，又是什么样的误解和蒙蔽会潜入这些从纯粹理性中取得大前提（它与其说是公设，不如说是公则①）并从经验上升到经验条件的理性推论中来呢？这些就是我们在先验辩证论中要探讨的，我们现在要将这种辩证论从它深深埋藏于人类理性中的根源处阐发出来。我们将把这个辩证论分为两个主要部分，前一部分要探讨纯粹理性的超验概念，后一部分要探讨纯粹理性的超验的和辩证的三段论推理。

A309

B366

第一卷　纯粹理性的概念

A310

　　不论出自纯粹理性的那些概念的可能性是怎样一种情况，这些概

---

　　①　"公设"与"公则"，原文为 Postulat 和 Petition，在拉丁语中均有"诉求"之意，但后者更具法律强制的含义。——译者

念终归不只是被反思到的,而是被推论出来的概念。知性概念也是先
天地先于经验并且为经验的目的而被思维的;但它们所包含的只不过
是对于诸现象就其应当必然地归属于一个可能的经验性意识而言的反
思的统一性。唯有通过它们,对一个对象的知识和规定才是可能的。
所以它们首先提供了推理的材料,并且没有任何有关对象的先天概念
是先行于它们并能够从中推论出它们来的。相反,它们的客观实在性
所依据的却只是:由于它们构成一切经验的智性形式,它们的应用任何
时候都必须能够在经验中被指出来。

B367

　　但理性概念这一称呼就已经预先表明:它不会让自己局限于经验
之内,因为它所涉及的那种知识,任何经验性的知识(也许可能的经验
或其经验性的综合的整体)都只是它的一部分,虽然决不会有现实的
经验某个时候足以完全达到那里,但现实的经验毕竟任何时候都是隶
属于它的。理性概念用来统握(Begreifen),正如知性概念用来(对知觉
加以)理解(Verstehen)。如果理性概念包含无条件者,那么理性概念
就涉及到某种一切经验都隶属于其下而其本身却决不是经验的对象的
东西:这种东西,理性在其推理中从经验通向它那里,并根据它来估量
和测定自己的经验性运用的程度,但它本身①却永远也不构成经验性
综合的一个环节。尽管如此,如果这一类概念具有客观有效性,那么它
们就可以叫作 conceptus rationcinati(正确推出的概念);如果不是这样,
那么它们至少也是通过某种推论的幻相而被骗得的,可以称之为 con-
ceptus rationcinantes(进行推想的概念)。但由于这一点要到纯粹理性
的辩证推理那一章中才能得到澄清,所以我们还不能顾到它,而是暂时
如我们曾把纯粹知性概念称之为范畴那样,赋予纯粹理性概念以一个
新的名称,而把它们称之为先验的理念,但我们现在就来对这一命名作
出阐明并说明理由。

A311

B368

———————

①　"它本身"为福伦德所加。——德文编者

A312

第一节　一般理念

　　尽管我们的语言有巨大的财富，但思想家经常为找到适合于自己的概念的精确表达而感到窘迫，而由于缺乏这种表达，他既不能很好地

B369　被别人理解，甚至也不能很好地被自己理解。锻造新的词汇是对语言中的立法提出的一种强求，它很少能够成功，而在人们采用这种绝望的手段之前，不妨回顾一下死去了的学术语言，看在那里是否有这个概念及与其相适合的表达，并且，如果这种表达在古代的运用由于其创始人的不严谨而变得有些动摇不定的话，那倒不如将它最初所固有的含义固定下来（即使那时人们心里想的是否恰好是同一个意思也许仍然是可疑的），也比仅仅由于人们使自己得不到理解而败坏自己的工作要好。

　　为此，如果例如说，对于某个一定的概念只有一个词在已被采用的

A313　含义上与该概念精确地适合，而这概念与另一个相近的概念的区别又是很重要的，那么最好不要企图滥用这个词，或者仅仅为了在同义语上变换花样，用这个词来代替别的概念，而是要谨慎地使它保有自己特有的含义；因为否则的话，当这种表达并不特别引起人们的注意，而是散失在一大堆其他具有相距甚远的含义的表达之中以后，就很容易发生把这表达本来唯一可能保有的思想也丢失了的情况。

B370　　　柏拉图这样来使用理念这种表达，以致于人们清楚看到，他是将它理解为某种不仅永远也不由感官中借来、而且甚至远远超出亚里士多德所研究的那些知性概念之上的东西，因为在经验中永远也找不到与之相符的东西。理念在他那里是事物本身的蓝本，而不像范畴那样只不过是开启可能经验的钥匙。据他看来理念是从最高理性那里流溢出来的，它们从那里被人类的理性所分有，但人类理性现在不再处于自己的本源状态中，而是必须通过回忆（也就是哲学）而努力地去唤回那过去的、现在已被遮暗了的理念。我在这里决不想涉足于文字上的考证，

A314　来确定这位崇高的哲学家在他的表达上所联结的意义。我只指出，不

论是在通常的谈话中还是在文章中,通过对一个作者关于他的对象所表明的那些思想加以比较,甚至就能比他理解自己还要更好地理解他,这根本不是什么奇谈怪论,因为他并不曾充分规定他的概念,因而有时谈话乃至于思考都违背了自己的本意。

柏拉图很敏锐地看出,为了能把现象当做经验来解读,我们的认识能力会感到有一种远比仅仅按照综合的统一性来逐字拼写诸现象还更高的需要,而我们的理性会自然而然地腾飞到那些知识上去,这些知识远远超出随时都能有某个经验所能提供的对象与之相符合的地步,但尽管如此,它们却具有自己的实在性,而决不仅仅是一些幻影。 B371

柏拉图最初是在一切实践的东西中①,就是说,在一切以自由为依据的东西中,发现他的理念的,而自由本身则是从属于那些作为理性之一种特有产物的知识之下的。谁要从经验中汲取德行的概念,谁要把顶多只能用作不完善的阐释的某种例子的东西当做知识来源的典范(就像许多人实际上所做的那样),他就会把德行变成一种可依时间和情境改变的、丝毫也不能用作规则的暧昧荒唐的东西。相反,每个人都会发觉,当某人作为德行的典范被树立在他面前时,他却始终只在他自己的头脑里拥有那种他用来与这个所谓典范相比较、并仅仅据此对之加以评估的真实原本。但这个原本就是德行的理念,对这个理念而言,一切可能的经验对象虽然都用作实例(即用作对理性概念所要求的东西在某种程度上之可行性的证据),但不是用作蓝本。从来不会有人合乎纯粹的德行理念所包含的那个内容而行动,这一点根本不证明这个观念就是某种妄念②。因为一切有关道德上的价值或无价值的判断 A315

B372

---

① 当然,他也把他的概念扩展到思辨的知识上去,如果这些知识只是纯粹地而且完全先天地被给予的话,甚至也扩展到数学上,虽然数学除了在可能的经验中之外,在任何地方都没有自己的对象。正是在这一点上我不能附和他,就像在对这些理念的神秘演绎中,或者在他似乎用来将这些理念实体化的夸大其辞中,我也不能附和他一样;哪怕他在这一领域中所使用的那种高超的语言完全能够作为一种更宽松的且适合于事物本性的解释。——康德

② 原文为 Chimärisches,指"喀迈拉",即古希腊神话中狮头、羊身、蛇尾的吐火女怪。——译者

仍然只有借助于这一理念才是可能的;因而每一次向道德完善的接近都必然以这一理念为基础,不论在人的本性中那些按其程度来说是不可确定的障碍会使我们对此保持多么遥远的距离。

A316 柏拉图的理想国,作为只能在空头思想家的脑子里有其位置的梦想的完善性的一个被认为是突出的例子,已经变成了一句成语,而布鲁克尔①觉得好笑的是,这位哲学家会主张一个君王如果不是分有了那些理念就永远不会统治得好。不过,人们更好的做法也许是追踪这一思想,并且(在这位杰出人物没有给我们留下帮助的地方)通过新的努

B373 力来阐明它,而不是以不可行这一低劣的和有害的借口来把它作为无用的而抛在一边。毕竟,一部按照使每个人的自由可以与其他人的自由共存的那些法则的有关人的最大自由(而不是最大幸福,因为后者已经可以自行推出)的宪法,却至少是一个必要的理念,我们不仅在最初拟定一部国家宪法时,而且甚至在一切法律那里,都必须把这个理念作为基础,同时我们也必须一开始就不顾当前的那些障碍,也许这些障碍的不可避免的产生与其说可能出自人类的本性,倒不如说可能是由于在立法时忽视了这些真正的理念。因为,没有什么比粗俗地援引据说是与之相冲突的经验更为有害、更使一个哲学家感到有失身分的了,

A317 但这种经验是根本不会有的,假如在恰当的时候按照这些理念来作出上述部署,而不是由那些粗糙的概念取代这些理念、而正由于其取自经验就阻碍了一切善的意图的实现的话。立法和统治越是与这种理念协调一致地建立起来,惩罚当然就会越是罕见,而这时完全合乎理性的是,(像柏拉图所主张的那样)在一种完善的执政管理下惩罚一类的事将会是根本不必要的了。现在,即使这种情况永远也不会实现,然而这

B374 一理念毕竟是完全正确的,它把这一极限提出来作为蓝本,以便按照这一蓝本促使人类的法律宪章日益接近于可能的最大完善性。因为人性必须停留于其上的那个最高的程度将是什么,因而在理念及其实行之

———————

① 即 Johann Jakob Brucker(1696—1770),此处大约指所著《哲学的批评史》第 726—727 页(出版于 1742 年—1744 年)。——英译者

间必然留下的那道裂缝会有多大,这是任何人都不能也不应当加以规定的,而这恰好是因为,它就是自由,而自由是可以超出每个被给定的界限的。

但不仅在人类理性指明其真实的因果性、而理念成为了(对行动及其对象的)起作用的原因的那种事物那里,也就是在德性那里,而且甚至就自然界本身而言,柏拉图也正当地看出了自然从理念中的起源的明白的证据。一株植物,一个动物,这个世界的有规则地安排好的结构(因而估计整个自然秩序也是如此),都清楚地表明它们只有按照理 A318
念才是可能的;表明虽然没有任何个别的生物在其存有的那些个别条件下会与它的种类的最完善者的理念相重合(正如人与他甚至在自己心灵中具有的作为他自己行动的蓝本的人性理念都不会重合一样),然而那些理念在最高知性中却是个别的、不可改变的、彻底规定了的,并且是事物的本源的原因,而只有事物在宇宙中联结的那个整体才是 B375
独一无二地与那个理念完全相符合的。如果我们撇开表达上的夸张的话,那么这位哲学家从对世界秩序的物理事物所作的描摹性的①考察提升到按照目的、即按照理念对世界秩序作建筑术的连结,这股精神的冲劲是一种值得敬重和仿效的努力,但它在德性、立法和宗教的诸原则方面,在诸理念虽然永远不能在其中得到完全表达、但首次使(善的)经验本身成为可能的地方,却是一种完全特别的贡献,这种贡献人们只是由于恰好通过经验性的规则来评判它才没有认识到,而这些经验性规则的有效性作为原则本来正是应当通过这种努力而扬弃掉的。因为在对自然的考察中,经验把规则提交给我们,它就是真理的源泉;但在道德律中经验却(可惜!)是幻相之母,而最大的无耻就是从被做着的 A319
事情中取得有关我应当做的事情的法则,或想由前者来限制后者。

对所有这些考察若恰当地详加说明的话,实际上就构成哲学特有的尊严,我们现在所从事的不是这个,而是一件不那么辉煌、但却也并

----

① 原文为 copeilich,瓦伦廷纳校作 copeilich,格兰德解释为"bloβ referier-enden",即"单纯汇报(或介绍)"之意。——德文编者

B376　非不值得做的工作,这就是:为庄严的道德大厦平整和夯实基地,在这个基地底下,有某种白费力气但却信心十足地挖掘宝藏的理性开出的各种各样的鼹鼠通道,它们使那栋建筑成了危房。所以纯粹理性的先验运用,它的那些原则和理念,就是我们现在有责任确切地认清的东西,以便能对纯粹理性的影响和它的价值恰如其分地加以规定和估量。然而,在我放下这篇先行的导言之前,我请求那些衷心热爱哲学的人(这种热爱肯定比人们通常见到的更多),如果他们认为自己被这里和下面将要说的话所说服,那就按照其本源的含义为理念这个术语辩护吧,以便这个术语今后不再陷于其他那些通常用来称谓各种各样粗疏混乱的表象方式的术语中,由此而损害科学。但我们却并不缺少对每一个表象方式

A320　恰如其分的合适的命名,我们没有必要干犯另外一种表象方式所特有的东西。下面就是这些表象方式的等级阶梯。种就是一般表象(repraesentatio①)。从属于表象之下的是具有意识的表象(perceptio②)。一种知觉,若只是关系到主体,作为主体状态的变形,就是感觉(sensa-

B377　tio③),一种客观的知觉就是认识(cognitio④)。认识要么是直观,要么是概念(intuitus vel conceptus⑤)。前者直接关系到对象,并且是个别的;后者间接关系到对象,以多个事物可以共同具有的某个特征为中介。概念要么是经验性的概念,要么是纯粹的概念,而纯粹概念就其仅在知性中(而不是在感性的纯粹形象中)有其来源而言,就叫作 Notio⑥。而一个出自诸 Notio 的超出经验可能性的概念,就是理念或理性的概念。对于一旦习惯了上述这一划分的人,听到把红色这一表象称之为理念必定会觉得不能忍受。红色是连 Notio(知性概念)也称不上的。

---

　　① 拉丁文:形象、表现。——译者
　　② 拉丁文:知觉。——译者
　　③ 拉丁文:感觉。——译者
　　④ 拉丁文:认知。——译者
　　⑤ 拉丁文:直觉或概念。——译者
　　⑥ 拉丁文:思想、概念,这里相当于康德所谓"纯粹知性概念"即范畴。——译者

第二节 先 验 理 念

A321

先验分析论曾向我们示范,我们知识的单纯逻辑形式如何可能包含先天纯粹概念的起源,这些概念先于一切经验而表象对象,或不如说表明了唯一使有关对象的经验性知识得以成为可能的那种综合统一。 B378 这种判断形式(在转化为直观综合的概念时)产生了对知性在经验中的一切运用有指导作用的诸范畴。同样,我们也可以期望理性推论的形式当它应用于直观按照范畴标准的综合统一之上时,将包含某些特殊的先天概念的起源,这些先天概念我们可以称之为纯粹理性概念,或先验理念,它们将根据原则而在全部经验的整体上对知性的运用作出规定。

理性在其推论中的机能在于知识根据概念而来的普遍性,而理性推论本身是在其条件的全部范围内被先天地规定的一个判断。"卡尤 A322 斯是会死的"这一命题我也有可能单凭知性从经验中得出来。但我寻求的是一个概念(在这里就是"人"这个概念),它包含着该判断的谓词(一般的断言)被给予出来的条件,因为我把该谓词归摄到这个条件的全部范围之下(一切人都是会死的);这样,我才把我的对象的知识(卡尤斯是会死的)按照这一点规定下来。

因此我们是先在大前提的全部范围内于某个确定的条件下思考了一个确定的对象,然后再在一个理性推论的结论中将某个谓词限定于该对象上的。这一范围的完全的量在与这样一个条件的关系中就叫作 B379 普遍性(Universalitas)。与它相应地,在直观的综合中就是诸条件的全体性(Universitas)或总体性。所以先验理性概念无非是有关一个给予的有条件者的诸条件的总体性的概念。既然只有无条件者才使得条件的这个总体成为可能,反过来诸条件的总体性本身总是无条件的,所以一个纯粹理性概念一般说可以用无条件者的概念来说明,只要后者包含有条件者的综合的某种根据。

现在,知性借助于范畴所表现出来的关系有多少种类,也就会有多 A323

少纯粹理性的概念,所以必须去寻求的是:**第一**,一个主体中定言综合的无条件者;**第二**,一个序列中假言综合的无条件者;**第三**,一个系统中选言综合的无条件者。

　　这就是说,正好有这么多理性推论,其中的每一个都是通过前溯推论法而推进到无条件者的,一个是推进到本身不再是谓词的主词(主体),另一个是推进到不再以别的东西为前提的前提,第三个是推进到划分出来的各环节的集合,对这些环节来说,要完成一个概念的划分不再需要任何别的东西了。所以有关诸条件的综合之中的总体性的这些纯粹理性概念,至少是作为要求知性的统一性尽可能地继续前进到无条件者这样一种任务,就是必要的,并植根于人类理性的本性里的,哪怕除此而外这些先验概念缺乏与之相适合的具体运用,因而除了使知性在其极端扩展中同时做到使自己的运用纳入与自己本身彻底符合一致的方向之外,没有任何用处。

B380

A324　　　但由于我们在这里把诸条件的总体和无条件者当做一切理性概念的共同称号来谈论,所以我们又碰到了一个术语,它是我们所不可缺少的,但却是不能按照由长期的误解而强加于它的那种含混性来可靠地运用的。**绝对**这个词就是少数这种词语之一,它在其原初含义上是用来衡量一个在同一种语言中没有任何别的词可以现成地与之精确符合的概念的,因而丧失这个词,或者(这也一样)滥用这个词,必然会导致这个概念本身的丧失,也就是说,它是这样一个概念,由于它使理性高度地关注,所以如果不想大大地损害一切先验的判断,就不能够缺少它。绝对这个词现在常常只是被用来指某物从自在事物本身来看待、因而在内部有效。在这种含义上绝对可能的就意味着本身自在地(在内部)可能的东西,它实际上是我们关于一个对象至少能够说的东西。相反,它有时也被用于指,某物在一切关系上(无限制地)有效(例如说绝对的统治),而在这种含义上绝对可能的就意味着在一切关系中任

B381

A325　何意图上都是可能的,这又是我关于一物的可能性至多能够说的东西。现在这两种含义虽然有时会碰在一起,例如那在内部不可能的东西,在一切关系上、因而绝对地也会是不可能的,但在大多数情况下这两种含

义是相距无限远的,我不能以任何方式推论说,某物自在地本身是可能的,因此它也就在一切关系上、因而绝对地是可能的。的确,对于绝对的必然性,我将在下面指出,它决不是在任何情况下都依赖于内部的必然性的,因而没有必要与后者视为同等含义的。某物的反面是在内部不可能的,当然它的反面也就是在一切意图上都不可能的,因而它本身是绝对必然的;但我不能倒过来推出,凡是绝对必然的东西,其反面就是在内部不可能的,亦即一物的绝对必然性就是某种内部必然性;因为这种内部必然性在某些情况下是一个很空洞的说法,我们不能把它和起码的概念联结起来;相反,一物在一切关系(对所有可能性的关系)上的必然性这个概念就带有一些完全特殊的规定性。既然丧失一个在思辨的人生智慧中有大用的概念对于哲学家来说永远不可能是无所谓的,所以我希望,将这一概念所依赖的那个术语加以规定和仔细保存,这对于哲学家也不会是无所谓的事。

B382

因此我将把绝对的这个词在这种扩展了的含义上来使用,并把它和那种只是比较而言的、或只是在特殊考虑中的有效性相对立;因为后者是限制在诸条件之上的,前者则是无限制地有效的。

A326

于是,先验的理性概念任何时候都只指向在诸条件综合中的绝对的总体性,并且除了在绝对的、因而对一切方面的无条件者那里之外,永远也不会终止。因为纯粹理性把一切都委托给了知性,后者首先与直观对象、或不如说与想象力中的直观综合发生关系。前者则只给自己保留了在知性概念的运用中的绝对总体性,并试图把在范畴中所想到的这种综合统一延伸出去直到绝对的无条件者。因此我们可以把这种统一性称之为诸现象的理性的统一性,正如在范畴中所表现的那种统一性被称为知性的统一性一样。这样一来,理性就只和知性的运用发生关系了,就是说,不是就知性包含可能经验的根据而言(因为诸条件的绝对的总体性由于没有任何经验是无条件者,而不是可以用在经验中的概念),而是为了要给知性指定某种确定的统一性的方向,知性对此是没有任何概念的,而理性则要超越到把每一个对象方面的一切知性活动都总括在一个绝对的整体之中。所以纯粹理性概念的客观运

B383

A327

用任何时候都是超验的,而纯粹知性概念的客观运用按其本性任何时候都必须是内在的,因为它只是局限于可能经验之上的。

　　我把理念理解为一个必然的理性概念,它在感官中是不能有任何与之重合的对象的。所以我们现在所考虑的纯粹理性概念就是先验的理念。它们都是纯粹理性的概念,因为它们把一切经验知识都看做是由诸条件的绝对总体性所规定的。它们不是任意虚构出来的,而是由理性的本性自身发出的,因而是与全部知性运用必然相关的。最后,它们是超验的,是超出一切经验的界限的,所以在经验中永远不会有一个和先验理念相符合的对象出现。如果我们举出一个理念,那么按照客体(即当做具有一个纯粹知性对象的理念)来说它,我们就说得太多,但如果按照主体(即就其在经验性条件之下的现实性而言)来说它,就恰恰因此而说得太少,因为这个现实性作为一个极大值的概念,永远也不能与之重合地具体给予出来。既然这个只是在理性的思辨运用中的极大值本来就是全部意图,并且,既然对一个在实行中毕竟永远无法达到的概念的逼近与把它当做好象完全是虚设的正好是一样的,所以关于这样一个概念人们就说:它只是一个理念。这样一来人们就可以说:一切现象的这个绝对的整体只是一个理念,因为,既然我们永远也不能构想出它的形象,那么这个整体就仍然还是一个没有任何答案的问题。相反,如果在知性的实践运用中整个说来唯一关注的只是按照规则的实行,那么实践理性的理念就总是可以现实地、虽然只是部分地具体给予出来,它甚至是理性的任何实践运用的不可或缺的条件。理性的实行总是受限制的、有缺陷的,但却总是处于不可规定的界限之下,因而永远处于某种绝对完备性的概念的影响之下。因此实践的理念总是具有最丰富的成果,并在实际活动中是不可避免地必要的。在它里面纯粹理性甚至拥有将其概念中所包含的东西现实地产生出来的那种因果性;因此对于这种智慧我们不能抱着仿佛是蔑视的态度说:它只不过是一个理念;而是正因为它是有关一切可能的目的的必然统一性的理念,所以它就必须作为一个本源的、至少是限制性的条件而用作一切实践活动的规则。

　　现在,即使我们对先验的理性概念不得不说:它们只是些理念,但我们决不是要把它们看做多余的和无意义的。因为即使它们不能规定任何客体，它们毕竟可以从根本上并暗中用作知性的扩展的和前后一致的运用的法规，知性虽然不能借此比它按照其概念所能认识的更多地认识对象，但毕竟在这种认识中得到了更好、更进一步的指导。更不用说，它们或许能使从自然概念到实践概念的一个过渡成为可能，并使道德理念本身以这种方式获得支持及与理性的思辨知识的关联。关于这一切，我们只能指望在讨论的进程中阐明。

B386

　　但按照我们的目的，我们在此把实践的理念放在一旁，因而只是在思辨的运用中，并在这方面更窄一些，即只是在先验的运用中来考察理性。于是我们在这里必须选择我们在前面的范畴演绎那里采取过的同一条道路；也就是考虑理性知识的逻辑形式，并看看例如说理性凭借这种形式是否也会成为概念的一个来源，这些概念把自在的客体本身看做在这个那个理性机能方面先天综合地被规定了的。

　　作为知识的某种确定的逻辑形式的机能来看，理性就是推理的能力，也就是间接地（即通过把一个可能判断的条件归摄到一个给予判断的条件之下）作出判断的能力。这给予的判断就是普遍规则（大前提，Major）。把另外一个可能判断的条件归摄到该规则的条件之下，这就是小前提（Minor）。在这种被归摄的情况下陈述该规则的断言的那个现实的判断就是结论（Conclusio）。这样，规则就说出了一定条件下的某种普遍的东西。现在，规则的条件就在某种出现的情况中发生了。所以在那个条件下普遍有效的东西也被看做在这个出现的情况下（该情况具有这一条件）有效的。很容易看出，理性将通过那些构成一个条件序列的知性活动来达到知识。当我得到"一切物体都是变化的"这一命题，只是由于我从"一切复合物都是变化的"这个更远的知识（其中物体概念还未出现，但该命题却包含着物体概念的条件）开始，从它进向一个更切近的、从属于前一命题的条件之下的命题："物体是复合的"；并由此才进向了现在就把那个更远的知识（变化的）与面前这个知识连结起来的第三个命题："所以物体是变化的"；这时，我就是通过一个条件序列（前提序列）而达到了一个知识（结论）。于是，每一

A330

B387

A331

个序列,只要它的实例(定言的或假言的判断的实例)被给予出来,就可以继续下去;因而正是同一个理性活动导致了 ratiocinatio polysyllogistica①,它是一个推论序列,这序列可以要么向条件方面(通过前溯推论法 prosyllgismos)、要么向有条件者方面(通过后续推论法 episyllogismos)朝不限定的远处延续。

　　但我们马上感到,前溯推论的链条或序列,即对一个给予知识的根据方面或条件方面的推理的知识,换言之,理性推论的上升序列,其处理方式必定是完全不同于下降序列、即理性通过后续推论而在有条件者方面继续下去这种理性能力的处理方式的。因为,在前一种情况下知识(结论)只是作为有条件的而给予的;于是我们只能以这种方式来凭理性达到这种知识,即至少要预设在条件方面的该序列的所有环节都已被给予出来(前提序列中的总体性),因为只有在这个前提下,眼前的这一判断才是先天可能的;反之,在有条件者或后果方面,所想到的只是一个形成着的、而不是已经完全预先设定了的或给予了的序列,因而只是一个潜在的继续过程。所以,如果把一个知识看做有条件的,那么理性就有必要把上升线上的这一条件序列看做完成了的,并且按其总体性而被给予了的。但如果同一个知识同时被看做其他那些相互构成下降线上一个后果序列的知识的条件,那么理性就可以完全不在乎这一继续进展 a parte posteriori② 伸展到多么远,以及这一序列的总体性是否在任何地方有可能存在;因为它要得出摆在它面前的这一结论并不需要这样一个序列,这个结论已经通过它的根据而在先天的方面充分地得到了规定和保证。不论在条件方面这一前提序列有没有一个作为最高条件的第一项、因而是否在先天方面是没有界限的,它肯定都必须包含诸条件的总体,哪怕我们永远也不可能做到把握这一总体;并且,如果那被看做由整个序列中产生出来的后果的有条件者应当被看做是真的,则整个序列都必须无条件地是真的。这是理性的要求,理

性宣称它的知识是先天确定的和必然的,要么是就其本身而言,这时就不需要任何根据;要么就是作为一个根据序列的某个环节推出来的,而这序列本身则无条件地是真的。

第三节 先验理念的体系

A333
B390

我们在这里不涉及某种逻辑的辩证论,它抽掉了知识的一切内容,而只是揭露三段论推理形式中的虚假的幻相,相反,我们涉及的是先验的辩证论,它应当完全先天地包含出自纯粹理性的某些知识的来源,以及由此推出的那些概念的来源,这些概念的对象是根本不可能经验性地被给予的,因而它们是完全处于纯粹知性的能力之外的。我们从我们的知识在推理和判断中的先验运用必然会与逻辑的运用发生的自然关系中所得知的是:将只有三种辩证推理的类型,它们与理性借以能够由原则达到知识的三种不同的推理类型有关,而且在所有这些推理类型中,都有理性的一种工作,即从知性任何时候都束缚于其上的有条件的综合上升到知性永远不能达到的无条件的综合。

于是,我们的表象所能够具有的一切关系的共相就是:1)与主体的关系,2)与客体的关系,确切地说要么与作为现象的客体,要么作为一般思维的对象的客体的关系。如果我们把这种下位的划分与上位的划分结合起来,那么我们可以对之要么形成一个概念、要么形成一个理念的那些表象的一切关系就有三重:1)对主体的关系,2)对现象中客体的杂多的关系,3)对所有一般事物的关系。

B391
A334

现在,所有的一般纯粹概念所涉及的是诸表象的综合统一,而纯粹理性概念(先验的理念)所涉及的却是所有一般条件的无条件的综合统一。因而一切先验理念都将能够纳入三个等级之下:其中第一级包含思维主体的绝对的(无条件的)统一,第二级包含现象的诸条件系列的绝对统一,第三级包含思维的所有一般对象之条件的绝对统一。

思维的主体是心理学的对象,一切现象的总和(世界)是宇宙学的对象,而包含有一切能够被思维的东西的可能性的至上条件的那个东

西(一切存在者的存在者①),则是神学的对象。所以纯粹理性就为先
B392　　验的灵魂学说(psychologia rationalis②)、先验的世界学(cosmologia ra-
A335　　tionalis③)、并最后为先验的上帝知识(Theologia transzendentalis④)提供
了理念。甚至单是对这些科学中不论是这一门还是那一门的一个纲要
都根本不是从知性出发所写得出来的,哪怕知性与理性的那种最高的
逻辑运用、也就是与一切想得出来的推理结合起来,以便从它的一个对
象(现象)向所有其他对象前进,一直进到经验性综合的最遥远的一环
也罢,相反,这种纲要是纯粹理性的一种纯粹的和地道的产物或问题。

属于一切先验理念的这三个项目之下的有纯粹理性概念的哪些
样式,这一点将在下面一章中加以完备的摆明。这些样式将依范畴
的线索来展开。因为纯粹理性永远不会直接和对象相关,而是和有
关对象的知性概念相关。同样,也只有在完全实现出来时,才会有可
能说明,理性如何仅仅通过对它用于定言三段论推理上的同一个机
能的综合运用,就会必然地达到思维的主体的绝对统一这个概念,在
假言三段论推理中的逻辑运作如何必然会导致在给予的诸条件的一个
B393　　系列中的绝对无条件者的理念,最后,选言三段论推理的单纯形式如何
A336　　必然会导致关于一切存在者的存在者的最高理性概念;这是一个初看
起来似乎是极端悖理的思想。

对于这样一些先验的理念,本来是不可能有任何像我们对范畴所
能提供的那样的客观演绎的。因为实际上,这些理念与任何有可能被
给予出来与之一致的客体都没有什么关系,这正是由于它们只是理念
而已。但从我们理性的本性中对它们作一种主观的推导⑤,这却是我
们可以做的工作,而这种推导在目前这一部分中也已经被完成了。

很容易看出,纯粹理性的意图无非是在诸条件方面的综合的绝对总

---

① 原文为 das Wesen aller Wesen,或可译作"一切本质的本质"。——译者
② 拉丁文:理性心理学。——译者
③ 拉丁文:理性宇宙学。——译者
④ 拉丁文:先验神学。——译者
⑤ 推导(Ableitung)原文为 Anleitung(指导),据梅林校正。——德文编者

体性(不论是依存性的总体性、从属性的总体性还是协作性的总体性),
而且纯粹理性和有条件者方面的绝对完备性没有任何相干。因为它唯
一只需要前者,为的是把整个条件系列作为前提,并由此而先天地把它
向知性提供出来。但一个完备地(并且无条件地)给予的条件一旦存有,
则对于延续这个系列而言一个理性概念就不再需要了;因为知性自己会
在从条件到有条件者的前进中完成每一个步骤。先验理念只是以这种 B394
方式用于在条件系列中上升到无条件的东西,即上升到原则。但在下行
至有条件者方面,虽然我们的理性对于知性法则有一个范围广泛的逻辑 A337
运用,但根本没有任何先验的运用,而且,如果我们对这样一种(前进的)
综合的绝对总体性形成一个理念,例如对一切未来的世界变化的整个系
列形成一个理念的话,那么这就是一个只是任意想出来的思想物(ens ra-
tionis①),而不是通过理性必然地被预设下来的。因为对于有条件者的
可能性,其前提虽然是其诸条件的总体性,但不是其后果的总体性。所
以一个这样的概念决不是我们在此唯一与之打交道的那种先验理念。

最后,我们也发现,在这些先验理念本身中也会表现出某种关联和
统一性,而纯粹理性则会借助于这种关联和统一性将自己的一切知识
纳入到一个系统之中。从有关自己本身(即灵魂)的知识前进到世界
知识,并借助于这种知识前进到原始存在者,这是一个如此自然的进
程,以致于这一进程看起来类似于理性从前提到结论的逻辑进程②。 B395

---

①　拉丁文:推断之物。——译者

②　形而上学在其研究的本来的目的上只有这三个理念:上帝、自由和不朽,
以致于第二个概念在与第一个概念相联结时,就应当导致作为一个必然结论的第
三个概念。这门科学通常研究的一切东西都只是用作它达到这些理念及其实在
性的手段。它需要这些理念不是为了自然科学,而是为了从自然那里超升出来。
对这些理念的认识将会使得神学、道德,以及通过这两者的结合,使得宗教,因而
使得我们存有的那些最高目的,都仅仅依赖于思辨的理性能力而别无所依。在对
那些理念的一个系统展示中,上述秩序作为综合的秩序,将会是最恰当的秩序;但
在必须先行于这个秩序的探讨中,那对这一秩序加以颠倒的分析的秩序将更适合
于这个目的,以便通过我们从经验直接交给我们的东西即灵魂学说出发,进向世
界学说,并且从那里一直进到上帝的知识,这样来完成我们的伟大计划。——康
德[该注释为第二版所增加。——德文编者]

至于是否在这里实际上有一种类似于在逻辑的处理方式和先验的处理
方式之间的那种亲缘关系隐秘地作基础,这也是必须等到在这个研究
A338 的过程中才给以回答的问题之一。我们暂时已经达到了我们的目的,
B396 因为我们把那些先验的理性概念从这种模糊状况中提取出来了,——它
们平时在哲学家的理论中通常都是混杂在其他概念里面,哲学家们从来
也没有将它们与知性概念恰当地区分开来——,指出了它们的起源,由
此就同时也指出了它们的确定的数目,多于这个数目的任何先验的理性
概念都是根本不可能的,我们还做到了能够把它们展示在一个系统的关
联中,从而对于纯粹理性的一个特殊的领域就得到了划定和限制。

第二卷　纯粹理性的辩证推论

我们可以说,一个单纯的先验理念的对象是某种我们对之没有任
何概念的东西,虽然这个理念是在理性中按其本源的法则完全必然地
产生出来的。因为实际上,甚至对一个应当与理性的要求相符合的对
象也不可能有任何知性概念,也就是一个能够在某个可能经验中被指
A339 出并变得可直观的概念。但如果我们说:我们对于和一个理念相应的
B397 客体不可能有任何知识,虽然可能有某种悬拟的概念,那我们倒也许会
表达得更正确些,也更少被误解的危险。

现在,至少纯粹理性概念的先验的(主观的)实在性的根据在于,
我们是被某种必然的三段式推理带到这些理念上来的。所以就会有一
些三段式推理是不包含任何经验性的前提的,而借助于这些推理,我们
从某种我们所知的东西推论到某种另外的、我们却对之毕竟没有任何
概念的东西,然而我们却通过某种不可避免的幻相赋予了后者以客观
实在性。所以,这一类的推理就其后果而言与其称之为理性推理①,不

---

① 这里"理性推理"与上述"三段式推理"均为 Vernunftschlüsse 之译,下
同。——译者

如称之为玄想的推理,尽管它们由于其起因也大致可以冠以理性推理之名,因为它们毕竟不是臆想出来的,或是偶然产生的,而是发源于理性的本性的。这并非某些人的诡辩,而是纯粹理性本身的诡辩,对于这些诡辩,甚至一切人中最有智慧的人也不能摆脱,并且也许虽然在作了许多努力之后能够防止犯错误,但对于那不断烦扰和愚弄他的幻相却永远不能完全解除。

　　所以,这些辩证的理性推理就只有三种类型,正如它们的结论所达到的那些理念那么多。在**第一级**的理性推理中,我从主体这个不包含任何杂多的先验概念中推出这个主体本身的绝对统一性,我以这种方式对这个主体本身完全没有任何概念。我将把这个辩证的推论称之为先验的谬误推理。玄想的推理的**第二级**是指向某个给予现象的一般条件系列之绝对总体性的先验概念的,从对于在某个方面的系列的无条件的综合统一我任何时候都有一个自相矛盾的概念这一点,我推论出相反方面的统一的正确性,而对后者我仍然也不具有任何概念。在这种辩证推理那里理性的这一状况我将称之为纯粹理性的二律背反。最后,按照玄想的推理的**第三种**类型,我从对那些一般对象就其能够给予我而言来进行思维的诸条件的总体性,推论到一般物的可能性的一切条件的绝对的综合统一性,也就是从那些我按照其单纯先验概念并不认识的物,推论到一切存在者的存在者,而对这种存在者,我凭借某种先验概念还更加不认识,对它的无条件的必然性也不能形成任何概念。这种辩证的理性推理我将称之为纯粹理性的理想。

A340
B398

第一章　纯粹理性的谬误推理

A341
B399

　　逻辑的谬误推理在于一个理性推论在形式上的错误,而其内容则尽可以是随便什么别的东西。但一个先验的谬误推理拥有一个在形式上作出虚假推论的先验的根据。以这种方式,这一类的错误推论在人类理性的本性中将有自己的根据,并带有某种不可避免的、虽然不是不可消解的幻觉。

现在我们来看看这样一个概念，它并未被列入上面的先验概念的一览表中，但却必须被算入该表之中，而并不因此而对那个表有丝毫的改变和说明它有什么缺点。这就是这样一个概念、或如果愿意的话也可称为判断：我思。但很容易看出，这概念是所有的一般概念的承载者，因而也是先验概念的承载者，所以它总是在这些先验概念之中一起被把握的，因而本身同样是先验的；但它不能有任何特殊的称号，因为它只是用于把一切思维作为属于意识的东西来引述。然而，不论它对于经验性的东西（感官印象）如何纯粹不杂，它毕竟用来从我们表象能力之本性出发把两个不同的对象区别开来。我，作为思维者，是一个内感官的对象，称之为灵魂。作为外感官对象的"我"则称之为肉体。因此作为能思的存在者的"我"这个术语已经意味着心理学的对象了，这种心理学可以称为合理的灵魂学说，如果我不要求对灵魂知道得比从我这个概念中，就其出现在一切思维中而言，不依赖于所有的经验（它是进一步具体地规定我的）所能推论出来的更多的话。

于是实际上，合理的灵魂学说就是这样一种冒险；因为，如果我思维的任何一点经验性的东西、我的内部状态的任何一个特殊的知觉还混杂在这门科学的知识根据中的话，那么这门科学就会不再是合理的，而只是经验性的灵魂学说了。所以我们准备考察的是一门唯一建立在我思这一命题上的所谓的科学，我们在这里可以最适当地按照先验哲学的性质来对它的根据或无根据加以研究。至于这一命题毕竟表达出对自我本身的知觉，自我在此之上毕竟拥有某种内部的经验，因而建立于这上面的合理的灵魂学说从来都不是纯粹的，而是部分根据某种经验性的原则的：人们对此不要有什么不满。因为这种内部的知觉不是别的，只是统觉：我思；它甚至是使一切先验概念成为可能的，在这些先验概念中所说的是：我思维实体，我思维原因等等。因为一般内部经验及其可能性，或一般知觉及其与其他知觉的关系，如果不是经验性地给出了它们的任何一种区别和规定，就不能看做经验性的知识，而必须看做对一般经验性的东西的知识，属于对任何一个经验之可能性的研究，

B400

A342

B401

A343

而这种研究是先验的。知觉(例如仅仅是愉快和不愉快)的任何客体,只要它参加到自我意识的这一普遍表象中来,就立刻会使合理的心理学转变为经验性的心理学。

所以合理的心理学所做的唯一文章就是我思,它要从其中发挥出自己的全部智慧。很容易看出,如果要把这个思想与某个对象(我自身)联系起来,它就只可能包含该对象的一些先验谓词;因为任何经验性的谓词都会败坏这门科学摆脱一切经验的合理的纯粹性和独立性。

但我们在这里将只需跟随范畴的引线,只不过由于在这里首先给出了一物,即作为能思的存在者的我,所以我们虽然不会改变诸范畴在它们前述的范畴表中所表现的那样的相互秩序,但在这里毕竟要从实体范畴开始,以便表现一个自在之物本身,并由此对范畴序列进行回溯。所以,合理的灵魂学说所能包含的一切别的东西都必须从它的正位论(Topik)中推导出来,合理的灵魂学说的这一正位论有如下表:

A344
B402

1.

灵魂是实体①

2.	3.
就其质而言灵魂是 单纯的	就其所在的不同时 间而言灵魂在号数 上是同一的,亦即 单一性(非多数性)

4.

灵魂与空间中可能的对象相关②

———————

①　康德在《补遗 CLXI》中将此句改为:"灵魂作为实体而实存"。——德文编者

②　如果读者不太容易从这些术语的先验的抽象性中猜测到它们的心理学的意义,以及为什么灵魂的最后这个特征属于实存性范畴,那么下面他将会找到对它们的充分的解释和正当理由。此外,我还要为我不仅在本节中、而且在全书中违反纯正的文风而引入拉丁词来取代同等含义的德语词请求原谅:我宁可在语言的优雅上有所损失,而不想因丝毫的晦涩给教学上的用途增加困难。——康德

B403

A345
B403
　　从这些要素中,仅仅通过组合,而丝毫不用认识别的原则,就产生出纯粹灵魂学说的一切概念。该实体仅仅作为内感官的对象,就给出了非物质性概念;它作为单纯的实体,就给出了不朽性的概念;它作为智性实体的同一性,就给出了人格性;所有这三项一起则给出了精神性(Spiritualität);与空间中的对象的关系给出了与物体的交感(Kommerzium);因而这种学说也把能思的实体表现为物质中的生命原则,亦即把它表现为灵魂(anima①),并表现为动物性的根据;灵魂被精神性所限制,则给出了不死性。

　　于是与此相关地就有先验的灵魂学说的四个谬误推理,这个学说误被当做纯粹理性关于我们的能思的存在者之本性的科学。但我们为

B404
A346
这门科学所能找到的根据,只不过是这个单纯的、在自身的内容上完全是空洞的表象:**我**;关于这个表象我们甚至不能说它是一个概念,它只不过是一个伴随着一切概念的意识。通过这个能思的我或者他或者它(物),所表象出来的不是别的,而只是思维的一个先验主体 = X,它只有通过作为它的谓词的那些思维才被认识,而孤立地来看我们对它永远不能有任何起码的概念;所以我们围绕它在一个不断的循环中打转,因为我们如要对它作出任何一个判断,总是不得不已经使用了它的表象;与它不可分离的这种不便是因为,这个意识本身并不真的是对一个特殊的客体作出区分的表象,而是一般表象要称得上是知识时所具有的形式;因为只有出于这种形式我才能说我借此思维了任何某物。

　　但在最初看来必定显得好像很奇怪的是,我思一般得以成立的条件、因而这条件作为不过是我的主体的某种性状,同时又应当对于一切思维者都是有效的;而我们竟能够妄想在一个看起来是经验性的命题上建立起一个无可置疑的和普遍的判断,即是说,一切思维者

───────────

　　① 该拉丁文"生灵",主要指动物性的灵魂,比"精神性"层次较低。——译者

都似乎具有像自我意识在陈述有关"我"的意见时那样的性状。但个 B405
中原因却在于：我们必然要先天地赋予诸物以构成我们唯一得以思维
到它们的那些条件的一切属性。既然我对于一个能思的存在者不能通 A347
过外部经验、而只有通过自我意识才可以拥有最起码的表象，所以这
一类的对象只不过是这个我的意识传给了只有借此才被表象为能思的
存在者的另一些物。但是"我思"这个命题在这里只是被看做悬拟
的；不是就其有可能包含关于一个存有的知觉而言（笛卡尔的 cogi-
to, ergo sum①），而只是按照其可能性，以便看看从这个如此简单的命
题中可能把哪一些属性引到它的主词上来（不论这一类的对象是否实
存着的）。

　　假如给我们的纯粹理性有关一般能思的存在者的知识奠定基础的
不只是 cogito（我思），假如我们还要求助于对我们思维的活动及必须
由此而汲取力量的、能思的自我的自然规律的观察，那么就会产生出一
种经验性的心理学，它将是内感官的一种自然之学（Physiologie），它也
许能用来解释内感官的现象，但决不能用于揭示这样一些完全不属于
可能经验的属性（如"单纯的东西"的属性），也不能无可置疑地告诉我 B406
们关于一般能思的存在者的本性方面的事；那么它就不会是什么合理
的心理学了。

　　既然"我思"这个命题（作为悬拟的来看）包含有任何一般知性判
断的形式，并作为承载者伴随着一切范畴，那么很明显，从它得出的推
论就只能包含知性的某种先验的运用，这种运用排除了一切经验的混
杂，对于它的进展，按照我们前面所指出的，我们不可能预先已经构成
什么有利的概念。所以我们想以一种批判的眼光通过纯粹灵魂学说的
一切云谓关系来追踪这一命题，②但为了简短起见，我们想把对这些云
谓关系的检查放在一个不被打断的关联中来进行。

---

　　①　拉丁文：我思故我在。——译者
　　②　以下直到本章结束都是第二版对第一版的改写，德文编者将两版文字在
同一页中上下分栏排印，本书则仍采取将第一版原文在第二版的修正文排完后再
作为附录用异体字排出的方式处理。——译者

　　首先,下面的总的评论可以增强我们对这一推论方式的重视。我不是通过单纯的"我思"而认识任何一个客体的,而只有当我关系到一切思维都在其中的那种意识的统一性而规定一个给予的直观时,我才能认识任何一个对象。因此,我甚至也不是通过我意识到我自己作为思维活动,来认识我自己的,而是当我意识到对我自己的直观是在思维机能方面被规定了的时,才认识我自己的。所以,在思维中自我意识的一切样态(modi)自身还不是有关客体的知性概念(范畴),而只是一些根本不把任何对象、因而也不把自我作为对象提供给思维来认识的逻辑机能。这个客体并不是对进行规定的自我的意识,而只是对可被规定的自我、亦即对我的内直观(只要它的杂多能按照思维中统觉的统一之普遍条件而联结起来)的意识。

B407

　　(1) 在所有的判断中,"我"总是构成判断的那种关系中的进行规定的主体。但说自我,这个"我思",在思维中永远必须被看做主词,看做不是像谓词那样只能视为依赖于思维的东西,这却是一个无可置疑的、甚至是同一性的命题;但它并不意味着"我"作为客体是一个自我持存着的存在者,或实体。后一种说法走得非常远,因而它还要求在思维中根本找不到的一些材料,或许(只要我把思维者只是看做思维者)要求比我在(思维者中)任何地方可能找到的东西更多。

　　(2)统觉的我、因而在每次思维中的我是一个单数,它不能被分解为多数主体,因而标明了一个逻辑上单纯的主词:这一点已经包含在思维的概念之中了,所以这是一个分析命题;但这并不意味着能思的我是一个单纯的实体,那将会是一个综合命题。实体概念总是与直观相关的,这些直观在我这里只有作为感性的才有可能,因而完全处于知性及其思维的领域之外,知性思维在这里本来只是当我们说自我在思维中是单纯的时才涉及到的。如果某件事在别的情况下需要做如此多的准备,以便在直观所表明的东西中分辨出其中什么是实体,乃至于还分辨出这实体是否也可能是单纯的(如在物质的诸部分中),而在这里却会如此直接地从一切表象的最贫乏的表象中仿佛通过启示而向我提供出

B408

来,这甚至会令人惊讶。

（3）我自己在我所意识到的一切杂多中的同一性,这个命题是一个同样在概念自身中包含着的、因而也是分析性的命题;但这个我能在我的一切表象中意识到的主体同一性,并不涉及使主体被作为客体给出的那个主体直观,因而也不可能意味着那种人格同一性,它使我自己的实体的同一性意识在一切状态变更中被理解为能思的存在者的同一性意识,在这方面,为了证明这种同一性,单是凭"我思"这个分析命题是办不到的,而是需要建立在给予直观之上的各种综合 B409
判断。

（4）我把我自己的实存作为一个能思的存在者与在我之外的（也包括我的身体的）他物区别开来,这同样是一个分析命题;因为他物正是我作为与我有区别的东西来思维的。但我借此完全不知道,对我自己的这个意识若没有我之外的、给我带来各种表象的物,是否还有可能,因而我是否可以只是作为能思的存在者（不是作为人）而实存。

所以,通过对在一般思维中的我自己的意识的这种分析,对于我自己作为客体的知识并没有获得丝毫进展。对一般思维的逻辑探讨被错误地当做了对客体的某种形而上学规定。

如果有可能在先天证明:一切思维的存在者都自在地是单纯的实体,因而(这是从同一个论据得出的结果)作为这种实体都不可分割地具有人格性,且意识到自己与一切物质相分离的实存,那么,这将是反对我们的全部批判的巨大的、乃至于唯一的绊脚石。因为以这种方式我们就已经跨出了超出感官世界的一步,踏入了本体的领域,这就没有人能否认我们有权在这个领域中进一步扩展、定居,并且任何一个人 B410
只要吉星高照,都可以占领这个领域。因为"每一个能思的存在者本身都是单纯的实体"这个命题是一个先天综合命题,这首先是由于它超出了为它奠定基础的概念,在一般思维之上加上了存有的方式,其次是由于它在那个概念上添加了一个谓词（单纯性）,这个谓词是根本不能在经验中给予出来的。所以先天综合判断并不仅仅如我所主张的,在与可能经验的对象的关系中、也就是作为这个经验本身的可能性的原则,是可行的和可允许的,而且它们还可以针对一般的和自在的物本身,这一结论就会葬送这整个的批判,并要求我们一切照旧就行了。但如果我们更接近事实的话,这种危险在这里并没有那么大。

在合理的心理学的处理方式中,起支配作用的是某种谬误推理,它通过下面的理性推论而体现出来:

凡是只能被思考为主词的东西也只能作为主体①而实存,因而也就是实体。

B411　　现在,一个思维着的存在者仅仅作为本身来看,只能被思考为主词。

所以,它也只作为一个主体、也就是作为实体而实存。

在大前提中所谈到的存在者是可以一般地在任何意图上、因而也在它有可能于直观中被给出的这种意图上来思考的。但在小前提中所谈到的存在者却只是把自己当做相对于思维和意识统一性的主词来考察的,而不是同时又当做在(使它作为思维的客体被给出的)直观的关系中的主体来考察的。所以这一结论是 per Sophisma figurae dictionis②、因而是通过某种错误的推论而得出来的③。

B412　　如果我们在这里回顾一下"原理的系统演示"一节中的"总注释"

---

①　句中"主词"和"主体"均为 Subjekt,该词具有逻辑的和现实的双重含义,中文依据不同场合有不同译法,请注意原文并无这一区别。——译者

②　拉丁文:通过修辞格的诡辩。——译者

③　"思维"在这两个前提中是在完全不同的含义上来理解的:在大前提中是如同它针对一般客体那样(因而是像该客体可以在直观中被给出的那样);但在小前提中则只是像它处在与自我意识的关系中那样,因而在这里根本没有什么客体被思考,而只是表象了与自我、与主词(作为思维的形式)的关系。前者
B412　所谈及的是只能作为主体来思考的物;但后者所谈的并不是物,而只是思维(因为我们已抽掉了一切客体),在其中这个"我"永远被用作意识的主词;因此在结论中并不能推出:"我只能作为主体而实存",而只能推出:"我在对我的实存的思维中只能把我用作判断的主词",而这是一个同一性命题,它对我的存有的方式丝毫也没有揭示出什么。——康德

及关于"本体"的一章①,那就会很清楚地显示出,将这个著名的论证归结为一个谬误推理是完全正确的。因为在那里曾经证明,有关一个可以独自作为主词而不能单作为谓词实存的物的概念还根本不具有任何客观实在性,就是说,我们不可能知道是否能在任何地方把一个对象归之于它,因为我们看不出这样一种实存方式的可能性,因而这概念根本没有提供任何知识。所以如果它想在实体这个名称下标志一个能被给予出来的客体,如果它要成为一种知识,那就必须奠基在一个持存性的直观之上,后者是一个概念的客观实在性之不可缺少的条件,即该对象唯一由此而被给予出来的东西。但现在我们在内直观中根本没有什么 **B413**
持存性的东西,因为自我只是我的思维的意识;所以如果我们只是停留在思维上面,我们也就缺乏把实体概念、即一个独立持久的主体的概念用在作为能思的存在者的自我本身上的必要条件,而与此相联的实体的单纯性也就和这个概念的客观实在性一起取消了,它转化为在一般思维中自我意识单纯逻辑上的质的单一性了,而不论这个主体是不是复合的。

反驳门德尔松②对灵魂的持存性的证明　　　　**B413**

　　这位思想敏锐的哲学家在这个据说是用来证明灵魂(如果人们承认它是单纯的存在者的话)不可能由于被分割而停止存在的通常论证中马上就看出,要想保证灵魂的必然延续,这个论证还缺乏充分性,因为人们本来还可以设想灵魂由于消逝而停止存有。于是他就在其《斐多》一书中试图使灵魂通过这样的方式不受这种有可能成为真正的消灭的暂时性的妨碍,即他自以为证明了,一个单纯的存在者根本不可能

---

　　①　指"原理分析论"中的第二章第三节"纯粹知性一切综合原理的系统演示"的"总注释"及第三章"把所有一般对象区分为现象与本体的理由"。——译者

　　②　Mendelssohn, Moses(1729—1786),犹太哲学家,最著名的著作是《斐多——论灵魂不死》。——译者

停止存在,因为既然它根本不可能被减弱、因而在其存有上渐渐地失去
某种东西,并这样逐渐地转变成虚无(因为它没有任何部分,所以也不
包含任何多数性),那么在它存在的那个瞬间和它不再存在的另一个
瞬间之间就会根本遇不到任何时间了,而这是不可能的。——不过他
没有考虑到,即使我们承认灵魂有这种单纯的本质,就是说它不包含任
何相互外在的杂多的东西,因而不包含任何外延的量,但正如对任何一
种实存的东西一样,我们对于灵魂毕竟也不能否认它有内包的量,亦即
不能否认就它的一切能力、甚至一般说来就构成它的存有的一切东西
而言的实在性的某种程度,而这种程度是有可能经过所有那些无限多
的更小的程度而减少的,这样,那所谓的实体(即那种前此并未确立其
持存性的东西)就有可能虽然不是通过分割、但却是通过逐渐减弱(re-
missio①)其力量(因而通过 Elangueszenz②,如果允许我使用这一术语
的话),而转变成虚无。因为甚至意识也总有一个还可以再减弱下去
的程度的③,因而甚至那种意识到自身的能力、以及所有其他的能力都
是如此。——所以灵魂作为单纯的内感官对象的持存性仍然未获证
明,甚至是不可证明的,尽管灵魂的持存性在生命中由于思维着的存在
者(作为人)本身同时又是一个外感官的对象而自身是清晰的,但这根
本不会使理性心理学家感到满足,他要做的是从单纯概念中证明出灵

---

①　拉丁文:降低。——译者

②　拉丁文:衰退。——译者

③　清晰性并不像逻辑学家们所说的是对一个表象的意识;因为意识的某种
程度对于回想到它来说是不充分的,但它本身是必定能在某些模糊的表象中见到
的,因为缺乏一切意识则我们在结合那些模糊表象时就会作不出任何区别了,但
这一点却是我们凭借某些概念的特征而有能力做到的(如正义和公平的概念那
样,又如音乐家当他即兴同时弹奏出多个音符时那样)。相反,在一个表象中,意
识对于这个表象与其他表象的区别的意识来说是充分的,这个表象就是清晰的。
如果意识对于区别来说是充分的,但对于区别的意识来说却是不充分的,那么该
表象就仍然必须被称之为模糊的。所以意识有一直到消逝的无限多的程
度。——康德

魂本身超出生命之外的绝对持存性。①

———————

① 有些人为了给一种新的可能性开辟道路,以为如果他们在没有人能够指出他们的前提中的任何矛盾这一点上坚持到底就已经万事大吉了(正如所有那些以为看出了即使在生命停止之后的思维的可能性的人那样,对于这种可能性他们只是在人的生命中凭借经验性的直观才有一个实例),这些人可能会由于另外一些丝毫也不是更大胆的可能性而陷入巨大的困境。诸如将一个单纯实体分割为多个实体的可能性,以及相反,把多个实体融合(联合)为一个单纯实体。因为,虽然可分性以一个复合物为前提,但可分性并不必然要求诸实体的一个复合物,而只要求同一个实体的(不同能力的)各种程度的复合物。正如我们可以把灵魂的一切力量和能力、甚至将意识的能力也思考为减少到一半,但实体却仍然还是保留了下来;同样,我们也可以无矛盾地将那个消失了的一半表象为保持着的,但不是保持在这个实体中,而是保持在它之外,而且[按:第四版为"只不过"。——德文编者]由于在这里一切只要在实体中总是实在的、所以总有一个程度的东西,因而这实体的整个实存,都无一遗漏地被二分了,这样一来在这个实体之外就会产生出一个分离的实体。因为被分割的多数性原先就已经存在了,但不是作为诸实体的多数性而存在,而是作为每一种实在性的多数性而存在,作为实体中的实存的量而存在[按:埃德曼校作:"而是作为这实体所固有的每一种实在性的、即实体中实存的某种量的多数性而存在"。——德文编者],而实体的单一性则只是一种实存的方式,这种方式唯有通过这种分割才被[按:据瓦伦丁纳校作"才能被"。——德文编者]转变为自存性[Subsistenz,即"实体的存有",见前面 B230页。——译者]的某种复多性。但这样的话,多个单纯实体也有可能重新融合于一个实体之中,在这种情况下所可能失去的只有自存性的复多性,因为一个自存性将把以前的一切自存性的实在性的程度一起包括在自身中,而且,或许那些向我们提供出某种物质的现象的单纯实体(虽然不是通过某种机械的或化学的相互影响,但却是通过某种我们所不知道的影响,前一种影响只是这种影响的现象而已),借助于这样一种对双亲的灵魂作为内包的量的力学性的分割,而有可能产生出孩子的灵魂来,然而那些双亲灵魂的损耗又通过与同一种类的新材料的联合而弥补起来了。我远不是要承认这一类的幻影有丝毫的价值或有效性,前面分析论的那些原则也已经充分地使我们铭记,对这些范畴(如同实体的范畴那样)除了作经验的运用之外,不要作任何别的运用。但如果唯理论者有充分的胆量无须一个对象由以被给予的任何持存性的直观,仅仅是由于思维中统觉的统一性不允许他由复合物来作任何解释,就单纯从思维能力中造成一个自身独立的存在者,而不是倒不如就承认他无法解释一个思维着的本质的可能性,那么,为什么唯理论者——尽管同样也不能为了他的那些可能性而援引经验——就无权同样大胆地在对那种统觉的形式统一性加以保留的同时把自己的原理作相反的运用呢?——康德

B416

B417

B418

B416　　　现在，如果我们将上述各命题，如同它们作为对一切思维着的存在者都有效的而在理性心理学里也必须被看做一个系统一样，把握在综

B417　合的关联之中，并且，如果我们从关系范畴出发，带着"一切思维着的存在者本身都是实体"这个命题一直向后回溯这一范畴系列，直到这个圆圈闭合，那么我们最终就会遇到这些思维着的存在者的实存，它们在这个系统中不只是不依赖外部之物而意识到自己的实存，而且也能

B418　够从自己本身来规定这个实存（就必然属于实体特性的持存性而言）。但由此就推出，正是在这种唯理论的系统中，观念论、至少是悬拟的观念论是不可避免的，而如果外物的存有对于他自己在时间中的存有的规定根本就是不需要的，则外物的存有也就只会是完全多余地假定下来的，任何时候都不可能对它给出一个证明来。

　　　反之，如果我们遵照分析的处理方式来进行，在此把根据建立在"我思"作为一个已经包含有一个存有于自身的命题、即作为被给予了的东西之上，因而建立在模态性上，并且如果我们对这个命题加以剖析，以便认识它的内容，也就是看这个"我"仅凭这种内容是否及如何在空间或时间中规定它的存有，那么，理性的灵魂学说的那些命题就不会从一个一般的思维着的存在者的概念开始，而会从某种现实性开始了，而从这种现实性被思维的方式中，在其中的一切经验性的东西被分

B419　离出去之后，就会推论出那些应归于一般思维着的存在者的东西，如下表所表示的。

1. 我思，

2. 作为主体，　　　　　　3. 作为单纯的主体，

4. 在我的思维的任何状态中

作为同一的主体。

　　　既然在这里第二个命题中并没有规定"我"是否只能够作为主体［主词］而不能也作为另一个主体［主词］的谓词而实存和被思

维，那么一个主体的概念在这里就只是从逻辑上被设想的，至于它是否应当被理解为实体，这仍然是未定的。不过在第三个命题中，统觉的这个绝对单一性，这个单纯的"我"，在形成思维的那一切结合或分离都与之相关的这个表象中，哪怕我对于主体的性状或自存还未作出任何断言，也已经对自身来说成为重要的了。统觉是某种实在的东西，而它的单纯性①已经在其可能性之中了。现在，在空间中并没有作为单纯的东西的实在之物②；因为点（它们在空间中构成唯一的单纯之物）只不过是界限，但本身却不是某种作为部分用来构成空间的东西。所以由此就得出，由唯物论的根据来解释我作为单纯思维着的主体的　　B420
性状是不可能的。但既然我的存有在第一个命题中被看做给予了的，不是因为这等于说任何一个思维着的存在者都实存（这将会同时意味着绝对的必然性，因而对那些存在者就会说得太多了），而只是说：我实存于进行思维时，那么这个命题就是经验性的，它只是就我在时间中的表象而言才包含有我的存有的可规定性。但既然我为此首先又需要某种持存之物，而这种持存之物在我思维自己的限度内根本没有在内直观中被给予我；那么，我是作为实体还是作为偶性而实存，这种实存方式通过这种单纯的自我意识是根本不可能得到规定的。所以，如果唯物论不适合于对我的存有进行解释的方式，那么唯灵论同样也不足以做到这一点，而结论就是，我们不论以何种方式都不可能对我们灵魂的那种涉及到灵魂独立实存之一般可能性的性状有所认识。

并且，哪里又会有这种可能，即通过那种甚至只有凭借我们对它作在经验的可能性上必不可少的运用我们才对之有所知悉③的意识统一性，而超越于经验（超越于我们在生命中的存有）之外，乃至于通过这　　B421
个经验性的、但在直观的任何方式上尚未规定的"我思"命题来把我们

的知识扩展到所有一般思维着的存在者的本性上？

　　所以，并没有什么作为学理而为我们的自我认识带来某种增加的理性心理学，它只是作为训练而在这一领域中为思辨理性建立起不可超越的界限，一方面不至于投身于冷酷无情的唯物论的怀抱，另一方面不至于陷入四处乱碰的、在我们的生命中毫无根据的唯灵论中，而是宁可提醒我们，要把对我们想给那些急于超出此生之外的问题作出满意回答的理性所作的这种拒绝看成对我们理性的一个暗示，要我们将自我的知识由无结果的夸大其辞的思辨而应用到富有成果的实践的用途上来①，这种做法②即使所针对的永远也只是经验的对象，但毕竟是从更高处取得它的原则的，并且这样来规定行为，仿佛我们的使命无限远地超出了经验、因而超出了此生似的。

　　由这一切可以看出，给理性心理学提供来源的仅仅是一个误解。在这里，为诸范畴奠定基础的意识统一性被当做了对于主体直观而言
B422　的客体，并将实体范畴应用于其上。但意识的统一性只是思维中的统一性，仅仅通过它并没有任何客体被给予，所以永远以给予的直观为前提的实体范畴并不能被应用于它之上，因而这个主体就根本不可能被认识。所以诸范畴的主体不可能由于它思维到这些范畴就获得一个有关它自己作为诸范畴的一个客体的概念；因为，为了思维这些范畴，它就必须把它的纯粹的自我意识作为基础，而这个自我意识却正是本来要加以说明的。同样地，时间表象在主体中有其本源的根据，这个主体就不可能由此而规定它自己③在时间中的存有，而如果后面这种情况不可能存在的话，那么前面那种情况即通过范畴对主体自身（作为一般思维着的存在者）进行规定也就不可能

---

　　①　梅林校作："摆脱无结果的夸大其辞的思辨而应用到……"；埃德曼校作："由无结果的夸大其辞的思辨而转向富有成果的实践的运用"。——德文编者
　　②　埃德曼校作"这种运用"。——德文编者
　　③　"它自己"原文为"这表象自己"，兹据哈滕斯泰因和埃德曼校正。——德文编者

发生了①。

*　　　　　*　　　　　*

这样一来，一种试图超出可能经验界限之外、但却属于人类最高利 B423
益的知识，就在它应当归功于思辨哲学的范围内，消失于落空了的期望
中了；然而批判的严格性由于它同时证明了超出经验界限之外去独断 B424
地构造出有关一个经验对象的某种东西来是不可能的，它就为理性在
它的这种利益上作出了对理性并非不重要的贡献，这就是使理性在面
对一切可能的反对主张时同样立于不败之地；这种情况只有当人们无
可置疑地证明了自己的命题，或者在做不到这一点时找到了不能做到
的根源时，才有可能发生，而这些根源如果是在于我们理性的必然的局
限，那就必然会使任何敌手都恰好屈从于同一个规律而放弃一切对独
断主张的要求。

　　然而与此同时，通过这种做法，对于按照那些与思辨的理性运用结
合着的实践的理性运用的原理来设想来世的权限、甚至必要性来说，却

----

　　①　"我思"正如已经说过的，是一个经验性的命题，并且自身包含有"我实
存"这一命题。但我不能够说：一切思维着的东西都是实存着的；因为这样一来思
维这一属性就会使得一切具有这一属性的存在者都成为必然的存在者了。因此
我的实存也不可能像笛卡尔所认为的那样，被看做是从"我思"这个命题中推论出
来的（因为否则就必须预设这个大前提：一切思维着的东西都是实存着的），而是
与"我思"命题同一的。这一命题表达了某种不确定的经验性直观即某种知觉（因
而它毕竟表明了，这个实存性命题已经是以感觉这种当然是属于感性的东西为基 B423
础的），但它先行于那个应当通过范畴在时间上规定知觉客体的经验，而实存在这
里还不是什么范畴，因为范畴并不与一个不确定地被给予出来的客体相关，而只
与一个我们对之有一个概念、并且想知道它是否也被置于这一概念之外的客体相
关。一个不确定的知觉在这里只意味着某种已被给予的实在的东西，确切地说，
某种只是被给予一般思维的实在的东西，所以这种东西并不是作为现象，也不是
作为自在的事物本身（本体），而是作为某种实际上实存的东西，它是在"我思"命
题中被称作这种东西的。因为必须注意，当我把"我思"这个命题称之为一个经验
性的命题时，我的意思并不是想说这个"我"在这一命题中是一个经验性的表象，
毋宁说，这表象是纯粹智性的，因为它属于一般思维。只是若没有任何一个经验
性的表象来充当思维的材料，这个"我思"的行动就毕竟不会发生，而这种经验性
的东西只是纯粹智性能力的应用或运用的条件而已。——康德

没有丝毫损失;因为那种单纯思辨的证明本来对于普通的人类理性就永远也不可能发生什么影响。这个证明如此被置于一根头发尖上,以至于甚至这个学派也只有当它让这个证明像一个陀螺那样围绕着自己不停地旋转之际,才能够将其维持在这上面,而这个证明在该学派自己眼里也就不适于充当某物能够在其上建立起来的持存的基础。那些对世界有用的证明在此全部保持着其丝毫不减的价值,勿宁说,它们通过排除那些独断的僭妄而增加了清晰性和不做作的确信,因为它们使理性安放于自己特有的领地,也就是安放于目的秩序中,但这目的秩序同时也是自然秩序,不过这样一来,这理性同时也就作为自在的实践能力本身,不局限于自然秩序的诸条件,而有权使目的秩序、并借助于它而使我们自己的实存扩展到超出经验和此生的界限之外。理性在这个世界的那些有生命的存在者身上必须假定为必然的原理的是,没有任何器官、任何能力、任何冲动、因而没有任何东西是可以缺少的,或是与其用途不相称的,因而是见出不合目的性的,相反,这一切是与其在生命中的规定严格适合的。按照与这些有生命的存在者的本性相类比来判断,那在自身中毕竟唯一能够包含①这一切东西的最后终极目的的人,就必定会是唯一被排除在这之外的生物了。因为他的自然素质,不仅是按照运用这些素质的天赋和冲动而言,而且尤其是他心中的道德律,是远远超出他在此生中可以从中引出的一切利益和好处的,以至于道德律甚至在缺乏任何好处、甚至连死后荣耀的征兆都没有的情况下,就教人把对正直意向的单纯意识推崇到一切事物之上,而他就②感到出自内部的召唤,要通过他在这个世界上的行为,借放弃许多好处,而使自己适合于成为一个他在理念中所拥有的更好的世界的公民。这个强有力的、永远不可能被驳倒的证明根据,伴随有对我们眼前所看到的一切东西的合目的性的不断增加的知识,伴随有对造物之不可估量性的

B425

B426

---

　　① 原文为 erhalten(获得),显为 enthalten(包含)之误,兹据普鲁士科学院《康德全集》1911 年版第 3 卷及《哲学丛书》1919 年版第 37 卷校正。——译者

　　② "而他就"三字原文缺,据梅林补上。——德文编者

展望,因而也伴随有对我们知识的可能的扩展的某种无边无际的意识,这个证明根据连同一个与这种扩展相适合的冲动仍然还一直留存着,即使我们不得不放弃从对我们自己的单纯理论知识中去看出我们实存的必然延续也罢。

对心理学的谬误推理的解决的结案

理性心理学中的辩证幻相基于把理性的一个理念(一个纯粹的理智)和对一般思维着的存在者的在一切方面都未经规定的概念混为一谈之上。我为了某种可能的经验之故,通过我还把一切现实的经验抽掉来思考我自己,并从中推论出我哪怕在经验及其经验性的诸条件之外也有可能意识到我的实存。这样一来我就把对我的经验性上确定的实存所作的可能的抽象和以为我的思维着的自己孤立地可能实存的这种意识混为一谈了,并且我相信我认识到我里面的实体性的东西就是先验的主体,因为我在思想中所拥有的只是为一切作为知识的单纯形式的规定奠定基础①的意识的统一性。　　　　　　　B427

说明灵魂和身体的协同性这个任务本来并不属于这里所谈及的这样一种心理学,因为它的意图是证明甚至在这种协同性之外(即在死后)的灵魂的人格性,因而它在本来的意义上是超验性的,尽管它讨论的是某种经验的客体,但只是就它不再是一个经验对象而言。然而按照我们的学说概念,对这个问题也可以给出充分的回答。众所周知,由这个任务所引起的困难在于预设了内感官的对象(灵魂)与外感官的对象的不同质性,因为在这些对象的直观的形式条件上,与内感官相联系的只有时间,与外感官相联系的还有空间。但如果人们考虑到这两种不同类型的对象在此并不是在内部相互区别开来,而只是就一个在外部对另一个显现出来而言才相互区别开来,因而那个为物质的现象　　　B428

---

① 维勒校作:"只是作为知识的单纯形式而为一切规定奠定基础"。——德文编者

奠定基础的作为自在之物本身的东西也许可以并不是如此不同质性的,那么这种困难就消失了,所剩下的问题只不过是:一般说来诸实体的协同性是如何可能的,对这个问题的解决是完全处于心理学的领域之外的,而且正如读者根据在分析论中关于各种基本力量和能力所说过的东西将很容易判断的那样,毫无疑问也是处于一切人类知识的领域之外的。

总的注释,关于从理性心理学
到宇宙论的过渡

"我思"或者说"我实存于进行思维时"这个命题是一个经验性的命题。但一个这样的命题是以经验性的直观、因而也是以被想到的作为现象的客体为基础的,所以看起来就好像是,按照我们的理论,灵魂就会甚至在思维中也完全被转变成现象了,而以这种方式,我们的意识本身作为单纯的幻相事实上就必定会是毫无针对性的了。

思维就其本身来看只不过是一种逻辑机能,因而是联结一个单纯可能直观的杂多的纯然自发性,它决不把意识的主体表现为现象,这只是因为它根本就不去考虑直观的方式,不论这方式是感性的还是智性的。借此我把我向我自己表象出来,既不是像我所是的那样,也不是像我对自己显现的那样,而是我思维自己就像思维任何一个一般客体那样,我抽掉了对这个客体的直观方式。在这里,如果我把自己表象为思想的主体,或者甚至也表象为思维的根据,那么这些表象方式并不意味着实体或者原因这些范畴,因为范畴是那些已经被应用于我们的感性直观之上的思维的(判断的)机能,这种感性直观,如果我想要认识自己的话,当然就会是必须的。现在,我想要意识到自己,但仅仅作为思维着的来意识;我的独特的自己如何在直观中被给予出来,我对此存而不论,在此我自己对于"我思"的这个我而言,但并不是就"我思"而言,本来只能是现象;在单纯思维时对我自己的意识中,我就是这个存在者本身,但关于这个存在者本身当然还没有任何东西凭这种意识就被提

B429

供给我去思维。

但"我思"这个命题就其所表述的相当于"我实存于进行思维时"而言,就不是单纯的逻辑机能,而是在实存方面规定了主体(这主体于是同时又是客体),并且这命题没有内感官就不可能发生,而内感官的直观所提供出来的客体任何时候都不是作为自在之物本身,而只是作为现象。所以在这个命题中就已经不再只有思维的自发性,而且也有　　B430
直观的接受性,就是说,对我自己的思维被应用于对同一个主体的经验性直观之上了。思维着的自己这样一来就会不得不在这种经验性的直观中寻求它在实体、原因等等范畴上的逻辑机能运用的诸条件,以便不仅通过这个"我"把自己表示为自在的客体本身,而且也规定这个客体的存有的方式,也就是把自己作为本体来认识,而这是不可能的,因为内部的经验性直观是感性的,并且只给出现象的材料,这些材料并不给纯粹意识的客体提供任何东西来认知它的孤立的实存,而只能用于经验的目的。

但假定将来不是在经验中、而是在纯粹理性运用的某些(不只是逻辑的规则,而且是)先天确立的、与我们的实存相关的法则中,会发现有理由完全先天地在我们自己的存有方面把我们预设为立法的、以及对这种实存本身也进行规定的,那就会由此而揭示出某种自发性,借此我们的现实性将会是可规定的,为此不需要经验性直观的条件;而在这里我们将会觉察到,在我们存有的意识中先天地包含有某种东西,它能够用来规定我们的只有在感性上才能通盘加以规定的实　　B431
存,但就某种内部能力而言却是在与一个理知的(虽然只是思维到的)世界的关系中进行规定的。

但这仍然丝毫不会使理性心理学的一切尝试有所进展。因为我通过那种值得惊叹的、首次向我启示出道德法则的意识的能力,虽然将会拥有一条规定我的实存的、本身是纯粹智性的原则,但通过什么谓词来规定呢?没有别的,只有那些必须在感性直观中被给予我的谓词,于是我在此就将重新陷入我曾在理性心理学中的处境,即需要感性的直观,以便使我的知性概念如实体、原因等等具有意义,我只有凭借这些知性概念才能拥有关于我的知识;但那些直观永远也不能在超出经验领域的地方帮助我①。然而我毕竟将会有权把这些概念在那种仍然一直指向经验对象的实践运用方面,按照在理论运用中类似的意义,而应用于自由和自由的主体身上,因为我把这些概念仅仅理解为主词和谓词、根据和后果的逻辑机能,种种行动或结果就是依照这些机能并遵循那些道德法则而得到规定的,以致这些道德法则每次都可以与自然法则同时依照实体和原因这些范畴来解释,虽然它们产生自完全不同的原则。这些话本来只是为了要防止关于我们的作为现象的自我直观的学说所容易遭到的误解而说的。在后面我们将有机会对此加以运用。

A348　[附 :"纯粹理性的谬误推理"第一版原文]

　　既然"我思"这个命题(作为悬拟的来看)包含有任何一般知性判断的形式,并作为承载者伴随着一切范畴,那么很明显,从它得出的推论就只能包含知性的某种先验的运用,这种运用排除了一切经验的混杂,对于它的进展,按照我们前面所指出的,我们不可能预先已经构成什么有利的概念。所以我们想以一种批判的眼光通过纯粹灵魂学说的一切云谓关系来追踪这一命题。②

第一谬误推理:对于实体性

　　这样一种东西,它的表象是我们的判断的绝对主词,因此不能被用作某个他物的规定,它就是实体。

---

　　①　第四版为"永远也不能把我提升到超越经验领域之上"。——德文编者
　　②　此段与第二版"谬误推理"中的"正位论"表以下第五自然段(B406)重叠,唯第二版在此段后加了"但为了简短起见,我们想把对这些云谓关系的检查放在一个不被打断的关联中来进行"一语,以引出第二版修正文。——译者

我，作为一个思维着的存在者，就是我的一切可能的判断的绝对主词，而这个关于我本身的表象不能被用作任何一个他物的谓词。

所以，我作为思维着的存在者（灵魂），就是实体。

对纯粹心理学的第一个谬误推理的批判

我们在先验逻辑的分析论部分指出过：纯粹范畴（其中也包括实体范畴）就自在的本身而言根本没有任何客观意义，在这种情况下它们没有配备一个直观，它们作为综合统一机能可以被应用于这直观的杂多之上。没有这种直观杂多，它们就只是一个判断的没有内容的诸机能。对任何一般的物我们都可以说它是实体，只要我们把它与物的单纯谓词和规定区别开来。现在，在我们的一切思维中，我就是那些仅仅作为诸规定的思想所依存的主体，而这个我是不能被用作一个他物的规定的。所以每个人就必然不得不把自己本身看做实体，却把思维只是看做他的存有的诸偶性，和看做对他的状态的诸规定。

A349

但现在，我应该拿这样一个实体概念来作什么用呢？我决不可能从中推出：我，作为一个思维着的存在者，是独立地自己持续着的，当然就是既不产生也不消逝的；但只有在这方面，我的思维主体的实体性这个概念才能够对我有用处，否则我本来是完全可以没有这个概念的。

我们远远不能把这些属性单从一个实体的纯粹范畴中推出来，勿宁说，我们不得不把一个从经验中给出的对象的持存性作为基础，如果我们想把有关一个实体的这个可作经验性运用的概念应用到对象上去的话。但现在，我们在上述命题中并没有把任何经验作为基础，而只是从一切思维与它们所依存的、作为共同主词的那个我的关系的概念中进行了推论。我们即使有意于这样做，我们也决不可能通过任何可靠的观察来说明这样一种持存性。因为这个我虽然在一切思想中，但却没有任何将之与其他直观对象区别开来的直观与这个表象相联结。所以我们虽然可以知觉到这个表象总是一再地伴随着一切思维而出现，但却不能知觉到一个固定不变的直观，在其中各种思想（以变化的方式）交替着。

A350

　　由此可见：先验心理学的第一个三段论推理只是以一个假想的新见解蒙骗我们，因为它把思维的那个持久不变的逻辑主词冒充为对依存性的实在主体①的知识，而我们对这个主体没有、也不可能有丝毫知识，因为这种意识是唯一使一切表象成为思想的东西，因而在其中，即在先验主体中，必然会遇到我们的一切知觉②，而除了我的这种逻辑含义以外，我们对于这个自在的主体本身，对于这个作为基底而为我、以及为一切思想提供根据的东西，并没有任何所知。然而我们仍然可以承认"灵魂是实体"这一命题，只要我们满足于：这个概念丝毫也不会带领我们走得更远，或者说不能把玄想的灵魂学说中的那些通常的推断中的任何一个告诉我们③，例如说告诉我们在人的一切变化那里、甚至在死亡时灵魂的永久延续，因而这个概念只会在理念中、而不会在实在性中表示一个实体。

A351

第二谬误推理：对于单纯性

　　这样一种东西，它的活动永远不能被看做许多活动的东西的合作，它就是单纯的。

　　现在，灵魂，或者思维着的我，就是这样一个东西：

　　所以就如此如此。

对先验心理学第二个谬误推理的批判

　　这是纯粹灵魂学说的一切辩证推论中的阿基里斯④，它决不只是

---

　　① 此处"主体"与"主词"在德文中均为 Subjekt，本书依不同场合采取不同译法。——译者

　　② 此处据埃德曼，另据维勒此句应作："因而在其中必然会遇到我们一切有关作为先验主体的我的知觉。"——德文编者

　　③ 原文为："我们这个概念丝毫也不会引向更远，或者说不能教导任何一种……"，兹据哈滕斯泰因校正。——德文编者

　　④ Achilles，荷马史诗中最著名的英雄，喻最有力的。——译者

独断论者所捏造出来以给自己的主张提供暂时的幻相的诡辩游戏,而是一个似乎经得起研究工作的哪怕最严格的检验和最大质疑的推论。该推论如下。

任何一个复合的实体都是许多实体的一个聚合体,而一个复合物的活动、或者依存于这个复合物本身的东西,则是分布在这一堆实体之间的许多活动或偶性的聚合体。现在,虽然从许多活动的实体的合作中产生出的一个结果,当这结果只是外在的时,就是可能的(例如一个物体的运动就是它的所有各部分的联合运动)。但对于思想来说,即对那些属于一个思维着的存在者内部的偶性来说,就是另外一种性状了。因为假定这个复合物在思维:那么它的每个部分都将包含这个思想的一个部分,但它的一切部分加在一起才会包含整个思想。但这是矛盾的。因为,由于分布于各个存在物之间的那些表象(例如一首诗的那些个别的词)永远也不构成一个完整的思想(一首诗):所以这个思想不可能依存于一个复合物本身。因而它只有在一个实体中才是可能的,这个实体不是许多实体的一个聚合体,因而绝对是单纯的①。

A352

这个证明的所谓 nervus probandi② 在于这一命题:为了构成一个思想,在思维着的主体的绝对统一中必须包含有多个表象。但这一命题没有人能由概念中证明出来。因为,为了作出这个证明,他到底要如何着手呢?"一个思想只能是思维着的存在者的绝对统一的结果"这个命题不能够当做分析命题来处理。因为由多个表象所组成的思想的统一是集合性的,而且按照单纯的概念来看既可以与在这方面共同合作的那些实体的集合性的统一发生关系(正如一个物体的运动就是它的一切部分的运动的复合一样),同样也可以与主体的绝对单一性发生关系。所以,按照同一律,把一个单纯实体当做前提的必要性在一个

A353

① 赋予这个证明以通常的表达上合乎学院规范的准确性是很容易的。不过对于我的目的来说,必要时以通俗的方式指出单纯的证明根据就已经足够了。——康德

② 拉丁文:骨干论据。——译者

复合的思想那里是看不出来的。但是要使这同一个命题综合地并且完全先天地从单纯概念中得到认识,这是没有任何如我们前面所摆明过的那样看出了先天综合判断的可能性根据的人所敢于承担责任的。

但现在,把主体的这种作为任何一个思想的可能性条件的必然统一从经验中推导出来也是不可能的。因为经验并不提供出任何必然性来加以认识,更不用说绝对统一性这个概念是远远超出经验范围之外的。我们又是从哪里拿来这个支撑起心理学的所有三段论推理的命题的呢?

显而易见:如果有人想要表象一个思维着的存在者,他自己就必须置身于这个存在者的位置,因而必须用他自己的主体去置换他所要考虑的客体(这是在任何别的一种研究中都没有的事),而我们之所以对于一个思想要求有主体的绝对统一,只是由于否则我们就不能够说:我思(我在一个表象中思维杂多东西)。因为,虽然思想的整体可以被划分,并且被分配于多个主体之间,但主体性的我却是不能被划分和分配的,而这个我毕竟是我们在一切思维中所预设的。

所以在这里,也正如在前一个谬误推理那里一样,"我思"这个统觉的形式原理仍然是理性心理学之所以敢于扩展自己的知识的全部理由,这个原理虽然的确不是任何经验,而是与每个经验相关联并先行于它的统觉形式,然而却必须就一般可能的知识而言只被永远看做这知识的单纯主观条件,我们无权使它成为诸对象的知识之可能性条件,即成为一个有关一般思维着的存在者的概念,因为我们若不把自己借助于我们意识的这条公式而置于任何别的理智存在者的位置,我们就不能设想这个思维着的存在者。

但我自己(作为灵魂)的这种单纯性实际上也不是从"我思"这一命题中推论出来的,相反,它在任何一个思想本身中就已经包含着了。"我是单纯的"这一命题必须被视为统觉的一个直接的表达,正如笛卡尔的那个被以为是推论的 cogito, ergo sum① 其实是同义反复一样,因

---

① 拉丁文:我思,故我在。——译者

为 cogito①(sum cogitans②) 直接说出了这个事实。但"我是单纯的"则无非意味着:"我"这个表象并不包含丝毫杂多性,而且它是绝对的(虽然只是逻辑上的)单一性。

所以,这个如此著名的心理学的证明只不过是建立在一个对动词的人称方面加以指示的表象的不可分的统一性上的。但显而易见,依存性的主体通过与思想相关联的这个"我"只是得到了先验的表明,而丝毫也没有说明它的属性,或者说对它根本没有任何一点了解或知悉。它意味着一个一般的某物(先验主体),它的表象当然必定会是单纯的,这正是由于我们在它那里根本就没有作任何规定,这就正如肯定不可能有任何东西比通过单纯某物的概念而被表象得更单纯一样。但一个主体的表象的单纯性因此就不是有关该主体本身之单纯性的知识,因为当这个主体只是通过在内容上完全空洞的术语"我"(这个"我"可以被应用在任何思维着的主体上)来表示时,它的各种属性就被完全抽象掉了。

有一点是肯定的:我通过这个"我"任何时候都想到了一个绝对的、但却是逻辑上的主体单一性(单纯性),但并非这样一来我就会认识到我的主体的现实的单纯性。正如"我是实体"这个命题所指的无非是我并不能对之作任何具体的(经验性的)运用的那个纯粹范畴:同样,我也可以说:我是一个单纯的实体,亦即它的表象永远不包含杂多的综合;但这个概念、或者说这个命题丝毫也没有告诉我们关于我自己作为一个经验对象的事,因为这个实体概念本身仅仅被作为没有配以直观、因而没有客体的综合机能来运用,而且只适用于我们知识的条件,却并不适用于任何一个可以指出的对象。我们想对这一命题的假想的适用性来着手做一个试验。 A356

任何人都必然会承认,对灵魂的单纯本质的主张只有当我能够由此将这个主体与一切物质区别开来、因而能使它免除物质所永远屈从

---

①　拉丁文:我思。——译者
②　拉丁文:我思维地在。——译者

的溃灭时,才具有某些价值。上述命题本来也是完全针对着这样一种运用的,因此它在好些场合下也被表述为:灵魂是没有形体的。既然我

A357　能够指出:即使人们在某种(出自纯粹范畴的)单纯理性判断的纯粹意义上承认理性灵魂学说的这一主要命题(所有的思维者都是单纯的实体)的一切客观有效性,但在灵魂和物质是性质不同还是性质相似这一点上,这个命题却不能得到丝毫的运用,那么,这就正好比是说,我已要求这个被假想的心理学洞见遵守单纯理念的范围,而这些理念是没有客观运用的实在性的。

　　我们在先验感性论中已经无可否认地证明了:物体只是我们的外感官的现象,而不是自在之物本身。据此我们就可以有理由说:我们的思维着的主体是没有形体的,这就是说,由于它被我们表象为内感官的对象,所以就它在思维这点而言,它就不可能是任何外感官的对象,亦即不可能是任何空间中的现象。而这就相当于想说:在外部现象之中永远也不可能有思维着的存在者作为自身出现在我们面前,或者说,我们不可能从外部直观到它们的思想、它们的意识、它们的欲望等等;因为这一切都是应归内感官处理的。实际上这个论证也显得是

A358　个自然而通俗的论证,甚至最普通的知性也似乎从来都中意于它,并且很早就已经开始通过它而把灵魂当做与物体完全不同的存在者来考察了。

　　但现在,尽管广延、不可入性、关联和运动,总之,外感官所能提供给我们的一切东西,都并非思想、情感、爱好或决断,或者说都不会包含有这样一些全然不是外感官对象的东西,然而这样的某物却很可能是为那些外部现象奠定基础、刺激我们的感官来使它获得有关空间、物质、形状等等的表象的,这个某物作为本体(或不如说,作为先验对象)来看,却毕竟可以同时也是这些思想的主体,虽然我们通过我们的外部感官被它所刺激起来的方式根本没有获得关于诸表象、诸意志等等的直观,而只是获得了关于空间及其诸规定的直观。但这个某物并非有广延的,并非有不可入性的,并非复合的,因为这一切谓词都只是关系到感性及其直观的,是就我们被这样一些(在其他方面为我们所不知

道的)客体所刺激而言的。但这些表述根本不是让人去认识它是一个
什么样的对象的,而只是让人认识到:它作为一个这样的没有与外部感
官的关系而就其自在的本身来考察的对象,是不可能被赋予外部现象 A359
的这些谓词的。不过,内感官的诸谓词,各种表象与思维,却并不与它
相矛盾。因此,即使承认了本质的单纯性,人的灵魂借此也根本不足以
与物质从它们的基底方面区别开来,如果我们把物质(如同应该的那
样)只是看做现象的话。

假如物质是一个自在之物本身,那么它就会作为一个复合的存在
者而与作为单纯的存在者的灵魂完完全全地区别开来。但现在,物质
只是外部现象,它的基底通过任何可以指出的谓词都并不被认识;因而
我对这个基底就完全可以假定,它本身是单纯的,尽管它以刺激我们的
感官的方式在我们心中产生了对广延之物、因而复合物的直观,并且假
定,这样一来就我们的外感官而言应当具有广延的那个实体,就自在的
本身而言则具有思想,这些思想是可以通过这实体自己的内感官而有
意识地得到表象的。以这种方式,在一种关系中被称作是有形的同一
个东西,在另一种关系中同时又会是一个思维着的存在者,它的思想我
们虽然不可能直观到,但这些思想在现象中的迹象我们却可以直观到。
这样一来就会取消"只有灵魂(作为特殊种类的实体)在思维"这个说
法;而宁可像通常所说的那样,说"人在思维",就是说,那作为外部现 A360
象而有广延的同一个东西,就内部(自在的本身)而言则是一个主体,
它不是复合的,而是单纯的,并且在思维。

但是,我们可以不同意这一类假设而普遍地看出:当我把灵魂理
解为一个思维着的自在存在者时,提出这个问题,即问灵魂是否与
物质(它根本不是什么自在之物本身,而只是我们里面的一种表
象)具有同样的性质,这本身已经是不合适的了;因为不言而喻的
是,自在之物本身具有不同于单是构成它的状态的那些规定的另一
种本质。

但如果我们把思维着的我不是与物质相比较,而是与那个给我们
称之为物质的外部现象奠定基础的理知的东西相比较,那么,由于我们

对后者一无所知,我们也就不能说:灵魂与它不论在哪一方面有什么内部的区别。

所以,单纯的意识决不是对我们主体的单纯本质的知识,如果我们想通过这种单纯本质来把主体与物质这种复合的存在物区别开来的话。

但如果这个概念①并不适宜于在它唯一有用的场合,即在把我自己与外部经验的对象加以比较时,去规定主体的本质的特点和特别之处的话,那么我们固然可以声称知道这个思维着的"我"即灵魂(对内感官的那个先验对象的称呼)是单纯的;然而这种说法却绝不因此而有任何涉及现实的对象的运用,因而也不能对我们的知识有丝毫的扩展。

A361

这样一来,全部理性心理学就随着其主要支柱一起垮台了,而我们在这里也像在别的地方一样,很少有希望单凭概念(更不用说单凭我们的一切概念的主观形式即意识)而不与可能经验相关地来扩大洞见,尤其是因为,甚至关于一个单纯本质的基本概念都具有这种性质,即绝不可能在任何经验中遇见它,因而根本没有任何方法把它作为一个客观有效的概念来获得。

第三谬误推理:对于人格性

凡是在不同的时间中意识到它自己的号数上的同一性的东西,就此而言它就是一个人格:

现在灵魂就是如此如此。

所以灵魂就是一个人格。

对先验心理学第三个谬误推理的批判

如果我要通过经验认识一个外部对象的号数上的同一性,那么我

---

① 指"灵魂的单纯性的概念"。——译者

就会留意这样一种现象的持存者,这种现象作为主体是一切其他现象 A362
作为规定而与之相关的,并且我会注意到在其他现象交替的时间中那
个持存者的同一性。但现在我是一个内感官的对象,而一切时间只是
内感官的形式。所以我就把我的所有一切前后相继的规定都与这个在
一切时间中、即在对我自身的内部直观的形式中号数上同一的自己联
系起来。立足于这一点,灵魂的人格性就会甚至不可视为推论出来的
命题,而必须被视为自我意识在时间中的一个完全同一性命题,而这也
就是该命题为什么先天有效的原因。因为它所说出来的实际上无非
是:在我意识到我自己的整个时间中,我都意识到了这个时间是属于我
自己的统一性的,而且不论我说:这整个时间都在作为个体统一性的
"我"之中,还是说:我带着号数上的同一性而在这一切时间中,这都是
一样的。

所以,人格的同一性在我自己的意识中是不可避免地要遇到的。
但如果我从一个别人的观点来看我自己(作为他的外部直观的对象),
那么这个外部的观察者才首次在时间中考虑我,因为在统觉中时间真
正说来只是在我里面被表象出来的。所以他虽然承认这个在我的意识
里一切时间都伴随着、而且是以完全的同一性伴随着一切表象的 A363
"我",却毕竟还没有从这个"我"推论出我自己的客观持存性。因为,
既然这样一来观察者将我置于其中的那个时间并不是在我自己的感性
中所遇到的那个时间,而是在他的感性中所遇到的时间,所以和我的意
识必然联结在一起的同一性就并不因此而与他的意识、也就是与对我
的主体的外部直观联结在一起。

所以,在不同时间内对我自己的意识的同一性只是我的各种思
想及其关联的一个形式条件,但它根本不证明我的主体的号数上的
同一性,在这个主体中,尽管有"我"的逻辑上的同一性,却仍然
可能发生了这样一种变更,这种变更不允许保持这个主体的同一
性;虽然总还是允许这个主体分有那个字面上相同的"我",这个
"我"在任何其他情况下,甚至在主体都变了的情况下,都仍然还
可以保有前一个主体的各种思想,这样也就能够把这些思想传给后

一个主体①。

A364　　　即使有些古代学派的这个命题，即"一切皆流，世界上无物持存和常驻"，只要人们接受了实体，就不会提出来，然而这个命题并不被自我意识的统一性所反驳。因为我们自身不能依据我们的意识来判断我们是不是作为灵魂而持存的，因为我们只把我们所意识到的那种东西归入我们的同一的自己，这样我们当然不能不必然地判断说：我们在我们所意识到的全部时间中都是同一个。但在一个外人的立场看来我们却还不能由此就把这种判断解释为有效的，因为，既然我们在灵魂中没有遇到任何持存的现象，而只有伴随和连结所有这些现象的"我"的表象，那么我们就任何时候都不能断定，这个"我"（一个单纯的思想）是否会像其他那些通过它而相互链接起来的思想那样流失。

A365　　　但奇怪的是，灵魂的人格性及其条件，即灵魂的持存性、因而它的实体性，必须现在才首次得到证明。因为如果我们可以将它们预设下来的话，那么虽然从中还不会推论出在一个常驻的主体中意识的延续，但毕竟会推论出某种持续的意识的可能性，而这对于人格性来说就已经足够了，这种人格性并不因为它的作用会被中断一段时间就马上自己停止。但这种持存性在我们由同一性统觉中推论出我们自己的号数上的同一性来之前，是不能凭借任何东西被给予我们的，而是从这种号数上的同一性中才首次推论出来的（并且如果事情正常进行的话，紧跟这种持存性之后的首先就必然会是那唯有在经验性方面才可以运用

---

　　　① 一个弹性球以直线方向撞击在一个同样的球上，就把它的全部运动、因而把它的全部状态（如果我们仅仅着眼于空间中的位置的话）都传递给了后者。现在，如果按照与这样一些物体的类比来假定一些实体，它们中的一个把诸表象

A364　连同对诸表象的意识注入了别的实体，那么就会有可能想到一个完整的实体系列，其中第一个把它的状态连同对这状态的意识传递给第二个，第二个又把它自己的状态连同前一个实体的状态传递给第三个，而第三个同样也把所有在前的实体的状态连同它自己的状态及对它的意识传递下去。因而那最后的实体就会把在它之前变化着的各个实体的所有状态都作为它自己的状态而意识到，因为那些状态连同意识都已被转入了这个实体中，但尽管如此，这个实体毕竟不会成为了在这一切状态中的同一个人格。——康德

的实体概念）。既然这种人格同一性决不是在对于我认识自己的全部时间的意识中由"我"的同一性里得出来的：所以在前面本来也就不可能在这个"我"的同一性之上建立起灵魂的实体性来。

然而，正如实体和单纯的东西的概念一样，就连人格性的概念（就其只是先验的而言，亦即就其只是①那种在别的方面不为我们所知、但在其规定中却通过统觉而有某种彻底连结的主体的统一性②而言），也同样是可以保留的，并且在这方面，这个概念对于实践的运用也是必要的和充分的，但我们永远也不能相信它是③我们对自己的知识通过纯粹理性所作出的扩展，这个纯粹理性从同一自己的单纯概念中拿主体的某种不间断的延续性来欺骗我们，因为，这个单纯概念一直在围绕着自己转来转去，而没有使我们在针对综合知识的任何一个问题上前进一步。物质就自在之物本身（先验客体）来说是什么样的，这虽然是我们完全不知道的；然而物质作为现象的持存性，当它被表象为某种外部的东西时，却毕竟是可以被观察到的。但由于当我想要在一切表象的更替那里观察这个单纯的"我"时，除了又是我自己之外，我并不具有把我与我的意识的那些普遍条件进行比较的任何别的相关物，所以我就只能对一切问题给出同义反复的回答，因为我以我的概念及其统一性置换了那些应归于作为客体的我自己的属性，并把人们本来想要知道的东西当做了前提。 A366

第四谬误推理：对于观念性（外部关系上的）

这样一种东西，其存有只是作为被给予的知觉的原因的存有才能被推论出来，它就只具有某种可疑的实存：

既然一切外部现象都具有这种性质，即它们的存有不可能被直接 A367

---

① 阿底克斯校为"就其只涉及到"，福伦德尔校为"就其只表明"，格兰德校为"就其只意味着"。——德文编者

② 埃德曼校为"主体的统一性概念"。——德文编者

③ 福伦德尔将"相信它是"校为"以此炫耀为"。——德文编者

知觉到,而只能将其作为被给予的知觉的原因推论出来:

所以外部感官的一切对象的存有都是可疑的。这种不确定性我称之为外部现象的观念性,而这个观念性的学说则叫作观念论,与之相比,对外部感官对象的某种可能的确定性的主张则被称之为二元论。

对先验心理学第四个谬误推理的批判

我首先要对这两个前提进行检验。我们可以正当地认为,只有那在我们自身中的东西才能被直接知觉到,而只有我们自己的实存才能够是一个单纯知觉的对象。所以,一个在我之外的现实对象(如果该词从智性的意义上来理解的话)的存有从来不是在知觉中被直接给予的,相反,它只能连同这个作为内感官的变形的知觉,作为这知觉的外部原因一起被考虑进去,因而被推论出来。因此,甚至笛卡尔也有理由把一切最狭义的知觉限制于"我(作为思维着的存在者而)在"这个命题。因为很清楚:既然外部的东西不在我之中,我也就不能在我的统觉中、因而也不能在本来只不过是统觉之规定的任何知觉中遇到它。

A368

所以真正说来我并不能知觉外物,而只是从我的内知觉中推论出外物的存有,因为我将这种内知觉看做结果,某种外部的东西是它的最近的原因。但现在,从一个给予的结果推论到一个确定的原因,这任何时候都是不可靠的;因为这结果可能是从不止一个原因产生的。因此在知觉与其原因的关系中总是有一点仍然可疑的地方:即这个原因是内部的呢,还是外部的,因而是否一切所谓外部知觉都是我们内感官的一种单纯游戏,或者是否它们与作为其原因的外部现实对象有关。至少后者的存有只是推论出来的,而一切推论都是冒险,相反,内感官的对象(我自己连同我的一切表象)是直接被知觉到的,其实存是丝毫不会遭到怀疑的。

所以我们不要把一个观念论者理解为那种否定感官的外部对象的存有的人,而要理解为这种人,他只是不承认这种存有是通过直接的知觉而被认识的,但由此却推论出:我们通过一切可能的经验都永远不可能完全肯定外部对象的现实性。

A369

于是在我把我们的谬误推理根据其骗人的幻相描述出来之前,我必须首先提醒的是,人们有必要把两方面的观念论加以区分,即先验的观念论和经验性的观念论。但我所理解的对一切现象的先验的观念论是这样一种学说概念,依据它我们就把一切现象全都看做单纯的表象,而不是看做自在之物本身,因此时间和空间就只是我们直观的感性形式,却不是那些作为自在之物本身的客体独自给出的规定或条件。与这种观念论相对立的是先验的实在论,它把时间和空间看做某种自在地(不依赖于我们的感性而)被给予的东西。所以,先验的实在论者把外部现象(当人们承认它们的现实性时)表象为自在之物本身,它们是不依赖于我们和我们的感性而实存的,因而甚至按照纯粹知性概念也会是存在于我们之外的。这种先验的实在论者真正说来就是后来扮演经验性的观念论者的人,当他错误地对感官对象设置了这样的前提之后,即认为如果这些对象应当是外部的,它们就必须自在地本身哪怕没有感官也拥有自己的实存,以这种观点来看就会觉得我们的一切感官表象都不足以使这些对象的现实性成为确定的了。

反之,先验的观念论者却可以是一个经验性的实在论者,因而如人们对他所称呼的,可以是一个二元论者,就是说,他可以承认物质的实存,而并不超出单纯的自我意识,也不假定除了我里面的表象的确定性、因而除了 cogito, ergo sum① 以外的更多的东西。因为,既然他承认这种物质甚至物质内部的可能性都只是现象,这现象离开了我们的感性就什么也不是:那么物质在他那里就只是一种表象方式(直观方式),这些表象叫作外部的,不是说它们似乎与自在的外部对象本身有什么关系,而是由于它们把知觉与空间联系起来,在空间中一切都是相互外在的,但它本身,即空间,却是在我们里面的。

我们在一开始就已经表示赞同这种先验的观念论了。所以在我们的学说概念中就打消了一切疑虑,仅凭我们的自我意识的证据,就把物质的存有如同把我自身作为思维着的存在者的存有那样去加以接受,

A370

---

①　拉丁文:我思,故我在。——译者

并由此宣称它已被证明。因为我毕竟是意识到我的诸表象的;因而这些表象和拥有这些表象的"我"本身都是实存着的。但既然外部对象(物体)只是一些现象,因而也无非是我的诸表象的一种,这种表象的对象只有通过这些表象才是某种东西,但抽掉这些表象它们就什么也

A371　不是了。所以,正如我自己的实存着一样,外物也实存着,更确切地说,两者的实存都是有我的自我意识的直接证据的,区别只在于:对于我自己作为思维着的主体的表象只是与内感官相关,而表示有广延的存在者的那些表象却也与外感官相关。关于外部对象的现实性我不需要推理,正如对于我的内感官的对象(我的思想)的现实性一样,因为它们双方都无非是这样的表象,对它们的直接知觉(意识)同时就是它们的现实性的足够证明了。

　　所以,先验的观念论者就是一个经验性的实在论者,他承认作为现象的物质有一种不可推论、而是直接知觉到的现实性。反之,先验的实在论却必然会陷入尴尬,并将感到不能不让位于经验性的观念论,因为他将外感官的对象看做某种与感官本身有区别的东西,而把单纯的现象看做处于我们之外的独立的存在者;但这样一来,即使我们对我们关于这些物的表象有最好的意识,我们仍然远未确定:如果表象实存,则与之相应的对象也实存;相反在我们的体系中,这些外物、也就是物质,

A372　在其所有的形态和变化中都无非是单纯的现象,即我们中的表象,其现实性是我们直接意识到的。

　　既然一切信奉经验性的观念论的心理学家据我所知都是先验的实在论者,所以他们一贯的处理方式自然就是,承认经验性的观念论作为有关那些人类理性很难找出解决办法的诸问题之一而有很大的重要性。因为实际上,如果人们把外部现象看做这样一些表象,这些表象是由它们的那些作为处于我们之外的自在之物的对象而在我们里面引起的,那么就看不出人们除了通过从结果到原因的推论外如何能够认识这些对象的存有,而在这种推论那里必然总是会留下这原因究竟是在我们之中还是在我们之外的疑点。现在,我们即使可以承认:对于我们的外部直观,可能有某种在先验的意义上存在于我们之外的东西是它

的原因,但这个东西并不是我们用物质和有形之物的表象所指的那种对象;因为这些表象只是现象,亦即只是一些任何时候都只处于我们之内的表象方式,它们的现实性正如对我们自己的思想的意识一样是基于直接的意识之上的。先验的对象不论就内直观而言还是就外直观而言都同样是不知道的。不过这里所谈的也不是先验对象,而是经验性 A373 的对象,于是这种对象如果在空间中被表象,那它就叫作外部的对象,而如果它只是在时间关系中被表象,它就叫作内部的对象;但空间和时间两者都只有在我们里面才能遇见。

　　然而,由于我们之外这一说法带有某种不可避免的含混性,因为它一会儿意味着作为自在之物本身而与我们有区别地实存着的东西,一会儿又意味着仅仅属于外部现象的东西,所以为了使这个概念在后一种含义上,即在这种本来就包含着由于我们的外部直观的实在性而来的心理学问题的含义上,能摆脱不确定性,我们就要把经验性的外部对象通过将其直接称之为可以在空间中遇到的物,而与那些在先验的意义上也许可以称作外部的对象区别开来。

　　空间和时间虽然是先天的表象,它们还在一个现实的对象通过感觉规定我们的感官、以便把这对象表象在那些感性关系之下以前,就已经作为我们的感性直观的形式而寓于我们之中了。然而这种物质的东西或实在的东西,这种应当在空间中被直观到的某物,必须以知觉为前提,而不能独立于这种在空间中显示出某物的现实性的知觉而由任何想象力虚构和产生出来。所以感觉是那种在空间和时间中由于它与感 A374 性直观的这种或那种方式相关联而标志了某种现实性的东西。一旦感觉被给予了(当它被应用到一个一般对象上而不规定这对象,它就叫作知觉),那么通过感觉的杂多就可以在想象中虚构出好些对象,这些对象在想像之外的空间或时间中是没有任何经验性的位置的。这一点,不论人们接受到的是愉快和痛苦这样一些感觉,还是如色彩、热等等这样的外部感觉,都是无疑是肯定的,那么知觉就是这样的东西,即最初必须通过它,那用来思考感性直观对象的素材才被给予。所以这种知觉(我们暂时只限于在外部直观中来谈它)就表象出某种在空间中的现实之物。因为第一,知觉是某种现实性的表象,正如空间是共存的某种单纯可能性的表象一样。第二,这种现实性是在外感官面前、即在空间中表象出来的。第三,空间本身也无非是单纯的表象,因而在其中只有那在空间中得到表象的东西①才被看做是现实的,反过来说,凡是在空间中被给予的、即通过知觉被表象的东西,在空间中也是现实的;因为假如它在空间中不是现实的,即不是直接通过经验性的直观而被给予的,那么它也就不可能被臆想出来,因为我们根本不可能先天地想出直观的实在东西来。

所以,一切外部知觉都直接证明了空间中某种现实的东西,或者不如说它就是现实的东西本身,所以就此而言经验性的实在论就摆脱了怀疑,就是说,与我们的外部直观相应的就是空间中的某种现实的东西。当然,空间本身连同其一切现象,作为表象都只存在于我之中,但在这一空间中毕竟还是有实在的东西、或者说有外部直观的一切对象的材料被现实地、不依赖于任何虚构地给予出来,而且也不可能在这空间中会有任何一种(在先验的意义上)在我之外的东西被给予出来,因为空间本身在我们的感性之外就什么也不是。所以最严格的观念论者都不可能要求人们去证明(在严格意义上)在我们之外的对象符合我们的知觉。因为,如果有这样的对象,那它毕竟不会有可能被表象和直观为在我们之外的,因为这就预先假定了空间,而空间中的现实性作为一个单纯的表象的现实性,无非就是知觉本身。所以外部现象的实在的东西只有在知觉中才是现实的,而且以任何别的方式都不可能是现实的。

现在,从知觉中要么通过想像的单纯游戏,要么也借助于经验,都

---

① 我们必须好好注意这个似非而是的命题:在空间中除了在其中被表象的东西外什么也没有。因为空间本身无非是表象,因而凡是在其中的东西都必定包含在表象中,而在空间中除了在其中现实地被表象的东西外一无所有。说一个事物只有在关于该事物的表象中才能实存,这虽然是一个听起来必定会令人奇怪的命题,但在这里却失去了它的唐突性,因为我们所涉及到的事物不是自在之物,而只是现象,也就是表象。——康德

可以产生出对象的知识。而在这里当然可能产生对象并不与之相符合
的虚假的表象，而在这些虚假表象那里，错觉有时必须归于想象的幻觉
（在梦中），有时必须归于判断的失误（在所谓感官的欺骗中）。在这
里，为了避免那些错误的幻相，人们按照这样的规则行事：凡是按照经
验性的法则而与一个知觉相关联的就是现实的。只是这种错觉也好，
对这错觉的反驳也好，都不仅是二元论、而且也是观念论所遭受到的，
因为在这里所涉及到的只是经验的形式。要把经验性的观念论作为对
我们外部知觉的客观实在性的一种错误疑虑来反驳，有如下一点就已
经足够了：外部知觉直接证明了空间中的一种现实性，这个空间虽然它　　A377
本身只是表象的单纯形式，但就一切外部现象（这些现象也无非是些
单纯的表象）而言却拥有客观的实在性；同样，没有知觉甚至就连虚构
和梦幻都是不可能的，所以我们的外感官按照经验能从中产生出来的
那些材料来说，在空间中拥有其现实的相应的对象。

　　独断的观念论者将是那种否认物质的存有的人，而怀疑的观念论
者是那种对物质①置疑的人，因为他认为这种物质②是不可证明的。
前者这样做只是因为他相信在一般物质的可能性中发现了矛盾，对这
种人我们现在还不去谈他。下面谈辩证推论的一章，在属于经验关联
的东西的可能性的诸概念方面，把理性表现在它的内部冲突中，在那里
将会对这一困难进行补救③。但怀疑论的观念论者只是攻击我们的主
张的根据，并把我们相信是建立在直接知觉之上的对物质存有的置信
宣布为不充分的，就他迫使我们甚至在普通经验的最小进步中也睁大
眼睛、并对我们也许是通过欺骗得来的东西不是马上作为正当赢利记　　A378

---

　　①　埃德曼校为"物质的存有"。——德文编者
　　②　同上注。
　　③　此句原文为：Der folgende Abschnitt von dialektischen Schlüssen，der die Ver-
nunft in ihrem inneren Streite in Ansehung der Begriffe，die sich von der Möglichkeit
dessen，was in den Zusammenhang der Erfahrung gehört，vorstellt，wird auch dieser
Schwierigkeit abhelfen. 不通。兹据埃德曼校，另据克尔巴赫（Kehrbach）此句应作：
"……在属于经验关联的东西的可能性所造成的诸概念方面……"。——据德文
编者

入我们的财产中而言,他就是人类理性的恩人。观念论者的这些反驳①所带来的好处现在令人刮目相看。如果我们不想纠缠到我们那些最平庸的主张中去的话,这些反驳就强迫我们把一切知觉、不论是叫作内部的还是外部的知觉,都只当做对与我们的感性有关的东西的意识来看待,并把知觉的外部对象不是看做自在之物本身,而只是看做我们能够像对其他任何表象那样直接意识到的表象,但这些表象之所以叫作外部的表象,是因为它们和我们称之为外感官的那种感官相联系,这种外感官的直观就是空间,但空间本身毕竟只不过是一种有某些知觉在其中相互连结着的内部表象方式。

如果我们让外部对象被看做自在之物本身,那就完全不可能理解我们将如何在我们之外得到对它们的现实性的知识,因为我们所依靠的只是我们之内的表象。因为,人们毕竟不可能在自身之外来感觉,而只能在自己本身之内来感觉,因此整个自我意识所提供的无非只是我们自己的规定。所以怀疑论的观念论迫使我们抓住给我们留下的这个唯一的庇护所,即一切现象的观念性,这种观念性是我们在先验感性论

A379　中不依赖于这些在当时还不可能预见到的后果就已经阐明过的。如果现在有人问:这样说来,是否在灵魂学说中只有二元论才会成立呢?那么回答就是:的确如此!但只是在经验性的意义上,就是说,在经验的关联中物质作为现象中的实体是现实地对外感官给予的,正如思维着的我同样作为现象中的实体是在内感官面前给予的一样,而且这两方面的现象也必须按照这个[实体]范畴带入到我们的外部知觉和内部知觉对一个经验的关联中去的那些规则而相互连结起来。但如果有人想要如通常所做的那样对这个二元论的概念加以扩展,并在先验的意义上来理解它,那么不论是它,还是与它相对立的精气论②一方或唯物论一方,都没有丝毫的根据,因为人们这样一来就会使他的诸概念的规

---

① 原文为 Entwürfe(草图、规划),显然是 Einwürfe(反驳)之误,兹据《康德全集》第4卷(普鲁士科学院版,柏林,1911年)校正。——译者

② 原文为 Pneumatism,由古希腊时代亚里山大里亚的医学家们提出,主张生命与一种精微的"气"即"精气"(Pneuma,或译作"普纽玛")有关。——译者

定错位,而把那些我们仍然不知道其自在地是什么的对象在表象方式上的差异当做了这些物本身的差异。通过内感官在时间中表象出来的"我",和在我之外的空间中的对象,虽然特殊地①看是完全不同的现象,但它们并不因此就被思考为不同之物。为外部现象奠定基础的先验客体,与为内部直观奠定基础的先验客体一样,就自在的本身来说都既不是物质,也不是思维着的存在者,而是诸现象的一个我们不知道的根据,这些现象对于第一种方式和第二种方式都提供了经验性的概念。　　A380

所以,如果我们如同现在这个批判显然在迫使我们去做的那样对上面确定下来的规则坚定不移,即不要把我们的问题推广到更远,而只限于可能经验能够向我们提供其客体的范围的话:那么我们就连想都不会想到对我们感官的对象着手去探听它自在地本身、也就是撇开与感官的一切关系可能会是什么。但如果心理学家把现象看做自在之物本身,不论他是作为唯物论者单独把唯一的物质,还是作为唯灵论者只把思维着的存在者(即根据我们内感官的形式),还是作为二元论者把两者都作为独立实存之物,而纳入到他的学说概念中来,他终归总是被缠住在这种误解之中,即老是玄想那个实存之物自在地本身会是怎样实存的,但它其实并不是什么自在之物,而只是一个一般物的现象而已。

依照这些谬误推理考察全部纯粹灵魂学说　　A381

如果我们把作为内感官的自然之学的灵魂学说与作为外感官的对象的自然之学的物体学说加以比较的话:那么我们就会发现,除了在两者中都有许多东西可以经验性地被认识之外,毕竟有这样一种值得注意的区别,即在后一种科学中倒是有许多东西可以从一个广延的、不可入的存在者的单纯概念中先天地得到综合的认识,但在前一种科学中

---

①　"特殊地"原文为 skeptisch(怀疑论地),兹据康德在"第一版序言"最后一段中的说明将其改为 spezifisch(特殊的)。——德文编者

则根本不可能从一个思维着的存在者的概念中得到先天综合的认识。其原因在于,虽然两者都是现象,但在外感官面前的现象却拥有某种固定的或常驻的东西,它提供了一个为那些变动不居的规定奠定基础的基底,因而提供了一个综合的概念,也就是一个关于空间及空间中的现象的概念,相反,作为我们内部直观的唯一形式的时间却不拥有任何常驻的东西,因而只有诸规定的更替,却不提供出确定的对象来认识。因为,在我们称之为灵魂的东西中,一切都处于连续的流动之中,而没有任何常驻的东西,也许(如果我们一定要这样说的话)除了那个单纯的"我"之外,之所以如此单纯是因为这个表象没有任何内容,因而没有

A382 任何杂多,因此它也显得是在表象、或不如说在表示一个单纯的客体。这个我如果要使某种有关一个思维着的存在者的一般本质的纯粹理性知识有可能实现出来的话,就必须是一个直观,这个直观由于将在一般思维那里(先于一切经验而)被预设,就会作为先天的直观而提供出一些综合命题。然而这个"我"并不是直观,正如它也不是有关任何一个对象的概念一样,而是意识的单纯形式,这意识能够与这两种不同的表象相伴随,并且通过这种方式,即只要在直观中还有某种向一个对象的表象贡献出材料的别的东西被给予它们,就能够把它们提升为知识。所以,全部理性心理学作为一门超出人类理性的一切能力的科学就垮台了,而给我们留下的只剩下以经验为线索对我们的灵魂的研究,并把自己保持在这样一些问题的限度内,这些问题都不再超越内部的可能经验能够摆明其内容的范围。

但现在,即使这门科学作为一种扩展性的知识是无用的,相反它作为这样的知识完全是由谬误推理所组成的,但我们毕竟不能否认它有一种重要的否定性的用处,只要它仅仅被看做一种对我们的辩证推理的批判的处理、更确切地说是对通常的和自然的理性的批判的处理。

A383   到底为什么我们必须拥有一种只是建立在纯粹理性原则之上的灵魂学说? 无疑首先是为了这个目的,即为了使我们的思维着的自己免除唯物论的危险。但我们已提供出来的那个有关我们思维着的自己的理性概念就做到了这一点。因为,以为按照这个概念仍然会留下某种

恐惧，即如果我们去掉了物质，一切思维甚至思维着的存在者的实存都会因而被取消掉，这是大错特错的，所以有一点其实表明得很清楚：当这个世界无非是在我们主体的感性中的现象及这主体的表象之一种时，假如我去掉了思维着的自己，整个物体世界就必然会消除。

借助于这一点，我当然也并不会对这个思维着的自己在它的属性方面有更好的认识，我也不能洞见到这个思维着的自己的持存性，甚至就连它的实存对于那个诸外部现象可能有的先验基底的独立性也不能洞见，因为不论对这种基底还是对那个思维着的自己，都是我不知道的。但尽管如此仍然有这种可能，即我不是从单纯思辨的根据中，而是从别的什么地方找来理由，以希望我的思维着的本质有一个独立的、在我的状态的一切可能的变动中持存着的实存，所以，如果在我坦然承认自己的无知的同时却能够排除一个思辨对手的独断论的攻击，并向他 A384
指出：要否认我的这些期望的可能性，他关于我的主体的本质所能知道的永远也不比我为了坚持这些期望所能知道的更多，那么这就已经是很大的收获了。

于是，根据我们的心理学概念的这些先验幻相，还提出了三个辩证的问题，它们构成了理性心理学的真正目标，并且除了通过上述研究之外是根本不能得到裁决的，这就是：1）关于灵魂与一个有机体的协同作用、即与人生命中的动物性和灵魂状态的协同作用的可能性问题，2）关于这种协同作用的开始、即灵魂在人降生时和降生前的开始的问题，3）关于这种协同作用的结束、即灵魂在人临死和死后的结束的问题（即灵魂不朽的问题）。

现在我主张，人们以为在这些问题那里所遇到的、以及当他试图装作对物的本质有比普通知性所能拥有的更深的洞见时用作反对理由的一切困难，都是建立在单纯的幻觉上的，根据这种幻觉，人们把只是在思想中实存的东西物化了，并且在同一种性质上把它当做某种外在于思维着的主体的现实对象，也就是把本身只是现象的广延看做某种即使没有我们的感性也自存着的外物属性，把运动看做即使在我们的 A385
感官之外也现实发生着的外物作用。因为那以其与灵魂的协同作用激起了如此巨大疑虑的物质，无非是一种单纯的形式，或者说一种由人们称之为外感官的直观来表象一个未知对象的一定方式。所以，我们称之为物质的这种现象所相应的某物尽可以在我们之外存在，但它在这种作为现象的同一种性质上并不是在我们之外的，而只是作为在我们之内的思想，虽然这种思想通过上述感官而把它表象为处在我们之外的。所以，物质并不意味着与内感官（灵魂）的对象那么完全不同和异质的一类实体，而只是意味着诸对象（这些对象本身自在地是不为我们所知的）的诸现象的不同质，它们的表象我们称之为外部表象，是与我们归于内部感官的那些表象相比较而言的，虽然这些外部表象正如一切其他思想一样也只是属于思维着的主体的，只不过它们本身有这样一种骗人的假象：由于它们表象出空间中的诸对象，它们看起来仿佛就从灵魂脱离开来并悬在灵魂之外，但它们在其中被直观到的空间本身在这里毕竟只是表象，而在灵魂之外是根本不可能遇到这表象的相同性质的对应形态的。于是问题就不再是关于灵魂与我们之外其他已知的异类实体的协同性的了，而只是有关内感官的表象和我们的外部感性的各种变形之间的连结问题，以及它们如何能依照固定的法则相互连结、以至于在一个经验中相关联的问题。

A386

　　只要我们把内部的和外部的现象都只是作为经验中的表象而相互对举，我们就会发现并没有任何荒唐之处，也没有什么使得这两种感官的协同作用变得不可理解的东西。但只要我们把外部的现象物化，把它们不再作为表象，而是在如同它们在我们之中的那同一性质上也作为我们之外的独立持存之物，同时把它们的那些将其显示为互相处于相对关系中的现象的活动，都与我们思维着的主体联系起来，那么我们就具有了在我们之外起作用的原因的特性，这种特性将会与这些原因在我们之内的结果不相调和，因为原因只是与外感官相关，结果则与内感官相关，而这两者虽然结合在一个主体中，但却是极为不同性质的。在那里，我们除了位置的改变外没有任何外部结果，除了单纯地努力去抵达作为这种努力的结果的空间关系外没有任何力。但在我们之内结果就是思想，在这些思想中间没有任何位置关系、运动、形状或一般空

A387

间规定发生,而我们在这些结果上完全失去了本该在内感官中显示出来的它们的原因的线索。然而我们本该考虑到:物体并不是我们所想到的自在的对象本身,而只是谁知道是什么的那个未知对象的单纯现象;运动不是这个未知原因的结果,而只是这原因对我们感官的影响的现象;这样一来物体和运动两者都不是某种在我们之外的东西,而只是在我们之内的表象,因而并不是物质的运动在我们之中产生了表象,而是运动本身(因而甚至通过运动使自己可认出的物质也)是单纯的表象,而这全部自己造成的困难最后就通达了这一点:我们的感性的表象如何并且通过何种原因处于这样的相互联结之中,以至于那些我们称之为外部直观的表象能够按照经验性的法则被表象为我们之外的对象? 现在这个问题根本不包含被以为的那种困难,即通过我们把一个未知原因的现象当做在我们之外的原因这种只能引起混乱的做法,来解释有关处于我们之外完全异类的那些起作用的原因的诸表象的起源。在那些由于长期的习惯而发生了根深蒂固的误解的判断中,不可能使对误解的纠正马上达到这样一种在其他的没有这类不可避免的幻觉来淆乱概念的情况下才能被促成①的理解的。因此我们这样把理性从各种诡辩理论中解脱出来将很难已经具有使理性完全满意所必须的那种清晰性。 A388

　　我相信能够把这种清晰性以如下的方式提升起来。

　　一切反驳可以被分为独断的、批判的和怀疑的。独断的反驳是针对一个命题的反驳,批判的反驳是针对一个命题的证明的反驳。前者需要对于对象的本质性状有一个洞见,以便能够对有关这个对象的命题所预先确定的东西主张反面意见,因此这种反驳本身是独断的,并且预先确定了比它的反面对所谈论的性状有更好的了解。批判的反驳由于它不触及命题的有价值或无价值,而只攻击这个证明,它就根本不需要更好地了解对象、或自以为能更好地了解对象;它只是指出这种主张

---

① 罗森克朗茨(Rosenkranz)将"促成"(gefördert)校为"要求"(gefordert)。——德文编者

无根据,而不是指出它不正确。怀疑论的反驳是交替地提出命题和反命题,使它们作为具有同等重要地位的反驳、其中每一方交替地作为信条而另一方作为它的反驳相互对立起来,所以怀疑论的反驳在这两个相互对立的方面从表面上看都是独断的,以便将有关这一对象的一切判断都完全取消掉。所以不论是独断论的还是怀疑论的反驳,两者都必须对它们的对象预先确定这么多的洞见,即为了主张对这对象有所肯定或有所否定而必要的那么多洞见。唯有批判的反驳具有这种性质,即由于它仅仅指出,一个人为了自己的主张而假定某种无意义的或只是想象出来的东西,这个理论就倒塌了,因为他抽掉了这个理论自以为具有的基础,而不想此外再对这对象的性状有所澄清。

　　现在,按照我们的理性关于我们思维着的主体和我们之外的物所共处于其中的那种协同作用的通俗概念来说,我们就是独断论的,而我们把这些物看做不依赖于我们而独立存在的真实对象,是按照某种先验的二元论的,这种二元论把那些外部现象不是作为表象归于主体,而是把它们像感性直观所提供给我们的那样作为客体置于我们之外、并将其与思维着的主体完全分离开来。那么这种偷换就是有关灵魂和物体之间协同作用的一切理论的基础,而从来没有人问:现象的这种客观实在性究竟是不是那么完全正确,相反,这种客观实在性被作为默认的而预设为前提,并只对它必须如何得到解释和理解的那种方式进行玄想。通常关于这点所想出来并实际上唯一可能的三种学说就是自然影响说、前定和谐说和超自然干预说。

　　对灵魂和物质的协同作用的后面这两种解释方式是建立在对第一种解释方式即普通知性的表象的反驳之上的,这些反驳认为,那显现为物质的东西不可能通过其直接的影响而是诸表象的原因,这些表象是一种完全异质的结果。但这样一来那两种解释方式就不能够把它们所理解为外部感官对象的东西与这样一个物质概念结合起来,即物质无非是现象,因而就其本身而言已经是由某一种外部对象所激发起来的单纯表象了,因为否则他们就会说:外部对象的这些表象(诸现象)不可能是我们内心诸表象的外部原因,这将是一个完全意义空洞的反驳,

A389

A390

因为没有任何人会突发奇想,把他一度承认是单纯表象的东西认作一个外部的原因。所以这两种解释方式就不得不按照我们的原理使他们的理论针对这样一点:凡是作为我们外部感官的真实的(先验的)对象的东西,都不可能是我们在物质的名义下所理解的那些表象(诸现象)的原因。既然没有任何人能有理由佯装对我们外感官表象的先验原因知道点什么,那么这两种主张就是完全无根据的。但假如那些被认为是按照先验二元论的通俗表现方式对自然影响说进行了改进的人想要把作为物质的物质看做自在之物本身(而不是看做一个未知物的单纯现象),并将他们的反驳集中在这方面,即指出这样一个本身除了运动的原因性之外并不显示出任何别的原因性的外部对象永远不再可能是对诸表象起作用的原因,相反,因此就必须有第三个存在者插入到中间来,以便在不发生交互作用的地方毕竟至少造成两者之间的相应性与和谐:这样,他们就会使自己的驳斥开始于在自己的二元论中假定自然影响的 πρωτον ψευδος①,因而通过他们的反驳就不但没有驳斥自然影响,倒还驳斥了他们自己的二元论前提。因为所有要切中思维着的本质与物质之间的联结的困难,都毫无例外地仅仅产生于那个偷运进来的二元论设想:物质本身不是现象,即不是有一个未知对象与之相应的单纯内心表象,而是自在的对象本身,就如同它在我们之外并独立于一切感性而实存那样。 **A391**

　　所以,针对被通俗理解的自然影响,并不能作出任何独断论的反驳。因为,如果反对者承认物质及其运动只不过是现象,因而本身只是表象,那么他就只是在其中塞进了这样的困难:我们感性的未知对象不可能是我们里面的诸表象的原因,但却没有丝毫理由使他有权预先确定这一点,因为对一个未知的对象没有任何人能断言它能做什么或不能做什么。但按照我们上面的证明,他就不得不必须承认这种先验的观念论,如果他不想使这些表象公开地物化,并将它们作为真实的物置于自身之外的话。 **A392**

---

　　①　希腊文:虚假前提。——译者

尽管如此,针对自然影响的这种通俗的学说是可以作出一个有根据的批判的反驳的。在两种实体即思维的实体和广延的实体之间的这种预先确定的协同作用是以一种粗糙的二元论为基础的,并使得本来无非是思维的主体之单纯表象的广延实体成了独立存在之物。所以这种被误解了的自然影响由于人们将它的证明根据揭示为无意义的和骗取得来的,就可以完全被摧毁。

A393　　所以,这个有关思维之物和广延之物的声名狼藉的问题,当我们把一切想像之物撇开时,它唯一将会导致的问题就是:一般说来在一个思维着的主体中,外部的直观,就是说(由空间的形状和运动所充满的)空间的直观是如何可能的?但对这个问题没有任何人可以找到一个答案,我们永远也不可能填满我们知识的这个漏洞,而只能以下述方式把它标志出来,即我们把外部现象归因于一个先验对象,这个先验对象是那一类表象的原因,但我们根本不会认知它,更不会什么时候得到某种有关它的概念。在可能出现于经验领域的一切课题中,我们都把那些现象作为自在的对象本身来处理,而不去为它们(作为现象)的可能性的最初根据而操心。但如果我们超出经验的界限,则一个先验对象的概念就成为必要的了。

　　从对于思维的存在者和广延的存在者之间的协同作用的这些提示中得出的直接后果就是,对涉及到思维的本质在这种协同作用之前(生前)或这种协同作用消除之后(死后)的状态的一切争执和反驳作出裁决。认为思维着的主体在和肉体发生任何协同作用之前本来就能够思维的这种看法将会这样来表达:在某物由以在空间中对我们显现

A394　的这样一种感性方式开始之前,这些在目前状态下作为肉体而显现出来的先验对象本来是能够以完全另外的方式被直观到的。而认为灵魂在与物体世界的一切协同作用消除以后还能继续思维的这种看法则将会以这种形式宣告出来:当先验的、任何时候都是完全未知的那些对象借以作为物质世界向我们显现出来的那种感性方式应该说是终止了时,那也还不会因此就取消了对这些对象的一切直观,而是完全很有可能这同一些未知的对象会继续地、虽然的确不再在肉体的性质上,被思

维的主体所认识。

现在,虽然没有任何人能够从思辨的原则中为这样一种主张引出丝毫的根据,甚至就连阐明它的可能性也不行,而只能加以预设;但同样也没有任何人能够对此作出任何一个有效的独断的反驳。因为无论他是谁,他也正如同我或每个其他人一样,并不知道那些外部的和物体的现象的绝对的和内部的原因。所以他也不可能有理由假装知道在目前状态中(在生命状态中)的外部现象的现实性基于什么之上,因而也不知道:一切外部直观的条件,乃至于思维主体本身,是否会在这种状态之后(在死后)终止。 A395

这样一来,一切有关我们思维的存在者及其与物体世界的关系的本性的争执,都只不过是人们在他所不知道的东西上就用理性的谬误推理来填补漏洞的结果,这时他把自己的思想当做事物并使它物化,从这里面就不论是对于持肯定主张的人还是对于持否定主张的人来说都产生了一门想像出来的科学,因为每个人要么误以为对那些无人拥有某种概念的对象有所知,要么就把他自己的表象当做对象,并这样就在一个诸种模糊性和自相矛盾的永远循环中转来转去。除了一个严格的、但却是公正的批判的冷静态度之外,没有任何东西能够从那种把这么多人用想像出来的幸运拖住在各种理论和学说之中的独断论幻觉中解脱出来,而把我们的一切思辨的要求只是限制在可能经验的范围内,这种限制决不是通过对如此经常失败的尝试作无聊取笑,或是通过对我们理性的局限作真诚的叹息,而是凭借按照可靠的法则所实行的对理性的界限规定而作出的,这个规定以最大的可靠性把它的 nihil ulterius① 贴在自然本身所竖立的赫克里斯之柱上②,为的是让我们理性的航行只在持续延伸的经验海岸线所达到的范围中继续,我们不能离开 A396

---

① 拉丁文:不得超越。——译者
② 原文为 an die herkulischen Säulen,赫克里斯又译赫拉克勒斯,为希腊神话中最负盛名的英雄,据说在世界的极西处即今天的直布罗陀海峡两岸的两座峭壁就是他为纪念自己的功勋而建立的两座石柱,人称"赫克里斯之柱",喻事物的极限。——译者

这些海岸线而胆敢驶向无边的海洋,这海洋在那些永远骗人的海市蜃楼之间最终会迫使我们把一切令人疲惫和没完没了的辛劳都当做毫无希望的而放弃掉。

＊　　　　　　＊　　　　　　＊

对于纯粹理性谬误推理中的先验的但却是自然的幻相,我们至今仍然还欠着一个清晰而普遍的阐明,以及为这些谬误推理的与范畴表平行而进的那些系统安排的理由作出说明。我们在这一章①一开始还不可能来做这件事而不陷入含混性的危险或预先把事情弄糟。现在我们就要来试图完成这一任务。

我们可以把一切幻相都归因于:思维的主观条件被当做了客体的知识。此外,我们在先验辩证论的导言中曾指出:纯粹理性所关心的只是对一个给予的有条件者的诸条件的综合的总体性。既然纯粹理性的辩证的幻相不可能是在确定的经验性知识那里发生的任何经验性的幻相,那么它所涉及的就将是思维的诸条件的共相,而纯粹理性的辩证运用就只有这样三种情况:

A397

1. 一般思维的诸条件的综合。

2. 经验性思维的诸条件的综合。

3. 纯粹思维的诸条件的综合。

在所有这三种情况中,纯粹理性所关心的只是这些综合的绝对的总体性,也就是那个本身无条件的条件。建立在这一划分之上的还有三重先验的幻相,它们给辩证论的三章②提供了根据,并给出自纯粹理性的同样数目的伪科学即先验心理学、先验宇宙论和先验神学提供了理念。我们在这里所涉及到的只是第一种伪科学。

由于我们在一般思维中抽掉了思想与任何一个客体(不论是感官

---

① "章"原文为 Abschnitt(节),但整个"纯粹理性的谬误推理"这一"章"(Hauptstück)之下并无"节"的划分,且根据文意,此处的"节"应为"章"之误。——译者

② "章"原文为"节"(Abschnitt),辩证论的划分实为三"章"(Hauptstück)而非三"节"。——译者

的客体还是纯粹知性的客体),所以一般思维的诸条件的综合(即上述第 1 种情况)就根本不是客观的,而只是思想和主体的一个综合,但它却被误认为是对一个客体的综合的某种表象。

但由此也就得出:对一般思维的那些本身是无条件的条件的辩证推论并没有犯内容上的错误(因为它抽掉了一切内容或客体),相反,这种推论唯一只在形式上犯错误,而必须称之为谬误推理。 A398

此外,由于伴随着一切思维的那个唯一条件就是在全称命题"我思"中的"我",所以理性与之发生关系的就是这个就本身而言是无条件的条件。但这个条件只是形式的条件,即我把一切对象都从中抽掉了的每一个思想的逻辑的统一性,而这个条件仍然被表象为一个我所思维的对象,即"我"本身及其无条件的统一性。

如果真有人对我提出这个问题:一个正在思维之物具有何种性状?则我将不知道对此有任何先天的回答,因为这种回答应该是综合的(因为一个分析的回答也许可以解释思维,但并不给出任何关于这个思维就其可能性而言所依据的东西的扩展的知识)①。但对任何综合的解答来说都需要直观,而直观在这个如此普遍的课题中又是完全被排除了的。同样,也没有人能够凭借其普遍性来答复这一问题:那在活动着的东西必定是一种什么样的物? 因为这样一来那不可入的广延(物质)并没有被给予。但尽管我现在不知道对那个问题有任何普遍性的回答,在我看来我却似乎可以在唯一的情况下、即在表达出自我意识的那个"我思"命题中给出这一回答。因为这个"我"是第一主体,也 A399 就是实体,它是单纯的,等等。但这样一来,这就必然会是些真正的经验命题了,然而这些经验命题若没有一条一般地和先天地表明思维的可能性诸条件的普遍规则,就决不可能包含这一类的谓词(这类谓词不是经验性的)。以这种方式,我的这个最初看起来如此明显的洞见,即对一个思维着的存在者的本质作判断、确切地说是从纯然概念来加以判断的洞见,在我看来就成为可疑的了,尽管我还没有揭示出这一洞

---

① 括号中的话是瓦伦廷纳添加上的。——德文编者

见的错误。

不过,进一步的研究在深入到我加在作为一个一般思维着的存在者的"我"身上的那些定语的起源背后时,是可以揭示这种错误的。这些定语其实只是些纯粹的范畴,我永远也不用它们来思维一个确定的对象,而只是用来思维诸表象的统一性,以便规定这些表象的对象。没有一个作为基础的直观,单独这些范畴是不能给我带来任何有关一个对象的概念的;因为只有通过直观对象才被给予,然后对象才按照范畴而被思维。如果我把一物解释为现象中的一个实体,那么必定预先有该物直观的诸谓词被给予我,我凭这些谓词而把持存的东西和变化的

A400　东西、以及把基底(物本身)和仅仅与之有关联的东西区别开来。如果我在现象中把一物称之为单纯的,那么我的意思是,它的直观虽然是现象的一部分,但它本身是不能被分割的,等等。但某物如果只是在概念中、而不是在现象中被认作单纯的,那么我就根本不现实地拥有关于对象的任何知识,而只有关于我给自己造成的对一般某物的概念的知识,因为不可能有任何真正的直观。我所说的只是:我完全单纯地思维到某物,因为我实际上除了只是说"有某物"之外再不知道说任何东西了。

现在,这个赤裸裸的统觉("我")在概念中是实体,在概念中是单纯的等等,所以那一切心理学的定理都有其不可争辩的正确性。然而,由此却决不能在灵魂方面有任何人们本来想要知道的东西被认识到,因为所有这些谓词都根本不适用于直观,因此也不可能有任何将被应用于经验对象上的效果,所以它们完全是空的。因为那个实体概念没有告诉我们:灵魂单独地自己延续下来,也没有告诉我们灵魂是外部直观中本身不能够再分、因而不能够通过任何自然变化而产生或消灭的一个部分;这纯然是一些本来能在经验的关联中使灵魂成为我所能知道的、并能在灵魂的起源和未来状态方面对我提供启发的属

A401　性。但既然我只是通过范畴而说灵魂是一个单纯的实体,那么很明显,由于实体这个赤裸裸的知性概念所包含的意思无非是说,一物应当被表象为自在的主词而并非又是另一主词的谓词,从中就不能推出

任何持存性，又由于单纯性这个定语肯定不能补充这种持存性，因而我们将不会由此对于灵魂在世界的变化中可能遇到的东西得到丝毫的了解。假如有人能够告诉我们，灵魂是一个物质的单纯部分，那么我们就将会从经验关于物质所告诉我们的东西中推导出这个灵魂的持存性，并和这种单纯的本性一起，推导出灵魂的不可毁灭性。但对此"我"这个概念在这一心理学原理（即"我思"）中却对我们一言不发。

　　但在我们里面思维着的那个存在者以为，通过纯粹的范畴、确切地说通过那些在其每一项下都表达出绝对统一性的范畴，就认识了他自身，这是由下述原因引起的。统觉本身就是这些范畴的可能性的根据，这些范畴在自己这方面所表象的无非是直观杂多就其在统觉中有统一性而言的综合。因此一般自我意识就是那种作为一切统一性的条件、但本身却是无条件的东西的表象。因此人们关于那个把自己作为实 **A402** 体，作为单纯的东西，作为一切时间中号数上同一的东西，以及作为所有其他存有都必须从中推论出来的一切存有的相关物来思维①的思维着的"我"（灵魂），就可以说：它不是通过范畴而认识它自己，倒是在统觉的绝对统一中、因而通过它自己来认识诸范畴、并通过这些范畴来认识一切对象。现在虽然很清楚：我不能把那种我为了一般地认识一个客体而必须预设为前提的东西本身当做客体来认识，而且那个进行规定的自己（思维）和那个可被规定的自己（思维着的主体），正如知识和对象一样是有区别的。然而，没有比把诸思想的综合中的统一当成这些思想的主体中的被知觉到的统一这种幻相更自然、更诱人的了。我们可以把这种幻相称之为物化意识（apperceptiones substantiatae②）的偷换。

　　如果我们想给理性的灵魂学说的这些辩证的三段论推理中的谬误推理，就这些三段论推理仍然具有正确的前提而言，从逻辑上加个标题

---

　　①　"来思维"依梅林补上，哈滕斯泰因作"来表象"。——德文编者
　　②　拉丁文：实体化的统觉。——译者

的话,那么它就可以看做是一个 sophisma figurae dictionis①,在其中,大前提对范畴是在其条件方面仅仅作一种先验的运用,但小前提和结论对同一个范畴却是在归摄于该条件之下的那个灵魂方面作一种经验性

A403 的运用。就这样,例如实体这个概念在简单性②的谬误推理中就是一个纯粹智性的概念,它撇开感性直观的条件而只具有先验的运用,也就是没有任何运用。但在小前提中恰好是同一个概念被应用在一切内部经验的对象上,但却没有预先确立这概念具体应用的条件、亦即该对象的持存性,并为之奠定基础,因此这概念在这方面就被作了一种经验性的、虽然在这里是不能允许的运用。

　　最后,为了将一个玄想的灵魂学说中这一切辩证主张的系统关联展示在纯粹理性的某种关联中,因而展示出这些主张的完备性,我们要注意的是:统觉被贯彻在一切种类的范畴中,但只是在这样一些知性概念上③贯彻,这些知性概念在每一个范畴中都为其他范畴奠定了可能知觉中的统一性的基础,所以就是:实体,实在性,单一性(而非多数性)和实存,只是理性在这里把它们全都表象为一个本身是无条件的思维着的存在者的可能性的诸条件。所以灵魂就从它自己身上认

A404 识到

1. 关系的无条件的统一

即认识到自己不是依存性的、

而是自存性的

2. 质的无条件的统一　　　　3. 时间中在多数性上的无条件的统一

即不是实在的整体,而是　　　　即不是在不同时间中号数上有区别的,

---

① 拉丁文:语言形态的诡辩。又据英译本注,该拉丁文指“中词含混的诡辩”。——译者

② 阿底克斯校作“实体性”。——德文编者

③ 埃德曼校作“对这样一些知性概念而言”。——德文编者

<u>单纯的</u>①　　　　　　　　　　而是作为"一"和同一个主体

4. <u>空间中存有的无条件的统一</u>

<u>即不是对在它之外的诸多事物的任何意识</u>,而是

<u>只不过对它自己的存有的意识</u>,

而对别的事物的意识只是作为对它的诸表象的意识。

　　理性是原则的能力。纯粹心理学的这些主张所包含的不是对灵魂　　A405
的经验性的谓词,而是这样一些谓词,它们在发生时就应当是不依赖于
经验、因而是通过单纯的理性来规定自在的对象本身的。所以这些主
张按理必须建立在有关一般思维着的本性的原则和普遍概念之上。但
所发生的事却与此相反:"我在"这一单独的表象统治着所有这些主
张,该表象正因为表达了我的一切（未规定的）经验的纯粹公式,
它就宣称自己如同一条适用于一切思维着的存在者的普遍原理,而由
于它仍然在各方面都是单独的,它就带有一般思维的诸条件的绝对统
一性这个幻相,并由此而把自己扩展到超出可能经验所能达到的范围
之外。

第二章　　纯粹理性的二律背反

　　我们已在本书这一编的导言中指出,纯粹理性的一切幻相都是基
于辩证的推论之上,这些推论的图型是逻辑学在一般三段论推理的三
种形式类型中提供出来的,这就像诸范畴在一切判断的四种机能中发　　A406
现自己的逻辑图型一样。这些玄想的推论的第一种类型是针对着（主
体或灵魂的）所有一般表象的主观诸条件的无条件统一的,它与**定言**
的三段论推理相应,这些三段论推理的大前提作为原则陈述的是一个

---

　　①　我现在还不能指明单纯的东西在这里如何又会是与实在性范畴相符合
的,这一点将在下一章中借这同一个概念的某种另外的理性运用的机会而指出
来。——康德

B433　谓词对一个主体的关系。这种辩证论证的第二种类型则将按照**与假言的三段论推理**的类比而把现象中诸客观条件的无条件的统一当做自己的内容，以及，在接下来的一章中出现的**第三种类型**将把一般对象的可能性的客观条件的无条件的统一作为自己的主题。

但值得注意的是，先验的谬误推理产生的只是一个就我们思维的主体的理念而言的片面的幻相，而在相反的主张上并不会有出自理性概念的丝毫幻相。这一好处完全是在精气论的方面，虽然精气论不能否认其天生的缺陷，即无论有多少对它有利的幻相，它都会在批判的考验之下烟消云散。

A407　当我们把理性应用于诸现象的客观的综合时，情况就完全不同，在这里，理性虽然想使自己的无条件的统一性原则与许多幻相相适合，但马上就陷入了这样一些矛盾之中，以至于不得不在宇宙论的企图方面放弃自己的要求。

因为在此显示出了人类理性的一种新的现相（Phänomen），这就是：一种完全自然的反论，在这上面用不着设置任何挖空心思的和人为的圈套，而是理性自发地、也就是不可避免地陷入进去的，并且理性虽然借此而抵抗着某种仅由单方面的幻相所带来的想像的信念的昏昏欲睡，但同时也被诱惑着要么沉溺于怀疑论的绝望，要么抱有一种独断论的固执并使思想僵硬地执着于某些主张上，而不去倾听和公正地对待反面的理由。这两种态度都是健康哲学的死亡，尽管前者也许还可以称之为纯粹理性的**无痛死亡**。

在我们展示由纯粹理性诸法则的这种冲突（二律背反）所引起的分裂和错乱的那些纷争之前，我们先要作一些能够阐明我们在处理自己的对象时所使用的方法并为之辩护的讨论。我把所有那些只要是涉及到诸现象的综合中的绝对总体性的先验理念都称之为世界概念，部分是因为，就连本身只是一个理念的世界整体概念也恰好是基于这个无条件的总体性上的，部分则是由于这些理念所针对的只是诸现象的综合，因而只是经验性的综合，而所有的一般可能之物的诸条件的综合中的那种绝对的总体性则相反，将引起纯粹理性的一个理想，它与世界

B434

A408

概念是完全不同的,虽然也与后者有关。因此,正如纯粹理性的谬误推 B435
理为某种辩证的心理学提供了根据,同样,纯粹理性的二律背反也让我
们注意到某种被误以为的纯粹的(合理的)宇宙论的诸先验原理,不是
为了发现这种宇宙论的有效性并采纳它,而是正如同对理性的冲突所
作的命名就已经表明的那样,为了在它的眩目的但却虚假的幻相中把
它表现为一个不能与诸现象相一致的理念。

第一节　宇宙论的理念体系

现在,为了能够按照一条原则而以系统的精确性来列举这些理念,
我们必须注意的是,**第一**,只有知性才会是有可能从中产生出纯粹的和
先验的诸概念的东西,理性真正说来根本不会产生任何概念,而顶多只 A409
会使知性概念摆脱某个可能经验的那些不可避免的限制,因而会试图
使之扩展到超出经验性的东西的边界之外,但又还处于与经验性的东
西的连结之中。这种情况之所以发生,是由于理性对一个被给予的有 B436
条件者要求在诸条件(知性在这些条件下使一切现象都服从于综合的
统一性)方面的绝对的总体性,并由此而使诸范畴成为先验的理念,以
便通过把经验性的综合一直延续到无条件者(这是永远不会在经验
中、而只会在理念中遇到的)而给这种经验性的综合提供绝对的完备
性。理性作这种要求所依据的是这条原理:如果有条件者被给予了,那
么它唯一曾由以成为可能的那整个条件总和、因而绝对的无条件者也
就被给予了。所以首先,先验理念真正说来将只不过是些一直扩展到
无条件者的范畴,而且这些先验理念将可以被纳入到一个按照范畴的
各项目而被安排好的表中来。**第二**,但毕竟不是所有的范畴都适合于
这样做,适合于这样做的只是这样一些范畴,在其中综合构成了一个序
列、确切地说构成了对于一个有条件者的那些一个从属于一个的(而
不是并列的)条件的序列。绝对的总体性只有当它涉及到一个给予的 A410

有条件者的诸条件的上升序列时,因而不是在谈到后果的下降行列时,
也还不是在论及这些后果的那些并立条件的聚合体时,才被理性所要
求。因为这些条件就被给予的那个有条件者而言是已被预设了的,并
且必须和有条件者一起也被看做是给予了的,相反,由于后果并不使它
们的诸条件成为可能,而倒是预设了这些条件,所以我们在向后果进展
时(或者说在从给予的条件下降到有条件者时),就可以不考虑这个序
列是否会停止,而一般说关于这种序列的总体性的问题根本就不是什
么理性的预设。

B437

这样我们就必然会把一个直到给予的瞬间为止完全流过了的时
间也思考为给予了的(即使不是可以由我们来规定的)。但说到未
来的时间,由于它并非到达当下的条件,所以我们想如何处理未来
的时间,是愿意在某个地方让它停止还是让它无限延伸,这对于我们
领会这个当下来说都完全是无所谓的。设有一个序列 m、n、o,其中 n
是作为对 m 而言有条件的、但同时又是作为 o 的条件而被给予的,该
序列从这个有条件者 n 而上升到 m(及 l、k、i 等等),同样也从这个条
件 n 下降到有条件者 o(及 p、q、r 等等),那么,我为了把 n 看做被给
予了的,就必须预设前一个序列,而且按照理性(按照诸条件的总体
性),n 只有借助于那个序列才是可能的,但它的可能性并不是建立在
跟随而来的序列 o、p、q、r 之上的,因此后一序列也不能被看作给予了
的,而只能被看做 dabilis①。

A411
B438

我将把在条件方面的、因而是从那个离给予的现象最近的条件开
始这样进向更远的那些条件的序列的综合,称之为回溯的综合,而把那
个在有条件者方面的、从最近的结果进向更远的结果的序列的综合,称
之为递进的综合。前者走向前件,后者走向后件②。所以这些宇宙学
的理念所探讨的是回溯的综合的总体性,是走向前件,而不是走向后

① 拉丁文:可被给予的。——译者
② "前件"原文为拉丁文 antecedentia;"后件"原文为拉丁文 consequentia。
下文中的"前件"和"后件"同此。——译者

件。如果发生的是后面这种情况,那么这就是一个任意的问题,而不是纯粹理性的必然的问题,因为我们要完备地领会在现象中被给予的东西固然需要根据,但却不需要后果。

　　现在,为了按照范畴表来安排理念表,那么我们首先就要接纳我们一切直观的两种本源的量,即时间和空间。时间自己本身①就是一个序列(并且是一切序列的形式条件),因此在时间中,对于一个给予的当下而言,那些作为诸条件的前件(过去)就必须先天地和那些后件(未来)区别开来。因此,一个给予的有条件者的条件序列的绝对总体性这个先验理念所针对的只是过去的时间。按照理性的理念,这整个消逝了的时间作为这被给予的瞬间的条件,必然要被设想为被给予了的。但谈到空间,那么在它自己本身中递进和回溯却没有任何区别,因为由于空间的各部分全都是同时存在的,它就构成了一个聚合体,但并不构成任何序列。我有可能就过去的时间而言把当下的时间点只看做有条件的,但永远不能把它看做过去时间的条件,因为这一瞬间只是通过那个消逝的时间(或不如说,通过先行时间的消逝)才产生出来的。但由于空间的各部分并不是一个从属于一个的,而是并列的,所以一部分并不是另一部分的可能性条件,它本身也不像时间那样自己构成一个序列。不过,我们用来领会空间的对于杂多空间部分的综合却毕竟是相继而来的,所以是在时间中发生并包含一个序列的。并且既然从一个给予的空间开始而聚合起来的诸空间(如一丈中的各个尺②)的这个序列中,那些被设想为进一步添加上去的空间总是前面那些空间的边界条件,那么对一个空间的测量也可以被看做对于一个给予的有条件者的诸条件的序列的综合,只是诸条件这方面与有条件者所朝向的那方面就自己本身而言并没有区别,因而回溯和递进在空间中显得是一样的。然而,由于空间的一部分不是由另一部分给予的,而只是被它

A412

B439

A413

B440

---

　　①　"自己本身"原文为 an sich selbst,在其他场合通常译作"自在的本身",但此处(和下面几处)不是谈论"自在之物",而是就日常意义说的,故译作"自己本身"。——译者

　　②　原文为 Füße in einer Rute,德国一丈为 10 尺,约合 3.8 米。——译者

限制的，所以我们必须把每个受限制的空间就此而言也看做是有条件
的，它预设了另一个作为它的边界条件的空间，如此等等。所以就这
种限制而言，空间中的进展也是一种回溯，而在条件序列中综合的绝
对总体性的先验理念也针对着空间，并且我同样可以像追问在消逝的
时间中现象的绝对总体性那样追问空间中现象的绝对总体性。但是否
任何地方都可能对这个问题有一个回答，这一点将会在后面得到
确定。

其次，那么①空间中的实在性、即质料就是一个有条件者，其内部
条件就是它的各部分，而部分的部分则是更远的条件，以至于这里就发
生了某种回溯的综合，它的绝对总体性是理性所要求的，这种绝对总体
性只能凭借一种完成了的分割而发生，通过这种分割，质料的实在性要
么消失为虚无，要么就还是消失为某种不再是质料的东西，也就是单纯
的东西。因此在这里也有一个诸条件的序列和一个向无条件者的
进展。

B441
A414
第三，谈到现象之间的实在关系的诸范畴，那么实体连同其偶性的
范畴是不适合于一个先验理念的；就是说，理性没有任何理由就这个范
畴而言向诸条件回溯。因为诸偶性（就其依存于一个唯一的实体而
言）是相互并列的，它们不构成一个序列。但就实体而言，这些偶性真
正说来也不隶属于实体，而是实体本身实存的方式。在此本来还有可
能显得是先验理性的一个理念的是关于实体性的东西的概念。不过，
由于这个实体性的东西无非意味着关于自存着的一般对象的概念，是
就我们在它上面只想到没有谓词的先验主词而言的，但在这里所谈的
却只是现象序列中的无条件者，所以很明显，这个实体性的东西就决不
可能构成这序列中的一项。同样的道理也适用于协同性中的诸实体，
它们是些单纯的聚合体，并不具有一个序列的任何指数，因为它们并
不是相互作为其可能性条件而隶属着的，这一点我们对诸空间倒是

---

① 这里的语气是接着前一自然段的第一句"为了……那么我们首先就要
……"而来的，即从"量"转到了"质"。——译者

可以这样说,这些空间的边界永远不是在自己身上确定的,而总是通过另外一个空间来确定的。这样一来就只剩下了因果性范畴,它对一个给予的结果呈现出一个原因序列,在其中,我们可以从作为有条件者的这个结果而上升到作为诸条件的那些原因,并能回答理性的问题。

B442

第四,可能的、现实的和必然的东西的概念并不导致任何序列,只除了这种情况,即偶然的东西在存有中任何时候都必须被看做有条件的,并按照知性规则指向一个条件,在这条件之下必然把这条件引向一个更高的条件,直到理性仅仅在这个序列的总体中找到那个无条件的必然性为止。

A415

因此,当我们挑出这些必然带有杂多综合中的一个序列的范畴时,按照这范畴的这四个项目就有不多于四个宇宙论理念。

1.

B443

对一切现象的给予整体

进行复合的

绝对完备性

2.　　　　　　　　　　3.

对现象中一个给予整体　　一个一般现象的①

加以分割的　　　　　　**产生的**

绝对完备性　　　　　　绝对完备性

4.

现象中变化之物的

存有之依赖的

绝对完备性

在这里首先要注意的是,绝对总体性的理念所涉及的只不过是对

A416

---

①　原文缺"一般"(überhaupt),兹据普鲁士科学院 1911 年版及哲学丛书第 37 卷 1919 年版补上。——译者

诸现象的阐明，因而不涉及对一般物的整体的纯粹知性概念。所以在这里诸现象是被当做给予了的来考察的，而理性则要求这些现象的可能性条件就其构成一个序列而言的绝对完备性，因而要求一个全然（即在一切方面都）完备的综合，通过这种综合诸现象能够按照知性法则而得到说明。

B444　　　其次，真正说来理性在对条件的这种成序列地、而且是回溯地继续不断的综合中所寻求的，只是那个无条件者，即仿佛合起来不再预设任何其他前提的那些前提的序列中的完备性。于是这种无条件者任何时候都包含在我们在想像中所设想的序列的绝对总体性中。不过这个全然完成了的综合又仅仅是一个理念；因为我们至少预先不可能知道这样一种综合在现象那里是否也会是可能的。如果我们只通过纯粹的知性概念而勿需感性直观的条件去设想一切的话，那么我们就可以直接地说：对一个给予的有条件者也就给予了相互隶属的诸条件的整个序列；因为前者只有通过后者才被给予出来。不过在现象那里却会遇

A417　到这些条件如何被给予出来的那种方式的特殊限制，也就是这些条件是通过那在回溯中应是完备的对直观杂多的相继综合被给予出来的。这种完备性在感性直观上是否可能，这还是一个问题。不过这个完备性的理念毕竟处于理性之中，而不顾将经验性概念与之相适合地连结起来是可能的还是不可能的。所以，既然在对现象中杂多的（按照把现象表象为对一个给予的有条件者的条件序列的那些范畴的引导而

B445　进行的）回溯性综合的绝对总体性中，必然包含了无条件者，哪怕我们对这个总体性是否能实现或如何能实现任其悬而不决：那么理性在这里就选择了一条从总体性理念出发的道路，虽然这个理念的终极意图本来是无条件者，而不管它是整个序列的还是其中的一部分的无条件者。

　　　现在，我们可以把这个无条件者要么设想为仅仅在于整个序列，因而在这序列中所有各项无一例外地都将是有条件的，唯有其整体是全然无条件的，这样一来这个回溯就叫做无限的；要么这个绝对的无条件者只是这一序列的一个部分，序列的其他各项都隶属于这个部分，但它

本身却不从属于任何别的条件之下。① 在前一种情况下这序列 a parte priori② 是没有边界(没有开端)的,亦即是无限的,然而是整个被给予的,但在其中的回溯却永远没有完成,而只能被称之为 potentialiter③ 无限的。在第二种情况下则有这序列的第一项,它就消逝的时间而言叫做世界的开端,就空间而言叫做世界的边界,就一个在这边界内被给予的整体的各部分而言就叫做单纯的东西,就原因而言叫做绝对的自动性(自由),就变化之物的存有而言叫做绝对的自然必然性。

　　我们有两个术语:**世界**和**自然界**,它们有时是彼此相通的。前者意味着一切现象的数学上的整体,意味着这些现象不论是在宏观上还是在微观上的综合、也就是不论是通过复合还是通过分割来进行的综合的总体性。但恰好这同一个世界又被称之为自然界④,只要它被看做一个力学性的整体,并且只要我们不是着眼于空间或时间中的聚合、以便将它作为一个量而实现出来,而是着眼于诸现象在存有中的统一性。于是,发生的事情的条件就叫做原因,而在现象中原因的无条件的原因性就叫做自由,反之有条件的原因性在更严格的意义上就叫做自然的原因。在一般存有中的有条件者叫做偶然的,无条件者则叫做必然的。诸现象的无条件的必然性可以叫做自然必然性。

　　我们现在所考察的这些理念,我们在前面曾称之为宇宙论的理念,

---

　　① 一个给予的有条件者的条件序列的绝对整体任何时候都是无条件的;因为在这序列之外不再有任何能够使它受到制约的条件。不过一个这样的序列的这个绝对的整体只是一个理念,或不如说,是一个悬拟的概念,这概念的可能性必须得到研究,确切地说,必须联系到这个无条件者作为决定性的真正的先验理念如何能包含于这序列中的那种方式来研究。——康德

　　② 拉丁文:在先行的方面。——译者

　　③ 拉丁文:潜在地。——译者

　　④ 自然从形容词上(形式地)来理解,就意味着一物的诸规定按照因果性的一条内部原则而来的关联。反之,我们把自然从名词上(质料地)理解为现象的总和,只要这些现象借助于因果性的一条内部原则而彻底关联起来。在前一种理解中我们谈论流体物质的自然[本质]、火的自然[本质]等等,我们在形容词上使用这个词;相反,当我们谈到各种自然物时,则我们在思想中就有一个存在着的整体。——康德

这部分是由于世界被理解为一切现象的总和,而我们的理念也只是针对着诸现象中间的无条件者,而部分也是由于,世界这个词在先验的理解中意味着诸实存之物的总和的绝对总体性,而且我们将我们的注意力仅仅放在综合(虽然真正说来只是在对诸条件的回溯中的综合)的完备性上。此外考虑到这些理念全都是超验的,并且虽然它们按种类而言并不超出客体、也就是现象,而只是与感性世界(不是与本体)打交道,但这种综合却仍然一直推进到超出一切可能经验之外的程度,所以按照我的意见,我们完全可以把这些理念全都恰当地称之为**世界概念**。然而,鉴于这种回溯以之为目标的、数学性的无条件者和力学性的无条件者之间的区别,我就会在更严格的意义上把前两个理念称之为(就宏观世界和微观世界而言的)世界概念,而把其他两个理念则称之为超验的**自然概念**。这一区分在目前还不具有特别的重要意义,但它在接下来的过程中会变得更加重要起来。

A420

B448

第二节　纯粹理性的背反论

如果各种独断学说的任何一个整体都是正论(Thetik)的话,那么我把背反论(Antithetik)不是理解为反面的独断主张,而是理解为那些依据幻相的独断知识之间的(thesin cum antithesi①)冲突,我们并不把要求赞同的优先权利赋予一方而不赋予另一方。所以背反论所研究的根本不是片面的主张,而只是根据这些片面主张的相互冲突及其原因来考察理性的普遍知识。先验的背反论是对纯粹理性的二律背反、它的原因和结果的一种探讨。如果我们不把我们的理性仅仅为了知性原理的运用而用在经验的对象上,而是冒险把它扩张到超出经验对象

A421

B449

------

① 拉丁文:正题与反题的。埃德曼将 thesin 改为 thesis。——译者及德文编者

的边界之外,那么就产生出一些玄想的定理,它们可以既不指望经验中的证实,也不害怕经验中的反驳,它们中每一个就自己本身而言不仅仅是没有矛盾的,而且甚至在理性的本性中找得到它的必然性的各种条件,只不过反面命题不幸同样在自己方面也有其主张的有效的和必然的根据。

所以,在纯粹理性的一个这样的辩证论中自然会提出来的问题就是:1. 真正说来究竟在哪些命题上纯粹理性将不可避免地陷入一种二律背反。2. 这种二律背反基于何种原因。3. 然而在这种矛盾之下是否和以何种方式还为理性保留着一条向确定性敞开的道路。

因此,纯粹理性的一条辩证的定理本身必须有这样一点与一切诡辩的命题区别开来,即它所涉及到的不是人们仅仅出于某种随心所欲的意图而提出的任意的问题,而是这样一种问题,每个人类理性在其进程中都必然会碰见它;其次,它与它的反命题所带有的不仅仅是一种人为的幻相,一旦我们看透了它,它就马上会消失,而是一种自然的和不可避免的幻相,这种幻相甚至当我们不再受到它的蒙骗时都还一直迷惑我们,尽管不是欺骗我们,因而它虽然可以被变得无害,但却永远不会被清除。 A422 B450

一个这样的辩证学说将不和经验概念中的知性统一性发生关系,而和单纯理念中的理性统一性发生关系,这种理性统一性的条件由于首先作为按照规则的综合而应当与知性相一致,但同时作为这种综合的绝对统一性又应当与理性相一致,所以当它与理性相符合时对于知性就会太大,而当它与知性相适合时对于理性又会太小;于是从中就必然会产生出一种冲突,它是无论我们从哪里入手都不可避免的。

所以,这些玄想的主张就开辟了一个辩证的战场,在这里,被允许采取进攻的每一方都稳操胜券,而被迫只是进行防御的一方则必将失败。因此甚至骠悍的骑士,不论他们所要捍卫的是好事还是坏事,只要他们留心保有采取最后进攻的特权而没有经受敌方新的袭击的责任,他们也准保能戴上胜利的桂冠。我们很容易想像,这个竞技场自古以来就曾屡经纵横驰骋,许多胜利都被双方所赢得过,但是那对事情有决 A423 B451

定作用的最后胜利却总是会被安排成这样,即这件好事的维护者只有当他的敌手被禁止今后再拿起武器时才稳坐交椅。作为无偏袒的裁判员,我们必须把争执者们为之战斗的是好事还是坏事这一点完全排除不计,而让他们自己去解决他们的事情好了。也许在他们相互使对方感到疲惫而不是受到伤害之后,他们自己就会看出他们的唇枪舌剑的无谓,而像好朋友一样分手道别了。

　　这种对各种主张的争执加以旁观、或不如说甚至激起这种争执的方法,不是为了最终裁定这一方或那一方的优胜,而是为了探讨这种争执的对象是否也许只不过是一种每个人都徒劳地追求的幻觉,在此即使他完全不受到阻碍,他也不可能有任何收获,——这样一种办法,比方说,我们可以称之为**怀疑的方法**。它与怀疑论是完全不同的,后者是一条有技巧的和有学问的无知的原理,它危害一切知识的基础,以便尽可能地在一切地方都不留下知识的任何可信性和可靠性。因为怀疑的方法以这种方式来指向确定性,即它在这样一种双方都认为是正当的和凭知性进行的争执中,试图发现那误会之点,以便像明智的立法者所做的那样,从法官在诉讼时所遇到的困境中,为自己汲取关于自己的法律中所缺乏的和没有严格规定的东西的教益。在法律的应用上所暴露出来的二律背反在我们的有限智慧那里是立法学的最好的鉴别性试验,为的是使在抽象的思辨中不容易觉察到自己的失足之处的理性由此而注意到在对其原理作规定时的各种契机。

　　但这种怀疑的方法本质上只有对于先验哲学来说才是唯一特有的,只要不在这一研究领域内,而在任何其他研究领域内,则它或许是可以缺少的。在数学中运用这种方法将会是无稽之谈;这是由于在数学中没有任何错误的主张能够使自己隐而不显,因为证明必须任何时候都依纯粹直观的线索来进行,也就是通过任何时候都是自明的综合来进行。在实验哲学①中,悬置的怀疑固然可以是有用的,但这里至少

A424

B452

A425

---

　　① 　原文为 Experimentalphilosophie,维勒认为应作"实验自然科学(Experimentalphysik)"。——德文编者

不可能有什么误解是不能被轻易消除的,毕竟在经验中最终必然包含有判决纷争的最后手段,这些手段迟早是可以被找出来的。道德学也有可能把自己的全部原理、连同其实践的后果都 in concreto①、至少是在可能经验中提供出来,并由此避免抽象的误解。相反,那些自以为拥有扩展到一切可能经验领域之外的各种洞见的先验主张,它们就既不处于能让自己的抽象综合在任何一种先天直观中被给予出来的情况,也不具有能使这种误解借助于任何一种经验而被发现的性状。所以,先验的理性除了力图把自己的那些主张相互结合起来、因而首先使它们自由而无阻碍地相互竞争之外,不允许有任何其他的试金石,而这种竞争就是我们现在要讨论的②。

B453

A426
B454

纯粹理性的二律背反

A427
B453

先验理念的第一个冲突

<table>
<tr><td align="center">**正题**</td><td align="center">**反题**</td></tr>
<tr>
<td>世界在时间中有一个开端,在空间上也包含于边界之中。</td>
<td>世界没有开端,在空间中也没有边界,而是不论在时间还是空间方面都是无限的。</td>
</tr>
<tr><td align="center">**证明**</td><td align="center">**证明**</td></tr>
<tr>
<td>因为,让我们假定世界在时间上没有开端:那么直到每个被给予的时间点为止都有一个永恒流过了,因而有一个在世界中诸事物前后相继状态的无限序列流逝了。但既然一个序列的无限性</td>
<td>因为,让我们设它有一个开端。既然开端就是一个存有,在它之前先行有一个无物存在于其中的时间,那么就必须有一个不曾有世界存在于其中的时间、即一个空的时间过去了。但现在,</td>
</tr>
</table>

---

① 拉丁文:具体地。——译者
② 这些二律背反是按照上述先验理念的秩序而先后排列的。——康德

正好在于它永远不能通过相继的综合来完成，所以一个无限流逝的世界序列是不可能的，因而世界的一个开端是它的存有的一个必要条件；这是首先要证明的一点。

对于第二点，还让我们假定相反的情况：这样世界将是一个无限的被给予了的、具有同时实存着的诸事物的整体。既然我们不能以别的方式、而只有通过各部分的综合，才能设想一个并未在任何直观的某个边界内部被给予①的量的大小，并且只有通过完全的综合或者单位自身反复相加才能设想这样一个量的总体②，因此，为了把充实一切空间的这个世界设想为一个整体，就必须把一个无限世界各部分的相继综合看做完成了的，亦即一个无限的时间就必须通过历数一切并存之物而被看做流逝了的；而

A427
B455

在一个空的时间中是不可能有任何一个事物产生的；因为这样一个时间的任何部分本身都不先于另一部分而在非有的条件之前就具有某种作出区分的存有条件（不论我们假定该条件是由自己产生还是由别的原因产生）。所以，虽然在世界中有可能开始一些事物序列，但世界本身却决不可能有什么开端，因此它在过去的时间方面是无限的。

至于第二点，那么让我们先假定相反的方面，即世界在空间上是有限的和有边界的；于是世界就处于一个未被限定的空的空间之中。这样就不仅会发现诸事物在空间中的关系，而且也会发现诸事物对空间的关系。既然世界是一个绝对的整体，在它之外找不到任何直观对象、因而找不到任何世界与之处于关系中的相关物，那么世界对空的空间的关

A428
B456

---

①　当一个不确定的量被包含在边界中时，我们就能够把它作为一个整体来直观，而不需要通过测量、即通过对其各部分的相继的综合来构成它的总体。因为这边界通过把一切多数东西加以截断，就已经规定了这个完备性。——康德

②　总体的概念在这种情况下无非是其各部分的完成了的综合的表象，因为既然我们不能从整体的直观中（当这种直观在这种情况下是不可能的时）引出这个概念，我们就只有通过对各部分进行综合，直到完成、至少在理念中完成这个无限，才能把握这个概念。——康德

这是不可能的。因此现实事物的一个无限集合不能被看做一个被给予了的整体，因而也不能被看做同时被给予了的。所以一个世界就其空间中的广延而言不是无限的，而是包含于其边界中的，这是第二点。

系就会是它不对任何对象的关系了。但这样一种关系、乃至于通过空的空间对世界所作的限制都是无；所以世界在空间上根本是没有边界的，亦即它在广延上是无限的①。

A290
B457

对第一个二律背反的注释

A431
B459

A430
B458

Ⅰ. 对正题的注释

我在进行这些相互冲突的论证时并没有想玩花招，以便比方说（如人们所说的）引入某种讼师的证明，利用对方的不谨慎来为自己捞好处，故意承认对方对某种被误解了的法则的引证，为的是把自己的非法要求寄托在对这法则的反驳上。这里的每一个证明都是从事情的本性中引出来

Ⅱ. 对反题的注释

对给予的世界序列和世界总和②的无限性的证明所依据的是：在相反的情况下必然会有一个空的时间、同样有一个空的空间来构成世界的边界。现在，我并非不知道，针对这种结果人们寻求着种种托词，他们借口说：一个世界边界在时间和空间上完全是很有可能的，而勿须人们假定

---

① 空间只是外直观的形式（形式直观），但不是外部可直观到的现实的对象。空间，先于所有那些规定着（充实或限制着）它的、或不如说给出一个符合它的形式的经验性直观的物，在绝对空间的名称下只不过是外部现象的单纯可能性，只要这些外部现象或者是本身能够实存的，或者是能加在所予的现象上的。所以经验性的直观不是由现象和空间（知觉和空的直观）复合起来的。一个并非另一个的综合相关者，而只是在同一个经验性的直观中作为该直观的质料和形式联结起来的。如果我们要把这两者一个置于另一个之外（把空间置于一切现象之外），那就从中产生出对外部直观的各种各样空洞的规定，这些规定却并非可能的知觉。例如在无限的空的空间中世界的运动或静止，就是对运动和静止相互关系的永远不可能知觉到的规定，因而也是一个单纯思想物的谓词。——康德

② 福伦德尔将"世界总和"（Weltinbegriff）校为"世界概念（Weltbegriff）。——德文编者

的,并且撇开了两派独断论者的错误结论所可能带给我们的好处。

我本来也可以从表面上这样来证明这个正题,即我按照独断论者的习惯预先抛出有关一个给予量的无限性的不完善的概念。一个量是无限的,如果不可能有任何更大的量超出它(即超出那包含于其中的一个给予统一体之总量)的话。现在,没有任何总量是最大的,因为总还可以再加上一个或者多个单位。所以一个无限的被给予量、因而甚至一个(不论是就流逝的序列而言还是就广延而言的)无限的世界是不可能的:所以世界在两方面都是有限制的。这样我本可以引出我的证明:单是这个[给予量的无限性的]概念是配不上人们所理解的无限整体的。通过无限整体所表现的并不是它有多么大,因而它的概念也不是一个极大值的概念,相反,由此所想到的只是它与一个可以随意采取的单位的关

刚好在世界开端以前的一个绝对的时间,或一个扩大到现实世界之外的绝对空间;这种借口是不可能的。我对莱布尼茨学派的哲学家们这个意见的后一部分非常满意。空间只是外部直观的形式,但决不是能够从外部被直观到的现实的对象,也决不是诸现象的相关物,而是诸现象本身的形式。所以空间绝对不可能(自己单独地)作为某种进行规定的东西在物的存有中出现,因为它根本不是什么对象,而只是可能对象的形式。所以作为现象的诸物固然规定着空间,就是说在空间的一切谓词(大小和关系)之中诸物决定这些或那些谓词是属于现实的;但反过来,空间作为某种独立自存的东西却不可能在大小或形状方面规定诸物的现实性,因为它就自己本身而言并不是什么现实的东西。所以一个空间(不论它是充满的还是空的)①可以由诸现象所限制,但诸现象却不可能由它们之外的一个

A432
B460

A433

---

　　① 人们容易看出,这里的意思是想说:空的空间就其由诸现象来界定而言,因而这种在世界之内的空的空间,至少是不与先验原则相矛盾的,所以对这些先验原则来说是可以承认的(虽然并不因此就马上主张它的可能性)。——康德

系,对这单位而言它是大于一切数目的。于是依照所取的单位更大或更小些,这个无限的东西也就会更大或更小些;只是由于这无限性仅仅在于对这个被给予的单位的关系,它就会永远保持为同样的无限性,虽然这个整体的绝对量无疑决不会由此而得到认识,也不是这里所要讨论的。

无限性的真实的(先验的)概念就是:在测量一个量时对这个统一体的相继综合永远也不可能达到完成①。由此就毫无疑问地推出,那些前后相随直到一个给予的(即当前这个)时间点为止的现实状态的某种永恒性不可能是流逝了的,所以这世界必须有一个开端。

就正题的第二部分而言,虽然一个无限的、然而却是流过了的序列这种困难是消除了;因为一个在广延上无限的世界的杂多是同时被给予的。不过,为了思考这样一个总量的总体性,由于我们不可能依据在直观中自行构

空的空间来限制。这一点同样也适用于时间。承认了所有这一切,无可争议的仍然是,如果人们要假定无论是空间上还是时间上的世界边界,他就绝对必须假定世界之外的空的空间和世界之前的空的时间这样两个怪物。　　**B461**

因为,谈到人们试图用来逃避这一结论的解救办法——根据这一结论我们就说:如果世界(在时间和空间上)有边界,则无限虚空就必须要按照现实诸物的量来规定它们的存有了——,那么它仅仅隐秘地在于:人们所设想的不是一个感官世界,而是一个谁知道是怎样的理知世界,不是最初的开端(一种在前面先行着一个非存在的时间的存有),而是一种并不预设这个世界中的任何其他条件的一般存有,不是广延的边界,而是世界整体的限制,而这样一来就避开了时间和空间。但这里所涉及的只是 mundus phaenomenon② 以及它的量,我们决不能从它上面抽掉被

---

①　因此这个量就包含一个比一切数目都更大的(给予统一体的)总量,这就是无限的东西的数学概念。——康德

②　拉丁文:现相世界。——译者

成这个总体性的那些边界，我们就必须对我们的这个概念作出解释，这个概念在这种情况下不能从整体达到各部分的确定的总量，而必须通过各部分的相继综合来阐明一个整体的可能性。现在，由于这个综合必然会构成一个永远也不能完成的序列；所以我们不能先于这综合、因而也不能通过这综合来思考一个总体性。因为这个总体性概念本身在这种情况下就是一个完成了的各部分综合的表象，而这种完成、因而就连这个完成概念也都是不可能的。

想到的感性条件而不取消它的本质。感性世界如果它是有边界的，就必然处于无限的虚空之中。如果我们想把这个无限虚空、因而把作为现象的可能性之先天条件的一般空间去掉，那么整个感性世界也就取消了。在我们的课题中被给予我们的只有这种感性世界。mundus intelligibilis① 只不过是对一般世界的普遍概念，在这概念中我们抽掉了这世界的直观的一切条件，因而对这概念来说任何综合命题，不论是肯定的还是否定的，都是根本不可能的。

A435
B463

A434
B462

先验理念的第二个冲突

正题

　　在世界中每个复合的实体都是由单纯的部分构成的，并且除了单纯的东西或由单纯的东西复合而成的东西之外，任何地方都没有什么东西实存着。

证明

　　因为，让我们假定复合的实体不是由单纯的部分构成的；那

反题

　　在世界中没有什么复合之物是由单纯的部分构成的，并且在世界中任何地方都没有单纯的东西实存着。

证明

　　假定：一个复合的物（作为实体）是由单纯的部分构成的。

---

① 拉丁文：理知的世界。——译者

么当一切复合在思想中都被取消之际，就会没有什么复合的部分留存下来，并且（因为不存在任何单纯的部分）也没有任何单纯的部分留存下来，因而也就根本没有什么东西留存下来了，这样一来，就会没有什么实体已被给予了。所以，要么不可能在思想中取消一切复合，要么在取消之后必定留存有某种不带任何复合的存在物，它就是单纯的东西。但在前一种情况下复合物仍然不会是由实体构成的（因为在实体身上复合只是实体的一种偶然的关系，没有这种关系实体也必然作为独立持存的东西而存在）。

A436
B464

既然这种情况与前提相矛盾，那么就只剩下第二种情况：即在世界中实体性的复合物是由单纯的部分构成的。

由此便直接推出：世上之物全都是单纯的存在物，复合只是它们的外部状态，并且，即使我们永远不能完全把这些基本实体从这种结合状态中提取出来和孤立起来，理性却仍然必须把它们思考为一切组合中的第一主体，因而思考为先于一切组合的单纯存在物。

由于一切外部的关系、因而甚至一切由实体而来的复合，都只有在空间中才是可能的：那么由多少部分构成该复合物，也就必须由这么多部分构成它所占据的空间。既然空间不是由单纯的部分所构成的，而是由诸空间所构成的，所以复合物的每一部分都必须占据一个空间。但一切复合物的绝对最初的部分是单纯的。因而这单纯的东西占据着一个空间。既然所有占据一个空间的实在东西都包含有处于相互外在状态中的杂多，因而是复合起来的，也就是作为实在的复合物而非由偶性复合起来的（因为偶性不能没有实体而相互外在地存在），因而是由实体复合起来的，那么，单纯物就会是一个实体性的复合物了，而这是自相矛盾的。

反题的第二个命题，即世界中根本没有什么单纯的东西实存着，在这里只是想说出这个意思：绝对单纯东西的存有不能从任何经验或知觉、不管是外知觉还是内知觉中得到阐明，所以绝对单纯的东西只不过是一个理念，它的客观实在性永远不能在任何一个可能经验中得到阐明，因而在

A437
B465

说明现象时毫无用处,也无任何
对象。因为我们想要假定的是可
以为这种先验理念找到一个经验
对象:这样,对某个对象的经验性
的直观就必须被认为是这样一种
直观,它绝对不包含任何相互外
在并结为统一体的杂多。既然从
对这样一种杂多的无意识并不能
有效地推论出这种杂多在对客体
的任何一个直观中都完全不可
能,而后者对于绝对的简单性又
是完全必要的,所以这样一来,这
种简单性就不能从任何一种知觉
(无论是哪一种)中推论出来了。
因此,由于作为绝对单纯客体的
某物永远也不能在某个可能经验
中被给予,而感官世界却必须被
视为一切可能经验的总和:所以,
在感官世界中任何地方都没有什
么单纯的东西被给予。

反题的这第二个命题比第一
个命题走得更远,第一个命题只是
把单纯物从对复合物的直观中排
除掉了,而这里却把单纯物从整个
自然界中去掉了;所以这个命题本
来也可以不从一个外部直观给予
的对象的概念中(从复合物的概念
中)、而是从这概念对一个一般可
能经验的关系中得到证明。

对第二个二律背反的注释

Ⅰ.对正题的注释

如果我们谈到一个必然由各个单纯部分组成的整体，那么我所指的只是一个作为真正组合物的实体性的整体，也就是杂多之物的偶然的统一体，这些杂多之物被（至少在观念中）分离地给予出来，而被置于相互联结中，并由此而构成了一。空间真正说来不应该称之为组合物（Kompositium），而应该称之为整全（Totum），因为它的各部分只有在整体中才是可能的，而非整体由于各部分才是可能的。空间必要时也许可以称之为 compositum ideale①，但不能称之为 compositum reale②。只是这种说法毕竟微妙难测。由于空间决不是从各个实体中（甚至也不是从各个实在的偶性中）复合起来的东西，所以一旦我在它里面取消一切复合，必然就什么也不会余留下来，哪怕是一个点；因为点只是作为一个空间的界限（因而一个复合物

Ⅱ.对反题的注释

针对这个只有数学上的证明根据的物质无限分割的命题，单子论者们所提出的那些反驳就凭如下一点即已使得自己变得可疑了，即他们不想承认最明白的数学证明是对空间在事实上是一切物质的可能性的形式条件这种空间性状的洞见，而是把这些证明仅仅看做从一些抽象但却任意的概念中所作的、不可能与现实之物相关的推论。这就好比说甚至也有可能设想出不同于在空间的本源的直观中所给予的另外一种直观方式，并且空间的先天诸规定并不会同时与一切仅仅由于充满这个空间才成为可能的东西发生关系似的。如果我们听从他们的话，那么我们就会不得不除了设想那单纯的、但没有部分而只是一个空间的界限的数学的点之外，还去设想一些物理学的点，后者虽然也是单纯的，但却具有作为空间的各部分而仅仅通过它们

---

① 拉丁文:观念的组合物。——译者
② 拉丁文:实在的组合物。——译者

A440
B468

的界限）才有可能。所以空间和时间不是由单纯的部分所组成的。凡是只属于一个实体的状态的东西，即使它有一种大小（例如一种变化），它也不是由单纯的部分所组成的，就是说，变化的某种程度并不是由于许多单纯的变化的增加而产生的。我们从复合物到单纯物的推论只适合于那些本身独立存在之物。但状态的各种偶性却不是本身独立存在的。所以人们可以很容易就破坏掉对单纯的东西作为一切实体性复合物的组成部分的必然性的证明、因而一般地说破坏掉正题本身，如果人们把这个证明扩展得太远并想使它对于一切复合物无区别地有效的话，就像实际上已经多次发生过的那样。

此外，我在这里所谈到的单纯的东西，只是就其必然在复合物中被给予出来而言，因为在此复合物可以分解为作为其组成部分的单纯的东西。单子（Monas）

A442
B470

这个词（按照莱布尼茨的用法）的本来含义的确只应当指那种作为单纯实体直接（例如在自我意

的聚合来充满空间的优点。在这里无须重复人们所找到的大量对这一无稽之谈的通俗而明白的反驳，正如通过仅仅是论证性的概念就想把数学的自明性化作玄想是完全白费力气一样，所以我想指出的只是，如果哲学在这里用数学来钻牛角尖的话，那么这种情况之所以会发生，是因为哲学忘记了在这个问题上所涉及的只是诸现象及其条件。但在这里，为复合物的纯粹知性概念找到单纯物的概念是不够的，还要为复合物的（物质的）直观找到单纯物的直观，而这一点按照感性的法则、因而也在感官对象那里是完全不可能的。所以对于一个只是由纯粹知性所想到的诸实体的整体来说总是可以承认，我们必须在这整体的任何复合之前就拥有单纯物；但这一点毕竟不适用于 totum substantiale phanomenon①，后者作为空间中的经验性直观带有这样的必然属性，即它的任何一个部分都不是单纯的，因为空间的任何部分都不是单纯的。然而单子论者们足够机灵地

A441
B469

---

① 拉丁文：实体现相的整全。——译者

识中)被给予出来的单纯物,而不是作为复合物的要素,后者人们可能称之为原子(Atomus)要更好些。而由于我只是想就复合物而言把单纯实体证明为它的诸要素,所以我也许可以把第二个二律背反的正题①称之为先验的原子论(Atomistik)。但由于这个词早就被用来表示对物质现象(molecularum②)的一种特殊的解释方式了,因而是以经验性的概念为前提的,所以正题就可以叫做单子论的辩证原理。

想要这样来避开这一困难,即他们不是把空间预设为外部直观对象(物体)的可能性条件,而是把这些对象和一般诸实体的力学性关系预设为空间的可能性条件。现在,我们关于这些物体只是作为现象才拥有一个概念,但这些物体作为现象却必须把空间预设为一切外部现象的可能性条件,所以这种逃路是徒劳无益的,它甚至在前面的先验感性论中就已经被充分切断了。假如这些物体成为自在之物本身,那么单子论者们的证明当然会是有效的。

第二种辩证的主张本身有一点特殊的地方,就是它有一个自相反对的独断的主张,这个主张在一切玄想的主张中是唯一努力要在一个经验的对象上明显地证明我们在前面只是归于先验理念的那种东西的现实性、即证明实体的绝对简单性的:就是说,证明内感官的对象、正在思维着的我,是一个完全单纯的实体。对此我现在不加讨论(因为前面对它已作了更详细的考量),我只指出一 A443 B471

---

① 原文为"反题",兹依梅林、瓦伦廷纳和阿底克斯校正。——德文编者
② 拉丁文:分子的[现象]。——译者

点:如果某物只是被思考为对象
而不添加对它的直观的任何综合
的规定(正如这里通过完全赤裸
的表象"我"所发生的情况那
样),那么在这样一个表象中当
然就不可能知觉到任何杂多的东
西和任何复合了。此外,由于我
用来思考这个对象的那些谓词只
不过是内感官的直观,所以在其
中也就不可能出现表明相互外在
的杂多、因而表明实在的复合的
任何东西了。所以,只有自我意
识才导致这种情况,即由于思维
着的主体同时又是它自己的客
体,它就不可能自己划分自己
(虽然可以划分依存于它的那些
规定);因为就它自身而言每个
对象都是绝对的统一体。尽管如
此,如果这个主体从外部被当做
直观的一个对象来观察,那么它
倒是会在现象本身中显示出复
合。但如果我们想要知道在它里
面是否有一个相互外在的杂多,
那么它就任何时候都必须被这样
加以观察。

A444
B472

A445
B473

先验理念的第三个冲突

正题

按照自然律的因果性并不是世界的全部现象都可以由之导出的唯一因果性。为了解释这些现象，还有必要假定一种由自由而来的因果性。

证明

且让我们假定，除了按照自然律的因果性之外，没有任何其他的因果性；那么一切发生的事情都以某个在前的状态为前提，它按照一条规则不可避免地跟随着这个状态。但现在，这个在前的状态本身也必须是某种发生起来的东西（在时间中形成起来的东西，因为它原先是没有的），因为，假如它任何时候都已存在着，它的后果也就不会才产生出来，而会一直存在着了。所以使某物得以发生的原因的因果性本身也是某种发生起来的东西，它按照自然律又要以某种在前的状态及其因果性为前提，但这个状态同样要以一个更早的状态为前提，如此等等。所以，如果一切都是按照单纯的自然律而发生的，那

反题

没有什么自由，相反，世界上一切东西都只是按照自然律而发生的。

证明

设：有一种先验理解中的自由作为一种特殊的因果性在起作用，世界上的事情据此才能产生出来，这就是绝对地开始一种状态、因而也开始这状态的一个诸后果的序列的能力；这样，就不单是一个序列将通过这种自发性而绝对地开始，而且是导致产生这序列的这个自发性本身的规定性、也就是因果性也将绝对地开始，以至于没有任何东西先行在前而使这一发生的行动按照常住的规律得到规定。但行动的每一个开端都是以那尚未行动的原因的某种状态为前提的，而该行动的动力学上的第一开端以这种状态为前提，这种状态与刚才这种先行的原因没有任何因果性的关联，也就是不以任何方式从其中

A446
B474

么任何时候都只有一种特定的开始,而永远没有一个最初的开始,因而一般说来在一个溯源于另一个的诸原因方面并没有什么序列的完备性。但既然自然律恰好在于:没有先天地得到充分规定的原因就不会有任何东西发生,所以如果说一切因果性都只有按照自然律才是可能的,则这个命题在其无限制的普遍性中就是自相矛盾的,因此这种因果性不可能被看做是唯一的因果性。

根据这一点,必须假定有一种因果性,某物通过它发生,而无需对它的原因再通过别的先行的原因按照必然律来加以规定,也就是要假定原因的一种绝对的自发性,它使那个按照自然律进行的现象序列由自身开始,因而是先验的自由,没有它,甚至在自然的进程中现象在原因方面的延续系列也永远不会得到完成。

产生出来。所以先验自由是与因果律相对立的,并且是起作用的诸原因之相互承继状态的这样一种联结,按照这种联结,经验的任何统一性都是不可能的,因而在任何经验之中也都找不到这种联结,所以它是一个空洞的观念物。

A447
B475

这样,我们所拥有的就只不过是自然界,我们必须到其中去寻求世界上的事情的关联和秩序。脱离自然律的自由(独立)虽然是从强制中解放出来,但也摆脱了一切规则的引导。因为我们不能说,进入世界进程的因果作用的不是自然的规律而是自由的规律,因为假如按照规律来规定自由的话,自由就将不是自由、而本身无非就是自然了。所以自然和先验自由的区别正如合规律性和无规律性的区别一样,在其中,自然虽然给知性提出了困难的任务,要它到原因序列的越来越高处寻求诸事件的根源(因为因果性任何时候都是以这些事件为条件的),但它也许诺了经验的彻底的合规律的统一性作为补偿。相反,自由的幻觉虽然给进行研究的知性在原因的链条中承诺了一个休息地,因为它把知性带到某种无条件的因果性上,这种因果性是从自身发动其行动的,但由于它本身是盲目的,它就中断了规则的导线,而只有凭借这种导线,一种通盘关联的经验才是可能的。

A448
B476

对第三个二律背反的注释

A449
B477

Ⅰ. 对正题的注释

自由的先验理念虽然远没有构成这一称号的心理学概念的多半是经验性的全部内容,而只是构成行动的绝对自发性的内容,即行动的可归咎性(Imputabilität)的真正根据;但它却是哲学的真正的绊脚石,哲学感到承认这样一类无条件的原因性有不可克服的困难。所以在关于意志自由的问题中从来都使思辨的理性陷入莫大的困惑的这种承认,真正说来只是先验的,并且只是意味着是否必须假定一种由自己开始一个相继诸物或诸状态的序列的能力。这样一种能力是如何可能的,这同样是不可能给出必然的回答的,因为我们在按照自然律

Ⅱ. 对反题的注释

自然万能(即先验的自然统治①)的辩护者在反对自由学说时,也许会针对后者的玄想的推论而以如下方式坚持自己的原理:如果你们不承认在这个世界中按照时间来说有任何数学上最初的东西,那么你们也就没有必要寻求按照原因性来说的力学性上最初的东西。是谁叫你们去臆造出一个绝对最初的世界状态、因而臆造出一个诸现象的依次流过的序列的绝对开端,并且为了使你们自己的想象能够得到一个休息所而为无限制的自然去设立边界的?既然世界中的各种实体任何时候都已存在着,至少,经验的统一性使这样一个预设成为必

① "自然统治"原文为 Physiokratie,常译作经济学上的"重农",但康德此处用它的希腊文原义。——译者

的原因性那里同样也必须满足于先天地认识到必须预设这样一个原因性,尽管我们没有任何办法理解如何可能通过某物存有就使另一物的存有得到设定,既然如此,我们就必须仅仅执着于经验。现在,我们阐明了一个现象序列从自由中首次开始的这种必然性,虽然真正说来只是在对于一个世界起源的可理解性所需要的范围内阐明的,然而人们对于一切随后而来的状态就可以视为仅仅按照自然律的一种顺序了。但由于这样一来毕竟这种在时间中完全自发地开始一个序列的能力得到了一次证明(虽然不是得到了洞察),所以我们现在也就斗胆在世界进程当中让各种不同序列按照原因性自发地开始,并赋予这些序列的诸实体以一种自由行动的能力。但在这里,我们不可以因为这样一种误解而妨碍自己,即以为由于在世界中的一个相继序列只能有一种相对的开始,因为毕竟总是有诸物的一个状态在世界中先行于前,所以,在

要的,那么,再承认这些实体的状态的交替、即它们的变化的一个序列任何时候都已存在着,因而不需要寻求任何第一开端、不论是数学性的开端还是力学性的开端,这就没有任何困难了。这样一种无限起源没有一个使其他一切环节都只是跟随其后的第一环节,这种无限起源的可能性①按照其可能性是不能得到领会的。但如果你们因此就想要抛弃这一自然之谜,那么你们也就会感到不得不把许多你们同样不可能领会的综合的基本性状(基本力)也拒之门外,甚至不得不伤及一般变化的可能性了。因为,如果你们没有通过经验而发现变化现实地存在,那么你们就永远也不会有可能先天地想出,这样一种无止境的存在与非存在的接续是如何可能的。

然而,即使在必要时为了开始世界变化而添加上了某种先验的自由能力,但这种能力毕竟至少必须只存在于世界之外(尽管在一切可能直观的总和之外还假

A450
B478

A451
B479

---

① 维勒将"可能性"校为"奇迹",因为下文马上提到"按照其可能性"。——德文编者

世界进程中恐怕序列的任何绝对的第一开端都将是不可能的。因为我们在这里所讨论的绝对第一开端不是时间上的，而是原因性上的。如果我现在（例如说）完全自由地、不受自然原因的必然规定影响地从椅子上站起来，那么在这个事件中，连同其无限的自然后果一起，就会绝对地开始一个新的序列，虽然按照时间这个事件只是一个先行序列的继续而已。因为这个决定和行为根本不处在单纯自然作用的顺序中，也不是这些自然作用的单纯继续，相反，规定性的自然原因就这一发生而言完全终止于其上，这一发生虽然跟随自然原因之后，但并不由此实现出来，因而虽然不是按照时间、但毕竟是就原因性而言，必须被称之为诸现象的序列的一个绝对第一开端。

对于理性在自然原因序列中援引一个自由的第一开端的需要的这一确认，极其清楚地表现在这一点上，即古代的一切哲学家（伊壁鸠鲁学派除外）都觉得不能不为了解释世界的各种运动而设定一个第一推动者，即一个自由行动的原因，它首次并且自发

定一个不能在任何可能知觉中给予出来的对象仍然总是一种冒失的僭妄）。不过，在世界本身中把一个这样的能力赋予诸实体，这却是决不能再被允许的，因为那样一来，我们称之为自然的那些根据普遍规律相互必然规定着的诸现象的关联，连同把经验和梦幻区别开来的经验性真理的标志，就会大部分都消失了。因为伴随着这样一种无规律的自由能力，几乎不再能够思考自然；因为自然规律会由于自由的影响而不断地被改变，而诸现象的按照单纯的自然而本来是有规则的、一律的活动由此也就会变得混乱和无关联了。

地开始了诸状态的这个序列。因
为他们不敢冒从单纯的自然来使
一个第一开端得到理解的危险。

A452
B480

先验理念的第四个冲突

A453
B481

正题

世界上应有某种要么作为世界的一部分、要么作为世界的原因而存在的绝对必然的存在者。

证明

感官世界作为一切现象的整体,同时包含着一个变化序列。因为,没有这个序列,就连作为感官世界之可能性条件的时间序列的表象都将不会给予我们①。但每一个变化都从属于在时间上先行于它、而它必然处于其下的条件。既然任何被给予的有条件者在其实存方面都以一个从诸条件直到绝对的无条件者的完整序列为前提,而这绝对的无条件者是唯一绝对必然的,所以某种绝对

反题

任何地方,不论是在世界之中,还是在世界之外作为世界的原因,都不实存有任何绝对必然的存在者。

证明

假定世界本身是一个必然的存在者,或在它里面有一个必然的存在者,那么在其变化序列中要么有一个开端,它是无条件的、因而是没有原因的,而这是与时间中一切现象之规定的力学性规律相矛盾的;要么这个序列本身没有任何开端,尽管它在其一切部分中都是偶然的和有条件的,在整体上却依然是绝对必然的和无条件的,而这是自相矛盾的,因为一个集合体,如果它的任何一

---

① 时间作为这些变化的可能性的形式条件,虽然客观上先行于这些变化[原文为 vor dieser,指"先于这种可能性",兹据埃德曼校正;格兰德认为应作"先于感官世界",不取。——据德文编者],但在主观上[按:维勒认为"主观上"与前面的"客观上"应颠倒位置。——德文编者]并在意识的现实中,时间表象毕竟只是如同任何别的表象一样,是通过对知觉的引起而被给予的。——康德

必然的东西如果有一个变化作为其后果而实存，那就必定是实存着的。但这个必然之物本身是属于感官世界的。因为假定它处于感官世界之外，那么世界的变化序列就会从它引出自己的开端，而这个必然的原因本身却又不属于感官世界。于是这就是不可能的。因为，既然一个时间序列的开端只有通过在时间上先行的东西才能得到规定，那么一个变化序列的开端之最高条件就必须实存于该序列尚不存在的那个时间中（因为这开端是有一个时间先行于前的存有，在这时间中开端之物尚不存在）。因此，变化的必然原因的因果性，乃至于这原因本身，都是属于时间，因而属于现象的（时间只有在现象上作为其形式才是可能的），所以它不能与作为一切现象的总和的感官世界脱离开来而被思考。因此，在世界本身中包含有某种绝对必然的东西（不论这个东西是整个世界序列本身还是它的一部分）。

A454
B482

个部分都不拥有本身就是必然的存有的话，它的存有就不可能是必然的。

反之，假定有一个绝对必然的世界原因在世界之外，那么它作为世界变化的原因序列中的最高项，就会首先开始这些世界变化及其序列的存有①。但这样一来，这个世界原因也就必须开始行动起来，而它的因果性就将归属于时间，但正因此将归属于现象的总和，即归属于世界，所以它本身，这个原因，不是在世界之外的，而这是与前提矛盾的。所以不论是在世界之中还是在世界之外（但与世界处在因果联结中），都不存在任何绝对必然的存在者。

A455
B483

---

①　"开始"这个词是在两重意义上来理解的：第一是能动的，这时原因开始了一个状态序列作为它的结果（infit 开端）。第二是被动的，这时因果性是在原因本身中起始的（fit 发作）。我在这里从第一种含义推出第二种含义。——康德

对第四个二律背反的注释

Ⅰ. 对正题的注释

为了证明一种必然存在者的存有,我在这里有责任除了宇宙论的论证外不使用任何其他论证,这种宇宙论的论证就是从现象中的有条件者上升到概念中的无条件者,因为人们把这无条件者看做序列的绝对总体的必要条件。要从所有一般存在者中一个至上存在者的单纯理念里寻求这种证明,这是属于理性的另外一条原则的,所以这种证明必须加以特别的对待。

现在,这个纯粹宇宙论的证明对一个必然存在者的存有只能如此来阐明,即它同时让这个存在者是世界本身还是一个与世界有区别之物的问题悬而不决。因为,为了查明后一种情况,就要求有一些原理,它们不再是宇宙论的,也不在现象的序列中继续,而是一些关于一般偶然存在者(就它们只是被考虑为知性对象而言)的概念,以及一条把这些偶然存在者通过单纯的概念与一个必然存在者连结起来的原则,而这一切都是属于超

Ⅱ. 对反题的注释

当我们在现象序列中上升时,如果我们以为遇到了一些反驳一个绝对必然的至上原因之存有的困难,那么这些困难也必定不是建立在有关一般物之必然存有的单纯概念之上的,因而也不是本体论的,而是为了给现象序列假定一个本身是无条件的条件而从原因与该序列的联系中产生出来的,所以是宇宙论的,是按照经验性法则推出来的。因为这必然表明,在(感官世界的)原因序列中的上升永远也不可能在一个经验性上无条件的条件那里终结,并且从世界状态的偶然性出发而按照世界状态的变化所作的宇宙论论证,会得出反对假定一个最初的和绝对首先开始一个序列的原因的结果。

但在这个二律背反中表现出一种奇怪的对照:就是恰好从同一个证明根据中,既在正题中推出了一个原始存在者的存有,又在反题中以同样的严格性推出了它的非存在。最初宣称的是:有一个必然存在者,因为那整个流

验的①哲学的,对这种哲学这里还不是讨论的地方。

但如果人们一旦通过把现象序列和在此序列中按照原因性的经验性法则所作的追溯当做基础,而从宇宙论来着手这一证明:那么人们接下来就不可以跳出这个序列而转到根本不在这个序列中作为一个环节的某物上去。因为某物必须在同一个意义上被看做条件,在这个意义上,有条件者对条件的关系曾经被放在那个本应在连续的进步中引向这一最高条件的序列中来看待。现在,如果这种关系是感性的并且属于可能的经验性的知性运用,那么这个至上的条件或原因就只能按照感性的法则、因而只能作为属于时间序列的东西而结束这一回溯,而那个必然的存在者就必须被看做这个世界序列的至上环节。

然而人们选择了作这样一种跳跃(μεταβασιζειζ αλλο γενοζ②)的自由。因为他们曾从

逝了的时间把一切条件的序列、因而同时也把那个无条件者(必然的东西)包含在自身内。现在宣称的是:没有任何必然存在者,恰好也是因为,那整个流逝了的时间把一切条件的序列(这些条件因而又全都是有条件的)包含在自身内。这种情况的原因是这样的。第一个论证只是着眼于在时间中一个规定另一个的那些条件的序列的绝对总体性,由此就得到了一个无条件的和必然的东西。相反,第二个论证所纳入考察的是一切在时间序列中被规定的东西的偶然性(因为在任何东西之前都有一段时间先行,在这段时间中条件本身又必须被规定为有条件的),由此也就完全取消了一切无条件者和一切绝对的必然性。然而这种推论方式在两种情况下,甚至在普通人类理性中,都是完全适当的,普通人类理性依照它从两种不同的立足点考虑自己的对象而多次陷入到自身分裂中。**冯·梅兰先**

A458
B486

A461
B489

---

① 格兰德将"超验的"(transzendente)校为"先验的"(transzendentale)。——德文编者

② 希腊文:转移到另一种类。——译者

世界中的变化推论出经验性的偶然性，即推论出这些变化对进行经验性规定的那些原因的依赖性，并获得了经验性条件的一个上升的序列，而这也是完全有道理的。但既然人们在此不曾有可能发现任何第一开端或任何至上环节，于是他们就突然脱离了偶然性的经验性概念而采用了这个纯粹范畴，该范畴随后就引发了一个单纯理知的序列，它的完备性是建立在一个绝对必然的原因之上的，而这原因由于不受任何感性条件的束缚，也就摆脱了使它自身的原因性开始的那个时间条件。但这一程序是完全违法的，这从以下可以推出。

偶然的东西在这个范畴的纯粹意义上就是那种其矛盾的反面是可能的东西。现在，人们根本不能从经验性的偶然性推论出那种理知的偶然性。凡是被改变的东西，它的反面（其状态的反面）在另一个时候都是现实的、因而也是可能的；因而这个东西并不是与前一个状态相矛盾的反面，

A460
B488

生①把两位著名的天文学家由于选择立足点的类似的困难而产生的争执看做一个值得充分注意的现象，为此特别写了一篇文章。因为一位天文学家这样推论说：月球绕其轴自转，因为它总是把同一个面转向地球。另一位天文学家则推论：月球不绕其轴自转，也正是因为它总是把同一个面转向地球。按照人们考察月球运动所愿意采取的立足点，两个推论都是正确的。

---

① Jean-Jacques Dortous de Mairan（1678—1771），即"德·梅兰先生"，法国物理学家和数学家。——译者

后者所需要的是在前一个状态存
在的同一个时间内、在同一个位置
上已经可以有它的反面了,而这是
从变化中完全不可能推论出来的。
一个曾经处于运动中的物体 = A
进入了静止 = 非 A。现在,从一个
与状态 A 对立的状态跟随在这个
状态 A 之后这一点,根本不能推论
出与 A 相矛盾的反面是可能的、因
而 A 是偶然的;因为这将需要在运
动曾经存在的同一时间中已经可
能有静止取代 A 的地位了。现在
我们所知道的只不过是静止在接
着而来的时间中是现实的、因而也
是可能的。但运动在一个时间中,
而静止在另一个时间中,相互并不
是矛盾对立的。所以对立的诸规
定的前后相继、也就是变化绝对不
证明根据纯粹知性概念而来的偶
然性,因而也不可能导致根据纯粹
知性概念而来的某种必然存在者
的存有。变化依照原因性法则所
证明的只是经验性的偶然性,即新
的状态没有一个属于前一时间的
原因本来是根本不可能自己单独
发生的。这个原因即使它被认为
是绝对必然的,却还必须以这种方
式在时间中被遇到,并且必然属于
诸现象的序列。

第三节　理性在它的这种冲突中的得失

于是我们现在就有了宇宙论诸理念的全部的辩证活动,这些理念根本不容许一个相符合的对象在任何可能的经验中被给予它们,甚至就连让理性与普遍的经验法则相协调地思考它们都不可以,但它们仍然不是被任意编造出来的,相反,理性在经验性综合的连续进程中必然会被引向这些理念,如果它想要使那种任何时候都只能按照经验法则而有条件地得到规定的东西摆脱一切条件、并在其无条件的总体性中来把握它的话。这些玄想的主张就是解决理性的自然而不可避免的四个问题的这么几种尝试,所以它们恰好就只能有这么多,不多也不少,因为先天地限制经验性综合的那些综合前提的序列不会再多了。

我们已把将自己的领地扩展到超出一切经验界限之外的理性的这

种名声在外的僭越仅仅表现在只包含其正当要求的根据的那些枯燥公式里,并且与一个先验哲学相称地,把它们从一切经验性的东西中剥离出来了,尽管只有与这种经验性的东西相联结,这些理性主张的整个宏图才能凸显出来。但在这种应用中,在理性通过其从经验领域开始逐步向上腾飞直达这些崇高理念的向前扩展的运用中,哲学显示出了一种尊严,这种尊严只要哲学能够主张自己的僭越要求,就会远远胜过人类其他一切科学的价值,因为它向我们约许了对一切理性的努力最终必然结合于其上的那个最后目的的最大期望和展望的基础。这些问题如:世界是否有一个开端、是否它在空间中的广延有某种边界,是否在什么地方、或许在我的思维着的自我中有某种不可分的和不可破坏的单一性,还是除了可分的东西和暂时的东西外什么也没有,是否我在我的行动中是自由的,还是像其他存在物一样由自然和命运之线引导的,最后,是否有一个至上的世界原因,还是自然物及其秩序就构成了我们在我们的一切考察中都必须在其面前止步的最后对象:就是这些问题

的解答,是数学家会愿意为之牺牲他的全部科学的;因为数学毕竟不能在人类的最高和最迫切的那些目的方面使他得到任何满足。甚至数学

（这种人类理性的骄傲）的真正尊严也是基于它将给理性提供这种指导，即远远超出对建立在普通经验上的哲学的一切期望，而在自然的秩序和合规则性中、以及在推动自然的那些力量的值得惊叹的统一性中，在宏观和微观两方面洞察自然，数学由此甚至也给理性超出一切经验之上的扩展的运用提供了诱因和鼓舞，因而给从事于这种研究的人生智慧①提供了最出色的材料，以通过合适的直观在这些材料的性状所允许的范围内支持这种研究。

　　不幸的是，对于思辨而言（但也许对于人的实践使命而言倒是幸运的），理性感到自己在它的那些最大的期望中陷入了被正反论据的争夺的困境，以至于无论是为了它的荣誉还是哪怕为了它的安全，都不宜于退缩，也不宜于把这种纷争淡然视作只是一种战斗游戏，更不能要求完全和解，因为争执的对象是利害悠关的，理性剩下还能做的只不过是去思索理性与它自身的这种不一致的起源，看这是否也许可归咎于只是某种误解，在这番讨论之后，虽然双方或许都将取消那些骄傲的要求，但将代之以理性开始对知性和感性的永久而稳定的统治。

A465
B493

　　我们目前还要暂时把这场彻底的讨论放一放，而先来考虑一下：如果我们例如说被迫拥护一派的话，我们最愿意支持的将会是哪一方。由于我们在这种情况下所问的不是真理的逻辑标准，而只是我们的利益，那么这样一种研究尽管就两部分所争执的权利没有作出任何决定，但却有这样的用处，即弄清为什么参加这场争执的人在并非恰好有一个对于对象的精深的洞见在这方面作为相关理由的情况下，情愿支持这一方而不是另一方，同时还能解释另外一些附带的事情，例如一部分人的慷慨激昂和另一部分人的冷静主张，为什么他们愿意对一派高兴地鼓掌欢呼，对另一派则预先就不可调和地抱有反感。

　　但在进行这种暂时的评判时，有某种东西是规定着这种评判唯一能够以必要的彻底性由以开始的那个观点的，这就是对这两部分人由之出发的那些原则进行比较。人们在反题的诸种主张中，不仅在解释

---

　　① "人生智慧"原文为 Weltweisheit，指哲学。——译者

世界中的现象时，而且也在化解有关宇宙的那些先验理念本身时，发现完全一模一样的思维方式和完全单一的准则，也就是一种纯粹经验论的原则。反之，正题的那些主张则在现象序列内部的经验性解释方式之外，还把智性的开端作为基础，其准则就此而言并非单一的。但我要着眼于这个准则的本质的辨别标志，而把这些正题称之为纯粹理性的独断论。

所以，在对宇宙论的理性理念①进行规定的独断论这一方面，或者说在正题方面，所表现出来的

第一，就是某种实践的利益，这是每个善意的人当他懂得了自己的利益时都会热心关怀的。说世界有一个开端，说我的思维着的自己具有单纯的因而不灭的本性，说这个自己同时在其任意的行动中是自由的并被提升到自然的强迫之上，最后，说构成世界的那些事物的整个秩序都来源于一个原始存在者，一切东西都从这个原始存在者那里借取其统一性和合目的的连结，这一切，都是道德和宗教的基石。反题则把这一切支撑物都从我们这里夺走了，或至少是显得把它们从我们这里夺走了。

第二，在正题方面也表现出理性的一种思辨的利益。因为，如果我们对这些先验的理念以这种方式来加以接受和运用的话，那么我们就可以完全先天地把握诸条件的整个链条，并理解那些有条件者的由来，因为我们从无条件者开始，而这是反题所做不到的，反题由于它对自己的综合的诸条件的问题提供不出任何不会无止境地留下越来越多的疑问的回答，它给人的印象就极为糟糕。按照反题，我们必须从一个给予的开端再上升到一个更高的开端，每个部分都导向一个更小的部分，每一个事件都总是还有另外一个事件作为它的原因，一般存有的诸条件又总是以另外的条件为依托的，任何时候都不能在一个作为原始存在者的独立之物中获得无条件的支持和支撑。

第三，正题方面也有通俗性的优点，这个优点肯定不是构成其受欢

---

① 哈滕斯泰因认为应作"理性图景"。——德文编者

迎的最小的因素。普通知性在一切综合的无条件的开端的那些理念中并不感到有丝毫的困难，因为比起上溯到根据来，它本来就更为习惯于向前推进到后果，并且它在绝对最初的东西（它并不对其可能性作苦思冥想）的那些概念中有某种舒适感，同时有一个使自己的步骤的引线得以与之联接的固定的点，而反之，它在那种从有条件者到条件的无休止的上升而永远有一只脚悬空的情况下是根本不会感到愉悦的。

在对宇宙论理念进行规定时的经验论方面，或者说在反题方面，第一，找不到任何出自理性的纯粹原则的、如同道德和宗教所带有的那样一种实践的利益。单纯的经验论看来反倒像是把道德和宗教的一切力量和影响都剥夺了。如果根本就没有与世界区别开来的原始存在者，如果世界没有开端因而也没有创造者，我们的意志不是自由的，而灵魂与物质具有同样的可分性和可朽性，那么就连道德的理念和原理都会丧失一切有效性，而与构成其理论支柱的那些先验的理念一起垮台了。 A468 B496

但反之，经验论给理性的思辨的利益提供了某些好处，这些好处极具诱惑力，并且远远超过理性理念的独断论学说所可能许诺的那些好处。按照经验论，知性任何时候都处于自己所特有的基地上，也就是处于纯属可能经验的领域中，它可以探究这些可能经验的规律，并能够借助于这些规律而把自己的可靠的和可理解的知识无穷地扩展开去。在这里知性能够和应当把对象既就它自身而言又在它的关系中显示给直观，或者毕竟显示在那些其形象能够在给予的类似直观中清楚明白地被呈现出来的概念里。知性不仅没有必要离开自然秩序的这一链条以便跟随那些理念，这些理念的对象由于作为观念物而永远不能被提供出来，因而是知性所不知道的；而且甚至知性也不允许离开它的职分，并以此后这一职分已结束为借口而转入理想化的理性的领地和转向超验的概念，在那里它不再有必要进行观察和按照自然规律进行研究，而只要思考和虚构就行了，肯定它在这里不会遭到自然事实的反驳，因为它恰好不受自然事实证据的束缚，而是忽略了这些事实，甚至让这些事 A469 B497

实本身从属于更高的权威,即纯粹理性的权威。

因此,经验论者永远也不会允许把自然的任何一个时期看做绝对最初的时期,或者把他对于自然范围的视野的任何一个边界看做极限的边界,或者从他通过观察和数学所能分解和在直观中加以综合的规定的自然对象(广延之物)转向那些不论是感官还是想象力都永远不能具体表现出来的对象(单纯之物);他也不会让人在自然中把一种独立于自然规律起作用的能力(自由)当做根据,以此来减轻知性按照必然规则的线索去探究诸现象的产生这一职分;最后,他也不会容许有人不管为什么而去寻求外在于自然的原因(原始存在者),因为我们所知道的无非是自然,自然是唯一向我们提供出对象并能把这些对象的规律告诉我们的。

当然,如果经验论哲学家提出他的反题没有任何其他意图,只是要打消那误解自己的真实使命的理性的冒失和狂妄,这种理性在洞见和知识本来都已终止了的地方以洞见和知识自夸,并且想把人们在实践利益方面让其生效的东西冒充为对思辨利益的促进,以便只要有助于理性的怡然自得就中断物理研究的线索,借口要扩展知识而把这线索连接到先验理念上,而凭借这些先验理念我们本来只认识到我们一无所知;我说,如果经验论者满足于此,那么他的原理就会是一条准则,即在提出要求时要节制,在作断言时要谦虚,同时通过真正被任命给我们的教师即经验来最大可能地扩展我们的知性。因为在这种情况下我们就不会被剥夺以我们的实践事务为目的的智性的预设和信念;只是我们不能让这些预设和信念堂而皇之地以科学和理性洞见的名义出现,因为真正的思辨知识任何时候都只可能遇见经验的对象,而且如果我们跨越了经验的边界,那种对新的不依赖于经验的知识加以探索的综合就没有它得以施展的任何直观的基底了。

但是,如果经验论在这些理念上(如经常发生的那样)自己变得独断起来,并且毫无顾忌地否认那超出它的直观知识范围之外的东西,那么它本身就陷入了不谦虚的错误,这种错误在这里更加值得责备,因为这样一来就给理性的实践利益造成了不可弥补的损失。

这就是伊壁鸠鲁主义①和柏拉图主义的对立。

双方中每一方都比自己知道的说得更多,但却是这样说的:前者鼓励和促进着知识,虽然对实践不利,后者虽然给实践提供了出色的原则,但恰好因此而在唯有在其中才有一种思辨的知识被赐予我们的所有那些事情上允许理性沉浸于对自然现象的观念化的解释,而耽误了物理的研究。　　A479　B500

至于说最后,在这两部分相互争执的人之间作临时选择时就可以注意到的第三种契机:那么极为怪异的是,经验论是与一切通俗性完全相违背的,尽管我们本当以为普通知性会渴望采纳某种许诺它仅仅通过经验知识及其合乎理性的关联来得到满足的方案,而不是先验的独断论迫使它飞升到那些远远超出最精于思考的人们的洞见和理性能力之上的概念。但这一契机恰好是普通知性的推动根据。因为普通知性这样一来就处于一种状况,在其中就连最博学的人超出普通知性都不能有任何作为。如果它在这方面懂得很少或一无所知,那么毕竟也不会有任何人能够自夸对此有更多的理解,而尽管普通知性对此并不能像对别的事情那样讲得头头是道,那么它毕竟可以对之作无限多的玄想,因为它在一些纯然理念之间转来转去,对这些理念一个人恰好由于一无所知,他就最能够信口开河;相反,对自然的研究普通知性就不得不完全缄口无言并承认自己的无知了。所以,安逸和虚荣就已经是这　　A473　B501

---

①　然而还有一个问题就是,伊壁鸠鲁是否在什么时候曾经把这些原理作为客观的主张陈述过。如果这些原理例如说只不过是些理性的思辨运用的准则,那么他在这上面就表现出了比古代的任何一个世界哲人都更为纯正的哲学精神。我们在解释诸现象时必须这样来进行,好像研究的领域并不会为世界的任何边界和开端所中断似的;我们必须假定世界的质料就像我们愿意由经验来告知它的情况时所必然会有的那样;除了由不变的自然规律所规定的那些事件之外,我们不可假定任何其他事件的产生;最后,我们不可运用任何与这个世界不同的原因:这些在今天都还是十分正确的、但很少被遵守的原理,即扩展思辨哲学的原理,同样也是不依赖于外来资源而找到道德原则的原理,但并不因为这一点,那要求我们只要在从事单纯思辨就不去理睬那些独断命题的人就可以由此而被指责为他想否定这些命题。——康德　　A472　B500

些原理的一个强烈的诱人之处。此外,尽管对一个哲学家来说很难把某物采纳为原理而不能对自己说明理由,或者根本不会①引进那些不能看出其客观实在性的概念:但对普通知性来说这是再平常不过的了。它想要拥有某种它能够满怀信心地由以开端的东西。把握这样一个前提本身的困难并不使它感到不安,因为它(不知道什么叫把握)永远也不会想到这种困难,它把它由于经常运用而熟悉了的东西看做是已知的。但最终在普通知性那里,一切思辨的利益在实践面前都相形见绌,

A474
B502

并且它想像自己对于由它的担忧和希望推动它去假定或相信的东西已看透了和知道了。所以先验的—观念化的理性的经验论就完全被夺走了一切通俗性②,并且,不论它包含有多少对于实践的至上原理的损害,却根本不必担忧它会超出学派的边界而在日常事务中获得哪怕一点可观的声望和在广大群众那里受到一点欢迎。

　　人类理性按照其本性来说是建筑术式的,即它把一切知识都看做属于一个可能的系统,因此也只承认这样一些原则,它们使得现有的知识至少不是没有可能和别的知识一起集合在某一个系统之下。但反题的那些命题却具有这种性质,即它们使得一个知识大厦的完成变得完全不可能了。按照这些命题,在世界的一种状态之上总还有一个更为古老的状态,在每一个部分里总还有另外又可以分割的部分,在每一事件之先都有一个另外的、在别的地方同样也是被产生出来的事件,并且在一般存有中一切都永远只是有条件的,而不承认任何一种无条件的和最初的存有。所以,既然反题从来不承认某种最初的东西和任何可以绝对用作大厦基础的开端,所以靠这样一些前提,一个完成了的知识

A475
B503

大厦是完全不可能的。因此理性的建筑术上的利益(它要求的不是经验性的理性统一,而是先天的纯粹的理性统一)就给正题的主张带来了一种自然的好印象。

---

① 第一版为"更不可能"。——德文编者

② 维勒校作:"经验论的理性就被先验的—观念化的理性完全夺走了一切通俗性";埃德曼校作:"经验论就被完全夺走了先验的—观念化的理性的一切通俗性"。——德文编者

　　但假如一个人可以宣布摆脱一切利益，而对理性的各种主张不管任何后果、只按照其根据的内容来进行考察：那么一个这样的人，假定他不知道走出困境的任何其他出路，只知道信奉一个或另一个有争议的学说的话，他就会处于一种不断的动摇状态。今天在他看来显得可以确信的是，人的意志是自由的；明天，如果他考察那不可解开的自然链条的话，他又会认为自由无非是一种自欺，而一切都只是自然而已。但假如现在要做事和行动，那么单纯思辨理性的这种游戏就会如同梦中影像一般消失，他就会单纯按照实践的利益来选择自己的原则了。但由于对一个进行反思和研究的存在者来说正派的做法是，花一定时间仅仅来检验他自己的理性，同时却完全抽掉一切党派偏见，这样坦诚地把自己的意见交给他人来评判；所以，只要命题和反命题能够不受任何威胁所恐吓地在陪审官面前为各自的立场（也就是软弱的人类的立场）辩护，就让它们登场，这是任何人都不能去责怪、更不能去阻止的。　A476
B504

第四节　纯粹理性的先验课题，就其必然能够完全解决而言

　　想要解决一切课题并回答一切问题，这将是一种无耻的自吹和一种如此过分的自负，以至于一个人由此必然会马上失去一切信任。但仍然有一些科学，其本性就导致在其中出现的每一个问题都必须从我们所知道的东西中作出完全的回答，因为回答必须从问题所由以产生的同一个根源中产生出来，而且在这里决不允许以不可避免的无知为借口，而是能够要求解答的。在一切可能的情况下什么是正当或不正当，我们按照规则是必然能够知道的，因为这涉及到我们的责任，而对于我们所不可能知道的东西，我们也就没有任何责任。然而，在对自然诸现象的解释中必然有许多事是我们所不知道的，并留给我们一些无法解决的问题，因为我们关于自然所知道的事对于我们应当解释的事远不是在一切情况下都充分的。现在问题就在于：在先验哲学中是否有某种涉及到一个呈现给理性的客体的问题是通过这同一个纯粹理性　A477
B505

所不能回答的,并且人们通过将这客体作为(根据我们所有能够认识的东西也)完全不确定的东西而归入那我们虽对之有足够的概念以提出问题、却完全缺乏有朝一日回答它的手段和能力的东西之列,是否就能正当地逃避对它的决定性的回答。

我现在主张,先验哲学在一切思辨的知识中拥有这样一种特点:根本没有任何涉及到一个被给予了纯粹理性的对象的问题对于这同一个人类理性来说是不可解决的,并且以不可避免的无知和课题的深奥莫测作任何借口都决不能解除完全彻底回答这一问题的责任;因为正是这个使我们能够提问的概念也必然使我们绝对有能力回答这个问题,因为这个对象在该概念之外是根本找不到的(正如在正当和不正当的情况下那样)。

A478

B506 但在先验哲学中唯有宇宙论的那些问题,是我们能够正当地要求对它们有一个涉及对象性状的满意回答,而不允许哲学家借口幽深难测而逃避回答的,而这些问题只能涉及宇宙论的理念。因为对象必须经验性地被给予,而问题只是针对这对象与一个理念的适合性的。如果对象是先验的因而本身是未知的,例如某物(在我们自己心中)的现象是思维,这个某物(灵魂)是否就是一个自在地单纯的存在者,是否有一个万物归总的绝对必然的原因,如此等等,那么我们就应当给我们的理念寻找一个对象,关于这对象我们可以承认,它虽然是我们所不知道的,但并不因此就是不可能的。① 唯有宇宙论的理念本身具有这种特点,即它们能够把自己的对象和这对象的概念所要求的经验性的

A479

B507

① 我们虽然不能对"一个先验对象具有何种性状"、即"它是什么"这一问题给出任何回答,但也许可以回答说:这个问题本身什么也不是,这是因为没有给出这问题的任何对象。因此先验的灵魂学说的一切问题也就是可回答的并得到了现实的回答;因为它们涉及到一切内部现象的先验主体,这个先验主体本身不是现象,因而不是作为对象被给予的,在它上面任何一个范畴都找不到自己应用的条件(但问题本来却是对范畴提出来的)。所以这里的情况就适用于一句俗话,即

A479

B507 没有回答也是一种回答,就是说,追问那个由于完全被置于能够被给予我们的对象的范围之外而不能用任何确定的谓词来思考的某物的性状,这是完全没有意义的和空洞的。——康德

综合预设为给予了的,而从它们中产生出来的问题只涉及这一综合的进展——就这一进展应当包含绝对总体而言,而这绝对总体由于不能在任何经验中被给出,它就不再是任何经验性的东西。既然在这里所谈的只是关于一个作为可能经验的对象之物而不是作为一个自在的事物本身之物,所以对先验宇宙论问题的回答就不可能处于理念之外的任何地方,因为它不涉及任何自在的对象本身;而在可能经验方面所问及的并不是能够具体地在某种经验中被给予的东西,而是处于经验性的综合仅仅要去接近的那个理念之中的东西:所以这个问题只有出于理念才能得到解决;因为这问题只不过是理性的产物,所以理性不能自己回避责任①而推给未知的对象。

一门科学对于属于其总目中的所有的问题(quaestiones domesti- A480
cae②)能够要求和期待真正有某些解答,哪怕这些解答也许暂时还没 B508
有找到,这并不像初看起来那么非同寻常。除了先验哲学之外还有两门纯粹的理性科学,一门给出的只是思辨的内容,另一门给出的则是实践的内容:这就是纯粹数学和纯粹道德学。我们不是曾一度听说,仿佛由于对条件必然的无知,直径在有理数或无理数中对圆周有怎样的完全精确的比例就被说成是不确定的了? 由于这个比例通过有理数根本不可能完全一致地被给出来,而通过无理数却又还没有被找到,所以就有人判断说,至少可以确定地知道这种解答的不可能性,而兰伯特③就曾给出过一个这方面的证明。在道德的普遍原则中不可能有任何不确定的东西,因为这些命题要么是完全没有任何意义的和空洞的,要么就是必须仅仅从我们的理性概念中生发出来的。相反,在自然知识中就有永远也不能指望得到确定的无限的猜测,因为自然现象是一些不依赖于我们的概念而被给予我们的对象,所以打开这些现象的钥匙不在

---

① 格里罗将"责任"(Verantwortung)校作"回答"(Beantwortung)。——德文编者

② 拉丁文:所属问题。——译者

③ J. H. Lambert(1728—1777),德国数学家、物理学家和哲学家。他曾在1768 年向柏林科学院提交了一个关于 π 的不可通约性的证明。——译者

我们和我们的纯粹思想里面,而在我们之外,也正因此在很多情况下找

A481
B509

不出来,因而也不能期望有任何可靠的解释。我没有把涉及到我们的纯粹知识的演绎的先验分析论的那些问题归入此列,因为我们现在所处理的只是在对象方面、而不是在我们的概念本身的起源方面的那些判断的确定性。

　　所以,对于所提出的理性问题作出至少是批判性的解答的这个责任,我们将不能够通过以下方式来加以逃避,即我们对我们理性的狭隘局限性提出抱怨,并以某种谦卑的自知之明的假象而供认,要解决这样一些问题,如世界究竟是来自永恒还是有一个开端,世界的空间是由存在物充满到无限还是被包括在某种边界之内,世界中有任何某物是单纯的还是一切都必定是被分割至无限的,有某种生产和产生是出自自由的还是一切都依赖于自然秩序的链条,最后,有某种完全无条件的和自身必然的存在者,还是一切东西按照其存有来说都是有条件的、因而是取决于外部而就自身来说是偶然的,——这都超出了我们的理性。因为这一切问题都涉及到一个只能在我们的观念中给出的对象,也就是诸现象的综合的绝对无条件的总体性。如果我们从我们自己的概念中对此丝

A482
B510

毫也不能说出和构成什么确定的东西,则我们就不可将过错推给对我们隐藏起来的事物身上;因为这一类的事物(由于它们在我们的理念之外任何地方都找不到)是根本不可能被给予我们的,相反,我们必须在我们的理念本身中寻求原因,而理念是一个不允许有任何解答的问题,但我们却固执地假定它,就好像有一个现实的对象与它相应似的。对包含于我们自己的概念本身中的这个辩证论所作的一个清晰的摆明,将马上使我们关于我们在这样一个问题上所必须判断的东西达到完全的肯定。

　　针对在这个问题上的不肯定这种借口,我们首先可以提出一个人们至少必须清楚地回答的问题:你们是从何处得到为解决它们而使你们在这里陷入如此困境的那些理念的? 或许是得自你们需要对之加以解释的那些现象,而你们按照这些理念从那些现象中所必须寻找的只是对它们进行阐明的一些原则和规则? 如果你们假定自然在你们面前被完全揭示出来了,对于你们的感官和关于一切摆在你们的直观面前

的东西的意识来说没有任何东西是隐藏着的了:那么你们毕竟不会有可能通过任何一个经验而对你们理念的对象有具体的认识,(因为这除了要求这种完备的直观以外,还要求一个完成了的综合和对这综合 A483
的绝对总体性的意识,而这是通过任何经验性的知识都根本不可能 B511
的,)因此你们的问题对于解释任何一个出现的现象来说都决不是必须的,因而决不是仿佛由对象本身所提出来的。因为这对象由于不能通过任何可能的经验而被给予出来,它就永远也不可能向你们出现。你们连同一切可能的知觉不论是在空间中还是在时间中都仍然束缚于诸·条·件之下,而没有达到任何无条件者以便确定这个无条件者必须建立在综合的某种绝对开端之中,还是建立在没有任何开端的序列的一个绝对总体性之中。但在经验性意义上的大全任何时候都只是比较而言的。量的绝对大全(宇宙),进行分割的大全,追溯来源的大全,一般存有的条件的大全,连同一切有关这一大全是否可以通过有限的或是无限前进的综合来实现的问题,都不涉及任何可能经验的某物。你们将对于例如说一个物体的现象丝毫也不能作出更好的解释,或者哪怕只是作出另外一种解释,不论你们假定这物体是由单纯的部分构成的,还是彻头彻尾一直都由复合的部分所构成;因为任何时候不管单纯的现象也好还是一种无限的复合也好都根本不会向你们出现。现象所要求的只是在它们的解释条件在知觉中被给予的范围内得到解释,但把 B512
现象中任何时候可能被给予的所有的东西都在一个绝对的整体中概括 A484
起来,这本身决不是什么知觉①。但这样一种大全正是在先验的理性课题中要求对之作出解释的大全。

所以,既然就连这一课题的解决也永远不可能出现在经验中,那么你们就不能够说在这上面必须把什么赋予对象这一点是不确定的。因为你们的对象只存在于你们的头脑里,而根本不能在头脑之外被给予;因此你们所必须操心的只是和你们自身相一致,并防止这种歧义,它使你们的理念变成对某个被经验性地给予,因而也是可以按照经验法则来

---

① 原文为"这本身就是一种知觉",据梅林校正。——德文编者

认识的客体的臆想表象。所以这种独断的解决根本不是不确定的,而是不可能的。但批判的解决可以是完全确定的,它根本不是从客观来看待这个问题,而是按照这个问题所建立于其上的知识基础来看待它。

第五节　借所有四种先验理念对宇宙论问题的怀疑论展示

A485
B513
　　如果我们预先就已经领会到:不论可能得出怎样的答案,它都只会更增加我们的不确定性,而且会使我们从一种不可理解性跌入另一种不可理解性,从一种黑暗堕入一种更大的黑暗、也许甚至堕入到矛盾中去,我们就会宁可放弃要看到对我们的问题作出独断回答的要求了。如果我们的问题只是针对肯定或否定而提出来的,那么明智的办法就是把这种回答的臆想的根据暂时搁置一旁,而首先来考虑如果我们作出一方面的回答,我们究竟会获得什么,而如果作出相反方面的回答,我们又将获得什么。如果事情恰好是在两种情况下都暴露出纯属无意义的东西(废话),那么我们就有了一个有根有据的要求,即对我们的问题本身作一番批判的研究,并看看它是否本身就是基于一个无根据的前提之上的,是否在玩弄一个理念,这个理念在运用中并通过其后

A486
B514
果,比在单独的表象里更加暴露了它的虚妄。这就是处理纯粹理性对纯粹理性所提出的问题的那种怀疑论方式所具有的一个很大的好处,由此我们就可以花很少的力气来消除独断论的巨大的混乱,以便代之以某种冷静的批判,这种批判作为一种真实的清泻剂,将使妄想连同其伴随物即自作聪明都幸运地得到清除。

　　因此,如果我能够预先从一个宇宙论的理念中看出,无论这个理念支持诸现象的回溯性综合之无条件者的哪一方,它对于任何一个知性概念来说却要么就会太大,要么就会太小,那么我就会领会到,由于那种综合毕竟只和一个经验对象发生关系,而这种经验①是应当与一个

---

　　① 埃德曼认为应作"这个经验对象"。——德文编者

可能的知性概念相适合的,所以这个理念就必然会是完全空洞的和无意义的,因为这个对象不论我如何使它迁就于这个理念,都与这个理念不相适合。而这实际上就是一切世界概念的情况,这些世界概念也正是因为这一点而使理性只要一追随它们就会陷入一种不可避免的二律背反。因为当你们假定

第一,世界没有开端,那么世界对于你们的概念来说就太大;因为这概念在于一个前后相继的回溯,它永远也不能达到那全部流逝了的永恒。如果你们设定:世界有一个开端,那么世界对于你们那个在必然的经验性回溯中的知性概念来说又太小。因为,由于这个开端总还是预设了一个先行的时间,所以它就还不是无条件的,而知性的经验性运用的法则就会给你们加上再去追寻一个更高的时间条件的任务,所以这个世界对这个法则来说显然就太小了。　　　　　A487　B515

对于世界在空间上的量的问题的双重回答的情况也同样是如此。因为,如果说世界的量是无限的和没有边界的,那么它对于一切可能的经验性概念来说就太大。如果它是有限和有边界的,那么你们就还会正当地问道:是什么规定着这个边界? 空的空间不是事物的一个独立持存的相关物,它不可能是任何你们可以停留在那里的条件,更不可能是一种构成一个可能经验的一部分的经验性条件。(因为谁能够对一个绝对的空虚有一种经验呢?)然而对于经验性综合的绝对总体性来说任何时候都要求那无条件者是一个经验概念。所以一个有边界的世界对于你们的概念来说就太小。

第二,如果每一个空间中的现象(物质)都是由无限多的部分所组成的,那么对这种分割的追溯对于你们的概念来说任何时候都太大了;而如果对空间的这种分割应当什么时候在它的某个项上(在单纯之物上)停止,那么你们的概念对于那个无条件者的理念来说就太小。因为该项总还会留下一种对它里面所包含的更多部分的追溯。　　　　　A488　B516

第三,如果你们假定:在世界上发生的一切事情中除了按照自然规律产生的东西之外什么也没有,那么这个原因的原因性又总还是某种发生的事情,并使你们对更高原因的追溯、因而使条件序列 a parte priori① 的不停的延长成为必要。所以这个单纯产生作用的自然对于你们在世界种种事件的综合中的一切概念来说都太大。

　　如果你们偶尔选择的是自发地产生出来的事件,因而是出于自由的生产:那么按照不可避免的自然规律的这个"为什么"就会缠住你们不放,并迫使你们按照经验的因果律超出这一点,而且你们将会发现这样一类连结的总体性对于你们的必然的经验性概念来说是太小了。

　　第四,如果你们假定一个绝对必然的存在者(不论它是世界本身,还是某种在世界中的东西,或世界原因):那么你们就会把它置于一个离任何给予的时间点都无限遥远的时间中;因为否则它就会依赖于另外一个更古老的存有了。但这样一来,这个实存对于你们的经验性概念来说是无法企及的,并且太大了,以至于你们不可能有朝一日通过任何一种连续的追溯来达到它。

A489
B517
　　但如果在你们看来一切属于这个世界的东西(不论是作为有条件者还是作为条件)都是偶然的:那么每个给予你们的实存对于你们的概念来说都会太小。因为它会迫使你们总是再去寻求它所依赖的另外一个实存。

　　在所有这些情况下我们都曾说过,世界理念对于经验性的追溯来说,因而对于每个可能的知性概念来说,要么太大,要么对它来说又太小。为什么我们没有反过来表达并这样说:在前一种情况下经验性的概念对于理念任何时候都太小,而在第二种情况下则说经验性的概念对于理念太大,因而仿佛过错就由经验性的追溯来承担了;而是相反,我们谴责了宇宙论的理念,说它由于说得太多或太少而背离了它的目的,即背离了可能的经验? 其理由如下。可能的经验是唯一能够给予我们的概念以实在性的东西;没有它一切概念都只是理念,是没有真实性和与一个对象的关系的。因此可能的经验性概念曾是这种标准,我们必须据以评判理念是否仅仅只是理念和思想物,还是会在世界中遇到它的对象。因为我们说一个东西相对于另外某个东西太大或太小

_____

　　① 拉丁文:向在先方向上。——译者

时,所说的只是那种仅仅为了后面这个东西的缘故而被假定的东西,并 A490
且必须是按照后者而设立起来的。古代辩证法学派的把戏中也包含这 B518
样一个问题:如果一个球没有穿过一个洞,我们应当说:是这个球太大,
还是说这个洞太小? 在这种情况下不论你们想怎样表达都是无所谓的;
因为你们不知道两者中何者是为了另一方而存在的。相反,你们却不会
说:这个人对于他的上衣来说太长,而会说上衣对这个人来说太短。

所以我们至少已达到了这种有根据的怀疑:宇宙论的诸理念,和连
同它们一起的一切相互处于争执中的玄想的主张,或许都是以有关这
些理念的对象被给予我们的那种方式的某种空洞的和想像出来的概念
为基础的,而这种怀疑已经可以把我们引上正轨去揭露那如此长期地
把我们引入歧途的骗局。

第六节　先验的观念论作为解决
宇宙论的辩证论的钥匙

我们在先验感性论中曾充分地证明了：一切在空间和时间中被直
观到的东西,因而一切对我们可能的经验的对象,都无非是现象、即 A491
一些单纯的表象,它们正如它们被表象出来的那样,作为广延的存在 B519
物或变化的序列, 在我们的思维之外没有任何以自身为根据的实存。
这种学说的概念我称之为先验的观念论。① 在先验意义上的实在论者
使我们感性的这些变形成为了本身自存之物,因而把单纯的表象变成
了自在的事物本身。

如果人们要指望从我们这里得到一种早已为人所诟病的经验性的

---

① 我在别处有时也把它称之为形式的观念论,以便把它和质料的观念论即
通常的观念论区别开来,后者怀疑或否定外部事物本身的实存。在有些场合下为
了防止一切误解,使用这种表达而不用前一种表达似乎是更可取的。——康德
〔该注释在第一版中缺。——德文编者〕

观念论,这对我们将会是不公平的,这种观念论由于它假定了空间的特有的现实性,它就否定了广延的存在物在空间中的存有,至少是对此感到怀疑,并且在梦幻和真实之间的这种混为一谈中不承认有任何可以充分证明的区别。至于内感官在时间中的现象,这种观念论觉得把它们作为现实之物并没有任何困难;它甚至还主张,只有这种内部的经验才唯一地充分证明了其客体(自在本身)的(连同这一切时间规定的)现实存有。

B520　　相反,我们的先验的观念论则同意:外部直观的对象正如它们在空间中被直观到的那样也是现实的,在时间中一切变化正如内感官所表象的那样,也是如此。因为,既然空间已经是我们称之为外部直观的那

A492　种直观的一个形式,并且没有空间中的对象就根本不会有任何经验性的表象:那么我们就可以并且必须把空间中广延的存在物当做现实的,同样的情况也适用于时间。但那个空间本身,连同这个时间,并同时和这两者一起的一切现象,本身自在地毕竟都不是什么物,而无非是表象,它们根本不可能在我们的内心之外实存,甚至我们内心的内部感性直观(作为意识的对象),其规定是通过时间中不同状态的前后相继而表象出来的,它也不是如同它自在地实存那样的真正的自己,或者说先验的主体,而只是被提供给这种我们所不知道的存在者的感性的一种现象。这个内部现象的存有作为一种如其自在地实存之物的存有是不可能得到承认的,因为这现象的条件是时间,而时间不能够是某一个自在之物本身的任何规定。但在空间和时间中诸现象的经验性的真实性

B521　却得到了充分的保证,并足以和梦幻的瓜葛划清界限,如果这两者在一个经验中按照那些经验性法则正确地和没有例外地关联起来的话。

　　因此,经验的对象永远也不是自在本身地被给予,而只是在经验中

A493　被给予的,并且在经验之外根本就不实存。说"月亮上可能会有居民,虽然从来没有任何人知觉到他们",这固然是必须承认的,但这只不过意味着说:我们在经验的可能的进展中就有可能遇见他们:因为一切按照经验性进程的法则与知觉处于某种关联中的东西都是现实的。所以如果他们与我的现实意识处于某种经验性的关联中,那他们就是现实

的,哪怕他们因此并非自在地、即在这一经验进展之外是现实的。

　　现实地被给予我们的东西只不过是知觉和从这个知觉到另一些可能知觉的经验性进展。因为诸现象作为单纯的表象,就其本身而言只有在知觉中才是现实的,而知觉实际上无非是一个经验性表象即现象的现实性。一个现象在知觉之前就被称之为一个现实之物,这要么意味着我们在经验的进程中必然会遇到这样一个知觉,要么就根本没有任何意义。因为当所谈论的是一个自在之物本身时,固然可以说离开与我们的感官和可能经验的关系而自在地实存着某种意义本身。但我们所谈论的只是一个空间和时间中的现象,而空间和时间两者都不是对自在之物的规定,而只是对我们的感性的规定;因此,凡是在空间和时间中的东西(现象)都不是自在的某物,而只是表象,这些表象如果不是在我们里面(在知觉中)被给予出来,是任何地方都决不会被遇到的。

B522

A494

　　感性直观能力真正说来只是以某种方式连同诸表象一起被刺激起来的接受性,这些表象的相互关系就是空间和时间的纯粹直观(纯属我们感性的形式),而这些表象就其在这种关系中(在空间和时间中)按照经验的统一性法则而被连结和能够得到规定而言,就叫做对象。这些表象的非感性的原因是我们完全不知道的,因此我们不能把这个原因当做客体来直观;因为这一类对象将必须既不在空间中、也不在时间中(即不是在感性表象的这些单纯条件下)得到表现,而没有这些条件我们根本就不能设想任何直观。然而,我们可以把一般现象的单纯理知的原因称之为先验客体,这只是为了我们拥有某种与作为接受性的感性相应的东西。我们可以把我们的可能知觉的所有范围和关联都归因于这个先验客体,并且说:它自身是在一切经验之前自在地被给予了的。但与之相当的诸现象却不是自在地、而只是在这个经验中被给予的,因为它们只是些表象,这些表象作为知觉仅仅意味着一个现实的对象,就是说,如果这个知觉与一切别的知觉按照经验统一性的规则而关联起来的话。所以我们可以说:过去时间的现实之物都是在那个先验对象中被给予经验的;但它们只对我来说才是对象,并且只在过去的

B523

A495

时间中才是现实的,只要我这样设想:一个按照经验性法则对可能知觉的回溯序列(不论是历史的线索还是原因和结果的轨迹),一句话,世界的进程,将引向一个作为当前时间之条件的流逝了的时间序列,而这样一来,这个流逝了的时间序列就毕竟只是在与一个可能经验的关联中、而不是自在地本身被表现为现实的,以至于所有那些亘古以来在我的存有以前流逝了的事件,最终都只不过意味着经验链条从当下的知觉开始而向上延长到按照时间来规定这个知觉的那些条件上去的可能性而已。

因此,如果我把一切时间和一切空间中感官的一切实存的对象全都放在一起来设想:那么我并不是在经验之前把它们放置到空间和时间中去的,相反,这种设想无非是对一个可能经验在其绝对的完备性中的思考。那些对象(它们无非是些单纯的表象)只有在这种完备性中才被给予出来。但人们说它们是先于我的一切经验而实存的,这只是意味着它们在我必须首先从知觉开始前进才能达到的那个经验部分中是可以遇见的。这种前进的经验性条件的原因,因而在回溯中我能碰上哪些项、乃至于我回溯到多远才能碰上这些项的那些经验性条件的原因,是先验的,因而必然是我所不知道的。但我们所关心的也不是这个原因,而只是这些对象即现象在其中被给予我的那种经验的进展的规则。在结局上也是完全一样的两种说法是:我可以说,我能够在空间的经验性进程中见到那些比我所看到的最远的星辰还要更远上百倍的星辰,也可以说,即使一个人从来也没有或永远不会知觉到它们,它们也是在宇宙空间中或许可能被遇到的;因为,就算它们脱离与一般可能经验的关系而作为自在之物本身被给予出来,它们对于我来说毕竟什么也不是,因而决不是对象,除非它们被包含于经验性回溯序列之中。

只是在另一方面的关系中,如果正是这些现象被运用于关于某个绝对整体的宇宙论理念上,因而如果人们所关心的是超出可能经验的边界之外的那种问题,那么对于人们如何对待上述感官对象的现实性的方式加以区别,为了防止某种由于误解我们自己的经验概念而不可避免地必然会产生出来的骗人妄想起见,就是很重要的了。

第七节　对理性与自身的宇宙论
争执的批判性的裁决

纯粹理性的全部二律背反都基于如下的辩证的论证：如果有条件者被给予了，那么它的所有条件的整个序列也就被给予了；现在感官对象作为有条件者被给予我们了，所以它们的所有条件的整个序列也就被给予我们了。通过这个三段论推理，它的大前提看起来是如此自然而清楚明白，于是就按照这些条件在它们构成一个序列方面（在对诸现象的综合中）的差异而引入了同样数目的宇宙论理念，这些理念设定了这些序列的绝对总体性，并正是由此而使理性不可避免地置身于与它自身的冲突之中。但在我们把这个玄想论证的欺骗性揭示出来之前，我们必须通过纠正和规定在其中所出现的某些概念而使自己为此做好准备。　　　　B526

首先，以下命题是明显的和毫无疑问地肯定的：如果有条件者被给予了，就因此而向我们提交了一个在它的一切条件序列中进行追溯的 **任务**；因为这个任务是有条件者这个概念本身已经带来的，以致某物由此而与一个条件相关，而如果这个条件又是有条件的，它就与一个更远的条件相关，如此这般就贯通了这序列的一切项。所以这个命题是分析性的，而摆脱了对于先验的批判的一切畏惧。这命题①就是理性的一个逻辑上的设定：即要通过知性对一个概念与它的诸条件的这样一种连结加以追踪、并尽可能远地对这种已经加在这概念本身上的连结加以延伸。　　　　A498

其次：如果有条件者也好，它的条件也好，都是自在之物本身，那么当前者被给予时，不仅仅是对后者的追溯成为了任务，而且后者也由此

---

①　原文为 er，指上述命题；据埃德曼校作 es，即泛指"这"。——德文编者

就已经被现实地一起**被给予**了，并且，由于这一点也适用于序列的一切项，所以这个完备的条件序列、因而那个无条件者由此也同时被给予了，或不如说同时预设了那个曾经只是通过整个序列才有可能的有条件者的已被给予。在这里有条件者与它的条件的综合是一个单纯知性的综合，知性把事物如同它们所是的那样来表现，而没有注意到我们是否能够和怎样能够获得这些事物的知识。反之，当我和现象打交道时，这些现象作为单纯的表象，如果我没有获得它们的知识（即获得它们本身，因为它们无非是经验性的知识），是根本不会被给予的，那么我就不能在同样的意义上说：如果有条件者被给予了，则它的一切条件（作为现象）也都被给予了，并且决不可能因此就推论出这些条件的序列的绝对总体。因为诸现象在这种领会中本身无非是一种（在空间和时间中的）经验性的综合，所以也只有在这种综合中才被给予。于是所得出的决不是：如果有条件者（在现象中）被给予了，构成它的经验性条件的那个综合由此也一起被给予和预设了，相反，这种综合只有在回溯中、并且永远不会在没有回溯的情况下发生。但在这种情况下人们倒是可以说：对诸条件的回溯、即对条件方面的连续的经验性综合将是向我们提出的要求或任务，并且是不能缺少由这种回溯而被给予出来的条件的。

B527

A499

　　由此可见，宇宙论的三段论推理的大前提是在某种纯粹范畴的先验意义上对待有条件者的，但小前提却是在一个运用于单纯现象的知性概念这种经验性意义上来对待它的，这样一来就遇到了我们称之为 Sophisma figurae dictionis① 的辩证欺骗。但这种欺骗不是人为做作出来的，而是普遍知性的一种完全自然的错觉。因为通过这种错觉，当某物被作为有条件者而被给予时，我们就仿佛是（在大前提中）不假思索地预设了诸条件及其序列，因为这只不过是对一个给予的结论假定一些完备的前提这种逻辑上的要求，而且这时在有条件者及其条件的连

B528

A500

————————

　　① 拉丁文：语言表达方式的诡辩。亚里士多德指出这种诡辩是由中词含混造成的。——译者

结中不会遇到任何时间秩序;它们本身被预设为同时给予的。此外,同样自然的是,(在小前提中)把诸现象看做自在之物,同样也看做给予了单纯知性的诸对象,这正如在大前提中发生的一样,在那里我把诸对象唯有在其下才能够被给予出来的所有那些直观条件都抽掉了。但在这里我们曾忽视了这些概念之间的一个值得注意的区别。有条件者与它的条件的综合及条件的整个序列(在大前提中)根本不带有由时间而来的任何限制,也不带有任何前后相继的概念。相反,在现象(它被归摄于小前提下)中经验性综合及条件序列则必须前后相继地、并仅仅在时间中一个跟着一个地才被给予;所以在这里我不能够像在前一种场合那样预设这种综合及由它所表现出来的序列的那个绝对总体,　**B529**
因为在前一种场合该序列的一切项都是自在地(脱离时间条件地)被给予的,但在这里它们却只有通过前后相继的回溯才有可能,而这种回　**A501**
溯只是由于我们现实地作出了它才被给予出来。

在对(宇宙论的这些主张所)共同作为基础的那种论证的这样一种失足加以指证之后,相互争执的双方,既然他们都没有把自己的要求建立在任何有根据的权利之上,就能够正当地被驳回了。但他们的纷争却还并没有因此就被了结,即没有在他们被指证说他们、或双方中的一方在他所主张的事情中(即在结论中)本身就是不正当的这个范围内被了结,尽管他不曾懂得把这件事情建立在扎实的证明根据之上。然而看来再清楚不过的是,其中一方主张世界有一个开端,另一方主张世界没有开端,而是从来都是永恒的,这两方面似乎必定总有一方是正当的。但如果是这样,那么由于在这两方面是同样的清楚明白,就仍然不可能有朝一日查明哪一方面是正当的,而争执就会一如既往地继续下去,哪怕这两派在理性的法庭上被要求肃静。所以要彻底结束争执并使双方满意就只剩下唯一的办法,这就是由于他们毕竟能够相互作出如此漂亮的驳斥,所以他们最终就被指证说,他们在作无谓的争执,而某种先验的幻相在这里向他们描绘出的是某种决不可能在任何地方　**B530**
遇到的现实性。而我们现在就要走上这条对一场判决不了的争执加以　**A502**
调解的途径。

＊　　　　　＊　　　　　＊

埃利亚派的**芝诺**是一位敏锐的辩证论者,他已经被柏拉图作为一个恶作剧的智者而加以严厉的谴责,说他为了表现自己的技艺而试图对同一个命题通过似是而非的论证来证明,接着马上又试图以另一个同样有力的证明推翻它。他主张,神(这在他那里也许只不过是世界而已)既不是有限的,也不是无限的,它既不是在运动中,也不是在静止中,既不和任何别的事物相似,也不和别的事物不相似。在那些就此对他加以评判的人看来,他似乎想要将两个相互矛盾的命题全部都否定掉,而这是荒谬的。不过我并不认为可以正当地把这种荒谬归咎于他。这些命题的前一个我马上就会作更详细的阐明。至于其他的命题,如果他把神这个词理解为宇宙的话,那么他当然就必须这样说:宇宙既不是持久地呆在它自己当下的地点(即静止),也不改变自己的地点(即运动),因为一切地点都只存在于宇宙中,因而这个宇宙本身并不存在于任何地点中。如果宇宙把一切实存之物都包括在内,那么就此而言它就既不是与任何别的事物相似,也不是与之不相似,因为在它之外根本没有别的事物使它能够与之相比较。如果两个相互对立的判断都预设了一个不允许的条件,那么尽管它们相互冲突(当然这种冲突还不是真正的矛盾),它们两者都将被取消,因为这些命题中的每一个命题唯一应当在其之下得到承认的那个条件被取消了。

B531
A503

如果有人说,每一个物体都要么有香味,要么有臭味,那么就存在有第三种情况,即它根本没有味道(根本不发出气味),这样,这两个相互冲突的命题就可以都是假的。如果我说,要么每一个物体都有香味,要么每一个物体并非都有香味(vel suaveolens vel non suaveolens①):那么这两个判断就是相互矛盾地对立着,并且只有前一个判断是假的,而它的矛盾对立面,即有些物体并不是有香味的,就把那些根本没有气味

---

① 拉丁文:既有香的也有不香的。——译者

的物体也包括在内了。在前一种(per disparata①的)对立中,在产生冲突的判断那里还是保留下了物体概念的偶然条件(即气味),因而这个条件并没有由于这个产生冲突的判断而一起被取消,因此后一判断并不是与前一判断相矛盾的反面。

因此如果我说:在空间上世界要么是无限的,要么它不是无限的(non est infinitus②),那么,当前一命题是假的时,它的矛盾对立面"世界不是无限的"就是真的。这样一来我就只取消了一个无限的世界,而并没有设定另一个世界即有限的世界。但如果我说的是:世界要么是无限的,要么是有限的(是非无限的),那么这两者就都可能是假的。因为这样一来我就把世界看做是自在地本身在它的量上规定了的,因为我在这种对立中不仅仅取消了无限性、并与无限性一道也许取消了世界的整个被分离开来的实存,而且增加了一种对世界作为自在的现实之物本身的规定,而这同样可能是假的,就是说,如果世界根本就不是作为自在之物本身、因而在其量上也既不应当是作为无限的也不应当是作为有限的被给予出来的话。请允许我把这一类的对立称之为辩证的对立,而把那种矛盾的对立称之为分析性的对立。所以具有两个相互辩证对立的判断的双方全都可能是假的,因为一方对另一方并不只是相矛盾的,而是比矛盾所需要的说出了更多的东西。

如果人们把这样两个命题:"世界在量上是无限的"和"世界在量上是有限的",看做是相互矛盾地对立着的,那么人们就假定了这个世界(现象的这整个序列)是自在之物本身。因为不论我在世界的现象序列中取消了无限的回溯还是有限的回溯,世界仍然保持着。但如果我去掉这个前提或这个先验的幻相,并否认它是自在之物本身,那么两种主张的这个矛盾的冲突就变成了一个单纯辩证的冲突,并且由于这个世界根本不是自在地(即不依赖于对我们的表象的回溯序列地)实存着的,所以它既不是作为自在地无限的整体、也不是作为自在地有限

A504
B532

A505
B533

---

① 拉丁文:通过对比。——译者
② 拉丁文:不是无限的。——译者

的整体而实存的。它是只能在对现象序列的经验性回溯中见到,而根本不能就其自身而言见到的。因此,如果这个世界①任何时候都是有条件的,那么它就永远也不会整个地被给予,因而世界就决不是无条件的整体,所以也不是作为这样一个整体、既不以无限的量、也不以有限的量而实存。

在这里关于第一个宇宙论的理念、即关于现象中量的绝对总体性的理念所说的,也适用于其他一切理念。条件序列只有在回溯的综合本身中,而不是自在地在作为某种先于一切回溯被给予的特有事物的现象中,才能发现。因此我也不能不说,一个给予现象中各部分的总量自在地既不是有限的,也不是无限的,因为现象决不是自在的实存之物本身,而这些部分首先是通过对那种进行分解的综合的回溯并在这种回溯中才被给予的,这种回溯则永远不是绝对完整地、既不是作为有限的、也不是作为无限的而给予出来的。这一点同样也适用于那些相互处于等级秩序中的原因的序列,或者适用于从有条件的实存直到无条件必然的实存的序列,这种序列自在地按其总体性来说永远也不能被看做是有限的,同样也不能被看做是无限的,因为它作为从属的诸表象的序列只在于力学性的回溯而已,而根本不可能在这种回溯以前作为独立存在的诸物序列本身自在地实存。

A506
B534

因此,纯粹理性在其宇宙论的理念那里的二律背反就消除了,这是通过指出它只是辩证的、并且是一种幻相的冲突而达到的,这种幻相来自于我们把只被看做自在之物本身的条件的那个绝对整体性的理念应用到了现象之上,而诸现象只是在表象中实存,而当它们构成一个序列时则只在前后相继的回溯中实存,否则就根本不会实存。但我们也可以反过来,从这种二律背反中引出一种真实的、虽然不是独断的但却是批判的和学理上的好处:这就是由此来间接地证明诸现象的先验的观念性,如果有人也许对先验感性论中的直接证明还不满意的话。证据将在于这种两难推论,即:如果世界是一个自在地实存的整体,那么它

---

① 瓦伦廷纳校作"这种回溯"。——德文编者

要么是有限的,要么是无限的。现在不论是有限还是无限都是假的(按照上述一方面是反题另一方面是正题的证明)。所以,说世界(即一切现象的总和)是一个自在实存着的整体,这也是假的。从这里于是就得出了,一般现象在我们的表象之外就什么也不是,而这正是我们本来通过现象的先验的观念论所要说的。 B535　A507

这个说明是很重要的。我们由此看出,上面对四重二律背反的那些证明并不是骗局,而是从根本上就有一个预设,即认为诸现象或把诸现象全部都包括在自身内的感官世界就是自在之物本身。但由此所引出的那些命题的冲突则暴露出在这个预设中有一种虚假性,这就使我们发现了作为感性对象的那些物的真实性状。所以先验辩证论绝对没有对怀疑论有丝毫的助长,但的确鼓励着怀疑论的方法,这种方法能够把辩证论显示为它的巨大好处的一个例子,如果人们让理性的这些论证以其最大的自由互相反对地登台亮相的话,这些论证尽管最终并不会提供我们所要寻求的东西,但却总是会提供某种有用的东西和有助于校正我们的判断的东西。

第八节　纯粹理性在宇宙论理念上的调节性原则

A508　B536

既然通过总体性的宇宙论原理并没有在一个作为自在之物本身的感性世界中给出诸条件序列的任何极大值,而只能在对这些条件的回溯中将这种极大值当做任务,那么上述纯粹理性原理就会在它的经过这样校正的意义上仍然保持其很好的效用,虽然并不是作为把客体中的总体性当做现实的来思考的一条公理,而是作为对知性、因而对主体所提出的一个问题,以便按照理念中的完备性而在对一个给予的有条件者的诸条件序列中进行并继续进行回溯。因为在感性中,即在空间和时间中,我们在阐明给予的现象时所能够达到的每一个条件又都是有条件的；因为这些现象决不是那种绝对无条件者或许有可能发生于其中的自在的对象本身，而只是些经验性的表象，这些表象任何时候都必须在直观中去发现依照空间或时间来规定它们的那个条件。所以这条理性的原理真正说来只是一条规则，它在给予的诸现象的条件序列中要求一个永远也不允许停留于某个绝对无条件者之上的回溯。所以它就决不是经验的可能性及感官对象的经验性知识的原则，因而也不是什么知性原理，因为任何经验都是被包括在自己的（与给予直观相适应的）边界中的；也决不是理性把感性世界的概念扩展到超出一切可能经验之外的构成性原则，而是对经验进行最大可能的延续和扩展的原理，根据这条原理，任何经验性的边界都不得被看做绝对的边界，因而它是一条理性原则，它作为规则而设定在回溯中应当由我们做的是什么，而不是去预测在一切回溯之前在客体中自在地给予了什么。因此我就把这条原则称之为理性的调节性原则，而与此相反，作为在客体中（在现象中）自在地本身被给予的诸条件序列的那个绝对总体性原理就会是一条构成性的宇宙论原则了，它的无效性我正是要通过这个区别指出来的，并要借此来防止人们，不要（通过先验的偷换）把客观实在性归于某个只是用作规则的理念，而这在其他情况下是不可避免地要发生的。

　　为了恰如其分地规定纯粹理性的这一规则的意义，那就必须首先注意，它不可能告诉我们什么是客体，而是告诉我们，为了达到客体的完备概念，必须怎样进行经验性的回溯。因为，如果是前一种情况的话，那么它就会是一条构成性的原则了，而这样的原则是永远不可能出自纯粹理性的。所以我们决不会借这条原则就打算去说明对一个给予的有条件者的条件序列自在地是有限的还是无限的；因为凭这条原则，绝对总体性的一个只是在自己本身中造出来的①单纯概念就会去推想一个在任何经验中都不可能被给予的对象，因为一个现象序列就会被

---

① 埃德曼和福伦德尔均认为这里应为"一个只是包含在自身中的"。——德文编者

赋予了某种不依赖于经验性综合的客观实在性了。所以理性理念将只给这个条件序列中的回溯性综合颁布一条规则,按照这条规则,这种综合从有条件者开始,借助于一切相互隶属的条件而向无条件者进发,虽然这个无条件者是永远达不到的。因为绝对无条件者在经验中是根本找不到的。

为此目的,现在首先就要对一个序列的综合就其永远也不完备而言进行精确的规定。人们出于这种意图通常使用了两种说法,它们应当在其中有某种区别,但人们却不知道为这种区别指明正当的理由。数学家们只谈论某种 progressus in infinitum①,而概念的研究者们(哲学家们)则不愿意承认这种说法,而只同意说 progressus in indefini-　A511
tum②。我不想花时间去检查向这些人建议作出这样一种区别的那种　B539
顾虑,和停留在这些术语的好的运用或是无效果的运用之上,我只想试图对这些概念在与我的意图的关系中作出精确的规定。

对一条直线我们可以正当地说,它可以延长到无限,在这里,无限递进和不可限定地远的递进(progressus in indefinitum③)两者的区别就会是一个空洞的玄谈。因为,尽管当我说"引伸一条线"时,如果我加上"不限定地",比起说"无限地"来,当然更为正确;因为前者的意思只不过是:"只要你愿意,尽量远地延长它",而后者的意思则是:"你应当永远不停地延长它"(而这在此恰好并不是想说的),然而,如果所谈论的只是能够,那么无限递进的说法是完全正确的;因为你能够无限地使这条线越来越长。而在我们只谈论递进、即只谈论从条件向有条件者进展的任何情况下,事情也都是如此;这种可能的进展在诸现象的序列中将进到无限。从一对父母你可以在生育的下降世系中无止境地进展,并且你也完全可以设想,这种世系在世界上也是这样现实地进展　A512
的。因为理性在这里决不需要序列的绝对总体性,因为它没有把这种　B540

---

① 拉丁文:无限递进。在数学中亦可译作"无限级数"。——译者
② 拉丁文:不限定的递进。——译者
③ 拉丁文:不限定的递进。——译者

总体性预设为条件、预设为似乎被给予了的东西(datum①),而只是预设为某种有条件者,这种有条件者只是估计的(dabile②),并被无止境地增加着。

但情况完全不同的是这样一个课题:这个从给予的有条件者通过一个序列上升到诸条件的回溯过程会伸展到多么远,我们是否可以说这是**一个向无限的后退**,还是只能说这是一个伸展到不可确定地远的(in indefinitum③)后退,因而我们是否可以从现在活着的人通过他们祖先的序列而上溯至无限,还是只能说,不论我退回到多么远,永远也不会碰到一个经验性的根据来把这个序列看做以某处为边界的,以至于我有理由同时也有责任为每一个祖宗再往前面去对他的先祖加以查找,虽然就是不去加以预设。

因此我说:如果在经验性直观中整体被给予了,那么在它的内部诸条件的序列中的回溯就进行到无限。但如果只有这序列中的一项、即这个回溯首先应当从它出发去进达绝对总体性的那一项被给予了,那么所发生的就仅仅是向不确定的远④(in indefinitum⑤)的后退。这样,关于一个在其边界之间已被给予了的物质(一个物体)的分割就必须说:这种分割将进至无限。因为这个物质是完整地、因而连同其一切可能的部分在经验性直观中被给予的。既然这个整体的条件是它的部分,而这个部分的条件是部分的部分,如此等等,而在对于分解的这种回溯中永远也不会遇到这个条件序列的一个无条件的(不可分的)项,所以不仅仅没有任何地方有一个在分割中停下来的理由,而且那些今后能够继续分割的项本身也在这个继续进行的分割之前已被经验性地给予了,这就意味着分割将进向无限。相反,一个给予的人的祖先序列

A513
B541

---

① 拉丁文:予料。——译者
② 拉丁文:可给予的。——译者
③ 拉丁文:不限定的。——译者
④ "远"原文为 Weise("方式"),显系 Weite 之误,兹据 1911 年普鲁士科学院版和 1919 年哲学丛书版校正。——译者
⑤ 拉丁文:不限定的。——译者

在任何可能的经验中都没有以其绝对的总体性被给予,但其回溯却毕竟从这种生殖的每一项进向一个更高的项,以至于不可能遇到任何把某一项表现为绝对无条件的经验性边界。但既然就连有可能为此提供条件的那些项都仍然不是在回溯之前就已经处于这个整体的经验性直观中:那么这个回溯就不是(在对给予的东西的分割中)无限进行下去的,而是在为被给予的项寻求越来越多的、本身又永远只是有条件地被给予的项时进行到不可确定地远。

　　在这两种情况下,不论是无限的回溯还是不限定的回溯,条件序列都决没有被看做在客体中无限地给予了的。这些条件不是自在之物本身,而只是现象,这些现象作为相互隶属的条件只是在回溯本身中才被给予。所以问题就不再是这个条件序列本身自在地有多大,是有限的还是无限的,因为它本身自在地什么也不是,相反,问题是:我们如何进行经验性的回溯,以及我们应当把它继续进行到多么远。而在这里就有关于这个前进的规则的一个重要区别。如果整体是经验性地被给予的,那么在其内部诸条件的序列中追溯到无限就是可能的。但如果那个整体没有被给予出来,而是应当先通过经验性的回溯才给予出来,那么我就只能说:再进展到更高的条件是无限可能的。在前一种情况下我可以说:总是有比我通过(分解的)回溯所达到的更多的项在那里,并且是经验性地给予了的;但在后一种情况下我可以说的却是:我在回溯中总还是可以走得更远,因为没有任何项是作为绝对无条件的而经验性地被给予的,所以总还是允许一个更高的项作为可能的,因而允许对这更高项的探求作为必然的。在前一种情况下找到序列的更多的项是必然的,但在后一种情况下探问更多的项总是必然的,因为没有任何经验是绝对被限制的。因为,你们要么没有任何绝对限制你们的经验性回溯的知觉,这样你们就不得把你们的回溯看做完成了的,要么你们就有这样一种限制你们的序列的知觉,那么这种知觉就不可能是你们所积累的序列的一部分(因为那作限制的东西与由于它而被限制的东西必须是不同的),所以你们就必须把你们的回溯也进一步延伸到这个条件上去,如此类推。

A514
B542

A515
B543

对于这些说明,下面一节将通过它们的应用而予以适当的阐明。

———————

第九节　在一切宇宙论理念上对理性的
调节性原则的经验性运用

　　由于,如我已经多次指出过的,不论是纯粹知性概念还是纯粹理性概念,都没有任何先验的运用,由于感性世界中诸条件序列的绝对总体性只是立足于理性的某种先验的运用之上,理性要求的是它所预设为自在之物本身的那种东西的无条件的完备性;但又由于感性世界并不包含这类完备性,所以,就永远不再有可能去谈论在感性世界中这些序列的绝对大小,即它们可能是有限制的还是自在地无限制的,而只能谈论我们在经验性的回溯中,在把经验归因于它们的条件时,应当追溯到多么远,以便按照理性的规则仅仅停留于对理性的问题作出与对象相适应的回答上。

　　所以,在理性原则作为现象本身自在的一条构成性原理①的无效性已被充分阐明之后,唯一给我们留下来的就只是作为一种可能经验的延续及大小的规则的理性原则的有效性。甚至,如果我们能够把这种有效性无可置疑地摆出来,理性与它自身的争执也就会完全终止了,因为不仅通过批判的解决,理性与自身分裂为二的幻相就得到了消除,而且代替这种幻相的是,理性由以与自身协调一致的那个意义、即唯一因对之产生误解才引起争执的那个意义就得到了开显,而一条本来是辩证的原理就被转变成了一条学理的原理。实际上,如果这条原理按照其主观含义,即在经验中与经验对象相适合地去规定知性的最大可

———————

　　① 埃德曼校作:"作为把现象当做自在之物本身的构成性原理";阿底克斯校作:"作为自在之物的构成性原理";格兰德认为是指"知性概念的原理"。——德文编者

A516
B544

能的运用这种含义,是可以得到证实的:那么这就恰好和这条原理仿佛 A517
像一条(不可能出自纯粹理性的)公理那样去先天地规定自在的对象 B545
本身是一样的了;因为即使这种公理,除了在我们知性的最广泛的经验
运用中积极地证明自己以外,也决不能在经验客体上对扩展和纠正我
们的知识有更大的影响。

Ⅰ. 对世界整体诸现象的复合的总体性 这一宇宙论理念的解决

　　不论在这里还是在其他宇宙论问题中,理性的调节性原则的根据
都是这个命题:在经验性的回溯中不可能找到关于一个绝对边界的任
何经验,因而不可能找到关于任何一个本身在经验性上是绝对无条件
的条件的经验。但这一点的根据则是:这样一类经验将不得不把对诸
现象通过虚无或空无所作的限制包含在自身内,而继续进行的回溯凭
借知觉将有可能碰到这个限制,而这是不可能的。

　　这个命题等于是说:我在经验性的回溯中任何时候都只会达到一 A518
个本身又必须被看做在经验性上有条件的条件,于是这个命题就包含 B546
这个 in terminis① 规则:不论我在这个上升的序列中借此走到了多么
远,我任何时候都必须去探求该序列的一个更高项,而不管它现在是否
能通过经验而为我所知。

　　于是,为了解决第一个宇宙论课题,就必须再去断定:在对世界整
体的(在时间和空间上)无条件的量的回溯中这个无止境的上升过程
是否能称之为一个无限后退,还是只能称之为一个不可确定地继续的
回溯(不限定的回溯)。

　　一切逝去的世界状态的序列连同在宇宙空间中同时存在之物,其
单纯普遍的表象本身只不过是一种可能的经验性回溯,这种回溯是我
所设想的,哪怕是还不确定地设想,并且唯有通过这种回溯,对一个给

_____

　　①　拉丁文:限定的。——译者

A519

B547

予知觉的诸条件的这样一个序列的概念才能产生出来①。于是我任何时候都只是在概念中、但决不是（作为整体而）在直观中拥有世界整体。所以我不能从世界整体的量中推论出回溯的量，并按照前者来规定后者，相反，我必须通过经验性回溯的量而首次使自己形成一个关于世界的量的概念。但对于这个回溯我永远不知道其他的东西，只知道我从条件序列的每个被给予的项总是必须再经验性地进展到一个更高（更远）的项。所以这样一来，诸现象的整体的量就根本不被绝对地确定，因而我们也不能说这个回溯进向无限，因为这就会是对回溯尚未达到的那些项的预测，并把它们的总量表现为大到没有任何经验性的综合能够达到，因而世界的量就会在回溯之前（即使只是否定地）得到确定了，而这是不可能的。因为世界的量并没有通过任何直观（按其总体性）被给予我，因而这个总体性的量也根本没有在回溯之前被给予我。因此我们对于世界的自在的量根本不能说什么，就连说在它里面会发生一个 regressus in infinitum② 也不行，而是必须仅仅根据那条把它里面的经验性回溯确定下来的规则去寻求关于它的量的概念。但这条规则所说的只不过是，不管我们在经验性条件的序列中可以走多么

A520

B548

远，我们在任何地方都不应当假定一个绝对的边界，而是必须使每一个现象作为有条件的而从属于作为其条件的另一个现象、因而向另一个现象继续前进，这就是 regressus in indefinitum③，它由于没有在客体中确定任何量，而可以与那种无限的回溯充分明确地区别开来。

　　因此我就不能够说：世界按照经过的时间或者按照空间来说是无限的。因为这一类关于作为给予的无限性的量的概念在经验性上、因

---

　　① 所以这个世界序列既不会比自己的概念唯一基于其上的那个可能的经验性回溯更大，也不会比它更小。并且由于这个回溯既不能给出确定的无限的东西，但同样也不能给出确定的有限的东西（绝对的受限制者）；那么由此可见，我们既不能把世界的量看做有限的，也不能看做无限的，因为这个（由以使世界的量得到表现的）回溯不容许这两者中的任何一种情况。——康德

　　② 拉丁文：无限的回溯。——译者

　　③ 拉丁文：不限定的回溯。——译者

而也在作为一个感官世界的对象的直观中，是完全不可能的。我也不会说：从一个给予的知觉开始到所有那些在一个序列中既在空间上又在经过的时间上限制这知觉的东西的回溯，是进行到无限的；因为这就预设了无限的世界大小；我也不会说：世界大小是有限的；因为这种绝对的边界在经验性上同样是不可能的。因此我对于经验的整个对象（感官世界）将什么也不能说，而只能谈及经验应当据以与其对象相适合地被加以处理并继续下去的那个规则。

所以对由世界的量而引起的宇宙论问题的第一个并且是否定的回答是：世界在时间上没有最初的开端，在空间上也没有最后的边界。

因为在相反的情况下，世界就会一方面通过空的时间、另一方面通过空的空间而受到限制了。既然世界作为现象，决不可能本身自在地 **A521**
是这两者中的任何一种情况，因为现象不是自在之物本身，那么，对这 **B549**
种限制的一个知觉就会必须通过完全空的时间或空的空间而是可能的了，而凭这种知觉，世界的这些终点就会在一个可能经验中被给予出来了。但一个这样的在内容上完全空洞的经验是不可能的。所以一个绝对的世界边界在经验性上、因而是完全地不可能的①。

由此也就同时得出了这个肯定的回答：在世界现象序列中的回溯作为对世界的量的一种确定是 in indefinitum② 进行的，而这也就等于说：感官世界没有任何绝对的量，相反，经验性的回溯（唯有通过它，感官世界才能在其条件方面被给予出来）有自己的规则，即从序列的每一个作为有条件者的项任何时候都还要前进到一个更远的项（不论是 **A522**
通过特有的经验，还是通过历史的线索，还是通过结果及其原因的链 **B550**

---

① 人们会注意到：这个证明在这里是以和上面第一个二律背反的反题中的独断论方式完全不同的方式进行的。在那里我们曾按照通常的独断论表现方式让感官世界被看做本身先于一切回溯而按其总体性被给予出来的自在之物，并且假如这个总体性没有占据一切时间和一切空间，我们就根本剥夺了它在时间空间中的任何一个确定的位置。因此那个推论也不同于这里的推论，因为它当时推出了感官世界现实的无限性。——康德

② 拉丁文：不限定地。——译者

条），并且任何时候都不要免除对自己知性的这种可能的经验性运用加以扩展的任务，而这甚至也是理性在其诸原则方面的真正的和唯一的工作。

一种在某一类现象中不停地继续下去的特定的经验性回溯并不是通过这种方式而预先得到规定的，例如人们从一个活着的人出发必须永远在一个祖先序列中上溯，而不指望有一对最初的夫妇，或是在诸天体的序列中上溯，而不允许有一个最终的太阳；相反，所要求的只是一个从现象到现象的前进，哪怕后面这些现象也许并不会给出任何现实的知觉（如果这知觉对我们的意识来说在程度上太弱而不能成为经验的话），因为尽管如此这些现象毕竟是属于可能经验的。

一切开端都在时间中，一切广延之物的边界都在空间中。但空间和时间都只存在于感官世界中。因而只有在世界中的现象是以有条件的方式受限制的，但世界本身却既不是有条件地、也不是以无条件的方式受限制的。

A523
B551

正因为如此，并且由于世界永远也不能整个地被给予，甚至对一个给予的有条件者的条件序列也不能作为世界序列而整个地被给予，所以世界的量的概念就只是通过回溯，而不是在回溯之前，而在一个集合的直观中被给予的。但那种回溯永远只在于量的确定，因而并没有给出任何确定的概念，也并不给出任何关于一个就某种尺度而言是无限的量的概念，所以这种回溯并不是进行到（仿佛是给予了的）无限，而是进行到不确定地远，以便把一个最先通过这一回溯才成为现实的（经验的）量给予出来。

Ⅱ. 对直观中一个给予整体的分割的总体性
　　这一宇宙论理念的解决

如果我分割一个在直观中被给予的整体，那么我就在从一个有条件者进向其可能性的诸条件。对这些部分的分割（subdivisio

或 decompositio①）就是在这些条件的序列中的一种回溯。这一序列的绝对总体性只有当这回溯能够一直达到单纯的部分时才会被给予。但如果一切部分在一个连续进展的分解中又总是可分的，则这个分割、即从有条件者向其诸条件的回溯就 in infinitum② 进行；因为这些条件（即这些部分）都已包含在这个有条件者本身中，而由于这个有条件者在一个包括在它的边界之间的直观中整个地被给予了，这些条件也就全部都一起被给予了。所以这个回溯不仅仅可以被称之为一个 in indefinitum③，如同前一个宇宙论的理念唯一地被允许的那样，在那里我应当从有条件者进展到它的诸条件，这些条件在这个有条件者之外、因而不是通过它而同时一起被给予出来的，而是在经验性的回溯中才首次加入的。尽管如此，却决不容许对这样一个可被分割至无限的整体说：它是由无限多的部分所组成的。因为，虽然所有的部分都被包含在整体的直观中了，然而并不是全部分割都被包含于其中，全部分割仅仅在于继续分解，或在于使序列第一次成为现实的那个回溯本身。既然这个回溯是无限的，那么虽然它所达到的一切项（部分）都包含在那个作为聚合体的给予整体中，但并不包含整个分割的序列，这个序列是无限相继的并永远也不是全部，因而就决不能把无限的总量及其在一个整体中的总计表现出来。

　　这个总的提示首先很容易应用于空间上。任何一个在其边界中被直观到的空间都是这样一个整体，其各部分不论怎样分解都又还是些空间，因此是无限地可分的。

　　由此也就很自然地得出第二种应用，即用于一个被包括在这些空间的边界之内的外部现象（物体）之上。该现象④的可分性是建立在构成物体这样一个广延的整体之可能性的那个空间的可分性上的。所以物体是无限可分的，却并不因此就是由无限多的部分所组成的。

A524
B552

A525
B553

---

①　拉丁文：分化或分解。——译者
②　拉丁文：无限地。——译者
③　拉丁文：不限定地倒退。——译者
④　埃德曼：指"物体"。——德文编者

　　虽然看起来好像是:由于物体必须被表现为空间中的实体,物体就空间的可分性法则而言在此就会不同于这个空间;因为我们很可以承认,这种分解永远也不会在空间中去掉一切复合,因为那样一来甚至本来不具有任何独立自存之物的一切空间就都将终止了(而这是不可能的);只不过,说一旦物质的一切复合都在思想中被取消了,就不会有任何东西剩下来,这一说法似乎是无法与一个实体的概念相一致的,实体本来应当是一切复合的主体,而且即使实体的各个基质用来构成一个物体的那种空间中的复合关系被取消了,实体也必定会在自己的基质中余留下来。只是那种在现象中叫做实体的东西与我们也许会通过纯粹知性概念对一个自在之物本身所思考的东西的情况并不是一样的。前者并不是绝对的主体,而是感性的持存形态,只是直观而已,在这种直观中没有任何地方找得到无条件的东西。

A526
B554

　　但现在,虽然这条无限前进的规则毫无疑问地发生于对一个作为空间之单纯充满的现象进行再细分时:这条规则却并不适用于下述情况,即如果我们想要把它延伸到以某种方式在给予的整体中已经被分离出来并由此构成一个 quantum discretum① 的那些部分的总量上去的话。如果认为在每一个被分联②了的(被组织起来的)整体中每一个部分又是被分联了的,认为我们以这种方式在对诸部分进行无限析分时总是会遇到新的精巧部分,一句话,认为整体是被无限分联了的,这将是根本不可设想的,即便物质的各部分在它们被无限分解时有可能都是被分联了的。因为,对一个空间中给予的现象的分割的无限性,其根据唯一地在于,通过这现象所给予的只不过是可分性、即各部分的某种本身绝对不确定的数量,但这些部分本身却只有通过再细分才被给予和确定下来,总之,整体本身不是自在地已经被划分了的。因此分割可以确定整体中达到如我们在对分割进行回溯时所愿意前进到的那么远

---

　　①　拉丁文:分离的量。——译者
　　②　原文为 gliedern,意为将一个整体分为不同的但又相关联的各部分,属于典型的"包含两个相反涵义"的德文词。权译作"分联"。——译者

的一个数量。相反,在一个无限被分联了的有机体那里①,整体恰好由　A527
这个概念已经表现为被划分了的,而各部分的一个本身自在地被确定　B555
了的但却是无限的数量是先于一切对分割的回溯而在整体中被发现
的,由此我们就与自己本身相矛盾了:因为这个无限的进展被看做一个
永远也不能完成的序列(无限的),然而却在一个总计中被看做完成
了。这个无限的分割只表明现象是 quantum continuum②,并且与空间
的充满是不可分的;因为正是在空间的充满中包含了无限可分性的根
据。但只要某物被假定为 quantum discretum③,那么其中各单位的数量
就是确定的,因此也就总是与某个数目相等的。所以在一个被分联的
物体中的组织可能进行到多么远,这只能取决于经验,即使经验不曾以
确定性达到任何无机的④部分,但这些部分却至少必须包含在可能的
经验中。但对一般现象的先验分割会伸展到多么远,这根本不是什么
经验的事情,而是理性的一条原则,即在对广延之物的分解中按照这现
象的本性永远不把经验性的回溯看做绝对完成了的。

＊　　　　　＊　　　　　＊

对数学性的先验理念的解决的结论性评注和　　A528
对力学性的先验理念的解决的预先提示　　B556

当我们在一个表中把纯粹理性由一切先验理念而来的二律背反展
示出来时,由于我们曾指出过这一冲突的根据,并指出过消除这一冲突
的唯一手段在于把对立双方的主张都宣布为假的:所以我们就曾到处

---

① 原文为 bei einem ins Unendliche gegliederten organischen Körper,有机体是
典型的"分联体"(组织体),即每一个(哪怕最小的)部分都是为着全体,全体也是
为着每一部分,部分和全体处于不可分的关联中。康德认为有机体不可还原为与
之"分离"的无机的部分,但可向其无限追溯。——译者

② 拉丁文:连续的量。——译者

③ 拉丁文:分离的量。——译者

④ "无机的",原文为 unorganisch,亦可译作"无组织的",与上文的"组织"
(organisierung)一词相关。——译者

把条件表现为按照空间和时间的关系而从属于被条件所限制的东西，这就是普通人类知性的惯常预设，而那种冲突也就完全建立在这个预设之上。出于这种考虑，在对一个给予的有条件者的条件序列中，总体性的一切辩证表象也都曾彻头彻尾具有相同的性质。当时一个序列总是这样，在其中条件与有条件者作为序列的各项而连结着并由此而是同质的，在这里回溯必须永远也不被设想为完成了的，或者说，假如这种事发生的话，就必然会把一个本身是有条件的项错误地看做最初的、因而是无条件的项。所以虽然我们并不是到处都把客体即有条件者仅仅按其量来考虑，但毕竟对这有条件者的条件序列作了这样的考虑，而这就存在着一种困难，它不是通过任何调解、而只有通过完全斩断此结①才可能消除，这个困难就在于，理性使事情变得对知性来说要么太长，要么太短，以至于知性永远也不可能跟上理性的理念。

　　但我们在这样做时曾忽视了一个本质的区别，这一区别普遍存在于那些客体、即那些理性力图将之提升到理念上来的知性概念之间，因为按照我们前面的范畴表，有两种范畴意味着对现象的数学性的综合，而其他两种范畴则意味着对现象的一种力学性的综合。到目前为止本来倒也完全可以忽视这种区别，因为正如我们在一切先验理念的普遍表象中曾经总是只停留在现象中的诸条件之间一样，我们在两种数学性的先验理念中同样也曾只拥有在现象中的对象。但现在由于我们进展到了知性的力学性的诸概念，只要它们应当适合理性的理念，则那种区分就是重要的了，它向我们展示了理性所纠缠于其中的那种争执的一种全新的景观，这种争执由于它以前曾被作为建立在双方都是虚假的预设之上的而驳回过，现在则由于在力学性的二律背反中或许会有这样一个能够与理性的要求共存的预设，它就可能从这种观点出发、并在法官对双方都误解了的法律根据的缺陷作了弥补时，得到使双方都

A529
B557

A530
B558

---

　　①　典出希腊神话，据说佛里癸亚国王戈尔迪打过一个极复杂的绳结，宣称谁能解开它就将成为整个亚细亚的王，马其顿王亚历山大拔剑斩断此结，成就了伟大的霸业。又译"快刀斩乱麻"。——译者

感到满意的调解，这一点在数学性的二律背反的争执那里是不可能做到的。

诸条件序列，就我们只是着眼于它们的延伸而言，当然就全都是同质的：不论它们是与理念相适合，还是它们要么对于理念来说太大，要么又太小。不过，作为这些理念的基础的那个知性概念，要么只包含有一个同质的东西的综合（这种同质的东西在任何量那里不论是在它的复合中还是在它的分割中都被预设了），要么还包含有一个不同质的东西的综合，这种不同质的东西无论是在因果联结的力学性综合中，还是在必然的东西和偶然的东西的力学性的综合中，至少都是可以被允许的。

由此就得出，在现象序列的数学性联系中只有感性的条件能够进来，即这样一种条件，它本身也是序列的一部分；相反，这些感性条件的力学性序列却还允许某种不同质的条件，它不是序列的一部分，而是作为单纯理知的而处于序列之外，由此理性就得到了满足，而无条件者就被置于现象之先，却并不因此使任何时候都是有条件的那些现象的序列变得混乱和违背知性诸原理地被打断。

A531
B559

正是由于力学性的诸理念允许在现象序列之外有这些现象的一个条件，即一个本身并不是现象的条件，这就发生了某种与二律背反①的后果完全不同的事情。就是说，这种二律背反曾导致了两个辩证的相反主张不得不都被宣布为虚假的。反之，力学性序列中与作为现象的力学性序列不可分的无一例外的有条件者，是和那种虽然在经验性上是无条件的、但也是非感性的条件连结着的，它一方面满足知性，另方面也满足理性②，因为那些试图以这样那样的方式在单纯现象中寻求

A532
B560

---

① 哈滕斯泰因认为在"二律背反"前面应加上"数学性的"。——德文编者

② 因为知性决不容许在现象之间有任何本身在经验性上是无条件的条件。但如果一个理知的、因而不是作为一项而属于现象序列的条件可以在一个（现象中的）有条件者身上被回想起来，却丝毫也不因此而破坏经验性条件的序列：那么这样一个条件就有可能被承认为在经验性上无条件的，结果并不会因此对经验性的连续回溯造成任何损害。——康德

无条件的总体性的辩证论证都被废除了,相反,那些以这种方式校正了意义的理性命题就可能在两方面全都是真的;而这在那些单纯涉及到数学性的无条件的统一性的宇宙论理念那里是决不可能发生的,因为在它们那里,除了本身也是现象并作为现象而一起构成序列的一项的那个条件之外,再找不到现象序列的任何条件了。

Ⅲ. 把世界事件从其原因加以推导的
总体性这个宇宙论理念的解决

　　我们只能就发生的事情设想两种不同的原因性,一种是按照自然的,一种是出自自由的。前一种是在感官世界中一个状态与它按照一条规则跟随其后的前面状态的连结。既然诸现象的原因性基于时间条件,而前面的状态假如任何时候都是存在着的也就不会带来任何在时间中才初次产生的结果:那么发生或产生出来的事情的原因的原因性也是被产生的,并且按照知性的原理本身又需要一个原因。

A533
B561
　　相反,我所说的自由在宇宙论的理解中就是自行开始一个状态的能力,所以它的原因性并不是按照自然规律又从属于另外一个按照时间来规定它的原因。自由在这种意义上就是一个纯粹的先验理念,它首先不包含从经验中借来的任何东西,其次它的对象也不能在任何经验中被确定地给予,因为一切经验的可能性本身的法则就在于,一切发生的事情都必须有一个原因,因而这个原因的原因性作为本身是发生或产生出来的,又必须有一个原因;而这样一来整个经验领域不管它延伸到多么远就都变成了单纯自然的一个总和。但由于以这种方式在因果关系中的诸条件的任何绝对总体性都不可能被弄清楚,理性就为自己设立了能够自行开始行动的某种自发性的理念,而不允许预先准备一个另外的原因再来按照因果联系的法则去规定这个自发性的行动。

A534
B562
　　值得特别注意的是,以这个自由的先验理念为根据的是自由的实践概念,前者在后者中构成了历来环绕着自由的可能性问题的那些困难的真正契机。在实践的理解中的自由就是任意性对于由感性

冲动而来的强迫的独立性。因为一种任意就其（通过感性的动因
而）被病理学地刺激起来而言，是感性的；如果它能够成为在病理学
上被迫的，它就叫作动物性的（arbitrium brutum①）。人的任意虽然是
一种 arbitrium sensitivum②，但不是 brutum③，而是 liberum④，因为感性
并不使它的行动成为必然的，相反，人身上具有一种独立于感性冲动
的强迫而自行规定自己的能力。

　　很容易看出，假如感性世界中的一切原因性都只是自然，那么每个
事件都将是在时间中按照必然规律而为另一个事件所规定，因而，由于
诸现象就其规定着任意而言必然会使任何行动作为其自然后果而成为
必然的，所以在取消先验自由的同时就会把一切实践的自由也根除了。
因为实践自由的前提在于，虽然某物并没有发生，但它本来应当发生，
因而它的原因在现象中并没有如此确定，以至于在我们的任意中不包
含有某种原因性，这种原因性独立于那些自然原因，甚至违抗自然的强
制力和影响而产生某种在时间秩序中按照经验性规律被规定的东西，
因而完全自行开始一个事件序列。

　　所以在这里就发生了一般说来在一个敢于超出可能经验边界的理　A535
性的冲突中所遇到的事情，即该课题真正说来不是自然之学的⑤，而是　B563
先验的。因此自由的可能性问题虽然纠缠着心理学，但由于它基于单
纯的纯粹理性的辩证论证之上，它连同其解决一起就必须只是先验哲
学所从事的工作。先验哲学不能够拒绝对这问题作出一个满意的回
答，为了使先验哲学能够做到这一点，我首先必须尝试通过一个说明对
它在这个课题上的处理方式作出更进一步的规定。

　　假如诸现象是自在之物本身，因而空间和时间是自在之物本身的
存有形式：那么诸条件将会和有条件者一起任何时候都作为各项而属

---

①　拉丁文:动物性的任意。——译者
②　拉丁文:感性的任意。——译者
③　拉丁文:动物性的。——译者
④　拉丁文:自由的。——译者
⑤　原文为 physiologisch，见本书 §.13 译者注。——译者

于同一个序列,而在目前的情况下由此也就产生了一切先验理念所共同的二律背反,即这些序列不可避免地必然会对知性来说不是失之于太大,就是失之于太小。但是在这一节和下一节中我们所要讨论的那些力学性的理性概念却有这样一个特点:由于它们不涉及一个作为量来看的对象,而只涉及对象的存有,我们就甚至可以不管这些条件序列的量,在这些序列那里重要的只是条件对有条件者的力学性关系,以致我们在自然和自由问题上已经遇到的困难就在于,自由是否在任何地方哪怕有可能存在,而如果它存在,它是否能够与因果性的自然规律之普遍性一起共存;因而,说世界中的每一个结果必须不是出自自然就是出自自由,这是否是一个正当的选言命题,还是宁可说,双方可以在同一个事件那里在不同的关系上同时发生。有关感官世界中一切事件按照不变的自然规律之通盘关联的那条原理,其正确性已经作为先验感性论的原理确定下来而不受任何侵害了。所以问题只是在于:是否尽管如此,在按照自然而被规定的同一个结果方面也可以有自由发生,还是自由通过那条不可损毁的规则而完全被排除了。而在这里,对现象的绝对实在性的这种虽然常见、但却具有欺骗性的预设马上就显示了它淆乱理性的有害影响。因为,如果现象就是自在之物本身,那么自由就不可能得到拯救。这样一来,自然就是每个事件的完备而自身充分的规定性原因,而这些事件的条件就任何时候都只是被包含在诸现象的序列中,这些现象连同其结果都是必然处于自然规律之下的。相反,如果诸现象只被看做它们实际上所是的东西,即不是被看做自在之物,而是只看做依据经验性法则而关联着的诸表象,那么这些现象本身就必须还拥有本身并非现象的根据。但一个这样的理知的原因就其原因性来说是不被现象所规定的,虽然它的结果能显现出来并因而能被别的现象所规定。所以这个理知的原因连同其原因性存在于序列之外;反之它的结果却是在经验性诸条件的序列之中被发现的。所以这个结果就其理知的原因言可以被看做自由的,但同时就诸现象而言可以被看做按照自然必然性而来自现象的后果;这样一种区分,如果以普遍的和完全抽象的方式阐述出来,必然会显得极其玄妙和晦涩,但它在应用时就将得到澄清。在这里我只想指出一点：由于一切现象在自然的某种前后联系中的普遍关联是一条丝毫不爽的规律，这种规律当人们想要固执地追随现象的实在性时，就必然会使一切自由都遭到颠覆。因此那些在这里追随通俗意见的人永远也做不到使自然和自由相互一致起来。

与自然必然性的普遍规律相一致的

自由的原因性的可能性

A538

B566

　　我把那种在一个感官对象上本身不是现象的东西称之为理知的。因此，如果在感官世界中必须被看做现象的东西本身自在地也有某种能力，这种能力并非任何感性直观的对象，但它凭借这种能力却可以是诸现象的原因：那么我们就可以从两方面来看这个存在者的原因性，既按照其行动而把它看做理知的，即看做一个自在之物本身的原因性，又按照这行动的结果而把它看做感性的，即看做感官世界中的一个现象的原因性。因此我们关于一个这样的主体的能力将会造成对它的原因性的一个既是经验性的、同时也是智性的概念，这两者是在同一个结果中一起发生的。在对一个感官对象的能力进行设想的这样一种两面性，与我们关于诸现象和某个可能经验所能造成的那些概念中的任何一个都不矛盾。因为，既然这些现象不是自在之物，它们必须以某种先验对象为基础，这种先验对象把它们规定为单纯的表象，那么就没有什么阻止我们在这个先验对象由以显现的属性之外也赋予它某种原因性，这种原因性不是现象，虽然它的结果仍然还是在现象中被碰到的。但每一个起作用的原因都必然有一种**品格**，即它的原因性的一条法则，舍此它就根本不会是什么原因了。于是我们就会在一个感官世界的主体身上，首先，拥有一种经验性的品格，借此它的行动作为现象就会与其他现象按照固定的自然规律而彻头彻尾地处于关联之中，并有可能从作为其条件的其他现象中被推导出来，从而与这些现象结合着而构成自然秩序的一个唯一序列的各项了。其次，我们将必须还容许它有一种理知的品格，借此这个主体虽然是那些作为现象的行动的原因，但

A539

B567

这种品格本身并不从属于任何感性的条件,并且本身不是现象。我们也可以把前一种品格称之为一个这般在现象中之物的品格,把后一种品格称之为这个自在之物本身的品格。

于是这个行动的主体按照其理知的品格就不会从属于任何时间条件,因为时间只是现象的条件,但却不是自在之物的条件。在这主体中不会有任何行动产生或消灭,因而它也不会服从一切时间规定的、一切变化之物的法则:这一切**发生的事情**都将会在(先前状态的)诸现象中找到自己的原因。一句话,它的原因性就其是智性的而言根本不会处于使感性世界中的事件成为必然的那些经验性条件的序列中。这种理知的品格虽然永远不可能直接被认知,因为我们除了它所有显现出来的东西之外不能知觉到任何东西,但它毕竟必须按照经验性的品格来设想,如同我们一般说来必须在思想中把一个先验的对象当做诸现象的基础那样,尽管我们对这个对象自在地本身是什么一无所知。

所以按照其经验性的品格,这个主体作为现象将是服从依据因果联结的规定的一切法则的①,就此而言,它无非是感官世界的一部分,其结果正如任何其他现象一样是从自然中不可避免地涌流出来的。一旦外部现象流到它里面来,而它的经验性的品格即它的原因性的法则也通过经验而被认识,则它的一切行动就会都必须能够按照自然规律来解释,而对这些行动进行完全的和必然的规定所必需的一切就必然会在一个可能经验中找到了。

但按照其理知的品格(虽然我们对它所能拥有的无非只是这主体的普遍概念),同一个主体却必须被宣告不受感性和由现象而来的规定的任何影响,而由于在它里面就其作为本体而言没有任何事情发生,见不到任何需要力学性的时间规定的变化,因而见不到与作为原因的现象的任何联系,所以这个活动的存在者就此而言将会在自己的行动中不依赖于并且摆脱一切自然必然性这种只在感性世界中才见到的东

① 原文为"以规定的一切法则为依据而服从因果联系的",兹据埃德曼校。——德文编者

(A540)
(B568)

(A541)
(B569)

西。我们关于这个主体就会完全正确地说,它自行开始了它在感官世界中的结果,而不是这个行动在它里面开始了自身;这一点在下述情况下也会有效,即这些在感官世界中的结果并不因此而可以自行开始,因为它们在其中任何时候都是由先前时间中的经验性条件、但毕竟只是借助于(仅仅是理知品格的现象的)经验性的品格而预先得到规定的,并且只是作为自然原因的序列的延续才是可能的。这样,自由和自然,每一方在自己完全的意义中,就会在同一些行动上,按照我们把它们与自己的理知的原因还是感性的原因相比较,而没有任何冲突地同时被找到。

对与普遍的自然必然性相联结的

自由这个宇宙论理念的阐明

A542

B570

　　我曾同意首先勾勒出对我们的先验问题加以解决的轮廓,以便我们能够由此更好地通观理性在解决这一问题时的进程。现在我们要详细说明真正决定这一问题的裁决的各个关键性的契机,并对每个契机加以特别的考察。

　　这条自然规律,即一切发生的事情都有一个原因,该原因的原因性即这个行动,由于在时间中先行,并且考虑到一个在此产生出来的结果,本身不可能是一直存在了的,而必须是发生的,它也会在诸现象中有自己由以得到规定的原因,因而在自然秩序中一切事件都是经验性地得到规定的:这条诸现象由以能够首次构成一个自然并充当一个经验的对象的规律是一条知性的规律,它是不允许以任何借口被偏离、或是有任何一个现象例外的;因为否则我们就会把这个现象置于一切可能经验之外,但由此就会把它与可能经验的一切对象都区别开来、并使它成为单纯的思想物和某种幻影了。

A543

B571

　　但即使在这里看起来好像只是一个在对其条件的回溯中根本不许有任何绝对的总体性的原因链条,然而这种疑虑却根本不会妨碍我们;因为它已经在对理性当它企图在现象序列中进到无条件者时所陷入的二律背反的一般评判中被消除了。如果我们愿意屈服于先验的实在论的幻觉,那么就既没有自然也没有自由余留下来。在这里问题只是:如果人们在一切事件的整个序列中单纯承认自然必然性,那么是否还有可能把这同一个在某方面只是自然结果的事件在另一方面仍然看做自由的结果,还是在这两种不同性质的原因性之间会碰到一个直接的矛盾。

在现象里的诸原因中肯定不可能有任何能够绝对地自行开始一个序列的东西。每一个作为现象的行动就其产生一个事件而言本身就是一个事件,或一个以另一状态为前提并会在其中找到原因的事机(Ereignis),所以一切发生的事情只是一个序列的继续,而任何自行发生的

A544
B572开端在这序列中都是不可能的。所以自然原因在时间系列中的一切行动本身又是一些在时间序列中同样预设了自己的原因的结果。以前不曾存在的某物由以发生的某种本源的行动是不能从现象的因果联系中来指望的。

但是,难道当结果都是现象时,它们的那些本身也是现象的原因的原因性就必须只是经验性的,这也是必然的吗? 并且难道不是更有这种可能,即虽然每个在现象中的结果固然需要按照经验性的原因性规律与其原因相连结,然而这个经验性的原因性本身却有可能丝毫也不中断它与自然原因的关联,却仍然并非经验性的原因性的结果、而是理知的原因性的结果? 后者也就是一个原因的就现象而言是本源的某种行动的结果,所以这原因就此而言不是现象,而是按照这种能力来说是理知的,尽管它此外又必须作为自然链条的一项而整个地一起被归入感官世界之中。

我们需要诸现象相互之间的原因性这条原理,以便寻求各种自然事件的自然条件即现象中的原因,并能把它们指出来。如果承认这一点并且不以任何例外使它被削弱的话,那么在自己的经验性运用中在

A545
B573一切事机里只看到自然、并且也有理由这样做的那个知性,就拥有了一切它所能够要求的东西,而自然性的解释就使自己无阻碍地正常进行。于是假定甚至此外的事想必都只是虚构出来的,这丝毫也不会破坏这个进程,如果我们假定,在那些自然原因中也会有一些这样的原因,它

们具有一种本身只是理知的能力,因为这种能力为了行动而作的规定决不是基于经验性的条件,而是基于知性的单纯根据,但毕竟,这个原因的在现象中的行动是符合经验性的原因性的所有规律的。因为以这种方式行动的主体就会作为 causa phaenomenon① 而和自然一起被啮合在一切自然行动的不可分离的依赖关系中,而只有这个主体的 phaenomenon②(连同它在现象中的一切原因性)才会包含某些条件,这些条件如果我们想要从经验性的对象上升到先验对象的话,就必然会被看做是单纯理知的。因为只要我们在有可能是诸现象底下的原因的东西中遵守自然规则,那么我们就可以不去操心在我们通过经验性的方式所不知道的先验主体中会对这些现象及其关联设想出怎样一种根据来。这个理知的根据根本不去纠缠经验性的问题,而是只涉及例如纯粹知性中的思想,并且虽然纯粹知性的这种思想和行动的结果是在现象中发现的,然而这些结果却同样必须能够按照自然规律由它们在现象中的原因而得到完全的解释,因为我们把它们的单纯经验性的品格作为至上的解释根据来遵守,而把作为这品格的先验原因的理知的品格完全当做不知道的而放过去了,除非理知的品格只借助于经验性的品格来充当自己的感性符号。让我们把这一点应用于经验。人是感官世界的现象之一,就此而言也是自然原因之一,其原因性必须从属于经验性的法则。因此他作为这样一种原因也像其他自然物一样必须具有一种经验性的品格。我们是通过他在其结果中所表现出来的力量和能力而发觉这种品格的。在无生命的自然或具有动物生命的自然那里我们没有找到任何根据来设想什么不同于单纯以感性为条件的能力。不过,通常仅仅只是通过感官而知道整个自然的人,也通过单纯的统觉来认识他自己,也就是在他根本不能归于感官印象的那些行动和内部规定中认识自己,他对他自己来说当然一方面是现相(Phänomen),但

A546

B574

---

① 拉丁文:现相的原因。——译者

② 拉丁文:现相。据哈滕斯泰因,疑为"本体"(noumenon)之误。——德文编者

另方面,亦即就某些能力而言,则是一个单纯理知的对象,因为他的行动根本不能归入感性的接受性中。我们把这些能力称之为知性和理性,尤其后者是完全真正地和卓越地与一切经验性的力量区分开来的,因为理性只是按照理念来考虑自己的对象并据此来规定知性,然后知性就对自己的(虽然也是纯粹的)概念作一种经验性的运用。

　　于是这个理性具有原因性,至少我们在它身上设想着一种原因性,这一点从我们在一切实践的事情中作为规则而加在实行的力量之上的那些命令中就看得很清楚。应当表达了某种必然性,以及那种在整个自然中本来并不出现的与诸种根据的连结。知性从整个自然中只能认识到什么是现有的,或是有过的,或是将会有的。在自然中应当有某种不同于在这一切时间关系中实际上所有的东西,这是不可能的,甚至连这个应当,如果我们只是着眼于自然进程的话,也就完全没有任何意义了。我们根本不能够问:在自然中什么是应当发生的;正如也不能问:一个圆应当具有怎样一些属性一样;而只能问在自然中发生了什么,或圆具有哪些属性。

　　于是这个应当就表达了一种可能的行动,这行动的根据不是别的,而只是单纯的概念;相反,关于一个单纯自然行动的根据任何时候都必须是一个现象。于是当这个应当被指向这种行动时①,这种行动当然就必须在自然条件之下才是可能的;但这些自然条件不涉及任意本身的规定,而只涉及任意在现象中的结果和后果。不论在此可能有多少推动我去意愿的自然根据,有多少感性的刺激,它们都不可能产生出应当来,而只能产生一个远非必然的、而是任何时候都是有条件的意愿,相反,对于这种意愿,理性所宣布的应当则以克制和目的、甚至禁止和尊重与之相抗衡。不论所意愿的是一个单纯感性的对象(快适)或者甚至是一个纯粹理性的对象(善),理性都不向经验性地被给予的那种根据让步,也不遵循像在现象中所体现的那样一些事物的秩序,而是以完全的自发性给自己制定一种自己特有的依据着理念的秩序,理性使

A547
B575

A548
B576

---

　　①　哈滕斯泰因校作"当这种行动被指向应当时"。——德文编者

经验性的诸条件适合于这些理念,并且甚至按照这些理念而把那些毕竟没有发生而且也许不会发生的行动宣称为必要的,但仍然对这一切预设了:理性在对这些行动的关系中能够拥有原因性;因为舍此,理性就不会指望从自己的理念得到在经验中的结果了。

现在让我们停留在这里,并至少当做可能的来假定:理性确实对现象而言有原因性;那么,这种原因性尽管它本身也是理性,它却仍然必须由自己显示出一种经验性的品格,因为每个原因都预设了一条规则,按照这条规则,某些现象将作为结果随之而来,而每种规则都要求诸结果的一律性,这种一律性建立了一种(作为一种能力的)原因的概念,我们可以把这个原因概念就其必须单从现象来说明而言叫作这个规则的经验性的品格,这品格是持存不变的,然而那些结果则按照伴随而来的并且部分是有局限的诸条件的差异性而显现于种种变化的形态中。

这样,每个人都有他的任意的一种经验性的品格,这种品格无非他的理性的某种原因性,只要这种原因性在其现象中的结果上显示出一条规则,根据这条规则我们可以将理性的动机及其行动按照其种类和程度来接受,并能对他的任意的那些主观原则进行评判。由于这种经验性的品格本身必须从作为结果的现象中、以及从这些现象的提供出经验来的那个规则中引出来:所以人在现象中的一切出自经验性的品格和其他共同起作用的原因的行动都是按照自然秩序而被规定的,并且如果我们有可能把人的任意之一切现象一直探索到底,那就决不会有任何单独的人的行动是我们不能肯定地预言并从其先行的诸条件中作为必然的来认识的。所以在这种经验性的品格方面没有任何自由,但唯有按照这种品格我们才能考察人,如果我们只是想**观察**人,并如同在人类学中所做的那样,从自然之学上研究人的行动的动因的话。

但如果我们在与理性的关系中对这同样一些行动加以考虑,确切地说,不是联系到思辨理性,以便按照这些行动的起源来解释它们,而是完全单独地就理性是产生这些行动本身的原因而言;总之,如果我们

A549
B577

A550
B578

把它们与理性在实践的方面进行比较,那么我们就会发现一种完全不同于自然秩序的规则和秩序。因为那时也许这一切本来都不应当发生,但它们却按照自然过程而发生了,并且必然是按照其经验性的根据而不可避免地发生的。但有时我们发现、或至少是相信发现了,理性的这些理念现实地证明了它们在作为现象的人的行动方面的原因性,这些行动之所以发生,不是由于它们被经验性的原因所规定,不是的,而是由于它们被理性的根据所规定。

A551
B579　　现在,假定我们可以说:理性对于现象有原因性;难道这时它的行动,尽管在其经验性的品格中(以感官的方式)是完全被精确规定的和必然的,仍然可以叫作自由的吗? 这种经验性的品格又是在理知的品格中(以思维的方式)被规定的。但后一种方式我们并不认识,而是通过现象来表示它,这些现象本来只是把感官的方式(经验性的品格)直接提供给我们认识的①。于是行动就其应归于作为其原因的思维方式而言,却根本不是按照经验性的规律从这种思维方式中,就是说,从纯粹理性的诸条件先行的方式中得出来的,而只是从纯粹理性在内感官的现象中的结果先行这种方式中得出来的。纯粹理性作为一种单纯理知的能力并不服从时间形式,因而也不服从时间次序的诸条件。理性在理知的品格中的原因性并不产生,或者说绝不在某一个时间中起始

A552
B580　以便产生一个结果。因为否则的话,它本身就会服从于现象的一种自然规律了,因为这规律是按照时间来规定因果序列的,而这样一来,这种原因性就会是自然、而不是自由了。所以我们就可以说:如果理性可以对现象具有原因性,那么它就是这样一种能力,通过它,诸结果的一个经验性的序列的感性条件才首次开始。因为处于理性中的这个条件不是感性的,因而本身并不开始。这样一来,据此就发生了我们在一切

---

①　因此,行动的真正的道德性(功与过),哪怕我们自己的行为的道德性,对我们都仍然是隐藏着的。我们的责分只能够与经验性的品格相关。但其中有多少是自由的纯粹作用,有多少应归因于单纯的自然和气质上的无辜的缺陷或是幸运的性状(merito fortunae,命运的功劳),这是永远不可探究的,因此也不能按照完全的公正来加以校准。——康德

经验性的序列中所找不到的事：一个诸事件的前后相继序列的条件本身可以是在经验性上无条件的。因为在这里该条件外在于现象序列（而在理知的东西中），因而就不服从任何感性条件和由先行的①原因而来的时间规定。

然而，正是这同一个原因在另外一种关系中也属于现象序列。人本身就是现象。他的任意具有一种经验性的品格，这种品格是他的一切行动的（经验性的）原因。在按照这种品格规定人的那些条件中，没有任何一个不是被包含在自然结果的序列之中并属于其规律的，根据这一规律，根本不可能找到时间中发生的事在经验性上无条件的原因性。因此任何给予的行动（由于它们只能作为现象而被知觉到）都不可能是绝对自行开始的。但关于理性我们却不能够说，在它于其中规定着任意的那个状态之前先进行着一个另外的、该状态本身在其中得到规定的状态。因为既然理性本身不是任何现象，也根本不服从任何感性条件，那么在它里面，甚至在它的原因性的概念中，都不会发生时间次序，所以也不能把按照规则来规定时间次序的那条自然的力学性规律应用于它之上。

A553
B581

所以理性是人在其中得以显现出来的一切任意行动的持存性条件。这些行动中的每一个还在它发生之前就已经在人的经验性的品格中预先被规定了。在理知的品格方面，那个经验性的品格只是它的感性的图型，这里任何在前或随后都是根本无效的，而每个尽管与其他现象共处于时间关系中的行动都是纯粹理性的理知品格的直接结果，因而纯粹理性是自由行动的，并没有在自然原因的链条中从力学性上受到外部的或内部的、但按照时间是先行的那些根据的规定，而它的这种自由我们不能够仅仅消极地只看做是对经验性条件的独立性，（因为那样一来理性能力就会不再是诸现象的一个原因了），而是也可以通过一种自行开始诸事件的一个序列的能力而积极地表明出来，以至于

A554
B582

① “先行的”原文为 vorbeigehende，意为“过去了的”，疑为 vorhergehende 之误，兹据 1919 年德文版（《哲学丛书》第 37 卷）改正。——译者

在理性本身中并没有开始任何东西,相反,它作为每个任意行动的无条件的条件,不允许超越它之上有任何在时间上先行的条件,然而它在现象序列中的结果却毕竟开始了,只是它在这序列中永远不可能构成一个绝对最初的开端。

　　为了对理性的①调节性原则用一个出自其经验性运用的例子来加以阐明,而不是为了加以证实(因为这一类的证明对于先验的主张来说是不适合的),那么我们就拿一个任意行动来看,例如说一个人用来在社会上造成了某种混乱的一种恶意的撒谎,对此我们首先按照推动这一行动使之从中产生出来的原因来探讨和评判一下,如何才有可能把这行动连同其后果都归因于这个人。人们最初的想法是审查他的经验性的品格,直到这品格的根源,人们在糟糕的教育、不良的交往,部分甚至在某种对羞耻没有感觉的自然天性的恶劣中,寻找这种根源,部分则推给浮躁和轻率;同时人们也没有忽视起诱发作用的机遇的原因。在所有这一切中,人们的处理方式正如一般在研究对一个给予的自然结果起规定作用的那些原因的序列时一样。现在人们即使相信这个行动就是由此而被规定的,却并不减少对这个行为者的指责,确切地说,并不由于他的不幸的自然天性,由于影响着他的那个环境,甚至也不由于他向来所过的那种生活方式,而减少对他的指责,因为人们预设了,我们可以完全撇开他这种生活方式是如何造成的不管,把这些条件的流逝了的序列看做未发生的,但却把这一行为看做对先行的状态而言完全是无条件的,就好像这个行为者借此完全自行开始了一个后果序列似的。这种指责是建立在一条理性法则之上的,我们在此把理性看做一个原因,这原因本来是能够和应当不顾一切上述的经验性条件而对人的行为作出另外一种规定的。确切地说,我们决不把理性的原因性看做只是像合力的作用那样,而是看做自在地本身就是完备的,即使感性的动机根本不支持它,反倒完全与之相违背也罢;这一行动被归于他的理知的品格,他在现在正在说谎的这一瞬间中完全是有罪的;因而

A555
B583

_____

① 哈滕斯泰因认为应作"纯粹理性的"。——德文编者

理性不顾这一行为的所有那些经验性的条件而完全是自由的,而这一行为完全要归咎于理性的失职。

我们很容易从这种归咎责任的判断中看出,我们在这里所想到的是理性根本不会由所有那些感性刺激起来,它不会改变自己(即使它的现象、即它在自己的结果中显示出来的方式改变了也罢),在它里面没有任何规定后起状态的状态是先行的,因而它根本不属于按照自然规律使诸现象成为必然的那些感性条件的序列。它,这个理性,对于人的一切行动来说在所有的时间关系中都是当下的和同样的,但它甚至不在时间之中,并且不陷于例如说一种它先前并不存在于其中的新的状态中;对于这种状态来说它是进行规定的,而不是可被规定的。因此我们不能问:为什么理性没有对自己作出另外的规定? 而只能问:为什么它没有凭借自己的原因性对诸现象作出另外的规定? 但对此是不可能有任何回答的。因为一种另外的理知品格将会给出另外一种经验性的品格,而如果我们说,不论他直到那时所实行的整个生活方式如何,这个行为者毕竟本来是可以放弃撒谎的,那么这就只是意味着,撒谎行为是直接处于理性的威力影响之下的,而理性在其原因性中则不服从现象和时间进程的任何条件,时间的差别虽然也可以造成诸现象的各自相对而言的某种主要差别,但由于这些现象不是自在的事物本身,因而也不是自在的原因本身,则时间的差别也就不可能造成行动在与理性的关系中的任何差别。

所以我们借助于对那些自由行动的评判,在它们的原因性上只能达到理知的原因,但却不能超出这个原因;我们可以认识到这个原因能够是自由的,即能够独立于感性来确定的,并且能以这种方式而成为诸现象的感性上无条件的条件。但为什么理知的品格恰好在现有的情况中给出了这些现象和这种经验性的品格,这远远超出了我们理性的一切能力所能够回答的范围,甚至远远超出了理性哪怕只是提出问题的一切权限,就好像我们去问:我们的外部感性直观的先验对象为什么恰好只给出了在空间中的直观而不是任何别的直观一样。不过,我们所要解答的课题丝毫没有使我们有义务回答这些问题,因为它只是这样一个课题：自由是否在同一个行动中与自然必然性相冲突，而对此我们已作了充分的回答，因为我们指出了，由于在自由中可能存在着与完全另外一类条件的关系，不同于在自然必然性中的那类条件，后者的法则并不能影响前者，因而两者能够相互独立地和互不干扰地发生。

＊ ＊ ＊

必须高度注意的是：我们本来并不想凭借这一点就把自由的现实性作为包含着我们感官世界诸现象的原因的那些能力之一的现实性来加以阐明。因为，除了这种考察根本不会成为任何仅仅与概念打交道的先验的考察之外，它也没有可能成功，因为我们从经验中永远也不能推论出某种完全不必按照经验法则来思考的东西。此外，我们本来就连自由的可能性也根本不想证明；因为这也是不会成功的，这是由于我们一般说来根本不可能从单纯先天概念中认识任何实在根据的和任何原因性的可能性。自由在这里只是被作为一个先验的理念来对待的，理性通过它而想到凭借这个感性上无条件者去绝对地开始现象中的那个诸条件序列，但却在此卷入到一个与它自己为知性的经验性运用所颁布的那些法则的二律背反中去了。现在，使这个二律背反基于一个单纯的幻相，而使自然与出自自由的原因性至少并不相冲突，这就是唯一我们曾经能够做到的，也是我们曾经唯一关心的事情。

A558
B586

A559
B587

Ⅳ. 诸现象在其一般存有上的从属性的
总体性这个宇宙论理念的解决

在前一小节（Ⅲ.）中我们考察了感官世界在其力学性的序列中的各种变化，在那里每一个变化都附属于另一个作为它的原因的变化；现在诸状态的这个序列只被我们用作引导，以便达到一个有可能是一切变化之物的最高条件的存有，即达到必然的存在者。在这里所涉及到的不是无条件的原因性，而是实体本身的无条件的实存。所以我们面前的这个序列真正说来只是诸概念的序列，而不是诸直观在一个直观是另一个直观的条件时的序列。

但很容易看出：既然在诸现象的总和中一切都是变化的，因而在存有中是有条件的，在这个附属的存有的序列中就不可能在任何地方有什么无条件的、其实存是绝对必然的项，所以假如诸现象就是自在之物本身的话，它们的条件连同那个无条件者却正好因此就会总是属于同一个诸直观的序列，一个作为感官世界诸现象的存有之条件的必然存在者就会永远也不可能发生了。　　　　　　　　　　　　　　　　　A560

但这个力学性的回溯本身所具有的特别之点和与数学性的回溯不　　B588
同的地方就在于：由于数学性的回溯真正说来只涉及到部分复合为一个整体或整体分裂为其各部分，这个序列的条件就总是必须被看做这个序列的部分，因而被看做同质的，所以也就必须被看做诸现象，反之，在力学性的回溯中，由于并不涉及由给予的各部分而来的一个无条件的整体的可能性，或是对于某个给予的整体有一个无条件的部分的可能性，而是涉及把一个状态从它的原因推导出来，或把实体的偶然的存有本身从必然的实体中推导出来，这个条件就可以不是很有必要去和无条件者一起构成一个经验性的序列。

所以在摆在我们面前的这个表面上的二律背反那里就还给我们敞开着一条出路，即所有双方相互冲突的命题在不同的关系中可以同时都是真的，以至于一切感官世界之物绝对都是偶然的，因而也总是只具有经验性上有条件的实存，然而对于这整个序列也会有一种非经验性的条件，即一种无条件的必然存在者。因为后者作为理知的条件根本不会作为这个序列的一项（就连它的最高项也不是）属于这个序列，并　　A561
且也不使这个序列的任何一项成为经验性上无条件的，而是让整个感　　B589
官世界留在自己的经过一切项而前进的、经验性上有条件的存有中。所以在这里，这样一种把一个无条件的存有作为诸现象的基础的方式就会与前一小节中那种经验性上无条件的原因性（即自由）有所不同，即在自由那里作为原因的物本身（Substantia phaenomenon①）毕竟还是属于条件序列的，而只有它的原因性被设想为理知的，但在这里，必然

---

①　拉丁文：现相的实体。——译者

的存在者必须完全在感官世界的序列之外(作为 ens extramundanum①)并单纯从理知上来设想,唯有这样才能够防止它屈从于一切现象的偶然性和附属性的法则。

所以,理性的这条调节性的原则就我们的这个课题而言就是:在感官世界中的一切都具有经验性上有条件的实存,并且在感官世界中任何地方就属性来说都决不会有一种无条件的必然性:这个条件序列中没有任何一项是我们不必再去在可能经验中期待和尽可能地寻求其经验性的条件的,并且没有任何东西使我们有权从外在于经验性序列的一个条件中推导出某种存有来、或是甚至把这个存有看做在这个序列本身中也是绝对独立自主的,但尽管如此,由此却根本不否定这整个序列不会被建立在某个理知的存在者之中(这种存在者因此就摆脱了一切经验性的条件,反倒包含着所有这些现象的可能性根据)。

但在这里的意思根本不是说要证明一个存在者的无条件必然的存有,或者哪怕只是要在此之上建立感官世界诸现象的实存的单纯理知条件的可能性,而只是正如同我们限制理性,使得它不离开经验性条件的线索而迷失在超验的和不能作任何具体描述的解释根据之中那样,因而也在另一方面限制单纯经验性的知性运用的法则,使得它不会对一般物的可能性作出裁断,也不会把理知的东西,即使它不能被我们运用来解释诸现象,就因此而宣布为不可能的。所以由此而表明的只是,一切自然物及其一切(经验性的)条件的无例外的偶然性完全有可能很好地与一个必然的、虽然只是理知的条件这样一种任意的预设相共存,所以在这两种主张之间并不会发现任何矛盾,因而它们可以双方都是真的。哪怕一个这样的绝对必然的知性存在者自在地是不可能的,然而这一点绝对不可能从一切属于感性世界的东西的普遍的偶然性和附属性中推论出来,也绝对不可能从"只要感官世界的任何一项是偶然的就不要停留于其上、而要援引世界之外的一个原因"这条原则中推论出来。理性在经验性的运用上按常规进行,而在先验的运用上则

A562
B590

A563
B591

---

① 拉丁文:超出世界之物。——译者

按特殊的方式进行。

感官世界所包含的无非是现象,但这些现象只是些表象,它们总又是以感性为条件的,而由于我们在这里永远也不拥有自在之物本身作我们的对象,所以不必奇怪为什么我们永远也无权从经验性的序列①的不论是哪一项跳到感性的关联之外,就好像这是在这些现象的先验根据之外实存着的自在之物本身,而我们为了在现象之外寻求这些现象存有的原因,可以让这些自在之物留在那里似的;这种情况对于那些偶然的物当然最终必定会发生,但不是对于那些有关物的单纯表象,这些表象的偶然性本身只是现相[Phänomen],并且除了能够导致对这些现相进行规定的也就是经验性的回溯外不能导致任何别的回溯。但对诸现象即感官世界设想一个理知的根据并设想这根据摆脱了感官世界的偶然性,这是既不与在现象序列中的无限制的经验性回溯相对立,又不与这些现象的无一例外的偶然性相对立的。但这也是我们唯一可以做到并且唯一能够以这种方式来做的对这种表面上的二律背反的消除②。因为,如果对每个有条件者(按照存有来说)每次的条件都是感性的,并正因为如此也是属于这个序列的,那么它本身也就又是有条件的了(正如第四个二律背反的反题所证明的)。这样一来,要么就必然还是留有与那个要求无条件者的理性的冲突,要么这个在序列之外的无条件者就必须被置于理知的东西中,这种理知的东西的必然性既不需要又不允许任何经验性的条件,因而或者更确切地说在现象上是无条件地必然的。

理性的这种经验性的运用(就感官世界中存有的诸条件而言)并不会由于承认了一个单纯理知的存在者而受到影响,相反,这种运用将按照无一例外的偶然性的原则从经验性的条件走向那些永远同样是经验性的更高的条件。但同样,这个调节性的原理当涉及到理性的(在目的方面的)纯粹运用时也不排除对一个不在这序列中的理知原因的

A564
B592

---

① 原文"序列"为复数,埃德曼认为应作单数。——德文编者
② "消除"原文为 Hebung,在德文中兼有"消除"和"提升"二义。——译者

假定。因为那种假定这时只意味着一般感性序列的可能性的那个对我
们来说仅仅是先验的和未知的根据,这个根据的不依赖于感性序列的
一切条件并对这些条件而言是无条件地必然的存有,根本不是与那些
条件的无限制的偶然性相对立的,因而也不是与在经验性诸条件的序
列中的任何一处都不会结束的回溯相对立的。

A565
B593

对纯粹理性全部二律背反的结论性评注

只要我们借助于我们的理性概念仅仅把感官世界中诸条件的总体
性以及在这总体性方面可以为理性所用的东西当做对象,那么我们的
这些理念就虽然是先验的,但却还是宇宙论的。但一旦我们把无条件
者(事情真正说来毕竟要涉及到它)置于完全外在于感官世界、因而在
一切可能经验之外的东西之中,那么这些理念就成为超验的了;它们不
是仅仅被用来完成理性的经验性的运用(这种运用①始终是一个永远
也不能实现但却必须追随的理念),而是与这种运用完全分离开来,并
且自己给自己造出一些对象,它们的材料不是从经验中取来的,它们的
客观实在性也不是基于经验性序列的完成,而是基于纯粹先天概念。
这样一类超验的理念具有一个单纯理知的对象,承认这样的对象是一
个我们此外对之一无所知的先验的客体,这当然是被允许的,但对这个
先验对象,为了将它作为一个可以通过其不同的和内部的谓词加以规

A566
B594

定的物来思考,我们在自己这方面既没有(作为不依赖于一切经验概
念的)可能性的根据,也没有假定这样一个对象的丝毫辩护理由,因此
这就是一个单纯的思想物。然而在一切宇宙论理念中那个尽管曾引起
了第四个二律背反的理念却迫使我们大胆地迈出了这一步。因为诸现
象的那种在自己本身中根本没有任何根据而永远只是有条件的存有,
要求我们去寻求某种与一切现象区别开来的东西、因而寻求一个使这
种偶然性由以停止下来的理知对象。但由于一旦我们接受了这种许

① 埃德曼认为"运用"应为"完成"。——德文编者

可,即允许在全部感性领域之外假定一个独立自存的现实,而诸现象只被看做这样一些本身是理智的存在者表象理知对象的一些偶然的表象方式①:那么我们就没有其他办法,而只剩下类比,我们依据这种类比来利用那些经验概念,以便关于我们对其本身不具有丝毫知识的那些理知之物还是为自己制造出某种概念来。由于我们只有通过经验才能认知偶然的东西,而在这里所谈的却是那些根本不应当是经验对象的事物,所以我们将不得不把对它们的知识从那本身就是必然的东西中,从关于一般物的纯粹概念中推导出来。因此我们在感官世界之外所采取的第一步就迫使我们从关于绝对必然的存在者的研究来开始我们的　　A567
新知识,并且从这种存在者的概念中推导出关于一切本身仅仅是理知　　B595
的东西的物的概念,而这一尝试就是我们要在下面一章中来着手的。

第三章　纯粹理性的理想

第一节　一般的理想

我们在上面看到,没有任何感性的条件而凭借纯粹知性概念不可能表象任何对象,因为缺乏这些对象的客观实在性的条件,而在这些概念中所找到的无非是思维的单纯形式。然而如果我们把这些概念应用于诸现象上,它们就可以得到具体的描述;因为在这些现象上它们就真正有了构成经验概念的材料,这种经验概念无非是具体的知性概念。但理念比起范畴来还要更加远离客观实在性;因为不可能找到任何它们能够得以具体表现出来的经验。这些理念包含有任何可能的经验性

---

① 哈滕斯泰因认为此句应改为:"……假定一个独立自存的现实,那么诸现象就必须只被看做……"[加上"那么……就必须",以与"一旦"相呼应],或"但一旦我们接受了这种许可,即允许……"[去掉"由于",使下面的主句与"一旦"(而不是与"由于")相呼应]。——德文编者

A568
B596
的认识都够不着的某种完备性,而理性在它们那里只怀有一个系统的统一性的意向,理性力图使经验性的可能的统一性去接近这种系统的统一性,却任何时候也不会完全达到它。

但比理念显得还要更远离客观实在性的就是我称之为理想的东西,我把它理解为不单纯是具体的、而且是个体的理念,即作为一种个别之物、唯有通过理念才能规定或才被完全规定之物的理念。

人性在其整个完善性中不仅包含有对属于这一本性的、构成我们的人性概念的一切本质属性的扩展,一直扩展到与人性的目的完全重合,而这将是我们对完善人性的理念;而且也包含有除了这概念之外一切属于这个理念的通盘规定的东西;因为在一切相互对立的谓词中只有唯一的一个谓词能够与最完善的人的理念相适合。凡对我们是一个理想的东西,在**柏拉图**看来就是一个神圣知性的理念,一个在神圣知性的纯粹直观中的单独的对象,即可能存在者的每一类中的那个最完善者,以及现象中一切摹本的那个原始根据。

A569
B597
但不用如此铤而走险,我们也不得不承认人类的理性不仅包含理念,而且也包含理想,这些理想虽然不像柏拉图的理想那样具有创造性的力量,但毕竟具有实践的力量(作为调节性的原则),并且给某些行动的完善性的可能性提供着根据。道德的诸概念并不完全是些纯粹的理性概念,因为它们要以某种经验性的东西(愉快或不愉快)为根据。然而它们就理性借以给本身无规律的自由建立限制的那种原则来说(因而如果我们只注意它们的形式的话),是完全能够被用作纯粹理性概念的例子的。德行,以及连同它一起的、在其完全纯洁性中的人类智慧,都是理念。但(斯多亚派的)圣贤是一种理想,即一种仅仅在思想中实存的人,但这种人与智慧的理念是完全重合的。正如理念提供规则一样,理想在这种情况下就是用作摹本的通盘规定的蓝本,而我们所具有的衡量我们行动的标尺,无非是我们心中这种神圣的人的行为,借此我们对自己进行比较、评判,并由此而改进自己,虽然这个标尺是永远也不可能达到的。这些理想,虽然我们不可能承认它们的客观实在性(实存),但毕竟不因为这一点就可以被看做是幻影,而是充当了理

性的一个不可缺少的标尺,理性需要关于某个在其种类中完全完备的　A570
东西的概念,以便评估和测量不完备的东西的程度和缺陷。但要把这　B598
个理想在一个实例中即一个现象中实现出来,例如在一本小说中把圣
贤实现出来,这是不适宜的,此外还有某种不合情理而很少令人满意的
地方,因为使这个理念中的完备性不断遭到破坏的那些自然的局限,就
使这样一种尝试中的所有幻觉都成为不可能的,由此就使包含在这理
念中的善成为本身可疑的而近似于某种单纯的虚构了。

　　理性的理想就是这样一种情况,它任何时候都必须基于那些确定
的概念并被用作规则和蓝本,不论是来遵守还是来评判。想象力的那
些创作则是完全另一种情况,没有人能够对此加以解释和给出一个可
以理解的概念,仿佛是一些草图,它们只是些个别的、也就是①不按任
何指定的规则来确定的轮廓,这些轮廓与其说构成一种确定的形象,不
如说构成一种仿佛在不同经验的平均值中浮现出来的图样,诸如此类
的轮廓是画家和面相学家自称在他们头脑中所拥有的,这些轮廓据说
是他们的作品乃至他们的评判的某种不可传达的影像。这些轮廓,虽
然只是在非严格意义上,可以被称之为感性的理想,因为它们据说是可　A571
能的经验性直观的不可达到的典范,然而却并不充当任何能够进行解　B599
释和检验的规则。

　　相反,理性以其理想所要达到的则是按照先天规则所作的通盘规
定;因此理性设想出一个应当可以按照原则来通盘规定的对象,虽然对
此还缺乏经验中的充分条件、因而这概念本身是超验的。

第二节　先验的理想(Prototypon
transzendental②)

　　每一个概念对于在它本身中不包含的东西都是不确定的,并且从

---

①　原文为 obzwar(虽然),兹据维勒校为 und zwar(也就是)。——德文编者
②　拉丁文:先验的原型。——译者

属于这条可确定性的原理：在每两个相互矛盾地对立着的谓词中只有一个可以归之于这概念，该原理是基于矛盾律的，因此是一条单纯逻辑的原则，它抽掉了一切知识的内容，而仅仅只着眼于知识的逻辑形式。

但每一个物 按其可能性来说都还要从属于这条通盘规定性的原理，按此原理，在诸物的一切可能的谓词中，就这些谓词被拿来与它们的反面相比较而言，必然有一个谓词是应归于这物的。这并不仅仅是基于矛盾律；因为它①除了两个相互冲突的谓词的关系外，还在与全部可能性的关系中、即与一般物的一切谓词的总和的关系中来看待每一物，并且由于它把这种全部可能性预设为先天的条件，所以它把每一物表现得如同是从其在那个全部可能性中所拥有的份额里推导出自己特有的可能性一样。② 所以通盘规定这一原则所涉及的是内容，而不仅仅是逻辑的形式。它是一切应当造成一物之完备概念的那些谓词的综合的原理，而不只是通过两个对立谓词之一而来的分析性表象的原理，它包含有某种先验的预设，即对构成一切可能性的质料的预设，而这质料则应当先天地包含有构成每一物之特殊的可能性的材料。

一切实存者都是被通盘规定了的，这个命题不仅意味着在每一对相互对立地被给予了的谓词中总有一个应归于实存者，而且也意味着在一切可能的谓词中总有一个应归于它；通过这个命题不仅仅是各个谓词相互间被从逻辑上加以比较，而且是物本身与一切可能谓词的总和被先验地加以比较。这个命题所说的无非是：为了完全认识一

A572
B600

A573
B601

---

① "它"原文为"es"，埃德曼认为应作"er"，指前述"通盘规定性原理"，下面的两个"它"与此同。——德文编者

② 所以，通过这条原理，每一物就与一个共同的相关物、即与全部可能性联系起来了，这全部可能性（即构成一切可能谓词的材料）假如在某个唯一之物的理念中被发现的话，它将会通过该唯一物之通盘规定的根据的同一性而证明一切可能之物的亲和性。任何一个概念的可规定性都是服从于两个对立谓词之间的排中律的**普遍性**（一般性）的，但对一个物的规定则是服从于一切可能谓词的**全体性**（完备性）或总和的。——康德

物，我们必须认识一切可能的东西，并由此而不论是肯定性地还是否定性地对它加以规定。这个通盘的规定因而就是一个我们永远也不能按其总体性来具体描述的概念，所以它是建立在一个只在理性中占有其位置的理念之上的，理性给知性颁定了它的完备运用的规则。

现在，虽然关于一切可能性的总和的这个理念，就这总和作为条件而成为对每一物进行通盘规定的基础而言，在可能构成这个总和的那些谓词上本身还是未规定的，而我们由此所思考的也无非是所有一般的可能谓词的总和，但在进一步的研究中我们却发现，这个理念作为原始概念是排除大量的通过其他谓词已经被给予的派生谓词、或是不能互相并存的谓词的，它把自己纯化为一个先天地得到通盘规定的概念，并因此成了有关一个单独对象的概念，这对象通过这单纯的理念而得到通盘规定，因而必须被称之为纯粹理性的一个理想。 A574 B602

如果我们对一切可能的谓词不只是从逻辑上，而且是先验地，也就是按照在它们身上可以被先天思考的它们的内容来考虑的话，那么我们就会发现，通过一些谓词所表现的是一种存在，通过另一些谓词所表现的是一种单纯的非存在。仅仅通过"不"这个词儿所表明的逻辑上的否定，真正说来与一个概念没有任何关联，而是只与这概念对另一概念在判断中的关系有关联，所以它远远不能充分地就一个概念的内容来描述这个概念。"不死的"这种说法根本不能够让我们认识到，对象上的某种单纯的非存在由此而被表象出来了，而是让一切内容都原封不动。相反，一个先验的否定意味着那个与先验的肯定相对立的自在的非存在本身，先验的肯定则是一个某物，它的概念自在地本身已经表达了一个存在，因此被称之为实在性（事实性），因为诸对象唯有通过先验的肯定并在它所达到的范围内才是某物（物），反之，与此对立的否定则仅仅意味着一种缺乏，凡是只有这个否定被思考之处，所表现的就是一切物的取消。 A575 B603

于是，没有人能够确定地设想一个否定却不把那个相对立的肯定作为基础的。天生的盲人不可能使自己对黑暗有丝毫的表象，因为他没有任何光明的表象;野蛮人不知道贫穷,因为他不知道富裕。①② 无知的人对自己的无知没有任何概念,因为他对科学知识没有任何概念,如此等等。所以甚至对诸否定的一切概念都是派生的,而那些实在的东西则包含有对于一切物之可能性和通盘规定的材料和所谓质料,或先验内容。

所以如果把一个先验的基底作为我们理性中的通盘规定的基础,这个先验的基底仿佛包含有全部材料储备,因而事物的一切可能的谓词都能够由此取得,那么这个基底就无非是关于实在性的一个大全的 A576 理念(omnitudo realitatis③)。这样,一切真实的否定就只不过是限制, B604 这些限制假如不以无限制的东西(大全)为基础的话就不能被称之为限制了。

但也是通过对实在性的这种全有,一个自在之物本身的概念就作为一个被通盘规定了的概念而表象出来了,而一个 entis realissimi④ 的概念就是一个单独存在者的概念,因为在其规定中发现了一切可能的对立谓词中的一个谓词,也就是那个绝对属于存在的谓词。所以这就是一个先验的理想,它为在一切实存的东西那里都必然被发现的那种通盘规定奠定了基础,并构成了这些东西的可能性的至上的和完备的质料条件,而对一般对象的一切思维按其内容来说都必须归结到这个条件。但这也是人类理性所能提出的唯一真正的理想;因为只有在这个唯一的情况下,关于一物的自身普遍的概念才被自己本身所通盘规定、并作为有关一个个体的表象而被认识。

对一个概念通过理性所作的逻辑规定是基于一个选言的三段式推

---

① 天文学家的观察和计算告诉我们许多值得惊奇的东西,但最重要的却是,他们向我们揭示了无知的深渊,没有种这知识人类理性是永远也不可能设想这深渊有如此巨大的,关于这一点的反思必然会在对我们的理性运用最终意图的规定中带来很大的变化。——康德

② 维勒认为这个注释应置于下一句末尾。——德文编者

③ 拉丁文:实在性的全体。——译者

④ 拉丁文:最实在的存在者。——译者

理,在其中,大前提包含一种逻辑的划分(对一个普遍概念的范围的分 A577
割),小前提把这个范围限制到某一个部分,而结论则通过这个部分对 B605
该概念加以规定。对一般实在性的普遍概念不能被先天地划分,因为
我们没有经验就不知道实在性的任何一个会包含在那个类之下的确定
的种。所以这个通盘规定着一切物的先验的大前提无非是一切实在性
的总和的表象,它不是仅仅一个把一切谓词都按照其先验内容把握在
自身之下的概念,而是将它们包括在自身之中的概念,而对每一物的通
盘规定都是基于对实在性的这个大全的限制,因为这个实在性的某些
部分被赋予了该物,但其他部分却被排除了,这是与选言大前提的"要
么……要么"及与该对象通过小前提中这一划分的诸肢之一而来的规
定相一致的。因此理性由以使先验理想成为自己对一切可能之物的规
定的基础的那种运用,是与它在选言三段论推理中所据以运作的那种
运用类似的;而这就是我在前面曾当做一切先验理念的系统划分之根
据的原理,按照这条原理,这些理念是与这三种三段论推理平行和相应
地产生出来的。

不言而喻,理性为了这一意图、即为了只是设想对物的那种必然的
通盘规定,并不会去预设这样一个符合这一理想的存在者的实存,而只 A578
会预设它的理念,以便从通盘规定的一个无条件的总体性中推导出那 B606
有条件的规定、即对受限制的东西的规定。所以这个理想对于后面这
种规定来说是一切物的蓝本(Prototypon①),一切物全部都是作为不完
善的摹本(ectypa②)从它那里取来自己的可能性的材料,同时一切物都
或多或少地接近于这蓝本,但任何时候离达到它都还差得无限远。

这样一来,诸物的一切可能性(即在其内容上的杂多之综合的一
切可能性)就被看做是派生的了,而唯一只有那个把一切实在性包含
在自身之中的物之可能性才被看做是本源的。因为一切否定(它们终
究是唯一地能够借以使一切其他存在者与最实在的存在者区别开来的

---

① 拉丁文:原型。——译者
② 拉丁文:副本。——译者

谓词)都只不过是对一个更大的、并最终是对那个最高的实在性的一些限制,因而它们预设了这种实在性,并且在内容上只是从这实在性中推导出来的。诸物的一切杂多性只是对这个作为诸物之共同基底的最高实在性概念进行限制的同样杂多的方式,正如一切图形都只有作为对无限空间进行限制的各种不同方式才是可能的一样。因此理性的理想的那个仅仅处于理性中的对象,也被称之为原始存在者(ens origina-rium①),就它在自己之上没有任何东西而言,称之为最高存在者(ens summum②),而就一切事物作为有条件者从属于它之下而言,则称之为一切存在者的存在者(ens entium③)。但所有这一切并不意味着一个现实的对象与其他事物的客观的关系,而是意味着理念对诸概念的关系,并且让我们对由一个存在者的实存而来的如此例外的优先权停留在完全的无知中。

A579
B607

但由于我们也不能说一个原始存在者是由许多派生的存在者所构成的,因为每一个派生的存在者都预设了那个原始存在者、因而并不能构成它,所以,原始存在者这个理想也必须被设想为单纯的。

因此,把一切其他的可能性从这个原始存在者中推导出来,这严格说也不能被看做是对原始存在者的最高实在性的一个限制,仿佛是对这实在性的一个分割一般;因为那样一来原始存在者就会被看做仅仅是那些派生的存在者的一个聚合体了,而这按照前面所说的是不可能的,尽管我们在开始最初的粗略轮廓中曾这样表述过它。毋宁说,一切物的可能性将会以作为某种根据而不是作为总和的最高实在性为基础,一切物的杂多不是基于对原始存在者本身的限制,而是基于对原始存在者的完备的后果的限制,甚至我们的全部感性,连同现象中的一切实在性都将会属于这种后果,这种实在性并不能作为一个成分而属于最高存在者的理念。

---

① 拉丁文:原始存在物。——译者
② 拉丁文:最高的存在物。——译者
③ 拉丁文:诸存在物的存在物。——译者

现在,如果我们通过把这个理念实体化而跟随我们这个理念到更　　A580
远的地方,那么我们就可以通过这个最高实在性的单纯概念而把原始　　B608
存在者规定为一个唯一的、单纯的、完全充足的、永恒的等等的存在者,
一句话,在其无条件的完备性中通过所有的云谓关系对它加以规定。
一个这样的存在者的概念在先验的理解中来思考,就是关于上帝的概
念,所以纯粹理性的理想就是某种先验神学的对象,正如我在前面也已
经提到过的那样。

然而先验理念的这种运用毕竟就会已经超出了它的规定性和
许可性的边界。因为理性只是把这个理念作为一切实在性的概念
而建立为一般物的通盘规定的基础,并不要求这一切实在性被客
观地给予出来乃至构成一事物。这样一种事物是我们在一个作为特
殊存在者的理想中借以概括和意识到我们理念的杂多的一个单纯虚
构,我们没有任何权利作这种虚构,甚至无权哪怕是直接假定一个
这样的假设的可能性,正如从一个这样的理想中流出来的任何结论
与一般物的通盘规定——理念只是为此才是必要的——没有任何关
系、并对此不发生丝毫影响一样。

对我们理性的这种运作及其辩证论进行描述是不够的,我们还　　A581
必须力图揭示辩证论的根源,以便能将这种幻相本身如同对知性的　　B609
现相所做的那样加以澄清;因为我们所说的理想是建立在一个自然
的而不仅仅是任意的理念之上的。因此我要问:理性如何导致了把
诸物的一切可能性都看做是从一个唯一的、作为基础的、也就是最高
实在性的可能性中派生出来的,并且由此预设了这种可能性是包含
在某个特殊的原始存在者之中的呢?

答案从先验分析论的商讨中自己显露出来了。感官对象的可能性
是这些对象与我们思维的一种关系,在其中有某种东西(即经验性的
形式)是可以被先天思维的,但那种构成质料的东西(与感觉相应的
东西),即在现象中的实在性,却必须被给予出来,舍此这种关系甚至
根本不可能被思维,因而它的可能性也就不能被表现出来了。现在,
一个感官对象只有当它被拿来与现象的一切谓词相比较并通过这些

谓词肯定地或否定地表现出来时,它才能得到通盘的规定。但由于在其中那构成(现象中的)该物本身的东西、即实在的东西必须被给予出来,舍此该物甚至根本不可能被思维;而一切现象的实在的东西

A582

B610

在其中被给予出来的那个东西却是唯一的无所不包的经验:那么一切感官对象的可能性的质料就必须预设为在一个总和中被给予的,只有基于对这总和的限制,经验性对象的一切可能性、它们的相互区别及它们的通盘规定才有可能。于是实际上除了感官对象外没有任何对象能够被给予我们,并且只能在一个可能经验的前后关联中被给予我们,所以如果不是把一切经验性的实在性的总和预设为一个对象的可能性条件的话,对我们来说就没有任何东西是一个对象。现在我们按照一种自然的幻觉把这看做一条必然会一般地适用于一切物之上的原理,而这条原理本来只是适用于那些作为我们感官的对象而被给予出来的物的。所以我们就会把我们对作为现象的诸物之可能性的那些概念的经验性原则通过去掉这一限制而看做一般诸物的可能性的一条先验原则。

但我们后来就把关于一切实在性的总和的这个理念实体化了,这正是因为:我们把知性的经验运用的分配的统一性辩证地转变成了一个经验整体的集合的统一性,并在这个现象整体上设想一个把一切经验性的实在性都包含于自身内的单一之物,于是这个单一之物就借助

A583

B611

于已经提到过的那个先验的偷换,而被混同于某种居于一切物之可能性的顶峰、并为对这些物的通盘规定提供了实在条件的物的概念了。①

---

① 所以,最实在的存在者这个理想虽然只是一个单纯的表象,却是首先被清楚意识到、也就是被制作成客体,接着被实体化,最后,通过理性的一种完成统一性的自然进程,如我们马上要提到的,甚至被人格化了;因为经验的调节性的[按:维勒认为"调节性的"(regulative)应作"相对的"(relative)。——德文编者]统一性不是基于诸现象本身(仅仅基于感性),而是基于通过知性对感性杂多(在一个统觉中)的连结,因而最高实在性的统一性和对一切事物的通盘可规定性(可能性)看起来就像是处于一个最高的知性中、因而处于一个理智之中。——康德

第三节　思辨理性推出最高存在者
存有的各种证明根据

尽管理性有这样一种迫切的需要,即预先设定某种完全能为知性彻底规定自己的概念而奠定基础的东西,然而,理性要发觉这样一种预设的理想性和单纯虚构性是太容易了,以至于不会单凭这点就被说服把它的思维的一个单纯自己的创造立即假定为一个现实的存在物,如果它不是以另外的方式被什么东西所迫,要通过从给予的有条件者回溯到无条件者而在某个地方寻求自己的休息地的话。虽然无条件者就其本身和依其单纯概念而言并不是作为现实而被给予出来的,但只有它能够完成那些被引向其根据的诸条件的系列。这就是每个人的理性、哪怕最普通的理性都在采取的自然进程,虽然并非每个人的理性都在这上面坚持不懈。人类理性不是从概念开始的,而是从普通经验开始的,所以是以某种实存之物为基础的。但如果这个基地不是立足于绝对必然之物这块不可动摇的磐石上,它就会沉陷。但如果这不可动摇的磐石的外面和底下还有空的空间,而且如果不是它本身充满着一切并因此不再给"为什么"留下任何余地,亦即它就其实在性而言不是无限的,那么,它自己就会失去支撑而悬浮起来。

A584
B612

如果有物(不论何物)实存,那么也必须承认总有某物以必然的方式实存。因为偶然之物只有在一个作为其原因的其他偶然之物的条件下才实存,而对这个原因又继续适用这一推论,直到一个非偶然地、正因此也无条件必然地存有的原因。这就是理性前进到原始存在者所依据的那个论证。

于是,理性到处寻找一个作为无条件的必然性而与这一优先实存相适合的存在者概念,不是为了这样一来就从这存在者概念中先天地推出它的存有来(因为如果理性胆敢这样干,那它完全只须在纯然概念之间进行研究,而不必以一个给予的存有作为基础),而只是为了在可能之物的一切概念中找到那个自身不包含任何与绝对必然性相冲突

A585
B613

的东西的概念。因为对于终归必须有某种绝对必然的某物实存着,这一点理性按照前一个推论就已经看做是决定了的。既然理性可以把一切和这种必然性不相容的东西都去掉,只除开一个东西,那么这个东西就是那绝对必然的存在者,而不论我们是否能理解它的必然性,亦即是否能把这种必然性单从其概念中推出来。

于是看起来,那样一个东西,即它的概念对一切"为什么"而言包含"就为这",而它的任何部分和任何方面都是无缺损的,在任何地方作为条件都是充分的,这个东西正因为如此,就是适合于绝对必然性的那个存在者,因为这个东西由于自身具有一切可能之物的所有条件,而

A586
B614本身不需要任何条件,甚至不能有这种条件,因而至少在这一点上是符合无条件的必然性这个概念的,在这方面没有任何别的概念能够与它并肩而立,别的概念由于是有缺陷的和需要补充的,它们没有表现出不依赖于一切其他条件的任何这样一种特征。的确,从这里还不能肯定地推出:凡是自身不包含最高的及在一切方面都完备的条件的东西,也因此而本身必定是在其实存上被条件所规定了的;但它毕竟自身不具有那无条件的存有之唯一的标志,理性掌握这一标志,为的是通过一个先天概念将任何某个存在者作为无条件的来认识。

所以,一个具有最高实在性的存在者这个概念在可能之物的一切概念中是最适合于一个无条件的必然存在者这一概念的,并且,如果它也不完全满足这一概念,那么我们也终归没有别的选择,不能不依据于它,因为我们不可将一个必然存在者的实存置之不顾;但如果我们承认它的实存,我们毕竟不能在可能性的整个领域中发现任何可以对存有中的这样一种优越性提出更有根据的要求的东西。

所以,人类理性的自然进程就具有这样的性质。首先,它确信某一个必然的存在者是存有的。它从这个存在者中看出某种无条件的实

A587
B615存。于是它就去寻求那不依赖于一切条件者的概念,并在那个本身是一切其他事物的充分条件的东西中,亦即在那个包含着一切实在性的东西中,找到了这一概念。但这个没有限制的大全就是绝对的统一性,它具有一个唯一的存在者、也就是最高存在者的概念,于是理性就推

论：最高存在者作为一切事物的原始根据，是绝对必然地存有的。

这一概念有一定的彻底性是无可争议的，如果谈到作出决断，也就是说，如果一旦承认了任何某个必然的存在者的存有、而我们又一致同意我们必须为我们要把这个必然存在者置于何处作辩护的话；因为那样一来，我们就不能有更适当的选择，或者不如说我们毫无选择，而是不得不对作为可能性的原始根源的这个完备实在性之绝对统一性表示赞同。但如果没有任何东西逼迫我们去作出决断，如果我们直到有足够分量的证据迫使我们赞同之前，宁可把这整个事情都束之高阁，也就是说，如果这只是牵涉到对于我们有关这一课题知道多少、以及哪怕是我们自以为知道些什么作出评判：那么上述推论就显得远不是如此形像良好，而是需要惠爱（Gunst）来弥补其合法要求上的不足了。

这是因为，如果我们让一切都如同它在此向我们摆明的那样，即首先，对于任何一个给予的实存（也许甚至只是我自己的实存）都有一个正确的推论，推到某个无条件的必然存在者的实存；其次，我必须把一个包含一切实在性、因而也包含一切条件的存在者看做是绝对无条件的，从而以这种方式找到那与绝对必然性相适合之物的概念：那么，从这里毕竟还完全不能推论说，一个不具有最高实在性的受限制存在者的概念因此就会与绝对必然性相矛盾。因为，尽管我在受限制存在者的概念中没有找到那已具有条件之大全的无条件者，但从中完全不能得出结论说，它的存有正因此而必然是有条件的；正如我在一个假言的理性推论中不能说：凡是不存在某个一定的条件（在这里也就是根据概念而来的完备性的条件）的地方，也就不存在有条件者。毋宁说，我们会随便地让一切其他受限制存在者都同样地被视为无条件地必然的，虽然我们不能从我们对它们所拥有的普遍概念中推论出它们的必然性来。但以这种方式，这个论证并不会给我们带来有关一个必然存在者的属性的最起码的概念，并且在任何方面都丝毫不会有什么成就。

尽管如此，这个论证仍然具有某种重要性，并且有某种还不能因为这个客观上的不充分性而马上就从它那里被剥夺掉的威望。因为，如

A588
B616

A589
B617

果假定有一些在理性的理念中完全正当的责任,但是,假如不预设一个能给予实践法则以效果和力度的最高存在者,则这些责任在用于我们自身时就会没有任何实在性,亦即没有动机:那么,我们就会也有一种追踪这些概念的责任,这些概念即使不可能是客观上充分的,但根据我们理性的尺度毕竟是更被看重的,并且和它们相比我们再不知道什么更好而更有确证作用的东西了。对义务的选择在这里将会通过实践的加入使思辨的犹豫不决走出相持状态,甚至理性在作为最严厉的法官的它自己面前,如果不在那些重大动因之中去追随自己判断的这样一些根据,哪怕只是缺乏理解的、但至少我们不知道有什么比它们更好的根据,那就也将找不出任何辩护理由了。

　　这个论证虽然由于它基于偶然之物的内部不充分性之上,因而事实上是先验的,但却是如此简单而自然,以至于最普通的人的想法一旦被引到这上面来,立刻就会认为是适当的。我们看到事物变化、产生和消失,所以它们、或者至少是它们的状态必定有一个原因。但每次在经验中①有可能给出的任何一个原因,又可以再次受到这种追问。那么我们应当把至上的(oberste)原因性置于何处才更合理呢?除非那里也有最高的(höchste)原因性,就是说,在那种自身本源地包含有充分性来产生一切②可能结果的存在者中,这种存在者的概念也是很容易通过无所不包的完善性这个唯一的特性建立起来的。这样,我们就把这个最高的原因看做绝对必然的,因为我们感到绝对有必要上升到它,而没有任何理由还要进一步超出它。所以,我们在一切民族那里都看到,哪怕他们最盲目的多神教里,都还是有几丝一神教的微光透射出来,导致这一点的不是反思和深刻的思辨,而只是普通知性的逐步变得明白起来的自然进程。

A590
B618

---

① Hartenstein 将"经验"校改为"现象"。——德文编者
② "一切"是据维勒加上的。——德文编者

从思辨理性证明上帝的存有只能有三种方式

　　我们为了这一目的所可能选择的所有的途径,要么是从确定的经验及由这经验所认识到的我们感官世界的特殊性状开始,并由此按照因果律一直上升到世界之外的最高原因;要么只是以不定的经验、即经验性地以任何某个存有为基础;要么最后抽掉一切经验,并完全先天地从单纯概念中推出一个最高原因的存有。第一种证明是自然神学的证　A591
明,第二种证明是宇宙论的证明,第三种证明是本体论的证明。没有其　B619
他的证明,也不可能有其他的证明。

　　我将表明:理性按照一条途径(经验性的途径)和按照另一条途径(先验的途径)同样不会有什么建树,而理性张开它的双翼、单凭思辨的力量来超出感官世界之上,是徒然的。至于这些证明必须在其中得到检验的那个程序,则恰好和逐步扩展的理性所采取的、以及我们最初提出这些证明的那个程序相反。因为将要表明:尽管经验在这方面提供了最初的诱因,但只有先验的概念才在理性的这一努力中引导着理性,并在所有这一切尝试中标出了理性在自己前面设定的目标。所以我将从检验先验的证明开始,然后再来看看,经验性的东西在扩展这一证明的力度上能够添加些什么。

————————

A592

B620

第四节　上帝的存有之本体论
证明的不可能性

　　从以上所说的很容易看出:一个绝对必然的存在者的概念是一个纯粹理性概念,亦即一个单纯的理念,它的客观实在性凭理性对它的需要还远远没有得到证明,它甚至只对某个一定的、虽然是无法达到的完备性提供了指示,而且真正说来与其说是用来把知性扩大到新的对象上去,不如说是用于限制知性。在这里现在令人感到怪异和荒唐的是,从一个给予的一般存有推论到某个绝对必然的存有似乎是紧要的和正确的,然而我们为了形成这样一个必然性的概念所拥有的一切知性条件却完全与我们相违背。

各个时代的人们都谈论过绝对必然的存在者,而并没有像证明它的存有那样也花更多力气去理解我们是否、且如何能够哪怕只是思维这一类的事物。现在,虽然有关这个概念的名义上的解释是很容易的,就是说它是这样一个其非存在是不可能的某物;但通过这种解释,在使一物的非存在被看做绝对不可设想的这一点成为不可能的那些条件方面,我们却丝毫也没有变得更聪明些①,而这些条件本来是我们想要知道的东西,即我们是否通过这个概念在任何地方思考了某物。因为知性为了把某物看做必然的而永远需要的一切条件都借助于"无条件的"这个词而被抛弃掉,这还远不足以使我明白,我是否这样一来就通过一个无条件必然之物的概念还在思考什么东西,或者也许根本没有思考任何东西。

更有甚者:对于这个仅仅是冒险碰运气而来的、最后完全成了流行的概念,人们还以为已用大量的例子进行了说明,以致于一切进一步的追问似乎都由于它的清楚明白性而完全不必要了。几何学的任何一个命题,例如一个三角形有三个角,是绝对必然的,于是我们就谈论起一个完全处于我们知性范围之外的对象,好像我们完全清楚地懂得我们借这个对象的概念想要说些什么似的。

所有预先给定的例子毫无例外都只是从判断中、却并非从物及其存有中取来的。但判断的无条件的必然性并不是事物的绝对必然性。因为判断的绝对必然性只是事物的有条件的必然性,或者是判断中的谓词的有条件的必然性。上面那个命题并不是说三个角是绝对必然的,而是说在存有了(给予了)一个三角形的条件下,(其中的)三个角也必然是存有的。然而这一逻辑的必然性证明了它的幻觉具有如

A593
B621

A594
B622

---

① Noiré 将"成为不可能的"校改为"成为必然的",Adickes 则将"不可设想的"校改为"可设想的"。——德文编者

此巨大的威力,以至于由于人们给自己制造出一个关于某物的先天概念,这个概念就被这样提出来,使得人们根据自己的意见也把存有包括在这概念的范围内,人们由此相信可以有把握地推论:由于存有必然应归于这个概念的客体,也就是在我把此物设定为给予的(实存着的)这一条件之下,则它的存有也会被必然地(根据同一律)设定下来,因而这个存在者本身也会是绝对必然的,因为它的存有在一个随意假定的概念中、并在我设定了这概念的对象这个条件下被一起想到了。

当我在一个同一性判断中取消谓词而保留主词时,就产生出一个矛盾,所以我才会说:那个谓词必然应归于这个主词。但如果我连同谓词一起把主词也取消掉,那就不会产生任何矛盾;因为不再有什么东西能够与之相矛盾的了。设定一个三角形却又取消它的三个角,这是矛盾的;但把三角形连同其三个角一起取消,这没有任何矛盾。一个绝对必然的存在者的概念也正是同样的情况。如果你取消它的存有,你也 A595
就把该物本身连同其一切谓词都取消了;这样一来,哪里还会产生矛盾 B623
呢? 在外部并没有任何会与之相矛盾的东西,因为该物不应当是由外部而必然的;在内部也没有,因为你通过取消该物本身,已把一切内部的东西都同时取消了。上帝是全能的,这是一个必然判断。如果你设定一位神,也就是一位无限的存在者,其概念与那个全能的概念是同一的,则全能是不能被取消的。但如果你说:没有上帝,那就既没有全能、也没有它的任何一个别的谓词被给予;因为它们已连同主词一起全都被取消了,而这就表明在这个观念中并没有丝毫的矛盾。

所以你已经看到,如果我把一个判断的谓词连同主词一起取消掉,则永远不会产生一个内部的矛盾,而不论该谓词是什么。现在你不再有任何回避的余地,你只能说:有一些根本不能被取消的主词,所以这些主词必须保留下来。但这正好比是说:有一些绝对必然的主体;这个前提的正确性恰恰是我所怀疑、而你想要给我指出它的可能性的。因为对于一个和它的一切谓词一起被取消时还留下某种矛盾的那个东 A596
西,我不能形成起码的概念,而没有矛盾,我单凭纯粹先天概念也就不 B624

会有不可能性的任何标志。

　　针对所有这些一般性的推论（这些推论是没有任何人能够拒绝的）你会用一个具体情况来反诘我，你把这个具体情况当做一个事实证据提出来：毕竟有一个、而且只有这一个概念，其对象的非存在或取消本身是自相矛盾的，而这就是最高实在的存在者概念。你会说：它具有一切实在性，而你有权假定这样一个存在者是可能的（我姑且同意这一点，尽管不自相矛盾的概念还远不足以证明该对象的可能性①）。既然在一切实在性下面也包括了存有，那么在关于一个可能之物的该

A597
B625 概念中就包含了存有。如果该物被取消，那么该物的内部可能性也就被取消，而这是矛盾的。

　　我的回答是：当你在一个你只想根据其可能性来思考的物的概念中，不论以何种暗藏的名目，已经带进了该物的实存的概念时，你就已经陷入某种矛盾了。如果我们认可你这样做，那么你表面上好像是赢了，但实际上却什么也没有说；因为你只不过是在作同义反复。我会问你：此物或彼物（不论它可能是什么，我都姑且承认它是可能的）实存着，这个命题例如说，是一个分析命题还是一个综合命题？如果它是分析命题，那么你通过该物的存有对你有关该物的观念没有任何增加，但这样一来，要么你心中的观念就必须是该物本身，要么你就预设了一个存有是属于可能性的，然后就以这个借口从内部的可能性中推出这一存有，而这无非是一种可怜的同义反复。"实在性"这个词——它在物的概念里听起来是不同于在谓词的概念里的"实存"这个词的——对此无济于事。因为，如果你把所有的设定（不论你设定什么）都称作实在的，那么你就已经对这个物连同它的一切谓词都设定在主词中了，并

---

　　①　如果概念不自相矛盾，它就总是可能的。这就是可能性的逻辑标志，凭借这一点，概念的对象就和 nihil negativum［拉丁文：否定的无。——译者］区别开来。只是这个概念一点也不能免于是一个空洞的概念，如果这概念由以产生的综合的客观实在性没有被特别阐明出来的话；但这种阐明任何时候都是（如前所述）基于可能经验的原则之上，而不是基于分析的原理（矛盾律）上的。这是一个警告，即不要从概念的（逻辑的）可能性马上推出事物的（实在的）可能性。——康德

假定它是现实的,而在谓词中你只是在重复这点而已。相反,如果你承　　A598
认——正如每个有理性者都必须明智地承认的那样——,任何一个实　　B626
存性命题都是综合的,那么你如何还会主张实存的谓词不可以无矛盾
地被取消呢? 因为这个优点只是分析命题所特有的,正是作为分析命
题的特性而建立在它上面的。

如果我不是发现了混淆逻辑的谓词和实在的谓词(即一物的规定
性)的这种幻觉几乎是拒绝一切教导的话,那我就会希望直截了当地
通过对实存概念的一个精确的规定来打破这一挖空心思的论证了。人
们可以随心所欲地把任何东西用作逻辑的谓词,甚至主词也可以被自
己所谓述;因为逻辑抽掉了一切内容。但规定性却是一个添加在主词
概念之上的谓词,它扩大了这个概念。所以它必须不是已经包含在这
个概念之中的。

“是”①显然不是什么实在的谓词,即不是有关可以加在一物的概
念之上的某种东西的一个概念。它只不过是对一物或某些规定性本身
的肯定。用在逻辑上,它只是一个判断的系词。“上帝是全能的”这个
命题包含有两个概念,它们拥有自己的对象“上帝”和“全能”;小词
“是”并非又是一个另外的谓词,而只是把谓词设定在与主词的关系中　　A599
的东西。现在,如果我把主词(上帝)和它的一切谓词(其中也包括“全　　B627
能的”)总括起来说:“上帝存在”,或者“有一个上帝”,那么我对于上
帝的概念并没有设定什么新的谓词,而只是把主词本身连同它的一切
谓词、也就是把对象设定在与我的概念的关系中。概念和对象两者所
包含的必然完全相等,因此不可能因为我将概念的对象思考为绝对被
给予的(通过“它存在”这种表达方式),而有更多的东西添加到这个仅
仅表达可能性的概念上去。这样,现实的东西所包含的决不会比单纯
可能的东西更多。一百个现实的塔勒②所包含的丝毫也不比一百个

---

①　德文为 Sein,含“是”、“存在”、“有”等意,前文“存有”(Dasein)即来自该
词,译者视不同情况采用不同译法。——译者

②　原文 Taler,德国钱币。——译者

可能的塔勒更多。因为,后者在这里意味着概念,前者却意味着对象及其肯定本身,所以,假如前者比后者包含的更多,我的概念就会没有表达出整个对象,因而也就不是该对象的合适的概念。但是在我的财产状况中,现实的一百塔勒比一百塔勒的单纯概念(即一百塔勒的可能性)有更多的东西。因为对象在现实性方面并不只是分析地包含在我的概念中,而是综合地添加在我的概念之上(这概念是我的状态的一个规定),而通过在我的概念之外的这个存在,丝毫也没有对这被想到的一百塔勒本身有什么增多。

A600
B628
　　所以,如果我思维一物,不管我通过什么谓词和通过多少谓词(哪怕在完全的规定中)来思维它,那么就凭我再加上"该物存在",也并未对该物有丝毫的增加。因为否则的话,所实存的就并不恰好是该物,而是比我在概念中所想到的更多的东西了,而我也不能说实存着的正好是我的概念的对象了。甚至即使我在一物中除了一种实在性外想到了一切实在性,那么我也不能凭我说这样一个有缺陷的物"实存着"而把那个缺损的实在性补加上去,相反,该物恰好带着当我想到它时的这种缺陷而实存着,否则就会有不同于我所想到的另一个某物实存着了。现在,如果我想到了一个作为最高的(没有缺陷的)实在性的存在者,那么总是还留下"它是否实存着"这个问题。因为,虽然在我对一般某物的可能的实在内容的概念上没有什么缺少的,但在对我的整个思维状态的关系上仍然缺乏某种东西,这就是:对那个客体的知识也可以是后天才可能的。而这里也就表明了在此所发生的困难的原因。假如所谈论的是一个感官对象,那么我是不能将该物的实存和该物的单纯概念混为一谈的。因为通过概念,对象只是被思考为与一般可能的经验知识的那些普遍条件相一致的,但通过实存,它却被设想为在

A601
B629
全部经验的连贯关系中包含着的;因为通过与全部经验的内容相连结,有关对象的概念并没有丝毫的增加,但我们的思维却由这内容而多获得了一种可能的知觉。反之,如果我们想单靠纯粹范畴来思考实存,那就毫不奇怪,我们无法提出任何标志来把实存和单纯的可能性区别开来。

所以,不论我们有关一个对象的概念包含什么及包含多少东西,我们还是不得不超出它,才能把实存赋予它。这在感官对象那里是通过按照经验性规律与我的任何一个知觉发生关联而进行的;但是对于纯粹思维的客体来说,根本不存在任何手段来认识它们的存有,因为这存有必须完全先天地去认识,而我们对一切实存的意识(不论是通过知觉直接地意识,还是通过把某物和知觉连结起来的推论而意识)却是完完全全属于经验的统一性的,在这一领域之外的实存虽然不可以绝对地宣布为不可能,但却是一个我们没有任何办法能为之辩护的预设。

一个最高存在者的概念是一个在好些方面十分有用的理念;但它正因为仅仅是理念,所以完全没有能力单凭自己来扩展我们在实存的东西上的知识。它甚至连在可能性方面教给我们更多的东西也做不到。可能性的分析的标志在于那些单纯的肯定(诸实在性)不产生矛盾,这个标志虽然在最高存在者的概念身上是无可争议的;但既然把一切实在属性连结在一物中是一种综合,其可能性是我们不能够先天判断的,因为这些实在性并没有特别①给予我们,并且即使被这样给予了我们,在其中任何地方也都不会发生什么判断,因为综合知识的可能性标志必须永远只在经验中去寻求,但一个理念的对象却不可能属于经验;所以著名的莱布尼茨就远没有做到他所自吹的,即他想先天地洞察一个如此崇高的理想存在者的可能性。 A602 B630

所以,在对一个最高存在者的存有从概念来进行的这个如此有名的(笛卡尔派的)本体论证明那里,一切力气和劳动都白费了,而一个人想要从单纯理念中丰富自己的见解,这正如一个商人为了改善他的境况而想给他的库存现金添上几个零以增加他的财产一样不可能。 A603 B631

---

① Adickes 将"特别"(spezifisch)校改为"思辨地"(spekulativ)。——德文编者

第五节　对上帝存有的宇宙论
证明的不可能性

　　想要从一个任意构想的理念中琢磨出与之相应的对象本身的存有来，这种做法可以说是完全不自然的，只是经院派巧智的翻新。事实上，人们也许永远不曾尝试过这种方式，如果不是我们的理性为着一般实存而假定某个必然的某物（我们可以在上升过程中停留于其上）这样一种需要先前曾发生过，并且如果不是理性由于这种必然性必须是无条件的和先天肯定的，而被迫去寻求那个会在一切可能的地方满足这样一种要求、并提供出一个存有来让人完全先天地认识的概念的话。于是人们就相信在一个最实在的存在者的理念中找到了这个概念，所以这个理念就只是被用在对我们从其他方面已经对其必然实存获得过确信或置信的东西的更加确定的知识、也就是对绝对必然的存在者的更加确定的知识之上。然而人们隐瞒了理性的这一自然进程，不是在这个概念上止步，而是试图从它着手以便把存有的必然性从它里面推导出来，但这概念的使命本来只是补充这种必然性而已。于是从这里就产生出了那个不幸的本体论证明，它既没有给自然的健全知性带来什么满足，也没有给严格系统的检验带来什么满足。

A604
B632

　　我们现在所要研究的这个宇宙论的证明保留了绝对必然性与最高实在性的连结，但它不是像前一个证明那样，从最高实在性中推出存有中的必然性，而是从任何一个存在者的被预先给予的无条件的必然性推出它的无限制的实在性，并在此范围内把一切都至少纳入到了某种我不知道是合理的还是玄想的、至少是自然的推理方式之中，这种推理方式不仅对普通知性、而且甚至对思辨的知性来说都具有最大的说服力；正如它显然也为自然的神学的一切证明拟定了那些最初的方案，人们一直都在追随着并还将继续追随这些方案，哪怕他们现在总是愿意对这些方案用更多的花花草草装点起来和隐蔽起来。对于这个莱布尼茨也称之为 a contingentia mundi① 的证明，我们现在就要来加以说明和进行检验。

这个证明是这样说的：如果有某物实存，那么也必定有一个绝对必然的存在者实存。现在至少我自己实存着，所以一个绝对必然的存在者实存。小前提包含有一个经验，大前提包含有从一个一般经验到必然之物的存有的推论。② 所以这个证明本来是从经验着手的，因而它并不是完全先天地进行的，或者是本体论的，并且由于一切可能经验的对象就叫做世界，所以它也就因此被称之为宇宙论的证明。既然这个证明也抽掉了诸经验对象中这个世界由以能与任何可能世界区别开来的一切特殊属性：所以它在自己的命名中就已经和自然神学的证明区别开来了，后者需要对我们这个感官世界的特殊性状的观察作为证明的根据。

A605
B633

于是这个证明进一步推论道：这个必然的存在者只能以唯一的一种方式、也就是在一切可能的对立谓词方面只通过其中一个谓词而得到规定，所以它必须通过自己的概念而被通盘规定。现在只有唯一的一个有关一物的概念是有可能对该物作先天的通盘规定的，这就是entis realissimi③ 这个概念：所以最实在的存在者的概念就是某个必然的存在者能借以被思维的唯一的概念，就是说，有一个最高存在者以必然的方式实存着。

A606
B634

在这个宇宙论的论证中汇集了如此之多的玄想的原理，以至于思辨理性在这里看来是动用了它的一切辩证技艺以完成最大可能的先验幻相。然而我们想把对这种辩证技艺的检验暂时放在一边，以便只来

---

① 拉丁文：出自世界的偶然性。——译者

② 这个推论人们太熟悉了，不必要在这里对它多费口舌。它基于原因性的这条被以为是先验的自然律：一切偶然之物都有其原因，这个原因如果又是偶然的，同样也必须有一个原因，直到相互隶属的原因序列不得不在一个绝对必然的原因那里终结为止，没有这个绝对必然的原因，该序列就不会有任何完备性。——康德

③ 拉丁文：最实在的存在物。——译者

揭示它的一个狡计,它利用这个狡计把一个古老的论证以化了装的形态建立为一个新的论证,并援引两种证人的赞同,其中一个是纯粹理性的证人,另一个是经验性的认证,但这里毕竟只有前者才是唯一的证人,他仅仅改变自己的衣装和声调,以便被当做是第二种证人。为了把自己的根据可靠地建立起来,这个证明立足于经验,并借此把自己打扮成好像它与本体论的证明不同的样子,后一种证明是把自己的全部信任放在纯属先天的纯粹概念之上。但宇宙论证明使用这个经验只是为了跨出唯一的一步,即达到一个一般必然存在者的存有。这个必然的存在者具有怎样一些属性,经验性的证明根据并不能告诉我们,相反,理性在这里完全撇开这种根据而到纯然概念后面去探求:一个绝对必

A607

B635

然的存在者一般必须具有一些什么样的属性,也就是一切可能之物中的哪一个包含有一个绝对必然性所需要的条件(requisita①)。于是理性就相信仅仅只在一个最实在的存在者概念中发现了这个必需物,并接下来推论:这就是绝对必然的存在者。但很明显,我们在这里作为前提的是,一个具有最高实在性的存在者的概念是完全符合存有中的绝对必然性概念的,就是说,可以从前一概念推出后一概念;这是一个本体论论证所主张的命题,所以我们是在宇宙论的证明中采用了本体论的论证并以此为基础,但这却是我们本来想要避免的。因为这个绝对必然性是一个出自单纯概念的存有。如果我现在说:entis realissimi②这个概念就是这样一个概念,确切地说就是唯一地与必然的存有相适合并与之相符合的概念,那么我也就必须承认从这个概念中能够推出必然的存有。所以真正说来这只是一个出自纯然概念的本体论证明,本体论证明在所谓的宇宙论证明中包含了所有的证明力,而所谓的经验完全是多余的,也许只是为了把我们引向绝对必然性的概念,但并不是为了在任何一个确定的物上阐明这种绝对必然性。因为只要我们具有这种意图,我们就必须马上抛弃一切经验,而到纯粹概念中去寻找它

① 拉丁文:必需物。——译者
② 拉丁文:最实在的存在物(复数)。——译者

们中的哪一个可能包含有一个绝对必然的存在者的可能性条件。但只 A608
要这样一个存在者的可能性被以这样的方式洞察到了，那么它的存有 B636
也就被阐明了；因为这不过是说：在一切可能的东西中有一个本身带
有绝对必然性的东西，也就是说，这个存在者是绝对必然地实存
着的。

如果我们以严格学术的方式指明推论中所有的骗人把戏的话，这
些把戏是最容易暴露无遗的。在此我们就作一个这样的演示。

如果"每个绝对必然的存在者都同时又是最实在的存在者"这一
命题是正确的（这是宇宙论证明的 nervus probandi①），那么这个命题就
必须像一切肯定的判断一样至少能够 per accidens② 来换位，于是就
有：有些最实在的存在者同时又是绝对必然的存在者。但现在，一个
ens realissimum③ 与另一个这种存在物丝毫也没有区别，而凡是适用于
包含在这个概念之下的一些东西的，也适用于包含于其下的一切东西。
因而我就有可能（在这种情况下）甚至进行绝对的换位，就是说，每个
最实在的存在者都是一个必然的存在者。既然这个命题只是从它的概
念中先天地被规定的，所以这个最实在的存在者的单纯概念也就必然
带有这个存在者的绝对必然性；而这正是本体论证明所主张而宇宙论 A609
证明所不愿意承认的，然而宇宙论证明却用它作为自己推论的基础，虽 B637
然是以隐蔽的方式。

这样，思辨理性为了证明最高存在者的存有而采取的第二条道路
就不仅仅与第一条道路同样是欺骗性的，而且本身还有这样一种可指
责处，即它犯了一种 ignoratio elenchi④ 的错误，因为它答应把我们引上
一条新的路径，但在兜了一小圈之后又把我们带回到为了这条新路我
们曾离弃了的那条老路上去了。

我在前面简短地说过，在这个宇宙论的论证中隐蔽地包含有整个

---

① 拉丁文：主要证明根据。——译者
② 拉丁文：偶然地。——译者
③ 拉丁文：最实在的存在物（单数）。——译者
④ 拉丁文：文不对题。——译者

一窝辩证的狂妄,先验的批判可以很容易地揭示并打破这一点。我现在只想把它们列举出来,将之留给已经训练有素的读者去对这些欺骗性的原理进行进一步的探查并加以消除。

在此就有例如说,1. 那条从偶然之物推出一个原因的先验原理,它只在感官世界中才有意义,但在感官世界之外则连一点意思都没有。因为偶然之物的那个单纯智性的概念根本不能产生出像原因性概念那样的综合命题,而原因性的原理除了仅仅在感官世界中以外也根本没有任何意义和它运用的任何标志;但这条原理在这里却恰好是要用来超出感官世界之外。2. 这个推论,即从一个高于一个地被给予的诸原因的一个无限序列之不可能性推出一个最初的原因,这是理性本身在经验中的运用的诸原则没有授权我们去做的,更不能把这条原理扩展到超出经验之外(这一链条根本不可能延伸到那里)。3. 理性在这个序列的完成方面的虚假的自满自足,这是由于人们最终去掉了一个必然性的任何概念的发生都不能缺少的一切条件,并且由于这样一来人们就不能够再领会任何东西了,所以人们就把这一点看做是自己概念的完成了。4. 混淆了有关一切结合着的实在性的(没有内部矛盾的)概念的逻辑可能性与一个这样的综合的可行性原则所需要的先验可能性,但这个可行性原则又只能指向可能经验的领域,如此等等。

宇宙论证明的这种把戏的目的仅仅在于避开那个在本体论上不得不进行的、但我们感到完全没有能力作出的那个证明,即通过单纯概念先天地对一个必然存在者的存有所作的证明。出于这个意图,我们从一个被作为根据的现实的存有(一个一般经验)中尽其可能做到地去推出它的某个绝对必然的条件。这样一来,我们就没有必要解释这个条件的可能性了。因为如果证明了它的存有,那么关于它的可能性的问题就完全不必要了。现在,如果我们想对这个必然的存在者就其性状作更进一步的规定,那么我们就不会去寻找那种足以从其概念中领会到存有的必然性的存在者;因为假如我们能够这样做,那么我们就会不需要任何经验性的前提了;不是的,我们所寻求的只是否定性的条件

A610
B638

A611
B639

（conditio sine qua non①），没有它一个存在者就不会是绝对必然的。于是这种做法在从一个给予的后果推出其根据的一切其他的推论方式中都可以正常进行；但恰好在这里很不幸的是，我们对于绝对必然性所要求的那个条件只有在一个唯一的存在者中才能找得到，因此这个存在者必须在其概念中包含绝对必然性所需要的一切东西，并因而使推出这个绝对必然性的一个先天推论成为可能；就是说，我就必须也能作出相反的推论：这个概念（最高实在性的概念）应归于哪个物，该物就是绝对必然的，而如果我不能这样推论（正如我如果想避免本体论的证明就必须承认这一点一样），那么我也就在我这条新的道路上失败了，并再次处于我曾从那里出发的地方。最高存在者的概念很能满足对一物的内部规定所能提出的一切先天问题，因而它也是一个无与伦比的理想，因为这个普遍的概念同时也把这个存在者突出为一切可能之物中的个体。但这概念却完全满足不了有关它自己的存有的问题，但事情本来就只涉及到这个问题，而我们对于那种假定一个必然存在者的存有、并只想知道一切事物中究竟哪一个必须被看做这样一个存在者的人的询问，则不能回答说：这里的这个东西就是那必然的存在者。　　A612　B640

　　当然，完全可以允许把一个具有最高充实性的存在者的存有假定为一切可能结果的原因，以帮助理性去统一它所寻求的那些解释根据。不过，人们毫无顾忌到如此地步，甚至说：一个这样的存在者必然地实存着，这就不再是对一个被允许的假设的谦虚的表达，而是对一种无可置疑的确定性的大胆僭妄了；因为凡是我们预先确定要作为绝对必然的来认识的东西，对它的知识也都必然带有绝对的必然性。

　　先验理想的这整个课题取决于：要么为绝对的必然性找到一个概念，要么为关于某一物的概念找到它的绝对必然性。如果我们可以做到其一，我们也就必然能做到其二；因为理性作为绝对必然的来认识的只有那种必然出自自己的概念的东西。但这两者都完全超出了使我们的知性在这一点上得到满足的一切最大努力，但也超出了使　　A613　B641

---

①　拉丁文：不可缺少的条件。——译者

知性由于自己的这种无能而平静下来的一切企图。

　　我们如此不可缺少地作为一切物的最后承担者而需要的无条件的必然性,对人类理性来说是一个真正的深渊。甚至永恒性,无论哈勒他们将之描绘得如何森然高耸①,都远不能给内心造成这种晕眩的印象;因为永恒性只是衡量诸物的持续性,但不是承担它们。我们既不能抗拒这种思想,但也不能容忍这种思想:即有一个我们哪怕设想为一切可能的存在者中最高的存在者,仿佛在自己对自己说:我是从永恒到永恒,在我之外除了单凭我的意志而是某物的东西之外无物存在;但我又是由何而来的? 在这里一切都在我们脚下坍塌了,最大的完善性和最小的完善性一样都没有支撑地仅仅悬浮在思辨的理性面前,对它而言,不加任何阻碍地任凭这个和那个都失去也并不算什么。

　　自然界的许多凭借某些结果表现出它们的存有的力对我们而言仍然是无法探明的,因为我们通过观察远不足以对它们寻根究底。为诸现象奠定基础的那个先验客体,以及与它一起,为什么我们的感性拥有这些而不是那些至上的条件的那个根据,对于我们都是并且始终是无法探明的,虽然事物本身已另外被给予了,但就是不被看透。但纯粹理性的一个理想却不能称之为无法探明的,因为除了理性借以完成一切综合的统一那种需要之外,这个理想不能出示自己的实在性的任何证

A614
B642

---

　　①　哈勒(Haller, Albrecht von, 1708—1777),瑞士诗人、自然科学家、医生,著有《阿尔卑斯山》等;曾有诗咏"永恒性"(此处引用贺麟先生译文):
　　　　我们积累起庞大的数字,
　　　　一山又一山,一万又一万,
　　　　世界之上,我堆起世界,
　　　　时间之上,我加上时间,
　　　　当我从可怕的高峰,
　　　　仰望着你,——以眩晕的眼:
　　　　所有数的乘方,
　　　　再乘以万千遍,
　　　　距你的一部分还是很远。

——译者

件。所以既然这个理想甚至不是作为可思维的对象被给予出来的①，那么它也就并非作为这样一种对象而无法探明的；毋宁说，它必须作为单纯的理念而在理性的本性中找到它的位置和它的解决方式，从而必须能够加以探究；因为理性恰好就在于，我们对我们的一切概念、意见和主张，不论它们是出自客观的根据，还是当它们只是幻相时出自主观的根据，都能够给予解释。

在关于一个必然存在者的存有的一切

先验证明中的辩证幻相的揭示和澄清

　　至今所进行的两个证明都先验地、即不依赖于经验性原则而被尝试过了。因为宇宙论证明虽然是以某种一般经验为基础的，但它毕竟不是从经验的任何一种特殊性状、而是从纯粹的理性原则出发，在与一个由一般经验性意识所给予的实存的关系中进行的，它甚至抛开了这　　A615

种引导，以便纯然依靠那些纯粹概念。那么在这些先验的证明中，什么　　B643

是那个把必然性概念和最高实在性概念连结起来、并把那种毕竟只能是理念的东西实在化和实体化的辩证的、但却是自然的幻相的原因呢？什么又是不可避免地要在实存的诸物中把某物假定为自在地必然的、同时却又在这样一个存在者的存有面前像在深渊面前一样感到畏缩不前的原因呢？我们如何着手让理性在这方面理解自己，并从一种羞羞答答并一再被撤回的赞同的动摇状态达到静观明察的状态呢？

　　最值得注意的是，如果我们预设了某物实存，我们就不能回避这种推论，即也会有某物必然地实存。宇宙论的论证就是基于这种完全自然的（虽然还并不因此就是可靠的）结论之上的。相反，无论我们对一物假定一个什么样的概念，我们都会发现它的存有决不能被我表象为绝对必然的，并且不论在那里实存着的会是什么东西，都没有什么会阻止我去思考它的非存在，因而我虽然必须为一般实存之物假定某种必

---

　　①　维勒校作："即使这个理想一度作为可思维的对象被给予了出来，它也并非……"。——德文编者

A616
B644

然的东西,但却不能把任何单独的物本身思考为自在地必然的。这就是说:如果不假定一个必然的存在者的话,我永远也不能完成对实存的诸条件的回溯,但我又决不能从这个必然存在者开始。

如果我必须为了一般实存之物而思考某种必然的东西,但又没有资格把任何东西就自在的本身而言思考为必然的,那么由此就不可避免地得出:必然性和偶然性一定不是涉及和触及到物本身的,因为否则就会产生一个矛盾;因而这两条原理没有一条是客观的,它们顶多只能是理性的主观原则,就是说,一方面是为一切实存地被给予出来的东西寻求某种本身必然的东西,即永远只在某种先天完成了的解释那里才止步的东西,但另一方面也永远不希望这种完成,即不去把任何经验性的东西假定为无条件的,并由此而免除了进一步的推导。在这种意义上这两条原理都完全可以作为启发性的和调节性的原理并存,它们都只关心理性的形式上的得失。因为一条原理是说,你们应当对自然作这样的哲学思考,就好像对一切属于实存的东西来说都有一个最初的必然根据似的,不过这只是为了通过你们对一个这样的理念、即一个被想像的至上根据的追求,而给你们的知识带来系统的统一;但另一条原

A617
B645

理则警告你们,决不要把任何一个涉及物的实存的规定假定为这样一个至上的根据,即看做绝对必然的,相反,你们永远要对进一步推导的道路仍然保持敞开的态度,因而任何时候都把那种规定仍然作为有条件的来对待。但如果一切在物身上被知觉到的东西都必须被我们看做有条件的必然的,那么也就没有任何(可以经验性地被给予的)物可以被视为绝对必然的了。

但由此就得出,你们必须假定这个绝对必然的东西在世界之外;因为它只应当用作一条诸现象的最大可能统一的原则,作为这些现象的至上根据,并且你们在这个世界中永远也不可能到达它,因为第二条规则要求你们把这种统一的一切经验性的原因永远看做是派生出来的。

古代的哲学家们曾把自然的一切形式看做偶然的,却把质料按照普通理性的判断看做本源的和必然的。但假如他们当时并不曾把质料看做诸现象的基底,而是看做在其存有上的自在的本身,那么这个绝对

必然性的理念就会马上消失了。因为没有任何东西把理性绝对地束缚
在这种存有之上,相反,理性任何时候都可以无矛盾地在思想上取消这
种存有;但绝对必然性也就会仅仅处于思想中了。所以在这样置信时, A618
就必须有某种调节性的原则作为基础。事实上,即使广延和不可入性 B646
(它们一起构成了物质的概念)也是诸现象统一的经验性的至上原则,
并且只要它在经验性上是无条件的,它本身就具有某种调节性原则的
属性。然而,由于物质的任何构成其实在东西的规定、因而哪怕是不可
入性,也都是一个必然具有自己的原因的结果(一个行动),因而总还
是派生出来的,所以物质终归不适合于作为一切派生的统一性的原则
的某种必然存在者的理念;因为它的任何实在的属性作为派生出来的
东西只是有条件地必然的,所以本身是可以被取消的,但这样一来,物
质的整个存有就都会被取消掉了,如果这种情况没有发生,我们就会在
经验性上达到统一性的最高根据,而这是被第二条调节性原则所禁止
的,这就得出了:物质,或一般地说凡是属于这个世界的东西,都不会与
作为最大经验性统一之单纯原则的某个必然的原始存在者的理念相适
合,相反,这个原始存在者必须被置于世界之外, 这样我们才总是可以
放心地把这个世界的诸现象及其存有从另一些现象推导出来,好像并 A619
没有任何必然的存在者似的,然而却仍然可以去不断地追求推导的完 B647
备性,就好像预设了一个这样的存在者作为至上的根据似的。

　　按照这种看法,最高存在者的理想无非是理性的一个调节性的原
则,即把世界上的一切联结都看做仿佛是从某种最充分的必然原因中
产生出来的,以便在这上面建立起解释这些联结的某种系统的和按照
普遍法则是必然的统一性的规则,而并不是主张一种自在的必然的实
存。但同时不可避免的是,借助于某种先验的偷换来把这条形式的原
则想象为构成性的,并把这个统一性作物化的设想。因为,正如空间由
于它本源地使一切只不过是对空间的各种不同限制的形状成为可能,
所以它尽管只是一条感性原则、却正好因此而被看做某种绝对必然地
独立自存的某物和自在地本身先天被给予的对象一样,下述情况也同
样是完全自然的,即由于除非我们把一个作为至上原因的最实在的存

在者的理念作为基础,就不能以任何方式把自然的系统统一建立为我们理性的经验性运用的原则,于是这个理念就被设想为一个现实的对象,而这个现实的对象又由于是至上的条件,就被设想为必然的,因而一条调节性的原则就被转变成了一条构成性的原则;这样一种调换之暴露出来是由于,既然我把这个对于世界是绝对(无条件)必然的至上存在者看做自为之物,这种必然性就不能形成任何概念,因而它在我的理性中也就必然会只能作为思维的形式条件、但却不能作为存有的质料条件和物化条件而被找到了。

A620
B648

第六节　自然神学证明的不可能性

既然不论是一般物的概念还是关于任何一个一般存有的经验都不能达到我们所要求的东西,那么还剩余下来的一个办法就是尝试一下,看看某种一定的经验、因而对当前这个世界的诸物的经验,它的性状和秩序,是否适合于充当一个能够可靠地帮助我们去确信一个最高存在者的存有的证明根据。一个这样的证明我们将称之为自然神学的证明。如果这个证明也应当是不可能的:那就任何地方都不可能有什么出自单纯思辨理性而对与我们的先验理念相适应的一个存在者的存有的使人满意的证明了。

A621
B649

根据上述所有这些说明我们马上就会看出,对这种追问完全可以期望作出轻松而简明的答复。因为任何时候,那本应适合于某个理念的经验如何能够被给予出来呢? 理念的特点正好在于永远不可能有任何一个经验能够与之相一致。关于一个必然的最充足的原始存在者的先验理念大得如此离谱,高得如此超出了一切总是有条件的经验性的东西,以致我们一方面永远也不可能在经验中搜集到足够的材料来满足这样一个概念,一方面永远在这些有条件者之中来回摸索,将总是白费力气地去寻求那个无条件者,而又没有任何一个经验性综合的法则为我们提供它的一个实例或对这种寻求提供起码的指导。

假如最高存在者处于这个诸条件的链条之中,那么它本身就会是这些条件的序列的一项,并且正如以它为前提的那些更低的项一样,它将要求对自己的更高的根据作更进一步的探求。相反,如果我们想要使它脱离这个链条,并把它作为一个单纯理知的存在者而不是一起包括进自然原因的序列中去:这样一来,理性又能够架起一座什么桥来到达这个最高存在者呢? 因为从结果向原因过渡的一切法则、甚至我们一般知识的一切综合和扩展,都只是被置于可能经验之上、因而只是被置于感官世界的对象之上的,并只是对感官世界的对象才能有某种意义。

A622
B650

　　当前的这个世界,我们不论是在空间的无限性中还是在对空间的无限制的分割中去追踪它,它都向我们展现出一个如此不可测度的多样性、秩序、合目的性和美的舞台,以致甚至按照我们软弱的知性在这方面本来能够获得的那些知识,一切关于如此之多和难以估量的奇迹的语言都失去了自己的分量,一切数字都失去了自己测量的效力,甚至我们的思想本身都失去了界定,这就使得我们关于整体的判断必然会化作一种无言的、但更加意味深长的惊异。我们到处都看到一个由结果和原因、目的和手段构成的链条,看到在产生和消灭中的合规则性,并且,由于没有什么东西是自行进入到它所处的那种状态中的,所以它就总是进一步指向作为其原因的另一物,而后者恰好同样也使这同一种继续追寻成为必要,以至于如果我们不假定在这一无限的偶然之物外面有某种自身本源独立地自存的东西对它加以维持、同时作为它的起源的原因而保证它的延续的话,整个宇宙都必将会以这种方式沉入到虚无的深渊中去了。这一最高原因(就这个世界的万物而言),我们应当把它设想为多么大呢? 我们对这个世界既不认识它的整个内容,更不知道通过与一切可能存在之物的比较来估量其大小。但既然我们在原因性方面总有一天需要一个最后的至上存在者,又有什么阻止我们,说我们不应当把这个存在者同时根据其完善程度而置于一切其他可能的东西之上? 这是我们固然只有通过一个抽象概念的细致勾画才能做到,但却是能够很容易做到的,如果我们设想一切可能的完善性都结合在这个作为唯一实体的概念里的话;这个概念有利于我们理性对

A623
B651

原则的节约要求,它在自身中不屈服于任何矛盾,甚至通过这样一个理念对秩序和合目的性所作的指导而有助于扩展理性在经验中的运用,却任何时候都不以断然的方式违背经验。

这个证明任何时候都是值得以敬重的态度来称道的。它是最古老、最明白并且最适合于普通人类理性的。它鼓舞着对自然的研究,正如它本身由于这种研究而存有并总是由此得到新的力量一样。它把目的和意图带进了我们的观察本来并没有自行揭示出目的和意图的地方,并通过某种在自然之外有其原则的特殊统一性的引导而扩展了我们的自然知识。但这种知识又反作用于其原因即那个诱发它们的理念,并使对一个最高创造者的信仰增长到一种不可抗拒的确信的程度。

A624
B652

因此,想要对这个证明的威严有所减损将不仅是没有指望的,也是完全徒劳的。理性通过那些如此有力的、在其手中总在增加的、虽然只是经验性的证明根据而不断提升,它不可能由于玄妙而抽象的思辨的怀疑而遭到如此贬抑,以致不应该由于它投向自然的奇迹和宇宙的庄严的一瞥就从苦思冥想的犹疑中、仿佛是从一个梦中那样惊醒过来,以便使自己从伟大提高到更伟大,一直达到最高的伟大,从有条件者提高到条件,一直达到至上的和无条件的创造者为止。

但尽管我们丝毫也不反对这种运作方式的合乎理性和有用性,而是毋宁说要推重它和鼓励它,然而我们毕竟不能因此就同意这种证明方式可能会对无可置疑的确定性和某种根本不需要任何恩惠或外来支持的赞同所提出的要求,而且,绝不可能对这一善的事业造成损害的做法是,使一个趾高气扬的玄想家的独断语言将调子降低到有节制和谦虚,降低到一种虽然恰好不要求无条件服从却足以使人获得安慰的信念。因此我主张自然神学的证明永远也不能单独说明一个最高存在者的存有,相反,它任何时候都必须仰仗于本体论的证明(它只被用作本体论证明的序言)来补足它的这一缺陷,因而本体论的证明所包含的就仍然还是唯一可能的证明根据(只要什么地方有一种思辨的证明的话),这种证明根据是没有任何人类理性可以忽略过去的。

A625
B653

上述自然神学的证明有如下几个主要契机:1.在这个世界上到处

都可找到按照一定意图以伟大智慧实现出来的某种安排的清晰的迹象,这是在一个既具有内容上无法描述的多样性、又是在规模上无限制的量的整体中发生的。2. 对这个世界上的物来说这一合目的性的安排完全是外来的,并与它们只有偶然的联系,就是说,各种各样的物的本性不可能自行通过如此多样地结合起来的手段而与确定的终极意图协调一致,除非这些物通过一个进行安排的理性原则按照那些作为基础的理念而本来就完全是为此意图被挑选出来和编排好了的。3. 所以有一个(或好几个)崇高的和智慧的原因实存着,它必须不仅仅是作为盲目起作用的全能的自然,通过丰产性而成为世界的原因的,而是作为理智,通过自由而成为世界的原因的。4. 这个原因的统一性可以从这个世界的各部分作为一个艺术建筑的各环节而交互相关的统一性中,在我们的观察所及的东西上是确定地、但此外则是按照类比的一切原理而凭或然性推论出来的。

　　A626
　　B654

　　我们在这里不必对自然理性的这种推论加以挑剔①,因为自然理性是从某些自然产品与人类技艺在对自然施加暴力、并强迫它不是按照它的目的来运作而是服从于我们的目的时所产生的东西的类比中(即从自然产品与房屋、船只、钟表的类似性中),推论出正是这样一个原因性即知性和意志将成为自然的根据,如果自然理性还把那自由地起作用的自然(它使得一切艺术乃至也许还使得理性首次成为可能)的内部可能性从另外一种哪怕是超人类的艺术中推导出来的话,而这种推论方式也许会不能经受得起严格的先验批判;但我们毕竟要承认的是,一旦我们应当列举出一个原因,我们在此除了按照与这一类本身是我们唯一完全知悉其原因和作用方式的合目的性生产所作的类比外,就不能有更可靠的处理方式了。理性假如想要从它所知道的原因性转向它所不知道的那些模糊的、不可证明的解释根据的话,它就会不可能为自己作出辩解了。

　　──────────

　　① 维勒认为"挑剔"(schikanieren)应作"同情"(sympathisieren)。──德文编者

按照这种推论,如此之多的自然配置的合目的性和丝丝入扣必然
会证明的只不过是形式的偶然性,而不是质料的、即世界中的实体的偶
然性;因为要证明后者就还要求能够证明世界诸物本身自在地除非甚
至按其实体来说也是一个最高智慧的产物,是不会与这类按照普遍法
则的秩序和一致性相适应的;但为此就需要完全不同于与人类技艺相
类比的那样一些证明根据。所以这个证明最多能够说明一个永远被自
己所加工的材料的适应性大大限制着的世界建筑师,但却不是一个所
有的东西都服从其理念的世界创造者,而这对于我们所怀有的那个伟
大抱负即证明一个最充分的原始存在者来说是远远不够的。如果我们
想要证明质料本身的偶然性,那么我们就不得不求助于先验的论证,但
这恰好是在此本来应当避免的。

　　所以这个推论就由在世界中可以如此毫无例外地观察到的秩序和
合目的性、即某种完全偶然的编排进向了一个与之相称的原因的存有。
但这个原因的概念必须把某种有关这原因的完全确定的东西提供给我
们来认识,因此它不能是任何别的概念,只能是关于一个具有全能、全
智等等、总之是具有全部完善性的、作为一个最充分的存在者的存在者
概念。因为极其伟大的、令人吃惊的、无法估量的力量和卓越性这样一
些谓词根本没有给出任何确定的概念,并且本来就不是说自在之物本
身是什么,而只是有关(世界的)观察者用来与自己本身及其把握能力
相比较的那个对象的量的关系表象,并且不论我们是放大这个对象还
是在与该对象的对比关系中缩小那个观察者主体,这些谓词的结果同
样都是赞扬性的。凡是在事情取决于一般物的大小(完善性的大小)
的地方,在那里就没有任何确定的概念,只有包括整个可能的完善性的
概念,而只有实在性的大全(omnitudo①)才是在这概念中被通盘规定
了的。

　　于是我并不想指望要任何人去勉为其难地对他所观察到的世界大
小(不论在范围上还是在内容上)与全能、世界秩序与最高智慧、世界

---

　　①　拉丁文:整全。——译者

统一性与创造者的绝对统一性等等的关系加以洞察。所以自然神学决不可能提供有关至上的世界原因的任何确定的概念,因此对于一条本身又应当构成宗教的基础的神学原则来说是不充分的。

迈向绝对总体性的这一步通过经验性的道路是根本不可能的。于是人们就在自然神学的证明中来走这一步。那么,他们用什么办法来跨越一条如此之宽的鸿沟呢？

A629
B657

当人们一直达到对世界创造者的智慧、力量等等的伟大感到惊叹而不再能够继续前行了之后,他们就一下子抛开了这个通过经验性的证明根据而作的论证,而进向一开始即已从世界的秩序和合目的性中推论出来的世界的偶然性。现在,单从这种偶然性出发,他们就仅仅通过先验的概念而进向一个绝对必然者的存有,又从这个最初原因的绝对必然性的概念出发而进向那绝对必然者的通盘被规定的或进行规定的概念,即一个无所不包的实在性的概念。所以自然神学的证明卡住在自己的行动计划中,它在这种窘境中突然跳到宇宙论的证明,而既然宇宙论证明只不过是隐藏的本体论证明,那么它实际上只是通过纯粹理性才实现了自己的意图,哪怕它一开始曾否认与纯粹理性有任何亲缘关系而把一切都寄托于出自经验的显而易见的证明之上。

所以那些自然神学家们根本没有理由对先验的证明方式如此不屑一顾、并以对自然明察秋毫的行家里手的自负小看这种证明,把它比作在黑暗中冥思苦想者所结的蛛网。因为,只要他们愿意作一点自我检查,那么他们就会发现,当他们在自然和经验的基地上前进了好一段路程而仍然看到自己总还是离显得是在他们理性的对面的那个对象同样遥远之后,他们就突然离开了这个基地而转入到单纯可能性的领域,在那里他们希望驾着理念的双翼飞临那曾经逃过了他们的一切经验性的探寻的东西。在他们最终以为通过这样有力的一跃而站稳了脚跟以后,他们就把这个从此确定下来的概念(他们不知道是如何拥有了这一概念的)扩展到造物的整个领域中去,并通过经验来阐明这个曾经只是纯粹理性的产物的理想,虽然这种阐明十分可怜并且远在这理想的对象的尊严之下,但他们却不愿意承认他们是经由另一条小路而不

A630
B658

是通过经验之路达到这种知识或预设的。

就这样,对一个作为最高存在者的唯一原始存在者的存有的自然神学的证明建立在宇宙论的证明的基础上,而宇宙论的证明却建立在本体论证明的基础上,既然除了这三条道路之外在思辨理性面前再没有展示别的道路了,所以只要关于某种如此远远超升于一切经验性的知性运用之上的命题的证明在任何地方是可能的,全然从纯粹理性概念而来的本体论的证明就是唯一可能的证明。

A631
B659

第七节　对一切从理性的思辨原则
而来的神学的批判

如果我把神学理解为对原始存在者的知识,那么它要么就是从单纯理性而来的(theologia rationalis①),要么就是从启示而来的(reve-lata②)。前一种神学在这里要么仅仅通过纯粹理性、借助于纯然先验的概念(ens originarium, realissimum, ens entium③)来设想它的对象,这叫作**先验的**神学,要么通过一个它从自然中(从我们的灵魂中)借来的概念而将其对象设想为最高理智,这就必须叫作**自然的**神学。一个只承认某种先验的神学的人就被称作自然神论者,一个也接受某种自然的神学的人则被称作一神论者④。前一种人承认我们必要时可以通过单纯理性认识一个原始存在者的存有,但我们关于它的概念只是先验的,即仅仅是关于某个具有一切实在性的存在者的概念,对这种实在性我们却并不能作出更进一步的规定。后一种人主张理性有能力按照与自然的类比对这个对象作更进一步规定,即规定为一个通过

---

① 拉丁文:理性神学。——译者
② 拉丁文:天启[神学]。——译者
③ 拉丁文:原始的、最实在的存在者,全部存在的存在者。——译者
④ 自然神论(Deismus)主张上帝按自然规律创造自然,以后便不管自然的事而任其自然运转;一神论(Theismus)则主张上帝任何时候都干预自然的事。韦卓民先生将前者译作"神有论",将后者译作"神治论",可参考。——译者

知性和自由而把一切其他物的原始根据都包含在自身中的存在者。所以前一种人把这个存在者只是设想为一个世界原因（是凭借其本性的必然性还是凭借自由，这尚未确定），后一种人则把它设想为一个世界创造者。

　　先验的神学要么是打算把原始存在者的存有从一般经验中推导出来（而不对经验所属的这个世界作进一步规定）的神学，叫做宇宙神学，要么是相信可以通过单纯概念而没有丝毫经验之助来认识这种存有的神学，这被称之为本体神学。

　　自然的神学则把一个世界创造者的属性和存有从这个世界中所找到的性状、秩序和统一性中推出来，在这个世界中必须假定两种不同的原因性及其规则，这就是自然和自由。因此自然的神学从这个世界上升到最高的理智，要么把它作为一切自然秩序和完善性的原则，要么把它作为一切道德秩序和完善性的原则。在前一种情况下就叫做自然神学①，在后一种情况下则叫做道德神学。②

　　由于我们习惯于决不把上帝的概念只是理解为一个作为诸物本根而盲目起作用的永恒自然，而是理解为一个本身应该通过知性和自由而是诸物的创造者的最高存在者，并且也由于仅仅是这个概念使我们感到兴趣，所以我们就可以在严格意义上否认自然神论者有任何对上帝的信仰，而只留给他对一个原始存在者或至上原因的主张。然而，既然没有人可以因为他不敢主张某件事而被指责他想完全否认这件事，那么说"自然神论者相信一个上帝，一神论者则相信一个活着的上帝"（summam intelligentiam③），这是比较温和公道的。现在，我们想来探寻

A632
B660

A633
B661

---

　　①　"自然神学"（Physikotheologie）与前述"自然的神学"（die natürliche Theologie）略有区别，即"自然神学"范围更小些，局限于自然界；"自然的神学"则还包括人的道德本性（或人的"自然"）。——译者

　　②　而非神学的道德学；因为神学的道德学包含的伦理法则预设了一个最高世界统治者的存有，反之，道德神学则是对一个最高存在者的存有的以伦理法则为根据的确信。——康德

　　③　拉丁文：最高理智。——译者

一下理性的这一切尝试的可能的来源。

　　我在这里满足于把理论知识解释为一种我用来认识"这是什么"的知识,而把实践知识解释为一种我用来设想"这应当是什么"的知识。据此,理性的理论运用就是那种我借以先天地(作为必然的来)认识到某物存在的运用;但实践的运用则是那应当发生的事情借以先天被认识到的运用。既然不论是某物存在还是某物应当发生都是无可怀疑地肯定的,但却都只是有条件的:那么毕竟,要么某个确定的条件对此可能是绝对必要的,要么这个条件可能只被预设为随意的和偶然的。在前一种情况下这条件就被要求(per thesin①),在后一种情况下它就被猜想(per hypothesin②)。既然有一些实践法则是绝对必要的(即道德法则),所以如果这些法则有必要把任何一个存有预设为它们的约束力的可能性条件,那这个存有就必须被要求,这是因为,这个推论由以出发走向这一确定的条件的那个有条件者本身是先天地被认作绝对必要的。我们在后面将指出,这些道德法则不仅预设了一个最高存在者的存有,而且由于它们③在其他领域的考察中也是绝对必要的,它们也有权悬设它的存有,当然只是在实践上;但现在我们还得把这种推论方式放在一边。

　　由于当我们只是谈到在此存在的东西(而不是应当存在的东西)时,那在经验中被给予我们的有条件者任何时候也都被思考为偶然的,所以那属于这有条件者的条件也不能由此作为绝对必然的而得到认识,而只是充当了为有条件者的理性知识而作的在当时是必然的、或不如说必要的、但就自在本身和先天而言则是任意的预设。所以如果一物的绝对必要性应当在理论知识中被认识的话,那么这种理论知识唯有从先天概念中才有可能发生,但这概念永远不是作为一个与由经验所给予出来的存有相关的原因。

────────

　　①　拉丁文:借助于论题。——译者

　　②　拉丁文:借助于假说。——译者

　　③　"它们"(sie),指"道德法则",维勒认为应作"这"(es),下面的"预设"相应的为单数。——德文编者

一种理论的知识,如果它指向一个我们在任何经验中都不可能达到的对象或关于一个对象的那些概念,那么它就是思辨的。它是与自然知识相对立的,后者仅仅只是指向在一个可能经验中所能给予的那些对象或它们的谓词。　　A635 B663

从作为结果的发生的事情(经验性的偶然之物)中推论出一个原因来,这条原理是一条自然知识的原则,但不是思辨知识的原则。因为,如果我们不顾这条原则是一条包含有一般可能经验的条件的原理,而想通过取消一切经验性的东西从一般偶然之物对这条原理加以说明的话,那就不会有对这样一个综合命题的丝毫辩护理由余留下来,以便从中看出为什么我能够从某种在此存在的东西过渡到某种与此完全不同的(称之为原因的)东西;甚至一个原因的概念也会如同那偶然之物的概念一样,在这样一种仅仅是思辨的运用中失去了一切其客观实在性本来可以得到具体理解的意义。

现在,当我们从世界上的诸物的存有推论出它们的原因时,那么这就不属于自然的理性运用,而属于思辨的理性运用,因为自然的运用不是把物本身(实体)、而只是把发生的事情、因而把诸物的状态作为经验性上偶然的东西与某个原因联系起来;说实体本身(物质)就其存有而言是偶然的,这必然只会是一种单纯思辨的理性知识。但如果所谈的只是世界的形式、世界结合的方式和它们的交替,而我却想从中推论出一个与世界完全不同的原因:那么这又会是一个单纯思辨理性的判断,因为这里的对象根本就不是一个可能经验的客体。但这样一来,那只是在经验的领域内部起作用而在此之外就没有运用、甚至没有意义的因果性原理就会完全偏离它的使命了。　　A636 B664

我现在主张,理性在神学上的单纯思辨运用的一切尝试都是完全无结果的,并且按其内部性状来说毫无意义的;但理性的自然运用的原则是根本不可能引向任何神学的,因而如果我们不以道德律为基础或用道德律作引线的话,就任何地方都不可能有什么理性的神学了。因为知性的一切综合原理都具有内在的运用;而为了一个最高存在者的知识却需要对这些原理作某种先验的运用,对此我们的知性是毫无准备的。如果要使在经验性上有效的因果律导致原始存在者,那么这个原始存在者就必然会同属于经验对象的链条;但这样一来它就会如同一切现象一样本身又是有条件的了。但即使我们允许借助于结果对原因的关系的力学性法则作一个超越经验边界的跳跃,这种处理又能给我们带来什么样的概念呢? 远不是什么关于一个最高存在者的概念,因为经验永远不会把一切可能结果中的那个最大的结果(当我们要它为它的原因作证时)呈现给我们。如果我们应当被允许单纯为了在我们的理性中不留下任何空隙而用最高完善性和本源的必然性的某种单纯理念来填充完全规定的这一缺口:那么这种做法虽然出于好心而可以得到承认,但不可能出于一个不可违抗的证明的正当性而被要求。所以自然神学的证明或许倒有可能加强其他的证明(如果这些证明还能获得的话),因为它把思辨和直观连结在一起;但就其自身而言它毋宁说是使知性为神学知识作好准备,并为此给知性提供一个正确的和自然的方向,而不是说它独自就可以完成这件工作。

于是我们从这里完全看出,先验的问题只允许有先验的回答,即出自纯然先天概念而没有丝毫经验性混杂的回答。但这个问题在这里显然是综合性的,并要求把我们的知识扩展到超出经验的一切边界之外,也就是达到一个应当与我们的单纯理念相符合的存在者的存有,而这个理念又是永远不可能有任何一个经验比得上的。现在,按照我们前面的证明,一切先天综合知识都只是由于它表达出一个可能经验的形式条件才是可能的,所以一切原理都只具有内在的有效性,就是说它们都只与经验性知识的对象或者现象发生关系。所以即使是凭借先验的处理,在一个单纯思辨理性的神学方面也是毫无建树的。

但如果有人与其让自己被剥夺对这么长时期所运用的证明根据的重要性的置信,不如宁可对分析论的上述一切证明抱怀疑态度:那么他毕竟不能拒绝满足这样一个请求,即如果我要求一个人应当至少为这一点作出辩护,就是他究竟是怎样并且是借助于何种顿悟而敢于通过单纯理念的力量飞越一切可能经验的话。我将请求不要用一些新的证明或对旧证明的加工改造来打扰我。因为,虽然人们在这里恰好没有许多可选择的余地,因为最终一切单纯思辨的证明还是要归结到一个唯一的、也就是本体论的证明,因而我恰好可以不怕特别地被那种摆脱感性的理性的独断论捍卫者们的多产性所纠缠;虽然我此外也不想拒绝这种挑战,即在任何这种尝试中揭示错误推论并由此挫败其狂妄,而并不因此就认为自己是在争强斗胜:然而在那些一度习惯了独断论的置信的人们那里,对更好的运气的希望却永远不会因此而完全打消,所以我坚持这个唯一公道的要求,要人们普遍地和从人类知性的本性连同一切其他的认识来源出发,对人们想要如何着手完全先天地扩展他的知识、并将之一直伸展到没有任何可能的经验因而也没有办法足以保证由我们自己想出来的某个概念具有客观实在性的地方去,作出自己的辩护。不论知性是如何达到这个概念的,这概念的对象的存有却终归不能在这个概念中分析地被发现,因为对客体的实存的知识恰好在于,这客体本身是自在地在思想之外建立起来的。但从一个概念中自行超出、并且不遵循经验性的连结(但通过这种连结任何时候被给予出来的都只是现象)而做到揭示出新的对象和夸大其辞的存在者,这是根本不可能的。

A639
B667

　　但尽管理性在其单纯思辨的运用中对这个如此伟大的目标、即对达到一个至上存在者的存有来说是远远不够的,然而它在该存在者的知识有可能从别的什么地方得来时对之加以纠正方面,在使自己与自己及与任何理知的意图相一致方面,以及在从一切有可能与某个原始存在者的概念相违背的东西中、从一切与经验性的局限的混淆中纯化出来方面,都还是有很大的用处的。

A640
B668

　　因此,先验的神学不论它有多么大的欠缺,它毕竟还具有重要的消极的运用,并且对我们的理性是一个忠实可靠的检察官,如果我们的理性仅仅与那些纯粹理念打交道的话,而这些纯粹理念正因此就只允许有先验的标尺。因为,一旦在其他领域的或许是实践的关系中,对一个作为至上理智的最高、最充分的存在者的预设要主张它的不容反驳的有效性的话:那么把这个概念在其先验的方面严格地规定为一个必然的和最实在的存在者的概念，并且把凡是与这个最高实在性相违背的东西、凡是只属于现象的（属于广义的拟人论的）东西取消掉，同时又清除一切相对立的主张，不论它们是无神论的还是自然神论的或者是拟人论的，这就会具有最大的重要性；这一点在这样一种批判的探讨中是很容易的事，因为使人类理性在主张一个这样的存在者的存有方面
A641
B669
的无能为力得以展现出来的同样一些理由，对于证明任何一个相反主张的不适合性必然也是充分的。因为，一个人将从何处通过理性的纯粹思辨而取得这样的洞见，即认为没有任何作为万物的原始根据的最高存在者，或者说，认为这个最高存在者不应具有任何这样的属性，我们根据它们的后果而把这些属性设想为与一个思维着的存在者的力学性的实在性相类似的，或者说，认为在最后这种情况下①这些属性也必须服从感性不可避免地加在我们通过经验而知道的那些理智者身上的一切局限？

所以，这个最高存在者对于理性的单纯思辨的运用来说仍然是一个单纯的、但毕竟是完美无缺的理想，是一个终止整个人类知识并使之圆满完成的概念，它的客观实在性虽然不能以这种思辨的方式来证明，但也不能以这种方式被反驳，并且，如果应当有一种道德神学的话，它就可以补充这种缺陷，这样一来，以前只是悬拟的先验神学就通过对自己的概念的规定、通过不断地检查一个经常被感性狠狠欺骗的并和它自己的理念总是不一致的理性，而证明了它的不可缺少性。必然性、无限性、统一性、在世界之外的（不是作为世界灵魂的）存有、没有时间条
A642
B670
件的永恒性、没有空间条件的全在、全能等等，这都是些纯然先验的谓词，因此它们的被纯化出来的概念，作为每一种神学如此必不可少的概念，都只能从先验神学中抽引出来。

---

① 指在上述"拟人论"的场合下。——译者

先验辩证论附录

纯粹理性诸理念的调节性运用

纯粹理性的一切辩证尝试的结局不但验证了我们在先验分析论中已经证明了的东西，即我们的一切想要带我们超出可能经验的领域之外的推论都是骗人的和没有根据的；而且，这个结局同时也告诉我们一种不寻常的东西：尽管如此，人类理性仍有一种自然的倾向要跨越这一边界，先验理念对于理性正如范畴对于知性那样是自然的，虽然有这种区别，即如果说诸范畴导致真理性，即导致我们的概念与客体的符合一致的话，诸理念则引起一种单纯的、但却不可抗拒的幻相，我们通过最锐利的批判才勉强能够防止这幻相的欺骗作用。

一切在我们力量的本性中建立起来的东西都必然是合目的的并且与这些力量的正确运用相一致的，只要我们能够防止某种误解并找到它们的真正的方向。所以这些先验理念按照一切估计来看将会有其很好的、因而是内在的运用，哪怕当它们的意义被误会而被视为关于现实之物的概念时，它们在应用中可能是超验的，并正因此而是欺骗性的。因为并不是这个就自己本身来说的理念，而只是它的运用，才可能要么是在全部可能经验方面飞越性的（超验的），要么是本土的（内在的），依我们把这理念要么直接指向一个被以为与它相符合的对象，要么仅仅指向知性在它必须与之打交道的那些对象上的一般运用而定，而一切偷换的错误任何时候都必须归咎于判断力的缺乏，而决不能归咎于知性或是理性。 A643 B671

理性永远不直接和一个对象发生关系，而只和知性发生关系，并借助于知性而和理性自己的经验性运用发生关系，所以它并不创立任何

（关于客体的）概念，而只是整理这些概念，并赋予它们以在其最大可能的扩展中所可能具有的那种统一性，也就是在与诸序列的总体性关系中的统一性，知性则根本不是着眼于这个总体性，相反，知性所注意的只是诸条件的序列处处都借以按照概念而完成的那种连结。所以理性真正说来只把知性及其合目的性的职能当做对象，并且，正如知性通过概念把杂多在客体中结合起来一样，理性那方面也通过理念把概念的杂多结合起来，因为它为知性行动的目的设立了某种集合的统一性，不然这些知性行动就只是致力于分殊的统一性。

　　因此我主张：先验理念永远也不具有这样一种构成性的运用，仿佛由于这种运用某些对象的概念就会被给予出来，而在我们这样理解先验理念的情况下，它们就只是一些玄想的（辩证的）概念了。但与此相反，它们有一种极好的、必要而不可或缺的调节性运用，就是使知性对准某个目标，由于对这目标的展望，一切知性规则的路线都汇集于一点，尽管这个点只是一个理念（focus imaginarius①），即一个诸知性概念并不现实地从它出发的点，因为它完全处于可能经验的边界之外，然而却用来使这些知性概念除最大的扩展之外还获得最大统一性。于是虽然从这里就对我们产生出一种错觉，似乎这些路线是与一个处于可能经验性知识领域之外的对象本身毫无关系（ausgeschlossen）的一样②（如同所看到的客体在镜面背后那样），不过这个幻觉（我们毕竟可以防止它造成欺骗）仍然是必要而不可或缺的，如果我们想要在那些摆在我们眼前的对象之外同时也看到远离它们而对我们处于背后的那些对象，就是说，如果我们在目前场合下想要使知性超出每个给予的经验（即全部可能经验的每个部分）、因而甚至指向那最大可能的极度的扩展的话。

A644
B672

A645
B673

---

　　① 　拉丁文：想像的焦点。——译者

　　② 　梅林将此句校作："似乎这些路线是从一个处于可能经验性知识领域之外的对象本身中涌流（geflossen）出来的一样"；叔本华认为"涌流"应为"发射"（ausgeschossen）；罗森克朗茨则认为应作"从…中推断"（aus geschlossen）。——德文编者

如果我们对我们的知性知识在其整个范围内来加以概览的话,那么我们就会发现,理性在这方面完全独特地加以指定并力图实现出来的东西,就是知识的系统化,也就是知识出自一个原则的关联。这种理性统一性任何时候都是以一个理念为前提的,就是说,这种理念有关知识的一个整体的形式,这整体先行于各部分的确定知识,并包含有先天地确定每个部分的位置及其对别的部分的关系的那些条件。因此这个理念设定了知性知识的完备的统一,由此这种知识就不只是一个偶然的聚合,而成为了一个按照必然法则关联起来的系统。我们其实并不能说这个理念是一个有关客体的概念,而只能说它是关于这些概念的通盘统一的概念,只要这种统一被当做知性的规则。这样一些理性概念不是从自然中获得的,毋宁说,我们根据这些概念来审问自然,并且只要我们的知识与它们不相符合,我们就将这些知识看做是有欠缺的。 A646
我们承认纯土、纯水、纯气等等简直是不存在的。但尽管如此我们仍然 B674
必须拥有这些概念(因而这些概念就完全的纯粹性而言只在理性中有其来源),以便恰如其分地规定这些自然原因的每一个在现象中所占的份额,并且,我们把一切物质都归结为土(仿佛是单纯的重量)、盐和燃烧物(作为力),最后是作为载体的水和气(仿佛是前两者借以起作用的机制),以便按照某种机械论的理念来解释物质相互之间的化学作用。① 因为,尽管人们实际上并不是这样表达,但却能够很容易地揭示出理性对自然科学家的分类所产生的这样一种影响。

如果理性就是一种从普遍中推出特殊的能力,那么,要么普遍已经是本身确定的和被给予了的了,这样一来就只要求判断力来进行归摄,而特殊就由此而得到了必然的规定。这种情况我将称之为对理性的无可置疑的运用。要么,普遍只是被看做悬拟的,并且是一个单纯的理念,特殊则是确定的,但导致这一后果的那个规则的普遍性却还是一个问题;于是好几个全都是确定的特殊情况就被放到这个规则上来试验,看

---

① 康德这里仍然是沿用古老的"土、火、水、气"四元素说来解释物质的化学构成。——译者

A647
B675
　　它们是否能从中顺推出来,而在这种场合下,如果给人的印象是一切可以指出的特殊情况都是从这规则得出来的,就会推论出这规则的普遍性,但后来也就会从这种普遍性中推论出一切本身甚至并未被给予出来的情况。我将把这称之为对理性的假设的运用。

　　以作为悬拟概念的理念为根据的理性的假设运用真正说来并不是构成性的,也就是不具有这样的性状,以致从这里,如果我们要按照一切严格性来作判断的话,就会得出被当做假设的那个普遍规则的真实性;因为,我们如何知道所有从这同一个被假定的原理中得出因而证明这原理的普遍性的那些可能的后果呢? 相反,这种假设的运用只是调节性的,为的是由此而尽可能地把统一性带入到特殊知识中来,并借此使这条规则接近普遍性。

　　所以理性的这种假设的运用所针对的是知性知识的系统统一性,但这种统一性就是规则的真理性的标准。反过来说,这种系统的统一性(作为单纯的理念)只是拟议中的统一性,我们必须不把它看做本身给予了的,而只是看做一个问题;但它却被用来为杂多和特殊的知性运用①找到一条原则,并借这条原则用来在那些并未给予的情况下指导这种知性运用并使之连贯起来。

A648
B676
　　但我们从这里看出的只是,杂多知性知识的系统的或理性的统一是一条逻辑的原则,为的是当什么地方知性单独不足以构成规则时通过理念来对知性加以援助,同时又在可能做到的范围内给知性规则的差异性带来在一条原则之下的(系统的)一致性并因而带来连贯性。但是,不论这些对象的性状或是把这些对象当做这样的对象来认识的知性的本性本身就被规定为系统的统一性,还是我们先天地、哪怕不考虑到理性在某种程度上的这样一种利益也假定了这种统一性,因而能够说,一切可能的知性知识(其中包括经验性的知识)都有理性的统一性,并服从它们不论如何千差万别都能从中被推导出来的那些共同原则:这都将会是理性的一条先验的原理,这条原理将使这种系统的统一

---

　　①　瓦伦廷纳校作"为杂多的和特殊的知性运用"。——德文编者

性不仅作为方法成为主观上和逻辑上必要的，而且成为客观上必然的。

我们将通过理性运用的一种情况来阐明这一点。在按照知性概念的各种不同方式的统一性中也应包括实体的那种被称之为"力"的原因性的统一性。正是同一个实体的各种不同的现象在一看之下就显示出了如此之多的不同质性，以至于我们几乎一开始就不得不因此而假定实体具有如同以其各种效果著称的那样繁多的力，如在人的内心中的感觉、意识、想象、记忆、智力、辨别力、愉快、欲望等等。一开始就有一条逻辑的准则要求我们尽可能多地减少这种表面上的差异性，办法是通过比较而揭示出那隐藏着的同一性，并检查一下，与意识结合着的想像，以及记忆、智力、辨别力，是否就是知性和理性。一个由逻辑根本查不出它是否存在的基本力的理念，至少是有关力的多样性的某种系统表象的问题。理性的逻辑原则要求这种统一性尽可能地实现出来，而这种那种力的现象越是更多地被发现相互是同一的，则它们只不过是同一个可以（比较而言）叫做它们的基本力的那个力的各种不同表现这一点就越是有可能。对理性运用的其他情况我们也可以照此办理。

A649
B677

比较而言的基本力又必须在相互之间进行比较，以便通过揭示出它们的一致性而使它们逼近一个唯一根本的、也就是绝对的基本力。但这个理性统一性只是假设性的。我们并不主张这样一个基本力实际上必定会被找到，而是主张我们必须为了理性的利益、也就是为了给经验所可能提供出来的好些规则建立某些原则而去寻求那种基本力，并凡在有可能做到的地方以这种方式把系统的统一带进知识中来。

A650
B678

但如果我们注意到知性的这种先验的运用的话，这就表明，一般基本力的这个理念不仅仅会作为问题而被规定去作假设的运用，而且会伪称具有客观实在性，借此一个实体的好几种力的系统统一性就被设定起来，而一条无可置疑的理性原则就建立起来了。因为即使我们就连使好几种力达到一致的尝试都还没有做过，甚至如果我们在做了揭示这种一致的一切尝试之后都失败了，我们仍然预设必将发现这样一种一致性,并且这种预设不仅仅是如同前面所说的情况那样由于实体的统一性,而且是甚至在遇到许多虽然某种程度上是同质的实体的场合下,如在一般物质身上,理性都预设了多种多样的力的系统统一性,在这里特殊的自然规律服从于普遍的自然规律,而原则的节约不仅仅成为理性的经济原理,而且成为了自然的内部法则。

实际上,如果不是预设了一条先验的原则,通过它一个与诸客体本身相联系的这样的系统统一性被先天地当成必然的,则我们甚至就不能看出,怎么可能有对诸规则的理性统一性的一条逻辑原则。因为,如果随便理性去承认,同样有可能一切力都是不同质的、这些力的推导的系统统一不是按照自然的,理性又有什么权利能够在逻辑的运用中要求把自然提供给我们来认识的力的多样性当成一种只是隐藏着的统一性来处理,并把这些多样性从某种基本力中尽其所有地推导出来? 因为那样一来,理性就恰好会由于给自己设定了一个与自然的安排完全相矛盾的理念作为目标,而违背自己的使命去行事。我们甚至也不能够说,理性预先按照自己的原则从自然的偶然性状那里接受了这种统一性。这是因为,理性的寻求统一性这一法则是必然的,因为我们没有这种统一性就不会有任何理性,而没有理性就不会有知性的任何连贯的运用,并且在缺乏这种连贯运用的地方也就不会有经验性真理的任何充分的标志了,所以我们必须就这种标志而言把自然的系统统一性绝对地预设为客观上有效的和必然的。

我们发现这个先验的预设也是以某种值得惊奇的方式暗藏在哲学家们的原理中的,虽然他们在这些原理中并不总是认识到了它或者甚至向自己承认了它。那些单个物的多种多样性并不排除种的同一性,多个种必须只被当做少数类的各种不同的规定来处理,但这些类又还必须由更高的种类来处理,如此等等,所以一切可能的经验性概念的某种系统统一性就这些概念可以从更高更普遍的概念中推导出来而言是必须去追求的:这就是一条经院派的规则或逻辑原则,没有它,理性的任何运用都不会发生,因为我们只有当诸物的特殊属性所从属的那些普遍属性被当做基础时,在此限度内才能从普遍的东西推论出特殊的

A651
B679

A652
B680

东西。

但在自然中将会遇到这样一种一致性,这是哲学家们在"始基(原则)如无必要不得增多(entia praeter necessitatem non esse multiplican-da①)"这条著名的经院规则中所预设的。由此就表明:物本身的本性为理性的统一性提供了材料,而表面上的无限差异性并不可以阻碍我们猜测其后面的基本属性的统一性,从这些基本属性中,多样性只有通过若干种规定才能被推导出来。这种统一性虽然只是一个理念,却是人们在任何时代都如此热心地追寻着的,以至于人们宁可去找到缓和对它的欲望的理由,而不是鼓励这种欲望的理由。化学分析家能够把一切盐都归结为两大类,即酸类和碱类,这就已经做得很多了,他们甚至还要去尝试把这一区分仅仅看做同一种基本材料的某种变体或不同表现。人们曾试图把土类②的若干种(石头乃至于金属的材料)逐步地归为三种,最终归为两种;但这还不满足,他们不能摆脱这种思想,即仍然还要在这些变体的后面去猜测一个唯一的类,甚至竟至于为土类和盐也猜测一种共同的原则。人们也许会以为这只是理性的一种经济性的手法,为的是尽可能多地节省气力,也是一种假设性的尝试,这种尝试如果成功的话,就恰好通过这种统一性而给这个预设的解释根据提供了或然性。不过这样一种自私的意图是可以很容易与这种理念区分开来的,根据这种理念每个人所预设的是:这种理性的统一性是适合于自然本身的,理性在这里不是乞求,而是命令,尽管它并不能规定这种统一性的边界。

假如在呈现给我们的诸现象之间有一种我不想说是按照形式(因为在形式上它们可能都是相互类似的)、而是按照内容、即按照实存着的存在物的多样性的如此之大的差异,以至于甚至最敏锐的人类理性通过将一个现象与另一个现象相比较都不可能发现丝毫类似之处(这种情况是完全可以设想的),那么类的逻辑法则就根本不会发生了,甚

A653

B681

---

① 拉丁文:除非有必要,不得增加实体。——译者
② 原文为 Erden,哈滕斯泰因校作 Eezen(矿物)。——德文编者

A654
B682
至不会有什么类概念或任何一个普遍概念发生,乃至于不会有专门与这些概念打交道的知性发生了。所以类的逻辑原则如果要应用于自然(我在此把自然理解为仅仅是那些被给予我们的对象)之上,就是以一个先验原则为前提的。按照这条先验原则,在一个可能经验的杂多东西中必然预设了同质性(虽然我们不能先天地规定这种同质性的程度),因为没有这种同质性,任何经验性的概念、因而任何经验就都会是不可能的了。

与类的这种假定了同一性的逻辑原则相对立的是另一条原则,即种的原则,它不管诸物在同一个类之下的协调一致性而需要有诸物的多样性和差异性,并且给知性造成了一种规范,不要使对种的注意少于对类的注意。这条原理(即敏感性或辨别力的原理)大大限制了前一条(智力的)原理的鲁莽,而理性在此表现出一个双重的、相互冲突的利益,即一方面是就类而言在广泛性(普遍性)上的利益,另方面是就对种的多样性而言在内容(规定性)上的利益,因为知性虽然在前一种情况下把许多东西放到它的诸概念之下来思考,但在后一种情况下更

A655
B683
多地是将它们放在它们自身之中来思考。这甚至也表现在自然科学家们各自很不相同的思维方式上,他们中有些人(尤其是那些思辨的科学家)仿佛对不同质性抱有敌意,总是前瞻到类的统一性,另一些人(尤其是经验性的思想家)则试图不停地把自然分解为如此多的多样性,以至于我们几乎要不得不放弃对自然现象按照普遍原则来进行评判的希望了。

显然,后一种思维方式也是以一条逻辑原则为根据的,这条原则着眼于一切知识的系统的完备性,如果我从类开始而下降到其中所可能包含的杂多,并试图以这种方式为这个系统带来扩展,如同在前一种场合我上升到类而试图为这个系统带来单纯性的话。因为从标志一个类的那个概念的范围中很难看出对类的划分可以进行到多么远,正如从物质所能占据的空间中很难看出对物质的划分可以进行到多么远一样。因此每个类都要求各种不同的种,但每个种都要求各种不同的亚种,而由于在亚种中没有一个不是又总会拥有某个范围(作为 conceptus communis① 的广泛性），那么理性在它的整个扩张过程中都要求没有任何一个种本身被自在地看做最底下的种，因为既然种毕竟总是一个只把各种不同之物所共同的东西包含于自身的概念，这个概念就不可能是通盘规定了的，因而也不可能是最贴近地与个体发生　A656关系的，所以任何时候都必须把另外一些概念即亚种包含在自身之下。　B684这条特殊化的法则可以这样来表达：entium varietates non temere esse minuendas. ②

　　但很容易看出，即使这条逻辑法则，如果不以一条特殊化的先验法则为基础，也会是毫无意义和用处的，这个先验法则固然不向那些能够成为我们的对象的物要求在差异性方面的现实的无限性，因为那条逻辑法则并没有为此提供任何动机，它所主张的只是就可能的分割而言的逻辑范围的不确定性，然而这先验法则却责成知性在每个向我们出现的种之下寻求亚种，并为每种差异性寻求更小的差异性。这是因为，假如没有更低级的概念，也就不会有什么更高级的概念了。既然知性对任何东西只是通过概念来认识的：因而就它在分割中所及的范围而言它永远也不是通过单纯的直观，而总是又通过更低级的概念来认识的。对诸现象在其通盘规定中的认识（这种认识只有通过知性才是可能的）要求对知性的那些概念有一个能够不断继续下去的特殊化，并且要求向那些仍然还保留着的差异性进展，这些差异性在种的概念、更多地是在类的概念中曾被抽象掉了。

　　这条特殊化的法则也不是从经验中借来的，因为经验不可能给出　A657如此辽阔的展望。经验性的特殊化如果不是由作为理性原则的、已经　B685先行的先验的特殊化法则引导着去寻求杂多的区别，并且即使这种区别没有对感官显示出来也总还是去猜测它，那就会在这种区别中马上停顿下来。要发现具有吸收作用的土有不同的种（石灰质的和盐酸性的土类），这需要一条先行的理性规则，这条规则由于它把自然预设得

---

①　拉丁文：共通概念。——译者
②　拉丁文：事物的多样性不得随意减少。——译者

如此丰富多彩以致要去猜测差异性,就给知性提出了一个寻找差异性的任务。因为,我们只有在自然中的差异性这个预设之下才具有知性,正如我们只有在自然的客体本身具有同质性这个条件下才具有知性一样,因为正是能够被总括在一个概念之下的东西的多样性构成了这个概念的运用和知性的职分。

所以,理性用来为知性准备其领域的就是:1.杂多东西在更高的类之下的同质性原则,2.同质之物在更低的种之间的变异性原理;以及为了完成这个系统的统一,理性还加上了3.一切概念的亲和性法则,它 A658 要求通过逐级式地增加差异性而从每一个种到每个另外的种有一个连 B686 续的过渡。我们可以把它们称之为诸形式的同类性原则、特殊化原则和连续性原则。最后这条原则是由于在我们既在上升到更高的类的方面,又在下降到更低的种的方面完成了理念中的系统关联之后,我们把前两条原则结合起来而产生的;因为这样一来,所有的多样性相互之间就都是有亲缘关系的,因为它们通过被扩展开来的规定的一切程度而全都出身于一个唯一的至上的类。

我们可以把这三条逻辑原则之下的系统统一性以如下的方式表现出来。我们可以把每一个概念看做一个点,它作为观看者的立足点有自己的视野,即某一数量的可以从这同一点被表象并仿佛被综观的物。在这一视野的内部必须有某一数量的点能够被无限地指出来,这些点的每一个又都有自己更为狭窄的眼界;就是说,每个种按照特殊化原则都包含一些亚种,而这个逻辑的视野只是由那些更小的视野(亚种)所组成的,但不是由那些没有任何范围的点(个体)所组成的。但对于一些不同的视野、即由正好这么多概念来规定的不同的类,也可以考虑引入一个共同的视野,根据这个共同视野我们就把那些不同的视野全部 A659 都综观为出自一个中心点的,这个共同视野就是更高的类,直到最后, B687 那最高的类就是被从最高概念的立足点所规定并将一切多样性作为类、种和亚种包括在自身之下的那个普遍而真实的视野。

把我们引向这个最高的立足点的是同类性的法则,而引向一切低级的立足点及其最大变异性的则是特殊化的法则。但既然以这种方式在一切可能概念的整个范围内都没有什么是空虚的东西,而在这个范围之外又不能遇到任何东西,那么从那个普遍眼界和对它的通盘分割的预设中就产生了一条原理:non datur vacuum formarum①,就是说,并没有各种不同的本源的和最初的类,仿佛它们是孤立的和相互(通过某种空虚的间隙而)分离开来似的,相反,一切杂多的类都只是一个唯一的至上的和普遍的类的划分;而从这条原理就得出它直接的后果:datur continuum formarum②,就是说,种的一切差异性都相互邻接,并且不允许任何通过一个跳跃而造成的相互过渡,而只允许通过一切更小的区别程度来过渡,我们由此才能从一个差异到达另一个差异;总之,没有任何种或亚种是相互之间(在理性的概念中)最接近的,而是总还可能有一些中间的种,它们与前者和后者的区别比这两者相互之间的区别更小。

A660
B688

所以,第一条法则防止过分放纵于各种不同的本源的类的多样性而推重同质性;相反,第二条法则又限制这种一致性的倾向,而要求我们在把自己的普遍概念用于个体之前先把亚种区别出来。第三条法则是对前两条的结合,因为它即使在最高的多样性中,也仍然还是通过从一个种到另一个种的逐级式的过渡而颁布了同质性,这就将各种不同分支就其全都来源于一个家族而言的某种亲缘关系显示出来了。

但这条 continui specierum③ 的(formarum logicarum④)逻辑法则预设了一条先验的法则(lex continui in natura⑤),没有这条先验法则,知性的运用就只会被那个规范⑥导向迷误,因为那个规范⑦也许会采取一条直接违背自然的道路。所以这条法则必须基于纯粹先验的根据,

---

① 拉丁文:诸形式之间没有空隙。——译者
② 拉丁文:诸形式之间有连续性。——译者
③ 拉丁文:种的连续性。——译者
④ 拉丁文:在逻辑形式上的。——译者
⑤ 拉丁文:自然中的连续律。——译者
⑥ 指前述"种的原则"对知性提出的规范,即对种的注意不要少于对类的注意。——译者
⑦ 埃德曼认为"那个规范"应作"这种运用"。——德文编者

而不是经验性的根据。因为在后一种情况下这条法则的出现就会晚于这个系统了；但它本来是最初产生出自然知识的这个系统化的。在这些法则的背后也决没有隐藏着某种可以把它们只是作为尝试而提出来检验的意图，尽管这种关联在其对路的场合下可以充当一个强有力的根据，来把这种假设性地想出来的统一性看做是有根据的，因而这些法则在这种意图中也是有自己的用处的；相反，我们对它们看得很清楚，它们是把根本原因的节约、把结果的多样性、把由此而来的、自然各种成分的亲缘关系，就其本身而言都判断为合乎理性的和适合于自然的，所以这些原理并不只是作为方法上的一种手法而是直接地就具有自己的吸引力。

　　但很容易看出，形式的这种连续性只是一种理念，是根本不可能对它指出一个经验中与之相重合的对象的，之所以这样，不只是由于，在自然中的那些物种现实地是被划分了的，因而本身必须构成一个 quantum discretum①，以及假如这些物种的亲缘关系中的逐级式进展是连续的，则这种亲缘关系也就会必须包含处于两个被给予的种之内的那些中间环节的某种真实的无限性，而这是不可能的；而且也是由于，我们根本不能对这条法则作任何确定的经验性上的运用，因为通过这条法则丝毫也没有指明亲和性的标志，以表明我们必须根据什么并且在多大范围内去寻找物种差异性的等级系列，而只是一般地指明了我们必须去寻找它。

　　如果我们把现在提到的这些原则按照它们的秩序来加以排列，以使它们安放得与经验的运用相符合，那么这些原则也许就会这样来适应系统的统一性：多样性、亲缘性和统一性，但它们每一个都被看做在其完备性的最高程度上的理念。理性预设了这些首先被应用在经验上的知性知识，并按照理念去寻求它们的比经验所能达到的走得远得多的统一性。杂多不顾其差异性而在一个统一性原则下的亲缘性不仅仅涉及物，而且多得多地还涉及诸物的那些单纯属性和力。因此，如果例

---

① 拉丁文：分离的量。——译者

如行星的运行轨道通过一个(还未被完全校正过的)经验是以圆形被给予我们的,而我们又发现了一些差异,那么我们就会估计这些差异在于那种能够按照一条固定的法则通过一切无限的中间等级把这个圆修改为这些与此相偏离的运行轨道之一的东西,就是说,这些行星的运动并非圆形,也许将多少接近于圆形的属性,而切合于椭圆形。彗星由于它(就观察所及)甚至于都不在一个环形中回归,它表现出其轨道的某种更大的差异性;不过我们所猜测的某种抛物线轨道毕竟和椭圆有亲缘关系,并且如果椭圆的长轴被延伸得很远,这个抛物线在我们的一切观察中就不能够与椭圆相区别了。这样,我们按照那些原则的引导而达到了这些轨道在其形状上的诸多类的统一,但由此也进一步达到了行星运动的一切法则的原因的统一(即万有引力),然后我们由此扩大我们的战利品,并试图也由同一个原则来解释一切变异和从那些规则的表面上的偏离,最终甚至增加了比经验有朝一日能够证实的更多的东西,这就是试图按照亲缘性的规则甚至来设想双曲线的彗星轨道,在这种轨道中这些天体完全离开了我们的太阳系,并由于它们从一个太阳到另一个太阳的运行,就把一个对于我们是无边无际的、通过同一个动力关联着的宇宙体系的那些更遥远的部分都在它们的轨道中结合起来了。

A663
B691

在这些原则中值得注意的、并且也是我们所唯一关注的东西是:它们看起来是先验的,而且尽管它们所包含的只是理性的经验性运用所遵守的理念,这种运用遵循它们只能是仿佛渐近地、也就是近似地,而不是有朝一日达到这些理念,然而这些原则作为先天综合命题仍然具有客观的、但却是不确定的有效性,并被用做可能经验的规则,也被成功地作为启发性的原理运用于现实地对经验进行加工,但我们却不能对它们实行一种先验的演绎,这对于理念而言就像前面所表明的一样,是任何时候都不可能的。

A664
B692

在先验分析论中,我们曾在各种知性的原理中把力学性的原理,即直观的仅仅是调节性的原则,与数学性的原理,即在直观上是构成性的原则区分开来了。尽管有这种区分,但所设想的力学性的法则就经验

而言还是构成性的,因为这些法则使得任何经验的发生都缺少不了的
那些概念成为先天可能的。相反,纯粹理性的诸原则就连在经验性的
概念上也不可能是构成性的,因为不可能给这些原则提供任何相应的
感性图型,所以它们也不可能具有任何具体对象。既然我放弃了把这
些原则作为构成性原理的这样一种经验性的运用,我又如何能为它们
确保一种调节性的运用,并确保这种运用有些客观有效性,而这种调节
性运用又能具有怎样一种含义?

　　正如感性对于知性那样,知性对于理性同样也构成一个对象。使
知性的一切可能的经验性行动成为统一性系统化的,这是理性的工作,
正如知性通过概念来连结诸现象的杂多并将之归到经验性的规律之下

A665
B693

一样。但知性的这些行动没有感性的图型就是不确定的;同样,理性的
统一性,就知性应当在其之下系统地结合自己的概念的那些条件而言,
以及就知性这样做的程度即多大范围而言,自己本身也是不确定的。
不过,虽然对于一切知性概念的通盘的系统统一性来说并不能在直观
中找到任何图型,但毕竟能够和必须有这样一个图型的类似物被给予
出来,这个类似物就是知性知识以一条原则来划分和结合的极大值的
理念。这是因为,由于提供出不确定的多样性的所有那些限制性条件
都被删除掉,那最大的东西和绝对的完备性就是可以确定地思维的了。
所以理性的理念就是一个感性图型的类似物,但却带有这种区别,即知
性概念在理性图型上的应用并不同样是关于对象本身的一种知识(如
同将范畴应用于其感性图型上时那样),而只是一切知性运用的系统
统一的一条规则或原则。既然每个先天地为知性确定其运用的通盘
统一性的原理,虽然只是间接地,也对经验对象有效:那么纯粹理性
的诸原理对这个经验对象而言也将具有客观实在性,只是并不是为
了在这些①经验对象上有所规定,而只是为了指明这种处理方式,据
此知性的经验性的和确定的经验运用能够与自己本身通盘关联起来,

B694
A666

这样一来就使这种运用凭借这条通盘统一性的原则尽可能地被纳入了

---

　　① 维勒将"这些"校为"这个"。——德文编者

关联之中并被从这条原则中推导出来。

我把一切不是从客体的性状、而是从理性对这个客体的知识的某种可能完善性的兴趣中取得的主观原理称之为理性的准则。所以就有一些思辨理性的准则，它们只是基于理性的思辨兴趣之上，尽管看起来似乎这些准则是些客观的原则。

如果那些只是调节性的原理被看做了构成性的，那么它们就可能作为一些客观原则而发生冲突；但如果我们把它们只是看做一些准则，那就没有真正的冲突，而只有理性的一种不同的兴趣，它引起的是一种思维方式的分化。实际上理性只有一个唯一的兴趣，而它的诸准则的争执只是满足这种兴趣的那些方法的一种差异性和交互的限制而已。

以这种方式，在这一个玄想家那里可能对（按照特殊化原则的）多样性有更多的兴趣，在那一个玄想家那里却可能对（按照聚合性原则的）统一性有更多的兴趣。他们每一方都以为他们是从对客体的洞见中获得自己的判断的，然而这种判断却只是建立在对这样两条原理的或多或少的亲近感上的，这两条原理没有一条基于客观的根据，而只是基于理性的兴趣，因此它们可以更准确地被称为准则而不是原则。如果我看到那些明智之士相互之间为了人、动物或植物、乃至于矿物界物体的特征而争执，因为他们一些人例如说假定了一些特殊的、从起源上建立起来的民族特性，或者甚至假定了家族、种族等等的一些被决定了的遗传差别，反之，另一些人则把自己的想法建立在这上面，即认为自然在这一点上所造成的完全是同样的素质，一切差别只不过是基于外部的偶然性而已，那么我就可以只考察对象的性状，以便领会到这个对象对于双方来说都隐藏得太深了，以至于他们不可能从对客体本性的洞见来谈论什么。这只不过是理性的两方面的兴趣，这一方对这种兴趣、另一方对那种兴趣铭记在心，或者还自作多情，因而只不过是自然多样性准则或者自然统一性准则的差异，它们完全可以很好地结合在一起，但只要这些准则被看做客观的洞见，那就不仅仅会引起争执，而且也会引起使真理长期停滞的障碍，直到找到一个办法使有争执的兴趣协调起来并在这方面做到使理性满意为止。

A667
B695

A668
B696

　　同样的情况也发生在对广为援引的、由莱布尼茨开其端①并被博内②做了卓越地修正的有关造物的连续性阶梯这条法则的主张或反对之上，这条法则只不过是对基于理性兴趣之上的亲和性原理的遵守；因为它根本不可能把对自然的安排的观察和洞见作为客观的主张提交出来。这样一个阶梯的、如同经验可以给我们指出的那样一些梯级相互之间隔得太远，而我们以为很小的那些区别通常在自然本身中却是如此宽阔的裂缝，以至于以这样一些观察（尤其是在事物的一种巨大的多样性那里，在这里要发现某些类似性和近似性必定总是很容易的）根本不可能指望什么是自然的意图。反之，按照这样一条原则去寻找自然秩序的方法，以及把一个这样的秩序——虽然不确定其地点和范围——在一般自然中看做有根据的这条准则，却仍然是理性的一条合法的和卓越的调节性原则；但它作为这样一条原则远远越出了经验或观察能够与之相提并论的范围，却并没有规定某物，而只是为经验或观察指明了通往系统的统一性的道路。

A669
B697

人类理性的自然辩证论的终极意图

　　纯粹理性的诸理念就其自己本身而言决不再有可能是辩证的了，相反，唯有对它们的单纯误用才必然使得某种欺骗我们的幻相从它们中产生出来；因为它们是由我们理性的本性向我们提出的任务，而我们思辨的一切权利和要求的这个至上法庭本身不可能包含本源的欺骗和幻觉。所以它们大概会在我们理性的自然素质中具有自己良好的合乎目的的使命。但一帮玄想家却像通常那样大叫荒唐和矛盾，并辱骂这一统治，这个统治的最深邃的计划是他们所不可能参透的，他们本来应当把甚至连他们自己的自我保存、乃至于使他们有可能对

---

　　①　参看莱布尼茨:《人类理智新论》第 3 卷第 6 章。——据英译者
　　②　Bonnet,Charles(1720—1793)，博物学家、哲学家，最早将"进化"一词用于生物学。此处涉及所著《关于自然的考察》第 29—85 页。——据英译者

这个统治发出责难和谴责的教养，都归功于这个统治的仁慈的影响力的。

一个先天的概念，我们若不对它实行一种先验的演绎，就决不能有把握地使用它。纯粹理性的理念虽然不允许像范畴那样一种演绎；但如果它至少应当拥有某种哪怕是不确定的客观有效性而不只是表现一些空虚的思想物（entia rationis ratiocinantis①），那么对它的一个演绎就绝对必须是可能的，即使承认它与我们对范畴所能够作出的那种演绎会大不相同也罢。这就是纯粹理性批判工作的完成，而我们现在就要来做这件事。

A670
B698

某物是作为一个绝对的对象而被给予我的理性，还是仅仅作为理念中的对象而被给予我的理性，这是一个巨大的区别。在前一种情况下我们概念的目标是规定对象；在后一种情况下它实际上只是一个图型，这个图型没有任何对象哪怕只是假设性地被直接附加于其上，相反，它只是用来把其他对象凭借与这个理念的关系、按照其系统的统一性因而间接地向我们表象出来。所以我说一个最高理智的概念是一个单纯的理念，就是说，它的客观实在性并不应当在于它直接与某个对象相关（因为在这种意义上我们将会不可能为它的客观有效性辩护），相反，它只是一个按照最大的理性统一性的诸条件而得到整理的有关一个一般物的概念的图型，这图型只被用来在我们理性的经验性运用中获得最大的系统统一性，因为我们把经验的对象仿佛是从这个作为其根据或是原因的想像出来的理念对象中推导出来。这样一来例如说，世界上的事物都必须被看做好像是从一个最高的理智那里获得其存有似的。理念以这种方式本来只是一个启发性的概念，而不是一个明示性的概念，而且并不指明一个对象具有怎样的性状，而是指明我们应当怎样在这概念的指引下去寻求一般经验对象的性状和连结。既然我们能够指出，虽然这三种理念（心理学的、宇宙论的和神学的）并不直接地和任何与之相应的对象及其规定发生关系，然而理性的经验性运用

A671
B699

---

① 拉丁文：推理的理性之物。——译者

的一切规则在这样一个理念中的对象的前提下都能通往系统的统一性并随时扩展经验知识,但永远不能与经验知识相冲突:那么,按照这一类理念来运作就是理性的一个必要的准则。而这就是思辨理性的一切理念的先验演绎,这些理念不是作为把我们的知识扩展到比经验所能给予的更多的对象上去的构成性原则,而是当做一般经验性知识的杂多的系统统一的调节性原则,经验性的知识由此种调节性原则而在它们自己的边界之内得到的扩建和校正①,要比没有这些理念单凭知性原理的运用所能得到的更多。

A672
B700
　　我将对此作更清楚的说明。遵循前述作为原则的那些理念,第一,我们要(在心理学中)把我们内心的一切现象、行动和接受性都依内部经验的线索这样连结起来,好像内心是一个带有人格的同一性而持久(至少在此生)实存的单纯的实体,然而这实体的状态则是连续交替的,肉体的状态只是作为外部条件而隶属于这实体的状态。第二,我们必须(在宇宙论中)以这样一个永远也不可能完结的研究去追索那些内部的和外部的自然现象的条件,好像自然自在地就是无限的而没有一个第一的或至上的项那样,虽然我们并不能因此就否认在一切现象之外有它们的单纯智性的第一根据,但却决不允许把这些根据带进自然解释的关联中来,因为我们根本不知道它们。最后,第三,我们必须(在神学方面)这样来考察一切始终只是属于可能经验的关联中的东西,好像这些经验构成一个绝对的、但又是处处相依并且永远还是在感官世界之内有条件的统一体,但同时却又好像这个一切现象的总和(感官世界本身)在这些现象的范围之外拥有一个唯一的至上的和最充分的根据,也就是一个仿佛是独立的、本源的和创造性的理性,我们

A673
B701
通过与它发生关系而把我们的理性的一切经验性的运用在其最大扩展中作这样的调整,好像这些对象本身是从那个一切理性的蓝本中产生出来的似的,就是说:不是从一个单纯的思维着的实体中推导出灵魂的

---

　　①　基希曼(Kirchmann)认为"得到校正"(berichtigt)应为"得到授权"(berechtigt)。——德文编者

那些内部现象,而是按照一个单纯存在者的理念把那些现象一个从另一个中推导出来;不是从一个最高的理智中推导出世界秩序及其系统的统一,而是从一个最高智慧的原因的理念中取得规则,根据这个规则,理性在连结世界上的原因和结果时就能被用来使它自己得到最大的满足。

于是丝毫也没有什么东西阻止我们把这些理念也假定为客观的和实体化的,只是除了宇宙论的理念以外,在这里理性如果想要使这样一个理念实现出来,就会遇到一个二律背反（心理学的和神学的理念则根本不包含这类二律背反）。因为在心理学的和神学的理念中并没有矛盾,因而如何会有人能够对我们否定它们的客观实在性,既然他为了否认这一点而对这种可能性所知道的和我们为了肯定它所知道的同样少？然而为了假定某物,光是对此没有任何积极的阻碍还是不够的,而且也不能允许我们单凭那想要完成自己工作的思辨理性的信誉,就把那些虽然不与任何概念相矛盾、却超出我们一切概念之上的思维着的存在者当做现实的和确定的对象引进来。所以这些理念不应 A674
当就其自在的本身来假定,相反,它们的实在性只应当被看做一切自 B702
然知识的系统统一这一调节性原则的图型之实在性,因而它们应当只是作为现实之物的类似物、但却不是作为自在的现实之物本身而被当做基础的。我们从理念的对象那里把限制我们的知性概念的诸条件都去掉了,但也唯有这些条件才使得我们能对任何一物拥有一个确定的概念这件事成为可能。而现在我们设想一个某物,我们关于它本身自在地是什么完全没有任何概念,但我们毕竟在对它设想一种与诸现象的总和的关系,这关系与诸现象相互之间所具有的关系是类似的。

因此,如果我们假定这样一种理想的存在者,我们并没有真正扩展我们关于可能经验的客体的知识,而只是通过由理念给我们提供了图型的系统统一性而扩展了可能经验的经验性的统一性,因而理念不被看做构成性的原则,而只被看做调节性的原则。这是因为,我们设定一个与理念相应之物、一个某物或现实的存在者,并不因此就意味着我们要用超验的①概念来扩展我们对物的知识;因为这个存在者只是在理念中、而不是自在地本身被当做基础,因而只是为了表达那个应当被用
A675
B703
作我们理性的经验性运用的准绳的系统统一,却并不对这个统一的根据或这统一赖以作为原因的这样一种存在者的内部属性是什么有所断言。

所以,单纯思辨理性关于上帝给我们提供的那个先验的、唯一确定的概念在最严格的意义上是自然神论的,就是说,理性就连一个这样的概念的客观有效性也没有给出来,而只提交了有关某物的理念,一切经验性的实在性都将其最高的和必然的统一性建立在这个某物之上,对这个某物我们只能按照与一个根据理性法则应是万物的原因的现实实体的类比来思考,如果我们的确想要到处把它作为一个特殊的对象来思考,而不是宁可满足于理性的调节性原则的一个单纯理念,想把思维的一切条件的完成当做对人类知性来说是夸大其辞的东西排除掉的话,但这是与在我们的知识中求得一个完全的系统统一的意图不能共存的,对于这种意图理性至少没有设立任何限制。

因此,事情就成了这样:如果我假定一个神性的存在者,我虽然不论对它的最高完善性的内部可能性还是对它的存有的必然性都没有丝
A676
B704
毫概念,但毕竟这样一来我就能使一切其他涉及偶然之物的问题得到满意的回答,并能使理性就其经验性的运用中所必须探索的最大统一性而言、但不是就这一预设②本身而言获得最完全的满足;这就表明,是理性的思辨利益,而不是它的洞见,使理性有权主张从一个如此远超出其范围的点出发,以观察它的在一个完备整体中的对象③。

现在这里就显示了在同一个相当微妙、但在先验哲学中仍然具有很重要的意义的预设那里,思维方式的某种区别。我可以有充分的根

---

① 第四版将"超验的"(transzendenten)改为"先验的"(transzendentalen)。——德文编者

② 指关于一个神性存在者的假定。——译者

③ 基希曼将"洞见"(Einsicht)校作"统一性"(Einheit)。——德文编者

据对某物作相对的假定(suppositio relativa①),但却无权对它做绝对的假定(suppositio absoluta②)。这种区别当事情仅仅涉及到一个调节性的原则时是合适的,虽然对这一原则我们所认识到的是它就自己本身而言的必然性,而不是这必然性的来源,并且我们对此假定了一个至上的根据,仅仅为的是,比起我例如说把一个与某种单纯的也就是先验的理念相应的存在者设想为实存的来,要更为确定地思维这原则的普遍性。因为,这时我永远不能假定这物本身的自在的存有,因为对此没有任何我能够借以确定地设想某个对象的概念是充分的,而我的概念的客观有效性的种种条件是被这理念本身排除了的。实在性、实体、原因性,甚至存有中的必然性这些概念,除了它们使一个对象的经验性知识成为可能的这种运用之外,是根本没有任何对某个客体作规定的意义的。所以它们虽然能够运用来解释感性世界中的物的可能性,却不能够运用来解释一个世界整体本身的可能性,因为这一解释根据必然会存在于世界之外、因而不是一个可能经验的任何对象。现在,我仍然可以相对于感官世界、虽然不是就其本身而言,对这样一个不可理解的存在者、即一个单纯理念的对象加以假定。这是因为,如果为我的理性的最大可能的经验性运用奠定基础的是一个理念(即我马上就会更确定地谈到的系统完备的统一性的理念),这理念自己本身永远也不能在经验中得到相称的表现,即便它为了使经验性的统一性接近最大可能的程度必然是回避不了的,所以我将不仅有权、而且也有必要把这个理念实现出来,即为它设立一个现实的对象,但只是作为一般某物,我对这某物自在的本身毫无所知,我只是把它作为那种系统统一性的根据,而在与这系统统一性的关系中给它提供这样一些与经验性运用中的知性概念相类似的属性。所以我将按照与这个世界中的实在性、实体、原因性和必然性的类比来设想一个在最高完善性中具有这一切的存在者,并且由于这个理念只是基于我的理性,我将能够把这个存在者设想

A677
B705

A678
B706

---

① 　拉丁文:相对的假定。——译者
② 　拉丁文:绝对的假定。——译者

为独立的理性,它借最大的和谐和统一性这些理念而是世界整体的原因,以至于我去掉了一切限制理念的条件,为的只是在这样一个原始根据的庇护下,使世界整体中的杂多的系统统一、并借助于这种统一而使理性的最大可能的经验性运用成为可能,因为我把一切联结都看做就好像它们都是一个最高理性的安排一样,我们的理性则是这个理性的一个模糊不清的摹本。这样一来我就通过那些本来只是在感性世界中有其应用的纯然概念而设想了这个最高的存在者;但既然我甚至对这个先验的预设也只有相对的运用,就是说,它应当充当最大可能的经验统一性的基底,那么我就完全可以通过那些只属于感官世界的属性来思考一个我将之与这个世界区分开来的存在者。因为我绝对不要求、也没有资格要求对我的理念的这个对象按照其可能自在地是什么来加以认识;因为对此我没有任何概念,甚至关于实在性、实体、原因性乃至于存有中的必然性这些概念都失去了一切意义,而只是一些没有内容的概念的空洞名目,如果我敢于用它们来超出感官领域之外的话。我只是思考一个我对其本身完全不知道的存在者对于世界整体的最大系统统一性的关系,为的只是使这存在者成为我的理性最大可能的经验性运用之调节性原则的图型。

A679
B707

　　如果我们现在把视线投向我们理念的先验对象的话,那么我们就会看到,我们不可能根据实在性、实体、原因性等等这些概念来预设这种对象本身自在的现实性,因为这些概念对完全与感官世界不同的东西没有丝毫的应用。所以理性对于一个作为至上原因的最高存在者的设定只是相对地、为了感官世界的系统统一而思考的,它是一个单纯在理念中的某物,我们对它自在地是什么没有任何概念。由此也就解释了,为什么我们虽然在与实存地被提供给感官的东西的关系中需要一个自在的必然的原始存在者的理念,但永远也不可能对这个原始存在者及其绝对的必然性有丝毫的概念。

A680
B708

　　从此我们就可以清楚地看到全部先验辩证论的结论,并精确地规定纯粹理性的这些理念的终极意图了,这些理念只是由于误解和不谨慎才成为了辩证的。纯粹理性实际上所从事的工作只是它自身,它也不可能有任何别的工作，因为并没有各种对象被提供给它以达到经验概念的统一，而是有各种知性知识被提供给它以达到理性概念的、即在一条原则中的关联的统一。理性的统一性就是系统的统一性，这种系统统一并没有在客观上充当理性的一个原理，以使理性扩展到诸对象之上，而是主观上用作一个准则，以使理性扩展到诸对象的一切可能的经验性知识之上。然而理性能够给知性的经验性运用所提供的这种系统关联不仅促进着这种运用的扩展，而且同时也证实了这种运用的正确性，而这样一种系统统一性的原则也就是客观的，但是以不确定的方式（principium vagum①），而不是构成性的原则，不是为了就它的直接对象而言来规定某物，而是为了作为单纯调节性的原理和作为准则，通过展示那些知性所不知道的新的方式而对理性的经验性运用加以无限的（不限定的）促进和巩固，同时却任何时候都不与经验性运用的那些法则有丝毫的违背。

但理性只能把这种系统的统一性思考为：理性同时给它的理念提供了一个对象，但这个对象又不是通过任何经验所能提供的；因为经验永远也不提供一个完善的系统统一的例子。于是这个理性存在物（ens rationis ratiocinatae②）虽然是一个单纯的理念，因而并不绝对地就自在的本身被假定为某种现实的东西，而只是悬拟地被当做根据（因为我们通过任何知性概念都不可能达到它），以便将感性世界之物的一切连结看做是这样的，就好像它们在这个理性存在物中有自己的根据似的，但唯一的意图却是在这个单纯理念上建立起那种系统的统一性，这种统一性对理性来说是不可缺少的，对知性的经验性知识来说却能够具有一切方式的促进作用，然而永远不会阻碍这种知识。

只要我们把这个理念看做对某个现实事物的一种主张，或者哪怕只是看做对它的一种预设，似乎我们可以设想把世界的系统状态的根

A681
B709

---

① 拉丁文：流动的原则。——译者
② 拉丁文：推理的理性之物。——译者

据归之于它,那么我们马上就误解了这个理念的含义;我们倒不如对于从我们这些概念中摆脱出来的上述这个根据自在地将具有怎样一种性状任其悬而不决,并且只有一个理念才把自己设定为这个观点,唯有从这个观点我们才能扩展那个对理性如此根本性的而对知性如此有益的统一性;总之一句话:这个先验之物只是理性借以尽其所能地把系统的统一性扩展到一切经验上去的那个调节性原则的图型。

A682
B710

　　我自己就是这样一个理念的第一个客体,它仅仅被看做一个思维着的自然(灵魂)。如果我要寻求一个思维着的存在者自身借以实存的那些属性,那么我就必须去问经验,我甚至不能把诸范畴的任何一个应用于这个对象上,除非这范畴的图型在感性直观中被给予出来了。但因此我就永远也达不到内感官的一切现象的一个系统的统一。于是,取代那个并不能带我们走得很远的(关于灵魂现实地是什么的)经验概念,理性就采取了一切思维的经验性统一的概念,并通过理性无条件地和本源地思考这个统一性,而从后面这个概念中形成了一个有关某种单纯实体的理性概念(理念),这个单纯实体本身自在地不变地(人格上同一地)与它之外的其他现实之物处于协同性中;总之一句话:形成了有关一个单纯的独立理智的理性概念。但与此同时,理性所关注的只不过是在解释灵魂现象时的系统统一性的原则,也就是把所有规定看做在一个唯一主体中的,把一切力尽可能地看做由一个唯一的基本力派生出来的,把一切变化看做属于同一个持存的存在者的各种状态,并且把空间中的一切现象表现为与思维的行动完全不同的。

A683
B711

实体的那种单纯性等等只应当是这条调节性原则的图型,而并不是被预设为好像它就是灵魂各种属性的现实根据似的。因为这些属性也可能基于完全不同的根据,我们根本不知道这些根据,正如即使我们愿意承认这些谓词对于灵魂是绝对有效的,我们通过这些假定的谓词也并不能真正认识自在的灵魂本身一样,因为它们所构成的是一个根本不能被具体表现出来的单纯理念。于是,从这样一个心理学的理念中就只会产生出好处,只要我们避免让它被看做某种比单纯的理念更多的东西,即某种不止是仅仅与在我们灵魂的现象上理性的系统性运用相

关的东西。因为在这里,当解释那仅仅属于内感官的东西时并没有掺
和进来具有完全另一种性质的物质现象的任何经验性法则;在这里关
于灵魂的产生、毁灭和转世的任何轻浮的假设都是不被承认的;所以对
内感官的这个对象的考察是完全纯粹的和不与那些不同质的属性相混
淆的,此外,理性的这种研究指向尽可能地使这个主体中的那些解释根
据通达一条唯一的原则,这一切都是通过它好像是一个现实的存在者　A684
这样一个图型才最好地、甚至是独一无二地被产生出来的。这个心理　B712
学的理念也只可能意味着一个调节性概念的图型。这是因为,即使我
所想要问的只是,灵魂是否自在地是精神性的自然,那么这个问题也将
是根本没有任何意义的。因为通过这样一个概念我不但去掉了物质自
然,而且一般地去掉了一切自然,即任何一个可能经验的所有谓词,因
而去掉了为这样一个概念思考一个对象的所有条件,然而只有这种思
考才唯一地使得人们说那个概念有某种意义。

　　单纯思辨理性的第二个调节性的理念是一般世界概念。因为自然
其实只不过是理性需要调节性原则来对待的唯一被给予的客体。这个
自然是双重的,即要么是思维的自然,要么是物质的自然。不过对于后
者来说,为了按照其内部可能性来思考它,也就是规定范畴在它上面的
应用,我们不需要任何理念即超出经验之上的表象;对于物质自然来说
也不可能有任何理念,因为我们在物质自然中只受感性直观的引导,而
不是像在心理学的基本概念("我")中那样,这种概念先天地包含有思
维的某种确定的形式,即思维的统一性。所以留给我们的纯粹理性的　A685
就只有一般自然、以及自然中诸条件按照某种原则的完备性了。这些　B713
条件序列在其各项的推导中的绝对总体性是一个理念,它虽然永远也
不能在理性的经验性运用中完全实现出来,但毕竟充当了我们应当如
何处理这个条件序列的规则,也就是说在解释给予的诸现象时(在回
溯或上升的过程中)应当这样来处理,就好像这个序列自在地是无限
的、即 indefinitum① 似的,但凡是在理性本身被看做一种规定性的原因

---

　　①　拉丁文:不限定的。——译者

的地方(即在自由中),因而在实践的诸原则中,那就应当处理为好像我们不是面对着一个感官客体,而是面对着纯粹知性的客体一样,在这里诸条件不再能够被设立在诸现象的序列中,而只能被设立在它之外,而这些状态的序列则可以被视做就好像它被绝对地(通过一个理知的原因而)开始那样;这一切都证明,宇宙论的理念无非是一些调节性的原则,而远不是像构成性原则那样去设立这样一些序列的现实的总体性。其余的证明我们可以到纯粹理性的二律背反中相应的地方去寻找。

A686
B714

　　纯粹理性的第三种理念包含着对一个作为一切宇宙论序列的唯一最充分原因的存在者的单纯相关性设定,这个理念就是关于上帝的理性概念。对这个理念的对象我们丝毫没有根据来做绝对的假定(即作自在的设定);因为什么东西可以使我们有能力、或者哪怕只是有资格对最高完善的、按其本性是绝对必然的存在者出于其单纯自在的概念本身而相信或加以主张呢,难道不会是这种假设唯有与之相关才能是必然的那个世界吗;而这也就表明,这个存在者的理念正如一切思辨的理念一样,想要表达的只不过是:理性要求按照一个系统统一的诸原则来看待世界的一切连结,因而就好像这些连结全部都是从一个唯一的无所不包的、作为最充分的至上原因的存在者那里产生出来的似的。由此可见,理性只可能把在扩展其经验性的运用时它自己的形式规则作为自己的目的,但永远也不可能把超出一切经验性运用的边界之外的扩展作为目的,因而在这个理念之下并不会包藏着理性指向可能经验的运用的任何构成性原则。

　　这个唯一地基于理性概念之上的最高形式的统一性就是诸物的合乎目的的统一性,而理性的思辨利益使得我们必须把世界的一切安排都视为好像它们是出自一个最高理性的意图似的。就是说,一个这样

A687
B715

的原则向我们应用于经验领域的理性展示了按照目的论法则连结世上事物、并由此达到其最大的系统统一性的崭新的前景。所以,把一个至上的理智预设为世界整体的唯一的原因,但又只在理念中预设,这对于理性任何时候都能够有好处,但同时又永远不会有害。因为,如果我们

在地球的形状(圆形但略带扁平)方面①,在山川和海洋等等方面预先假定了一个创造者的纯然智慧的意图,那么我们就能够以这种方式作出一大堆发现。只要我们止于把这个预设单纯作为一种调节性原则,那么甚至这种错误也不能危害我们。因为顶多只会从这错误中得出:凡是在我们期待某种目的论关联(nexus finalis②)的地方,都会遇到某种单纯机械的或物理的关联(nexus effectivus③),在这样一种情况下我们由此只是更多地感到缺失了一种统一性,但却没有在理性的经验性运用中破坏理性的统一性。然而即使删去这个预设也不会伤及在普遍的目的论意图中的这个一般法则本身。因为,虽然一个解剖学家,当他把一个动物身躯的某一肢体联系到一个目的,而人们可以清楚地指出这目的并不能从这里面得出时,他可以被判定为错误的:然而却完全不可能用一个例子来证明一种不论是怎样的自然构造是根本没有任何目的的。因此甚至(医生们的)生理学也通过一条单由纯粹理性所输入进来的法则把自己关于有机体肢体结构的种种目的的很有限制的经验性知识扩展到如此之远,以至于人们在其中完全无所顾忌地、同时又与所有明智之士相一致地假定:在动物身上一切都有其用处和好的意图;这种预设如果它是指构成性的,那就远远超出了迄今的观察能够使我们有理由达到的范围;因为从中所能够看出的是,这个预设只不过是理性的一条调节性的原则,为的是借助于那至上的世界原因之合目的的原因性这个理念,并且好像这个原因性作为最高的理智按照最智慧的意图就是一切东西的原因一样,去达到最高系统的统一性。

A688
B716

---

①　地球的球状所带来的好处是老生长谈了;但很少人知道,唯有它的椭圆形的扁平状才防止了大陆或那些更小的、也许是由地震堆积起来的山脉的隆起使地轴连续地和在不太长的时间里显著地偏移,如果不是地球在赤道下的隆起就是如此巨大的一座山脉,任何其他山脉的摆力都决不能使它明显地离开其相对于地轴的位置的话。然而人们对这一智慧的安排却毫不迟疑地从过去液态的地球质量的均衡来解释。——康德

②　拉丁文:终极关联。——译者

③　拉丁文:起作用的关联。——译者

A689
B717

　　但如果我们摆脱了把理念仅仅放在调节性的运用上这种限制,那么理性就会被以各种各样的方式引入歧途,因为那样一来它就会离开那终归必然包含有其路程的种种标志的经验的基地,并冒险越过这一基地而面对那不可理解和无法探究的东西,它必然会为这种东西的高深莫测而晕头转向,因为它看到自己出于①这种东西的立场而完全被切断了与经验相协调的一切运用。

　　第一个错误产生于我们把一个最高存在者的理念不是仅仅作调节性的运用,而是作构成性的运用(而这是与一个理念的本性相违背的),这一错误就是怠惰的理性(ignava ratio②)③。我们可以这样来称呼任何一条原理,如果它使我们将自己的自然研究不论在什么地方看

A690
B718

做是绝对完成了的、因而使得理性就好像它完全做完了自己的工作那样去睡大觉的话。因此甚至心理学的理念,如果它被当做构成性的原则用来解释我们的灵魂现象,甚至后来还被用于在超出一切经验之外(关于死后的灵魂状态)扩展我们关于这个主体的知识,那么这虽然使理性非常方便,但也就完全败坏和摧毁了理性按照经验的指导所作的一切自然的运用。所以独断的唯灵论者是由他相信在这个"我"中直接知觉到的思维着的实体的统一性来解释这经过一切状态变化而不变地持存着的人格同一性,由我们思维着的主体的非物质本性的意识来解释我们对那些应当在我们死后才发生的事物的兴趣,如此等等,并且使自己摆脱了从物理的解释根据来对我们这些内部现象的原因所进行的一切自然研究,因为他仿佛是凭借一种超验理性的勒令而忽略了经验的内在知识来源,为的是自己的舒适,但却丧失了一切洞见。这个不

─────────────

　　① 埃德曼将"出于"校为"立于"。——德文编者
　　② 拉丁文:理性的疲软。——译者
　　③ 古代那些辩证论者曾用这个术语称呼一种谬误之见,这种谬误之见是这样说的:如果你命中注定会从这场疾病中痊愈,那么不管你看不看医生都会痊愈。西塞罗说,这种推论方式之所以有这个名称,是由于如果我们遵循它,那我们一生就都根本不会有运用理性的余地了。这就是我为什么把这样一个名称赋予纯粹理性的这个诡辩论证的原因。——康德

利的结论在独断论那里对我们有关一个最高理智的理念和在此之上错　A691
误建立起来的自然的神学体系(即自然神学)来说就更为明显触目了。
因为在这里一切在自然中显示出来的、常常只是由我们自己使之变成　B719
自然的目的,都有助于使我们在研究这些原因时相当方便,因为无须在
物质的机械论的普遍规律中寻找这些原因,而是直接诉之于最高智慧
的不可捉摸的意旨,并且这样一来就把理性的努力看做是完成了的,如
果我们摆脱了理性的运用的话,这种理性运用毕竟在任何地方都找不
到线索,除了在自然秩序和变化序列按照其内部普遍规律把这线索提
交给我们的地方之外。这种错误如果我们不仅仅对某些自然的部分,
如陆地的分布及其结构、山脉的性状和位置、乃至于植物界和动物界的
机体,都从目的的观点来考察,而且使自然的这种系统统一性在与一个
最高理智的关系中成为完全普遍的,那是可以避免的。因为那样一来
我们就把按照自然的普遍规律的某种合目的性当做了基础,对于这些
自然规律没有任何特殊的机制属于例外,而只是或多或少被标明得使
我们可以辨认而已,并且,我们就拥有了一条目的论连结的系统统一性
的调节性原则,但这种系统统一性我们不可预先规定,相反,我们只可　A692
在对它的期待中去追踪那按照普遍法则的自然机械连结。因为只有这　B720
样,合目的性的统一这个原则才能任何时候都在经验上扩展理性的运
用,而不使这种运用在某种情况下遭到中断。

　　第二个错误是由于对上述系统统一原则的误解而产生的,这就是
颠倒的理性的错误(perversa ratio①, υστερον προτερον rationis②)。这
个系统统一的理念本来只应当用来作为调节性原则在按照普遍自然规
律联结诸物时寻求系统的统一性,并且在其中的某物能够以经验性的
方式被发现的范围内,也用来在同一程度上相信我们已接近了这理念
运用的完备性,虽然我们永远也不会达到它。舍此我们就会把事情弄
颠倒了,我们将一开始就把一条合目的性的统一性原则的现实性当做

----

① 拉丁文:理性的颠倒。——译者
② 前两词为希腊文,后一词为拉丁文,意为"理由倒置"。——译者

实体化的东西引为根据①，并把一个这样的最高理智的概念，由于它自在地是完全不可捉摸的，就从拟人论上来加以规定，然后就把这些目的强行专断地硬加在自然身上，而不是以物理学的自然研究的方式合理地去寻求这些目的，以至于不仅仅那本应当只是用来按照普遍规律补足自然统一性的目的论现在反而导致了取消那种统一性，而且理性本身还为此而丧失了自己的目的，即要从自然中按照这一②规律证明一个这样的至上的理智原因的存有。这是因为，如果我们不能在自然中先天地预设那最高的合目的性，即将它预设为属于自然的本质，我们怎么会被指示去寻求它、并在一个自然的等级阶梯中去接近一个创造者的最高完善性，即某种绝对必然的、因而是先天可认识的完善性？这条调节性的原则要求把系统的统一性完全预设为不仅仅是在经验性上被认识的、而且是先天地、虽然还是不确定地被预设的自然统一性，因而预设为由事物的本质中得出来的。但如果我事先就以一个进行安排的最高存在者③作为根据，那么自然统一性实际上就被取消了。因为这种统一性对诸物的本性是完全陌生的和偶然的，也④不能从自然的普遍规律而得到认识。由此就在证明中产生了一种错误的循环论证，这时我们把本来应当被证明的东西当做了前提。

　　将自然的系统统一性的调节性原则当做构成性原则，并且把仅仅在理念中被当做理性的一致运用的根据的东西实体化地预设为原因，这只是理性的迷乱而已。自然的研究完全只是沿着以自然的普遍规律为依据的自然原因的链条来走自己的路的，虽然指向一个创造者的理念，但不是为了从这个创造者中推导出这种研究到处都在追寻的那种合目的性，而是为了从这种在自然物的本质中、尽可能也在所有一般物的本质中被寻求的合目的性来认识创造者的存有，因而将这种存有认

A693
B721

A694
B722

---

　　① 埃德曼校为："……当做原因而实体化地引为根据"，瓦伦廷纳校为："……当做实体化的原因而引为根据"。——德文编者

　　② 维勒校作"按照这些"。——德文编者

　　③ "存在者"与上面的"本质"德文为同一词 Wesen。——译者

　　④ 瓦伦廷纳主张在"也"前面加上"因此"。——德文编者

作绝对必然的。不论后面这种寻求成功与否,这个理念仍然是永远正确的,并且它的运用同样也仍然是永远正确的,如果这种运用被限制在一个单纯调节性原则的那些条件上的话。

完备的合目的性的统一性就是完善性(绝对地来看)。如果我们不是在构成整个经验对象、即构成我们一切客观有效的知识的对象的那些物的本质中,因而在普遍必然的自然规律中发现了这种完善性,我们怎么会由此直接推出一个作为一切原因性的来源的原始存在者的某种最高的和绝对必然的完善性这个理念来呢? 这个系统的、因而也是合目的性的最大统一性是对人类理性的最大运用的学习,甚至是这种运用的可能性基础。所以这个统一性的理念是和我们理性的本质不可分割地结合着的。因而正是这同一个理念对于我们来说是具有立法性的,所以我们很自然地要假定一个与这理念相应的立法的理性(intellectus archetypus①),从这个作为我们理性的对象的立法的理性中可以推导出自然的一切系统的统一性来。

A695
B723

我们在纯粹理性的二律背反的场合曾说过:纯粹理性所提出的一切问题都是绝对必须回答的,而以我们的知识在许多自然的探究中既是不可避免的又是合理的那种局限性作借口在这里是完全不能允许的,因为在这里这些问题并不是由物的本性、而只是通过理性的本性并仅仅关乎理性的内部机制而被提交给我们的。现在我们可以就纯粹理性有其最大利益的那两个问题来证实这种初看起来很大胆的主张,并以此使我们关于纯粹理性的辩证论的考察达到全部的完成。

所以,假如我们要问(在先验神学方面②)第一:是否有某种与世界不同而又把世界秩序及其按照普遍法则的关联的根据都包含在内的东西,那么回答就是:无可置疑。因为世界就是现象的总和,因此必须有

A696
B724

---

① 拉丁文:原型的智性。——译者

② 我前面关于心理学的理念及其真正规定作为只是理性的调节性运用的原则所已经说过的话,使我免除了对内感官一切杂多的系统统一性据以被实体化地表现出来的那种先验幻觉再特别作详尽的讨论。这里这种处理方式与这个批判在神学理想方面所遵循的那种处理方式极为相似。——康德

这个总和的某种先验的、即仅仅对于纯粹知性是可思维的根据。第二，如果要问：是否这个存在者是实体，具有最大实在性，是必然的等等；那么我的回答是：这个问题完全没有意义。因为我试图用来为自己造成一个有关这样的对象的概念的一切范畴仅仅只具有经验性的运用，并且如果它们不是被应用于可能经验的客体即感官世界之上的话，它们就没有任何意义。在这个领域之外，它们就只是诸概念的名目，我们可以承认这些名目，但借此也不能理解任何东西。最后，如果问题是：我们是否至少可以按照与经验对象的一个类比来思考这个与世界不同的存在者？那么回答就是：当然，但只是作为理念中的而非实在性中的对象，也就是说，只是就这对象是世界机制的系统统一性、秩序和合目的性的一个我们所不知道的基底这一点而言的，理性必须使这种统一性、秩序和合目的性成为自己的自然研究的调节性原则。进一步说，我们还可以大胆地、无可指责地允许这个理念中有某些对上述调节性原则起促进作用的拟人论。因为这永远只是一个理念，它根本不会直接与一个不同于世界的存在者相关，而是与这世界的系统统一性的调节性原则相关，但只是凭借这统一性的一个图型，即一个至上的理智，它是按照智慧的意图的世界创造者。世界统一性的这个原始根据①本身自在地是什么，这本来就不是借此而应当思考的事，相反，应当思考的是，相对于理性在世界事物上的系统运用，我们应如何使用这个原始根据、或不如说使用它的理念。

　　然而，以这样一种方式，我们就能够（如果有人要继续追问的话）假定一个唯一的、智慧的和全能的世界创造者吗？毫无疑问，不仅如此，而且我们还必须预设这样一个创造者。但这样一来，我们就毕竟扩展了我们的知识到可能经验的领域之外了吗？绝对没有。因为我们只是预设了一个我们对之自在地本身是什么完全没有任何概念的"某物"（一个单纯的先验对象），但在与我们如果要研究自然界就必须预

A697
B725

A698
B726

---

　　①　原文为 Ungrund，德文无该词，显然为 Urgrund（原始根据）之误。兹据第一版校正。——德文编者

设的世界结构之系统而合目的性的秩序的关系中,我们对于那个我们所不知道的存在者只是按照和一个理智的类比(此乃一个经验性的概念)来设想的,就是说,赋予了它在以它为根据的那些目的和完善性方面恰好这样一些属性,这些属性按照我们理性的条件是能够包含这样一个系统统一性之根据的。所以这个理念是完全建立在我们理性每次的世界运用之上的。但如果我们想要授予它绝对客观的有效性,那么我们就忘记了这只是一个我们所思维的理念中的存在者,并且由于这样一来我们就从一个完全不能通过对世界的考察而确定的根据着手,我们就会因此而不能与理性的经验性运用相适合地来应用这条原则了。

　　但(如果有人再要问)以这样一种方式我毕竟就能在对世界作理性的考察时运用一个最高存在者的概念和预设了吗?是的,这个理念本来也就是由理性用来为此奠定基础的。不过,我现在可以把那些类似于目的的安排,通过我把它们从神圣的意志中推导出来,虽然是借助于为此而在世界中置于这些安排上的那些特殊设施而推导出来,就看做是有意图的吗?是的,你们也可以这样来推导,但结果必须是这样,即不论有人说是这个神圣的智慧为了自己的至上目的把一切都安排成了这样,还是说这个最高智慧的理念是在对自然的探究中的一种调节,一种按照普遍的自然规律的自然界的系统而合目的性的统一性原则,哪怕是在我们没有发现那种统一性的地方,这对你们都同样地有效,而这就是说,在你们知觉到这种统一性的地方,说是上帝凭其智慧要它这样的,或者说是自然智慧地安排它成这样的,这对你们来说必定是完全一样的。因为你们的理性曾要求用来作为调节性原则而为一切自然研究奠定基础的那个最大的系统而合目的性的统一,恰好就是曾经使你们有权把一个作为调节性原则之图型的最高理智的理念奠定为基础的东西,并且,你们现在按照这一调节性原则而在世界中找到了多少合目的性,你们也就在多大程度上证实了你们理念的合法性;但由于该原则仅仅是以寻求必然的和最大可能的自然统一性为目标,所以我们虽然在我们达到这种统一性的范围内将必须把这统一性归功于一个最高存

A699
B727

在者的理念,但我们不能对唯有这一理念才会不与我们自己相矛盾地

A700
B728
为之奠定基础的那些普遍自然规律视而不见,以便把这种自然合目的性看做是偶然的和按其起源来说是超自然的,因为我们本来就无权在自然之上假定一个具有上述属性的存在者,而只有权以这个存在者的理念作为根据,以便按照与某种因果规定的类比而把诸现象①视为相互系统连结着的。

因此,我们同样也有权不仅按照某种更加微妙的拟人论来思考在这个理念中的世界原因(没有拟人论就会根本不可能对这种原因作任何思考),也就是把它思考为一个具有知性、愉悦和讨厌、以及某种与之相应的欲望和意志等等的存在者,而且还赋予它无限的完善性,这种完善性是远远超出我们通过对世界秩序的经验性的知识所能够有资格达到的那种完善性的。因为这条系统统一性的调节性法则所要求的是,我们应当这样来研究自然,就好像系统而合目的的统一性在最大可能的多样性中会无限地到处遇见似的。这是因为,虽然我们关于这个世界完善性将侦察到或获得的只是很少的东西,但到处寻求和推测这个完善性毕竟属于我们理性的立法,而且按照这条原则来对自然进行

A701
B729
考察,必定任何时候都对我们有利,而决不会变得有害。但在这个被作为根据的关于一个最高创造者的理念之下,有一点也是很清楚的:我不是以这样一个存在者的存有和知识为根据,而只是以它的理念为根据,所以本来就不是从这个存在者中,而只是从它的理念中、也就是从按照一个这样的理念的世界诸物的本性中推导出任何东西。甚至看来是对我们这个理性概念的真正运用的某种虽未发育的意识导致了各个时代的哲学家们使用谦虚而恰当的语言,因为他们把自然的智慧和先见与神圣的智慧当做同等含义的表达来谈论,甚至只要他们只对思辨理性感兴趣,他们就宁可采用第一种表达,因为这种表达对于比我们有资格持有的更为扩大的那种主张的僭妄加以遏制,同时使理性退回到它所

①　原文直译为"按照与诸现象的某种因果规定的类比而……"没有宾词。兹据哈滕斯泰因校。——德文编者

固有的那个领域即自然中去。

　　所以,似乎一开始就至少许诺要把我们的知识扩展到一切经验边界之外去的纯粹理性,如果我们对它有正确的理解的话,所包含的就无非是调节性的原则,这些原则虽然要求比经验性的知性运用所能达到的更大的统一性,但正是由于它们把这种知性运用所逼近的目标推出到如此之远,它们就使知性的运用通过系统的统一性而与它自身的协调一致达到了最高的程度,但如果我们误解了它们,并把它们看做超验知识的构成性原则,它们就通过某种虽然炫目但却是欺骗性的幻相而产生出了说服作用和想像中的知识,但同时也产生出了永远不断的矛盾和争执。

A702
B730

　　　　　　　　*　　　　　　*　　　　　　*

　　所以,人类的一切知识都是从直观开始,从那里进到概念,而以理念结束。虽然人类知识在所有这三个要素方面都有先天的认识来源,这三个来源初看起来似乎都对一切经验的边界不屑一顾,然而一个完成了的批判却坚信,一切在思辨运用中的理性凭借这些要素都永远也不能超出可能经验的领域之外,而这一至上的认识能力的真正使命只是利用一切方法及其原理,以按照一切可能的统一性原则,其中最重要的是目的的原则,来追踪自然直到它的最深邃处,但决不飞越它的边界,在这边界之外对我们来说除了空的空间外一无所有。虽然在先验分析论中对所有那些能够把我们的知识扩展到现实经验之外的命题所作的批判的审查已经充分地使我们确信,它们永远也不可能导致比一个可能的经验更多的某种东西,并且假如我们不是自己对那些最清楚的抽象普遍的学理抱有不信任的态度,假如不是那吸引人的虚假前景诱惑着我们去摆脱那些学理的强制,那么我们本来当然是可以免除对一种超验的理性为了自己的僭妄而让其出庭的所有辩证论的证人作费力的考问的;因为我们预先已经完全确定地知道,这种僭妄的一切借口虽然或许是出于诚意,但必然是完全无

A703
B731

意义的,因为这涉及到没有任何人能够有朝一日获得的某种信息。不过,这种讨论如果不是我们探出了这种使哪怕最理性的人都可能受到欺骗的幻相的真实原因的话,就永无终期,并且,把我们的一切超验的知识化解为它的诸要素(作为对我们内部本性的一种研究)这种做法就其本身而言并没有丝毫的价值,但对哲学家而言甚至是一种义务,因此,将思辨理性的这种完整的、虽然是无用的探讨一直详尽地追寻到它的最初根源处并不只是有必要的,而且由于这个辩证的幻相在这里不仅就判断而言具有欺骗性,而且就我们从这判断所取得的利益而言也具有诱惑性,并且任何时候都是自然的,因而将会在未来永远保留着,所以最好是仿佛把这一场诉讼的那些记录详尽地写出来,并把这些记录存入人类理性的档案中,以防止将来犯类似性质的错误。

B732
A704

二、先验方法论

如果我把纯粹的和思辨的理性的一切知识的总和看做我们至少心
中对之有一个理念的一座大厦，那么我就可以说，我们在先验要素论中
粗略估计了这座建筑的材料，并规定了这些材料足够建一栋什么样的
大厦及它具有何种高度和强度。不过可以发现，虽然我们在思想中有
一座本应是高耸入云的高塔，材料的储备却只够一栋住房，这栋住房对
于我们在经验的平原上工作恰好是宽敞的，其高度足以对经验的平原
加以眺望；但那个大胆的计划必然会由于缺乏材料而失败，还不说考虑
到就连那种语言的淆乱也必定会不可避免地使工人们对这计划产生分
歧，并分散到世界各地，以便每个人按照自己的设计来为自己进行特殊
的建造①。现在对我们来说，所关心的与其说是材料，不如说是计划，
并且由于我们被警告不要在一种随意而盲目的、也许会超出我们的所
有能力的设计上去冒险，却又仍然不可能放弃建立一座坚固的住处，所
以就必须按照与提供给我们而同时又适合于我们的需要的那个储备的
比例关系对一座大厦作出估计。

所以我就把先验的方法论理解为对纯粹理性的一个完备系统的诸
形式条件的规定。我们将按照这个意图来讨论纯粹理性的训练、纯粹
理性的法规、纯粹理性的建筑术，最后是纯粹理性的历史，并且按照先
验的意图去完成那件曾由经院学者们在一般知性的运用方面以实践逻
辑的名义尝试过、但却做得很差的工作；因为，既然普遍的逻辑并不
是局限于知性知识的任何特殊的类型之上（例如不局限于纯粹的知

---

① 此处康德借用了基督教《圣经》中关于建造"巴比伦塔"的神话，见《旧约
·创世纪》第 11 章。——译者

性知识上），也不局限于某些确定的对象上，那么它如不从别的科学中借来知识就不可能做别的事情，只能把我们在各门科学中关系到系统方面所使用的那些可能方法的名目和各种术语陈述出来，这些都会使初学者预先知道一些名称，其含义和运用他是要到将来才了解到的。

第一章　纯粹理性的训练

　　那些不仅在逻辑形式上、而且按照内容也是否定性的判断，对于人们的求知欲来说是不受任何特别敬重的；我们可能根本把这些判断看做我们不懈地追求扩展的知识欲的善妒的敌人，这就几乎需要一种辩护，以便哪怕只为它们争取一点容忍，更多地则是为它们赢得善意和尊重。

A709
B737

　　我们虽然可以在逻辑上把随便任何一个命题表达为否定的，但就我们的一般知识的内容而言，不论这知识是通过一个判断而扩展开来还是受到限制，那些进行否定的命题所具有的一项特别的工作就只是防止错误。因此甚至那些本应防止一种错误知识的否定性的命题，在本来就不可能有任何错误的地方虽然也极为真实，但毕竟是空洞的，也就是根本不适合于它们的目的，并正因此而常常惹人耻笑。例如那位经院派的雄辩家的命题：亚历山大没有军队就不可能征服任何国家。

　　但是在我们的可能知识的局限极为狭隘、作出判断的诱惑很大、呈现出来的幻相极带欺骗性、而由错误带来的危害又很显著的地方，那仅仅用来使我们免于犯错误的教训的否定作用就比某些可能使我们的知识得到增长的肯定的教导还具有更多的重要意义了。我们把使经常要从某些规则偏离开来的倾向受到限制并最终得到清除的那种强制称之为训练。这种训练与培养不同，培养只是要获得某种技能，而不是相反地要取消某种别的、已经现存着的技能。所以对于一种已经具有某种

A710
B738

自我表现的冲动的才能的教化来说,训练作出了一种消极的贡献①,培养和教义则作出了一种积极的贡献。

　　气质也好,喜欢擅自作一种自由而无拘无束的活动的(作为想象力和机智的)才能也好,在有些方面是需要某种训练的,这一点每个人都很容易承认。但是说本来有责任为其他一切努力颁布其训练的那个理性本身还需要这样一个训练,这倒可能会显得闻所未闻,而实际上理性也正因此而至今免受这样一种屈辱,因为凭它所呈现出来的庄严隆重和周全体面,没有人会轻易陷入对某种用想像代替概念、把言词当做事实的轻浮游戏的怀疑。

　　理性在经验性的运用中并不需要任何批判,因为它的那些原理在经验的试金石上经受着一种连续的检验;同样在数学中也不需要批判,数学的那些概念必须在纯粹直观上马上得到具体的表现,而任何无根据的和任意的东西都会由此而立刻暴露出来。但是在既没有经验性的直观、又没有纯粹直观来把理性保持在一个看得见的轨道上的场合下,也就是在理性仅仅按照概念而作先验的运用时,那么理性就非常需要一个训练来对它扩展到超出可能经验的严格边界之外的倾向加以抑制,使它远离放纵和迷误,以至于甚至纯粹理性的整个哲学都只是与这种否定性的用处打交道了。个别的迷误是可以通过审查而消除的,这些迷误的原因也可以通过批判而取消。但如同在纯粹理性中那样,在发现了那些错觉和假象有很好的结合并统一在共同的原则之下而成为一个完整的系统的地方,似乎就需要一个完全独特的、虽然是否定性的立法了,这种立法以一个出自理性的本性和理性的纯粹运用的对象的本性的训练的名义,仿佛建立起了一个预警和自检的系统,在这个系统面前没有任何虚假而玄想的幻相能够站得住脚,而是无论它有什么掩

A711
B739

---

　　① 我完全知道,按经院派的说法训练这个名称通常和教训在同样的意义上使用。不过有许多别的与此相反的场合,在那里前一个术语被作为管教而与后一术语作为教导严格区别开来,而各种事物的性质本身也要求为这一区别保留一个唯一合适的术语,我希望人们能够永远不让该词用于别的含义,只用于否定的含义。——康德

饰的理由都必然会马上暴露出来。

A712
B740

　　但要充分注意到的是:我在先验批判的这第二个主要部分中并没有把纯粹理性的训练针对着内容,而只是针对着出自纯粹理性的那种认识方法。针对内容的事在先验要素论中已经做过了。但理性的运用不论它应用于何种对象都有许多相似之处,不过就其应当是先验的而言同时也与所有其他的运用在本质上如此地不相同,以至于没有一个特别针对这种运用的训练的警告性的否定学说,就不可能防止那些由于不恰当地遵循了这样一些虽然在其他地方是适合理性的、但只有在这里是与理性不适合的方法而必然产生出来的错误。

第一节　纯粹理性在独断运用中的训练

　　数学提供了一个没有经验的辅助而有幸自行扩展开来的纯粹理性的最光辉的例子。例子具有传染性,尤其对于那当然会自夸在别的领域也拥有它在某个领域所分得的同一种幸运的同一种能力来说是如

A713
B741

此。因此纯粹理性在先验的运用中希望能像它在数学中成功地做到的那样同样有幸彻底地扩展自己,尤其是当它在前者中应用的同一个方法在后者中已具有了如此明显的用处时。所以对我们来说重要的是要知道,这种获得了我们在数学科学中称之为数学的确定性的那种无可置疑的确定性的方法,是否与我们在哲学中所用来寻求同一种必须被称之为独断的那种确定性的方法是一样的。

　　哲学的知识是出自概念的理性知识,数学知识则是出自概念的构造的理性知识。但构造一个概念就意味着:把与它相应的直观先验地展现出来。所以一个概念的构造要求一个非经验性的直观,因而后者作为直观是一个个别客体,但作为一个概念(即一个普遍的表象)的构造而仍然必须在表象中表达出对一切隶属于该概念之下的可能直观的普遍有效性。所以我构造一个三角形,是由于我把与这个概念相应的对象要么通过在纯粹直观中的单纯想像、要么按照这种想像也在纸上以经验性的直观描绘出来,但两次都是完全先天地描绘,并没有为此而

从任何一个经验中借来范本。个别被画出的图形是经验性的,却仍然 A714
用于表达概念而无损于其普遍性,因为在这个经验性的直观中被注意 B742
的永远只是构造这个概念的行动,对该概念来说许多规定如大小、边和
角都是完全无关紧要的,因而这些并不改变三角形概念的差异就都被
抽象掉了。

所以哲学知识只在普遍中考察特殊,而数学知识则在特殊中、甚至
在个别中考察普遍,但却仍然是先天的和借助于理性的,以至于正如这
种个别在构造的某些普遍条件之下得到规定一样,概念的对象也同样
必须被设想为普遍地得到规定,那种个别只是作为这概念的图型而与
之相应的。

所以,这两种类型的理性知识的本质区别就在于这一形式,而不是
基于它们的质料或对象的区别之上的。那些以为哲学和数学的区别是
由于他们说哲学单纯以质为客体、而数学却只是以量为客体的人,是把
结果当做了原因。数学知识的形式是数学只能指向量的原因。因为只
有大小的概念是可以构造、即可以先天地在直观中展示的,质却只能在 A715
经验性的直观中表现出来。因此质的一种理性知识只有通过概念才有 B743
可能①。所以没有人能够从任何别的地方、而只能从经验中取得与实
在性概念相应的直观,但他也永远不可能先天地从自己本身中并先于
经验性意识而分有这种直观。我们能够没有一切经验性的辅助单凭概
念而使圆锥形被直观到,但这个锥体的颜色却必须先在这个那个经验
中被给予出来。我不能以任何方式在直观中表现一个一般原因的概
念,除非靠经验给我提供的一个例子,如此等等。此外,哲学和数学一
样也讨论量,如讨论总体性、无限性等等。数学也研究线和面作为不同
质的空间的差别,研究作为广延的一种质的广延的连续性。然而,尽管
它们在这些情况下有某种共同的对象,但在哲学和数学的考察中通过
理性处理这对象的方式却是完全不同的。哲学仅仅执着于普遍概念,

---

① 据阿底克斯校本,此句应为"因此质的一种理性知识通过概念是决不可
能的"。——译者

　　数学单凭概念则不能做成任何事情，而是马上赶紧投向直观，在直观中

A716　它具体地考察概念，但却不是经验性地考察，而只是在它先天地表现出

B744　来、也就是构造出来的这样一种直观中考察，在其中，从那种构造的诸普遍条件中得出的东西也必然会普遍地对这构造起来的概念的客体有效。

　　我们若给一位哲学家一个三角形的概念，并让他按照自己的方式去发现三角形的角之和可能会与直角有怎样的关系。他现在只有在三条直线内所围成的一个图形的概念，以及在这图形上的三个角的概念。现在，不论他对这个概念沉思多久，他也不会得出任何新的东西。他可以分解直线的概念，或是一个角的概念，或是三这个数的概念，并使之变得清晰，但不能想到在这个概念中根本没有的其他属性。然而让几何学家来处理这个问题。他马上就从构造一个三角形开始。因为他知道，两直角之和恰好与从直线上一点所能够引出的所有邻角之和有相等的结果，于是他就延长这三角形的一边而得到与两直角之和相等的两个邻角。现在他通过引一条与这三角形的对边相平行的线来分割这两个角中的外角，并且看到在这里产生了与一个内角相等的一个外邻

A717　角，如此等等①。他就以这种方式通过一个推论链并始终由直观引导

B745　着而达到了对这个问题的完全清楚明白同时又是普遍的解决。

　　但数学不仅构造了各种大小（quanta），例如在几何学中，而且构造了单纯的定量（quantitatem），如在代数学中，在这里数学将那个应当按照这样一种大小概念来设想的对象的性状完全抽象掉了。这样一来，数学就为自己选择了对一般量（数目）进行一切构造的某种符号标志，如加、减、开方等等②，并且在它把量的普遍概念按照量的不同关系也用符号标志出来之后，它就把这个量由以被产生和被改变的一切处理

————————

　　①　此处省略掉的应为："以及与另一个内角相等的另一个外邻角，而这两个外邻角与它们的内邻角之和本来就等于两直角，所以三角形的三内角之和为两直角，此证。"——译者

　　②　原文直译为"对一般量（数目，如加、减等等）、对开方进行一切构造的某种确定的符号标志"，兹据哈滕斯泰因和维勒校。——德文编者

过程①都按照某些普遍规则在直观中表现出来；凡在一个量应被另一个量除的地方，数学就把标志这两个量的符号按照除法的表示形式置于一处，如此等等，于是它就借助于一种符号构造，正如几何学按照一种明示的或几何的（对对象本身的）构造②那样，同样也达到了推论的知识凭借单纯的概念永远也不可能达到的地方。

这两位理性的行家，一个按照诸概念行事，另一个按照他先天地依据概念而表现的那些直观行事，他们两者所处的这种如此不同的处境的原因会是什么呢？按照上面所阐述的那些先验的基本原理这种原因是很清楚的。在这里问题并不取决于那些可以由单纯概念的分解而产生的分析命题（在这方面哲学家无疑是具有胜过其对手的优势的），而是取决于综合命题，并确切地说是那些应当被先天认识的综合命题。因为我不应当盯着我在我的三角形的概念中所现实思考的东西（这种东西只不过是单纯的定义而已），我倒是应当超出这概念而进到那些在这概念中没有但却从属于这概念的属性。现在，这只有当我要么按照经验性直观的条件、要么按照纯粹直观的条件来规定我的对象时才有可能。前一种情况将只会提出一个（通过对三角形的角加以测量的）经验性的命题，这命题不包含任何普遍性，更不包含必然性，此类情况根本不是我们要谈的。但第二种处理方式就是数学的构造，确切地说在这里就是几何学的构造，借助于这种构造，我在一个纯粹直观中，正如在经验性的直观中那样，添加了属于一个一般三角形的图型、因而也属于它的概念的杂多，那些普遍的综合命题当然必须③通过这种方式而被构造出来。

所以我如要对三角形进行哲学研究、即作推论性的沉思，那将会白费力气，借此我不会有丝毫的进展，所达到的只是单纯的定义，而这定义按理却是我必须由以开始的。从纯然概念出发的、而且又只有哲学

A718
B746

A719
B747

---

① 原文直译为"把通过这个量而被产生和被改变的一切处理过程"，兹据维勒校。——德文编者

② 维勒校作"按照一种明示的（对几何对象本身的）构造"。——德文编者

③ 埃德曼将"必须"校作"能够"。——德文编者

家才做得到的先验综合虽然是有的,但这种综合所涉及的永远只是一般物,即涉及在哪些条件之下一般物的知觉才能属于可能经验。但在数学的课题中关于这一点以及一般地关于实存是根本不成问题的,成问题的只是对象本身的那些仅就与这些对象的概念相联结而言的属性。

在上述例子中,我们所试图要做的只不过是要弄清楚,在理性按照概念作推论性运用以及通过概念的构造作直觉性运用之间将会碰到怎样巨大的差别。于是自然就会有一个问题:是什么原因使得理性的这样一种双重的运用成为必要的,并且我们凭什么条件能够看出,是只有前一种运用在发生呢,还是也有后一种运用发生。

我们的一切知识最终毕竟是与可能的直观相关联的:因为唯有通过这些直观,一个对象才被给予。现在,一个先天概念(一个非经验性的概念)要么本身已经包含有一个纯粹直观了,而这样一来它就可以被构造出来;要么,它所包含的无非是并未先天给予的那些可能直观的综合,这样一来我们就完全可以通过它作出先天的综合判断,但只是按照概念作推论性的判断,而从来都不是通过概念的构造作直觉性判断。

A720
B748

现在,从一切直观中被先天给予出来的只不过是诸现象的单纯形式即空间和时间,而关于空间和时间的一个概念即定量①,则要么可以同时与这些定量的性质(形状)一起、要么也可以仅仅通过数目而把它们的量(即同质的杂多的单纯综合)先天地在直观中表现出来,也就是构造出来。但诸物由以在空间和时间中被给予我们的那些现象的质料,却只能在知觉中、因而后天地得到表象。把现象的这种经验性的内容先天地表象出来的唯一的概念是一般物的概念,而对这物的先天综合知识所能够提供出来的,只不过是对知觉有可能后天给予我们的东西进行综合的单纯规则,却永远也不可能先天地提供实在对象的直观,因为这种直观一定必须是经验性的。

针对根本不可能先天提供其直观的一般物的那些综合命题都是先验的。因此,先验命题永远也不能通过概念的构造、而只能按照概念来

---

① "定量"为德语化的拉丁词 Quantis,意即量的"多少"或程度。——译者

先天地给予。它们所包含的只是应当据以经验性地寻求那不能先天直
观地被表象出来的东西(即诸知觉)的某种综合统一性的规则。但它们　　A721
决不可能先天地把自己的任何一个概念在某种情况下表现出来，而只是　　B749
后天地、以依照那些综合原理才成为可能的经验作中介，才做到这一点。

　　如果我们要对一个概念作综合的判断，那么我们就必须从这个概
念中走出来，也就是走向它在其中被给予出来的直观。因为，如果我们
停留在被包含在这个概念中的东西那里，那么这一判断就会只是分析
性的，并且只是按照在思想中已现实地包含着的东西对这思想的解释。
但我可以从概念走向与这概念相应的纯粹的或经验性的直观，以便在
直观中对这概念作具体的考量，并先天地或后天地认识那种应归之于
这概念的对象的东西。其中先天的认识是通过概念的构造而来的合理
的数学知识，后天的认识则只是经验性的(机械的)知识，它决不可能
提供出必然的和无可置疑的命题。所以我尽可以分解我关于金子的经
验性概念，借此我并没有获得更多的东西，而只能把我在这个词中所现
实地思维着的一切列举出来，由此在我的知识中虽然造成一种逻辑上
的改进，但并没有获得任何增添和附加。但我把在这一名称下出现的
物质拿来，并对它进行知觉，这些知觉就会给我提供出各种综合的但却　　A722
是经验的命题。对一个三角形的数学概念，我就会构造它，即先天地在　　B750
直观中把它提供出来，并以这种方式获得一种综合的、但却是合理性的
知识。但是，当像实在性、实体、力等等这样的先验概念被给予我时，那
么这一概念就既不表示经验性的直观，也不表示纯粹直观，而只表示对
经验性直观(因而也是不能被先天给予的直观)的综合，所以，由于这种
综合不能先天地超出到与之相应的直观，从这概念中也就决不能产生出
规定性的综合命题，而只能产生对可能的经验性直观的某种综合原理①。

---

　　①　借助于原因概念，我现实地超出了关于一个事件(其中有某物发生)的经
验性概念，但并没有达到具体表现原因概念的那种直观，而是达到了在经验中有
可能按照原因概念而被找到的一般时间条件。所以我只是按照概念在行事，而不
能通过对概念的构造来行事，因为概念是对知觉的综合规则，这些知觉决不是纯
直观，因而是不能先天地给予的。——康德

所以一个先验的命题就是一种按照单纯概念的综合的理性知识,因而是推论性的,因为借此那些经验性知识的一切综合统一才首次成为可能,却并不是借此就先天地提供出任何直观来。

A723
B751
　　这样一来,就有理性的一个双重的运用,它们尽管在知识及其先天地产生上共同都拥有普遍性,但在程序上却是很不一样的,之所以如此,是因为在一切对象由以被给予我们的那个现象中存在着两个方面:直观形式(空间和时间),它是能够完全先天地得到认识和规定的,以及质料(自然之物),或者说内容,它意指一个在空间和时间中所碰到的、因而包含某种存有并与感觉相应的某物。就内容方面而言,它是永远不能以别的确定的方式、而只能经验性地被给予的,我们对它不可能先天地拥有任何的东西,除了对可能感觉的综合的那些不确定的概念,如果这些概念属于(在一个可能经验中的)统觉的统一性的话。就形式方面而言,我们可以在先天直观中规定我们的概念,因为我们是在空间和时间中通过同一式样的综合来自己为自己造成诸对象的,因为我们只是把这些对象看做定量之物。前一方面叫做按照概念来运用理性,因为我们所能够做的只不过是按照实在的内容把现象带到概念之下,这些现象由此也就只能经验性地、也就是后天地得到规定(但却把那些概念当做一种经验性的综合的规则来遵守);后一方面则是通过

A724
B752
对概念的构造来运用理性,在这种运用中,这些概念既然已经指向一个先天直观,它们也就恰好因此而能够先天地、并且勿须任何经验性的材料而在纯直观中被确定地给予出来。对于一切存有的东西(一个在空间时间中之物),考虑它是否和在何种范围内是一个定量,考虑必须表象这个定量中的一个存有还是必须表象缺乏,考虑这个(充满空间或时间的)某物在何种程度上是一个最初的基底或是单纯的规定性,在何种范围内拥有一种它的存有与其他某物的作为原因或结果的关系,并且最后,它在存有方面是处于孤立状态还是与他物处于交互的依赖性中,考虑这存有的可能性、现实性和必然性或是它们的反面:所有这一切都属于由概念而来的理性知识,这种知识被称之为哲学性的。但在空间中对一个直观先天地加以规定(形状),对时间加以划分(延

续),或是仅仅对有关同一个东西在时间和空间中的综合的共相、以及对由此产生出来的一般直观的大小(数)加以认识,这却是通过对概念的构造而做的理性工作,它叫做数学性的。

理性借助于数学而取得的巨大成功很自然地形成一种猜测,就是:即使不是理性本身、却毕竟是它的方法,在量的领域之外也会得到成功,因为理性把它的一切概念都带到直观上来,这种直观是它能够先天地给予的,而它借此就可以说成为精通自然的了;与此相反,纯粹哲学凭借种种先天的推论性概念却在自然中到处敷衍塞责,并不能使这些概念的实在性成为先天直观的并正因此而得到确证。甚至对于数学这门技艺的大师来说,假如一旦要他们去做这方面的研究,他们似乎也根本不会缺乏对自己本身的这种信心,而对普通大众来说,似乎也完全不缺乏对他们的技巧的很高的期望。因为既然他们几乎每一次都没有对自己的数学进行过哲学思考(这是一件困难的工作!),所以他们就意识不到也想不到在理性的一种运用和另一种运用之间有种类上的区别。他们向日常理性借来的那些流行的和得到经验性运用的规则,就这样在他们那里取代了公理的效用。他们有可能从哪里得到他们所研究的那些空间时间概念(作为唯一本源的定量),对此他们从来不放在心上,同样,在他们看来探究纯粹知性概念的起源连同其有效性的范围似乎是无益的,唯一有益的是使用这些概念。在所有这些做法中他们是完全正确的,只要他们不超越给他们划定的边界,即自然的边界。但他们却这样不经心地从感性的领域落入纯粹概念甚至先验概念的不可靠的地盘,那里的地面既不容他们立足(instabilis tellus, innabilis unda①),亦不许他们游泳,只能脚步匆匆一掠而过,时间将不会留下他们的丝毫足迹;反之在数学中,他们的进展则开辟出一条康庄大道,使最远的将来的后继者也能够放心大胆地迈步。

既然我们已给自己提出了一个义务,要严格地和确定地规定纯粹理性在先验运用方面的界限,但这样一种运用的努力却具有这种特点,

A725
B753

A726
B754

---

① 拉丁文:不稳固的土地,渡不过的激流。——译者

即不顾最严重最清晰的警告,不是马上彻底放弃超出经验界限之外进达智性的诱人地带的打算,而是仍然让自己心存侥幸:那么,就有必要仿佛再去拆除某种充满幻想的希望之最后支点,要指出在这种知识中遵守数学的方法是得不到任何好处的,除了更加清楚地揭示出这种方法本身的弱点这个好处之外;指出测量术和哲学是完全不同的两回事,尽管它们在自然科学中互相联手,因而,一方的处理方式是永远也不能由另一方模仿的。

数学的缜密性是建立在定义、公理、演证的基础上的。我将满足于指出:这几项中没有任何一项是能够在数学家所理解的那种意义上由哲学来做到的,更不用说被哲学所模仿了。测量员按他的方法在哲学中只会搭建起一些空中楼阁,哲学家按自己的方法在数学的份内之事中只可能掀起一场废话,尽管哲学恰好就在于知道自己的界限,并且就连数学家,如果他的天赋不是也许已经受到自然的限制并局限于他的专业范围内的话,就不能拒绝接受哲学的警告,还不能不在意这些警告。

1. 关于**定义**。定义,正如这个术语自己所给出的那样,本来只是要表示这样的意思,即将一物的详尽的概念在其界限内本源地描述出来①。按照这样一种要求,一个经验性的概念是根本不能定义的,而只能被说明。因为,既然我们对这概念只拥有某一类感官对象的一些特征,那就永远也不能断定,我们在表示同一个对象的这个词下面是否就不会对这对象的特征这一次想到的多些,下一次想到的少些。所以一个人在金子这个概念中除了重量、颜色、韧性之外,还可能想到它不生锈的属性,而另一个人也许就对此一无所知。我们只是在某些特征足以用来进行区分的限度内使用这些特征;与此相反的新的发现则取消这些特征而添加上了一些特征,所以这概念就永远也不会处于固定的

A727
B755

A728
B756

---

① 详尽性是指特征的清晰性和充分性;界限是指精密性,即这些特征不超出属于该详尽概念的东西;本源地则是指这种界限规定不是从任何东西那里派生出来、因而还需要某种证明的,这种情况将会使被认为的解释不能在对一个对象的一切判断中处于最高位置。——康德

界限之内。并且,给这样一种概念下定义又有什么用呢? 既然当我们例如说在谈及水和它的属性的时候,并不止步于我们在"水"这个词里面所想到的东西,而是着手去做试验,而这个词连同与之相联系的少数特征只应当构成一种称谓,而不是构成这个事物的概念,因而这个所谓的定义无非是词的规定而已。其次,严格说来,甚至也没有任何先天被给予的概念是可以被定义的,如实体、原因、权利、公平等等。因为我永远也不能肯定一个(尚不清晰的)被给予的概念的清晰的表象已被详尽地阐明出来了,除非我知道这个概念是与对象相符合的。但由于对象的概念,如同它被给予出来的那样,可能包含有很多模糊的表象,这些表象我们在分解它时是忽略了的,虽然在应用时总是要用到它们:所以,对我的概念进行分解的详尽性总是可疑的,它只有通过各种各样的合适的例子才能够成为大致确定的,但决不是无可置疑地确定的。代替"定义"这个术语,我宁可用"阐明"这一术语,后者总还保留着小心谨慎,在此批判者可以让这种阐明在一定程度上生效,但却仍然能够为了详尽性而抱有疑虑。所以,既然不论经验性地还是先天地被给予的概念都不可能被定义,那么剩下来的就只是那些我们能够用来试验这种技艺的任意想到的概念了。我在这种情况下随时都能够对我的概念加以定义;因为我终归必须知道什么是我本来想要思考的,因为是我预先①造成了这个概念本身,而且它既不是由知性的本性、也不是由经验给予我的,但我却不能够说,我由此就对一个真实的对象作出了定义。因为,如果这个概念基于经验性的条件之上,例如一只船钟,那么这个对象及其可能性还没有凭借这个任意的概念就被给予;我甚至并未由此得知这概念是否在某个地方拥有一个对象,而我的解释与其说可以叫做对一个对象的定义,不如说是(对我的设想的)某种宣示。所以,除了包含有一种任意的、即能够被先天地构造出来的综合的那些概念之外,不会有任何其他的适合于下定义的概念剩下来,因而只有数学是具有定义的。因为,数学把它所思考的对象也先天地在直观中加以描

A729
B757

---

① 原文为 vorsetzlich,据瓦伦廷纳校为"有意"(vorsätzlich)。——德文编者

A730
B758
述,而这个对象所包含的肯定不多不少正是这个概念所包含的,因为通过这种解释,关于这对象的概念就本源地、即并非从任何地方把这解释引申出来地,被给予了。德语对 Exposition、Explikation、Deklaration 和 Definition① 这些术语只有一个词来表示:解释(Erklärung),因此当我们在拒绝给予哲学的解释以定义这种荣誉头衔时不得不对这种严格要求有所放松,而愿意将这整个注释局限于:把哲学的定义仅仅作为对给予的概念的阐明来完成,而把数学的定义作为本源地造成的概念之构造来完成,即前者只是通过分解(其完备性肯定不是无可置疑的)而分析地完成的,而后者则是综合地完成的,因而造成概念本身,前者反之则只是解释概念。由此就会得出:

a)在哲学中我们不必模仿数学而先从定义着手,也许只除开是为了做试验。因为,既然这些定义是对给予概念的分解,那么这些概念虽然还仅仅是混乱的,却是在先提出的,而不完备的阐明就先行于完备的阐明,以致我们在达到完备的阐明、即达到定义之前,能够从我们由一个尚未完成的分解中抽出来的一些特征中事先推论出好些东西;总之,

A731
B759
在哲学中定义作为准确的清晰性,与其说必须开始这件工作,不如说会结束这件工作②。相反,我们在数学中先于定义就根本没有任何概念,只有通过定义,概念才首次被给予出来,所以数学任何时候也都必须而且能够从定义开始。

b)数学的定义永远也不可能错误。因为,既然概念通过定义才

---

① 拉丁文:阐明、说明、宣示、定义。——译者

② 哲学充斥着一些有缺点的定义,尤其是这样一些定义,它们虽然现实地包含有定义的各种要素,但还不完备。假如我们在直到对一个概念作出了定义之前,就根本不可能采用一个概念,那么这对于一切哲学研究来说都将会是糟透了的事。但由于在(分解出来的)诸要素所及的范围内总是可能较好和较可靠地运用它们,所以甚至种种有缺陷的定义,即那些真正说来还不是定义、但不妨是真实的、因而是接近定义的命题,也能够得到有益的运用。定义 ad esse[拉丁文:在本质上。——译者]属于数学,而 ad melius esse[拉丁文:在较充分的本质上。——译者]属于哲学。达到这一步是很美好的,但是很难。法学家们都还在寻找一个对于他们的权利概念的定义。——康德

首次被给予,那么它就恰好只包含这定义原来想要通过它来思考的东西。但虽然按照内容来说其中不可能出现任何不正确的东西,然而有时候,尽管只是少有地,在(表达的)形式上亦即就精确性而言,也可能有某种缺点。所以对圆周的通常解释,说圆周是一条其一切点与一个唯一的点(中心点)距离相等的曲线,就有缺点,即曲这一规定是以不必要的方式添加进去的。因为必然有一条特殊的定理能够从这个定义中推导出来和轻松地得到证明:任何一条其一切点与一个唯一的点等距离的线都将是曲线(它没有任何一个部分是直的)。相反,分析性的定义就有可能以各种各样的方式犯错误,要么是由于它们带进了一些实际上并不存在于概念中的特征,要么是由于我们不可能那么完全肯定对概念所进行的分解的完备性,因而缺乏构成一个定义的本质东西的详尽性。因此之故,数学在定义中的方法在哲学中是不可模仿的。

　　2.关于**公理**。公理,就其是直接确定的而言,都是一些先天综合原理。于是,一个概念不可能综合地却又是直接地与另一个概念相联结,因为,我们为了能够超出一个概念之外,就必须有一个第三者即中介性的知识。既然哲学只是按照概念的理性知识,那么在其中就不会有可能找到任何配得上公理之名的原理。相反,数学是能够提出公理的,因为它可以借助于在对象的直观中构造概念而把该对象的诸谓词先天地直接结合起来,例如"三点任何时候都处于一个平面"。反之,一个综合原理永远也不可能只是从概念中就直接确定的;例如这个命题:"一切发生的事情都有自己的原因",因为我必须环视一个第三者,即在一个经验中的时间规定的条件,而不可能直截了当地单从概念中就认识到这样一条原理。所以,推论性的原理是完全不同于直觉性的原理即公理的。前者任何时候都还要求一个演绎,后者则完全可以不需要这种演绎,并且由于后者正因为这个理由而是自明的,而这是哲学的原理无论它们如何确定也决不能妄称的,所以纯粹的和先验的理性的任何一个综合命题要像二加二等于四这个命题那样一目了然(如人们通常顽固地表达的那样),那真是差得太远了。我虽然在分析论中谈到纯

A732
B760

B761
A733

粹理性诸原理的表时也曾提及过某种直观的公理①；不过在那里所提到的那条原理本身却并非什么公理，而只是用来指明一般公理的可能性的原则，它本身只是一条出自概念的原理。因为甚至数学的可能性也必须在先验哲学中被指出来。所以哲学并没有任何公理，也永远不允许如此绝对地来要求它的先天原理，而是不能不勉强通过彻底的演绎来为自己由这些原理而来的权限作辩护。

A734
B762

　　3.关于**演证**。只有一种无可置疑的证明，就其是直觉的而言，才能够叫做演证。经验固然告诉我们那是什么，但并不告诉我们它根本不可能是别的。因此经验性的证明根据不可能取得任何无可置疑的证明。但从（在推论性的知识中的）先天概念中永远也不能产生出直观的确定性即自明性，不论这判断在别的方面可以是怎样无可置疑地确定。所以只有数学才包含有演证，因为它不是从概念中，而是从对概念的构造中，即从能够与这些概念相符合地被先天提供出来的直观中，引出自己的知识的。甚至代数学借助于它的方程式，从中通过化简得出答案和证明来，这种处理方式虽然不是几何学式的构造方式，但也毕竟是很有特色的构造方式，在其中我们借符号而在直观中阐释概念，尤其是量的关系的概念，并且从来不是着眼于启发性的东西，而是通过把这些推论中的每一个都置于眼前来保证所有这些推论不犯错误。而与此相反，哲学知识却必定没有这种便利，因为它任何时候都必须（通过概念）抽象地考察共相，然而数学却可以具体地（在个别直观中）但却又

A735
B763

通过先天的纯粹表象来考虑共相，借此每一步错误都会昭然若揭。因此我愿意宁可把哲学知识称之为讨论的证明②（推论的证明），因为它只能够通过纯粹的言辞（思维中的对象）来进行，而不称之为演证，后者正如这个术语已经表明的，是在对象的直观中进行的。

　　于是从所有这一切中就推出，对于哲学的本性来说，尤其在纯粹理

---

　　①　参看"原理分析论"第二章第三节"纯粹知性一切综合原理的系统演示"，见 A161/B200 以下。——译者

　　②　"讨论的"原文为 akroamatisch，出自希腊文，指古希腊盛行的报告会（诉之于听觉）。——译者

性的领域中,是根本不适合于以独断论之路为支撑并用数学的头衔和绶带来装饰自己的,哲学不应该置身于数学的骑士团中,哪怕它有一切理由去希望与数学结成姊妹关系。那些头衔是一些永远不能兑现的虚荣的僭妄,它们其实必然会打消哲学想要揭穿一种看错了自己界限的理性的种种假象的念头,以及借助于对我们的概念的充分的澄清而把思辨的自负引回到谦虚的但却是彻底的自我认识上来的意向。所以,理性在其先验的企图中将会不可能满怀信心地向前看,就好像它所经过的路会笔直地通向目的地似的,也不能够如此毫无顾忌地指望那些它作为根据的前提,以至于会没有必要常常回顾和留意是否也许在推论过程中暴露出在原则中曾被忽视了的错误来,而这就迫使我们要么对这些原则作更多规定,要么就完全改变这些原则。

A736
B764

我把一切无可置疑的命题(不管它们是通过证明还是直接地确定下来的)分成教条(Dogmata)和教理(Mathemata)。一个出自概念的直接综合命题就是一个教条(Dogma);反之,一个通过概念的构造而来的这种命题就是一个教理(Mathema)。分析判断关于对象所教给我们的真正说来不外乎我们对该对象所拥有的概念自身已经包含在内的东西,因为这种判断不把知识扩展到超出主体的概念之外,而只是解释这概念。因此分析判断不能确切地叫做教条(我们也许可以把这个词用Lehrsprüche① 来翻译)。但在所说的两类先天综合命题之中,按照习惯的用语只有属于哲学知识的那些先天综合命题才能领有这个名称,我们很难把算术或者几何的命题称之为教条。所以这种用语就证实了我们所提出的界说,即只有出自概念、而不是出自对概念的构造的判断,才能叫做教条性的。

于是,全部纯粹理性在其单纯思辨的运用中并不包含任何出自概念的直接综合判断。因为纯粹理性通过理念,如我们已指出过的,根本不能有任何具有客观效力的综合判断;但它通过知性概念虽然能建立一些可靠的原理,却又根本不是直接出自概念的,而总是仅仅间接地通

A737
B765

---

① 德文:“教条”。——译者

过这些概念与某种完全偶然的东西、也就是与可能的经验的关系建立起来的；当这种关系（即某个作为可能经验的对象之物）被预设了时，这些原理当然也就是无可置疑地确定的，但就其自在的本身来说（即直接地）却是任何时候都根本不可能被先天地认识的。所以绝对没有人能够把"一切发生的事情都有其原因"这一命题单从这个被给予的概念中就透彻地看出来。因此这命题并非一个教条，尽管它可以在另一个观点中、也就是在它的可能运用的唯一领域即经验的领域中得到很好的和无可置疑的证明。但它虽然必须被证明，却叫做原理而不是定理，这是因为它具有这种特别的属性，即它本身才首次使它的证明根据即经验成为可能，并且永远必须在经验中被预设下来。

现在，如果在纯粹理性的思辨运用中按其内容也根本没有教条，那么一切教条性的方法，不论它是向数学家借来的还是应当成为一种固有的风格，自身都是不合适的。因为它只会隐藏那些缺点和错误，并且，哲学的真正意图是使理性的一切步骤都在最明亮的理性之光中被看清，而它则使哲学落空。然而这种方法总是能够系统化的。

A738
B766

因为我们的理性（在主观上）本身是一个系统，但是在它的纯粹运用中，凭借单纯的概念，却只是一个按照统一性诸原理来作研究的系统，只有经验才能给这种研究提供出材料来。但关于一个先验哲学的固有的方法，在这里却没有什么可说的，因为我们所涉及的只是对我们的能力状况的一种批判，看我们是否在任何地方都能盖房子，并且我们从我们现有的材料中（从先天的纯粹概念中）能够把我们的房子盖到多么高。

第二节　对纯粹理性在其论争上的运用的训练

理性必须在其一切活动中都把自己置于批判之下，而且理性不能在不损害自身和不引起一种不利于它的嫌疑的情况下通过任何禁令破坏这种批判的自由。所以,没有什么东西从有用性来说如此重要,也没有什么东西如此神圣,以至于可以逃避这番检验性和审视性的、不看任何人的面子的盘查。建立在这种自由之上的甚至是理性的实存,理性并没有任何专制的威严,相反,它的箴言任何时候都只不过是①自由公民的协调一致,每个自由公民都必须能够不受压制地表达自己的疑虑甚至他的否决权。

A739
B767

然而,即使理性决不能够拒绝批判,理性却任何时候都没有理由害怕批判。但纯粹理性在其独断的(非数学的)运用中并没有十分意识到要对它的这条至上的法则作最严格的遵守,以免它不得不带着羞愧,甚至完全放下一切自以为是的独断架子,而出现在更高的理性法官的批判眼光面前。

当纯粹理性不是与法官的审查、而是与同侪的要求打交道,而它应当做的只是反对这些要求而为自己辩护时,情况就完全不同了。因为,既然这些要求尽管是以否定的方式、但正如它自己以肯定的方式一样也是想要成为独断的:那么所进行的就是 $\kappa\alpha\tau\ \alpha\nu\theta\rho\omega\pi\sigma\nu$② 的辩护,它防止一切侵害并获得一笔具有产权证并可以不怕任何他人觊觎的财产,尽管这笔财产本身并不能够 $\kappa\alpha\tau\ \alpha\lambda\eta\theta\epsilon\iota\alpha\nu$③ 得到充分的证明。

现在,我把纯粹理性的论争的运用理解为针对关于纯粹理性各种命题的独断论地否定而为这些命题所作的辩护。于是在这里着重点就不在于,纯粹理性的这些主张是否也有可能或许是错误的,而只在于,任何时候都决不会有人能够以无可置疑的确定性(哪怕只是以较大的凭据)主张相反的东西。因为如果我们想拥有我们财产的一份虽然并不充分的产权,并完全肯定决不会有人什么时候能证明这笔财产不合法,那么我们这时毕竟不是通过请求得到这笔财产的。

A740
B768

令人有些担忧和沮丧的是,纯粹理性竟然会有某种背反论,并且这

---

① 维勒将"是"(ist)校为"寻求"(sucht)。——德文编者
② 希腊文:在他人面前。——译者
③ 希腊文:在真理面前。——译者

个毕竟扮演着一切争执的至上法庭的纯粹理性本身会陷入到自相冲突中去。虽然我们在前面曾面临了它的这样一种表面上的背反论；但事实表明它是基于误解之上的，因为人们按照通常的偏见把现象认作了自在的事物本身，于是就以这种或那种方式要求现象之综合的绝对完备性（但这在两种方式上都同样是不可能的），而这种要求却是根本不可能指望于这些现象的。所以那时并不曾有任何真实的理性的自相矛盾存在于下列命题中：被自在地给予的诸现象的序列有一个绝对的第一开端，以及：这个序列是绝对、本身自在地没有任何开端；因为，这两个命题完全可以并肩而立，因为诸现象按其存有（即作为诸现象）来说，本身自在地什么也不是，亦即是某种矛盾之物，所以这些命题的前提自然就不能不引来矛盾的结论了。

A741
B769　　但如果例如一神论者坚持说：有一个最高存在者，而无神论者反对说：没有任何最高存在者；或者，在心理学中说一切思维之物都具有绝对而持存的单一性、因而是与一切暂时的物质统一性不同的，而另一个人反对这种说法，认为灵魂不是非物质的单一性、也不能被排除于暂时性之外，——那么，上面这样一种误解就不能被用作借口，而且理性的争执也不能通过这种方式得到调解。因为所问的对象在此摆脱了与其本性相矛盾的一切异质性，而知性则只和自在的事物本身、而不是和现象打交道。因而，只要纯粹理性在否定的方面能够对贴近一个主张的理由的东西有所言说，在此无疑就会遇到某种真实的冲突；因为就对独断论的肯定之证明根据的批判而言，人们完全可以承认对这种肯定的批判①，而不会因此放弃那些至少本身毕竟具有理性利益的命题，而敌对一方则根本不可能诉诸这种理性利益。

　　我虽然并不同意那些卓越的和思想深刻的人（如苏尔策②）由于感到迄今为止的证明都很脆弱而经常发表的这种意见，即：我们可以希望

---

　　① 依格兰德；埃德曼认为此处应为："人们完全可以承认独断论的批判者的这些证明根据"；维勒则认为应作："人们完全可以承认对这些证明根据的批判"。——德文编者

　　② Sulzer,Johann Georg(1720—1779)，德国哲学家和美学家。——译者

我们有朝一日还会对我们的纯粹理性的两个基本命题"有上帝"和"有　A742
来世"找出自明的演证来。我宁可肯定这是永远也不可能发生的事。　B770
因为理性从哪里能够为这样一些并不与经验的对象及其内部可能性相
关的综合的主张取得根据呢？然而,同样无可置疑的是,永远也不会出
来一个能够以起码的凭据、更不必说独断地来主张相反意见的人。因
为既然他毕竟只能通过纯粹理性来阐明这一点,那他就必须设法去证
明:一个最高存在者,一个在我们心里进行思维的主体,作为纯粹的理
智都是不可能的。但他在何处能够获得那些使他有权超出一切可能经
验之外而对事物作如此综合性的判断的知识呢？所以我们对于有人会
什么时候向我们证明相反的东西完全不必担心;我们为此恰好不需要
去寻求严格的证明,而总还是可以假定那些在经验性的运用中尽可以
与我们理性的思辨利益相关联、此外又是使这种利益与实践的利益相
结合的唯一手段的命题。对于敌对方(他在这里必须不只是被看做批
判者),我们准备好了我们的 non liquet①,这必然会十拿九稳地将他迷
惑,然而我们并不拒绝在我们身上遭到同样的报复,因为我们总是保留
着理性的主观准则,这种准则对敌对方来说必然是缺少的,而在这些准　A743
则的保护下我们就可以高枕无忧地看待他的一切指手划脚了。　B771

　　真正说来,以这种方式就根本没有纯粹理性的任何背反论。因为
这种背反论的唯一战场是要到纯粹神学和纯粹心理学的领域中去寻求
的;而在这一基地上却并不拥有任何全身甲胄和手执令人生畏的武器
的战士。他只能够带着嘲笑和大话出场,而这就会被人当做儿戏来笑
话。这是一种安慰人心并使理性恢复勇气的说明;因为,如果理性唯一
的天职是排除一切错误,却在自身中遭到了摧毁,而不能指望安居乐
业,它又能信任什么别的东西呢？

　　凡是自然本身所安排的,都对某个意图来说是好的。甚至毒药也
可用来克服我们自身体液中所产生的其他毒素,因而在一个配药齐
全的药材店(药房)里是不可缺少的。针对我们单纯思辨理性的置信

――――――――

　　①　拉丁文:不清楚。――译者

和自负的那些反驳本身就是由这个理性的本性提出的任务,因而必定有它们良好的使命和意图,是我们不得当做耳旁风的。为此天意把好些即使与我们的最高利益相关联的对象向我们提到了如此的高度,以致允许我们去做的几乎仅仅是在某种不清晰的、连我们自己都怀疑的知觉中去找到它们,由此而激发起的探寻的眼光比这些眼光得到的满足更多,而对这些意图敢于作出各种大胆的规定是否会有什么用处,这至少是值得怀疑的,也许甚至是有害的。但无论如何,有一点是毫无疑问地有用的,即把不管是研究的理性还是检验的理性都置于完全的自由状态,以便它们能够不受阻碍地操心于理性自己的利益,对这种利益的促进既是由于理性为自己的见解设立起限制,也是由于理性扩展这些见解,而当外力进行干涉以便使理性违背它的自然进程而转向那些强迫的意图时,这种利益就总是受到损害。

　　因此,只管让你的论敌说出①理性来吧,仅仅使用理性的武器来与他战斗吧!此外,不要为善的事业(实践的利益)担忧,因为这种事业是永远也不会卷入到单纯思辨的争执中来的。于是,这种争执所揭示的无非是理性的某种二律背反,而二律背反既然基于理性的本性,它就必须要得到倾听和受到检验。这种争执通过对理性的对象从两个方面进行考察而对理性施行教养,并通过限制理性的判断而对这判断加以校正。凡是在这里所争执的东西,都不是事实(Sache),而是说法(Ton)。因为你还是有足够的余地,去说那种关于一个坚定信仰的、在最严格的理性面前得到辩护的语言,哪怕你不得不放弃知识的语言。

　　如果要我们向生性冷静的、本来就特别适合于公平判断的大卫·休谟发问:是什么促使您用那些劳神费力冥思苦想的怀疑,去埋葬那对人类来说如此慰藉和有用的置信,即相信人类理性的洞见足以主张一个最高的存在者并达到其确定的概念呢?那么他就会回答:无他,只是为了使理性在其自我认识中推进得更远,同时也是对人们想给理性带来的强制有某种不满,因为人们夸大理性,同时又阻止理性坦白地承认

A744
B772

A745
B773

---

① 埃德曼将"说出"校作"显示出"。——德文编者

自己的弱点,这些弱点在理性对自己进行检查时就向理性显示出来了。相反,如果我们向唯一忠实于理性的经验性运用的原理而厌恶一切超验思辨的普利斯特列①发问:他本身作为一个虔诚而热心的宗教导师,曾经出于什么样的动机摧毁了一切宗教的这样两个基本的支柱,即我们灵魂的自由和不朽(在他看来对来世的希望只是对一种复活奇迹的期待)? 那么他的回答就只可能是:理性的利益,这种理性由于我们想要把某些对象从物质自然的那些我们唯一能够精确认知和规定的规律中摆脱出来,而丧失掉了。他是很懂得把自己的佯谬的主张与宗教意图结合在一起的,由于普利斯特列一旦逸出自然学说的领域就找不到路,就对他加以责骂,使一个善于思考的人士感到痛苦,这看来是不公正的。但这种宽大对于在信念上毫不逊色而在其道德品格上无可指责的休谟来说也必然是同样有利的,他之所以不能放弃他的抽象的思辨,是由于他有权认为这思辨的对象完全外在于自然科学的范围而处在纯粹理念的领域之内。　　　A746 / B774

那么,在这里,尤其在共同利益似乎由此而受到威胁的那种危险方面,应该怎么办呢? 没有什么比你们因此而必须采取的决定更自然、更公正的了。让这些人去干吧;只要他们显示才能,只要他们显示出深刻而新颖的研究,一句话,只要他们显示出理性,那么理性总是会获胜。如果你们采取另外的手段而不是不受强制的理性的手段,如果你们大叫"谋反罪",仿佛像救火一样去召集那些粗俗的、对这些如此微妙的探讨一窍不通的家伙,那你们就会贻笑大方。因为所谈论的根本不是这里面什么对共同利益有好处或是有害处,而只是理性在其超脱一切利益的思辨中到底能够走多么远,以及我们究竟是否必须对这种思辨有所指望,还是必须在面对实践的事情时宁可根本放弃思辨。所以与其仗剑出手,不如从批判的安全席上静观这场争执,这场争执必然对于　　　A747 / B775

----

① Priestley,Joseph(1733—1804),英国教士、政论家、教育家和科学家,在宗教、哲学、政治、实验科学和教育改革方面都有重要著述和发现,由于反对"三位一体"、灵魂不朽等教义而受到教友的排斥,1794 年因同情法国大革命而被迫移居美国。——译者

参战者是艰苦的,对于你们来说则是消遣,并且尽管其结局肯定是不流血的,对你们的洞见也必然会得出有益的成果。因为要指望理性作出澄清,却又预先规定它一定必须得出哪一方面的结果,这是很有些荒唐的。此外,理性已经自行通过理性而得到很好的管束并保持在限制中,以至于你们完全不必出动巡警以民法来制止那似乎以其令人担忧的优势威胁你们的一方。在这种辩证论中根本没有你们也许会有理由担忧的赢家。

理性甚至也是很需要这样一种争执的,并且人们也许可以希望这种争执更早地、在无限制的公开允许之下进行。因为一种成熟的批判将会更早地实现出来,随着这种批判的发表,所有这些往返争执都必然会自行消除,因为争执双方将学会看出自身的那些使他们不和的盲目和偏见。

A748
B776　　在人类本性中有某种不纯正性,它最终却毕竟如同一切由本性而来的东西一样,必然包含有一种趋向于善的目的的素质,这也就是一种隐瞒自己的真实意向,而把某些假定的、被人看做善良和光彩的意向显露出来的爱好。可以肯定,人类通过这种既隐瞒自己又采取一个对他们有利的幻相的倾向,不仅使自己文明化了,而且逐渐地在某种程度上使自己道德化了,因为没有任何人能够看穿诚实、正直和端庄的装扮,因而在一个人于周围所看到的、被以为是真正的善良榜样上,他就会找到一个自我改进的学校。不过,这种把自己装扮得比他所是的更好并表现出他所不具有的意向的素质,只是仿佛用作一种权宜之计,以便使人类走出粗野,并让他首先至少采纳他所知道的善的风度;因为此后,当真正的原理一旦被发展出来并转化为思维方式,那种虚伪就必然会逐渐得到有力的克服,因为否则这种虚伪就会腐蚀人心,而不让善的意向从美丽幻相的榛榛草莽底下生长出来。

很遗憾,甚至正是在思辨的思维方式的种种表现中我也觉察到这样一种不纯正性、伪装和虚伪,但在这种思维方式中人们也有更少得多的阻力、而没有任何好处地去开诚布公和不加掩饰地透露出对自己思

A749
B777　想的供词。因为除了甚至虚伪地互相只是传达思想,除了隐瞒我们对

自己的主张所感到的怀疑,除了对我们自己也不满意的证明根据装出一副自明的样子,还有什么能够对这些见解更加有害的呢? 然而,只要单是一个人的虚荣在策动这种隐秘的阴谋(这在那些并不拥有任何特殊的利益且不能轻易得到无可置疑的确定性的思辨性判断中是常有的事),那么这种虚荣就终归会被别人的虚荣借公共的认可加以抵制,而这些事实最终就会达到最纯正的意向和正直将会把它们送去的那一步,虽然要早得多。但是当群众认为那些钻牛角尖的玄想家们除了使公共福利的基脚动摇外什么也不打算做时,这时一个不仅是明智的而且也是被允许的和确实值得称赞的做法似乎就是,与其哪怕只是让善的事业的那些被以为的论敌占上风,即把我们的声调压低到某种单纯实践的确信这种适当的程度上来,并迫使我们承认缺乏思辨的和无可置疑的确定性,倒不如就凭借这些幻相的根据去促进善的事业。然而我本来应当想到,在这个世界上没有什么比让诡计、伪装和欺骗与坚持善的事业的意图放在一起更糟的了。在掂量一种单纯思辨的理性根据时一切都必须出以诚心,这的确是人们所能要求的最起码的东西。但即使人们哪怕能有把握指望这么少的东西,思辨理性关于上帝、(灵魂)不朽和自由这些重要问题的争执也将会要么就早已经解决了,要么则会立刻被终止。所以意向的纯正性常常是与事业本身的良善成反比的,这种事业也许拥有的诚实正直的反对者比辩护者更多。

A750

B778

　　所以我预先假定读者们不会愿意看到用不公正去为任何公正的事业辩护。于是就公正的事业而言这就断言了,按照我们的批判原理,如果我们不是注意发生的事情,而是注意应该发生的事情,则本来必定是根本没有任何纯粹理性的论争的。因为两个人怎么能够对于一件双方都不能在一个现实的、甚至哪怕在一个可能的经验中描述其实在性的事情进行争执,而对这件事情的理念他们只是冥想、以便从中猜出某种比理念更多的东西即对象本身的现实性呢? 既然他们中没有人能直接使自己的事业得到理解和确定、而只能攻击和反驳自己敌手的事业,他们想通过何种手段来摆脱这场争执呢? 因为纯粹理性的一切主张的命运就在于:既然它们超出了一切可能经验的条件,而在这些条件之外没

A751

B779

有任何地方找得到真理的证书,但它们又仍然必须利用知性法则,这些法则的使命只在经验性的运用,但没有这些法则在综合思维中是一步也迈不开的,那么,这些主张任何时候都可能向敌对方暴露出自己的弱点,并反过来又能利用自己敌对方的弱点。

我们可以把纯粹理性批判看做纯粹理性的一切争执的真实的法庭;因为它在这些争执直接指向客体时不是被卷入其中,而是被确立起来,以按照理性最初所指示的那些原理来规定和评判理性的一般权限。

没有这种批判,理性就仿佛是处于自然状态,而理性只有通过战争才能使它的各种主张和要求发生效力或得到保障。相反,这个批判则把它的一切判决都从理性自己所加入的基本规则中拿来,这些规则的权威是没有任何人能够怀疑的,这个批判就为我们带来了某种法制状态的和平,在这种状态中我们只应当通过诉讼程序来进行我们的争执。在第一种状态下结束这些争斗的是双方都自夸的胜利,跟随这种胜利而来的通常都只是某种不稳定的和平,它是由那个居中调解的当权者所促成的;但在第二种状态下结束争斗的则是判决,这种判决由于它在这里切中了这些争执本身的根源,就必然保障了一种永久的和平。甚至一种单纯独断之理性的这些无止境的争执最终也会迫使人们不得不在对这个理性本身的某种批判中,并在某种以批判为根据的立法中,去寻求安宁;正如霍布斯所主张的:自然状态是一种不公正的弱肉强食状态,人们一定必须放弃这种状态,以便服从法律的约束,这种约束把我们的自由只限制在它能够与每个别人的自由相共存、并正因此而能与共同的利益相共存的范围内。

属于这种自由的还有把每个人的思想和他自己不能解决的怀疑公开拿出来评判的自由,而并不因此就被骂为不安分的危险公民。这已经属于人类理性的根本的权利,人类理性不认识任何别的法官,只除了又是普遍的人类理性本身而外,在其中每个人都有自己的发言权;并且,既然我们的状态所能够做到的一切改善都必须来自人类理性,那么这样一种权利就是神圣的,而不容受到侵犯。甚至把某些大胆的主张或针对已经获得普通群众的最大而又最善良的部分赞同的那些主张的放肆攻击宣布为危险的这种做法也是很不明智的:因为这就意味着赋予这些主张以它们根本不应当得到的重要性。如果我听说一位不同凡响的思想家否证了人类意志的自由、来世的希望和上帝的存有,那么我就迫切渴望读这本书,因为我期望由于他的天才他会把我的见解推进一步。但我已经完全预先肯定地知道的是,他对这一切将会一事无成,其原因并不是由于我相信例如说已经占有了这些重要命题的攻不破的证据,而是由于这个向我揭示出我们纯粹理性的全部储备的先验批判已使我完全确信,正如纯粹理性对于这个领域内的肯定的主张是完全力所不及的一样,要想对这个问题能够提出某种否定的主张,纯粹理性同样也是所知甚少乃至更少。因为,这个自称是自由的思想家将从何处取得他的例如说不存在任何最高存在者这样一种知识呢? 这个命题处于可能经验的领域之外,并因此也就处于一切人类洞见的边界之外。对于反对这个敌人而为善的事业进行独断的辩护的人,我将根本不会去读他的东西,因为我预先知道,他之所以会攻击别人把幻相作根据,只是为了他自己得以插足其中,此外,日常的幻相对于这些新颖的意见毕竟不如一个令人惊异的巧妙构思出来的幻相所提供的素材那么多。反之,那种按照其方式也是独断论的敌视宗教的人,则将对我的批判提供所希望的研究工作,以及对这个批判的原理作更多修正的机会,而丝毫也不会因为他就带来某种令人担忧的事。

　　但那些被托付给大学教育的青年,至少在他们的判断力成熟以前,或者不如说,至少在人们想在他们心中奠定的学说有了牢固的根基,以便有力地抵制一切不论来自何方的对反面意见的置信之前,是否毕竟要警告他们提防这一类的文字,并阻止他们过早地知道那些如此危险的命题呢?

　　假如我们不得不在纯粹理性的事业中停留在独断的处理方式上,假如我们对论敌的处理不得不是真正论争性质的,即具有这样的性状,以致我们加入战斗,并针对着对立主张用证明根据来武装自己,那样的话当然暂时除了把青年人的理性在一段时间内置于监护之下并至少在

A753
B781

A754
B782

这段时间内保护它不受诱惑之外，没有任何更可取的办法，但同时也是从长远看没有什么比它更无用和更徒劳无益的办法。但如果接下来，或是好奇心、或是时代的风尚使这一类的文字撞到了他们的手下：这样一来，那些年轻时代的置信还经得起检验吗？这位仅仅带上独断的武器来抵抗其对手进攻的青年，不懂得对那种隐藏在他自己心中并不比在敌方心中更少的辩证法作出阐释，而看到那种拥有新奇性优势的幻相根据起来反对那种不再拥有这种优势、相反还激起青年对被滥用了的轻信产生怀疑的幻相根据。他相信不能有更好的办法表现他已经长大得不需要儿童式的管教，所以他就只有将那些好意的警告置之度外，并按照独断论的习惯而大口喝下独断地败坏着他的原理的那种毒药。

A755
B783

　　与人们在这里所建议的相反的那种东西正好是必须在学院教学中实行的，当然只有在对纯粹理性批判作一种原原本本地讲授的前提下来实行。因为，为了把纯粹理性的诸原则尽可能早地付诸实施，并表明这些原则即使在最大的辩证幻相那里也是足以对付的，这就绝对有必要把独断论者如此害怕的那些攻击对准青年那虽然还很软弱、但已通过批判启蒙了的理性，并让他去作出尝试，对敌方的那些无根据的主张一个一个地按照那些原理加以检验。对他来说使这些主张化作云散一点也不会感到困难，这样他就及早地感到他自己面对这样一类有害的、最终必然会在他面前失去一切幻相的欺骗时具有完全保护自己的力量。于是，虽然正是落在敌方大厦之上的这些打击必然对于他自己的思辨的建筑物——如果他想把这种建筑物建立起来的话——具有同样的毁灭性：但他对此却完全不感到担忧，因为他根本不需要住在那里面，而是还打算对实践的领域作一个展望，在那里他能够有理由希望找到一个坚实的基地，以便在上面建立起他的理性的和有益于世的体系。

A756
B784

　　因此在纯粹理性的领域中并没有任何真正的论争。双方都是在与空气搏斗，他们和自己的影子扭打，因为他们超出了自然之外，在那里并没有任何现成的可以抓得住和保持在手的东西让他们从独断论上来把握。他们有好一场战斗：他们所劈开的影子如同瓦尔哈拉①中的英雄们一样，瞬间重又长拢来，以便能够重新以不流血的战斗来自娱。

　　但纯粹理性也没有任何被允许的怀疑的运用可以伴随着它的一切争执而称之为中立性原则的。挑动理性去自己反对自己，递给它的双方以武器，然后平静而嘲弄地旁观它热火朝天的战斗，这从独断论的观点来看是不体面的，给人以幸灾乐祸和居心叵测的印象。但是，倘若我们看出那些不想通过批判让自己受到任何节制的玄想家们的无约束的愚顽不化和大言不惭②，那么我们实际上就终归没有任何别的办法，只有在一方面自吹自擂时用基于同样权利的另一方面去与之对置，这样理性就会通过敌方的抵抗而至少心生疑惑，以便把一些怀疑放进它的自以为是中去，并对批判加以倾听。但是要说只须这样怀疑就万事大吉了，就可以止步于要把对这种怀疑的无知状态所抱的确信和承认推崇为不只是对独断论的自负的一种疗救，而且同时是终止理性与自己的争执的方式，这就完全是一种徒劳的做法了，这种做法绝对不能适用于为理性带来一种安宁，而顶多只是一种把理性从其甜蜜的独断论美梦中唤醒过来、以便对自己的状态进行更仔细的检查的手段。然而，既然这种从理性的令人烦恼的争斗中摆脱出来的怀疑论方式看起来似乎是通达某种持久的哲学平静的捷径，至少是那些想要在对这一类的所有研究的嘲弄和轻蔑中装出一副哲学面孔的人所愿意采取的一条大道，那么我就觉得有必要对这种思维方式的特有的方面作一个描述。

A757
B785

与自身不一致的纯粹理性

不可能有怀疑论的满足

A758
B786

　　对自己的无知的意识（如果这种无知不是同时又作为必然的而得

---

①　Walhalla，指北欧奥丁神话中阵亡将士的殿堂，其中所居住的魂灵每日以虚拟的战斗为戏。——译者

②　弗兰德尔认为句中"不想……受到任何节制的"一语应是修饰"大言不惭"的。——德文编者

到认识的话),与其说应当终止我的种种探究,不如说是唤起这些探究的真正的原因。一切无知要么是对事物的无知,要么是对我的知识的使命和界限的无知。如果这种无知只是偶然的,那它就必定会推动我在第一种情况下独断地去探索事物(对象),在第二种情况下则批判地去探索我的可能知识的界限。但是说我的无知是绝对必然的,因而宣布自己免除一切进一步的探索,这一点并不能经验性地从观察来决定,而只能批判性地通过对我们知识的最初来源的探究而决定。所以对我们理性的界限规定只有按照那些先天根据才能产生;但理性的限制虽然只是对一种永远也不能完全取消的无知的不确定的知识,但它也可以后天地通过那种无论有多少知识总还留待我们去认知的东西而得到认识。所以,前一种唯有通过对理性本身的批判才可能的对自己无知的知识就是科学,后一种知识则只不过是知觉,我们对它不可能说出从它而来的结果会达到何种地步。如果我把地球表面(按照感性的幻相)想像为一个圆盘,那么我并不知道这个盘会伸展到多么远。但这告诉我一种经验:凡是我所到之处,我总是在我周围看到一个我能够继续前进的空间;因而我就认识到了我每次现实的地球知识的限制,但并不是一切可能的地球描述的界限。但如果我终归进到了这一步,即知道地球是一个球体而它的表面是一个球面,那么我也就可以确定地并按照先天原则,从地球的一小部分,例如经纬度的大小,来认识它的直径,并通过直径来认识地球的整个限制,即它的表面积;并且尽管我对于这个表面所可能包含的那些对象是无知的,然而我毕竟在这个表面所包括的范围、它的大小和限制方面不是无知的。

　　我们知识的一切可能对象的总和在我们看来似乎就是一个平面,它俨然有自己的地平线,这地平线也就是包括这些对象的全部范围并被我们称之为无条件的总体性的理性概念的东西。要在经验性上达到它是不可能的,而要按照某条先天原则来对它先天地加以规定,对此一切尝试都白费了力气。然而,我们的纯粹理性的一切问题都指向这一点:在这个地平线之外、或充其量还在它的边界线上可能会有什么。

　　著名的大卫·休谟就是人类理性的这些地理学家之一,他以为由

A759
B787

A760
B788

于他把这些问题放逐到人类理性的地平线之外,他就足以把这些问题打发掉了,但他却又不能规定这条地平线。他特别执着于因果性原理,并对它作了完全正确的说明①,即人们根本不是把这条原理的真实性(就连把一个起作用的原因的一般概念的客观有效性也不是)建立在任何洞见即先天知识之上,因此构成这条规律的全部声望的,也丝毫不是它的必然性,而只是它在经验的进程中的普遍适用性,以及由此产生出来的主观必然性,他称之为习惯。于是,从我们的理性不能对这条原理作超出一切经验之上的运用的这种无能中,他就推论出理性超出经验性的东西之上的一切僭妄的根本无效性。

我们可以把使理性的工作经受检验、并根据情况受到责备的这种处理方式称之为理性的检察官。毋庸置疑,这种检察官还会不可避免地引向对诸原理的一切超验运用的怀疑。不过这只是第二步,它还远远没有达到工作的完成。纯粹理性的事业的第一步标志着它的儿童时期,它是独断论的。上述第二步则是怀疑论的,它表明通过经验而学乖了的判断力的谨慎。但现在还必须有一个第三步,它只应归之于成熟的男子汉的判断力,这种判断力把坚定的并依其普遍性检验过的准则作为基础;就是说,不是理性的工作,而是依其全部能力和对纯粹先天知识的适应性经受评估的理性本身;这就不是理性的检察官,而是理性的批判,由此所猜测的不只是理性的局限,而且是理性的确定的界限,不只是对这个那个部分的无知,而且是在某种类型的一切可能问题上的无知,确切地说,决不仅仅是猜测,而且是出自原则的证明。所以怀疑论是人类理性的一个休息地,在这里人类理性能够对它的独断论的漫游进行思索并对它所处的地区画出草图,以便能够在今后以更多的把握选择自己的道路,但却不是它长期逗留的住地;因为这样的住地只有在某种完全的确定性中才能找到,不管这种确定性是有关对象本身的知识,还是有关那些使我们的一切关于对象的知识都被包括在其内部的界限的知识。

A761
B789

A762
B790

---

① 维勒认为此处应为"完全不正确的说明"。——德文编者

　　我们的理性决不是一个延伸到不确定地远、而我们只能大概地认识到其局限的平面，毋宁说，它必须被比作一个球体，其半径可以它表面上的弧形的曲率来求得（即从先天综合命题的性质来求得），但由此又可以有把握地指出它的体积和边界。在这个球体（即经验的领域）之外没有任何对理性而言的客体，甚至有关这一类被以为的对象的那些问题，也只涉及对这个球体内部能够出现在知性概念之下的那些关系作通盘规定的主观原则。

　　正如对经验进行预测的那些知性原理所表明的那样，我们现实地拥有先天综合知识。如果现在有人对这种知识的可能性根本不能理解，那么他尽可以一开始就怀疑这些知识是否也现实地先天寓于我们心中；但他还不能够仅凭知性之力就将这一点说成是这种知识的不可能性，并将理性以这些知识为准绳所迈出的所有步伐都说成是无意义的。他只能说，假如我们看出了理性的本源和真相，那么我们就可以对**A763**我们理性的范围和界限加以规定；但在这一点做到之前，对这种界限**B791**的①一切主张都是盲目冒险。通过这样一种方式，对于未经对理性本身的批判而自己进行的一切独断论哲学的通盘怀疑就的确会是完全有根据的，不过毕竟不能因此就完全否认理性的这样一个进展，如果这个进展由更好的基础作了准备并得到了保证的话。因为，既然所有的概念、甚至纯粹理性向我们所提出的所有的问题都决不处于经验之中，而是本身又只处于理性之中，因此它们必然是能够得到解决和按照其有效性还是无效性而得到理解的。我们甚至没有权利，好像这些课题的解决现实地处于物的本性中那样，却借口我们没有能力而拒绝这些课题，并拒绝对它们作进一步研究，因为唯有理性在其内部产生了这些理念自身，所以它对这些理念的有效性或辩证的幻相有义务给出说明。

　　怀疑论的一切论争本来都只是对独断论者的反转而已，独断论者并没有猜疑到他的本源的客观原则，就是说，他无批判地、煞有介事地继续着自己的进程，这种反转则只是要打乱他的计划并使他达到自我

---

　　①　瓦伦廷纳认为应作"对这种规定的"。——德文编者

认识。这种论争自身对于我们能知道什么，以及相反，我们不能知道什么，是完全无所谓的。理性的一切失败的独断论尝试都是对于经受检察官的审查来说永远有用的工作。但这对于理性的期望、即期望它以后的努力有一个更好的结果并对此提出各种要求，却是什么也不能决定的；所以单是检察官永远也不能使有关人类理性权限的争执终止。

　　由于休谟也许是所有怀疑论者中最有才智的，并且在怀疑论的处理方法对唤起某种彻底的理性检验所能造成的影响方面无疑是最优秀的，所以倒是很值得花力气在与我的主题相适合的范围内，去展示他的推论过程以及一位如此有见地和可尊敬的人物的误入歧途，这种误入歧途毕竟是在真理的轨道上发端的。

　　休谟也许有过这种思想，尽管他从来也没有把它完全阐明出来，这就是：我们在某一类判断中超出了我们关于对象的概念。我把这类判断称之为综合的。我怎么能够借助于经验超出我迄今所拥有的概念，这一点没有遭到过任何怀疑。经验本身就是诸知觉的这样一种综合，它使我凭借知觉而拥有的概念通过另外附加的知觉而得到增加。不过我也相信能够先天地超出我们的概念并扩展我们的知识。对此我们要么通过纯粹知性而在至少可能成为经验的客体的东西方面来作尝试，要么甚至通过纯粹理性而在诸物的这样一些属性、乃至于这样一些永远不可能出现在经验中的对象的存有方面来作尝试。我们的怀疑论者没有区分这两种他本来毕竟应当加以区分的判断，并且直接就把概念从自己本身中的增加，及所谓我们的知性（连同理性）不通过经验来受孕的自我增殖，看做不可能的，因而把这种增殖的一切被认为是先天的原则都看做是想像出来的，并认为这些原则无非是从经验及其法则中产生的习惯，因而只是经验性的即本身偶然的规则，我们是把某种被臆想出来的必然性和普遍性归之于这些规则了。但为了主张这种奇怪的命题，他却援引了普遍被承认的因果关系的原理。因为，既然任何知性能力都决不可能把我们从一物的概念引向某种通过此物会普遍必然地给予出来的另外某物的存有：所以他就相信能够由此推论出，我们没有经验就不拥有任何能够使我们的概念增加、并使我们有权先天地作出

A764
B792

A765
B793

A766
B794
这样一个自我扩展的判断的东西。照在蜡块上的阳光同时使蜡块融化，却使粘土坚硬，这是没有任何知性能够从我们事先关于这些事物的概念中猜得出来的，更不用说合法地推论出来了，而只有经验才能告诉我们这样一种规律。相反，我们在先验逻辑中已看到：尽管我们永远不能直接超越所给予我们的概念的内容，我们毕竟可以完全先天地——但却与一个第三者即可能的经验相关，因而毕竟是先天地——认识那个与其他事物相连结的法则。所以，如果原先固体的蜡块融化了，那么我就先天地认识到必定有某种东西先行了（例如太阳的热），融化则是按照某种固定的规律而跟随其后的，虽然我离开了经验就既不能先天地和无经验教导而确定地从结果中认识原因，也不能这样从原因中认识结果。所以他是错误地从我们按照法则进行规定时的偶然性推论出了法则本身的偶然性，并且他把走出一物概念而达到可能经验的活动（这种活动是先天发生的并构成这概念的客观实在性），混同于对现实经验对象的那种当然任何时候都是经验性的综合了；但由此他就使一种在知性中有其位置，并表达了一种必然连结的亲和性原

A767
B795
则，变成了一种只有在复制的想象力中才见到的联想规则，它只能表现那些偶然的、根本不是客观的联系。

　　但这位平时极为敏锐的人的这种怀疑论的迷误尤其来自于一个毛病，这个毛病他倒是和一切独断论者共有的，即他没有系统地通观知性的先天综合的一切种类。因为否则的话，不用在此提到别的，他就会发现例如持存性原理是这样一条如同因果性原理一样地预测经验的原理了。而这样一来他也就会有可能预先为先天自我扩展的知性以及纯粹理性规定好确定的界限了。但由于他只是局限了我们的知性，而不是给它定出界限，并由于他虽然带来了普遍的不信任，却没有对我们不可避免的无知带来任何确定的知识，由于他把一些知性原理都上交给检察官而没有把这个知性就其全部能力而言置于批判的测试天平上，而且由于他在否认知性其实并不能做到的事时走得更远，否认了知性的一切先天扩展自身的能力，尽管他对所有这些能力并没有进行过估量：这样，他就遭遇了随时会击倒怀疑论的那种命运，即他自己也受到了怀

疑,因为他的种种反驳只是基于一些本身是偶然的事实,却不是基于能 A768
够导致人们必然放弃独断论主张之权利的那些原则。 B796

也是由于休谟没有在知性的有根据的要求和理性的辩证僭妄之
间——其实他的攻击矛头主要是针对后者的——作出任何区别:所以
理性就感到自己全部独特的活力在这里丝毫也没有受到扰乱,而只是
被阻碍了,感到自己的扩展空间并未遭到封闭,而理性尽管在这里那里
受到夹逼,却永远不能完全离开它的尝试。因为针对这些进攻人们准
备好了防御,并且更加固执地不肯低头,以贯彻自己的种种要求。但鉴
于更高要求的虚妄,对一个人的全部能力的一种完备的估算以及由此
产生的对一小笔产业的确定性的确信,就取消了一切争执,并促使他心
平气和地满足于一笔有局限的但却是无可争议的财产。

那种非批判的独断论者并没有测量自己知性的范围,因而没有按
照原则来确定他的可能经验的界限,所以他并非预先已经知道他能做
到哪一步,而是想通过尝试来找到他能做的事,对这种独断论者,这些
怀疑论的攻击就不仅仅是危险的,而且甚至是摧毁性的。因为,只要他
被人触及到的一个主张是一种他不能为之辩护的主张,但他又不能从 A769
原则出发来解释这个主张的幻相,那么嫌疑就会落到所有那些平时不 B797
论多么让人置信的主张上。

所以,怀疑论者是教育独断的玄想家去对知性和理性本身作一种
健康批判的训导师①。如果他做到了这一步,那么他就再也不怕任何
攻击了,因为这样一来他就把他的财产与完全处在他之外的东西区别
开来,他对后者并不提出任何要求,也不会被纠缠进有关它的争执中
去。所以怀疑论的处理方式虽然自己本身并不使理性的提问得到满
足,但毕竟为唤起理性的谨慎并指出能够保障理性的合法财产的那些
根本手段而作了预先练习。

---

① 叔本华将此句改作:"所以,怀疑论者,独断的玄想家的训导师,对知性和
理性本身进行了一种健康的批判"。——德文编者

第三节 纯粹理性在假设上的训练

　　既然我们通过对我们理性的批判最终所知道的无非是,我们在理性的纯粹思辨运用中事实上什么也不可能知道:那么理性是否应当对于假设打开一个更为宽广的领域,在那里至少被允许构想和意指某种东西,即使不是主张某种东西?

A770
B798
　　如果想象力不应当是狂热,而应当是在理性的严格监视下的构想的话,那么就总是必须预先有某种东西是完全确定的,而不是虚构出来的或是单纯的意见,这种东西就是对象本身的可能性。这样一来就可以允许人们为了对象本身的现实性而最后求助于意见,但这种意见为了不至于是无根据的,就必须与作为解释根据的现实地给予的因而是确定了的东西连结起来,于是这种意见就叫做假设。

　　既然我们关于这种力学性的连结的先天可能性不能形成丝毫概念,而纯粹知性的范畴又不能用来编造这种概念,而只是当这种连结在经验中被遇见时去理解它:所以我们不能按照这些范畴并根据某种新的和不能指出的性状本源地臆想出某种唯一的对象,也不能把这种连结①当做一个被允许的假设的基础;因为这将会意味着使理性基于空虚的幻影而不是事实的概念。所以,不允许去臆想任何新的本源的力,例如一种有能力无须感官而去直观自己的对象的知性,或是一种无须任何接触的吸引力②,或是一种新的实体,例如那种无须不可入性而在空间中在场的实体,因而不允许臆想任何与经验所提供的一切协同性不同的实体协同性,任何与空间中的在场不同的在场,任何与时间中的

A771
B799
延续不同的延续。一句话,我们的理性所能够做的只是把可能经验的条件作为事物可能性的条件来运用;但决不能独立于这些条件,甚至仿佛由自己造成这些条件,因为这一类概念虽然不会有矛盾,但也会是无

---

①　埃德曼把"连结"校为"对象"或"对象的实在的可能性"。——德文编者
②　梅林把"吸引力"校作"排斥力";埃德曼校作"扩延力"。——德文编者

对象的。

理性概念，如已说过的，只不过是些理念，它们的确是没有任何在某个经验中的对象的，但也并不因此就表示虚构的却同时又被假定为可能的对象。它们只是悬拟地被设想，以便在与它们（作为一些启发性的虚拟）的关系中建立起知性在经验领域中的系统运用的调节性原则。如果我们撇开这一点，那么它们就只是一些思想物，其可能性是不能证明的，因此它们也不可能为通过假设来解释现实的现象而提供根据。把灵魂思维为单纯的，这是完全可以允许的，以便按照这个理念来把一切内心能力的一个完备而必然的统一置于我们对灵魂的内部现象进行评判的原则上，尽管我们并不能具体地洞察这些内心能力。但把灵魂假定为单纯的实体（一个超验的概念），这就会是一个不仅是不可证明的（如同许多自然性的假设那样），而且是完全任意和盲目冒险性的命题，因为这种单纯之物是根本不可能在任何经验中出现的，并且如果我们在此把实体理解为感性直观的持存客体的话，一个单纯的现象的可能性是根本不可能被洞察到的。对于单纯理知的存在者，或者对于感官世界之物的单纯理知的属性，是除了以意见之外不能以任何有根据的理性权限来假定的①，虽然也不可能通过任何被以为是更好的洞见来独断地加以否认（因为我们关于它们的可能性或不可能性都没有任何概念）。

要解释给予的诸现象，只能引用按照那些已知的现象规律而与给予的现象连结起来了的事物和解释根据。因此，使一个单纯的理性理念被运用来解释自然物的先验的假设就根本不是什么解释，因为这将会是把我们依据已知的经验性原则不能充分理解的东西，通过某种我们根本不理解的东西来解释。甚至真正说来，这样一种假设的原则将只是用来满足理性，而不是用来促进知性在对象上的运用。自然中的秩序和合目的性又必须从自然的根据中并按照自然规律来解释，而在

A772
B800

A773
B801

① 第三版中此句为"是可以凭借某种有根据的理性权限作为意见来假定的"。——德文编者

这里,甚至那些最放肆的假设,如果它们只是自然的,也比那些超自然的假设,亦即诉诸人们为此目的而预设的某个神圣创造者,要更能被容忍一些。因为那将是一条懒惰的理性(ignava ratio①)的原则,为了在理性感到十分舒适的一个单纯理念中得到休息,所有那些我们有可能再通过进一步的经验而至少按照可能性来认识其客观实在性的原因一下子都消失了。至于这些解释根据在原因系列中的绝对总体性,那么它是不会对那些世界客体而言造成任何障碍的,因为既然这些客体无非是些现象,对它们就永远不可能希望在条件系列的综合中有某种完成了的东西。

理性的思辨运用的先验假设,以及为了弥补自然根据的缺乏而不得不利用超自然根据的那种自由,都是根本不能容许的,这一方面是因为理性根本没有因此就走得更远,勿宁说反而把自己的运用的整个进程中断了,另一方面是因为这个许可证必然最终会使理性在自己所拥有的土地上即经验的基地上耕种所得的一切果实都失去了。因为,当自然的解释在这里或那里让我们感到困难时,我们手头就总是有一种超验的解释根据,它免除了我们的那种研究并终止了我们的探索,不是通过洞见,而是通过一条预先已经想好它必定包含一个绝对最初的东西的概念的原则的完全不可理解性。

一个假设值得加以接受的第二个必需的成分,就是这个假设具有充分性,以便由此而先天地规定那些被给予的结果。当人们为了这个目的而有必要援引那些起辅助作用的假设时,这些假设就给人某种单纯虚构的嫌疑,因为这些假设的每一个本身都需要这个被用来作为基础的思想曾急需的同样的辩护理由,因此也就决不能充当有力的证据。如果在一个无限制地完善的原因的前提下,虽然对在世界中出现的一切合目的性、秩序和尺度不缺乏任何解释根据,但在那些至少在我们看来显出是畸形与祸害的事情上,那个完善的原因就毕竟还需要新的假设,以便在这些作为反对理由的畸形与祸害面前得到拯救。如果人类

A774
B802

---

① 拉丁文:萎靡的理性。——译者

灵魂的被当做它的种种现象的基础的单纯自身独立性受到灵魂的那些与某种物质的改变(成长和衰退)相似的现相(Phänomene)的困难的反驳,那么就必须求助于新的假设,这些假设尽管并不是没有证明书的,但毕竟没有得到任何认证,除了那种被采用为主要根据的意见所给予它们的认证之外,虽然它们应当支持这种意见。 　A775　B803

　　如果在这里当做例子引用的理性主张(灵魂的非物质的统一性和一个最高存在者的存有)不应当被看做是假设,而应当被看做先天证明过的教条,那么它们就根本不是这里要谈论的了。但在这种情况下我们就要注意,这种证明具有一个演证的无可置疑的确定性。因为要使这样一些理念的现实性成为仅仅是或然性的,这是一种荒谬的图谋,正如我们设想要证明一条几何学命题只是或然的一样。从一切经验脱离开来的理性对一切都只能先天地并作为必然的来认识,要么就根本不能认识;因此理性的判断永远也不是意见,而是要么放弃一切判断,要么就是无可置疑的确定性。关于应归之于事物的东西的那些意见和或然的判断只能作为解释现实地被给予了的东西的根据出现,或是作为按照经验性的规律从那被当做现实根据的东西而来的后果出现,因而只是在经验对象的序列中出现。除了这个领域之外,意见只不过是思想的游戏,那就必然会是:我们对一条不可靠的判断之路拥有或许能在上面找到真理这种意见。

　　但即使在纯粹理性的单纯思辨性问题那里没有任何假设的发生是为了把各种命题建立于其上的,这些假设却仍然是完全允许的,只是为了在必要时替这些命题辩护,就是说它们虽然不能作独断的运用,但却可以作论争的运用。但我所理解的辩护不是对命题的主张增添证明根据,而只是对论敌要用来破坏我们所主张的命题的那些幻相之见加以摧毁。但现在,一切出自纯粹理性的综合命题本身都有这种特点:即使主张某些理念的实在性的人所知道的永远也不足以使他这个命题成为确定的,但另一方面,论敌所能知道的同样也不足以主张反面命题。人类理性的这种机会均等虽然在思辨的知识中并不偏袒双方的任何一方,但这里也是永远无法调和的争斗的真正战场。但下面将会表明,毕 　A776　B804

竟在实践的运用方面,理性有权假定某种它在单纯思辨的领域本来无法在缺乏充分证明根据时得到授权来预设的东西;因为一切这样的预设都破坏了思辨的完善性,但实践的利益是根本不关心这种完善性的。所以理性在那里拥有一笔不允许它证明、事实上也不可能来证明其合法性的财产。所以要敌方来证明。但由于敌方关于所怀疑的对象与主张其现实性的前者同样所知甚少,不足以说明它的非存在:所以在这里就显出那主张某物是实践上必要的预设的一方的优势了(melior est conditio possidentis①)。因为他可以仿佛是出于正当防卫,随意使用与反对他的善的事业的论敌所用的同样手段来捍卫这个事业,也就是使用假设的手段,这些假设根本不应当用来增强这个证明,而只应当用来指出,敌方要能够自夸在思辨的见解上比我们更占优势,他对争执对象的理解还差得太远。

　　所以假设在纯粹理性的领域内只容许作为作战武器,不是为了在这上面建立一种权利,而只是为了捍卫这种权利。但我们在这里永远必须在我们自身中寻找敌手。因为思辨理性在其先验的运用中自身就是辩证的。那些可能会是令人恐惧的反驳就在我们自己心中。我们必须把它们像那些古老的、但永远不会过时的要求一样找出来,以便在消灭它们的基础上建立起永久和平。外表的平静只是虚幻的。包含在人类理性的本性中的争辩的苗头必须根除;但如果我们不能给这种苗头提供自由、甚至提供营养,芟除杂草,以便它由此暴露出自身,然后把它连根除掉,我们又如何能够根除它呢? 因此你甚至必须寻求一些还没有任何论敌想到过的反驳,并且甚至借给他武器,或是将他尽可能想要得到的最为有利的位置让与他。在这里完全不必害怕什么,倒是很有希望,因为你将会获得一宗在永久的将来决不会再有争议的财产。

　　现在,属于你的全副武装的也有纯粹理性的假设,这些假设虽然只是铅制的武器(因为它们没有经过任何经验法则的锻炼),然而却总是像任何反对你的敌手所可能采用的武器同样有效。所以,如果你针对

A777
B805

A778
B806

---

　　① 拉丁文:占有者的地位更占优势。——译者

那(在另外某种非思辨的眼光中)被假定的、非物质的和不服从任何肉体变化的灵魂本性而碰到这种困难,即经验似乎仍然将我们的精神力量的不论是振奋还是沮丧都证明为不过是我们器官的各种变形,那么你就可以凭如下一点来削弱这种证明的力量,即我们的肉体无非是基本的现象,在目前状态中(在此生中)的所有感性能力及伴随着的一切思维都是与这个作为条件的基本现象相关的。与肉体的分离将是你的认识能力的感性运用的结束,以及它的智性运用的开始。所以肉体就不是思维的原因,而只是思维的限定性的条件,因而虽然必须被看做对感性的和动物性的生活的促进,但也应该更多地被看做对纯粹的和灵性的生活的阻碍,而前者对肉体性状的依赖就丝毫也不证明整个生命对我们的器官状态的依赖。但你还可以继续走下去,并很有可能发现一些全新的怀疑,要么是没有被提出过的,要么是没有被推进得足够远的。

　　在人那里正如在非理性的被造物那里一样,生育的偶然性依赖于机会,但此外往往也依赖于生活费用,依赖于统治者的脾气和念头,甚至常常依赖于罪恶,这对于一个被造物的延伸到永恒的继续这种意见造成了很大的困难,这种被造物的生命首先是在如此微不足道和如此完全听任我们的自由的状况下开始的。至于整个类(在这里地球上)的延续,那么这一困难在这方面并不重要,因为个别中的偶然情况仍然是服从于整体中的规则的;但在每个个体方面,从一个如此微不足道的原因期望一个如此巨大的结果却似乎是可疑的。但要反驳这一点,你可以提出一个先验的假设:一切生命真正说来都只是理知的,根本不服从于时间的变化,既不是通过诞生而开始的,也不是通过死亡而结束。这种生命无非是单纯的现象,即关于纯粹精神生命的一种感性表象,而整个感官世界都是在我们目前的知识方式面前浮现出来的形象,并且如同一个梦一样本身并不具有客观实在性:当我们要想对事物和我们自身如它们所是那样加以直观时,我们就会在一个种种精神性格的世界中看见自己,我们与这个精神世界的唯一真实的协同性既不是由于诞生而开始的,也不会由于(作为单纯现象的)身体死亡而停止,如此

A779
B807

A780
B808

等等。

于是，即使我们对于我们在此为对抗这种攻击而假设性地提出的这一切托辞都一无所知，更不用说严肃地主张它们了，相反，这一切连理性理念都不是，而只是为了防御而虚构出来的概念，然而我们在这里的处理完全是合乎理性的，因为当论敌通过他把经验性条件的缺乏错误地说成是我们所相信的东西的完全不可能性的一个证明，而认为他就穷尽了一切可能性时，我们只向他指出：正如我们在经验之外不能以提供理由的方式为我们的理性争取到任何某物一样，他通过单纯的经验法则同样也不能包容可能的自在之物本身的整个领域。那个把这样

A781
B809 一些假设性的反诘手段转而反对那肆意进行否定的论敌的种种僭妄的人，不必被看做好像他要把这些假设手段作为自己真实的意见而据为己有一样。只要他一旦把论敌的独断论的自负打发掉，他就会放弃这些假设手段。因为当有人对异己的主张只是采取拒绝和否定的态度时，不论这看起来是多么谦虚和温和，但只要他想把他的这些反驳看做对反面的证明，那么这种要求任何时候都同样是一种傲慢和自夸，就好像他采取了肯定性的一方及其主张似的。

所以我们从中发现，在理性的思辨的运用中假设作为意见自己本身并没有任何有效性，而只是相对于那些反对方面的超验僭妄才有效力。因为把可能经验的原则扩展到一般物的可能性上去，这与主张这样一些只有在一切可能经验的界限之外才能找到其对象的概念的客观实在性一样，都是超验的。凡是纯粹理性实然地加以判断的，都必须是必然的（如同理性所认识到的一切那样），要么它就什么也不是。因此实际上理性根本不包含任何意见。但上述那些假设只是些悬拟的判

A782
B810 断，它们至少是不可能被驳倒的，当然也决不能得到任何证明，所以它们不是任何①私人意见，但毕竟不能有理由（哪怕是为了内部的宁静）在面对流露出来的疑虑时缺少它们。但我们必须把它们保持在这种性质中，甚至小心地防止它们不要作为本身自在地得到认证的和具有某

---

① 哈滕斯泰因将"任何"改为"纯粹的"。——德文编者

些绝对价值的登场,而使理性沉溺于虚构和假象之中。

第四节　纯粹理性在其证明上的训练

在先天综合知识的一切证明中,对先验的和综合的命题的证明本身有这样的特点,即理性在它们那里不可借助于其概念而直接转向对象,而是必须预先说明这些概念的客观有效性和对它们进行先天综合的可能性。这决不只是一个必要的谨慎规则,而是涉及到证明本身的本质和可能性。如果我想先天地超出有关一个对象的概念,若没有一个特殊的和处于这个概念之外的引导线索,这就是不可能的。在数学中,引导我的综合的是先天直观,在此一切推论都可以直接从纯粹直观中①引出来。在先验知识那里,只要它仅仅与知性概念发生关系,那么这个准绳就是可能的经验。因为证明并不表明被给予的概念(如关于发生的事的概念)直接就导致另一个概念(一个原因的概念);因为这样一类的过渡将是一个根本不可辩护的跳跃;而是表明,经验本身、因而经验的客体没有这样一个连结就会是不可能的。所以证明必须同时指出综合地和先天地达到某种有关物的知识的可能性,而这些知识本来并不包含在这些物的概念中。不注意到这一点,证明就会像决堤之水一般泛滥四野,流到隐秘的联想倾向偶然把它带到的任何地方。建立在联想的主观原因之上,并被看做对某种自然亲和性的洞见的这种确信的幻相,完全不能与关于这类冒险举动理所当然地必然会到来的那种疑虑相抗衡。因此甚至一切要证明充足理由原理的尝试根据行家们的公认都是失败的,而在先验批判出现之前,由于人们毕竟不可能放弃这条原理,人们就宁可顽固地引证健全的人类知性(一个遁词,它任何时候都证明理性的事业是绝无希望的),而不想尝试新的独断论证明。

A783
B811

A784
B812

――――――

① "从…中"(von)在第一版中为"凭…"(an),埃德曼则校作"由于…"(vor)。――德文编者

　　但如果要得到证明的这条原理是一个纯粹理性的主张,并且如果我甚至想借助单纯理念而超出我的经验概念之上,那么这个证明就必须更多得多地①包含对这样一种综合步骤(如果它有另外一种可能的话)的辩护,作为它的证明力的某种必要条件。因此,不管对我们思维的实体之单纯本性的臆想的证明如何看起来出自统觉的统一性,但这种证明却还是不可避免地遭到这种质疑的反对:既然绝对单纯性毕竟不是什么可以直接与一个知觉发生关系的概念,而必须只是作为理念来推论,那就根本不能看出,为什么这个被包含或至少能够被包含在一切思维中的单纯意识,虽然就此而言是一个单纯的表象,却应当把我带到对于一物的意识和知识上来,而思维又只有在该物中才能够被包含。因为,如果我表象运动中的我的身体②的力,那么身体在这点上对我来说是绝对统一的,而我对它的表象也是单纯的;因此我也可以通过一个点的运动来表达这个力,因为身体的体积在此什么也没有做,它可以被设想成任意小因而甚至小到处于一点,而并不减少它的力。但我由此毕竟不会推论出:当只有一个身体的运动的力被给予我时,这个身体就可以被设想为单纯的实体,这是因为它的表象抽掉了空间内容的一切大小,因而是单纯的。于是,正是由于在抽象中的单纯之物与在客体中的单纯之物是根本不同的,而这个在最初的理解中根本不包含任何杂多东西的"我",在第二种理解中它却意味着灵魂本身,可以是一个极为复杂的概念,也就是一个在自身之下包含和标志着很多东西的概念,所以我就发现了一个谬误推理。不过,为了预先猜到这种谬误推理(因为没有这样一种暂时的猜测,人们就根本不会对这种证明有任何怀疑),绝对必要的是,对这样一种应当证明得比经验所能给予的更多的综合命题的可能性,在手头保有一个永久的标准,这个标准就在于:证明不是直接引向所要求的谓词,而只是借助于一条有可能把给予我

A785
B813

----

　　① 原文为 vielmehr(宁可),此处据埃德曼校为 viel mehr(更多得多地)。——德文编者

　　② 哈滕斯泰因把"我的身体"(mein Körper)改成"一个物体"(ein Körper),下同。——德文编者

们的概念先天地扩展到理念并实现这些理念的原则来进行。如果这种谨慎总是成为习惯，如果我们在证明之前还尝试预先明智地考虑一下，我们到底如何并且根据何种希望的理由能够期待通过纯粹理性作这样一种扩展，并且我们在这种情况下究竟能从何处取得这种既不能从概念中推出来也不能在与可能经验的关系中预测到的洞见；那么我们就能省掉许多困难的但却无结果的麻烦了，因为我们不从理性指望任何显然超出它的能力之上的东西，勿宁说，我们把它，把这个在其思辨的扩展企图袭来时不能心甘情愿地受到限制的理性，置于节制的训练之下了。

A786
B814

所以第一条规则就是这个规则：在对于我们将从何处取得我们打算将先验证明建立于其上的那些原理以及有什么权利能期待它们有好的推论结果都预先考虑好了，并且说明了在那种情况下这样做的理由之前，不要尝试任何先验的证明。如果这是一些知性原理(例如因果性原理)，那么凭借它们来达到纯粹理性的理念就是白费力气；因为它们只对可能经验的对象才有效。如果它们是一些纯粹理性的原理，那么所有的努力又是白费。因为理性虽然有自己的原理，但作为客观的原理它们全都是辩证的，因而顶多只能作为系统关联性的经验运用之调节性原则而起作用。但如果这样一类所谓的证明已经在手头了，那么就让你的成熟的判断力的 non liquet① 去对抗这种欺骗性的确信吧，并且即使你还不能看透这类证明的把戏，你还是有充分的权利要求对其中所运用的原理作出演绎，如果这些原理只应当来自单纯的理性，你就永远也不可能取得这种演绎。而这样一来，你甚至就没有必要去致力于阐明和反驳每一个毫无根据的幻相，而能够把一切诡计多端的辩证论在一个要求法律的批判理性的法庭上一劳永逸地一揽子驳回了。

A787
B815

先验证明的第二个特点就是：对每个先验的命题只可能找到一个唯一的证明。如果我不应当从概念出发，而应当从与一个概念相应的直观出发进行推论，不管它是一个纯粹直观也好，如在数学中，还是一

---

① 拉丁文：不清楚。——译者

个经验性的直观也好,如在自然科学中:那么这个作为基础的直观就给我提供了作出种种综合命题的杂多材料,我能够以不止一种方式连结这些材料,并且由于我可以从不止一个点出发,我也能够通过各种不同的道路达到同一个命题。

但现在,每一个先验原理都只从一个概念出发,并且按照这个概念来说出①对象的可能性的综合条件。所以这个证明根据就只能是一个唯一的证明根据,因为除了这个概念之外再没有任何概念能够借以使对象得到规定的了,所以这个证明也只能包含有按照这个本身也是唯一的概念对一个一般对象的规定。例如我们在先验分析论中曾把"一切发生的事情都有一个原因"这条原理从一个关于一般发生的事情的概念的客观可能性的唯一条件中引出来:对一个时间中的事件的规定,因而这个属于经验的事件,若不置于一个这样的力学性规则之下,将是不可能的。而这也是唯一可能的证明根据;因为只有借助于因果律来为这个概念规定一个对象,这个被表象的事件才有了客观有效性即真实性。我们虽然还为这条原理寻求另外的证明,如从偶然性来证明;但如果严格考察这条原理,我们不可能找到任何偶然性的标志,除了它的发生、即在此之前有这个对象的非存在先行的那个存有之外,所以我们总是又返回到同一个证明根据。如果"一切思维者都是单纯的"这一命题要得到证明,那么我们就不在思维的杂多上耽误时间,而是仅仅坚持"我"这个本身单纯的并且一切思维都与之相关的概念。对上帝存有的先验证明也是同样的情况,这种证明唯一地只是建立在最实在的存在者和必然的存在者这两个概念的可交替性(Reziprokabilität)之上,而不能到任何别的地方去寻求。

A788
B816

A789
B817

通过这一警告性的说明,对理性的各种主张的批判已经大大压缩了。当理性只是通过概念来进行自己的工作时,只要哪里可能有什么证明的话,那就只可能有一个唯一的证明。因此,如果我们看到独断论者拿出十个证明来,那么我们就可以有把握地相信他根本没有任何证

---

① 格里罗将"说出"(sagen)改为"建立"(setzt)。——德文编者

明。因为,如果他有一个无可置疑的证明(如在纯粹理性的事业中是必然的那样),他为什么还需要别的证明呢? 他的意图只是如同那些国会中的辩护士的意图:一个论证是针对这个人的,另一个论证是针对那个人的,就是说,是为了利用他的裁判们的弱点,这些裁判并不深入问题,并且为了立刻摆脱这件工作而抓住刚好最先引起他们注意的任何一件事,据此作出裁决。

　　当纯粹理性在先验证明上经受一种训练时,它的第三个特有的规则就是:它的证明必须永远都不是反证法的,而任何时候都必须是明示的。直接的或明示的证明在一切种类的知识中都是那种与对真理的确信,同时也与对真理源泉的洞见结合在一起的证明;反证法的证明虽然可以带来确定性,但不能带来对真理的在其可能性根据之关联上的可理解性。因此后者与其说是满足理性的一切意图的处理方式,不如说 A790
是一种权宜之计。不过这些证明也有一个优于直接证明的明显的好 B818
处,就是:这种矛盾总是在表象中带有比最好的连结都更多的清晰性,并因此更接近某种演证的直观性质。

　　反证法的证明在不同的科学中运用的真正原因也许就在这里。如果某种知识应当从中派生出来的那些理由太庞杂或是隐藏得太深了,那么人们就尝试是否可以通过它的后果来达到它。现在,这种把一个知识的真从它的后果的真中推论出来的 modus ponens①,只有当由此产生的一切可能的后果都为真时才是允许的;因为这样一来这些后果就只可能有一个唯一的根据,因而这个根据也就是真实的根据。但这种处理方式是不适当的,因为要将某个假定的命题的一切可能的后果都看出来,这超越了我们的能力;但如果所关心的是要把某物仅仅作为假设来证明时,我们就还是用这种方式去推论,虽然是带有某种保留的,因为我们按照类比法而承认这种结论:只要是我们一直都尝试了的那么多的结果都与某个假定的原因相协调, 那么一切其他可能的结果也

---

　　①　拉丁文:肯定前件式。——译者

A791
B819

都会与之相一致。为此之故,通过这种方式是永远不能把一个假设转变为演证的真理的。三段论推理的 modus tollens① 是从后果的假推论到根据的假,这种推理不仅是非常严格的,而且也是极为容易的证明。因为,哪怕只要能从这个命题中引出唯一的一个假的后果,那么这个命题就是假的。现在,不用在某种明示的证明中遍历那可以借助于对诸根据的可能性的完备洞见而导致某种知识的真实性的整个根据序列,我们可以只要在那些从其反面所得来的后果中找到一个假的后果,那么这个反面也是假的,因而我们所要证明的知识就是真的了。

但反证法的证明方式却只有在那些不可能把我们表象的主观的东西强加在客观的东西之上,即强加于有关在对象中的东西的知识之上的科学中,才能够被允许。凡是在这种强加流行开来的地方,必定会经常发生这种情况,即某个命题的反面要么只与思维的主观条件相矛盾却不与对象相矛盾,要么两个命题只在一个被错误地视为客观条件的主观条件下相互矛盾,而由于这个条件是假的,所有这两个命题也都可能是假的,而并不能从一个命题的假推出另一个命题的真。

A792
B820

在数学中这种偷换是不可能的;因此它们②在这里也有自己固有的位置。在自然科学中,由于一切在这里都是以经验性的直观为基础的,那种骗术虽然可以通过多多比较各种观察而大部分得到防止;但这种证明方式在此多半是微不足道的。但纯粹理性的先验尝试全都是在辩证幻相这种主观的东西的真正媒质内部进行的,这种主观的东西在理性的那些前提中把自己当做客观的提供给理性乃至于硬塞给理性。于是在这里凡是涉及综合命题的东西都决不允许通过反驳其反面的方式来为自己的主张辩护。因为,要么这种反驳无非是仅仅表现了对立意见与通过我们的理性所能理解的那些主观条件的冲突,这丝毫也没有做任何事情来因此就拒绝这件事本身(正如一个存在者的存有的无条件的必然性绝对不可能为我们所理解,因此在主观上我们有权抵制

---

① 拉丁文:否定后件式。——译者
② 埃德曼认为"它们"指反证法的证明。——德文编者

对一个必然的至上的存在者的任何思辨的证明,但我们却无权抵制这样一个存在者就自在的本身而言的可能性),或者,不论是主张的一方还是否定的一方,双方都由于受到先验幻相的欺骗而把一个有关对象的不可能的概念当做了基础,而这里就适用于一条规则:non entis nulla sunt praedicata①,就是说,不论我们对一个对象是肯定地主张什么还是否定地主张什么,两者都是不正确的,我们不可能通过反驳对立一方来反证地达到真知识。所以例如说,当我们预设感官世界是本身自在地按照其总体性被给予的,那么不论说它必定在空间上是无限的,还是说它必定是有限的和受到限制的,都是假的,因为双方同假。因为毕竟本身自在地(作为客体)被给予出来的现象(作为单纯的表象)是某种不可能的东西,而这种被想象出来的整体的无限性虽然会是无条件的,但却是与那种毕竟在概念中预设了的无条件的量的规定相矛盾的(因为现象中的一切都是有条件的)。

A793

B821

　　这个反证法的证明方式也是任何时候都被用来拖住那些对我们的独断论玄想家的彻底性抱欣赏态度的人的真正的骗术:它就好像是一个想要通过自告奋勇地去和每个想怀疑他所选择的一派的荣誉和无可争执的权利的人打架来证明这种荣誉和权利的斗士,即使靠这种自吹自擂事实上丝毫也不解决问题,而只是确定敌对各方的力量,确切说只不过是确定采取攻势的人那方面的力量。旁观者则由于他们看到每个人轮流地忽而是胜利者,忽而又失败了,往往就会利用这个机会对争论的问题本身也抱怀疑的态度。但他们并没有理由这样做,而只要向双方大喊一声:non defensoribus istis tempus eget!② 就够了。每个人都必须借助于一个通过对证明根据的先验演绎所引出来的合法的证明,也就是直接地来进行自己的事业,以便人们看到,他的理性要求能够为自己引用什么根据。因为,如果他的论敌立足于主观的根据,那么他当然很容易加以反驳,但对于通常也同样依赖于判断的主观理由的独断论

A794

B822

---

①　拉丁文:不存在的东西没有谓词。——译者
②　拉丁文:时间不需要这种辩护!——译者

者来说并没有优势,他也会同样地被他的论敌逼到墙角上去。但如果双方都仅仅是直接地行事,那么,他们要么就会自己发现他们很难甚至不可能找到自己的主张的合法要求,而最终只能援引有效期;要么,这个批判就会很容易揭示独断论的幻相,而纯粹理性就不得不放弃它在思辨的运用中抬得太高了的种种僭妄,而退回到它自己所有的地盘即实践原理的界限之内去。

第二章　纯粹理性的法规

A795
B823

对于人类理性来说,令人感到耻辱的是,它在其纯粹的运用中一事无成,甚至还需要一种训练来抑制它的放纵,并防止由此而给它带来的错觉。但另一方面,使它重新振奋并给它以自信的是,理性能够且必须自己实行这一训练,而不允许别的检察官来检查自己;并且,它不得不为自己的思辨运用所设定的那些界限,同时也限制着每个对手的玄想的僭妄,因而能保障从它以前的过分要求中还可以为它保留下来的一切东西免遭任何攻击。所以,纯粹理性的一切哲学最大的也许是唯一的用处的确只是消极的;因为它不是作为工具论用来扩张,而是作为训练用来规定界限,而且,它的不声不响的功劳在于防止谬误,而不是去揭示真理。

然而,必定在某个地方存在着属于纯粹理性领地的积极知识的根源,这些知识也许只是由于误解而引起了种种谬误,但事实上却构成理性努力的目标。因为,除此之外,又该用哪一种原因来说明这种无法抑制的、绝对要在超出经验界限之外的某个地方站稳脚跟的欲望呢?理性预感到了对于它具有重要意义的那些对象。它踏上这条单纯思辨之路,为的是靠近它们;但它们却在它的面前逃开了。它或许可以指望在给它剩下的唯一的道路上,也就是在实践运用的道路上,会有更好的运气。

A796
B824

我把法规理解为某些一般认识能力的正确运用的先天原理的总

和。所以普遍逻辑在其分析的部分对于一般知性和理性而言就是某种法规，但只是在形式上，因为它抽掉了一切内容。同样，先验分析论是纯粹知性的法规；因为只有它能得出真正的先天综合知识。但是，凡是对一种认识能力不能有正确的运用的地方，也就没有任何法规。现在，根据我们迄今所作的一切证明，纯粹理性在其思辨的运用中的一切综合知识都是完全不可能的。所以根本没有纯粹理性的思辨运用的任何法规（因为这种运用彻头彻尾都是辩证的），相反，一切先验逻辑在这方面都只不过是训练。这样一来，如果什么地方有纯粹理性的一种正确运用，并在这种情况下也必定有理性的一种法规的话，则这种法规将不涉及思辨的运用，而是关系到理性的实践的运用，而这就是我们现在所要研究的。

A797
B825

第一节　我们理性的纯粹运用之最后目的

理性由其本性中某种偏好驱使着超出经验的运用之外，在其纯粹的运用中并借助于单纯的理念冒险冲破一切知识的极限，而只有结束自己的循环，在一个独立存在的系统整体中，才会安息。那么，这种努力只不过是建立在它的思辨的兴趣之上呢，还是唯一的只建立在它的实践的兴趣之上？

我想暂且撇开纯粹理性在其思辨的意图中所得手的方面，只去追问这样一些任务，它们的解决构成理性的最后目的，而不管理性现在能否达到它，并且在它那里一切别的目的都只具有手段的价值。这些最高目的依据理性的本性又必定会是具有统一性的，以便结合起来去促进人类的不再从属于更高兴趣的那种兴趣。

A798
B826

理性在先验运用中的思辨最后所导致的终极意图涉及到三个对象：意志自由，灵魂不朽和上帝存有。就所有这三方面来说，理性的单纯思辨的兴趣少得很，以这种兴趣为目标，一种令人疲倦的、与连续不断的障碍作斗争的工作对于先验的研究也许会是难以接受的，因为对此所可能作出的一切发现我们都终归不可能有任何具体地，亦即在研究中证明其用处的运用。意志尽可以是自由的,但这却只能与我们意愿的理知原因有关。因为,凡是涉及到意志所表现出来的现相,即行动,那么我们就必须按照一条不可违反的基本准则(没有这条准则,我们就不能在经验性的运用中施展理性)永远如同对其他一切自然现象那样亦即按照自然的永恒的规律来解释这些行动。第二点,即使有可能洞察灵魂的精神本性(并与之一道洞察灵魂的不朽性),但却既不能因此就把它作为解释此生的现象的根据,也不能由此而对来世的特殊性状作指望,因为我们关于无形自然的概念只是否定性的,且丝毫也不能扩展我们的知识,又没有为推论提供有用的材料,也许除了对那些只能被看做虚构但却不被哲学所承认的推论以外。第三,就算证明了一个最高理智的存有,那么我们虽然可以由此而理解到世界安排和普遍秩序中的合目的性,但却根本无权由此推导出任何一种特殊的部署和秩序来,或者在它们未被知觉的地方把它们大胆地推论出来,因为理性的思辨运用的一条必要的规则是,不要跳过自然的原因和放弃经验可能教给我们的东西,而去把我们所知道的东西从完全超出我们的一切知识之上的东西中推导出来。总而言之,这三个命题对于思辨理性来说任何时候都仍然是超验的,而根本没有什么内在的亦即为经验对象所容许的,因而以某种方式对我们有用的运用,而是就其本身来看是毫无用处的,但对于我们的理性来说仍然是极为艰巨的劳作。

因此,如果说这三个基本命题对我们的知识来说是根本不必要的,而仍然又被我们的理性迫切地向我们推荐的话,那么它们的重要性也许本来就必须只涉及到实践。

一切通过自由而可能的东西都是实践的。但如果施行我们自由的任意的条件是经验性的,那么理性在此就只能有一种调节性的运用,并且只用于产生经验性规律的统一性,例如在教人明智的训导中,把我们的爱好向我们提出的一切目的都在一个唯一的目的、也就是幸福里面结合起来,并使达到幸福的手段协调一致,这构成了理性的全部工作,理性因此之故只能提供出自由行为的实用的规律,以达到感官向我们推荐的那些目的,因而决不能提供完全先天规定的纯粹规律。与此相反,纯粹实践规律的目的是理性完全先天地给出的,这些规律不以经验性的东西为条件,而是绝对地命令着的,它们将是纯粹理性的产物。但这样一些规律就是道德的规律,因而它们只属于纯粹理性的实践的运用并容许有一种法规。

　　因此,在人们称之为纯粹哲学的这种探究中,理性的全部装备实际上都是针对所提到的这三个问题的。但这三个问题本身又有其更深远的意图,即:如果意志自由,如果有上帝和来世,那么应该做什么。既然这涉及到我们与最高目的相关的行为,那么,明智地为我们着想的大自然在安排我们的理性时,其最后意图本来就只是放在道德上的。

A801
B829

　　但必须谨慎的是,当我们把自己的注意力投向一个对于先验哲学陌生的对象①时,不要在题外话上放纵自己而损害了系统的统一性,另一方面,也不要因为对于我们这个新的话题说得太少而使之缺乏清晰性或说服力。我希望通过尽量靠拢先验的东西而完全排斥在这里可能是心理学的亦即经验性的东西来做到这两点。

　　而且在此首先要说明的是,我目前只是在实践的理解中使用自由这个概念,而在这里排除了先验意义上的自由概念,后者不能经验性地预设为解释现象的根据,相反,它本身对于理性是一个问题,如同前面所揭示的那样。就是说,有一种任意仅仅是动物性的(arbitrium brutum②),它只能由感性的冲动来规定,亦即从病理学上来规定。但那种不依赖于感性冲动,也就是能通过仅由理性所提出的动因来规定的任意,就叫作自由的任意(arbitrium liberum③),而一切与这种任意相关联的,不论是作为根据还是后果,都称之为实践的。实践的自由可以通过

A802
B830

---

　　①　一切实践的概念都是指向合意或讨厌、也就是愉快和不愉快的对象的,因而至少是间接地指向我们的情感的对象。但由于情感不是对物的表象能力,而是处于全部认识能力之外的,所以我们判断的要素只要与愉快或不愉快相关,因而作为实践的判断要素,就不属于先验哲学的范围,后者只与纯粹的先天知识相关。——康德

　　②　拉丁文:“动物的任意”。——译者

　　③　拉丁文:“自由的任意”。——译者

经验来证明。因为,不仅是刺激性的东西,即直接刺激感官的东西,在规定着人的任意,而且,我们有一种能力,能通过把本身以更为间接的方式有利或有害的东西表象出来,而克服我们感性欲求能力上的那些印象;但这些对于我们的整体状况方面值得欲求的,即好和有利的东西的考虑,是建立在理性之上的。所以理性也给出了一些规律,它们是一些命令,亦即客观的自由规律,它们告诉我们什么是应该发生的,哪怕它也许永远也不会发生,并且它们在这点上与只涉及发生的事的自然律区别开来,因此也被称之为实践的规律。

A803
B831　　　但理性本身在它由以制定规律的这些行动中是否又是由别的方面的影响所规定的,而那在感性冲动方面被称作自由的东西在更高的和更间接地起作用的原因方面是否又会是自然,这点在实践中与我们毫不相干,我们在实践中首先只向理性求得行为的规范,而那个问题只是一个思辨性的问题,只要我们的意图是针对所为所不为,我们就可以把它置于不顾。所以我们通过经验而把实践的自由看做是自然原因之一,也就是理性在对意志作规定时的原因性,而先验的自由却要求这个理性本身(就其开始一个现象序列的原因性而言)独立于感官世界的一切起规定作用的原因,就此而言先验的自由看起来是和自然律因而和一切可能的经验相违背的,所以仍然是一个问题。但是对于理性的实践运用来说这个问题是不该提出的,所以我们在纯粹理性的法规中只涉及到两个与纯粹理性的实践兴趣相关的问题,在这两个问题方面,纯粹理性运用的某种法规必定是可能的,这就是:有一个上帝吗? 有来世吗? 先验自由的问题只涉及到思辨的知识,我们完全可以在讨论实

A804
B832　践时把它作为毫不相干的问题置之不顾,何况在纯粹理性的二律背反中已经可以找到对这个问题的充分的探讨。

第二节　至善理想作为纯粹理性
最后目的之规定根据

　　理性在其思辨的运用中引领我们经过经验的领域,并且由于这个

领域对于理性来说永远也找不到完全的满足,而把我们从那里引领到思辨的理念,但这些理念最终又把我们带回到经验上来,因而把它们的意图以一种虽然有利、但却根本不符合我们的期望的方式实现出来了。现在留待我们去做的还有一个尝试,就是看看纯粹理性是否也能在实践的运用中被找到,是否它在这种运用中会导致那些使我们前面提到的纯粹理性的那些最高目的实现出来的理念,因而是否它能够从其实践兴趣的观点出发,提供出它在思辨的兴趣方面完全拒绝给我们的东西。

我们理性的一切兴趣(思辨的以及实践的)集中于下面三个问题: 　A805

1. 我能够知道什么? 　B833

2. 我应当做什么?

3. 我可以希望什么?

第一个问题是单纯思辨的。对此我们(正如我自认为的)已穷尽了一切可能的回答,并最终找到了理性必定会感到满意的那个回答,而且如果理性不是着眼于实践的事,它也有理由感到满足;但我们离纯粹理性的这一全部努力本来所针对的那两大目的仍然还是这样遥远,仿佛我们耽于安逸一开始就拒绝了这项劳作似的。所以如果涉及到知识,那么至少有一点是有把握和确定了的,就是在那两个问题上永远也不能给予我们知识。

第二个问题是单纯实践的。它作为这样一个问题虽然属于纯粹理性的范围,但它却并不因此就是先验的,而是道德性的,因而它是我们的批判就本身而言不能研究的。

第三个问题,即:如果我做了我应当做的,那么我可以希望什么?这是实践的同时又是理论的,以至于实践方面只是作为引线而导向对理论问题以及(如果理论问题提高一步的话)思辨问题的回答。因为一切希望都是指向幸福的,并且它在关于实践和道德律方面所是的东西,恰好和知识及自然律在对事物的理论认识方面所是的是同一个东西。前者最终会推出这种结论,即某物有(它规定着最后可能的目　A806
的),是因为某物应当发生;后者则会推出那种结论,即某物有(它作为　B834
至上原因而起作用),是因为某物发生。

　　幸福是对我们的一切爱好的满足（按照满足的多样性，这幸福是外延的，按照满足的程度，幸福是内包的，而按照满足的持续性，幸福则是延伸的）。出自幸福动机的实践规律我称之为实用的规律（明智的规则）；但如果有这样一种实践规律，它在动机上没有别的，只是要配得上幸福，那我就称它为道德的（道德律）。前者建议我们，如果要享有幸福的话必须做什么，后者命令我们，仅仅为了配得上幸福我们应当怎样做。前者基于经验性的原则，因为除了借助于经验以外，我既不会知道有哪些要满足的爱好，也不会知道能导致满足这些爱好的那些自然原因是什么。后者抽掉了爱好及满足这些爱好的自然手段，只一般地考察一个理性存在者的自由，以及这自由唯有在其之下才与幸福的按照原则的分配相一致的那些必要条件，所以至少是有可能基于纯粹理性的单纯理念之上并被先天地认识的。

A807　　　我认为实际上是有纯粹的道德律的，这些道德律完全先天地（不
B835　考虑经验性的动机，即幸福）规定了所为所不为，即规定一般有理性的存在者的自由的运用，而且我认为这些规律绝对地（而不只是在其他经验性目的之前提下假言式地）发出命令，因而在任何方面都是必然的。我可以有权假定这一命题，这不只是因为我援引了那些最明察秋毫的道德学家们的证据，而且是因为我依据的是每一个人的道德判断，如果他愿意清楚地思考这样一条规律的话。

　　　所以，纯粹理性虽然不是在其思辨的运用中但却是在某种实践的运用中，也就是在道德的运用中，包含有经验可能性的原则，即这样一些行动的原则，这些行动在人类历史中有可能以合乎道德规范的方式见到。因为，既然理性命令这样一些行动应当发生，那么这些行动也必定能够发生，所以某种特殊种类的系统统一，即道德的统一必定是可能的，然而这种系统的自然统一按照理性的思辨原则是不可能证明的，因为理性虽然就一般自由而言具有原因性，但并非就全体自然而言具有原因性，而理性的道德原则虽然能产生自由的行动，但不能产
A808　生自然律。因此纯粹理性的这些原则在其实践的，尤其是道德的运
B836　用中具有客观实在性。

我把和一切道德律相符合的世界（就如同它按照有理性的存在者的自由而能够是的那样，以及按照道德性的必然规律所应当是的那样）称之为一个**道德的世界**。这个世界由于在其中抽掉了里面的一切条件（目的），甚至道德的一切阻碍（人类本性的软弱和邪癖），因而只被设想为一个理知的世界。所以就此而言它只是一个理念，但却是一个实践的理念，它能够也应当对感官世界现实地有其影响，以便使感官世界尽可能地符合这个理念。因此一个道德世界的理念具有客观的实在性，它并不是好像在指向一个理知的直观的对象（这样一类对象我们完全不能思维），而是指向感官世界的，但这感官世界是作为一个纯粹理性在其实践的运用中的对象，以及有理性的存在者在感官世界中的一个 corpus mysticum①，只要他们的自由任意在道德律之下具有既和自己、也和每个别人的自由任意普遍而系统地相统一的特点。

这曾是对纯粹理性涉及实践的兴趣的两个问题中前一个问题的回答：去做那使你成为配得上是幸福的事情吧。现在，第二个问题问道：如果我现在这样做了，从而我是并非配不上幸福的，我也可以希望由此而能够享有幸福吗？ 在回答这个问题时取决于，先天地制定这条规律的那些纯粹理性原则是否也必然地把这种希望与该规律连结起来。 A809 B837

所以我说：正如同按照在实践的运用中的理性来看，诸道德原则是必要的一样，按照在理论的运用中的理性来看，同样也有必要假定，每个人都有理由希望依照他在其行为中使自己配得幸福的那个程度而得到幸福，因而德性体系和幸福体系是不可分地但只是在纯粹理性的理念中结合着的。

现在，在一个理知的即道德的世界里，在这个我们从其概念中抽掉了一切德性障碍（爱好）的世界里，这样一个与道德性成比例地结合着的幸福的体系也可以被设想成必然的，因为那一边为道德律所推动、一边又为它所约束的自由，本身就会是普遍幸福的原因，因而有理性的存

---

① 拉丁文："神秘体"，教会用语，意为"基督身体"（Mystical Body of Christ），原指教会，此处为借用。——译者

在者在这些原则的引导下,本身也就会成为他们自己的、同时也是别人的持久福利的创造者。但这一自我酬报的道德体系只是一个理念,它的实行基于这样的条件,即每个人都做他应当做的,就是说,有理性的存在者的一切行动都是这样发生,就像它们是出自一个把一切私人任意都包括在自身之中或之下的至上的意志似的。但由于即使别人并不采取符合道德律的态度,出自道德律的责任对自由的每一种特殊的运用都仍然有效,所以不论是根据世上之物的本性还是根据行动本身的原因性及其与德性的关系,都并未确定行动的后果将会如何与幸福相关,而如果我们单纯基于自然的话,则获得幸福的希望与使自己配得幸福的不懈努力之间的上述那种必然连结就不能通过理性来认识,相反,对于这种连结,只有当我们把一个依照道德律发布命令的最高理性同时又作为自然的原因而置于基础的位置上时,才可以有希望。

　　我把对这样一种理智的理念称之为至善的理想,在这种理念中,与最高幸福结合着的道德上最完善的意志是世上一切幸福的原因,只要这幸福与德性(作为配得幸福的)具有精确的比例。所以纯粹理性只能在这个最高的本源的善的理想中找到那两个最高的派生的善的要素在实践上必然连结的根据,也就是一个理知的、即道德的世界的根据。既然我们必须通过理性把自己设想为必然属于这样一个世界的,哪怕感官向我们呈现出的只不过是一个现象的世界,则我们也必须假定那个道德世界是我们在感官世界中的行为的一个后果,而由于感官世界并未向我们显露出那种连结,所以必须假定那个道德世界是我们未来的世界。所以上帝和来世是两个按照纯粹理性的原则而与这同一个理性让我们承担的责任不可分的预设。

　　德性自在地本身就构成一个体系,但幸福却不是如此,除非它精确地按照道德性而被分配。但这只有在理知的世界中、在一个智慧的创造者和统治者手下才有可能。理性看到,这样一个统治者,连同在我们必须看做来世的这样一个世界中的生活,都是它所不得不假定的,要么,它就必须把道德律看做空洞的幻影,因为道德律的必然后果(理性把这后果与道德律连结起来)没有那种预设就必然会取消。因此甚至每一个人都会把道德律视为命令,但如果道德律不是先天地把相应的后果与它们的规则连结起来,因而具有许诺作用和威胁作用的话,道德律就不会是命令。但道德律如果不是包含在一个必然存在者里,即包含在那个唯一能使这样一个合目的性的统一成为可能的至善中的话,则道德律也不会具有那种作用。

A812
B840

莱布尼茨曾把人们在其中只注重理性存在者及它们在至善统治下按照道德律发生的关联的那个世界,称之为恩宠之国,并把它区别于自然之国,在自然之国中,有理性的存在者虽然是从属于道德律的,但并不指望它们的行为有任何别的后果,而只有依据我们感官世界的自然进程而来的后果。因此在恩宠之国中看待自己,认为在那里一切幸福在期待着我们,除非我们由于自己不配得幸福而限制了自己的幸福份额,这就是理性的一个在实践上必要的理念。

实践的规律当它同时又是行动的主观根据,也就是主观原理时,它就叫做准则。对德性在纯粹性和后果上的评判是按照理念进行的,对道德律的遵守则是按照准则进行的。

把我们的整个生活方式从属于道德准则之下是有必要的;但同时这也是不可能发生的,如果理性不把仅仅是一个理念的道德律和这样一个起作用的原因连结起来的话,这原因给按照道德律的行为规定了一个与我们的最高目的严格相符的结局,不管是在今生还是来世。因此,没有一个上帝和一个我们现在看不见但却希望着的世界,德性的这些高尚的理念虽然是赞许和惊叹的对象,但却不是立意和实行的动机,因为它们并未实现那对于每一个理性存在者是自然的而且被同一个纯粹理性先天规定的也是必然的全部目的。

A813
B841

单是幸福对于我们的理性来说还远不是完整的善。这种幸福,如果不是与配得上幸福即与道德的善行结合起来,理性是不赞同它的(不管爱好是多么希望得到它)。然而,单是德性,以及和它一起,单是配得上幸福,也还远不是完整的善。为了达到完整的善,那不曾做过不配幸福的事的人就必须能够有希望分享幸福。甚至那摆脱了一切私人意图的理性,当它置身于一个要给别的存在者分配一切幸福的存在者的位置而不从中考虑自己的利益时,它也不能作出另外的判断;因为在实践的理念中这两方面是本质上结合着的,尽管是这样结合着的,即道德的意向是最先使分享幸福成为可能的条件,而不是反过来,对幸福的指望首先使道德意向成为可能。因为在后一种情况下这种指望就不会是道德的,因而也就不配得到全部幸福了,对理性来说幸福不知道有任何别的限制,只有来自我们自己的不道德行为的限制。

A814
B842

　　所以,幸福只有在与理性存在者的德性严格成比例,因而使理性存在者配得幸福时,才构成一个世界的至善,我们必须根据纯粹的但却是实践的理性的规范在这个世界中安身立命,但这个世界只是一个理知的世界,因为感官世界并没有从物的本性中给我们预示出目的的这样一种系统的统一,这种统一的实在性也不能建立在别的东西之上,而只能建立在一个最高的本源的善的预设之上,在那里,以某种至上原因的一切充分性装备起来的独立理性,按照最完善的合目的性,而把普遍的、虽然在感官世界中极力向我们隐藏着的事物秩序建立起来、维持下来和完成起来。

　　这种道德神学在此具有胜过思辨神学的特有的优点:它不可避免地导致一个唯一的、最高完善性的、有理性的原始存在者的概念,对此思辨神学就连从客观的根据中给我们作出暗示也做不到,更谈不上能使我们确信这点了。因为不论在先验神学中还是在自然的神学中,不管理性在其中把我们引领到多么远,我们都找不到一点有价值的根据来哪怕假定一个唯一的存在者,以便我们可以有充分的理由把它置于一切自然的原因之先,同时使自然原因在一切方面都依赖于它。相反,当我们从道德统一性的观点这样一个必然的世界规律来考虑那唯一能给这一规律提供相应的效果,因而也提供对我们有约束性的力量的原因时,那么这原因必定是一个唯一的至上意志,它把所有这一切规律都包含于自身。因为,我们如何会在各种不同的意志中发现诸目的的完善统一性呢?这个意志必须是全能的,以便整个自然及其与德性在世上的关系都服从于它;必须是全知的,以便知悉最内部的意向及其道德价值;必须是全在的,以便直接贴近由世上最高至善所提出的一切需

A815
B843

要;必须是永恒的,以便在任何时间中都不缺少自然和自由的这种和谐一致,如此等等。

但在这个诸理智的世界中——它虽然作为单纯自然只能称之为感官世界,但作为自由的系统却可以称之为理知的也就是道德的世界(regnum gratiae①)——,诸目的的这种系统统一也不可避免地导致万物的合目的性的统一,万物按照普遍的自然律构成这个大全,正如前一种统一按照普遍必然的道德律构成了这个大全一样,而诸目的的系统统一就把实践理性和思辨理性结合起来了。这个世界如果应当与那种理性的运用(没有这种运用我们甚至就会认为自己不配有理性),也就是与那种道德运用(它本身是绝对基于至善理念上的)相一致的话,那它就必须被设想为出自一个理念。一切自然研究由此而得到了一个指向目的系统形式的方向,并在其最高的扩张中成为了自然神学。但这种自然神学由于毕竟是从道德秩序这种在自由的存在者中有其根基,而不是由外部命令偶然建立的统一体中开始的,它就把自然的合目的性放到了那些必须先天地与物的内在可能性不可分地连结在一起的根据上,并由此而导致一种先验神学,这种先验神学把最高的本体论的完善性这一理想采用为一条按照普遍必然的自然律把万物连结起来的系统统一性原则,是因为万物全都在一个唯一的原始存在者的绝对必然性中拥有自己的来源。

如果我们没有为自己拟定目的,那么我们又能对我们的知性哪怕在经验上作出怎样一种运用呢?但最高的目的就是道德的目的,且只有纯粹理性才能把它们提供给我们来认识。具备了这些目的并以之为线索,我们并不能在自然本身没有表现出合目的性统一的地方,对自然本身的知识就认识而言作任何合目的性的运用;因为没有这种合目的性的统一我们甚至不会有任何理性,这是由于我们将不会有理性的学校,也没有能给这些概念提供材料的那些对象来训练我们。但前一种合目的性的统一是必然的,并且是建立在任意性自身的本质之中的,因

A816
B844

A817
B845

① 拉丁文:恩宠之国。——译者

而后一种包含着任意性具体运用的条件的合目的性的统一也必定是如此,所以对我们理性知识的先验提升并不是纯粹理性叫我们承担的实践合目的性的原因,而只是它的结果。

因此甚至在人类理性的历史中我们也发现:在道德概念充分被纯化、被规定,而诸目的的系统统一按照这些概念、而且从必然原则中被看出以前,自然的知识,甚至理性在好些别的科学中的相当程度的教养,都要么只能产生关于神性的一些粗糙的和漂浮不定的概念,要么就在这个问题上只留下一种令人佩服的根本无所谓的态度。由我们宗教中极为纯粹的道德律所必然造成的对道德理念的更大的修订,曾通过那种强迫理性在对象上去获得的利益来使理性渴望着这个对象,而对此作出了贡献的既不是被扩展的自然知识,也不是正确可靠的先验洞察(这种洞察任何时候都是有缺陷的),是诸道德理念把关于神性存在者的这样一个概念实现出来,这个概念我们现在认为是正确的,并不是由于思辨理性使我们确信它的正确性,而是由于它与道德上的理性原则完满地协调一致。这样,最终却仍然只是纯粹理性,当然只是在其实践运用中,立下了这一功劳,即把一种可以单纯由思辨臆想出来但不能作数的知识与我们的最高兴趣连结起来,借此虽然并未使这种知识成为证明了的教条,但毕竟使它在纯粹理性最根本的目的上成了一个绝对必要的前提。

但如果现在实践理性达到了这一高度,也就是达到了作为至善的一个唯一的原始存在者的概念,那么它决不可以冒险以为它已经超越了其应用的一切经验性的条件,并高高飞升到了对那些新对象的直接知识,于是就能从这一概念出发并从中推导出道德律本身。因为这些道德律恰好是由其内部的实践必然性而把我们引向一个独立原因的预设或一个智慧的世界统治者的预设的,为的是赋予那些规律以效力,所以我们就不能根据这种效力反过来又把道德律看做是偶然的和由单纯的意志推出来的,尤其不能看成由这样一个我们若不依照道德律来构想就对其完全没有概念的意志推出来的。只要实践理性有权引导我们,我们就不会由于行动是上帝的命令而把这些行动看做是责任,相

A818
B846

A819
B847

反,我们之所以把它们看做是神的命令,倒是由于我们从内心感到有义务。我们将会在以理性原则为根据的合目的性的统一之下来探讨自由,并且我们只有使理性出自行动本身的本性①教给我们的那个道德律保持圣洁,我们才相信自己是合乎神的意志的,而我们只有通过促进我们自己和别人身上的世上至善,才相信自己是服务于神的意志的。所以道德神学只具有内在的运用,即通过我们适合于一切目的的体系而在现世中实现我们的使命,而不是狂热地或也许甚至是罪恶地放弃道德立法的理性在良好生活方式上的指导②,去把这种指导直接寄于最高存在者的理念,这将会是一种超验的运用,但正如单纯思辨的超验运用一样,这必将颠倒理性的最后目的并阻碍它的实现。

第三节　意见、知识和信念

A820
B848

视其为真是我们知性中的一桩事情,它可以是建立在客观的根据上,但也要求在此作判断的人内心中有主观原因。如果这件事对每个人,只要他具有理性,都是有效的,那么它的根据就是客观上充分的,而这时视其为真就叫做确信。如果它只是在主观的特殊性状中有其根据,那么它就称之为置信。

置信是一种单纯的幻相,因为那只存在于主观中的判断根据被看做了客观的。因此这样一个判断也只有私人有效性,这种视其为真是不能传达的。但真理是建立在与客体相一致之上的,因而就客体而言,每一个知性的判断都必然是相互一致的(cosentientia uni tertio,consentiunt inter se③)。所以,检验视其为真是确信或只不过是置信的试金石是在外部,即它的传达的可能性,以及这个视其为真对于每个人的理性都被认为有效的可能性;因为这样一来至少就有一种推测,即一切判断

---

①　维勒将这几个词校改为:"把出自理性本性的行动本身"。——德文编者
②　维勒校作:"…罪恶地放弃在生活方式上的良好指导"。——德文编者
③　拉丁文:凡与第三者相一致者相互间也一致。——译者

A821
B849
相一致的根据尽管有主体相互间的不同差异,也将立足于共同的基础
上,亦即立足于客体之上,因此这些判断就全都与该客体相一致,而判
断的真实性就由此而得到了证明。

　　因此尽管当主体仅仅把视其为真看做他自己内心的现象时,置信
不能够从主观上和确信区分开来;但借助于视其为真在我们这里有效
的那些根据而在别人的知性上做一个试验,看看这些根据在别人的理
性那里是否会产生和在我们的理性上同样的结果,这却是一个手段,它
虽然只是主观的,虽然并不导致确信,但毕竟揭示出判断的单纯私人的
有效性,即揭示出判断中某种只是置信的东西。

　　此外,如果我们能够把我们认为是判断的客观根据的那些主观原
因展示出来,因而将这种欺骗性的视其为真解释为我们内心的一桩事
情,而不需要为此取得客体的性状,那么我们就揭露了这一幻相,并不
再被它所蒙骗,虽然总还是在某种程度上被它所诱惑,如果幻相的主观
原因与我们的本性相关的话。

　　我所能断言的,也就是当做一个对任何人都必然有效的判断说出
A822
B850
来的,无非是产生确信的东西。我可以为自己保持置信,如果我愿意这
样的话,但我不能、也不应当企图在我之外使它成为有效的。

　　视其为真,或者判断的主观有效性,在与确信(它同时又是客观有
效的)的关系中有如下三个层次:意见、信念和知识。意见是一种被意
识到既在主观上、又在客观上都不充分的视其为真。如果视其为真只
是在主观上充分,同时却被看做在客观上是不充分的,那么它就叫做信
念。最后,主观上和客观上都是充分的那种视其为真就叫做知识。主
观上的充分性叫做确信(对我自己而言),客观上的充分性则叫作确定
性(对任何人而言)。对这些如此容易领会的概念我将不再解释了。

　　如果不是至少知道点什么,我决不会让自己抱有什么意见。凭这
知道的一点什么,那本身只不过是悬拟的判断就获得了与真实性的某
种连结,这种连结虽然是不完全的,但毕竟胜于任意的虚构。此外,一
个这样连结的规律必须是确定的。因为,如果我在这种规律方面所拥
有的也只是意见,那么一切都只是想象的游戏,而失去与真实性的最起

码的联系了。在出自纯粹理性的判断中是根本不允许抱有意见的,因为这些判断不是建立在经验的根据之上的,而是一切都应当先天地被认识,在这里一切都是必然的,所以这个连结的原则要求普遍性和必然性,因而要求完全的确定性,否则就根本找不到通往真理的指导。所以在纯粹数学中抱有意见是荒谬的;我们必须知道,要么就放弃一切判断。在德性原理中情况也是如此,因为我们不可以单凭"某事是可以允许的"这一意见就冒险行动,而必须知道这一点。

A823 B851

　　反之,在理性的先验运用中说意见当然是太少了,但说知识却又太多。所以出于单纯思辨的意图我们在这里根本不能作出判断;因为视其为真的主观根据,正如能够产生出信念来的那些根据一样,在思辨的问题上是一点也不值得赞同的,因为它们脱离了一切经验性的帮助就无法站住脚,也不能以同一尺度传达给别人。

　　但是,无论在哪里,只有通过实践的关系,那理论上不充分的视其为真才能被称之为信念。于是,这一实践的意图要么是熟巧的意图,要么是德性的意图,前者指向随意的和偶然的目的,后者则指向绝对必然的目的。

　　一个目的一旦被设定下来,那么达到它的那些条件也就在假设上是必然的了。如果我根本不知道达到该目的所需要的其他任何条件,那么这种必然性就是主观的,但却只就比较而言才是充分的;但如果我确定地知道没有人能够了解导致所设定的目的的其他条件,那么这种必然性就是绝对的和对任何人都是充分的。在前一种情况下我的预设和对某些条件的视其为真只是一种偶然的信念,在后一种情况下则是一种必然的信念。医生必须对处在危险中的病人有所作为,但他不了解这种病。他观察现象,判断这可能是肺结核,因为他不知道有更好的判断。他的信念甚至就他自己的判断来看也只是偶然的,另一个人也许可以得出一个更好的判断。我把这种偶然的但却给现实地运用手段于某些行动上提供根据的信念称为实用的信念。

A824 B852

　　对于某人所断言的东西,要看其只不过是置信呢,抑或至少是主观的确信即坚定的信念,通常的试金石就是打赌。某人常常以如此深信不疑的和倔强的固执说出自己的信条，以至于看起来他好像完全把一切犯错误的担忧撇在了一边。打一个赌就使他疑惑起来。有时表明，他虽然充分具有可以估价一个杜卡登①的置信，但并不能估价十个杜卡登。因为对于一个杜卡登他还可以坦然无忌，但面对十个杜卡登他才第一次体会到他从前没有注意的事，即毕竟很有可能是他错了。如果我们在思想上设想我们应当以全部生活的幸福为之下注，则我们得意洋洋的判断就会大打折扣，我们会极其谨慎并头一次发现，我们的信念并没有达到这么远。所以实用的信念所具有的程度只是根据在赌博中利益的差异而可大可小的。

A825
B853

　　尽管我们在与客体的关系中不能采取任何措施，因而视其为真只不过是理论上的，但由于我们仍然能够在许多情况下在思想中拟定和想象某种措施，我们以为这种措施是有充分根据的，如果有某种办法来裁定这件事的确定性的话，这样，在单纯理论的判断中就有实践的判断的一个类似物，对它的视其为真是适合于信念一词的，我们可以把这种信念称之为学理上的信念。假如有可能以某种经验来裁决的话，我愿意以我所有的一切来下注，说在我们所看到的星球上至少有一个是有人居住的。所以我说，在别的世界上也有人居住，这不只是意见，而是一种坚强的信念（对于它的正确性我已经准备拿生活中的许多好处来冒险）。

A826
B854

　　于是我们必须承认，有关上帝存有的学说属于学理的信念。因为，尽管我在理论的世界知识方面并不能指定任何东西去把这个观念必然地假定为我对这个世界的现象所作解释的条件，反而被束缚于这样来使用我的理性，仿佛一切都只不过是自然似的；然而，合目的性的统一仍然是理性应用于自然的一个如此重大的条件，而经验又给我呈献出这方面丰富的例证，以至于我完全不能够忽略它。但对于这种统一性，我不知道有什么别的条件可以使它成为我的自然研究的引导，我只有假定有一个最高的理智按照最为明智的目的对一切作了如此的安排。

———————————

①　Dukaten，德国钱币。——译者

所以这是某种虽说是偶然的、但毕竟不是无足轻重的意图的一个条件，即为了在对自然的研究中有一种指导，要假定一个智慧的创世者。我的研究的结果也经常证实这一假定的有用性，而不能提出任何对此有决定性的反驳；如果我想把我的视其为真仅仅称为一种意见，我就说得太少了，相反，甚至在这种理论的关系上都可以说：我坚定地相信一个上帝；但这样一来这个信念在严格的意义上却不是实践的，而必须被称作一个学理的信念，它是自然的神学（自然神学）一定会到处都必然地产生出来的。正是在这同一个智慧那里，考虑到人类本性的卓越装备及与之如此难以相配的短暂生命，我们可以为人类灵魂的来世生活的某种学理的信念找到同样充分的根据。

A827
B855

在这种情况下，信念这种说法在客观的方面看是一种谦虚的说法，但在主观的方面看同时又是对相信的坚定性的说法。即使我仅仅是想在此把单纯理论上的视其为真称之为我有权采纳的一种假设，那么我单凭这一点也就会去自告奋勇地拥有关于一个世界原因和一个来世的性状的概念了，这就比我实际所能指出的做得更多；因为凡是我也只认为是假设的东西，我对它至少按其属性必定知道这么多，以至于我可以虚构的不是它的概念，而只是它的存有。但信念这个词只是针对着某个理念所给予我的引导、针对着在促进我的理性活动而使我执着于该理念方面的主观影响的，尽管我对这个理念并没有能力从思辨的方面提出解释。

但单纯学理上的信念是含有某种摇摆不定的；我们经常由于在思辨中所碰到的困难而放弃它，虽然我们总是不可避免地又要返回到它那里去。

A828
B856

道德的信念的情况就完全不同了。因为在这里绝对必然的是，有件事必须发生，这就是我会在一切方面听从道德律。这个目的在这里是不可回避地固定了的，并且按照我的一切洞见，只有一个唯一的条件可以使这个目的与所有的目的全都关联起来，并使之具有实践的效力，这就是：有一个上帝和一个来世；我甚至完全确定地知道，没有人会知道可以在道德律之下导致诸目的的这种统一的其他条件。但既然道德规范同时就是我的准则(正如理性命令它应该是的那样),那么我将不可避免地相信上帝的存有和一个来世生活,并且我肯定没有任何东西可以动摇这一信念,因为那样一来我的道德原理本身将会遭到颠覆,而这些道德原理是我如果不在自己眼里成为可憎的就不能放弃的。

以这样一种方式,在超出一切经验界限之外四处漂游的理性的所有那些沽名钓誉的意图都失败了之后,还给我们留下了足够的东西,就是我们有理由在实践的意图上对此感到满意。当然,没有人可以自诩说:他知道有上帝和来生;因为如果他知道这一点,那么他正是我长期以来所要找的人。一切知识(如果它牵涉到一个单纯理性的对象的话)都能够传达,因而我也将会有可能希望通过他的教导而在一个如此值得惊叹的程度上看到我的知识得到扩展。非也,这种确信不是逻辑上的确定性,而是道德上的确定性,而且由于它是基于(道德意向的)主观根据,所以我甚至不能说:上帝存在等等,这是在道德上确定的;而只能说:我是在道德上确信的等等。这就是说:对上帝和来世的信念和我的道德意向是如此交织在一起的,以至于我很少面临使前者受到损失的危险,同样也不用耽心什么时候会把后者从我手中夺走①。

在这里唯一感到可疑的一点是:这种理性信念建立在道德意向的前提之上。如果我们放弃这一点,而假定有一个在道德律方面完全无所谓的人,那么理性所提出的这一问题就成为一个仅仅思辨的课题,这样一来,它虽然还能够以出自类比的有力根据来支持,但却得不到最顽固的怀疑癖也不得不向其屈服的那样一些根据的支持②。但在这个问题上没有人是摆脱一切兴趣[利害]的。因为,尽管他可能由于缺乏善

A829
B857

A830
B858

---

① Mellin 认为这里的"前者"和"后者"应颠倒次序。——德文编者

② 人的内心裏赋有(同样我相信,这种事在每个有理性的存在者身上都必然会发生)对道德的一种自然兴趣,尽管这种兴趣并不是前后一致的和实践上占优势的。如果你加固和扩展这种兴趣,你将会发现理性是很好教化的,并且甚至对于在实践的兴趣上再结合思辨的兴趣是更为开明的。但如果你不关心首先使自己成为好人,至少是在成为好人的途中,那么你将永远不会使你自己成为有诚实信仰的人!——康德

A830
B858

良的意向而与道德兴趣隔绝了,但即使在这种情况下也仍然足够使他畏惧上帝的存有和来世了。因为要做到这点并不要求别的,只要他起码不能借口没有确定性,既没有见到这样一个存在者也没有见到来生的可能,就行了,因为这必须通过单纯的理性、因而无可置疑地得到证明,所以他为此将不得不阐明这两者的不可能性,而这肯定是没有任何有理性的人能够接受的。这将是一种消极的信念,它虽然不能产生道德和善良意向,但毕竟可以产生它们的类似物,就是说,能够有力地遏制恶劣意向的发作。

但人们会说,这就是纯粹理性超越经验界限之外展望前景所达到的一切吗？除了两个信条就没有别的了吗？这些事不需要向哲学家们请教就连普通知性也能做得到的啊！

A831

我不想在这里赞扬哲学通过自己的批判的艰苦奋斗为人类理性所作出的贡献;就算它在结论上也许应当被看做只是消极的吧;因为对此在下面的章节中还要有所触及。然而,你真的盼望要有这样一种涉及到一切人类的、应当超越普通知性而只由哲学家揭示给你的知识吗？你所责备的这一点,正好是前述主张的正确性的最好证明,因为这揭示出人们一开始不能预见到的事,即大自然在人们无区别地关切的事情中,并没有在分配他们的禀赋上有什么偏心的过错,而最高的哲学在人类本性的根本目的方面,除了人类本性已赋予哪怕最普通的知性的那种指导作用以外,也不能带来更多东西。

B859

A832
B860

第三章　　纯粹理性的建筑术

我所理解的建筑术就是对于各种系统的艺术。因为系统的统一性就是使普通的知识首次成为科学、亦即使知识的一个单纯聚集成为一个系统的东西,所以建筑术就是对我们一般知识中的科学性的东西的学说,因而它必然是属于方法论的。

在理性的治下,我们的一般知识决不允许构成什么梦幻曲,而必须构成一个系统,唯有在系统中这些知识才能支持和促进理性的根本目的。但我所理解的系统就是杂多知识在一个理念之下的统一性。这个理念就是有关一个整体的形式的理性概念,只要通过这个概念不论是杂多东西的范围还是各部分相互之间的位置都先天地得到了规定。所以这个科学性的理性概念包含有目的和与这目的相一致的整体的形式。一切部分都与之相联系、并且在目的理念中它们也相互联系的那个目的的统一性,使得每个部分都能够在其他部分的知识那里被想起来①,也使得没有任何偶然的增加,或是在完善性上不具有自己先天规定界限的任何不确定量发生。所以整体就是节节相连的(articulatio②),而不是堆积起来的(coacervatio③);它虽然可以从内部(per intus susceptionem④)生长起来,但不能从外部(per appositionem⑤)来增加⑥,正如一个动物的身体,它的生长并不增添任何肢体,而是不改变比例地使每个肢体都更强更得力地适合于它的目的。

A833
B861

这个理念为了实现出来,就需要一个图型,即需要一个从目的原则中先天得到规定的本质性的杂多和各部分的秩序。图型如果不是按照一个理念、即出自理性的主要目的,而是经验性地按照偶然显露出来的意图(它们的数量我们不可能预先知道)来勾画的,它就提供出技术性的统一性;但如果它是按照一个理念产生的(在那里理性先天地把目的作为任务提出来,而不是经验性地等待目的),它就建立起建筑术的统一性。要能够产生出我们称之为科学的东西,不是凭借技术,即不是由于杂多东西的类似性,或由于知识具体地在所有各种随意的外部目

---

① “被想起来”为德文 vermissen 之译,该词有“发觉丢失”、“惦记”两义,因此哈滕斯泰因将此句改作:“使得没有任何一个部分能够在其他部分的知识中被丢失”,格兰德则注明其意思为“没有任何一个部分可以被发觉是缺席的”。——译者据德文编者

② 拉丁文:环环相扣。——译者

③ 拉丁文:积累。——译者

④ 拉丁文:通过从内部激发。——译者

⑤ 拉丁文:通过增添。——译者

⑥ 这里“生长”和“增加”为德文 wachsen 一词两义。——译者

的上的偶然运用,而是凭借建筑术,是为了亲缘关系,为了从一个唯一而至上的、首次使整体成为可能的内部目的中推导出来,而这样产生的东西,其图型必须合乎理念地、即先天地包含着整体轮廓(monogramma①),和一种对整体各环节的划分,并且必须把这个整体确实无疑地依照原则与其他一切整体区别开来。

A834
B862

没有人会不以某个理念作自己的基础就试图去建立一门科学的。不过,在制定这门科学时,图型、甚至他在这门科学开端处立刻就提供出来的定义,是很少与他的理念相符合的;因为这种理念如同一个胚胎处于理性中,一切部分都还被紧紧包裹着隐藏在胚胎里,就连用显微镜观察也几乎看不出来。为此之故,我们必须不是按照一些科学的创立者对此所作的描述,而是按照我们从他所汇集起来的那些部分的自然统一性出发而觉得是在理性本身中有根据的那个理念,来规定这些科学,因为它们毕竟全都是从某种普遍兴趣的观点中被想出来的。因为这时人们发现,创立者、经常还有他的最近的追随者都在围绕着一个理念转来转去,他们自己本来就没有能够搞清楚这个理念,因而也就没有能够规定这门科学的特有内容、环环相扣的关系(系统统一)和界限。

糟糕的是,只有当我们长时间地按照一个隐藏在我们心中的理念的指示狂乱地收集了许多与之相关的知识作为建筑材料之后,甚至只有当我们花了长时间在技术上去组合这些材料之后,我们才第一次能够更清晰地看到这个理念,并按照理性的目的从建筑术上来构想一个整体。这些系统看起来就像蠕虫一样,通过一种由于把那些搜集到的概念单纯汇集到一起而来的 generatio aequivoca②,开始是残缺不全地、随着时间的进程则完备地形成起来,尽管它们在单是自我展开的理性中全部都有自己的图型作为原始的胚胎,因此不仅每一个系统自身都被按照一个理念而分出环节,而且此外所有的系统都又还在人类知识的一个系统中作为一个整体的各环节而合目的地相互结合起来,而允

A835
B863

① 拉丁文:草图。——译者
② 拉丁文:模糊生成。——译者

许有一切人类知识的某种建筑术,这种建筑术在当前时代由于已经搜集了如此之多的材料,或是可以从古代建筑已倒塌的废墟中取得如此多的材料,就不仅仅是可能的,而且甚至是不会很困难的了。我们在此满足于完成我们的工作,就是只把一切知识的建筑术从纯粹理性中构想出来,并且只从我们知识能力的普遍根基从中分权而生发出两条枝干的那一点开始,这两条枝干之一就是理性。但我在此所谓的理性是指整个高级认识能力,所以我以合理的东西与经验性的东西相对立。

如果我把知识的一切从客观上看的内容都抽掉的话,那么一切知识在主观上就要么是历史的,要么是合理的。历史的知识是 cognitio ex datis①,合理的知识则是 cognitio ex principiis②。一种知识不管它来自何处,都可以是本源地被给予的,所以它毕竟在拥有它的那个人那里是历史的,如果他只是在这个程度上认识,并且认识得如同别处给予他的那么多的话,不论这种认识他是通过直接经验还是通过讲述,甚至是通过教授(普遍的知识)而被给予的。因此,一个真正学习过一个哲学系统,如沃尔夫的体系的人,尽管他把一切原理、界说和证明,连同整个学说大厦的划分,都记在脑子里,并能对一切都如数家珍,但他所拥有的决不超出对沃尔夫哲学的完备的历史知识;他所知道和所判断的只不过是已经给予他的。如果一个定义在他看来是有争执的,他就不知道他应当到何处去取得另一个定义。他按照别人的理性而增长知识,但模仿能力并不是生产能力,就是说,知识在他那里并不是出自理性,并且尽管客观上这当然是一种理性知识,然而主观上它毕竟只是历史的。他很好地理解和记住了,即学会了,他是一个活生生的人的翻版。那些客观上是理性的知识(即最初只能发源于人自己的理性的知识),唯一地只有当它们从理性的普遍源泉中即从原则中汲取时,才被允许在主观上也具有理性知识的称号,而从这一源泉中也能够产生出批判,甚至产生出对学到的东西的抵制。

A836
B864

A837
B865

---

① 拉丁文:出自事实的知识。——译者
② 拉丁文:出自原则的知识。——译者

现在,一切理性知识要么是从概念而来的,要么就是从概念的构造而来的;前者是哲学的知识,后者是数学的知识。关于这两者的内部区别我已经在第一章中讨论过了。因此一种知识可以在客观上是哲学的,但在主观上却是历史的,正如在大部分学徒那里以及在一切从未超出过学派并且一辈子都是学徒的人那里一样。但有一点却是很奇怪的:像人们已经学过的那种数学知识竟也能在主观上被看做理性知识,而这样一种在数学知识上的区别的发生是不同于在哲学知识上的区别的。其原因是由于教师唯一能够从中汲取的那些知识源泉永远只处于根本的和真正的理性原则之中,因而不能被学徒从任何别的地方拿来,更不能加以争执,而这当然是因为理性的运用在这里只是具体的,尽管也是先天的,也就是在纯粹的并正因此也是完美无缺的直观上发生的,而排除了一切欺骗和谬误。所以我们在一切(先天的)理性科学中唯一地只能学习数学,但永远不能学习哲学(除非是历史地学习),而是在理性方面顶多只能学习做哲学研究。

于是,一切哲学知识的系统就是哲学。如果我们把它理解为对一切做哲学研究的尝试进行评判的范本,我们就必须把它看做客观的,它应当用来对每个主观的哲学进行评判,而这些主观的哲学体系往往是各种各样和变化多端的。按照这种方式,哲学就是一个有关某种可能的科学的单纯理念,这门科学永远也不被具体地给予,但人们却从各种不同的道路去试图接近它,直到那条唯一的、被感性的草木所壅蔽了的小路被发现、而迄今错位的摹本在命运赐予人类的范围内成功地做到与蓝本相同为止。直到那时以前我们不可能学到什么哲学;因为,哲学在哪里?谁拥有哲学?而且凭什么可以认识哲学?我们只能学习做哲学研究,即按照理性的普遍原则凭借某些正在着手的尝试来锻炼理性的才能,但却总是保留着理性对那些原则本身在其来源上进行调查、认可和抵制的权利。

但直到那时以前哲学的概念只是一个学派概念,也就是一个知识系统的概念,这种知识只被作为科学来寻求,而不以超出这种知识的系统统一、因而超出知识的逻辑完善性的东西为目的。但还有一个总是

A838
B866

A839
B867

为这个命名提供根据的世界概念(conceptus cosmicus①),尤其是当我们仿佛把哲学概念人格化并将它在哲学家的理想中设想为一个蓝本时。从这方面来看哲学就是有关一切知识与人类理性的根本目的(teleologia rationis humanae②)之关系的科学,而哲学家就不是一个理性的专门家,而是人类理性的立法者。在这种意义上,自称是一位哲学家并自以为比得上那个仅仅存在于理想中的蓝本,这是非常大言不惭的。

数学家、自然科学家和逻辑学家,不论前两者一般地在理性知识中、后两者特殊地在哲学知识中取得过怎样的进展,他们却都只是理性的专门家。仍然有一个理想中的导师在对他们大家作安排,将他们用作工具,以便促进人类理性的根本目的。唯有这个导师是我们必须称之为哲学家的;但由于他本身毕竟在任何地方都找不到,而他的立法的理念却在每个人的理性中到处都被发现,所以我们所要坚持的就仅仅是这种立法的理念,并要对哲学按照这个世界概念③而为出自这一目的立场的系统统一所颁定的东西作出更切近的规定。

A840
B868

因此,根本的目的就还不是最高目的,最高目的(在理性的完善的系统统一中)只能是一个唯一的目的。因此根本目的要么是终极目的,要么是必须作为手段而从属于终极目的的附属目的。终极目的无非是人类的全部使命,而有关这种使命的哲学就是道德学。为了道德哲学对于一切其他理性追求的优越地位之故,我们自古以来也一直都把哲学家这个名称同时理解为并且首先理解为道德学家,而且甚至连表面上表现出理性的自我控制力,也会使得我们现在还按照某种类比而把一个人称之为哲学家,即使他的知识很有限。

于是,人类理性的立法(即哲学)有两个对象,即自然和自由,所以它一开始就不仅把自然法则也把道德法则包含在两个特殊的哲学系统

---

① 拉丁文:世界概念。——译者

② 拉丁文:人类理性的目的论。——译者

③ 世界概念在这里就是那涉及使每个人都必然感兴趣的东西的概念;因而当一门科学只是被看做一种有关达到某些随意目的的熟巧的科学时,我就按照学派概念来规定这门科学的意图。——康德

中,但最终是包含在一个唯一的哲学系统中。自然哲学针对的是一切存有之物;道德哲学则只针对那应当存有之物。

　　但是,一切哲学要么是由纯粹理性而来的知识,要么是由经验性原则而来的理性知识。前者叫做纯粹哲学,后者叫做经验性的哲学。

　　于是,纯粹理性的哲学要么是在一切纯粹先天知识方面检查理性的能力的一种入门(预习),即批判,要么其次,它就是纯粹理性的(科学的)系统,是出自纯粹理性并系统关联起来的全部(真实的和虚假的)哲学知识,也就是形而上学;虽然形而上学这个名字也可以给予包括批判在内的全部纯粹哲学,以便既包括对于永远能够被先天认识的一切东西的研究,又包括对构成这一类纯粹哲学知识系统的东西的描述,却与一切经验性的以及数学的理性运用区别开来。 A841
B869

　　形而上学分成纯粹理性的思辨的运用的形而上学和实践的运用的形而上学,所以它要么是自然的形而上学,要么是道德的形而上学。前者包含出自单纯概念(因而排除了数学)的、有关万物之理论知识的一切纯粹理性原则;后者包含先天地规定所为所不为并使之成为必然的那些原则。于是道德性就是诸行动的能够完全先天地由原则中引出来的唯一合法性。因此道德形而上学真正说来就是不以任何人类学(即不以任何经验性的条件)为根据的纯粹道德学。而思辨理性的形而上学则是我们通常在更严格的①意义上所称呼的形而上学;但只要纯粹的道德学说仍然属于出自纯粹理性的人性知识也就是哲学知识的特殊门类,那么我们就要为它保存形而上学这一名称,虽然由于它不属于我们现在的目的,我们这里且将它存而不论。 A842
B870

　　极为重要的一点是,要把那些在种类上和起源上与其他知识不同的知识分离出来,并小心地防止它们不要和另外那些它们通常在运用中与之结合着的知识混为一谈。化学家在分解物质时以及数学家在他们的纯粹量的学说中所做的事,在更大得多的程度上也是哲学家的责

---

①　"更严格的"(engeren)在第四版中改为"固有的"(eigenen)。——德文编者

任,哲学家借此就能够在知性的四处游移的运用上确切地规定一类特殊知识所占有的份额、它所特有的价值和影响。因此人类理性自从它进行思考,或不如说进行反思以来,从来都不能缺少形而上学,然而也从来未能充分清除一切异类成分来描述形而上学。一门这样的科学的理念与思辨的人类理性同样古老;不论是以经院哲学的方式还是以世俗的方式进行,又有哪一个理性不是在思辨呢? 然而人们必须承认,我们知识的两个要素,即一个要素是完全先天地由我们所支配的,另一个则只能后天地从经验中接受而来,这种区分甚至在职业的思想家中也仍然只是很不清晰的,因此就从来也没有能够做到确定一个特殊种类的知识的界限,因而也没有能够实现一门人类理性从事了这么久和这么大量的研究的科学的真正理念。如果人们说:形而上学是一门关于人类知识的那些第一原则的科学,那么他们并不能由此来说明一门完全特殊种类的知识,而只是说明了某种普遍性方面的等级,所以形而上学并不能因此就和经验性的东西明确区别开来;因为甚至在那些经验性的原则中也有一些更普遍的、并因此而比其他的都更高的原则,并且,在这样一种隶属关系中(在人们没有把那种完全先天地被认识的东西与只是被后天认识的东西区别开来时),人们应当在何处划出最·初·的部分和至上的项与最末的部分和从属的项相区别的分界呢? 如果一种纪年法只能把世界的各个时期这样来标明,即把它们划分为最初的世纪和接下来的世纪,人们对此又将会说什么呢? 人们将会问:第五世纪、第十世纪等等是否也属于最初的世纪? 我同样会问:广延的概念属于形而上学吗? 你回答说:是的! 好,那么物体的概念呢? 是的! 那么液体的概念呢? 你会犹疑起来,因为如果再这样追下去,则一切东西都将属于形而上学了。由此可见,单纯的隶属等级(把特殊隶属于普遍之下)决不能确定一门科学的界限,相反,在我们的情况下,起源的完全不同质性和差异性才能确定一门科学的界限。但是在另一方面曾经使形而上学的基本理念变模糊的还有:形而上学作为先天知识显示出与数学有某种同质性,这种同质性虽然在先天的起源上使它们相互有亲缘关系,但与数学那种单纯通过对概念的先天构造来作判断的一

A843
B871

A844
B872

类知识相比较,形而上学则是出自概念的一类知识,就此而言,因而就哲学知识与数学知识的区别来说,就显出了某种如此断然的不同质性,人们虽然时时刻刻仿佛都感到了这种不同质性,但从来都没有能够把它带到清晰的标准上来。因此就发生了这种事,由于哲学家们甚至在阐明他们自己的科学的理念时的失足,对这门科学的研究就不可能有任何确定的目的和任何可靠的准绳,并且他们在一个这样任意制定出来的计划中对他们必须采取的道路一无所知,而且时刻在每个人声称是由自己作出的发现上互相争执,他们就使自己的科学首先是在别人那里、最后甚至在他们自己那里都遭到了蔑视。

所以一切纯粹的先天知识,由于它唯一能位于其中的那种特殊认 A845
识能力,就构成了一种特殊的统一性,而形而上学就是那种应当把那些 B873
知识表现在这种系统统一性之中的哲学。于是,形而上学的那个抢先独占了这一名称的思辨的部分,也就是我们称之为自然形而上学的,并且从先天概念来考虑一切所是的东西(而不是所应是的东西)的形而上学,就被划分为如下的类型。

较狭窄意义上的所谓形而上学是由先验哲学和纯粹理性的自然之学所组成的。前者只考察在一切与一般对象相关的概念和原理的系统中的知性和理性本身,而不假定客体会被给予出来(即本体论);后者考察自然,即被给予的对象的总和(不论它们是被给予感官的,还是被给予另一种类的直观的,如果我们愿意这样说的话),因而就是自然之学(虽然只是合理的自然之学)。但现在,理性在这种合理的自然考察中的运用要么是自然性的,要么是超自然性的,或不如说,要么是内在的,要么是超验的。前者是在自然知识能够被(具体地)应用于经验中这个范围内针对着自然界的,后者是针对着经验对象的超越于一切经验之上的那种连结。因此这种超验的自然之学要么以内部连结为自 A846
己的对象,要么以外部连结为自己的对象,但两种连结都是超出可能经 B874
验之外的;前者是全部自然界的自然之学,即先验的世界知识,后者是全部自然界与一个超自然的存在者的关联的自然之学,即先验的上帝知识。

相反，内在的自然之学把自然界看做一切感官对象的总和，因而是看做自然界被给予我们的那样，但只是按照它一般地由以能够被给予我们的那些先天条件来给予我们的。但它只有两类不同的对象。1. 外感官的对象，因而这些对象的总和，即有形自然；2. 内感官的对象，即灵魂，以及根据一般灵魂的基本概念而来的思维着的自然。有形自然的形而上学叫做物理学，但由于它只应当包含物理学知识的先天原则，所以叫做合理的物理学。思维着的自然的形而上学叫做心理学，而由于上述同样的原因，它在这里只能被理解为心理学的合理的知识。

因此整个形而上学系统就是由四个主要部分构成的。1. 本体论。A847 2. 合理的自然之学。3. 合理的宇宙论。4. 合理的神学。第二个部分即 B875 纯粹理性的自然学说包含有两个部门，即合理的物理学（physica rationalis①）和合理的心理学（psychologia rationalis）。

纯粹理性对一种哲学的本源的理念预先规定了这种划分本身；所以这种划分就是按照其根本的目的而建筑术地进行的，而不是按照偶然知觉到的亲缘关系和仿佛靠碰运气而单纯从技术上进行的，但正因此它也是不可改变的和具有立法性的。但在这里有一些可能会引起怀疑和削弱对这种划分之合法性的确信的疑点。

首先，对于那些被给予我们的感官因而是后天地被给予出来的对象，我们怎么能够期待一种先天的知识、因而期待一种形而上学呢？并A848 且，如何可能按照先天的原则来认识事物的本性并达到一种合理的自 B876 然之学？回答是：我们从经验取来的只不过是必须给予我们一个部分

---

① 不要以为我在这里指的是人们通常称之为普通物理学（physica generalis）的东西，这种东西与其说是自然哲学，不如说是数学。因为自然的形而上学是完全区别于数学的，它也远不能如同数学那样提供如此多的扩展性见解，但它在对那些必须应用于自然之上的一般纯粹知性知识的批判方面却仍然是极其重要的；如果缺少了它，甚至数学家也会由于他们依赖于某些日常的、实际上却是形而上学的概念，而不知不觉地用一些假设来纠缠自然学说，这些假设通过对这些原则的一个批判就消失了，却丝毫也不因此而损害数学在这个领域中的运用（这种运用是完全不可缺少的）。——康德

是外感官、部分是内感官的客体的东西。外感官的客体是通过物质这个单纯概念(不可入的无生命的广延)发生的,内感官的客体是通过一个思维着的存在者的概念(在经验性的内部表象即"我思"中)发生的。除此之外,我们在这些对象的全部形而上学中都将不得不完全放弃一切还想将任何经验添加到这概念上以便从中对这些对象有所判断的经验性原则。

其次,向来在形而上学中都坚持自己的席位的经验性的心理学,在我们的时代,当人们放弃了先天地去达到某种合适的东西的希望之后,人们就期待它在澄清形而上学方面做如此多的事情,这种经验性的心理学究竟保留在何处? 我的回答是:它到那个本来的(经验性的)自然学说必须被放到那里的地方去,也就是被放到应用的哲学那方面去,纯粹哲学含有一些针对应用哲学的先天原则,所以纯粹哲学虽然必须与应用哲学结合起来,但不可与它相混淆。所以经验性的心理学必须从形而上学中完全驱逐出去,并且它已经通过形而上学的理念而从中被完全排除了。然而我们按照经院哲学的惯例毕竟总还是必须(哪怕只是作为题外话)允许它在其中占有一小块地方,其实是从经济的动因 A849
出发,因为它还并不丰富到能够单独构成一个学科,但却非常重要,以 B877
至于不应当完全排斥它,或是把它固定到别的那些比起在形而上学中更加不能找到亲缘关系的地方去。所以它只是一个在此期间被接受下来的外来户,我们准许它在一段时间内作一个逗留,直到它将来能够在某种详尽的人类学(即经验性自然学说的对应物)中迁入它自己的住处为止。

所以,这就是形而上学的普遍理念,而由于人们一开始对它的期望超出了可以正当要求的范围,并且在一段时间内以这种快适的期望来自娱,所以形而上学最终就落得遭到了普遍的蔑视,因为人们发现自己在这种希望中受了骗。由我们的批判的整个进程出发,人们将会充分地确信:即使形而上学不可能是宗教的基础,但它仍然任何时候都必将作为宗教的捍卫者而屹立,而人类理性既然由于其自然倾向而是辩证的,它就将永远也不可能没有这样一门对它加以约束的科学,而这门科学将会通过一种科学性的和完全明白易懂的自我知识来防止某种无法无天的思辨理性肯定会在道德和宗教中造成的种种破坏。所以可以肯定的是，无论那些不知道按照一门科学的本性、而只知道从它的偶然的结果去评判它的人如何装出矜持和轻蔑的样子，人们任何时候都将返回到形而上学，就像返回到一个与我们吵过嘴的爱人身边一样，因为，由于在这里涉及到根本的目的，理性就必须永不停息地工作，要么是为了达到彻底的洞见，要么是为了摧毁那些已经现成的很好的洞见。

A850
B878

所以自然的形而上学以及道德的形而上学，尤其是作为预习（入门）而先行的、对驾着自己的翅膀去冒险的理性所作的批判，其实才是唯一构成我们在真正意义上能够称之为哲学的东西。这种哲学使一切都与智慧相联系，但却是通过科学之路，这是一条一旦被开辟出来就再也不被壅蔽且决不会让人迷失的唯一的道路。数学、自然科学，乃至于对人的经验性的知识，作为大部分是针对人类偶然目的、但最终却毕竟是针对其必然的和本质的目的的手段，而具有一种很高的价值，但在后一种情况下它们就只有通过某种出自单纯概念的理性知识的中介才具有价值，这种理性知识不管人们愿意把它称作什么，真正说来无非是形而上学。

正因为如此，形而上学也是对人类理性的一切教养的完成，这种教养即使撇开形而上学作为科学对某些确定目的的影响不谈，也是不可或缺的。因为形而上学按照理性的各种要素和那些本身必须为一些科学的可能性及所有科学的运用奠定基础的至上准则来考察理性。形而上学作为单纯的思辨，更多地被用于防止错误，而不是扩展知识，这并没有使它的价值受到任何损害，而是通过它的审查职权使科学的共同事业的普遍的秩序与和睦乃至福利都得到保障，防止对这个事业的那些勇敢而富有成果的探讨远离那个主要目的，即普遍的幸福，从而反倒赋予了自身以尊严和权威。

A851
B879

第四章　纯粹理性的历史

　　这个标题放在这里只是为了表示一个在系统中保留下来必须在将来加以填充的位置。我则满足于从一个单纯先验的观点、即纯粹理性的本性的观点出发来对迄今为止对纯粹理性所做的全部探讨作匆匆一瞥,这固然在我的眼前矗立起一些大厦,但却只是一些废墟。

　　人类在哲学的童年是从我们今天更愿意在那里结束的地方开始的,就是说,首先探讨对上帝的知识,以及探讨来世的希望乃至于来世的性状,这件事是够奇怪的了,尽管当时理所当然地不可能走另外的路。不论那些还是由各民族的野蛮状态所遗留下来的古老习惯曾经带来了多么粗野的宗教概念,这毕竟没有阻止那更为开明的一部分人从事对这种对象的自由的探索,而且人们很容易看到,除了善良的生活方式之外,不可能有任何更彻底和更可靠方式来取悦于统治这个世界的不可见的权力,以便至少在另一个世界得到幸福。因此,对于一切抽象的理性探索来说,神学和道德学是两个动机,或不如说两个关节点,人们总是在此之后才去从事理性探索的。然而神学才是真正把单纯的思辨理性逐步引入到这件工作中来的,这件工作后来才以形而上学而闻名于世。

　　我现在不想对形而上学发生这种那种变化的时期加以区分,而只想粗略地描述一下引起过最主要的革命的理念的差异。在这里我发现有一个三重的考虑,在其中促成了在这一争执的舞台上那些最显著的变化。

　　1. 在我们一切理性知识的对象方面,曾经有一些只是感觉论的哲学家,另一些只是智性论的哲学家。伊壁鸠鲁堪称最出色的感性哲学家,柏拉图则堪称最出色的智性哲学家。但学派上的这种区别不论它多么微妙,都已经在最早的时代中就开始了,并长期不断地保持下来。前一派的人主张,只有在感官对象中才有现实性,所有其他的东西都是

A854
B882
想象;反之,后一派的人却说:在感官中所有的无非是幻相,只有知性才认识真实的东西。不过前一派也并不因此就完全否认知性概念的实在性,但这种实在性对他们来说只是逻辑性的,而对于另一派的人来说却是神秘的。前一派承认智性概念,但只接受感觉的对象。后一派要求这些真实的对象只是理知的,并且主张有一种通过纯粹知性而来的直观,这种纯粹知性不由任何感官伴随着,并且按照他们的意见只是被感官弄混乱了而已。

　　2. 在纯粹理性知识的起源方面,这种知识是从经验中派生出来的呢,还是不依赖于经验而在理性中有其来源。亚里士多德可以看做经验主义者的首领,柏拉图则可以被看做理性主义者的首领。在近代追随前者的洛克和追随后者的莱布尼茨(虽然与后者的神秘主义学说保持相当的距离),仍然还是没有能够在这场争执中带来任何了结。至少伊壁鸠鲁按照他的感觉论学说来处理问题在他这方面说要比亚里士多德和洛克(但尤其是后者)要一贯得多(因为他从来也不使他的推论超出经验的界限之外),洛克在他把一切概念和原理都从经验中推导

A855
B883
出来之后,又在对它们的运用中走得如此之远,以至于他主张,我们可以把上帝的存有和灵魂的不朽(虽然这两种对象都完全处于可能经验的界限之外)都像任何一个数学定理一样明白地加以证明。

　　3. 在方法方面。如果我们要把某件事称之为方法,那它就必须是按照原理的一种处理方式。于是我们就可以把目前在自然研究的这门学科中流行的方法分成自然主义的和科学性的。纯粹理性的自然主义者为自己采取的原理是:通过无须科学的日常理性(他将这称之为健全理性),在构成形而上学最崇高的任务的那些问题上也可以比通过思辨有更多的建树。所以他主张,我们用目测能够比数学的辗转论证更可靠地确定月亮的大小和距离。这是一种被用各种原理来表达的单纯厌恶理论的态度,并且它最荒谬之处是把忽略一切人为的手段捧为扩展自己的知识的一种独特的方法。因为,谈到由于缺乏更多洞见而成为自然主义者的那些人,那么我们不能有丝毫理由怪罪于他们。他们追随日常理性,却并不把他们的无知夸耀为一种方法,这种方法据说

包含有从德谟克利特的深井中汲取真理的机密。Quod sapio, satis est mihi; non ego curo, esse quod Arcesilas aerumnosique Solones, Pers. ①这是他们的格言,凭借这一格言他们可以过快乐而值得赞许的生活,而不去为科学操心,更不来扰乱科学的事务。

A856
B884

　　至于那些遵循科学性的方法的人,那么他们在这里有一个选择,要么是独断论地来操作,要么是怀疑论地来操作,但在一切情况下他们都有责任系统地进行操作。如果我在这里为前一种方法举出著名的沃尔夫,为后一种方法举出大卫·休谟,那么根据我目前的意图,我就用不着举其他人的例子了。唯有批判的路子还没有人走过。如果读者曾带着好意和耐心和我结伴漫游过这条道路的话,那么他现在就可以判断,如果他情愿为了使这条人行小路成为一条阳关大道而作出自己的贡献的话,那种许多个世纪都未能做成的事情是否有可能还在本世纪过去之前就得到完成:就是说,使得人类理性在它的求知欲任何时候都在从事着但至今都是白费力气的事情中达到完全的满足。

---

　　①　拉丁文:我所知道的对我已足够;我不去强求成为阿塞西劳斯和忧心忡忡的梭伦。——柏修斯。按柏修斯(Persius, Flaccus Aulus, 公元 34—62 年)为古罗马诗人,所引载其《讽刺诗》,阿塞西劳斯(公元前 316—公元前 240? 年)为柏拉图的学生,怀疑论者;梭伦(公元前 638? —公元前 559 年),雅典政治改革家。——译者

德汉术语索引 *

A

Aberglauben 迷信 （XXXIV）

abgleiten 派生 （XXI，）27，72，89，106—108，111，115，127，132，140，142，163，601，603，606，607，609，645，710，818，839，882

absolut 绝对 42，52—56，64，92，（99，）245，262，285，321，380—385，391—394，398，415，419，420，（348，353—356，394，397，401，402，405，）434，436，438，440，443—447，450，455，457，459，460，471，472，474，476—478，480，484，487，489，495，507，511，512，515，524，525，527，528，533，534，537，538，540，541，543—545，547—549，551，553，561，564，571，612，613，615，616，620，621，632，634—636，639，640，645，656，657，662，677，693，700，704，707，713，768，769，801，802，810，812，844

ablaufen 流过 437

Abstraktion/abstrahieren 抽象 56，57，144，145，173，337，338，340，341，346，402，421，（335，）452，453，467，565，651，684，731，742，745，762，813

abziehen 抽象 12，652，774，881

Achtung 敬重 （XI，）375，651，736

Affektion/affizieren 刺激 （2，）33，34，41，42，44，51，61，68，69，72，75，93，129，153—157，207，235，309，（358，

---

* 1. 本索引主要依据德文第二版页码（即本书边码标为"B"版的页码）编成，凡在 B 版中的词条的页码不再标出 A 版（第一版）页码，凡在 B 版中被删去了的那些 A 版部分的词条，其页码则放在圆括号（）内标出，表示在 A 版中原来的页码。

　　2. 凡在原书中出现过于频繁、几乎比比皆是的且基本上有定译的词条（如"理性 Vernunft"、"知性 Verstand"等等），不再将页码一一注出，只将词条本身用**黑体字**排出。

　　3. 在一词两译或多译的情况下本索引视其需要将页码依次分段排出，中间用"/"号隔开。

527

a priori 先天地（的）

archetypus 原型的 723

Archtektonik 建筑术 27, 375, 502,
503, 736, 860, 861, 863, 875

Argument 论证 XXXIV, 20, 53, 412,
413,（357,）433, 458, 484, 485, 487,
525, 529, 530, 535, 559, 563, 612,
616, 617, 626, 634, 635, 637, 643,
655, 657, 717, 817

Artikulation 环环相扣 90, 861, 862

assertorisch 实然的 25, 100, 101, 310,
809

Assoziation 联想 127, 140, 142, 152,
（112, 113, 115, 121—125,）794, 811

Ästhetik 感性论 XXXVIII, 33, 35, 36,
58, 59, 63, 72, 73, 76, 79, 87, 102,
136, 146, 148, 160, 188, 274,（249,
251, 357, 378,）469, 518, 534, 564

Atheismus 无神论 XXXIV, 668, 769

Atomus 原子 469

Atomistik 原子论 469

aufheben 悬置 XXX

Augenblick 瞬间 （99, 103,）203,
209—211, 248, 253, 254, 414, 439,
583, 784

Ausdehnung 广延 11, 12,（8,）35, 42,
66, 70, 149,（106,）204, 340, 349,
（358—360, 371, 381, 384, 392, 393,
398,）456—459, 460, 461, 491, 497,
519, 520, 550, 553, 555, 646, 743,

871, 876

Axion 公理 47, 200, 202, 204—206,
222, 286, 356, 536, 545, 753, 754,
760, 761, 733

B

Bedingung/bedingt 条件/有条件的

Befugnis 权限 116, 117, 424, 585, 762,
800

Begebenheit 事件 163,（122,）237—
241, 243, 244, 246, 247, 251, 264,
289, 291, 475, 478, 495, 499, 502,
516, 523, 560, 562, 564, 568, 570—
572, 580, 582, 750, 816

Begehrung 欲求 830

Begierd 欲望 29, 426,（357,）677,
680, 728, 824

Begreifen 统握 367

Begriff 概念

beharrlich/Beharrlichkeit/Beharrliche 持
存的/持存性/持存之物 XXXIV,
XL, XLI, 56, 67,（107, 113, 123,）
183, 186, 219,（182,）225—233,
249—251, 264, 268, 270, 275, 277,
278, 291, 292, 331, 340, 341, 407,
413—415, 417, 418, 420, 424,（349,
350, 362—366, 383, 386, 399, 401,
403,）462, 515, 553, 577, 581, 710,
718, 769, 795, 800

Bejahung/bejahend 肯定/肯定的 10,
95, 97, 98, 100, 191, 193,（245, 246,）

318,328,336,338,339,(389,395,)
461,513,549,601—603,609,636,
701,767,769,781,809,821

Beschaffenheit 性状 XVII,XXII,38,
41,44,(26,)45,55,58—62,69,70,
73,133,(97,129,)242,268,269,
273,306,(251,252,)323,326,334,
404,419,420,(352,388,389,398,)
453,467,477,492,506,507,579,
618,633,639,642,648,660,664,
675,676,679,694,695,699,709,
719,745,782,798,807,827,848,
849,855,880

Besondere/besonder 特殊/特殊的
(VII,XX,)XLI,24,43,(28,29,)54,
62,76,77,97,99,111,122,139,158,
165,(117,126,128,)170,172,173,
180,198,209,216,220,229,230,
266,270,279,303,307,(251,)309,
323,326,335,337,357,365,378,
382,396,399,400,(359,)444,469,
471,473,591,601,608,609,618,
633,642,651,674,675,678,680,
695,703,719,727,735,736,742,
760,777,810,827,835,838,848,
867,868,870—873

Bestimmung 规定

Bestimmung 使命 (XIII,)XXXIV,
345,351,421,492,498,632,664,
679,697,730,771,779,786,846,
847,868

Bestimmungsgrund 规定根据 XXXIX,
112,191,275,832

Beurteilung 评判 VII,IX,XLIV,25—
28,35,84,85,88,200,324,375,493,
503,517,530,571,577,582,585,
597,598,615,683,779,780,799,
840,866,877

Bewegursache 动因 562,578,617,
830,877

Beweis/beweisen 证明 (XIV,)IX,XI,
XIX,XXII,XXVI,XXIX,XXXI,
XXXII,XXXIII,XXXV,XXXVI,XXX-
VII,XXXVIII,XXXIX,XLII,XLIII,5,
8,19,20,53,55,72,82,116,117,
145,162,(97,112,)188,189,202,
206,207,213—215,218,223,224,
227,228,232,233,238,250,254—
256,260,263,264,274—276,278,
279,282,285—287,289,290,293,
308,(252,)315,335,372,408,409,
412,413,415,418,424,426,427,
(352,355,357,363,365,370,371,
375—377,388,392,)452,454,455,
458,459,462—464,467—473,478,
480,481—484,487,488,508,518,
519,529,530,534,535,545,549,
578,582,586,590,592,600,611,
618—620,622,624,630—639,642,
643,648,651—658,665,666,669,
670,675,713,716,721,755,760,
762—765,767—770,777,782,789,

断论/独断论者/独断的 （IX，X，XIII，）XXX，XXXI，XXXII，XXXV，XXXVI，XXXVII，7，22—24，88，228，255，263，264，274，424，425，（351，377，383，388，389，392，394，395，）434，448，458，471，494，496，499，500，512—514，534，549，652，666，667，718，740，741，763，767，769，770，780—786，789，791，795—797，800，804，809，812，822，884

Doktrin/doktrinal 学理/学理上的 25，26，421，534，731，853—855

Dualismus 二元论 （367，370，376，379，380，389，391，392）

durchaus 绝对 XXVII，71，124，162，（99，122，）171，199，277，461，505，588，679，698，783，813，824，844

durchgängig 通盘的 284，431，475，564，596，597，599—606，608—611，633，656，657，673，683，684，687，693，694，790，791

dynamisch 力学性的/动力学的 110，199，201，259，260，262，280，281，296，331，332，417，446，448，470，477，481，534，556—559，563，564，569，581，588，665，669，692，798，816/473

E

Eigendünkel 自负 XXXVIII，504，657，763，771，785，809

Eigenschaft 属性 XII，XXVIII，6，37，40，42，50，52，62，75，114，124，185，211，218，268，274，321，356，405，422，（349，355，366，383，385，400，）470，567，575，589，596，616，630，633—635，646，660，669，680，690，703，706，710，711，726，728，744，746，747，756，765，793，800，855

Eigentumliches 特点 XXIII，14，174，263，331，（360，）505，507，564，649，754，804，810，815

Einbildung/Einbildungskraft 想象/想象力 VIII，XXXI，XL，XLI，8，45，57，77，103，104，127，141，151—155，162，164，（97，100—102，115，116，118—125，130，）179—181，185，194—197，204，205，211，233—235，246，247，257，271—279，296，298，352，383，（373，374，389，393，395，）434，444，477，497，598，677，698，793，794，798，821，853，881

Eindruck 印象 XLIV，1，2，74，93，118，（99，120，121，）400，574，641，830

einerlei 等同 XL，XLI，155，（109，）271，337，352

Einfachheit 单纯性 XXXII，410，413，419，（351，354—356，359，360，401，）711，812

einheimisch 本土的 671

Einheit 统一性/统一

Einheit 单一性 96，104，106，111，114，

F

210,211,214—218,221,254,255,
333,367,372,374,414—417,420,
468,550,571,598,651,652,676,
678,682,686,687,690,693,705,
720,727,730,752,757,776,777,
834,837,845,849,853,857,864,870

Grund **根据**

Grundsatz **原理**

Gültigkeit 有效性 （Ⅵ,ⅩⅥ,）ⅩⅩⅥ,
4,7,28,51,52,56,69,72,81,96,
120,122,123,126,137,140—142,
145,168,（97,111,125,128,）175,
193,196,197,199,206,223,241,
247,298,（242,246,253,）310,343,
345,367,368,375,382,417,（357,）
435,496,544,666,668,691,692,
697,698,703,705,726,741,753,
788,791,809,810,816,848—850

H

Handlung 行动 ⅩⅩⅧ,ⅩⅩⅨ,67,93,
94,102,103,105,108,130,138,143,
153—155,157,（99,108,120,）287,
304,317,372,374,431,473,475,
476,478,483,491,494,503,561,
562,566—585,597,646,672,692,
700,711,742,826,831,835,838,
840,847,851,852,869

Hang 偏好 825

Harmonie 和谐 331,（390,391,）706

heilig/Heiligkeit 神圣（性） （Ⅺ,）

766,780

heterog 异质的 177,（385,390）

heuristisch 启发性的 644,691,699,
762,799

Hirngespinst 幻影 123,196,269,371,
417,571,597,798,839

historisch 历史的 864,865

das höchste Gut 至善 832,838,840,
842—844,846,847

Homogenität 同类性 686

Horizont 视野 686,687

hyperphysisch 超自然的 88,728,801

hypostasieren 物化/实体化 （384,
386,392,395,402,）647,648/371,
608,610,611,643,701,720,721,723

Hypothese 假设 （ⅩⅤ,ⅩⅦ,）ⅩⅩⅡ,
63,115,167,216,280,（360,）608,
640,675,677,678,681,689,698,
711,797—809,818,819,851,855,
875

I

ich bin 我在 ⅩL,138,157,274,277,
405,（355,370,405）

ich denke 我思 131,132,137,138,
140,157,158,399—401,404—407,
418,419,421—423,428,429,（348,
354—370,398,399,401,）876

Ideal/idealisch 理想/理想的 265,
281,398,435,497,595—599,622,
604—609,611,630,639,640,642,

die intellektuelle Anschauung 智性直观 XL,68,72,159,307,308,335

Intelligenz 理智　155, 158, 159, 426, (354,)594,611,653,659—661,668, 669, 698, 699, 701, 710, 715, 716, 718—721,725—727,770,827,838, 843,854

intelligibel 理知的　(249,) 312, 313, 315, 320, 332, 335, 342, 345, 431, (360,)461,486,522,558,559,565, 566—569, 572—574, 579—581, 588—595, 649, 668, 713, 800, 808, 826,836,837,839,842,843,882

intensiv 内包的　201,207,208,210— 214,218,414,417,834

Interesse/Interessant 兴趣/利害/利益 II, XLIV, 661, 694, 695, 696, 718, 825, 826, 831, 832, 836, 846, 858, 862, 867/492, 858/XXXII, 423, 424, 493, 494, 496, 498, 499, 501, 503, 676, 677, 682, 704, 714, 723, 732, 769, 770—773, 774, 777, 804, 841, 845,853

intuitiv 直觉　(XVII,) 93, 201, 223, 312,377,347,748,761,762

ist "是"　141,219,626

K

Kanon 法规　26, 77, 78, 85, 88, 170, 171,385,736,823—825,828,831

Kardinalsatz 基本命题　769,827

Kategorie 范畴　(XVII,) 102, 105— 115, 118, 122, 124, 126, 128, 129, 131,143—147,149—152,154,158— 168,(97,98,110,111,119,125,128, 130,)176—179,184—188,200,223, 224, 227, 230, 265—267, 269, 282, 288—293, 300, (241, 242,) 301— 303,(245,246,)304,305,307—309, (250,251,253,)311,312,314,325, 341—344, 346, 352, 363, 368, 370, 378, 379, 383, 386, 392, 393, 402, 406, 407, 416, 417, 421—423, 429, 430, 432, (348, 349, 356, 357, 379, 396, 399, 401—404,) 432, 436, 438, 441, 442, 444, 486, 506, 527, 557, 595, 629, 670, 693, 697, 698, 710, 712,724,798

kategorisch 定言的　95,128,141,361, 379,387,392,432

Kathartikon 清泻剂　78,514

Kausalität 因果性/原因性　XXVII, 108, 111, 125, 176, 183, 210, 213, 250, 280, 281, 289, 291, 302, 303, 374, 385, 441, 446, 472—475, 482, 483, 564, 664, 788, 795, 814/106, 248,250,259,268,(391,)447,476— 478, 484, 486, 488, 516, 560—562, 565—568,570—581,583—587,589, 618, 633, 637, 651, 654, 660, 676, 705—707,716,722,831,835,838

Kausalverbindung 因果联结　558,568

376,(367,386,)519,806

Möglichkeit/möglich **可能性/可能的**

Molecularum 分子　469

Moment 瞬间　218

Moment 契机/力率　95,98,101,110,
452, 500, 501, 562, 570, 653/210,
211,215,254

Monad/Monadenlehre 单子/单子论
322,323,330,340,467—470

Monogramm 草图　181,598,861

Monotheismus 一神教　618

Moral 道德/道德学　XXVIII,XXIX,
79,452,494,496,500,508,660,669,
842,847,868,869,877,881

moral/moralisch 道德的　XXV,XXIX,
XXXIII,61,372,386,395,425,431,
432, 496, 597, 661, 664, 828, 829,
833—841,843,845—847,856—858

moralisieren 道德化　776

Moralität 道德/道德性　XXX,28,29,
579,836,839,857,858,869

Muster 范本　741

mystisch 神秘的　371,836,882

N

Nachbild 摹本　596,597,706,866

Nachdenken 反思　503,603,618,870

Nachsinn 反省　297

Natur/natürlich **自然/自然的**

Natur 本质　414,418,(356,359—361,
382—384,388,391,393,399,)446

Naturwissenschaft 自然科学　XII,XIV,
XV,XVIII,XXII,17,18,20,110,119,
128, 213, 215, 395, 674, 683, 754,
774,815,820,867,878

negativ/Negation 消极的/否定性(的)
XXIV,XXV,84,92,189,190,311,
312,668,738,823,858,859/25,106,
111, 182, 183, 209—211, 214, 217,
229,300,322,329,347—349,(382,)
547, 548, 602, 603, 624, 639, 736—
740,827

Neigung 爱好　XXXIII,29,77,79,316,
(358,)776,828,834,837,841

Nichtbewuβtsein 无意识　465

Nichts 虚无/无　214,251,346—348,
414,440,545,650

Nichtsein 非存在　(110,)182,229,
231, 232, 251, 290, 291, 301, 302,
461, 479, 487, 602, 620, 624, 643,
805,816

Nichtsterbende 不死者　97

Nomothetik 立法学　452

Noogonie 理性发生论　327

Noologist 理性主义者　882

Norm 基准　(128)

Notwendigkeit **必然性**

nötigen 强迫　XIII,242,562,654,845

Noumenon 本体　294,306—308,
(249, 251—253,) 310—313, 315,
320, 322, 325, 332, 338, 341—347,
409,412,423,430,(358,)448,569,

573

numerisch 号数上的 （107,113,）319,
320,337,338,402,（361—363,365,
402,404）

O

Obersatz 大前提 101,356,357,361,
364,366,379,386,411,422,525,
527,528,604,605,633

oberst 至上的 29,189,193,197,229,
391,484—486,491,502,574,604,
618,642,644—648,651,652,656,
661,667,668,686,687,697,700,
704,707,714—716,721,725,727,
730,767,768,820,834,838,842,
843,861,871,879

objektiv **客观的**

Objekt 客 体 XVII,XLI,6,37,41,
（29,）48,54,55,59,62,63,65—67,
70,72,73,79,87,105,106,114,115,
117,120,121,125—127,130,137—
139,142,145,148,149,154—156,
158,166,168,（97,106,111,113,
114,125,128,129,）185,186,188—
191,196,199,203,207,208,218,
219,233—236,238—243,245,246,
257,260,261,266,267,286,288,
289,296,299,300,（242,）301—307,
（250,251,253,254,）312,315,321,
325,327,333—335,338,342—346,
349,361,362,384—386,391,393,

397,401,404,406—409,411,412,
421—423,427—430,（353,356,358,
366,369,379,380,382,389,397,
402,）447,465,471,505,512,519,
522,523,536—538,542,545,548,
556,557,593,611,622,628,629,
641,664,667,670—673,678,685,
694,695,702,705,710,712,713,
724,741,742,744,779,800,801,
811,813,821,848,849,853,873,876

Offenbarung 启示 408,431,659

Ontologie/ontologisch 本体论/本体论的
108,303,485,619,620,630,632—
636,638,639,653,657,658,660,
666,844,873,874

Ordnung 秩 序 XXXIII,49,91,111,
（125,）169,181,184,237,238,242—
246,248,258,282,331,345,346,
374,375,395,402,425,453,475,
491,492,494,496,509,528,533,
562,567,570,576—578,648,650,
651,655—657,660,690,696,701,
719,724—726,728,800,802,827,
842,844,861,879

Organ 机 能/工 具/器 官 XXXVII/
XXXVI/425,806,807

Organisation 器官 （29）

organisieren 组织 169,554,555

der organisierte Körper 有机体 XXIII,
（384,）555,716

Organon 工具论/工具 24—26,63,76,

78,85,86,88,823

Ort 方位　324,327,328

ostensiv 明示的　699,745,817,819

P

Palingenesie 转世　711

Paradox 似是而非　152,(374)

Paralogismen 谬误推理　XXXVIII,398,
399,403,410,412,426,432,(348,
351,354,361,366,367,369,381,
382,395,396,398,402,403,)433,
435,813

pathologisch 病理学的　173,562,830

perception 知觉　376

Person 人格　408,(361,362,364,
365,)700,710,718

Personalität 人格性　403,(361)

Persönalichkeit 人 格 性　409,427,
(362,365)

personlifizieren 人格化　611,867

Petition 公则　366

Pflicht 义 务　XXXIII,29,319,617,
731,754

Phänomen 现相　186,207,209,(248,)
294,306,309,(249,251,252,)311,
320,321,325,328,329,333,339,
461,470,489,573,574,589,591,
609,802

phantasisch 幻想的　754

Philodoxie 偏见　XXXVII

Philosoph 哲 学 家　XXXIV,XXXVI,

XXXVII,19,227,228,330,336,370,
371,373,375,382,396,413,459,
478,498,501,506,538,605,679,
680,729,731,744,746,747,755,
858,859,867,868,870,872,881

Philosophie 哲学　(XIII,XV,XVIII,)
XXXI,XXXV,XXXVII,XXXIX,
XLIV,6,20,25—30,35,61,73,86,
90—92,107,109,113,120,134,152,
155,174,175,213,222,275,285,
346,370,375,376,400,423,434,
452,467,470,476,484,491,492,
499,500,505,506,508,563,644,
704,739,741—743,746,752—755,
758—766,785,791,823,827—829,
859,864—870,872,873,875,876,
878,880

philosophieren 做哲学研究　865,
866

Physikotheologie 自然神学　619,633,
648,653,656—658,660,665,718,
844,855

Physiologie 自然之学/生理学　(IX,)
119,405,(381,)563,578,873,874,
876/716

Pneumatism 精气论　(379,)433

Polemik/polemisch 论争/论争的　766,
767,778,782,784,791,804

positiv 肯定的/积极的　230,626,627,
630,737/701

Postulate 公设/悬设　200,223,265,

Quantum/quantitatis 量/定量 115,
183,212,224,225,289,416,438,
454,456,460,554,555,689,742,
752/182,186,204,319,745,748,753

Qualität/qualitativ 质/质的 95,96,
100,106,114,115,131,184,200,
201,216—218,222,251,319,337,
402,413,(404,)742,743

R

rational 合理的 XXXVIII,21,400—
402,406,410,435,749,863,864,
873—876

Rationalismus/Rationalist 唯理论
(者) 417,418

Raum 空间

Realismus 实在论 (369—372,375,)
519,571

Realität 实在性 XXXIX,XL,XLI,44,
52—56,70,106,111,114,117,148,
150,(95,109,120,)182,183,186,
194—196,209—212,214,216,221,
242,253,254,264,268—270,288,
291—293,(242,)302,(249,254,)
320—322,325,328,329,335,336,
338,339,344,347,367,371,395,
397,412,414,416,417,(351,357,
373,376,377,389,403,404,)440,
464,501,517,537,538,564,565,
593,597,602—612,614—617,620,
624,625,628,630,632,635,638,
639,642,643,656,657,659,663,
667—669,678,693,698,701—703,
705—707,724,743,750,753,778,
794,801,804,805,809,836,842,882

Rechtsame 权限 779,792

Recht 公正/权利 61,(395,)434,
579,778/XXXIV,XXXV,71,116,
117,287,493,697,756,780,785,
796,805,814,815,821,866

rechtlich/gerecht/mit Recht/
Gerechtigkeit 正当的/正当性 (XI,
XV,XIX,)22,70,97,109,374,402,
(367,)490,504—506,515,529,530,
538,539,564,665

Recognition 认定 (97,102,115,124,
125)

Reduktion 还原性 XXI

Reflexion 反思 117,234,316,318,
319,322,324,326,327,331,333—
336,351,366,367

Regel 规则

Regierer 统治者 660,807,839,846

Regressus/regressiv 回溯 438—441,
443—445,447,448,486,514,523,
524,527,529,532—534,536—538,
540—552,555,556,559,571,588,
591,593,612

regulativ 调节性的 222,223,296,536,
537,543,545,582,589,592,596,
611,644,646,647,670,672,675,
692,694,696,699,702—705,707,

Schwärmerei 狂热/狂信 （XIII,）798,
847/XXXIV,128

Seele 灵魂 （XIV,）XXVI,XXVIII,
XXIX,XXX,XXXII,37,50,69,97,
98,103,391,394,395,400—403,
406,413—418,420,427,428,（348,
350,351,354,356—362,364,365,
379,381—386,389,390,394,400—
403,405,）432,496,506,659,669,
701,710—712,718,769,773,778,
799,802,803,806,813,826,855,
874,882

Seelenlehre 灵魂学说 391,395,400—
403,406,418,432,（351,357,379,
381,383,402,403,）506

Sein 存在 48,51,69,（110,129,）182,
184,191,217,231,232,290,（242,）
479,602,604,626—628,857

Selbstbewuβtsein 自我意识 69,132,
135,137—139,144,（111,113,117,）
401,404—406,411,413,420,422,
（362,364,370,371,378,398,401,）
469,471

Selbsterkenntnis 自我认识 （XI,）293,
421,763,773,791

selbsttätig/Selbsttätigkeit 自动地/自动
性 68,130,158,278,446

Seligkeit 永福 838

sensifizieren 感性化 327

Sensualphilosoph 感觉论哲学家 881

Sensualsystem 感觉论学说 882

Simplizität 简单性 （403,）465,471

Singular 单数 407

Sinn 感官 XVII,XIX,XXII,XXXIX,
XL,XLI,1,2,6,（2,）35,37,41,
（28,）49,51,52,54,55,59,62,63,
66—70,73,75,77,81,118,126,127,
129,135,145,146,148,150—159,
161,164,（97,99,101,107,115,119,
120,122,）176,177,179,181,182,
185,194,202,206—208,214,217—
220,233,255,260,273,276—279,
286,291—293,299,303,305,306,
（249,）310,311,313,315,316,319,
321,327,328,330,332—334,336,
339,341,343,346,349,350,355,
363,370,383,400,403,405,415,
427,429,（357—359,361,362,367—
369,371,373,374,376—381,385—
387,390,391,397,）470,471,497,
510,519—521,523,525,537,566,
574,579,609,610,628,629,665,
707,710,711,713,723,755,798,
828,830,839,873—876,881,882

Sinnenwelt 感官世界 XXVIII,6,9,62,
120,（249,）409,461,465,480,482,
485,535,548—550,560,564,566—
569,572,574,586—594,618,619,
633,637,650,700,705—707,724,
800,808,821,831,836,839,840,
842,843

Sinnenwesen 感官物 306,308,312

T

592, 593, 606, 608, 612—614, 616,
621, 631, 632, 641, 644, 646, 648,
649, 652, 710, 787, 820, 821, 874

unbekannt 未知的 236, (392,
394,)506, 507, 592

Unding 杜撰之物 56

unendlich 无限的 XI, 39, 40, (25,)
50, 70, 95, 98, 111, 214, 445, 454—
458, 460, 461, 478, 508, 509, 511,
515, 530—534, 538, 540, 542, 546,
548, 551, 552, 555, 612, 623, 650,
690, 700, 708, 713, 728, 821

unerkannt 不可知的 XX

Unermeβlichkeit 不可测度性 650

ungereimt 荒谬的 XXVI, 11, 82, 83,
(96,)232, 530, 803, 851, 883

Unglauben 无信仰 XXX

ungleichartig 不同质的/不同性质的
115, 201, 427, 428, (385,)558, 676,
679, 711, 872/118, (386)

Unkunde 无知 VIII

Unmöglichkeit 不可能性 (XII,)106,
268, 508, 620, 624, 631, 638, 648,
790, 800, 808, 858

Unsterblichkeit 不朽 7, 395, 403,
(384,)773, 778, 826, 882

Untersatz 小前提 101, 386, 411, (402,
403,)527, 528, 604, 605, 632

Unvermögen 无能 (XII,)22, 641, 668,
788

unverweslich 不灭的 494

Urwesen 原始存在者 72, 394, 487,
494—496, 498, 606—609, 612, 646,
649, 655, 658—661, 664, 668, 707,
722, 842, 844, 846

Unwissenheit 无知 XXIX, XXXI, 82,
86, 121, 383, 451, 501, 504, 505, 508,
603, 607, 785, 786, 789, 795, 883

Urbilde 蓝本 370, 372, 374, 597, 598,
606, 701, 866, 867

Urgrund 原始根据 596, 615, 659, 669,
706, 725

Urheber 创造者 127, 167, 496, 652,
656, 657, 660, 661, 715, 721, 722,
725, 729, 801, 837, 839

Urquelle 原始根源 615

Ursache 原因 (XVII, XVIII,)VIII,
XXVII, 3, 5, 13, 19, 54, 99, 106, 111,
112, 122—124, 163, 168, (98, 112,)
177, 183, 201, 210, 213, 229, 234,
241, 247—249, 251—253, 256, 259,
276, 279, 280, 288—291, 301, 315,
331, 334, 336, 342, 344, 345, 350,
353, 357, 358, 363, 374, 401, 405,
429—432, (362, 366—368, 372, 381,
386, 387, 390—394,)441, 442, 446—
449, 455, 472—475, 478, 480—483,
485—488, 491, 495, 498, 499, 406,
510, 516, 522—524, 533, 550, 560—
562, 564—574, 577—589, 591, 592,
612, 617, 618, 628, 633, 637, 638,
640, 643, 645—647, 649—651, 653—

528，556，559，560，572，575，611，
629，630，632，643，665，667，671，
693，699—701，709，714，715，719，
720，728，794，798，800，811，815，
818，837，838，840，844，846，850，
851，873，874

verlaufen 流过　183，248，454，460

Vernunft 理性

Vernünftelei/Vernünftler/vernünfteln 玄
想（家）/推想　XXXI，88，397，398，
（351，380，389，403，）432，449，450，
467，471，477，490，501，518，525，
632，634，652，672，694，697，739，
777，784，797，821，823/325，368

Vernunftschlüsse 三段论推理　141，
366，390，392，393，（350，353，402，）
432，433，525，527，605，819

Verstand 知性

Verstandeswesen 知性物　508

Verwandtschaft 亲缘关系　315，595，
657，686，688—690，861，872，875，
877

Vielgötterei 多神教　618

Vielheit 多数性　106，111，114，210，
（245，）320，325，402，414，416，（403，
404）

Vollkommenheit 完善性　114，372，374，
596，597，618，641，651，654，655，
660，665，694，703，706，721，722，
726，728，804，842，844，861，866

vollständig/Vollständigkeit 完备/完备性

（XII，XIV，XX，）XXIII，XXIV，XXX-
VII，XLII，（8，10，）26—28，89，90，
92，94，107—109，114，115，165，
（98，）223，266，272，（241，）346，
366，385，392，393，（403，）436，438，
443，444，447，454，474，486，510，
524，526，528，536，538，543，544，
564，583，596，598，600，601，604，
607，608，614—616，620，633，647，
673，683，690，693，704，705，713，
720，722，736，758—760，768，796，
799，819，863，864

vorhanden 在手　21，784，814

Vorhof 初阶　IX

Vorrat 储备　26，362，603，735，781

vorschreiben 颁布　159，163—165，538，
586，601，688，738，868

Vorschrift 规范　29，170，171，174，263，
365，682，688，831，835，842，856

Vorstellung 表象　XVII，XX，XXII，XX-
VIII，XXXIX，XL，XLI，1，5，（2，）13，
30，33，34，38—42，44—51，53—55，
57，59—63，67—70，72，74，75，80，
81，93，94，102—105，111，118，124，
125，129—140，142，147，150，154，
157，158，160，161，163，164，168，
（97—110，112—117，121，123，124，
127，129，130，）176—179，181—184，
186，194，195，202—205，207—211，
218—220，226，231，234—236，239，
241—244，246，247，257，260，264，

II, XXXII, 37, 42, 43, 54, 59, 72, 97,
157, 164, 170, 307, 323, 330, 334,
340, 349, 391, 393, 394, 398, 400,
402, 403, 405—411, 413—415, 416—
422, 425, 426, 429, (348, 349, 352—
354, 357—360, 368, 370, 371, 380—
383, 391, 393, 395, 399, 401, 403,
405,) 462, 464, 480, 481, 483, 484,
486—488, 491, 494—496, 498, 503,
506, 509, 516, 519, 520, 569, 587—
590, 592, 594—596, 604, 606—609,
611—618, 620, 622—624, 628—644,
646—649, 651, 653, 655, 658—662,
664, 665, 667—669, 681, 701—707,
709, 710, 712—714, 717, 721, 722,
724—729, 751, 769, 770, 773, 781,
800, 803, 816, 820, 834—838, 840—
843, 844, 846—848, 857, 858, 874,
876

Wesen/Wesentliche 本质 （XVI, XVII,
XVIII,) 4, 39, 62, 96, 168, (126,)
206, 218, 264, 322, 363, 391, 452,
461, 494, 557, 596, 712, 722, 740,
742, 760, 810, 841, 845, 861, 878

Widersinn 荒唐 （114, 127, ）358,
(386,) 620

Widerspruch 矛盾 （VIII, ）XX, XXV,
XXVI, XXVII, XXVIII, XXIX, XXXVI-
II, XLIV, 8, 12, 14—16, 19, 22, 24,
83, 84, 87, 153, (95,) 189—194, 206,
240, 267, 268, 270, 301—303, 308,

(252—254,)330, 335, 337, 347, 348,
398, 415, 416, (352, 359, 377, 395,)
433, 449, 459, 463, 464, 474, 481,
483, 513, 530—532, 555, 566, 571,
590, 599, 600, 616, 622—626, 630,
638, 644, 645, 651, 679, 697, 701,
727, 730, 768, 769, 799, 818, 819, 821

Widerstreit 冲突 XIX, 84, 317, 318,
320, 321, 328—330, 335, 336, 338,
373, (377,)434, 435, 448, 450, 454,
458, 462, 472, 480, 490, 525, 531,
533—535, 556, 563, 569, 585, 586,
588, 592, 600, 613, 682, 694, 699,
768, 769, 820

Wille 意志 XXVII, XVIII, XXXII, 66,
79, 125, 166, (358,) 476, 496, 503,
641, 654, 727, 728, 781, 826, 828,
831, 838, 843, 846, 847

Willkür/willkürlich 任意（性）/任意的
4, 29, 101, (96,) 201, 269, 270,
384, 394, 438, 449, 467, 490, 494,
562, 576, 577, 580—582, 590, 609,
631, 662, 739, 757, 800, 828, 830,
836, 838, 845, 854, 850, 872

Wink 暗示 421

die wirkende Ursache 起作用的原因
374, (386, 387, 391,) 475, 567, 577,
788, 831, 840

Wirklichkeit 现实性 XXVI, 5, 20, 46,
55, 148, (117,) 184, 237, 266, 267,
270, 272, 273, 278, 286, 287, 290,

362,)443,446,457,462—466,468—
471,511,545,553,558,588

zweckmäβig/Zweckmäβigkeit 合目的的/
合目的性 （XVI,XVII,XVIII,）VII,
XIX,XXXIX,18,21,193,375,385,
395,425,（352,）491,517,592,596,
650,651,654,716,719,720,721,
726,729,730,737,776,802,825,

828,829,832—836,840—847,851,
852,854,856,859—861,863,866—
868,870,872,878,879/27,128,426,
494,650,651,653—655,657,670,
672,697,714,717,719—722,725—
728,800,802,827,840,842—845,
847,854,863

人 名 索 引

注:按第二版页码排印,凡在第二版被删除了的第一版页码上的人名,其页码置于圆括号( )内。

汉德术语对照表

（按汉语拼音字母排列）

A

爱好 Neigung

暗示 Wink

B

把握能力 Fassungskraft

摆明 darlegen

颁布 vorschreiben

背反论 Antithetik

被造物 Geschöpfe

本体 Noumenon

本体论/本体论的 Ontologie/ontologisch

本土的 einheimisch

本质 Wesen/Wesentliche

本质 Natur

必然性 Notwendigkeit

变形 Modifikation

变异性 Varietät

辩证论/辩证的 Dialektik/dialektisch

标准 Kriterium

标准 Probierstein

表象 Vorstellung

宾位词 Prädikabilien

病理学的 pathologisch

不合法的 usurpiert

不可测度性 Unermeβlichkeit

不可能性 Unmöglichkeit

不可知的 unerkannt

不灭的 unverweslich

不同质的/不同性质的 ungleichartig

不死性 Immortalität

不死者 Nichtsterbende

不限定的 indefinitum

不朽 Unsterblichkeit

不朽性 Inkorruptibilität

C

裁断 entscheiden

草图 Monogramm

阐明 dartun

阐明 Erläuterung

阐明 Erörterung

阐明 Exposition

超验的 transzendent

超感官的 übersinnlich

超自然的 hyperphysisch

程度 Grad

承载者 Vehikel

持存的/持存性/持存之物 beharrlich/

Beharrlichkeit/Beharrliche

持续性 Dauer

秩序 Ordnung

冲动 Antrieb

冲动 Trieb

冲突 Widerstreit

重合 kongruieren

从属性 Dependenz

抽象 Abstraktion/abstrahieren

抽象 abziehen

初阶 Vorhof

储备 Vorrat

传达 Mitteilen

创世者 Welturheber

创世者 Weltschöpfer

创造者 Urheber

纯粹的 rein

刺激 Affektion/affizieren

刺激(作用)Anreiz

存有 Dasein

存在 Sein

存在物/存在者 Wesen

D

大前提 Major

大前提 Obersatz

大全 das All

大小 Größe

单称的 einzeln

单纯性 Einfachheit

单个的/单独的 einzeln

单数 Singular

单位 Einheit

单一性 Einheit

单子/单子论 Monad/Monadenlehre

当下 gegenwärtig

道德/道德学 Moral

道德 Sitten

道德的 moral/moralisch

道德化 moralisieren

道德/道德性 Moralität

道德性/道德的 Sittlichkeit/sittlich

德性 Sittlichkeit

德行 Tugend

德行论 Tugendlehre

等同 einerlei

递进(的)Progressus/progressivd

定理 Lehre/Lehrsatz

定理 Satz

定义 Definition

定言的 kategorisch

动机 Triebfeder

动力学的 dynamisch

动物性 Animalität

动物性的 tierisch

动因 Bewegursache

独断论/独断论者/独断的 Dogmatis-
mus/Dogmatiker/dogmatisch

杜撰之物 Unding

对象 Gegenstand

多神教 Vielgötterei

多数性 Vielheit

多样性 Mannigfaltigkeit

E

二分法 Dichtomie

二律背反 Antinomie

二元论 Dualismus

恩宠之国 Reich der Gnaden

F

发展 Entwicklung

法则 Gesetz

法规 Kanon

反思 Nachdenken

反思 Reflexion

反题 Antithesis

反省 Nachsinn

反省 Überlegung

反证法的 apagogisch

范本 Muster

范畴 Kategorie

方法论 Methodenlehre

方位 Ort

非存在 Nichtsein

非物质性 Immaterialität

分联 gliedern

分析 zergliedern

分析的 analytisch

分析论 Analytik

分子 Molecularum

否定性(的) negativ/Negation

复多性 Mehrheit

复合(物) Zusammensetzung

复合体 Compositum

G

概观 Synopsis

概念 Begriff

感官 Sinn

感官世界 Sinnenwelt

感官物 Sinnenwesen

感觉 Empfindung

感觉论学说 Sensualsystem

感觉论哲学家 Sensualphilosoph

感受/感受性 Empfangen/
　　Empfänglichkeit

感性的/感性 sinnlich/Sinnlichkeit

感性化 sensifizieren

感性论 Ästhetik

革命 Revolution

个体 Individuum

根据 Grund

公理 Axion

公设/悬设 Postulate

公式 Formel

公则 Petition

公正/权利 Recht

工具论/工具 Organon

工具/器官 Organ

共同性 communio

共相 Allgemeine

构成性的 konstitutiv

构想 dichten

构想 Entwurf/entwerfen

构造 Konstruktion/konstruieren

观念论 Idealismus

观念性 Idealität

管教 Zucht

关联 Zusammenhang

关系 Relation

广延 Ausdehnung

规定 Bestimmung

规定根据 Bestimmungsgrund

规范 Vorschrift

规律 Gesetz

规则 Regel

归纳 Induktion

归摄 subsumieren

诡辩 Dialexe

诡辩论者/诡辩论的 Sophist/sophistisch

过去的 vergegangen

H

号数上的 numerisch

和平 Frieden

和谐 Harmonie

合理的 rational

合目的的/合目的性 zweckmäßig/
　　Zweckmäßigkeit

鸿沟 Kluft

后天地 a posteriori

后续推论法 Episyllogismos

怀疑论/怀疑（论）的/怀疑论者
　　Skeptizismus/skeptisch/Skeptiker

环环相扣 Artikulation

还原性 Reduktion

幻想的 phantasisch

幻相 Schein

幻影 Hirngespinst

荒谬的 ungereimt

荒唐 Widersinn

回溯 Regressus/regressiv

或然性 Wahrscheinlichkeit

或然的/悬拟的 problematisch

J

基本命题 Kardinalsatz

基本实体 Elementarsubstanz

基底 Substratum

基地 Boden

基准 Norm

机会 Los

机会/机缘 Gelegenheit

机能 Funktion

机能/工具/器官 Organ

机械的 mechanisch

机械作用/机械论 Mechanismus

积极的 positiv

极大值 Maximum

技术性的 technisch

技艺 Kunst

假设 Hypothese

价值 Wert

简单性 Simplizität

检察官 Zensur

建筑术 Archtektonik

鉴赏 Geschmack

僭妄 Anmaβung

交互联系 commercium

交互的/交互性/wechselseitig/Wechsel-

　　seitigkeit

交互作用 Wechselwirkung

交感 Kommerzium

教化 Bildung

教理 Mathema

教条 Dogma

教学法的 didaktisch

教养 Kultur

教育 Erziehung

接受性 Rezeptivität

结果 Wirkung

节制 Mäβigung

经验 Erfahrung

经验论/经验主义 Empirismus

经验性的 empirisch

精气论 Pneumatism

精神/精神性的 Geist/geistig

精神性 Spiritualität

静观的 kontemplativ

惊奇/惊叹 Bewunderung

敬重 Achtung

聚合物(体)Aggregat

决断 Entschlieβen

绝对 absolut

绝对 durchaus

绝对 schlechthin/schlechterdings

均匀的 gleichförmig

K

喀迈拉 Chimäre

可分性 Teilbarkeit

可能性/可能的 Möglichkeit/möglich

可行的/可行性 tunlich/Tunlichkeit

科学 Wissenschaft

客观的 objektiv

客体 Objekt

肯定/肯定的 Bejahung/bejahend

肯定的/积极的 positiv

空间 Raum

夸大其辞 überschwenglich

快适 Angenehmen

狂热/狂信 Schwärmerei

L

来世 das künftige Leben

蓝本 Urbilde

类 Gattung

类比 Analogie

类似物 Analog

利害/利益 Interesse/Interessant

理念 Idee

理论/理论的 Theorie/theoretisch

理想/理想的 Ideal/idealisch

理性 Vernunft

理性发生论 Noogonie

理性主义者 Noologist

理智 Intelligenz

理知的 intelligibel

历史 Geschichte

历史的 historisch

力率 Moment

力学性的 dynamisch

立法 Gesetzgebenn

立法学 Nomothetik

联结 Verbindung

联想 Assoziation

连结 verknüpfen

连续(性)/连续的 Kontinuität/kontinui-

　　erlich

量 Größe

量/数量 Quantität

量/定量 Quantum/quantitatis

灵魂 Seele

灵魂学说 Seelenlehre

领会 Apprehension

领地 Gebiete

流过 ablaufen

流过 verlaufen

流逝 verfließen

流失的 fließend

伦理的 sittlich

论争/论争的 Polemik/polemisch

论证 Argumment

逻辑/逻辑的 Logik/logischd

M

矛盾 Widerspruch

矛盾的 contradictorisch

迷信 Aberglauben

明示的 ostensiv

命令 Gebot/gebieten

命令 Imperative

谬误推理 Paralogismen

摹本 Kopie

摹本 Nachbild

模态 Modalität

梦幻曲 Rhapsodie

某物 Etwas

目的论/目的论的 Teleologie/teleolo-

　　gisch

N

内包的 intensiv

内在的 immanent

内心 Gemüt

拟人化 anthropomorphistisch

拟人论 Anthropomorphismus

O

偶然性 Zufälligkeit

偶性 Akzidenz/accidens

P

派生 abgleiten

判断 Urteil

判断力 Urteilskraft

培养 Kultur

配得/配得上 würdig/Würdigkeit

批判/批判的 Kritik/kritisch

偏好 Hang

偏见 Philodoxie

品格 Charakter

评判 Beurteilung

普遍性／普遍的 Allgemeinheit／allgemein

普适的 gemeingültig

普适性 Allgemeingültigkeit

Q

歧义 Amphibolie

契机／力率 Moment

启发性的 heuristisch

启示 Offenbarung

起作用的原因 die wirkende Ursache

器官 Organ

器官 Organisation

前后关联 Kontex

前件和后件 antecedens und consequens

前溯推论法 Prosyllogismus

潜在的 potenzial

强迫 nötigen

亲和性 Affinität

亲缘关系 Verwandtschaft

清泻剂 Kathartikon

情感 Gefühl

情欲 Leidenschaft

确定性 Gewißheit

全称的 allgemein

全能的 allgewältig

全能／全能的 Allmacht／allmächtig

全能的 allvermögend

全体性 Allheit

全在 allgegenwärtig

全知的 allwissend

权利 Recht

权威 Majestät

权限 Befugnis

权限 Rechtsame

确信／信念 Überzeugung

R

人格 Person

人格化 personlifizieren

人格性 Persönalichkeit

人格性 Personalität

人类学 Anthropologie

人生智慧 Weltweisheit

人为的 künstlich

认定 Recognition

认识 Erkenntnis／erkennen

认知 cognitio

任意(性)／任意的 Willkür／
    willkürlich

入门 Propädeutik

S

三段论的 syllogistisch

三段论推理 Vernunftschlüsse

上帝／神 Gott

设定 Supposition

神的／神圣的 göttlich

神／神性 Gottheit

神秘的 Mystisch

神圣（性）heilig/Heiligkeit

神学 Theologie

生产（性）的 produktiv

生活方式 Lebenswandel

生理学 Physiologie

十进制 Dekadik

时间 Zeit

实存 Existenz/existieren

实践的 praktisch

实然的 assertorisch

实体 Substanz

实体化 hypostasieren

实验哲学 Experimentalphilosophie

实用的 pragmatisch

实在论 Realismus

实在性 Realität

使命 Bestimmung

事件 Begebenheit

事实 Faktum

事实 Tatsache

事实性 Sachheit

适应性 Tauglichkeit

视其为真 Fürwahrhalten

视野 Horizont

"是" ist

世界 Welt

世界灵魂 Weltseele

世上至善 Weltbest

试金石/标准 Probierstein

熟巧 Geschicklichkeit

受动 leidend

瞬间 Augenblick

瞬间 Moment

属性 Eigenschaft

数学 Mathematik

数学性的 mathematisch

思辨/思辨的 Spekulation/spekulativ

思维/思想/思考 denken

思维方式 Denkungsart

斯多亚派 Stoiker

似非而是 Paradox

似是而非的 scheinbar

素质 Anlage

宿命论 Fatalismus

所为所不为 Tun oder Lassen

T

讨论的 Akroamatisch

特点 Eigentumliches

特殊/特殊的 Besondere/besonder

特殊的/特殊化 spezifisch/Spezifikation

题外话 Episode

体系 System

天才式的 Geniemäßig

条件/有条件的 Bedingung/bedingt

调节性的 regulativ

同类性 Homogenität

同一性 Identität

同义反复的 tautologisch

同质的 gleichartig

通盘的 durchgängig

统觉 Apperzeption

统握 Begreifen

统一性/统一 Einheit

统治者 Regierer

偷换 Subreption

图形 Figur

图型/图型法 Schema/Schematismus

徒逞辩才 Geschwätzigkeit

推论的 diskursiv

推论/推理 Schluβ/schlieβen

推想 vernünfteln

W

外延的 extensiv

完备/完备性 vollstandig/
   Vollständigkeit

完善性 Vollkommenheit

唯理论(者)Rationalismus/Rationalist

唯灵论 Spiritualismus

唯物论 Materialismus

唯心论 Idealismus

谓词 Prädikat

谓述 prädizieren

未知的 unbekannt

我思/我思故我在 cogito/cogito, ergo
   sum

我思 ich denke

我在 ich bin

无 Nichts

无可置疑的 apodiktisch

无能 Unvermögen

无神论 Atheismus

无条件的/无条件者 unbedingt/Unbed-
   ingte

无限的 infinitus

无限的 unendlich

无信仰 Unglauben

无意识 Nichtbewuβtsein

无知 Unwissenheit

无知 Unkunde

物化 hypostasieren

物质 Materie

物种 Spezies

误推 Trugschluβ

X

下属的 subartern

习惯 Gewohnheit

系词 Copura

系统(的)/体系 System/systematisch

先天地(的)a priori

先验的 transzendental

选言的 disjunktiv

显现 erscheinen

现实性 Wirklichkeit

现象 Erscheinung

现相 Phänomen

限制性 restrinierend

限制性 Einschränkung

限制性 Limitation

相关项/相关物 Korrelate/Korrelatum

相应 korrespondieren

相应 entsprechen

想像/想象力 Einbildung/Einbildungsk-
　　raft

消极的/否定性(的) negativ/Negation

小前提 Minor

小前提 Untersatz

协同性 Gemeinschaft

心理学 Psychologie

信念/信仰 Glauben

信念 Überzeugung

幸福 Glückseligkeit/glück zu sein

兴趣 Interesse/Interessant

形而上学 Metaphysik

形式/形式的 Form/formal

形象 Bild

形象的 figürlich

行动 Akt

行动 Handlung

性状 Beschaffenheit

虚无/无 Nichts

序列 Reihe

玄想(家)/推想 Vernünftelei/
　　Vernünftler/vernünfteln

悬拟的 problematisch

悬设 Postulate

悬置 aufheben

学理/学理上的 Doktrin/doktrinal

循环论证 Zirkel

训练 Disziplin

Y

延伸的 protensiv

演绎 Deduktion

演证 Demonstration

厌恶理论 Misologie

样板 probe

样态 Modus

要素 Elemente

要素科学 Elementarwissenschaft

要素论 Elementarlehre

一般 überhaupt

一律 Gleichförmigkeit

一神教 Monotheismus

一神论 Theismus

伊壁鸠鲁的/伊壁鸠鲁主义
　　epikurisch/Epikureismus

依存/依存性 inhärieren/Inhärenz

怡然自得 Gemächlichkeit

意见 Meinung

意识 Bewuβtsein/bewuβt

意向 Gesinnung

意志 Wille

义务 Pflicht

异类的 fremdartig

异质的 heterog

艺术/技艺 Kunst

因果性 Kausalität

因果联系 Kausalverbindung

因果连系 Kausalverknüpfung

应当 Sollen

印象 Eindruck

永福 Seligkeit

永恒 ewig/Ewigkeit

有机体 der organisierte Körper

有死者 Sterbliche

有限的 endlich

有效性 Gültigkeit

愉快和不愉快 Lust und Unlust

宇宙论/宇宙论的 Kosmologie/kos-
mologisch

预测 Antizipation

预成论学说 Präformationssystem

预感 Ahnung

预兆作用 Verheißung

欲求 Begehrung

欲望 Begierd

原理 Grundsatz

原始的 primitiv

原始存在者 Urwesen

原始根据 Urgrund

原始根源 Urquelle

原型的 archetypus

原型 Prototypon

原因 Ursache

原因性 Kausalität

原则 Prinzip

原子 Atomus

原子论 Atomistik

圆满完成 kroren

愿望 Wunsch

云谓关系 Prädikamente

Z

杂多/多样性 Mannigfaltige/Mannigfal-

tigkeit

在场 Gegenwart

在手 vorhanden

再生的 reproduktiv

责任/使有义务 Verbindlichkeit/
verbinden

哲学 Philosophie

哲学家 Philosoph

真理(性)/真实性 Wahrheit

争执 streiten/Streitigkeit

证明 Beweis/beweisen

正当的/正当性 rechtlich/gerecht/mit
Recht/Gerechtigkeit

正题 Thesis

正位论 Topik

知觉 Wahrnehmung

知觉 perception

知识 Erkenntnis

知性 Verstand

知性物 Verstandeswesen

直观 Anschauung

直觉 intuitiv

值得奇的 bewunderungswürdig

至善 das höchste Gut

至上的 oberst

智慧的/智慧 Weis/Weisheit

智性 intellektuell

智性哲学家 Intellektualphilosoph

智性直观 die intellektuelle Anschauung

质/质的 Qualität/qualitativ

质料/物质 Materie

置信 Überredung

终极目的 Endzweck

终极意图 Endabsicht

主体/主词/主观的 Subjekt/subjektiv

转世 Palingenesie

准绳 Richtschnur

准则 Maxime

自存性/自存的 Subsistenz/subsistierend

自动地/自动性 selbsttätig/

　　Selbsttätigkeit

自发性 Spontaneität

自负 Eigendünkel

自明性 Evidenz

自然/自然的 Natur/natürlich

自然科学 Naturwissenschaft

自然神论 Deismus

自然神学 Physikotheologie

自然之学/生理学 Physiologie

自我认识 Selbsterkenntnis

自我意识 Selbstbewuβtsein

自由/自由的 Freiheit/frei

自在的 an sich

自在之物 Ding an sich

综观 Überschauung

综合/综合的 Synthesis/synthetisch

宗教 Religion

总和 Inbegriff

总和 Summe

总量 Menge

总体性 Totalität

组合(物) Komposition

组合(物)/复合(物) Zusammensetzung

组织 organisieren

最高实在的 allerrealst

最高完善的 allervollkommst

做哲学研究 philosophieren

尊严 Dignität

尊严 Würde

康德 Kant
Sanda Pipan Heji 下
三大批判合集

[德]康德 著 邓晓芒 译 杨祖陶 校

人民出版社

责任编辑:张伟珍
封面设计:吴燕妮

图书在版编目(CIP)数据

康德三大批判合集/〔德〕康德著;邓晓芒译;杨祖陶校.—北京：
人民出版社,2017.3(2022.7 重印)
ISBN 978 - 7 - 01 - 017475 - 4

Ⅰ.①康… Ⅱ.①康… ②邓… ③杨… Ⅲ.①康德(Kant,Immanuel
1724-1804)-哲学思想 Ⅳ.①B516.31

中国版本图书馆 CIP 数据核字(2017)第 044902 号

康德三大批判合集

KANGDE SANDA PIPAN HEJI

〔德〕康德 著 邓晓芒 译 杨祖陶 校

人 民 出 版 社 出版发行
(100706 北京市东城区隆福寺街 99 号)

北京汇林印务有限公司印刷 新华书店经销

2017 年 3 月第 1 版 2022 年 7 月北京第 3 次印刷
开本:710 毫米×1000 毫米 1/16 印张:79
字数:1090 千字 印数:4,001—9,000 册

ISBN 978 - 7 - 01 - 017475 - 4 定价:256.00 元(上、下)

邮购地址 100706 北京市东城区隆福寺街 99 号
人民东方图书销售中心 电话 (010)65250042 65289539

实践理性批判

Immanuel Kant

Kritik der Praktischen Vernunft

Philosophische Bibiliothek, Band 38, Felix Meiner Verlag,

Hrsg. von Karl Vorländer, Hamburg 1974.

根据卡尔·弗兰德尔编《哲学丛书》第 38 卷，

费利克斯·迈纳出版社，汉堡 1974 年版。

目　　录

第二部分 纯粹实践理性的方法论

《实践理性批判》中译本序

　　康德的《实践理性批判》出版于 1788 年。全书除序言和导言外，分为纯粹实践理性的"要素论"和"方法论"两部分，外加一个"结论"。"要素论"里面又分为纯粹实践理性的"分析论"和"辩证论"。这一套结构与《纯粹理性批判》的大体结构完全相同，但在划分的细节上却有很大的差别，甚至完全相反。这是由于两个批判的任务、对象和要达到的目标不同所决定的。

　　康德在"序言"中一开始就指出，本书的任务并不是批判"纯粹实践理性"，而是立足于无人可以怀疑的"纯粹实践理性"去批判理性的"全部实践能力"；即不是像《纯粹理性批判》那样考察人的各种知识"如何可能"的先天条件，而是从人的纯粹理性现实具有的实践能力出发并以之作标准，批判和评价一般的（不纯粹的）理性在实践活动中的种种表现，从中确认纯粹理性的先天普遍规律，这就是道德律。道德律使人认识到人在实践中事实上是自由的，并反过来确定了人的自由是道德律的"存在理由"，这样一来，自由就由于存在着道德律这一事实而不再仅仅是《纯粹理性批判》中所设想的那种可能的"先验自由"，而成为了具有客观实在性的"实践的自由"即"自由意志"了。自由概念就此成为了两大批判体系结合的关键（"拱顶石"）。之所以有如此区别，是由于这里所谓的"实在性"与《纯粹理性批判》中的实在性具有不同的含义，不是知识的实在性，而是实践的实在性，它不给我们带来任何有关对象的知识，但却有可能基于自在之物而现实地对现象世界发生作用，因而是同一个理性在不同的方面即实践方面（而非认识方面）的运用。但这种实践的运用本身也有它的理论上的要求，即为了保证纯粹道德律的完全实现和至善的完成而必须假定（悬设）灵魂的不朽和上帝的存有，这些假定也由于自由概念的实在性而带上了实践意义上的实在性,即能够现实地对人的行动起作用。但这种作用是决不能用自然规律或心理学来解释的,虽然也并不与之相冲突,因为它是一种超验的原因性。

在"导言"中,康德再次重申了理论理性和实践理性的区别:前者只处理认识能力,其客观实在性须依赖于直观经验,后者则处理意志(即欲求能力),所谓意志就是自己实现对象的能力,所以纯粹实践理性本身就具有作用于对象的实在性,它无须批判就可以用作实践理性批判的基点,用来衡量人的一般实践活动在何种程度上是"纯粹的"或是受经验制约的。康德由此制定了本书的大纲,并说明实践理性批判与思辨理性批判在"分析论"上采取了相反的程序,即不像后者那样从感性论到概念论再到原理论,而是从原理到概念再到感性。

接下来的"分析论",康德首先区分了两种不同的原理,即主观有效的"准则"和对其他意志也有效的客观"法则",唯有后者才是基于纯粹理性之上的意志动机,前者则基于感性欲望,因而不具普遍必然性。为了确定什么是实践理性的"法则",康德提出了四条层层递进的"定理",其中前两条是否定性的(消极的),即以一个现实欲求的对象作为意志的动机不可能成为实践的法则(由此批判了功利主义的伦理学),以个人幸福和自爱为目的也不可能成为法则(由此批判了幸福主义伦理学),它们都只是立足于质料的实践原则。只有立足于形式的实践原则才能成为法则。后两条定理则从形式上对实践法则进行了肯定性的(积极的)规定,提出了"纯粹实践理性的基本法则":"要这样行动,使得你的意志的准则任何时候都能同时被看做一个普遍立法的原则",并指出这一法则表达了"意志自律"或积极的自由。自由不仅在于摆脱感性束缚而独立(消极自由),而且在于自己立法,这种立法的形式就是道德律。

如同《纯粹理性批判》中对纯粹知性概念(范畴)进行了先验的"演绎"(Deduktion)一样,在这里康德对纯粹实践理性的原理也进行了一番演绎,但不是考察范畴如何必然成为一切可能经验的先天条件,而是考察道德律如何必然在最日常的实践行为中成为纯粹意志的规定根据

（或"原因性"）。这并不是说人们在现实的实践活动中总是会按道德律办事，而是说人们在违背道德律而屈从于感性欲望时不能推诿于自然，而只能怪罪于自己，因为道德律随时都在人心中发布他只要愿意就可以做得到的命令，这是每个人只要做理性思考就会清楚意识到的。因此人根据其自由意志（本来）一定会按道德律行事，这好像成了一种有关人性的超感性超经验的"知识"，好像我们对不可规定的自由意志作了一种性质上的规定，但这只是从实践上来说的，它只关系到意志的决定而不考虑现实的后果，因而不干扰和影响自然的因果性，只是从另一个角度（超感性的理知世界的角度）把感性自然看做超验本体的可能的"副本"（例如把"杀身"、"舍生"看做"成仁"、"取义"的可能的副本）。

在讨论了"原理"之后，康德接着讨论"概念"或对象。在《纯粹理性批判》中，范畴（纯粹知性概念）是形成对象（对象知识）的必要的先天构件，但尚需直观经验性的材料来充实；但在《实践理性批判》中，纯粹实践理性的概念本身就是它的对象，而无关乎经验性的材料。这就是立足于自由的原因性之上的善与恶的概念，它们体现为十二个"自由范畴"，这些范畴按照量、质、关系、模态顺序排列，并表现出从受到感性制约到逐步摆脱感性而完全只由道德法则来规定的范畴的上升过程，但它们最终都是由纯粹实践理性的法则（道德律）作为评价标准的。那么，如何把这些范畴运用于具体场合中呢？在《纯粹理性批判》中是通过"图型"（Schema）的中介，在《实践理性批判》中没有图型，但却可以把感性自然的"合法则性形式"当做这些范畴的"模型"（Typus），就是说，可以像对待自然法则那样去设想一下一个行为，看它一旦作为自然的普遍规律，是否还能被意志所接受而不自相矛盾。这就使抽象形式的道德律变得易于具体设想了。

道德法则有了，模型也有了，但意志在现实行动中还需要一种主观上的"动机"（Triebfeder）才能现实地作用于感性世界。康德认为，意志的道德动机本来只能是道德律本身，道德律首先就要排除一切情感，所以意志的道德动机在情感方面只能是否定性的，它导致痛苦；但它同时也唤起对道德律的一种肯定性的"敬重的情感",这"是一种通过智性的根据起作用的情感,这种情感是我们能完全先天地认识并看出其必然性的唯一情感"。但敬重不能用作道德律的根据,它本身是由道德律引起的,它"只是用作动机,以便使德性法则自身成为准则"。康德由此把出于实践理性的道德敬重与出于感性的道德狂热区别开来,同时把"合乎义务"的行为与"出于义务"的行为区别开来,并提出了"为义务而义务"的道德目标。"分析论"就此以这种特殊的道德情感(感性)结束。

在"分析论"的结束处康德作了一个"批判性说明",他再次回顾和比较了纯粹(理论)理性批判与实践理性批判的结构的同异,认为两者相同之处表明它们都出于同一个"纯粹理性",相异之处则在于一个要由经验科学来证明,另一个则单凭自身就有实践的力量。但由此也就暗示了实践理性和思辨理性在严格区分自在之物和现象的前提下相互结合和统一的可能性,即以自由的理念为枢纽建立起一个超感性的理知世界,在那里可以为达到幸福和义务(德性)的统一(即"至善")留下"希望"。这就过渡到"辩证论"。

康德把"辩证论"分为两章:"一般纯粹实践理性的辩证论"和"纯粹理性在规定至善概念时的辩证论"。前一章表明纯粹实践理性如同纯粹思辨理性的辩证论一样要为有条件者寻求无条件者总体,从而提出了"至善"概念,这概念的辩证性从古希腊以来就以"智慧学"(如"智者"派)的狂妄和"爱智慧"(哲学,如苏格拉底)的谦虚表现出冲突,但双方都不是将这种追求当做纯粹意志本身的规定根据,而只是当做对意志客体的追求。其实在康德看来,只有把纯粹意志的规定根据即道德律也包括进来的至善才是真正的至善,而这就引出了第二章的主题,即"至善"概念的自相矛盾性。

康德认为,至善包括幸福和德性两个不可分割的方面。德性当然是至上的善,但本身还不是完满的善即至善,只有配以与德性相当的幸福才可说是完满的善。但对它们的关系有两种截然相反的看法,即由幸福引出德性或是由德性引出幸福(如古代的伊壁鸠鲁主义和斯多亚主义）。康德认为这两派都是错误的,都把一种综合的关系当做了分析性的(同一性的)关系。他指出人生在世这两方面是绝对没有什么(现象上的)必然关联的,但如果把现象和自在之物严格划分开来,则就自在之物而言斯多亚派的观点还有一定的道理,即并不排除德性和幸福在一个理知世界有可能达到相互协调,因而一个摆脱了感性束缚的自由意志总是可以对自己的道德行为所配享的幸福抱有希望的。由此看来,实践理性甚至可以把思辨理性(其目的是增进人的幸福)作为自己下属的一个环节包含于自身中,因而对思辨理性占有优先地位。于是康德从德性和幸福的一致这一纯粹实践理性要求中,引出了灵魂不朽和上帝存有这两个"悬设",即有根据的假设,其根据就在于自由意志。因为在自由意志的基础上,只有假定灵魂不朽才给人建立起追求道德上的完善和圣洁的目标,以及来世配享天福的希望;也只有假定上帝存在才能保证德福果报的绝对公正。但康德反复申述,这些悬设并不是有关任何对象的知识,而只是"出于纯粹理性之需要的认其为真",即纯粹实践理性的信仰。

第二部分"纯粹实践理性的方法论"讲的是如何循循善诱地使道德法则进入每个最普通人(哪怕是一个 10 岁儿童)的内心,颇令人想起苏格拉底的"精神接生术"。在此康德批判了当时流行的那种标榜功德和"动之以情"的道德教育方式,认为这一切都不如直接诉之于青年人的理性和自由意志更能使道德法则成为人的内在品格,反而会对真正的道德教育造成障碍。康德所关注的则是启发人意识到自由意志的纯粹性和道德人格的尊严。

康德在"结论"中提出了他的脍炙人口的两大崇高原则:"头上的星空"和"内心的道德法则"。但一般人只看到康德对它们的赞叹,而未注意到康德的警告,即如果沉陷于感官而遗忘了理性,这两大原则就会变质为占星术和狂热迷信。因此虽然自古以来这两大原则就进入了哲学家们的视野,但只有对理性(思辨理性和实践理性)的批判才使它们一劳永逸地成为了系统的科学。

　　　　　　　　　　*　　　　　　　*　　　　　　　*

　　我最初读到康德的《实践理性批判》是在 1976 年,记得是刚刚解禁的关文运译本,从湖南省图书馆借的。当时真有点如饥似渴,也有点囫囵吞枣,虽然作了详细的笔记,记忆里也留下了一些零星的概念和说法,但总体印象全无,脑子里一锅粥。但好歹,我毕竟把这本小书过了一遍,上面的介绍在清理线索时就利用了我当年所做的那十几页笔记,可见当时所下的功夫还是不少的。不过二十多年来,我实际上很少回到这本小书的氛围里去,先是一头扎入了《判断力批判》,后来又和杨祖陶老师一起研读《纯粹理性批判》,再后来就直接动手与杨老师合作进行三大批判的翻译了,而《实践理性批判》是三本书中最后译完的。直到现在,当我从头至尾阅读我自己的译文时,我才重新开始较全面地了解这位"熟悉的陌生人"。早在几年前我就有写一本《实践理性批判》导读的计划,今天这一计划的基础当然比以前要好得多,但真正要实行起来,恐怕仍然会困难重重,康德实在是太难了!

　　《实践理性批判》在国内已有好几个译本。据我们所知,最早的似乎是张铭鼎先生从德文本所译、由商务印书馆 1936 年出版发行的版本,但国内知道该译本的人不多。译者力图忠实于原文,但于康德思路的细微处常不能达意,又用了太多的括号来处理康德的从句,有些译名也已经过时,不符合今天的习惯,因此现在的青年读来颇为费力。其次是关文运先生的译本,1960 年由商务印书馆出版,该译本用词极为贴切,文笔相当流畅,是我国近半个世纪来影响最大的译本,对传播康德的道德哲学立下了汗马功劳,但可惜是从英译本转译的,其中错漏之处不少,对于想要精研康德哲学的人来说显然已不敷需要了。不过该书的优点仍然还在,所以直到 2002 年还由广西师大出版社出了新版,印数竟达 8000 册。再就是牟宗三的评注本《康德的道德哲学》,1982 年由台湾学生出版社出版,该译本译者的主观色彩较浓,译名不太规范,也是由英译本转译的,对大陆的影响不大。最后是 1999 年由商务印书馆出版的韩水法译本,该译本用比较通行的现代汉语从德文本直接译出,并尽量遵守德文原文的句法,应当说是目前一个比较好的本子,但也有一些误译和表达上的瑕疵(我曾应译者请求,书面给译者提过一些修改意见)。当然,像康德这样的哲学巨人,同一本书有多个译本不足为奇,我们再添一个译本,决不表示我们的就是完美无瑕的本子,很可能在某一点上有所改进,而在别的地方又有所失误,而且就连改进的地方也可以见仁见智,不存在最终的"定译"。但有心的读者手头有不止一个译本,就可以互相参照揣摩,补苴罅漏,也许这样更能贴近康德的原意。所以我们仍然推出这个浸透着我们的研究心得和理解的译本,以求教于方家。

本书翻译所依据的主要是《哲学丛书》第 38 卷(Philosophische Bibliothek,Band 38,Felix Meiner Verlag,Hrsg. von Karl Vorländer,Hamburg 1974),书中边码皆为这个本子的原版页码,其中的"德文编者注"也主要取自该书;此外还参考了普鲁士科学院版《康德全集》第 5 卷(Kant's Gesammelte Schriften,Hrsg. von Königlich Preußischen Akademie der Wissenschaft,Band Ⅴ. Berlin 1913),及其中的著作部分即《康德著作集》第 5 卷(Kant's Werke,Band Ⅴ. Berlin 1968);个别地方也参考了贝克的英译本(Critique of Practical Reason,edited and translated with notes and introductions by Lewis White Beck,中国社会科学出版社《西学基本经典·哲学》影印本第 4 卷)。校译所依据的主要是雷克拉姆万有文库本(Reklams Universal—Bibliothek Nr. 1111—13,Ehemalige Kehrbachsche Ausgabe,Hrsg. von Dr. Raymund Schmidt,Verlag Philipp Reclam jun. Leipzig 1956),同时也参考了上述贝克英译本。另外,译和校对于现有中译本如关译本和韩译本也时有参考。书末由我编制了一个"德汉术语索引"、一个"人名索引"和一个"汉德词汇对照表",其中部分参考了《哲学丛书》版后面的索引,但扩充了许多倍,以便利中国学者的参照和研究。

应当说明的是,该译本是我和我的老师杨祖陶先生从头至尾通力合作的产物。我们合作的具体情况,在我们所译的另外两个"批判"即

《纯粹理性批判》和《判断力批判》的中译本序中都已有交代,这里就不赘述了。实际上,我们两代学人的合作已有十余年,从合作翻译《康德三大批判精粹》算起也有 7 年了。杨先生倾其平生所学有以教我,令我终身难忘。目前已全部完稿的三大批判的翻译,就是我们以学术和真理为基础的忘年交的最珍贵的纪念。

邓 晓 芒

2003 年 7 月 8 日于珞珈山

序　言

为什么不把这个批判命名为纯粹的实践理性批判，而是直接地就称作一般的实践理性批判，尽管实践理性与思辨理性的平行关系似乎需要前一个名称①，对此这部著作给予了充分的解释。它应当阐明的只是有纯粹实践理性，并为此而批判理性的全部实践能力。如果它在这一点上成功了，那么它就不需要批判这个纯粹能力本身，以便看看理性是否用这样一种能力作为不过是僭妄的要求而超出了自身（正如在思辨理性那里曾发生的）。因为，如果理性作为纯粹理性现实地是实践的，那么它就通过这个事实而证明了它及其概念的实在性，而反对它存在的可能性的一切玄想就都是白费力气了。

凭借这种能力，从此也就肯定了先验的自由，而且是在这种绝对意义上来说的，即思辨理性在运用因果性概念时需要自由，以便把自己从二律背反中拯救出来，这种二律背反是思辨理性如果要在因果关系的序列中思维无条件者就不可避免地会陷入的，但思辨理性只能把这个无条件者的概念悬拟地、而不是作为不可思维的提出来，并不保证它的客观实在性，而只是为了不至于借口理性至少还必须承认是可思维的那种东西是不可能的，来使理性的本质受到攻击并被推入怀疑论的深渊。

自由的概念，一旦其实在性通过实践理性的一条无可置疑的规律而被证明了，它现在就构成了纯粹理性的、甚至思辨理性的体系的整个大厦的拱顶石，而一切其他的、作为一些单纯理念在思辨理性中始终没有支撑的概念（上帝和不朽的概念），现在就与这个概念相联结，同它一起并通过它而得到了持存及客观实在性，就是说，它们的可能性由于

---

① 意即：思辨理性有《纯粹理性批判》，实践理性也应有"纯粹实践理性批判"。——译者

自由是现实的而得到了证明;因为这个理念通过道德律而启示出来了。

　　但自由在思辨理性的一切理念中,也是唯一的这种理念,我们先天地知道其可能性,但却看不透它,因为它是我们所知道的道德律的条件①。但上帝和不朽的理念并不是道德律的条件,而只是一个由道德律来规定的意志的必要客体的条件,亦即我们的纯粹理性的单纯实践运用的条件;所以,关于那些理念,我不仅要说对它们的现实性,而且就连其可能性,我们也都不能声称是认识和看透了的。但尽管如此,它们却是在道德上被规定了的意志运用于先天地被给予它的那个客体(至善)之上的诸条件。这样,它们的可能性就能够和必须在这种实践的关系中被假定下来,但却不是在理论上认识和看透它们。对于后面这种要求来说,在实践的意图中它们不包含任何内部的不可能性(不包含矛盾)就够了。在这里,于是就有与思辨理性相比较只是主观的认其为真(Fürwahrhalten)的根据,而这根据毕竟对某种同样纯粹的、但却是实践的理性而言是客观有效的,因而就通过自由的概念使上帝和不朽的理念获得了客观的实在性和权限,甚至获得了假定它们的主观必要性(纯粹理性的需要),而理性却并没有借此在理论的知识中有所扩展,倒只是这种原先不过是问题、而这里成了断言的可能性被给予了,于是,理性的实践运用就和理论运用的诸要素联结起来了。而这种需要绝不是思辨的随便哪个意图的假设性的需要,即如果人们想要在思辨中上升到理性运用的完成就必须假定某种东西,相反,它是一种合规律的假定某物的需要,舍此,我们应当不放松地建立为自己行为举止的意图的东西就不可能发生了。

① 当我现在把自由称之为道德律的条件、而在本书后面又主张道德律是我们在其之下才首次意识到自由的条件时,为了人们不至于误以为在此找到了不一致的地方,所以我只想提醒一点,即自由固然是道德律的 ratio essendi[存在理由],但道德律却是自由的 ratio cognoscendi[认识理由]。因为如果不是道德律在我们的理性中早就被清楚地想到了,则我们是决不会认为自己有理由去假定有像自由这样一种东西的(尽管它也并不自相矛盾)。但假如没有自由,则道德律也就根本不会在我们心中被找到了。——康德

　　当然,会使我们的思辨理性更为满意的是,直截了当地独立解决那些课题,并把它们作为洞见而为实践的运用保存下来;不过我们的思辨能力却从来不曾处于这么好的状况。那些自夸有这样一种高级知识的人在这方面不应当保守,而应当把它们公开地展示出来,供人检验和赞扬。他们想要证明;好吧! 他们尽可以去证明,而批判将把自己的全部武器放到他们这些胜利者的脚边。Quid statis? Nolint. Atqui licet esse beatis.①——所以,既然他们事实上不愿意,估计是由于他们不能够,我们就不得不只有又重新拿起那些武器,以便到理性的道德运用中去寻找、并在这种运用中建立起上帝、自由和不朽这些概念,而思辨并未给它们的可能性找到充分的担保。

　　在这里也就第一次澄清了这个批判之谜:为什么我们能够否认在思辨中诸范畴的超感官运用有客观的实在性,却又承认它们②在纯粹实践理性的客体方面有这种实在性;因为只要我们仅仅按照名称来了解这样一种实践的运用,上述情况就不能不在事先看起来必定显得是前后不一致的。但现在,如果我们通过对这种实践运用③的彻底的分析而觉察到,　6
上述实在性在这里根本不是通向范畴的任何理论性的使命和把知识扩展到超感官的东西上去的,而只是借此指明,无论何处这些范畴在这种关系中都应得到一个客体,因为它们要么被包含在先天必然的意志规定之中,要么就是与意志规定的对象不可分割地结合着的,这样,那种前后不一致就消失了,因为我们对那些概念作了一种不同于思辨理性所需要的另外的运用。相反,现在就展示了一种原先几乎不能指望的、对思辨性批判的一贯思维方式的十分令人满意的证明,即由于这个批判再三叮

---

　　①　拉丁文:“为什么站着? 他们不愿意。但他们本可以是幸福的。”语出贺拉斯:《讽刺诗集》,第一卷,第一节,第19行。——德文编者

　　②　据埃德曼(Erdmann),此处“它们”(ihnen,指“诸范畴”)应为“它”(ihm),指这种“运用”。——德文编者

　　③　“这种实践运用”原文为 der letzteren,只可能是指后一种(实践的而非思辨的)“实在性”,那托普(Natorp)和阿底克斯(Adickes)均主张将 der 校改为 des,指“实践的运用”,兹从二氏。——德文编者

嘱,要把经验的对象本身、甚至其中我们自己的主体都看做现象,但又要把自在之物本身作为这些现象的基础,因而并不把一切超感官的东西看做虚构、也不把它们的概念看做空无内容的:则实践理性自身现在就独立地、未与那个思辨理性相约定地,使因果性范畴的某种超感官的对象、也就是自由,获得了实在性(尽管是作为实践的概念、也只是为了实践的运用),因而就通过一个事实证实了这个在那里只能被思维的东西。于是与此同时,思辨的批判的那个令人惊讶的、虽然是无可争议的主张,即甚至思维的主体**在内部直观中**对它自己来说也只是现象,也就显然在实践理性的批判中如此好地得到了它完全的证实,以至于即使前一个批判根本不曾证明这一命题,我们也必定会想到这个证实。①

　　由此我也就懂得了,为什么至今还在向我提出的针对批判的最大
7　反驳恰好都在围绕着两个要点打转:一方面,被使用于本体上的范畴在理论知识上被否定而在实践知识上被肯定的客观实在性,另一方面,那个似非而是的要求,就是使自己作为自由的主体成为本体,同时却又在自然方面使自己成为自己独特的经验性意识中的现象。因为只要人们还没有为自己形成任何有关自由和德性的确定概念,人们就不能猜出,一方面,他们要把什么当做本体来为所谓的现相奠定基础,另一方面,假如人们预先已经把纯粹知性在理论的运用中的一切概念都唯一地用在现相上了,那么是否在任何地方也有可能还对本体形成某种概念。只有对实践理性的一个详细的批判才能消除这一切误解,并把正好构成实践理性最大优点的那种一贯的思维方式置于澄明之中。

　　需要辩护的只是:为什么在这部著作中,纯粹思辨理性的那些概念和原理,固然已经经受过了它们的特殊的批判,在此还时时再一次地被

---

　　①　由德性法则来确定的作为自由的原因性和由自然律来确定的作为自然机械作用的因果性[按:"原因性"和"因果性"均为德文 Kausalität 之译,本书将视涉及自由或自然而采取两种不同译法。——译者],都是在同一个主体即人之中确定下来的,前者与后者的协调一致,如果不把人与前者相关设想为在纯粹的意识中的自在的存在者本身,与后者相关则设想为在经验性的意识中的现象,那就是不可能的。不这样做,理性与自己本身的矛盾就是不可避免的。——康德

加以检验,这种做法通常对于一门必须建立的科学的系统化进程来说是不太适当的(因为已被判定的事按理来说只须引证,而不必再加讨论),但在此处却是允许的,甚至是必要的:因为理性连同那些概念是在向另一种运用的过渡中被考察的,这种运用完全不同于理性在彼处对这些概念的运用。但一个这样的过渡就使得把旧的运用和新的运用加以比较有了必要,以便把新的轨道和以前的轨道很好地区别开来,同时又让人注意到它们的关联。所以我们将把对这种类型的考察,此外还有那些再次针对自由概念、但却在纯粹理性的实践运用中的考察,不是看做例如仅仅要用来弥补思辨理性之批判体系的漏洞的插叙(因为这个体系在自己的意图中是完备的),也不是像在一栋仓促建造的房子那里常会做的那样,在后面还安上支柱和扶垛,而是看做使体系的关联变得明显可见的真实环节,为的是使那些在彼处只能悬拟地设想的概念,现在可以在其实在的体现中被看出来。这个提醒尤其是针对自 8
由概念的,对这个概念我们不能不惊奇地注意到,还有这么多人,仅仅由于他们在心理学的关系中来考察它,就自夸可以完全看穿它并能解释它的可能性。然而,假如他们事先在先验的关系中仔细掂量过这个概念,他们就既会认识到它作为在思辨理性的完备运用中的悬拟概念的不可缺少性,同时也会认识到它的不可理解性,并且,假如他们此后将它带到实践的运用上来,他们必定会自己在这运用的诸原理上恰好想到这种运用的上述规定,这个规定是他们平时不会太愿意承认的。自由概念对于一切经验论者都是绊脚石,但对于批判的道德学家也是开启最崇高的实践原理的钥匙,这些道德学家由此看出,他们不可避免地必须合理地行事。为此之故,我请求读者不要把在分析论的结论那里关于这个概念所说的话以草率的眼光忽略而过。

这样一个体系,当它在这里由纯粹实践理性从对自己的批判中发展出来时,所花费的辛劳,尤其在为了不误解那个正确的观点、即这个体系的整体借以能被准确勾画出来的那个正确观点这方面的辛劳是多还是少,我必须留给这样一类工作的行家去评判。该体系虽然以《道德形而上学基础》为前提,但只限于这部著作使人预先熟悉一下义务原则、提出一个确定的义务公式并为之说明理由的范围内①；除此之外这个体系是独立自存的。至于说没有把对一切实践科学的划分像思辨理性的批判曾做过的那样为了完备性而附加进来，对此也可以在这个实践理性能力的性状中找到有效的根据。因为把义务特殊地规定为人类的义务以便对它们进行划分，这只有当这一规定的主体（人）按照他借以现实存在的性状尽管只是在关系到一般义务而必要的范围内预先被认识以后，才有可能；但这种规定不属于一般实践理性批判，后者只应当完备地指出一般实践理性的可能性、它的范围和界限的诸原则，而不与人的自然本性发生特殊的关系。所以这种划分在这里属于科学的体系，而不属于批判的体系。

某位热爱真理、思想尖刻、但正因此却永远值得敬重的评论家对《道德形而上学基础》提出自己的反驳说，善的概念在那里没有先于道德原则而得到确定（而在他看来这是必要的）②，对此我相信我已在分

---

① 一个曾想对这本书表示某种责难的评论家，当他说：这里面没有提出任何新的道德原则，而只是提出了一个新的公式，这时他比他自己也许想要表达的意思更为切中要点。但是，谁想过还要引进一切道德的某种新原理并仿佛要首次发现它呢？就好像在他之前世界曾经在什么是义务这点上一无所知或是陷入了完全的错误似的。但谁要是知道一个极其严格地规定依照题目应该做什么而不许出错的公式对于数学家意味着什么，他就不会把一个对所有的一般义务而言都做着同一件事的公式看做某种无意义的和多余的了。——康德

② 人们还有可能对我作这样的反驳：为什么我对欲求能力或是愉快情感的概念事先也没有加以解释；虽然这种责难将会是不公平的，因为人们应当可以正当地把这一解释当做在心理学中已被给予的预设下来。当然，在那里这个定义有可能这样来建立，即愉快的情感将会是对欲求能力进行规定的基础（如同通常大部分事情实际上也是这样发生的一样），但这样一来，实践哲学的最高原则就必然会不得不丧失于经验性中了，而这一点却是首先必须澄清的，并在这个批判中受到了完全的驳斥。所以我想在这里作这样一个界说，这是为了一开始就不偏不倚地将这一争执之点存而不论所必须做的。——**生命**是一个存在者按照欲求能力的规律去行动的能力。**欲求能力**是存在者的这种能力，即通过其表象而成为该表象的对象的现实性之原因的能力。**愉快**是对象或行动与生命的**主观**条件、也就是与一个表象就其客体的现实性而言的原因性能力（或对主体产生一个客体的行动之诸力进行规定的能力）相一致的表象。为了批判从心理学中借用的那些概念，我不再需要什么了，剩下的是批判本身的事。人们很容易看出，愉快是否任何时

析论的第二章中给予了充分的考虑;我同样也顾及到了那些显露出一心要弄清真相的意愿的人士对我提出的好些别的反驳(因为那些只是死盯着自己的旧体系、已经事先决定了应当赞成什么或反对什么的人,反正不需要任何有可能妨碍他们的私人意图的讨论);并且我也将坚持继续这样做。

当涉及到按照其来源、内容和界限对人类灵魂的一种特殊能力进行规定时,人们虽然只能根据人类知识的本性从这些知识的各部分开始,从它们的精确的和(就按我们已经获得的知识诸要素①的目前状况来看是可能的而言)完备的描述开始。但还有另一种关注是更具有哲学性和建筑术性质的:这就是正确地把握整体的理念,并从这个理念出发,借助于通过某种纯粹理性能力把一切部分从那个整体概念中推导出来,而在其彼此之间的交互关系中紧盯住那一切部分。这种检验和保障只有通过最内在地熟知这个体系才有可能,而那些在最初的探讨上已经感到厌烦、因而认为不值得花力气去获得这种熟知的人,是达不到第二个阶段、即综合地再现那原先分析地被给予的东西的综观阶段的,并且毫不奇怪,他们到处都发现不一致,虽然让他们费猜的那些漏洞并不会在体系本身中、而只会在他们自己的不相连贯的思路中找到。

我丝毫不担心对这部著作想要引入一种新的语言的责备,因为这一类的知识在这里本身是接近通俗性的。这种责备即使在第一批判那

11

候都必须为欲求能力奠定基础,或者它是否在某些条件下也会仅仅是跟随着欲求能力的规定而来,这个问题通过这一解释仍然是未决定的;因为它完全是由纯粹知性的那些标志、即不含有任何经验性成分的诸范畴组成起来的。这样一种谨慎在全部哲学中都是十分值得推荐的,但却往往被忽视了,也就是忽视了在对概念进行完备的分析之前不要用一个冒失的定义抢先作出自己的判断,那种完备的分析常常只是在很晚才达到的。人们也将通过(理论理性的和实践理性的)批判的这个全过程发觉,在这一过程中存在有多种多样的机会去弥补在哲学的陈旧的独断进程中的一些缺陷,并改正那些错误,这些错误在人们对诸概念作某种涉及这些概念的整体的理性运用之前是发现不了的。——康德

① 福伦德尔(Voländer)建议将"知识诸要素"校改为"灵魂的知识"。——德文编者

里也未能得到过任何一个不只是翻阅过这本书、而且详细研究过它的人的赞同。当语言在对给予的概念本来已经不缺乏任何表达的时候人为地去制造新语词,这是一种不通过新的真实思想、却想通过在一件旧衣服上加一块新补丁来使自己突出于众人之上的幼稚做法。因此,如果那本书的读者知道有更通俗的表达方式,它们却与我心目中那些表达方式那样同等地适合于表达那种思想,或者他们敢于表明这些思想本身、因而每个标志这思想的表达方式同时也都是无意义的:那么在第一种情况下他们将使我十分感激,因为我只求被人所理解,但在第二种情况下他们就为哲学作出了贡献。但只要那些思想还站得住,则我很怀疑对此还可以找到既合适但又更通俗的表达方式。①

----

① 我在这里有时(比那种不理解)更为担忧的是对一些表达方式的误解,这些表达方式,我是以最大的小心挑选出来的,为的是使它们所指示的那个概念不被弄错。所以在实践理性的范畴表上处于模态这一标题下的允许的事和不允许的事(实践上客观的可能和不可能),与接下来的范畴义务和违背义务,在日常的语言用法中具有几乎相等的意义;但在这里,前者应当意味着与一个单纯可能的实践规范相协调或是相违背的东西(例如在解决几何学和机械学的所有问题时那样)。后者则应当意味着与一个现实地存在于一般理性中的规律处于这样一种关系中的东西;而这种含义的区分即使对于日常的语言用法也并不完全是陌生的,尽管有些不习惯。于是,例如对于一个演说家以这种身份是不允许去锻造新的语词和语词搭配的;对于诗人这在某种程度上是允许的;在这里人们在双方任何一方身上都没有想到义务。因为谁想要抛弃自己演说家的名声,没有人能够阻止他。这里所涉及的只是将命令放在或然的、实然的和必然的三种规定根据之下进行区分。同样,我在那个使不同哲学学派中的实践完善性的道德理念相互对立起来的附注中,区分开了智慧的理念和神圣的理念,虽然我自己把它们从根本上和客观上解释成了同样的。不过在这一处地方,我所理解的只是这样的智慧,即人们(斯多亚派)自以为拥有的、因而被主观地说成是人的属性的智慧。(也许斯多亚派也用来极力夸耀的德行这个术语可以更好地表明这一学派的特征。)但纯粹实践理性的悬设这一术语仍然是最会引起误解的,假如人们把它与纯粹数学上的、且带有无可置疑的确定性的那些设定[按:这里的"设定"和"悬设"均为德文 Postulat 一词,它来自拉丁文,兼有"要求"和"假设"二义。作为实践理性的"假设"显然还带有道德上的"要求"的意思,凡在此种场合权依关文运译作"悬设",即高悬一个理想目标之意,以与一般意义上的"假设"(如《纯粹理性批判》中曾译为"公设",见"经验思维的公设"部分)相区别。——译者]所具有的含义混淆起来的话。但纯粹数学上的悬设所设定的是某种行动的可能性,这种行动的对象我

采取这种方式,内心的两种能力即认识能力和欲求能力的先天原则从现在起就会被查清,并按照它们运用的条件、范围和界限得到规定了,但由此就会为一种作为科学的系统的、既是理论的也是实践的哲学奠定了更可靠的基础。

但假如有人出乎意料地发现,任何地方都根本不会有、也不可能有什么先天的知识,那么我们这番努力也许就不会遭遇到比这更糟糕的事了。不过对此我们丝毫不必担忧。这就如同有人想要通过理性来证明根本没有什么理性,是一样的情况。因为我们所说的只是,当我们意识到某物即使没有如在经验中那样对我们出现我们也是有可能知道它的,这时我们就通过理性而认识了某物;因而理性的知识和先天的知识是同样的。要想从一个经验命题中榨取必然性(ex pumice aquam)①,甚至想借这种必然性而使一个判断获得真正的普遍性(没有这种普遍性就没有理性的推理,因而也没有出自类比的推理,类比是一种至少是推测的普遍性和客观的必然性,因而总还是以真正的普遍性为前提的),那简直是自相矛盾。用主观必然性也就是习惯来偷换只发生于先天判断中的客观必然性,这就是否认理性有对对象下判断的能力,亦即否认它有认识对象、认识应归于对象的东西的能力,例如对于那经常和总是跟随在某种先行的状态之后的东西,不可以说我们能够从这种状态推论出那种东西(因为那就会意味着客观的必然性和关于某种先天联结的概念了),而只可以(以和动物类似的方式)指望相似的情况,这就是

13

们可以先天地从理论上以完全的确定性预先认识到是可能的。而那个纯粹实践理性的悬设却是出自必然的实践规律来设定某种对象(上帝和灵魂不朽)本身的可能性的,所以只是为了实践理性而设定;因为这种被设定了的可能性的确定性根本不是在理论上、因而也不是必然地、亦即不是在客体方面被认识到的必然性,而是在主体方面为了遵守实践理性的那些客观的、但却是实践的规律所必要的设定,因而只是必要的假设。我看不出能为这种主观的、但却真实和无条件的理性必要性找到什么更好的表达方式。——康德

① 拉丁文:从石中取水,典出古罗马诗人布劳图斯(Plautus)的《讽刺诗》,Ⅰ.1,41.——德文编者

把原因的概念从根本上当做虚假的和仅仅是思维的欺骗而抛弃了。有人说，我们毕竟看不到任何理由赋予别的有理性的存在者以另外一种表象方式，想要以这种说法来弥补客观的和由此得出的普遍的有效性的上述那种不足；假如这可以当做一个有效的推论的话，那么我们的无知就可以比一切深思更多地有助于扩展我们的知识了。因为，仅仅由于我们并不知道在人类之外的别的有理性的存在者，我们就将会有权假定他们具有像我们对自己所认识到的那种性状，这就是说，我们就将会现实地知道他们了。我在这里甚至连提都没有提到：并不是认其为真的普遍性证明了一个判断的客观有效性（亦即它作为知识的有效性），而是哪怕那样一个普遍性偶尔也说得对，这却毕竟还不能当做是与客体相一致的一个证明；毋宁说，只有客观有效性才构成了一个必然的普遍同意的根据。

休谟也可能会在各种原理中的这一普遍经验论体系那里感到十分心安理得；因为众所周知，他所要求的不是别的，而是要在原因概念中假定一个单纯主观的必然性含义，也就是习惯，来取代必然性的一切客观含义，以便否定理性的一切有关上帝、自由和不朽的判断；并且他肯定十分擅长于这一点，以便只要人们承认了他的这些原则，就能以一切逻辑的简明性从中得出结论来。但就连休谟也没有使经验论达到这样一种普遍性，以便把数学也囊括于其中。他认为数学命题是分析的，而假如这一点有其正确性的话，这些命题事实上也将会是必然的，然而从中却决不能引出结论说，理性在哲学中也有作出必然判断的能力，因为这些判断将会是综合的（如因果性的命题）。但如果我们假定了对这些原则的经验论是普遍的，那么数学也将会因此而被卷入其中①。

既然数学陷入了与只容许经验性原理的那种理性的冲突，例如这点在二律背反中就是不可避免的，这时数学无可反驳地证明了空间的无限可分性，经验论却不能允许这种无限可分性：那么演证的最大可能

---

①　见休谟《人类理解研究》第四章。另见他的著作《人性论》，这部著作更早，因而康德似乎并不熟悉或至少不会更详细地熟悉它。——德文编者

的自明性与出自经验原则的所谓推论就处在明显的矛盾之中,于是我们就不得不像切斯尔登①的盲人那样问道:是什么在欺骗我,视觉还是触觉?(因为经验论是建立在一种被感知到的必然性之上,唯理论则是建立在一种被洞见到的必然性之上。)这样,普遍的经验论就表现为一种真正的怀疑论了,人们曾错误地把这种怀疑论这样不作意义限制地加在休谟的头上②,因为他至少还在数学上为经验留下了一块可靠的试金石,而另一方面,怀疑论则完全不容许有经验的任何试金石(这永远只能在先天原则中找到),尽管经验不仅仅是由感知构成,而且也是由判断构成的。

15

但毕竟,由于在这样一个哲学的和批判的时代,很难有人认真地主张那种经验论,它也许只是为了要对判断力进行练习,而且想通过对照把先天的理性原则的必然性更清楚地揭示出来,才被提出来的:所以人们对于那些愿意费力去从事这样一种本来恰好并无教益的工作的人,倒是会心怀感激的。

---

① Cheselden,William(1688—1752),英国著名外科医生和解剖学家,其《骨论》被歌德在《形态学》中提到,而其《人体解剖》(德译本)于 1790 年出版于哥廷根。康德似乎(据那托普说)是从克斯特纳(Kaestners)对一本英文的光学著作的改写中摘引了以上报道的。——德文编者

② 表明某一宗派的追随者的名称任何时候都带有许多曲解,当有人说:某某是一个观念论者时,大约就是这样。因为即使他不仅完全承认、而且坚决主张,与我们对外物的表象相应的是外物的现实的对象,他却还是声称这些外物的直观形式不与这些对象相关,而只是与人的内心相关。——康德

16

导言　实践理性批判的理念

　　理性的理论运用所关心的是单纯认识能力的对象,而关于这种运用的理性批判真正说来涉及的只是纯粹的认识能力,因为这种能力激起了在后来也得到了证实的疑虑,即它很容易超出自己的界限而迷失于那些不可达到的对象或者甚至是相互冲突的概念之中。理性的实践运用则是另一种情况。在这种运用中理性所关心的是意志的规定根据,这种意志要么是一种产生出与表象相符合的对象的能力,要么毕竟是一种自己规定自己去造成这些对象(不论身体上的能力现在是否充分)、亦即规定自己的原因性的能力。因为理性在这里至少能够获得意志规定,并且在事情只取决于意愿时,总是具有客观实在性的。所以在此第一个问题是:是否单是纯粹理性自身就足以对意志进行规定,还是它只能作为以经验性为条件的理性才是意志的规定根据。现在,这里出现了一个由纯粹理性批判提供了辩护理由、虽然不能作任何经验性描述的原因性概念,这就是自由的概念,并且如果我们目前能够找到一些理由去证明,这种属性事实上应属于人类的意志(并同样也属于一切有理性的存在者的意志),那么由此就并不只是说明了纯粹理性

可以是实践的,而且也说明只有纯粹理性、而不是受到经验性的局限的理性,才是无条件地实践的。这样一来,我们将要探讨的就不是一种纯粹实践的理性的批判,而只是一般实践的理性的批判。因为纯粹理性一经被阐明了有这样一种理性,就不需要任何批判了。纯粹理性是本身包含有对它的一切运用进行批判①的准绳的。所以,一般实践理性批判有责任阻止以经验性为条件的理性想要单独充当唯一对意志进行

---

　　①　据维勒(Wille),应去掉"进行批判"几个字。——德文编者

规定的根据的僭妄。纯粹理性的这种运用,只是当有这样一种理性已被断定时,才是内在的;相反,自以为具有独裁地位的、以经验性为条件的纯粹理性运用则是超验的,它表现出完全超出自己领地之外去提要求、发命令的特点,这与有关在思辨的运用中的纯粹理性所能说出的东西是恰好倒过来的关系。

　　然而,由于以其知识在这里为实践的运用奠定基础的总还是纯粹理性,所以实践理性批判的划分就总的纲要而言还是必须按照思辨理性批判那样来安排。所以我们将必须有实践理性的一个要素论和一个方法论,在第一部分要素论中,将必须有作为真理规则的分析论,和作为对实践理性判断中的幻相的描述和解决的辩证论。不过,在分析论底下的划分中的次序又将与纯粹思辨理性批判中的次序相反。因为在当前的批判中,我们将从原理开始而进到概念,而从概念出发才尽可能地进达感觉;反之,在思辨理性那里我们则必须从感觉开始而在原理那里结束。其中的理由又是在于:我们现在要涉及到的是意志,并且必须不是在与对象的关系中、而是在与这个意志及其原因性的关系中来考虑理性,因为不以经验性为条件的原因性的那些原理必须成为开端,在此之后才能够尝试去确定我们关于一个这样的意志的规定根据的、关18于它在对象上的运用的、最后关于它在主体及其感性上的运用的那些概念。出自自由的原因性的规律,也就是任何一个纯粹实践原理,在这里都不可避免地成为开端,并规定着唯有这条原理才能够涉及到的那些对象。

第一部分

纯粹实践理性的要素论

第一章　纯粹实践理性的诸原理

§1. 解　题

实践的诸原理是包含有意志的一个普遍规定的那些命题,这个普遍规定统率着多个实践的规则。如果这个条件只被主体看做对他的意志有效的,这些原理就是主观的,或者是一些准则;但如果那个条件被认识到是客观的、即作为对每个有理性的存在者的意志都有效的,这些原理就是客观的,或者是一些实践的法则。①

注　释

如果我们假定纯粹理性在自身中就能包含有一个实践的、即足以规定意志的根据,那么就有实践的法则;但如果不是这样,则一切实践原理就会只是准则而已。在一个有理性的存在者受到病理学上的②刺

---

① 法则(Gesetze),亦可译为"规律",但在实践问题上译"法则"为好,在自然科学上仍译"规律"。——译者

② "病理学上的"(pathologisch)在康德哲学中的含义是"由感性冲动所规定的",即合乎自然律的,可参看《纯粹理性批判》A534 即 B562 和 A802 即 B830。——译者

激的意志中,可以发现有诸准则与他自己所认识到的实践法则的冲突。例如,一个人可以将有辱必报作为自己的准则,但同时却又看到这并非什么实践的法则,而只是他的准则,反之,它作为对每一个有理性的存在者的意志而言的规则,就可能在同一个准则中自己与自己不一致。

22　在自然知识中凡发生的事情的原则(例如在运动的传递中作用和反作用相等的原则)同时就是自然规律[法则];因为理性的运用在那里是理论上的,是通过客体的性状规定了的。在实践的知识中,即在只是涉及到意志的规定根据的知识中,人们为自己所制定的那些原理还并不因此就是他不可避免地要服从的法则,因为理性在实践中与主体相关、即与欲求能力相关,而这规则又会以多种方式视欲求能力的特殊性状而定。——实践的规则任何时候都是理性的产物,因为它把行动规定为达到作为目的的效果的手段。但这种规则对于一个不完全以理性作为意志的唯一规定根据的存在者来说是一种命令,即这样一条规则,它以表达出行动的客观必要性的应当作为标志,并且也意味着,假如理性完全规定了意志,那么行动就会不可避免地按照这一规则发生。所以这些命令是客观有效的,并且完全不同于作为主观原理的准则。但这些命令要么单只考虑到结果及其充分性,来规定有理性的存在者的、作为起作用的原因的原因性的那些条件,要么只规定意志,不管它是否足以达到结果。前者将会是假言命令,并只包含熟巧的规范;反之,后者则将是定言的,并且将是唯一的实践法则。所以准则虽然是一些原理,但并不是命令。但命令本身如果是有条件的,就是说,如果它们不是把意志绝对地作为意志来规定,而只是考虑到某种被欲求的结果来规定,即如果只是些假言命令,那么它们虽然是实践的规范,却绝不是实践的法则。实践的法则必须还在我问自己是否根本上具有达到一个欲求的结果所要求的能力、或为了产生这一结果我必须做什么之前,就足以把意志作为意志来规定了,因而它们必须是定言的,否则就不是什么法则

23　了:因为它们没有必然性,这种必然性如果要作为实践的必然性,就必须不依赖于那些病理学上的、因而是偶然附着于意志之上的条件。例如,如果有人说,他在年轻时必须劳动和节省,以免老来受穷:那么这就

是意志的一条正确的同时又是重要的实践规范。但我们很容易看出，意志在这里是被指向了某种别的东西，即人们预设为它所欲求的那种东西，而人们不必过问他这个行动者本人的这一欲求，是他在他自己所挣得的财产之外还指望有别的资助来源呢，还是他根本就不希望活到老，或者是想自己在将来处于困境时可以勉强应付。唯一能够从中产生出应含有必然性的一切规则的那个理性，虽然也把必然性置于它的这个规范中（因为否则这个规范就根本不会是命令了），但这个必然性只是以主观为条件的，且我们不能在一切主体中以同等程度来预设它。但理性的立法所要求的是，它只需要以自己本身为前提，因为规则只有当它无须那些使有理性的存在者一个与另一个区别开来的偶然的主观条件而起作用时，才会是客观而普遍地有效的。当我们对一个人说，他决不应当以谎言作许诺，那么这是一个只涉及到他的意志的规则；不管这人所可能有的那些意图是否能够通过这个意志而达到；只有这个意愿才是应当通过那个规则完全先天地得到规定的东西。现在如果发现这条规则在实践上是正确的，那么它就是一条法则，因为它是一个定言命令。所以，实践法则仅仅与意志相关，而不管通过意志的原因性做出了什么，而且我们可以把这种原因性（作为属于感官世界的东西）抽象掉，以便纯粹地拥有法则。

§2. 定 理 Ⅰ.

将欲求能力的一个客体（质料）预设为意志的规定根据的一切实践原则，全都是经验性的，并且不能充当任何实践法则。

我把欲求能力的质料理解为一个被欲求有现实性的对象。既然对这个对象的欲望先行于实践规则，并且是使这一规则成为自己的原则的条件，所以我就说（第一）：这条原则于是任何时候都是经验性的。因为这样一来，规定这个任意的根据就是一个客体的表象，以及这表象对主体的那样一种关系，通过它，欲求能力就被指定去使这客体成为现实。但对主体的这样一种关系就是对一个对象的现实性感到的愉快。

24

所以这种愉快必将被预设为规定这任意的可能性条件。但关于某一个对象的不论哪一个表象都决不能先天地认识到:它是与愉快或不愉快结合在一起的,还是与之漠不相关的。所以在这种情况下对任意的规定根据任何时候都必定是经验性的,因而把这规定根据预设为条件的那条实践的质料原则也必定是经验性的。

既然(第二)一个仅仅建立在某种愉快或不快的感受性(它任何时候都只能被经验性地认识,而不能对于一切有理性的存在者都以同样的方式有效)这一主观条件之上的原则,虽然对拥有这种感受性的那个主体也许可以用作感受性的准则,但甚至就对这种感受性①本身来说(由于这原则缺乏必须被先天认识到的客观必然性)也不能用作法则:那么,一个这样的原则永远也不能充当一条实践的法则。

§3. 定 理 Ⅱ.

一切质料的实践原则本身全都具有同一种类型,并隶属于自爱或自身幸福这一普遍原则之下。

出自一件事物的实存的表象的愉快,只要它应当作为对这个事物的欲求的规定根据,它就是建立在主体的感受性之上的,因为它依赖于一个对象的存有;因而它属于感官(情感),而不属于知性,后者按照概念来表达表象与一个客体的关系,却不是按照情感来表达表象与主体的关系。所以这种愉快只有当主体对于对象的现实性所期待的那种快意的感觉规定着欲求能力时,才是实践的。但现在,一个有理性的存在者对于不断伴随着他的整个存在的那种生命快意的意识,就是幸福,而使幸福成为规定任意的最高根据的那个原则,就是自爱的原则。所以,在从任何一个对象的现实性都可以感觉到的愉快或不快中建立起规定任意的最高根据的那一切质料的原则,就它们全部属于自爱或自身幸福的原则而言,都完全具有同一个类型。

___

① 后面这两个"感受性"据 Wille 均应作"主体"。——德文编者

绎　理

一切质料的实践规则都在低级欲求能力中建立意志的规定根据，并且，假如根本没有足以规定意志的单纯形式的意志法则，那甚至就会没有任何高级的欲求能力能够得到承认了。

注　释　Ⅰ.

人们必定会奇怪，为何有些平时很精明的人士会相信，从与愉快情感结合着的**诸表象**是在感官中还是在知性中有其来源，就可以找出低级欲求能力和高级欲求能力之间的区别。因为当我们追问欲求能力的规定根据，并将这些根据建立在可从任何某物那里期待的快意中时，问题的关键根本不在于这个令人快乐的对象的表象来自何处，而只在于它令人快乐到什么程度。如果一个表象，哪怕它在知性中有其位置和起源，却只能通过以主体中某种愉快的情感为其前提来规定任意，那么它要作为规定任意的根据就完全依赖于内感官的这种性状，亦即内感官由此而能被激发起快意来的性状。诸对象表象尽可以有如此不同的性质，尽可以是与感官表象对立的知性的、甚至理性的表象，但毕竟，它们本来唯一借以构成意志的规定根据的那种愉快情感（快意，及人们从那推动着创造客体的活动的东西中所期待的快乐）却具有同一种类型，这不仅在于它任何时候都只能被经验性地认识，而且也在于它刺激起了表现在欲求能力中的同一个生命力，并由于这一点而与任何其他规定根据除了在程度上之外不能够有任何差异。否则的话，我们将如何能够在两个就表象方式而言完全不同的规定根据之间依其大小来作一比较，以优选出那最多地刺激起欲求能力的规定根据呢？正是同一个人，他可以将他只到手一次的一本对他富有教益的书未经阅读就退还，以免耽误打猎，可以在一场精彩讲演的中途退场，以免迟误进餐，可以抛开一次他平时很看重的理性话题的交谈，以便坐到牌桌的旁边，甚

26

至可以拒绝他平时乐意接济的穷人,因为他现在口袋里刚好只剩下要用来买一张喜剧门票的钱了。如果意志的规定建立在他从任何一个原因那里都可以期待的快意和不快意的情感之上,那么他通过哪一个表象方式被刺激起来,这对于他完全是一样的。唯独这种快意有多么强烈,多么长久,多么容易获得和多么经常重复,才是他为了作出选择而看重的。正如对于那需要花费金钱的人,只要这金钱到处都被以同样的价值接受,那么它的材料即金子是从矿山挖出来的,还是从沙里淘出来的,这都完全是一样的,同样,如果一个人只看重生命的快意,他就决不会问是知性表象还是感官表象,而只会问这些表象在最长时间内给他带来多少和多大的快乐。只有那些想要否认纯粹理性有能力不预设

27 任何一种情感而规定意志的人,才可能如此远离他们自己的解释而误入歧途,以至于将他们先已用同一个原则表达出来的东西在后来却解释为完全不同性质的。例如我们发现,人们也能够由于单纯使用力量,由于意识到在战胜那些与我们的决心作对的障碍时自己的刚毅精神,由于对心灵天赋的培养等等感到快乐,我们有理由把这称之为高尚的兴致情趣,因为这些快乐比别种的快乐更受我们的控制,不会被耗损,反而增强着还要更多地享受它们的情感,并在它们使人心旷神怡之际同时陶冶这种情感。但是,因此而把这些兴致情趣冒充为不同于单纯通过感官的某种另外的规定意志的方式,而这些兴致情趣却毕竟把我们心中的一种针对它们的情感预设为这种愉悦的首要条件,那么,这就正如同那些热衷于在形而上学中招摇撞骗的无知之辈,他们设想物质如此精细,如此过于精细,以至于他们自己对此都要感到晕眩,于是就相信自己以这种方式臆想出了一种精神的但却有广延的存在物。如果我们同意伊壁鸠鲁,在德行上仅仅听任它所许诺的快乐来规定意志:那么我们就不能此后又责备他,说他把这种快乐与那些最粗劣的感官快乐看做是完全等同的;因为我们根本没有理由诿过于他,说他把我们心中的这种情感借以激发起来的那些表象仅仅归之于肉体感官了。如同人们能够猜到的,他同样也曾在更高的认识能力的运用中为这些表象中的许多寻求了来源;但这并没有阻止他、也不能阻止他根据前述

原则把或许是由那些智性的表象提供给我们、而这些表象唯有借此才能作为意志的规定根据的那种快乐本身完全看做是同样的。前后一贯是一个哲学家的最大责任，但却极少见到。古希腊的那些学派在这方面给我们提供的例证比我们在我们这个调和主义的时代所找到的更多，在我们这里，各种相矛盾的原理的结合体系被极其虚伪和肤浅地做作出来，因为它更受那种公众的欢迎，他们满足于什么都知道一点，而整体上一无所知，但却对一切都能应付自如。自身幸福的原则，不论知性和理性在其上可以有多少运用，对于意志来说却只不过包含有与低级欲求能力相适合的那些规定根据，所以，要么就根本没有什么高级欲求能力，要么纯粹理性必定自身独自就是实践的，也就是可以只通过实践规则的形式来规定意志，而无须任何一个情感作为前提，因而无须那些快适或不快适的表象、即欲求能力的质料的表象，这种质料任何时候都是诸原则的经验性条件。只不过这样一来，理性只有在它自己独立地规定意志（而不是服务于爱好）时，它才是病理学上可规定的欲求能力所从属的真正高级的欲求能力，并且是现实地、甚至在种类上与前一种欲求能力不同的，以至于哪怕和那些爱好的冲动有丝毫的混杂都会损害理性的强度和优越性，正如把丝毫经验性的东西作为一个数学演证的条件就会贬低和取消这一演证的尊严和坚定性。理性以一个实践法则直接规定意志，不借助于某种参与其间的愉快和不愉快的情感、哪怕是对这一法则的愉快和不愉快的情感，而是只有凭借它作为纯粹理性能够是实践的这一点，才使它是立法的成为了可能。

注　释　II.

获得幸福必然是每个有理性但却有限的存在者的要求，因而也是他的欲求能力的一个不可避免的规定根据。因为对他自己全部存有的心满意足决不是某种本源的所有物，也不是以对他的独立自足的意识为前提的永福，而是一个由他的有限本性自身纠缠着他的问

29　题,因为他有需要,而这种需要涉及到他的欲求能力的质料,也就是某种与作为主观基础的愉快或不愉快的情感相关的东西,借此就使他为了对自己的状态心满意足所需要的东西得到了规定。但正是由于这个质料上的规定根据只能经验性地被主体所认识,所以就不可能把这项任务看做一个法则,因为法则作为在一切场合、对一切有理性的存在者都是客观的,而必定会包含有意志的同一个规定根据。因为,虽然幸福的概念到处都成为诸客体与欲求能力的实践关系的基础,但这个概念毕竟只是那些主观的规定根据的普遍称谓,而并未作任何特殊的规定,而这种规定却正是在这一实践的任务中所唯一要关心的,没有这个规定这一任务就根本不可能得到解决。因为每个人要将他的幸福建立在什么之中,这取决于每个人自己特殊的愉快和不愉快的情感,甚至在同一个主体中也取决于依照这种情感的变化的各不相同的需要,所以一个主观上必要的法则(作为自然规律)在客观上就是一个极其偶然的实践原则,它在不同的主体中可以且必定是很不相同的,因而永远不能充当一条法则,因为在对幸福的欲望上并不取决于合法则性的形式,而只是取决于质料,亦即取决于我在遵守法则时是否可以期望快乐,和可以期望有多少快乐。自爱的原则虽然可以包含有熟巧(即为意图找到手段)的普遍规则,但这样它们就只是一些理论性的原则①(例如那想要吃面包的人就必须想出一

30　副磨子来)。不过,基于这些原则的实践规范却永远不能是普遍的,因为欲求能力的规定根据是建立在愉快和不愉快的情感上的,这种情感永远也不能被看做是普遍地指向同一些对象的。

　　但即使假定有限的理性存在者在他们必须看做是他们的快乐或痛苦的情感的客体的东西上,同时甚至在他们必须用来达到快乐的客体、

---

　　①　在数学或自然学说中被称之为实践性的那些命题真正说来应当叫作技术性的。因为这些学说根本不关心意志规定;它们只表明可能行动的、足够产生出某种结果来的多样性而已,所以正如同所有那些表述原因与某个结果的关联的命题一样,也是理论性的。谁既然愿意有结果,他也就必须容忍有原因。——康德

防止痛苦的客体的手段上，都想得完全一样，自爱的原则却仍然绝对没有可能被他们冒充为实践的法则，因为这种一致性本身仍然只会是偶然的。这个规定根据将仍然只不过是主观有效的和单纯经验性的，并且不会具有在每一个法则中所设想的那种必然性，即出自先天根据的客观必然性；除非我们决不把这种必然性冒充为实践的，而只是当做身体上的，亦即这行动是通过我们的爱好不可避免地强加于我们的，正如我们见到别人打呵欠时也不禁要打呵欠一样。人们宁可主张根本就没有什么实践的法则，而只有为了我们的欲望起见的劝告，而不能主张把单纯主观的原则提升至实践法则的等级，这些法则拥有完全客观的而非仅仅主观的必然性，并且必须通过理性先天地被认识，而不是通过经验（不论这经验如何具有经验性的普遍性）来认识。甚至那些一致的现象的规则被称之为自然规律［法则］（例如力学的规律），也只是当我们要么实际上先天地认识它们，要么毕竟假定（如在化学中）如果我们看得更深刻时它们就会由客观根据而被先天认识时。不过在那些单纯主观的实践原则那里明确地被当成条件的是，不能把这任意的客观条件、而必须把这任意的主观条件作为它们的基础；因而，它们任何时候都只允许被作为单纯的准则、而永远不允许被作为实践的法则来说明。这第二个注释初看起来似乎只不过是咬文嚼字；但它却对只有在实践 31 的研究中才可能被考察的极为重要的区别作了词语的规定。

§4. 定　理　Ⅲ.

如果一个有理性的存在者应当把他的准则思考为实践的普遍法则，那么他就只能把这些准则思考为这样一些不是按照质料，而只是按照形式包含有意志的规定根据的原则。

一个实践原则的质料是意志的对象。这个对象要么是意志的规定根据，要么不是。如果它是意志的规定根据，那么意志的规则就会服从于一个经验性的条件（服从于进行规定的表象对愉快和不愉快的情感的关系），于是它就不会是什么实践法则了。现在，如果我们把一切质料、即意志的每个对象(作为规定根据)都排除掉,那么在一个法则中,除了一个普遍立法的单纯形式之外,就什么也没有剩下来。所以一个有理性的存在者要么根本不能把自己的主观实践的诸原则即各种准则同时思考为普遍的法则,要么必须假定,唯有这些准则的那个单纯形式,即它们据以适合于普遍立法的形式,才使它们独立地成为了实践的法则。

注　释

准则中的何种形式适合于普遍立法,何种形式不适合于普遍立法,这一点最普通的知性没有指导也能分辨。例如,我把用一切可靠的手段增大我的财产定为了我的准则。现在我手中有一项寄存物,它的所有者已经去世,且没有留下任何与此相关的字据。这当然是我的准则所想要的。现在我想知道的只是,那条准则是否也可以被看做普遍的法则。于是我把那条准则应用到当前这个场合下,并且问,它是否能采取一个法则的形式,因而我是否有可能通过我的准则同时给出一条这样的法则:每个人都可以否认一件无人能证明是存放在他这里的寄存32 物。我马上就发觉,这样一条原则作为法则将会自我毁灭,因为它将使得任何寄存物都不会有了。我在这方面所认识到的实践法则必须具有普遍立法的资格;这是一个同一性命题,因而是自明的。现在如果我说:我的意志服从一条实践法则,那么我就不能援引我的爱好(例如在当前情况下即我的占有欲)来作为意志的适合于某条普遍实践法则的规定根据;因为这种爱好要说它适于用作某种普遍的立法,那就大错特错了,毋宁说,它在一个普遍的立法形式中必定会自我耗尽。

因此,奇怪的是,那些明白事理的人士怎么会由于那对幸福的欲望、乃至每个人借以将这种欲望建立为自己意志的规定根据的那条准则是普遍的,就想到了由此而将之冒充为普遍的实践法则。因为一条普遍的自然规律[法则]既然通常都使一切相一致,那么在这里,如果人们想把一条法则的普遍性赋予这个准则,就恰好会导致与一致性的极端对立,导致这个准则本身和它的意图的严重冲突及完全毁灭。因为这时一切人的意志并不具有同一个客体,而是每个人都有自己的客体(他自己的称心事),这个客体即使能与别人的那些同样是针对他们自身的意图偶然相合,但还远不足以成为法则,因为人们有权偶尔所做的那些例外是无穷的,而根本不能被确定地包括进一个普遍的规则中去。以这种方式就出现了某种和谐,它类似于某一首讽刺诗中关于一对自杀夫妇的志同道合所描述的:啊! 美妙的和谐! 他之所愿,亦她之所想等等,或者人们关于国王弗兰西斯一世在皇帝查理五世①面前的自命自许所讲述的:我的兄弟查理所想要的(米兰),也是我想要的。经验性的规定根据不宜于用作普遍的外部立法,但同样也不宜于用作内部的立法;因为每个人都以自己的主体作为爱好的基础,另一个人却以另一个主体作为爱好的基础,而在每一个主体本身中具有影响的优先性的一会儿是这个爱好、一会儿是另一个爱好。要找出一条法则将这些爱好全部都统辖在这个条件下,即以所有各方面都协调一致来统辖它们,是绝对不可能的。

33

§5. 课 题 Ⅰ.

设　唯有准则的单纯立法形式才是一个意志的充分的规定根据,

求　那个唯一由此才能被规定的意志的性状。

由于法则的单纯形式只能由理性展示出来,因而绝不是感官的对象,所以也不属于现象之列:于是它的表象作为意志的规定根据就不同于在依照因果性法则的自然界中各种事件的任何规定根据,因为在这些事件那里进行规定的根据本身必须是现象。但如果没有对意志的任何别的规定根据、而只有那个普遍的立法形式能够用作意志的法则:那

---

① 弗兰西斯一世(Francis Ⅰ,1494—1547),法国国王;查理五世(Charles Ⅴ,1500—1558),神圣罗马帝国皇帝。争霸欧洲的双雄。1522 年曾为米兰公国的地位发生争执。——译者

么一个这样的意志就必须被思考为完全独立于现象的自然规律、也就是独立于因果性法则,确切说是独立于相继法则的。但一种这样的独立性在最严格的理解上、即在先验的理解上,就叫作自由。所以,一个唯有准则的单纯立法形式才能充当其法则的意志,就是自由意志。

§6. 课 题 II.

设 一个意志是自由的,

求 那个唯一适合于必然地对它进行规定的法则。

由于实践法则的质料、即准则的某个客体永远只能作为经验性的东西被给予,但那独立于经验性的(也就是属于感官世界的)条件的自由意志却仍然必须是可以规定的:所以一个自由意志,独立于法则的质料却仍然必须在法则中找到一个规定根据。但在法则中,除了法则的质料之外所包含的就只有立法的形式了。所以立法的形式只要它被包含在准则之中,就是能够构成意志①的一个规定根据的唯一的东西。

注 释

所以,自由和无条件的实践法则是交替地互相归结的。我在这里现在并不问:它们是否事实上也是不同的,而不是相反地,一个无条件的法则只不过是一个纯粹实践理性的自我意识,而纯粹实践理性却和自由的积极概念完全一样;而是要问,我们对无条件的实践之事的认识是从哪里开始的,是从自由开始,还是从实践法则开始。从自由开始是不可能的;这是由于,我们既不能直接意识到自由,因为自由的最初概念是消极的,也不能从经验中推出这概念,因为经验提供给我们认识的只是现象的规律[法则],因而只是自然的机械作用、即正好是自由的对立面。所以,正是我们(一旦为自己拟定意志的准则就)直接意识到

---

① 哈滕斯泰因(Hartenstein)将"意志"校作"自由意志"。——德文编者

的那个道德律，它是最先向我们呈现出来的，并且由于理性将它表现为一种不被任何感性条件所战胜的、甚至完全独立于这些条件的规定根据，而正好是引向自由概念的。但是，对那个道德律的意识又是如何可能的呢？我们能够意识到纯粹的实践法则，正如同我们意识到纯粹的理论原理一样，是由于我们注意到理性用来给我们颁布它们的那种必然性，又注意到理性向我们指出的对一切经验性条件的剥离。一个纯粹意志的概念源于前者，正如一个纯粹知性的意识源于后者一样。至于说这就是我们那些概念的真正的隶属关系，而德性首先向我们揭示了自由概念，因而实践理性以这个概念首先对思辨理性提出了最困惑不解的问题、从而凭这概念使之陷入最大的窘境，这由如下一点就已经得到了说明：由于从自由概念出发在现象中没有任何东西能够得到解释，相反，在这里自然机械作用永远必须充当引线，此外，当纯粹理性想要上升到原因系列中的无条件者时，它的二律背反就在这一方和那一方都同样地陷入到不可理解之中，然而后者（机械作用）至少在解释现象时有适用性，所以如果不是有德性法则及和它一起的实践理性的加入并把这个自由概念强加给了我们的话，我们是永远不会采取这一冒险行动把自由引进科学中来的。但就连经验也证实了我们心中的这一概念秩序。假定有人为自己的淫欲的爱好找借口说，如果所爱的对象和这方面的机会都出现在他面前，这种爱好就将是他完全不能抗拒的：那么，如果在他碰到这种机会的那座房子跟前树立一个绞架，以便把他在享受过淫乐之后马上吊在那上面，这时他是否还会不克制自己的爱好呢？我们可以很快猜出他将怎样回答。但如果问他，如果他的君王以同一种不可拖延的死刑相威胁，无理要求他对于一个君王想要以莫须有的罪名来坑害的清白人提供伪证，那么这时尽管他如此留恋他的生命，他是否仍会认为克服这种留恋是有可能的呢？他将会这样做还是不会这样做，这也许是他不敢作出肯定的；但这样做对他来说是可能的，这一点必定是他毫不犹豫地承认的。所以他断定，他能够做某事是因为他意识到他应当做某事，他在自身中认识到了平时没有道德律就会始终不为他所知的自由。

35

36

§7. 纯粹实践理性的基本法则

要这样行动,使得你的意志的准则任何时候都能同时被看做一个
普遍立法的原则。

注　释

纯粹几何学拥有一些作为实践命题的公设,但它们所包含的无非
是这一预设,即假如我们被要求应当做某事,我们就能够做某事,而这
些命题就是纯粹几何学仅有的那些涉及一个存有的命题。所以这就是
一些从属于意志的某种或然条件之下的实践规则。但在这里的这条规
则却说:我们应当绝对地以某种方式行事。所以这条实践规则是无条
件的,因而是被先天地表象为定言的实践命题的,意志因而就绝对地和
直接地(通过这条实践规则本身,因而这规则在此就是法则)在客观上
被规定了。因为纯粹的、本身实践的理性在这里是直接立法的。意志
作为独立于经验性条件的、因而作为纯粹意志,通过法则的单纯形式被
设想为规定了的,而这个规定根据被看做一切准则的最高条件。这件
事情是够令人惊讶的,并且在所有其他实践知识中都没有和它同样的
事情。因为这个关于一个可能的普遍立法的、因而只是或然的先天观
念,并不从经验中或任何一个外在意志中借来某种东西就被无条件地
要求作为法则了。但这也并不是一个使被欲求的效果借此而可能的行
动应当据以发生的规范(因为那样一来这规则就会永远以身体上的东
西为条件了),而是一个单就意志各准则的形式来先天规定意志的规
则,这时一个只是为了诸原理的主观形式之用的法则,作为借助于一般
法则的客观形式的规定根据,至少是这样来设想它,就不是不可能的
了。我们可以把这个基本法则的意识称之为理性的一个事实,这并不
是由于我们能从先行的理性资料中,例如从自由意识中(因为这个意
37 识不是预先给予我们的)推想出这一法则来,而是由于它本身独立地

作为先天综合命题而强加于我们,这个命题不是建立在任何直观、不论是纯粹直观还是经验性直观之上,虽然假如我们预设了意志自由的话,它将会是分析的,但这种自由意志作为一个积极的概念就会需要某种智性的直观,而这是我们在这里根本不能假定的。然而我们为了把这一法则准确无误地看做被给予的,就必须十分注意一点:它不是任何经验性的事实,而是纯粹理性的唯一事实,纯粹理性借此而宣布自己是原始地立法的(sic volo,sic jubeo①)。

绎　　理

纯粹理性单就自身而言就是实践的,它提供(给人)一条我们称之为德性法则的普遍法则。

注　　释

前面提到的这个事实是不可否认的。只要我们能分析一下人们对他们行动的合法性所作的判断:那么我们任何时候都会发现,不论爱好在这中间会说些什么,他们的理性却仍然坚定不移地和自我强制地总是在一个行动中把意志的准则保持在纯粹意志、即保持在它自己的方向上,因为它把自己看做先天实践的。现在,正是为了那种不顾意志的一切主观差异而使这个德性原则成为意志的形式上的最高规定根据的普遍形式,理性才同时把这个德性原则宣布为一条对一切有理性的存在者而言的法则,只要他们一般地具有意志,即具有一种通过规则的表象来规定自己的原因性的能力,因而,只要他们有能力根据原理、从而也根据先天的实践原则(因为唯有这些原则才具有理性对原理所要求

---

　　①　拉丁文:我行我素。直译为:如何想,就如何吩咐。——译者。典出尤维纳利斯(Juvenals)的《讽刺诗》,Ⅳ. 223:Hoc volo,sic iubeo,sit pro ratione voluntas〔如何想,就如何吩咐,听凭意志的理由而定〕。——德文编者

的那种必然性)来行动。所以这条原则并不仅仅限于人类,而是针对

38 一切具有理性和意志的有限存在者的,甚至也包括作为最高理智的无限存在者在内。但在人类的场合下这条法则具有一个命令的形式,因为我们对于那虽然是有理性的存在者的人类能预设一个纯粹的意志,但对人类作为由需要和感性动因所刺激的存在者却不能预设任何神圣的意志,亦即这样一种意志,它不可能提出任何与道德律相冲突的准则。因此道德律在人类那里是一个命令,它以定言的方式提出要求,因为这法则是无条件的;这样一个意志与这法则的关系就是以责任为名的从属性,它意味着对一个行动的某种强制,虽然只是由理性及其客观法则来强迫,而这行动因此就称之为义务,因为一种在病理学上被刺激起来的(虽然并不由此而规定了的、因而也总是自由的)任意,本身带有一种愿望,这愿望来源于主观原因,因此也有可能经常与纯粹的客观的规定根据相对立,因而需要实践理性的某种抵抗作为道德的强制,这种抵抗可以称之为内部的、但却是智性的强制。在最大充足性的理智中,任意就被正当地表现为不可能提出任何不同时可以是客观法则的准则,而那个由此之故应归之于它的神圣性概念,虽然没有使任意超乎一切实践法则之上,但却使它超乎一切实践上有限制作用的法则之上,因而超乎责任和义务之上。意志的这种神圣性仍然是一个不可避免地必须用作原型的实践理念,无限地逼近这个原型是一切有限的有理性的存在者有权去做的唯一的事,而这个实践理念就把那自身因而也是神圣的纯粹德性法则经常地和正确地向他们指出来,确保德性法则的准则之进向无限的进程及这些准则在不断前进中的始终不渝,也就是确保德行,这是有限的实践理性所能做到的极限,这种德行本身至少作为自然获得的能力又是永远不能完成的,因为这种确保在这种情况下永远不会成为无可置疑的确定性,而当做置信则是很危险的。

39 ## §8. 定 理 Ⅳ.

意志自律是一切道德律和与之相符合的义务的唯一原则;反之,任

意的一切他律不仅根本不建立任何责任,而且反倒与责任的原则和意志的德性相对立。因为德性的唯一原则就在于对法则的一切质料(也就是对一个欲求的客体)有独立性,同时却又通过某个准则必须能胜任的单纯普遍立法形式来规定任意。但那种独立性是消极理解的自由,而纯粹的且本身实践的理性的这种自己立法则是积极理解的自由。所以道德律仅仅表达了纯粹实践理性的自律,亦即自由的自律,而这种自律本身是一切准则的这样的形式条件,只有在这条件之下一切准则才能与最高的实践法则相一致。因此,如果那个只能作为与法则联结着的欲望之客体而存在的意愿质料,被放进实践法则中**作为它的可能性条件**,那么从中就形成任意的他律,也就是对于遵从某一冲动或爱好这种自然规律的依赖性,而意志就不是自己给自己提供法则,而只是提供合理地遵守病理学上的规律的规范;但是,那以这种方式永远不能在自身包含有普遍立法形式的准则,不仅不能以这种方式建立起任何责任,而且甚至是与一个纯粹实践理性的原则、因而同时也与德性的意向相对立的,哪怕从中产生的行动可能是合法的。

注 释 Ⅰ.

所以,一个带有某种质料性的(因而经验性的)条件的实践规范永远不得算作实践法则。因为,纯粹意志是自由的,它的法则把意志置于一个与经验性的领域完全不同的领域,而它所表达的必然性,由于不应当是任何自然必然性,所以就只能是一般法则的可能性的形式条件。实践规则的一切质料总是基于主观条件,这些条件使这些实践规则获得的绝不是对于有理性的存在者的普遍性,而只是那种有条件的普遍性(在我欲求这件那件我为了使之实现出来就必须随后去做的事情的场合下),而且它们全都以自身幸福的原则为转移。但现在,不可否认的是,一切意愿也都必须有一个对象,因而有一个质料;但质料并不因此就恰好是准则的规定根据和条件;因为如果它是这样,那么这个准则就不能表现为普遍立法的形式了,因为对于对象的实存的期待就会成

40

了规定这个任意的原因,而欲求能力对某一个事物的实存的依赖性就必然会成为意愿的基础,这种实存永远只能到经验性的条件中去寻求,因此永远不能充当一个必然的和普遍的规则的根据。所以,别的存在者的幸福可以是一个有理性的存在者意志的客体。但假如这种幸福是准则的规定根据,那么我们必定就会预设:我们在他人的福利中不仅会找到一种自然的快乐,而且还会发现一种需要,正如同情的情致在人类那里所带来的那样。但我不能在任何一个有理性的存在者那里都预设这种需要(在上帝那里就根本不能)。所以,虽然准则的质料还保留着,但它不得作为准则的条件,因为否则这个准则就会不宜于用作法则了。所以一个限制质料的法则的单纯形式,必须同时是把这个质料加到意志上去的根据,但并不以质料为前提。例如,这个质料可以是我自身的幸福。这种幸福,如果我将它赋予每个人(如我事实上终归可以在有限的存在者那里做的那样),那么它就只有当我把别人的幸福也

41 一起包括在它里面时,才能成为一个客观的实践法则。所以"促进别人的幸福"的法则并不是来自于"这①是对于每个人自己的任意的一个客体"这个前提,而只是来自于:理性当做给自爱准则提供法则的客观有效性的条件来需要的那个普遍性形式,成了意志的规定根据,所以这客体(别人的幸福)不是纯粹意志的规定根据,相反,只有那单纯的合法形式才是如此,我借这种形式来限制我的立于爱好之上的准则,以便使它获得法则的普遍性,并使它这样来与纯粹实践理性相适合,只有从这种限制中,而不是从附加一个外在的动机中,将一个自爱的准则也扩展到别人的幸福上去的责任的概念才能产生出来。

注 释 Ⅱ.

如果自身幸福的原则被当做意志的规定根据,那么这正好是与德

---

① 原文 dieses 指"法则",Vorländer 拟读为 diese,则是指"别人的幸福"。——德文编者

性原则相矛盾的,如我前面已指出过的,一切将应当用作法则的规定根据不是建立在准则的立法形式中、而是建立在任何别的地方的一般原则,都必须算作此列。但这一冲突不单纯是逻辑的,如同在那些具有经验性条件、但人们却想将之提升为必然的知识原则的规则之间的冲突那样,而是实践的,并且假如理性向意志所发出的呼声不是如此清晰、如此不可盖过,甚至对于最平庸的人都听得分明,则这一冲突就会将德性完全摧毁了;但这一呼声于是就连在那些学派的搅混头脑的思辨中也仍然能够保持着,这些学派胆子够大的,为了坚持某种不值得伤脑筋的理论而对那种上天的呼声装聋作哑。

　　如果一位平时你很喜欢的密友以为这样就可以在你面前为自己所提出的伪证作辩护:他首先借口自身幸福是他所谓的神圣义务,然后列 42 举他由此所获得的一切好处,举出他保持着防止任何人发现、甚至也防止你本人从各方面发现的聪明,他之所以只向你披露这个秘密,为的是这样他可以随时否认这一秘密;然后他却装得一本正经地说,他已履行了一项真正的人类义务:那么,你将要么会当面直接取笑他,要么会带着对他的厌恶而退避三舍,哪怕你在有人单依自身的好处来调整自己的原理时不能提出丝毫反对这一做法的理由也罢。或者假定有人向你们推荐一个人做管家说,你们可以不假思索地把你们的一切事务都托付给他,并且为了引起你们的信任,他称赞他是一个聪明人,在他自身的利益方面精于算计,他又是一个不知疲倦的勤快人,不会让任何这方面的机会不加利用地被放过去,最后,为了打消你们对他粗俗自私的顾虑,他称赞他如何懂得正派高尚的生活,不是在聚敛钱财和粗野的淫乐中,而是在扩展自己的知识中,在精心挑选的富有教益的交往中,甚至在为穷人做好事中,寻求自己的快乐,但此外,他并不会由于手段(手段的有价值或无价值毕竟只是来自目的)而有所顾忌,别人的钱和财物用在这方面,对他来说就像他自己的一样,只要他知道他可以不被发现又不受阻碍地做这件事:那么你们就会相信,要么这位推荐人是在愚弄你们,要么他就是失去理智了。——德性和自爱的界限如此清晰明确地判然二分,以至连最平庸的眼睛都根本不会在区别一件事是属于德性还是属于自爱上面弄错的。下面几点说明虽然对一个如此明显的真理可能显得是多余的,不过它们至少还是可以用来使普通人类理性的判断获得更多一点清晰性。

幸福原则虽然可以充当准则,但永远不能充当适宜作意志法则的那样一些准则,即使人们把普遍的幸福当作自己的客体也罢。这是因为,对这种幸福来说它的知识是基于纯粹的经验素材上的,因为这方面的每个判断都极其依赖于每个人自己的意见,加之这意见本身又还是极易变化的,所以,这判断尽可以给出一般性的规则,但决不能给出普遍性的规则,即可以给出这样一些最经常地切合于平均值的规则,但却不是这样一些必须任何时候都必然有效的规则,因而,没有任何实践法则可以建立在这判断之上。正因为如此,既然在这里任意的客体为任意的规则提供了基础,因而必须先行于这个规则,所以这种规则仅仅只能与人们所建议①的东西、因而与经验发生关系,并仅仅建立在它上面,而在这里判断的差异性必然是无限的。所以这条原则并不为一切有理性的存在者颁布同样一些实践规则,哪怕这些规则都置身于一个共同的名目即"幸福"之下。但道德律只是由于它对每一个有理性和意志的人都应当是有效的,才被设想为客观必然的。

自爱的准则(明智)只是劝告;德性的法则是命令。但在人们劝告我们做什么和我们有责任做什么之间毕竟有一个巨大的区别。

凡是按照任意的自律原则该做的事,对于最普通的知性来说都是很容易而且不加思考地就可以看出的;凡是在任意的他律前提下必须做的事则很难这样,它要求人世的知识;就是说,凡是作为义务的东西都自行向每个人呈现;但凡是带来真实而持久的好处的东西,如果要把这好处扩延到整个一生的话,都总是包藏在难以穿透的黑暗中,并要求有很多聪明来使与之相称的实践规则通过临机应变的例外哪怕只是勉强地与人生的目的相适应。然而德性法则却命令每个人遵守,就是说一丝不苟

---

① 德文 empfiehlt(意为建议、劝告),依 Hartenstein 应作 empfindet(感觉)。——德文编者

地遵守。所以在评判什么是按照德性法则所应该做的事上必定不是很难,最普通、最未经训练的知性哪怕没有处世经验也不会不知道处理的。

遵守德性的定言命令,这是随时都在每个人的控制之中的,遵守经验性上有条件的幸福规范,这却只是很少才如此,且远不是对每个人都可能的,哪怕只在一个唯一的意图上。其原因是,由于事情在前者那里只取决于必然是真正的和纯粹的准则,在后者那里却还取决于使一个欲求对象实现出来的力量和身体能力。每个人应当力求使自己幸福这个命令是愚蠢的;因为人们从不命令某人做他已经免不了自行要做的事。人们必须命令他的只是这种做法,或不如说把这种做法提供给他,因为他不可能做到他想做的一切。但以义务的名义命令人有德性,这是完全合乎理性的;因为这种规范首先并不是恰好每个人都愿意听从的,如果它与爱好相冲突的话,至于他如何能遵守这一法则的那个做法,那么它在这里是不待别人来教的;因为在这方面凡是他想要做的,他也就能够做到。

在赌博中输了的人,也许会对自己和自己的不明智而恼火;但如果他意识到他在赌博中行了骗(哪怕他因此而赢了),那么只要他用德性法则衡量一下自己,他就必定会轻视自己。所以德性法则必定还是和自身幸福的原则有所不同的东西。因为,不得不对自己说:哪怕我的钱袋鼓鼓,我是一个卑鄙小人,这种说法比自我欣赏地说:我是一个明智的人,因为我充实了我的钱箱,毕竟还得有一条不同的判断准绳。

最后,在我们的实践理性的理念中,还有某种与触犯德性法则相伴随的东西,这就是它的该当受罚。但享受幸福与惩罚本身的却毕竟是根本不能联系起来的。因为一个人在实行惩罚的同时固然可能有善良的意图,要使这种惩罚针对幸福的目的,但毕竟,这种惩罚必须首先作为惩罚、即作为单纯的坏事而为自己提供理由,使得受罚者在情况依旧而他也看不出在这种严厉后面藏有任何好意的场合,自己都不得不承认这对于他是做得公正的,他的命运与他的行为是完全符合的。在任何惩罚本身中首先必须有正义,正义构成惩罚概念的本质。与正义相联系的虽然也可以有善意,但该当受罚者根据他的行为不能有丝毫理由对它作指望。所以惩罚是一种身体性的坏事,它即使并不会作为自然的后果而与道德上的恶联系起来,但却必定会作为按照道德立法原则的后果而与之联系起来。现在,如果一切犯罪,即使不看它对于作案人的身体性的后果,自身就是可惩罚的,亦即失去了(至少部分失去了)幸福,那么说犯罪恰好在于他由于破坏了他自身的幸福而招致了惩罚(按照自爱原则,一切犯罪的本来的概念必然都会是这样),这就显然会是荒谬的了。按照这种方式,惩罚就会是把某事称之为犯罪的根据了,而正义反倒必定会在于放弃一切惩罚,甚至阻止自然的惩罚;因为这样一来,在行动中就不再会有什么恶,因为本来会跟随而来的、仅仅为此一个行动才叫作恶的那种坏事,从现在起就会被防止了。但除此之外,把一切惩罚和奖励都只看做在一个更高权力手中的机关,它只应当用来促使有理性的存在者借此实现自己的最终意图(即自己的幸福),这一望而知是一种对他们的意志取消一切自由的机械论,所以我们在此不必多说。

　　虽然同样不真实、却更加精巧的是那些假定某种特殊的道德感官的人的托词,说是这种道德感官,而不是理性,规定了道德律,按照道德感官,德行的意识是直接与满足和快乐结合着的,而罪恶的意识则是与心灵的不安和痛苦结合着的,这样他们就终归把一切都置于对自身幸福的要求上去了。我在这里不想引述上面已说过的话,我只想对这里发生的那种错觉作点说明。为了把一个有罪之人表现为由于意识到自己的罪过而受内心不安所折磨的,他们就必须依据他品质的最主要的根基预先已经把他表现为至少有某种程度在道德上是善良的,正如把意识到合乎义务的行动就感到快活的人预先已表现为有德之人一样。所以毕竟,道德和义务的概念必须先行于一切对这种满足的考虑,而根本不能从这种满足中引申出来。但现在,为了在意识到自己与义务相符合时感到满足,为了当人们能够责备自己违犯道德律时感到痛苦的谴责,我们还必须预先估量一下我们称之为义务的东西的重要性、道德律的威望及遵守它而在个人自己的眼中所提供的直接价值。所以我们不可能先于对责任的知识而感到这种满足或心灵的不安,并将之作为这种知识的根据。为了能对那些感觉哪怕只是形成一个表象,我们也必须至少大体上已经是一个正派的人。此外,如同人类的意志由于自由而可以被道德律直接规定一样,按照这一规定根据而经常练习也可以最终在主观上造成一种对自己本身的满足感,这点我是完全不否认的;毋宁说,把这种唯一真正值得被称之为道德感的情感建立起来、培养起来,这本身是属于义务的;但义务概念却不能由此引申出来,否则我们就将不得不去设想对一个法则本身的情感,并把那只能通过理性设想的东西作为感觉的对象;这如果还不至于成为一种无聊的矛盾的话,也将会把一切义务的概念都完全取消了,而只不过代之以更精致的、时常与较粗鲁的爱好陷入纷争的那些爱好的机械作用。

如果我们现在比较一下我们的实践理性的那个形式上的(作为意志自律的)至上原理和德性的一切迄今的质料上的原理,那么我们就可以在一个表格中把其余的一切原理展示为这样一些原理,通过它们实际上同时也就穷尽了除唯一的形式上的场合外所有其他可能的场合,这样就显而易见地证明,要去搜求不同于现在所阐明的另外一条原则将是白费力气。——于是,意志的一切可能的规定根据要么是单纯主观的,因而是经验性的,要么也是客观的和合理的;但这两者都或者是外部的,或者是内部的。 47

在德性原则中
实践的质料规定根据表

48

主观的				客观的	
外部的		内部的		内部的	外部的
教育（据蒙田）	公民宪法（据曼德维尔①）	自然情感（据伊壁鸠鲁）	道德情感（据哈奇逊）	完善（据沃尔夫和斯多亚派）	上帝意志（据克鲁修斯②和其他神学道德家）

---

① Mandeville,Bernand de(1670—1733),生于荷兰,本是医生,后定居英国并成为著名作家、哲学家,著有《蜜蜂寓言》,主张私人的罪过对公众有利。——译者

② Crusius,Chr. A. (1712—1775),德国启蒙学者,反对莱布尼茨—沃尔夫学派的理性主义和独断论。——译者

49　　　　处于左边的原则全都是经验性的,因而显然根本不适合用作普遍的德性原则。但右边的原则是建立在理性之上的(因为作为物的性状的完善和被表现在实体中的最高完善,即上帝,两者都只有通过理性概念才能设想)。不过,前一个概念,即完善的概念,要么是在理论的含义上来了解的,这时它无非意味着任何一物在其种类上的完备性(先验的完备性),要么它意味着一物仅仅作为一般的物的完备性(形而上学的完备性),对此在这里不能谈及。但在实践含义上的完善概念是一物对各种各样目的的适应性和充分性。这种完善作为人的性状、因而作为内部的完善,无非就是天分,而加强或补充天分的东西就是熟巧。实体中的最高完善,即上帝,因而外部的完善(从实践的意图上来看),就是这种存在者对所有一般目的的充分性。所以,既然那些目的必须预先给予我们,而只有联系到这些目的,完善(我们自身的内部的完善或上帝的外部完善)的概念才能成为意志的规定根据,但一个作为必须先行于借实践规则对意志所作的规定、并包含着这规定的可能性根据的客体的目的,因而那作为意志的规定根据来看的意志的质料,任何时候都是经验性的,从而能够用作伊壁鸠鲁的幸福论的原则,但决不能用作德性论的和义务的纯粹理性原则(正如天分和对天分的促进只是由于它们对生活的利益有贡献,或者正如上帝的意志,当与其相一致被当作意志的客体而无需先行的、不依赖于上帝理念的实践原则时,就只有通过我们从中所期待的幸福才能成为意志的动因),那么结果就是,第一,一切在此提出的原则都是质料上的,第二,它们包括了一切可能的质料上的原则,最后,由此推出的结论是:由于质料上的原则完

50　全不适合于用作至上的德性法则(如已经证明的),纯粹理性的形式的实践原则,即那种因我们的准则而可能的一个普遍立法的单纯形式必须据以构成意志的最高的直接规定根据的原则,就是适合于在规定意志时用作定言命令即实践法则(这些法则使行动成为义务)、并一般地适合于既在评判中又在应用于人类意志时用作德性原则的唯一可能的原则。

Ⅰ．纯粹实践理性原理的演绎

这个分析论阐明，纯粹理性是实践的，亦即能够独立地、不依赖于一切经验性的东西而规定意志——虽然这种阐明是通过一个事实，在其中纯粹理性在我们身上证明它实际上是实践的，也就是通过理性借以规定意志去行动的那个德性原理中的自律。——这个分析论同时指出，这一事实是和对意志自由的意识不可分割地联系着的，甚至与它是毫无二致的，借此，一个属于感官世界并认识到自己和其他起作用的原因一样必须服从因果性法则的有理性的存在者，他的意志同时却又在实践中从另一方面，也就是作为自在的存在者本身，意识到自己的可以在事物的某种理知秩序中得到规定的存有，虽然不是按照对他自己的某种特殊的直观，而是按照某些能在感官世界中规定自己的因果性的力学性法则；因为自由，当它被赋予我们时，就把我们置于事物的某种理知秩序中，这是在别处已得到了充分证明的。

现在，如果我们把这个分析论与纯粹思辨理性批判的分析论部分加以比较，那么就显示出两者相互之间的一个鲜明的对比。在那里，使先天知识、确切地说只是对于感官对象的先天知识成为可能的最初的材料，不是原理，而是纯粹感性直观（空间和时间）。——从单纯概念 51 而来的综合原理没有直观都是不可能的，毋宁说，这些原理只有在与本身是感性的那种直观的关系中，因而也只有在与可能经验的对象的关系中，才能发生，因为只有与这种直观结合着的知性概念才使我们称之为经验的那种知识成为可能。超出经验对象之外，因而关于作为本体之物，思辨理性就完全正当地被剥夺了知识的一切积极意义。——但思辨理性也做出了很多成绩：它保住了本体的概念，即保住了思考这类概念的可能性乃至必要性，并且例如说，它不顾一切反对意见，把从消极方面看的自由、即假定为与那纯粹理论理性的那些原理及各种限制完全相容的自由拯救了出来，却并没有提供任何确定的和扩展性的东西来使这些对象得到认识，因为它勿宁说完全切断了对于这方面的一切展望。

与此相反,道德律尽管没有提供任何展望,但却提供出某种从感官世界的一切材料和我们理论理性运用的整个范围都绝对不可解释的事实,这个事实提供了对某个纯粹知性世界的指示,甚至对这个世界作出了积极的规定,并让我们认识到有关它的某种东西、即某种法则。

这个法则应当使感官世界作为一个感性的自然(在涉及到有理性的存在者时)获得某种知性世界的形式,即某种超感性的自然的形式,却并不破坏感官世界自身的机械作用。于是,最普遍意义上的自然就是在法则[规律]之下的物的实存。一般有理性的存在者的感性自然就是他们在以经验性为条件的那些规律之下的实存,因而对于理性来说就是他律。反之,正是这同样一些存在者,他们的超感性的自然就是他们按照独立于一切经验性条件、因而属于纯粹理性的自律的那些法则而实存。并且由于这些法则——按照这些法则,物的存有是依赖于知识的——是实践的:所以超感性的自然就我们能够对它形成一个概念而言,无非就是一个在纯粹实践理性的自律之下的自然。但这个自律的法则是道德的法则,所以它是一个超感性自然的及一个纯粹知性世界的基本法则,这个世界的副本应当实存于感官世界中,但同时却并不破坏后者的规律。我们可以把前者称之为原型的世界(natura archetypa①),我们只是在理性中才认识它;而把后者称之为摹本的世界(natura ectypa②),因为它包含有作为意志的规定根据的、前一个世界的理念的可能结果。这是因为,实际上这个道德律依据该理念把我们置于某种自然中,在其中,纯粹理性假如伴随有与之相适合的身体能力,就会产生出至善来,这个道德律还规定我们的意志把这种形式赋予作为一个有理性的存在者整体的感官世界。

对自己本身加以最普通的注意,就会证实这个理念确实如同一种示范那样为我们的意志规定树立了楷模。

① 拉丁文:原型的自然。——译者
② 拉丁文:复本的自然。——译者

如果我在打算出庭作证时所依据的那个准则受到实践理性的检验，那么我总是要查看一下，假如这个准则作为一个普遍的自然律而起作用，它会是什么样子。很明显，它将会以这种方式迫使每个人说真话。因为，承认陈述具有证明作用却又故意不说真话，这是不能与自然律的普遍性相共存的。以同样的方式，我在自由处置自己的生命上所采取的准则也马上就可以规定下来，如果我问问自己，这准则必须是怎样的，才能使一个自然按照它的某种法则维持下去。显然，在这样一个自然中任何人都不会任意结束自己的生命，因为这样一种做法决不会是持久的自然秩序，在所有其他场合下，情况也是如此。但现在，在现实的自然中，只要它是一个经验对象，自由意志就不是由自己来确定这样一些能够独自按照普遍法则建立起一个自然、哪怕是自发地与这样一个按照这些法则来安排的自然相适合的准则；毋宁说，这是一些私人爱好，它们虽然按照病理学上的（身体性的）规律构成一个自然整体，　53
但不是构成一个只有通过我们的意志、按照纯粹实践法则才有可能的自然。但我们仍然通过理性意识到一个法则，它是我们的一切准则都服从的，就好像凭借我们的意志必然会同时产生出一个自然秩序来一样。所以这个法则必定是一个并非经验性地被给予的、但却通过自由而可能的、因而是超感性的自然的理念，我们至少在实践方面给予它以客观实在性，因为我们把它看做我们作为纯粹有理性的存在者的意志的客体。

所以，在意志所服从的那个自然的规律［法则］和某种（就意志与其自由行动有关的事情上）服从一个意志的自然的法则［规律］之间作出区别是基于：在前者，客体必须是规定意志的那些表象的原因，但在后者，意志应当是这些客体的原因，以至于意志的原因性只是在纯粹的理性能力中有自己的规定根据，所以这个能力也可以称之为一个纯粹的实践的理性。

所以，这样两个课题是极不相同的：一方面，纯粹理性如何能够先天地认识客体，另一方面，它如何能够直接地（只通过它自己的作为法则的准则的普遍有效性的思想）就是意志的规定根据，即有理性的存在者在客体的现实性上的原因性的规定根据。

第一个课题属于纯粹思辨理性批判,它要求首先澄清:直观——没有它们无论什么地方都不能有任何客体被给予我们、因而也没有任何东西能被综合地认识——是如何先天可能的? 这个课题的解决导致这个结果:直观全都只是感性的,所以也不容许任何比可能经验所达到的范围走得更远的思辨知识成为可能,因此,那个纯粹思辨理性的一切原理所达到的无非是使经验成为可能,这经验要么是有关给予对象的,要么是有关那些可以无限地被给予、但却永远也不被完全给予的对象的。

第二个课题属于实践理性的批判,它并不要求澄清欲求能力的客体是如何可能的,因为这仍然作为理论的自然知识的课题而委托给了思辨理性的批判,而只要求澄清理性如何能够规定意志的准则,这件事是仅仅借助于作为规定根据的经验性表象而发生的呢,还是就连纯粹理性也是实践的,它是否是一个根本不能经验性地认识的可能的自然秩序的法则。这样一个超感性的自然,它的概念同时能够是通过我们的自由意志将它实现出来的根据,它的可能性不需要任何先天的直观(对一个理知世界的直观),这种直观在这种场合下作为超感性的直观,对我们来说也必然会是不可能的。因为问题只取决于意愿在它的准则中的规定根据,那根据是经验性的呢,还是一个纯粹理性概念(关于一般准则的合法则性的概念),并且它又如何可能是后一种情况。意志的原因性对于实现客体是不是足够的,这仍然是托付给理性的理论原则去评判的事,这就是研究意愿客体的可能性,因而对这些客体的直观在实践的课题中根本不构成它的任何契机。在这里,事情只取决于意志的规定和作为自由意志的意愿的准则的规定根据,而不取决于后果。因为,只要意志对于纯粹理性来说是合法则的,那么意志在实行中的能力就可以是无论怎样的情况,既可以按照对一个可能的自然的这些立法准则而现实地从中产生出这样一个自然来,也可以不这样,对此这个批判是根本不关心的,它在此只研究纯粹理性是否和如何能够是实践的、即能够直接规定意志的。

所以在这件工作中批判可以不受指责地从纯粹实践法则及其现实

性开始,并且必须从此开始。但它不是把直观、而是把这些法则在理知世界中的存有的概念、即自由的概念作为这些法则的基础。因为这个概念并没有任何别的意思,而那些法则只有在与意志自由相关时才是可能的,并且在以意志自由为前提时是必然的,或者相反,意志自由是必然的,是由于那些法则作为实践的悬设是必然的。至于对道德律的这种意识,或者这样说也一样,对自由的意识,是如何可能的,这是不能进一步解释的,不过它们的可容许性倒是完全可以在理论的批判中得到辩护。

对实践理性最高原理的阐明现在已经作出了,就是说,首先指明它包含什么内容,即它是完全先天地、不依赖于经验性原则而独立存在的;其次指明它在什么地方与其他一切实践原理区别开来。至于对这个原理的客观普遍的有效性的演绎即提供辩护理由,以及对这样一种先天综合命题的可能性的洞见,我们不可能指望像在讨论到纯粹理论知性的那些原理时一样顺利进行。因为后者涉及的是可能经验的对象,也就是现象,我们能够证明的是,只有通过把这些现象按照那些法则的标准纳入到诸范畴下来,这些现象才能作为经验的对象被认识,因而一切可能的经验都必须与这些法则相适合。但我不能在对道德律进行演绎时采用这样一条思路。因为这涉及到的不是可以在别的地方以任何方式给予理性的有关对象性状的知识,而是在这范围内的知识,即它能成为对象本身实存的根据、并且通过这种实存理性就具有一个有理性的存在者中的原因性,这就是涉及到能够被看做一种直接规定着意志的能力的纯粹理性。

但现在,一旦我们达到了基本的力量或基本的能力,人类的一切洞见就结束了;因为这些能力的可能性是根本无法理解的,但同样也不容随意虚构和假定。因此在理性的理论运用中只有经验使我们有权假定它们。但在这里,在谈及纯粹的实践理性能力时,这种列举经验性的证据以取代从先天知识来源中进行演绎的代用品也被从我们这里夺走了。因为凡是需要从经验中为自己的现实性取得证明理由的东西,按照其可能性根据都必然依赖于经验原则,然而纯粹的、但却是实践的理性由于其概念就已经不可能被看做这样一类东西了。甚至道德律也仿佛是作为我们先天意识到并且是必然确定的一个纯粹理性的事实而被给予的，即使假定我们在经验中找不到严格遵守这一法则的任何实例。所以道德律的客观实在性就不能由任何演绎、任何理论的、思辨的和得到经验性支持的理性努力来证明，因而即使人们想要放弃这种无可置疑的确定性，也不能由经验来证实并这样来后天地得到证明，但这种实在性却仍是独自确凿无疑的。

取代对道德原则的这种被劳而无功地寻求的演绎的，是某种另外的但完全背理的东西，因为它反过来自己充当了某种玄妙莫测的能力的演绎的原则，这种能力不必被①任何经验所证明，但思辨理性却（为了在自己的宇宙论理念之下按照这能力的原因性找到无条件者，以便思辨理性不自相矛盾）至少必须把它假定为可能的，这就是自由的能力，对于自由，那本身不需要任何辩护理由的道德律不仅证明它是可能的，而且证明它在那些认识到这个法则对自己有约束的存在者身上是现实的。道德律实际上就是出于自由的原因性的一条法则，因而是一个超感性自然的可能性的法则，如同在感官世界中那些事件的形而上学法则是感性自然的因果性法则一样，因而道德律规定的是思辨哲学曾不得不任其不加规定的东西，也就是其概念在思辨哲学中只具有消极性的那种原因性的法则，这就第一次使这条法则获得了客观实在性。

57　　道德律由于它本身是作为自由这种纯粹理性原因性的演绎原则而提出来的，它的这种信用就完全足以代替一切先天的辩护理由来补偿理论理性的某种需要，因为理论理性曾被迫至少假定某种自由的可能性。这是由于，道德律以下述方式对于自己的实在性做出了即使思辨理性批判也会感到满意的证明，即它在一个曾经只是被消极地设想的、思辨理性批判无法理解但却不得不假定其可能性的原因性之上，加上了积极的规定，即一个直接地（通过意志准则的某种普遍合法则形式

---

① 据 Vorländer，此处应为"不能被"。——德文编者

这个条件）规定着意志的理性的概念，这就第一次有能力做到赋予那在想要思辨地行事时总是用自己的理念夸大其辞的理性以客观的、虽然只是实践上的实在性，而把理性的超验的运用转变成内在的运用（即通过理念而本身就是在经验领域中起作用的原因）。

　　在感官世界本身中对存在者的因果性进行规定，这永远不能是无条件的，但这些条件的全部系列却必须有某种无条件者，因而也必须有一种完全由自身规定自身的原因性。因此自由作为一种绝对自发性能力的理念曾经并不是一种需要，相反，就其可能性而言，乃是一个纯粹思辨理性的分析原理。不过，由于决不可能在任何一个经验中给出与它相符合的一个例子，因为在作为现象的物的原因之中找不到任何对这一本身会是绝对无条件的原因性的规定，所以，我们只有在把一个自由行动的原因这个观念应用在感官世界中的某个存在者身上、即使这个存在者另一方面又被看做本体时，才能为这个观念辩护，因为我们已指出，就存在者的一切行动都是现象而言把这些行动看做是在身体上有条件的，同时却又在这行动的存在者是知性存在者的范围内把这些行动的原因性看做是身体上无条件的，这样使自由概念成为理性的调节性原则，这是并不矛盾的，通过后一种方式，我虽然根本没有认识到被赋予这样一种原因性的那个对象是什么东西，但毕竟为我的下述做法扫除了障碍，即一方面在解释世界的被给予性乃至于有理性存在者的行动时，公正地对待从有条件者到条件的无穷回溯这种自然必然性的机械作用，另方面却又给思辨理性保留一个为它空出来的位置，即保留理知的东西，以便把无条件者放到那里去。但我并不能把这个观念实在化，也就是不能把它转变为对一个哪怕只是单纯按其可能性而言的如此行动的存在者的知识。这个空的位置现在由纯粹实践理性通过在理知世界中的一个确定的原因性法则（通过自由）而填补了，这就是道德律。这样一来，虽然对于思辨理性在它的洞见方面并没有丝毫增添，但却给它那悬拟的自由概念增加了保障，这个概念在这里获得了客观的、虽然只是实践的但却是无可怀疑的实在性。甚至就连原因性概念，它的应用、乃至于它的含义本来只是在与现象相关联、以便把现象

58

联结为经验时才发生的(就如《纯粹理性批判》所证明的),实践理性也
没有把它扩展到使它的运用超出所定的界限。因为假如实践理性意在
于此,它就必然会想去指明,根据与后果的逻辑关系如何能够在不同于
感性直观的另外一种直观方面得到综合的运用,也就是 causa
noumenon① 是如何可能的;这是它根本做不到的,但它作为实践理性
也完全不考虑这一点,因为它只是把作为感性存在者的人类的原因性
(这是被给予的)的规定根据建立在纯粹理性中(这理性因此而叫做实
践的),所以,它就能够在这里把原因概念为了理论知识而在客体上的

59 应用完全弃置不顾(因为这个概念哪怕独立于一切直观,也总是在知
性中被先天地见到),不是为了认识对象,而是为了规定一般对象上的
原因性、因而只是在实践的意图上运用这个原因概念本身,并因而能把
意志的规定根据放进事物的理知的秩序中去,因为它同时也乐于承
认,它根本不理解这个原因概念对于认识这些事物可以有什么样的规
定作用。它当然也必须以一定的方式来认识意志在感官世界中的行动
这方面的原因性,因为否则实践理性就不能现实地产生任何行为了。
但是,对于这个它所制定的有关它自己作为本体的原因性的概念,它
不需要在理论上为了认识这原因性的超感性的实存而作出规定,因而
无须在这范围内能够赋予这概念以所指。因为所指它是在别的地方获
得的,虽然只是为了实践的运用,也就是通过道德律而获得的。即使
从理论上来看,这个概念也仍然是一个纯粹的、先天被给予的知性概
念,它可以被应用于对象身上,不管这些对象是感性地还是非感性地
被给予的;虽然在后一种场合下它不具有任何确定的理论所指和理论
应用,而只是关于一个一般客体的形式的但却是重要的知性观念。理
性通过道德律使这概念获得的所指只是实践性的,因为一个原因性
(即意志) 的法则的理念本身就具有原因性,或者本身就是原因性的
规定根据。

---

① 拉丁文:本体的原因。——译者

Ⅱ. 纯粹理性在实践运用中进行一种在思
辨运用中它自身不可能的扩展的权利

在道德原则上,我们建立起了一条使原因性的规定根据超越于感官世界的一切条件之上的原因性法则,并且对意志进行了思考,好像它是作为属于某个理知世界的东西而可规定的,因而不只是好像这个意志的主体(人)作为属于一个纯粹知性世界的东西,虽然在这方面并不被我们所知悉,却是可规定的似的(正如这根据纯粹思辨理性批判就能做到的那样),而是也借助于某种根本不可能归于感官世界任何自然规律中的法则,而对这个意志在其原因性方面作出了规定,因而就把我们的知识扩展到了感官世界的边界之外,但纯粹理性批判曾把这样一种僭妄宣布为在一切思辨中都是无意义的。那么,纯粹理性的实践运用在这里与它的理论运用在其能力的边界规定方面如何能够协调呢?

对于大卫·休谟,人们可以说他真正开始了对纯粹理性各种权利的一切反驳①,这些反驳使对纯粹理性的整个研究成为必要,他的推论是这样的:原因的概念是一个包含有对不同东西就其为不同的而言的实存作联结的必然性在内的概念,以至于如果设定了 A,我就认识到必将也有某种完全不同于 A 的某物 B 必定实存。但必然性也只有在一个联结先天地被认识的情况下才能够赋予这个联结;因为经验对一种联结所提供出来的认识只会是"它存在",却并不是"它必然这样存在"。于是他认为,在一物和另一物之间(或一个规定与另一个与它完全不同的规定之间)的联结如果没有在知觉中被给予②的话,是不可能

---

①　"一切反驳"原文为 alle Anfechtung(单数),似应改为 Anfechtungen(复数),以适应在下文"使……成为必要"(machten)中做主语的要求。——德文编者

②　"被给予"原文为复数(gegeben werden),应改为单数(gegeben wird)才和"联结"(die Verbindung,单数)相对应。——译者

60

把这种联结先天地并作为必然的来认识的。所以一个原因的概念本身是虚构的和骗人的，说得最客气也是一种在这方面尚可原谅的错觉，因为把某些物或对它们经常在其实存上相并或相继所作的规定知觉为结伴的，这种习惯（某种主观的必然性）不知不觉地被当成在对象本身中

61 设定这样一种联结的某种客观的必然性了，而这样，一个原因的概念就被骗取到了，而不是被合法地获得了，甚至永远也不可能被获得或被认证，因为它要求的是一种本身无意义的、幻想出来的①、在任何理性面前都站不住脚的②联结，这种联结是永远也不可能有什么客体与之相符合的。——这样一来，首先在涉及到事物的实存的一切知识上（因而数学尚未列入其中），经验主义就作为各种原则的唯一来源而引进来了，但与经验主义同时一起引进来的还有对（作为哲学的）整个自然科学所抱的最顽固的怀疑论本身。因为我们永远也不可能根据这样一些原理从事物的给予的规定中按照其实存而推论出一个后果（因为这就要求一个包含这样一种联结之必然性在内的原因的概念），而只能根据想象力的规则期望与平时相似的情况；但这种期望永远不是肯定的，不论它如何经常地应验。甚至在发生任何事件时我们都不能够说：在该事件之前必定已有某物先行，它是必然跟随其后的，就是说，它必定会有一个原因，所以，即使我们知道有类似事情先行的情况仍然是如此经常发生，以至于有可能从中抽引出一条规则来，我们也不可能因此就认为这类事情是永远和必然以这种方式发生的，于是我们就必须为盲目偶然的事也保留其权利，尽管在它身上停止了一切理性运用；而这样一来就在从结果上升到原因的推论方面给怀疑论提供了根据，并使它成为无法反驳的了。

至此为止数学仍旧安然无恙，因为休谟认为数学命题全都是分析性的，就是说为了同一性的缘故从一个规定到另一个规定、从而是按照

---

① 原文为 chimärische，直译为"喀迈拉式的"，喀迈拉为希腊神话中的狮头羊身蛇尾的怪物。——译者

② 原文为"von keiner Vernunft haltbare"，"von"为"vor"之误，兹据普鲁士科学院版《康德全集》第五卷校正。——译者

矛盾律来进行的(但这是错误的,因为数学命题毋宁说全都是综合的,并且虽然例如几何学并不与事物的实存发生关系,而只是与诸事物在可能直观中的先天规定发生关系,它却如同通过因果概念一样从一个规定 A 过渡到一个完全不同的、但却是作为与它必然联结着的规定 B)。但最终这门由于其无可置疑的确定性而被如此高度赞扬的科学 **62** 也必然会由于休谟为何用习惯来代替原因概念中的客观必然性的同一个理由,而败在原理中的经验主义的手下,并且不管它多么骄傲,它也得满足于打消它那些大胆的要求先天赞同的权利,并指望观察者出于好意而同意其命题的普遍有效性,这些观察者作为证人毕竟不会拒绝承认他们任何时候也是这样知觉到几何学家作为原理而讲出来的东西,因而即算它恰好并不是必然的,但毕竟是今后会允许人们可以这样期待的。休谟的原理中的经验主义也就以这种方式不可避免地导致了甚至是在数学上的、因而是在理性的一切科学的理论运用上(因为这种运用不是属于哲学就是属于数学)的怀疑论。是否普遍的理性运用(在看到知识的主要部门都遭遇到一种如此可怕的颠覆之际)会更能幸免于难,而不是还会更加无可挽回地陷入到一切知识的同样的毁灭中去,因而是否一种普遍的怀疑论必定会从这些原理中得出来(当然这种怀疑论只会涉及那些学者),这一点我想留给每个人自己去评判。

至于我在《纯粹理性批判》中所做的探讨,它虽然是由休谟的怀疑学说所引起的,但却走得远得多,它包括纯粹理论理性在综合运用中的整个领域,因而也包括人们称之为一般形而上学的东西;所以我对于这位苏格兰哲学家的涉及到因果性概念的怀疑采取了如下方式来处理。当休谟把经验对象当成了自在之物本身(如几乎到处都的确也在发生的那样)时,他就把原因概念宣称为骗人的和虚假的幻觉,在这点上他做得完全正确;因为对于自在之物本身以及它的规定本身,并不能够看出为什么由于某物 A 被设定则另一个某物 B 也一定会被必然设定,所 **63** 以他根本不可能承认关于自在之物本身会有这样一种先天的知识。这个精明的人更不可能允许这个原因概念有一个经验性的起源,因为这种起源直接与联结的必然性相矛盾,而这种必然性构成了因果性概念的本质;因而这个概念就遭到了排斥,而代之以在遵循知觉过程时的习惯了。

但从我的研究中所得出的结果是,我们在经验中与之打交道的那些对象绝对不是自在之物本身,而只是些现象,并且即使在自在之物本身上也根本看不出、甚至不可能看出,为什么当 A 被设定了时,不设定与 A 完全不同的 B(即设定作为原因的 A 和作为结果的 B 之间的联结的必然性)就会是矛盾的;但我们完全可以思考的却是,它们作为现象必定是在一个经验中以某种方式(例如在时间关系方面)必然结合着的,而且它们在不与这个经验借以成为可能的那种结合相矛盾就不可能分离开来,而它们唯一在这个经验中才是对象、才能为我们所认识。实际情况也正是这样发生的:以至于我不仅能够对原因概念按照其在经验对象方面的客观实在性来加以证明,而且也能由于它所具有的这种联结的必然性而把它作为先天概念演绎出来,也就是能够将它的可能性依据没有经验来源的纯粹知性加以阐明,并且这样将它的起源的经验主义取消了以后,就能将经验主义的不可避免的后果即怀疑论,首先在自然科学方面、然后出于依据这些理由的整个完备的推论而在数学方面,即在这两种与可能经验的对象相关的科学方面,连同对理论理性所主张洞察的一切东西的全部怀疑,都加以彻底的铲除。

但是,这个因果性范畴(并且一切其他范畴也是一样,因为没有它们就没有任何关于实存着的东西的知识能够实现出来)在那些并非可能经验对象之物、而是超越于可能经验的边界之外的物上面的应用,情况又是如何呢?因为我本来就只能够在可能经验的对象方面来演绎这些概念的客观实在性。但同样,我也只有在这种情况下才拯救了这种客观实在性,即我曾指出了,毕竟可以借此来思维一些客体,虽然不是先天地规定它们:而这就给这些客体在纯粹知性中提供了一个席位,而那些概念就由这个席位而与一般客体(感性的或非感性的)联系起来了。如果还缺少什么东西的话,那就是这些范畴、尤其是因果性范畴应用于对象之上的条件,也就是直观,这个条件在凡是直观没有被给予的地方,都使得以作为本体的对象之理论知识为目的的应用成为不可能的,因而这种理论知识如果有人敢于去尝试,也是(如在《纯粹理性批判》中也在发生的那样)完全遭到禁止的①,然而毕竟这个概念的客观实在性仍然还在,甚至也能够被运用于本体,但却不可能对这个本体从理论上作丝毫的规定并由此来产生知识。因为,这个概念甚至在与一个客体的关系中也决不包含任何不可能的东西,曾经证明了这一点的就是:不论这个概念如何应用于感官的对象,它在纯粹知性中仍保证有自己的位置,并且即使它在此之后或许与自在之物本身(它不可能是经验的对象)发生关系,它也不能以某种理论知识为目的而为表象一个确定的对象作出任何规定,但它仍然还是可以有能力为了某种另外的目的(也许是为了实践的目的)而对自己的应用作出某种规定,而如果按照休谟的观点,这个因果概念包含有某种任何地方都不可能思维到的东西的话,这种情况也就不会发生了。

　　现在,为了找出上述概念应用于本体之上的这一条件,我们只须回顾一下,为什么我们没有满足于将它应用于经验对象之上,而是通常也想要把它运用于自在之物本身。而这也就马上表明了,使这种情况对我们成为必然性的不是理论上的意图,而是实践上的意图。为了思辨,即使我们做得到,我们也不会在自然知识中和一般地在那些根本不可能被给予我们的对象方面取得任何真实的成果,而顶多会从感性的有条件者(停留于此并努力遍历这个原因的链条已足够我们去做的了)向超感性的东西跨出一大步,以便完成我们关于根据方面的知识并为之划定边界,然而在那个边界和我们所知道的东西之间仍然永远会有一条填不满的无限的鸿沟,而我们所听从的与其说是彻底的求知欲,还不如说是虚荣的疑问癖。

　　但除了知性与种种对象(在理论知识中)所处的那种关系之外,知性也有一种与欲求能力的关系,这种能力因此而叫做意志,并且就纯粹

---

　　① 按照原文语序,此句应译作"……如果有人敢于(如甚至在《纯粹理性批判》中也在发生的)去尝试,也是完全遭到禁止的",兹据普鲁士科学院版的语序译出。——译者

知性(它在这种情况下叫做理性)通过某个法则的单纯表象就是实践的而言叫做纯粹意志。一个纯粹意志的客观实在性,或者这也是一样,一个纯粹实践理性的客观实在性,在先天的道德律中仿佛是通过一个事实(Faktum)而被给予的;因为我们可以这样来称呼一个不可避免的意志规定,哪怕这个规定并不是立足于经验性的原则上的。但在一个意志概念中已经包含了原因性的概念,因而在一个纯粹意志概念中也包含了一个带有自由的原因性概念,就是说,这种原因性不是按照自然规律所能规定的,因而也不能有任何经验性的直观作为这概念①的实在性的证明,但却仍然在先天的纯粹实践法则中完全表明了这概念的客观实在性的理由,当然(很容易看出)这不是为了理性的理论运用,而只是为了它的实践运用。于是一个拥有自由意志的存在者的概念就是一个 causa noumenon② 的概念;至于这个概念的不自相矛盾,人们已经通过下述这点而得到了保证,即一个原因的概念,当它完全来自于纯粹知性,同时也通过演绎而使自己在一般对象上的客观实在性③得到保证,此外按照其起源又必须要独立于一切感性条件、因而本身不局限于现相(Phänomene)上(除非它是一个必须④被规定在理论上对此加以运用的概念)时,当然就能够被应用于作为纯粹知性存在物的事物之上。但由于这种应用不可能得到永远只能是感性的任何直观的支持,所以 causa noumenon⑤ 在理性的理论运用上虽然是一个可能的、可思维的概念,但却是一个空洞的概念。但现在,我也不要求借此来对一个存在者就其拥有某种纯粹意志而言的性状作理论上的认识;我只满足于借此而把这个存在者描述为一个这样的存在者,因而仅仅把原因

66

---

① "这概念"原文为 seiner,德文编者认为应指前述"这纯粹(自由)意志",那托尔普则建议改为 ihrer,即"这原因性"。下一个"这概念"同此。——译者

② 拉丁文:本体因。——译者

③ 哈滕斯泰因在"实在性"后面加上一个 nach,就使此句变为:"……同时也按照其客观实在性而在一般对象方面"。——德文编者

④ 原文为 wollte,那托尔普(Natorp)疑应为 sollte(应当)。——德文编者

⑤ 拉丁文:本体因。——译者

性概念与自由概念（以及与之不可分割地，与作为自由的规定根据的道德律）结合起来；由于原因概念的这种纯粹的而非经验性的起源，我当然应该得到这种权利，因为我对这概念除了与规定其实在性的道德律相联系、即只是作一种实践的运用外，并不保有作任何别的运用的权利。

假如我和休谟一样，不仅就自在事物本身（超感官的东西）而言，而且也在感官对象方面，剥夺了因果性概念在理论运用①中的客观实在性，那么这个概念就会丧失掉一切意义，并被作为一个理论上不可能的概念而宣布为完全无用的，而且由于对子虚乌有的东西也不可能作任何运用，则对一个理论上无意义的概念作实践的运用也将完全是无稽之谈。但现在，一个经验性上无条件的原因性的概念在理论上虽然是空洞的（没有适合于它的直观），却仍然还是可能的，并且是与某个不确定的客体有关的，但代替这客体被提供给这概念的却是在道德律上、因而在实践的关系中的意义，所以我虽然并没有任何规定这概念之客观理论实在性的直观，但这概念依然可以在诸意向和准则中 in concreto② 表现出来的现实应用，也就是有能够被指明的实践的实在性；而这对于这概念甚至在本体方面的合法权利来说也就足够了。

但是，一个纯粹知性概念在超感官东西的领域中的这种客观实在性一旦被引进，从此就给一切其他范畴提供出也是客观的、只不过是单纯实践应用上的实在性，虽然永远只是就这些范畴与纯粹意志的规定根据（与道德律）处于必然的结合之中而言，然而，这种实在性对于这些对象的理论知识、即对于凭借纯粹理性对这些对象的本性加以洞见以扩展这些知识，却没有丝毫影响。正如我们在后面也将发现的那样，这些范畴永远只与作为理智的存在者相关，并且在这些存在者身上也只与理性对意志的关系、因而只与实践相关，而并不自以为超出这点对

----

① "理论运用"康德原作"实践运用"，兹据舍恩德弗尔（Schöndörffer）校正。——德文编者

② 拉丁文：具体地。——译者

这些存在者有任何更进一步的知识;但是,不论属于这样一些超感官之物的理论表象方式而还想被拉入和这些范畴的结合中来的另外还有些什么属性,它们这样一来就全都不被视为知识,而只被视为对这些存在者作假定和作预设的权利(但在实践的意图上则简直就视为这样做的必然性)了,甚至当我们根据某种类比、即根据我们在感性存在者方面从实践上所使用的那种纯粹理性关系来假定那些超感官的存在者(如上帝)时,也是如此,这样,通过应用于超感官之物、但只是在实践的意图上这样做,就丝毫也不会助长纯粹理论理性沉溺于夸大其辞的空谈。

第二章　纯粹实践理性的
对象的概念

　　我所说的实践理性的对象①概念,是指作为自由所导致的可能结果的一个客体的表象。因而,作为这样一种可能结果而存在的实践知识的对象,只是意味着意志与这对象或者它的对立面将由以被现实地造成的那个行动的关系,而评判某物是不是一个纯粹的实践理性的对象,也只不过是在辨别是否有可能愿意有那样一个行动,这将使得某个客体当我们有这种能力(对此必须由经验来判断)时就会成为现实的。如果这个客体被假定为我们欲求能力的规定根据,那么通过对我们诸能力的自由运用而使它在身体上成为可能就必须先行于对它是不是一个实践理性对象的评判。反之,如果先天法则可以被看做行动的规定根据、因而这个行动可以被看做由纯粹实践理性所规定的,那么对某物是不是纯粹实践理性的对象而作的判断就完全不依赖于与我们身体上的可能性的比较,而问题就仅仅在于,假如事情由我们支配的话,我们是否可以愿意有这样一个针对某个客体的实存的行动,因而这一行动在道德上的可能性就必须是先行的了;因为这时并不是对象、而是意志的法则才是行动的规定根据。

　　所以,实践理性的唯一客体就是那些善和恶的客体。因为我们通过前者来理解欲求能力的必然对象,通过后者来理解厌恶能力的必然 **69** 对象,但两者都依据着理性的一条原则。

　　如果善的概念不是由一条先行的实践法则中推出来的,而是反过来要充当这条法则的基础,那么这个概念就只能是关于这种东西的概念,它以其实存预示着愉快,并这样来规定主体将它产生出来的原因

---

　　①　康德原文缺"对象"一词,兹据编者补上。——德文编者

性,也就是规定着欲求能力。既然不可能先天地看出何种表象会带有愉快,何种表象却会带有不愉快,那么识别什么直接地是善或恶的关键就只在于经验了。这种经验唯一能在与主体的那种属性的关系中进行,这种属性就是愉快和不快的情感,即一种属于内感官的接受性,于是关于那直接是善的东西的概念就会仅仅针对着那与快乐的感觉直接结合着的东西,而关于那全然是恶的东西的概念则会必然仅仅与那直接引起痛苦的东西相关了。但这已经与语言的习惯用法相违背了,这种习惯用法把快适与善区别开来,把不快适与恶区别开来,并要求对善和恶任何时候都通过理性、因而通过能够普遍传达的概念来评判,而不是通过单纯的限制于个别主体①及其感受性上的感觉来评判,但愉快和不愉快就自身而言却仍然不能先天地和某个客体的任何表象直接结合起来,所以,相信有必要把愉快的情感作为自己的实践评判的基础的哲学家,就会把作为达到快适的手段的东西称之为善的,而把作为不快适和痛苦的原因的东西称之为恶;因为对手段和目的的关系的评判当然是属于理性的。但是,尽管只有理性才有能力看出手段与其意图的关联(以至于我们本来也可以用目的的能力来定义意志,因为目的任何时候都是欲求能力的按照原则的规定根据),然而从上述善的概念中仅仅作为手段而产生的那些实践准则,永远也不会包含就自身而言的某物作为意志的对象,而总是只包含对于任何目的是善的东西作为意志的对象:这种善任何时候都将只是有用的东西,而它所对之有用的东西则必定总是外在于意志而处于感觉中的。既然这种感觉作为快适的感觉必定会与善的概念不同,那么任何地方就都不会有什么直接的善,而善就会不得不在达到某种别的东西、即达到任何一种快意的那些手段中去寻求了。

70

　　经院派的一句老话是:nihil appetimus, nisi sub ratione boni; nihil aversamur, nisi sub ratione mali②;而这句话有一种往往是正确的、但也

---

① 康德原文为"客体",兹据那托尔普校为"主体"。——德文编者
② 拉丁文:只以善为理由去追求,只以恶为理由去拒斥。——译者

往往对哲学非常不利的用法,因为 boni① 和 mali② 这两个术语包含有
某种歧义,这要归咎于语言的局限,据此它们可以有双重含义,因而不
可避免地使实践法则陷入盘桓不定,而哲学在运用它们时固然完全意
识到同一个词的这种概念差异,但却不能为此找到任何特殊的表达方
式,它们就迫使哲学作出微妙的区分,对于这些区分人们后来无法达成
一致,因为这种区别没有能用任何合适的术语直接表明出来。③

　　德语有幸拥有一些不使这种差异遭到忽视的表达方式。对于拉丁
语用一个唯一的词 bonum④ 来称呼的东西,德语有两个很不相同的概
念,也有两种很不相同的表达:对于 bonum 来说就是善(Gute)和福
(Wohl),对于 malum⑤ 来说就是恶(Böse)和祸(Übel)(或苦[Weh]),
以至于我们对一个行动所考察的是它的善和恶,还是我们的福和苦
(祸),这是两种完全不同的评判。由此已经看出,上面那条心理学的
原理至少还是很不确定的,如果它被翻译为:除非考虑到我们的福或
苦,我们就不去欲求任何东西;相反,如果我们把它表示为:按照理性的
指示,除了只是在我们认其为善的或是恶的时候,我们就不去意愿任何
东西,那么这条原理就成了确定无疑的,同时又是完全清楚地表达出来
的了。 71

　　福或祸永远只是意味着与我们的快意或不快意、快乐和痛苦的状
态的关系,而如果我们因此就欲求或厌恶一个客体,那么这种事只要它

---

　　① 　拉丁文:善。——译者
　　② 　拉丁文:恶。——译者
　　③ 　此外,sub ratione boni[拉丁文:以善为理由——译者]这个说法也是有歧
义的。因为它可以有这样的意思:如果、而且正由于我们欲求(意愿)某物,我们就
把它表象为善的;但也可以是说:我们之所以欲求某物,是因为我们将它表象为善
的,以至于,要么欲望是作为善的客体的概念之规定根据,要么善的概念是欲求
(意志)的规定根据;因为 sub ratione boni[以善为理由]在前一种情况下将意味着
我们在善的理念之下去意愿某物,在后一种情况下则意味着我们按照善的理念而
意愿某物,善的理念必须是作为意愿的规定根据而先行于意愿的。——康德
　　④ 　拉丁文:善。——译者
　　⑤ 　拉丁文:恶。——译者

与我们的感性及它所引起的愉快和不愉快的情感相关时就会发生。但善或恶任何时候都意味着与意志的关系,只要这意志由理性法则规定去使某物成为自己的客体;正如意志永远也不由客体及其表象直接规定,而是一种使理性规则成为自己的(由以能实现一个客体的)行动的动因的能力一样。所以,善和恶真正说来是与行动、而不是与个人的感觉状态相关的,并且,如果某物应当是绝对地(在一切方面而且再无条件地)善的或恶的,或者应当被看做是这样的,那它就只会是行动的方式,意志的准则,因而是作为善人或恶人的行动着的人格本身,但却不是一件可以被称为善或恶的事物。

所以,一个斯多亚派的人在剧烈的痛风发作时喊道:疼痛,你尽管更厉害地折磨我吧,我是永远也不会承认你是某种恶的东西(κακον,malum①)的!我们当然可以嘲笑他。但他毕竟是对的。他所感到的是一种祸,这是他的喊叫所透露了的;但因此就在他身上看出一种恶,这是他根本没有理由承认的;因为疼痛丝毫也不减少他的人格的价值,而只是减少他的健康状况的价值。只要他意识到自己曾说过一次谎,这谎言就必定会打消他的勇气了;但疼痛却只会成为使他高尚的理由,如果他意识到他并不是由于任何不正当的行动而招致了这种痛苦、并因此而使自己活该受到惩罚的话。

凡是我们要称之为善的,必须在每个有理性的人的判断中都是一个欲求能力的对象,而恶则必须在每个人眼里是一个厌恶的对象;因而这种评判所需要的除了感官之外,还有理性。这种情况与那和谎言相反的真实、和强暴相反的公正等等是同样的。但我们可能把某物称之为一种祸,而同时每个人却又必须把这种祸有时间接地,有时甚至是直接地宣称为善的。一个要接受一次外科手术的人毫无疑问会觉得这场手术是一种祸;但他以及每个人都会通过理性把它解释为善的。但如果有一个人喜欢戏弄和搅扰那些爱好宁静的人们,终于有一次碰了钉子并遭到了一顿痛打,那么这当然是一种祸,但每个人都会为此鼓掌并

---

① 希腊文、拉丁文:恶。——译者

认为这事本身是善的,哪怕从中并不会产生出任何别的东西;甚至那遭受到这顿痛打的人,通过他的理性也必定会认识到这事对他是公正的,因为他看到理性所不可避免地向他劝告的在安乐和善行之间的相称在这里精确地实现了。

当然,在我们实践理性的评判中,很大程度上取决于我们的福和苦,并且在涉及到我们作为感性存在者的本性时,一切都取决于我们的幸福,如果这种幸福如理性首先所要求的,不是根据转瞬即逝的感觉,而是根据这种偶然性在我们全部实存及对这种实存的心满意足上所具有的影响来评判的话;但并不是一般说来一切事都取决于这一点的。人就他属于感官世界而言是一个有需求的存在者,在这个范围内,他的理性当然有一个不可拒绝的感性方面的任务,要照顾到自己的利益,并给自己制定哪怕是关于此生的幸福、并尽可能也是关于来生的幸福的实践准则。但人毕竟不那么完全是动物,面对理性为自己本身所说的一切都无动于衷,并将理性只是用作满足自己作为感性存在者的需要的工具。因为如果理性只应当为了那本能在动物身上所做到的事情而为他服务的话,那么他具有理性就根本没有将他在价值方面提高到超出单纯动物性之上;这样理性就会只是自然用来装备人以达到它给动物所规定的同一个目的的一种特殊的方式,而并不给他规定一个更高的目的。所以他固然根据这个一度对他作出的自然安排而需要理性,以便随时考察他的福和苦,但此外他拥有理性还有一个更高的目的,也就是不仅仅要把那本身就是善或恶的、且唯一只有纯粹的、对感性完全不感兴趣的理性才能判断的东西也一起纳入到考虑中来,而且要把这种评判与前一种评判完全区别开来,并使它成为前一种评判①的至上条件。

在这样评判本身是善的或恶的东西,以区别于那只和福或祸相关而可能被称为善或恶的东西时,有如下几点是关键。要么理性的原则

①　原文为 des letzteren,指"善和恶",兹据那托尔普校为 der letzteren,指"前一种评判"。——德文编者

本身已经被思考为意志的规定根据，而无需考虑欲求能力的可能客体（因而仅仅是凭借准则的合法则的形式）；于是，那条原则就是先天的实践法则，而纯粹理性自身就被看做是实践的了。这样一来，这条法则就直接地规定着意志，按照这种意志的行动就是本身自在地善的，一个意志的准则永远按照这条法则，这意志就是绝对地、在一切方面都善的，并且是一切善的东西的至上条件。要么，欲求能力的规定根据先行于意志的准则，这意志以一个愉快和不愉快的客体、因而以某种使人快乐或痛苦的东西为前提，并且趋乐避苦这条理性准则规定那些行动如何相对于我们的爱好而言、因而仅仅间接地（考虑到另外的目的，而作为这目的的手段）是善的，这样一来，这些准则就永远不能称之为法则，但仍可以称为理性的实践规范。这目的本身，即我们所寻求的快乐，在后一种情况下并不是善，而是福，不是一个理性概念，而是一个有关感觉对象的经验性的概念；不过，对达到这目的的手段的运用、亦即那个行动（由于为此需要理性的思考）却还是叫做善的，但并不是绝对的善，而只是在与我们感性的关系中、考虑到它的愉快和不愉快的情感的善；但由此被刺激起意志的准则时，这个意志就不是纯粹的意志，纯粹的意志只指向那种东西，在其上纯粹理性能够自身就是实践的。

74

这里正是对这个方法的悖论通过实践理性批判加以解释的地方：就是说，善和恶的概念必须不先于道德的法则（哪怕这法则表面看来似乎必须由善恶概念提供基础），而只（正如这里也发生的那样）在这法则之后并通过它来得到规定。因为即使我们没有意识到德性的原则是一个纯粹的、先天规定意志的法则，但为了不完全白白地（gratis）假定一些原理，我们至少总还必须在开始的时候，让意志是只有经验性的规定根据还是也具有纯粹先天的规定根据这个问题留在未决之中；因为预先把人们应当首先去决定的东西已经假定为决定了的东西，这是违背哲学研究的一切基本规则的。假设我们现在要从善的概念开始，以便从中推出意志的法则来，那么关于某个对象（作为善的对象）的概念就会同时把这个对象说成是意志的唯一规定根据。由于现在这个概念将没有任何先天实践法则作为准绳，所以善或恶的标准就只有可能建立在对象与我们的愉快和不愉快的情感的一致之中了,而理性的运用就只可能部分地在于,在与我的生活的一切感觉的整个关联中来规定这种愉快或不愉快,部分地在于规定那使我获得这些愉快或不愉快的对象的那些手段。既然什么是与愉快情感相符合的,这只有通过经验才能够决定,而实践法则按照提示却应当在此之上以之为条件建立起来,那么这就恰好把先天实践法则的可能性排除掉了:因为人们会认为有必要预先想到去为意志找出一个对象来,对它的概念作为一个善的东西的概念就必然会构成意志的那种普遍的、尽管是经验性的规定根据。但原来预先有必要考察的却是:是否也会有一种先天的意志规定根据(它永远都不会在在任何别的地方、而只会在某种纯粹实践法则中发现,也就是在这个法则仅仅给准则颁布合法则的形式而不考虑某个对象的限度内发现)。但由于我们已经把一个对象按照善和恶的概念当做了一切实践法则的基础,而那个对象没有先行的法则却只能按照经验性的概念来设想,所以我们就已经把哪怕只是设想一个纯粹实践法则的可能性都预先取消了;因为反过来,我们如果预先对纯粹实践法则作过分析性的研究的话,我们本来会发现,并不是作为一个对象的善东西的概念规定了道德律并使之成为可能的,而是相反,道德律才首先把善的概念就其完全配得上这一名称而言规定下来并使之成为可能的。

　　这个仅仅涉及到至上的道德研究的方法的说明是很重要的。它一下子就澄清了哲学家们在道德的至上原则方面的一切迷误的起因。因为这些哲学家寻找意志的某种对象,以便使它成为一个法则的质料和根据(据说这样一来,这个法则就不是直接地、而是借助于那个被带到愉快和不愉快的情感上来的对象而成为意志的规定根据),而不是本来应该做的,首先探求一条先天地直接规定意志、并按照这意志才来规定对象的法则。于是他们曾经想把这个愉快的对象,即据说是适合于充当善的至上概念的对象,在幸福中、在完善中、在道德情感①中,或是

----

　　①　康德原文为"道德律",兹据哈滕斯泰因校正。——德文编者

76　在上帝的意志中建立起来,于是他们的原理每次都是他律,他们不可避免地必然碰到了一个道德律的种种经验性条件:因为他们只有按照意志对每次都是经验性的情感的直接态度,才能把他们的作为意志之直接规定根据的对象称之为善的或恶的。只有一条形式的法则,亦即这样一条仅仅将理性的普遍立法形式向理性颁布为诸准则的最高条件的法则,才能够先天地是实践理性的一个规定根据。然而,古人不加掩饰地透露了这个错误,因为他们把自己的道德研究完全建立在对至善概念的规定之上,因而建立在对某种对象的规定之上,然后他们又想使这个对象成为在道德律中意志的规定根据:即一个客体,它是远在道德律首先自己得到证明并作为意志的直接规定根据而得到辩护以后,才能对那个从此就按其形式而被先天地规定了的意志表现为对象的,这件事我们将在纯粹实践理性的辩证论中来尝试一下。在近代人那里有关这个至善的问题似乎已经过时了,至少已成为了只是附带的事情,他们把上述错误(如同在许多别的情况下那样)隐藏在一些不确定的词句后面,然而人们仍然从他们的体系中看到这种错误在透露出来,因为这样一来这种错误处处都显露出了实践理性的他律,从这里面永远也不可能产生出一种先天普遍地下命令的道德律。

　　既然善和恶的概念作为先天意志规定的结果也是以纯粹实践原则、因而是以纯粹理性的某种原因性为前提的:所以它们从根源上说,并不像纯粹知性概念或被理论地运用的理性的范畴那样(例如作为对被给予的直观的杂多在一个意识中的综合统一性所作的规定)与客体相关,那些概念或范畴毋宁说是把这些客体预设为被给予的了;反之,善和恶的概念全都是一个唯一的范畴即因果性范畴的诸样态(modi),只要它们的规定根据在于某个原因性法则的理性表象,理性把这法则

77　作为自由的法则给予它自己,并由此而先天地证明自己是实践的。但由于这些行动一方面虽然是在一条本身并非自然法则、而是自由法则的法则之下,因而是属于理知的存在者的行为的,但另方面却又是作为感性世界的事件而属于现象的,所以一个实践理性的诸规定将只在与感性世界的关系中才能发生,因而虽然是符合于知性范畴的,但不是为

了知性的某种理论的运用,以便把(感性的)直观的杂多纳入某种先天的意识之下,而只是为了使欲求的杂多服从于一个以道德律下命令的实践理性的或一个纯粹先天意志的意识统一性。

这些自由范畴,因为我们要这样称呼它们、而不是称呼那些作为自然范畴的理论概念,它们就具有对后面这些概念的明显的优越性,即由于后面这些范畴只是一些仅仅通过普遍概念而不确定地为任何我们所可能的直观表明一般客体的思维形式,与此相反,前面这些范畴则是指向某种自由的任意的规定的(这种规定虽然不能有任何直观与之完全相应地被给出,但却已经以一个先天的纯粹实践法则为基础了,而这是在我们认识能力的理论运用的任何概念那里都不会发生的),所以它们作为实践的要素概念,并不以那种不存在于理性本身中、而必须由别的地方即必须从感性中拿来的直观形式(空间和时间)为基础,而是以在理性中、因而在思维能力本身中作为被给予了的某种纯粹意志的形式为基础;因此就发生了这种情况,即由于在纯粹实践理性的一切规范中所关心的只是意志的规定,而不是实现意志的意图的(实践能力的)自然条件,所以先天的实践概念在与自由的至上原则的关系中立即就成为了知识,而不能期待直观来获得意义,也就是说,是出于这种值得注意的理由,即由于它们是自己产生出它们与之发生关系的东西的现实性(意志意向)的,而这根本不是理论概念的事情。只是我们必须注意,这些范畴所涉及的只是一般的实践理性,因而在它们的秩序中是从在道德上尚未确定并且还以感性为条件的范畴,而逐步进向那些不以感性为条件而完全只由道德律来规定的范畴。

就善与恶的概念而言的自由范畴表

1. 量

主观的、按照准则的(个体的执意)

客观的、按照原则的(规范)

既是先天客观的又是主观的自由原则(法则)

2. 质　　　　　　　　　　　　**3. 关系**

践行的实践规则(praeceptivae①)　　与人格性的关系

中止的实践规则(prohibitivae②)　　与人格状态的关系

例外的实践规则(exceptivae③)　　人格对其他人格的状态的交互关系

4. 模态

允许的事和不允许的事

义务和违背义务的事

完全的义务和不完全的义务

　　我们在这里马上就会看出,在这张表中自由就通过它而成为可能的那些作为感官世界中的现象的行动而言,将会被看做某种原因性,但这种原因性并不服从经验性的规定根据,因而它会与这些行动的自然可能性的诸范畴相关,然而每个范畴却被这样普遍地来理解,以至于那个原因性的规定根据也可以被认为是外在于感官世界而处在作为某个理知的存在者的属性的自由中的,直到模态的诸范畴引入从一般的实践原则向德性原则的过渡,但只是悬拟地引入,然后德性原则才能通过道德律被独断地表达出来。

79

　　我在这里不再对目前这个表附加任何另外的解释,因为它自身是足够明白的。这样的一种按照原则而拟定的划分不论在它的彻底性上还是在明晰性上都是非常有助于一切科学的。所以例如说我们从上表和它的第一栏中马上就知道了,我们在实践的权衡中必须从何处开始:从每个人建立在他的爱好之上的准则开始,从有理性的存在者就他们在某些爱好上相一致而言对他们的类都有效的规范开始,最后是从不管他们的爱好而对一切人都有效的法则开始,等等。以这种方式,我们就概览了全部我们必须做的事情的计划,甚至概览了实践哲学必须回

---

　　①　拉丁文:命令。——译者

　　②　拉丁文:禁止。——译者

　　③　拉丁文:例外。——译者

答的每个问题以及同时必须遵守的次序。

纯粹实践判断力的模型论

　　善和恶的概念首先为意志规定了一个客体。但这两个概念本身是服从理性的一条实践规则的,如果理性是纯粹理性的话,这条规则就先天地在意志的对象方面规定着意志。现在,一个在感性中对我们是可能的行动究竟是不是服从这条规则的情况,对此就需要实践的判断力了,借此那种在规则中被普遍地(in abstracto①)说出来的东西才被 in concreto② 应用于一个行动上。但由于纯粹理性的一个实践规则第一,作为实践的而涉及一个客体的实存,第二,作为纯粹理性的实践规则而带有在行动的存有方面的必然性,因而是实践的法则,也就是并非通过经验性的规定根据而来的自然法则,而是一条自由的法则,根据这条法则,意志应当能够独立于一切经验性的东西(仅仅通过一般法则及其形式的表象)而得到规定,但在可能行动上所出现的一切情况却都只可能是经验性的、也就是属于经验和自然界的:所以,显得非常荒唐的　80是,想要在感官世界中碰到这样一种情况,它在感官世界中永远服从自然法则、但却又允许一条自由法则应用于其上、并且那应当在其中 in concreto③ 体现出来的德性之善的超感性理念也可以应用于其上。所以纯粹实践理性的判断力遭受了与纯粹理论理性的判断力同样一些困境,但后者拥有一种走出这些困境的手段,亦即:因为在理论运用方面事情取决于纯粹知性概念能够应用于其上的直观,而这类直观(虽然只是有关感官对象的)却又能够先天地、也就是在涉及杂多在其中的联结时与纯粹知性概念先天相符合地(作为图型)被给予出来。相反,

---

①　拉丁文:抽象地。——译者
②　拉丁文:具体地。——译者
③　拉丁文:具体地。——译者

德性之善是某种按其客体来说超感性的东西,所以不可能为它在任何感性直观中找到某种相应的东西,因此从属于纯粹实践理性法则之下的这种判断力看来就遭受了一些特殊的困境,这些困境来自于一条自由的法则应当被应用于作为事件的行动,而这些事件又是在感官世界中发生的、因而就此而言是属于自然的。

不过,在这里却又给纯粹实践的判断力展示了一个有利的前景。当把一个在感官世界中对我是可能的行动归摄到一个纯粹实践法则之下时,并不涉及到这行动作为感官世界中的一个事件的可能性;因为这种可能性该由理性的理论运用按照因果性法则来评判,因果性是一个纯粹知性概念,理性在感性直观中对这概念有一个图型。自然因果性或它得以发生的条件都属于自然概念,这些概念的图型是先验想象力所拟定的。但这里所涉及的并不是按照法则发生的某个情况的图型,而是某种法则本身的图型(如果这个词在这里合适的话);因为意志规81　定(而不是与其后果相联系的行动①)仅仅通过法则而无须一条别的规定根据,就把因果性概念与种种不同于那些构成自然联结的条件的条件结合起来了。

自然法则作为感性直观对象本身所服从的法则,必须有一个图型、即想象力的一种普遍的运作方式(即把法则所规定的纯粹知性概念先天地向感官表现出来)与之相应。但对于自由的法则(作为某种根本不是以感性为条件的原因性),因而甚至对于无条件的善的概念,却不可能为了其 in concreto 应用而配备任何直观、从而配备任何图型。因此,德性法则除了知性(而不是想象力)之外,就没有任何其他居间促成其在自然对象上的应用的认识能力了,而知性并不为理性理念配备一个感性图型,而是配备一个法则,但却是这样一条能够在感官对象上in concreto 得到表现的法则,因而是一条自然法则,但只是就其形式而

---

① 康德原文"行动"的定冠词为 der(第二格、属格),本应加上"的规定"三个字,但哈滕斯泰因校作 die(第一格),使"行动"成为独立主语。兹从哈氏。——据德文编者

言,是作为判断力所要求的法则,因此我们可以把这种法则称之为德性法则的模型(Typus)。

纯粹实践理性法则之下的判断力规则就是这条规则:问问你自己,你打算去做的那个行动如果按照你自己也是其一部分的自然的一条法则也应当发生的话,你是否仍能把它视为通过你的意志而可能的? 实际上每个人都在按照这条规则评判种种行动在道德上是善的还是恶的。所以我们说:如果每个人在他相信能获得自己的好处时都允许自己去欺骗,或一旦对生活的彻底厌倦向他袭来,他就认为有权缩短自己的生命,或对他人的疾苦视若无睹,并且如果你也一起置身于事物的这样一种秩序中,那么你在其中怎么会使自己的意志协调一致呢? 其实每个人都知道,如果他允许自己暗中骗人,每个人却并不会因此也就这样做,或者如果他内心狠毒,每个人也并不会马上就这样对待他;因此他的行动准则与一条普遍的自然法则的这种对照也就不是他的意志的规定根据。但自然法则毕竟是按照道德原则来评判行动准则的一个模型。如果行动的准则不具有这样一种经得起一般自然法则形式的检验的性状,那么它就不可能是道德的。甚至最普通的知性也是如此来判断的;因为自然法则永远为知性的一切最日常的、甚至是经验的判断奠定着基础。所以知性任何时候都执有自然法则,只是在出于自由的原因性应当得到评判的情况下,它就使那种自然法则仅仅成为一条自由法则的模型了,因为知性如果不执有某种它能够使之成为经验场合中的实例的东西,它就不可能使一个纯粹实践理性的法则获得适当的运用。

所以,也要允许把感官世界的自然用做一个理知自然的模型,只要我不将直观和依赖于直观的东西转移到理知自然上去,而只是把这个一般的合法则性形式(其概念甚至发生在最普通的①理性运用中,但仅仅只是为了理性的纯粹实践运用这个意图才能够先天确定地被认识)

82

---

① gemeinsten,康德原作"最纯粹的"(reinsten),兹据哈滕斯泰因校正。——德文编者

与理知自然相联系。因为在这范围内,这些法则本身不论它们会从何处拿来自己的规定根据,都是一样的。

此外,由于在一切理知的东西中又拥有对我们来说只不过是以其法则和以纯粹实践理性的运用为目的的实在性、而非任何其他实在性的,绝对只有(借助于道德律的)自由,而且就连自由也只是就它是一个与道德律不可分割的预设而言的,再就是理性根据那条法则的指引也许还想把我们引向的所有那些理知对象,但纯粹实践理性有权也有必要把自然(按照其纯粹知性形式)用做判断力的模型:所以目前这个说明的用处在于防止把单纯属于这些概念的模型论的东西算作这些概念本身。于是这个模型论作为判断力的模型论防止了实践理性的经验主义的危害,这种经验主义把善和恶的实践概念仅仅建立在经验的后果(所谓幸福)之中,虽然幸福和由自保所规定的意志的那些无限有用的后果在这个意志同时使自己成为普遍的自然法则时固然可以用作德性之善的完全合适的模型,但它与这个模型毕竟不是一回事。同样,这个模型论也防止了实践理性的神秘主义的危害,这种神秘主义把只是用作象征的东西当做图型,也就是把现实的但却是非感性的直观(对某种不可见的上帝之国的直观)作为应用道德概念的基础,而浪迹于浮夸之地。适合于道德概念之运用的唯有判断的理性主义,这种理性主义从感性自然中只采取纯粹理性独自也能够思维的东西,即合法则性,并且只把那种能够通过感官世界中的行动反过来按照一般自然法则的形式规则现实地得到表现的东西带到超感性的自然中去。然而,对实践理性的经验主义加以防范却更为重要和更为可取得多,因为神秘主义毕竟和道德律的纯粹性和崇高性在一起还是相融洽的,此外,将道德律的想象力一直绷紧到超感性的直观,这也是不那么自然、不那么符合日常思维方式的,因而在这方面危险并不是很普遍;相反,经验主义则在意向中(人类通过行动能够和应当为自己争取的更高的价值毕竟在于意向,而不仅在于行动)将德性连根拔除,并将一种完全另外的东西,即种种爱好一般地借以在相互之间推动交往的一种经验性的利益来代替义务而强加给意向,此外,也正因为如此,经验主义连同一切爱好,如果它们(不论它们被剪裁成它们所想要的怎样一种形态)被提升到一个至上的实践原则的高位上来的话,都是贬低人类的,并且由于它们仍然如此有利于一切人的情愫,经验主义出于这一原因就比所有　84的狂热都要危险得多,后者永远不可能构成大量人群的持久状态。

第三章　纯粹实践理性的动机

行动的一切德性价值的本质取决于道德律直接规定意志。如果对意志的规定虽然是符合道德律而发生的,但却是借助于某种情感,不论这种为了使道德律成为意志的充分规定根据而必须预设的情感具有何种性质,因而,不是为了这法则而发生的:那么这行动虽然将包含有合法性,但却不包含道德性。既然动机(elater animi①)被理解为存在者意志的主观规定根据,而这存在者的理性并非由于他的天性就已经必然是符合客观法则的,那么由此首先将推出:我们不能赋予上帝的意志以任何动机,但人的意志的动机(以及任何被创造的有理性的存在者的意志的动机)却永远只能是道德律,因而行动的客观规定根据任何时候、并且唯有它才同时必须又是行动的主观上充分的规定根据,如果这种行动应当实现的不只是法则的不包含其精神②的条文的话。

所以,既然我们为了道德律之故,以及为了使道德律获得对意志的影响,必须不寻求任何另外的有可能会缺少道德律的动机,因为这将会导致一切不能持久的十足伪善,甚至哪怕只是在道德律之外还让别的一些动机(作为利益的动机)一起发生作用,也是要当心的:那么留给我们的就无非只是谨慎地去规定,道德律成为动机将采取何种方式,以及由于动机是道德律,与人的欲求能力一起并作为那个规定根据对这种能力的结果而发生的是什么。因为一条规则如何能独自地直接就是意志的规定根据(这毕竟是一切道德性的本质),这是一个人类理性无法解决的问题,它与一个自由的意志是如何可能的这个问题是一样的。

---

① 拉丁文:心灵的鼓动。——译者

② 对于任何合乎法则但却不是为了法则而发生的行动,我们都可以说:它只是按照条文、而不是按照精神(意向)来说是道德上善的。——康德

所以我们将必须先天地指出的,不是道德律何以会在自身中充当一种动机的那个根据,而是就其作为这样一个动机而言在内心中所起的(更准确地说,必然起的)作用。

　　由德性的法则对意志所作的一切规定的本质在于:意志作为自由意志,因而并非仅仅是没有感性冲动参与的意志,而是甚至拒绝一切感性冲动并在一切爱好有可能违背这法则时中止这些爱好的意志,它是单纯由这法则来规定的。所以就这范围而言,道德律作为动机的作用只是否定的,并且这样一种动机本身能够先天地被认识。因为一切爱好和任何感性的冲动都是建立在情感上的,而对情感(通过爱好所遭到的中止)的否定作用本身也是情感。于是我们可以先天地看出,道德律作为意志的规定根据,由于它损害着我们的一切爱好,而必然会导致一种可以被称之为痛苦的情感,并且在此我们就有了第一个、也许甚至是唯一的一个例子,在其中我们有可能从先天的概念出发来规定一种知识(在这里就是一种纯粹实践理性的知识)对愉快或不愉快的情感的关系。一切爱好合起来(它们当然也可以被归入某种尚可容忍的学说中,这时它们的满足就叫作自身幸福)构成了自私(solipsismus①)。这种自私要么是自爱的、即对自己本身超出一切之上地关爱的自私(Philautia②),要么是对自己本身感到称意(Arrogantia③)的自私。前者特别称做自矜,后者特别称做自大。纯粹实践理性对自矜仅仅是中止而已,因为它把这样一种在我们心中自然地并且还是在道德律之先活动的自矜限制在与这一法则相一致的条件下;于是这时它就被称之为一种有理性的自爱。但纯粹实践理性完全消除自大,因为一切发生在与德性法则相协调之前的对自我尊重的要求都是不值一提的和没有任何资格的,因为正是与这一法则相协调的某个意向的确定性才是一切人格价值的首要条件(如我们马上就会说明的那样),而任何先于这种

86

---

　　①　拉丁文:唯我主义。——译者
　　②　拉丁文:爱己。——译者
　　③　拉丁文:自负。——译者

确定性的强求都是错误的和违背法则的。于是这种自我尊重的偏好就其只是基于感性①之上而言，也是属于道德律所要中止的爱好之列的。所以道德律消除着自大。但既然道德律毕竟还是某种自身肯定的东西，也就是一种智性的原因性、即自由的形式，那么由于它与主观上的对立物、也就是与我们心中的爱好相反而减弱着自大，所以它同时就是一个敬重的对象，又由于它甚至消除着自大，亦即使之谦卑，所以它是一个最大的敬重的对象，因而也是一种不是起源于经验性而是被先天认识的肯定性情感的根据。所以对道德律的敬重是一种通过智性的根据起作用的情感，这种情感是我们能完全先天地认识并看出其必然性的唯一情感。

我们在上一章已看到，一切先于道德律而呈现为意志客体的东西，都通过这个作为实践理性的至上条件的法则本身以无条件的善的名义而被排除在意志的规定根据之外了，并且，这个以诸准则与普遍立法相适应为内容的单纯实践形式才首次对那自在地和绝对地是善的东西进行了规定，并建立起唯一地在一切方面都是善的那个纯粹意志的准则。

87　但现在，我们发现我们的本性作为感性的存在者具有这种性状，即欲求能力的质料（爱好的对象，不论是希望还是恐惧）首先是不由自主的，而我们的可从病理学上规定的自己，虽然通过自身的准则是完全不适合于普遍立法的，但却力图使其要求预先地并作为第一的和本源的要求发生效力，就好像这构成了我们的整个自己一样。我们可以把这种按照其意志的主观规定根据而使自己成为一般意志的客观规定根据的偏好称之为自爱，这种自爱如果把自己当做立法性的、当做无条件的实践原则，就可以叫做自大。于是，那唯一真正（即在一切方面）客观的道德律就完全排除了自爱对至上的实践原则的影响，并无限地中止了把自爱的主观条件颁布为法则的自大。既然凡是在我们自己的判断中中止我们的自大的东西，都使人谦卑，所以道德律不可避免地使每个人通过他把自己本性的感性偏好与这法则相比较而感到谦卑。那以其表

---

① 康德原作"德性"，兹据阿底克斯等人校正。——德文编者

象作为我们意志的规定根据在我们的自我意识中使我们感到谦卑的东西，就其是肯定的并且是规定根据而言，就为自己唤起敬重。所以道德律哪怕在主观上也是敬重的一个根据。既然一切在自爱中遇到的东西都属于爱好，一切爱好却基于情感之上，因而凡是使在自爱中所有的爱好全部中止的东西都正因此而必然对情感有影响，那么我们就领会到，如何可能先天地看出，道德律通过把爱好和使爱好成为至上实践条件的这种偏好、也就是把自爱排除在任何参与至上立法的活动之外，而能够对情感发生作用，这种作用一方面只是否定性的，另一方面，也就是在纯粹实践理性的限制性根据方面，则是肯定性的，并且，为什么根本不允许把任何特殊种类的情感以实践情感和道德情感的名义假定为先行于道德律并为之奠定基础的。

　　对情感的这种否定性的作用（不快意），正如对情感的一切影响和对任何一般情感的影响一样，是病理学上的。但作为道德律意识的作用，因而就某种智性原因即作为至上立法者的纯粹实践理性的主体来看，一个被爱好所刺激着的有理性的主体的这种情感虽然叫做谦卑（智性的轻视），但就这种谦卑的肯定的根据即法则来看同时又是对法则的敬重，对于这种法则根本没有任何情感发生，而是在理性的判断看来，由于克服了前进中的阻力，对障碍的清除就等于是对这原因性的一种肯定的促进了。因此这种情感也就可以称之为对道德律的一种敬重的情感，但由于把这两个理由加在一起，它就可以被称之为道德情感了。

　　所以，道德律，正如它通过实践的纯粹理性而是行动的形式上的规定根据，以及它以善和恶的名义虽然也是行动对象的质料上的、但却只是客观的规定根据那样，它也是该行动的主观的规定根据，即动机，因为它对主体的感性①有影响，并产生一种对法则影响意志有促进作用的情感。在这里主体中预先并没有任何与道德性相配的情感发生。这本是不可能的，因为一切情感都是感性的；但德性意向的动机却必须是

───────────

　　①　康德原文为"德性"，兹据诺尔特、维勒校正。——德文编者

88

摆脱一切感性条件的。毋宁说,为我们的一切爱好奠定基础的感性情感虽然是我们称之为敬重的那种感觉的条件,但对这情感进行规定的原因却在纯粹实践理性中,因此这种感觉由于它的起源而不可能是病理学上的,而必定是在实践上产生出来的:因为既然道德律的表象排除了自爱的影响和自大的妄想,这就减少了纯粹实践理性的阻碍,并产生出纯粹实践理性的客观法则优越于感性冲动的表象,因而在理性判断中使这法则的重量通过减去与之相抗衡的重量而相对地(就一个由感性所刺激的意志而言)产生出来。于是对法则的敬重并不是对德性的动机,相反,它就是在主观上被看做动机的德性本身,这是因为纯粹实践理性由于它拒绝了与它相对立的自爱的一切要求,而为现在唯一有影响的法则取得了尊严。在此我们现在要注意的是:一旦敬重是对情感的一种作用、因而是对一个有理性的存在者的感性的作用,这就预设了这种感性为前提,因而也预设了这样一些存在者的有限性为前提,是道德律使这些存在者担当起敬重来的,而对一个最高的、乃至摆脱了一切感性、因而感性也决不可能是其实践理性的障碍的存在者,我们是不能赋予他对法则的敬重的。

所以这种(冠以道德情感之名)的情感仅仅是由理性引起的。它并不用来评判行动,也根本不用来建立起客观的德性法则本身,而只是用做动机,以便使德性法则自身成为准则。但我们能给这样一种特异的、不能和任何病理学情感相比拟的情感取一个什么更恰当的名称呢?它是这样一种特别的情感,即它显得仅仅服从于理性的、也就是实践的纯粹理性的命令。

敬重任何时候都只是针对人格的,而绝不是针对事物的。后者可以在我们心里唤起爱好,并且如果是动物的话(如马、狗等等),甚至能唤起爱,或者就是恐惧,如大海,一座火山,一头猛兽,但从来不唤起敬重。与这种情感已经很接近的某种情感是惊奇,惊奇作为激情,即惊叹,也可以针对事物,如高耸入云的山峰,天体的巨大、繁多和遥远,有些动物的力量和速度等等。但这一切都不是敬重。一个人可以是我的一个爱的对象,恐惧的对象,或者惊奇的对象,甚至达到惊叹,但毕竟决不能因此就是敬重的对象。他的风趣的性情，他的勇气和强壮，他由于在别人中的地位而具有的影响力，都能引起我这样一类的感觉，但却总还是缺乏对他的内心敬重。丰特奈尔①说：我在贵人面前鞠躬，但我的精神并不鞠躬。我可以补充说：在一位出身微贱的普通市民面前，当我发觉他身上有我在自己身上没有看到的那种程度的正直品格时，我的精神鞠躬，不论我是否愿意，哪怕我仍然昂首挺胸以免他忽视了我的优越地位。这是为什么？他的榜样在我面前树立了一条法则，当我用它来与我的行为相比较，并通过这个事实的证明而亲眼看到了对这条法则的遵守、因而看到了这条法则的可行性时，它就消除了我的自大。即使我意识到自己有同样程度的正直，这种敬重也仍会保持。因为既然在人身上一切善都是有缺陷的，所以那凭借一个榜样而变得直观的法则就仍然总在消除着我的骄傲，对此，我亲眼所见的这位人士就充当了一个尺度，他在自己身上总还是可能带有的那种不纯洁性对我来说并不像我自己的不纯洁性那样为我所熟悉，因而他在我眼里就显示出更纯粹的光辉。敬重是无论我们愿意不愿意，对于功德我们都无法拒绝给予的一种赞许；我们顶多可以在表面上不流露出这一点，但我们却不能防止在心里面感觉到它。

敬重很难说是一种愉快的情感，以致我们在看重一个人时陷入敬重只是不情愿的。我们试图找出能够使我们减轻敬重这一负担的东西，找出任何一种瑕疵，以便补偿由这样一个榜样使我们产生的谦卑所带来的损失。就连死去的人，尤其是当他的榜样显得是无法模仿的时，也并不总是幸免于这种批评的。甚至庄严伟岸的道德律本身也被暴露于这样一种抵制对它的敬重的企图面前。我们难道可以认为，除了我们想要摆脱这种吓人的、如此严肃地责备我们的不自重的敬重之外，我们之所以喜欢把道德律贬低为自己的亲切的爱好，可以归咎于某种别的原因吗？难道为了使道德律成为对我们自己应该注意的利益的随心

91

所欲的规范,所做出的一切这样的努力都是出于别的原因?尽管如此,在这里面却毕竟又很难说有不愉快:以致当我们一旦摆脱了自大并允许那种敬重产生实践上的影响,我们又可以对这条法则的美妙庄严百看不厌,并且当灵魂看到这条神圣的法则超越于自己和自己那脆弱的天性之上的崇高性时,便会相信自己本身在这种程度上被提高了。虽然伟大的天才和与他们相称的活动也可以引起敬重或与此类似的情感,而且把这种情感献给他们也是完全正当的,而这时看起来就好像惊奇和那种感觉就是完全一样的了。不过如果我们更仔细地考察就会发现,由于在这种熟巧上有多少成分应归于天生的天才,有多少成分应归于通过自己的勤奋而来的修养,这永远还是不确定的,所以理性就把这种熟巧推测性地向我们表象为修养的结果,因而表象为功劳,这显然就压抑了我们的自大,并且要么在这点上责备我们,要么责成我们以和我们相适合的方式来遵行这样一种榜样。所以它并不仅仅是惊奇,它是我们对这样一个人格(真正说来是对他的榜样向我们摆明的法则)表示的敬重;这由如下一点也得到证实:当众多平庸的倾慕者相信他们从另外什么地方得知了一个这样的人物(如伏尔泰)的性格上的劣迹时,就不再对他有任何敬重了,但真正的学者却至少着眼于他的天才而仍然总还是感到这种敬重,因为他本人卷入某种事务和职业中,这就使对这人的模仿在某种程度上成为他的法则。

　　所以,一当这种情感甚至不针对任何别的客体,而只针对出自这一根据的客体时,对道德律的敬重就是唯一的并且同时又是无可怀疑的道德动机了。首先,道德律客观地、直接地在理性判断中规定意志;但只有通过法则才能规定其原因性的自由却正是在于,它把一切爱好、因而把人格的自尊都限制在对自身纯粹法则的遵守这一条件上。这一限制于是就对情感发生作用,并产生出能够出于道德律先天地认识到的不愉快的感觉。但由于这种限制在这方面只是一种否定的作用,它作为从一个纯粹实践理性的影响中产生出来的作用,首先对主体的那种以爱好作为其规定根据的活动、因而对他的人格性价值(这种价值不和道德律相一致就被贬为一钱不值)的看法造成了损害,所以,这种法则对情感的作用就只是使之谦卑,因而我们虽然能先天地看出这种谦卑,但在这上面却不能认识到作为动机的纯粹实践理性法则的力量,而只能认识到对感性动机的抵抗。但由于这条法则毕竟客观上、也就是在纯粹理性的表象中是意志的一个直接的规定根据,因而这种谦卑只是相对于法则的纯粹性才发生,所以在感性方面对道德上的自重的资格的贬低、亦即使之变得谦卑,就是在智性方面对法则本身的道德上的、即实践的尊重的提升,简言之,就是对法则的敬重,因而也是一种按其智性原因来说的肯定的情感,它是先天被认识到的。因为对一种活动的阻力的任何减少都是对这种活动本身的促进。但对道德律的承认就是对实践理性的某种出自客观根据的活动的意识,这种活动只是由于主观原因(病理学上的原因)对它的阻碍才没有在行动中表现出自己的作用。所以对道德律的敬重也必须被看做这法则对情感的肯定的、但却是间接的作用,只要这法则通过使自大谦卑化而削弱了各种爱好的阻碍性影响,因而,这敬重也必须被看做活动的主观根据,即看做遵守这法则的动机,以及与这法则相符合的生活作风的准则的根据。从动机的概念中产生出某种兴趣的概念,这兴趣永远只能赋予一个有理性的存在者,并且意味着意志的动机,只要这动机通过理性表象出来。由于法则本身在一个道德上善的意志中必须是动机,所以道德的兴趣就是单纯实践理性的一个纯粹的不依赖于感性的兴趣。建立在兴趣概念上的也有某种准则的概念。所以准则只有当它仅仅以人们对遵守法则所怀有的兴趣为基础时,它才在道德上是纯正的。但所有这三个概念,即动机概念、兴趣概念和准则概念,只能被应用于有限的存在者上。因为它们全都以一个存在者的本性的某种限制性为前提,因为该存在者的任意性的主观性状与一个实践理性的客观法则并不自发地协调一致;这就有一种通过什么而被推动得活动起来的需要,因为某种内部的阻碍是与这种活动相对抗的。所以这些概念在上帝的意志上是不能应用的。

在对纯粹的、去掉了一切利益的道德律的无限的尊崇中,有某种如此特别的东西,正如实践理性把这法则推荐给我们来遵守,而实践理性的声音甚至使最大胆的恶棍也感到战栗、并迫使他躲避这法则的目光那样:以至于我们不必奇怪,我们发现单纯智性的理念对情感的这种影响在思辨理性看来是无法解释的,而且不得不满足于我们竟然还能先天地看出一个这样的情感是不可分割地与每个有限的理性存在者心中的道德律表象结合着的。假如这种敬重的情感是病理学上的,因而是一种建立在内部感官上的愉快情感,那么想要揭示出这愉快①与任何一种先天理念的关联就会是白费力气了。但现在,这是一种仅仅面向实践的情感,并且它只是按照法则的形式、而不是由于法则的任何一个客体而与法则的表象相联系的,因而它既不能算做快乐,也不能算做痛苦,但却对遵守这一法则产生出某种兴趣,我们将它称之为道德的兴趣;正如就连对法则怀有这样一种兴趣的能力(或对道德律本身的敬重)真正说来也是道德情感一样。

关于意志自由地、却又与某种不可避免的、但只是由自己的理性加于一切爱好上的强制结合着而服从法则的意识,就是对法则的敬重。那要求并且也引起这种敬重的法则,如我们所看到的,无非是道德律(因为没有任何其他的法则是把一切爱好从它们对意志的影响的直接性中排除出去的)。那在客观实践上按照这一法则并排除一切出自爱好的规定根据的行动叫做义务,它为了这种排除之故在自己的概念中如此不情愿地包含有实践上的强迫,即对行动的规定,不论这些行动如何发生。来自这种强迫意识的情感不是病理学上的、即由一个感性对象引起的那种情感,相反,它仅仅是实践上的,也就是通过一个先行的(客观的)意志规定和理性的原因性才可能的。所以,这种情感作为对法则的服从,即作为命令(它对于受到感性刺激的主体宣告了强制),并不包含任何愉快,而是在这方面毋宁说于自身中包含了对行动的不愉快。不过反过来说,由于这种强制只是通过自己的理性的立法而施行的,这种情感也就包含有提升,包含有对情感的主观作用,只要它的唯一的原因是纯粹实践理性,因而,它也可以叫作只是在纯粹实践理性方面的自我批准,因为我们认识到自己是没有任何利害[兴趣]而只凭

---

① 哈滕斯泰因将"这愉快"校为"这情感"。——德文编者

法则被规定为这样的,并从此就意识到一种完全不同的、由此而在主观上产生出来的兴趣,它是纯粹实践的和自由的,对某种合乎义务的行动所抱的这种兴趣绝不是听从爱好的建议,而是理性通过实践的法则绝对地命令并且也是实际地产生的,但因此也就带有一个完全独特的名称,即敬重这一名称。

　　所以义务的概念客观上要求行动与法则相符合一致,但主观上要求行动的准则对法则的敬重,作为由法则规定意志的唯一的方式。而基于这一点,就有了合乎义务所做的行动的意识和出于义务、即出于对法则的敬重所做的行动的意识之间的区别,其中前者(即合法性)哪怕是只有爱好成了意志的规定根据时也是可能的,但后者(道德性),即道德价值,则必然只是建立在行动出自于义务而发生、也就是仅仅为了法则而发生这一点上。①

　　在一切道德评判中最具重要性的就是以极大的精确性注意到一切准则的主观原则,以便把行动的一切道德性建立在其出于义务和出于对法则的敬重的必然性上,而不是建立在出于对这些行动会产生的东西的喜爱和好感的那种必然性上。对于人和一切被创造的理性存在者来说,道德的必然性都是强迫,即责任,而任何建立于其上的行动都必须被表现为义务,而不是被表现为已被我们自己所喜爱或可能被我们自己喜爱的做法。就好像,我们有朝一日能做到无须对于法则抱有那种与害怕违禁的恐惧、至少是担忧结合着的敬重,我们就能像那超越于一切依赖性之上的神性一样自发地、仿佛是通过一种成为了我们的本性而永远不会动摇的意志与纯粹德性法则之间的协调一致(因而德性法则由于我们永远不可能被诱使去背弃它,也许最终就有可能完全不

_____

　　① 如果我们精确地权衡对人格的敬重这个概念,正如它在前面已被阐明的那样,那么我们就发现,它总是建立在给我们树立起一个榜样的义务这种意识上的,因而敬重永远只能拥有一个道德上的根据,而凡是在我们运用这一术语的地方,注意到人在他的评判中对于道德律所怀有的那种隐秘的和值得惊叹的、但在此也常常表现出来的顾虑,这是非常好的,甚至从心理学的眼光来看对于人的知识也是很有用的。——康德

95

96

再对我们是命令了），而在某个时候能具有意志的某种神圣性似的。

也就是说，道德律对于一个最高完善的存在者的意志来说是一条神圣性的法则，但对于每个有限的理性存在者的意志来说则是一条义务的法则，道德强迫的法则，以及通过对这法则的敬重并出于对自己义务的敬畏而规定他的行动的法则。不得把另外一条主观原则设定为动机，因为否则行动虽然可以像这法则对它加以规范的那样发生，但由于这行动尽管是合乎义务的，却不是出自义务而发生的，所以对此的意向就不是道德的，而在这种立法中真正重要的却是这个意向。

出于对人们的爱和同情的好意对他们行善，或是出于对秩序的爱而主持正义，这是非常好的，但这还不是我们行为的真正的、与我们在作为人类的理性存在者中的立场相适合的道德准则，如果我们自以为能够仿佛像一个见习生那样凭借高傲的想象而置义务的观念于不顾，并且不依赖于命令而从自己的愉快出发一意孤行，就像没有任何命令迫使我们去那样做的话。我们置身于理性的戒律之下，并且在我们服从这一戒律的一切准则中都不得忘记，不要从它里面抽掉任何东西，也不要由于我们把我们意志的那种虽然是合乎法则的规定根据却仍然建立在不同于法则本身和对法则的敬重的别的东西中，而以自矜的妄想使法则（尽管这是我们自己的理性所立之法）的威信有所损失。义务和职责是我们唯一必须给予我们对道德律的关系的称呼。我们虽然是一个通过自由而可能的、由实践理性推荐我们去敬重的德性王国的立法的成员，但同时还是它的臣民，而不是它的首领，而看不清我们作为被造物的低微等级并对神圣法则的威望加以自大的拒绝，这已经是在精神上对这一法则的背弃了，哪怕这个法则的条文得到了实现。

但与此完全协调一致的是像这样一条命令的可能性：爱上帝甚于一切和爱你的邻人如爱己①。因为这毕竟是作为命令要求对吩咐人去

---

①　与这条法则构成某种奇特对比的是那条有些人想要使之成为德性的最高原理的自身幸福的原则，它将会这样来表述：爱你自己甚于一切，而爱上帝和你的邻人却是为你自己的缘故。——康德

爱的法则加以敬重,而不是把使爱成为自己的原则这件事委之于随意的选择。但对上帝的爱作为爱好(病理学上的爱)是不可能的;因为上帝不是感官的对象。这样一种爱针对人虽然是可能的,但却不能被命令;因为仅仅按照命令去爱一个人,这是任何人都没有能力做到的。所以这只是被理解为一切法则的那个核心的实践的爱。爱上帝,意思是指乐意做上帝所命令的事;爱邻人,意思是乐意履行对邻人的一切义务。但使这一点成为规则的命令却也不能命令人在合乎义务的行动中具有这种意向,而只能是命令人朝这个方向努力。因为一个要人们应当乐意做某件事的命令是自相矛盾的,因为当我们已经自发地知道我们有责任做什么时,如果我们此外还意识到自己乐意这样做,对此下一个命令就会完全是不必要的了,并且,如果我们虽然做了,但恰好不是乐意的,而只是出于对法则的敬重,则一个使这种敬重正好成为准则的动机的命令就会恰恰违背所命令的意向而起作用。所以那条一切法则的法则正如福音书的一切道德规范一样,就把德性的意向体现在它的全部完善性中了,如同这种完善性作为一个神圣性理想是没有任何被造物能达到的,但它却是一个范本,是我们应当努力去接近并在一个不断的但却无限的进程中与之相同的。就是说,假如一个有理性的被造物有朝一日能够做到完全乐意地去执行一切道德律,那么这将不过是意味着,在他心里甚至连诱惑他偏离这些道德律的某种欲望的可能性都不会存在;因为克服这样一种欲望对于主体来说总是要付出牺牲的,因而也需要自我强制,也就是需要内心强迫去做人们不是完全乐意做的事。但达到道德意向的这种程度是一个被造物永远不能做到的。因为既然它是一个被造物,因而就它为了对自己的状况完全心满意足所要求的东西而言,它总是有所依赖的,所以它永远不能完全摆脱欲望和爱好,这些东西由于基于身体的原因,不会自发地与具有完全不同的来源的道德律相符合,因而它们任何时候都有必要使被造物的准则的意向在考虑到它们时建立在道德强迫上,即不是建立在心甘情愿的服从上,而是建立在哪怕是不乐意地遵守这法则所要求的敬重上,不建立在那决不担心内心意志会对法则产生任何拒绝的爱之上,但仍然使这种

98

爱,也就是单纯对法则的爱(因为这样一来法则就会不再是命令了,而主观上现在将转变为神圣性的道德性也就会不再是德行了)成为自己努力的永久的、虽然是不可达到的目标。因为对于我们所尊崇、但却(因为意识到我们的软弱)畏惧的东西,由于更容易适应它,恭敬的畏惧就转变成好感,敬重就转变成爱了;至少这将是一个献身于法则的意向的完成,如果一个被造物有朝一日会有可能达到这种完成的话。

这一考察在这里的目的,并不仅仅是要将前述福音书的诫命归到清晰的概念上来,以便在对上帝的爱方面遏制或尽可能预防宗教狂热,而是也要直接地在对人的义务方面精确规定德性意向,并遏制或尽可能预防那感染着大众头脑的单纯道德的狂热。人类(按照我们的一切洞见也包括任何有理性的被造物)所立足的德性层次就是对道德律的敬重。使人类有责任遵守道德律的那种意向就是:出于义务,而不是出于自愿的好感,也不是出于哪怕不用命令而自发乐意地从事的努力,而遵守道德律,而人一向都能够处于其中的那种道德状态就是德行,也就是在奋斗中的道德意向,而不是自以为具有了意志意向的某种完全的纯洁性时的神圣性。这纯粹是道德上的狂热和自大的膨胀,为此人们通过对行动的鼓舞而使内心具有更加高贵、更加崇高、更加慷慨的情绪,借此他们把内心置于妄想中,仿佛那构成他们行动的规定根据、并使他们通过遵守这一法则(听命于它)而越来越谦卑的不是义务,即对法则的敬重,这法则的束缚(虽然由于它是理性本身加给我们的因而是温和的束缚)是他们即使不情愿也必须承担的;反倒好像那些行动不是从义务中、而是作为他们的净赚被期待的。因为,不仅仅是他们通过对这样一些行为、也就是出自这条原则的那些行为的模仿,本来并不曾对这法则的精神有丝毫的符合,这种精神在于那服从法则的意向,而不在于行动的合法则性(不论这条原则是一条什么原则),并且,这些动机都是在病理学上(在同情甚或爱己之中)、而不是在道德上(在法则中)建立起来的,这样,他们就以这种方法产生了一种轻浮的、粗疏的、幻想的思维方式,即用他们内心的某种自愿的忠顺来使自己得意,似乎他们的内心既不需要鞭策也不需要约束,对它而言甚至就连一个命令也是不必要的,而在这方面忘记了他们本应先于他们的赚头而加以考虑的职责。别人的那些以巨大的牺牲、而且只是为了义务所做出的行动,当然也可以在高贵的和崇高的行为的名义下得到赞扬,但也只有在存在着让人猜测这些行动完全是出于对他的义务的敬重、而不是 100 出于心血来潮才发生的迹象时才是如此。但如果我们要把这些行动作为仿效的榜样介绍给一个人,那么绝对必须用对义务的敬重(作为唯一真正的道德情感)当做动机:这种严肃而神圣的规范并不听任我们虚浮的自爱用病理学上的冲动(就其与道德性相类似而言)来戏弄,以赚来的价值自夸。只要我们仔细搜求一下,那么我们就已经会在一切值得称赞的行动上都发现一条义务法则,它在颁布命令,而不容取决于那有可能是我们的偏好所喜欢的我们的愿望。这是唯一从道德上使心灵得到教化的描述方式,因为只有它才能胜任坚定的和精确规定了的原理。

如果最广泛意义上的狂热就是按照原理来进行的对人类理性界限的跨越,那么道德狂热就是对人类的实践的纯粹理性所建立的界限的这种跨越,人类的这种理性通过这界限禁止把合乎义务的行动的主观规定根据、也就是它们的道德动机建立在任何别的地方,而只建立在法则本身中,禁止把由此带进准则中的意向建立在任何别的地方,而只建立在对法则的敬重之中,因而它命令使消除一切自负也消除虚荣爱己的义务观念成为人心中一切道德性的至上的生活原则。

所以如果是这样,那么不单是小说家或敏感的教育家(尽管他们还如此起劲地反对多愁善感),而且有时甚至哲学家、乃至一切哲学家中最严肃的哲学家斯多亚派,都引入了道德狂热来取代冷静的但却是明智的德性训练,尽管后面这些人的狂热更多地具有英雄气概,前面那些人的狂热则更具萎靡不振的性状,并且我们可以用不着伪装而十分忠实地照着福音书的道德信条说:福音书首先是通过道德原则的纯粹性、但同时也通过这原则与有限存在者的局限的适合性,而使人类的一 101 切善行都服从某种摆在他们眼前的、不容许他们在道德上所梦想的完善性之下狂热起来的义务的管教,并对自大和自矜这两种喜欢弄错自己的界限的东西建立起了谦卑（即自知）的限制。

义务！你这崇高伟大的威名！你不在自身中容纳任何带有献媚的讨好，而是要求人服从，但也绝不为了推动人的意志而以激起内心中自然的厌恶并使人害怕的东西来威胁人，而只是树立一条法则，它自发地找到内心的入口，但却甚至违背意志而为自己赢得崇敬（即使并不总是赢得遵行），面对这法则，一切爱好都哑口无言，即使它们暗中抵制它：你的可敬的起源是什么？我们在哪里寻找你的那条高傲地拒绝了与爱好的一切亲属关系的高贵出身的根？而且，溯源于哪一条根才是人类唯一能自己给予自己的那个价值的不可缺少的条件？

这个东西决不会低于那使人类提升到自身（作为感官世界的一部分）之上的东西，那把人类与只有知性才能思考的事物秩序联系起来的东西，这个事物秩序主宰着整个感官世界，与此同时还主宰着人在时间中的可经验性地规定的存有及一切目的的整体（只有这个整体才是与像道德律这样一个无条件的实践法则相适合的）。这个东西不是别的，正是人格性，也就是摆脱了整个自然的机械作用的自由和独立，但它同时却被看做某个存在者的能力，这个存在者服从于自己特有的、也就是由他自己的理性给予的纯粹实践法则，因而人格作为属于感官世界的人格，就他同时又属于理知世界而言，则服从于他自己的人格性；这就不必奇怪，人作为属于两个世界的人，不能不带有崇敬地在与他的第二个和最高的使命的关系中看待自己的本质，也不能不以最高的敬重看待这个使命的法则。

102 一些按照道德理念来标明对象价值的术语就是以这个起源为根据的。道德律是神圣的（不可侵犯的）。人虽然是够不神圣的了，但在其人格中的人性对人来说却必然是神圣的。在全部造物中，人们所想要的和能够支配的一切也都只能作为手段来运用；只有人及连同人在内所有的有理性的造物才是自在的目的本身。因为他凭借其自由的自律而是那本身神圣的道德律的主体。正是为了自由之故，每个意志、甚至每个人格自己所特有的针对他自己本人的意志，都被限制于与有理性的存在者的自律相一致这个条件之下，也就是不使这个存在者屈从于任何不按照某种从受动主体本身的意志中能够产生出来的法则而可能的意图；所以这个存在者永远不只是用做手段，而且同时本身也用做目的。就这个世界中的有理性的存在者作为上帝意志的造物而言，这个条件我们甚至有理由赋予上帝的意志，因为该条件是基于这些造物的人格性之上的，只有凭借人格性这些造物才是自在的目的本身。

这个激起敬重的人格理念让我们看见了我们本性（按其使命而言）的崇高性，因为它同时让我们注意到我们的行为在这种崇高性方面缺乏适合性，这样就消除了自大，这个理念甚至对最普通的人类理性来说也是自然的和容易看出来的。每个哪怕只有一般程度的诚实的人难道不是有时也发现，一个本来是无害的谎言，他原可以借此要么使自己从一场麻烦的纠葛中脱身出来，要么很可以为一个所爱的有价值的朋友谋取利益，但却仅仅为了不让自己私下里在自己眼中遭到轻视而放弃了？一个陷入生活的巨大不幸的正直的人，只要他能摆脱他的义务，他本来可以避免这种不幸，难道使他挺住的不正是这种意识，即他毕竟保持和尊重了他人格中的人性的尊严，他在他自己面前没有理由感到羞愧，而且没有理由畏惧内心自我拷问的眼光？这种慰藉不是幸 103 福，甚至也不是幸福的最小部分。因为没有人会希望自己遭遇到它，甚至也许就连这样一种处境的生活也不希望有。然而他活着，并且不能忍受在自己眼里配不上这种生活。所以这种内心的镇静对于一切可以使得生活快适的东西只是否定性的；因为这是在他完全放弃了他的现状的价值以后，对在人格性价值中沉沦这种危险的阻止。这是对某种完全不同于生活的东西的敬重的结果，与这种东西相比和相对照，生活连同其所有的快意毋宁说根本就没有什么价值。他仅仅只是出于义务还活着，而不是由于他对生活感到丝毫的趣味。

纯粹实践理性的真正动机就是这样的情况；它无非是纯粹道德律本身，只要这法则让我们发觉我们自己的超感性实存的崇高性，并主观上在人们的心中，在他们同时意识到自己的感性存有和与此结合着的对他们在这方面很受病理学上的刺激的本性的依赖性时，引起了对于自己更高使命的敬重。于是，与这种动机结合着的就很可能是生活的如此之多的魅力和快意,以至于甚至仅仅为了它们之故,一个合理的并对生活的最大福祉深思熟虑的伊壁鸠鲁主义者所作的最明智的选择也已经会表示赞成德行善举了,而把对生活的欢乐享受的这种展望与那个至高的、单凭自身已经足以进行规定的动因结合起来,这种做法也可以是值得推荐的;但如果谈到义务的话,这样做只是为了与恶习一定会在反面幻化出来的种种诱惑保持一个平衡,而不是为了在这里面把真正的动力放入进来,哪怕一丝一毫也不行。因为这将意味着想要使道德意向在其源头上遭到污染。义务的尊严与生活享受没有任何相干;它有自己特有的法则,甚至自己特有的法庭,而且不论我们还想如何把这两者搅在一起,以便把它们仿佛混合成药剂递给有病的心灵,但它们却马上就自行分离,如果它们不分离,那么前者就完全不起作用,即使肉体的生活会从这里获得某些力量,而道德的生活却会无可救药地衰退下去。

对纯粹实践理性的分析论的批判性说明

我所谓的对一门科学或它的单独构成一个系统的某个部分的批判性说明,是指当人们把它与一个别的具有类似认识能力作根据的系统进行比较时,对于它为什么恰好必须具有这样的而不是任何其他的系统形式所作的的探讨和辩解。现在,实践理性和思辨理性就两者都是纯粹理性而言,都有同样的认识能力作根据。所以一种理性和另一种理性在系统形式上的区别将不得不通过比较来规定并指出其根据。

纯粹理论理性的分析论与那些能够被提供给知性的对象的知识打交道,所以它必须从直观、因而(由于这种直观总是感性的)从感性开始,但从那里首先进展到(这直观的诸对象的)概念,并只有在预先准备了这两者之后才以诸原理结束。相反,由于实践理性并不和诸对象打交道以认识它们,而是与它自己的那种(按照诸对象的知识而)使诸对象实现出来的能力打交道,也就是和一个就理性包含原因性的规定根据而言本身就是某种原因性的意志打交道,因而这时理性无须指出任何直观的客体,而是(由于原因性概念总是包含着与一个在相互关系中规定杂多之实存的法则的关联)作为实践理性而只须指出一条法则:所以就这理性应当是一种实践理性而言,它的分析论的一个批判(这是本来的任务①)就必须从先天的实践原理的可能性开始。只有从这里出发,它才能进到实践理性对象的诸概念,即绝对的善和恶的概念,以便按照那些原理首次将这些对象提供出来(因为这些对象是不可能先于那些原则通过任何认识能力作为善和恶而被提供出来的),并且只有在此之后,最后一章、即关于纯粹实践理性对感性的关系及实践理性对感性的可先天认识的必然影响的一章,也就是关于道德情感的一章,才结束了这一部分②。于是,实践的纯粹理性的分析论就完全与理论的纯粹理性类似地对其运用的一切条件的整个范围进行了划分,但却具有相反的秩序。理论的纯粹理性的分析论被分为先验感性论和先验逻辑,反之,实践的纯粹理性的分析论则被分为纯粹实践理性的逻辑和感性论(如果允许我在这里仅仅出于类比而运用这种本来根本不合适的命名的话),在前者那里逻辑又分为概念分析论和原理分析论,在后者这里则分为原理分析论和概念分析论。在前者那里感性论出于感性直观的双重性质还具有两个部分;在后者这里感性根本不被看做直观能力,而只被看做情感(它可以是欲求活动的主观根据),而在情感方面纯粹实践理性就不再允许任何进一步的划分了。

　　甚至这种两部分连同其分支的划分在这里没有被现实地放在前面(正如人们本来很可能一开始就由以前划分的榜样被引诱着去尝试的那样),其理由也能很容易看出来。因为在这里是在其实践运用中被考察的纯粹理性,因而它是从先天原理而不是从经验性的规定根据出发的:所以纯粹实践理性分析论的这种划分就必定得出类似于一个三

105

------

　　① 　据那托尔普,此句应作"它的一个批判(这是分析论的本来任务)";诺尔特(Nolte)则建议去掉"批判"二字,则变成:"它的分析论(这是本来的任务)"。——德文编者

　　② 　"部分"(Teil)在此不是指"要素论"这个第一"部分",而是指其下的第一"卷"(Buch)即"分析论"。——译者

段论推理的结果,即从大前提中的共相(道德原则)出发,通过一个在小前提中前置了的、把(作为善的或恶的)可能行动放在共相之下的归摄,而前进到结论、也就是前进到主观的意志规定(一种对实践上可能的善和建立于其上的准则的关切)。对于已经能够确信分析论中出现的这些命题的人,这样一些比较就会使他们感到快乐;因为这些比较正当地引起了一种期望,或许有一天能够抵达对全部纯粹理性能力(不论是理论理性还是实践理性的能力)的统一性的洞见并从一个原则中推导出一切来;而这是人类理性的不可避免的需要,人类理性只有在其知识的一个完备的系统化的统一中才感到完全的心满意足。

但如果我们现在也考察一下我们关于纯粹实践理性并通过它所能够拥有的知识的内容,正如纯粹实践理性的分析论将它摆明的那样,那么尽管纯粹实践理性与理论理性之间有值得注意的类似,同样也可以找到值得注意的区别。在理论理性方面,一种纯粹理性认识的先天能力可以通过来自科学的例证(在这些科学上由于它们对自己的原则以如此各色各样的方式通过按一定方法的运用而加以检验,人们就不必担心如同在日常知识那里一样很轻易地把经验性的认识根据暗中掺杂进来)而十分容易和明显地得到证明。但纯粹理性不掺杂任何一种经验性的规定根据而自身单独也是实践的,这一点我们却必定可以从最日常的实践理性运用中作出阐明,因为我们把这个至上的实践原理认证为这样一条原理,每个自然的人类理性都会认为它作为完全先天的、不依赖于任何感性材料的原理是人的意志的至上法则。我们首先必须把这条原理按照其起源的纯粹性甚至在这个日常理性的判断中加以验证和辩护,然后科学才能够把这条原理把握在手,以便对它加以运用,仿佛它是一个先行于一切关于其可能性的推想和一切有可能从中引出的结论的事实似的。但这种情况也可以由此前刚刚阐述过的作出很好的解释;因为实践的纯粹理性一定必须由那些原理开始,这些原理因而必须作为最初的材料给全部科学奠定基础,而不能从科学中才首次产生出来。但对道德原则作为纯粹理性的诸原理的辩护却因此可以通过援引日常人类知性的判断而很好地并且以足够的可靠性来进行,因为一切有可能作为意志的规定根据混入我们的准则中来的经验性的东西通过它在激发起欲望时必然附着在意志之上的快乐或痛苦的情感马上就成为可辨认的,但那个纯粹实践理性却完全拒绝把这种情感作为条件接受到自己的原则中来。这些(经验性的和理性的)规定根据的不同质性,通过一个实践上立法的理性对一切混合的爱好的抗拒,通过某种特别的、但并非先行于实践理性的立法、反倒是唯有借助于这种立法、即作为一种强制而产生出来的感觉方式,也就是通过某种敬重的情感——这类情感没有任何人是对于爱好而具有的,不论这爱好可能是何种类型,但却可以对于法则而具有,——而得到这样的辨认、变得这样的突出和显著,以至于任何人、哪怕是最日常的人类知性,都不会不在一个呈现在面前的榜样那里瞬间感到,他虽然会通过意愿的经验性根据被劝告去追随它们的诱惑,但永远不能指望他除了只遵从纯粹实践理性法则外还遵从别的法则。

在幸福论中诸经验性原则构成了整个基础,而这些原则对于德性论来说却甚至丝毫不构成其附加成分,于是区分开幸福论和德性论在纯粹实践理性的分析论中是它的首先和最重要的职责性工作,它在这件工作中必须像几何学家在自己的研究中那样做得一丝不苟、甚至也可以说吹毛求疵。但对于在这里(正如任何时候在凭借单纯概念而非概念的构造而来的理性知识中一样)由于不能把任何直观作为(纯粹本体的①)根据而必须与更大的困难作斗争的哲学家来说,毕竟也很有用的办法就是,他几乎像化学家一样任何时候都可以用每个人的实践理性来做实验,以便把道德的(纯粹)规定根据与经验性的根据区别开来;当他把道德律(作为规定根据)加在从经验性上被刺激起来的意志(例如那种由于能够凭借说谎而有所获就会愿意说谎的意志)之上时就是这样。这就仿佛化学家把碱加入石灰在盐酸中的溶液里那样;盐酸马上就脱离了钙而与碱化合,钙则沉淀在底下。同样,这条道德律树

108

---

① 那托尔普认为"纯粹本体"应为"他的本体",阿底克斯校作"一个本体的任何直观"。——德文编者

立于一个本来就很正派的人（或至少哪怕这一次想把自己置于一个正派人的地位的人）面前，他凭这法则就认识到一个说谎者的卑劣，——他的实践理性（在关于什么是他应当做的事这个判断中）马上就抛弃了好处而使自己与那为他保持着对他自己人格的敬重的东西（诚实）相一致，而那种好处则在从理性（它完全只站在义务一边）的一切附属物中被分离出来和清洗出来以后，现在就被每个人加以权衡，以便也许还在别的场合下与理性建立起联系，只是除开它有可能违背道德律的情况以外，而道德律是永远不离开理性、而是与之最密切地结合着的。

但是，幸福原则与德性原则的这一区别并不因此就立刻是双方的对立，纯粹实践理性并不要求人们应当放弃对幸福的权利，而只是要求只要谈到义务，就应当对那种权利根本置之度外。就某种观点来看，照顾自己的幸福甚至也可以是义务；一方面是因为幸福（灵巧、健康、财富都属于此列）包含着实现自己义务的手段，一方面也是因为幸福的缺乏（如贫穷）包含着践踏义务的诱惑。只促进自己的幸福，这直接说来永远也不可能是义务，更不可能是一切义务的原则。既然意志的一切规定根据除了唯一的纯粹实践理性法则（道德律）之外全都是经验性的，因而本身是属于幸福原则的，那么它们就全都必须从至上的德性原理中分离出来而永远不能作为条件被合并到德性原理中去，因为这将会把一切德性价值都完全取消了，正如对几何学的原理作经验性的掺杂就会把一切数学的自明性这个数学本身（按照柏拉图的判断）所拥有的最卓越的、甚至比数学的一切用处都重要的东西都取消了一样。

但能够取代对纯粹实践理性的至上原则的演绎、即取代对这样一类先天知识的可能性的解释的东西无非是提出这个理由：假如我们洞察了一个起作用的原因的自由的可能性，我们也决不会只是洞察到作为理性存在者的至上实践法则的那个道德律的可能性，而是将完全洞察其必然性，而这些理性存在者我们是赋予了其意志的原因性的自由的；因为这两个概念是如此不可分割地结合着，以至于我们也可以通过

意志对于除了唯一的道德律以外的任何其他东西的独立性来给实践的
自由下定义。不过,一个起作用的原因的自由,尤其是在感官世界中,
按其可能性来说是绝对不可能被洞察的;只要我们能够充分保证不会
有对自由的不可能性的任何证明,于是就由于悬设了自由的那个道德
律而不得不假定自由、并同样由此也被授权假定自由,那就是万幸了!
因为尽管如此,还有许多人仍然总相信这种自由是可以像所有别的自
然能力一样按照经验性原则来解释的,并且把自由看做心理学的属性,
其解释唯一地取决于对灵魂的本性和意志的动机作更仔细的研究,而
不是看做一个属于感官世界的存在者的因果性的先验的谓词(正如事
情实际上毕竟唯一地取决于这一点那样),这样就把我们通过纯粹实
践理性并借助于道德律所接受到的那个壮丽的启示、即通过清楚意识
到自由的那个本来是超验的概念而对一个理知世界的启示取消了,连
同一起取消的是绝对不接受任何经验性的规定根据的道德律本身:所　　110
以就有必要为了防止这一幻觉及展示经验主义的赤裸裸的浅薄而在这
里再作一点引述。

　　与作为自由的原因性不同的作为必然性的因果性[原因性]这个
概念只涉及物的实存,只要这个实存是在时间中可规定的、因而是作为
现象而与这些现象的作为自在之物本身的原因性相对立的。现在,如
果我们把物在时间中的实存的规定当做自在之物本身的规定(这是最
常见的表象方式),那么在因果关系中的必然性与自由就不能以任何
办法达成一致;相反,它们处于相互矛盾的对立中。因为,从必然性中
所得出的结论是,任何事件、因而在一个时间点上采取的任何行动,都
必然是以在先行的时间中发生过的事为条件的。既然过去了的时间不
再在我的控制之下,所以我所实行的每个行动都由于不受我所控制的
规定性根据而是必然的,就是说,我在我行动的那个时间点上绝不是自
由的。的确,即便我把我的整个存有假定为不依赖于任何一个外来的
原因(如上帝),以至我的原因性、甚至我的整个实存的规定根据都完
全不会处于我之外,那么这毕竟丝毫也不会把那个自然必然性转变成
自由。因为在每个时间点上我总还是服从必然性的,即通过那不受我

所控制的事而被规定去行动的,而诸事件 a parte priori① 无限序列,我永远只会按照一个已经预先规定的秩序来延续它,却决不会自行开始它,它就会是一条持续不断的自然链条,因而我的因果性决不会是自由。

所以,如果我们想把自由赋予一个其存在在时间中被规定了的存在者,那么我们至少不能在这方面把它从它的实存中、因而也是它的行动中的一切事件的自然必然性法则中排除出去;因为这将等于是把它托付给了盲目的盖然性。但由于这条法则不可避免地涉及到这些物就其在时间中的存有可以被规定而言的一切因果性,所以,如果这条法则是我们也能够据以设想这些自在之物本身的存有的方式,则自由就必然会被作为一个无意义的和不可能的概念而遭到抛弃。因此,如果我们还要拯救自由,那么就只剩下一种方法,即把一物的就其在时间中能被规定而言的存有,因而也把按照自然必然性的法则的因果性只是赋予现象,而把自由赋予作为自在之物本身的同一个存在者。这样做当然是不可避免的,如果我们想要把这两个互不相容的概念同时保持住的话;不过,如果我们想要把它们解释为结合在同一个行动中、因而想解释这种结合的话,在应用中却冒出来种种巨大的困难,它们似乎使得这样一种结合变得不可行了。

如果我关于一个犯过一次偷窃行为的人说:这个行为是按照因果性的自然法则从先行时间的规定根据来的一个必然后果,那就不可能有这个行为本来可以不发生这件事;那么,按照道德律所作的评判在这里又如何能够造成一个改变,并预设这个行为由于道德律说本来应当不做而本来毕竟可以不做,就是说,这个人在该时间点上、就该行动而言毕竟从属于一种不可避免的自然必然性之下,他在这同一一时间点上并就同一行动而言又如何能够说是完全自由的呢? 试图寻求一种托词,说人们只是使自己的按照自然法则的因果性之规定根据的方式适合于一种比较的自由概念(据此,对一个东西进行规定的自然根据若处于起作用的存在者内部,这个东西有时就叫做自由的结果,例如一个

___

① 拉丁文:来自先前部分的。——译者

被抛物体当它在自由运动时所做的,我们在这里运用自由这个词,是因为该物体在它处于飞行的期间没有从外部受到任何东西的推动,或者,就像我们把一只表的运动也称之为一种自由运动一样,因为它自己推动自己的指针,因而这指针可以不由外部来推动,同样,人的行动尽管由于它们在时间中先行的那些规定根据而是必然的,但却还是被称之为自由的,因为这毕竟是一些内部的、通过我们自己的力量而产生的表象,因此就是按照种种机缘状况而产生的欲望所引起的、因而是按照我们自己的随意性而引起的行动),这是一种可怜的借口,总还是有一些人用这个借口来搪塞自己,以为自己用抠出一个小小的字眼儿的方式就解决了那个困难的问题,为了解决这个问题人们毫无结果地工作了数千年,因此答案的确是很难通过这种完全表面的方式就可以被找到的。因为在追问一切道德律及与之相应的责任追究必须当做根据的那个自由时,问题根本不取决于那依照一条自然法则来规定的因果性是由于处在主体之中的规定根据还是由于处在主体之外的规定根据而是必然的,在处于主体之中时又是由于本能还是由于借理性来思考过的规定根据而是必然的;如果这些进行规定的表象按照这同一些人士所承认的,本身毕竟在时间中、也就是在先前状态中有自己实存的根据,而这种先前状态却又在一个先行状态中有其实存的根据,如此等等,于是尽管它们、即这些规定可以始终是内部的,尽管它们可以有心理学的而非机械论的因果性,也就是通过表象而不是通过物体的运动来产生行动:那么这就始终是存在者就其存有可以在时间中规定而言的因果性的一些规定根据,因而是处于过去时间的那些使之成为必然的条件之下的,所以这些条件在主体应当行动时就不再受他所控制,因而那些规定根据虽然具有心理学的自由(如果人们愿意把这个词运用在灵魂诸表象的一个仅仅是内部的链条上的话),但毕竟带有自然必然性,因而并没有留下任何先验的自由,后者是必须作为对于一切经验性的东西、因而对于一般自然的独立性而被思维的,不论这自然是被看做仅仅在时间中的内部感官的对象,还是看做同时在空间和时间中的外部感官的对象,没有这种唯一是先天实践性的(在最后这种真正意义上的)

112

113 自由,任何道德律、任何根据道德律的责任追究都是不可能的。正是为
此我们才可以把在时间中的种种事件的所有必然性都按照因果性的自
然法则也称之为自然的机械作用,虽然我们的意思并不是指那些服从
机械作用之物必须现实地是一些物质的机器。在这里我们只是当种
种事件按照自然规律发展时着眼于它们在时间序列中的联结的必然
性,我们现在可以把这一过程发生于其中的那个主体称之为
Automaton materiale①,因为这个机器是由物质推动的,或者依莱布尼
茨,称之为 Automaton spirituale②,因为它是由表象推动的,并且如果我
们意志的自由无非是后一种(例如说心理学的和比较性的,而非同时
是先验的即绝对的)自由,那么它从根本上也丝毫不比一个旋转烤肉
叉的自由好到哪里去,后者一旦上紧了发条,也会自行完成它的运动。

现在,为了消除前述场合下同一个行动中在自然的机械作用和自
由之间表面上的矛盾,我们必须回忆一下在《纯粹理性批判》中已经说
过的东西,或是从中得出的东西,即:与主体的自由不能一起共存的自
然必然性只是与那种从属于时间条件的物的诸规定相联系的,从而只
是与作为现象的行动主体的那些规定相联系的,所以就此而言主体的
每一个行动的规定根据都处于那属于过去时间而不再受他控制的东西
中(必须归于此列的也有他的已经做出的行为,以及在他自己眼中作
为现相而可由这些行为所规定的他的性格)。但在另一方面也意识到
自己是自在之物本身的这同一个主体,却将自己的存有本身就其并不
从属于时间条件而言也只是看做能通过他凭理性给予自己的那些法则
所规定的,而在他的这种存有中,他没有任何东西先行于自己的意志规
定,相反,每个行动、并且一般地说他的存有的每个按照内感官而变更

114 着的规定、甚至他作为感官存在者的实存的全部系列,在对他的理知实
存的意识中都必须被看做无非是后果,却绝不是他作为本体的原因性
的规定根据。于是从这方面来看,有理性的存在者对于他所干出的每

---

① 拉丁文:物质的自动机。——译者
② 拉丁文:精神的自动机。——译者

个违背法则的行动,哪怕它作为现象是在过去充分规定了的并且就此而言是不可避免地必然的,他也有权说,他本来是可以不做出这一行动的;因为这个行动连同对它加以规定的一切过去的东西都属于他自己给自己造成的性格之独一无二的现相,按照这个性格,他作为一个独立于一切感性的原因而把那些现象的原因性本身归咎于自己。

与此完全相一致的也有在我们里面我们称之为良知的那个奇特能力的公正判决。一个人尽可以矫揉造作,以便把他还未忘记的一件违法行为文饰为无意的过失,文饰为仅仅是人们决不可能完全避免的不小心,因而文饰为他被自然必然性的湍流所卷入进去的事情,并宣称自己在这件事上是无辜的;但他毕竟会发现,这位为他作有利辩护的律师决不可能使他心中的原告保持沉默,如果他意识到当他在干这件不正当的事时他完全是清醒的、即他在运用自己的自由的话,虽然他把他的违法行为用某种由于逐渐放松对自己的警惕而染上的坏习惯来解释,直到他能够把这个行为看做这种习惯的自然后果的程度,这却仍然不能使他免于自责和他自己对自己发出的训斥。正是根据这一点,人们对于一件早就犯下的罪行在每次回忆起来的时候也都心怀悔恨;一种由道德意向所引起的痛苦的情感,就其并不能用来使已经发生过的事情不发生这点而言在实践上是空洞的,甚至会是荒谬的(如同普利斯特利①这样一个地道的贯彻到底的宿命论者也把这种情感宣称为荒谬的一样,而在坦诚性方面他比这样一些人更值得称赞,这些人由于他们实际上主张意志的机械作用、但在口头上却主张意志自由,就总还是愿意被视为他们在自己的调和主义体系中把自由一起都包括在内了,却并没有说明这样一种责任追究的可能性),但作为痛苦却毕竟是完全合乎法则的,因为理性在事情取决于我们的理知实存的法则(道德律)时不承认任何时间差异,而只是问这个事件作为行为是否属于我,但然后就总是把这种情感与这行为从道德上联结起来,不管这行为是现在

---

① Priestley, Joseph (1733—1804),英国教士、政论家、教育家和科学家。——译者

发生的还是早先发生的。因为感官生命在对其存有的理知的意识（即对自由的意识）方面具有一个现相的绝对统一性，这个现相就其只包含着有关涉及道德律的意向（有关性格）的那些现象而言必须不是按照那应归之于作为现象的性格的自然必然性来评判，而是按照自由的绝对自发性来评判。所以我们可以承认，假如对我们来说有可能对一个人的思维方式一旦它通过内部的或外部的行动表现出来就具有如此深刻的洞见，以至对这种思维方式的每一个哪怕是最微小的动机、连同一切对这一动机起作用的外部诱因也都为我们所获悉，我们对一个人在未来的行为举止就有可能如同对一次月食或日食一样确定地测算出来，这时我们却仍然主张人是自由的。就是说，假如我们还能够对人的主体有另外一种眼光（但这种眼光当然并没有赋予我们，我们所有的不是它而只是理性概念），亦即一种智性的直观，那么我们也许就会最终发觉，就永远只能涉及道德律的东西而言种种现象的这个完整的链条都取决于作为自在之物本身的主体的自发性，关于这个自发性的规定是根本不可能给出任何自然解释的。在缺乏这种直观的情况下，道德律向我们保证，我们的作为现象的行动与我们主体的感官存在者的关系，是不同于这个感官存在者本身借以被联系到我们里面的理知基底的那种关系的。——在这种对于我们的理性来说是自然而然的、虽

116　然是难以说明的考虑中，甚至那些以极为认真的态度作出的、但最初看起来却显得是与一切合情合理相冲突的评判都可以得到辩护了。在有些情况下，人们从小哪怕与别人同时受到良好的教育，但却这么早就显露出恶性来，并且一直继续加剧到他们的成年时代，以致人们把他们看做是天生的恶棍，而且看做在思维方式上是完全无可救药的，但却同样还是为了他们的所作所为而审判他们，同样指责他们的违法行为是罪过，甚至他们（小孩）自己也觉得这种指责是完全有根据的，就好像即使他们内心那种被归于他们的自然性状毫无希望，他们却仍然像每个其他人那样要承担责任似的。这种情况本不可能发生，假如我们不是预设了一切出自人的任意的事（每个故意做出来的行动无疑都是如此）都有一个自由的原因性作根据的话，这种自由的原因性从少年时

代起就在他们的现象（行动）中表现出他们的性格，这些现象由于行为的类似性而使得一种自然关联成为可识别的，但这种关联并没有使意志的恶劣性状成为必然的，毋宁说，它是自愿接受了那些顽固不化的罪恶原理的后果，这些原理只会使意志更加卑鄙和更该受到惩罚。

但自由还将面临一个困难，如果人们要把它在一个属于感官世界的存在者中与自然机械作用结合起来的话：这种困难即使在至今所说的一切都得到赞同之后，却仍然使自由受到灭顶之灾的威胁。但尽管有这种危险，有一种情况毕竟同时也提供了对于主张自由来说还有幸运的出路的希望，这就是：同样的困难对于那种把时间和空间中的实存看做自在之物本身的实存的学说所造成的压力更强得多（事实上如我们马上将看到的，它只压制这个学说），所以它并不强迫我们放弃我们最重要的预设，即对作为感性直观之单纯形式的、因而作为主体在属于感官世界时所特有之单纯表象方式的时间的那种观念性的预设，因而只要求我们把这个预设同自由的理念结合起来。

这就是说，即使人们向我们承认理知的主体在一个给予的行动上还能够是自由的，哪怕它作为一个属于感官世界的主体在同一个行动上也是以机械作用为条件的，然而看来只要我们认为上帝作为普遍的原始存在者也是实体之实存的原因（这是一个永远也不可放弃的命题，除非我们把作为一切存在者的存在者的上帝概念，连同在神学中一切东西所依赖的上帝之圆满俱足都一起放弃掉），我们似乎也就不得不承认：人的种种行动在那个完全在他控制之外的东西中，也就是说在一个与人不同的、人的存有和他的原因性的全部规定所完全依赖的最高存在者的原因性中，有它们进行规定的根据。实际上，假如人的行动当它们属于人在时间中的规定时，不仅仅是对人作为现象的规定，而且是对他作为自在之物的规定，那么自由就会无法拯救了。人就会是由一切工艺制品的那个至高无上的巨匠所制作和上好发条的傀儡或沃康松①

①　Vaucanson, Jacques de（1709—1782），法国发明家，所发明的自动机装置对现代工业有重大影响。——译者

式的自动机了,而自我意识虽然会使它成为一个思维着的自动机,但在其中当他的自发性被看做是自由的时,对这个自发性的意识就会只不过是幻觉,因为,既然规定他的运动的那些最近的原因以及这个运动上溯到它的那些规定原因的一个长长的序列虽然都存在于内部,但最后和最高的那个规定原因却毕竟完全是在一只外来的手那里找到的,那么这种自发性就只配称之为比较性的。因此我看不出那些一直还在坚持把时间和空间视为属于自在之物本身之存有的规定的人在这里将如何避免行动的宿命;或者,如果他们如此直接地(如本来很精明的门德尔松①所做的那样)把时空都只承认为必然属于有限的和派生的存在

118 者之实存的条件,但却不是必然属于无限的原始存在者之实存的条件,我看不出他们将如何为自己辩护,说明他们从何处取得这种权利来作出这样的区分;甚至他们将如何避开他们在把时间中的存有看做必然与有限的自在之物相联系的规定时所遭遇到的矛盾,因为上帝是这个存有的原因,但却又不可能是时间(或空间)本身的原因(因为时间必须被预设为物之存有的先天必然条件),因而上帝的原因性在这些物的实存上甚至也必须是以时间为条件的,于是这里就不可避免地必然会出现针对上帝的无限性和独立性这两个概念的一切矛盾。相反,我们很容易把与一个感官世界的存在者的规定不同的、作为不依赖于一切时间条件的上帝实存的规定,当做某个自在的存在者本身的实存而与一个在现象中的物的实存区别开来。因此,如果我们不接受时间和空间的那个观念性,则唯一剩下的就只是斯宾诺莎主义,在其中空间和时间就是原始存在者本身的本质规定,而依赖于原始存在者的物(因而也包括我们自己)并不是实体,而只是依存于实体的偶性;因为,如果这些物只是作为原始存在者在时间中的结果而实存,而时间又是它们自在地实存的条件的话,那么甚至这些存在者的行动也就必然会不过是原始存在者随时随地所实行的行动了。因此尽管斯宾诺莎主义的

---

① Mendelssohn,Moses(1729—1786),德国犹太人哲学家、《圣经》翻译注释家。——译者

基本理念很荒谬,但它的推论却远比按创世论所能做到的更加令人信服,如果这些被当做实体并自在地实存于时间中的存在者被视为一个至上原因的结果、但却并不同时被视为属于原始存在者及其行动的,而是被视为独立的实体的话。

上述困难的简单明白的解决是以下面这种方式完成的。如果在时间中的实存就是这个世界中思维着的存在者的一种单纯感性的表象方式,因而并不涉及作为自在之物本身的这些存在者:那么对这些存在者的创造就是对自在之物本身的创造,因为一个创造的概念并不属于实存的感性表象方式,也不属于因果性,而只可能与本体发生关系。因此,如果我关于感性世界中的存在者说:它们是被创造出来的,那么我就在这点上把它们看做是本体了。所以,正如说上帝是诸现象的创造者,这是一个矛盾一样,说上帝作为创造者是感官世界中的、因而是作为现象的种种行动的原因,尽管他也是行动着的(作为本体的)存在者的存有的原因,这同样也是一个矛盾。如果现在有可能在无损于这些行动作为现象的机械作用的情况下主张有自由(只要我们承认时间中的存有是某种仅仅适用于现象而不适用于自在之物本身的东西),那么行动着的存在者就是被创造者这一点在这里就不会造成丝毫的改变,因为创造所涉及的是这些存在者的理知的实存,而不是它们的感知的实存,因而不能被看做诸现象的规定根据;但假如尘世存在者作为自在之物本身而在时间中实存,这里的结果就会完全不同了,因为实体的创造者就会同时又是在这个实体身上的全部机械装置的发动者了。

在纯粹思辨理性批判中所做到的使时间(以及空间)与自在之物本身实存的这种分离,就具有如此大的重要意义。

但人们会说,在这里所提出的对困难的解决毕竟在自身中还有许多难处,是几乎无法得到清晰的描述的。不过,人们所尝试过或可能尝试的任何其他解决就更容易和更可理解吗?我们宁可说,形而上学的独断论导师们通过他们对这一难点尽可能视而不见,并希望如果他们闭口不谈它,也许就不会有任何人轻易想到它,所证明的将与其说是诚实,不如说是狡猾。如果一门科学要得到帮助,那么所有的困难都必须

119

被揭示出来，甚至必须使那些还在暗中阻碍科学的困难都被搜寻出来；因为每种困难都在召唤一种补救手段，而这种手段是不可能在被找到时不使科学获得一种不论是范围上还是确定性上的增长的，所以就凭120 这一点甚至这些障碍都成为了科学彻底性的促进手段。反之，如果故意把这些困难掩盖起来，或只是用止痛剂去化解，那么这些困难迟早会爆发为无可挽回的灾祸，这些灾祸将使科学毁于一种彻底的怀疑论。

────────

既然在纯粹思辨理性的一切理念中，唯一在超感性东西的领域里、即使只是对实践的知识而言取得了如此巨大扩展的概念，真正说来就是自由概念，所以我就问自己：究竟是从何处唯独这个概念获得了如此巨大的多产性，而其他那些概念虽然表示着对一个纯粹的可能的知性存在者虚位以待，但却不能对这些知性存在者的概念作任何规定。我马上就领会到，既然我离开范畴就不可能思维任何东西，所以在我所探讨的自由这个理性理念中也必须首先寻找范畴，这范畴在这里就是因果性范畴，而且，即使自由的理性概念作为一个夸大其辞的概念不可能配备有任何相应的直观，但为了自己的综合而向自由理念要求无条件者的那个知性概念（因果性概念），却必须事先被给予一个感性直观，以便首先得到客观实在性的保证。于是一切范畴都分为两级，即单纯针对客体表象中的综合统一的数学性的范畴，和针对客体之实存的表象中的综合统一的力学性的范畴。第一级范畴（量和质的范畴）任何时候都包含有同质的东西的一个综合，在这种综合中，对于在感性直观里所给予的有条件者是根本不可能在空间和时间中找到无条件者的，因为这个无条件者本身又必将属于空间和时间、因而又必须是有条件的；因此甚至在纯粹理论理性的辩证论中，为种种条件找到无条件者和条件总体的两种相互对立的方式都是错误的。第二级范畴（一物之因121 果性和必然性的范畴）则完全不要求这种同质性（即有条件者和条件在综合中的同质性），因为在这里应当被设想的不是直观如何由其中的杂多复合起来，而只是那个与直观相应的有条件的对象的实存如何

（在知性中作为与之相联结的）添加到条件的实存上去；于是就允许为感官世界中那些通通有条件的东西（不论是在因果性方面还是在物本身的偶然存有方面）设立理知世界中的、虽然在其他方面并不确定的无条件者，并使这种综合成为超验的；因此，在纯粹思辨理性的辩证论中也就出现了这种情况，即两个表面上相互对立的、为有条件者找到无条件者的方式，例如在对因果性的综合中为感官世界的原因和结果序列中的有条件者来设想出不再具有感性条件的因果性的方式，实际上并不是相互矛盾的，而同一个行动，作为属于感官世界的行动，任何时候都是以感性为条件的、也就是机械必然的，但同时也作为属于行动着的存在者之原因性的行动，就这存在者属于理知世界而言，有一个感性上无条件的原因性做根据，因而能够被思考为自由的。现在问题只在于要使这个能够（Können）变成是（Sein），即我们要能在一个现实的场合下仿佛通过一个事实来证明，某些行动不论它们现在是现实的还是仅仅被要求的、即客观实践上必要的，都是以这样一种原因性（智性的、在感性上无条件的原因性）为前提的。我们不可能指望在那些通过经验现实地给予出来的、作为感官世界事件的行动中找到这种联结，因为出于自由的原因性总是必须在感官世界之外到理知的东西中去寻求。但除了感官之物以外别的东西却并没有提供给我们的知觉和观察。所以剩下的就无非是，或许会发现一条不矛盾的、更确切说是客观的因果性原理，它从自己的规定中排除一切感性的条件，也就是说，在这样一条原理中，理性不再去引用别的东西作为因果性方面的规定根据，而是本身已经通过这条原理包含了这个规定根据，所以这时它作为纯粹理性本身就是实践的。但这条原理不需要作任何寻求和发明；它早就存在于一切人的理性中且被吸纳进他们的本质，它就是德性的原理。所以那个无条件的原因性及其能力，即自由，但连同自由还有某个属于感官世界的存在者（我本人），毕竟同时又不只是不确定地和悬拟地被思考为属于理知世界的（这一点思辨理性就已经能够查明是可以做到的了），而是甚至就自由的原因性法则而言也被确定地和实然地认识到了，这样，这个理知世界的现实性、确切地说是在实践的考虑中

122

的现实性就被确定地提供给我们了，而这种确定性在理论的意图中将会是超验的（夸大其辞的），在实践的意图中则是内在的。但我们在第二个力学性的理念方面、即在一个必然存在者的理念上却不能够采取同样的步骤。我们不可能不借助于第一个力学性的理念就从感官世界出发上达这个必然存在者。因为假如我们愿意试一试，我们将必须作一个大胆的跳跃，离开一切被给予我们的东西而飞抵那甚至丝毫没有被给予我们的东西之上，借此我们才有可能促成这样一个理知的存在者与感官世界的联结（因为这个必然的存在者应当被认为是在我们之外被给予的）；相反，这种情况在我们自己的主体上，就其一方面通过道德律（由于自由而）把自己规定为理知的存在者、另方面认为自己是按照这一规定在感官世界中如同现在亲眼看到的那样活动的而言，倒是完全可能的。唯有自由的概念允许我们可以不超出我们之外去为有条件的东西和感性的东西发现无条件的和理知的东西。因为正是我们的理性自身，通过最高的、无条件的实践法则和意识到这条法则的那个存在者（即我们自己的人格）而认识到自己是属于纯粹知性世界的，更确切地说，是认识到自己带有这个存在者本身能够得以活动的那种方式的使命的。这样就可以理解，为什么在全部理性能力中只有实践的能力才可能是帮助我们超出感官世界并使我们获得有关一个超感性的秩序和联结的知识的，但也正因为如此这些知识当然就只能够在对于纯粹实践的意图所必须的那个范围之内扩展。

请允许我借此机会再提醒大家注意一点，就是我们凭借纯粹理性所迈出的每一步，哪怕是在我们根本不考虑微妙思辨的那个实践领域内，却仍然是如此精确地、而且是自动地与理论理性批判的一切契机相衔接的，就好像每一步都以深思熟虑的谨慎仅仅是为了获得这样的认可而想好了的一样。实践理性的这些最重要的命题与思辨理性批判的那些看起来似乎是微妙的和不必要的说明之间的这样一种不以任何方式被寻求、而是（如同人们只要愿意把道德研究推进到它们的原则就能够自己确信的那样）自动出现的精确印证，是令人惊讶和使人奇怪的，而且加强了那条已由别的人所认识到并赞扬过的准则，即在每一种科学研究中都要以一切可能的精密性和开放性不受干扰地继续自己的进程，而不把这种研究在自己的领域之外有可能违背的东西放在心上，而是尽可能独立自主地将这种研究真实完备地加以完成。多次的观察使我确信，如果我们完成了这件工作，那在这件工作的半途中在我之外的其他学说看来有时似乎是很可疑的东西，只要我把这种疑虑直到事情得到完成之前都置之不顾并专心于我的工作，最终就会以出人意料的方式而与那种丝毫不考虑那些学说、也没有对它们的偏袒和偏爱而自发产生出来的东西完全吻合。作者们只要能够下决心以更多一些的开诚布公来进行工作，他们就会避免好些错误，节省好些徒劳的辛苦了（因为这些辛苦是花费在假象上的）。

第二卷　纯粹实践理性的辩证论

第一章　纯粹实践理性的一般辩证论

纯粹理性总是有它的辩证论的,不管我们是在它的思辨运用中还是在它的实践运用中考察它;因为它向一个给予的有条件者要求那绝对的条件总体,而这个总体只有在自在之物本身中才能找到。但由于一切事物概念都必须与直观相关,而直观在我们人类这里永远只能是感性的,因而只让对象不作为自在之物本身、而仅仅作为现象得到认识,在这些现象的有条件者和那个条件系列中是永远不可能遇到无条件者的,所以,从条件总体(因而无条件者)这一理性理念在现象上的应用中就产生出一个不可避免的幻相,似乎这些现象就是自在的事物本身(因为在缺乏一个警戒性的批判时它们总是被认为是这样的),但如果这个幻相不是在理性把它的那个为一切有条件者预设无条件者的原理应用到现象上去时,通过理性的自相冲突而自己暴露出来,它是永远不会被发觉其欺骗性的。但理性由此就被迫去追踪这个幻相,它是从何处产生的,以及如何能消除它,而这只有通过对整个纯粹的理性能力作一个彻底的批判才能做到;所以纯粹理性在其辩证论中所显示出来的二律背反,事实上是人类理性历来所可能陷入过的最有好处的迷误,因为它最终推动我们去寻求走出这一迷宫的线索,这个线索如果被找到,还会揭示那我们未曾寻求却毕竟需要的东西,即对事物的一种更高的、不变的秩序的展望,我们现在已经处在这种秩序中,并且我们从现在起就可以由确定的规范指导着,按照最高的理性规定在这个秩序中去继续我们的生活。

在纯粹理性的思辨的运用中,那种自然的辩证论应如何来解决,以及应如何防止来自某个多余的自然幻相的错误,我们可以在那种能力的批判中得悉详情。但理性在其实践运用中的情况也是半斤八两。它作为纯粹实践的理性,同样要为实践上的有条件者(基于爱好和自然需要之上的东西)寻求无条件者,而且不是作为意志的规定根据,而是即使在这个规定根据(在道德律中)已被给予时,以**至善**的名义去寻求纯粹实践理性之对象的无条件的总体。

把这个理念在实践上、也就是为了我们的合乎理性的行为准则来加以充分的规定,这就是智慧学,而当智慧学又作为科学时就是古人所理解的这个词的含义上的哲学,在他们那里,哲学曾是对至善必须由以建立的那个概念及至善必须借以获得的那个行为的指示。假如我们让这个词保留其古代的作为一门至善之学的含义,那就好了,只要理性在其中努力使至善成为科学。因为一方面,这个附带的限制条件将会适合于希腊的这一术语(它意味着爱智慧),但同时却又足以把爱科学、因而爱一切理性的思辨知识,就其既在概念上又在实践的规定根据上有助于理性而言,一同包括在哲学的名义之下,却又不会让唯一能因之而被称为智慧学的那个主要目的逃出自己的视线。另一方面,对于那胆敢以哲学家头衔自命的人,一旦我们通过定义把那个将使他的资格大受贬损的自我评估的尺度摆在他面前,就会吓退他的自大,而这也不坏;因为做一名智慧的导师,比起一名还一直没有进到足以用对一个如此高尚的目的的有把握的期待来指导自己、更不用说指导别人的学生来,确实要意味着更多的东西;那将意味着一位知晓智慧的大师,它所表示的将超过一个谦虚的人会对自己期许的,而哲学将正如智慧本身那样,仍然还会是一个理想,这理想在客观上只是在理性中才完全被表现出来,但主观上对个人来说却只是他不停努力的目标,而且只有那能够在自己个人身上把这种努力的不容置疑的作用(就他对自己的克制和他对普遍的善首先抱有的无可怀疑的兴趣来看)作为榜样树立起来的人,才有资格宣称以自命为哲学家的名义达到了这个目标,这也是古

126

人为了能够配得上这个尊称所要求的。

就纯粹实践理性的辩证论而言,在对至善概念进行规定这一点上(这种规定,当纯粹实践理性的辩证论得到解决时,就正如理论理性的辩证论一样,让人期待最有好处的结果,因为坦率地展开而不是隐瞒纯粹实践理性的自相矛盾,就会迫使它对自己的能力进行彻底的批判),我们只需再作出一个预先的提醒。

道德律是纯粹意志的唯一的规定根据。但由于这一法则只是形式上的(也就是只要求准则的形式是普遍立法的),所以它作为规定根据就抽掉了一切质料,因而抽掉了一切意志客体。因而尽管至善是一个纯粹实践理性、亦即一个纯粹意志的全部对象,但它却并不因此就能被视为纯粹意愿的规定根据,而唯有道德律才必须被看做是使那个至善及其促成或促进成为意志自身的客体的根据。这一提醒在一个像对德性原则作规定这样一种微妙的场合下是有重要意义的,在此即使最小的误解都会歪曲意向。因为我们将从分析论中看出,如果我们在道德律之前把任何一个客体以某种善的名义假定为意志的规定根据,然后又从它引出至上的实践原则,那么这种原则任何时候都会带来他律并排斥道德原则。

但不言而喻的是,如果道德律作为至上条件也已经被包括在至善概念中了,那么就不仅仅至善是客体,而且就连它的概念及它的通过我们的实践理性而可能的实存的表象,也同时会是纯粹意志的规定根据了:因为这样一来,事实上是在这个概念中已经包含着并同时被想到的道德律,而不是别的对象,在按照自律的原则规定着意志。有关意志规定的诸概念的这种秩序应该受到密切的注意:因为否则我们就会对自己产生误解,以为自己在自相矛盾,其实一切都处于最完满的相互和谐之中。

第二章　纯粹理性在规定至善
概念时的辩证论

　　至高这个概念已经包含有一种歧义,这种歧义如果我们不加重视就会引起不必要的争执。至高的东西可以意味着至上的东西(supremum①),也可以意味着完满的东西(consummatum②)。前者是这样一种本身无条件的、亦即不从属于任何别的条件的条件(originarium③);后者是一个整体,它绝不是某个同类型的更大整体的部分(perfectissimum④)。德行(作为配得幸福的资格)是一切只要在我们看来可能值得期望的东西的、因而也是我们一切谋求幸福的努力的至上条件,因而是至上的善,这一点在分析论中已证明过了。但因此它就还不是作为有限的理性存在者的欲求能力之对象的全部而完满的善;因为要成为这样一种善,还要求有幸福,而且这不仅是就使自己成为目的的人格的那些偏颇之见而言,甚至也是就把世上一般人格视为目的本身的某种无偏见的理性的判断而言的。因为需要幸福,也配得上幸福,但却没有分享幸福,这是与一个有理性的同时拥有一切强制力的存在者——哪怕我们只是为了试验设想一下这样一个存在者——的完善意愿根本不能共存的。既然德行和幸福一起构成一人格对至善的占有,但与此同时,幸福在完全精确地按照与德性的比例(作为人格的价值及其配享幸福的资格)来分配时,也构成一个可能世界的至善:那么这种至善就意味着整体,意味着完满的善,然而德行在其中始终作为条件而是至上的善,因为它不再具有超越于自己之上的任何条件,而幸

128

---

　　① 拉丁文:最高的、极限的。——译者
　　② 拉丁文:完成了的。——译者
　　③ 拉丁文:原生的。——译者
　　④ 拉丁文:完备无缺。——译者

福始终是这种东西,它虽然使占有它的人感到快适,但却并不单独就是绝对善的和从一切方面考虑都是善的,而是任何时候都以道德的合乎法则的行为作为前提条件的。

在一个概念中必然结合的两个规定必须作为根据和后果而联结在一起,就是说要么这样,即这个统一体被看做分析的(逻辑的联结),要么它就被看做综合的(实在的结合),前者是按照同一律来看的,后者是按照因果律来看的。所以,德行和幸福的联结要么可以这样来理解:努力成为有德性的及有理性地去谋求幸福,这并不是两个不同的行动,而是两个完全同一的行动,因为前一个行动不需要任何别的准则作根据,只需要后一个行动的准则作根据;要么,那种联结就被置于这种关系中,即德行把幸福当做某种与德行意识不同的东西产生出来,就像原因产生出结果那样。

129　　在古希腊各学派中,真正说来只有两个学派,是在规定至善的概念时,虽然就它们不让德行和幸福被看做至善的两个不同要素、因而是按照同一律寻求原则的统一性而言,遵循着同样的方法的,但在它们从两者之中对基本概念作不同的选择上却又是互相分歧的。伊壁鸠鲁派说:意识到自己的导致幸福的准则,这就是德行;斯多亚派说:意识到自己的德行,就是幸福。对于前者来说,明智和德性是一样的;后者给德行挑选了一个更高级的名称,对于这派来说唯有德性才是真正的智慧。

我们不能不遗憾的是,这些人(我们同时却也不由得惊叹他们在如此早的时代就已经尝试过了哲学征服的一切想得出来的方式)的敏锐目光不幸被用于在两个极端不同性质的概念、即幸福概念和德行概念之间挖空心思地想出同一性来。不过这是与他们那个时代的辩证精神相适合的,这种精神甚至现在有时也在诱使那些精敏的头脑,通过力图把那些原则中的本质性的和永远无法一致的区别转化为词句之争,并这样在表面上装得有概念的统一性而只是名称不同,来取消它们的这些区别,而这通常发生在这样的场合,在这里不同性质的根据的结合是如此高深,或者是要求那些往常在哲学体系中被假定的学说有一个如此彻底的改变,以至于人们对于深入到那实在的区别感到畏惧,而宁可把这种区别当做仅仅是在表达形式上的不一致来看待。

当这两个学派都力图挖空心思地想出德行和幸福这两个实践原则的等同性时，他们并没有因此就他们想如何硬提出这种同一性而相互达成一致，而是相互有无限大的分歧，因为一派把自己的原则建立在感性的方面，另一派则把它建立于逻辑方面，前者把自己的原则置于感性需要的意识中，后者则把它置于实践理性对一切感性的规定根据的独立性中。按照伊壁鸠鲁派，德行的概念已经包含在促进自身的幸福这一准则中了；反之，按照斯多亚派，幸福的情感已经包含在人的德行的意识中了。但是，凡是被包含在另一个概念中的东西，虽然与包含者的一个部分是相等的，却并不与那个整体相等，此外，两个整体虽然由同一种材料构成，但若因为在两者中的那些部分被结合为一个整体的方式是完全不同的，则它们也可以在种类上相互区别开来。斯多亚派主张，德行就是整个至善，幸福只不过是对拥有德行的意识，属于主观的状态。伊壁鸠鲁派主张，幸福就是整个至善，而德行只不过是谋求幸福这一准则的形式，就是说，在于合理地运用手段去达到幸福。

但现在，从分析论中表明，德行的准则和自身幸福的准则在它们的至上实践原则方面是完全不同性质的，而且尽管它们都属于一个至善以便使至善成为可能，但它们是远非一致的，在同一个主体中极力相互限制、相互拆台。所以这个问题：至善在实践上如何可能？不论迄今已作了怎样多的联合尝试，还仍然是一个未解决的课题。但使它成为一个难以解决的课题的东西已经在分析论中提出来了，这就是，幸福和德性是至善的两个在种类上完全不同的要素，所以它们的结合不是分析地能看得出来的（例如说那个这样寻求着自己幸福的人在他的这个行为中通过对其概念的单纯分解就会发现自己是有德的，或者一个如此遵循德行的人在一个这样行为的意识中就已经会 ipso facto[①] 感到自己是幸福的了），而是这两个概念的某种综合。但由于这种结合被认为是先天的，因而是实践上必然的，从而就被认识到不是由经验推出来

130

---

① 拉丁文：根据行为本身。——译者

的,而至善的可能性也就不是基于任何经验性的原则的,于是这个概念的演绎就必须是先验的。通过意志自由产生出至善,这是先天地(在道德上)必然的;所以至善的可能性的条件也必须仅仅建立在先天的知识根据之上。

131

Ⅰ. 实践理性的二律背反

在对我们是实践性的、亦即必须通过我们的意志使之实现的至善中,德行和幸福将被设想为必然结合着的,以至于一方若没有另一方也归属于它就不能被纯粹实践理性所采纳。现在,这种结合(正如任何一般结合一样)要么是分析的,要么是综合的。但既然现在给予的结合不可能是分析的,如刚才已预先指出的那样,所以它必须被综合地设想,也就是被设想为原因和结果的联结:因为它涉及到一种实践的善,亦即通过行动而可能的东西。所以,要么对幸福的欲求必须是德行的准则的动因,要么德行准则必须是对幸福的起作用的原因。前者是绝对不可能的:因为(正如在分析论中已证明的)把意志的规定根据置于对人的幸福的追求中的那些准则根本不是道德的,也不能建立起任何德行。但后者也是不可能的,因为在现世中作为意志规定的后果,原因和结果的一切实践的联结都不是取决于意志的道德意向,而是取决于对自然规律的知识和将这种知识用于自己的意图的身体上的能力,因而不可能指望在现世通过严格遵守道德律而对幸福和德行有任何必然的和足以达到至善的联结。既然至善在其概念中包含着这一联结,而对至善的促进是我们意志的一个先天必然的主题,且是与道德律不可分地关联着的,那么前者的不可能也就必然证明了后者的谬误。所以如果至善按照实践规则是不可能的,那么甚至命令人促进至善的那条道德律也必定是置于幻想中及某种空虚杜撰的目的上的,因而本身就是虚假的。

132

Ⅱ. 对实践理性的二律
背反的批判的消除

在纯粹思辨理性的二律背反中,在世界上事件的因果性里自然必然性和自由之间发生了一个相似的冲突。这个冲突由于已证明,当我们(正如我们应当做的那样)把事件和事件在其中发生的那个世界都只看做现象时就不会有任何真正的冲突,就被消除了:因为同一个行动着的存在者作为现象(甚至在他自己的内感官面前)具有一种感官世界中的、任何时候都是符合自然机械作用的因果性,但就同一个事件而言,只要行动着的人格同时又把自己看做本体(作为在其不能按照时间来规定的存有中的纯粹理智),就可能包含有那个按照自然规律的因果性的规定根据,这根据本身是摆脱了一切自然规律的。

目前这个纯粹实践理性的二律背反也正是这样一种情况。这两个命题中的第一个命题,即对幸福的追求产生出德行意向的某种根据,是绝对错误的;但第二个命题,即德行意向必然产生出幸福,则不是绝对地错,而只是就德性意向被看做感官世界中的因果性形式而言,因而是当我把感官世界中的存有当做有理性存在者实存的唯一方式时,才是错误的,因此只是有条件地错误的。但由于我不仅仅有权把我的存有也设想为一个知性世界中的本体,而且甚至在道德律上对我(在感官世界中)的原因性有一种纯粹智性的规定根据,所以意向的德性作为原因,与作为感官世界中的结果的幸福拥有一种即使不是直接的、但却是间接的(借助于一个理知的自然创造者)也就是必然的关联,这并非是不可能的,这种结合在一个仅仅是感官客体的自然中永远只能偶然地发生,而不能达到至善。

所以,尽管实践理性与自身有这种表面的冲突,至善仍是一个被从道德上规定的意志的必然的最高目的,是实践理性的真正客体;因为它在实践上是可能的,而按其质料与此相关的那些意志准则都具有客观实在性,这种实在性最初由于在德性与幸福按照一条普遍法则结合时　133

的二律背反而受到冲击①，但这只是出于误解，因为人们把现象之间的关系看做了自在之物本身与这些现象的关系。

如果我们看到自己不得不在这么远的距离中、即在与某个理知世界的联结中，去寻找至善这种由理性为一切有理性的存在者的一切道德愿望所标定的目标的可能性，那么必然会感到奇怪的是，古代和近代的哲学家们竟能在此生中（在感官世界中）就已经感到了与德行有完全相当比例的幸福，或是能说服人去意识到这种幸福。因为不论是伊壁鸠鲁还是斯多亚派都曾把从生活中的德行意识里产生的幸福提升到一切东西之上，前者在其实践的规范中并不那么思想卑鄙，就像人们有可能从他的理论的那些为了说明、而不是为了行动的原则中所推论出来的那样，或者像许多人以淫乐一词偷换满足一词来阐释这一理论时那样，相反，他把最不自私的行善也算在最发自内心的快活的享乐方式之列，并且如同哪怕最严格的道德哲学家所可能要求的那种知足和对爱好的节制，也都应属于他对快乐（他把这理解为持久喜悦的心情）的计划之列；在这方面他与斯多亚派的突出的分歧仅仅在于，他把动因建立在这种快乐里面，而斯多亚派则拒绝、而且有权拒绝这样做。因为一方面，有德行的伊壁鸠鲁，正如现在还有许多在道德上有良好意向、虽然对自己的原则并没有充分深思熟虑的人士那样，犯了在他最初想要为之指示德行动机的那些人格身上预先假定德行意向的错误（事实上正直的人如果不是事先意识到自己的正直的话，是不可能感到幸福的：因为由于德性意向，他在违禁的行为中将被他自己的思维方式逼迫着对自己作出责备和道德上的自我谴责，这就会剥夺他对本来可能包含在他的状态中的快意的一切享受了）。但问题在于：评估自己的生活价值的这样一种意向和思维方式最初是通过什么而成为可能的，因为在此之前主体中还根本找不到对一般道德价值的任何情感？当然，如果一个人是有德行的，他不在自己的每个行动中意识到自己的正直就

134

---

①　此句据维勒应改为："这种实在性最初由于在德性与幸福按照一条普遍法则结合时所遇到的二律背反而处于危险之中"。——德文编者

不会对生活感到快活，哪怕他身体状态的幸运对他是多么的有利；但是，为了首先使他成为有德行的，因而还在他对自己生存的道德价值作这样高的评估之前，我们此时怎好向他夸赞出自对某种正直的意识而他对之却没有任何感觉的心灵的平静？

但另一方面，在这里总是有某种错误的欺骗行为（vitium subreptions①）的根据，仿佛是某种关于我们所做出的事——不同于我们所感到的事——的自我意识中的视幻觉的根据，这种视幻觉哪怕是最饱经考验的人也都不能完全避免的。道德意向是和直接通过法则规定意志的意识必然结合着的。现在，对欲求能力进行规定的意识总是对由此产生出来的行动感到愉悦的根据；但这种愉快，这种对自己本身的愉悦，并不是行动的规定根据，相反，直接地、只通过理性而对意志的规定才是愉快情感的根据，而那种规定仍然是一种对欲求能力的纯粹实践的、而非感性的规定。既然这种规定在内心对于活动的驱动，起了如同一个从所欲求的行动中被期待的快意情感将会起的恰好一样的作用，所以我们很容易把我们自己所做出的事看做只是我们被动地所感到的事，而把道德的动机当做是感性的驱动，正如这在所谓感官的（这里是在内感官的）错觉中通常总在发生的那样。人类本性中的某种非常崇高的东西，是直接被某种纯粹理性法则规定着去行动，甚至是这种错觉，即把意志可以智性地规定这种性质的主观性看做某种感性的东西和某种特殊感官的情感（因为一种智性的情感将会是一个矛盾）的作用。使人注意到我们人格性的这一属性并尽可能地培养理性对这种情感的作用，这也是具有重要意义的。但我们也必须提防通过我们把特殊的快活的情感放在这种作为动机的道德规定根据底下作基础（它们毕竟只是后果），而对这种规定根据作出不真实的过高估价，这样使得那真正的真实动机即法则本身仿佛是被一种虚假的衬托而贬低和变得面目全非了。所以，敬重、而不是快乐或对幸福的享受，才是某种不可能有任何先行的情感为之给理性提供根据的东西（因为这种情感永远都会是

135

---

①　拉丁文：偷换的错误。——译者

感性的和病理学上的），它作为①通过法则对意志直接强迫的意识，与愉快的情感几乎没有类比性，因为这种意识在与欲求能力的关系中恰好造成同样的东西，但却是出自另外的来源；但我们唯有通过这种表象方式才能达到我们所寻求的东西，即行动不仅仅是合乎义务（依照快适情感）地发生，而且是出自义务而发生的，这必须是一切道德教养的真正目的。

但我们是否就没有一个词，它不像幸福一词那样表示着一种享受，但却指明了一种对我们实存的愉悦，一种与必然会伴随着德行意识的幸福的类比？有！这个词就是自我满足，它在自己本来的含义上永远只是暗示着对我们实存的一种消极的愉悦，在其中我们意识到自己一

136 无所求。自由和对自由作为一种以压倒性的意向遵守道德律的能力的意识，就是对于爱好的独立性，至少是对于作为我们的欲求之规定性的（即使不是作为刺激性的）动因的那些爱好的独立性，并且，就我遵守自己的道德准则时意识到这独立性而言，它就是某种必然与之结合在一起的、不是基于任何特殊情感的、恒久不变的满足的唯一根源，而这种满足可以称之为智性的满足。那基于对爱好的满意之上的审美的（不是在本来意义上这样称呼②的）满足，不论它被苦心琢磨得多么细致，也永远不能适合于我们对此所思考的东西。因为爱好是变易的，是随着我们让其受到的宠幸而增长的，并且永远还留下一个比我们已想到去填满的要更大的壑洞。因此这些爱好对于一个有理性的存在者永远是一种累赘，而且即使他没有能力摆脱它们，它们却迫使他希望从它们解脱出来。甚至对合乎义务的事（例如对慈善行为）的爱好，虽然能使道德准则更容易起作用，但并不产生任何这种作用。因为在道德准则中一切都必须着眼于作为规定根据的法则表象，如果行动所包含的不应当只是合法性，而且也是道德性的话。爱好是盲目的和奴性的，不论它是否具有好的性质，而理性当事情取决于德性时不仅必须扮演爱好的监护人，而且必须不考虑爱好而作

---

① 那托尔普建议将"它作为"（als）改为"所以"（also），哈滕斯泰因和克尔巴赫（Kehrbach）则认为应作"并且"（und）。——德文编者

② 康德这里用的是 ästhetisch，其希腊文原意为"感性的"，引申为"审美的"。——译者

为纯粹实践理性完全只操心它自己的利益[兴趣]。甚至同情的情感和贴心关怀的情感,如果先行于考虑什么是义务而成为规定根据的话,对于善于思维的人来说本身也是累赘,将把他们经过思虑的准则带入混乱,并引发要从中解脱出来而只服从立法的理性的愿望。

由此可以理解:对一个纯粹实践理性的这种能力的意识如何能够通过行动(德行)而产生出战胜自己的爱好的意识,同时也就产生出独立于这些爱好、因而也独立于总是伴随这些爱好的不满足的意识,这样就产生了对自己的状态的一种消极的愉悦,即满足,它在其根源上就是对自己人格的满足。自由本身以这样一种方式(亦即间接地)就可以是一种享受,这种享受不能称之为幸福,因为它不依赖于某种情感的积极参加,严格说来也不能称之为永福,因为它并不包含对爱好和需要的完全的独立性,但它毕竟和永福是近似的,因为至少它的意志规定可以免于这些爱好和需要的影响,因而至少按照其起源来说是与我们只能赋予最高存在者的那种自足相类似的。

由实践的纯粹理性的二律背反的这种解决中得出的是,在实践原理中,在德性意识和对于作为德性的后果并与之比例相当的幸福的期望之间,一种自然的和必然的结合至少是可以设想为可能的(但当然还并不因此就是认识和洞见到的);相反,谋求幸福的原理要产生出德性是不可能的;因此,那至上的善(作为至善的第一个条件)构成德性,反之幸福则虽然构成至善的第二个要素,但却是这样构成的,即它只是前者的那个以道德为条件的、但毕竟是必然的后果。只有在这种隶属关系中至善才是纯粹实践理性的全部客体,纯粹实践理性必须把至善必然地表象为可能的,因为尽一切可能促使至善的产生是它的一条命令。但由于有条件者与其条件的这样一种结合的可能性完全属于事物的超感官的关系,并且按照感官世界的法则是根本不能被给予的,哪怕这个理念的后果、也就是以实现至善为目的的行动是属于感官世界的:所以我们将试图对于那个可能性的诸根据,首先就直接受我们支配的东西而言,其次通过理性为了弥补我们在至善的可能性上的无能而(按照实践原则必然)呈示给我们的、不受我们支配的东西,来加以描述。

137

138

Ⅲ. 纯粹实践理性在其与思辨理性
结合时的优先地位

对于在两个或多个由理性结合起来的事物之间的优先地位,我理解为其中之一是与所有其他事物相结合的最初规定根据这种优先权。在狭义的实践意义上,这意味着其中之一的兴趣在其他事物的兴趣都服从于它(这种兴趣决不能置于其他兴趣之后)的场合下所具有的优先权。对每一种内心能力我们都可以赋予一种兴趣,亦即一条原则,它包含着唯有在其之下这能力的实施才得到促进的条件。理性作为原则的能力,规定着一切内心能力的兴趣,但它自己的兴趣却是自我规定的。它的思辨运用的兴趣在于认识客体,直到那些最高的先天原则,而实践运用的兴趣则在于就最后的完整的目的而言规定意志。一般理性运用的可能性所要求的是,理性的各个原则和主张不可相互矛盾,这并不构成理性的兴趣的任何部分,而是拥有理性的一般条件;只有理性的扩展,而不仅仅是与自身相一致,才被算做理性的兴趣。

如果实践理性除了思辨理性单独从自己的见地出发所能呈献给它的东西之外,不再能假定任何东西并把它思考为被给予的,那么思辨理性就领有优先地位。但假设实践理性自身拥有本源的先天原则,与这些原则不可分割地结合着的是某些理论性的肯定,而这些肯定却仍然是思辨理性的任何可能的见地所见不到的(虽然它们也必定不是与思辨理性相矛盾的),那么问题是,何种兴趣将是至上的兴趣(而不是:何种兴趣必须退出,因为一种兴趣并不必然地与另一种兴趣相矛盾):对于实践理性

139 交给它去采纳的东西一无所知的思辨理性是否必须接受这些命题,并且即使这些命题在思辨理性看来是过甚其辞的,它也不得不力图把它们作为一笔外来的转移给它的财产与自己的概念一致起来,或者,思辨理性

是否有权顽固地恪守它自己特有的兴趣,并按照伊壁鸠鲁的理则学(Kanonik),把一切不能由明显可见的、可在经验中提出的例证来认可其客观实在性的东西,都作为空洞的玄想而加以拒绝,哪怕这些东西还是与实践的(纯粹的)运用紧密交织在一起的,本身也和理论的运用并不矛盾,仅仅是因为它们在取消思辨理性为自己建立起来的界限并使理性听任想象力的一切胡闹与疯癫的限度内,现实地损害了思辨理性的兴趣。

实际上,只要实践理性是作为以病理学上的东西为条件的,亦即作为只是在幸福的感性原则之下管理①对各种爱好的兴趣的,而被建立为基础,那么就根本不能对思辨理性作这种苛求。穆罕默德的天国,或是神智学家和神秘主义者的与神性融合为一,如同每个人兴之所至那样,都会把他们的大而无当强加于理性,而完全没有理性就会和把理性以这种方式委诸一切梦幻是同样的情况了。不过,如果纯粹理性独自就可以是实践的,并且这种情况是现实的,如同道德律的意识所证明的那样,那么毕竟总是只有同一个理性,不论是出于理论的还是实践的意图,在按照先天原则作判断,而这就很明显,即使理性的能力在前一种意图中做不到肯定地确立某些命题,然而这些命题同样也并不与理性相矛盾,正是这些命题,只要它们不可分割地属于纯粹理性的实践兴趣,虽然是作为某种并非在纯粹理性基地上生长起来的外来的赠品,但毕竟是得到了充分认可的赠品,理性就同样必须采纳它们,必须力图把它们和理性作为思辨的理性所能支配的一切东西相比较、相联结;但却要满足于:　140
这并非理性的洞见,但却是理性的运用向某种别的意图、即向实践意图中的扩展,这与理性的兴趣在于限制思辨的违禁是一点也不相悖的。

所以,在纯粹思辨理性与纯粹实践理性结合为一种知识时,后者领有优先地位,因为前提是,这种结合绝不是偶然的和随意的,而是先天地建立在理性本身之上的,因而是必然的。因为,假如没有这种从属关系,理性与自身的一种冲突就会产生出来:因为如果两者只是相互并列

---

① 维勒将"管理"(verwaltend)校作"对待"(verhaltend),菲林(Vering)则校作"统治"(vorwaltend)。——德文编者

（并立），前者就会独自紧紧地封锁住它的边界，而不从后者中接受任何东西到自己的领域中来，后者却仍然会把自己的边界扩展到一切之上，并且在自己需要的要求下就会力图把前者一起包括到自己的边界之内来。但我们根本不能指望纯粹实践理性从属于思辨理性，因而把这个秩序颠倒过来，因为一切兴趣最后都是实践的，而且甚至思辨理性的兴趣也只是有条件的，唯有在实践的运用中才是完整的。

Ⅳ. 灵魂不朽，作为纯粹
实践理性的一个悬设

至善在现世中的实现是一个可以通过道德律来规定的意志的必然客体。但在这个意志中意向与道德律的完全适合却是至善的至上条件。所以这种适合必须正如它的客体一样也是可能的，因为它被包括在必须促进这个客体的同一个命令之中。但意志与道德律的完全的适合就是神圣性，是任何在感官世界中的有理性的存在者在其存有的任何时刻都不能做到的某种完善性。然而由于它仍然是作为实践上的而被必然要求着，所以它只是在一个朝着那种完全的适合而进向无限的

141 进程中才能找到，而按照纯粹实践理性的原则是有必要假定这样一个实践的进步作为我们意志的实在客体的。

但这个无限的进程只有在同一个有理性的存在者的某种无限持续下去的生存和人格性（我们将它称之为灵魂不朽）的前提之下才有可能。所以至善在实践上只有以灵魂不朽为前提才有可能，因而灵魂不朽当其与道德律不可分割地结合着时，就是纯粹实践理性的一个**悬设**（我把这理解为一种理论上的、但本身未经证明的命题，只要它不可分割地与某种无条件地先天有效的实践法则联系着）。

关于我们的本性只有在一个无限行进的进步中才能达到与德性法

则完全相适合这一道德使命的命题,具有最大的用处,这不仅是考虑到目前对思辨理性的无能加以弥补,而且也是着眼于宗教。缺少这个命题,要么道德律就会完全不配有它的神圣性,因为人们把它矫饰成宽大无边的(宽纵的),以适合于我们的怡然自得,要么就把自己的天职、同时也把自己的期望绷紧到某种无法达到的规定,亦即绷紧到所希望的对意志的神圣性的完全获得,而迷失在狂热的、与自我认识完全相矛盾的神智学的梦呓之中,通过这两者,所阻碍的只是那种不停息的努力,即努力准确地和彻底地遵守一种严格而不宽纵的、但却也不是理想化的而是真实的理性命令。对于一个有理性的但却是有限的存在者来说,只有那从道德完善性的低级阶段到高级阶段的无限进程才是可能的。那不存在任何时间条件的无限者,则把这个对于我们是无限的序列看做与道德律相适合的整体,而为了在他给每个人规定至善的份额上与他的公正相称,他的命令所毫不含糊地要求的那种神圣性,则是在对这些有理性的存在者的此生的某种唯一的智性直观之中才能全部见到的。至于就这种份额的希望方面可以归于被造物的东西,那将是对他的这种经过考验的意向的意识,以便从他的迄今由比较恶劣到道德上较为改善的进步中,从他由此得知的不可改变的决心中,希望这个进步更加不断地继续下去,而不论他的生存能达到多么长久,甚至超出此生①,

142

————————

①　当然,对自己的意向在向善的进步中不可改变抱有确信,看来对一个被造物独自来说也是不可能的。为此之故,基督教的宗教教义也仅仅让这种确信来自同一个圣灵,这圣灵产生出虔诚,也就是这种坚定的决心,及与此一道产生出对在道德进程中的始终不渝的意识。但是,一个意识到自己一生的一个很长时间直到生命结束都在向着更加善良,也就是出于纯正道德动因而持续进步的人,当然也很可以使自己产生这种即使并不确定的令人慰藉的希望,即他甚至在一个超出此生而继续下去的生存中也会坚持这些原理,并且尽管在他自己的眼中,他在这里是绝对没有根据的,也不可以凭未来所指望的他的自然完善性的增长,但与此伴随的也有他的义务的增长而有朝一日希望这一点,但他却仍然可以在这个进步中拥有一个永福的未来展望,这种进步虽然涉及到一个被推延至无限的目标,但毕竟对于上帝来说是被当做已具有的;因为永福这个词是理性用来表示一种不依赖于世上一切偶然原因的完整的福祉的,这正如神圣性一样是一个只能包含在无限的进程及其总体中的理念,因而被造物是永远不会完全达到的。——康德

也就是永远不是在这里或在他此生任何可预见的将来某个时候，而只是在（唯有上帝才能一目了然的）他的延续的无限性中，与上帝的意志完全相符合（而无须与公正性不合拍的宽容和姑息）。

V. 上帝存有，作为纯粹
实践理性的一个悬设

在前面进行的分析中，道德律导致了一个没有任何感性动机的加入而只通过纯粹理性来颁布的实践任务，这就是导致至善的最先和最重要的部分即**德性**的必然完整性，并且由于这个任务只有在某种永恒中才能完全得到解决，就导致了对不朽的悬设。正是这条法则，也必然如同以前那样无私地只是出于不偏不倚的理性，而导致至善的第二个要素，即与那个德性相适合的**幸福**的可能性，这也就是在与这一结果相符合的某种原因的存有的前提下，亦即必定把上帝实存悬设为必然是属于至善（这一我们意志的客体是与纯粹理性的道德立法必然结合着的）的可能性的。我们要以使人信服的方式来描述这一关联。

幸福是现世中一个有理性的存在者的这种状态，对他来说在他的一生中一切都按照愿望和意志在发生，因而是基于自然与他的全部目的、同样也与他的意志的本质性的规定根据相一致之上的。现在，道德律作为一种自由的法则，是通过应当完全独立于自然、也独立于它与我们的（作为动机的）欲求能力的协调一致的那些规定根据来发布命令的；但现世中行动着的有理性的存在者却并不同时又是这个世界和自然的原因。所以在道德律中没有丝毫的根据，来使一个作为部分而属于这个世界因而也依赖于这个世界的存在者的德性和与之成比例的幸福之间有必然的关联，这个存在者正因此而不能通过他的意志而成为这个自然的原因，也不能出于自己的力量使自然就涉及到他的幸福而言与他的实践原理完全相一致。然而在纯粹理性的这个实践任务中，即在对至善的必然探讨中，这样一种关联却被悬设为必然的：我们应当力图去促进至善（所以至善终归必须是可能的）。这样，甚至全部自然的一个与自然不同的原因的存有也就被悬设了，这个原因将包含有这一关联，也就是幸福与德性之间精确一致的根据。但这个至上的原因 　144
不应当只是包含自然与有理性的存在者的某种意志法则协调一致的根据，而应当包含自然与这一法则就他们将它建立为自己意志的至上规定根据而言的表象协调一致的根据，因而不仅应当包含与形式上的道德风尚协调一致的根据，而且还应包含与作为有理性的存在者的动机的他们的德性、即与他们的道德意向协调一致的根据。所以至善在现世中只有在假定了一个拥有某种符合道德意向的原因性的至上的自然原因时才有可能。现在，一个具有按照法则的表象行动的能力的存在者是一个理智者（有理性的存在者），而按照法则的这种表象的这样一个存在者的原因性就是它的意志。所以，自然的至上原因，只要它必须被预设为至善，就是一个通过知性和意志而成为自然的原因（因而是自然的创造者）的存在者，也就是**上帝**。因此，最高的派生的善（最好的世界）的可能性的悬设同时就是某个最高的本源的善的现实性的悬设，亦即上帝实存的悬设。现在，我们的义务是促进至善，因而不仅有权、而且也有与这个作为需要的义务结合着的必要，来把这个至善的可能性预设为前提，至善由于只有在上帝存有的条件下才会发生，它就把它的这个预设与义务不可分割地结合起来，即在道德上有必要假定上帝的存有。

　　这里必须多加注意的是，这种道德必要性是主观的，亦即是需要，而不是客观的，亦即本身不是义务；因为根本就不可能有假定某物实存的义务（因为这只是关系到理性的理论运用）。甚至这也不意味着，对上帝存有的假定是作为对任何一般的责任的根据的假定而必要的（因为这种根据正如已充分证明了的，只是建立在理性本身的自律上的）。在此属于义务的只是致力于造成和促进在现世中的至善，因而这种至 　145
善的可能性是可以悬设的，但我们的理性却发现这种可能性只能设想为以某种最高理智者为前提的,因而假定这个最高理智者的存有是与我们的义务的意识结合在一起的,尽管这种假定本身是属于理论理性的,不过,就理论理性而言,这种假定作为解释的根据来看可以称之为假设,但在与一个毕竟是由道德律提交给我们的客体(至善)的可理解性发生关系时,因而在与一种实践意图中的需要的可理解性发生关系时,就可以称之为信仰,而且是纯粹的理性信仰,因为只有纯粹理性(既按照其理论运用又按照其实践运用)才是这种信仰产生出来的源泉。

　　这样一来,从这个演绎中就理解到,为什么希腊的那些学派在解决他们有关至善的实践可能性的问题上永远也不可能成功了:因为他们总是只把人的意志运用自己的自由的那个规则当成这种可能性的唯一的和独自充分的理由,依他们看来为此并不需要上帝的存有。虽然他们在把德性的原则不依赖于这一悬设而从理性单单与意志的关系中独自确定下来,并因而使之成为至善的至上的实践条件方面是对的:但这并不因此就是至善的可能性的全部条件。于是,伊壁鸠鲁派虽然把一个完全错误的德性原则、即幸福原则假定为了至上的原则,并把按照每个人自己的爱好作随意选择的准则偷换为了一条法则:但在这里他们的行事倒还是充分前后一贯的,他们按照这样的比例,即按照他们原理的低下的比例而贬低了他们的至善,而且决不期望比通过人的明智(属于此列的也有对爱好的节制和调控)所能获取到的更大的幸福,这种幸福的结果,众所周知,必定是够贫乏的,并且必定是按照不同情况而极其不同的;这还不算他们的准则所不得不连连承认的例外,这些例外使这些准则不适合于用作法则。反之,斯多亚派完全正确地选择了他们的至上的实践原则、亦即德行作为至善的条件,但由于他们把德行的纯粹法则所需要的德行程度想象成可以在今生完全达到的,他们不仅把人的道德能力以某种智者的名义张扬到超越于他的本性的一切局限的高度,并假定了某种与一切人类知识相矛盾的东西,而且尤其也根本没有想要让属于至善的第二个组成部分即幸福被看做人的欲求能力的一个特殊对象,而只是使他们的智者如同一个神那样通过意识到自己人格的杰出性而完全独立于自然（在他的满足方面），因为他们虽然把智者委之于恶劣的生活，但却不使他屈服于其下（同时也把他表现为摆脱了恶的），这样就把至善的第二个要素即自身幸福实际上省略掉了，因为他们把这要素仅仅建立于行动和对自己人格价值的满足中，并因而只将它包括在对道德思维方式的意识之中，但在其中，他们通过他们自己本性的声音本来就已经能够被充分驳倒了。

基督教的学说①，即使人们还没有把它作为宗教学说来考察，就在这一点上提供了一个至善的（上帝之国的）概念，只有这个概念才使实践理性的这种最严格的要求得到满足。道德律是神圣的（分毫不爽的），并要求德性的神圣性，虽然人所能够达到的一切道德完善性永远

---

① 人们通常认为基督教对德性的规范就其纯粹性而言并不在斯多亚派的道德概念之上；不过两者的区别仍然是十分明显的。斯多亚派的体系使刚毅精神的意识成为一切德性意向应当绕之旋转的枢纽，并且虽然这个体系的追随者也谈及义务，也对义务作了极好的规定，但他们毕竟把意志的动机和真正的规定根据建立在思维方式的提升中，即超越于低级的、只是通过精神脆弱来主宰的那些感性动机之上。这样，德行在他们那里就是超然于人类的动物本性之上的智者的某种英雄主义，对于智者自己，英雄主义就足够了，他虽然向别人讲义务，他自己却超然于义务之上，而决不屈服于违犯德性法则的诱惑。但对于这一切，他们假如以纯粹性和严格性来设想了德性法则，如同福音书的规范所做的那样，则是不可能做到的。如果我把一个理念理解为一种在经验中不能有任何东西与之相符合的完善性，那么道德理念并不因此就是什么过甚其辞的东西，亦即并非那种我们甚至连它的概念也不能充分规定的东西，或是那种它是否任何地方会有某个对象与之相应都不确定的东西，就像思辨理性的理念那样；相反，这些理念作为实践的完善性的范本，充当着德性行为的不可缺少的准绳，同时也充当着比较的尺度。现在，假如我对基督教道德从它的哲学方面来考察，那么它在与希腊各学派的理念相比较时就会这样显现出来：犬儒派、伊壁鸠鲁派、斯多亚派和基督教的理念分别就是：素朴、明智、智慧和神圣。至于达到它们的方式，希腊哲学家们是如此相互不同，即犬儒派觉得普通人类知性对此就足够了，另两派则认为只有科学的方式才行，因而这两派终归认为只要运用自然力量就足以做到这点。基督教道德由于它把自己的规范（如同也是必须的那样）设立得如此纯粹和不爽分毫，就剥夺了对人至少在此生中与这种规范完全符合的信任，但它毕竟又以下述方式把这种信任重新树立起来，即如果我们尽我们所能地行善，我们就可以希望凡是我们所不能做到的，将在另外的地方使我们受益，不论我们现在是否知道以何种方式。亚里士多德和柏拉图的区别只在我们的德性概念的起源方面。——康德

只是德行,即出于对法则的敬重的合乎法则的意向,因而是对于违禁、至少是不正派、亦即在遵守法则上混杂进许多不纯正的(非道德的)动因这样一种不断的偏好的意识,所以是一种与谦恭结合着的自重,因而在基督的法则所要求的神圣性方面,留给被造物的就只剩下无限的进步,也正因此,被造物有资格希望自己持续地进向无限。一个与道德律完全适合的意向的价值是无限的:因为一切可能的幸福在一个智慧的和万能的幸福分配者作出判分时没有任何别的限制,除了有理性的存在者缺乏与自己的义务的适合性之外。但单独的道德律却不预示任何的幸福;因为幸福按照一般自然秩序的概念是并不与对道德律的遵守结合在一起的。现在,基督教的德性论通过把有理性的存在者在其中全心全意地献身于德性法则的世界描述为一个上帝之国,而补足了这一(至善的第二个不可缺少的组成部分的)缺陷,在这个国度里,自然和德性通过一个使这种派生的至善成为可能的神圣的创造者,而进入到了对两者中的任何一个本身单独来说都是陌生的和谐之中。德性的神圣性已经被指定给他们当做此生中的准绳了,但与之成比例的福祉,即永福,却只是被表现为在永恒中才能达到的:因为前者在任何情况下都必须永远是他们行为的范本,而朝它前进在此生中已经是可能的和必要的了,但后者在现世中却是根本不可能以幸福的名义达到的(这取决于我们的能力),因此只能被当做希望的对象。尽管如此,基督教的道德原则本身毕竟不是神学的(因而不是他律),而是纯粹实践理性自身独立的自律,因为它使对上帝及其意志的知识不是成为道德律的根据,而是成为在遵守这些法则的条件下达到至善的根据,它甚至把遵守法则的真正动机不是置于遵守它们时的被指望的后果中,而是仅仅置于义务的表象中,同时,获得被指望的后果的资格也只在于对这种义务的忠实的遵循。

以这种方式,道德律就通过至善作为纯粹实践理性的客体和终极目的的概念而引向了宗教,亦即引向对一切义务作为上帝的命令的知识,这种命令不是强令,亦即不是一个陌生意志的任意的、单独来看本身是偶然的指令,而是每一个自由意志的自身独立的根本法则,但这些

法则却必须被看做最高存在者的命令,因为我们只有从一个道德上完 149
善的(神圣的和善意的)、同时也是全能的意志那里,才能希望至善,因
而只有通过与这个意志协调一致才能希望达到至善,而道德律就使得
把至善设立为我们努力的对象成了我们的义务。因此,即使在这里,一
切都仍然是无私的,仅仅建立在义务之上的;不允许把作为动机的恐惧
或希望当做基础,它们如果成为原则,就会取消行动的全部道德价值。
道德律命令,要使一个世界中的可能的至善成为我的一切行为的最后
的对象。但这个至善,除非通过我的意志与一个神圣的和善意的创世
者的意志协调一致,我是不能希望实现它的;尽管在作为一个整体的概
念的至善概念中,最大的幸福和最大程度的德性的(在被造物中所可
能的)完善被表象为在一个最精确的比例中结合着,而我自身的幸福
也一起包括在内:但毕竟不是幸福,而是道德律(它毋宁说把我对幸福
的无限制的追求严格限制在一些条件上),才是被指定去促进至善的
那个意志的规定根据。

　　因此,即使道德学真正说来也不是我们如何使得自己幸福的学说,
而是我们应当如何配得幸福的学说。只有当宗教达到这一步时,也才
会出现有朝一日按照我们曾考虑过的不至于不配享幸福的程度来分享
幸福的希望。

　　某个人配得上拥有一件事物或一种状态,如果他在这种拥有中与
至善相协调的话。现在可以很容易地看出,任何配得上都取决于德性
的行为,因为这种行为在至善的概念中构成其他的(属于状态的)东西
的条件,也就是构成分享幸福的条件。于是由此得出:我们必须永远不
把道德学本身当做幸福学说来对待,亦即当做某种分享幸福的指南来
对待;因为它只是与幸福的理性条件(conditio sine qua non①)相关,而 150
与获得幸福的手段无关。但假如道德学(它仅仅提出义务,而不给自
私的愿望提供做法)被完整地阐述出来:那么只有在这时,当基于一个
法则之上的、以前未能从任何自私的心灵中产生的促进至善(把上帝

---

　　① 拉丁文:不可或缺的条件。——译者

之国带给我们）的道德愿望被唤醒，并为着这个愿望向宗教迈出了步伐之后，这种伦理学说才能够也被称之为幸福学说，因为对幸福的希望只是从宗教才开始的。

我们从中也可以看出：如果我们追问在创造世界中上帝的最后目的，我们不得举出在世界中有理性的存在者的幸福，而必须举出至善，后者在这些存在者的那个愿望之上还加上了一个条件，即配享幸福这个条件，也就是这同一些理性存在者的德性，唯有它才包含着他们能够据以希望从一个智慧的创造者手中分得幸福的尺度。因为智慧从理论上来看意味着对至善的知识，而从实践上看意味着意志对至善的适合性，所以我们不能赋予一个最高的独立智慧以某种仅仅建立在善意上的目的。因为善意的这一（在有理性的存在者的幸福方面的）结果，我们只有在与创造者的意志的神圣性①协调一致这个限制条件下，才能

151 思考为与本源的至善相适合的。所以那些把创造的目的建立在上帝的荣耀中（前提是，人们不要把这种荣耀拟人化地设想为得到颂扬的爱好）的人，也许是找到了最好的表达。因为最使上帝荣耀的莫过于这个世界上最可尊重的东西：敬重上帝的命令，遵循上帝的法则交付给我们的神圣义务，如果他的宏伟部署达到以相适合的幸福来使这样一个美好的秩序得以圆满完成的话。如果说后面这种情况（以人类的方式来说）使上帝值得爱，那么通过前一种情况上帝就是膜拜（崇拜）的对象。甚至人类虽然也能够通过做好事而为自己获得爱，但永远也不能仅仅由此而获得敬重，以至于最大的慈善行为也只有按照配得的资

---

① 在这里，为了标明这个概念的特征，我只想再说明一点：当我们赋予上帝以不同的属性时，我们发现这些属性的性质也是适合于被造物，只是它们在上帝那里被提升到最高的程度而已，例如力量、知识、在场、善意等等被冠以全能、全知、全在、全善等等名称，但毕竟有三种性质是唯一地赋予上帝但却不带大小上的同位语的，它们全都是道德上的：上帝是唯一神圣的、唯一永福的、唯一智慧的；因为这些概念已经具有不受限制性了。这样一来，上帝按照这些概念的秩序也就是神圣的立法者（和创造者），善意的统治者（和保护者）及公正的审判者：这三种属性包含了上帝借以成为宗教对象的一切，而与这些属性相适合，种种形而上学的完善性就自然添加到理性中来了。——康德

格来施行时才会给他们带来荣耀。

在这个目的秩序中，人（与他一起每一个有理性的存在者）就是自在的目的本身，亦即他永远不能被某个人（甚至不能被上帝）单纯用作手段而不是在此同时自身又是目的，所以在我们人格中的人性对我们来说本身必定是神圣的：这就是从现在起自然得出的结论，因为人是道德律的主体，因而是那种自在地就是神圣的东西的主体，甚至一般说来，只是为着道德律并与此相一致，某物才能被称之为神圣的。因为这个道德律是建立在他的意志的自律之上的，而他的意志乃是一个自由意志，它根据自己的普遍法则，必然能够同时与它应当服从的东西相一致。

VI. 总论纯粹实践理性的悬设

这些悬设全都是从道德性的原理出发的，这个原理不是悬设，而是理性用来直接①规定意志的法则，这个意志正由于它被这样规定而作为纯粹意志要求着遵守其规范所必要的这样一些条件。这些悬设不是理论的教条，而是在必要的实践考虑中的诸种前提，因而它们虽然并不②扩展思辨的知识，然而却普遍地（借助于它们与实践的关系）赋予思辨理性的诸理念以客观实在性，并使思辨理性对于那些它本来甚至哪怕自以为能断言其可能性都无法做到的概念具有了权利。

这些悬设就是不朽的悬设，从积极意义看（作为一个存在者就其属于理知世界而言的原因性）的自由的悬设，和上帝存有的悬设。第一个悬设来源于持续性要与道德律的完整实现相适合这个实践上的必

152

---

① 康德原文为"间接"，兹据哈滕斯泰因改正。——德文编者
② 原文缺"并不"，据康德自用书上的校改补上。——德文编者

要条件;第二个悬设来源于对感官世界的独立性及按照理知世界的法则规定其意志的能力,亦即自由这个必要的前提;第三个悬设来源于通过独立的至善、即上帝存有这个前提来给这样一个理知世界提供为了成为至善的条件的必要性。

所以,由于对道德律的敬重而成为必要的对至善的意图,以及至善的由此发源的客观实在性前提,通过实践理性的悬设就引向了思辨理性虽然作为课题提出、但却不能解决的诸概念。于是就 1)引向了这样一个课题,在它的解决中思辨理性只会陷入谬误推理(这就是不朽的课题),因为在它那里,为了把在自我意识中必然赋予灵魂的那个关于最后主体的心理学概念补足为一个实体的实在表象,缺乏的是持久性的特征,而这一点实践理性通过对某种与作为实践理性的全部目的的至善中的道德律相适合所要求的持续性加以悬设,就做到了。2)它引向了这种概念,思辨理性关于它只包含有二律背反,并只能把这种二律背反的解决建立在某种虽然可以或然地思维、但按其客观实在性却并不能对思辨理性证明和确定下来的概念之上,这就是一个理知世界的宇宙论的理念,及借助于自由的悬设对我们在这个理知世界中的存有的意识(对自由的实在性,理性是通过道德律、并与此同时通过一个理知世界的法则来阐明的,对这个理知世界的法则思辨理性只是指出来,但却不能规定它的概念)。3)它使思辨理性虽然想到了、但却不得不让它作为单纯的先验理想而不加规定的东西,即原始存在者的神学概念,获得了意义(在实践意图中的意义,也就是作为由那个法则所规定的意志的客体之所以可能的条件),也就是在一个理知世界中通过其中统治着的道德立法而使至善这一至上原则获得了意义。

但我们的知识以这样一种方式通过纯粹实践理性难道就有了现实的扩展,而对于思辨理性来说曾是超验的东西,难道在实践理性中就是内在的了吗?当然,不过仅仅是在实践的意图中。因为我们虽然由此既没有对于我们灵魂的本性,也没有对于理知的世界,更没有对于最高存在者,按照它们自在本身所是的而有所认识,而只是使它们的概念在作为我们意志客体的至善这一实践的概念中结合起来了,而我们是完全先天地通过纯粹理性、但只是借助于道德律并且也只在与道德律的关系中,就其所要求的客体而言来结合的。但为什么哪怕自由也仅仅是可能的,而我们又是如何能从理论上积极地表达这种原因性,这却并没有因此而被看出来,而只是通过道德律并为了道德律而悬设了有这样一种原因性存在。同样,别的那些理念的情况也是如此,它们的可能性是没有任何人类知性在任何时候会去探索的,但它们是非真实的概念这一点,也是任何诡辩在任何时候都不会从哪怕最普通的人的确信中夺走的。

154

——————

Ⅶ. 如何能够设想纯粹理性在实践意图中的扩展而不与此同时扩展其思辨的知识?

我们将马上把这个问题通过应用于目前的场合来作出回答,以免太抽象。——为了在实践上扩展一个纯粹知识,必须有一个意图、即一个作为(意志之)客体的目的被先天地给予出来,这个客体必须独立于一切理论的原理①,并通过一个直接规定意志的(定言的)命令, 而被表象为实践上必要的;而这在这里就是至善。但如果不预设这三个概念(由于它们只是纯粹理性概念,就不可能为它们找到相应的直观、因而不能以理论的方式为之找到任何客观实在性),即:自由、不朽和上帝,则至善就是不可能的。所以,通过要求一个世界中可能至善之实存的那个实践法则,纯粹思辨理性的那些客体的可能性,及它所不可能为这些客

——————

① "理论的"(theoretisch)原文作"神学的"(theologisch),兹据哈滕斯泰因校正;另外格里罗(Grillo)主张校为"目的论的"(teleologisch),不取。——德文编者

体保证的那种客观实在性,就被悬设了;这样一来纯粹理性的理论知识当然就获得了某种增长,但这种增长仅仅在于,那些本来对纯粹理性是悬拟的(只是可思维的)概念现在就被实然地解释为应现实地将诸客体归之于它们的概念了,因为实践理性不可避免地为了自己的而且是实践上绝对必要的至善客体的可能性而需要它们实存,而理论理性也就由此而被授权去预设它们。但理论理性的这种扩展不是什么思辨的扩展,即不是为了此后在理论的意图上对此作一个积极的运用。因为

155　在这里,既然通过实践理性所做到的只不过是:那些概念是实在的,并现实地拥有自己的(可能的)客体,但同时却并没有这些客体的任何直观被给予我们(这一点也是不能被要求的),那么凭这些概念的这种被承认的实在性并不能使任何综合命题成为可能。所以这种开拓在思辨的意图上对我们没有丝毫的帮助,但在纯粹理性的实践的运用方面倒是有助于我们扩展自己的这种知识。思辨理性的上述三种理念本身还不是什么知识;但它们毕竟是些(超验的)思想,在其中没有任何不可能的东西。于是,它们通过一条无可置疑的实践法则,作为这条法则要求当做客体的那种东西的可能性的必要条件,就获得了客观实在性,就是说,我们由那条法则而得到指示:它们拥有客体,但却不能指出它们的概念是如何与一个客体发生关系的,而这也就还不是对这些客体的知识,因为我们由此根本不可能对它们作出综合的判断,也不能对它们的应用作出理论上的规定,因而对它们根本不能作理性的任何理论运用,而理性的一切思辨知识真正说来就在于这种运用。然而,虽然不是这些客体的、但却是一般理性的理论知识却由此而在下述方面得到了扩展,即通过这些实践的悬设,那些理念毕竟被给予了客体,因为一个不过是悬拟的思想借此首次获得了客观实在性。所以这不是什么有关被给予的超感性对象的知识的扩展,但却是理论理性及其在一般超感性的东西方面的知识的扩展,只要理论理性不得不承认有这样一些对象,但却不能对它们作更进一步的规定,因而不能对关于这些客体(它们从现在起就出于实践的理由并且也只是为了实践的运用而被给予了理性)的这种知识本身加以扩展,所以纯粹理论理性必须把这

种知识的增长仅仅归功于自己的纯粹实践能力，而对它自己来说，所有那三个理念都是超验的，也是没有客体的。在这里，这三个理念就成了内在的和构成性的了，因为它们是使纯粹实践理性的那个必要客体（至善）成为现实的那种可能性的根据，除此之外它们就是超验的，是思辨理性的单纯调节性原则，这些原则交给思辨理性的任务不是超出经验之外去假定某个新的客体，而只是使它在经验中的运用接近完备。但一旦理性具有这种增长，那么它作为思辨理性（本来只是为了保证其实践的运用）所进行的工作就是消极的，就是说，它的工作不是以那些理念来扩展，而是借那些理念来澄清，以便一方面阻止作为迷信之源的拟人主义或凭借臆想的经验对那些概念所作的虚假扩展，另方面阻止那通过超感性的直观或这类感受而对那种扩展作出许诺的狂信；这一切都是纯粹理性的实践运用的障碍，所以对它们加以防范当然就属于对我们在实践意图上的知识所作的扩展了，而与此并不矛盾的是，同时又承认理性在思辨的意图上丝毫也没有因此就有了任何收获。

对于理性在一个对象上的任何运用，都要求有纯粹知性概念（范畴），没有它们就没有任何对象能够被思维。这些概念只能被应用于理性的理论用途，即只能应用于那些同时配备有直观（这种直观永远是感性的）的一类知识，因而只能是为了通过它们来表象一个可能经验的客体。但现在，理性的这些在任何经验中都根本不可能被给予出来的理念，在这里却是我必须通过范畴来思维以便对之加以认识的东西。不过，在此所涉及的也不是对这些理念的客体的理论知识，而只是这些理念一般说来拥有客体这件事。纯粹实践理性获得了这种实在性，而在此理论理性所要做的只不过是通过范畴来单单思维那些客体而已，而这正如我们在别的地方清楚地指出过的那样，是完全可以不需要直观（不论是感性直观还是超感性直观）来进行的，因为范畴在不依赖于而且先于一切直观并且只是作为思维能力的纯粹知性中拥有自己的位置和起源，它们永远只意指一个一般客体，而不论它以何种方式被给予我们。于是诸范畴就其应当应用于那些理念而言虽然不可能在直观中被给予任何客体;但它们毕竟通过实践理性在至善概念中毫无疑问地呈现出来的一个客体,即通过为了至善的可能性所要求的那些概念的实在性,而得到了充分保证:这样一个客体是现实的,因而这些范畴作为一种单纯的思维形式在这里不是空洞的,而是有意义的,但却仍然不会由于这种增长就造成以理论原理为依据的知识的丝毫扩展。

＊　　　　　＊　　　　　＊

　　除此之外,如果上帝、一个理知世界(上帝之国)和不朽这些理念通过那些从我们自己的本性中拿来的谓词而得到规定的话,那么人们既不可将这些规定看做那些纯粹理性理念的感性化(拟人化),也不可看做对超感性对象的夸大其辞的知识;因为这些谓词无非是知性和意志,确切地说无非是当它们必须在道德律中被思维时在这样的相对关系中被考察的知性和意志,因而只是就它们被当做一种纯粹实践的运用而言的。这样一来,所有其他那些在心理学上、即就我们对我们这些能力在它们的实行中作经验性的观察的范围内与这些概念有关联的东西(如人的知性是推论性的,因而其表象是思想而非直观,这些表象在时间中一个跟随一个,而人的意志则总是带有满足于其对象之实存的依赖感,如此等等,而在最高存在者那里则不可能是这样的)就都被抽象掉了;于是关于我们借以思维一个纯粹知性存在者的那些概念,所余留下来的就刚刚只是为了能够思维一个道德律所要求的东西,因而虽然是一种上帝知识,但却只是在实践关系中的知识;因此,如果我们试图把它扩展为一种理论性的知识,我们就将获得一种并不思维但却直观的知性,一种指向对象而其满足丝毫也不依赖于该对象之实存的意志(我连提都不想提及那些先验的谓词,例如实存的某种量、即延续,但这种延续却不在时间中发生,时间则是我们把存有设想为量所唯一可能的手段):这些纯洁的属性,我们对之完全不可能造成任何与对象的知识相适合的概念,而由此也就告诉我们,它们永远不能够被运用于有关超感性存在者的某种理论,因而也根本不可能在这方面建立起某种思辨的知识,而是把自己的运用仅仅局限于对道德律的实行之上。

后面这一点是如此显而易见,并能够通过事实得到如此清楚的证明,以至于我们可以放心地请求所有那些被以为的自然神学家们(一个怪异的称号①),哪怕只举出一个对他们的这种对象进行(超出单纯本体论的谓词之外的)规定的属性,例如知性属性或意志属性,人们都将能够对之不无异议地表示,如果我们从中把一切拟人主义的东西都剔除掉,留给我们的就会只是一个单纯的词语,而不能把任何一个概念与之相结合,以便可以指望对理论知识有某种扩展。但在实践的东西方面从一个知性和意志的那些属性中毕竟还是给我们余留下了某种关系的概念,实践法则(它恰好先天地规定了知性对意志的这种关系)使这个概念获得了客观实在性。只要这种情况一旦发生,则一个道德上被规定了的意志的客体概念(至善概念),以及和它一起,这客体的可能性条件即上帝、自由和不朽的理念,也都被赋予了实在性,但永远只是在与这个道德律之实行的关系中(而不是为了思辨的目的)赋予的。

在作了这些提醒之后,现在也就可以很容易地找到对这一重要问题的答案了:上帝的概念是一个属于物理学(因而当它只包含物理学的那些普遍意义上的纯粹先天原则时也属于形而上学)的概念还是一个属于道德学的概念? 在解释自然的安排或它的变化时,如果有人乞灵于作为万物的创造者的上帝,那么这至少不是什么自然的解释,而是在各方面都承认他的哲学已经完蛋了:因为他不得不假定某种他从来

159

① 博学本来只是各种历史科学的总和。所以只有启示神学的教师才能叫做神学家[按原文为 Gottesgelehrter,意即"对神的博学者"——译者]。但如果人们想把那种拥有各种理性科学(数学和哲学)的人也称之为一个博学者,虽然这已经会与这个词的含义(即它任何时候都只把那种绝对必须被教给、因而不能通过理性由自己发明的东西算做博学的)发生冲突:那么哲学家就完全有可能用自己的作为积极科学的上帝知识而造成一种太坏的形象,以至于不能被称之为一个博学者。——康德

对之没有任何特殊概念的东西,以便能够对他眼前所看到的东西造成一个概念。但通过形而上学从这个世界的知识借助于可靠推论来达到上帝的概念及其实存的证明之所以是不可能的,是因为我们将必须把这个世界作为最完满的可能整体来认识,因而为此目的就必须认识一切可能的世界(以便能够将它们与这个世界相比较),因而就必须是全知的,以便说这个世界只有通过一个上帝才是可能的(就像我们必须设想这个概念那样)。但完全从单纯概念来认识这个存在者的实存是绝对不可能的,因为任何一个实存命题,也就是关于一个我对之取得一个概念的存在者作出"它实存着"这样的表述的命题,都是一个综合命题,亦即这样一种命题,我借助于它而超出那个概念之外并对之说出比在概念中所曾想到的更多的东西:就是说,与这个在知性中的概念相应地,还要设定一个在知性之外的对象,而这显然是通过任何一种推论不可能做得到的。所以留给理性来达到这种认识的只剩下唯一的一种处理方式,这就是它作为纯粹理性而从自己的实践运用的至上原则出发(因为这种运用本来就只是针对着作为理性之后果的某物的实存的)160 来规定自己的客体。而在这里就不仅仅是在理性必须使意志倾向于至善的不可回避的任务中显示出在与这个世界的这种至善的可能性的关系中假定这样一个原始存在者的必要性,而且最值得注意的是,还显示出理性在自然道路的进程中所完全缺乏的某种东西,这就是对这个原始存在者的一个精确规定了的概念。既然我们只认识这个世界的一个很小的部分,更不能够把这个世界与一切可能的世界相比较,所以我们固然可以从这个世界的秩序、合目的性和伟大推论出它的一个智慧、善意和大能等等的创造者,但却推不出他的全知、全善、全能等等。人们哪怕完全可以承认,他们的确有权用一个可以容许的十分合理的假设来弥补这个不可避免的缺陷,这个假设就是:如果在我们较贴近的知识所呈现出来的那些部分中放射出智慧、善意等等的光辉,则在所有其他的部分中也同样会是如此,所以把一切可能的完善赋予世界的创造者就是合理的;但这绝不是我们借此自以为有所洞见的什么推论,而只是人们可以原谅我们的一种许可,但这种许可为了自己的运用毕竟还需要其他方面的推荐。所以，上帝概念以经验性的方式（物理学的方式）就仍然总是有关第一存在者之完善性的一个没有得到精确规定的概念，以至于不能把这个概念看做与一个神性的概念相适合的概念（但凭借形而上学在其先验的部分中却又根本不可能有任何建树）。

现在我试图把这个概念限制在实践理性的客体上，于是我就发现，道德原理只有在预设一个具有最高完善性的世界创造者的前提下才允许这一概念①是可能的。世界创造者必须是全知的，以便在一切可能的情况下及在一切将来都对我的行为直到我意向的最深处都加以认识；必须是全能的，以便为我的行为分配适当的后果；同样也必须是全在的、永恒的等等。因而道德律就通过那个作为一个纯粹实践理性的对象的至善概念而能够规定作为最高存在者的原始存在者的概念，这是理性的自然进程（并进一步延伸到形而上学进程）、因而整个思辨进程所不可能做到的。所以上帝概念是一个从起源上就不属于物理学的、亦即不是对思辨理性而言的概念，而是一个属于道德学的概念，并且我们对其他理性概念也可以有同样的说法，我们在前面已经把它们当做理性在其实践运用中的一些悬设来处理了。

如果我们在阿那克萨哥拉以前的希腊哲学史中没有找到某种纯粹的理性神学的任何清晰的痕迹，那么其原因并不在于古代哲学家们在知性和洞见上有缺陷，不能通过思辨的途径、至少是借某种完全合理的假设之助使自己提升到这一水平；有什么能够比每个人自发地呈现出来的思想，即假定一个拥有一切完善性的唯一合理的世界原因去取代不同世界原因的那些不确定的完善程度，要更加容易和更加自然的呢？但这个世界上的各种坏事却似乎对他们提出了许多太重要的反驳，以至于不能把主张这样一种假设看做是有理由的。因而他们正好这样来表现知性和洞见，即他们并不冒昧去作那种假设，反而在自然

161

---

① 那托尔普校作"这一客体"。——德文编者

原因中到处搜求，看自己是否能够在这些原因中碰到原始存在者所要求的那种性状和能力。但当这个富有洞察力的民族在自然研究中走过了如此一段距离，甚至对其他民族从来也没有超出过空泛议论的那些道德的对象也作了哲学的处理之后，这时他们才第一次发现了一种新的需要，即一种实践的需要，这种需要不会不给他们确定地指明那个原始存在者概念，而思辨理性则对此袖手旁观，顶多还有这样的功劳，即对一种不是在自己的基地上生长起来的概念作点润饰，并且凭借现在才首次显露出来的出于自然观察的一连串确证，与其说是提高这个概念的声望（这一点已经得到了确立），不如说只是用臆想的理论上的理性洞见助长其浮华。

＊　　　　＊　　　　＊

162　　　从这些提醒中，纯粹思辨理性批判的读者将会完全确信，那个艰难的范畴演绎对于神学和道德学而言是如何极其必要、如何有用了。因为唯有借这种演绎才有可能当人们把这些范畴在纯粹知性中设立起来时，防止人们像柏拉图那样把它们看做是天生的，并在这上面建立起对我们无法预料其结果的超感性之物的理论的夸大其辞的僭妄，却由此而使神学成为充满幻影的幻灯；但当人们把这些范畴看做后天获得的时，则防止人们像伊壁鸠鲁那样把它们所有的和每一种运用、哪怕是在实践意图上的运用都仅仅局限于感官的对象和规定根据上。但现在，当批判在那个演绎中证明了，第一，这些范畴并没有经验性的起源，而是先天地在纯粹知性中有自己的位置和来源；以及第二，由于它们不依赖于对象的直观而与一般对象发生关系，它们虽然只有在应用于经验性的对象时才形成理论知识，但毕竟在被应用于通过纯粹实践理性而被给予的对象时也会用来对超感性的东西作确定的思考，但却只不过是就这种超感性的东西仅仅被这样一些必然属于纯粹的、被先天给予的实践意图及其可能性的谓词所规定而言。纯粹理性的思辨的局限和它的实践的扩展第一次把纯粹理性带进了这样一种平等关系之中，在这里一般理性可以得到合目的性的运用，而这个例子就比别的例子更

好地证明,通往智慧之路如果应当是可靠的而不是不可通行的或引入
歧途的,那么它在我们人类这里就不可避免地必须借助于科学来通达,
但对此我们又只有在这门科学完成以后才能够确信它是通向那个目
标的。

163

Ⅷ. 出于纯粹理性的某种 需要的认其为真

　　纯粹理性在其思辨运用中的某种需要只是导致假设,但纯粹实践
理性的需要则导向悬设;因为在前一种情况下我从派生的东西出发在
根据序列中向上提升到如我所愿的高度,并且需要一个原始根据,不
是为了赋予那种派生的东西（如在这个世界中的事物和变化的因果
联系）以客观实在性,而只是为了在派生的东西方面完全满足我的
探索的理性。于是我就在我面前的自然中看到了秩序和合目的性,而
不需要为了使自己确信其现实性而着手去进行思辨,而只需要为了解
释它们而预设一个上帝作为其原因,这样一来,由于从一个结果向一
个确定的原因、尤其是像我们对上帝所必须思考的那样严格那样完全
地确定的原因所作的这种推论永远是靠不住的和拙劣的,则这样一种
预设所能达到的就只不过是对我们人类而言最为合理的意见这种程
度。① 反之,一个纯粹实践理性的需要则是建立在某种义务之上的,

---

　　①　然而,即使在这里,假如不是有一个悬拟的但毕竟是不可避免的理性概
念,即一个绝对必然的存在者的概念摆在我们眼前的话,我们也就不可能把理性
的一种需要用作借口了。现在这个概念将得到规定,而这一点当对此加以扩展的
冲动发生时,就是思辨理性的一种需要的客观根据,即要对应当用作其他存在者
的原始根据的一个必然存在者的概念作进一步规定并由此使它得到标明这种需
要的客观根据。没有这样一些先行的必要问题,也就没有任何需要、至少是没有
纯粹理性的需要;其余的都是爱好的需要。——康德

即有义务使某种东西（至善）成为我的意志的对象，以便尽我的一切力量促进它；但我在此必须预设它的可能性，甚至还必须对这种可能性的那些条件即上帝、自由和不朽加以预设，因为我通过我的思辨的理性并不能证明它们，虽然也不能反驳它们。但这种义务建立在某种完全不依赖于后面这些预设而自身独立地、无可置疑地确定的法则即道德律之上，在此范围内它为了约束我们最完善地做出无条件地合乎法则的行动，并不需要从别的地方通过对事物的内部性状、对世界秩序的或是某个主管世界秩序的统治者的隐秘目的的理论意见提供任何支持。但这条法则的主观效果，即与它相适合并且也通过它而是必然的那个促进实践上可能的至善的意向，却至少预设了至善是可能的，在相反的情况下，拼命追求一个其实是空洞而没有客体的概念的客体，这在实践上就会是不可能的。于是上述悬设就只涉及至善的可能性的那些自然的或形而上学的、总之是处于事物本性中的条件，但不是为了一个随意的思辨的意图，而是为了纯粹理性意志的一个实践上必要的目的，这个意志在这里并不选择，而是听从理性的一个毫不松懈的命令，这个命令在事物的性状中客观上有其根据，只要这些事物必须由纯粹理性来作普遍的评判，并且，这个命令绝不是建立在爱好之上的，这种爱好为了我们出于单纯主观的根据所希望的东西，没有任何权利马上就假定达到这种东西的手段是可能的，乃至于假定这对象是现实的。所以这就是一个在绝对必要的意图中的需要，它表明自己的预设不仅只是作为可以允许的假设是有理由的，而且作为在实践意图中的悬设也是有理由的；并且如果承认这个纯粹道德律作为命令（而不是作为明智的规则）毫不松懈地约束着每个人，一个正直的人就完全可以说：我愿意有一位上帝，我在这个世界上的存有在自然联结之外也还会是一个纯粹知性世界中的存有，再就是最后，我的延续是无穷的，我坚持这些并且非要自己这样相信不可；因为这是唯一的场合，在这里由于我决不可以忽视自己的兴趣，我的兴趣就不可避免地规定着我的判断，而不去注意那些玄想，不管我对这些玄想可能会多么难以回答，或是多么难以做到以更加虚假的玄想去对抗它们。①

*　　　　　*　　　　　*

为了在运用像纯粹实践理性的信仰这样一种还是如此不习惯的概念时防止误解,请允许我再增添一个注解。——据说情况看来差不多是这样,似乎这个理性信仰在这里本身就会被宣布为命令,即要求把至善假定为可能的。但一个被命令的信仰是荒唐无稽的。但是让我们回忆一下上面对于在至善概念中被要求假定的东西所作的分析,我们就会懂得,对这种可能性作出假定,这是根本不可以命令的事,它也不要求任何承认这种可能性的实践意向,相反,思辨理性必然会对这种可能性无需申请就加以批准;因为毕竟不可能有任何人愿意主张:这个世界上的有理性的存在者与道德律相适合而配得幸福的资格,与按照这种资格的比例对这种幸福的占有结合起来,这本身是不可能的。现在,就至善的前一部分,即涉及到德性的部分而言道德律给予我们的只是一个命令,而怀疑那个组成部分的可能性也就等于是对道德律本身产生怀疑。但涉及到那个客体的第二部分,亦即与那个资格通盘相适合的

166

---

①　在1787年2月号的《德意志博物馆》上登载了一篇由头脑极为敏锐而清澈、可惜早逝的已故魏岑曼[Thomas Wizenmann,1759—1787,在 F. H. 雅可比与门德尔松关于莱辛的斯宾诺莎主义的论战中雅可比的盟友。——据英译者]的一篇文章,他在其中对于从一种需要推论出这个需要的对象的客观实在性的做法提出质疑,并用一个热恋者的例子来阐明他的论点,这个热恋者由于迷恋于只是他自己的幻影的那个美的理念,就想推论这样一个客体是现实地在什么地方实存着的。在把需要建立在爱好之上的一切场合下,我承认他在这里是完全有道理的,爱好就连对那种受到它的诱惑的人也不是必然能够悬设其客体的实存的,更不包含对每个人都有效的要求,因此只是种种希望的一个主观的根据。但在这里却是一种出自意志的客观的规定根据,即来自道德律的理性的需要,它是必然约束着每个有理性的存在者的,所以就先天地有资格在自然中预设与它相适合的条件,并使得这些条件与理性的完全的实践运用成为不可分割的。这就是我们竭尽全力使至善成为现实的那个义务;因此至善终归也必须是可能的,因而对于这个世界的每个有理性的存在者来说,也不可避免地要预设对至善的客观可能性所必需的东西。这个预设正如道德律一样是必要的,它也只是在与道德律的关系中才有效。——康德

幸福,那么虽然承认这种幸福的一般可能性根本不需要一个命令,因为
理论理性自身并不反对这一点,只是我们应当如何设想自然法则与自
由法则的这样一种和谐的方式本身却具有某种值得我们选择的特点,
因为理论理性对于这一点不能以无可置疑的确定性作出任何决断,而
在这种确定性方面可以有一个道德的兴趣来起决定性的作用。

　　前面我曾说过,按照这个世界的单纯的自然进程,精确地与道德价
值相适合的幸福是不可指望而必须视为不可能的,所以至善的可能性
在这一方面只能够在预设一个道德的世界创造者的前提下才被承认。
我曾有意克制着不把这一判断局限于我们理性的主观条件之上,为的
是在后来当需要对理性的认其为真的方式作更进一步规定时才运用这
种做法。实际上,前述的不可能性只是主观的,就是说,我们的理性发
现自己不可能根据一个单纯自然进程使两种按照如此不同的法则而发
生的世界事件之间如此精确适合并通盘合目的性的关联得到理解;虽
然正如在所有那些通常在自然中是合目的的东西那里一样,理性毕竟
也不能根据普遍的自然法则来证明、也就是出于客观的理由来充分说
明这种关联的不可能性。

167　　　　不过,现在加入进来了一种不同类型的决断根据,以在思辨理性的
动摇不定中起决定性的作用。促进至善这一命令是(在实践理性中)
有客观根据的,至善的一般可能性同样也是(在对此不加反对的理论
理性中)有客观根据的。不过,我们应当如何表象这种可能性的那种
方式,即:是按照普遍的自然法则而无须一个主管自然的智慧的创造者
呢,还是以这个创造者的预设为前提,这是理性不能客观地加以决断
的。在这里现在就加入了理性的一个主观条件:这就是唯一在理论上
对理性是可能的、同时又是唯一对道德(它是从属于理性的一条客观
法则的)有益的方式,即把自然王国和道德王国的严格协调一致设想
为至善的可能性条件。既然促进至善、因而预设其可能性在客观上
(但仅按实践理性来说)是必然的,但同时,我们要据以把至善设想为
可能的那种方式却是由我们所选择的,然而在这种选择中纯粹实践理
性的一个自由的兴趣却决定要选取一位智慧的世界创造者:那么,在这

里规定我们的判断的那个原则虽然作为需要是主观的,但同时作为对客观上(实践上)必要的东西的促进手段,也是在道德意图中一条认其为真的准则的根据,也就是一个纯粹实践的理性信仰。所以这种信仰不是被命令的,而是作为我们的判断的规定,这种规定自愿地有利于道德的(被命令的)意图、此外还与理性的理论需要相一致,要把那种实存加以设定并作为进一步理性运用的基础,这种信仰本身是来源于道德意向的;所以它往往可能即使在善意的人们那里有时也动摇不定,但永远不会陷于无信仰。

Ⅸ. 人的认识能力与他的实践使命的明智适当的比例

如果人的本性的使命就是追求至善,那么他的诸认识能力的尺度,尤其是这些能力相互之间的比例关系,也必须被假定为是适合于这一目的的。但现在,对纯粹思辨理性的批判证明它在合乎这一目的地解决提交给它的这个最重要的任务上的最大的不足,虽然这一批判也并没有低估这同一个思辨理性的自然的和不可忽视的提示,同样也不低估它为了接近这个已经给它标识出来了的伟大目标所可能跨出的巨大的步伐,但思辨理性却毕竟任何时候单凭自己哪怕借助于最大量的自然知识也都达不到这一目标。所以大自然在这里显得只是后母般地为我们准备了达到我们的目的所必需的能力。

现在,设若大自然在这里顺从了我们的愿望,并赋予了我们以这样一种我们很想具有、或有些人竟然误以为自己现实地具有了的洞见能力或悟性,那么这从各种表面现象来看会有什么样的结果呢? 只要我们的整个本性没有同时遭到改变,那么那些终归总是第一个发言的爱好就会首先要求满足自己,并且在与合理的考虑结合在一起时,就以幸福的名义要求自己得到最大可能的持久的满足；在此之后道德律才会说话，以便把那些爱好保持在自己适当的限制中，乃至于使它们全部都从属于一个更高的、对任何爱好都不加考虑的目的。但道德意向现在必须与爱好进行的那场几经失败之后毕竟可以在其中逐渐赢得灵魂的

169 道德力量的战斗就会被取代，而上帝和永恒就会以其可畏的威严不间断地被置于眼前（因为我们能够完全证明的东西在确定性方面是与我们通过亲眼目睹而确信的东西对我们有同样效果的）。对法则的违犯当然就会被避免，被命令的事会得到执行；但由于行动应当从中发生的那个意向不可能由任何命令一起灌注进来，对活动的刺激在这里却当即就在手边并且是外来的，因而不许可理性首先力求上进以通过对法则的尊严的活生生的表象聚集起力量去抵抗爱好，于是绝大多数合法则的行动的发生就会是出于恐惧，只有少数会出于希望，而根本没有什么行动会出于义务了，但这些行动的道德价值也就会荡然无存了，而人格的价值，甚至在最高智慧眼中的世界的价值，毕竟都是唯一地取决于这种道德价值的。所以，只要人类的本性还是像它现在这样，则人类的行为就会变成单纯的机械作用，这时一切将会像在木偶戏中那样很是有模有样，但在人物形象里却看不到任何生命。既然在我们这里完全是另一种情况，既然我们凭自己理性的一切努力都只有对未来的一种极为模糊不清的展望，世界的统治者只让我们对他的存有和这种存有的壮丽加以猜测，不让瞥见或作出清晰的证明，而我们里面的道德律却相反，并不向我们肯定地约许什么或威胁什么，而要求我们无私的敬重，但除此之外，当这种敬重成为主动的和占统治性的时候，这样一来、并且仅仅是由于这一点，道德律才首次允许对超感性事物的王国加以展望，但也只是凭借微弱的眼光：那么，真正的道德的、被直接奉献于法则的意向是能够发生的，而有理性的创造物是能够配得至善的份额的，这是与他的人格的道德价值而不是单纯与他的行动相称的。所以即使在这里，对自然和人的研究通常给我们以充分教导的东西也可以是很正确的，即：我们借以实存的那个不可探究的智慧，在他拒绝给我们的东西中比在他让我们分得的东西中并不更少值得尊敬。

第二部分

纯粹实践理性的方法论

我们所谓的纯粹实践理性的方法论,不能理解为(不论是在反思 173
中还是在陈述中)对纯粹实践原理在它们的科学知识方面作出处理的
那种方式,这种处理我们通常本来只在理论理性中才称之为方法(因
为通俗的知识需要一种章法,但科学则需要一种方法,这就是一种按照
理性原则的处理方式,而一种知识的杂多唯有借此才能成为一个系
统)。毋宁说,这种方法论被理解为:我们如何能够做到使纯粹实践理
性的法则进入人的内心和影响内心准则的那种方式,也就是能够使客
观的实践理性也在主观上成为实践的那种方式。

现在虽然很清楚的是,唯一使各种准则真正成为道德的并赋予它
们某种道德价值的那些规定意志的根据,即法则的直接表象以及对法
则作为义务而在客观上必然的遵守,都必须被表象为行动的真正动机;
因为否则固然会导致行动的合法性,却不会导致意向的道德性。不过
不太清楚的倒是,初看起来对每个人都必然显得难以置信的是,对纯粹
德行的那种描述甚至在主观上,也比由娱乐的哄骗和一般我们可以归
入到幸福里面去的一切东西所可能造成的所有那些引诱,或者甚至比
由痛苦和灾难在某个时候所可能造成的所有那些威胁,都能够对人的
内心拥有更多威力,并能够充当一个远为强烈的动机去自己促成行动
的那种合法性,产生一些更有力的、出于对法则的纯粹敬重宁要法则而
不要任何其他考虑的决断。然而情况实际上就是如此,并且假如人的 174
本性不具有这种性状的话,那也就不会有法则的任何表象方式在什么
时候转弯抹角地以劝说的手段把意向的道德性产生出来了。一切都将
成为纯然的伪善,法则将会遭到厌恶乃至于轻视,然而却为了自己的好
处而仍然被遵守着。法则的字眼(合法性)在我们的行动中是找得到
的,但法则的精神在我们的意向中(道德性)则全无,而既然我们用尽
了一切努力在我们的判断中都毕竟不可能完全摆脱理性,那么我们不
可避免地必然会在我们自己的眼中显得是毫无价值的卑鄙小人,即使

我们试图对于在心中的法庭面前所受到的这种屈辱用如下方式来加以补偿，即我们会通过娱乐而使自己轻松愉快，对这些娱乐活动，我们妄想已有一个被我们所假定的自然的或神性的法则与对它们的警察机器结合在一起，这种警察仅仅针对人们所做的事，而不关心人们为什么做这件事的动因。

虽然我们不能否认，为了把一个或是还未受到教养、或是粗野化了的内心首次带到道德——善的轨道上来，需要一些准备性的指导，即通过他自己的利益来对此加以引诱，或是通过损害来恐吓；不过一旦这种机制、这种管束①产生了一些效果，那么纯粹的道德动因就必须被完全带进心灵，这种动因不仅因为它是唯一建立起一种品格（即按照不变准则的一种实践上一贯的思维方式）的动因，而且也由于它教人感到他自己的尊严，就给内心提供了一种出乎他自己意料之外的力量，以从一切想要占据统治地位的感性依赖性中挣脱出来，并在他的理知本性的独立性和他视为自己的使命的崇高思想中为他所奉献出去的牺牲找到丰厚的补偿。所以，我们愿意通过任何一个人都能够进行的观察，而把我们内心的这种属性，这种对一个纯粹道德兴趣的感受性，因而对纯粹德性表象的这种动力，当它被理直气壮地带到人心中来时，证明为趋向于善的最有力的动机，并且如果在遵守道德准则时关键在于持久性和严格性，则证明为唯一的动机；但与此同时却必须记住，如果这些观察只是证明了这样一种情感的现实性，却并没有证明由此而实现出来的道德上的改善，那么这并不会对那个使纯粹理性的客观上实践的法则仅通过纯粹的义务表象而成为主观上实践的唯一方法造成任何损害，仿佛这种方法就只是一种空洞的幻想了似的。因为既然这种方法还从来没有被实行过，那么经验也就还不可能显示出它的任何后果来，相反，我们只能对这样一些动机的感受性的证据链提出要求，我现在打算简要地展示这个证据链，然后再稍微勾画一下对纯正道德意向的建立和培养的方法。

----

① 原文为 Gängelband，指婴儿学步用的襻带。——译者

如果我们注意一下不仅由博学之士和玄想家、而且由商人和家庭妇女所组成的那些混杂的社交聚会中的交谈，那么我们就会发现，除了讲故事和戏谑之外，其中还有闲聊、也就是说闲话的一席之地：因为故事如果要求新奇和本身具有新鲜的兴趣的话，一会儿就会耗尽，戏谑却很容易变味。但是在一切说闲话中，没有什么比关于某一个人的品格应当由之确定的这个那个行动的道德价值的闲话，更多地激起那些在其他所有的玄想那里马上会感到无聊的人士的参与，并把某种生气带入社交中来的了。那些平时对理论问题中的一切玄妙和冥想的东西都觉得枯燥和伤神的人，当事情取决于对一个被讲到的好的或坏的行动的道德内涵作判定时，马上就会参加进来，并且可以如人们在任何思辨客体那里通常都不可能期待于他们的那样精细、那样冥思苦想、那样玄妙地，把一切有可能使意图的纯洁性、因而使意图中德行的程度遭到贬低或哪怕只是变得可疑的东西想出来。我们往往可以在这些评判中看到对别人作判断的那些个人自己的品格泄露出来，他们中的有些人，尤其是由于他们对死去的人行使自己法官的职务，似乎主要倾向于为所谈到的有关这些人的这个那个行为的善而辩护，以反驳一切不正派的伤人非议，最终为个人的全部道德价值辩护，以反驳虚伪和阴毒的指责，相反，另外一些人则更多盘算的是控告和谴责，不承认这种价值。但人们毕竟不能总是赋予后面这种人以这样的意图，即想要从人类的一切榜样那里把德行完全通过玄想去掉，以便由此使德行变成一个空名，相反，这常常只是在按照某种不可通融的法则对纯正道德内涵作规定时本意良好的严格而已，在与这个法则而不是与那些榜样作比较时在道德性方面的自大就大为降低，而谦虚决不只是被教会的，而且是在强烈的自我拷问中被每个人所感到的。然而我们常常可以在那些为已有榜样的意图的纯洁性作辩护的人那里看到，凡是在他们对正直不阿有自己的猜想时，他们也喜欢为这些榜样擦去最微小的污点，其动因是为了当一切榜样都被怀疑其真实性、一切人类德行都被否认其纯洁性时，德行不会最终被看做只是一个幻影，从而趋向德行的一切努力都被当做虚荣的做作和骗人的自大而遭到蔑视。

　　我不知道为什么青年的教育者们对于理性的这种很乐意在被提出的实践问题中自己作出最精细的鉴定的倾向不是早就已经在加以运用,并且他们在把某种单纯的道德上的教义问答作为基础之后,为什么不为此搜遍古今人物传记,以便手中握有所提出的那些义务的凭据,在这些凭据上他们首先可以通过对各种不同情况下的类似行动加以比较,使他们的弟子开始运用自己的评判来看出这些行动的较小或较大的道德内涵,他们会在这里发现甚至那些本来对任何思辨都还不成熟的少年马上就变得非常敏锐,并由于感到自己判断力的进步而对此发

177 生不小的兴趣,但最重要的是,他们可以有把握地指望,经常练习去认识和称赞那种具有全部纯洁性的良好行为,另一方面则带着惋惜和轻蔑去发觉对这种纯洁性的哪怕最小的偏离,即使这种做法直到这时还只是被当做一种小孩子们可以相互比赛的判断力游戏来发起的,但却会对于推崇一方面而憎恶另一方面留下某种持久的印象,这些练习仅仅通过把这些行动经常地看做值得称赞或值得谴责的这种习惯,就会对以后生活方式的正直不阿构成一个良好的基础。只是我希望不要用我们那些感伤文字中被如此大量滥用的所谓高尚的(过誉了的)行动的榜样来打扰这种练习,而是把一切都仅仅转移到义务以及一个人在他自己眼里通过没有违犯义务的意识而能够和必须给予自己的那种价值之上,因为凡是导致对高不可攀的完善性的空洞希望和渴求的东西所产生纯然都是小说中的人物,这些人物由于他们对自己感觉到这种夸大其辞的伟大非常得意,于是就为这一点而宣布自己可以不遵守平庸的和通行的职责,这种职责在他们看来只是微不足道地渺小。①

----

　　① 对那些从中放射出伟大、无私和富于同情心的意向和人性之光的行动加以赞扬是完全可取的。但我们在此必须注意的,与其说是灵魂的高迈,不如说是对义务的由衷的服从,前者是转瞬即逝和暂时的,对后者却可以指望有一个更长久的印象,因为它具有原理(前者则只具有激动)。只要有人作一点点反省,他就总是会感到一种他以某种方式对人类所承担的罪责(哪怕只是这样一种罪责,即我们通过人类在公民状态中的不平等而享受到好处,为此之故别人必然会更加贫困),以便对义务的思考不会被自以为有功的想象排斥掉。——康德

但如果有人问:究竟什么才真正是我们必须用作试金石来检验任何行动的道德内涵的纯粹德性,那么我就必须承认,只有哲学才能使这个问题的决断成为可疑的;因为在普通的人类理性中这个问题虽然不是凭借抽象的普遍公式、但却通过日常的习惯而早已经仿佛是左右手之间的区别一样地被决断了。所以我们将首先用一个例子来指出纯粹德性的检验标准,并且通过我们设想例如它被提交给一个十岁男孩去作评判,来看看他是否由自己而不经过老师的指导也必然会作出这样的判断。设若有人讲述了一个正派人士的故事,别人想鼓动他参与对一个无辜而又无权势的人(如英格兰的亨利八世对安妮·博林的控告①)进行诽谤。人家许以好处,即送以重礼或封以高位,他都拒绝接受。这在听者的心里所引起的只不过是称许和赞同,因为那都是好处。现在人家开始以损失相威胁。在这些诽谤者中有他的一些最好的朋友,他们现在宣告中止与他的友情,有他的近亲,他们威胁要剥夺他的继承权(而他却没有财产),有权贵,他们可以在任何地方、任何情况下迫害和侮辱他,有君王,他威胁他会失去自己的自由甚至生命。但为了让他也感受到只有道德上善良的心才能十足真切地感受到的那种痛苦,以便苦难的程度臻于极致,我们可以设想他的受到极度困苦和贫穷所威胁的家庭恳求他让步,而他自己虽然为人正直,但恰好并不具有对于同情和自己的困苦都麻木不仁的感官,在他希望永远不过那种使他遭受如此难以言表的痛苦日子的这一刻,他却仍然忠于他的正直的决心,毫不动摇或哪怕是怀疑:那么我这位年轻的听者就会一步步从单纯的赞同上升到钦佩,从钦佩上升到惊奇,最后一直上升到极大的崇敬,直到一种自己能够成为这样一个人(当然并不是在他那种情况下)的强烈的愿望;但在这里,德行之所以具有这么多的价值,仍然只是由于它付出了这么多,而不是由于它带来了什么。整个钦佩、甚至要与这种

178

179

---

① 安妮·博林(Anna Boleyn,1507—1536)是英格兰国王亨利八世的第二个妻子,婚后三年,亨利以她与人通奸和乱伦的罪名将其关进伦敦塔,终被贵族法庭判为有罪并斩首,是历史上著名的冤案。——译者

品格相似的努力,在这里都完全是基于道德原理的纯粹性,这种纯粹性只有通过我们把一切只要是人类能够归入幸福之中的东西都从行动的动机中去掉,才能够相当引人注目地表现出来。所以,德性越是纯粹地表现出来,它对于人心就必定越是有更多的力量。由此就得出,如果德性法则、圣洁和德行的形象在任何地方都应当对我们的灵魂施加影响的话,那么这种德性之所以能够施加这种影响,只是在它不掺杂对自己的福利的意图而纯粹作为动机得到细心关照的范围内,因为它在苦难中才最庄严地表现出来。但那种被清除之后就加强了某种推动力的作用的东西,就必定曾经是一种阻碍。所以任何把从自己的幸福中取得的动机混杂进来的做法都是对道德律在人心上获得影响的一个阻碍。——此外我主张,甚至在那种受到钦佩的行动中,如果行动由以发生的动因是对自己的义务的尊重,那么正是这种对法则的敬重,而绝不是对有关慷慨大度和思维方式高尚可嘉的那种自以为是的看法的要求,恰好会对目击者的内心产生最大的力量,所以是义务,而不是功劳,才不仅必然会对内心有最确定的影响,而且如果它在自己的不可侵犯性的光辉中被表现出来,也必然会对之有最透彻的影响。

在我们的时代,比起通过与人类的不完善性和在善中的进步相适应的枯燥严肃的义务表象来,人们更希望借助于无病呻吟的、软绵绵的情感,或是借助于野心勃勃的、吹胀了的、使人心与其说加强不如说萎缩的狂妄,来对内心产生出更大的效果,在这个时代对这种方法加以提示就比任何时候更有必要了。为儿童树立一些行动作为高尚、慷慨和值得赞扬的模范,以为通过灌输某种热忱就会获得他们对这些行动的好感,这完全是适得其反。因为既然儿童在遵守最普通的义务上,甚至在正确评判这种义务上还如此远远滞后,那么这就等于说要使他们及时地成为幻想家。但甚至在人类的更有学问更有经验的那一部分中,这种臆想的动机对人心如果不是更有害的话,也至少是没有什么真正的道德作用的,但人们本来却正是想借此促成这种道德作用。

一切情感,尤其是应当引起如此异常的努力的情感,都必须在它们正处于自己的高潮而还未退潮的那一刻,发生它们的作用,否则它们就什么作用也没有:因为人心会自然而然地回复到自己的自然适度的生命活动并随后沉入到它自己原先的那种疲乏状态中去;因为被带给它的虽然是某种刺激它的东西,但却绝不是什么加强它的东西。原理必须被建立在概念上,在一切别的基础上只能造成一些暂时冲动,它们不能使人格获得任何道德价值,甚至也不能获得对自己本身的信心,没有这种信心,对自己的道德意向和对这样一种品格的意识,即人里面的至善,就根本不可能发生。于是这些概念当它们应当成为主观上实践的时,必须不再停留于德性的客观法则上,以便得到钦佩和在与人性的关系中得到尊重,而是必须在与人以及与人的个体的联系中来考察它们的表象;因为那条法则显现在一种虽然值得最高敬重、但却不那么令人喜爱的形态中,并不像是属于他所自然而然地习惯了的要素,反而像要迫使他常常不是没有自我克制地放弃这一要素,而献身于更高的要素,在这种要素中,他只有怀着对退化的不断忧虑才能费力地维持下去。总之,道德律要求出于义务来遵守,而不是出于偏爱,人们根本不可能也不应当把偏爱作为前提。

现在让我们举一个例子,看是否在把一个行动表象为高尚的和慷慨的行动时,比起这个行动仅仅被表象为与严肃的道德律相关的义务时,会包含有一个动机的更多的主观动力。有人冒着最大的生命危险力图从沉船中救人,如果他最终为此丧失了自己的生命,他的这种行动虽然一方面被算作义务,但另一方面,并且绝大部分也被当做有功的行动来评价,但我们对于这个行动的尊重就由于对自己的义务这一概念在这里似乎遭到了某种损害而受到很大削弱。更带决定性的例子是为保卫祖国而慷慨捐躯,然而,自发地不等命令就献身于这一意图,这是否也是很完善的义务,对此却仍然留有一些疑虑,并且这个行动本身并不具有榜样和推动人起来模仿的充分力量。但如果这是不能免除的义务,对它的违犯本身在不考虑人类福利的情况下就是对道德律的损害,也仿佛就是对道德律的神圣性的践踏(这一类义务我们通常称之为对上帝的义务,因为我们是把上帝设想为实体中的神圣性之理想的),那么我们对于牺牲一切永远只可能对所有我们的爱好中最亲切的爱好有价值的东西去遵守道德律的做法,献上最高最完全的敬重,并且如果我们凭这个榜样能够确信人类的本性有能力攀升到一个超过自然永远只能在相反的动机上具有的一切东西的如此巨大的高度,则我们通过这样一个例子就感到自己的灵魂得到了加强和提高。尤维纳利斯①通过一种使读者强烈感觉到蕴含在作为义务的义务的纯粹法则中的动机力量的强调,而表现了这样一种榜样:

> Esto bonus miles, tutor bonus, arbiter idem
>
> Integer; ambiguae si quando citabere testis
>
> Incertaeque rei, Phalaris licet imperet, ut sis
>
> Falsus, et admoto dictet periuria tauro;
>
> Summum crede nefas animam praeferre pudori,
>
> Et propter vitam vivendi perdere causas. ②

182　　　如果我们什么时候可以把对功劳的某种得意之感带进我们的行动中来,那么其动机就已经与自矜有所混淆了,因而就获得了一些来自感性方面的辅助了。但唯独把一切都置于义务的神圣性的后面,并意识到我们能够这样做,因为我们自己的理性承认这是它的命令,并且宣布我们应当这样做,这才意味着仿佛把自己整个提升到超出感官世界之上,而且在这同一个法则意识中,这种提升甚至作为一种控制感性的能

---

① 　Juvenal(55/60—约127),罗马最后也最有影响的一位讽刺诗人,下面这首诗出自他的《讽刺诗》第8首,第79—84行。——译者

② 　拉丁文:
> 要做好士兵,做好监护人,仲裁者也要
> 无偏心;一旦你被召来当证人,
> 以决疑案,即使法拉里斯命令你
> 说假话,并拖来了让人作伪证的铜牛:
> 你却深信罪莫大于舍荣誉而求生,
> 以及为活命败坏生存之根。

按:法拉里斯(Phalaris,公元前?—554年)为西西里阿克拉加斯的僭主,据说他曾用铜牛作刑具,把罪犯放在铜牛里烧死,将人的惨叫当做牛的吼声。被推翻后,人们把他投入他自己的铜牛中烧死。——译者

力的动机也是与效果不可分割地结合着的,哪怕并不总是与之结合着①,但这种效果通过经常关心这种动机并对其运用最初作较小的尝试,毕竟也会对自己的产生提供希望,以便在我们心中逐渐引起对这种动机的最大的、但却是纯粹的道德兴趣来。

所以这个方法采取如下的进程。首先我们所关心的只是,使按照道德律进行评判成为一件自然的、伴随着我们自己的一切自由行动以及对他人自由行动的观察的工作,并使之仿佛成为习惯,而且通过我们首先追问这个行动是否客观上符合道德律以及符合哪种道德律,来使这种评判变得锋利;同时我们也教导要注意把单纯给责任提供一个根据的那种法则与事实上本身就是责任性的法则区别开来(leges obligandi a legibus obligantibus②)(例如人类的需要所要求我们的那种东西的法则,反之则是人类的权利所要求我们的那种东西的法则,其中后者所颁布的是本质性的义务,前者所颁布的则只是非本质性的义务),因而教导要区别汇集在一个行动中的那些不同的义务。另一个必须加以注意之点是这个问题:这个行动是否(主观上)也是为了道德律而发生的,因而它是否不仅仅拥有作为行为的道德正确性,而且也拥有作为按照行为准则的意向的道德价值? 于是毫无疑问,这种练习以及关于由此发源而将我们单纯对实践上的事下判断的理性培养起来的意识,必定会甚至对这种理性的法则、因而对道德上善的行动也逐渐产生出某种兴趣。因为我们最终会喜欢得到这样一种东西,对它的考察让我们感到我们的认识能力有扩展的运用,而首先促进这种运用的是那种我们从中发现道德的正确性的东西;因为理性唯有在事物的这样一种秩序中,才能与自己先天地按照原则来规定什么是应当做的那种能力相配。但一个自然的观察者毕竟最终会喜欢得到那些最初使他感到反感的对象,如果他在其上发现了它们的组织的巨大的合目的性,因

183

---

① 此句似应作:"而且关于这同一个意识的法则意识甚至作为……";那托尔普则校作:"而且法则意识甚至作为……的动机也是与这同一个意识不可分割的,哪怕并不总是与效果结合着"。——德文编者

② 拉丁文:关于责任的法则不同于责任性的法则。——译者

而他的理性在观察它们时得到了享受的话,莱布尼茨在用显微镜仔细地观察了一只昆虫后将它爱惜地重新放回它的叶子上去,因为他通过自己的观看感到自己获得了教益,并仿佛从它身上得到了愉快的享受。

但判断力的这种让我们感受到我们自己的认识能力的工作还不是对行动及其道德性本身的兴趣。这种工作只是使人们乐意以这样一种评判来自娱,并赋予德行和按照道德律的思维方式以一种美的形式,这种形式令人赞叹,但还并不因此就被人寻求(laudatur et alget①);这就像所有那些事情一样,我们对它们的观看在主观上引起了对我们的诸表象能力的和谐的意识,同时我们在它们那里感到自己的整个认识能力(知性和想象力)都得到了加强,它们就产生出一种也能传达给别人的愉悦,然而这时客体的实存对我们来说仍然是无所谓的,因为它只被看做引起我们心中觉察到超出动物性之上的那些才能的素质的一个诱因。但现在第二种练习开始了自己的工作,这就是在通过榜样来生动地描述道德意向时使人注意到意志的纯洁性,首先只是作为意志的消极的完善性,就一件作为义务的行动中任何爱好的动机都丝毫也不作为规定根据对意志发生影响而言;但初学者借此毕竟会把注意力保持在对自己的自由的意识上,并且虽然这种放弃会激起最初的痛苦感觉,但却由于它使那个初学者甚至从真实的需求那里摆脱出来,同时就向他通报他从所有这些需求把他纠缠于其中的那些各种各样的不满足中解放出来了,并使内心对来自另外源泉的满足感易于接受。当在相关实例被摆出来的那些纯粹道德决定上已经向人揭示出一种内部的、平时甚至都完全不为他自己所知的能力,即内心的自由,也就是如此挣脱爱好的剧烈纠缠,以至于没有任何爱好、哪怕最强烈的爱好对我们现在应当用我们的理性所作出的决定发生影响,这时,人心就毕竟从那种时时刻刻暗中压在它上面的重负中解放出来和脱身出来了。如果只有我一个人知道错在我这一方,并且尽管坦率地承认错误并提议赔礼道歉,

① 拉丁文:它受到赞扬却死于冷漠。(尤维纳利斯:《讽刺诗》第 1 首第 74 行)——德文编者

这由于我的虚荣心、自私,甚至由于我平时对那个受到我的侵权的人并非没有道理的反感,而遇到了如此巨大的矛盾,然而我却仍然可以置所有这些疑虑于不顾,那么在这样一种情况中,就毕竟包含有不依赖于爱好和巧合的独立性意识,以及自满自足的可能性意识,这种可能性即使出于别的意图也都是处处对我有益的。现在,义务法则凭借在遵守它时让我们所感到的那种积极的价值,通过在我们的自由意识中对我们自己的敬重而找到了入门的捷径。如果这种敬重被完全建立起来了,如果人没有比他通过内部的自我审查觉得在自己眼中是可鄙和下流的更使他强烈地感到害怕的了,那么任何善良的道德意向就都能够嫁接到这种敬重上来;因为这是防止我们内心的不高尚和腐败冲动入侵的最好的、甚至是唯一的守卫者。

我本来只是想借此指出一种道德的教养和训练的最普遍的方法论准则。由于义务的各种各样还要求对它们的每一种类型作特殊的规定,这样就会构成一件广泛的工作,所以如果我在像这样一部只是预备性练习的著作中只限于讨论这些基本特征,人们也就不会责怪我了。 185

结　　论

　　有两样东西，人们越是经常持久地对之凝神思索，它们就越是使内心充满常新而日增的惊奇和敬畏：我头上的星空和我心中的道德律。对这两者，我不可当做隐蔽在黑暗中或是夸大其辞的东西到我的视野之外去寻求和猜测；我看到它们在我眼前，并把它们直接与我的实存的意识联结起来。前者从我在外部感官世界中所占据的位置开始，并把我身处其中的联结扩展到世界之上的世界、星系组成的星系这样的恢宏无涯，此外还扩展到它们的循环运动及其开始和延续的无穷时间。后者从我的不可见的自我、我的人格性开始并把我呈现在这样一个世界中，这个世界具有真实的无限性，但只有对于知性才可以察觉到，并且我认识到我与这个世界（但由此同时也就与所有那些可见世界）不是像在前者那里处于只是偶然的联结中，而是处于普遍必然的联结中。前面那个无数世界堆积的景象仿佛取消了我作为一个动物性被造物的重要性，这种被造物在它（我们不知道怎样）被赋予了一个短时间的生命力之后，又不得不把它曾由以形成的那种物质还回给这个（只是宇宙中的一个点的）星球。反之，后面这一景象则把我作为一个理智者的价值通过我的人格无限地提升了，在这种人格中道德律向我展示了一种不依赖于动物性、甚至不依赖于整个感性世界的生活，这些至少都是可以从我凭借这个法则而存有的合目的性使命中得到核准的，这种使命不受此生的条件和界限的局限，而是进向无限的。

　　不过，赞叹和敬重虽然能够激发起探索，但不能弥补探索的不足。现在，为了以有用的和与对象的崇高性相适合的方式着手这一探索，应该做什么呢？在这里，榜样有可能被用于警告，但也可能被用来模仿。对世界的考察曾经是从最壮丽的景象开始的，人类的感官永远只能呈示这种景象,而我们的知性则永远只能够承受在感官的广阔范围中追踪这种景象的工作,它终止于——占星学。道德学曾经是从人类本性中①最高尚的属性开始的,这种属性的发展和培养的前景是指向无限的利益的,它终止于——狂热或迷信。一切尚属粗糙的尝试都是这样进行的,在这些尝试中工作的最重要部分都取决于理性的运用,这种运用并不像对脚的运用那样借助于经常的练习就会自发地产生,尤其是当它涉及那些不可能如此直接地表现在日常经验中的属性的时候。但是不论多么迟缓,在对理性所打算采取的一切步骤预先深思熟虑、并只让这些步骤在一个预先经过周密思考的方法的轨道中运行这一准则传播开来之后,对世界结构的评判就获得了一个完全不同的方向,并与此同时获得了一个无比幸运的出路。一块石头的降落,一个投石器的运动,在它们被分解为各要素及在此表现出来的诸力并经过了数学的加工时,最终就产生出了对世界结构的那个清晰的、在将来也永不改变的洞见,这个洞见在进一步的考察中可以希望永远只是扩展自身,但绝对不用担心会不得不倒退回去。

这一榜样可以建议我们在处理我们本性中的道德素质时同样选取这条道路,并能给予我们达到类似的良好效果的希望。但我们手头却有一些在道德上作判断的理性的榜样。现在把这些榜样分解为它们的基本概念,在缺乏数学的情况下,却采取某种类似于化学的处理方式,经过在日常人类知性上的反复试验,把在这些概念中可能有的经验性的东西与理性的东西分离开来,这样做就能够使我们对这两者都有纯粹的了解,并对它们各自单独有可能提供出什么有确定的认识,于是就能够一方面预防某种还是粗糙的、未经练习的评判的迷误,另方面(这是远为迫切的)防止天才放纵,凭借这些天才放纵,正如哲人之石的炼金术士惯常所做的那样,不借任何有方法的研究和自然知识就许诺了梦想中的财宝,而浪费了真正的财宝。总之一句话:科学(通过批判的

188

---

① 原文为"道德本性中"(in der moralischen Natur),兹据普鲁士科学院版全集第五卷改为"人类本性中"(in der menschlichen Natur)。——译者

寻求和有方法的导引）是导致智慧学的狭窄关口,如果这种智慧学不仅仅被理解为人们所应当做的事,而且还被理解为应当用做教师们的准绳的东西、以便妥善而明确地开辟那条每个人都应走的通往智慧的路并保证别人不走歧路的话:这门科学,任何时候哲学都仍然必须是它的保管者,公众对它的玄妙的研究是丝毫不必关心的,但他们却必须关心那些只有按照这样一种研究才能真正使他们茅塞顿开的教导。

德汉术语索引

注：1. 本索引依据德文版《哲学丛书》第38卷页码（即本书边码）编成。

　　2. 凡在原书中出现过于频繁、几乎比比皆是的且基本上有定译的词条（如"理
　　　性 Vernunft"等），不再将页码一一注出，只将词条本身用**黑体字**排出。

　　3. 在一词两译或多译的情况下本索引视其需要将页码依次分段排出，中间用
　　　"/"号隔开。

160,173,177,179,180

gültig 有效的 4,9,13,14,21—24,30,
41,53,55,62,79,141,165

Gunst 好意 45,62

Gut/gut 善/善(良)的 9,46,68—76,
78—81,83,84,86,88,90,93,96,
105,106,126—128,131,137,142,
144,174—176,178,183,184

gütig/Gütigkeit 善良的/善意 44,45,
149,150,160

H

Habsucht 占有欲 32

Handlung 行动 9,10,12,22,29,30,
36—39,45,46,50,53,57—59,68,
70—74,77—84,88,89,92,94—97,
99,100,105,110—119,121,128,
131—138,143,144,146,149,164,
169,173—177,179—184

Hang 偏好 86,87,100,147

Harmonie 和谐 32,127,148,166,183

Heiligkeit/heilig 神圣性/神圣的 12,
38,42,91,96—100,102,140—142,
147—151,181,182

Herzensaufwallung 心血来潮 100

Heteronomie 他律 39,43,51,76,
127,148

Hirngespinst 幻影 162,165,176

historisch 历史的 158

höchst 最高的 9,25,36—39,49,50,
55,76,89,96,97,101,117,122,125,

127,133,137,138,144,145,149,
150,153,157,161,169,180,181

das höchste Gute 至善 4,52,76,125—
133,137,140,141,143—150,152—
154,156,157,159,160,163—
169,180

Hypothese/hypothetisch 假设/假设的
5,12,145,160,161,163,164

hypothetisch 假言的 22

I

Ideal 理想 97,126,141,153,181

Idealismus/Idealist 观念论/观念论
者15

Idealität 观念性 116,118

Idee 理念 4,10,12,16,38,44,49,52,
53,56,57,59,70,80,81,93,102,
116,118,120,122,124,125,137,
142,146,147,152,153,155—157,
159,165

Identität/identisch 同一性/同一的
32,61,129

immanent 内在的 17,57,122,153,156

Imperative 命令 12,22,23,38,50,154

Inbegriff 总和 158

Individuum 个体 78,180

indulgent 宽纵的 141

inhärieren 依存 118

Instinkt 本能 73,112

intellektuell 智性的 27,38,86,88,92,
93,121,132,135,136

die intellektuelle Anschauung 智性直观 37,115,141

Intelligenz 理智(者) 38,67,132,144,145,186

intelligibel 理知的 50,54,58,59,77,78,82,101,109,114,115,117,119,121,122,132,133,152,153,157,174

Interesse 兴趣/利益/利害 93,94,126,136,138—140,164,166,167,175,177,182,183/72,83,136,137/94

interessieren 感兴趣 72

J

Joch 束缚 99

K

Kanonik 理则学 139

Kategorie 范畴 5—7,10,11,55,63,64,67,76—78,120,156,157,162

kategorisch 定言的 22,23,36,38,44,50,154

Kausalität 因果性/原因性 3,6,14,33,50,56,57,62—64,66,76,80,81,109—113,119—122,132/6,9,16—18,22,23,37,53—60,65,66,69,81,82,86,88,92,94,104,109,110,114,116—118,121,122,132,144,152,153

Kluft 鸿沟 65

Klugheit 明智 43,44,103,129,145,147,164

knechtisch 奴性的 136

komparativ 比较的 111

konsequent(前后)一贯的 6,7,27,145,174

konstitutiv 构成性的 155

Konstruktion 构造 107

korrespondieren 相应 15,77,80,81,120,121,147,154,159

kosmologisch 宇宙论的 56,153

Kritik 批判 3,5—12,15—17,50,53—55,57,58,60,62,64,74,104,113,119,123,124,126,132,162,168,188

Kultur 培养 27,46,135,175,183,187

L

Labyrinthe 迷宫 125

Laster 罪恶 45

Laure 性情 90

Lebenskraft 生命力 26,186

Lebenswandel 生活作风 93

Legalität 合法性 84,95,136,173,174

Lehrsatz 定理 23,24,31,39

leidend 受动 102

logisch 逻辑的 14,41,58,105,128,129

Los 命运 45

Lust 愉快 9,10,24—26,28—31,69,71,73—75,85,90—94,134,135,183

M

Machine/Machinenwesen 机器 113,

汉德术语对照表

A

爱好 Neigung

爱己 Philautia

B

颁布 vorschreiben

榜样 Beispiel

被造物 Geschöpf

悖论 Paradoxon

背理的东西 Widersinnisches

本能 Instinkt

本体 Noumenon

本体论的 ontologisch

本源的 ursprünglich

本质/本质的 Wesen/wesentlich

比较的 komparativ

比例/按比例 Proportion/proportionieren

必然性/必然的 Notwendigkeit/notwendig

辩证论/辩证的 Dialektik/dialektisch

标准 Maßgabe

表象 Vorstellung

病理学的 pathologisch

不纯洁性 Unlauterkeit

不可能性 Unmöglichkeit

不可行 untunlich

不快适 Unangenehmen

不快意 Unannehmlichkeit

不明智 Unklugheit

不平等 Ungleichheit

不同质性/不同性质的 Ungleichartigkeit/ungleichartig

不幸 Unglück

不朽 Unsterblichkeit

不愉快 Unlust

不允许的 Unerlaubte

不自重 Unwürdigkeit

博学 Gelehrsamkeit

C

阐述 Exposition

超感官的/超感性的 übersinnlich

超验的 transzendent

惩罚 Strafe

秩序 Ordnung

冲动 Antrieb

冲动 Trieb

冲突 Widerstreit

崇拜 Adoration

崇高 Erhaben

崇高思想 Seelengröße

从属 unterordnen

从属性 Anhängigkeit

宠幸 Begünstigung

传达 mitteilen

创世者 Welturheber

创造 Schöpfung

创造者 Urheber

纯粹的 rein

慈善行为 Wohltätigkeit

刺激 affizieren

刺激 Stachel

刺激／魅力 reizen

存有 Dasein

存在者／存在物 Wesen

D

大前提 Obersatz

大小／量 Größe

代用品 Surrogat

道德／道德学 Moral

道德的 moral／moralisch

道德律 das moralische Gesetz

道德学家 Moralist

道德性 Moralität

道德哲学家 Moralphilosoph

道德／道德风尚 Sitten

道德／道德的 Sittlichkeit／sittlich

德行 Tugend

德性／德性的 Sittlichkeit／sittlich

德性法则 Sittengesetz／das sittliche Gesetz

德性论 Sittenlehre

抵抗 Widerstand

定理 Lehrsatz

定义 Definition

定言的 kategorisch

动机 Triebfeder

动物性（的）Tierheit／tierisch

动因 Bewegungsgrunde

动因 Bewegursach

独断论／独断的 Dogmatik／dogmatisch

独立性 Unabhängigkeit

对象 Gegenstand

多愁善感 Empfindelei

E

恶／恶的 Böse／böse

恶性 Bosheit

二律背反 Antinomie

F

发展 entwickeln

反思 Nachdenken

反省 nachsinnen

范畴 Kategorie

犯罪 Verbrechen

方法／方法论 Methode／Methodenlehre

分析论 Analytik

分析的 analytisch

疯癫 Wahnsinn

福／福祉 Wohl

福利 Wohlbefinden

福利 Wohlsein

福音书 Evangelium

副本 Gegenbild

G

该当受罚 Strafwürdigkeit

概念 Begriff

感官 Sinn

感官世界 Sinnenwelt

感官表象 Sinnesvorstellung

感觉 Empfindung

感受性 Empfänglichkeit

感性/感性的 Sinnlichkeit/sinnlich

感性论 Ästhetik

感性化 Versinnlichung

感兴趣 interessieren

刚毅精神 Seelenstärke

高贵的 edel

个体 Individuum

个人 Person

根据 Grund

工具 Werkzeug

公式 Formel

公民的 bürgerlich

拱顶石 Schluβstein

构成性的 konstitutiv

构造 Konstruktion

姑息 Erlassung

关系 Relation

关系 Verhältnis

观念 Gedanke

观念论/观念论者 Idealismus/Idealist

观念性 Idealität

广延 Ausdehung

规定 Bestimmung/bestimmen

规定根据 Bestimmungsgrund

规范 Vorschrift

规律/法则 Gesetz

规则 Regel

归摄 subsumieren

诡辩 Sophisterei

H

好感 Zueignung

好意 Gunst

好意/关爱 Wohlwollen

合法（则）性 Gesetzmäβigkeit/gesetzlich/gesetzmäβig

合法性 Legalität

合理的 rational

合理的/有理性的 vernünftig

合目的性 Zweckmäβigkeit/zweckmäβig

和谐 Harmonie

鸿沟 Kluft

胡闹 Unsinn

怀疑论 Skeptizismus

幻想的 phantastisch

幻相 Schein

幻影 Hirngespinst

荒谬的 ungereimt

悔恨 Reue

或然的/悬拟的 problematisch

祸/灾祸 Übel

J

基底 Substratum

基督教 Christentum

机会 Gelegenheit

机器 Machine/Machinenwesen

机械作用/机械论/机关 Mechanismus

激情 Affekt

寄存物 Depositum

技术性的 technisch

假设/假设的 Hypothese/hypothetisch

假言的 hypothetisch

监护人 Vormund

交互的 wechselseitig

教条 Dogmata

教养 Bildung

教育/教育者 Erziehung/Erzieher

接受性 Rezeptivität

结果 Wirkung

结合体系 Coalitionssystem

结论 Schluβ

节制 Bändigung

节制 Enthaltsamkeit

解放 befreien

解题 Erklärung

界限 Grenze

进步 Fortschritt

精神(的)Geist/geistig

经验 Erfahrung

经验性的 empirisch

经验主义 Empirismus

惊奇 Bewunderung

敬畏 Ehrfurcht

敬重 Achtung

窘境 Verlegenheit

决心 Vorsatz

K

喀迈拉式的 chimärisch

楷模 Muster

慷慨 Groβmütig

科学 Wissenschaft

可分性 Teilbarkeit

可能性 Möglichkeit

可行性/可行的 Tunlichkeit/tunlich

客体 Objekt

肯定的/积极的 Positive/positiv

空间 Raum

苦 Weh

夸大其辞的 überschwenglich

快乐 Vergnügen

快适 Angenehme

快意 Angenehmlichkeit

宽大无边的 nachsichtlich

宽容 Nachsicht

宽纵的 indulgent

狂热 Schwärmerei

狂信 Fanatizismus

L

来源 Quelle

类比 Analogie

理论(的)Theorie/theoretisch

理念 Idee

理想 Ideal

理性 Vernunft

理性神学 Vernunfttheorie

理则学 Kanonik

理知的 intelligibel

理智(者)Intelligenz

利益 Nutzen

利益 Vorteil

力学性的 dynamisch

立法 Gesetzgeben

历史的 historisch

良知 Gewissen

量 Quantität

灵魂/心灵 Seele

逻辑的 logisch

M

满意 befriedigen

矛盾 Widerspruch

矛盾的 contradiktorisch

美 Schönheit

迷宫 Labyrinthe

迷信 Aberglauben

迷信 Superstition

面目全非 verunstalten

明智 Klugheit

命令 Gebote/gebieten

命令 Imperative

命运 Los

谬误推理 Paralogismus

摹本的 nachgebildet

模仿 Nachahmung

模态 Modalität

模型 Typus

模型论 Typik

目的 Zweck

N

内心 Gemüt

内在的 immanent

能力 Vermögen

拟人主义/拟人化 Anthropologismus

奴性的 knechtisch

O

偶然的 zufällig

偶性 Akzendenz

P

判断/判断力 Urteil/Urteilskraft

培养 Kultur

配得(上)Würdigkeit/würdig

批判 Kritik

偏好 Hang

品格 Charakter

评判 Beurteilung

平行关系 Parallelismus

普遍性 Allgemeinheit

普遍性的 universalle

Q

欺骗行为 Erschleichen

启示 offenbaren

启示 Eröffnung

起作用的 wirkend

契机 Moment

谦卑/谦卑的/使……谦卑 Demut/
　demütig/demütigen

强令 Sanktion

强迫 Notigung

强制力 Gewalt

亲属关系 Verwandtschaft

轻视 Verachtung

情感 Gefühl

情致 Sinnesart

权衡 Erwägung

权利 Ansprüche

权利 Recht

权限/权利 Befugnis

全在 Allgegenwart

全善 Allgütigkeit

全能的 allgewaltig

全能 Allmacht

全知 Allwissenheit

犬儒派 Chyniker

确定性 Gewißheit

确信 Überzeugung

R

人格/个人 Person

人格性 Persönlichkeit

人性 Menschheit

人性 Menschlichkeit

认其为真 Fürwahrhalten

任意 Willkür/willkürlich

S

三段论推理 Vernunftschluß

善/善(良)的 Gut/gut

善良的/善意 gütig/Gütigkeit

善行 Wohlverhalten

上帝 Gott

身体上的 physisch

神性/神 Gottheit

神圣性/神圣的 Heiligkeit/heilig

神秘主义 Mystizismus

神学(的)Theologie/teologisch

神智学家 Theosoph

神智学的 theosophisch

生活作风 Lebenswandel

生命力 Lebenskraft

实存 Existenz/existieren

实践的 praktisch

实践知识 das praktische Erkenntnis

实然的 assertorisch

实体 Substanz

实验 Experiment

实在性/实在的 Realität/real

时间 Zeit

使命 Bestimmung

适合性 Angemessenheit

适应性 Tauglichkeit

事件 Begebenheit

事实 Faktum

视幻觉 die optische Illusion

试金石/标准 Probierstein

是 Sein

熟巧 Geschicklichkeit

手段 Mittel

受动 leidend

枢纽 Angel

属性 Eigenschaft

束缚 Joch

数学/数学家/数学(性)的 Mathematik/
    Mathematiker/mathematisch

思辨(的)Spekulation/spekulativ

思辨知识 das spekulative Erkenntnis

思维方式 Denkungsart

私人 Privat

斯多亚派 Stoiker

似非而是的 paradox

宿命论者/宿命 Fatalist/Fatalität

素质 Anlage

随意的 beliebig

T

他律 Heteronomie

讨好 Beliebtes

天职 Beruf

条件 Bedingung

调和主义的 synkretistisch

调节性的 regulativ

调控 Mäßigung

同情 Mitleid

同情的 sympathetisch

同位语 Beisatz

同一性/同一的 Identität/identisch

同质的东西 Gleichartige

统一性 Einheit

痛苦 Schmerz

图型 Schema

推测 präsumieren

W

挖空心思 ergrübeln

完备/完备性 Vollständigkeit/
    vollständig

完善(性)Vollkommenheit

妄想 Wahn

唯理论 Rationalismus

唯我主义 Solipsismus

违犯/违禁 Übertretung

伪善 Gleisnerei

谓词 Prädikat

慰藉 Trost

无可置疑的 apodiktisch

无能 Unvermögen

无私的 uneigennützig

无条件者/无条件的 Unbedingte/unbed-
    ingt

无限的 unendlich

无限的 endlos

无信仰 Unglauben

无意义（的）Nichtigkeit/nichtig

无知 Unwissenheit

物理学 Physik

X

习惯 Gewohnheit

系统（的）/体系 System/systematisch

先天的 a priori

先验的 transzendental

现实性/现实的 Wirklichkeit/wirklich

现象 Erscheinung

现相 Phänomen

宪法 Verfassung

限制 Einschränkung

相应 korrespondieren

想象/想象力 Einbildung/Einbildungsk-
　　raft

享受 Genuβ

消极的/否定的 negativ

小前提 Untersatz

心甘情愿的 bereitwillig

心理学 Psychologie

心满意足 Zufriedenheit

心血来潮 Herzensaufwallung

信仰 Glauben

形而上学 Metaphysik

形式 Form

形态 Gestalt

行动 Handlung

行为 Verhalten

行为举止 Tun und Lassen

性情 Laure

性状 Beschaffenheit

兴趣/利益/利害 Interesse

幸福 Glückseligkeit

幸福论/幸福学说 Glückseligkeitslehre

虚荣/虚荣的 Eitelkeit/eitel

需要 Bedürfnis

悬设/假设 Postulat/postulieren

玄想/推想 Vernünftelei/vernünfteln

选择 Wahl

训练 Disziplin

Y

要素 Elemente

要素论 Elementarlehre

一般性 generelle

一贯的 konsequent

伊壁鸠鲁派/伊壁鸠鲁主义者
　　Epikureer

依存 inhärieren

怡然自得 Behaglichkeit

意见 Meinung

意识 Bewuβtsein

意向 Gesinnung

意愿 Wollen

意志 Wille

义务 Pflicht

演绎 Deduktion

演证 Demonstration

样态 Modus

因果性/原因性 Kausalität

印象 Eindruck

永福 Seligkeit

永恒 Ewigkeit/ewig

优先地位 Primat

优先性/优先权 Vorzug

游戏 Spiel

有德的 tugendhaft

有条件的 bedingt

有限的 endlich

有效的 gültig

有责任 obliegen

愉快 Lust

愉悦 Wohlgefallen

宇宙论的 kosmologisch

欲求 Begehrung

原理 Grundsatz

原始存在者 Urwesen

原始根据 Urgrund

原型/范本 Urbild

原因 Ursache

原则 Prinzip

愿望 Wunsch

允许的 Erlaubte

Z

杂多/多样性 Mannigfaltige

在场 Gegenwart

暂时的冲动 Anwandlung

责任 Verbindlichkeit

责任追究 Zurechnung

赠品 Angebot

占有 Besitz

占有欲 Habsucht

哲学 Philosophie

哲学家 Philosoph

真理 Wahrheit

争执 Streitigkeit/streiten

正直 Rechtschaffenheit

证据链 Beweistümer

知觉 Wahrnehmung

知性 Verstand

知足 Genügsamkeit

直观 Anschauung

职责 Schuldigkeit

执意 Willensmeinung

值得惊叹的 wundernswürdig

指令 Verordnung

至善 das höchste Gute

至上的 oberst

智慧/智慧的 Weisheit/weis

智慧学 Weisheitslehre

智性的 intellektuell

智性直观 die intellektuelle An-
schauung

智者 Weise

质 Qualität

质料/物质 Materie

置信 Überredung

制止 Unterlassen

终极目的 Endzweck

主体/主观的 Subjekt/subjektiv

追踪 nachspüren

准绳 Richtschnur

准则 Maxime

自爱 Selbstliebe

自大 Eigendünkel

自动机 Automation

自发性 Spontaneität

自负 Arroganz

自矜的 eigenliebig

自律 Autonomie

自明性 Evidenz

自命自许 Anheischigmachung

自然(界)/本性 Natur

自然知识 Naturerkenntnis

自然学说 Naturlehre

自然必然性 Naturnotwendigkeit

自然秩序 Naturordnung

自然完善性 Naturvollkommenheit

自私 Eigennutze

自私 Selbstsucht

自我意识 Selbstbewußtsein

自我批准 Selbstbilligung

自我认识 Selbsterkenntnis

自我拷问 Selbstprüfung

自我尊重 Selbstschätzung

自我谴责 Selbstverdammung

自我满足 Selbstbefriedenheit

自由 Freiheit

自由的任意 der freie Willkür

自由意志 der freie Wille

自愿的 freiwillig

自在的 an sich

自在之物 Ding an sich

自责 Selbsttadel

自足 Selbstgenugsamkeit

宗教 Religion

综观 übersicht

综合(的)Synthesis/synthetisch

总和 Inbegriff

组织 Organisation

最高的 höchst

罪恶 Laster

尊严 Ansehen

尊严 Würde

人 名 索 引

判断力批判

Immanuel Kant
Kritik der Urteilskraft

Hrsg. Von Karl Vorländer, Felix Meiner Verlag,
Sechsten Auflage, Hamburg 1924, Nachdruck 1974.

根据卡尔·弗兰德尔编《哲学丛书》第 39a 卷,
费利克斯·迈纳出版社,汉堡 1924 年第 6 版,1974 年重印本。

目　　录

第一部分　审美判断力批判

第二部分　目的论判断力批判

《判断力批判》中译本序

康德的"第三批判"即《判断力批判》出版于 1790 年。全书除了序言和一个完整系统的导言外,分为"审美判断力批判"和"目的论判断力批判"。前者又分为审美判断力的"分析论"和"辩证论"(其最后一小节题为"附录:鉴赏的方法论"),后者则分为目的论判断力的"分析论"和"辩证论"及一个计有 13 节的"附录:目的论判断力的方法论",加上"对于目的论的总注释"。

序言提纲挈领地总括了《判断力批判》对于联结前两个批判从而完成纯粹理性的全部批判的必要性和意义,也是全书导言的一个简短的纲要。

导言是关于批判哲学体系的总体结构和《判断力批判》的基本概念及总体构想的一篇独立论著,也是研究康德哲学及其思想发展的重要文献。导言前三节确定了判断力的先天原理对于联结彼此独立的知性立法和理性立法,即联结相互分裂的自然和自由、认识和道德所起的作用和所处的地位,以此阐明批判哲学必须是由三个批判组成的总体;第四、五、六节阐明了作为联结中介的判断力不是知性认识中从普遍概念出发规定特殊对象的"规定性的"判断力,而是从给予的特殊出发去寻求其可能的普遍原则的"反思性的"判断力,它出于这种需要而给自己立了一条法,即自然的形式的合目的性这条先验的原则,这种合目的性只与对象对于主体认识能力的适合性相关,因而具有形式上普遍引起愉快的特点;第七、八、九节阐明了自然合目的性之区分为直接与愉快相关的主观的、形式的合目的性,和建立于其上、不直接与愉快相关而与对客体的知识相关的客观的、质料的合目的性,与这种区分相应,反思判断力也就区分为通过愉快对主观形式的合目的性作评判的审美判断力,和通过知性和理性的关系对客观质料的合目的性作评判的目的论判断力,并在探讨两种反思判断力的概念、作用、相互关系这一基础上阐明了它们各自联结自然和自由、认识和道德的方式。

　　审美判断力的分析论中的美的分析部分,通过鉴赏判断的四个契机概括出对于美的普遍一般的说明:前两个契机提出鉴赏的愉快的两个特点,即无利害的快感和无概念的普遍性;后两个契机则追溯到这两个特点的先天根据,即无目的的合目的性形式和人类的共通感,从而说明了鉴赏判断是想象力和知性这两种认识能力的自由协调活动或"游戏",它所判定的是普遍可传达的愉快感,这就是"美"。崇高的分析从崇高的对象是自然界的"无形式"出发,阐明了崇高是想象力和知性不能和谐(因而带来痛苦)却跳过知性去和理性达到和谐(因而带来更高层次的愉快),因而同样显示为想象力的合目的性活动;无论数学的崇高还是力学的崇高,都不是在自然对象或自然力上寻找到的,而是想象力在评价自然界时借助于理性的理念在自己内心中激发起来的,或者是为了抵抗、战胜盲目的自然界,或者是以自然界的伟力象征和加强理性的人格力量或道德精神。审美判断力的辩证论则考察了鉴赏所必然陷入的审美标准问题的二律背反及其批判的解决。

　　目的论判断力批判强调自然的客观合目的性只是反思性判断力反思自然的一条调节性原理,而非构成性原理。其中,分析论阐明了作为自然目的之物的有机体不是一种外在目的,而是内在目的,即"有组织的和自组织的存在者",它的一切部分都是互为目的和手段;有机体的内在目的性的确立必然导致整个自然界的目的论等级系统;但这个系统对于自然科学只是一种外来的辅助手段,它不是理论自然科学的一部分,而是神学的入门。辩证论阐明了反思性判断力一旦将其目的论的主观调节性准则误解为对象的构成性原理,就必然陷入目的论和机械论的二律背反,而解决这个二律背反的必要准备就是不承认反思性判断力的主观准则有客观实在性。"方法论"对自然界的最终目的进行了追溯,这一追溯实际上是从以人为最后目的的自然目的论系统出发,通过对人身上体现的最后目的进一步反思而追溯到道德目的论,并由此而向超自然的终极目的即神学目的过渡。在人身上体现的终极目

的就是作为道德法则的主体并遵照这个法则而使自己成为自由的存在
者的、作为本体看的人。在道德目的建立之后，幸福也才能成为值得追
求和希望的，而为此就需要上帝，这就从自然神学过渡到了"伦理学神
学"。

* * *

《判断力批判》在国内已有两个中译本，一个是 1964 年商务印书
馆出版的上卷宗白华译本和下卷韦卓民译本，二是 1992 年台湾学生书
局出版的牟宗三全译本。目前这个本子是第三个中译本。本书的翻译
开始于三年以前，中间时断时续，但始终没有完全放下过。翻译工作的
程序是，首先由我在电脑中译出一个初稿，打出样稿，然后由杨祖陶先
生用铅笔仔细校订，我再根据校订过的样稿加以订正。由于电脑操作，
省去了很多重复抄写的麻烦。但使我和所有见到过杨先生的校订稿的
同事们感到吃惊的是，尽管我在初译时尽了最大的努力小心谨慎，力求
少出或不出错误，但仍然被杨先生在初稿上用极细小的字体校改得密
密麻麻，几乎要把原文都湮没不见了。算起来，杨先生校改所花的时
间，比我译出初稿所用的时间还多得多。这种认真的程度，在目前的国
内翻译界还是很少见的。所以我的二次订正绝不是一件轻松的事情，
甚至比我自己直接翻译还更加令人望而生畏。当我在电脑上敲下最后
一个文件的存盘键时，可以说是长长地舒了一口气，一件长期萦绕于怀
的工程终于完成了。

我们之所以要花这么大的力气来重译这样一本已经有两个中译本
的书，当然是有我们的考虑的。在已有的中译本中，要么译者对康德哲
学缺乏了解，要么不是直接从德文原本翻译过来的，而是从英译本转译
的，与原文出入较大，不少意思译得不明确，错漏也比较多，加上译名的
不统一和表述上存在的问题，总的来说，都不能令对康德哲学有兴趣的
中国读者们满意，更谈不上满足康德哲学和美学的研究者的迫切需要
了。现在宗、韦、牟三位先生均已作古，译本的情况却仍然没有改观，这

是学术界多年来早已深感遗憾和不便的。众所周知,翻译是一桩费力不讨好的工作,尤其是重译,如果不能超出前人的工作(且不说甚至比前人译得更差),其遭人诟病将比初次翻译者更甚;如果超出了前人译本,那功劳也得大打折扣。至于康德著作公认的难读难译,则更是众多译家不敢随便碰它的一个重要原因。然而中国学术界又不能没有一个更好的译本,所以我们不揣冒昧,不惜投入大量的时间和精力,来做这件很少有人愿意做的基础工作。当然,我们的工作做得如何,是否真的对原来的译本有所改进,这还有待于学术界诸位专家学者来检验和评价。以康德著作译事的繁难,我们深感这几乎是一个"无底洞",与人们常挂在口头的"说不尽的康德哲学"相类似,我们也不能不承认"说不尽的康德哲学翻译"这一客观事实。我们只能说,现在这个译本是我们尽力之所能奉献在读者面前的一个阶段性成果,来自各方的一切批评指正都是我们诚心欢迎的。

　　为了更方便读者,本书在书末还特意制定了一个较为详细的词汇译名索引和一个人名译名索引。以往的翻译者常在书末附上"外(英、德、法等)汉索引",比起没有任何索引来是进了一大步了,但要查找书中的一个词原文是什么仍然很困难,还必须再加上一个"汉外词汇对照表",辗转求索,这样虽也能解决问题,但很是麻烦。本书则将原来的"德汉词汇索引"转换成了"汉德词汇索引",既省掉了"汉德对照表",又可以直接查到与中文对应的原文。这种做法可以说是一个尝试,如果好的话,不妨向大家推荐,当然,这更增加了译者的工作量。据我的经验,这事还只能先用手工操作,然后再上电脑。

　　本书翻译所依据的主要是《哲学丛书》第 39a 卷,卡尔·弗兰德尔编,费利克斯·迈纳出版社,汉堡 1924 年第 6 版,1974 年重印本(Kritik der Urteilskraft, Hrsg. von Karl Vorländer, Felix Meiner Verlag, sechsten Auflage, Hamburg 1924, Nachdruck 1974),本书中所载边码均是这个本子的原版页码,此外还参照了普鲁士科学院版《康德文集》第 5 卷,柏林 1968 年版(Kants Werke, Band V. Akademi – Textausgabe, Berlin 1968),个别地方也参考了 Werner S. Pluhar 的英译本(中国社会

科学出版社《西学经典·哲学》第 6 卷,1999 年版:Critique of Judgment,
translated and with introduction by Werner S. Pluhar with a forword by
Mary J. Gregor);校译所依据的主要是上述《哲学丛书》第 39a 卷的
1990 年第 7 版,1993 年作为"三大批判"套书的重印本。另外,在翻译
时还参考了上述宗白华、韦卓民、牟宗三诸先生的中译本,他们的筚路
蓝缕的开创之功是我们不能忘怀的。

邓晓芒

2001 年 7 月

于珞珈山

序　言

第　一　版

1790 年

我们可以把出自先天原则的认识能力称之为纯粹理性，而把对它的可能性和界限所作的一般研究称之为纯粹理性批判：尽管我们所理解的这种能力只是在其理论运用中的理性，如同在第一部著作中也已经以那种命名出现过的那样，那时还没有打算把理性能力作为实践理性并按照其特殊原则来加以研究。于是那种批判就只是指向我们先天地认识事物的能力，所以只是讨论认识能力，而排除愉快和不愉快的情感和欲求能力；而在诸认识能力中则根据其先天原则来讨论知性，而排除（作为同属于理论认识的能力的）判断力和理性，因为在这一进程中的情况是，除了知性以外，任何别的认识能力都不可能提供出构成性的先天认识原则。所以这个批判按照其他每一种能力或许会自以为出于自己的根芽而在知识的现金资产中所拥有的份额，对所有这些能力加以审查，它没有剩下别的，只有知性先天地作为对自然、即诸现象的总和（这些现象的形式同样也是先天被给予的）的规律而制定的东西；但这个批判使所有其他的纯粹概念都听从理念的指点，这些理念对于我们的理论认识能力来说是言过其实的，但却或许并不是无用的和可以缺少的，而是用作调节性的原则：一方面抑制知性的这种令人担忧的僭妄，好像它（由于它能够先天地定出它所能认识的一切事物的可能性条件）由此就把任何一般物的可能性也包括在这个界限内了似的；另一方面在考察自然界时按照一条知性永远也达不到的完整性原则来引导知性本身，并由此来促进一切知识的最终意图。

所以真正说来是知性，就其含有先天的构成性认识原则而言，作为拥有,也就是在认识能力中拥有它自己的领地的知性,本应当通过一般地这样称呼的纯粹理性批判而在所有其他有资格的能力面前确保自己独占的财产。同样,仅仅只在欲求能力方面包含有先天构成性原则的那种理性,它的财产已在实践理性批判中被分得了。

那么,在我们认识能力的秩序中,在知性和理性之间构成一个中介环节的判断力,是否也有自己的先天原则;这些先天原则是构成性的还是仅仅调节性的(因而表明没有任何自己的领地),并且它是否会把规则先天地赋予作为认识能力和欲求能力之间的中介环节的愉快和不愉快的情感(正如同知性对认识能力、理性对欲求能力先天地制定规律那样):这些正是目前的这个判断力的批判所要讨论的。

对于纯粹理性,即对我们根据先天原则进行判断的能力所作的一个批判,如果不把判断力的批判(判断力作为认识能力自身也提出了这一要求)作为自己的一个特殊部分来讨论的话,它就会是不完整的;尽管判断力的诸原则在一个纯粹哲学体系里并不能在理论哲学和实践哲学之间构成任何特殊的部分,而只能在必要时随机附加于双方中的任何一方。因为,如果这样一个体系要想有一天在形而上学这个普遍的名称下实现出来的话(完全做到这一点是可能的,而且对于理性在一切方面的运用是极为重要的):那么这个批判就必须对这个大厦的基地预先作出这样深的探查,直到奠定不依赖于经验的那些原则之能力的最初基础,以便大厦的任何一个部分都不会沉陷下去,否则将不可避免地导致全体的倒塌。

但从判断力(它的正确运用是如此地必要和被普遍地要求着,因而在健全知性这一名目下所意指的没有别的,而正是这种能力)的本性中我们很容易相信,要发现它所特有的某种原则,必定会伴随着巨大的困难(因为任何一条原则它都必须先天地包含于自身内,否则它就不会作为一种特殊的认识能力而本身受到最通常的批判了),尽管如此,这种原则必须不是从先天概念中推导出来的;因为这些概念属于知性,而判断力只针对知性的应用。所以判断力本身应当指示某种概念,通过这概念本来并不是认识事物,而只是充当判断力本身的规则,但也不是充当一条判断力可以使自己的判断与之相适合的客观规则,因为为此又将需要一个另外的判断力,以便能够分辨该判断是否属于这个规则的场合。

为了一条原则(不管它是主观的还是客观的)而感到的这种困窘主要发生在我们称之为审美的、与自然界和艺术的美及崇高相关的评判中。尽管如此,对判断力在这些评判中的某种原则的批判性研究是对这种能力的一个批判的最重要的部分。因为即使这些评判自身单独不能对于事物的认识有丝毫的贡献,它们毕竟只是隶属于认识能力的,并证明这种认识能力按照某条先天原则而与愉快或不愉快的情感有一种直接的关系,而不与那可能是欲求能力的规定根据的东西相混淆,因为欲求能力在理性的概念中有其先天的原则。——至于对自然界的逻辑的评判,那么凡是在经验提出诸物的某种不再能由关于感性东西的普遍知性概念所理解和解释的合规律性的地方,以及凡是在判断力能够从自身取得自然物对不可知的超感性东西的关系的某种原则、并且也必须只是着眼于它自身而运用这原则于自然知识上的地方,则一条这样的先天原则虽然能够和必须应用于对世间存在物的认识,同时开启着对实践理性有利的前景:但它并不具有对愉快和不愉快的情感的直接关系,这种关系正是在判断力的原则中那神秘难解之处,它使得在批判中为这种能力划分出一个特殊部门成为必要,因为按照概念(从中永远不可能引出对愉快和不愉快的情感的直接结论)而进行的这种逻辑评判本来顶多能够附属于哲学的理论部分以及对它的批判性限制。

对于作为审美判断力的鉴赏能力的研究在这里不是为了陶冶和培养趣味(因为这种陶冶和培养即使没有迄今和往后的所有这类研究也会进行下去的),而只是出于先验的意图来做的:所以我自认为这一研究在缺乏那种目的方面也会得到宽容的评判。但说到先验的意图,那么它必须准备经受最严格的检验。然而我希望,即使在这里,解决一个如此纠缠着自然的问题的这种巨大困难,可以用来为我在解决这问题时有某些不能完全避免的模糊性作出辩解,只要这个原则被正确地指

出、足够清楚地加以说明就行了；假使说，从这里面引出判断力的现相， 5
这种方式并不具有我们在别的地方，即对于依据概念的认识所可以正
当要求的全部的清晰性，那么这种清晰性我相信在本书的第二部分①
中也已经做到了。

于是我就以此结束我全部的批判工作。我将马不停蹄地奔赴学理
的探究，以便尽可能地为我渐高的年齿再争取到在这方面还算有利的
时间。不言而喻的是，在学理的探究中，对判断力来说并没有特殊的部
分，因为就判断力而言，有用的是批判，而不是理论；相反，按照哲学被
划分为理论哲学和实践哲学而纯粹哲学也被划分为同样两个部分，构
成学理探究的将是自然的形而上学和道德的形而上学。

---

① 指"目的论判断力批判"。——译者

导　言

Ⅰ．哲学的划分

　　如果我们就哲学凭借概念而包含有事物的理性认识的诸原则（而不单是像逻辑学那样不对客体作区别而包含有一般思维形式的诸原则）而言，把哲学像通常那样划分为理论哲学和实践哲学，那么我们做得完全对。但这样一来，为这个理性认识的诸原则指定了它们的客体的那些概念必定是特别各不相同的，因为否则它们将没有理由作出划分，划分总是以属于一门科学的各个不同部分的那些理性知识之诸原则的某种对立为前提的。

　　但是，只有两类概念，是容许它们的对象的可能性有正好两种各不相同的原则的：这就是自然诸概念和自由概念。既然前者使按照先天原则的某种理论知识成为可能，后者却在这些理论知识方面在其概念本身中就已经只具有某种否定的原则（单纯对立的原则），相反，对于意志的规定则建立起扩展性的原理，这些原理因而叫作实践的原理：所以，哲学被划分为在原则上完全不同的两个部分，即作为自然哲学的理论部分和作为道德哲学的实践部分（因为理性根据自由概念所作的实践立法就是这样被称呼的），这是有道理的。但迄今为止，在以这些术语来划分不同的原则、又以这些原则来划分哲学方面，流行着一种很大的误用：由于人们把按照自然概念的实践和按照自由概念的实践等同起来，这样就在理论哲学和实践哲学这些相同的名称下进行了一种划分，通过这种划分事实上什么也没有划分出来（因为这两部分可以拥有同一些原则）。

　　所以意志，作为欲求的能力，它是尘世间好些自然原因之一，就是说,它是那种按照概念起作用的原因;而一切被设想为通过意志而成为可能(或必然)的东西,就叫作实践上可能(或必然)的,以与某个结果的自然的可能性或必然性区别开来,后者的原因不是通过概念(而是像在无生命的物质那里通过机械作用,在动物那里通过本能)而被规定为原因性的。——而现在,就实践而言在这里还没有规定,那赋予意志的原因性以规则的概念是一个自然概念,还是一个自由概念。

但辨明后面这点是根本性的。因为如果规定这原因性的概念是一个自然概念,那么这些原则就是技术上实践的;但如果它是一个自由概念,那么这些原则就是道德上实践的;而由于在对理性科学的划分中完全取决于那些需要不同原则来认识的对象的差异性,所以前一类原则就属于理论哲学(作为自然学说),后一类则完全独立地构成第二部分,也就是(作为道德学说的)实践哲学。

一切技术上实践的规则(亦即艺术和一般熟练技巧的规则,或者也有作为对人和人的意志施加影响的熟练技巧的明智的规则),就其原则是基于概念的而言,也必须只被算作对理论哲学的补充。因为它们只涉及到按照自然概念的物的可能性,属于自然概念的不只是在自然界中可以为此找到的手段,而且甚至有意志(作为欲求能力、因而作为自然能力),就其可以按照那种规则被自然冲动所规定而言。但这样一类实践规则并不称之为规律(例如像物理学规律那样),而只能叫作规范:这是因为,意志不仅仅从属于自然概念,而且也从属于自由概念,它的诸原则在与自由概念相关时就叫作规律,只有这些原则连同其推论才构成了哲学的第二部分,即实践的部分。

所以,如同纯粹几何学问题的解答并不属于几何学的一个特殊的部分,或者丈量术不配称之为某种与纯粹几何学不同的实践的几何学而作为一般几何学的第二部分一样,实验的或观察的机械技术或化学技术同样不可以并且更不可以被视为自然学说的一个实践部分,最后,家庭经济、地区经济和国民经济,社交艺术,饮食规范,且不说普遍的幸福学说,更不用说为了幸福学说的要求而对爱好的克制和对激情的约束了,这些都不可以算作实践哲学,或者说,这些东西根本不能构成一般哲学的第二部分;因为它们所包含的全都只是一些熟巧规则,因而只是些技术上实践的规则,为的是产生按照因果的自然概念所可能有的结果,由于自然概念只属于理论哲学,这些东西所服从的只是作为出自理论哲学(自然科学)的补充的那些规范,所以不能要求在一个被称为实践性的特殊哲学中有任何位置。反之,那些完全建立在自由概念之上,同时完全排除意志由自然而来的规定根据的道德上实践的规范,则构成了规范的一种完全特殊的方式:它们也像自然所服从的那些规则一样,不折不扣地叫作规律,但不是像后者那样基于感性的条件,而是基于某种超感性的原则,并且和哲学的理论部分并列而完全独立地为自己要求一个另外的部分,名叫实践哲学。

9　　由此可见,哲学所提供的实践规范的总和,并不由于它们是实践的,就构成哲学的一个被置于理论部分旁边的特殊部分;因为即使它们的原则完全是从自然的理论知识那里拿来的(作为技术上实践的规则),它们也可以是实践的;而是由于这样的原因和条件,即它们的原则完全不是从永远以感性为条件的自然概念中借来的,因而是基于超感性的东西之上,后者是只有自由概念借助于形式规律才使之成为可知的,所以它们是道德上实践的,就是说,不只是在这种或那种意图中的规范和规则,而是不与任何目的和意图发生先行关系的规律。

II. 一般哲学的领地

先天概念所具有的应用的范围,也就是我们的认识能力根据原则来运用以及哲学借这种运用所达到的范围。

但那些概念为了尽可能实现某种对于对象的知识而与之发生关系的那一切对象的总和,可以按照我们的能力对这一意图的胜任或不胜任的差别而作出划分。

概念只要与对象发生关系,不论对于这些对象的知识是否可能,它们都拥有自己的领域,这个领域仅仅是依照它们的客体所具有的对我们一般认识能力的关系来规定的。——该领域中对我们来说可以认识的那个部分,就是对于概念和为此所需要的认识能力的一个基地(territorium)。在这个基地上有这些概念在行使立法的那个部分,就是这些概念和它们所该有的那些认识能力的领地(ditio)。所以经验概念虽然在自然中,亦即一切感官对象的总和中拥有自己的基地,但却并不拥有领地(而只有自己的暂居地,domicilium):因为它们虽然合法地被产生出来,但并不是立法者,而是在它们之上所建立的规则都是经验性的,因而是偶然的。

　　我们全部认识能力有两个领地,即自然概念的领地和自由概念的领地;因为认识能力是通过这两者而先天地立法的。现在,哲学也据此而分为理论哲学和实践哲学。但哲学的领地建立于其上且哲学的立法施行于其上的这个基地却永远只是一切可能经验的对象的总和,只要这些对象不被看做别的、只被看做单纯的现象;因为否则知性对于这些对象的立法就是不可思议的。

　　通过自然概念来立法是由知性进行的并且是理论性的。通过自由概念来立法是由理性造成的并且只是实践性的。不过只有在实践中理性才是立法性的;在理论认识(自然知识)方面它只能(作为凭借知性而精通法律地)从给予的规律①中通过推理而引出结论来,而这些结论终归永远只是停留在自然界那里的。但反之,如果规则是实践的,理性却并不因而立刻就是立法的,因为这些规则也可能是技术上实践的。

　　因此,理性和知性对于同一个经验的基地拥有两种各不相同的立法,而不允许一方损害另一方。因为自然概念对于通过自由概念的立法没有影响,正如自由概念也不干扰自然的立法一样。这两种立法及属于它们的那些能力在同一个主体中的共存至少可以无矛盾地被思维,这种可能性是《纯粹理性批判》通过揭示反对理由中的辩证幻相而摧毁这些反对理由时所证明了的。

　　但这两个领地虽然并不在它们的立法中,却毕竟在感官世界里它

10

---

　　① 德文中"法律"和"规律"均为 Gesetz 一词,中文表达不出这一双关义。——译者

们的效果中不停地牵制着,不能构成为一体,这是因为:自然概念虽然
11 在直观中设想它的对象,但不是作为自在之物本身,而只是作为现象,
反之,自由概念在其客体中虽然设想出一个自在之物本身,但却不是在
直观中设想的,因而双方没有一方能够获得有关自己的客体(甚至有
关思维着的主体)作为自在之物的理论知识,那个自在之物将会是超
感官的东西,我们虽然必须用关于这个超感官东西的理念来解释那一
切经验对象的可能性,但却永远不能把这个理念本身提升和扩展为一
种知识。

因此对于我们的全部认识能力来说,有一个无限制的、但也是不可
接近的领域,这就是超感官之物的领域,在那里我们不能为自己找到任
何基地,因而在上面既不能为知性概念也不能为理性概念拥有一块用
于理论认识的领地;这个领域我们虽然必须为了理性的理论运用以及
实践运用而以理念去占领,但对这些理念我们在与出自自由概念的规
律的关系中所能提供的无非是实践的实在性,所以我们的理论知识丝
毫也不能由此而扩展到超感官之物上去。

现在,虽然在作为感官之物的自然概念领地和作为超感官之物的
自由概念领地之间固定下来了一道不可估量的鸿沟,以至于从前者到
后者(因而借助于理性的理论运用)根本不可能有任何过渡,好像这是
两个各不相同的世界一样,前者不能对后者发生任何影响:那么毕竟,
后者应当对前者有某种影响,也就是自由概念应当使通过它的规律所
提出的目的在感官世界中成为现实;因而自然界也必须能够这样被设
想,即至少它的形式的合规律性会与依照自由规律可在它里面实现的
那些目的的可能性相协调。——所以终归必须有自然界以之为基础的
那个超感官之物与自由概念在实践上所包含的东西相统一的某种根
据,关于这根据的概念虽然既没有在理论上也没有在实践上达到对这
12 根据的认识,因而不拥有特别的领地,但却仍然使按照一方的原则的思
维方式向按照另一方的原则的思维方式的过渡成为可能。

Ⅲ. 判断力的批判作为把哲学的这两部分
结合为一个整体的手段

就认识能力可以先天地提供的东西而言,对这些认识能力的批判本来就不拥有在客体方面的任何领地:因为它不是什么学说,而只是必须去调查,按照我们的能力现有的情况,一种学说通过这些能力是否以及如何是可能的。这个批判的领域伸展到这些能力的一切僭妄之上,以便将它们置于它们的合法性的边界之内。但是那不能进入到这一哲学划分中来的,却有可能作为一个主要部分进入到对一般纯粹认识能力的批判中来,就是说,如果它包含有一些自身既不适合于理论的运用又不适合于实践的运用的原则的话。

含有一切先天的理论知识的根据的那些自然概念是基于知性立法之上的。——含有一切感性上无条件的先天实践规范之根据的那个自由概念是基于理性立法之上的。所以这两种能力除了它们按逻辑形式能应用于不论是何种来源的诸原则之外,它们每一个按内容还都有自己独特的立法,在这立法之上没有别的(先天的)立法,所以这种立法就表明哲学之划分为理论哲学和实践哲学是有道理的。

不过,在高层认识能力的家族内却还有一个处于知性和理性之间的中间环节。这个中间环节就是判断力,对它我们有理由按照类比来猜测,即使它不可能先天地包含自己特有的立法,但却同样可以先天地包含一条它所特有的寻求规律的原则,也许只是主观的原则:这个原则虽然不应有任何对象领域作为它的领地,却仍可以拥有某一个基地和该基地的某种性状,对此恰好只有这条原则才会有效。

但这方面(按照类比来判断)还应该有一个新的根据来把判断力和我们表象能力的另一种秩序联结起来,这种联结看起来比和认识能力家族的亲缘关系的联结还更具重要性。因为所有的心灵能力或机能可以归结为这三种不能再从一个共同根据推导出来的机能:认识能力、

13

愉快和不愉快的情感和欲求能力。① 对于认识能力来说只有知性是立

14 法的,如果认识能力(正如它不和欲求能力相混淆而单独被考察时必定发生的情况那样)作为一种理论认识的能力而和自然发生关系的话,只有就自然(作为现象)而言我们才有可能通过先天的自然概念,

---

① 对于我们作为经验性原则来运用的那些概念,如果我们有理由去猜测它

13 们与先天的纯粹认识能力有亲缘关系,那么由于这种关系而尝试对它们作一个先验的定义是有好处的:这就是通过纯粹范畴来定义,只要单是这些范畴已经足以指出眼前概念和其他概念的区别。在这里,我们按照数学家的榜样,他让他的课题的经验性的材料留在不确定之中,而只是把它们在这个课题的纯粹综合中的关系放在纯粹算术的概念之下,并借此使这个课题的答案普遍化。——人们曾由于我的一种类似的处理办法(《实践理性批判》序言第16页)而指责我,并非难我对欲求能力的定义,即凭借其表象而成为该表象的对象之现实性的原因的能力:因为,据说单纯的愿望毕竟也是欲求,但对此每个人都告诉自己,他仅仅通过这些愿望是不会产生出它们的客体来的。——但这无非证明了:在人心中也有那些使他和他自己处于矛盾之中的欲求,因为他力求仅凭自己的表象来产生出客体,而对这个表象他却不能期望有什么成果,因为他知道,他的机械的力量(如果我想这样来称呼这些非心理的力量的话)本来是必须由那个表象来规定、以便(因而是间接的)产生出客体的,这些力量要么不充分,要么根本就是针对某种不可能的事的,例如使发生了的事未曾发生(O mihi praeteritos, etc. [译者按:拉丁文省略句,全句

14 为:O mihi praeteritos referat si Juppiter annos! 意为:啊,如果朱庇特大神把逝去的年华送还给我,那该多好!]),或者在急不可耐的期待中能取消那直到盼望的瞬间到来期间的时间。——即使我们意识到在这样一些幻想的欲求中我们的表象不足以(或者甚至根本不适合于)成为它们的对象的原因:那么毕竟,在每一种愿望中都包含有与这些对象的关系作为原因、因而包含有这些对象的原因性的表象,这一点在这个愿望是某种激情、也就是某种渴望时特别明显。因为这些幻想的欲求借此而表明,它们使人心扩张和萎缩,并这样来耗尽力量,使得这些力量通过诸表象而反复地紧张起来,但又让内心在顾及这种不可能性时不断地重新落回到萎靡状态中去。甚至祈求避开巨大的、就我们看来是不可避免的灾难,以及为了达到以自然的方式不可能的目的而采取好些迷信的手段,都证明了这些表象对它们的客体的因果关系,这种因果关系甚至不能够由于意识到这些表象不足以达到努力以求的效果而被阻挡。——但为什么在我们的天性中被放进了对这种有意识的空的欲求的倾向,这是一个人类学上的目的论问题。似乎是:如果直到我们确信自己的能力足以产生一个客体以前我们都不应当被要求使用力量的话,这些力量很大部分将会始终是无用的。因为通常只有通过我们尝试自己的力量,我们才认识到自己的力量。所以在空洞愿望中的这种假象只不过是我们天性中某种善意的安排的结果。——康德

也就是真正的纯粹知性概念而立法。——对于作为按照自由概念的高级能力的欲求能力来说,只有理性(只有在它里面才发生自由概念)是先天立法的。——现在,在认识能力和欲求能力之间所包含的是愉快的情感,正如在知性和理性之间包含判断力一样。所以至少我们暂时可以猜测,判断力自身同样包含有一个先天原则,并且由于和欲求能力必然相结合着的是愉快和不愉快(不论这愉快和不愉快是像在低级欲求能力那里一样在这种能力的原则之前先行发生,还是像在高级欲求能力那里一样只是从道德律对这能力的规定中产生出来),判断力同样也将造成一个从纯粹认识能力即从自然概念的领地向自由概念的领地的过渡,正如它在逻辑的运用中使知性向理性的过渡成为可能一样。

15

所以,即使哲学只能划分为两个主要的部分,即理论哲学和实践哲学;即使我们关于判断力的独特原则所可能说出的一切在哲学中都必须算作理论的部分,即算作按照自然概念的理性认识;然而,必须在构筑那个体系之前为了使它可能而对这一切作出决断的这个纯粹理性批判却是由三部分组成的:纯粹知性批判,纯粹判断力批判和纯粹理性批判,这些能力之所以被称为纯粹的,是因为它们是先天地立法的。

Ⅳ. 判断力,作为一种先天立法能力

一般判断力是把特殊思考为包含在普遍之下的能力。如果普遍的东西(规则、原则、规律)被给予了,那么把特殊归摄于它们之下的那个判断力(即使它作为先验的判断力先天地指定了唯有依此才能归摄到那个普遍之下的那些条件)就是规定性的。但如果只有特殊被给予了,判断力必须为此去寻求普遍,那么这种判断力就只是反思性的。

从属于知性所提供的普遍先验规律的规定性的判断力只是归摄性的;规律对它来说是先天预定的,所以它不必为自己思考一条规律以便能把自然中的特殊从属于普遍之下。——不过,自然界有如此多种多样的形式,仿佛是对于普遍先验的自然概念的如此多的变相,这些变相通过纯粹知性先天给予的那些规律并未得到规定,因为这些规律只是

16

针对着某种（作为感官对象的）自然的一般可能性的，但这样一来，对于这些变相就也还必须有一些规律，它们虽然作为经验性的规律在我们的知性眼光看来可能是偶然的，但如果它们要称为规律的话（如同自然的概念也要求的那样），它们就还是必须出于某种哪怕我们不知晓的多样统一性原则而被看做是必然的。——反思性的判断力的任务是从自然中的特殊上升到普遍，所以需要一个原则，这个原则它不能从经验中借来，因为该原则恰好应当为一切经验性原则在同样是经验性的、但却更高的那些原则之下的统一性提供根据，因而应当为这些原则相互系统隶属的可能性提供根据。所以这样一条先验原则，反思性的判断力只能作为规律自己给予自己，而不能从别处拿来（因为否则它就会是规定性的判断力了），更不能颁布给自然：因为有关自然规律的反思取决于自然，而自然并不取决于我们据以努力去获得一个就这些规律而言完全是偶然的自然概念的那些条件。

于是，这一原则不可能是别的，而只能是：由于普遍的自然规律在我们的知性中有其根据，所以知性把这些自然规律颁布给自然（虽然只是按照作为自然的自然这一普遍概念），而那些特殊的经验性规律，就其中留下而未被那些普遍自然规律所规定的东西而言，则必须按照这样一种统一性来考察，就好像有一个知性（即使不是我们的知性）为了我们的认识能力而给出了这种统一性，以便使一个按照特殊自然规律的经验系统成为可能似的。并不是说好像一定要以这种方式现实地假定这样一个知性（因为这只是反思的判断力，这个理念用作它的原则是用来反思，而不是用来规定）；相反，这种能力借此只是给它自己而不是给自然界提供一个规律。

17

既然有关一个客体的概念就其同时包含有该客体的现实性的根据而言，就叫作目的，而一物与诸物的那种只有按照目的才有可能的性状的协和一致，就叫作该物的形式的合目的性：那么，判断力的原则就自然界从属于一般经验性规律的那些物的形式而言，就叫作在自然界的多样性中的自然的合目的性。这就是说，自然界通过这个概念被设想成好像有一个知性含有它那些经验性规律的多样统一性的根据似的。

　　所以,自然的合目的性是一个特殊的先天概念,它只在反思性的判断力中有其根源。因为我们不能把像自然在其产物上对目的的关系这样一种东西加在自然的产物身上,而只能运用这一概念就自然中按照经验性的规律已给出的那些现象的联结而言来反思这个自然。而且这个概念与实践的合目的性(人类艺术的,或者也有道德的)也是完全不同的,尽管它是按照和这种合目的性的类比而被思考的。

Ⅴ.　自然的形式的合目的性原则是
判断力的一个先验原则

　　一个先验的原则,就是通过它而使人考虑到这种先天普遍条件的原则,唯有在此条件下诸物才能够成为我们知识的一般客体。反之,一个原则如果让人考虑的是这种先天条件,唯有在此条件下所有必须经验性地给出其概念的客体都能先天地进一步得到规定,它就叫作形而上学的原则。所以,物体作为实体和作为变化的实体,它们的认识原则如果表达的是"它们的变化必定有一个原因"的话,那就是先验的;但如果这原则表达的是"它们的变化必定有一个外部的原因"的话,那它就是形而上学的:因为在前一种情况下物体只能通过本体论的谓词(纯粹知性概念),例如作为实体来思考,以便先天地认识这个命题;但在后一种情况下一个物体的经验性的概念(作为一个在空间中运动的东西)必须成为这个命题的基础,但是这样一来,后面这个谓词(只由外部原因而来的运动)应归于物体,这一点却可以完全先天地看出来。——所以,正如我马上要指出的,自然(在其经验性规律的多样性中)的合目的性原则是一个先验的原则。因为诸客体就其被思考为服从该原则的而言,其概念只是有关一般可能经验知识的对象的纯粹概念,而不包含任何经验性的东西。反之,必须在一个自由意志的规定性的理念中来思考的那种实践的合目的性的原则将会是一个形而上学的原则:因为一个作为意志的欲求能力这一概念终归必须经验性地给予出来(而不属于先验的谓词)。然而这两种原则却都并非经验性的,而

18

是先天的原则:因为为了把谓词和这两个原则的判断中主词的经验性概念结合起来,并不需要任何其他的经验,而是能够完全先天地看出那种结合。

自然的合目的性概念属于先验原则,这一点我们可以从为自然研究先天地奠定基础的那些判断力准则中充分地看出来,但这些准则所针对的无非是经验的可能性,因而是自然知识的可能性,但不是仅仅作为一般自然,而是作为通过特殊规律的某种多样性所规定了的自然的知识的可能性。——这些准则作为形而上学智慧的格言,是在某些规则人们不能从概念中说明其必然性的场合下,常常是足够地、但只是分散地出现在这门科学的进程中。"自然界取最短之路(lex parsimoniae①);但自然界不作飞跃,不论是在其变化的序列中,还是在各种殊异形式的编排中(lex continui in natura②);然而,自然界在经验性规律中的大量的多样性是在少数原则之下统一着的(principia praeter necessitatem non sunt multiplicanda③)";如此等等。

但如果我们打算为这些原理指出来源并尝试按心理学的路子做这件事,那么这就是完全违背这些原理的意思的。因为它们并不是说,有什么事情在发生,亦即按照何种规则我们的认识能力把自己的活动现实地发动起来,并且这件事是如何被判断的,而是说它应当如何被判断;而在这里,如果这些原则只是经验性的,这种逻辑上的客观必然性就不会出现。所以,对于我们的认识能力及其运用来说,自然的合目的性(它显然是从这些认识能力中闪现出来的)是判断的一条先验原则,因而也需要一个先验的演绎,如此作判断的根据必须借助于这个演绎到知识的先天来源中去寻找。

这就是说,我们在经验的可能性的那些根据中首先找到的当然是某种必然的东西,也就是普遍规律,没有它们自然根本就不能被(作为

---

① 拉丁文:节约律。——译者
② 拉丁文:自然中的连续律。——译者
③ 拉丁文:原则除必要外不得增加。——译者

感官对象)思考;而它们是基于诸范畴,被应用于我们一切可能的直观(如果这些直观也是先天给予的话)的形式条件上的。于是在这些规律之下判断力就是规定性的;因为这种判断力所要做的无非是在这些给定的规律之下进行归摄。例如知性表明:一切变化都有其原因(普遍的自然律);于是先验判断力所要做的无非是指出在所提出的先天知性概念之下这种归摄的条件而已:这就是同一物的各个规定的前后相继性。于是对于一般自然(作为可能经验的对象)而言那条规律就被认识到是绝对必然的。——但现在,经验性知识的对象除了那个形式的时间条件之外还在好多性质上被规定着,或者在我们可以先天地作出判断的范围内还可以被规定,以至于具有各种特别差异的种类除了它们作为属于一般自然而共同拥有的东西之外,还能够以无限多样的方式成为原因;而这些性质中的每一个都必定(按照一般原因的概念)具有自己的规则,这个规则就是规律,因而带有必然性:尽管我们依据我们认识能力的性状和限制根本看不出这种必然性。所以我们必须在自然中,就其单纯经验性的规律而言,思考无限多样的经验性规律的某种可能性,这些规律在我们的见识看来却仍是偶然的(不能先天地认识到的);考虑到这些规律,我们就把按照经验性规律的自然统一性及经验统一性(作为按照经验性规律的系统)的可能性评判为偶然的。但由于这样一个统一性毕竟不能不被必然地预设和假定下来,否则经验性知识就不会发生任何导致一个经验整体的彻底关联了,又由于普遍的自然律虽然在诸物之间按照其作为一般自然物的类而提供出这样一种关联,但并不是特别地按照其作为这样一些特殊自然存在物的类而提供的:所以判断力为了自己独特的运用必须假定这一点为先天原则,即在那些特殊的(经验性的)自然律中对于人的见地来说是偶然的东西,却在联结它们的多样性为一个本身可能的经验时仍包含有一种我们虽然不可探究、但毕竟可思维的合规律的统一性。这样一来,由于这个合规律的统一性是在一个我们虽然按照某种必然的意图(某种知性需要)、但同时却是作为本身偶然的来认识的联结中,被设想为诸客体(在这里就是自然界)的合目的性的:所以,对服从可能的(还必须去发现的)经验性规律的那些事物而言只是反思性的判断力就必须考虑到这些规律，而按照我们认识能力方面的某种合目的性原则去思维自然界，而这一原则也就在判断力的上述准则中被表达出来了。于是，自然的合目的性这一先验概念既不是一个自然概念，也不是一个自由概念，因为它完全没有加给客体(自然)任何东西，而只是表现了我们在着眼于某种彻底关联着的经验而对自然对象进行反思时所必须采取的唯一方式，因而表现了判断力的一个主观的原则(准则)：因此当我们在单纯经验性的规律中找到了这样一种系统的统一性，就好像这是一个对我们的意图有利的侥幸的偶然情况时，我们也会高兴(真正说来是摆脱了某种需要)：尽管我们必定将不得不承认，这是这样一种统一性，它并不是我们所能够看透和证明的。

为了确信对目前这个概念的演绎的正确性和把它假定为先验知识原则的必要性，只须让我们考虑一下这一任务的重要性：由含有或许是无限多样性的经验性规律的自然界所给予的那些知觉中构成一个关联着的经验，这一任务是先天地置于我们的知性中的。知性虽然先天地具有普遍的自然规律，没有这些规律自然将根本不可能是某种经验的对象：但它除此之外也还需要某种在自然的特殊规则中的自然秩序，这些规则它只能经验性地获悉且对它来说是偶然的。没有这些规则，就不会有从一个一般的可能经验的普遍类比向一个特殊类比的进展，知性必须把这些规则作为规律(即作为必然的)来思考：因为否则它们就不会构成任何自然秩序了，虽然知性没有认识到它们的必然性或者在任何时候也不可能看出这种必然性。所以，尽管知性在这种必然性方面(在客体方面)不能先天地规定任何东西，它却必须为了探索这些经验性的所谓规律，而把一条先天的原则，即按照这些规律一个可认识的自然秩序是可能的这样一条原则，作为关于自然的一切反思的基础，表达出这样一个原则的是下述一些命题：在自然中有一个我们所能把握的类和种的从属关系；那些类和种又按照一个共同的原则而相互接近，以便从一个向另一个的过渡并由此向更高的类的过渡成为可能；如果说我们的知性一开始似乎是不可避免地必须为自然作用的这种特别的差异性设定正好这么多各不相同的原因性种类的话,这些种类却毕竟可以从属于我们必须从事于搜寻的少数原则之下,如此等等。自然与我们的认识能力的这种协调一致是判断力为了自己根据自然的经验性的规律来反思自然而先天预设的,因为知性同时从客观上承认它是偶然的,而只有判断力才把它作为先验的合目的性(在与主体认识能力的关系中)赋予了自然:因为我们没有这个预设就不会有任何按照经验性规律的自然秩序,因而不会有任何线索来引导某种必须按照其一切多样性来处理这些规律的经验及自然的研究了。

因为完全可以设想:不管自然物按照普遍规律是多么地一律,没有这种一律经验知识的一般形式根本就不会出现,然而,自然的经验性规律连同其作用的特别差异性却可以是如此巨大,以至于对我们的知性来说,将不可能在自然中揭示某种可理解的秩序,把自然产物划分为类和种,以便把对一个产物的解释和理解的原则也运用于解释和把握另一个产物,并从一种在我们看来如此混乱的(真正说来只是无限多样的、不适合于我们的把握能力的)材料中产生出一个关联着的经验来。

所以判断力对于自然的可能性来说也有一个先天原则,但只是在自己的主观考虑中,判断力借此不是给自然颁定规律(作为 Autonomie①),而是为了反思自然而给它自己颁定规律(作为 Heautonomie②),这种规律我们可以称之为在自然的经验性规律方面的自然的特异化规律,它不是判断力在自然身上先天地认识到的,而是判断力为了某种我们的知性可以认识的自然秩序,在它从自然的普遍规律里所造成的那种划分中,当它要使特殊规律的多样性从属于这些普遍规律之下时,所采纳下来的。所以当我们说:自然界按照对我们的认识能力的合目的性原则,也就是为了适应于人类知性的必要工作,即在知觉向人类知性呈现出来的特殊的东西上发现普遍的东西,在有差异的东西(虽然对每个属来说又是普遍的)上重又发现在原则的统一性

23

---

① 源自希腊文,意为"自律"。——译者
② 源自希腊文,意为"再自律"。——译者

中的联结,而把自己的普遍规律特异化了:那么我们借此既没有给自然界颁定一条规律,也没有通过观察从它那里学习到一条规律(虽然那个原则可以通过观察而得到证实)。因为这不是一条规定性的判断力的原则,而是一条反思性的判断力的原则;我们想要的只是:自然界尽可以按照自己的普遍原则而建立起来,我们却绝对有必要按照那条原则和以它为根据的那些准则,去追踪自然的经验性规律,因为我们只有在那条原则所在的范围内才能运用我们的知性在经验中不断前进并获得知识。

VI. 愉快的情感和自然合目的性概念的联结

自然在其特殊规律的多样性中对我们要为之找出原则的普遍性这种需要的上述协和一致性,按照我们的一切洞见来看都必须被评判为偶然的,但对我们的知性的需要来说却仍然必须被评判为不可缺少的,因而被评判为自然界借以与我们的只不过是针对知识的意图协和一致的合目的性。——知性的普遍规律同时又是自然的规律,它们对于自然来说和物质的运动规律是同样必要的(尽管是出于自发性);而它们的产生也不以借助于我们认识能力的任何意图为前提,因为我们只有通过它们才首先从那有可能成为物的(自然的)知识的东西那里获得一个概念,而这些规律是必然应归于作为我们认识的一般客体的自然界的。然而,自然按照其特殊规律而来的那种秩序,不论那至少有可能超出我们的把握能力之上的多样性和不同性如何,毕竟还是现实地与这个把握能力相适应的,这一点就我们所能洞见的而言,是偶然的;而寻找这个秩序则是知性的一件工作,它被有意引向知性的一个必然的目的,即把原则的统一性带进自然中来:于是判断力就必须把这个目的赋予自然,因为知性关于这方面不能给自然颁定任何规律。

每个意图的实现都和愉快的情感结合着;而如果这意图实现的条件是一个先天的表象,比如在这里就是一个反思判断力的一般原则,那么愉快的情感也就通过一个先天根据而被规定,并被规定为对每个人

都有效的：这就是说，仅仅通过客体与认识能力的关系，而合目的
性概念在这里丝毫没有顾及欲求能力，因而就与自然的任何实践的合目的
性完全区别开来了。

实际上，既然我们在自己的心中找不到、也不可能找到从知觉和按
照普遍自然概念（范畴）的规律之间的吻合而来的对愉快情感的丝毫
影响，因为知性在这时是无意中按其本性必然行事的：那么另一方面，
发现两个或多个异质的经验性自然规律在一个将它们两者都包括起来
的原则之下的一致性，这就是一种十分明显的愉快的根据，常常甚至是
一种惊奇的根据，这种惊奇乃至当我们对它的对象已经充分熟悉了时
也不会停止。虽然我们在自然的可理解性和那个种类划分的自然统一
性——只是由于这种统一性，我们借以根据自然的特殊规律来认识自
然的那些经验性的概念才是可能的——方面，不再感觉到任何明显的
愉快了：但这种愉快肯定在那个时候曾经有过，而只是由于最通常的经
验没有它就将是不可能的，它就逐渐与单纯的知识混合起来而不再引
起特别的注意了。——所以，这就需要某种在对自然的评判中使人注　25
意到自然对我们知性的合目的性的东西，即需要一种把自然的不同性
质的规律尽可能地纳入到更高的、虽然仍然是经验性的规律之下的研
究，以便在做到这点时对自然与我们认识能力的这种只被我们看做偶
然的相一致感到愉快。与此相反我们就会极其讨厌一个自然的表象，
我们将通过这个表象被预先告知，只要有丝毫的研究超出了最通常的
经验，我们就会碰到自然的规律的某种异质性，它将使自然的特殊规律
为了我们的知性而结合在普遍的经验性规律之下成为不可能：因为这
是与自然在其种类中的主观合目的性的特异化原则以及我们的以此为
目的的反思性判断力相冲突的。

然而，判断力的这个前提，在自然对于我们的认识能力的那种理想
的合目的性应当扩展到多么远这点上，仍然是这样的不确定，以至于如
果有人对我们说，经由观察，一个更深入或更广泛的自然知识必将最终
碰到诸规律的某种多样性，它是任何人类知性都不能归结到一个原则
上来的，我们也会同意，虽然我们更愿意听到，如果另外的人给我们以

希望说,我们对自然的内部认识得越深,或者越是能够把自然与我们现在尚不知道的外部事项作比较,我们就会发现自然在其原则上将越是简单,在其经验性规律的表面的异质性上会越加一致,我们的经验就会前进得越远。因为我们判断力的吩咐就在于:按照自然对我们的认识能力的适合性的原则行事,凡是认识能力所到达之处,都不去断定(因为这不是给我们提供这种规则的规定性的判断力)它是否在某个地方有自己的边界:因为我们虽然就我们认识能力的合理运用来说是能够规定边界的,但在经验性的领域中是不可能规定任何边界的。

VII. 自然的合目的性的审美①表象

凡是在一个客体的表象上只是主观的东西,亦即凡是构成这表象与主体的关系、而不是与对象的关系的东西,就是该表象的审美性状;但凡是在该表象上用作或能够被用于对象的规定(知识)的东西,就是该表象的逻辑有效性。在一个感官对象的知识中这两种关系是一起出现的。在对外在于我之物的感性表象里,我们在其中直观这些物的那个空间的性质是我对这些物的表象的单纯主观的东西(借此仍然并没有决定它们作为客体自在地可能是什么),为了这种关系的缘故,对象即便借助于这种空间性质也只是被思考为现象;但空间尽管自己只有主观性质却仍然是作为现象的物的一个知识成分。感觉(这里是外部感觉)同样也只是表达了我们对外在于我们的物的表象的主观的东西,但真正说来是表达了这些表象的质料(实在)(借此某种实存之物被给予),正如空间表达了这些物的直观可能性的单纯先天形式一样;而感觉仍然也被运用于认识我们之外的客体。

但在一个表象上根本不能成为任何知识成分的那种主观的东西,

---

① "审美的",德文为 ästhetisch,本义是"感性的"。鲍姆加通首次将它专用于美学上,对此康德曾在《纯粹理性批判》的"先验感性论"中提出过异议(见该书B35—36注释),但这里则将两种含义打通了使用。——译者

就是与这表象结合着的愉快或不愉快；因为通过它们我对该表象的对象什么也没有认识到，尽管它们很可以是任何一个认识的结果。于是一物的合目的性只要它在知觉中被表现出来，它也不是客体本身的任何性状（因为一个这样的性状是不可能被知觉的），虽然它能够从一个物的知识中推断出来。所以，先行于一个客体知识的、甚至并不要把该客体的表象运用于某种认识而仍然与这表象直接地结合着的这种合目的性，就是这表象的主观的东西，是完全不能成为任何知识成分的。而这样一来，对象就只是由于它的表象直接与愉快的情感相结合而被称之为合目的的；而这表象本身就是合目的性的审美表象。——问题只是在于，一般说来是否有这么一种合目的性表象。

27

如果对一个直观对象的形式的单纯领会（apprehensio①）没有直观与一定知识的某个概念的关系而结合有愉快的话：那么这个表象因此就不是和客体有关，而只是和主体有关；这愉快所能表达的就无非是客体对那些在反思判断力中起作用的认识能力的适合性，而就它们在这里起作用而言，那么这愉快所能表达的就是客体的主观形式的合目的性。因为对这些形式在想象力中的上述领会，若没有反思的判断力哪怕是无意地将这些形式至少与判断力把直观联系到概念之上的能力相比较的话，它是永远也不会发生的。现在，如果在这种比较中想象力（作为先天直观的能力）通过一个给予的表象而无意中被置于与知性（作为概念的能力）相一致之中，并由此而唤起了愉快的情感，那么这样一来，对象就必须被看做对于反思的判断力是合目的性的。一个这样的判断就是对客体的合目的性的审美判断，它不是建立在任何有关对象的现成的概念之上，也不带来任何对象概念。它的对象的形式（不是它的作为感觉的表象的质料）在关于这个形式的单纯反思里（无意于一个要从对象中获得的概念）就被评判为对这样一个客体的表象的愉快的根据：这种愉快也被判断为与这客体的表象必然结合着的，因而被判断为不只对把握这个形式的主体而言，而且一般地对每个下判

---

① 拉丁文：领会。——译者

断者而言都是这样的。这样一来,该对象就叫作美的;而凭借这样一种愉快(因而也是普遍有效地)下判断的能力就叫作鉴赏。因为,既然愉快的根据只被放在一般反思的对象的形式中,因而并非放在对于对象的任何感觉中,也与包含任何一种意图的某个概念无关:所以这就只是主体内一般判断力的经验性运用中的合规律性(想象力和知性的统一),在反思中——其先天条件是普遍有效的——的客体的表象是与这种合规律性协调一致的;而由于对象与主体能力的这种协调一致是偶然的,所以它就产生出了一个该对象对于主体认识能力的合目的性的表象。

于是这里就有一种愉快,它正如一切不是由自由概念(即由高层欲求能力通过纯粹理性所作的先行规定)产生的愉快和不愉快一样,永远不能从概念出发被看做与一个对象的表象必然结合着的,而是必须任何时候都只是通过反思的知觉而被认作与这个表象联结着的,因而如同一切经验性的判断一样并不能预示任何客观必然性和要求先天的有效性。但鉴赏判断也只是像每个其他的经验性判断那样要求对每个人都有效,这一点即使它有内在的偶然性,总还是可能的。陌生之处和怪异之处只在于:它不是一个经验性的概念,而是一种愉快的情感(因而根本不是什么概念),但这种情感却又要通过鉴赏判断而对每个人期待着,并与客体的表象联结在一起,就好像它是一个与客体的知识结合着的谓词一样。

个别的经验判断,例如有人在一块水晶里发觉有一滴流动的水珠,这是有权要求每个别人必须同样发现这一点的,因为他是按照规定性的判断力的普遍条件而在可能经验的一般规律之下作出这一判断的。同样,一个人在单纯对一个对象的形式的反思中不考虑到概念而感到愉快,尽管他的判断是经验性的并且是个别判断,他也有权要求任何人的同意:因为这种愉快的根据是在反思性判断的普遍的、尽管是主观的条件中,也就是在一个对象(不论它是自然产物还是艺术品)与诸认识能力相互关系之间的合目的性协和一致中被发现的,这些认识能力是每一个经验性的知识都要求着的(即想象力和知性)。所以愉快虽然在鉴赏判断中依赖于某个经验性的表象且不能先天地与任何概念相结合（我们不能先天地规定何种对象将会适合于鉴赏或不适合于鉴赏，我们必须尝尝对象的味道①）；但愉快之成为这个判断的规定根据，毕竟只是由于我们意识到它仅仅基于反思及其与一般客体知识协和一致的普遍的、虽然只是主观的诸条件之上，对这种反思来说客体的形式是合目的性的。

这就是为什么鉴赏判断按其可能性——因为有一条先天原则预设了这种可能性——也是从属于一个批判的原因，尽管这条原则既不是知性的一条认识原则，也不是意志的一条实践原则，因而根本不是先天进行规定的。

但对由反思事物的（自然的和艺术的）形式而来的愉快的感受性不仅表明了主体身上按照自然概念在与反思判断力的关系中的诸客体的合目的性，而且反过来也表明了就诸对象而言根据其形式甚至无形式按照自由概念的主体的合目的性；而这样一来就是：审美判断不仅作为鉴赏判断与美相关，而且作为出自某种精神情感的判断与崇高相关，所以那个审美判断力批判就必须分为与此相应的两个主要部分。

Ⅷ.　自然合目的性的逻辑表象　　30

在由经验所提供的一个对象上，合目的性可以表现为两种：或是出自单纯主观的原因，在先于一切概念而对该对象的领会（apprehensio②）中使对象的形式与为了将直观和概念结合为一般知识的那些认识能力协和一致；或是出自客观原因，按照物的一个先行的、包含其形式之根据的概念，而使对象的形式与该物本身的可能性协和一致。我们曾看到：前一种合目的性表象是基于在单纯反思到对象的形式时对这个形式的直接愉快之上的；所以第二种合目的性的表象，由

① 德文为同一词 Geschmack，兼有"味道"和"鉴赏"的意义。——译者
② 拉丁文：领会。——译者

于它不是把客体的形式联系到主体在把握这形式时的认识能力,而是联系到对象在一个给予概念之下的确定的知识,它就和对物的愉快情感没有关系,而是与在评判这些物时的知性有关。如果一个对象的概念被给予了,那么在运用这概念达到知识时判断力的工作就在于表现(exhibitio),就是说,在于给这概念提供一个相应的直观:无论这件事是通过我们自己的想象力来进行,如同在艺术中,当我们把一个预先把握住的、有关一个作为我们的目的的对象的概念实现出来时那样;还是通过自然在它的技术里来进行(像在有机体中那样),如果我们把我们的目的概念加给自然以评判它的产品的话;在后面这种情况下不单是自然在物的形式中的合目的性,而且它的这件产品作为自然目的都得到了表现。——虽然我们关于自然在其按照经验性规律的诸形式中的主观合目的性这一概念根本不是客体的概念,而只是判断力在自然的这种过于庞大的多样性中为自己求得概念(而能在自然中把握方向)的一条原则:但我们这样一来就仿佛是把对我们认识能力的某种考虑按照对一个目的的类比而赋予了自然;这样,我们就可以把自然美看做是形式的(单纯主观的)合目的性概念的表现,而把自然目的看做是实在的(客观的)合目的性概念的表现,前者我们是通过鉴赏(审美地,借助于愉快情感)来评判的,后者则是通过知性和理性(逻辑地,按照概念)来评判的。

在这上面就建立起判断力批判被划分为审美的判断力批判和目的论的判断力批判的根据:因为前一种判断力被理解为通过愉快和不愉快的情感对形式的合目的性(另称之为主观合目的性)作评判的能力,后一种判断力则被理解为通过知性和理性对自然的实在的合目的性(客观合目的性)作评判的能力。

在一个判断力的批判中,包含审美判断力的部分是本质地属于它的,因为只有这种判断力才包含有判断力完全先天地用作它对自然进行反思的基础的原则,这就是自然根据其特殊的(经验性的)规律对我们的认识能力的形式合目的性原则,没有这种形式合目的性,知性就会不可能和自然相容:与此不同,必须有客观的自然目的,即必须有只是作为自然目的才可能的那些事物,这一点却并不能指出任何先天理由,就连它的可能性也不由作为普遍经验对象和特殊经验对象的自然的概念来说明，相反，只有自身不包含这方面的先天原则的那个判断力，在偶尔遇到的（某些产品的）场合下，当那条先验原则已经使知性对于把这目的概念（至少是按照其形式）应用于自然之上有了准备之后，才包含有这种规则，以便为理性起见来使用目的概念。

但是，这个先验原理，即把自然在一物的形式上与我们的认识能力处于主观关系中的合目的性设想为对这形式的一条评判原则的原理，它所留下而完全未加规定的是，我应当在何处、在哪种场合下把这种评判作为对一个按照合目的性原则的产物、而不是对宁可只按照普遍自然律的产物的评判来进行，它托付给审美的判断力的是，在鉴赏中去决定这产物（它的形式）对我们的认识能力的适合性（只要这种适合不是通过与概念的协和一致、而是通过情感来断定的）。与此相反，运用于目的论上的判断力却确定地指出了某物（例如一个有机体）能够据以按照一个自然目的的理念来评判的诸条件，但对于把与目的的关系先天地赋予自然、甚至只是不确定地从这样一些产物的现实经验中假定这一类目的的那种权利，它却不能从作为经验对象的自然的概念中提出任何原理：因为这样做的根据在于，必须占有许多特殊的经验，并在它们的原则的统一性中使之得到考察，以便能仅仅经验性地在某一对象上认识某种客观的合目的性。——所以审美判断力是按照一条规则、但不是按照概念来对物作出评判的一种特殊的能力。目的论判断力则不是什么特殊的能力，而只是一般反思性的判断力，如果它就像到处在理论认识中那样按照概念，但在某些自然对象上则按照特殊原则，亦即按照单纯反思的判断力，而不是规定客体的判断力行事的话，所以根据其应用它属于哲学的理论部分，并且由于这些特殊原则并不像在一条学理中所必须的那样是规定性的，所以它必定也构成批判的一个特殊部分；与此不同，审美判断力却对其对象的认识毫无贡献，因而必须仅仅被列入判断主体及其认识能力的批判，只要这些认识能力能提供这些先天原则，而不管这些先天原则还有什么另外的（理论的或实践的）运用，这样的批判是一切哲学的入门。

32

33 **Ⅸ. 知性和理性的各种立法通过判断力而联结**

知性对于作为感官客体的自然是先天地立法的,以在一个可能经验中达到对自然的理论知识。理性对于作为主体中的超感官东西的自由及其独特的原因性是先天立法的,以达到无条件地实践的知识。前一种立法下的自然概念的领地和后一种立法下的自由概念的领地,与它们有可能独自(每一方根据自己的基本规律)对对方拥有的一切交互影响相反,由于使超感性的东西与现象分离开来的那个巨大的鸿沟,而被完全隔离开来了。自由概念在自然的理论知识方面什么也没有规定;自然概念在自由的实践规律方面同样也毫无规定:就此而言,从一个领地向另一个领地架起一座桥梁是不可能的。——不过,即使按照自由概念(及它所含的实践规则)而来的原因性的规定根据在自然中找不到证据,而感性的东西也不能规定主体中的超感性的东西:但这一点反过来倒是可能的(虽然不是着眼于自然的知识,但毕竟是着眼于从自由概念中对自然所产生的后果),并已经在通过自由而来的原因性这个概念中包含着了,它的效果应当按照自由的这些形式规律在世上发生,尽管原因这个词在运用于超感性的东西上时只是意味着这样做的根据,即把自然物按照其固有的自然律、但同时却又和理性规律的形式原则相一致地在某种效果上规定其原因性的那个根据。这样做的可能性虽然不能看出来,但从据说存在于其中的矛盾所提出的反对理由却是完全可以驳倒的。① ——按

---

① 在自然的原因性和通过自由而来的原因性的全部区别中各种臆测的矛盾
34 之一就是,人们责难这种区别说:如果我谈到自然对按照自由规律(道德规律)的原因性所设置下的障碍,或前者对后者的促进,我就毕竟承认了前者对后者有一种影响。但只要人们愿意理解所说的意思,那么这种误解是很容易避免的。阻力或促进并不存在于自然和自由之间,而是存在于作为现象的前者和作为感官世界中的现象的后者的效果之间,甚至(纯粹的和实践的理性的)自由的原因性也就是服从于自由的某种自然原因(作为人、因而作为现象来考察的主体)的原因性,其规定性的根据是在自由之下被思考的智性以某种用其他理由(正如为什么这同一个理知的东西构成了自然的超感性的基底那样也)无法解释的方式包含着的。——康德

照自由的概念而来的效果就是终极目的,它(或者它在感性世界中的 34
现象)是应当实存的,为此人们就预设了它在自然界中的可能性的条
件(即作为感官存在物、也就是作为人的那个主体的可能性的条件)。
这个先天地、置实践于不顾地预设这条件的东西,即判断力,通过自然
的合目的性概念而提供了自然概念和自由概念之间的中介性概念,这
概念使得从纯粹理论的理性向纯粹实践的理性、从遵照前者的合规律
性向遵照后者的终极目的之过渡成为可能;因为这样一来,只有在自然
中并与自然规律相一致才能成为现实的那个终极目的之可能性就被认
识到了。

　　知性通过它为自然建立先天规律的可能性而提供了一个证据,证
明自然只是被我们作为现象来认识的,因而同时也就表明了自然的一
个超感性的基底,但这个基底却完全被留在未规定之中。判断力通过
其按照自然界可能的特殊规律评判自然界的先天原则,而使自然的超
感性基底(不论是我们之中的还是我们之外的)获得了以智性能力来
规定的可能性。理性则通过其先天的实践规律对同一个基底提供了规
定;这样,判断力就使得从自然概念的领地向自由概念的领地的过渡成
为可能。

　　就一般心灵能力而言,只要把它们作为高层能力、即包含自律的能 35
力来看待,那么,对于认识能力(对自然的理论认识能力)来说知性就
是包含先天构成性原则的能力;对于愉快和不愉快的情感来说,判断力
就是这种能力,它不依赖于那些有可能和欲求能力的规定相关并因而
有可能是直接实践性的概念和感觉;对于欲求能力来说则是理性,它不
借助于任何不论从何而来的愉快而是实践性的,并作为高层的能力给
欲求能力规定了终极目的,这目的同时也就带有对客体的纯粹智性的
愉悦。——判断力关于自然的一个合目的性的概念仍然是属于自然概
念的,但只是作为认识能力的调节性原则,虽然关于某些引起自然合目
的性概念的(自然的或艺术的)对象的审美判断就愉快和不愉快的情
感而言是构成性的原则。认识能力的协调一致包含着这种愉快的根
据,在这些认识能力的活动中的自发性使上述自然合目的性概念适合

于成为使自然概念的诸领地和自由概念在它们的后果中联结起来的中介,因为这种自发性同时也促进了内心对道德情感的感受性。——下表可以使我们很容易对一切高层能力按其系统的统一来加以概观。①

36

内心的全部能力	诸认识能力	诸先天原则	应用范围
认识能力	知性	合规律性	自然
愉快和不愉快的情感	判断力	合目的性	艺术
欲求能力	理性	终极目的	自由

---

①　有人曾对我的纯粹哲学的划分几乎总是得出三分的结果感到困惑。但这是植根于事物的本性中的。如果一个划分要先天地进行,那么它要么是按照矛盾律而是分析的;而这时它总是两分的(quodlibet ens est aut A aut non A,任何一个存在要么是 A 要么是非 A)。要么它就是综合的;而如果它在这种情况下要从先天的概念(而不像在数学中那样从与概念相应的先天直观中)引出来,那么这一划分就必须按照一般综合统一所要求的,而必然是三分法的,这就是:(1)条件,(2)一个有条件者,(3)从有条件者和它的条件的结合中产生的那个概念。——康德

第一部分
审美判断力批判

第一章　审美判断力的分析论

第一卷　美的分析论

第一契机
鉴赏判断①按照质来看的契机

§1.鉴赏判断是审美的②

为了分辨某物是美的还是不美的,我们不是把表象通过知性联系着客体来认识,而是通过想象力(也许是与知性结合着的)而与主体及其愉快或不愉快的情感相联系。所以鉴赏判断并不是认识判断,因而不是逻辑上的,而是感性的[审美的],我们把这种判断理解为其规定根据只能是主观的。但诸表象的一切关系,甚至诸感觉的一切关系都可以是客观的(而这时这一切关系就意指着某种经验性表象的实在之　40

---

① 在这里成为基础的鉴赏的定义是:鉴赏是评判美的能力。但是要把一个对象称之为美的需要什么,这必须由对鉴赏判断的分析来揭示。这种判断力在其反思中所注意到的那些契机我是根据判断的逻辑功能的指引来寻找的(因为在鉴赏判断中总还是含有对知性的某种关系)。在考察中我首先引入的是质的功能,因为关于美的感性判断[审美判断]首先考虑的是质。——康德

② 由于康德把 ästhetisch 一词在"审美的"和"感性的"两重意义上打通了来使用,下面我们将根据上下文分别用相应的中文来翻译,必要时在方括号内注明其另一种理解。——译者

物);唯有对愉快和不愉快的情感的关系不是如此,通过它完全没有标明客体中的任何东西,相反,在其中主体是像它被这表象刺激起来那样感觉着自身。

以自己的认识能力(不论是在清晰的表象方式中还是在含混的表象方式中)去把握一座合乎规则、合乎目的的大厦,这是完全不同于凭借愉悦的感觉去意识到这个表象的。在后者,这表象是在愉快和不愉快的情感的名义下完全关联于主体,也就是关联于主体的生命感的;这就建立起来一种极为特殊的分辨和评判的能力,它对于认识没有丝毫贡献,而只是把主体中所给予的表象与内心在其状态的情感中所意识到的那全部表象能力相对照。在一个判断中所给予的诸表象可以是经验性的(因而是感性的);但通过那些表象所作出的判断却是逻辑的,如果那些表象在判断中只是与客体相关联的话。反之,如果这些给予的表象完全是合理的,但在一个判断中却只是与主体(即它的情感)相关的话,那么它们就此而言就总是感性的[审美的]。

§2. 那规定鉴赏判断的愉悦是不带任何利害的①

被称之为利害的那种愉悦,我们是把它与一个对象的实存的表象结合着的。所以一个这样的愉悦又总是同时具有与欲求能力的关系,要么它就是这种能力的规定根据,要么就是与这种能力的规定根据必然相连系的。但现在既然问题在于某物是否美,那么我们并不想知道这件事的实存对我们或对任何人是否有什么重要性,哪怕只是可能有什么重要性;而只想知道我们在单纯的观赏中(在直观或反思中)如何评判它。如果有人问我,我对于我眼前看到的那个宫殿是否感到美,那么我虽然可以说:我不喜欢这类只是为了引人注目的东西,或者像易洛魁人的那位酋长一样,在巴黎没有比小吃店更使他喜欢的东西了;此外

41

---

① 利害,原文为 Interesse,兼有"利益"、"兴趣"之义,下面对该词的译法不可能完全保持一致。——译者

我还可以按善良的卢梭的方式大骂上流人物们的爱好虚荣，说他们把人民的血汗花费在这些不必要的物事上面；最后，我可以很容易就相信，如果我身处一个无人居住的岛上，没有任何重返人类的希望，即使我能单凭自己的愿望就变出一座华丽的大厦来，我也不会为此哪怕费这么一点力气，如果我已经有了一间足以使我舒适的茅屋的话。人们可以对我承认这一切并加以赞同；只是现在所谈的并不是这一点。我们只想知道，是否单是对象的这一表象在我心中就会伴随有愉悦，哪怕就这个表象的对象之实存而言我会是无所谓的。很容易看出，要说一个对象是美的并证明我有品味①，这取决于我怎样评价自己心中的这个表象，而不是取决于我在哪方面依赖于该对象的实存。每个人都必须承认，关于美的判断只要混杂有丝毫的利害在内，就会是很有偏心的，而不是纯粹的鉴赏判断了。我们必须对事物的实存没有丝毫倾向性，而是在这方面完全抱无所谓的态度，以便在鉴赏的事情中担任评判员。

但我们对于这个具有极大重要性的命题不能作出更好的解释了，除非我们把那种和利害结合着的愉悦与鉴赏判断中这种纯粹的、无利害的②愉悦对立起来：尤其是如果我们同时能够肯定，除了现在马上要举出的那几种利害之外再没有别种的利害了。

§3. 对**快适**的愉悦是与利害结合着的　　42

快适就是那在感觉中使感官感到喜欢的东西。这里马上就出现了一个机会，来指责对"感觉"一词中所可能有的双重含义的最通常的混淆，并使人们注意到这一点。一切愉悦（人们说的或想的）本身就是感觉（某种愉快的感觉）。因而一切被喜欢的东西恰好由于它被喜欢，就

---

①　德文为 Geschmack，又译"鉴赏"。——译者

②　对于一个愉悦的对象所作的判断可以完全是无利害的，但却是非常有兴趣的，就是说，它并非建立在任何利害之上，但它却产生某种兴趣；一切纯粹的道德判断就是这类判断。但鉴赏判断本身甚至也完全不建立任何兴趣。只是在社交中拥有品味是有兴趣的，对此在后面将会指出理由。——康德

是快适的(并且按其不同的程度或与其他快适感觉的关系而是妩媚
的、可爱的、好看的、喜人的等等)。但如果承认了这一点,那么规定着
爱好的感官印象,或者规定着意志的理性原理,或者规定着判断力的单
纯反思的直观形式,在作用于愉快情感的效果上就都是完全一样的了。
因为这种效果在情感状态的感觉中就是快意,但既然对我们诸能力的
一切处理最终必然都指向实践,且必然在作为它们的目的的实践中结
合起来,所以我们本不能指望诸能力对这些物及其价值作出别的估量,
除非说这种估量在于它们所许诺的快乐之中。它们如何达到这一点的
方式最终完全是无关紧要的;只是由于在这里手段的选择可以造成某
种区别,所以人们虽然可以互相指责愚蠢和不理智,却永远不能互相指
责卑鄙和恶毒:因为他们每个人在按照自己的方式看待事物时毕竟全
都在奔赴一个对每个人都是快乐的目标。

　　如果对愉快和不愉快的情感的规定被称之为感觉,那么这个术语
就意味着某种完全不同于我在把一件事物的(通过感官,即通过某种
属于认识能力的接受性而来的)表象称之为感觉时所指的东西。因为
在后一种情况下该表象是与客体相关的,在前一种情况下则只与主体
相关且根本不是用于任何知识,也不是用作主体借以认识自己的东西。

　　但我们在上面的解释中把感觉这个词理解为一个客观的感官表
象;而为了不要总是冒陷入误解的危险,我打算把那种任何时候都必须
只停留在主观中并绝不可能构成任何对象表象的东西用通常惯用的情
感这个名称来称呼。草地的绿色属于客观的感觉,即对一个感官对象
的知觉;但对这绿色的快意却属于主观的感觉,它并没有使任何对象被
表象出来:亦即是属于情感的,凭借这种情感,对象是作为愉悦的客体
(这愉悦不是该对象的知识)而被观赏的。

　　现在,关于一个对象,我借以将它宣布为快适的那个判断会表达出
对该对象的某种兴趣,这由以下事实已可明白,即通过感觉激起了对这
样一个对象的欲望,因而愉悦不只是对这对象的判断的前提,而且是它
的实存对于由这样一个客体所刺激起来的我的状态的关系的前提。因
此我们对于快适不只是说:它使人喜欢,而且说:它使人快乐。这不仅

仅是我送给它的一句赞语,而且由此产生了爱好;以最热烈的方式使人快适的东西中甚至根本不包含有关客体性状的任何判断,以至于那些永远只以享受为目的的人们(因为人们用享受这个词来标志快乐的内在方面)是很乐意免除一切判断的。

§4. 对于**善**的愉悦是与利害结合着的

善是借助于理性由单纯概念而使人喜欢的。我们把一些东西称之为对什么是好的(有利的东西),这些东西只是作为手段而使人喜欢的;但我们把另一种东西称之为本身是好的,它是单凭自身就令人喜欢的。在两种情况下都始终包含有某个目的的概念,因而都包含有理性对(至少是可能的)意愿的关系,所以也包含对一个客体或一个行动的存有的愉悦,也就是某种兴趣[利害]。

要觉得某物是善的,我任何时候都必须知道对象应当是怎样一个东西,也就是必须拥有关于这个对象的概念。而要觉得它是美的,我并不需要这样做。花,自由的素描,无意图地互相缠绕、名为卷叶饰的线条,它们没有任何含义,不依赖于任何确定的概念,但却令人喜欢。对美的东西的愉悦必须依赖于引向任何某个概念(不定是哪一个)的、对一个对象的反思,因此它也不同于快适,快适是完全建立在感觉之上的。

当然,快适的东西和善的东西在许多情况下看起来是一样的。所以我们通常说:一切快乐(尤其是持久的快乐)本身就是善的;这差不多就是说:成为持久快乐的人和成为善人,这是一样的。不过我们马上就会发现,这只是一种错误的语词混淆,因为与这两个术语特别相关联的概念是绝对不能互相替换的。快适的东西本身只有在与感官的关系中才表现出对象,它必须通过一个目的概念才首次被纳入理性的原则之下,以便作为意志的对象而称之为善的。但在这种情况下这将是一种完全不同的对愉悦的关系,即使我把引起快乐的东西都叫作善,由此可见,在善的东西那里总是有这个问题,即它仅仅是间接的善还是直接的善(是有利的还是本身善的);相反,在快适这里就根本不会有这方

44

面的问题,因为这个词永远意味着某种直接令人喜欢的东西。(这也正是我称之为美的东西的情况)。

甚至在最日常的谈话中我们也把快适和善区别开来。对于一道由调料和其他佐料烹出了味道的菜肴,我们毫不犹豫地就说它是快适的,同时又承认它并非善的:因为它虽然直接使感官惬意,但间接地、亦即通过那预见到后果的理性来看,就不令人喜欢了。甚至在评判健康时我们也可以发现这一区别。健康是使每个拥有健康的人直接快适的(至少消极地说,作为对一切肉体痛苦的摆脱)。但要说这是善的,我们还必须通过理性而考虑到它的目的,即健康是一种使我们对自己的一切事务充满兴致的状态。最后,关于幸福,每个人毕竟相信,生活中最大总量(就数量和持久性而言)的快意可以称之为真正的、甚至是最高的善。不过就连这一点理性也拒不接受。快意就是享受。但如果它只是为了这一点,那么在使我们获得享受的手段方面犹豫不决,考虑这享受是从大自然的慷慨所领受到的,还是通过自身主动性和我们自己的劳作而争取到的,那就是愚蠢的了。但是,当一个人只是为享受而活着(并且为了这个意图他又是如此勤奋),甚至他同时作为在这方面的手段对于其他所有那些同样也只以享受为目的的人也会有极大的促进作用,因为他可能会出于同感而与他们有乐同享,于是就说这个人的生存本身也会有某种价值:这却是永远也不会说服理性来接受的。只有通过他不考虑到享受而在完全的自由中、甚至不依赖于自然有可能带来让他领受的东西所做的事,他才能赋予他的存有作为一个人格的生存以某种绝对的价值;而幸福则连同其快意的全部丰富性都还远远不是无条件的善。①

但无论快适和善之间的差异有多大,二者毕竟在一点上是一致的:它们任何时候都是与其对象上的某种利害结合着的,不仅是快适,以及

---

① 一种对于享受的责任显然是无稽之谈。所以,对一切只以享受为其目的的行动所制定的责任,同样也必定是荒谬的:尽管这种享受可以被任意地设想为(或打扮成)精神性的,即使是某种神秘的、上天的享受也罢。——康德

作为达到某个快意的手段而令人喜欢的间接的善(有利的东西),而且就是那绝对的、在一切意图中的善,也就是带有最高利益的道德的善,也都是这样。因为善就是意志(即某种通过理性规定的欲求能力)的客体,但意愿某物和对它的存有具有某种愉悦感,即对之感到某种兴趣,这两者是同一的。

§5. 三种不同特性的愉悦之比较

快适和善二者都具有对欲求能力的关系,并且在这方面,前者带有以病理学上的东西(通过刺激,stimulos)为条件的愉悦,后者带有纯粹实践性的愉悦,这不只是通过对象的表象,而且是同时通过主体和对象的实存之间被设想的联结来确定的。不只是对象,而且连对象的实存也是令人喜欢的。反之,鉴赏判断则只是静观的,也就是这样一种判断,它对于一个对象的存有是不关心的,而只是把对象的性状和愉快及不愉快的情感相对照。但这种静观本身也不是针对概念的;因为鉴赏判断不是认识判断(既不是理论上的认识判断也不是实践上的认识判断),因而也不是建立在概念之上、乃至于以概念为目的的。

所以,快适、美、善标志着表象对愉快和不愉快的情感的三种不同的关系,我们依照对何者的关联而把对象或表象方式相互区别开来。就连我们用来标志这些关系中的满意而与每一种关系相适合的表达方式也是各不相同的。快适对某个人来说就是使他**快乐**的东西;美则只是使他**喜欢**的东西;善是被**尊敬**的、被赞成的东西,也就是在里面被他认可了一种客观价值的东西。快意对于无理性的动物也适用;美只适用于人类,即适用于动物性的但却有理性的存在物,但这存在物又不单是作为有理性的(例如精灵),而是同时又作为动物性的存在物;但善则是一般地对任何一个有理性的存在物都适用的;这个命题只有在后面才能获得其完全的辩护和解释。可以说:在所有这三种愉悦方式中唯有对美的鉴赏的愉悦才是一种无利害的和自由的愉悦;因为没有任何利害、既没有感官的利害也没有理性的利害来对赞许加以强迫。所以我们对于愉悦也许可以说:它在上述三种情况下分别与爱好、惠爱、敬重相关联。而**惠爱**则是唯一自由的愉悦。一个爱好的对象和一个由理性规律责成我们去欲求的对象,并没有留给我们使哪怕任何东西对我们成为一个愉快的对象的自由。所有的利害都以需要为前提,或是带来某种需要;而作为赞许的规定根据,这种需要就不再容许关于对象的判断有自由了。

至于在快适上的爱好的利害,那么每个人都说:饥饿是最好的厨师,有健康胃口的人吃任何可吃的东西都有味;因此一个这样的愉悦并不表明是按照品味来选择的。只有当需要被满足之后,我们才能够分辨在众人中谁是有品味的,而谁没有品味。同样,也有无德行的风尚(行为方式),不带友好的客气,缺乏正直的礼貌等等。因为凡是在显露出风尚的规律的地方,关于什么是该做的事客观上就再没有任何自由的选择;而在自己的举止中(或是在评判别人的举止时)显示出品味,这是完全不同于表现自己的道德思想境界的:因为后者包含一个命令并产生某种需要,反之,风尚上的品味却只是和愉悦的对象做游戏,而并不拘泥于某个对象。

48

从第一契机推得的美的说明

鉴赏是通过不带任何利害的愉悦或不悦而对一个对象或一个表象方式作评判的能力。一个这样的愉悦的对象就叫作美。

第二契机
即鉴赏判断按照其量来看的契机

§6. 美是无概念地作为一个**普遍**愉悦的客体被设想的

这个美的说明可以从前面那个美的说明、即美是无任何利害的愉悦对象这一说明中推出来。如果有一个东西,某人意识到对它的愉悦在他自己是没有任何利害的,他对这个东西就只能作这样的评判,即它必定包含一个使每个人都愉悦的根据。因为既然它不是建立在主体的某个爱好之上(又不是建立在某个另外的经过考虑的利害之上),而是判断者在他投入到对象的愉悦上感到完全的自由:所以他不可能发现只有他的主体才依赖的任何私人条件是这种愉悦的根据,因而这种愉悦必须被看做是植根于他也能在每个别人那里预设的东西之中的;因此他必定相信有理由对每个人期望一种类似的愉悦。于是他将这样来谈到美,就好像美是对象的一种性状,而这判断是(通过客体的概念而构成某种客体知识的)逻辑的判断似的;尽管这判断只是感性的[审美的],并且只包含对象表象与主体的某种关系:这是因为它毕竟与逻辑判断有相似性,即我们可以在这方面预设它对每个人的有效性。但是这种普遍性也不能从概念中产生出来。因为没有从概念到愉快和不愉快的情感的任何过渡(除了在纯粹实践的规律中,但这些规律带有某种利害,这类事是与纯粹鉴赏判断没有关联的)。这样,与意识到自身中脱离了一切利害的鉴赏判断必然相联系的,就是一种不带有基于客体之上的普遍性而对每个人有效的要求,就是说,与它结合在一起的必须是某种主观普遍性的要求。

§7. 按上述特征把美和快适及善加以比较

就快适而言,每个人都会满足于这一点:他的建立在私人感受之上的判断,他又借此来说一个对象使他喜欢,这判断也就会是只限于他个人的。所以如果他说:加那利香槟酒是快适的,另一个人纠正他这种说法并提醒他道,他应当说:这对我是快适的,那么他对此也会欣然满意的;而这种情况不仅仅是在舌头、腭部和咽喉的味觉中,而且在对眼睛和耳朵来说有可能使每个人都感到快适的东西方面也是如此。对一个人来说紫色是温柔可爱的,对另一个人来说它是僵硬和死寂的。一个人喜爱管乐声,另一个人喜爱弦乐声。对此抱着这样的意图去争执,以

49

50　便把与我的判断不同的别人的判断斥为不正确的,好像这两个判断在逻辑上是对立的似的,这是愚蠢的;所以在快适方面适用于这条原理:每个人都有自己独特的口味(感官口味①)。

至于美则完全是另一种情况。在这里(恰好相反)可笑的将是,如果有一个人对自己的品味不无自负,想要这样来表明自己是正确的:这个对象(我们所看见的房子,那人穿的衣服,我们所听到的演奏,被提交评判的诗)对于我是美的。因为只是他所喜欢的东西,他就不必称之为美的。有许多东西可以使他得到刺激和快意,这是没有人会来操心的事;但是如果他宣布某物是美的,那么他就在期待别人有同样的愉悦:他不仅仅是为自己,而且也为别人在下判断,因而他谈到美时好像它是物的一个属性似的。所以他就说:这个事物是美的,而且并不是因为例如说他多次发现别人赞同他的愉悦判断,就指望别人在这方面赞同他,而是他要求别人赞同他。如果别人作出不同的判断,他就会责备他们并否认他们有鉴赏,而他要求于鉴赏的就是他们应当具有这种鉴赏;就此而言我们不能说:每个人都有自己独特的鉴赏。这种说法将等于说:根本就不存在任何鉴赏,也就是没有任何可以合法地要求每个人同意的审美判断。

当然,即使在快适方面我们也发现,在对它的评判中人们之间也可以遇到一致的情况,但在对这种一致的考虑中我们仍可以否认一些人有品味,承认另一些人有品味,虽然不是在官感的意义上,而是在对一般快适的评判能力的意义上。所以一个人如果懂得用快意的事情(以51　所有的感官来享受的快意)来为他的客人助兴,使得他们皆大欢喜,我们就说他是有品味的。但在这里,这种普遍性只是通过比较得来的;而此时只有大体上的规则(正如所有经验性的规则那样),而不是对于美的鉴赏判断所采取或所要求的普遍性的规则。这是一个与爱社交有关的判断,就爱社交是基于经验性的规则之上而言。在善这方面虽然诸判断也有权要求对每个人都有效;但善只是通过一个概念而被表现为

---

①　此处"口味"亦即 Geschmack,又译"味觉"、"品味"、"鉴赏"。——译者

某种普遍愉悦的客体,这是在快适和美那里都没有的情况。

§8.愉悦的普遍性在一个鉴赏判断中只表现为主观的

在一个鉴赏判断里所能碰到的、对审美感性判断之普遍性的这一特殊规定,是一件虽然不是对逻辑学家、却是对先验哲学家很值得注意的事,它要求先验哲学家花不少力气去发现它的起源,为此也就要求揭示我们认识能力的某种属性,这种属性没有这个分析将仍然停留在未知之中。

首先我们必须完全确信:我们通过(关于美的)鉴赏判断要求每个人在一个对象上感到愉悦,但却并不是依据一个概念(因为那样就会是善了);而且对普遍有效性的这一要求是如此本质地属于我们用来把某物宣称为美的判断,以至于若不考虑到这种普遍有效性,就永远不会有人想到运用这种表达,而是所有那些无概念而令人喜欢的东西都会被归入到快适之中,在快适方面是每个人都可以有自己各自的看法的,没有任何人会指望别人赞同自己的鉴赏判断,而这种情况在关于美的鉴赏判断中却是时刻都在发生的。我可以把前者称之为感官的鉴赏,把后者称之为反思的鉴赏:在这里,前者只是作出私人的判断,后者则据称是作出了普适性的(公共的)判断,但双方都只是在对象表象对愉快和不愉快的关系方面对对象作出了感性的(而不是实践的)判断。然而奇怪的是,对于感官的鉴赏,不但经验表明了它的(对某物愉快或不愉快的)判断不是普遍有效的,而且每个人也都是自发地如此谦虚,不太要求别人的这种赞同(虽然实际上即使在这类判断中也经常会发现十分广泛的一致),而反思的鉴赏则即使像经验表明的,它对自己的(关于美的)判断在每个人那里都有普遍有效性的要求毕竟也是经常饱受拒绝的,却仍然会感到有可能(它实际上也在这样做)设想有些判断是可以要求这种普遍赞同的,并对每个人都期望着事实上对自己的每个鉴赏判断都普遍赞同,而下判断者并不为了这样一种要求的可能性发生争执,却只是在特殊情况下为了这种能力的正确应用而不能达成一致。

在这里首先要注意的是,一种不是基于客体概念(哪怕只是经验性的概念)之上的普遍性完全不是逻辑上的,而是感性上的,亦即不包含判断的客观的量,而只包含主观的量,对后者我也用普适性来表达,这个术语并不表示一个表象对认识能力的关系的有效性,而是表示它对每个主体的愉快和不愉快的情感的关系的有效性。(但我们也可以把这个术语用于判断的逻辑的量,只要我们在上面加上客观的普遍有效性,以区别于只是主观的、每次都是感性的普遍有效性。)

于是,一个客观的普遍有效的判断也总是主观上普遍有效的,就是说,如果这个判断对于在一个给予的概念之下所包含的一切东西都有效,那么它对于每个借这概念表象一个对象的人也都有效。但从一个主观的普遍有效性中,亦即从不基于任何概念的感性的[审美的]普遍有效性中,是不能够推出逻辑的普遍有效性的:因为那样一种判断根本不是针对客体的。但正因为如此,即使那被加在一个判断上的感性的[审美的]普遍性,也必然具有特殊的类型,因为它不是把美这个谓词与完全在逻辑的范围内来看的客体的概念相联结,但却同样把这个谓词扩展到所有的作判断的人的范围之上去。

在逻辑的量方面,一切鉴赏判断都是单一性判断。因为我必须在我的愉快和不愉快的情感上直接抓住对象,但又不是通过概念,所以那些判断不可能具有客观普适性的判断的量;虽然当鉴赏判断的客体的单一性表象按照规定该判断的那些条件通过比较而转变为一个概念时,从中是可以形成一个逻辑上普遍的判断的:例如我凝视着的这朵玫瑰花,我通过一个鉴赏判断宣称它是美的。相反,通过比较许多单个的玫瑰花所产生的"玫瑰花一般地是美的"这一判断,从此就不再单纯被表述为一个审美[感性]判断,而是被表述为一个以审美[感性]判断为根据的逻辑判断了。现在有这样一个判断:玫瑰花(在气味上)是快适的,这虽然也是一个感性的和单一的判断,但不是鉴赏判断,而是一个感官的判断。就是说,它与前者的区别在于:鉴赏判断带有一种普遍性的、即对每个人有效的审美的量,这种审美的量在有关快适的判断中是找不到的。只有对于善的判断,虽然它们也在一个对象上规定着愉悦,却是具有逻辑的、而非仅仅感性的普遍性的;因为它们适用于客体,被视为客体的知识,因此对每个人有效。

如果我们只是按照概念来评判客体,那么一切美的表象就都丧失了。所以也不可能有任何规则让某人必然地要据以承认某物是美的。一件衣服、一座房子、一朵花是不是美的:对此人们是不能用任何根据或原理来说服人接受自己的判断的。人们要把客体置于他自己的眼光之下,正好像他的愉悦是依赖于感觉似的;然而,当人们随后把这个对象称之为美的时,他相信自己会获得普遍的同意,并且要求每个人都赞同,反之,那种私人感觉却只是相对于观赏者个人及其愉悦而被裁定的。

由此可见,在鉴赏判断中所假定的不是别的,只是这样一种不借助于概念而在愉悦方面的普遍同意;因而是能够被看做同时对每个人有效的某种审美判断的可能性。鉴赏判断本身并不假定每个人的赞同(只有一个逻辑的普遍判断才能做到这一点,因为它可以提出理由);它只是向每个人要求这种赞同,作为这规则的一个实例,就这个实例而言它不是从概念中、而是从别人的赞成中期待着证实。所以这种普遍同意只是一个理念(其根基何在,这里尚未探究)。一个相信自己作出了一个鉴赏判断的人实际上是否在按照这个理念作判断,这一点是不能肯定的;但他毕竟使判断与这个理念发生了关系,因而这应当是一个鉴赏判断,这一点他是通过美这一表达方式而宣布出来的。但对他自己来说,他单凭有意识地把属于快适和善的一切从还余留给他的愉悦中分离开来,就可以确定这一点了;而这就是他为什么要期望每个人的同意的全部理由:这是他在上述条件之下也会有权提出的一个要求,只要他不违背这些条件而经常出错,因而作出一个不正确的鉴赏判断。

§9.研究这问题:在鉴赏判断中愉快感先于
55
对象之评判还是后者先于前者

解决这个课题是理解鉴赏批判的钥匙,因此值得高度注意。

假如在被给予的对象上的愉快是先行的,而在对该对象的表象作鉴赏判断时又只应当承认其普遍可传达性,那么这样一种处理办法就会陷入自相矛盾。因为这一类的愉快将不是别的,而只是感官感觉中的快意,因而按其本性来说只能具有私人的有效性,因为它会直接依赖于对象借以被给予的那个表象。

所以,正是被给予的表象中内心状态的普遍能传达性,它作为鉴赏判断的主观条件必须为这个判断奠定基础,并把对对象的愉快当作其后果。但可以被普遍传达的不是别的,而只是知识和属于知识的表象。因为就此而言只有知识及其表象才是客观的,并仅仅因此才具有一个普遍的结合点,一切人的表象力都必须与这个结合点相一致。既然有关表象的这一普遍可传达性的判断的规定根据只应当被主观地、也就是没有对象概念地设想,那么这个规定根据就无非是在表象力的相互关系中所遇到的那个内心状态,如果这些表象力使一个被给予的表象关系到一般知识的话。

由这表象所激发起来的诸认识能力在这里是处于自由的游戏中,因为没有任何确定的概念把它们限制于特殊的认识规则上面。所以内心状态在这一表象中必定是诸表象力在一个给予的表象上朝向一般认识而自由游戏的情感状态。现在,隶属于一个使对象借以被给出并一般地由此形成知识的表象的,有想象力,为的是把直观的杂多复合起来,以及知性,为的是把结合诸表象的概念统一起来。诸认识能力在对象借以被给出的某个表象上自由游戏这一状态必须是可以普遍传达的:因为知识作为那些给予的表象(不论在哪一个主体中都)应当与之相一致的那个客体的规定性,是唯一地对每个人都有效的表象方式。

在一个鉴赏判断中表象方式的主观普遍可传达性由于应当不以某

个确定概念为前提而发生,所以它无非是在想象力和知性的自由游戏中的内心状态(只要它们如同趋向某种一般认识所要求的那样相互协和一致),因为我们意识到这种适合于某个一般认识的主观关系正和每一种确定的认识的情况一样必定对于每个人都有效,因而必定是普遍可传达的,而确定的认识终归还是建立在那个作为主观条件的关系之上的。

于是,对于对象或对象由以被给予出来的那个表象的这种单纯主观的(审美的)评判,就是先行于对对象的愉快的,而且是对诸认识能力的和谐的这种愉快的根据;但是,只有在对于对象作评判的主观条件的那个普遍性上,才建立起愉悦的这种普遍的主观有效性,这种愉悦我们是和我们称之为美的那个对象的表象结合着的。

人们哪怕只是在认识能力方面能够传达自己的内心状态,都是会带有某种愉快的,这一点我们可以很容易地从人类爱社交的自然倾向中(经验性地和从心理学上)来阐明。但这对于我们的意图来说是不够的。我们指望每个别人在鉴赏判断中都把我们所感到的愉快当作是必然的,就好像当我们把某物称之为美的时候,它就必须被看做对象按照概念而得到规定的性状似的;因为毕竟,美没有对主体情感的关系自身就什么也不是。但这个问题的讨论我们必须留待回答了下述问题时进行:先天审美判断是否以及如何可能? 57

我们现在还在研究较低级的问题:我们是以何种方式意识到鉴赏判断中诸认识能力之间主观的协和一致的,是通过单纯内感官和感觉而感性地意识到的呢,还是通过我们借以把诸认识能力置于游戏中的有意的能动性意识而智性地意识到的?

假如引起鉴赏判断的那个给予的表象是一个把知性和想象力在对对象的评判中结合为一个对客体的知识的概念的话,那么对这种关系的意识就是智性的(像在《纯粹理性批判》所讨论的判断力的客观图型法中那样)。但这样一来,这判断就不是在与愉快和不愉快的关系中作出的了,因而就不是鉴赏判断了。但现在,鉴赏判断不依赖于概念而就愉悦和美这个谓词来规定客体。所以那种关系的主观统一性只有通过感觉才能被标明出来。激活这两种能力（想象力和知性）、使之成为不确定的，①但毕竟借助于被给予的表象的诱因而一致起来的活动、也就是属于一般认识的那种活动的，是感觉，它的普遍可传达性是鉴赏判断所假定了的。某种客观的关系虽然只能被设想，但只要它在它的诸条件上是主观的，它就毕竟可以在对内心的效果上被感觉到；而在一个没有概念作基础的关系（如诸表象力对一般认识能力的关系）上，也不可能对它有别的意识，而只有通过效果的感觉而来的意识，这效果就在于两个为相互协调所激活的内心能力（想象力和知性）的轻松游戏。如果一个表象作为单一的、没有与别的表象相比较却有与一般知性事务所构成的普遍性条件的协调关系，它就把诸认识能力带入了合乎比例的情调之中，这种情调是我们对一切知识都要求着，并因而也认为对每个被规定要通过知性和感官的联结来下判断的人（对任何人类）都是有效的。

58

从第二个契机推出的美的说明

凡是那没有概念而普遍令人喜欢的东西就是美的。

第三契机
鉴赏判断按照它里面所观察到的目的关系来看的契机

§10. 一般合目的性

如果我们想要依据先验的规定（而不以愉快的情感这类经验性的东西为前提）解释什么是目的：那么目的就是一个概念的对象，只要这概念被看做那对象的原因（即它的可能性的实在的根据）；而一个概念

---

① 原文为 bestimmter 即"确定的"，但依据德文编者注，第 1、2 版均为 unbestimmter 即"不确定的"，兹据柏林科学院版。——译者

从其客体来看的原因性就是合目的性(forma finalis①)。所以凡是在不仅例如一个对象的知识、而且作为结果的对象本身(它的形式或实存)都仅仅被设想为通过这结果的一个概念而可能的地方,我们所想到的就是一个目的。结果的表象在这里就是该结果的原因的规定根据,并且先行于它的原因。关于主体状态、并使主体保持在同一状态中的某个表象,它的原因性的意识在这里可以普遍地表明我们称之为愉快的东西;反之,不愉快则是这样一种表象,它包含有把诸表象的状态规定为这些表象自己的反面(阻止或取消它们)的理由。

欲求能力,如果它只是通过概念,亦即按照一个目的的表象行动而是可规定的,它就会是意志。但一个客体,或是一种内心状态,或是一个行动,甚至哪怕它们的可能性并不是必然地以一个目的表象为前提,它们之所以被称为合目的的,只是因为我们只有把一个按照目的的原因性,即一个按照某种规则的表象来这样安排它们的意志假定为它们的根据,才能解释和理解它们的可能性。所以合目的性可以是无目的的,只要我们不把这个形式的诸原因放在一个意志中,而我们却毕竟能使对这形式的可能性的解释仅凭我们把它从一个意志中推出来而被我们所理解。既然我们对我们所观察的东西并不总是必须通过理性(按其可能性)去洞察,所以我们即使没有把一个目的(作为 nexus finalis②的质料)当作合目的性的基础,我们至少可以从形式上考察合目的性,并在对象身上哪怕只是通过反思而看出合目的性。

§11. 鉴赏判断只以一个对象(或其表象方式)的 合目的性形式为根据

一切目的如果被看做愉悦的根据,就总是带有某种利害,作为判断愉快对象的规定根据。所以没有任何主观目的可以作为鉴赏判断的根

---

① 　拉丁文:目的的形式。——译者
② 　拉丁文:目的关系。——译者

据。但也没有任何客观目的的表象,亦即对象本身按照目的关联原则
的可能性的表象,因而没有任何善的概念,可以规定鉴赏判断:因为它
是审美判断而不是认识判断,所以它不涉及对象性状的、以及对象通过
这个那个原因的内在或外在可能性的任何概念,而只涉及表象力相互
之间在它们被一个表象规定时的关系。

　　既然在把一个对象规定为美的对象时的这种关系,是与愉快的情
感结合着的,而这种愉快通过鉴赏判断而被同时宣称为对每个人都有
效的;因而一种伴随着这表象的快意就正像对象的完善性表象和善的
概念一样,不可能包含这种规定根据。所以,能够构成我们评判为没有
概念而普遍可传达的那种愉悦,因而构成鉴赏判断的规定根据的,没有
任何别的东西,而只有对象表象的不带任何目的(不管是主观目的还
是客观目的)的主观合目的性,因而只有在对象借以被给予我们的那
个表象中的合目的性的单纯形式,如果我们意识到这种形式的话。

§12. 鉴赏判断基于先天的根据

　　使愉快和不愉快的情感作为一个结果去和某个作为其原因的表象
(感觉或概念)先天地形成联结,这是绝对不可能的;因为那就会是一
种因果关系,这种(在经验对象之间的)关系永远只有后天地并借助于
经验本身才能被认识。虽然我们在实践理性批判中实际上已把敬重的
情感(作为上述情感的一个特殊的和特别的变相,它和我们由经验性
对象所获得的无论是愉快还是不愉快都不会真正相一致)从普遍的道
德概念中先天地推导出来了。但我们在那里也已经能够跨越经验的界
限,并引入某种基于主体的超感官性状之上的原因性,即自由的原因性
了。然而即使在那里,我们从作为原因的道德理念里真正推出的也并
不是这种关于道德理念的情感,而只有意志的规定被从中推导出来了。
但一个不论由什么来规定的意志的内心状态,本身已经是一种愉快情
感了,并且是与这个意志同一的,所以并不是作为结果而从这意志中得
出来的:后面这种情况只是当作为某种善的道德的概念应先行于由规

律而来的意志规定时,才必须被假定的;既然如此,和概念结合着的愉快要从这个单单作为认识的概念中推导出来就会是白费力气了。

现在,在审美判断中的愉快也有类似的方式:只不过这种愉快只是静观的,而不产生对客体的利害,相反,在道德判断中的愉快则是实践的。在一个对象借以被给予的表象那里,对主体诸认识能力的游戏中的单纯形式的合目的性的意识就是愉快本身,因为这种意识在一个审美判断中包含有主体在激活其认识能力方面的能动性的规定根据,所以包含有一般认识能力方面的、但却不被局限于一个确定的知识上的某种内在原因性(这种原因性是合目的的),因而包含有一个表象的主观合目的性的单纯形式。这种愉快也决不在任何方式上是实践的,既不像从快意的病理学根据而来的愉快那样,也不像从被表象的善的智性根据而来的愉快那样。但这愉快本身毕竟有其原因性,即保持这表象本身的状态和诸认识能力的活动而没有进一步的意图。我们留连于对美的观赏,因为这种观赏在自我加强和自我再生:这和逗留在一个对象表象的刺激反复地唤醒着注意力、而内心却是被动的那种情况中是类似的(但究竟是与之不一样的)。

§13. 纯粹鉴赏判断是不依赖于刺激和激动的

一切利害都败坏着鉴赏判断并将取消其无偏袒性,尤其是在它不像理性的利害那样把合目的性放在愉快的情感之前、而是将合目的性建立在愉快情感之上时是如此;后面这种情况在对某种使人快乐或痛苦的东西作审美判断时肯定就会发生。因此这样被激起的判断对于普遍有效的愉悦要么完全不能提出什么要求,要么就只能提出很少的要求,正如上述类型的感觉处于鉴赏的规定根据之间的情况那样。这种鉴赏当它为了愉悦而需要混有刺激和激动时,甚至将这作为自己赞赏的尺度时,它就永远还是野蛮的。

然而,刺激却毕竟常常不但作为对审美的普遍愉悦有贡献而被算作是美(而美真正说来却只应当涉及形式),而且它们甚至本身就被冒充为美,因而这种愉悦的质料就被冒充为形式:这是一种误解,它如同其他一些总还是有某种真实的东西作根据的误解一样,是可以通过小心地规定这一概念而被消除的。

一个不受刺激和激动的任何影响(不管它们与美的愉悦是否能结合)、因而只以形式的合目的性作为规定根据的鉴赏判断,就是一个纯粹鉴赏判断。

§14. 通过例子来说明

感性判断正如理论的(逻辑的)判断一样,可以划分为经验性的和纯粹的。前者是些陈述快意和不快意的感性判断,后者是些陈述一个对象或它的表象方式上的美的感性[审美]判断;前者是感官判断(质料的感性判断),唯有后者(作为形式的感性判断)是真正的鉴赏判断。

所以一个鉴赏判断只有当没有任何单纯经验性的愉悦掺杂在它的规定根据中时,才是纯粹的。但这种掺杂的情况每当某物应当借以被宣称为美的那个判断中有魅力或激动的成分时,总会发生。

于是又有一些著名的反对意见提出来,妄称魅力最终并不只是美的必要的掺杂成分,相反,它作为自身单独来说就完全足以被称为美的。一种单纯的颜色,例如一片草坪的绿色,一种单纯的音调(不同于响声或噪音),好比说一把小提琴的音调,本身就被大多数人宣称为美的;虽然两者看起来都是以表象的质料、也就是以感觉为基础的,并因此只配称之为快适。不过,我们同时却也发现,对颜色以及音调的感觉只有当两者都是纯粹的时,才被正当地称之为美的;这是一个已经涉及到形式的规定,也是这些表象中唯一地可以确定地普遍传达的东西:因为感觉的质本身并不能认为在一切主体中都是一致的,而对一种颜色的快意超过另一种颜色,或者对一种乐器的音调的快意强于另一种乐器的音调,这是很难设想在每个人那里都会受到这样的①评判的。

---

① 第1、2版为"同样的"。——德文编者

如果我们接受欧拉①的说法,即颜色是以太的等时相继的脉动(脉冲),而音调则是在响声中振动的空气的等时相继的脉动(脉冲),并且最重要的是,内心并不只是通过感官而知觉到它们对激活器官的作用的,而且也是通过反思而知觉到印象的这种有规则的活动(因而知觉到结合各种不同表象时的形式)的——对此我当然并没有什么怀疑②——,那么颜色和音调就不会只是感觉,而会是感觉的多样统一的形式规定了,这样一来就也有可能单独被算作美之列。

但在一个单纯感觉方式中的纯粹性意味着这感觉方式的一律性不被任何异质感觉所干扰和打断,这种纯粹性仅仅是属于形式的;因为我们在这里可以把那种感觉方式的质(即它是否表象和表象着哪一种颜色或音调)抽象掉。因此一切单纯的颜色,就其是纯粹的而言,将被看做是美的;那些混合的颜色就没有这个优点;这正是因为,它们不是单纯的,我们不具有任何评判是否应把它们称为纯粹或是不纯粹的尺度。

至于谈到对象由于其形式而被赋予的美,只要人们认为它可以完全通过魅力而得到提升,这就是一个常见的并且对纯正的、准确的、透彻的鉴赏力十分不利的错误;当然,为了使内心除了单调的愉悦之外还通过对象的表象而产生兴趣,并以此来作为对鉴赏力及其培养的鼓励,特别是当鉴赏力还是粗糙和未经训练之时,那么在美之上再加上魅力是可以的。但这些魅力实际上损害了鉴赏判断,如果它们作为美的评判根据而把注意力吸引到自身上来的话。因为这就犯了个大错,以为它们对此会有贡献,其实它们是必须作为外来分子,只在它们不干扰那个美的形式时,在鉴赏力还薄弱且未经训练的情况下,才被宽容地接受下来的。

在绘画中,雕刻中,乃至在一切造型艺术中,在建筑艺术、园林艺术中,就它们作为美的艺术而言,素描都是根本性的东西,在素描中,并不

① Euler,Leonhard(1707—1783),著名德国数学家和物理学家。——译者
② 第1、2版均为"对此我的确很怀疑",据 Windelband 应校正如上,但也有不同意见。——译者

是那通过感觉而使人快乐的东西,而只是通过其形式而使人喜欢的东西,才构成了鉴赏的一切素质的基础。使轮廓生辉的颜色是属于魅力的;它们虽然能够使对象本身对于感觉生动起来,但却不能使之值得观赏和美;毋宁说,它们大部分是完全受到美的形式所要求的东西的限制的,并且甚至在魅力被容许的地方,它们也只有通过美的形式才变得高贵起来。

感官对象(不仅外部感官的对象而且间接地还有内部感官的对象)的一切形式,要么是形象,要么是活动;在后一种场合要么是形象的活动(在空间中:表情和舞蹈),要么只是感觉的活动(在时间中)。颜色或乐器的令人快适的音调的魅力可以加进来,但前者中的素描和后者中的作曲构成纯粹鉴赏判断的真正对象;至于颜色以及音调的纯粹性或者甚至它们的多样性及其鲜明的对比显得对美也有贡献,那么这并不等于说,它们就是因为它们自身是快适的而仿佛是对形式上的愉悦的一种相同性质的添加,而只不过是由于它们使这种形式在直观上更精确、更确定和更完全了而已,此外还通过它们的魅力而使表象生动起来,因为它们唤起并保持着对对象本身的注意力。

甚至人们称作装饰(点缀)的东西,也就是那种并非作为组成部分而内在地属于对象的整个表象,而只是外在地作为附属物隶属于此并加强着鉴赏的愉悦的东西,它做到这一点也只是通过自己的形式,如油画的镶框或雕像的衣着,或是宫殿周围的柱廊那样。但装饰本身如果不具有美的形式,如果它必须如同那金边的画框一样,仅仅是为了通过它的魅力来博得对这幅油画的喝彩而安装起来的,那么这样一来它就叫作修饰,而对真正的美造成了破坏。

激动,也就是在快意只是借助于瞬间的阻碍和接着而来的生命力的强烈涌流而被产生出来时的感觉,是根本不属于美的。但崇高(它结合有一种激动的情感)则要求另一种不同于鉴赏以之为基础的尺度;所以,一个纯粹的鉴赏判断既不是以魅力也不是以激动,一句话,不是以任何作为感性[审美]判断的质料的感觉作为规定根据的。

§15. 鉴赏判断完全不依赖于完善性概念

客观的合目的性只有借助于杂多与一定目的的关系,因而只有通过一个概念才能被认识。仅从这一点即可说明:在评判上单以某种形式的合目的性、亦即某种无目的的合目的性为基础的美,是完全不依赖于善的表象的,因为后者是以一个客观的合目的性、亦即是以对象与某个确定的目的的关系为前提的。

客观的合目的性要么是外在的,这就是有用性,要么是内在的,这就是对象的完善性。我们由以把对象称之为美的那种对对象的愉悦不能建立在对象的有用性的表象之上,这一点从上述两章中就足以看出来了:因为那样一来它就不会是对对象的一种直接的愉悦了,而后者则是关于美的判断的根本条件。但一个客观内在的合目的性,即完善性,已经很接近于美的谓词了,因此也被一些著名的哲学家①看做和美是等同的,但却带有一条附则:如果这完善被含混地思维的话。在一个鉴赏批判中判定美是否实际上也可以消融在完善的概念中,这是有极大的重要性的。

我们评判客观的合目的性总是需要某个目的的概念以及(如果那个合目的性不应是外在的[即有用性],而应是内在的的话)一个含有对象的内在可能性的根据的内在目的的概念。正如一般目的就是其概念可以被看做对象本身的可能性根据的东西一样:同样,为了在一物上表象出一个客观合目的性,关于该物应当是怎样一个物的概念将会走在前面;而在该物中杂多与这个概念(它提供该物上杂多的联结的规则)的协调一致就是一物的质的完善性。与此完全不同的是作为每一物在其种类上的完备性的量的完善性,后者只是一个量的概念(全体性),在这概念那里,该物应当是什么这点已经预先被设想为确定的了,所问的只是在它身上是否有为此所需要的一切。一物表象中的形

67

---

①　指莱布尼茨派。——译者

式的东西,即杂多与一个东西(它应当是什么尚未定)的协调一致,单独说来根本没有使我们认识到任何客观合目的性:因为既然在此抽掉了作为目的的这个(该物所应当是的)一,在直观者内心剩下来的就只是表象的主观合目的性了,后者的确表明主体中表象状态的某种合目的性,并在这种状态中表明了主体把某个给予的形式纳入到想象力中来的快感,但决没有表明在此不通过任何目的概念而被设想的某一个客体的完善性。例如当我在森林里见到一个周围环绕着树木的草坪,而我并不在那上面设想一个目的,即它应当用来开一个乡村舞会,这时就没有丝毫完善性的概念通过这一单纯形式而被给予。但设想一个形式的客观的合目的性而没有目的,即设想一个完善性的单纯形式(而没有任何质料以及对与之协调一致的东西的概念,哪怕这个东西只是一般合规律性的理念),这是一个真正的矛盾。

既然鉴赏判断是一个审美判断,即一个基于主观根据之上的判断,它的规定根据不可能是概念,因而也不可能是某种规定了的目的,那么凭美这样一个形式的主观合目的性,对象的完善性就决不能被设想为一种自称是形式的、然而却还是客观的合目的性;而在美的概念和善的概念之间作出这种区别,似乎这两者只是按照逻辑形式来区别的,即美的概念只是完善的含混概念,善的概念则是完善的清晰概念,但此外在其内容和起源上则两者是一样的:这是毫无意义的;因为那样一来,在它们中就会没有任何特别的区别了,相反,一个鉴赏判断就会正如同某物借以被宣布为善的那种判断一样是一个认识判断了;这就正像一个通常的人说欺骗是不对的,他的判断是基于含混的理性原则之上的,哲学家的这种判断则是基于清晰的理性原则上的,但根本说来双方都是基于同一个理性原则上的。但我已经指出过,一个审美判断在其种类上是唯一的,并绝对不提供关于客体的任何知识(哪怕是含混的知识):这种知识只是通过逻辑的判断才发生;相反,审美判断则只把使一个客体得以给予出来的那个表象联系于主体,并且不是使人注意到对象的性状,而只是使人注意到在规定这些致力于对象的表象力时的合目的性的形式。判断之所以被叫作审美的[感性的],正是因为它的规定根据不是概念,而是对内心诸能力的游戏中那种一致性的(内感官的)情感,只要这种一致性能被感觉到。相反,假如我们想要把含混的概念和以之为基础的客观判断称之为审美的[感性的],我们就要有某种感性地作判断的知性,或某种通过概念来表现其客体的感官,而这两者都是自相矛盾的。诸概念不论它们是含混的还是清晰的,其能力都是知性;而虽然知性也隶属于鉴赏判断这种审美的[感性的]判断(正如它隶属于一切判断一样),它却毕竟不是作为对一个对象的认识能力,而是作为按照判断的表象与主体及其内部情感的关系而对判断及它的表象(无须概念而)进行规定的能力来隶属于此的,如果这种判断依照某种普遍规则是可能的话。

69

§16. 使一个对象在某个确定概念的条件下被宣称为
美的那个鉴赏判断是不纯粹的

有两种不同的美:自由美(pulchritudo vaga①),或只是依附的美(pulchritudo adhaerens②)。前者不以任何有关对象应当是什么的概念为前提;后者则以这样一个概念及按照这个概念的对象完善性为前提。前一种美的类型称之为这物那物的(独立存在的)美;后一种则作为依附于一个概念的(有条件的美)而被赋予那些从属于一个特殊目的的概念之下的客体。

花朵是自由的自然美。一朵花应当是一种什么东西,除了植物学家之外任何其他人是很难知道的;就连这位认识到花是植物的受精器官的植物学家,当他通过鉴赏来对此作判断时,他也决不会考虑到这一自然目的。所以,这一判断是不以任何一个物种的完善性、不以杂多的复合所关系到的任何内在合目的性为基础的。许多鸟类(鹦鹉、蜂鸟、天堂鸟),不少的海洋贝类自身是美的,这些美不应归于任何按照概念

---

① 拉丁文:流动之美。——译者
② 拉丁文:固着之美。——译者

70 在其目的上被规定了的对象,而是自由地自身使人喜欢的。所以 à la grecqe① 线描,用于镶嵌或糊墙纸的卷叶饰等等,自身并没有什么含义:它们不表现什么,不表示任何在某个确定概念之下的客体,并且是自由的美。我们也可以把人们称之为(无标题的)幻想曲的那些东西、甚至把全部无词的音乐都归入这种类型。

在对一种自由的美(按照单纯的形式)作评判时,那鉴赏判断是纯粹的。它不预设任何一个目的的概念,要杂多为了这个目的而服务于给予的客体并要它对这客体有所表现,借此只会使在观赏该形象时仿佛在做游戏的那个想象力的自由受到限制。

不过,一个人的美(并且在这个种类中一个男人或女人或孩子的美),一匹马的美,一座建筑(教堂、宫殿、博物馆或花园小屋)的美,都是以一个目的概念为前提的,这概念规定着此物应当是什么,因而规定着它的一个完善性概念,所以这只是固着之美。正如快适(感觉)与本来只涉及到形式的美相结合就妨碍了鉴赏判断的纯粹性一样:善(就是说,为此杂多按一物之目的而对该物本身是善的)与美的结合同样造成了对鉴赏判断的纯粹性的损害。

人们可以把许多在直观中直接令人喜欢的东西装到一座建筑物上去,只要那不是要做一座教堂;人们也可以像新西兰人用纹身所做的那样,以各种各样的花饰和轻松而有规则的线条来美化一个形象,只要那形象不是一个人;而一个人本来也可以具有更精致得多的面部容貌和更迷人、更柔和的脸型轮廓,只要他不是想表现一个男子汉,乃至于表现一个战士。

现在,联系到规定一物的可能性的那个内在目的而对该物中的杂
71 多的愉悦,是建立在一个概念之上的愉悦;但对美的愉悦却是这样一种愉悦,它不以任何概念为前提,而是和对象由以被给予(而不是对象由以被思维)的那个表象直接结合在一起的。如果现在,在后一种愉悦方面的鉴赏判断被弄得依赖于前一种作为理性判断的愉悦中的目的并

_____

① 法文:希腊式的。——译者

因此受到限制,那么这种判断就不再是一个自由的和纯粹的鉴赏判断了。

尽管鉴赏由于审美的愉悦和智性的愉悦的这一结合,而在自身得到固定方面,以及它虽然不是普遍的、然而却能就某些合目的地被规定的客体来给它颁定规则这方面有所收获;但这样一些规则因而也不是什么鉴赏规则,而只是鉴赏和理性、即美与善一致的规则,通过这种一致,前者可以被用作后者的意图的工具,以便用这种自身维持并具有主观普遍有效性的内心情调,来给那种只有通过下决心费力才能维持却具有客观普遍有效性的思想境界作铺垫。但真正说来,完善性并不通过美而有所收获,美也并不通过完善性而有所收获;相反,由于当我们把一个对象借以被给予我们的那个表象通过一个概念而与客体(就它应当是什么而言)相比较时,不能避免同时也把这表象与主体中的感觉放在一起作比较,这样,如果这两种内心状态是相协调的,表象力的全部能力才会有收获。

一个鉴赏判断就一个确定的内在目的之对象而言,只有当判断者要么关于这个目的毫无概念,要么在自己的判断中把这目的抽掉时,才会是纯粹的。但那样一来,这个判断者尽管由于把该对象评判为自由的美而作出了一个正确的鉴赏判断,他却仍然会受到另一个把该对象的美只看做依附性的性状(着眼于对象的目的)的人的责备,被指责犯了鉴赏的错误,虽然双方都以自己的方式作出了正确的判断:一个是按照出现在他的感官面前的东西,另一个是按照他在思想中所拥有的东西。通过这种区别我们可以调解鉴赏者们关于美的好些纷争,我们对他们指出,一方坚持的是自由美,另一方坚持的是依附美,前者作出了一个纯粹的鉴赏判断,后者作出了一个应用的鉴赏判断。

72

§17. 美 的 理 想

任何通过概念来规定什么是美的的客观鉴赏规则都是不可能有的。因为一切出自这一来源的判断都是审美的[感性的];就是说,它的规定根据是主体的情感而不是客体的概念。要寻求一条通过确定的概念指出美的普遍标准的鉴赏原则是劳而无功的,因为所寻求的东西是不可能的并且本身自相矛盾的。感觉(愉悦和不悦)的普遍可传达性,亦即这样一种无概念而发生的可传达性,一切时代和民族在某些对象的表象中对于这种情感尽可能的一致性:这就是那个经验性的、尽管是微弱的、几乎不足以猜度出来的标准,即一个由这些实例所证实了的鉴赏从那个深深隐藏着的一致性根据中发源的标准,这个一致性根据在评判诸对象由以被给予一切人的那些形式时,对一切人都是共同的。

所以我们把一些鉴赏作品看做是示范性的:这并不是说,鉴赏似乎可以通过模仿别人而获得。因为鉴赏必须是自己特有的一种能力;凡是模仿一个典范的人,如果他模仿得准确的话,他虽然表现出熟巧,但只有当他能够自己评判这一典范时,他才表现出鉴赏。① 但由此得出,最高的典范,即鉴赏的原型,只是一个理念,每个人必须在自己心里把它产生出来,他必须据此来评判一切作为鉴赏的客体、作为用鉴赏来评判的实例的东西,甚至据此来评判每个人的鉴赏本身。本来,理念意味着一个理性概念,而理想则意味着一个单一存在物、作为符合某个理念的存在物的表象。因此那个鉴赏原型固然是基于理性有关一个最大值的不确定的理念之上的,但毕竟不能通过概念、而只能在个别的描绘中表现出来,它是更能被称之为美的理想的,这类东西我们虽然并不占有它,但却努力在我们心中把它创造出来。但它将只是想象力的一个理想,这正是因为它不是基于概念之上,而是基于描绘之上的;但描绘能力就是想象力。——那么,我们如何才能达到这样一个美的理想呢? 先天地还是经验性地? 再如:哪一类的美能够成为一个

① 在语言艺术方面鉴赏的典范必须以某种已死的高深语言来撰写:第一,为的是不必遭到改变,这是活着的语言不可避免地要遇到的:高贵的表达变得平庸,常见的表达变得过时,创新的表达则只在短暂的持续中流行;第二,为的是它具有某种不受任何捉弄人的时尚变更所左右、而保有自己不变规则的语法。——康德

理想？

首先应十分注意的是：要想从中寻求一个理想的那种美，必定不是什么流动的美，而是由一个有关客观合目的性的概念固定了的美，因而必定不属于一个完全纯粹的鉴赏判断的客体，而属于一个部分智性化了的鉴赏判断的客体。这就是说，一个理想应当在评判的何种根据中发生，就必须以何种按照确定概念的理性理念为基础，这理念先天地规定着对象的内在可能性建立于其上的那个目的。美的花朵，美的家具，美的风景，它们的一个理想是不可思维的。但即使是依附于某个确定概念的美，如一幢美的住房，一棵美的树，一个美的花园等等，也无法对之表现出任何理想；也许是因为这些目的不足以通过它们的概念来规定和固定，因而这种合目的性几乎像在流动的美那里一样的自由的缘故。只有那在自身中拥有自己实存的目的的东西，即人，他通过理性自己规定自己的目的，或是当他必须从外部知觉中拿来这些目的时，却能把它们与本质的和普遍的目的放在一起加以对照，并因而也能审美地评判它们与那些目的的协调一致：因而只有这样的人，才能成为美的一个理想，正如唯有人类在其人格中，作为理智者，才能成为世间一切对象中的完善性的理想一样。

但这里应该有两方面：一是审美的规格理念，这是一个单一直观（想象力的直观），它把人的评判尺度表现为一个属于某种特殊动物物种之物的尺度；二是理性理念，它使不能被感性地表象出来的那些人类目的成为人的形象的评判原则，而这些目的是通过作为它们的结果的人的形象而在现象中启示出来的。规格理念必须从经验中取得它用以构造某种特殊种类的动物形象的要素；但在这个形象的建构中，适合于用作该物种的每个个体的审美评判之普遍尺度的最大的合目的性，即那种仿佛是有意为大自然的技巧奠定基础、而只有整体中的类却没有任何个别个体与之符合的肖像，却毕竟只存在于评判者的理念中，但这理念作为审美的［感性的］理念却可以和它的各种比例一起在某个典型形象中完全具体地被表现出来。为了在某种程度上理解这种情况是如何发生的（因为谁能引诱大自然完全说出它的秘密呢？），我们想尝

74

75

试作一个心理学的解释。

　　必须注意的是:想象力以一种我们完全不理解的方式,不仅善于偶尔地、哪怕是从久远的时间中唤回那些概念的标记;而且也善于从各种不同的乃至于同一种的数不清的对象中把对象的肖像和形象再生产出来;甚至如果一心想要比较的话,也善于根据各种猜测实际地、哪怕不是充分意识到地仿佛让一个肖像重叠在另一个肖像上,并通过同一种类的多个肖像的重合而得来一个平均值,把它用作一切肖像的共同标准。某人看见过上千的成年男子。如果他现在想要对这个可以进行比较性的估量的标准身材加以判断,那么(在我看来)想象力就会让大量的肖像(也许是所有那些上千的成年男子)相互重叠;并且如果允许我在这里用光学上的表达方式来类比的话,在大多数的肖像合并起来的那个空间中,以及在涂以最强烈的颜色而显示出其位置的那个轮廓之内,就会辨认出那个中等身材,它不论是按照身高还是肩宽都是和最大号及最小号的体形的两个极端界线等距离远的;而这就是一个美男子的体形。(我们也可以机械地得出这一点,如果我们对所有这上千的男子加以测量,把他们的身高和肩宽(以及体胖)各自加在一起,再把总和除以一千的话。只是想象力是凭借对这样一些形象的多种多样的领会在内感官的官能上所产生的动力学效果来做到这同一件事的。)如果现在我们以类似的方式为这个平均的男子寻求平均的头,又为这个平均的头寻求平均的鼻,如此等等,那么这个形象就给在进行这种比较的国度中的美男子的规格理念奠定了基础;所以一个黑人在这些经验性的条件下必然会有

76　不同于白人的另外一种形象美的规格理念,中国人则会有不同于欧洲人的另外一种规格理念。(属于某一种类的)一匹美丽的马或一只美丽的狗的典范也会是同样的情况。——这一规格理念不是从采自经验的各种比例、即被规定的诸规则中推导出来的;而是只有根据它,这些评判规则才是可能的。它是悬浮于一切个别的、以种种方式各不相同的那些个体直观之间的整个类的肖像,大自然将这肖像奠立为自己在生产该类物种时的原型,但看来在任何单一体中都没有完全达到它。规格理念决不是该类中的全部美的原型,而只是那构成一切美之不可忽视的条件的

形式,因而只是在表现类时的正确性而已。它正如人们称呼波吕克里特①的著名的荷矛者那样,是规则(同样,米隆②的母牛在它的种类中也可以说明这一点)。正因为这一点,规格理念也就不能包含任何表现特别性格的东西;因为否则它就不会是类的规格理念了。对它的描绘也不是因美而令人喜欢,而只是由于它不与这个类中的物唯有在其下才能成为美的那个条件相矛盾而已。这种描绘只是合乎规矩的。③

然而,美的理想与美的规格理念还是有区别的,出于上面提出的理由,美的理想只可以期望于人的形象。在这个形象这里,理想就在于表 **77**达道德性,舍此,该对象就不会普遍地而又是为此积极地(而不只是在合规矩的描绘中消极地)使人喜欢。对在内心支配着人们的那些道德理念的明显的表达虽然只能从经验中取得;但要使这些道德理念与凡是我们的理性使之在最高合目的性的理念中与道德的善联系起来的一切东西的结合,如灵魂的善良或纯洁、或坚强或宁静等等,仿佛在身体的表现(作为内心的效果)中变得明显可见:这就需要那只是想要评判它们、更不用说想要描绘它们的人,在内心中结合着理性的纯粹理念和想象力的巨大威力。这样一个美的理想的正确性表现在:它不允许任何感官刺激混杂进它对客体的愉悦之中,但却可以对这客体抱有巨大的兴趣;而这就证明,按照这样一个尺度所作的评判决不可能是纯粹审美的,而按照一个美的理想所作的评判不是什么单纯的鉴赏判断。

---

① 波吕克里特(Polyklet 约公元前 5 世纪),古希腊著名雕刻家,以比例精确著称。——译者

② 米隆(Myron 约公元前 5 世纪),古希腊著名雕刻家,风格写实。——译者

③ 我们会发现,画家想请来坐着当模特儿的一张完全合规则的面容,通常是什么也不表现的:因为它不包含任何表明性格的东西,因而与其说表达了一个人的特别性,不如说表达了类的理念。这一种类的表明性格的东西,当它被夸张,亦即使那个规格理念(类的合目的性)本身遭到破坏时,就叫作漫画。就连经验也指出,那个完全合乎规则的面容,通常也暴露出在内心只是一个平庸的人;这或许是(如果可以假定大自然在外表表达出内心的比例的话)由于:如果内心素质中没有任何东西是突出于形成一个无缺点的人所必要的那个比例之上的,那就不可能指望任何人们 **77**称之为天才的东西,在天才里大自然似乎偏离了内心诸能力通常的比例关系而只给唯一的一种内心能力以优惠。——康德

从第三个契机推出的美的说明

美是一个对象的合目的性形式，如果这形式是没有一个目的的表象而在对象身上被知觉到的话。①

78

第四契机
鉴赏判断按照对对象的愉悦的模态来看的契机

§18. 什么是一个鉴赏判断的模态

对每一个表象我们都可以说：它（作为知识）和某种愉快结合，这至少是可能的。对于我称之为快适的东西，我就说它在我心中产生了现实的愉快。但对于美的东西我们却想到，它对于愉悦有一种必然的关系。而这里这种必然性具有特殊的类型：不是一个理论的客观必然性，在那里能先天地认识到每个人在我称之为美的那个对象上将感到这种愉悦；也不是一个实践的必然性，在那里这种愉悦通过充当自由行动的存在者们的规则的某个纯粹理性意志的概念而成了一条客观规律的必然结果，并只是意味着我们应当绝对地（不带别的意图地）以某种方式行动。相反，这种必然性作为在审美判断中所设想的必然性只能

78 　　① 　人们有可能引述事例来反对这个说明：有些物，人们在它们身上看到一个合目的性形式，而没有在它们身上认出目的；如常常从古墓中取出的、带有一个用于装柄的孔的石器，它们虽然在其形象中明显透露出某种合目的性，其目的又是人们所不知道的，却仍然并没有因此就被解释为美的。不过，人们把它们看做艺术品，这已经足以使他们不得不承认它们的形状是与某种意图和一个确定的目的相关的了。因此在对它们的直观中也就根本没有什么直接的愉悦了。反之，一朵花，例如一朵郁金香，则被看做是美的，因为在对它的知觉中发现有某种合目的性，是我们在评判它时根本不与任何目的相关的。——康德

被称之为示范性,即一切人对于一个被看做某种无法指明的普遍规则
之实例的判断加以赞同的必然性。因为一个审美判断不是任何客观的   79
和认识的判断,所以这种必然性也不能从确定的概念中推出来、因而不
是无可置疑的。它更不能从经验的普遍性中(从关于某个对象的美的
诸判断之彻底的一致性中)推论出来。因为不仅经验不会对此提供足
够多的凭据,同样,这些判断的任何必然性概念都不可能建立在经验性
的判断上。

§19.我们赋予鉴赏判断的那种
主观必然性是有条件的

鉴赏判断要求每个人赞同;而谁宣称某物是美的,他也就想要每个
人都应当给面前这个对象以赞许并将之同样宣称为美的。所以,审美
判断中的这个应当本身是根据这评判所要求的一切材料而说出来的,
但却只是有条件地说出来的。人们征求着每个别人的赞同,因为人们
对此有一个人人共同的根据;只要人们总是能肯定他所面对的情况是
正确地归摄于这一作为赞许的规则的共同根据之下的,那么他也可以
指望这样一种赞同。

§20.鉴赏判断所预定的必然性
条件就是共通感的理念

假如鉴赏判断(如同认识判断那样)拥有一条确定的客观原则,那
么根据这条原则作出这些判断的人就会要求他的判断具有无条件的必
然性了。如果这些判断没有任何规则,就像单纯感官口味的判断那样,
那么人们将完全不会想到它们有任何必然性。所以鉴赏判断必定具有
一条主观原则,这条原则只通过情感而不通过概念,却可能普遍有效地
规定什么是令人喜欢的、什么是令人讨厌的。但一条这样的原则将只
能被看做共通感,它是与人们有时也称之为共通感(sensus communis)

80　的普通知性有本质不同的:后者并不是按照情感,而总是按照概念、尽
管通常只是作为依模糊表象出来的原则的那些概念来作判断的。

所以只有在这前提之下,即有一个共通感(但我们不是把它理解
为外部感觉,而是理解为出自我们认识能力自由游戏的结果),我是
说,只有在这样一个共同感的前提下,才能作鉴赏判断。

§21. 人们是否有根据预设一个共通感

知识与判断,连同伴随着它们的那种确信,都必须能够普遍传达;
因为否则就会没有任何与客体的协和一致应归于它们的了:它们就会
全都只是诸表象力的主观游戏了,恰好如同怀疑论所要求的那样。但
如果知识应当是可以传达的,那么内心状态、即诸认识能力与一般知识
的相称,也就是适合于一个表象(通过这表象一个对象被给予我们)以
从中产生出知识来的那个诸认识能力的比例,也应当是可以普遍传达
的:因为没有这个作为认识的主观条件的比例,也就不会产生出作为结
果的知识来。这种事实际上也是随时都在发生着的,如果一个给予的
对象借助于五官而推动想象力去把杂多东西复合起来,而想象力又推
动知性去把杂多东西在概念中统一起来的话。但诸认识能力的这种相
称根据被给予的客体的不同而有不同的比例。尽管如此却必须有一个
比例,在其中,为了激活(一种能力为另一种能力所激活)的这一内在
关系一般说来就是在(给予对象的)知识方面最有利于这两种内心能
81　力的相称;而这种相称也只能通过情感(而不是按照概念)来规定。既
然这种相称本身必须能够普遍传达,因而对这种(在一个给予的表象
上的)相称的情感也必须能够普遍传达;而这种情感的这种普遍可传
达性却是以一个共通感为前提的:那么这种共通感就将能够有理由被
假定下来,就是说,既然如此,就无须立足于心理学的观察之上,而可以
把这种共通感作为我们知识的普遍可传达性的必要条件来假定,这种
普遍可传达性是在任何逻辑和任何并非怀疑论的认识原则中都必须预
设的。

§22. 在一个鉴赏判断里所想到的普遍赞同的
必然性是一种主观必然性，它在某种共
通感的前提之下被表象为客观的

在我们由以宣称某物为美的一切判断中，我们不允许任何人有别的意见；然而我们的判断却不是建立在概念上，而只是建立在我们的情感上的：所以我们不是把这种情感作为私人情感，而是作为共同的情感而置于基础的位置上。于是，这种共通感为此目的就不能建立于经验之上，因为它要授权我们作出那些包含有一个应当在内的判断：它不是说，每个人将会与我们的判断协和一致，而是说，每个人应当与此协调一致。所以当我在这里把我的鉴赏判断说成是共通感的判断的一个例子，因而赋予它以示范性的有效性时，共通感就只是一个理想的基准，在它的前提下人们可以正当地使一个与之协调一致的判断及在其中所表达出来的对一个客体的愉悦成为每一个人的规则：因为这原则虽然只是主观的，但却被看做主观普遍的（即一个对每个人都是必然的理念），在涉及到不同判断者之间的一致性时是可以像一个客观原则那样来要求普遍的赞同的；只要我们能肯定已正确地将之归摄在这原则之下了。

共通感这一不确定的基准实际上是被我们预设了的：我们自认为能够作出鉴赏判断就证明了这一点。至于事实上是否有这样一个作为经验可能性之构成性原则的共通感，还是有一个更高的理性原则使它对我们而言只是一个调节性原则，即为了更高的目的才在我们心中产生出一个共通感来；因而，是否鉴赏就是一种原始的和自然的能力，抑或只不过是一种尚需获得的和人为的能力的理念，以至于鉴赏判断连同其对某种普遍赞同的要求事实上只是一种理性的要求，要产生出情致的这样一种一致性来，而那种应当，即每个人的情感与每个他人的特殊情感相汇合的客观必然性，只是意味着在其中成为一致的可能性，而鉴赏判断则只是在这一原则的应用上提出了一个实例：这一切，我们还

82

不想也不能在这里来研究,现在我们只是要把鉴赏能力分解为它的诸要素并最终把这些要素统一在一个共通感的理念中。

从第四个契机推论出的美的说明

美是那没有概念而被认作一个必然愉悦的对象的东西。

对分析论第一章的总注释

当我们从上述剖析引出结果时,就会发现一切都要归结到鉴赏的概念上来:鉴赏是与想象力的自由合规律性相关的对一个对象的评判能力。既然在鉴赏判断里想象力必须在其自由中被考察,那么它一开始就不是被看做再生的,如同它是服从于联想律时那样,而是被看做生产性的和自身主动的(即作为可能直观的任意形式的创造者);而且虽然它在领会一个给予的感官对象时被束缚于这个客体的某种确定的形式之上,并就此而言不具有任何自由活动(如在写诗时),但却毕竟还是可以很好地理解到:对象恰好把这样一种形式交到想象力手中,这形式包含有一种多样的复合,就如同是想象力当其自由地放任自己时,与一般的知性合规律性相协调地设计了这一形式似的。不过,说想象力是自由的,却又是自发地合规律性的,亦即它带有某种自律,这是一个矛盾。只有知性才提供规律。但如果想象力被迫按照某种确定的规律来运作,则它的产品按照形式就是通过概念被规定的,就像应有的情况那样;但这样一来上面所指出的那种愉悦就不是对美的愉悦,而是对善(完善,或许只是形式上的完善)的愉悦,而这一判断就决不是由鉴赏而来的判断了。所以,一个无规律的合规律性,以及想象力与知性的一种主观的协和一致,而不带有由于表象与有关一个对象的确定概念相联系而来的客观的协和一致,就将是唯一可以与知性的自由合规律性(它也被称为无目的的合目的性)及与一个鉴赏判断的独特性共存的。

现在,几何学的合规则的形状,如圆形、正方形、正立方体等等,常常被鉴赏的批评家们当作美的最单纯、最无可怀疑的例子来引用;然而,它们之所以被称为合规则的,恰好是因为人们只能这样来表象它们,即它们被看做只是某个确定概念的单纯体现,这概念对那个形状颁布规则(这形状只有按照这规则才有可能)。所以双方必有一方是错了:或者是这些批评家的那个判断,即把美赋予上述形状,或者是我们的判断,它认为无概念的合目的性对于美是必不可少的。

没有人会轻易认为,要在一个圆形上比在一个不规则的轮廓上感到更多的愉悦,在一个等边和等角的四边形上比在一个歪斜的、不等边的、仿佛畸形了的四边形上感到更多的愉悦,为此会需要一个有鉴赏力的人;因为对此需要的只是普通知性,而根本不需要鉴赏力。凡是觉察到某种意图,例如要评判一个广场的大小,或者要把握一种划分中的各部分相互的和对整体的关系的时候,就需要合规则的形状,也就是具有最单纯性质的形状;而愉悦并不是直接基于对这形状的注视,而是基于这形状对各种各样可能意图的有用性。一间墙壁做成了倾斜角度的房子,一片具有这种风格的园地,甚至任何对于对称性的损害,不论是对于动物的形象(例如独眼)还是对于房屋或花坛的形象而言,都是不讨人喜欢的,因为这是违背目的性的,不仅是实践地就这些事物的一定的运用而言,而且也是对于就各种可能的意图所作的评判而言;鉴赏判断中的情况则不是这样的,这种判断如果纯粹的话,它就把愉悦或是不喜欢直接与对于对象的单纯观赏结合在一起,而不考虑运用或某个目的。

导致对一个对象的概念的那种合规则性,诚然是把对象表达在一个唯一表象中和在对象的形式中规定那种多样性的不可缺少的条件(conditio sine qua non①)。这种规定就认识而言是一个目的;并且在与认识的关系中这规定任何时候也是与愉悦(它与任何意图、哪怕只是悬拟的意图的实施相伴随)结合在一起的。但这样一来,这种愉悦就只是一种对适合于某个题目的解答的赞成,而不是我们的内心诸力以

① 拉丁文:必要条件。——译者

我们称之为美的东西来作自由的和不确定地合目的性的娱乐，而在后者中，知性是为想象力服务的，而不是想象力为知性服务。

在仅仅通过一个意图才可能的事物上，在一座房屋、甚至一个动物身上，存在于对称中的那种合规则性必须表达出伴随着目的概念并同属于认识的那种直观统一性。但只要是在应当维持各种表象力的自由活动（其条件却是知性在此不受到任何阻碍）的地方，如在游乐园里，在室内装饰中，在各种情趣盎然的用具上，诸如此类，那预示着强制的合规则性就被尽可能地回避；所以在园林中的英国趣味，在家具上的巴洛克趣味，都宁可驱动想象力的自由直到接近于光怪陆离的程度，而通过从一切规则的强制中这样摆脱出来，正好就设定了鉴赏力可以在想象力的构想中显示其最大完善性的场合。

一切刻板地合规则的东西（它接近于数学的合规则性）本身就有违反鉴赏力的成分：它不提供以对它的观赏来进行的任何长久的娱乐，而是一旦它不是明确地以认识或某种确定的实践目的作为意图时，它就使人无聊。反之，想象力可以自得地合目的地与之游戏的东西对于我们是永久长新的，人们对它的观看不会感到厌倦。马斯登①在其有关苏门答腊的描述中有一段评语，说在那里大自然的自由的美景处处包围着参观者，因此对他很少再有什么吸引力；相反，他在森林中央碰到的一个胡椒园，在那里攀绕着这种藤蔓的支架以平行的直线构成了当中的林荫道，在他看来却颇有魅力；由此得出的结论是：野生的、表面看是无规则的美，只是对那看够了合规则的美的人来说，作为换换口味，才是令人喜欢的。不过只消让他试一试一整天呆在他的胡椒园里，以便领悟到：当知性通过合规则性而置身于它到处都需要的对秩序的兴致中，这对象就不再使他快乐，反倒使想象力遭受了某种讨厌的强制；相反，多样性在那里过分丰富到没有节制的大自然，不服从任何人为规则的强制，则可以给他的鉴赏力不断提供食粮。——甚至不能纳

---

① Marsden, John（1754—1836），英国语言学家和人种学家，著有《苏门答腊史》等。——译者

入任何音乐规则之中的鸟儿的歌唱,也比哪怕是依据一切音乐艺术规则来指导的人类的歌唱,显得包含有更多的自由、因而包含有更多适合于鉴赏的东西;因为我们在后者那里,如果它经常地长时间地重复的话,老早就会厌倦了。不过在这里,我们也许把我们对一个可爱的小动物的快乐的同情与它的歌唱的美混淆了,这种歌唱,如果由人类完全准确地加以模仿(如同人们有时模仿夜莺的鸣啭一样),那在我们的耳朵听来就是一点也没有趣味的。

还必须把美的对象和对于对象(它们常常由于距离遥远而不再能被清晰地辨认出来)的美的展望区别开来。在后一场合,鉴赏力显得不但不是附着于在这一范围内想象力所领会到的东西,反倒是附着于它在这里激发起诗兴的东西,即附着于真正的幻想,它是内心在通过触目所见的多样性而连续被唤醒时用来自娱的;就像在注视一团壁炉的火焰或一条潺潺小溪那变动不居的形态时那样,这两者并不是什么美,但毕竟对想象力带有一种魅力,因为它们保持着自己的自由活动。

第二卷　崇高的分析论

§23. 从对美的评判能力过渡到对崇高的评判能力

美有一点是和崇高一致的,即两者本身都是令人喜欢的。此外,两者都既不是以感官的规定性判断、也不是以逻辑的规定性判断,而是以反思性的判断为前提的:所以,这种愉悦就既不是像快适那样取决于一种感觉,也不是像对善的愉悦那样取决于一个确定的概念,然而却毕竟是与概念相关的,虽然未确定是哪一些概念;因而这愉悦是依赖于单纯的表现或表现能力的,由此,表现能力或想象力在一个给予的直观上就被看做对理性的促进,而与知性或理性的概念能力协和一致。因此这两种判断都是单一的、但却预示着对每个主体都普遍有效的判断,尽管它们只是对愉快的情感、而不是对任何对象的知识提出要求。

不过,两者之间的显著的区别也是引人注目的。自然的美涉及对象的形式,这形式在于限制;反之,崇高也可以在一个无形式的对象上看到,只要在这个对象身上,或通过这个对象的诱发而表现出无限制,同时却又联想到这个无限制的总体:这样,美似乎被看做某个不确定的知性概念的表现,崇高却被看做某个不确定的理性概念的表现。所以,愉悦在美那里是与质的表象结合着的,在崇高这里则是与量的表象结合着的。甚至就种类而言后一种愉悦与前一种愉悦也是大不相同的:因为前者(美)直接带有一种促进生命的情感,因而可以和魅力及某种游戏性的想象力结合起来;但后者(崇高的情感)却是一种仅仅间接产生的愉快,因而它是通过对生命力的瞬间阻碍、及紧跟而来的生命力的更为强烈的涌流之感而产生的,所以它作为激动并不显得像是游戏,而是想象力的工作中的严肃态度。因此它也不能与魅力结合,并且由于内心不只是被对象所吸引,而且也交替地一再被对象所拒斥,对崇高的愉悦就与其说包含积极的愉快,毋宁说包含着惊叹或敬重,就是说,它应该称之为消极的愉快。

但崇高与美的最重要的和内在的区别也许是:当我们在此公平地首先只考察自然客体上的崇高(因为艺术的崇高永远是被限制在与自然协和一致的那些条件上的)时,自然美(独立的自然美)在其仿佛是预先为我们的判断力规定对象的那个形式中带有某种合目的性,这就自身构成一个愉悦的对象;相反,那无须玄想而只是凭领会在我们心中激起崇高情感的东西,虽然按其形式尽可以显得对我们的判断力而言是违反目的的,与我们的表现能力是不相适合的,并且仿佛对我们的想象力是强暴性的,但这却只是越加被判断为是崇高的。

但我们从这里马上就看出,当我们把任何一个自然对象称之为崇高的时候,我们的表达是根本不对的,尽管我们可以完全正确地把许多 89 这类对象称之为美;因为一个自身被领会成违反目的的东西怎么能用一个赞许的词来称呼呢? 我们能说的仅仅是,对象适合于表现一个可以在内心中发现的崇高;因为真正的崇高不能包含在任何感性的形式中,而只针对理性的理念:这些理念虽然不可能有与之相适合的任何表现,却正是通过这种可以在感性上表现出来的不适合性而被激发起来、并召唤到内心中来的。所以辽阔的、被风暴所激怒的海洋不能称之为崇高,它的景象是令人恐怖的;如果我们的内心要通过这样一个直观而配以某种本身是崇高的情感,我们必须已经用好些理念充满了内心,这时内心被鼓动着离开感性而专注于那些包含有更高的合目的性的理念。

独立的自然美向我们揭示出大自然的一种技巧,这技巧使大自然表现为一个依据规律的系统,这些规律的原则是我们在自己全部的知性能力中都找不到的,这就是说,依据某种合目的性的原则,或者更确切地说依据判断力在运用于现象时的合目的性的原则,从而使得这些现象不仅必须被评判为在自然的无目的的机械性中属于自然的,而且也必须被评判为属于艺术的类似物的。所以自然美虽然实际上并没有扩展我们对自然客体的知识,但毕竟扩展了我们关于自然的概念,即把

作为单纯机械性的自然概念扩展成了作为艺术的同一个自然的概念:
这就吁请我们深入地去研究这样一种形式的可能性。但在自然界里我
们习惯于称之为崇高的东西中却根本没有任何导致特殊的客观原则及
与之适合的自然形式的东西,以至于大自然通常激发起崇高的理念毋
宁说是在它的混乱中,或在它的极端狂暴、极无规则的无序和荒蛮中,
只要可以看出伟大和力量。由此可见,自然界的崇高概念远不如自然
中美的概念那么重要和有丰富的结果;它所表明的根本不是自然本身
中的合目的之物,而只是对自然直观的可能的运用中的合目的之物,为
的是使某种完全独立于自然的合目的性可以在我们自己心中被感到。
对自然的美我们必须寻求一个我们之外的根据,对于崇高我们却只须
在我们心中,在把崇高性带入自然的表象里去的那种思想境界中寻求
根据;这是目前很有必要的一个说明,它把崇高的理念和一个自然合目
的性的理念完全分开,并使崇高的理论成为只是对自然合目的性的审
美评判的一个补充,因为借此并没有表现出自然中的任何特殊的形式,
而只是展示了想象力对自然表象所作的某种合目的性的运用。

§24. 对崇高情感研究的划分

　　说到在与崇高情感的关系中来划分对对象的审美评判的诸契机,
那么这个分析论可以按照如同在分析鉴赏判断时所依据的同一个原则
来进行。因为作为审美的反思性判断力的判断,对崇高的愉悦必须正
如对美的愉悦一样,按照量而表现为普遍有效的,按照质而表现为无利
害的,按照关系而表现出主观合目的性,按照模态而把这主观合目的性
表现为必然的。所以在这方面的方法与前一章①并无不同:除开我们
必须对这点有所估计,即我们在审美判断涉及客体的形式的地方是从
对质的研究开始;但在这里,鉴于可以归于我们称之为崇高的东西的那
种无形式,则将从量开始,量是关于崇高的审美判断的第一个契机:其

---

① 此处应为“前一卷”,即“美的分析论”。——译者

理由可以从前面§23中看出来。

但崇高的分析必须有一种美的分析所不需要做的划分,也就是划 91
分为数学的崇高和力学的崇高。

这是因为,崇高的情感具有某种与对象的评判结合着的内心激动
作为其特征,不同于对美的鉴赏预设和维持着内心的静观;但这种激动
却应当被评判为主观合目的性的(因为崇高令人喜欢):所以,这种激
动通过想象力要么与认识能力、要么与欲求能力关联起来,而在这两种
关联中那被给予表象的合目的性却都只是就这两种能力而言(没有目
的或利害地)被评判:这样一来,前者就作为想象力的数学的情调、后
者则作为想象力的力学的情调而被加在客体身上,因而客体就在上述
两种方式上被表现为崇高的。

A. 数学的崇高

§25. 崇高的名称解说

我们把那绝对地大的东西称之为崇高。但"是大的"和"是某种大
小",这是两个完全不同的概念(magnitudo und puantitas①)。同样,单
只是(simpliciter②)说某物是大的,这也完全不同于说某物是绝对地大
(absolute,non comparative magnum③)。后者是超越一切比较之上的大
的东西。——但现在,说某物是大的,或小的,或不大不小的,这种说法
想要说的是什么呢? 由此所表示的并不是一个纯粹知性概念;更不会
是一个感官直观;同样,也不是一个理性概念,因为它根本不带有任何
认识的原则。所以它必定是一个判断力的概念,或者是来源于这一概
念,并且把这一表象在与判断力的关系中的主观合目的性作为基础。 92

---

① 拉丁文:巨大和一定量大。——译者
② 拉丁文:简单地。——译者
③ 拉丁文:绝对地、无可比拟地大。——译者

说某物是有某种大小(quantum，量)的，这是从该物本身中无须和他物作任何比较就可以认识到的：因为同质的多合起来构成着一。但它有多么大，这永远要求有另外某个也是有大小的东西来作它的尺度。因为在评判大小时不仅取决于多数性(数目)，而且也取决于单位的(尺度的)大小，而单位的大小又总是需要某种它能够与之比较的另外的东西作为尺度：这样我们就看到，现象的一切大小规定完全不可能提供任何绝对的大小概念，而每次都只能提供出一个比较的概念。

现在如果我单只是说某物是大的，那么这看起来就是我根本无意作任何比较，至少是无意同客观的尺度作比较，因为这种说法完全没有确定该对象有多么大。但即使比较的尺度只是主观的，这判断对普遍赞同的要求也不减分毫；"这个人美"和"这个人高大"这两个判断都不会只局限于作判断的主体上，而是要求如同对理论上的判断那样每个人都赞同。

但由于在一个把某物单只表示为大的判断中，不只是要说出该对象有某种大小，而且要说明这种大小同时又是先于其他许多同类的对象而优先赋予它的，却又没有确定地指出这一优先性：所以这一优先性固然是以一个我们预设为每个人都可以作为同样的来采用的尺度为基础的，但这一尺度不能用于任何逻辑上的(数学上被规定了的)大小评判，而只能用于审美的大小评判，因为它只是一个主观地为对大小进行反思的那种判断奠定基础的尺度。此外，它可以是经验性的，例如我们所熟悉的那些人、某一种类的动物、树木、房子、山峦等诸如此类东西的平常的大小；也可以是先天给定的尺度，这尺度由于评判主体的缺陷而在具体场合下被限制于表现的主观条件上：例如在实践中某种德行的大小，或一国中公众的自由和正义的大小；或在理论中所做出的观察或测量的准确性和误差的大小，诸如此类。

这里值得注意的是：即使我们对客体完全没有兴趣，也就是对客体的实存漠不关心，但光是客体的大小，哪怕它被看做无形式的，也能带来一种愉悦，这种愉悦是普遍可传达的，因而包含有我们认识能力运用中的某种主观合目的性的意识；但并不是像在美那里一样的对客体的愉悦(因为它可以是无形式的),而是对想象力的自身扩展的愉悦。在美那里,反思性的判断力则是合目的地协调适应着与一般认识的关系的。

当我们(在上述局限之下)关于一个对象单只是说它是大的:那么这就不是什么数学上的规定性判断,而只是一个有关该对象表象的反思判断,这表象对于我们的认识能力在大小的估量上的某种运用是主观合目的的;而这样一来我们就总是在这个表象上结合着某种敬重,正如我们在单只称之为小的东西上结合有一种轻蔑一样。此外,将这些物评判为大或小,这是针对着一切东西、甚至针对着这些物的一切性状的;因此我们甚至把美也称之为大的或小的:对此我们必须到这里面去找原因,即凡是我们只要能按照判断力的规范在直观中描述(因而审美地表现)的东西,全都是现象,因而也全都是某种量。

但如果我们不单是把某物称之为大,而且是完全地、绝对地、在一切意图中(超出一切比较)称之为大,也就是称之为崇高,那么我们马上就会看出:我们不允许在该物之外去为它寻求任何与之相适合的尺度,而只能在它里面去寻求这种尺度。这是一种仅仅和它自身相等的大小。所以由此推出,崇高不该在自然物之中、而只能在我们的理念中去寻找;至于它存在于哪些理念中,这必须留给演绎部分去谈。

上面的解说也可以这样来表达:崇高是与之相比一切别的东西都是小的那个东西。这里很容易看出:在自然中不能有任何东西是像我们可能评判的那样的大,即不会在另一种关系中来看就被贬低为无限小的;而反过来也不能有任何东西是如此的小,即不会在和更小的尺度相比较时对于我们的想象力来说就被扩展为一个大世界的。望远镜对于前一种情况的说明,以及显微镜对于后一种情况的说明,都给我们提供了丰富的材料。所以,没有任何可以成为感官对象的东西从这一立足点来看能够称之为崇高的。但正因为在我们的想象力中有一种前进至无限的努力,在我们的理性中却有一种对绝对总体性即对某个真实的理念的要求:因此甚至我们对感官世界之物的大小估量能力对于这个理念的那种不适合性,也在我们心中唤起了某种超感官能力的情感;

94

而判断力为了后者(情感)起见自然而然地在某些对象上的运用是绝对的大的,而非这个感官对象是绝对大的,和这种运用相比任何别的运用都是小的。因而必须被称之为崇高的,是由某种使反思判断力活动起来的表象所带来的精神情调,而不是那个客体。

所以我们可以在前面那些解说崇高的表达式上再加上这样一条表达式:崇高是那种哪怕只能思维地、表明内心有一种超出任何感官尺度的能力的东西。

§26. 崇高理念所要求的对自然物的大小估量

通过数目概念(或它的代数符号)所作的大小估量是数学的,而在
95　单纯直观中(根据目测)的大小估量则是审美的。现在,我们虽然只能通过以尺度为其单位的数目而得到某物有多么大的确定的概念(必要时通过延伸至无限的数目系列来接近它);在这方面一切逻辑的大小估量都是数学的。但这尺度的大小毕竟不能不假定为已知的,所以如果它现在又应当只通过必须以另一个尺度为其单位的数目来估量、因而数学地进行估量的话,我们就永远也不能拥有一个最初的或基本的尺度、因而也没有任何有关一个给予大小的确定概念了。所以对基本尺度的大小的估量必定只在于,我们可以在一个直观中直接地把握它,并能通过想象力把它用来表现数目概念:这就是说,对自然对象的一切大小估量最终都是审美的(即在主观上、而不是在客观上被规定的)。

对于数学的估量而言固然没有什么最大的东西(因为数目的势头是延伸至无限);但对于审美的大小估量而言却的确有最大的东西;关于这个东西我就会说:如果它被评判为绝对的尺度,主观上(对于评判的主体而言)不可能有任何比它更大的尺度了,那么它就具有崇高的理念,并会产生出那样一种感动,这种感动是不能由任何借助于数目的数学上的大小估量(除非那个审美的基本尺度同时也在想象力中生动地保持着)而引起的:因为这种数学的估量永远只表现出与其他同种类东西相比较的相对的大,而前一种估量却表现出绝对的大,只要内心

能在一个直观中把握到它。

　　把一个量直观地接受到想象力中来,以便能把它用作尺度、或作为单位用于通过数目进行的大小估量,这里面必须包含同一个能力的两个行动:领会(apprehensio①)和统摄(comprehensio aesthetica②)。领会并不带有任何困难:因为它是可以无限地进行的;但统摄却随着领会推进得越远而变得越来越难,并且很快就达到它的最大值,也就是大小估量的审美上[感性上]最大的基本尺度。因为如果领会达到如此之远,以至于感官直观的那些最初领会到的部分表象在想象力中已经开始淡化了,然而想象力却向前去领会更多的表象:那么想象力在一方面所失就正如在另一方面所得的那样多;而在统摄中就有一个想象力所不能超出的最大的量。

　　由此就可以解释萨瓦里③在其关于埃及的报告里所看出来的:人们要对金字塔的伟大获得完全的感动,就必须不走得离它很近,同样也不要离开它太远。因为离它太远则被领会的各个部分(它的那些重叠的石块)就只是模糊地被表现出来,而它们的表象就对主体的审美判断造不成什么影响。但如果离得太近,那么眼睛就需要一些时间来完成从底面直到尖顶的领会,但是在想象力未及接受到尖顶之前,底面又总是在领会中部分地淡化着,而统摄就永远完成不了。——正是这一点也足以解释有人所讲述的在第一次走进罗马圣·彼得大教堂时向参观者突然袭来的那种震惊或困惑的性质。因为在这里有这样一种情感,即对于整体的理念人的想象力为了表现它而感到不适合,在这一理念中想象力达到了它的极限,而在努力扩展这极限时就跌回到自身之中,但却因此而被置于一种动人的愉悦状态。

　　我现在还不想为这种愉悦提出任何理由,这种愉悦是与一个我们至少本应有所预期的表象结合着的,因为这表象使我们看出该表象对

---

①　拉丁文:把握,抓住。——译者

②　拉丁文:感性的统摄。——译者

③　Savary, Anne – Jean – Marie – Renè, (1774—1833),法国将军,曾在埃及任职。——译者

于判断力在进行大小估量时的不适合性、因而也看出其主观不合目的性;我只想指出,如果审美判断应当纯粹地(不与作为理性判断的任何目的论的判断相混淆)给出,并且对此还要给出一个完全适合于审美判断力批判的实例,我们就必须不是去描述那些艺术作品(如建筑、柱廊等等)的崇高,在那里有一种属人的目的在规定着形式和大小,也不去描述那些自然物的崇高,它们的概念已经具有某种确定的目的了(如具有已知的自然规定之动物),而是必须对荒野的大自然(并且甚至只在它本身不具任何魅力、或不具由实际危险而来的激动时)的崇高单就其包含有量而言加以描述。因为在这种表象中大自然不含有任何大而无当的东西(也没有壮丽的或令人恐怖的东西);被领会的大可以增长到任意的规模,只要它可以通过想象力而被统摄在一个整体中。大而无当的是这样一个对象,它通过它的大而取消了构成它的概念的那个目的。但宏大的却只是用来称呼某种概念的表现,这概念对于一切表现几乎都太大了(接近于相对大而无当的东西):因为表现一个概念的目的由于对象的直观对于我们的领会能力来说几乎太大而遇到了阻碍。——但一个关于崇高的纯粹判断必须完全没有任何客体的目的作为规定根据,如果它应当是审美的并且不能与任何一种知性或理性的判断相混淆的话。

*   *   *

由于一切应当使单纯反思的判断力没有利害而喜欢的东西都必然在其表象中带有主观的,并作为主观的而是普遍有效的合目的性,但在这里却根本没有评判对象的(如同在美那里的)形式的合目的性作基础,那么就要问:这是何种的主观合目的性? 并且,是什么使它被作为基准而预先颁定下来,以便在单纯的大小估量中,确切地说,在被一直推进到我们想象力的能力在表现一个大的概念时的不适合性的那个大小估量中,充当普遍有效的愉悦的一个根据?

想象力在大的表象所需要的那种统摄中自行向无限前进,没有什么东西会对它构成障碍;但知性却通过数的概念来引导它,那个大的表象则必须为数的概念提供图型:而在这种属于逻辑的大小估量的处理方式中,虽然有某种按照有关某个目的的概念的客观合目的之物(每次测量都是这类东西),但决没有对于审美判断力而言的合目的之物,也没有使人喜欢的东西。即使在这种有意的合目的性中,也决没有任何东西迫使尺度的大小、因而迫使把多数纳入一个直观中的统摄的大小一直推进到想象力的能力界限,直到想象力在表现中还能达到的那个范围。因为在这种知性的大小估量中(在算术中),我们所达到的正好是同样的远,不论我们把诸单位的统摄一直推进到 10 这个数(在十进制中),还是只推进到4(在四进制中);进一步的大小的产生却是在复合中,或者当这个量在直观中被给予时就是在领会中,只是逐步地(而非统握地)按照某种假定的累进原则而完成的。知性在这种数学的大小估量中同样好地得到了服务和满足,不管想象力是选择一个人们一眼即可把握的大小作为单位,例如一英尺或一竿长①,还是选择一德国里、甚至选择一个地球直径作单位,对它们虽然可以有领会,但不可能将之统摄进一个想象力的直观中(即不可能通过 comprehensio aesthetica② 将之统摄进一个想象力的直观中,虽然完全可以通过 comprehensio logica③ 而将之统摄到一个数的概念中)。在两种情况下这种逻辑的大小估量都无阻碍地进向无限。

但现在,内心在自己里面倾听着理性的声音,理性对于一切给予的大小、甚至对那些虽然永远也不能被完全领会但仍然(在感性表象中)被评判为整个给予出来的大小,都要求总体性,因而要求统摄进一个直观中,并要求对于一个日益增长的数目系列的所有那些环节加以表现,甚至无限的东西(空间和流逝的时间)也不排除在这一要求之外,反而不可避免地导致将它(在普通理性的判断中)思考为(按其总体性)被

99

---

① 原文为 Ruthe,一竿约等于 3.8 米。——译者
② 拉丁文:感性的统握。——译者
③ 拉丁文:逻辑的统握。——译者

整个给予的。

但无限的东西是绝对地(而不只是比较地)大的。与它相比较,一切别的东西(具有同一种量度的东西)都是小的。但最重要的是,哪怕只要能把它思考为一个整体,这也就表明了内心有一种超出一切感官尺度的能力。因为这就会要求有一种统摄,去把某个据说拥有在数目中规定了的对无限的关系的尺度作为单位提供出来:而这是不可能的。然而,哪怕只要能思考这给予的无限而不矛盾,这也就要求在人的内心中有一种本身是超感官的能力。因为只有通过这种能力和它的某种本体的理念——这本体自身不允许有直观,但却被用来给作为单纯现象的世界观①奠定基底——,那感官世界的无限的东西才在纯粹智性的大小估量中被整个地统摄在一个概念之下,虽然它在数学的估量中通过数目概念是永远不能整个地被思考的。就连一种可以把超感性的直观的无限者思考为(在其理知的基底中)被给予的能力,本身就超越了感性的一切尺度,并且是大到超过甚至与数学估量能力的一切比较的;固然并不是出于理论的意图而为了认识能力,但毕竟是作为内心的扩展,内心感到自己有能力在别的(即实践的)意图中超越感性的局限性。

所以自然界在它的这样一些现象中是崇高的,这些现象的直观带有它们的无限性的理念。后面这种情况只是由于我们的想象力在估量一个对象的大小时哪怕作出了最大努力也不适合,才会发生。但既然想象力在数学的大小估量方面能应付任何对象,以给这种大小估量提供充分的尺度,因为知性的数目概念能够通过累进而使每个尺度适合于每一个给予的大小,那么审美的大小估量就必须是这样,在其中,既感到对超越想象力的能力而将逐步的领会包括进一个直观整体中的这种统摄作用的努力追求,但同时又察觉到,这个在进展中不受限制的能力不适合于把握一个以知性的最少消耗以利于大小估量的基本尺度,也不适合于用来作大小估量。现在,自然界那真正的不变的基本尺度

---

①　Weltanschaung,直译为"世界直观"。——译者

就是自然的绝对整体,它在自然界就是被统摄为现象的无限性。但由于这个基本尺度是一个自相矛盾的概念(因为一个无终点的进展的绝对总体性是不可能的):所以自然客体的这样一种大,这样一种由想象力徒劳无功地运用其全部统摄能力于其上的大,必然会把自然的概念引向某种超感官的基底(这基底为自然界同时也为我们的思维能力奠定基础),这就是超越一切感官尺度的大,它因而与其说是容许把对象、倒不如说是容许把在估量对象时的内心情调评判为崇高的。

所以,正如同审美的判断力在评判美时将想象力在其自由游戏中与知性联系起来,以便和一般知性概念(无需规定这些概念)协调一致:同样,审美判断力也在把一物评判为崇高时将同一种能力与理性联系起来,以便主观上和理性的理念(不规定是哪些理念)协和一致,亦即产生出一种内心情调,这种情调是和确定的理念(实践的理念)对情感施加影响将会导致的那种内心情调是相称的和与之相贴近的。

由此也可看出,真正的崇高必须只在判断者的内心中,而不是在自然客体中去寻求,对后者的评判是由判断者的这种情调引起的。谁会愿意把那些不成形的、乱七八糟堆积在一起的山峦和它们那些冰峰,或是那阴森汹涌的大海等等称之为崇高的呢?但人心感到在他自己的评判中被提高了,如果他这时在对它们的观赏中不考虑它们的形式而委身于想象力,并委身于一种哪怕处于完全没有确定的目的而与它们的联结中、只是扩展着那个想象力的理性,却又发现想象力的全部威力都还不适合于理性的理念的话。

自然界在单纯直观中的数学的崇高的例子,全都是由那些场合提供给我们的,在这些场合中,被给予我们的与其说是某个更大的数的概念,不如说是作为想象力的尺度的大的单位(为的是压缩数的系列)。我们按照人的高度来估量的一棵树或许提供了衡量一座山的尺度;而如果这座山比如说有一英里高,它就可以用作表达地球直径的数目单位,以便使地球的直径直观化,地球直径对于我们所知道的太阳系、太阳系对于银河系都是如此;至于这样一些银河系的名之为星云团的不可计量的集合体,它们或许相互又构成一个类似的系统,在这里就不容

101

我们指望任何止境了。现在,在对一个如此不可计量的整体作审美评判时,崇高不仅不在于数目的大,而且也不在于我们在这一进展中越来越达到更大的单位;有助于此的是对宇宙结构的系统化的划分,这种划分把自然界中一切大的东西在我们面前一再地表现为小的东西,但真正说来,是把在其完全的无止境中的我们的想象力、并与它一起把自然界表现为与理性的理念相比是微不足道的,如果想象力要作出一个与这些理念相适合的表达的话。

102

§27. 在崇高的评判中愉悦的性质

对于我们的能力不适合于达到某个对我们来说是规律的理念所感到的情感,就是**敬重**。现在,把每一个可能被给予我们的现象都统摄进一个整体的直观中的那个理念,就是由理性的规律托付给我们的这样一种理念,它除了绝对的整体之外,不知道有任何其他确定的、对每个人都有效的和不变的尺度。但我们的想象力甚至在其最大的努力中,就它所要求的把一个给予的对象统摄进一个直观整体中(因而达到对理性理念的体现)而言,都表现出它的局限和不适合性,但却同时表现出它的使命是实现与这个作为整体的理念的适合性。所以对自然中的崇高的情感就是对于我们自己的使命的敬重,这种敬重我们通过某种偷换而向一个自然客体表示出来(用对于客体的敬重替换了对我们主体中人性理念的敬重),这就仿佛把我们认识能力的理性使命对于感性的最大能力的优越性向我们直观呈现出来了。

所以崇高的情感是由于想象力在对大小的审美估量中不适合通过理性来估量而产生的不愉快感,但同时又是一种愉快感,这种愉快感的唤起是由于,正是对最大感性能力的不适合性所作的这个判断,就对理性理念的追求对于我们毕竟是规律而言,又是与理性的理念协和一致的。因为对于我们来说作为(理性的)规律并属于我们的使命的是,把大自然作为感官对象所包含的一切对我们而言是大的东西,在和理性的理念相比较时都估量为小的;并且,凡是在我们心中激起对这个超感

103

官的使命的情感的东西都与那个规律协调一致。现在,想象力在体现那个大小估量单位时的最大努力,就是与某种绝对的大的关系,因而也是与唯一把这个绝对的大设定为大小的最高尺度的理性规律的关系,所以,对一切感性的尺度与理性的大小估量不相适合的内知觉就是与理性规律的协和一致,并且是一种不愉快,这种不愉快在我们心中激起对我们的超感官的使命的情感,而按照这一使命,发现任何感性的尺度都与理性的理念不相适合,这是合目的性的,因而是愉快的。

在大自然的崇高表象中内心感到激动;而在对大自然的美的审美判断中内心是处于平静的静观中。这种激动可以(尤其是在开始的时候)比之于那种震动、即对同一个客体的快速交替的排斥和吸引。在想象力看来那种(它在直观的领会中被一直推到)言过其实的东西,仿佛是想象力害怕自己自失于其中的一个深渊;但对于有关超感性东西的理性理念来说,却也并不是言过其实的,而是能合规律地产生出想象力的这样一种努力:因而是以曾对单纯感性加以拒斥的同一个程度重又吸引着的。但这个判断本身在这里仍然只是停留于审美上,因为它并不把一个确定的客体概念作为基础,而只是把诸内心能力(想象力和理性)本身的主观游戏通过它们的对照而表象为和谐的。因为正如想象力和知性在美的评判中凭借它们的一致性那样,想象力和理性在这里通过它们的冲突也产生出了内心诸能力的主观合目的性:这就是对于我们拥有纯粹的、独立的理性、或者说一种大小估量能力的情感,这种能力的优越性只有通过那种在表现(感性对象的)大小时本身不受限制的能力的不充分性,才能被直观到。　　104

对一个空间的量度(作为领会)同时就是对这空间的描述,因而是在想象中的客观运动和一种前进;反之,把多统摄进一之中,不是思想中的一而是直观中的一,因而是把连续被领会的东西统摄进一个瞬间之中,这却是一个倒退,它把在想象力的前进中的那个时间条件重又取消,并使同时存在被直观到。所以这种统摄(由于时间序列是内感官和某种直观的条件)就是想象力的一个主观的运动,通过这种运动,想象力使内感官遭受到强制力,想象力统摄进一个直观中的量越是大,这种强制力就必定越是可以感到。所以想把一个对于大小的尺度接受到个别直观中来——为领会这一点需要可觉察到的时间——的这种努力,是一种从主观上看不合目的、但在客观上却是大小估量所需要的、因而是合目的的表象方式:但在此正是这个通过想象力使主体遭受到的强制力,对于内心的整个规定而言却被评判为合乎目的的。

崇高情感的质就是:它是有关审美评判能力的对某个对象的不愉快的情感,这种不愉快在其中却同时又被表象为合目的的;这种情况之所以可能,是由于这种特有的无能揭示出同一个主体的某种无限制的能力的意识,而内心只有通过前者才能对后者进行审美的评判。

在逻辑的大小估量中,通过在时间和空间中量度感官世界之物的前进过程在任何时候都达不到绝对的总体,这种不可能性是被认作客观的,即不可能把无限的东西作为被给予的来思维,而不被认作只是主观的,即没有能力把握无限的东西:因为这里根本不是着眼于把统摄进一个直观中的程度作为尺度,而是一切都取决于某个数的概念。不过,在一个审美的大小估量中数的概念必须取消或加以改变,而只有把想象力统握在这个尺度单位上(因而避开有关大小概念相继产生的某种规律的概念),对于这种估量才是合乎目的的。——现在,如果有一种大几乎达到了我们的统摄进一个直观中的能力的极致,而想象力却还被要求通过数目的大(对这种大我们意识到我们的能力是无限制的)而从审美上把它统摄进一个更大的统一性之中,这时我们就会在内心感到自己被审美地封锁在限度之中了;但就想象力必然扩展到与我们理性能力中无限制的东西,也就是与绝对整体的理念相适合而言,这种不愉快,因而这种想象力在能力上的不合目的性对于理性理念和唤起这些理念来说却被表现为合乎目的的。而正因为如此,审美判断本身对于作为理念的来源的理性,也就是作为所有感性的[审美的]东西在它面前都是小的这样一种智性统摄的来源的理性来说,便成了主观合目的性的了;而对象作为崇高就被以某种愉快来接受,这种愉快只有通过某种不愉快才是可能的。

B. 自然界的力学的崇高

§28. 作为强力的自然

强力是一种胜过很大障碍的能力。这同一个强力,当它也胜过那本身具有强力的东西的抵抗时,就叫作强制力。自然界当它在审美判断中被看做强力,而又对我们没有强制力时,就是力学的崇高。

如果自然界要被我们从力学上评判为崇高的,那么它就必须被表象为激起恐惧的(尽管反过来并不能说,凡是激起恐惧的对象在我们的审美判断中都会觉得是崇高的)。因为在(无概念的)审美评判中,克服障碍的优势只是按照抵抗的大小来评判的。但现在,我们努力去抵抗的东西是一种灾难,如果我们感到我们的能力经受不住这一灾难,它就是一个恐惧的对象。所以对于审美判断力来说,自然界只有当它被看做是恐惧的对象时,才被认为是强力,因而是力学的崇高。

但我们可以把一个对象看做是可恐惧的,而又并不由于它而感到恐惧,这就是说,如果我们这样来评判它,即我们只是设想着这种情况:我们也许会要对它作出抵抗,并且那时一切抵抗都绝对会是毫无结果的。所以有道德的人恐惧上帝,却并不由于上帝而恐惧,因为他把对抗上帝及其命令的意愿设想为他决不担忧的情况。但任何这样一种情况,如果他设想为自身并非不可能的,他都认为是可恐惧的。

谁恐惧着,他就根本不能对自然界的崇高作出判断,正如那被爱好和食欲所支配的人也不能判断美一样。前者回避去看一个引起他畏惧的对象;而对一种被认为是真正的恐怖是不可能感到愉悦的。所以由于放下一个重负而来的快意就是高兴。但这种高兴因为从一个危险中摆脱出来,它就是一种带有永远不想再遭到这种危险的决心的高兴;甚至人们就连回想一下那种感觉也会不愿意,要说他会为此而自己去寻求这种机会,那就大错特错了。

险峻高悬的、仿佛威胁着人的山崖,天边高高汇聚挟带着闪电雷鸣的云层,火山以其毁灭一切的暴力,飓风连同它所抛下的废墟,无边无际的被激怒的海洋,一条巨大河流的一个高高的瀑布,诸如此类,都使我们与之对抗的能力在和它们的强力相比较时成了毫无意义的渺小。但只要我们处于安全地带,那么这些景象越是可怕,就只会越是吸引人;而我们愿意把这些对象称之为崇高,因为它们把心灵的力量提高到①超出其日常的中庸,并让我们心中一种完全不同性质的抵抗能力显露出来,它使我们有勇气能与自然界的这种表面的万能相较量。

因为,即使我们从自然界的不可测度性,和我们的能力不足以采取某种与对自然的领地作审美的大小估量相称的尺度,发现了我们自己的局限性,然而却同时也在我们的理性能力上发现了另一种非感性的尺度,它把那个无限性本身作为一个单位统率起来,自然界中的一切都小于它,因而在我们的内心发现了某种胜过在不可测度性中的自然界本身的优势:所以,即使那自然界强力的不可抵抗性使我们认识到我们作为自然的存在物来看在物理上是无力的,但却同时也揭示了一种能力,能把我们评判为独立于自然界的,并揭示了一种胜过自然界的优越性,在这种优越性之上建立起来完全另一种自我保存,它与那种可以由我们之外的自然界所攻击和威胁的自我保存是不同的,人类在这里,哪怕这人不得不屈服于那种强制力,仍然没有在我们的人格中被贬低。以这样一种方式,自然界在我们的审美评判中并非就其是激起恐惧的而言被评判为崇高的,而是由于它在我们心中唤起了我们的(非自然的)力量,以便把我们所操心的东西(财产、健康和生命)看做渺小的,因而把自然的强力(我们在这些东西方面固然是屈服于它之下的)决不看做对于我们和我们的人格性仍然还是一种强制力,这种强制力,假如事情取决于我们的最高原理及对它们的主张或放弃的话,我们本来是不得不屈从于它之下的。所以,自然界在这里叫作崇高,只是因为它把想象力提高到去表现那些场合,在其中内心能够使自己超越自然之上的使命本身的固有的崇高性成为它自己可感到的。

---

① 德文"崇高"(Erhaben)的字面意义就是"提高"。——译者

这种自我尊重丝毫也不因为下面这一点而受到损失,即:我们为要感受到这种令人鼓舞的愉悦就必须看见自己是安全的;因而,由于这种危险并不是认真的,我们精神能力的这种崇高性也就(正如表面看来可能的那样)同样可以不是认真的了。因为这种愉悦在这里只涉及到在这种情况下显露出来的我们能力的使命,以及我们本性中在这种能力上的素质;然而对这种能力的发展和练习却仍然被委托给我们,并仍然是我们的责任。而在这里面就有真理,不论人在把他的反思一直伸展到那上面时如何意识到他当前现实的无力。

这个原则虽然看起来好像太牵强附会和玄想了,因而对于一个审美的[感性的]判断来说似乎是言过其实的:不过人的观察却证明是相反,证明这条原则可以为最普通的评判提供基础,哪怕我们并不总是意识到这条原则。因为什么东西甚至对于野蛮人也是一个最大赞赏的对象呢?是一个不惊慌,不畏惧,因而不逃避危险,但同时又以周密的深思熟虑干练地采取行动的人。即使在最文明的状态中仍保留着这种对战士的高度的崇敬;只是人们还要求他同时表现出一切和平的德行,温柔,悲悯,乃至于对他自己的人格相当小心谨慎:这正是因为在这上面看出了他的内心是不会被危险所征服的。所以人们尽可以在把政治家和统帅相比较时,对于谁比谁更值得最高的敬重有这么多的争论;审美的判断却断定是后者。甚至于战争,如果它是借助于秩序和公民权利神圣不可侵犯而进行的,本身也就具有某种崇高性,同时也使以这种方式进行战争的民众越是遭受过许多危险,并能在其中勇敢地坚持下来,其思想境界也就越是崇高:与此相反,一个长期的和平通常都使单纯的商业精神、但也连带着使卑劣的自私自利、怯懦和软弱无能到处流行,并使民众的思想境界降低。

也许有人会这样来反驳对这种附在强力之上的崇高概念的分析:我们通常在暴雨中,在狂风中,在地震和诸如此类的场合中,把上帝想象成在发怒,但同时也把上帝想象成在表现他的崇高性,而这时却还去想象我们的内心有某种胜过这样一种强力的各种作用的优势,乃至像看起来那样,有胜过它的各种意图的优势,那同时会是愚蠢而亵渎的

了。在这里的内心情调似乎并不是什么对我们自己本性的崇高的情
感,而倒是屈服、颓丧和完全的无力感,这是与这样一个对象的出现相
适合的,并且通常是按照习惯的方式与这个对象的理念在这类自然事
件上结合着的。在一般宗教中,跪倒、低头膜拜,带着悔恨惶恐的表情
和声音,这是面对神时的唯一合适的态度,所以绝大多数民族都采取了
这种态度并仍在遵守着它。不过这种内心情调也远不是就本身而言且
必然地与某种宗教及其对象的崇高理念结合在一起的。一个人,当他
现实地恐惧着,因为他感到这恐惧的原因就在自身中,他意识到他以自
己卑下的意向违背了某种强力,而这种强力的意志是不可抗拒的同时
又是正义的,这时他根本就不处在对神的伟大加以赞赏的心境之中,这
要求的是凝神静观的情调和完全自由的判断。只有当他意识到自己真
诚的、神所喜欢的意向的时候,那些强力作用才会有助于在他心中唤起
这个存在者的崇高性的理念,只要他在自己身上认识到这意向的某种
合乎这个存在者意志的崇高性,并由此而被提升到超越对这些自然作
用的恐惧之上,不把这些作用看做是这个存在者的怒火的爆发。甚至
谦恭,作为对自己缺点的严厉的评判——这些缺点本来是有可能在意
识到自己的好的意向时轻易用人的本性的脆弱掩盖过去的——,也是
一种内心的崇高情调,即执意屈从于自责的痛苦,以便逐渐根除那痛苦
的原因。只不过以这样一种方式,宗教就内在地与迷信区别开来了,后
者在内心中建立的不是对崇高的敬畏,而是在超强力的存在者面前的
恐惧和害怕,受惊吓的人感到自己屈服于这存在者的意志,但却并不对
它抱有高度的尊重:这样一来,当然也就不能产生出良好生活方式的宗
教,而只不过是邀宠和谄媚罢了。

　　所以崇高不在任何自然物中,而只是包含在我们内心里,如果我们
能够意识到我们对我们心中的自然、并因此也对我们之外的自然(只
要它影响到我们)处于优势的话。这样一来,一切在我们心中激起这
种情感——为此就需要那召唤着我们种种能力的自然强力——的东
西,都称之为(尽管不是本来意义上的)崇高;而只有在我们心中这个
理念的前提下并与之相关,我们才能达到这样一个存在者的崇高性的

理念,这个存在者不仅仅是通过它在自然界中所表明的强力而在我们心中产生内在的敬重,而且还更多地是通过置于我们心中的、无恐惧地评判那强力并将我们的使命思考为高居于它之上的那个能力,来产生这种敬重的。

§29. 对自然界崇高的判断的模态

有无数的美的自然物,关于它们我们是可以直截了当地建议每个人的判断与我们的判断相一致、而且也能期望这种一致而错不到哪里去的;但凭借我们对自然界中崇高的判断,我们却不能如此轻易地从别人那里指望着沟通。因为,为了能对自然对象的这种优越性下一个判断,似乎需要不光是在审美判断力上、而且在为之提供基础的认识能力上有更大得多的教养。

对于崇高情感的内心情调要求内心对于理念有一种感受性;因为正是在自然界对于这些理念的不适合中,因而只是在这些理念以及想象力把自然界当作这些理念的一个图型来对待这种努力的前提下,才有那种既威慑着感性、同时却又具有吸引力的东西:因为这是一种理性施加于感性之上的强制力,为的只是与理性自身的领地(实践的领地)相适合地扩大感性,并使感性展望那在它看来为一深渊的那个无限的东西。事实上,没有道德理念的发展,我们经过文化教养的准备而称之为崇高的东西,对于粗人来说只会显得吓人。他将在自然界强制力的毁灭作用的那些例证上,以及这个强力的使他自己的力量在其面前消失于无形的巨大规模上,只看到异常的艰辛、危险和困顿,将要包围那被驱逼到那里去的人。所以那善良的、此外又是明智的萨伏依的农夫(如索绪尔先生①所讲述的)曾把一切雪山的爱好者毫不犹豫地称之为傻瓜。假如那位观赏者像大多数旅游者通常那样单纯出于爱好,或是

①　Saussure, Horace Benéct de (1740—1799),瑞士物理学家、地质学家,著有《阿尔卑斯山纪行》。——译者

为了对此作出最动人心魄的描述,而接受了这种他在这里所遭到的危险,那么谁又能说,这位农夫是否就如此完全没有道理呢?但这位作者的意图对于人们是有教益的;这个杰出的人拥有使心灵崇高的感觉,而且还把这种感觉附赠给了他的游记的读者。

但是,对自然界崇高的判断倒并不恰好由于它需要文化教养(比对美的判断更需要),因而它就是首先从文化中产生出来的,或只是在社会中合乎习俗地被采用的;相反,它是在人的本性中、亦即在人们能够凭借健全知性同时向每个人建议且能够向他自己要求的东西中有其根基,也就是说,在趋向于对(实践的)理念的情感即道德情感的素质中有其根基。

于是,这就是别人关于崇高的判断必然对我们的判断同意的根据,这种必然性是我们同时一起包含在这个判断中的。因为正如我们责备那在对一个我们觉得美的自然对象的评判中无动于衷的人缺乏鉴赏力一样:我们也对那个在我们判断为崇高的东西上不为所动的人说,他缺乏情感。而这两者都是我们对每一个人所要求的,并预设每一个具有一些文化教养的人也都有的:区别只是在于,前者由于在其中判断力只把想象与作为概念能力的知性相联系,我们是直截了当地向每个人要求着它的;但后者,由于判断力在其中把想象力与作为理念能力的理性相联系,我们就只是在某种主观前提下(但这个主观前提我们相信自己有权可以向每个人建议)才作这种要求,也就是说,在人心中道德情感的前提下作这种要求,因而也就把必然性赋予这种审美判断。

在审美判断的这个模态中,亦即在审美判断的这个被自认为的必然性中,有一个对于判断力批判的主要契机。因为正是这种必然性在这些审美判断上标明了一个先天的原则,并把它们从经验性的心理学中提升上来——否则它们在这种心理学中仍然会被埋没在快乐和痛苦的情感之下(只不过附带一个说明不了任何问题的修饰语:精致的情感)——以便将这些判断、并通过它们把这个判断力置于那些以先天原则为基础的一类判断力中,但又将它们作为这样一些先天原则纳入到先验哲学中去。

对审美的反思判断力的说明的总注释

一个对象在它与愉快的情感的关系中,要么属于快适,要么属于美,要么属于崇高,要么属于(绝对的)善(iucundum, pulchrum, sublime, honestum①)。

快适作为欲求的动机,完全具有同样的方式,不论它是来自何处,也不论其表象(客观地看即感官和感觉的表象)是如何特别地各不相同。因此,在评判它对内心的影响时,只取决于魅力的数量(同时和相继地),并且仿佛只取决于快适感觉的总量;所以这种快适感觉就只能通过量来得到理解。它也不使人受到教养,而只是属于享受的。——反之,美却要求客体的某种质的表象,这质也是可以理解的并能放到概念上来的(尽管它在审美判断中并不被放到概念上来);并且它具有教养作用,因为它同时教人注意到在愉快的情感中的合目的性。——崇高只在于自然表象中感性之物由以被评判为适合于对之作可能的超感性运用的那种关系。——绝对的善,按照它所引起的情感从主观上来评判,即(把这道德情感的客体)评判为主体各种力量凭借某种绝对强迫性的法则之表象而来的可规定性,它就首先是通过基于先天概念之上的、不仅包含每个人都赞同的要求、而且包含每个人都赞同的命令的某种必然性的模态来划分的,它本身诚然不属于感性的[审美的]判断力,而属于纯粹智性的判断力;它也是在一个规定性的判断中而不是在单纯反思性的判断中,被赋予自由而不是自然的。但主体凭借这个理念而来的可规定性,确切地说,当一个主体在自身中感觉到感性的障碍,同时却能通过克服这障碍而把自己对这障碍的优越性感觉为自身状态的变相时,它的这种可规定性,即道德情感,毕竟是与感性的[审美的]判断力及其诸形式条件在下述方面有亲缘关系的:它可以用来

114

---

① 拉丁文:惬意,美丽,崇高,德性。——译者

把出自义务的行动的合规律性同时表现为审美的,也就是表现为崇高的甚至于美的,而不损害道德情感的纯粹性;但如果人们想把它与快适的情感置于自然的联系中,就不会发生这种情况。

如果我们从对两种不同的审美判断至今所作的说明中引出结论,那就会由此得出如下简略的解释:

美就是那在单纯的评判中(因而不是借助于感官感觉按照某种知性概念)令人喜欢的东西。由此自然推出,它必须是没有任何利害而令人喜欢的。

崇高就是那通过自己对感官利害的抵抗而直接令人喜欢的东西。

上述两条,作为对审美的普遍有效的评判的解释,关系到一些主观的根据,即一方面是感性的根据,只要这些根据有利于静观的知性,另方面是当它们违反感性,反之却在与道德情感的关系中对于实践理性的目的是合目的性的,但又把双方都结合在同一个主体中时的根据。美使我们准备好对某物、甚至对大自然也无利害地喜爱;崇高则使我们准备好对这些东西甚至违反我们的(感性的)利害而高度地尊重。

我们可以这样来描述崇高:它是(自然的)一个对象,其表象规定着内心去推想自然要作为理念的表现是望尘莫及的。

就字面上讲,并且从逻辑上来看,理念是不能被表现的。但如果我们为了直观自然而扩展我们的经验性的表象能力(数学的或力学的),那就不可避免地有理性加入进来,作为绝对总体的无待性(Independenz)的能力,并引起内心的虽然是徒劳无功的努力,去使感官表象与这些理念相适合。这种努力和关于想象力对理念望尘莫及的这种情感,本身就是我们内心在为了自己的超感性使命而运用想象力时的主观合目的性的一种表现,并迫使我们把自然本身在其总体上主观地思考为某种超感性之物的表现,而不能把这种表现客观地实现出来。

这是因为,我们马上就发觉,那无条件者、因而就连那绝对的大,都是完全脱离在空间和时间中的自然界的,但却是为最普通的理性所要求的。正由此我们也被提醒,我们只是和作为现象的自然打交道,而这个自然本身还必须被看做仅仅是一个自在的自然(它是理性在理念中所拥有的)的表现。这个超感性之物的理念我们虽然不能作进一步的规定,因而也不能把自然当作它的表现来认识,而只能这样来思考,但这个理念在我们心中却通过一个对象被唤起,对这个对象的审美评判使想象力尽力扩展到它的极限,或者是范围扩张的极限(在数学上),或者是这扩张加于内心的强力的极限(在力学上),因为这评判是建立在对内心的某种完全超出了自然领地的使命的情感(道德情感)之上的,鉴于这种情感,对象表象就被评判为主观合目的性的。

实际上,对自然界的崇高的情感没有一种内心的与道德情感类似的情绪与之相结合,是不太能够设想的;虽然对自然的美的直接的愉快同样也以思维方式的某种自由性、即愉悦对单纯感官享受的独立性为前提,并对此加以培养:但由此所表现出来的毕竟更多的是在游戏中的自由,而不是在合法的事务之下的自由,后者是人类德性的真正性状,是理性必须对感性施加强制力的地方;只是在对崇高的审美判断中这种强制力被表象为通过作为理性之工具的想象力本身来施行的。

因此,对自然界的崇高的愉悦也只是消极的(与此相反,对美的愉悦是积极的),亦即一种由想象力自身对它自己的自由加以剥夺的情感,因为这想象力是按照另外的法则而不是按照经验性的运用的法则被合目的性地规定的。它由此而获得了一种扩张和强力,比它所牺牲掉的强力更大,但这强力的根据却对它自己隐藏着,它所感到的不是这根据,而是那牺牲和剥夺,同时还有它所服从的那些原因。当观看高耸入云的山脉,深不可测的深渊和底下汹涌着的激流,阴霾沉沉、勾起人抑郁沉思的荒野等等时,一种近乎惊恐的惊异,恐惧与神圣的战栗就会攫住观看者,而这在观看者知道自己处于安全中时,都不是真正的害怕,而只是企图凭借想象力使我们自己参与其中,以便感到这同一个能力的强力,并把由此激起的内心活动和内心的静养结合起来,这样来战胜我们自己中的自然,因而也战胜我们之外的自然,如果它能对我们的舒适的情感造成影响的话。因为按照联想律的想象力使我们的满意状态依赖于身体上的东西;但就是这同一个想象力按照判断力的图型法

116

的原则(因而就其从属于自由而言),却是理性及其理念的工具,但作为这种工具,它却是在自然影响面前坚持我们的独立性的一种强力,亦即把在自然影响方面是大的东西当作小的来蔑视,因而把绝对的伟大只建立在他(主体)自己的使命之中。审美判断力把自己提升到与理性相适合(但却无须一个确定的理性概念)的这种反思,甚至就是凭借想象力在其最大扩展中对理性(作为理念的能力)的客观上的不相适合性,而仍然把对象表现为主观合目的性的。

117

　　我们在此一般说来必须注意上面已经提醒过的事,即在判断力的先验美学中必须只谈论纯粹的审美判断,因而不可把这样一些以某个目的概念为前提的美的或崇高的自然对象的例子拿到这里来;因为否则的话,这就要么会是目的论的合目的性,要么就会是单纯基于对一个对象的感觉(快乐或痛苦)之上的合目的性,前一种情况不是审美的合目的性,后一种情况不是单纯形式的合目的性。所以如果我们称星空的景象为崇高的,那么我们就必须不把对它的评判建立在这样一些世界的概念上,这些世界被有理性的存在物居住着,而我们现在所看到的布满我们头上的天空的光点,就是他们的太阳,在对他们来说安排得十分合目的性的圆周上运动着;相反,如我们看到它的那样,星空只是一个包容一切的穹窿;而我们必须仅仅在这个表象底下建立起崇高来,它是由一个纯粹审美判断赋予这个对象的。同样,大海的景象也不是如同我们在以各种各样的知识(但这些知识却不包含在直接的直观中)去丰富它时对它所思考的那样;例如把它思考为一个广阔的水中生物王国,或者是一个巨大的水库,为的是蒸发水分,在空气中充满云雾以利于田地,或者还是某种要素,它虽然把世界的各部分相互分离开,但却使它们之间的最大协同性成为可能;因为这样所提供的只不过是些目的论判断;相反,我们必须像诗人所做的那样,按照亲眼目睹的,而能在大海安静地被观赏时只觉得大海是一面澄明的水镜,仅与天空相衔接,而当它不平静时则像一个威胁着要吞噬一切的深渊,但却仍能觉得它是崇高的。在谈及人的形象的崇高和美时也有同样的情况,在这里我们并不回顾他的肢体为之存有的那些目的的概念,以作为判断的规定

118

根据,也必须不让与这些目的的协调带进我们的审美判断中来(否则就不再是纯粹的审美判断了),当然,它们不与那些目的相冲突,这倒也是审美愉悦的一个必要条件。审美的合目的性就是判断力在其自由中的合规律性。对于对象的愉悦依赖于我们想要把想象力投入其中的那个关系;只是想象力是独立自主地把内心维持在自由的活动中的。反之,如果有某种别的东西、不论是感官感觉还是知性概念来规定判断,那么这判断虽然是合规律的,但却不是一个自由的判断力的判断了。

如果我们谈到智性的美或崇高,那么第一,这些表达并不完全正确,因为这是一些感性的[审美的]表象方式,假如我们只是纯粹的理智者(或者哪怕只是在思想中设想我们有这种性质)的话,在我们心中是根本不会遇到它们的;第二,尽管两者作为某种智性的(道德的)愉悦的对象,在它们不是基于任何利害之上的限度内,的确是可以与感性的[审美的]愉悦相一致的,但它们又毕竟还是难以在其中与后者结合起来,因为它们应当产生某种利害,这种利害,当那种表现要和感性[审美]评判中的愉悦协调一致时,就会在这种评判中仅仅通过感性利害而发生,而我们是把感性利害与这种利害结合在这表现中的,但这样一来,智性的合目的性就被破坏了,它变得不纯粹了。

某种纯粹的和无条件的智性愉悦的对象,就是以其强力在我们心中施加于一切和每个先行于它的内心冲动之上的道德法则;而由于这种强力真正说来只是通过牺牲使自己在感性[审美]上表明出来(这是一种尽管是为了内在的自由的剥夺,它反过来揭示出我们心中这种超感性能力的不可探究的深度,连同它的延伸至不可预见的后果):所以这种愉悦在感性[审美]方面(就感性而言)是消极的,也就是与这种利害相违背的,但由智性方面来看是积极的,是与某种利害结合着的。由此得出,智性的、本身自在地合目的的(道德的)善,从感性上[审美上]来评判,必须不是被表现为美,而是宁可被表现为崇高,以至于它更多地唤起敬重的情感(它蔑视魅力)而不是爱和亲密的眷恋的情感;因为人的本性不是那么自愿地、而只有通过理性施加于感性之上的强制力,

119

才和那种善达到协调一致。反过来,即使我们在外在于我们的自然里、甚至在我们内部的自然(例如某些激情)里称之为崇高的东西,也只是被表现为凭借道德原理而超升到感性的某些障碍之上的内心强力、并由此而引起我们的兴趣的。

对于后一方面我想稍作逗留。带有激情的善的理念叫作热忱。这种内心状态看起来像是崇高,以至于人们通常假定,没有它任何伟大的事情都不可能完成。但既然任何激情①都是盲目的,要么是在目的的选择上,要么是在目的的实行上,哪怕这目的是通过理性提出的;因为激情是内心的这样一种激动,它使内心没有能力对据以规定自己的诸

120 原理进行自由思考。所以,它不可能以任何方式配得上理性的愉悦。然而在感性[审美]上热忱却是崇高的,因为它是通过理念而紧张起各种力量的,这些理念给内心提供出一种远比感性表象的推动更为有力、更为持久地起作用的热情。但是,(这看起来似乎很奇怪)就连一个坚定地执着于自己内心的那些始终不变的原理的人的那种无激情(apatheia,phlegma in significatu bono②),也是崇高,并且是具有更高级得多的性质的崇高,因为它同时在自己那方面拥有纯粹理性的愉悦。只有这样一类的内心性质才叫作高贵;后来这一表达也被应用于这些事上,如房屋,衣着,文笔,身体举止等诸如此类,如果这事与其说是引起惊异(对超出期望的新奇之表象中的激情)不如说是引起赞赏(即在失去新奇时并不停止的惊异)的话,这种情况当理念在其表现中无意地、不做作地与审美愉悦协调一致时就会发生。

每种具有**英勇性质**的激情(也就是激发我们意识到自己克服一切

---

① 激情(Affekte)和情欲(Leidenschaften)有特定的区别。前者只关系到情感;后者则属于欲求能力,并且是使通过原理而对任意进行规定的一切可能性变得困难或不可能的倾向。前者是爆发性的和并非有意的,后者是持续不断的和经过思虑的;所以不满作为愤怒是一种激情,作为仇恨(复仇)却是一种情欲。后者在任何情况下永远都不能称之为崇高;因为自由在激情中虽然是被阻碍了,在情欲中却是被取消了。——康德

② 拉丁文:无激情,褒义的冷淡。——译者

阻力的力量的激情［animi strenui①］），都是在审美上崇高的，例如愤怒，甚至绝望（即愤然绝望，而不是沮丧的绝望）。尽管具有**软化**性质的激情（它使反抗的努力本身成了不愉快的对象［animum languidum②］）本身不具有任何高贵性，但却可能被划入情致的美里面去。因此能够强烈到激情程度的那些感动也是很不相同的。有人具有昂扬的感动，有人具有柔弱的感动。后者当其上升到激情程度时根本是毫无用处的；这样一种偏向就叫作多愁善感。一种不愿让自己得到安慰的同情的痛苦，或者一种我们在涉及到一些虚构的祸害时有意地参与其中、直到通过幻想而陷入它们似乎是真的这种错觉的同情的痛苦，证明着和造就着一个温柔的但却是虚弱的灵魂，它显示出美的一面，但虽然可以被称为幻想性的，却甚至不能称为热忱的。长篇小说，哭哭啼啼的戏剧，干瘪的伦理规范，都在卖弄着所谓的（尽管是虚假的）高贵意向，实际上却在使人心变得干枯，对于严格的义务规范没有感觉，使任何对我们人格中的人类尊严的敬重、使人的权利（它是完全不同于人的幸福的）以及一般地使一切坚定的原理都不可能；甚至一篇鼓吹卑躬屈膝、低三下四地邀宠诌媚的宗教演说也是如此，它放弃对我们自己心中抵抗恶的能力的一切信任，而不是毅然决然地去尝试用我们尽管脆弱不堪却仍然还留存着的力量以克服我们的爱好；还有虚假的谦恭，它以自我蔑视、即用摇尾乞怜的伪装的忏悔和一味隐忍地内心克制来建立一种人们唯一有可能使最高存在者喜欢的行为方式：这些就连和那能够归于美的东西都不相容，更不用说与那可以算作心性的崇高的东西相容了。

　　但即使是那些激烈的内心活动，不论它们是以训导的名义与宗教的理念相结合，还是仅仅作为属于文化修养的东西而与包含有某种社会利益的那些理念相结合，也不论它们如何绷紧着想象力的弦，它们都决不能要求有崇高的表现这种荣誉，如果它们不留下某种内心情绪，这

121

---

① 拉丁文:健动的勇气。——译者
② 拉丁文:衰弱的暮气。——译者

情绪哪怕只是间接地对那追求在纯粹智性的合目的性身上所带有的东西（超感性的东西）的内心力度和坚决性的意识具有影响的话。因为否则这一切感动都只属于人们通常由于健康而来的骚动。紧跟着激情活动所导致的这样一种震荡而来的快适的疲倦，就是由于我们内部各种生命力恢复平衡的一种康健舒适的享受，这种享受最终是和那些东方国家的纵欲者们仿佛让自己的身体得到按摩、使自己的一切肌肉和关节得到柔和的挤压和柔韧化时所感到的那种惬意享受是一样的；只不过在前者那运动的原则绝大部分在我们里面，反之后者的原则却完全在我们外面。于是有些人以为听一次布道就提高了自己，实际上却什么也没有建立起来（没有建立任何善的准则体系）；或是以为通过看一场悲剧就变好了，却只是为有幸排除了无聊而高兴而已。所以崇高任何时候都必须与思想境界发生关系，也就是和赋予智性的东西及理性理念以凌驾于感性之上的力量的诸准则发生关系。

我们不必担忧崇高的情感会由于在感性的东西上完全是否定性的这样一类抽象的表现方式而丧失掉；因为想象力虽然超出感性之外找不到它可以依凭的任何东西，它却恰好也正是通过对它的界限的这种取消而发现自己是无限制的；所以那种抽象就是无限东西的一种表现，这种表现虽然正因此而永远只能是一种否定性的表现，但它毕竟扩展了心灵。也许在犹太法典中没有哪个地方比这条诫命更崇高的了："不可为自己雕刻偶像，也不可作什么形象，仿佛上天、下地和地底下、水中的百物"①等等。只有这条诫命才能解释犹太民族在其教化时期当与其他各民族相比较时对自己的宗教所感到的热忱，或者解释伊斯兰教所引发的那样一种骄傲。同样的情况也适合于我们心中的道德律和道德素质的表象。如果担心一旦人们剥夺了道德的一切可以由它推荐给感官的东西，那么道德就会只具有冷静而无生气的同意，而不具有丝毫激动人心的力量和感动了，这种担心是完全不正确的。事情正好相反；因为当感官不再看得出任何东西时，那不会认错也不可磨灭的德

---

① 见《旧约·出埃及记》。——译者

性理念却仍然留存下来,那时将会有必要宁可减弱那无限制的想象力的热情,不使它高涨到热忱的程度,而不是出于对这些理念缺乏力量的恐惧去为它们到偶像和幼稚的道具里寻求帮助。所以就连政府也通常容许宗教去大量操办后面这类附带的事,并试图这样来使臣民放弃把自己的心灵力量扩展于为他任意设定的界限之外的这种努力,但同时也试图剥夺他的这种能力,通过这种方式人们就能更容易地把他当作一个单纯被动的东西来处置了。

相反,这种纯粹的、高扬心灵的、单纯否定性的德性表现并不会带来任何狂热的危险,这种狂热是一种想要超出一切感性边界之外看见某物的妄想,也就是想要按照原理去梦想(驾着理性狂奔);这恰好是因为,这种表现在感性上仅仅是否定性的。因为自由理念的不可探究性完全切断了任何积极表现的道路;但道德律却是在我们心中自在地本身充分的,并且是本源地进行规定的,以至它甚至都不允许我们在它之外去寻求某种规定根据。如果热忱可以和狂乱相提并论,那么狂热就可以和荒诞相提并论,后者在这方面是一切事物中最不能与崇高相容的,因为它是想入非非的、可笑的。在作为激情的热忱里想象力是没有约束的;在作为根深蒂固的冥想欲的狂热里想象力是没有规则的。前者是暂时的偶然,是最健全的知性有时也会碰到的;后者则是一种毁掉知性的病症。

纯朴(没有做作的合目的性)仿佛就是大自然在崇高中、甚至在德性中的风格,这种德性是一个(超感官的)第二自然,对此我们只知道它的法则,却不能通过直观达到我们自己心中包含有这种立法之根据的那个超感官的能力。

还有一点必须说明的,就是虽然对美的愉悦和对崇高的愉悦一样,都不仅仅通过普遍的可传达性而从其他感性的[审美的]评判中被明确区分出来,而且也通过这种属性而与社会(愉悦在其中得以传达)相关联获得某种兴趣,然而毕竟,与任何社会相脱离也会被视为某种崇高,如果这种脱离是建立在不顾一切感官利害的那些理念之上的话。自满自足,因而无求于社会,但却不是不合群,即不是逃避社会,这就有

123

几分近于崇高了,任何对需求的超脱也都是如此。相反,出于因为与人类为敌而厌世,或是出于因为把人类当作自己的敌人来害怕的恐人症(怕见人),而逃避人类,这一方面是丑恶的,一方面也是可鄙的。然而,有一种(所谓十分不情愿的)厌世,对于这种厌世的气质倾向往往随着年龄的增长而来到许多思想正派的人的内心,这些人虽然就好意来说是充分博爱的,但却由于长期的悲伤的经验而远离了人类的愉悦,例如隐居的偏好,和幻想家的愿望,但愿能在一个偏远的乡居度其一生,或者(在年轻的人士那里)梦寐以求在某个不为外界所知的孤岛上与小家庭一起过日子的福气,都为此提供了证据,这都是《鲁滨逊漂流记》式的小说家和诗人们非常懂得利用的题材。虚伪,忘恩负义,不公正,以及在我们自认为重要和伟大的目的中的那种幼稚可笑,在追求这些目的时人们甚至相互干出了所有想象得出来的坏事;这些都是与人类只要愿意成为什么就能够成为什么的那种理念十分矛盾的,并且是与想要看到他们改善的强烈愿望极其对立的,以至于当我们不能爱人类时,为了不至于恨人类,放弃一切社交的乐趣显得只是一个小小的牺牲而已。这种悲哀并不是针对命运加之于其他人之上的灾祸的(那种悲哀的原因是同感),而是针对人们自己对自己造成的灾祸的(这种悲哀在原理上是基于反感的);这种悲哀建立在理念上,因而是崇高的,而那种悲哀却顶多只能被视为美的。——那位既有修养又缜密细致的索绪尔①在其《阿尔卑斯山纪行》中谈到好人山、萨伏依诸山脉中的一座时说:"笼罩在它之上的是某种乏味的悲哀。"因而他毕竟知道有一种有趣的悲哀,这是某种荒野的景象所引起的,人们也许很愿意置身于其中,以便不再听到任何尘世的声音,更不从那里得知什么,但这荒野又还必须不是完全不让人流连、以至于它只给人提供一段极为艰苦的时光。——我注明这一点的意图只是要提醒人们,甚至忧郁(而不是沮丧的悲哀)也可以算作粗犷的激情之列,如果它在道德理念中有自己的根基的话;但如果它建立在同感之上并且就这样也是可爱的,那么

---

①　参看§29注。——译者

它就只属于令人伤感的激情：这是为了让人注意到内心的情绪，它只有在前一种情况下才是崇高的。

＊　　　　　＊　　　　　＊

　　我们也可以把现在对审美判断作过详细阐述的这个先验的说明，和博克①以及我们当中许多思想敏锐之士曾探讨过的生理学的②说明比较一下，以便看看对崇高和美的一个单纯经验性的说明会引向何处。博克③以其论文的这种性质而堪称最优秀的作家，他以这种方式（见该书第 223 页）发表了如下见解："崇高的情感建立在自保的冲动和恐惧、也就是某种痛苦之上，这种痛苦由于不至于达到对肉体各部分的现实的伤害，而引起一些激动，当这些激动使更细的或更粗的血管清除了那些危险的或麻烦的堵塞时，就能够激起快适的感觉，虽然不是愉快，而是一种欣悦的颤栗，是某种混合有惊惧的肃穆。"至于美，他把它建立在爱的基础上（但他也很重视把欲望与爱区分开来），把它归之于"肉体纤维的松弛、舒缓和松懈，因而是由于快乐而酥软、而放松、而弱化，并为之倾倒、舍身和销魂"（第 251—252 页）。于是他通过想象力不仅在与知性的结合中、而且甚至在与感官感觉的结合中也有可能在我们心中产生美以及崇高的情感的那些场合，来证实他的这种解释。——作为心理学的评述，对我们内心现相的这些分析是极为出色的，并且给最受欢迎的经验性人类学研究提供了丰富的素材。我们心中的一切表象，不管它们在客观上只是感性的还是完全智性的，都还是可以在主观上与快乐和痛苦结合起来的，哪怕两者都未被觉察到：这也是不可否认的事（因为它们全都刺激起生命的情感，并且它们中的任何一个表象，只

――――――――――

　　①　Edmund Burke（1729—1797）英国著名政治家，康德所引为其早年（1757年）发表的著作，对整个德国古典美学有巨大的影响。——译者

　　②　physiologische，第 1 版为"心理学的（psychologische）"。——据德文编者

　　③　据他的书的德文译本：《关于我们的美和崇高的概念之起源的哲学考察》，里加，哈特罗赫 1773 年。——康德

要作为主体的变相,就决不能是无动于衷的);甚至也不可否认,如伊壁鸠鲁所认为的,快乐和痛苦最后毕竟总是身体上的,不论它是从想象开始还是哪怕从知性表象开始,因为生命若没有身体器官的感受就只会是它的实存的意识,但决不会是舒适或不舒适、即促进或阻碍生命力的情感;因为内心自身单独就是整个生命(就是生命原则本身),而阻碍或促进必须到它之外、但又是在人自身中、因而到与他的身体的结合中去寻找。

但是,如果我们把对于对象的愉悦完完全全建立在对象通过魅力和感动所带来的快乐中,那么我们也就不必指望任何别人对我们所作出的审美判断加以赞同;因为对此每个人都有权只征询他的私人感觉。但这样一来,对鉴赏的一切审查就都中止了;于是人们就将不得不把别人通过他们的判断偶然协和一致而提供的例子当作要求我们赞成的命令,而我们也许就会抗拒这一原则并诉之于自然权利,使基于自己舒适的直接情感上的判断听命于自己的感官而不是别人具有的感官。

所以,如果鉴赏判断必须不被看做是自私的,相反,按其内在本性,亦即由于它自身,而不是由于别人从他们的鉴赏中所提供的榜样,而必然被看做是复多性的;如果人们把它评价为可以同时要求每一个人应当对此加以赞同的这样一个判断:那么它就必须以某种(不管是客观的还是主观的)先天原则作基础,这种先天原则人们通过对内心变化的经验性法则的探查是永远也达不到的;因为这些经验性的法则只是让人认识到判断是如何作出的,但却不是要求判断应当如何作出,因而这要求是无条件的;这类要求是鉴赏判断预设为前提的,因为鉴赏判断所感兴趣的是把愉悦和某种表象直接地联结起来。所以尽管对审美判断的经验性的说明总是成为开端,以便为某种更高的研究提供素材;对这种能力的一个先验的探讨却毕竟是可能的,并且是本质上属于鉴赏力的批判的。因为如若鉴赏力不是先天地拥有这些原则的话,它就有可能没有能力判定别人的判断,并对此哪怕只是借助于某些表面的权利来作出赞成或是拒绝的表示。

属于审美判断力的分析论的其余部分首先包括:

纯粹审美判断的演绎

128

§30. 关于自然对象的审美判断的演绎不可针对我们在自然中称为崇高的东西,而只能针对美

一个审美判断对于在每个主体方面的普遍有效性的要求,即要求作为一个必然立足于任何一个先天原则之上的判断,需要一个演绎(亦即对它的企求作合法性证明),这个演绎还必须附加在对这判断的说明之上,就是说,如果牵涉到对客体形式的愉悦或讨厌的话。这类判断就是对于自然界的美的鉴赏判断。因为这样一来,合目的性毕竟还在客体及其形象中有它的根据,即使它并不把这根据与别的对象的关系按照概念(在认识判断上)指示出来,而只是就客体形式在内心中显示出与概念能力以及表现这形式的能力(这与领会能力是一回事)都相适合而言,一般地涉及到对这形式的领会。因此我们也可以在自然界的美方面提出各种各样的问题,这些问题涉及到自然形式的这种合目的性的原因:例如我们将如何解释,自然界为什么如此奢侈地到处散布了美,甚至在大洋的底部,在人类的眼睛很少达到的地方(美却只是对于人的眼睛才是合目的的),如此等等。

不过,自然界的崇高——如果我们对此作一个纯粹的审美判断,它不与作为客观合目的性的完善概念相混淆,后一种场合它将会是一个目的论判断——完全可以被看做无形式的或不成形的、但却是一个纯粹愉悦的对象,并能表明所予表象的主观合目的性;于是现在问题就在于,是否连对这种方式的审美判断,在对其中想到的东西所作的说明之 129 外,也还有可能要求对它在某种(主观的)先天原则方面的权利进行演绎。

对这个问题的回答是:自然界的崇高只是在并非本来的意义上这样称呼的,它本来是必须被赋予思维方式、或不如说赋予人类本性[自然]中这种思维方式的基础的。当意识到这种基础时,对一个本来无

形式和不合目的性的对象的领会只提供出诱因,使这对象被以这种方式加以主观合目的性的运用,却不是作为它自身独立地、并由于它的形式而被判断的(仿佛 species finalis accepta,non data①)。因此我们对有关自然界崇高的判断的说明同时已经是对它的演绎了。因为如果我们对这些判断中的判断力的反思加以剖析,那么我们将会发现其中的诸认识能力的某种合目的性的关系,这种关系必须先天地为目的能力(意志)奠定基础,因此本身就是先天合目的性的,于是这当即就包含了那个演绎,即这样一类判断对普遍必然有效性的要求的辩护理由。

所以我们必须探讨的将只有鉴赏判断、即对自然物之美的判断的演绎,并且将这样从整体上为全部审美判断力来考虑这个任务。

§31. 鉴赏判断的演绎的方法

只有当一种判断对必然性提出要求时,才会产生对这类判断的合法性的演绎、即担保的责任;这也是当判断要求主观的普遍性、即要求每个人的同意时就会发生的情况,不过这种判断却不是什么认识判断,而只是对一个给予对象的愉快和不愉快的判断,即自认为有一种对每个人普遍有效的主观合目的性,这种合目的性不应建立在任何关于事物的概念上,因为它是鉴赏判断。

130   由于在后面这种场合下,我们所面对的不是任何认识判断,既不是把通过知性而给予的一般自然的概念当作基础的理论上的认识判断,也不是把通过理性而给予的先天的自由的理念当作基础的(纯粹的)实践上的认识判断,因而我们要根据其先天有效性去为之辩护的,既不是表现一件事物是什么的判断,也不是表现我为了产生一件事物应当做什么的判断:于是必须为一般判断力阐明的,将只是一个表达出对象形式的某种经验性表象之主观合目的性的单一判断的普遍有效性,以便解释,某物单是在这评判中(没有感官感觉或概念)就能够使人喜

①   拉丁文:认作目的形式,而不是质料。——译者

欢,这是如何可能的,并且,如同为了一种认识而对一个对象的评判一般来说都具有一些普遍规则一样,每一个人的愉悦也可以预示为每个别人的规则,这又是如何可能的。

既然这种普遍有效性并不是建立在统计票数和到处向别人询问他们的感觉方式之上,而是仿佛建立在对(在给予表象上的)愉快情感作判断的主体的自律之上,亦即基于他自己的鉴赏力,但却仍然不该是从概念推导出来的;那么这样一个判断——就如鉴赏判断实际的情况那样——就具有一种双重的并且是逻辑的特性:就是说,一方面有先天的普遍有效性,但却不是依据概念的逻辑普遍性,而是一个单一判断的普遍性;另方面有一种必然性(它永远必须基于先天的根据),但却不依赖于任何先天的论证根据,不可能通过这些根据的表象来强迫这鉴赏判断所要求于每个人的赞同。

唯有对鉴赏判断借以与一切认识判断相区别的这些逻辑特性作出解释,如果我们在解释时一开始就抽掉它的一切内容,即愉快的情感,并只把它的审美形式与那些客观判断由逻辑给它们颁布的形式相比较的话,才会对于这种不寻常能力的演绎而言是充分的。所以我们想对鉴赏力的这些富有特征的属性预先通过讨论一些例子来加以说明。

131

§32. 鉴赏判断的第一特性

鉴赏判断就愉悦而言是带着要每个人都同意这样的要求来规定自己的对象(规定为美)的,好像这是客观的一样。

当我们说:这朵花是美的,那就意味着只是把这朵花所独特的对每个人的愉悦的要求向这朵花重说一遍。它却完全不会因为它的香气的快意而提出什么要求。对于一个人这香气是令人爽快的,对于另一个人则使他头晕。从这里我们应当推测出什么来呢? 难道不是:美必须被看做花本身的某种属性,这种属性不取决于这些头脑和这么多感官的多种多样性,而是这些头脑和感官如果要对它作出判断的话,就必须以它为准? 然而情况却并非如此。因为鉴赏判断恰好就在于,一个事物只是按照那样的性状才叫做美的,在这性状中,该事物取决于我们接受它的方式。

此外,从每个要证明主体有鉴赏力的判断中,我们都要求主体是独立地作出判断,而不需要凭经验在别人的判断中到处摸索,和事先由他们对同一个对象的愉悦或反感来教会自己什么,因而,他的判断不应当作为模仿、例如说因为一物现实地普遍受到喜欢,而应当先天地陈述出来。但我们应当思维的是,一个先天的判断必须包含一个客体概念,它包含有对这个客体的认识的原则;而鉴赏判断却根本不是建立在概念上的,它任何时候都不是认识判断,而只是一个审美判断。

132　　所以一个年轻的诗人不能因听众、还有他的朋友们的判断劝他相信他的诗是美的而左右自己;并且,如果他听从他们,那就不是因为他对此有了另外的评判,而是因为哪怕(至少在他的意图看来)全体听众都作出了一种错误的鉴赏,他却仍然在自己对赞扬的欲望中找到理由(甚至违背自己的判断)去迎合庸众的妄想。只有到后来,如果他的判断力通过练习而变得更加敏锐了,他才会自动放弃他以前的判断;正如他也会坚持自己的完全基于理性之上的那些判断一样。鉴赏只对自律提出要求。若把外人的判断当作自己判断的规定根据,这就会是他律了。

人们有理由把古代的作品称颂为典范,并把古代作家称为经典性的,如同作家中的某个贵族一样,他通过自己的先行而为民众立法:这就似乎宣布了鉴赏的来源是后天的,并反驳了每个主体中鉴赏的自律。不过人们同样可以说,古代那些数学家,那些至今还被看做最高彻底性和综合方法的完美性的完全不可缺少的典范的人物,也表明了在我们这方面的一种模仿的理性和一种理性的无能,即不能从自身中通过概念的建构而凭最大的直觉产生出严格的证明来。这就根本没有我们各种力量的任何运用了,不论这种运用是多么自由,甚至也不会有理性的运用(理性必须从先天的共同根源中获得它的一切判断),理性运用是即使每个主体在没有别人以他们的试验走在他的前面时,应当完全从自己天然的原始禀赋开始,也不会陷入错误的试验中去的,这不是为了使那些继承者成为单纯的模仿者,而是通过他自己的做法给别人以指点,让他们在自身中寻找原则,并这样来找到他们自己的常常是更好的道路。在宗教中,每个人肯定都必须从自己本身中拿来自己的行为规则,因为他也仍然是自己对这行为负责的,而不能把自己所犯的罪过推到别人、即他的导师和先行者身上。但即使在这里,也永远不会通过普遍的规范,不论是从神父或是从哲学家那里得来的规范还是从自己本身中取来的规范,而达到如同通过某个美德或圣洁的榜样所达到的效果,这种在历史中树立起来的榜样并不使美德出自固有而本原的(先天)德性理念的自律变得多余,或是把它转变为模仿的机械作用。与某种在先行为有关的继承,而不是模仿,才是关于一个示范性的创始人的产品对别人所可能具有的一切影响的正确表达;而这仅仅只意味着:从那个创始人本人所曾汲取过的同一个源泉中汲取,并且只从他的先行者那里学到在这件事上的行为方式。但在一切能力和才能中,鉴赏力恰好是这样的东西,由于它的判断不能通过概念和规范来规定,它最需要的是在文化进展中保持了最长久的赞同的东西的那些榜样,为的是不要马上又变得粗野和跌回到最初试验的那种粗糙性中去。

§33.鉴赏判断的第二特性

鉴赏判断根本不能通过论证根据来规定,就好像它只是主观的一样。

如果某人觉得一座房子、一片风景、一首诗不美,那么第一,他是不能被众多口舌对这一切的高度赞美强迫着从内心表示赞赏的。他虽然可以装做好像这也使他感到喜欢一样,以免被人视为缺乏鉴赏力,他甚至可能开始怀疑他的鉴赏力是否凭借对足量的某类对象的知识也得到了充分的教养(如同一个人以为看出了远处的某种东西是一片森林,所有的别人则看见那是一座城市,他就会对自己的眼光所作的判断怀疑了)。但他毕竟清楚地看出的是,别人的赞赏根本不能充当美的评判的任何有效证据;别人或许可以为他去看和观察,并且凡是许多人以同一种方式所看到的东西,对于那以为看到了另一样东西的人来说,能够在理论上、因而在逻辑上用作充分的证明根据,但决不是别人感到喜欢的东西就可以充当一个审美判断的根据。别人的不利于我们的判断虽然可能有理由使我们对我们自己的判断产生怀疑,但却永远也不能使我们确信我们的判断不正确。所以不存在任何经验性的论证根据去强迫某人作出这种鉴赏判断。

第二,更不能用一个先天的证明按照确定的规则来规定关于美的判断。如果有一个人在我面前朗诵他的诗,或是引导我进入一个剧情,而这最终并不能使我的鉴赏力感到惬意,那么不论他是引用巴托①还是莱辛②,还是更加早也更著名的一些鉴赏的批评家,以及由他们所提出的一切规则来作证,说他的诗是美的;甚至哪怕某些我正好不喜欢的地方却可能与美的规则(如果这些规则在那里被提供出来并得到普遍的承认的话)完全吻合:我将塞住自己的耳朵,不会去听任何理由和任何推想,而宁可认定批评家们的那些规则是错误的,或至少在这里不是它们应用的场合,而不认为我应当让自己的判断受先天的论证根据的规定,因为它应当是一个鉴赏判断,而不是知性或理性的判断。

看来,这就是为什么人们把这种审美的评判能力恰好冠以鉴赏[口味]之名的主要原因之一。因为一个人尽可以把一道菜的所有成分告诉我,并对每一成分作出说明,说它们每一种通常都会使我快适,此外也有理由称赞这食物的卫生,我却对这一切理由充耳不闻,而是用自己的舌头和味觉去尝尝这道菜,并据此(而不是根据普遍原则)作出我自己的判断。

事实上,鉴赏判断绝对是总要作为对客体的一个单一性判断来作出的。知性可以通过把客体在愉悦这一点上与其他人的判断进行比较而作出一个普遍判断,例如:一切郁金香都是美的;但这样一来,它就不

① Batteux,Charles(1713—1780),法国美学家。——译者
② Lessing,Gotthold Ephraim(1729—1781),德国著名美学家、戏剧家和评论家。——译者

是什么鉴赏判断,而是一个逻辑判断,它使一个客体与鉴赏的关系一般地成为了具有某种特性的事物的谓词;但唯有我借以觉得某一单独被给予的郁金香美、也就是我在它身上普遍有效地觉得自己愉悦的那个判断,才是鉴赏判断。但它的特性却在于,尽管它只有主观的有效性,它却这样来要求一切主体,就像只有当它是一个建立在知识根据上并可以通过一个证明来强加于人的客观判断时,就总是会发生的那样。

§34. 不可能有鉴赏的任何客观原则

人们也许会把鉴赏的一条原则理解为这样的原理:我们能够把一个对象的概念归摄入这个原则的条件之下,然后通过一个推论得出这对象是美的。但这是绝对不可能的。因为我必须直接在这个对象的表象上感觉到愉快,而这种愉快是任何论证根据都不能够向我侈谈的。虽然如休谟所说的,一切批评家都比厨师更显得能够推想,但他们却和厨师有同样的命运。他们不能期望从论证根据的力量中,而只能从主体对他自己状况(愉快或不愉快)的反思中,来获得他们判断的规定根据,而排除一切规范和规则。

但是,凡是批评家仍然能够和应当予以推想、以致会使我们的鉴赏判断得到纠正和扩充的东西,都并不是要以一个可以普遍通用的公式来阐明这一类审美判断的规定根据,这是不可能的;而是要研究这些判断中的认识能力及其事务,并通过例子来分析那种交互的主观合目的性,对这种合目的性我们前面已指出过,它在一个给予表象中的形式就是这表象的对象的美。所以鉴赏力的批判本身只是在主观上就某个客体借以被给出的表象而言的;就是说,它是把给予表象中的知性和想象力之交互的相对关系(与先行的感觉或概念无关地)、因而把它们的一致或不一致纳入规则之下,并把它们就其条件而言规定下来的一门艺术或科学。如果它只是通过例子来说明这一点,它就是艺术;如果它把这样一种评判的可能性一般地从这种能力作为认识能力的本性中推导出来,那它就是科学。只有后者,作为先验的批判,才是我们在这里到

136

处要进行的。它应当把鉴赏的主观原则作为判断力的先天原则来加以
阐明和辩护。这种批判作为艺术,仅仅试图把自然之学的①(在这里就
是心理学的)、因而是经验性的规则,即鉴赏所据以现实地(并不反思
这些规则的可能性)进行的那些规则,应用到鉴赏对象的评判上,并批
判[批评]美的艺术的产品,正如前一种批判所批判的是对这些产品进
行评判的那个能力本身一样。

§35. 鉴赏的原则是一般判断力的主观原则

鉴赏判断与逻辑判断的区别在于,后者把一个表象归摄到客体概
念之下,前者却根本不把它归摄到一个概念之下,因为否则就会有可能
用论证来强迫作出那必然普遍的赞同了。尽管如此,它与后者却在一
点上是类似的,即它预先确定了某种普遍性和必然性,但却不是按照客
体的概念来确定的,因而只是一种主观的普遍性和必然性。既然一个

137 判断中的诸概念构成这判断的内容(即属于客体知识的东西),但鉴赏
判断却不是能通过概念来规定的,那么鉴赏判断就只是建立在一个判
断的一般主观形式的条件之上。一切判断的主观条件就是作判断的能
力本身,或判断力。就一个对象由以被给予的某个表象而言来运用判
断力,这要求两种表象能力的协调一致:也就是想象力(为了直观和直
观的多样性的复合)和知性(为了作为这种复合的统一性表象的概念)
的协调一致。既然这判断在此不以任何客体概念为基础,那么它就仅
仅在于把想象力本身(在一个对象由以被给予的表象那里)归摄到知
性一般由以从直观达到概念的那个条件之下。就是说,正是由于想象
力的自由在于想象力没有概念而图型化,所以鉴赏判断必须只是建立
在想象力以其自由而知性凭其合规律性相互激活的感觉上,因而建立
在一种情感上,这种情感让对象按照表象(一个对象通过它而被给予)

---

① 原文为 physiologische,通常译为"生理学的",但康德常常用其古希腊语
的本来含义,即关于自然的科学。——译者

对于在诸认识能力的自由活动中使这些能力得到促进这方面的合目的性来评判；而鉴赏力作为主观的判断力就包含着一种归摄原则，但不是把直观归摄到概念之下，而是把直观或表现的能力（即想象力）归摄到概念能力（即知性）之下，如果前者在它的自由中、后者在它的合规律性中协调一致的话。

现在，为了通过一个演绎而为鉴赏判断找出这种法律根据，只有这种判断的形式上的诸特性，因而只就这些判断的逻辑形式被考察而言，才能用作我们的指导线索。

§36. 鉴赏判断之演绎的课题

可以与一个对象的知觉直接结合为一个认识判断的是一个一般客体的概念，那个知觉包含着关于这客体的各种经验性的谓词，而这样一来就可以产生出一个经验判断。现在，这个经验判断为了被思考为一个客体的规定，是以关于直观多样性的综合统一的一些先天概念为基础的；而这些概念（范畴）要求一个演绎，这个演绎也已经在《纯粹理性批判》中给出来了，由此也就得以完成了对这个课题的解答：先天综合判断是如何可能的？所以这个课题涉及到纯粹知性及其理论判断的先天原则。

但是，可以与一个知觉直接结合起来的也有某种愉快（或不愉快）的情感，和某种伴随着客体表象并代替谓词而辅助着这表象的愉悦，这样就产生出一个审美判断，它决不是什么认识判断。一个这样的判断，如果它不是单纯的感觉判断，而是一个形式的反思判断，它把这种愉悦对每个人作为必然的来要求，那么就必须以某种作为先天原则的东西为基础，这种原则即使也许只是主观的（假如对这样一种判断来说一个客观原则本来就是不可能的话），但哪怕作为这样一种原则也会需要一个演绎，以便领会到一个审美判断如何可能要求有必然性。于是在这之上就建立起了我们现在所要探讨的课题：鉴赏判断是如何可能的？所以这个课题就涉及到纯粹判断力在审美判断中的先天原则，也就是在这样一些判断中的先天原则,在其中判断力不能(如同在理论的判断中那样)仅仅归摄到客观的知性概念之下并服从一条规律,而是它在这里本身对自己在主观上既是对象又是规律。

139　　　这个课题也可以这样摆出来:一个判断,仅仅从自己对一个对象的愉快情感出发,不依赖于这对象的概念,而先天地、即无需等待别人同意,就把这愉快评判为在每个另外的主体中都加之于该客体的表象上的,这种判断是如何可能的?

　　鉴赏判断是综合的,这是很容易看出来的,因为它超出了对客体的概念甚至直观之上,并把某种根本连知识都不是的东西、即把愉快(或不愉快)的情感作为谓词加在那个直观上面。但鉴赏判断虽然谓词(即与表象结合着的自己的愉快这一谓词)是经验性的,然而就其向每个人所要求的同意而言却是先天判断,或者想要被看做先天判断,这一点同样也已经在它们的要求的这些表达中包含着了;这样,判断力批判的这一课题就是属于先验哲学的这个普遍问题之下的:先天综合判断是如何可能的?

§37. 在对一个对象的鉴赏判断中
真正先天地断言的是什么?

　　有关一个对象的表象是直接与一个愉快结合着的,这只能内在地被知觉到,而如果我们除此之外不再想表明别的东西,它就只给出了一个经验性的判断。因为我不能先天地把一个确定的情感(愉快或不愉快)与任何一个表象相结合,除非那里有一个在理性中规定意志的先天原则作基础;因为这时愉快(在道德情感中)就是这个先天原则的后果,但也正因为如此它就是根本不能与鉴赏中的愉快相比较的,因为它要求有关一个规律的确定概念;相反,鉴赏的愉快则应当先于一切概念而直接与单纯的评判相结合。因此一切鉴赏判断也是单一性判断,因为它们把自己的愉悦的谓词不是与一个概念、而是与一个给予的个别的经验性表象结合在一起。

　　所以不是愉快,而正是被知觉为与内心中对一个对象的单纯评判结合着的这愉快的普遍有效性,在一个鉴赏判断中被先天地表现为对判断力、对每个人都有效的普遍规则。我以愉快来知觉和评判一个对象,这是一个经验性的判断。但我觉得这对象美,也就是我可以要求那种愉悦对每个人都是必然的,这却是一个先天判断。

§38. 鉴赏判断的演绎

　　如果承认在一个纯粹鉴赏判断中对于对象的愉悦是与对其形式的单纯评判结合着的,那么这种愉悦无非就是这形式对于判断力的主观合目的性,我们在内心中觉得这个合目的性是与对象表象结合着的。既然判断力就评判的形式规则而言,撇开一切质料(不论是感官感觉还是概念),只能是针对一般判断力运用的主观条件的(既不是为特殊的感觉方式也不是为特殊的知性概念而安排的);因而是针对那种我们可以在所有的人中都(作为一般可能的知识所要求的来)预设的主观的东西;所以一个表象与判断力的这些条件的协和一致就必须能够被先天地设定为对每个人都有效的。就是说,在对一个感性对象的评判中这种愉快或者表象对认识能力的关系的主观合目的性将是可以向每个人都有权要求的。①

---

　　①　为了有理由对审美判断力的一个只是基于主观根据上的判断提出普遍同意的要求,只须承认下面几点就够了:1)在一切人那里,这种能力的主观条件,就诸认识能力在这种判断中被使用时对一般认识的关系而言,都是一样的;这必定是真实的,因为否则人类就不可能传达他们的表象甚至于知识了;2)那个判断只考虑到了这种关系(因而只考虑到了判断力的形式条件),并且是纯粹的,也就是既不与客体概念也不与作为规定根据的感觉相混淆。在后面这点上即使有什么差错,那么它所涉及的也只是把某个法则给予我们的权力在一个特殊场合下误用了,由此却并不一般地取消这一权力。——康德

141　　　　　　　　　　　　　注　　释

　　这个演绎之所以如此容易,是因为它不需要为一个概念的任何客观实在性作辩护;因为美不是什么有关客体的概念,鉴赏判断也决不是认识判断。它只是断言,我们有理由在每个人那里普遍地预设我们在自己这里所见到的判断力的这些主观条件;只是我们还要把给予的客体正确地归摄到这些条件之下而已。虽然现在后面这一点有不可避免的、不为逻辑的判断力所有的那些困难(因为在逻辑的判断力中我们是归摄到概念之下,而在审美的判断力中却是归摄到一种只是可感觉到的关系、即在客体的被表象出来的形式上想象力和知性交替地相互配合的关系之下,而这时这种归摄是会容易搞错的),但这却完全不取消判断力指望普遍的同意这种要求的合法性,这个要求所导致的只是:判断由主观根据出发而对每个人都有效的这个原则的正确性。因为谈到归摄于那个原则之下的正确性所引起的困难和疑惑,那么这种归摄并不使一般地对一个审美判断的这种有效性要求的合法性、因而并不使这条原则本身发生疑惑,正如当逻辑的判断力在(虽然并不这么常见和容易地)错误地归摄到它的原则之下时也不会使这条本身是客观的原则发生疑惑一样。但假如要问:把自然界作为一个诸鉴赏对象的总和来先天地设定,这是如何可能的? 那么这个课题就与目的论发生了关系,因为,为我们的判断力建立合目的性的形式,这必须被看做一

142　个与自然的概念在本质上相关的自然目的。但这个假定的正确性还是很可怀疑的,当然,各种自然美的现实性是明摆在经验面前的。

§39. 感觉的可传达性

　　如果把感觉作为知觉的实在而与认识联系起来,那么它就叫作感官感觉,并且它的质的特殊性就可以表象为能够完全以同一种方式来传达的,如果我们假定每个人都和我们具有同样一种感官的话;但这一

点却不能绝对地作为一个感官感觉的前提。如对于一个缺少嗅觉的人,这种感觉就不能被传达;而且,即使他并不缺少嗅觉,我们也不能肯定,他对于一朵花是不是恰好具有我们对它所具有的同一种感觉。我们必须设想人们在感觉同一个感官对象时的快意或不快意方面还有更多的区别,而绝对不能要求对同样一些对象的愉快得到每一个人的承认。由于这样一种类型的愉快是通过感官进入内心的,因而我们在此时是被动的,所以我们可以把它称之为享受的愉快。

相反,为了一个行动的道德性状的缘故而对它的愉悦却决不是享受的愉快,而是对自身主动性及其与自身使命的理念相符合的愉快。这种情感叫作德性的情感,但它要求概念,而且不是体现为自由的合目的性,而是体现为合法则的合目的性,因而也只能借助于理性来普遍传达,并且如果这愉快在每个人那里都应当是同样性质的话,就只能通过十分确定的实践理性概念来普遍传达。

对自然界崇高的愉快,作为玄想静观的愉快,虽然也要求普遍的同情,但却已经以另一种情感、也就是对自己超感性的使命的情感为前提了:因为这种情感不论多么模糊,却具有某种道德的基础。至于别的人也会考虑到这一点,并在观察粗犷的大自然时会感到某种愉悦(这种愉悦确实不能归之于这种大自然的景象,这种景象毋宁说是令人恐惧的),这是我绝对没有理由预设的。尽管如此,我仍然能够在考虑到应当在每个适当的机会顾及到那个道德禀赋时,也向每个人要求那种愉悦,但只是借助于道德律,而后者自身又是建立在理性概念之上的。

反之,对美的愉快却既不是享受的愉快,也不是某种合法则的行动的愉快,又还不是根据理念作玄想静观的愉快,而是单纯反思的愉快。没有任何目的或原理作为准绳,这种愉快伴随着对一个对象的通常的领会,这种领会是通过作为直观能力的想象力、并在与作为概念能力的知性的关系中、借助于哪怕是为了最普通的经验之故判断力也必须实行的某种运作而获得的;只是判断力必须这样做,在后一场合为的是知觉到一个经验性的客观概念,但在前一场合(在审美评判中)则只是为了知觉到表象对于两种认识能力在其自由中的和谐的(主观合目的性的)工作的适合性,也就是为了用愉快去感觉那种表象状态。这种愉快必定在每个人那里都是必然建立在前述那些条件上的,因为这些条件是一般认识的可能性的主观条件,而在鉴赏上所要求于这些认识能力的那个比例,也是普通的和健全的知性所要求的,这种健全知性我们可以在每个人那里预设。正因为如此,就连那个以鉴赏来作判断的人(只要他在这种意识中没有搞错,没有把质料当作形式、把魅力当作美的话),也可以把主观合目的性、即把他对客体的愉悦要求于每个别人,并可假定他的情感是普遍可传达的,而且并不借助于概念。

§40. 鉴赏作为共通感的一种

当引起人们注意的不是判断力的反思,而毋宁说只是它的结果时,人们往往给判断力冠以某种感觉之名,并谈论某种真理感,某种对于正直、公正等等的感觉;虽然人们知道,至少按理应当知道,这并不是这些概念可以在其中占据自己的位置的感觉,更不是说这种感觉会有丝毫的能力去要求一些普遍的规则:相反,如果我们不能超越这些感觉而提升到更高的认识能力的话,我们关于真理、合适、美和公正是永远不可能想到这样一种表象的。共同的人类知性,人们把它作为只不过是健全的(而尚未得到训练的)知性而看得微不足道,是人们只要一个人要求被称为人就可以从他那里指望的,因此它也就有一个侮辱性的名声,必须被冠以普通感觉(sensus communis①)的称呼,也就是说,人们把普通的一词(不仅仅在我们的语言中这里面确实包含有双关的含义,而且在许多别的语言中也是这样)理解为庸常的,人们到处碰到的,具有这种性质绝对不是什么功劳或优点。

但人们必须把 sensus communis[共通感]理解为一种共同的感觉的理念,也就是一种评判能力的理念,这种评判能力在自己的反思中

---

① 拉丁文:共通感。按:"普通"德文为 gemein,同时又有"共同"之意。——译者

(先天地)考虑到每个别人在思维中的表象方式,以便把自己的判断仿佛依凭着全部人类理性,并由此避开那将会从主观私人条件中对判断产生不利影响的幻觉,这些私人条件有可能会被轻易看做是客观的。做到这一点所凭借的是,我们把自己的判断依凭着别人的虽不是现实的、却毋宁只是可能的判断,并通过我们只是从那些偶然与我们自己的评判相联系的局限性中摆脱出来,而置身于每个别人的地位;而这一点又是这样导致的,即我们把在表象状态中作为质料、也就是感觉的东西尽可能地去掉,而只注意自己的表象或自己的表象状态的形式的特性。为了把反思加到这种我们称之为普通的感觉之上,对反思的这样一种处理程序固然也许显得太做作了;不过它也只是看起来是如此,如果我们以抽象的公式来表达它的话;而当我们寻找一个要用作普遍规则的判断时,就本身来说没有什么比从魅力和感动中摆脱出来更自然的了。

普通人类知性的下述准则虽然不是属于这里作为鉴赏力批判的部分,但却也可以用来解释它的原理。它们是:1. 自己思维;2. 在每个别人的地位上思维;3. 任何时候都与自己一致地思维。第一条是摆脱成见的思维方式的准则,第二条是扩展的思维方式的准则,第三条是一贯的思维方式的准则。第一条准则是一个永不被动的理性的准则。对被动的理性、因而对理性的他律的偏好就叫作成见;而一切成见中最大的成见是,把自然界想象为不服从知性通过自己的本质规律为它奠定基础的那些规则的,这就是迷信。从迷信中解放出来就叫作启蒙①;因为这个称呼虽然也适合于从一般的成见中解放出来,但迷信却是首先(in sensu eminenti②)值得被称之为一种成见的,因为迷信置身于其中、甚至也许会将它作为一种义务来要求的那种盲目性,首先使靠别人来引导的需要、因而使一种被动理性的状态变得明显了。至于思维方式的

145

146

---

　　① 人们马上看出,启蒙虽然在论题上很容易,在假设上却是一件必须艰难而缓慢地实行的事业:因为以自己的理性不是被动地、而是永远自己为自己立法,这对于那只想适合于自己的根本目的而不要求知道那超出自己知性之上的东西的人来说,虽然是某种极为容易的事;但由于努力去追求后者几乎是不可防止的,而这种事在其他那些用许多希望来许诺能满足这种求知欲的人那里是永远也不缺少的,所以要在思维方式中(尤其在公众的思维方式中)保持和确立这种单纯否定的东西(它构成真正的启蒙)是很困难的。——康德

　　② 拉丁文:在突出意义上。——译者

第二条准则,那么我们通常习惯于把其才能不足以作任何博大运用(尤其在强度上)的人称之为有局限的(头脑狭隘的,与扩展的相反)。不过在这里我们谈的不是认识能力,而是合目的性地运用认识能力的思维方式;这种思维方式不论人的自然天赋所达到的范围和程度是多么的小,却表明一个人具有扩展的思维方式,如果他能够把如此之多的其他人都如同被封闭于其中的那些主观个人的判断条件都置之度外,并从一个普遍的立场(这个立场他只有通过置身于别人的立场才能加以规定)来对他自己的判断进行反思的话。第三条准则,也就是一贯的思维方式的准则,是最难达到的,也只有通过结合前两条准则并对它们经常遵守变得熟练之后才能达到。我们可以说:这些准则中第一条是知性的准则,第二条是判断力的准则,第三条是理性的准则。——

我再重新拣起由于这一插曲而放下了的话头并且说,比起健全知性来,鉴赏有更多的权利可以被称之为共通感;而审美[感性]判断力比智性的判断力更能冠以共同感觉之名①,如果我们真的愿意把感觉一词运用于对内心单纯反思的某种结果的话;因为在那里我们把感觉理解为愉快的情感。我们甚至可以把鉴赏定义为对于那样一种东西的评判能力,它使我们对一个给予的表象的情感不借助于概念而能够普遍传达。

人类相互传达他们的思想的熟巧也要求想象力和知性的某种关系,以便把直观加入到概念中,又把概念加入到直观中,它们是汇合在一个知识中的;但这样一来这两种内心力量的协调就是合规律的,是处于那些确定的概念的强制下的。只有当想象力在其自由活动中唤起知性时,以及当知性没有概念地把想象力置于一个合规则的游戏中时,表象才不是作为思想,而是作为一个合目的性的内心状态的内在情感而传达出来。

所以鉴赏力就是对(不借助于概念而)与给予表象结合在一起的

---

① 我们也许可以用审美的共通感来表示鉴赏力,用逻辑的共通感来表示普通人类知性。——康德

那些情感的可传达性作先天评判的能力。

如果人们可以假定,他的情感的单纯普遍可传达性本身对我们已经必须带有某种兴趣(但人们没有理由把这兴趣从一个单纯反思性的判断力的性状中推论出来),那么人们就会有可能明白,在鉴赏判断中的情感由于什么才会被仿佛作为一种义务一样向每个人要求着。

§41. 对美的经验性的兴趣

用来宣布某物为美的鉴赏判断必须不把任何兴趣作为规定根据,这在上面已作了充分的阐明。但从中却并不推论出,在这判断被作为纯粹审美判断给出之后,也不能有任何兴趣与它结合在一起。但这种结合却永远只能是间接的,就是说,鉴赏必须首先和某种别的东西结合着被表现出来,以便能够使关于一个对象的单纯反思的愉悦再和对这个对象(当一切兴趣都在它身上时)的实存的愉快联结起来。因为在(关于一般物的)认识判断中所说的:a posse ad esse non valet consequentia①,这句话在这里也适用于审美判断。这种别的东西可以是某种经验性的东西,也就是某种人类本性所固有的爱好,或是某种智性的东西,即意志的能通过理性来先天规定的属性;这两者都可以包含对一个客体的存有的愉悦,因而能够给对于那单独地不考虑到任何兴趣已经令人喜欢的东西的兴趣提供根据。

美的经验性的兴趣只在社会中;而如果我们承认社会的冲动对人来说是自然的,因而又承认对社会的适应性和偏好,也就是社交性,对于作为被在社会性方面规定了的生物的人的需要来说,是属于人道的特点,那么我们就免不了把鉴赏也看做对我们甚至能够借以向每个别人传达自己的情感的东西的评判能力,因而看做对每个人的自然爱好所要求的东西加以促进的手段。

流落到一个荒岛上的人独自一人既不会装饰他的茅屋也不会装饰

①　拉丁文:从可能到存在推不出有效结果。——译者

他自己,或是搜寻花木,更不会种植它们,以便用来装点自己;而是只有在社会里他才想起他不仅是一个人,而且还是按照自己的方式的一个文雅的人(文明化的开端);因为我们把一个这样的人评判为一个文雅的人,他乐意并善于把自己的愉快传达给别人,并且一个客体如果他不能和别人共同感受到对它的愉悦的话,是不会使他满意的。每个人也都期待和要求着每个人对普遍传达加以考虑,仿佛是来自一个由人类自己所颁定的原始规约一样;所以一开始当然只是魅力,在社会中具有着重要性并结合着很大的兴趣,例如用来纹身的颜色(如加勒比人的橙黄色颜料和易洛魁人的朱红色颜料),或是花卉、贝壳,颜色美丽的羽毛,随着时间的进展,还有那些根本不带有什么快乐即享受的愉悦的美丽形式(如在独木舟、衣服等等上):直到最后,那达到最高点的文明进程从中几乎产生出了文雅化的爱好的主要作品,而各种感觉只有当它们能普遍传达时才被看做有价值的;于是,在这里每个人在这种对象上所感到的愉快尽管只是微不足道的和单独看来并没有显著的兴趣的,但关于这愉快的普遍可传达的理念却几乎是无限地扩大着它的价值。

　　但这种间接通过对社会的爱好而与美关联着的、因而是经验性的兴趣,在这里对我们没有什么重要意义,即那种我们必须只在有可能哪怕间接与先天的鉴赏判断发生关系的东西上看出的意义。因为以后面这种形式即使会揭示出与此相关的某种兴趣,鉴赏力也将会揭示我们的评判能力从感官享受向道德情感的一个过渡;不仅仅是我们会由此而被更好地引导到合乎目的地从事鉴赏,也会使人类的一切立法所必须仰赖的诸先天能力链条中的一个中介环节被作为这样一种中介环节得到体现。同样,对于在鉴赏对象和鉴赏本身上的经验性的兴趣我们也完全可以说,由于鉴赏沉溺于爱好,虽然还是如此文雅化了的爱好,这种兴趣通常还是可以与一切在社会中达到其最大多样性和最高等级的爱好和情欲融合起来,而对美的兴趣,当它建立在这之上时,就有可能充当从快适到善的一个只是很模糊的过渡。但是否这一过渡就决不可能被就其纯粹性来理解的鉴赏所促进,对此我们有理由来加以研究。

§42. 对美的智性的兴趣

曾有过这种出于好意的看法,即对于那些情愿使自己由内在自然 150
素质推动着去从事的一切人类事务都指向人类的最后目的、即道德的
善的人们来说,一般地对美怀有兴趣就被看做是某种善良的道德品质
的标志。但他们不无道理地受到了另外一些人的反驳,这些人根据的
是这种经验,即鉴赏的行家里手们不仅往往表现出、而且甚至通常都表
现出爱慕虚荣、自以为是和腐朽的情欲,也许比其他人更不可能被要求
具有忠实于德性原理的优点;而这样看来似乎是,不仅对于美的情感
(如它实际上的那样)与道德的情感有种类上的区别,而且就连可以与
这种情感结合起来的那种兴趣,也很难做到、更不用说能通过内在的亲
和性而做到与道德的兴趣相协调。

现在,我虽然愿意承认对艺术的美(我把将自然美人为地运用于
装饰、因而运用于虚荣也算作艺术之列)的兴趣根本不能充当一种忠
实于道德的善、甚至倾向于道德的善的思想境界的证据。但反过来我
却主张,对自然的美怀有一种直接的兴趣(而不仅仅是具有评判自然
美的鉴赏力)任何时候都是一个善良灵魂的特征;而如果这种兴趣是
习惯性的,当它乐意与对自然的静观相结合时,它就至少表明了一种有
利于道德情感的内心情调。但我们必须好好记住:我在这里本来的意
思是指自然的美的形式,与此相反,我仍然排除了自然通常如此丰富地
与这些形式结合着的魅力,因为对它们的兴趣虽然也是直接的,但毕竟
是经验性的。

一个人孤独地(并且没有想要把他所注意到的传达给别人的企
图)观赏着一朵野花、一只鸟、一只昆虫等等的美的形体,以便赞叹它、
喜爱它,不愿意在自然界中完全失却它,哪怕这样就会对他有些损害,
更不能从中看出对他有什么好处,那么他就对自然的美怀有一种直接
的、虽然又是智性的兴趣。就是说,他所喜欢的不仅是在形式上的自然 151
产物,而且也是这产物的存有,而并没有感性魅力掺杂进来,或者说他

也未把任何目的与之结合在一起。

但在这里值得注意的是:假如人们原来在偷偷地欺骗这位美的热爱者,把人造的花(人们可以把它做得完全和自然的花一模一样)插到了地里,或把人工雕刻的鸟放到了树枝头,而他后来又发现了这一欺骗,那他原先对此所怀有的直接的兴趣马上就消失了,但取代它的也许会是另外一种兴趣,即为了别人的眼睛而用这些东西来装饰自己的房间的虚荣的兴趣。自然所产生的是前一种美:这个观念必须伴随着直观和反思;只有在这一基础上才建立起了人们对此所怀有的直接的兴趣。否则要么就还是一个单纯的鉴赏判断而没有任何兴趣,要么就只剩下一种和某个间接的,也就是与社会相关联的兴趣结合着的鉴赏判断,后者对道德上善的思想境界并不提供任何可靠的指示。

自然美对艺术美的这种优点,(哪怕前者在形式上甚至还可能被后者所胜过)①,却仍然单独唤起一种直接的兴趣的优点,是与一切对自己的道德情感进行过培养的人那经过净化和彻底化的思想境界相一致的。如果一个人具有足够的鉴赏力来以最大的准确性和精密性对美的艺术产品作判断,而情愿离开一间在里面找得到那些维持着虚荣、至多维持着社交乐趣的美事的房间,而转向那大自然的美,以便在这里通过某种他自己永远不能完全阐明的思路而感到自己精神上的心醉神迷:那么我们将以高度的尊敬来看待他的这一选择本身,并预先认定他有一个美的灵魂,而这是任何艺术行家和艺术爱好者都不能因为他们对其对象所怀有的兴趣而有资格要求的。——那么,对单纯鉴赏判断中相互几乎不分高下的这两类客体的如此不同的估量,其区别又是什么呢?

我们拥有一种单纯审美的[感性的]判断力的能力,即对形式作无概念的判断、并在对形式的单纯评判上感到愉悦的能力,我们同时又使这种愉悦对每个人成为规则,而这种判断并不建立在兴趣之上,也不产生这样一种兴趣。——另一方面,我们也拥有一种智性的判断力的能

① 括号内的话是编者为了意义清楚而加上的。——德文编者

力,即为实践准则的单纯形式(就其由自己具有为自己普遍立法的资格而言)规定某种先天的愉悦的能力,我们使这种愉悦对每个人成为法则,而我们的判断并不建立在任何一种兴趣之上,但却产生出一个这样的兴趣。在前一种判断中的愉快和不愉快叫做鉴赏的愉快和不愉快,在后一种判断中的则叫做道德情感的愉快和不愉快。

但是理念(理性在道德情感中对它们产生一种直接的兴趣)也具有客观实在性,即大自然至少会显示某种痕迹或提供某种暗示,说它在自身中包含有某种根据,以假定它的产物与我们的不依赖于任何兴趣的愉悦(我们先天地知道这种愉悦对每个人都是法则,却不能把这建立在证明之上)有一种合规律性的协调一致,既然这一点也引起了理性的兴趣:所以理性必然会对大自然关于一个类似这样的协和一致的任何表现都怀有兴趣;因而内心若不是同时对此感到兴趣,就不能对大自然的美进行沉思。但这种兴趣按照亲缘关系说是道德的;而那对自然的美怀有这种兴趣的人,只有当他事先已经很好地建立起了对道德的善的兴趣时,才能怀有这种兴趣。因此谁对自然的美直接感到兴趣,我们在他那里就有理由至少去猜测一种对善良道德意向的素质。

人们会说,根据与道德情感的亲缘关系对审美判断所作的这种阐明,为了要把这些判断看做大自然借以在其美的形式中形象地向我们倾诉的那些密码的真实的破译,看起来是过于学究气了。但是首先,对大自然的美的这种直接的兴趣在现实中并不常见,而只是那些人所特有的,他们的思想境界要么已经被教养成善的了,要么对这种教养有非常好的接受力;其次,在纯粹鉴赏判断和道德判断之间有一种类似性,即前者不依赖于任何一种兴趣而使人感到愉悦、同时先天地把这种愉悦表现为适合于一般人性的,后者出自概念做着这同一件事,这种类似性甚至无需清晰的、玄妙的和有意的沉思,就导致对前一种判断的对象如同对后一种判断的对象同等程度的直接兴趣;只不过前者是一种自由的兴趣,后者是一种建立在客观法则之上的兴趣。应归于此列的还有对大自然的叹赏,这大自然在其美的产物身上,不是通过偶然,而是仿佛有意地按照合目的性的安排和作为无目的的合目的性,而表现为

153

艺术;它的目的既然我们在外面任何地方都找不到它,我们当然就在我们自身中寻求,确切地说,在构成我们存有的终极目的的东西中、亦即在道德使命中寻求(但如何追问这样一个自然合目的性的可能性根据,这将是在目的论中才讨论的问题)。

也可以很容易地说明,在纯粹鉴赏判断中对美的艺术的愉悦并不是像对美的自然的愉悦那样和某种直接的兴趣结合着的。因为前者要么是对自然的模仿,直到骗人的程度,于是它装作(被认为是)自然美而起作用;要么它是一种故意地明显针对我们的愉悦的艺术;但这样一来对这一产物的愉悦虽然会直接通过鉴赏而发生,它将唤起的却不过是对那充当基础的原因的间接兴趣,也就是对艺术的兴趣,艺术只能通过其目的,而永远不能在它自己本身引起兴趣。我们也许可以说,当一个自然客体通过自己的美仅就其被掺入某种道德理念而言引起人们兴趣时,就是这种情况;但直接引起人们兴趣的不是这客体,而是这个美本身的这种性状,即它使自己有资格得到这种掺入。

美丽的自然界中种种魅力如此常见地和美的形式仿佛熔合在一起而被碰到,它们要么属于光的变相(在着色时),要么属于声音的变相(在发声时)。因为这是两种唯一的这类感觉,它们不仅允许感性情感,而且也允许对感觉的这些变相的形式所进行的反思,因而仿佛含有大自然带给我们且似乎具有某种更高意义的语言。所以百合花的白颜色似乎使内心情调趋于纯洁的理念,而从红色到紫色的七种颜色按照其次序则使内心情调趋于 1)崇高、2)勇敢、3)坦诚、4)友爱、5)谦逊、6)坚强和 7)温柔这样一些理念。鸟儿的歌唱宣告了欢乐和对自己生存的满足。至少我们是这样阐释自然界的,不论它的意图是不是如此。但我们在此对美所怀有的这种兴趣绝对需要的是,它是自然的美,而一当我们发现有人在欺骗我们,它只是艺术而已,则这种兴趣就完全消失了;这样一来,甚至就连鉴赏也不再能在这上面感到任何美,或视觉也不再能在这上面发现任何魅力了。有什么比在宁静夏夜柔和的月光下,在寂寞的灌木丛中夜莺那迷人而美妙的鸣啭,得到诗人更高赞赏的呢?然而我们有这样的实例,即人们并没有在那里发现任何唱歌的夜莺,而是某位诙谐的店主为了使那些投宿到他这里来享受乡下新鲜空气的客人们得到最大的满足,而以这种方式欺骗他们,他把一个恶作剧的男孩藏进灌木丛,这男孩懂得如何最近似于自然地模仿这种鸟鸣(用芦苇或嘴里的哨管)。一旦人们发现这是个骗局,就没有人会继续忍受着去听这种先前被认为是如此有魅力的歌声了;其他任何鸣禽的情况也是如此。那必须是自然,或被我们认为是自然,以便我们能对美本身怀有一种直接的兴趣;进一步说,如果我们甚至可以指望别人也应在这上面怀有兴趣的话:①这就是实际上发生的事了,因为那些对自然美没有任何情感(因为我们就是这样称呼在观赏自然时对兴趣的感受性的),并在餐饮之间执著于单纯感官感觉的享受的人,我们就把他们的思想境界看做粗俗的和鄙陋的。

§43. 一般的艺术

1.艺术与自然不同,正如动作(facere②)与行动或一般活动(agere③)不同,以及前者作为工作(opus④)其产品或成果与后者作为作用(effectus⑤)不同一样。

我们出于正当的理由只应当把通过自由而生产、也就是把通过以理性为其行动的基础的某种任意性而进行的生产,称之为艺术。因为尽管我们喜欢把蜜蜂的产品(合规则地建造起来的蜂巢)称为一个艺术品,但毕竟只是由于和后者类比才这样做;因为只要我们细想一下,蜜蜂决不是把自己的劳动建立在自己的理性思虑的基础上,则我们马

---

① 据 Karl Vorländer 版,此处原为分号";",现依据柏林科学院版作冒号。——译者
② 拉丁文:执行。——译者
③ 拉丁文:起作用。——译者
④ 拉丁文:工作。——译者
⑤ 拉丁文:效果。——译者

上就会说,这是它们的本性(本能)的产物,而一个产品①作为艺术只应被归之于艺术的创造者。

　　如果我们在搜索一块沼泽地时,如有时发生的那样,找到一块被砍削过的木头,这时我们就不会说它是自然的产物,而会说它是艺术的产品;产生这产品的原因料想到了一个目的,产品的形式是应归功于这个目的的。平时我们也在一切具有这种性状的事物上看到某种艺术,即这事物在其原因中的一个表象必须先行于它的现实(正如哪怕在蜜蜂那里),而这表象的结果却无须正好是被思考的;但如果我们把某物绝对地称之为一个艺术品,以便把它与自然的结果区别开来,那么我们就总是把它理解为一件人的作品。

　　2.艺术作为人的熟巧也与科学不同(能与知不同),它作为实践能力与理论能力不同,作为技术则与理论不同(正如测量术与几何学不同一样)。于是就连那种只要我们知道应当做什么、因而只要所欲求的结果充分被知悉,我们就能够做到的事,我们也不大称之为艺术。只有那种我们即使最完备地知道但却还并不因此就立刻拥有去做的熟巧的事,才在这种意义上属于艺术。坎培尔②很精确地描述出最好的鞋必须具有什么性状,但他肯定做不出什么鞋来。③

　　3.艺术甚至也和手艺不同;前者叫做自由的艺术,后者也可以叫做雇佣的艺术。我们把前者看做好像它只能作为游戏、即一种本身就使人快适的事情而得出合乎目的的结果(做成功);而后者却是这样,即

---

　　①　"产物"和"产品"及下文的"作品"均为 Produkt 一词,译者将根据不同情况采用不同译法。——译者

　　②　Camper, Petrus (1722—1789),荷兰比较解剖学家,对生物学、地质学均有贡献。——译者

　　③　在我们这一带普通人都说,如果向他提出这样一个任务,如哥伦布和他的蛋那样(按:据说哥伦布曾让他的水手们把鸡蛋在桌子上立起来,待他们都失败后他敲破鸡蛋一头而做到了这一点,人们于是说这谁不会。——译者),这就根本不是艺术,它只是一种科学。就是说,如果我们知道了,那么我们就能做到;对于魔术师的所有伪称的艺术他们也是这样说。然而对于走钢丝者的艺术他们却决不会拒绝称它为艺术。——康德

它能够作为劳动、即一种本身并不快适（很辛苦）而只是通过它的结果（如报酬）吸引人的事情、因而强制性地加之于人。在行业的等级表上钟表匠是否应看做艺术家，而反之铁匠则应当看做手艺人，这是需要一种与我们在此所抱的观点不同的评判观点的；这就是必须为干这一行或那一行的人提供根据的那些才能的比例。即使在所谓的七种自由的艺术中是否本来也可以列举出有些是要算作科学的，也有的是可以和手艺相比的，对此我在这里不想讨论。但在一切自由的艺术中却都要求有某种强制性的东西，或如人们所说，要求有某种机械作用，没有它，在艺术中必须是自由的并且唯一地给作品以生命的那个精神就会根本不具形体并完全枯萎，这是不能不提醒人们注意的（例如在诗艺中语言的正确和语汇的丰富，以及韵律学和节奏），因为有些新派教育家相信如果让艺术摆脱它的一切强制而从劳动转化为单纯的游戏，就会最好地促进自由的艺术。

157

§44. 美 的 艺 术

没有对于美的科学，而只有对于美的批判，也没有美的科学，而只有美的艺术。因为谈到对美的科学，那就应当在其中科学地、也就是通过证明根据来决定某物是否必须被看做美的；因而关于美的这个判断如果是属于科学的，它就决不会是鉴赏判断。至于第二种情况，那么一种本身应当是美的科学是荒谬的。因为如果我们把它作为科学来探询其中的根据和证明的话，人们就会用一些漂亮的格言（警句）来打发我们。——那诱发出美的科学这一常见的说法的毫无疑问不是别的，只是因为我们完全正确地发现，对于在其全部完满性中的美的艺术而言，要求有许多科学，例如古代语言知识，对那些被视为经典的作家的博学多闻，历史学，古典知识等等，因此这些历史性的科学由于它们为美的艺术构成了必要的准备和基础，部分也由于在它们中甚至也包括美的艺术作品的知识（演讲术和诗艺），这就通过某种词语的混淆而本身被称为美的科学了。

158　　　　如果艺术在与某个可能对象的知识相适合时单纯是为着使这对象实现而做出所要求的行动来,那它就是机械的艺术;但如果它以愉快的情感作为直接的意图,那么它就叫作审美的[感性的]艺术。审美的[感性的]艺术要么是快适的艺术,要么是美的艺术。它是前者,如果艺术的目的是使愉快去伴随作为单纯感觉的那些表象,它是后者,如果艺术的目的是使愉快去伴随作为认识方式的那些表象。

　　快适的艺术是单纯以享受为目的的艺术;所有这一类艺术都是魅力,它们能够给一次宴会的社交带来快乐:如有趣的谈话把聚会置于坦诚生动的交谈中,用诙谐和笑声使之具有某种欢乐的气氛,在这里,如人们所说的,有的人可以在大吃大喝时废话连篇,而没有人会为自己说过的东西负责,因为这只是着眼于眼前的消遣,而不是着眼于供思索和后来议论的长久的材料。(应归于这里面的还有如何为餐桌配以美味,乃至于在盛大宴席中的宴会音乐:这是一种可怪之物,它只应当作为一种快适的响声而使内心情绪达到快乐的消遣,有利于邻座相互之间自由的交谈,而没有人把丝毫注意力转向这音乐的乐曲。)此外还应归于这里的是所有那些并不带有别的兴趣,而只是使时间不知不觉地过去的游戏。

　　相反,美的艺术是这样一种表象方式,它本身是合目的性的,并且虽然没有目的,但却促进着对内心能力在社交性的传达方面的培养。

　　一种愉快的普遍可传达性就其题中应有之义而言,已经带有这个意思,即这愉快不是出于感觉的享受的愉快,而必须是出于反思的享受的愉快;所以审美的艺术作为美的艺术,就是这样一种把反思判断力、而不是把感官感觉作为准绳的艺术。

159　　　　　　　　§45. 美的艺术是一种当它同时
　　　　　　　　　　显得像是自然时的艺术

　　在一个美的艺术作品上我们必须意识到,它是艺术而不是自然;但在它的形式中的合目的性却必须看起来像是摆脱了有意规则的一切强制,以至于它好像只是自然的一个产物。在我们诸认识能力的、毕竟同时又必须是合目的性的游戏中的这种自由情感的基础上,就产生那种愉快,它是唯一可以普遍传达却并不建立在概念之上的。自然是美的,如果它看上去同时像是艺术;而艺术只有当我们意识到它是艺术而在我们看来它却又像是自然时,才能被称为美的。

因为不论是谈到自然美还是艺术美,我们都可以一般地说:美就是那在单纯评判中(而不是在感官感觉中,也不是通过某个概念)而令人喜欢的东西。而艺术任何时候都有一个要产生出某物来的确定意图。但如果这某物仅仅是应当伴有愉快的感觉(某种主观之物),那么这个产品在评判中就会只是借助于感官感觉而令人喜欢的了。如果这意图是针对着产生一个确定的客体的,那么当这意图通过艺术而实现出来时,这客体就会只是通过概念而令人喜欢的了。但在两种情况下这艺术都不会是在单纯的评判中、也就是不是作为美的艺术、而是作为机械的艺术而令人喜欢的。

所以美的艺术作品里的合目的性,尽管它是有意的,但却不显得是有意的;就是说,美的艺术必须看起来像是自然,虽然人们意识到它是艺术。但一个艺术品显得像是自然却是由于,尽管这产品唯有按照规则才能成为它应当所是的那个东西,而在与这规则的符合中看得出是一丝不苟的;但却并不刻板,看不出训练有素的样子,也就是不露出有这规则悬于艺术家眼前并将束缚套在他的内心能力之上的痕迹来。

160

§46. 美的艺术是天才的艺术

天才就是给艺术提供规则的才能(禀赋)。由于这种才能作为艺术家天生的创造性能力本身是属于自然的,所以我们也可以这样来表达:天才就是天生的内心素质(ingenium①),通过它自然给艺术提供规则。

---

① 拉丁文:天赋。——译者

不论这个定义处于怎样一种情况,也不论它只是任意作出的,还是适合着我们通常和天才这个词连结在一起的那个概念而作出的(这一点将在下一节中来讨论):我们毕竟已经能够预先证明的是,按照我们在这里对这个词所假定的含义,美的艺术不能不必然地被看做天才的艺术。

因为每一种艺术都预设了一些规则,凭借这些规则作基础,一个要想叫作艺术品的作品才首次被表象为可能的。但美的艺术的概念却不允许关于其作品的美的判断从任何这样一个规则中推导出来,这种规则把某个概念当作规定根据、因而把有关这作品如何可能的方式的概念当作基础。所以美的艺术不能为自己想出它应当据以完成其作品的规则来。既然没有先行的规则一个作品就仍然绝对不能被叫作艺术,那么自然就必须在主体中(并通过主体各种能力的配合)给艺术提供规则,就是说,美的艺术只有作为天才的作品才是可能的。

我们由此看出,天才 1. 是一种产生出不能为之提供任何确定规则的那种东西的才能:而不是对于那可以按照某种规则来学习的东西的熟巧的素质;于是,独创性就必须是它的第一特性。2. 由于也可能会有独创的胡闹,所以天才的作品同时又必须是典范,即必须是有示范作用的;因而它们本身不是通过模仿而产生的,但却必须被别人用来模仿,即用作评判的准绳或规则。3. 天才自己不能描述或科学地指明它是如何创作出自己的作品来的,相反,它是作为自然提供这规则的;因此作品的创造者把这作品归功于他的天才,他自己并不知道这些理念是如何为此而在他这里汇集起来的,甚至就连随心所欲或按照计划想出这些理念、并在使别人也能产生出一模一样的作品的这样一些规范中把这些理念传达给别人,这也不是他所能控制的(因此天才这个词也很有可能是派生于 genius①,即特有的、与生俱来的保护和引领一个人的那种精神,那些独创性的理念就起源于它的灵感。)4. 自然通过天才不是为科学、而是为艺术颁布规则;而且这也只是就这种艺术应当是美的

161

———————

① 拉丁文:守护神。——译者

艺术而言的。

§47. 对上述有关天才的说明的阐释和证明

每个人在这点上是一致的,即天才是与模仿的精神完全对立的。既然学习无非是模仿,那么学习能力(接受力)作为学习能力,这种最大的能耐毕竟不能被看做天才。但即使人们也自己思考或创作,而不仅是领会别人所思考过的东西,甚至在艺术和科学上也有所发明,但这对于把这样一个(常常是伟大的)头脑(与那种从来不能超出单纯的学习和模仿因而叫作蠢才的人的头脑相反)称之为天才,毕竟也还不是十足的根据;因为恰好这一点本来也是能够学得到的,因而终归是摆在按照规则进行研究和思索的那条自然道路上的,而与通过勤奋并借助于模仿而能获得的东西没有种类上的区别。所以我们完全可以很好地学会牛顿在其不朽的著作《自然哲学的原理》①中所讲述的一切,虽然将它们发明出来也需要一个伟大的头脑;但为诗艺提供的一切规范不论多么详细,它的典范不论多么优秀,我们也不能学会灵气十足地进行创作。原因就在于,牛顿可以把他从几何学的第一原理直到他的那些伟大而深刻的发明所采取的一切步骤,都不仅仅向他自己、而且向每个另外的人完全直观地并对追随者来说是确定地示范出来;但是,荷马也好,维兰德②也好,都根本不能表明他们头脑中那些充满幻想但同时又思想丰富的理念是如何产生出来并汇合到一起的,因为他自己并不知道这一点,因而也不能把它教给任何别人。所以在科学中最伟大的发明者与最辛劳的模仿者及学徒都只有程度上的区别,相反,他与在美的艺术方面有自然天赋的人却有种类上的区别。这里没有任何与那些在美的艺术方面赋有自己的才能的自然的宠儿相对比来贬低那些伟大

162

---

① 指牛顿 1687 年发表的《自然哲学的数学原理》。——译者

② Wieland,Christoph Martin (1733—1813),德国诗人和文学家,爱尔福特大学哲学教授,其作品对当时启蒙运动有很大影响。——译者

的、人类种族要万分感谢他们的伟大人物的意思。他们与那些值得号称天才这一荣耀的人相比一个很大的优点恰好在于,前者的才能适合于把知识和依赖于知识的一切利益向前推进到越来越大的完善性,同时又在这些知识领域内教导别人;而对后者来说艺术在某个地方就止步了,因为对艺术而言一个边界建立了,它不能够再超出这个边界,哪怕这边界或许很久以来就被达到了并不再扩展了;此外这样一种熟巧也不能够传达,而是要由自然亲手来直接授予每个人,因而也随着他一起死去,直到大自然再次赋予另一个人同样的熟巧,这个人所需要的只不过是一个榜样,以便让他在自己身上意识到的才能以类似的方式起作用。

　　既然自然禀赋必须为艺术(作为美的艺术)提供规则,那么这种规则又具有怎样的方式呢? 不能把它以任何公式写出来用作规范;因为否则关于美的判断就是能够按照概念来规定的了;相反,这种规则必须从事实中、即从作品中抽出来,在这作品上别人可以检验他们自己的才能,不是为了能把它用作仿造的典范,而是为了能用作模仿的典范。①这是如何可能的,这一点是难以解释的。艺术家的理念激起他的学习者的类似的理念,如果大自然给这个学习者配备有诸内心能力的类似的比例的话。因此美的艺术的典范是把这艺术带给后来者的唯一的引导手段;这一点是不能通过单纯的说明来做到的(尤其不能在语言艺术的领域中做到);甚至在语言艺术中,也只有那些古代的已死的、现在只是作为学术上的而保留下来的语言,才能成为经典性的。

　　虽然机械的、作为单纯勤奋的和学习的艺术,还是美的、作为天才的艺术,这相互之间是很有区别的,但却并没有任何这样的美的艺术,在其中不是有某种能够按照规则来把握和遵从的机械性的东西、因而有某种合乎规矩的东西来构成艺术的本质条件的。因为在这里某物必

---

　　①　在康德的手稿中此句为:"不是为了能把它用作模仿的典范,而是为了能用作模仿的典范。"后一个"模仿"(Nachahmung)应为"追随"(Nachfolge)之误。参看下面第173页[指本书边码]中间一段。——德文编者

须被设想为目的,否则我们就根本不能把艺术的产品归之于任何艺术的名下;它将只会是一个偶然的产品。但为了把一个目的安排进作品之中,就要求有一定的、不允许人们从中摆脱出来的规则。既然才能的独创性构成天才品质的一个本质的(但不是唯一的)成分,于是一些浅薄的头脑就相信,除了他们从一切规则的学习的强制中解脱出来以外,他们就不能以更好的方式表明他们就是脱颖而出的天才了,并且相信他们骑在一匹狂暴的马上比骑一匹经过调教的马要更加威风。天才只能为美的艺术的作品提供丰富的材料;对这材料的加工以及形式则要求一种经过学习训练而成的才能,以便在这方面作一种在判断力面前能够经得起考验的运用。但如果有人在哪怕最认真细致的理性研究的事业中也像一个天才一样地发言和作决定,这就尤其可笑了;我们真不知道,我们更应当嘲笑的是那个骗子,他在周围散布开如此多的迷雾,以至于我们不能清楚地评判任何东西,但却更可以纵横想象,还是更应当嘲笑公众,他们诚心诚意地自以为他们之所以没有能力清晰地认识和理解这种洞见的绝技,是因为新的真理成整块地被扔在他们面前,相反地,(通过准确地解释和对这些原理的合乎规矩的检验的)细节却对他们显得只是次品而已。

§48. 天才对鉴赏的关系

为了把美的对象评判为美的对象,要求有鉴赏力,但为了美的艺术本身,即为了产生出这样一些对象来,则要求有天才。

如果我们把天才看做在美的艺术上的才能(它给天才这个词带来了特有的含义),并想把它在这种意图上分析为必须汇集起来构成这样一种才能的各种能力,那么我们就有必要预先对自然美和艺术美之间的区别作出精确的规定,对前者的评判只要求有鉴赏力,后者的可能性(这是在评判这类对象时也必须考虑到的)则要求有天才。

一种自然美是一个美的事物;艺术美则是对一个事物的美的表现。

为了把一个自然美评判为自然美,我不需要预先对这对象应当是怎样一个事物拥有一个概念;亦即我并没有必要去认识质料的合目的性(即目的),相反,单是没有目的知识的那个形式在评判中自身单独就使人喜欢了。但如果对象作为一个艺术品被给予了,并且本身应当被解释为美的,那么由于艺术在原因里(以及在它的原因性里)总是以某种目的为前提的,所以首先必须有一个关于事物应当是什么的概念作基础;而由于一个事物中的多样性与该事物的内在规定的协调一致作为目的就是该事物的完善性,所以在对艺术美的评判中同时也必须把事物的完善性考虑在内,而这是对自然美(作为它本身)的评判所完全不予问津的。——虽然在这种评判中,尤其是在对有生命的自然对象如这个人或一匹马的评判中,通常也一起考虑到了客观的合目的性,以便对它们的美加以判断;但这样一来,就连这判断也不再是纯粹审美的、即单纯的鉴赏判断了。自然不再是如同它显得是艺术那样被评判,而是就它现实地是艺术(虽然是超人类的艺术)而言被评判了;而目的论的判断就充当了审美判断所不得不加以考虑的自身的基础和条件。在这种场合下,例如即使有人说:"这是一个美女",我们所想到的实际上也无非是:大自然在她的形象中美丽地表现了女人身体结构中的那些目的;因为我们还必须越过这单纯的形式而望见一个概念,以便对象借这种方式通过一个逻辑上被决定了的感性[审美]判断得到设想。

166　美的艺术的优点恰好表现在,它美丽地描写那些在自然界将会是丑的或讨厌的事物。复仇女神,疾病,兵燹等等作为祸害都能够描述得很美,甚至被表现在油画中;只有一种丑不能依自然那样被表现出来而不摧毁一切审美愉悦、因而摧毁艺术美的:这就是那些令人恶心的东西。因为在这种建立在纯粹想象之上的特殊的感觉中,对象仿佛被表现为好像在强迫人去品尝它,而我们却又在用强力努力抗拒着它,于是这对象的艺术表象与这对象本身的自然在我们的感觉中就不再有区别,这样,那个表象就不可能被认为是美的了。同样,雕刻艺术由于在其作品上艺术和自然几乎被混同了,所以就从自己的形象中排除了对那些丑的对象的直接表现,为此也就容许通过某种看起来令人喜欢的隐喻或象征、因而只是间接地借助于理性的注脚,而不是为了单纯的审美判断力,来表现例如死亡(以一个美丽的精灵)和战争的勇气(在玛尔斯①身上)。

关于对一个对象的美丽的表现就说这么多,它真正说来只是那使一个概念得以普遍传达的、体现该概念的形式。——但把这形式赋予美的艺术的作品,所要求的却仅仅是鉴赏力,在艺术家通过艺术或自然的好些榜样而对这种鉴赏力加以练习和校正之后,他就依凭这鉴赏力来把握他的作品,并且在作了许多满足这种鉴赏力的往往是辛苦的尝试之后,才发现了那使他满意的形式:所以这形式并不是仿佛某种灵感或内心能力自由激发的事,而是某种缓慢的甚至苦刑般的切磋琢磨,以便让形式适合于观念却又并不损害这些能力的游戏中的自由。

但鉴赏力只是一种评判的能力,而不是一种生产的能力,而凡是与它相符合的东西,并不因此就是一个美的艺术的作品;它也可能是一个按照一定的规则而属于有用的或机械的艺术乃至于属于科学的产品,这些规则是能够被学习和必须被严格遵守的。但我们赋予产品的那种令人喜欢的形式却只是传达的载体和仿佛是吟咏的风格,在这方面我们还在一定程度上保持着自由,尽管我们在其他方面却是束缚在确定的目的上的。所以我们要求餐具或者一篇道德论文甚至一次布道本身必须具有美的艺术这种形式,却又不显得是矫揉造作的;但我们不会因此就把它们称之为美的艺术品。被归入美的艺术品的只是一首诗,一首乐曲,一条画廊诸如此类;在这里我们常常会在一个应当是美的艺术的作品上发觉没有鉴赏的天才,在另一个作品上则发觉没有天才的鉴赏力。

167

§49.构成天才的各种内心能力

有某些人们期待其至少部分地应当表现为美的艺术的作品,人们说:它们没有精神;尽管就鉴赏力而言我们在它们身上并没有找到任何

---

①　Mars 为希腊神话的战神。——译者

可指责的地方。一首诗可能是相当可人和漂亮的,但它是没有精神的。一个故事是详细的和有条理的,但没有精神。一篇祝辞是周密的同时又是精巧的,但是没有精神。有些交谈并不是缺乏风趣,但却没有精神;甚至对于一个少女我们也说,她是俏丽的,口齿伶俐的和乖巧的,但是没有精神。我们在这里所理解的精神究竟是什么呢?

精神,在审美的意义上,就是指内心的鼓舞生动的原则。但这原则由以鼓动心灵的东西,即它用于这方面的那个材料,就是把内心诸力量合目的地置于焕发状态,亦即置于这样一种自动维持自己、甚至为此而加强着这些力量的游戏之中的东西。

于是我认为,这个原则不是别的,正是把那些审美理念[感性理念]表现出来的能力;但我把审美[感性]理念理解为想象力的那样一种表象,它引起很多的思考,却没有任何一个确定的观念、也就是概念能够适合于它,因而没有任何言说能够完全达到它并使它完全得到理解。很容易看出,它将会是理性理念的对立面(对应物),理性理念与之相反,是一个不能有任何直观(想象力的表象)与之相适合的概念。

就是说,想象力(作为生产性的认识能力)在从现实自然提供给它的材料中仿佛创造出另一个自然这方面是极为强大的。当经验对我们显得太平常的时候,我们就和大自然交谈;但我们也可以改造自然:虽然仍然总还是按照类比的法则,但毕竟也按照在理性中比这更高层次的原则(这些原则对我们来说,正如知性按照着来把握经验性的自然界的那些原则一样,也是自然的);这时我们就感到了我们摆脱联想律的自由(这联想律是与那种能力的经验性的运用相联系的),以至于材料虽然是按照联想律由自然界借给我们的,但这材料却能被我们加工成某种另外的东西,即某种胜过自然界的东西。

我们可以把想象力的这样一类表象称之为理念:这部分是由于它们至少在努力追求某种超出经验界限之外而存在的东西,因而试图接近于对理性概念(智性的理念)的某种体现,这就给它们带来了某种客观实在性的外表;部分也是、并且更重要的是由于没有任何概念能够与这些作为内在直观的表象完全相适合。诗人敢于把不可见的存在物的理性理念,如天福之国,地狱之国,永生,创世等等感性化;或者也把虽然在经验中找得到实例的东西如死亡、忌妒和一切罪恶,以及爱、荣誉等等,超出经验的限制之外,借助于在达到最大程度方面努力仿效着理性的预演的某种想象力,而在某种完整性中使之成为可感的,这些在自然界中是找不到任何实例的;而这真正说来就是审美理念的能力能够以其全部程度表现于其中的那种诗艺。但这种能力就其本身单独来看本来就只是一种才能(想象力的才能)。 169

现在,如果使想象力的一个表象配备给一个概念,它是这概念的体现所需要的,但单独就其本身却引起如此多的、在一个确定的概念中永远也不能统摄得了的思考,因而把概念本身以无限制的方式作了感性的[审美的]扩展,那么,想象力在此就是创造性的,并使智性理念的能力(即理性)活动起来,也就是在引起一个表象时思考到比在其中能够领会和说明的更多的东西(尽管这东西是属于对象概念的)。

有些形式并不构成一个给予概念本身的体现,而只是作为想象力的附带的表象表达着与此概念相联结的后果及这概念与另一些表象的亲缘关系,我们把这些形式称之为一个对象的(审美的)象征①,这个对象的概念作为理性理念是不可能有合适的体现的。所以朱庇特的神鹰和它爪中的闪电就是这位威灵显赫的天帝的象征,孔雀则是那位仪态万方的天后的象征。它们并不像那些逻辑的定语那样,表现出在我们有关造物的崇高和壮伟的概念中所包含的东西,而是表现某种别的东西,这些东西给想象力提供把自己扩展到那些有亲缘关系的表象的总量之上的诱因,这些表象让人思考比我们在一个通过语词来规定的概念中所能表达的更多的东西;它们还提供某种审美理念[感性理念],它取代逻辑的体现而服务于那个理性理念,但真正说来是为了使内心鼓舞生动,因为它向内心展示了那些有亲缘关系的表象的一个看不到边的领域的远景。但美的艺术不仅是在绘画或雕刻艺术中这样做(在这里人们习惯于运用象征之名),而且诗艺和演讲术也只是从对象的审美[感性]象征中获取那鼓动自己作品的精神,这些审美[感性]象征 170

---

① Attribute,字面意义为"摹状词"、"定语"。以下与"感性"、"审美"连用译"象征",与"逻辑"连用译"定语"。——译者

与逻辑的定语站在一边并给予想象力一个激发,使它哪怕以未展开的方式却思考比在一个概念中、因而在一个确定的语言表达中所能够统摄的更多的东西。——我为了简短而不得不局限于只举少数几个例子。

当伟大的君王①在他的一首诗中这样写道:"让我们无怨无悔地从生命中消失,因为我们身后留下了善功累累的人世,太阳结束了一天的行程,还把一片和煦的光辉撒满天穹,它伴着微风送来这最后的光照,这是它为人世幸福的临终祝祷",这时他在自己生命的终点还通过一个象征鼓动起他关于世界公民意向的理性理念,这个象征是想象力(通过一个清朗的傍晚在我们内心唤起的对所度过的美丽夏日的种种快意的回忆)加入到那个表象里去的,它使一大群自身找不到表达的感觉和附带表象活跃起来。另一方面,甚至一个智性概念也可以反过来充当一个感官表象的象征,因而可以通过超感官东西的理念鼓动这个感官表象;但这只是因为那在主观上依赖于对超感官东西的意识的审美[感性]象征被运用于此。所以例如某一位诗人在描写一个美丽
171　的早晨时说:"太阳涌动而出,如同宁谧从美德中涌现"②。美德的意识,即使我们只是在观念中置身于某个有德行的人的位置,也会在内心充斥一系列崇高肃穆的情感和一种对鼓舞人心的未来的无边展望,它们是没有任何与一个确定概念相适合的表达完全达到了的。③

---

①　指普鲁士国王腓特烈·威廉二世(1786—1797 年在位),所引诗句原为法文,康德将它转译为德文。——译者

②　据学者们考证,康德在此所引诗文为杜依斯堡大学道德、修辞学和医学教授维多夫(J. Ph. L. Withof,1725—1789)的《学院诗集》中的句子。——译者

③　也许从来没有比在伊西斯(自然之母)神殿上的那条题词说出过更为崇高的东西,或更崇高地表达过一个观念的了:"我是一切现有的,曾有过的和将要有的,我的面纱没有任何有死者揭开过。"(按:伊西斯为古代埃及最重要的女神,操万物之生死。——译者)谢格奈[按:Segner,Johan Andreas von,(1704—1777),匈牙利物理学家、数学家。——译者]在置于他的《论自然》一书之前的意味深长的扉页上利用了这个理念,以便使他准备领进这个神殿中来的那些学生们事先充满神圣的敬畏,这种敬畏会使内心产生出凝神专注的庄严感。——康德

　　总之,审美[感性]理念是想象力的一个加入到给予概念之中的表象,这表象在想象力的自由运用中与各个部分表象的这样一种多样性结合在一起,以至于对它来说找不到任何一种标志着一个确定概念的表达,所以它让人对一个概念联想到许多不可言说的东西,对这些东西的情感鼓动着认识能力,并使单纯作为字面的语言包含有精神。

　　所以那些(以某种比例)结合起来构成天才的内心力量,就是想象力和知性。只不过,由于想象力在运用于知识上时是处于知性的强制下并受到要适合知性概念这一限制,反之在审美的意图中它却是自由的,以便越出与概念的那种一致但却自然而然地为知性提供出丰富多彩而未经阐明的、知性在其概念中未曾顾及到的材料,但知性与其说是客观地把这材料应用于认识,不如说是主观地用来鼓动认识能力,因而毕竟间接地也应用于知识,因此,天才真正说来只在于没有任何科学能够教会也没有任何勤奋能够学到的那种幸运的比例,即为一个给予的概念找到各种理念,另一方面又对这些理念加以表达,通过这种表达,那由此引起的内心主观情绪,作为一个概念的伴随物,就可以传达给别人。后面这种才能真正说来就是人们称之为精神的才能;因为把在内心状态中不可言说的东西通过某个表象表达出来并使之普遍可传达,这种表达方式就既可以是语言的也可以是绘画的或雕塑的:这都要求有一种把想象力的转瞬即逝的游戏把握住并结合进一个概念中(这概念正因此而是独创的,同时又展示出一条不能从任何先行的原则和榜样中推出来的规则)的能力,这概念就能够没有规则的强制而被传达。

　　172

　　　　　　　*　　　　　　*　　　　　　*

　　如果我们根据这些分析回顾一下上面对什么是我们所谓的天才所作出的解释,那么我们就发现:第一,这是一种艺术才能,而不是科学的才能,在后者中必须有明确知道的规则先行,它们必须规定科学中的处理方式;第二,它作为一种艺术才能,是以对作为目的的作品的一个确定的概念为前提的,因而是以知性为前提的,但也以作为这概念的体现

的某种关于材料、即关于直观的(即使是不确定的)表象为前提,因而
以想象力对知性的关系为前提;第三,它与其说是在实行预先设定的目
的时通过体现一个确定的概念而显示出来的,毋宁说是通过展示或表
达那些为此意图而包含有丰富材料的审美理念才显示出来的,从而使
想象力在自由摆脱一切规则的引导时却又作为在体现给予的概念上是
合目的的而表现出来;最后,第四,在想象力与知性的合规律性的自由
的协和一致中,那不做作的、非有意的主观合目的性是以这两种能力的
这样一种比例和搭配为前提的,这种比例和搭配不是对任何规则、不论
是科学规则还是机械模仿的规则的遵守所能导致的,而只是主体的本
性所能产生的。

　　按照这样一些前提,天才就是:一个主体在自由运用其诸认识能力
方面的禀赋的典范式的独创性。以这种方式,一个天才的作品(按照
在其中应归于天才而不应归于可能的学习或训练的东西来看)就不是
一个模仿的榜样(因为那样一来它身上作为天才的东西和构成作品精
神的东西就会失去了),而是为另一个天才所追随的榜样,这另一个天
才之所以被唤起对他自己的独创性的情感,是因为他在艺术中如此实
行了摆脱规则束缚的自由,以至于这种艺术本身由此而获得了一种使
才能由以作为典范式的而显示出来的新的规则。但由于天才是大自然
的宠儿,这样一类东西我们只能看做罕见的现象,所以它的榜样就为别
的优秀头脑造成了一种训练,也就是造成一种按照规则的方法上的传
授,只要我们能够把这些规则从那些精神产品及其特有属性中抽出来;
而对这些优秀头脑来说,美的艺术就自然界通过天才为它提供规则而
言,就是模仿。

　　但如果学生仿造一切,直到在天才那里仅仅由于不削弱理念也许
就不能消除的、因而不得不容忍的畸形的东西也仿造下来,那么这种模
仿就成了因袭。这种容忍的勇气只有在一个天才那里才是有价值的;
而在表达时的某种大胆,尤其是有些对通常规则的偏离,对于他都可能
是适当的,但却决不是值得模仿的,而是就本身来说总还是一个缺点,
是我们必须试图消除的,但天才却仿佛在这方面有特权似的,因为他的

精神焕发状态的不可模仿的东西由于谨小慎微而会受到损害。风格化
是另一种因袭,也就是对仅仅一般的独特性(独创性)的因袭,的确是
为了尽可能远地离开那些模仿者,但却不具有与此同时成为典范式的
那种才能。——虽然一般地说来,编排他所宣示的观念有两种不同的
方式(modus①,其中一种叫作风格(modus aestheticus②),另一种叫作方
法(modus logicus③),它们相互之间的区别在于:前者除了在表现中的
统一性的情感之外,没有任何别的准绳,但后者在此却是遵守确定的原
则的;因而被看做美的艺术的只有前者。不过,一个艺术品只有当它里
面的理念的宣示是着眼于怪异性、而不是被做得与理念相适合时,它才
叫作风格化的。招摇卖弄(矫揉造作)、装模作样和装腔作势,仅仅是
为了把自己与庸常区别开来(但却没有精神),这是与那种人的举止相
类似的,对这种人我们说,他听见自己在说话,或者他站着、走动着,仿
佛他是在舞台上,为的是被人注目,这任何时候都会暴露出是一个低
能儿。

§50. 在美的艺术的作品里鉴赏力和天才的结合

如果问题在于,在美的艺术的事情上什么更重要,是在这上面显示
天才,还是显示鉴赏力,那么这就相当于问,在这里想象是否比判断力
更为重要。但既然一种艺术就前一方面而言毋宁说只配称之为灵气十
足的艺术,只有就后一方面而言才配称之为美的艺术,那么后者至少作
为绕不开的条件(conditio sine qua non④),是人们在把艺术评判为美的
艺术时必须注意的最重要的东西。为了美起见,有丰富的和独创的理
念并不是太必要,更为必需的却是那种想象力在其自由中与知性的合
规律性的适合。因为前者的一切丰富性在其无规律的自由中所产生的

① 拉丁文:模式。——译者
② 拉丁文:审美的[感性的]模式。——译者
③ 拉丁文:逻辑的模式。——译者
④ 拉丁文:不可缺少的条件。——译者

无非是胡闹；反之，判断力却是那种使它们适应于知性的能力。

鉴赏力正如一般判断力一样，对天才加以训练（或驯化），狠狠地剪掉它的翅膀，使它有教养和受到磨砺；但同时它也给天才一个引导，指引天才应当在哪些方面和多大范围内扩展自己，以保持其合目的性；又由于它把清晰和秩序带进观念的充盈之中，它就使理念有了牢固的支撑，能够获得持久的同时也是普遍的赞扬，获得别人的追随和日益进步的培育。所以如果在一个作品中当这两种不同的特性发生冲突时要牺牲掉某种东西的话，那就宁可不得不让这事发生在天才一方；而判断力在美的艺术的事情中从自己的原则出发来发表意见时，就会宁可损及想象力的自由和丰富性，而不允许损害知性。

所以对于美的艺术就会要求有想象力、知性、天才和鉴赏力。①

§51. 美的艺术的划分

我们可以一般地把美（不管它是自然美还是艺术美）称之为对审美理念的表达：只是在美的艺术中这个理念必须通过一个客体概念来引发，而在美的自然中，为了唤起和传达那被看做由那个客体来表达的理念，却只要有对一个给予的直观的反思就够了，而不需要有关一个应当是对象的东西的概念。

所以，如果我们想划分美的艺术，那么我们为此所能够至少尝试着去选择的更为方便的划分原则，莫过于将艺术类比于人类在语言中用来尽可能完善地、即不仅就他们的概念而且也就他们的感觉而言相互传达的那种表达方式。② 这种表达在于词语、表情和声音（吐词、姿态

---

①　前三种能力通过第四种才获得它们的结合。休谟在其历史著作中使英国人认识到，虽然他们在自己的作品里在前三种特性分别来看时的证据方面并不有所逊色于世界上任何民族，但在使这三者结合起来的那种特性上他们却不能不落后于他们的邻居法国人。——康德

②　读者不会把对美的艺术的一个可能的划分的这种设想评判为有意作出的理论。这只是人们还能和还应当着手来做的好些尝试之一而已。——康德

和音调）。只有这三种表达方式的结合才构成了说话者的完整的传达。因为观念、直观和感觉由此而同时地并协同一致地传递给了别人。

于是只有三种不同的美的艺术：语言的艺术、造型的艺术和感觉游戏的（作为外部感官印象的）艺术。人们也可以用二分法来建立这种划分，这样美的艺术就被划分为表达观念的艺术和表达直观的艺术，而后者又可以按照它的形式和它的质料（感觉）来划分。只不过这样一来它们就太抽象，而且看起来不太适合于普通的理解罢了。

1.语言艺术就是演讲术和诗艺。演讲术是把知性的事务作为一种想象力的自由游戏来促进的艺术；诗艺是把想象力的自由游戏作为知性的事务来实行的艺术。

所以演讲者预告的是一种事务，而实行起来却是这样，好像它只是在和理念做游戏，为的是娱乐听众。诗人预告的只是一种娱乐性的理念游戏，但它却为知性提供出如此多的东西，就好像他本来就只是有意在促进知性的事务似的。感性与知性虽然相互是不可或缺的，但毕竟，没有强制和互相损害也许就不能联合，这两种认识能力的结合与和谐必须显得是并非有意的并且是自发适应于这样的；否则这就不是美的艺术了。因此一切做作的东西和刻板的东西在这里都是必须避免的；因为美的艺术必须在双重意义上是自由的艺术：一方面它不是一种作为雇工的劳动，后者的量是可以按照确定的尺度来评判、来强制或付给报酬的，另一方面，内心虽然埋头于工作，但同时却又并不着眼于其他目的（不计报酬）而感到满足和兴奋。

所以演讲者虽然给予的是某种他没有许诺的东西，也就是想象力的某种娱乐性的游戏；但他也打断了某种他所许诺的东西和毕竟是他所预告过的事务的东西，也就是合乎目的地从事知性。相反，诗人许诺得很少，并且只预告了一种理念的游戏，但却完成了某种配得上一件事务的东西，也就是在游戏中给知性提供了养料，并通过想象力给知性概念赋予了生命；因而从根本上说，前者所完成的少于他所许诺的，后者所完成的则多于他所许诺的。

2.造型艺术或对感官直观中的理念（不是通过单纯想象力的那些

177

由词语激起的表象来）加以表达的艺术，要么是感官真实的艺术，要么是感官幻相的艺术。前者就是塑形的艺术，后者就是绘画。两者都使空间中的形象成为对理念的表达；塑形的艺术使形象在两种感官方面成为可感知的，即视觉和触觉（虽然后者并不着眼于美），绘画则只在视觉方面是这样。审美理念（原始型、原型）在想象力中为这两种艺术奠定了基础；但构成对理念的表达的那个形象（副本、摹本）则要么是在其形体的广延中（如同对象本身的实存那样）被给予出来的，要么是按照这广延在眼中所呈现的那种方式（按照其在一个平面中的显象）被给予出来的；或者说，即算是第一种情况，被当作反思条件的也要么是和一个现实目的的关系，要么只是这目的的假相。

　　属于前一种美的造型艺术即塑形的艺术的有雕塑艺术和建筑艺术。前者是如同事物在自然中可能实存的那样将事物概念体现在形体中的艺术（但却是作为带有对审美合目的性的考虑的美的艺术）；后者是体现这样一些事物的概念的艺术，这些事物只有通过艺术才有可能，它们的形式不是把自然、而是把一个任意的目的当作其规定根据，但这种体现在这个意图上毕竟同时也是在审美上合乎目的的。在后一种艺术中主要的事情是对人为的对象的某种运用，这作为条件而使审美理念受到限制。在前一种艺术中主要的意图仅仅是使审美理念得到表达。所以人、神和动物等等的立像属于前一种艺术，但为了公共集会的庙宇或礼堂，乃至于住宅、凯旋门、柱廊及为了缅怀荣光而建立的纪念塔之类，则属于建筑艺术。甚至一切家具（细木工的作品和此类有用之物）也能够被归入此列；因为一个产品对于某种运用的适合性构成建筑作品的本质；相反，一尊单纯的雕像只是为了观赏而创作出来的，它应当自身单独就令人喜欢，它作为形体的体现是对自然的单纯模仿，但却也顾及到审美的理念：于是在这里感官的真实不能走得太远，以至于它不再显得是艺术和任意的作品了。

　　作为第二种造型艺术的绘画艺术，是把感官幻相人为地与理念结合着来体现的，我将划分为美丽地描绘自然的艺术和美丽地编排自然产物的艺术。前者将会是真正的绘画，后者则将是园林艺术。因为前者给出的只是有形广延的幻相;后者虽然按照真实来给出有形广延,但只提供了利用和运用于别的目的、而不只是为了在观看它们的形式时做想象的游戏这种幻相。① 后者无非是用同样的多样性(绿草、花卉、灌木和树林,甚至水流、山坡和幽谷)来装饰地面,大自然借此使这块地面在直观面前呈现出来,只不过是以另一种方式、并适合着某种理念来编排而已。但这种对有形之物的美丽的编排也像绘画那样只是对眼睛提供出来的,触觉的感官关于这样一种形式不能获得任何直观的表象。我还将把以墙纸、顶饰和一切美丽的、只是用于外观的室内设施来装点房间都归入广义的绘画之列;同样还有按照品味的服饰(耳环、小盒等)的艺术。因为一个种满各种各样花卉的花坛,一个带有各种各样装饰物的房间(甚至女人的饰物也包括在内),在一个盛大的庆典上构成了某种油画般的场面,它如同真正所谓的油画一样(其意图决不是教人历史或自然知识),仅仅是为了观看而存有的,以便想象力在和理念自由地游戏时使人娱乐,并且没有确定的目的而调动起审美的判断力。在所有这类装饰方面的制品尽管在机械性上说是很不相同的,并且需要各种完全不同的艺术家;但对于在这类艺术里什么是美的,鉴赏判断却是以同一种方式就这一点而言来加以规定的:即对于这些形式(不顾及某种目的)只就它们如何呈现在眼前而单个地或在它们的组合中按照它们对想象力所产生的效果来评判。——至于造型艺术如何能(按照类比)被归入语言中的表情,这也由于艺术家的精神通过形

180

---

① 园林艺术尽管是用形体来体现它的形式,却可以被看做绘画艺术的一种,这看起来是令人奇怪的;但由于它的形式实际上是从自然界拿来的(树木、丛林、草地和花卉都来自森林和田野,至少最初是这样),并且就其是一种不像塑形艺术的艺术而言它也不把任何关于对象及其目的的概念(例如像建筑艺术那样)作为自己的编排的条件,而是只有想象力在观看中的自由游戏:所以它与不具有任何确定主题的单纯审美的绘画(后者把空气、原野和水通过光和影而娱乐性地编排起来)在这方面是一致的。——总之,读者只会把这评判为一种把各门美的艺术结合在一个原则之下的尝试,这原则在这里应当是(根据对语言的类比来)表达审美理念的原则,而不会把它看做被认为是判决了的对各门美的艺术的推导。——康德

象而对他所设想的是什么和怎样设想的提供了一个有形的表达,以及使事情本身仿佛绘声绘色地表演出来,而得到了辩护:这是我们的幻想的一种极为常见的游戏,这种幻想给无生命之物按照其形式而配上了某种从它们里面流露出来的精神。

3. 感觉的美的游戏的艺术(这些感觉由外界产生出来,但却仍然必须能普遍传达)所能涉及的无非是这感觉所属的那种感官的各种不同的情绪程度(紧张度)的比例,也就是这感官的调子;而在这个词①的这种宽广的含义上这种艺术可以划分为听觉和视觉这两种感觉的人造游戏,因而分为音乐和色彩艺术。——值得注意的是,这两种感官除了能够具有被要求从外部对象那里借助于它们的概念而获得的那么多的对印象的感受性之外,还能够具有一种与此结合着的特殊的感觉,对这种感觉我们不太能够断定它是以感官还是以反思作为基础的;而这种可感性毕竟有时也可能缺乏,尽管感官在其他方面,在涉及到它对客体知识的运用时丝毫也不缺少,反而也许是很出色很精细的。这就意味着:我们不能肯定地说一种颜色或一个音调(声响)仅仅是快适的感觉呢,还是本身已经是诸感觉的一种美的游戏,并作为这样一种游戏在审美评判中带来一种对形式的愉悦。如果我们想到光的振动速度、或在另一种艺术里空气的振动速度,似乎是远远超出我们对于由这速度来划分时间的那个比例在知觉中直接进行评判的所有能力的:那么我们就应当相信,只有这些颤动对我们身体的有弹性的部分的作用才被感觉到,但通过这些颤动所进行的时间划分却未被发觉和纳入到评判中来,因而与颜色和声音结合在一起的只是快意,而不是它们的组合的美。但反之,如果首先我们考虑一下关于音乐中这些震动的比例及其评判能够说出来的那种数学的东西,并按照与这种评判的类比来方便地评判色彩的对比;其次,如果我们问问那些虽然只有罕见例子的人们,他们拥有世界上最好的视觉却不能区分颜色,拥有最灵敏的听觉却

① "调子"原文为 Ton,有"声音"和"音调"两重含义,引申为广义的"调子"(如色调等)。——译者

不能分辨音调,同样,对于那些能够做到这点的人,如果我们问问以不同的紧张度对色阶和音阶中改变了的性质(而不只是对感觉的程度)的知觉,此外,如果这些色阶音阶的数目对于能够把握的区别来说是确定了的:那么我们就会不能不看到,对这两种感官的感觉不能只看做感官的印象,而要看做对多种感觉在游戏中的形式作评判的结果。但是,在对音乐的基础作评判时一种意见或另一种意见所表现出的区别,只会使这个定义改变为:人们要么像我们所做的那样把音乐解释为诸感觉(通过听觉)进行的美的游戏,要么解释为快适的感觉的游戏。只有按照第一种解释方式,音乐才会完全被表现为美的艺术,而按照第二种解释却会(至少部分说来)被表现为快适的艺术。

182

§52. 在同一个作品里各种美的艺术的结合

演讲术可以和某种绘画性的表演、它的主体及诸对象结合在一出戏剧中,诗可以和音乐结合在歌唱中,而歌唱却同时又能和绘画性的(戏剧性的)表演结合在一场歌剧中,音乐中诸感觉的游戏可以和诸形象的游戏结合在舞蹈中等等。甚至对崇高的东西的表演,就其属于美的艺术而言,也能在一场吟诵悲剧中,在一首教训诗中,在一曲圣乐中和美结合起来,而在这种结合中美的艺术就更加人为化了;但是否(由于如此多样的各种愉悦相互交织在一起而)更加美了,在这些场合中的有些场合下是可以怀疑的。但毕竟在所有的美的艺术中,本质的东西在于对观赏和评判来说是合目的性的那种形式,在这里愉快同时就是教养,它使精神与理念相配,因而使精神能接受更多的这类愉快和娱乐;而不在于感觉的质料(即魅力或感动),在这里本质的东西只是为了享受,这种享受在理念里不留下任何东西,它使精神迟钝,使对象逐渐变得讨厌,使内心由于意识到他的在理性判断中违背目的的情绪而对自己不满和生气。

如果美的艺术不是或远或近地被结合到那些唯一带有一种独立的愉悦的道德理念上来,那么后一种情况就是这些美的艺术的最终命运

183 了。它们于是就只是用来消遣,当人们越是利用这种消遣,以便通过使自己越来越无用和对自己越来越不满而驱赶内心对自己的不满,他就越是需要这种消遣。一般来说,自然美是最有助于前一种意图的,如果我们早就习惯于观赏它、评判它和赞叹它的话。

§53. 各种美的艺术相互之间审美价值的比较

在一切美的艺术中,诗艺(它把自己的源泉几乎完全归功于天才,并最少要规范或榜样来引导)保持着至高无上的等级。它扩展内心是通过它把想象力置于自由中,并在一个给予概念的限制之内,在可能与此协调一致的那些形式的无限多样性之间,呈现出一个把这概念的体现与某种观念的丰富性联结起来的形式,这观念的丰富性是没有任何语言表达与之完全适合的,这形式于是就把自己通过审美提升到理念。诗艺加强内心则是通过它让内心感到自己的自由的、独立的和不依赖于自然规定的能力,即把自然按照其外观来作为现象观看和评判的能力,这些外观并不是自然在经验中,不论是对感官还是对知性,自发地呈现出来的,因而这能力也就是把自然用于超感性之物的目的、并仿佛用作超感性之物的图型的能力。诗艺用它随意产生的幻相做游戏,但不是以此来欺骗;因为它把自己的工作本身就解释为单纯的游戏,尽管这游戏也能被知性所用,合目的地运用于它的事务上。——演讲术,就其被理解为说服人的艺术,即通过美丽的幻相捉弄人的艺术(作为 ars oratoria①),而不仅仅是善于言辞(口才和修辞)而言,它是一种辩证法,这种辩证法只从诗艺那里借取它对于在人们作评判之前就为了演说者自己的好处而赢得人心并剥夺他们的自由所必要的东西;所以它既不能推荐给诉讼法庭也不能推荐给布道坛。因为,如果所关注的是公民法律、个人权利或耐心地劝导和促使人心对自己的义务有正确的知识和认真的遵守的话:那么这对于这样一件重要的事务是有失身份的,哪

---

① 拉丁文:雄辩术,能言善辩的艺术。——译者

怕只要让人看出一点机智和想象力的放肆的痕迹,更不用说看出要说 184
服人而为某个人捞取好处的技巧的痕迹了。因为即使演讲术有时也能
被应用于本身合法的和值得称赞的意图上面,但它仍然是不入流的,因
为以这种方式,准则和意向都在主观上遭到了败坏,哪怕在客观上这行
动是合法的;因为做本身是正当的事,这是不够的,还必须仅仅出于因
为它是正当的这个理由来做事。甚至仅仅是这样几种人类事务的清晰
概念,在与榜样中的生动体现相结合、而不违背语言流畅和对理性理念
表达得体的规则(这些合起来就是善于言辞)时,本身也就已经对人心
具有了充分的影响,而不必在这里再加进说服人的心机了;这些心机,
由于同样也可以用来美化和掩盖罪恶和错误,是不能根除对其故意蒙
混过关的暗中怀疑的。在诗艺中一切都是诚实而正直地进行的。它坦
然表示只是想促进那用想象力来娱乐的游戏,也就是想象力按照形式
而与知性法则相一致的游戏,而不是要用感性的表演来偷换和缠住
知性。①

如果所关注的是魅力和内心的激动,我将在诗艺的后面放置这样 185
一种艺术,它在语言艺术中最靠近诗艺,因而也能很自然地与诗艺结合
起来,这就是音调的艺术。因为它虽然不凭概念、而是通过纯粹的感觉

① 我必须承认,一首美丽的诗总是使我产生一种纯粹的快乐,而读一位罗
马公民大会演说家或现在的议会演说家或是布道者的最好的演说辞,却总是混有
对某种阴险技巧的反感这种不快感,这种技巧懂得把人当作机器,在那些重要的
事情上推动人作出某种在他们平静思考时必然会失去任何重要性的判断。口才 185
和善于言辞(合起来就是修辞学)属于美的艺术;但演说家的艺术(ars oratoria)作
为利用人类的弱点达到自己的意图的艺术(不论这些意图可能被认为多么好、乃
至如它们所愿望的那样现实地好),却是根本不值得敬重的。何况它无论是在雅
典还是在罗马,都只是当国家已奔赴它的腐败,而真正的爱国主义的思维方式已
经熄灭时,才提升到了一个时代的最高点。凡是在对事物的清晰洞见中掌握了语
言的丰富性和纯粹性,并在一种富有成果的有能力体现其理念的想象力中把握住
心情的真正善良的生动成分的人,就是 vir bonus dicendi peritus[拉丁文:富有演说
经验的好人。——译者],就是一个不用技巧的演说家,但却有很强的说服力,像
西塞罗所希望具有的那样[实际上此典出于老卡图。——德文编者],但他自己却
并没有总是保持忠于这个理想。——康德

来说话,因而不是像诗那样还为思索留下了某种余地,但它毕竟更多样化地、并且尽管只是转瞬即逝但却更内在地激动着内心;但它的确更多地是享受而不是教养(由此而附带激起的观念游戏仅仅是某种仿佛机械性联想的作用),并且凭理性来评判也比美的艺术中任何别的一种更少价值。因此它也像任何享受一样要求经常地变换,忍受不了多次的重复而不感到厌烦。它的那种能够如此普遍传达的魅力其根基似乎在于,每一种语言表达在关联中都有一种与表达的意义相适合的音调;这种音调或多或少地标志着说话者的某种激情,并且也在对面倾听者那里产生这种激情,这激情反过来又在倾听者那里也激发起在说话中以这样一种音调所表达出来的那个理念;并且,正如音调的变化仿佛是一种对每个人都可理解的普遍的感觉语言一样,唯有音调的艺术是自身独立地以其全部坚定性、也就是作为激情的语言而进行着这种音调变化,因而根据联想法则普遍地传达着与此自然结合在一起的审美理念的,但由于那些审美理念不是概念和确定的观念,所以把这些感觉复合起来的那个形式(和声与旋律)仅仅是代替语言的形式,而用于通过诸感觉的一种合乎比例的搭配(这种搭配由于在这些音调方面是基于在同一时间内、就诸音调同时或前后相继地被结合而言的空气振动的数目关系上,所以能在数学上被归入某种规则)来按照在乐曲中构成主导激情的某种主题而表达出对一种不可名状的观念丰富性的关联整体的审美理念。这种数学形式虽然不是通过确定的概念而被表现的,但唯有仰赖于这形式,才有那种愉悦,它把有关这一大束相互陪伴或跟随的诸感觉的单纯反思与诸感觉的这种游戏结合起来,作为每个人的美的有效性的条件;也唯有这形式才是鉴赏力可以依据着自以为有权把每个人的判断预先说出来的东西。

　　但对于音乐所产生的魅力和内心激动,数学肯定是丝毫也不沾边的;相反,它只是诸印象在其结合或交替中的比例的回避不了的条件(conditio sine qua non①),通过这个条件,才有可能把诸印象联合起来,并

----

① 拉丁文:不可缺少的条件。——译者

阻止它们,使它们不是相互破坏,而是通过与之相协和的激情而相互协调为内心的某种连续的激动和振奋,并以此成为一种惬意的自我享受。

相反,如果我们把美的艺术的价值按照它们给内心造成的教养来估量,并采取那些为了认识而必须在判断力中集合起来的能力的扩展作为尺度,那么音乐之所以在美的艺术中占有最低的位置(正如它在那些同时按照其快意来估量的美的艺术中也许占有至高无上的位置一样),是因为它仅仅以感觉来做游戏。所以在这一方面造型艺术就远远走在音乐的前面;因为它们把想象力置于一种自由的但同时却又与知性相适合的游戏中,这样它们就同时推动了一件事务,因为它们完成了一件作品,这作品把知性概念用作一种持久的、单凭自身就受欢迎的工具,去促进这些概念与感性的结合,因而仿佛就促进了这些高级认识能力的温文尔雅。这两类艺术采取的是完全不同的道路:第一种是从诸感觉到不确定的理念;第二种则是从确定的理念到诸感觉。后一类艺术具有持存性的印象,前一类则只具有短暂性的印象。想象力能够唤回前一类印象并以此作快适的娱乐;后一类印象却要么完全消失,要么,如果它们不由自主地被想象力所重复的话,则它们与其说使我们快适,不如说使我们厌烦。除此之外,与音乐相联的是在温文尔雅上有所欠缺,即音乐尤其是按照其乐器的性状把它的影响扩展到超出我们所要求的之外(即影响到邻居),这就好像在强迫人,因而就损害了音乐会以外的别人的自由;这不是那些向人的眼睛说话的艺术所干的事,因为如果人们不想接受它们的印象的话,只要把眼睛转开就行了。这里的情况正如用一种扩散很远的香味来使自己陶醉一样。一个从口袋里掏出他的撒满香水的手绢的人是违背着他周围和旁边一切人的意志在款待他们,并强迫他们如果想要呼吸就必须同时享受这种气味;因此这种事也已经过时了。①

① 有些人曾建议在家里做祈祷时也要唱圣歌,他们不曾考虑到,他们通过这样一种热闹的(正因此通常是假虔诚的)祈祷而把一种巨大的负担加到了公众身上,因为他们强迫邻居们要么一起来唱,要么放下他们正思考的事情。——康德

188　　　　在造型艺术中我将把优先地位给予绘画,部分是由于它作为素描艺术而为其他一切造型艺术奠定了基础,部分是由于它能比其他造型艺术所被允许的更远地深入到理念的领域,与此相应也能更多地扩展直观的范围。

§54. 注　释

在单纯通过评判令人喜欢的东西和令人快乐的(通过感觉而令人喜欢的)东西之间,如我们多次指出的,存在着一种本质的区别。后者是某种人们不能像对前者那样要求于每个人的东西。快乐(它的原因尽管也可能在理念之中)似乎永远在于某种促进人类全部生活的情感,因而也在于肉体的舒适即健康的情感;以至于把一切快乐都从根本上冒充为肉体感觉的伊壁鸠鲁在这方面也许是不无道理的,并且当他把智性的甚至实践的愉悦归入这种快乐时,他只是自己误解了自己。如果我们着眼于后面这种区别,那么我们就可以得到解释,为什么一种快乐有可能被那感觉到它的人自己所讨厌(如一个贫穷但却思想正派的人对爱他但却吝啬的父亲的那笔遗产所感到的高兴),或者,为什么一种深深的痛苦却有可能被承受它的人所喜欢(如一个寡妇对她的功勋卓著的丈夫的死的伤心),或者为什么一种快乐此外又能令人喜欢(如对我们所从事的科学的快乐),或一种痛苦(例如仇恨、嫉妒和报复欲)还能令我们对这种痛苦讨厌。在这里,愉悦和讨厌都是建立在理性上的,并且是与赞同或不赞同等同的;但快乐和痛苦却只能建立在情感或对一种(不论出自什么根据的)可能的舒适或不适的展望之上。

　　诸感觉(它们没有任何意图作根据)的一切交替着的自由游戏都使人快乐,因为它促进着对健康的情感:不论我们在对它的对象甚至对

189　这种快乐作理性的评判时是否有一种愉悦;而这种快乐可以一直上升为激情,尽管我们对这个对象本身并不怀有任何兴趣,至少是不怀有这样一种与激情的程度成比例的兴趣。我们可以把它们分为博彩游戏、音调的游戏和观念的游戏。第一种游戏要求有一种兴趣,它可以是虚

荣的兴趣或自私的兴趣,但它远不是像对我们试图如何获取它的那种
方式所感到的兴趣那样大;第二种游戏仅仅要求诸感觉的交替,这些感
觉中每一种都具有自己对于激情的关系、却不具有对一种激情的程度
的关系,而且都使审美的理念活跃起来;第三种游戏仅仅来自于判断力
中诸表象的交替,虽然没有任何带有某种兴趣的观念借此而被产生出
来,但内心毕竟由此而得到了鼓动。

　　我们的一切社交晚会都表明,游戏必须如何地使人快乐,而无须人
们把利益的考虑作为它的基础而使人快乐;因为没有游戏任何晚会都
几乎不可能使人娱乐。但希望、恐惧、高兴、愤怒、嘲弄这些激情在此通
过它们在每一瞬间交换它们的角色而做游戏,它们如此生动,以至于好
像体内的整个生命活动作为一种内在的骚动都由此而被调动起来了,
就像内心借此而产生的某种生气勃勃所证明的那样,尽管既没有获得
什么也没有学到什么。但由于博彩并不是什么美的游戏,所以我们在
这里要把它排除在外。反之,音乐和笑料却是带有审美理念或者甚至
知性表象的两种不同的游戏,最终并没有什么通过它们而被思考,它们
仅仅能通过它们的交替、但却是生动地使人快乐;它们由此就使人相当
清晰地看出,这种鼓动在两种游戏中都只是肉体上的,尽管它们也都是
由内心的理念激活起来的,而对健康的情感通过某种与那个游戏相符
合的内脏活动,就构成了一个激情洋溢的晚会上被称赞为如此高尚风
雅的全部快乐。并不是对各种音调的和谐或奇思怪想的评判,这连同　　190
其美只不过是用作必要的载体,而是那在肉体中被促进的生命活动,即
推动内脏和横膈膜的那种激情,一句话,对健康的情感(它在平时没有
这样一种因缘是不能感到的),构成了我们由于也可以用心灵来掌握
肉体,并把心灵用作肉体的医生,而感到的快乐。

　　在音乐中,这种游戏从肉体感觉走向审美理念(即激情的客体),
然后又从审美理念那里、但却以结合起来的力量而返回到肉体。在玩
笑(它正如音乐一样,与其说该归入美的艺术,不如说该归入快适的艺
术)中游戏从观念开始,这些观念就它们要感性地表达自己而言,全都
使肉体产生活动;并且由于知性在这种表演中当它没有发现所期待的

东西时突然松弛下来,于是人们就在肉体中通过各种器官的振荡而感到了这种松弛的作用,这种作用促进着这些器官的平衡的恢复,并对健康具有某种良好的影响。

在一切会激起热烈的哄堂大笑的东西里都必然有某种荒谬的东西(所以对于它知性本身不会感到任何愉悦)。笑是由于一种紧张的期待突然转变成虚无而来的激情。正是这种肯定不会使知性高兴的转变,却间接使人在一瞬间强烈地感到高兴。所以其原因必定在于表象对肉体的影响及肉体对内心的交互影响;更确切地说,并非就表象客观地就是快乐的对象而言(因为一个被欺骗了的期待如何能够使人快乐呢?),而只是由于这种转变作为诸表象的单纯游戏而在肉体中产生出生命力的某种平衡。

当有人讲述一名印第安人在苏拉特①的一个英国人的宴席上看到打开一瓶英国啤酒,而这啤酒全都变成泡沫冒了出来时,便用连声呼叫来表示他的巨大惊异,而当英国人问他:"到底有什么可以如此惊异的?"回答是:"我奇怪的也不是它冒出来了,而是您是如何能够把它装进去的。"这时我们就会发笑,它使我们感到真心的愉快;不是由于我们感到自己例如说比这个无知的人更聪明,或者此外又是关于知性在这里让我们注意到的某种令人愉悦的东西的愉快,而是我们的期待曾经是紧张的,而突然消失为虚无。或者,当继承了一位富有的亲戚的遗产的人想给这亲戚举行一个非常隆重的葬礼,但却抱怨他在这件事上做得不顺手;因为(他说):"我给丧葬人员的钱越多,让他们显得悲伤些,他们看起来就越快活":这时我们就会大笑,而原因也在于一种期待突然转变成了虚无。我们必须注意的是,这种期待必须不是转变为一个期待对象的积极的对立面——因为这总是某物并常常会使人悲伤——而必须转变为虚无。因为如果有人通过讲一个故事激起了我们很大的期待,而我们在结尾马上看出了它的不真实,这就会使我们感到讨厌;例如关于那些据说由于巨大的忧伤而在一夜之间白了头发的

① Surat,印度西部港口城市。——译者

人的故事。相反,如果有另一个促狭鬼为了回敬这类故事而添油加醋地讲述一位商人的忧伤,说他带着他的全部财货从印度返回欧洲,在一场强烈的风暴中不得不把它们全都扔到海里去,他伤心到这种程度,以至于为此在这天夜里他的假发变白了,我们就会好笑,这使我们快乐,因为我们把自己想要抓住一个对我们本来是无所谓的对象的失误,或不如说把一个我们所追寻的理念,像一只球那样还打来打去了一阵子,因为我们一味地以为抓住了它并把牢了它。在这里并不是把一个骗子或傻瓜打发掉而引起了快乐;因为单是后面这个一本正经地讲出来的故事本身也就会引起聚会的人一场哄堂大笑了;而前面那个故事通常就会不值得人们哪怕是注意一下。 192

　　值得注意的是,在一切这种场合笑话总是必须包含有某种暂时会引起误会的东西;因此,当幻相消失为虚无时,内心再次回顾,以便把这幻相还再品味一番,这样,内心就由于很快交互地接踵而至的紧张和松弛而跳来跳去和震荡不安,这种震荡由于是从仿佛绷紧了弦的东西中突然弹拨出来的(而不是通过逐渐的放松而发生的),它就必然会导致内心的激动及与之和谐的内部身体的运动,后者不由自主地持续着并产生出疲倦,但同时也产生快感(一种导致健康的运动的结果)。

　　因为如果我们承认,我们的一切观念同时又是和身体器官中的某一种运动和谐地结合在一起的,那么我们就相当能够理解,为什么那样把内心一忽儿置于这种立场、一忽儿置于那种立场以考察其对象,会有我们内脏的弹性部分的某种传达到横膈膜的交替紧张和放松与之相应了(就像那些怕痒的人那样);这时肺部以很快相继而来的间歇把空气喷发出来,因而产生一种有助于健康的运动,唯有这种运动,而不是在内心中发生的事情,是对一个根本上不表现什么的观念感到快乐的真正原因。——伏尔泰说,上天为了平衡生活中的许多艰难而给予了我们两样东西:希望和睡眠。他本来还可以把笑也算进去;只要在有理性者那里激起笑的手段如此俯拾即是,而诙谐或它所要求的任情使性的独创性同样也不罕见,就像那进行虚构的才能屡见不鲜:伤神地虚构如神秘的冥想家,伤身地虚构如天才,或伤心地虚构如感伤的小说家(也 193

有感伤的道德家）。

所以我觉得，人们不妨承认伊壁鸠鲁的说法：一切快乐即使是由那些唤醒审美理念的概念引起的，都是动物性的，即都是肉体上的感觉；而由此丝毫也不损害到对道德理念的敬重这种精神性的情感，后者决不是快乐，而是一种把我们提升到对快乐的需要之上的（对我们中的人性的）自我尊重，的确，这种说法甚至连对鉴赏力这种不太高贵的情感也毫无损害。

在天真状态中存在着某种由两方面组合起来的东西，天真状态就是人性的本是原始自然的那种正直面对已成为另一本性的伪装术的逃避。人们嘲笑那种还不懂得伪装自己的纯朴，但毕竟也为这种天性的纯朴感到高兴，这种纯朴在这里把伪装术划掉了。人们期待着那装出来的、小心地针对美丽幻相的态度在日常生活中的中规中矩；并且看到：未被败坏的无辜的天性是我们根本不曾料到会碰见的，也是那个让人看出这一点来的人自己也不曾想到要显露出来的。那美丽的、但却是虚伪的幻相，通常在我们的判断中是很重要的，但在这里却突然转变为虚无了，就好像露出了我们自己心中的那个促狭鬼一样，这就产生了我们内心朝两个对立的方向的连续不断的运动，同时就使身体也有益于健康地抖动起来。但在人类天性中某种无限好过所有接受下来的规矩的东西，即思想境界的纯正性（至少是倾向这种思想境界的素质），毕竟还没有完全泯灭，这就在判断力的这种游戏中掺和进了严肃和尊重。但由于这只是在短时间内突现出来的现象，而伪装术的面罩马上重又遮盖起来了，所以在这里面同时就混有某种遗憾，这是一种温柔的感动，它作为游戏可以很好地和这样一种善意的笑结合在一起，并且事实上通常也是与此结合着的，同时也经常地对那个为此提供了笑料的人因为自己还没有按照人们的方式学乖而感到的尴尬提供补偿。——因此说一门艺术是天真的，这是一个自相矛盾；不过在一个虚构出来的人物中表现天真，这却是完全可能的和美的，虽然这也是罕见的艺术。不要把天真和坦诚的纯朴混淆起来，后者之所以不伪装自己的天性，只是因为不擅长于某种可作为交往技术的事。

　　在使人开心而与出自笑的快乐有近缘关系的、并且属于精神的独创性、但恰好并不属于美的艺术的才能的东西中，还可以算上诙谐幽默的风格。因此任情使性在好的意义上①就意味着能够使自己任意地置身于某一种内心气质中的才能，在这种内心气质中一切事物都完全不同于平常的（甚至与平常根本相反的）那样来评判，但却还是按照着在这样一种内心情绪中的某些理性原则来评判。凡是不由自主地屈从于这种变化的人，就叫做性情乖张；但凡是能够随意地和合目的地（为了借助于一种使人好笑的对比来作一种生动的表演）呈现这种变化的人，他和他的表演就叫做诙谐幽默的。但这种风格更多地属于快适的艺术，而不属于美的艺术，因为后者的对象总是必须本身表现出几分庄重，因而在表演中正如鉴赏力在评判中那样要求有某种严肃。

---

　　① "任情使性"，原文为 Laune，意思是变化无常的情绪，略带贬义（喜怒无常）；但由它所派生的形容词"诙谐幽默"（launig）却带褒义，所以康德把后者等同于"在好的意义上"的前者。下文的"性情乖张"（launisch）则显然是在"坏的意义上"说的。——译者

195

第二章　审美判断力的辩证论

§55.

　　一个判断力如果应当是辩证的，就必须首先是推想的；就是说，它的判断必须提出对普遍性的要求，并且是先天的普遍性的要求①：因为辩证论就在于这些判断的相互对立。所以感性的感官判断（有关快适和不快适的）的不一致性并不是辩证论的。即使是鉴赏判断的冲突，如果每一方只是基于他自己的鉴赏之上，也不构成鉴赏的辩证：因为没有人想到使自己的判断成为普遍的规则。所以没有余留下任何可能涉及鉴赏的辩证论的概念，除了对鉴赏的批判（而非鉴赏本身）在其诸原则方面的辩证论概念之外：因为在这里，关于一般鉴赏判断的可能性
根据以自然的和不可避免的方式出现了相互冲突的概念。所以对鉴赏的先验的批判将只包含可以冠有审美判断力的辩证论之名的那个部分，如果发生了这一能力的诸原则的二律背反，它使这能力的合法性、因而也使它的内在可能性成为可疑的话。

§56. 鉴赏的二律背反的表现

　　鉴赏的第一句套话就是这个命题，每个缺乏鉴赏的人都想到用这

---

　　①　一个推想的判断（iudicium ratiocinans［拉丁文：推想的判定。——译者］）可以意指每一个宣称自己为普遍的判断，因为只有这样它才能用作一个理性推理中的大前提。反之，一个理性判断（iudicium ratiocinatum［拉丁文：推理的判定。——译者］）则只能被称之为这样一种判断，它被设想为一个理性推理的结论，因而被设想为**先天地**建立起来的。——康德

个命题来抵制对自己的指责:每一个人都有他自己的鉴赏。这就意味着:这种判断的规定根据只是主观的(即快乐和痛苦);而这判断无权要求别人的必然赞同。

鉴赏的第二句套话,是那些甚至承认鉴赏判断有权宣布对每个人都有效的人也运用的,这就是:关于鉴赏是不能争辩的。这就意味着:一个鉴赏判断的规定根据虽然也可能是客观的,但不可能被放到确定的概念上来,因而关于这个判断本身没有任何东西能通过证明而得到判定,虽然对它很可以并且能够有理由来加以争执。因为争执和争辩虽然在它们试图通过诸判断的相互反对而产生出它们的一致这一点上是同样的,但其差别在于:后者希望把这一点按照那些作为证明根据的确定概念而产生出来,因而把客观的概念假定为这个判断的根据。但在这一点被看做是不可行的地方,这种争辩也就同样被评判为不可行的。

容易看出,在这两句套话中间还缺了一个命题,这命题虽然并未以谚语的方式流传,但却包含在每个人的思想中,这就是:关于鉴赏可以争执(虽然不能争辩)。但这个命题包含着上面第一个命题的反面。因为只要容许对什么东西应当争执,也就必然会有在相互间达成一致的希望;因而人们就必须能指望判断的那些不只具有私人的有效性、因此不仅仅是主观的根据;然而这与前面那条原理:每一个人都有他自己的鉴赏,是恰相反对的。

所以在鉴赏原则方面就表现出如下的二律背反:

1)正题。鉴赏判断不是建立在概念之上的;因为否则对它就可以进行争辩了(即可以通过证明来决断)。

2)反题。鉴赏判断是建立在概念之上的;因为否则尽管这种判断有差异,也就连对此进行争执都不可能了(即不可能要求他人必然赞同这一判断)。

197

§57. 鉴赏的二律背反的解决

要消除那些给每个鉴赏判断以支持的原则(它们无非是上面在分析论中所展示的两个属于鉴赏判断的特点)的冲突是不可能的,除非我们指出:我们使客体在这类判断中与之相关的那个概念,在审美判断的这两个准则中并不是在同一个意义上来理解的;这种双重的意义或评判观点对于我们的先验的判断力来说是必要的;但在一方和另一方的混淆中的这种幻相作为自然的幻觉也是不可避免的。

鉴赏判断必须与不管什么样的一种概念发生关系;因为否则它就绝不可能要求对每个人的必然有效性。但它又恰好不是可以从一个概念得到证明的,因为一个概念要么可能是可规定的,要么可能是本身未规定的同时又是不可规定的。前一种类型是知性概念,它是可以凭借能够与之相应的感性直观的谓词来规定的;但第二种类型是对超感官之物的先验的理性概念,这种超感官之物为所有那些直观奠定基础,所以这个概念不再是理论上可规定的。

198　　现在,鉴赏判断针对的是感官对象,但不是为了替知性规定这些对象的一个概念;因为它并不是认识判断。所以它作为与愉快情感相关联的单个直观表象只是一个私人判断:就此而言它按照其有效性只会被局限于作判断的个体之上:对象对我来说是一个愉悦的对象,对别人来说很可能是另一种情况;——每个人都有自己的鉴赏。

然而,毫无疑问,在鉴赏判断中是包含有客体表象(同时也有主体表象)的某种更广泛的关系的,以此为根据,我们就把这一类判断扩展为对每个人都是必然的:所以这种扩展就必须要以某一个概念作为基础;但必须是这样一种概念,它根本不可以通过直观来规定,通过它也没有什么可以被认识,因而也不能够给鉴赏判断提供任何证明。但这样一类概念只能是有关超感官之物的纯粹理性概念,这超感官之物给作为感官客体、因而作为现象的对象(并且也给下判断的主体)奠定了基础。因为假如我们不顾到这一点,那么鉴赏判断对于普遍有效性的要求就将无法挽救；它所作为根据的那个概念就会只不过是一个混乱的知性概念了，例如人们可能将美的感性直观相应地加于其上的完善性概念：这样一来，将鉴赏判断建立在证明之上，这至少就本身而言就会是可能的了，而这是与正题相矛盾的。

但现在，一切矛盾将被消除，如果我说：鉴赏判断基于某种概念（自然界对于判断力的主观合目的性的某种一般根据的概念）之上，但从这概念中不能对客体有任何认识和证明，因为它本身是不可规定的和不适用于认识的；但鉴赏判断却正是通过这个概念而同时获得了对每个人的有效性（尽管在每个人那里是作为单一的、直接伴随着直观的判断）：因为这判断的规定根据也许就在那可以被视为人性的超感官基底的东西的概念中。

对一个二律背反的解决仅仅取决于这种可能性，即两个就幻相而言相互冲突的命题实际上并不是相互矛盾的，而是可以相互并存的，哪怕对它们的概念的可能性的解释超出了我们的认识能力。至于这种幻相也是自然的，是人类理性所不可避免的，以及为什么会有这种幻相，而且为什么即使在这种幻相的矛盾被解除了之后不再欺骗人了，它也仍然存在，由此也就能够得到理解了。

这是因为，我们把一个判断的普遍有效性必须建立于其上的那个概念在两个相互冲突的判断中都理解为同一种含义了，但却用两个相互对立的谓词来陈述它。所以在正题中意思本来是说：鉴赏判断不是以确定的概念为根据的；在反题中却是说：鉴赏判断毕竟是以某种虽然不确定的概念（也就是关于现象的超感官基底的概念）为根据的；而这样一来，在它们之间就会没有任何冲突了。

除了对鉴赏中的这种要求和反面要求之间的冲突加以消除之外，我们所做的不能够更多了。给出一个鉴赏的客观确定原则，借以使鉴赏判断能得到引导、检验和证明，这是绝对不可能的；因为那样一来它就不是鉴赏判断了。这条主观原则、也就是我们心中的超感官之物的不确定理念，只能被作为解开这个甚至按照起源也对我们隐藏着的能力之谜的唯一钥匙而指出来，却没有任何办法能得到进一步的理解。

199

在这里被提出并得到调解的二律背反,是以鉴赏的正确概念、也就是以一个单纯反思的审美判断力的概念为基础的;而在这里,这两个表面上相冲突的原理,由于两者都可以是真的而相互一致起来,这也就够了。反之,假如把鉴赏判断的规定根据(由于鉴赏判断以之为基础的那种表象的个别性)像某些人所做的那样设定为快意,或像另外一些人想做的那样(由于其普遍有效性)设定为完善原则,并据此来建立鉴赏的定义:那么从中就会产生出二律背反,它是绝对不可能这样来调解的,即指出相互对立(而不只是相矛盾①)的这两个命题都是假的:这就表明,每个命题以之为根据的那个概念本身是自相矛盾的。所以我们看到,审美判断力的二律背反的消除采取了一种类似于批判在纯粹理论理性的二律背反的解决中所遵循的进程;而同样,在这里以及在实践理性批判中,二律背反都在强迫着人们违心地把眼光超出感性的东西之上,而在超感官之物中去寻求我们一切先天能力的结合点:因为已不再有别的出路使理性与它自身相一致了。

注 释 一

既然我们在先验哲学中如此经常地发现把理念和知性概念区别开来的理由,那么引入与它们的这种区别相适合的艺术用语是有好处的。我相信,如果我提出几个这种用语的建议,人们是不会有任何反对意见的。——在最一般意义上的理念就是根据某种(主观的或客观的)原则而与一个对象相关的表象,不过是就这些表象永远也不能成为这对象的知识而言的。这些理念要么是按照各种知识相互间(想象力和知性间)协和一致的单纯主观原则而与一个直观相关,这时就叫作审美的[感性的]理念,要么就是按照一个客观原则而与一个概念相关,但却永远不能充当一种对象知识,这就叫理性理念;在后一场合下这概念就是一个超验的概念,它与知性概念是不同的,知性概念任何时候都能

---

① 据 Schöndörffer 猜测此处意为"表面上相矛盾"。——德文编者

得到一个与之适当地相应的经验的支持，它因此而叫做内在的。

一个审美的理念不能成为任何知识，是因为它是一个（想象力的） 201
永远不能找到一个概念与之相适应的直观。一个理性理念决不能成为
知识，则是因为它包含一个（有关超感性东西的）永远不能提供一个直
观与之相适合的概念。

于是我认为，我们可以把审美理念称之为想象力的一个不能阐明
的表象，而把理性理念称之为理性的一个不能演证的概念。对两者都
预设了这一前提，即它们决不是毫无根据地、而是（按照上面对一般理
念所作的解释）依据它们所属的认识能力的某种原则（前者依据主观
的原则，后者依据客观的原则）而产生出来的。

知性概念本身任何时候都必须是能够演证的（如果把演证理解为
像在解剖学中那样仅仅是演示的话），就是说，与这些概念相应的对象
必须任何时候都能够在直观（纯直观或经验性直观）中被给予出来；因
为唯有这样，这些概念才能成为知识。量的概念能够在空间的先天直
观中、例如在一条直线等等中被给予；原因的概念能够在不可入性、物
体的碰撞等等上面被给予。因而两者都能通过一个经验性的直观来证
实，也就是其观念可以在一个实例上得到指证（演证、指出）；而这一点
是必须能够做到的，否则我们就不能肯定这观念是否空洞，即是否毫无
客体。

人们在逻辑中使用可演证的东西或不可演证的东西这些用语通常
只是就命题而言的：这时前者通过间接的命题这一称呼，后者则通过在
某种程度上直接的命题这一称呼，就可以得到更好的标明；因为纯粹哲
学也具有这两类命题，如果将它们理解为能够证明的真命题和不能证
明的真命题的话。不过纯粹哲学作为哲学虽然能够从先天根据出发进
行证明，但是却不能由此进行演证；如果我们不想完全脱离词义的话，
按照这个词的含义，演证（ostendere，exhibere①）就意味着把它的概念 202
（不论是在证明中还是在定义中）同时又在直观中体现出来；这种直观

① 拉丁文：明示，演示。——译者

如果它是先天直观的话,就叫作这个概念的建构,但如果它是经验性的的话,它仍然是对客体的呈示,通过这种呈示来保证这概念的客观实在性。所以,我们说一个解剖学家:当他把他原先已推理式地陈述过的人的眼睛的概念借助于对这器官的解剖而直观地表现出来,他就演证了人的眼睛。

据此,关于一切现象中的超感性基底的一般理性概念,或者关于在联系到道德律时必须作为我们的任意性的基础的东西的理性概念,也就是关于先验自由的概念,按照其种类来说已经是一种不可演证的概念和理性理念了,但德行却按照程度才是如此:因为前者本身按照质来说在经验中根本不能提供任何相应的东西,但在后者中,那种原因性的任何经验产物都达不到理性理念颁布为规则的那个程度。

正如在一个理性理念上想象力连同其直观达不到给予的概念一样,在一个审美理念上知性通过其概念也永远达不到想象力所结合在一个给予表象上的整个内在直观。既然把想象力的一个表象带入到概念上来,就等于说阐明这表象,那么审美理念就可以被称之为想象力(在其自由游戏中)的一个不可阐明的表象。我在后面还会有机会来对这类理念作一些详细说明;现在我只想表明,这两种理念,即理性理念和审美[感性]理念,都必须有自己的原则;确切地说,两者都必须在理性中有自己的原则,前者是在理性运用的客观原则中,后者则是在理性运用的主观原则中。

203　　据此,我们也可以用审美理念的能力来解释**天才**;这样就同时指明了为什么在天才作品中是自然(主体的自然)、而不是艺术的经过考虑的目的(即产生美)在提供规则的理由。因为美必须不是按照概念来评判,而必须按照想象力对于与一般概念能力的协和一致所作的合目的性搭配来评判:所以,对于应该提出必须使每个人都喜欢这一合法要求的美的艺术中那种审美的[感性的]、但却无条件的合目的性而言,能够用作主观准绳的不是规则和规范,而只是那仅仅作为主体中的自然、但不能被把握在规则或概念下的东西,也就是主体的一切能力的(没有任何知性概念能达到的)超感性基底,因而是那种使我们的一切

认识能力在和它相关中协调起来的东西,是由我们本性的理知的东西
所提供的最后目的。所以也只有这一点是可能的,即对这种我们不能
为之颁布任何客观原则的美的艺术提供一个主观的、但却普遍有效的
先天原则作为基础。

注　释　二

在这里自然就出现了以下重要的解释:即存在着纯粹理性的三种
不同的二律背反,但它们全都在这一点上是一致的,即它们都迫使纯粹
理性脱离那个通常很自然的前提,即把感官对象看做是自在之物本身,
而宁可让它们只被承认为现象,并在这些现象底下放置一个理知的基
底(某种超感性的东西,对它的概念只是理念而不容有任何真正的知
识)。没有这样一个二律背反,理性就永远不能够下决心接受这样一
个如此限制它的思辨领域的原则,并作出牺牲,使如此多的本来十分诱
人的希望不得不完全失去了;因为即使是现在,当为了补偿这一损失,
一种在实践的考虑上更加伟大的运用向理性敞开时,理性似乎仍然不
能毫无痛苦地与那些希望分手并摆脱旧的羁绊。

有三种二律背反,其根据在于有三种认识能力:知性、判断力和理　　204
性,它们每一种(作为高级认识能力)都必须有自己的先天原则;因为
理性只要它对这些原则本身及它们的运用作判断,它就在所有这些原
则上为给予的有条件的东西不依不饶地要求着那无条件的东西,但后
者却是永远也不能找到的,如果我们把感性的东西看做属于自在之物
本身的,而不是宁可把它作为只是现象,在它底下放置某种超感性之物
(我们之外和我们之中的自然的理知的基底)作为自在的事物本身的
话。于是这样一来,1)对于认识能力,就有在知性一直推到无条件者
上去的理论运用方面理性的二律背反;2)对于愉快和不愉快的情感,就
有在判断力的审美[感性]运用方面理性的二律背反;3)对于欲求能力,
就有在自身为自己立法的理性的实践运用方面的二律背反:只要所有
这三种能力都必须能够有自己高级的先天原则,并且按照理性的一个

不可回避的要求,也都必须能够根据这些原则来无条件地作判断和规定它们的客体。

在那些高级认识能力的理论的和实践的运用的这两种二律背反方面,我们已经在另外的地方指出过,如果这类判断不回头看看那些作为现象的给予客体的超感性的基底的话,这些二律背反就是不可避免的,反之,只要我们这样做了,这些二律背反也就是可解决的。至于按照理性的要求,在判断力的运用中的二律背反及其在这里提供出来的解决办法,那么没有任何别的逃避它的办法,只有要么否认审美的鉴赏判断有任何先天原则作基础,以至于一切对于普遍赞同的必然性的要求都是无根据的空洞的妄想,而一个鉴赏判断之所以有资格被看做是正确的,只是由于恰好有许多人在这方面一致,并且就连这本来也不是由于人们在这种一致同意后面猜到了某种先天原则,而是(像在口味中那样)由于那些主体偶然地都具有一样的机体组织;要么,人们就必须承认,鉴赏判断本来就是关于在一物及其中的多样性关系上所揭示出来的对某个目的而言的完善性所作出的某种隐秘的理性判断,因而只是由于与我们的这种反思有关的混乱性的缘故才被称之为感性的[审美的],尽管根本说来它是目的论的;在这场合人们就宣称通过先验的理念来解决二律背反是不必要的和无意义的,因而就能够把感官的诸客体不是作为现象、而是也作为自在之物本身而与那些鉴赏的法则结合起来了。然而这种遁词和前面那个遁词都是如何地没有用,这一点在对鉴赏判断的说明中多处地方都已经指出过了。

但如果人们至少承认我们的演绎在走着正确的道路,即使还不是在一切细节上都足够清晰,那么就表明有三种理念:首先是一般超感性东西的理念,它除了自然的基底这一规定外没有进一步的规定;其次是同一个超感性的东西作为对我们认识能力的自然的主观合目的性原则的理念;第三是这个超感性的东西作为自由的目的的原则、并作为自由与道德中的目的协和一致的原则的理念。

§58. 自然及艺术的合目的性的观念论，
作为审美判断力的唯一原则

人们最初可能要么把鉴赏的原则建立在这一点上，即鉴赏永远是按照经验性的规定根据、因而是按照那些只是后天地通过感官而被给予的规定根据来作判断的，要么人们就可能承认，鉴赏是从一个先天根据来作判断的。前者将会是鉴赏批判的经验论，后者将会是鉴赏批判的唯理论。按照前者，我们的愉悦的客体将与快适没有区别，按照后者，如果这判断基于确定的概念之上，则将与善没有区别；而这样一来一切美就将从这个世界上被否认掉了，只会剩下一个特别的名字，也许还可以顶替客体而为前述这两种愉悦的某种混合保留下来。不过我们指出过，这愉悦的根据是先天就有的，所以这些根据可以和唯理论的原则并存，尽管它们并不能被把握在确定的概念中。

相反，鉴赏原则的唯理论要么是合目的性的实在论的唯理论，要么是合目的性的观念论的唯理论。既然就本身而言一个鉴赏判断决不是认识判断，美也决不是客体的性状，那么鉴赏原则的唯理论就永远不能建立在把这种判断中的合目的性设想为客观的这一点上，即这种判断不能从理论上、因而也从逻辑上（即使只是在某种混乱的评判中）针对着客体的完善，而只能从审美［感性］上针对着它在想象力中的表象与一般判断力的那些根本原则在主体中的协和一致。结果，甚至按照唯理论的原则，鉴赏判断和它的实在论与观念论的区别也只能建立在这一点上，即那种主观的合目的性要么在前一种情况下被认为是作为自然（或艺术）的现实的（有意的）目的而与我们的判断力协和一致的，要么在第二种情况下被认为就自然及其按照特殊法则而产生的那些形式而言，仅仅是一个无目的的、自发的和偶然突现出来的对判断力的需要的合目的性的协和一致。

对于自然界的审美的合目的性的实在论，也就是人们愿意假定美的东西的产生在其产生原因中有它的一个理念、即一个有利于我们想

207 像力的目的作基础,这种观点是很受有机自然界领域中那些美的形态的支持的。花和花的开放,甚至全部植物的形象,各种不同种类动物形态的那种对它们自己的运用并无必要、但对于我们的鉴赏力却仿佛是特选出来的精巧秀丽;尤其是那些使我们的眼睛如此愉悦和有魅力的多样性与和谐组合的颜色(在锦雉身上,在贝类动物、昆虫直到最普通的花儿身上),这些颜色由于仅仅涉及到表面,并且就连在这上面也不涉及这些造物的形体,而这种形体却毕竟还有可能是它们的内在目的所要求的,所以,它们似乎完全是以外在的观赏为目的的:这一切都给假定自然界为了我们的审美判断力而有现实的目的这种解释方式提供了重要的砝码。

　　反之,不单是理性通过自己的"任何时候尽可能防止原则不必要的增加"这一准则来与这种假定相对抗,而且自然界在它那些自由的形态中到处都显示出如此多的机械的倾向,要产生一些表面看来仿佛是为我们判断力的审美运用而造成的形式,却不提供丝毫根据让我们去猜想为此还需要比它们的机械作用、比单纯的自然界更多的东西,据此,这些形式即使没有任何为它们提供基础的理念也能对我们的评判具有合目的性。但我把自然的自由形态理解为这样的形态,通过它而从静止的液体中由于这液体的一部分(有时仅仅是热质的部分①)挥发或分离,那在这种固化过程中的剩余物就形成了某种确定的形状或组织(形体或结构),它们按照物质的种类差异而各不相同,但在同一种物质中却是严格相同的。但这里的前提是我们任何时候都把一种真实的液体理解为什么,就是说,物质在它里面是完全溶解的,亦即不应看做只是一些固体的和单纯悬浮在里面的部分的混合物。

　　于是,这种形态是通过结晶过程,也就是通过一种突然的固化而形成的,不是通过一种从液态到固态的逐渐的过渡,而是通过一种飞跃,

208 这种飞跃的过渡也被称之为晶化。这种形态的最普通的例子就是正在

---

① 当时科学界流行用"热质说"来解释热的传导和丧失,参看下一段的解释。——译者

冻结的水,在里面首先产生的是笔直的冰针,它们成 60 度角地拼接起来,但别的冰针同样也把自己附着在它们的每一点上,直到一切都变成了冰;以至于在这段时间里水在这些冰针之间不是逐渐变得坚硬起来,而是像它在更高得多的温度里会有的那样完全是液体的,但却完全具有冰的冷度。那种在固化的一瞬间突然跑掉的游离出来的物质就是热质的某一可观的量,由于这一定量的热质本来仅仅是成为液体所需要的,它的离开就使这冰从现在起丝毫也不比不久前在它里面还是液体的水更冷地保持下来。

许多盐类,以及那些具有某种晶化形状的矿石,都同样是从一种谁知道是通过一种什么样的介质而溶解在水中的地质成分中产生出来的。同样,许多矿物的晶簇状的形态,如方铅矿,红银矿之类,所有人都猜测它们也是在水中并通过各部分的结晶过程而形成起来的,它们由于某种原因被迫脱离这种溶解剂而相互结合成了一定的外部形状。

但一切仅仅由于热度而成为液体并由于冷却而形成了固体性的物质,也在内部断面上显示出某种一定的结构,并让人由此判断,如果不是由于它们自己的重量或空气干扰的阻碍的话,它们本来也是会在外部具有自己这一种类的特征形状的:例如人们曾在一些熔化后外表凝固了、但里面却还是液态的金属上,通过抽去内部还是液态的部分并让内部的其他余留部分平静地结晶而观察到了这类情况。那些矿物结晶体中有许多,如晶石簇,玻璃头①,霰石,它们常常有极其美丽的形态,就如艺术永远只可能臆想出来的那样;而安提巴洛斯岛②洞窟中的辉光只不过是透过石膏岩层渗出的水的作品而已。

209

液体从一切外表来看一般是比固体更原始的,植物也好,动物的身体也好,都是从液态的营养物质中构成起来的,只要这种液态物质在静止中形成了的话;当然,它们在这种营养物质中的构成最初是按照某种

① Glaskopf ,是一种球状、葡萄状和肾状的矿石,表面光滑而灿烂生辉。——译者

② Antiparos 为希腊的一个小岛。——译者

原始的指向目的的素质(这种素质正如在本书第二部分中指出的,必须不是从审美上,而是从目的论上按照实在论原则来加以评判),但附带地却也许还是按照物质的亲缘关系的普遍规律而结晶和自由形成起来的。正如在混和着各种空气成分的大气中被分散开的液态水,当它们由于热的丧失而从大气中离析出来时,就产生出雪的形态,它们根据当时的空气混和的不同而具有常常看起来非常工致的和极为美丽的形状:所以毋须从评判有机体的目的论原则中吸取什么就完全可以设想,在涉及到花、羽毛、贝壳的形状和颜色上的美时,这种美可以被归之于大自然和它的能力,即它也能够在自己的自由中,并且不特别以此为目的,而是通过有机体所需要的物质的沉淀按照化学规律来进行审美的合目的性构造。

但说到是什么直截了当地把自然界的美中的合目的性的观念性原则证明为我们任何时候都放在审美判断本身中作为基础的、且不允许我们把对我们表象力的某种自然目的的任何实在论用来作解释根据的原则:那就是,我们在评判一般的美时寻求的是我们自己心中的先天的美的准绳,并且审美判断力就判断某物是否美而言是自己立法的,这种情况在采取自然的合目的性的实在论时是不可能发生的;因为在那种情况下我们就不得不向自然学习什么是我们必须感到美的东西,而鉴赏判断就会服从从经验性的原则了。而在这种评判中关键并不在于自然是什么,乃至于什么是对我们来说的目的,而在于我们怎么去接受它。假如自然是为了我们的愉悦而构成了自己的形式,那这就永远会是自然的某种客观合目的性了;而不是一种主观的合目的性,它建立在想象力在其自由中的游戏之上,这种游戏是我们用来接受大自然的好意,而不是大自然向我们表示的好意。大自然包含有使我们在评判它的某些产物时在我们内心诸能力的关系中知觉到内在合目的性的机会,也就是把这种合目的性作为应当从某种超感性的根据出发解释为必然的和普遍有效的,大自然的这一特点不可能是自然目的,毋宁说,它是被我们评判为这种合目的性的;因为否则将要由此得到规定的判断就会是他律,而不是像它应该是鉴赏判断那样是自由的并且以自律为根据的了。

在美的艺术中,合目的性的观念论原则还要看得更清楚一些。因为在这里不可能通过感觉来假定合目的性的审美的实在论(那样一来它就会不再是美的艺术,而是快适的艺术了),这点它和美的自然是共同的。只不过由审美理念而来的愉悦不必依赖于一定目的的实现(像带有心机的艺术一样),因而这愉悦甚至在这原则的唯理论中也以目的的观念性、而不是它的实在性作为基础,这一点由以下情况也已经看得很明白,即美的艺术本身必须不看做知性和科学的产物,而必须看做天才的产物,因而它是通过与确定目的的理性理念本质不同的审美[感性]理念而获得其规则的。

正如作为现象的感官对象的观念性是解释它们的形式如何能被先天规定的唯一方式一样,在对自然美和艺术的评判中的合目的性的观念论,则是这个批判只有在其之下才能解释一个要求对每个人先天有效(但却不把这种表现在客体上的合目的性建立在概念上)的鉴赏判断的可能性的唯一前提。

211

§59. 美作为德性的象征

要显示概念的实在性永远需要有直观。如果它们是经验性的概念,那么这些直观就叫作实例。如果它们是纯粹知性概念,那么这些直观就被称之为图型。如果人们甚至要求理性概念、即理念的客观实在性也为了达到对理念的理论知识而得到显示,那么人们就是在欲求某种不可能的东西,因为绝对不可能与这些理念相适合地给出任何直观。

一切作为感性化的生动描绘(演示,subiectio sub adspectum①)都是双重的:要么是图型式的,这时知性所把握的一个概念被给予了相应的先天直观;要么是象征性的,这时一个只有理性才能想到而没有任何感性直观能与之相适合的概念就被配以这样一种直观,借助于它,判断

---

① 拉丁文:付诸直观。——译者

力的处理方式与它在图型化中所观察到的东西就仅仅是类似的,亦即与这种东西仅仅按照这种处理方式的规则而不是按照直观本身,因而只是按照反思的形式而不是按照内容而达成一致。

　　当人们把象征的这个词与直觉的表象方式对立起来时,这就是近代的逻辑学家们虽然接受下来、但却是意义倒置了的对这个词的不正确的运用;因为象征的表象方式只是直觉的表象方式的一种。就是说,后者(直觉的表象方式)可以被分为图型式的和象征式的表象方式。这两者都是生动描绘,即演示(exhibitiones①);不只是表征,即通过伴随而来的感性符号来表示概念,这些感性符号不包含任何属于客体直观的东西,而只是按照想象力的联想律、因而在主观的意图中用作那些概念的再生手段;这类东西要么是语词,要么是可见的(代数的甚至表情的)符号,作为对于概念的单纯表达。②

　　所以,一切我们给先天概念所配备的直观,要么是图型物,要么是象征物,其中,前者包含对概念的直接演示,后者包含对概念的间接演示。前者是演证地做这件事,后者是借助于某种(我们把经验性的直观也应用于其上的)类比,在这种类比中判断力完成了双重的任务,一是把概念应用到一个感性直观的对象上,二是接着就把对那个直观的反思的单纯规则应用到一个完全另外的对象上,前一个对象只是这个对象的象征。所以一个君主制的国家如果它按照内部的公民立法来统治的话,它就通过一个赋有灵魂的身体来表现,但如果它由一个单一的绝对意志来统治的话,它就只是通过一个机械(例如一个手推磨)来表现,但在两种情况下都只是象征式地表现。因为在一个专制国家和一个手推磨之间虽然没有任何类似之处,但在对两者及其原因性作反思的规则之间却的确有类似之处。这一任务至今还很少被人分析过,尽管它也是值得作更深入的研究的;不过在这里不是我们要停留的地方。

---

　　①　拉丁文:展示。——译者

　　②　认识中的直觉必定是和推理(而不是和象征的东西)相对立的。于是前者要么通过演证而是图型式的;要么作为按照某种单纯类比的表象而是象征式的。——康德

我们的语言充满着这样一类间接的按照某种类比的演示,因此表达所包含的就不是对于概念的真正的图型,而只是对于反思的一个象征。所以这些词如根据(支撑、基础)、依赖(由上面扶持)、从什么中流出(而不说导致)、实体(如洛克所表达的:偶性的承担者),以及无数其他的词,都不是图型式的、而是象征式的生动描绘,而且是不借助于直接的直观,而只按照和直观的类比,即按照对一个直观对象的反思向一个完全另外的、也许根本没有一个直观能与之相应的概念的转换,而对概念所作的表达。如果就连一个单纯的表象方式也可以称之为知识的话(如果这表象方式是一个并非对于对象就它本身是什么作理论规定的原则,而是对于有关对象的理念对于我们和对于这理念的合目的运用来说应当是什么作实践规定的原则,则这样称谓是完全允许的):那么我们一切关于上帝的知识都只是象征的,而谁借助于知性、意志等等这些只有在尘世的存在者身上才表明其客观实在性的东西的特点而把这些知识看做图型式的,就会陷入拟人主义,正如当他离开了直觉就会陷入理神论一样,这样一来就在任何地方、哪怕在实践的意图上也不会认识任何东西了。

于是我说:美是德性 – 善的象征;并且也只有在这种考虑中(在一种对每个人都很自然的且每个人都作为义务向别人要求着的关系中),美才伴随着对每个别人都来赞同的要求而使人喜欢,这时内心同时意识到自己的某种高贵化和对感官印象的愉快的单纯感受性的超升,并对别人也按照他们判断力的类似准则来估量其价值。这就是前面那一节①所指出的鉴赏力所展望的理知的东西,我们的高级认识能力正是为此而协调一着,没有它,在这些能力的本性之间当和鉴赏所提出的要求相比较时就会净产生一些矛盾了。在这个能力中,判断力并不认为自己像在别处经验性的评判中那样服从经验法则的他律:它是就一种如此纯粹的愉悦的对象而言自己为自己提供法则,正如同理性就欲求能力而言所做的那样;并且认为自己既由于主体的这种内在

① 　参看§57。——译者

可能性、又由于一个与此协和一致的自然的外在可能性,而和主体自身中的及主体之外的某种既非自然、亦非自由、但却与自由的根据即超感性之物相联的东西有关系,在这超感性之物中理论能力与实践能力就以共同的和未知的方式结合成为统一体。我们想列举这一类比的几个要点,同时也不忽视它们的差异。

1. 美直接地令人喜欢(但只是在反思性的直观中,而不是像德性那样在概念中)。2. 它没有任何利害而令人喜欢(德性 – 善虽然必然与某种兴趣[利害]结合着,但不是与那种先行于有关愉悦的判断的兴趣,而是与那种通过这判断才被引起的兴趣结合着)。3. 想象力的(因而我们能力的感性的)自由在对美的评判中被表现为与知性的合规律性是一致的(在道德判断中意志的自由被设想为意志按照普遍的理性法则而与自身相协调)。4. 美的评判的主观原则被表现为普遍有效、即对每个人都有效的,但却不是通过任何普遍概念而看出的(道德的客观原则也被解释为普遍的,即对一切主体、同时也对同一主体的一切行动都是普遍的,但却是通过一个普遍概念而看出的)。因此,道德判断不仅能够是确定的构成性原则,而且只有通过把准则建立在这些原则及其普遍性之上才有可能。

对这一类比的考虑甚至对于知性来说也是常事,我们经常用一些像是以道德评判为基础的名称来称呼自然或艺术的美的对象。我们把大厦或树木称之为庄严的和雄伟的,或把原野称之为欢笑的和快活的;甚至颜色也被称为贞洁的、谦虚的、温柔的,因为它们激起的那些感觉包含有某种类似于对由道德判断所引起的心情的意识的东西。鉴赏仿佛使从感性魅力到习惯性的道德兴趣的过渡无须一个太猛烈的飞跃而成为可能,因为它把想象力即使在其自由中也表现为可以为了知性而作合目的性的规定的,甚至教人在感官对象上也无须感官魅力而感到自由的愉悦。

§60. 附录　鉴赏的方法论

在科学之前先把一种批判划分为要素论和方法论,这不能够应用在鉴赏力的批判上,因为没有、也不可能有关于美的科学,而且鉴赏的判断是不能通过原则来规定的。至于任何艺术中的科学性的东西,即针对着在表现艺术客体时的真实性的东西,那么它虽然是美的艺术的不可回避的条件(conditio sine qua non①),但不是美的艺术本身。所以对于美的艺术来说只有风格(modus②),而没有教学法(methodus③)。大师必须示范学生应当做什么和应当如何做;而他最后使他的处理方式所服从的那些普遍规则,与其说可以用来把这种处理的主要因素颁布给学生,倒不如说只能用来附带地把这些因素纳入记忆之中。然而在这里必须加以考虑的是某种理想,它是艺术必须紧紧盯着的,尽管艺术在自己的进行过程中永远也不能完全达到它。只有通过唤起学生的想象力去适合某种给予的概念,通过觉察到由于理念是审美的、是概念本身所达不到的,因而表达对它是不充分的,并且通过尖锐的批判,才有可能防止那些摆在学生面前的榜样马上就被他当作原型、当作决不服从任何更高的规范而是服从于他自己的评判的模仿范本,因而使天才、但与天才一起也使想象力本身在其合规律性中的自由遭到窒息,而没有这种自由就没有美的艺术,甚至就连一个正确地对美的艺术作评判的自己的鉴赏力也都是不可能的。

　　一切美的艺术的入门,就其着眼于美的艺术的最高程度的完满性而言,似乎并不在于规范,而在于使内心能力通过人们称之为humaniora④ 的预备知识而得到陶冶:大概因为人道一方面意味着普遍的同情感,另方面意味着使自己最内心的东西能够普遍传达的能力;这些特点结合在一起就构成了与人性相适合的社交性,通过这种社交性,人类就把自己和动物的局限性区别开来。在有些时代和民族中,一个民族由以构成一个持久的共同体的那种趋于合乎法则的社交性的热烈冲动,在与环绕着将自由(因而也将平等)与强制(更多的是出于义务

216

---

① 拉丁文:不可缺少的条件。——译者
② 拉丁文:模式。——译者
③ 拉丁文:方法。——译者
④ 拉丁文:人文学科(特别指古希腊拉丁语言文学)。——译者

的敬重和服从,而不是恐惧)结合起来这一艰难任务的那些巨大困难
搏斗:这样一个时代和这样一个民族首先就必须发明出将最有教养的
部分的理念与较粗野的部分相互传达的艺术,找到前一部分人的博雅
和精致与后一部分人的自然纯朴及独创性的协调,并以这种方式找到
更高的教养和知足的天性之间的那样一种媒介,这种媒介即使对于作
为普遍的人性意识的鉴赏来说也构成了准确的、不能依照任何普遍规
则来指示的尺度。

　　一个未来的时代将很难使那种典范成为多余的;因为它将会越来
越不接近自然,并且最终如果不具有典范的持久的榜样,它就几乎不可
能做到使自己获得这样一个概念,即幸运地把最高教养的合乎法则的
强制性与感到这种教养的固有价值的自由本性的力量和正确性结合在
这同一个民族中。

217　　　　但由于鉴赏根本上说是一种对道德理念的感性化(借助于对这两
者作反思的某种类比)的评判能力,又由于从它里面、也从必须建立在
它之上的对出于道德理念的情感(它叫作道德情感)的更大的感受性
中,引出了那种被鉴赏宣称为对一般人类都有效、而不只是对于任何一
种私人情感有效的愉快:所以很明显,对于建立鉴赏的真正入门就是发
展道德理念和培养道德情感,因为只有当感性与道德情感达到一致时,
真正的鉴赏才能具有某种确定不变的形式。

第二部分

目的论判断力批判

§61. 自然界的客观合目的性

　　依据先验原则,我们有充分的根据把自然的主观合目的性在其特 221
殊规律中假定为对于人的判断力是可把握的、并有可能将特殊经验联
结在一个经验系统之中;这样一来,在自然的诸多产品中也就有可能指
望这样一些产品,它们好像本来就完全是适合着我们的判断力而设置
的那样,包含与判断力相适合的这样一些特别的形式,这些形式通过其
多样性和统一性仿佛有利于加强和维持诸内心力量(这些内心力量是
在这个判断力的运用中做着游戏),因而我们赋予这些形式以美的形
式的称号。

　　但是,我们在自然界作为感官对象的总和的这个普遍理念中,完全
没有任何根据认为自然物是相互充当达到目的的手段、而它们的可能
性是只有通过这种类型的原因性才能充分理解的。因为在上述场合
下,物的表象由于是在我们心中的某种东西,就完全也可以被先天地设
想为与我们认识能力的内在合目的的情调相合相宜的;但那些既不是
我们的、也不能归之于自然界(我们并不把自然界设定为理智的存在
者)的目的,为什么倒是可以或应当构成一种特殊的原因性类型,至少
是构成一种自然界完全特有的合规律性,这一点是根本没有丝毫根据
能先天地加以推测的。但更有甚者,就连经验也不能向我们证明这些
目的的现实性;除非一定有某种推想在先发生,只是把目的的概念带进
物的本性中起作用,却不是从客体和对它们的经验知识取来这种概念, 222
因而更多的是用它来按照与我们心中诸表象联结的主观根据的类比而
使自然成为可理解的,而不是从客观根据中来认识自然。

　　此外,客观合目的性作为自然物的可能性原则,远离了与自然概念
的必然关联,以至于客观合目的性毋宁正是人们主要援引来由以证明它
(自然)的及它的形式的偶然性的东西。因为当我们例如说引证一只鸟
的构造,它的骨头中的空腔,它的双翼在运动时的状况和它的尾巴在掌
握方向时的状况,如此等等,这时我们就说,这一切单是按照自然中的

nexus effectivus① 而不借某种特殊种类的原因性、即目的原因性(nexus
finalis②)之助,将会是在最高程度上的偶然性的;这就是说,作为单纯的机
械作用来看的自然,本来是能够以上千倍的另外的方式来构成自己的,而
不会恰好碰上按照这样一条原则的这个统一体,所以我们只可以在自然的
概念之外、而不是在它之中,才有希望找到在这方面最起码的先天根据。

虽然目的论的评判至少是有理由悬拟地引入到自然的研究上来
的;但这只是为了按照和以目的为根据的原因性的类比而将它纳入到
观察和研究的诸原则之下,而不自以为能据此来解释它。所以它属于
反思性的而不是规定性的判断力。关于自然按照目的而结合和形成的
概念,在按照自然的单纯机械作用的因果律不够用的地方,倒是至少多
了一条原则来把自然现象纳入到规则之中。因为我们在引证一个目的
论的根据时,我们就好像这根据存在于自然中(而不是存在于我们心
中)那样,把客体方面的原因性赋予一个客体概念,或不如说,我们是
按照与这样一种原因性(这类原因性我们是在自己心中发现的)作类
比来想象这对象的可能性的,因而是把自然思考为通过自己的能力而
具有技巧的;与此相反,如果我们不把这样一种作用方式赋予自然,则
自然的原因性就不得不被表象为盲目的机械作用。反之,假如我们把
有意起作用的原因加诸自然,因而充当这个目的论的基础的不光是一
条调节性的原则,这原则只是为了评判自然按其特殊规律有可能被设
想为从属于其下的那些现象的,而且也是一条构成性的原则,它是从自
然的原因中推导出它的产品来的原则:那么一个自然目的的概念就将
不再是属于反思的判断力,而是属于规定性的判断力了;但那样一来,
它事实上就根本不是(像美的概念作为形式的主观合目的性那样)属
于判断力所特有的,而是作为理性概念把自然科学中的一种新的原因
性引进来了,但这种原因性我们却只是从我们自己那里借来而赋予别
的存在者的,虽然并不想把这些存在者看做是和我们同样性质的。

223

---

① 拉丁文:起作用的联系。——译者
② 拉丁文:目的联系。——译者

第一章 目的论判断力的分析论

§62. 与质料上的客观合目的性不同的
单纯形式上的客观合目的性

按照一条原则画出的一切几何图形,本身都显示出某种多样化的、常常是令人惊叹的客观合目的性,也就是按照唯一原则来解决许多问题、并且也许还以无限种不同的方式来解决这些问题中的每一个问题的那种适应性。合目的性在这里显然是客观的和智性的,而并不单是主观的和感性[审美]的。因为它表达了这图形对于产生许多想要达到的形状的适合性,并且被理性所认识。不过这种合目的性却并不使对象本身的概念成为可能,就是说,对象并不只是考虑到这种运用而被看做可能的。

在一个像圆这样简单的图形中包含着解决一大串问题的根据,这些问题中的每一个自身都被要求有各种各样的准备材料,而一种准备材料作为这个图形的无限多的突出特点之一就仿佛是由自己产生出来的。例如,如果所要求的是已知底边和它的对角而作一个三角形,那么这题目是不确定的,即它可以用无限多样的方式来解答。不过圆却把它们全都包括在内,作为一切符合这个条件的三角形的几何轨迹。又如两条线段要这样相交,使得从一线段的两部分所产生的矩形与另一线段的两部分所产生的矩形相等,那么这个问题的解答看起来是具有许多困难的。但一切在圆的内部相交并各自都受到圆周限制的两条线段都是自行按这个比例来划分的。其他的曲线又提供出另外的合目的性的解答,这种解答是在形成这些曲线的构造的那个规则中根本没有想到的。一切圆锥曲线单独来说和在相互的比较中,在解决一大串可能问题的原则方面都是富有成果的,不论规定这些曲线的概念的界说是多么简单。——真的使人快活的是看到古代几何学家们探究这类线段的属性的那股热情,他们没有让自己被受限制的头脑所提出的"这种知识究竟有什么用"的问题弄糊涂;例如对抛物线的知识,而并不知道地球上的重力的规律,这种规律本来会给他们提供出这知识在有重量的物体的抛掷路线上的应用(这些物体的重力方向在其运动中可以被看做平行的);又如对椭圆的知识,而并未预见到即使在天体上也能发现某种重力,并且不知道重力在距引力点不同距离时的规律,这规律使得这些天体描画出了这种自由运动的路线。当他们自己都没有意识到地在其中为后代而工作时,他们陶醉于包含在事物的本质中、但他们却完全能够先天地在其必然性中表现出来的某种合目的性。柏拉图本人就是这门科学的大师,他曾为了事物的这样一种我们可以撇开一切经验来发现的原始性状,以及内心可以从存在物的超感性原则中获得这些存在物的和谐这样一种能力(归于此列的还有内心在音乐中与之游戏的那些数的属性),而受到鼓舞,这种鼓舞使他超越经验概念而提升到理念,而这些理念在他看来似乎只能由于某种与一切存在物的起源的共同的智性关系来解释。毫不奇怪,他曾把不懂几何学的人从他的学园中赶出去,因为他想把阿那克萨哥拉从经验对象及其目的关系中推论出来的东西由寓于人类精神内部的纯粹直观中推导出来。因为,具有合目的性的东西,以及具有仿佛是有意为我们的运用而设立、但仍然显得是应本源地归于物的本质而并不在乎我们的运用这样一种性状的东西,它的必然性就正好是对自然的巨大惊叹的根据所在,这根据与其说是在我们外部,不如说是在我们自己的理性中;在这方面如果这种惊叹由于误会而可能一步步上升到狂热,这倒是可以原谅的。

　　但这种智性的合目的性虽然是客观的(而不像审美的合目的性那样是主观的),按照其可能性却仍然很可以理解为、但却只能普遍地被理解为单纯形式的(而非实在的)合目的性,即:理解为合目的性,却并不需要一个为它奠定基础的目的,因而并不需要在这方面的目的论。圆形是一种按照原则而被知性所规定的直观:我所任意假定并当作概念来奠基的这一原则的统一性,当其应用于同样只是作为表象而且是先天地在我里面发现的某种直观形式(空间)之上时,就使得许多从那个概念的建构中产生出来的、在许多可能的意图中是合目的的规则的统一性被理解了,而无需为这个合目的性配置一个目的或它的任何别的根据。在这里,情况并不同于当我在我之外的物的一个包括在某个界限之内的总和中,例如在一个花园中发现树木、花坛、小径等等的秩序和合规则性那样,这些东西我并不能希望先天地从我按照一条随意的规则所做的对一个空间的划界中推导出来;因为这是一些实存性的物,它们为了能够被认识就必须经验性地被给予出来,而不只是我心中某个按照一条先天原则来规定的表象。所以后一种(经验性的)合目的性作为实在的合目的性是依赖于一个目的概念的。

但即使是对一种虽然是在物的本质中(就这些物的概念能被建构起来而言)被知觉到的合目的性的惊叹,其根据也是可以很好地看出来的,亦即看做合法的。激起这种惊叹的是多样性规则的(出自一个原则的)统一性,这些多样性规则全都是综合性的,并且不是从一个客体概念中、例如圆的概念中得出来的,而是需要有这个客体在直观中被给予出来。但这种统一性由此也就获得这样一种外表,就好像它经验性地具有一个与我们的表象能力不同的外部的规则根据一样,因此就好像这客体与知性所固有的对规则的要求的协和一致本身是偶然地、因而只是通过一个明确针对这种一致的目的才是可能的一样。现在,虽然正是这种和谐一致,由于它尽管是这样一种合目的性,但却不是经验性地、而是先天地被认识的,它就应当由自身把我们引向这一点,即客体唯有通过空间(借助于想象力而与一个概念相符合)的规定才是可能的,这空间不是我们之外的物的性状,而只是我们心中的表象方式,因而我在我适合着一个概念而画出的图形中,也就是在我自己的有关一个在我之外被给予的不论本身会是什么的东西的表象方式中,带入了那种合目的性,而不是从这个东西中经验性地习得了合目的性,所以为了那种合目的性,我不需要任何我之外的客体上的特殊目的。但由于这种思考已经要求对理性作一种批判的运用,因而不可能是马上

就一起被包括在按照对象的属性对它所作的评判中的：所以这种评判
227　直接提供给我的无非是那些异质规则在一个原则中的结合（甚至是依
照这些规则本身所具有的不同质的东西而结合），这个原则此时并不
要求一个先天地处于我的概念和一般地说处于我的表象之外的特殊根
据，但却是先天地被我认作是真实的。现在，惊异是内心对于一个表象
及由它所给予的规则与那些已经植根于内心中的原则的不可结合性的
一种抵触，所以这种抵触带来一种对于我们是否看准了或是否判断得
正确的怀疑；但惊叹则是一种哪怕这种怀疑消失了却仍然反复出现的
惊异。所以后者是在诸物（作为现象）的本质中那个被观赏的合目的
性的一种完全自然的作用，这种作用在这方面也完全没有什么可指责
的，因为感性直观的那个形式（称之为空间）与概念能力（知性）的可结
合性不仅仅由于它恰好是这一种而不是任何别样的，而对我们是不可
解释的，而且它对内心来说还是扩展性的，仿佛对超出那些感性表象之
外的东西还会有某种预见，似乎在其中虽然我们不知道，却可能找到那
种一致的最后根据一样。虽然这种根据，如果只涉及到我们表象的先
天形式合目的性的话，我们也没有必要去认识；但只要不能不对之加以
展望，那就会同时引起对那个迫使我们这样做的对象的惊叹。

　　人们习惯于把几何形状以及数目的上述属性，由于从其建构的单
纯性中所没有预期到的它们对各种各样的知识运用先天具有的某种合
目的性，而称之为美，例如谈论圆的这种或那种美的属性，这样的属性
会以这种或那种方式被发现出来。只是这绝不是我们由以发现这属性
是合乎目的的那种审美的［感性的］评判，不是在我们诸认识能力的自
由游戏中使某种单纯主观的合目的性变得明显的那种无概念的评判；
228　而是一种按照概念的智性的评判，它让人清晰地认识到某种客观合目
的性、即对各种各样的（以至于无限多样的）目的的适应性。我们与其
把它称之为一种数学图形的美，不如称之为一种相对的完善性。一种
智性的美这个称呼一般说来也不能够有正当的理由得到同意：因为否
则美这个词就不能不丧失一切确定的含义，或智性的愉悦就不能不丧
失对感性的愉悦的一切优越性了。我们还不如把对这样一些属性的演

证称之为美的,因为通过这种演证,作为概念能力的知性和作为先天地
表现这些概念的能力的想象力感到自己被加强了(这一点再加上理性
所带来的精确性,就被称之为演证的优美);因为在这里,这种愉悦虽
然在概念中有其根据,但至少还是主观的,而完善所带来的是一种客观
的愉悦。

§63. 自然的相对合目的性区别于
自然的内在合目的性

经验把我们的判断力引向一个客观质料的合目的性概念、即引向
一个自然目的的概念①,这只是在必须对原因和结果的关系作出评判的
时候,而这种因果关系又只是由于我们把结果的理念作为给它的原因
的原因性本身奠定基础的、使这种原因性成为可能的条件而加于其原
因的原因性上,我们才觉得有可能看出它是合乎规律的。但这可能以
两种方式发生:要么我们把这个结果直接看做艺术品,要么只是看做别
的可能的自然存在者的艺术的材料,因而,要么看做目的,要么看做其
他原因的合目的的运用的手段。后面这种合目的性(对人类而言)就
叫作有用性,或者(对任何其他被造物而言)也叫作促成作用,只是相
对的合目的性;而前一种合目的性则是自然存在物的内在的合目的性。

229

例如,河流带来了各种各样有利于植物生长的土壤,它们有时把这
些土壤沉积在陆地中部,常常也沉积于河口上。涨潮在一些海岸边把
这些沉积物带着漫过陆地,或是把它们淤积在陆地的岸边;而尤其当人
们对此加以辅助以免退潮将它们又带走的时候,这就增加了肥沃的土
壤,而在从前鱼群和甲壳类动物曾有过栖身之所的地方,植物界就赢得
了地盘。以这种方式来扩展陆地,这大部分完全是由自然界本身完成

---

① 因为在纯粹数学中不涉及实存,而只涉及物的可能性,也就是某种与物
的概念相应的直观的可能性,因而也根本不涉及原因和结果,这样一来,所有在那
里被看出的合目的性都必须只被看做形式上的,而永远不能被看做自然目
的。——康德

的,并且它现在还在进行,虽然很缓慢。——于是就要问:这是否由于它对人类说来包含着某种有用性,就必须评判为自然界的一种目的;因为对植物界本身来说,由于与此相反,从海洋生物那里被夺去的东西和给陆地所增加的好处是同样的多,所以这种有用性是不能考虑在内的。

或者,要举出某些自然物作为手段对另一些生物(如果我们把它们预设为目的的话)有促成作用的例子,那么,没有任何土壤比沙土更有益于云杉的生长的了。于是,古代的海洋,在它从陆地退走以前,在我们的北方各地留下了如此之多的沙滩,以至于在这种对于任何耕种本来是毫无用处的土壤上有可能生发出广阔的云杉林来,我们经常由于对它们的乱砍滥伐而责怪我们的祖先;而这时我们就可以问,是否这种远古的沙层沉积曾有一个为了在此之上可能有云杉林的自然目的呢? 有一点是清楚的,如果我们假定这种云杉林是一个自然目的,那么我们就必须承认那沙滩也是自然目的,但只是相对的目的,对它来说那230 个古代的海滨及其退走又曾是手段;因为在一个目的关系相互隶属的诸环节的系列中,每一个中介环节都必须被看做目的(尽管就是不被看做终极目的),离它最近的那个原因对它来说就是手段。同样,一旦世界上要有牛、羊、马等等,那么地上也就必须长出草来,但如果骆驼要繁衍起来,沙漠上也就必须有耐盐植物生长,或者,这些和其他一些食草动物也必须能大量地找得到,如果应该有狮子、老虎和狼的话。因此,建立在促成作用上的这种客观合目的性不是自在之物本身的客观合目的性,就好像沙子单独作为从它的原因即海洋而来的结果,若不把一个目的加之于海洋,并把这结果即沙看做艺术品,就不能得到理解似的。这结果只是一个相对的、对它被赋予的那个物自身而言只是偶然的合目的性;并且在上述例子中,虽然草类自身就必须作为自然的有机产物、因而作为高度艺术性的来评判,但它们在和以之为生的动物的关系中却毕竟只被看做原材料。

但此外,当人通过自己的原因性的自由,而发现自然物有利于自己常常是愚蠢的意图(用五彩的羽毛来装饰他的衣服,用有颜色的土或树汁来涂抹自己),有时也是出于合理的意图,发现马有利于乘骑,发现牛、甚至在梅诺卡①发现驴和猪有利于耕地时：那么我们在这里就连（在这种用途上的）某种相对的自然目的也不能假定了。因为他的理性懂得给这些自然物赋予某种与他的任意的突发奇想的协和一致性，他本人作这种突发奇想是就连自然也未曾注定的。只要我们假定人类本来就应该在地球上生活，那么那些他们一旦失去就不能作为动物、甚至作为理性的动物（不论是在如何低级的程度上）而存在的手段，就至少也是不可缺少的；但这样一来，为了这一点而不可或缺的这样一些自然物也就会必须被视为自然目的了。

231

由此很容易看出，外部的合目的性（一物对另一物的促成作用）只有在下述条件下才能被看做一个外部自然目的，即它所或近或远地对之有促成作用的那个物的实存本身要是一个自然目的。但由于那种事从来也不是能够由单纯的自然考察来决定的，这就得出：相对的合目的性尽管它对自然目的给出了假设性的指示，却并未使人有权作出任何绝对的目的论判断。

雪在寒带地区保护种子不被冻坏；它还使人类的交往（通过雪橇而）变得便利；拉普兰人②在那里发现了促进这种交往的动物（驯鹿），它们靠必须由它们自己从雪底下刨出来的干枯的苔藓就感到足以为生了，却仍然轻易地让人驯服，并甘愿让人夺去它们本来完全能够很好地维持生活的自由。在这个北极地带的另一些民族，海洋为他们保有丰富的动物资源，这些动物除了它们所提供的食物和衣服，以及海上漂来仿佛是给他们筑居的木料之外，还为他们提供了烧热他们的小屋的燃料。于是在这里就有如此之多的自然关系在一个目的上的令人惊叹的汇集；而这个目的就是格陵兰人，拉普人，萨莫耶德人③，雅库特人④等等。但我们看不出来，究竟为什么人类必须生活在那种地方。所以，如

① Minorka,地中海西岸岛名,属西班牙。——译者

② 拉普兰(Lappland)为瑞典北部省份,与挪威、芬兰接壤,本地居民亦称拉普人。——译者

③ Samojede,又写作 Samoyede,居住在西伯利亚地区的民族。——译者

④ Jakute,又写作 Yakute,亦称萨哈人,西伯利亚地区的主要民族。——译者

果说之所以空气中的水蒸气以雪的形式降落下来,大海有洋流把温带
生长起来的树木冲到这里,以及在此有巨型的富含油脂的海洋动物,是
由于提供这一切自然产物的原因的根据就在于对某种可怜的生物有好
处这个理念,这将会是一个极其冒险而任意的判断。因为即使这一切
自然的有用性都不存在,我们也丝毫不会觉得自然的原因对于这种性
状就失去了充分性;相反,哪怕只是要求有这样一种安排并强求自然有
232　这样一种目的,这本身对我们来说就会是狂妄的并似乎是欠考虑的了
(因为不言而喻,只有人类的极其互不相容才可能使他们逃散到了如
此荒凉的地区)。

§64. 作为自然目的之物的特有性质

为了能够看出一物只有作为目的才是可能的,也就是看出它的起
源的原因性必须不到自然的机械作用中,而是到一个由概念规定其发
生作用的能力的原因中去寻找,那就要求:这物的形式不是按照单纯的
自然规律就是可能的,亦即不是按照仅仅由知性在应用于感官对象上
时就能被我们认识到的那些自然规律而可能的;相反,哪怕这形式就其
原因和结果而言的经验性的知识,也是以理性的概念为前提的。由于
理性哪怕只是要看出与一个自然产物的产生相联结的条件,也必须在
这产物的每一个形式上认识其必然性,但却仍然不能在那个给予的形
式上假定这种必然性,所以物的形式不顾任何经验性的自然规律而与
理性发生关系的这种偶然性,本身就是假定自然产物的这样一种原因
性的根据,就好像这种原因性正因为如此便只有通过理性才是可能的
一样;但这样一来,这种原因性就是按照目的来行动的那种能力(即一
个意志);而被表象为只有由这意志才可能的那个客体,就只有作为目
的才会被表象为可能的了。

如果有人在一个在他看来像是无人居住的地方看见一个画在沙滩
上的几何图形,例如一个规则的六角形,那么他的反思活动在对这图形
形成一个概念时,就会借助于理性而哪怕是模糊地意识到产生这六角

形的原则的统一性,并且按照理性而不会把他所知道的这沙滩、这邻近的海、风乃至动物的足迹,或者任何别的非理性的原因,评判为这样一个形状的可能性的根据;因为在他看来,与这样一个只有在理性中才可能的概念发生巧合的偶然性将会显得如此地无限大,以至于情况就正好像在这里完全没有什么自然规律一样,因而也没有任何在单纯机械地起作用的自然中的原因,而只有关于这样一个客体的概念,即一个只有理性才能提供出来并且能将该对象与之相比较的概念,才有可能也包含着导致这样一种结果的原因性,于是这一原因性就能被绝对地看做目的,但不是自然目的,就是说,它可以被看做艺术的作品(vestigium hominis video①)。

233

但是,为了把我们认作是自然产物的东西终归还是评判为目的、因而评判为自然目的,假如其中不存在任何矛盾的话,那么这本身就要求有更多的东西。我暂时会这样说:如果一物自己是自己的原因和结果(即使是在双重意义上),它就是作为自然目的而实存的;因为这里有一种原因性,这类原因性若不给它加上一个目的,是不可能与一个自然的单纯概念结合起来的,但这样一来它虽然也能被无矛盾地设想,但却是不能理解的。在我们把对自然目的的这个理念的规定彻底加以分析之前,我们想先通过一个例子来对它进行说明。

首先,一棵树按照已知的自然规律生出另外一棵树。但它生的这棵树是属于同一个类的;所以按照类来说它是自己产生出自己,在类中它一方面作为结果,另方面作为原因,而不断地自己被自己生产出来,同样又经常性地自己生产着自己,这样作为类而持久地保持着自己。

其次,一棵树甚至作为个体也自己产生着自己。这种作用我们虽然只称之为生长;但这种生长必须在这种意义上来理解,即它是与所有其他的按照机械规律的量的增加完全不同的,并且必须被看做与生殖是相同的,虽然名称不同。树给自己添加上去的那些物质是经这植物

---

① 拉丁文:看到了人的痕迹。——译者

234 预先加工成专门特有的质的,这种质是在它之外的自然机械作用所不能提供的,而且它是借助于一种就其配制过程而言是它自己的产物的材料来进一步自己形成自己的。因为这种材料虽然就其从外在于它的自然界中获得的成分而言,必须被看做只是离析出来的东西,但在这种原材料的分离和重新再组合中,却可以发现这类自然存在物的挑选能力和形成能力的这样一种独创性,以至于任何艺术离它都还是无限地遥远,如果这种艺术试图从它分解这些自然存在物而获得的那些要素中、甚至从自然提供给它们作养料的材料中重新制造出植物界的那些产物来的话。

第三,这个生物的一部分也是这样自己产生自己的,以至于某一部分的保持交互地依赖于另外那些部分的保持。将一种树叶上的芽眼插接到另一种树叶的细枝上,就会在一个异种的砧木上产生一个属于这芽眼本身种类的植株,嫁接在另一棵树干上的树枝的情况也是如此。因此,我们也可以把同一株树上每个枝条和每片树叶都看做只是被嫁接或芽接到这棵树上来的,因而看做是独立存在的一棵树,它只是附着和寄生于另一棵树上。同时,这些树叶虽然都是这棵树的产物,但却反过来也维持着这棵树;因为反复地落叶将会使树死去,而树的生长是依赖于树叶对树干的作用的。至于在这些生物中当它们受到伤害时的自我保护的本性,即当维持相邻部分所需的某一部分缺乏时由其他部分来补足的本性,以及在生长中那些畸变和畸形,即某些部分因出现缺乏或受阻现象而以全新的方式形成自身,以便维持住现有的东西而产生出不正常的生物来:这些我在这里只想顺便提及,尽管它们被归于有机生物那些最神奇的属性之下。

235

§65. 作为自然目的之物就是有机物

按照上一节所引述的特征,一个应当作为自然产品、但同时又只是作为自然目的才可能被认识的物,必须自己与自己处于交互作为原因和结果的关系中,这是一种不太真切的和不确定的表达方式,它需要从一个确定的概念中进行某种推导。

因果联系就其只是通过知性被思维而言,是一种构成(原因和结果的)一个不断下降的系列的联结;而那些作为结果的物是以另外一些作为原因的物为前提的,本身不能反过来同时又是另外这些物的原因。这种因果联系我们称之为作用因(nexus effectivus[1])的因果联系。但与此相反,也有一种因果联系却是可以按照某种理性概念(目的概念)来思考的,这种因果联系当我们把它看做一个系列时,将既具有一种下降的依赖关系,又具有一种上溯的依赖关系,在其中,一度被表明是结果的物却在上溯中理应得到它成为其结果的那个物的原因的称号。在实践中(也就是在技艺中)我们很容易发现这一类的联结,例如房子虽然是房租所收入的钱的原因,但反过来,这一可能的收入的表象却也曾是建这所房子的原因。这样一种因果联系就被称之为目的因(nexus finalis[2])的因果联系。我们也许可以把前者更恰当地称之为实在原因的联结,把后者称为理想原因的联结,因为在这样命名时同时也就领会到,不可能有多于这两种类型的原因性了。

于是,对一个作为自然目的之物首先要求的是,各部分(按其存有和形式)只有通过其与整体的关系才是可能的。因为该物本身是一个目的,因而是在某个概念或理念之下被把握的,这理念必须先天地规定应在该物中包含的一切东西。但如果一物只是以这种方式被设想为可能的,它就仅仅是一个艺术品[人工制品],也就是一个与它的质料(各部分)有别的理性原因的产品,这个理性原因的原因性(在获取和结合各部分时)是被一个关于由此而可能的整体的理念(因而不是被外在于该物的自然)所规定的。

但如果一物作为自然产品在自身中及在其内在的可能性中仍然要包含有对目的的某种关系,亦即要仅仅作为自然目的而没有外在于它的理性存在者的概念的原因性就是可能的:那么对此就有第二个要求:

236

---

① 拉丁文:起作用的联系。——译者
② 拉丁文:目的联系。——译者

它的各部分是由于相互交替地作为自己形式的原因和结果,而结合为一个整体的统一体的。因为只有以这种方式,整体的理念反过来(交替地)又规定一切部分的形式和关联才是可能的:不是作为原因——因为那将会是一个艺术品——,而是作为这个作评判的人对包含在给予质料中的一切杂多东西的形式和关联的系统统一进行认识的根据。

所以,对一个应当就自身及按其内在可能性被评判为自然目的的物体来说,就要求其各个部分既按照其形式又按照其关联而全都相互交替地产生出来,并这样从自己的原因性中产生出一个整体,这整体的概念反过来(在一个根据概念而具有与这样一种产品相适合的原因性的存在物中)又根据一条原则而成为该物体的原因,这样,作用因的联结同时又可以被评判为由目的因所导致的结果了。

在这样一个自然产品中,每一个部分,正如它只有通过其他一切部分才存有那样,它也被设想成为了其他部分及整体而实存着的,也就是被设想成工具(器官):但这是不够的(因为它也可以是技艺①的工具,因而可以只是作为一般可能的目的被设想);而是作为一个把其他各部分(因而每一部分都交替地把别的部分)产生出来的器官,这类器官决不可能是技艺的工具,而只能是为工具(甚至为技艺的工具)提供一切材料的自然的工具:而只有这样,也只是因为这,一个这样的产品作为有组织的和自组织的存在者,才能被称之为自然目的。

在一只表里,一个部分是使另一部分运动的工具,但并不是说一个轮子就是产生出另一个轮子的作用原因;一个部分虽然是为了另一个部分的,但并不是通过另一个部分而存有的。因此产生该部分及其形式的原因也不包含在自然(这个质料)中,而是包含在外在于自然的一个存在者中,这个存在者能够按照一个通过他的原因性而可能的整体的理念来起作用。因此这个表中的一个轮子也并不产生另一个轮子,一个表更不会产生出另一个表、以至于它为此而利用别的材料(把它

---

① 即艺术,德文为 Kunst,除了包含"美的艺术"外,还包含工艺、技术在内。——译者

们组织起来）；因此它也不会自动补上从它那里偷走的部分，或是由其他部分的加入来补足它在最初构成时的缺陷，或是当它陷入无序时例如说自己修复自己；相反，这一切我们都可以指望那有机的自然。——所以，一个有机物不只是机器：因为机器只有运动力；而有机物则在自身中具有形成力，而且这样一种力有机物把它传给不具有它的那些质料（把它们组织起来）：所以这是一种能传播①的形成力，它单凭运动能力（机械作用）是不能解释的。

如果我们把有机产物中的这种能力称之为艺术的类似物，那么我们对自然及其在有机产物中的能力所说的就太少了；因为这时我们所想到的就是在自然以外的一个艺术家（一个有理性的存在者）。但自然毋宁说是自组织的，并且是在它的有机产物的每个物种中自组织的，虽然整体上是按照同样的范本，但也还是有些适当的偏离，这是在某些情况下自我保存所要求的。如果我们把它称之为生命的类似物，也许就更切近于这种难以解释的属性；但这时我们要么就不得不把某种与物质的本质相冲突的属性赋予作为单纯质料的物质（物活论）；要么就必须把某种与它处于协同性中的异质原则（一个灵魂）加到它里面去：但在这里，如果一个这样的产物应当是一个自然产物的话，我们就已经要么把有机物质预设为那个灵魂的工具了，因而丝毫也没有使那个有机物质得到更多的了解，要么就必须使灵魂成为这个构造物的艺术家，于是就不得不把这种产物从自然中（从有形自然中）取消掉。所以严格说来自然的有机体并不具有与我们所知的任何一种原因性相类似的东西②。自然的美由于它只有在与关于对象之外部直观的反思的关系

238

---

① 德文 fortpflanzend 兼有"传播"和"繁殖"两义。——译者

② 反过来，我们可以通过与上述直接的自然目的的一个类比来理解某种与其说在现实中不如说在理念中也被见到的联结。所以我们在近代从事一种彻底的改造、即把一个伟大的民族改造成一个国家时，就很恰当地频繁使用了有机体这个词来建立市政机构等等乃至于整个国体。因为在这样一个整体中每个成员当然都不应当仅仅是手段，而同时也是目的，并由于他参与了去促成这个整体的可能性，他又是按照他的地位和职能而由整体的理念所规定的。——康德

中、因而只是因为表面的形式才被赋予了对象,它就可以正当地被称之为艺术的一个类似物。但自然的内在完善性,如同那些只是作为自然目的才可能、因而叫作有机物的东西所具有的那样,却是不能按照与我们所知道的任何物理的、也就是自然的能力的类比来思考和解释的,甚至由于我们自己在最宽泛的理解中也是自然的一部分,所以就连通过与人类艺术的一种严格适合的类比也不能思考和解释它。

所以,一个本身是自然目的之物的概念并不是知性或理性的任何构成性的概念,但对于反思的判断力却能够是一个调节性的概念,它按照与我们一般依据目的的原因性的某种远距离的类比来指导对这一类对象的研究并反思其最高根据;这样做虽然不是为了认识自然或是自然的那个原始根据,却毋宁说是为了认识我们心中的那个实践理性,我239们正是凭借它而在类比中观察那个合目的性的原因的。

所以有机物是哪怕在我们单独看它们而不与别的东西发生关系时也必然只有作为自然的目的才能被设想的自然界唯一的存在物,所以它们首先给一个并非作为实践的、而是作为自然的目的的目的概念带来了客观实在性,并由此而为自然科学取得了某种目的论的根据,即按照一个特殊原则对自然科学的客体作某种方式的评判的根据,这类根据在其他情况下是绝对没有理由引入到自然科学中来的(因为我们根本不能先天地看出这样一类的原因性是可能的)。

§66. 评判有机物中的内在合目的性的原则

它的这个原则、同时也是它的定义是说:一个有机的自然产物是这样的,在其中一切都是目的而交互地也是手段。在其中,没有任何东西是白费的,无目的的,或是要归之于某种盲目的自然机械作用的。

这条原则虽然按照其起因可以从经验中得出来,也就是从按照一定方法来处理并被称作观察的经验中得出来;但由于它所表达的有关这样一种合目的性的普遍性和必然性,它就不仅仅是基于经验的基础上的,而必须把某一个先天的原则作为基础,哪怕只是调节性的原则,哪怕那些目的只是处于评判者的理念中、而不处在任何作用因中。因此我们可以把上述原则称之为有机物的内在合目的性的评判准则。

众所周知,植物和动物的解剖学家们为了研究它们的结构,为了能看出这样一些部分是为何并为了什么目的被给予它们的、各部分的这样一种位置和联结以及恰好是这种内部形式又是为何被给予它们的种种根据,而把那条准则、即"在这样一个生物中没有任何东西是白费的"这个准则假定为不可避免的必要的,并使之正是如同普遍自然学说的原理"没有任何事情是偶发的"那样起作用。事实上,他们也不可能宣布与这条目的论的原理脱离关系,正如不能宣布与普遍的物理学原理脱离关系一样,因为,如同放弃了物理学的原理就根本不会给我们留下任何一般经验一样,放弃了目的论的原理,也就不会给我们留下任何对我们一度以目的论的方式在自然目的概念之下思考过的某一类自然物进行观察的线索。

因为这个概念把理性引进了某种完全另外的物的秩序,不同于在这里不再能满足我们的单纯自然机械作用的秩序。某种理念应当作为这自然产物的可能性基础。但由于这个理念是表象的一种绝对统一性,反之,质料则是物的某种多数性,这种多数性不能够自己提供出复合物的任何确定的统一性:所以,如果理念的那种统一性甚至应当用作复合物的这样一种形式的原因性的某种自然律的先天规定根据的话,那么自然目的就必须涉及到在自然产物中所包含的一切东西。因为我们一旦使这样一种结果在整体上与一个超越于盲目的自然机械作用之上的超感性的规定根据相联系,我们也就必须完全按照这条原则来对它进行评判;而在此并没有任何将这样一物的形式还部分地看做是依赖于盲目机械作用的理由,因为那样一来就会由于混淆了不同性质的原则而完全没有任何可靠的评判规则留下来了。

固然,例如在动物的躯体中,有些部分作为固化物(如皮肤、骨头、毛发)是有可能按照单纯的机械律来理解的。然而为此弄到合适的材料、把它变形和塑造成这样并放在它们应处的位置上,这样做的原因却毕竟总是要从目的论上来评判的,以至于在这个躯体中的一切都必须被看做是有机的,而一切也都在与该物本身的某种关系中又是工具。

241

§67. 把一般自然从目的论上评判
为目的系统的原则

我们前面关于自然物的外在合目的性曾说过:它不会提供任何充分的辩护理由,来既把自己作为自然目的而用作解释这些自然物的存有的根据,同时又把这些自然物的偶然合目的的结果在理念上按照目的因的原则用作它们的存有的根据。所以我们不能由于河流促进着各国内部各民族之间的联系,由于山脉蕴含着这些河流的水源并保有积雪以在无雨季节维持这些河流,以及同样地,由于陆地的斜坡让这些积水流走而使土地干燥,据此就立即把这些都看做自然目的:因为虽然地球表面的这种形态对于产生和维持植物界和动物界是极其必要的,但它本身却并不具有任何在其可能性上我们看出有必要假定某种目的原因性的东西。同样这也适用于人们用于生活必需和赏心悦目的植物;适用于那些动物,如骆驼,牛,马,狗等等,人们可以把它们有的用作自己的食物,有的用来供自己多方面的役使,而大部分是完全不可缺少的。这些事物中没有一样人们有理由将之独自看做目的,对于它们的这种外部关系只能在假设中被评判为合目的的。

由于一物的内部形式而将它评判为自然目的,这是完全不同于把该物的实存看做自然目的的。要作出后面这种断言我们需要的不只是关于某个可能的目的的概念,而且是自然的终极目的(scopus①) 的知识,而这需要的是自然对某种超感性之物的关系,这种关系远远超出了我们的一切目的论的自然知识,因为自然本身实存的目的必须超出自然之外去寻求。单是一根草的内部形式就足以能证明它的起源对于我们人类的评判能力来说只有按照目的的规则才是可能的。但如果我们撇开

242 这一点而只着眼于别的自然物对它的利用,那么我们就放弃了对内部组织的考察而只着眼于外部的合目的性关系,如草对于牲畜来说,牲畜对

---

①　希腊词:目的。——译者

于人来说都是作为后者的生存手段而必要的;而我们看不出人的生存究竟为什么是必要的(这个问题,如果我们所想到的是比如说新荷兰人①和火地岛人,那就有可能不是那么容易回答了):于是我们就达不到任何绝对的目的,相反,这一切合目的的关系都是建立在某个总是必须继续推出去的条件之上的,这条件作为无条件者(一个作为终极目的之物的存有)是完全处于自然目的论的世界考察之外的。但这样一来,一个这样的物也不是自然目的;因为它(或它的整个类都)不能被看做自然产物。

所以只有就物质是有机的而言,它才必然带有它作为一个自然目的的概念,因为它的这个特殊的形式同时又是自然的产物。但现在,这个概念必然会引向全部自然界作为一个按照目的规则的系统的理念,这个理念现在就是自然的一切机械作用按照理性诸原则(至少是为了在这上面对自然现象进行研究)所必须服从的。理性的这一原则只有作为主观的、即作为准则才被归于这个理念:世上一切都是对于某个东西是好的;世上没有任何东西是白费的;而我们凭借自然界在它的有机产物上所提供的例证,有理由、甚至有责任从自然及其规律中仅仅期待那在整体上合乎目的的东西。

不言而喻,这不是一条对于规定性的判断力的原则,而只是一条对于反思性的判断力的原则,它是调节性的而不是构成性的,并且我们凭借它只是获得了一条线索,来对自然物在与一个已经被给予的规定根据的关系中、按照某种新的合规律的秩序而加以考察,并对自然知识按照另一条原则、即目的因的原则来加以扩展,却不损害自然原因性的机械作用。此外,我们凭借它也绝对没有断定任何一个我们根据这一原则来评判的某物是不是自然界的有意的目的:草是否为着牛或羊而存在,而牛或羊及其他自然物是否为着人而存在。妥当的做法是,哪怕我们所不喜欢和在特殊的关系中是违背目的的东西也从这一方面来考察。例如我们就可以这样说:在人们的衣服里、头发里或床上折磨他们的寄生虫,按照自然界明智的部署就会是对爱干净的一种督促,而爱干

243

---

① 新荷兰为美洲旧地名,即今天的纽约州。——译者

净自身已经是一种保持健康的重要手段了。或者,使美洲荒野的野蛮人如此难以忍受的蚊虫和其他叮人的昆虫,也许会给这些发展中的人类的能动性以如此多的激励,以便排引沼地,使密不透风的森林照进阳光,通过这种方式并通过扩展耕地,而使他们的居住地同时也变得更卫生。甚至在他们内部机体中看起来是违背自然的东西,如果以这种方式来考察的话,也提供了一种很有趣的、有时甚至是很有教益的对事物的目的论秩序的展望,没有这样一条原则而单凭物理的观察是不会把我们引到这种展望上去的。正如有些人把寄居于人或动物身上的绦虫判定为仿佛是对其生命器官的某种缺陷的补偿一样:我同样要问,做梦(没有它们就根本不会有睡眠,尽管人们很少回忆起它们来)是否也可以是大自然的一种合目的性的安排,因为它们用来在身体运动的一切力气都放松时,凭借想象力及其大量的活动(这活动在这种情况下大部分都会一直上升到激情)而最内在地激动起那些生命的器官;正如在吃得太多而越是迫切需要这种运动时,想象力通常也就在晚上睡觉时越是活泼地游戏;因此没有这种内在的动力和我们对于做梦所抱怨的令人疲惫的不安宁(实际上梦也许倒是恢复的手段),睡眠甚至在健康状态下或许都会是生命的完全死灭了。

　　一旦凭借有机物向我们提供出来的自然目的而对自然界所作的目的论评判使我们有理由提出自然的一个巨大目的的系统的理念,则就连自然界的美、即自然界与我们对它的现象进行领会和评判的诸认识能力的自由游戏的协调一致,也能够以这种方式被看做自然界在其整体中、在人是其中的一员的这个系统中的客观合目的性了。我们可以看成自然界为了我们而拥有的一种恩惠①的是,它除了有用的东西之外

　　① 　在审美的部分中我们曾说过:我们领受恩惠地观看美的自然界,因为我们从它的形式上感到了完全自由的(无利害的)愉悦。这是因为,在这个单纯的鉴赏判断中完全不加考虑的是,这种自然的美是为什么目的而实存着的:是为着引起我们的愉快,还是与我们作为目的没有任何关系。但在一个目的论的判断中我们也对这种关系给予了注意;而这时我们就可以把这件事看做大自然的恩惠,即:大自然本来是要通过展示如此多的美的形态来促进我们的文化。——康德

还如此丰盛地施予美和魅力,因此我们才能够热爱大自然,而且能因为它的无限广大而以敬重来看待它,并在这种观赏中自己也感到自己高尚起来:就像自然界本来就完全是在这种意图中来搭建并装饰起自己壮丽的舞台一样。

我们在这一节中要说的无非是,一旦我们在自然身上发现了能够产生出那些只能按照目的因概念被我们设想的产物的能力,我们就进一步也仍然可以把那样一些产物评判为属于一个目的系统的,哪怕这些产物(或者它们的即使是合目的的关系)恰好使超出那些盲目的作用因的机械作用而为它们的可能性寻求另外一条原则成为不必要的:因为前面那个理念已经在它们的根据方面把我们引向了对感性世界的超出;因为这种超感性原则的统一性必须被看做不仅适用于自然物的某些物种,而且以同一种方式适用于作为系统的自然整体。

§68. 目的论原则作为自然科学的内部原则　　245

一门科学的原则要么是这门科学内部的,被称之为本土的原则(principia domestica①);要么是建立在只能于这门科学的地域之外找到的那些概念之上的,就是外来的原则(peregrina②)。含有后面这种原则的那些科学以外借的命题(Lemmata③)作为自己学说的基础;即它们从另外一门科学中借来某一个概念并与这概念同时借来一个作安排的根据。

任何一门科学自身都是一个系统;而且在这门科学中按照诸原则来建造因而作技术上的处理,这是不够的,相反,我们也必须把它当作一个独立的大厦按照建筑术来进行工作,不是像某种附属建筑和当作另一座大厦的一部分那样、而是当作一个独立的整体那样来对待它,尽

---

① 　拉丁文:自家的原则。——译者
② 　拉丁文:异乡的。——译者
③ 　拉丁文:辅助命题。——译者

管我们后来可以从这个大厦到那个大厦或在它们之间交互地建立起一种过渡。

所以,如果我们为了自然科学而在它的前后关联中引进来上帝的概念,以便使自然界中的合目的性得到解释,然后又使用这种合目的性去证明一个上帝存在:那么这两门科学[即自然科学和神学]中任何一门都将没有内在的坚固性;而一种欺骗性的循环论证就会使它们都变得不可靠,因为它们让自己的界限相互搅混了。

自然的目的这一表述已经足以预防这种混淆,而不至于把自然科学及它为了对自己的对象作目的论的评判而提供的理由与对上帝的考虑、因而与神学的推导混在一起;我们是否会把那个表述与自然秩序中某种神的目的的表述混为一谈,或者甚至也许把后一种表述冒充为更得体、更适合于一个虔敬的灵魂的,因为最终毕竟不能不从某个智慧的创世者那里把自然中的合目的性形式推导出来:对此我们必不可等闲视之;反之,我们必须小心谨慎地把自己限制在这个只表达出我们所知道的这么多的表述、即自然的目的这个表述上。因为还在我们追问自然本身的原因之前,我们就在自然和自然的产生过程中发现了这样一些产物,它们按照已知的经验规律而在自然中被产生出来,自然科学必须依据这些经验规律来评判自己的对象,因而也必须在自然本身中按照目的规则来寻求它们的原因性。所以自然科学必须不跳越自己的界限,去把一条根本不可能有任何经验与其概念相适合、而且只有在自然科学完成了以后才有资格大胆提出的原则,作为本土的原则纳入到自己本身中来。

可以先天地推演出来、因而按其可能性无须任何经验的加入就能从普遍原则中看出来的那些自然性状,尽管带有技术的合目的性,但却由于它们是绝对必然的,而完全不能被归入自然目的论,后者是一种隶属于物理学的解决物理学问题的方法。因此,算术的、几何学的类比,连同普遍的机械规律,不论在它们身上把各不相同的、外表看来互相完全独立的规则在一条原则中结合起来在我们看来是多么的奇怪和值得惊叹,它们却并不要求成为物理学中的目的论解释的根据;并且即使它们值得在一般自然物的合目的性的普遍理论中同时被考察,这种理论却毕竟将属于另外的地方,亦即属于形而上学,而不会构成自然科学的内部原则:当然,借助于有机物上的自然目的的经验性规律,不仅允许、而且也是不可避免地要将目的论的评判方式用作自然学说在其特别的一类对象方面的原则。

于是,物理学为了能严格坚持自己的界限,它就把自然目的是有意的还是无意的这个问题完全撇在一边;因为那将会是干涉一桩陌生的事务(也就是形而上学的事务)。存在着唯有且只是按照那些我们仅在作为原则的目的理念之下才能设想的自然规律才可解释的、且只有以这种方式才按其内部形式哪怕只是内在地可认识的诸对象,这就够了。所以,也是为了不带上丝毫僭妄的嫌疑,好像我们想把某种完全不属于物理学的东西、也就是某种超自然的原因混杂在我们的知识根据之中似的:则我们在目的论中虽然谈到自然界,仿佛在它里面的合目的性是有意的那样,但却同时这样来谈论,以至于是我们把这种意图赋予了自然界、亦即赋予了物质;借此我们(由于对此不可能有任何误解发生,因为没有人会把意图在这个词本来的含义中就自身而言已经赋予一个无生命的材料了)想要指明的是,这个词在这里只是意味着一条反思性的判断力的原则,而不是一条规定性的判断力的原则,因而不应当引入任何特殊的原因性根据,而只是在理性的运用上再加上一种不同于按照机械规律的探究方式,以便对这些机械规律本身在经验性地探寻自然界的一切特殊规律时的不充分性加以补充。因此我们在目的论中,就其被引入物理学而言,完全有权谈论自然的智慧、节约、远虑和仁慈,而不因此就使自然界成为某种有理智的存在者(因为那将会是荒谬的);但也不敢打算把另一个有理智的存在者作为一个建筑师置于自然之上,因为这将会是狂妄的①:而只是要借此按照与我们在理性

247

----

① 德语词狂妄的(vermessen)是一个很好的、含义丰富的词。当人们在一个判断中忘记估计其(知性的)力量的尺度时,这个判断有时就可能听起来很谦卑、但却提出了很高的要求而毕竟是十分狂妄的。这类判断中大多数都是人们借口用来赞扬上帝的智慧的,因为人们在那些进行创造和保存的工作中把各种意图赋予了这种智慧,而这些意图本来是应当为玄想者自己的智慧带来荣耀的。——康德

248　的技术运用中的原因性的类比来描绘一种自然的原因性，以便把我们必须据以探究某些自然产物的规则牢记在心。

　　但为什么目的论毕竟通常并不构成理论自然科学的任何特别的部分，而只是作为入门或过渡而引向神学呢？之所以如此，是为了使依据于自然机械作用的自然研究紧紧抓住我们能够使之接受我们的观察或实验、以至于我们能够像自然那样至少是根据规律的相似性将其本身产生出来的那种东西；因为我们所完全看透的只是那些我们能够按照概念制造和实现出来的东西。但作为自然的内在目的的有机体是无限超出以艺术来作类似表达的一切能力的：至于外在的被视为合目的的那些自然安排（如风、雨等等之类），那么物理学倒是考察它们的机械作用的；但它们与目的的关系，就这种关系应当是某种必然属于原因的条件而言，则是物理学所完全不能表现的，因为联结的这种必然性完全是针对着我们的概念的结合，而不是针对着物的性状的。

第二章　目的论判断力的辩证论

§69. 什么是判断力的二律背反

规定性的判断力单独并不具有任何作为客体概念之根据的原则。它绝不是自律;因为它只是在那些作为原则的给予的规律或概念之下进行归摄。正因为如此,它也从不遭受到它自己的二律背反的危险和它的诸原则的冲突。所以包含着在诸范畴之下进行归摄的那些条件的先验判断力,单独并不是立法性的;而只列举了使一个被给予的概念作为知性的规律能够被赋予实在性(赋予应用)的那些感性直观条件:在这点上规定的判断力永远也不会陷入与自身的不一致(至少按其原则来说)。

　　然而,反思性的判断力则应当在一个尚未给予、因而事实上只是对对象作反思的一条原则的规律之下来进行归摄,对于这些对象我们在客观上完全缺乏一条规律,或者缺乏一个足以充当现有种种情况的原则的客体概念。既然没有原则就不允许有知识能力的任何运用,所以反思性的判断力在这样一些情况下就必须作为它自己的原则:这条原则由于并不是客观的,也不能为此意图奠定任何认识客体的充分基础,所以只应当用作认识能力的合目的性运用的主观原则,也就是对某一类对象进行反思的主观原则。所以与这些情况相关反思性的判断力有自己的准则,也就是为了在经验中认识自然规律所必要的准则,以便借助于这些准则来达到概念,哪怕它们应当是些理性的概念;如果反思判断力仅仅为了根据自然的经验性规律来认识自然就绝对需要这些概念的话。——在反思判断力的这些必要的准则之间,现在就可能发生一个冲突,因而发生一个二律背反,在它之上便建立起一个辩证论,当两个相互冲突的准则每一个都在认识能力的本性中有自己的根据时,这种辩证论就可以称之为一个自然的辩证论和一种不可避免的幻相,我们必须在批判中揭开和化解这一幻相,以使它不能欺骗我们。

§70. 这种二律背反的表现

只要理性与作为外感官对象的总和的自然界打交道,它所能依据的规律部分地就是知性本身先天地给自然界制定的规律,部分地是可以通过在经验中出现的经验性的诸规定而扩展到无边无际的规律。为了第一类规律、也就是一般物质自然的普遍规律的应用,判断力不需要任何特殊的反思原则;因为这时它是规定性的,因为由知性给予了它一个客观的原则。但涉及到那些我们只能通过经验而知道的特殊的规律,那么在它们之间可以有如此巨大的多样性和不同质性,以至于判断力必须把自身用作原则,以便哪怕只是在自然的现象中寻求某种规律并探查出这种规律,因为它需要这样一种规律作为引导线索,哪怕它应当希望的只是以自然界的某种普遍的合规律性为根据的相互关联的经验知识,即以经验性的规律为根据的自然界的统一性。在这种诸特殊规律的偶然的统一性那里,现在就可能发生这种事:判断力在其反思中从两个准则出发,其一是只有知性才先天地带给它的;但另一个则是通过特殊的经验而引起的,这些经验使理性活动起来,以便按照一条特殊原则来处理对有形自然及其规律的评判。于是接着就会发生这种事,即这双重的准则看上去似乎不能相互并存,因而某种辩证论就突现出来了,它使判断力在其反思的原则中迷失了方向。

这个反思的第一个准则就是命题:物质的东西及其形式的一切产生都必须被评判为按照单纯机械规律而可能的。

第二个准则就是反命题:物质自然的有些产物不能被评判为按照单纯机械规律而可能的(它们的评判要求一条完全不同的原因性规律,也就是目的因的规律)。

如果我们现在把对于研究的这些调节性的原理转变为客体本身的可能性的构成性的原理,那么它们就会被说成是:

命题：物质的东西的一切产生都是按照单纯机械规律而可能的。　　251

反命题：它们的有些产生按照单纯机械的规律是不可能的。

在后面这种性质中，作为规定性的判断力的客观原则，这两个命题就会是相互矛盾的，因而两个命题中的一个就必然是假的；但这样一来，这虽然是一个二律背反，但却不是判断力的二律背反，而是在理性的立法中的某种冲突。但理性在这两个原理中既不能证明这一个也不能证明那一个：因为我们对于以自然的单纯经验性的规律为依据的那些物的可能性不可能拥有任何先天的规定性原则。

反之，就反思判断力的最先陈述的那种准则而言，那么它实际上根本不包含什么矛盾。因为如果我说：我对于物质自然中的一切事件、因而甚至对于作为其产物的一切形式，在它们的可能性上必须按照单纯机械规律来进行评判，那么我这里并没有说：它们只有按照这种方式才是可能的（而排除了任何其他的原因性方式）；而只是要表明：我任何时候都应当按照自然的单纯机械作用的原则来对它们进行反思，因而根据这一原则来尽我所能地进行研究，因为，没有这条原则作为研究的基础，就根本不可能有任何真正的自然知识。于是这就并不妨碍那第二条准则在偶然的缘由、也就是在某些自然形式（并基于这些形式的缘由甚至在整个自然界）的情况下，按照一条与根据自然界的机械作用所作的解释完全不同的原则、也就是按照目的因的原则去进行探寻，并对它加以反思。因为按照第一条准则的那个反思并没有因此而被取消，反而需要我们尽可能地去遵循它；也并不因此就意味着那些形式按照自然的机械作用就是不可能的了。所主张的只是，人类理性遵照这条准则并以这种方式将永远不会找到关于构成自然目的的特殊性质的东西的丝毫根据，虽然能够找到关于自然规律的别的知识；同时也并未确定，在自然本身的我们所不知道的内部根据中，同一些物身上的物理—机械联系与目的联系是否能在一个原则中关联起来：只是我们的　　252
理性不可能把它们结合在这样一个原则中，因而判断力，作为（从一个主观根据而来的）反思性的判断力，而不是作为（按照物本身的可能性的一条客观原则的）规定性的判断力，就必须为自然界的某些形式而把另一条不同于自然机械作用的原则思考为它们的可能性的根据。

§71. 解决上述二律背反的准备

我们决不可能由自然的单纯机械作用证明有机自然产物产生的不可能性,因为对于那些在我们看来由于只被经验性地认识到因而是偶然的特殊自然规律,我们不可能按照其最初的内部根据而看透其无限的多样性,因而也不能完全达到自然的可能性的内部的、普遍充分的原则(这是处于超感官的东西中的)。所以,是否自然的生产能力即使对于我们评判为按照目的理念而形成或联结起来的东西,也正如同对于我们相信只需要自然的机械作用的东西一样,都是足够的;或者,事实上对于作为真正的自然目的之物来说(如同我们必须对它们必然地评判的那样),是否会有一种完全不同的本源的、根本不能被包含在物质自然或它的理知基底中的原因性亦即某种建筑术的(architektonisch)知性作基础:对此我们的理性完全不能够提供任何消息,它十分狭隘地被限制在那个应当被先天地详细开列出来的原因性概念上。——但是,对于我们的认识能力而言,自然的单纯机械作用对有机物的产生也不可能提供任何说明的根据,这一点也同样是无可怀疑地确定的。所以,对于反思性的判断力来说一条完全正确的原理就是:必须为如此明显的按照目的因的物的联结设想一个与机械作用不同的原因性,即一个按照目的来行动的(有理智的)世界原因的原因性;尽管这条原理对于规定性的判断力来说会是过于匆忙和无法证明的。在前一种情况下这个原理只是一条判断力的准则,这时那个原因性的概念只是一个理念,我们决不打算承认这个理念有实在性,而只是把它用作反思的引导,同时这种反思对于一切机械的解释根据永远保持着开放,而不与感官世界失去联系;在后一种情况下,这条原理就会是一条客观的原则,这条原则将是理性所制定的,并且将是判断力必须规定性地服从的,但这时理性就超出了感官世界而迷失于狂言高调之中,并有可能被引入歧途。

所以,在本来是物理学的(机械论的)解释方式与目的论的(技艺

性的)解释方式之间的一切表面上的二律背反是建立在这一点上的:
我们混淆了反思性的判断力的原理和规定性的判断力的原理,混淆了
前一种判断力(它只是主观上对我们的理性在特殊的经验规律上的运
用有效)的自律和后一种判断力的他律,这后一种判断力必须遵循由
知性所给予的(普遍的或特殊的)规律。

§72. 关于自然的合目的性的
各种各样的系统

关于自然界的某些物(有机物)及其可能性必须按照目的因的概
念来评判,这条原理的正确性,甚至哪怕当我们只是为了通过观察来认
出它们的性状而要求某种引导,而并不是竟敢去研究它们的最初的起
源时,都从来还没有人怀疑过。所以疑问只在于:这条原理只是主观上
有效的,亦即只是我们的判断力的准则,还是一条自然的客观原则,按
照这条原则,在自然的(按照单纯的运动规律的)机械作用之外,属于
自然的还应该有另外一种原因性,也就是目的因的原因性,那些运动规
律(诸运动力)只是作为中间原因而从属于目的因的。

现在,我们对于这个在思辨方面的疑问或课题完全可以任其未作决断
和不加解决:因为,如果我们满足于在单纯自然知识的内部进行思辨,则我
们有了那些准则就足以在人的力量所及的范围内去研究自然界、并去追踪
自然的最隐匿的秘密了。所以,这很可能是我们理性的某种预感,或者某
种仿佛是自然给予我们的暗示,即:我们也许竟会有可能凭借那个目的因
的概念而扩展到超出自然界之外,并把自然界本身与原因系列中的那个最
高点联结起来,如果我们放弃对自然界的研究(虽然我们在这种研究中还
并没有走很远),或至少在一段时间中将它搁置起来,而先来试着探查一下
自然科学中的那个外来者、即自然目的的概念会引向何处的话。

然而在这种情况下,那条无可争执的准则就必然会转化为开辟了
一个广阔的争执领域的课题了:在自然界中目的的联结是证明了对自
然的一种特殊的原因性;还是这种联结要么就本身并按照客观原则来

254

看毋宁说是与自然的机械作用同样的,要么是建立在同一个基础之上的:只是由于这个基础对于我们在有些自然产物中的研究来说常常隐藏得太深了,我们就借某种主观的原则即艺术的原则、也就是根据理念的那种原因性的原则来做试验,以便按照类比把这种联结塞给自然;这样的应急手段在许多情况下也使我们获得成功,虽然在有些情况下看起来是失败的,但在一切情况下都并不使我们有权把一种特殊的、与按照自然的单纯机械作用的原因性本身不同的作用方式引进到自然科学中来。我们由于在自然产物中发现的这种目的类似物而把这种自然的运作方式(自然原因性)称之为技艺,因而我们将把这种技艺分为有意的技艺(technica intentionalis①)和无意的技艺(technica naturalis②)。前者所要表明的是:自然界按照目的的因的生产能力必须被看做一种特殊的原因性;后者所要表明的是:这种原因性与自然界的机械作用从根本上说完全是一样的,而这种与我们的艺术概念及其规则的偶然的巧合,作为对这种原因性进行评判的单纯主观的条件,被错误地解释成了自然生产的一种特殊方式。

现在,如果我们谈到从目的因方面来作自然解释的那些系统,那么我们必须高度注意的是,这些系统全都是独断的,亦即关于诸物的可能性的客观原则、不论这是由于有意起作用的原因还是由于纯粹无意起作用的原因,都是相互争执着的,但却决不去争执那些只是判断这样一些合目的性产物的原因的主观准则:在后一种情况下那些各不相同的原则倒还有可能结合起来,而在前一种情况下那些相互矛盾对立的原则却可能相互取消而不能并存。

在自然的技艺、即自然按照目的的规则的生产能力方面的这些系统是双重的:自然目的的观念论的系统,或者自然目的的实在论的系统。前者主张:自然的一切合目的性都是无意的;后者主张:自然的有些合目的性(在有机物中的)是有意的;从这里面也就有可能引出那被作为

---

① 拉丁文:意向性的技艺。——译者
② 拉丁文:自然性的技艺。——译者

假设而建立起来的结论,即自然的技艺、哪怕是涉及到与自然整体有关的一切别的自然产物,也都是有意的,亦即也都是目的。

1)于是,合目的性(我在这里一直指的是客观合目的性)的观念论要么是在自然产物的合目的性形式中作自然规定的原因性的观念论,要么是这种自然规定的宿命的观念论。前一种原则涉及到质料与它的形式的物理根据的关系,也就是涉及到运动规律;后者涉及到这些规律及整个自然界的超物理的根据。这种被加之于伊壁鸠鲁和德谟克利特的原因性系统从字面上看是如此明显地荒谬,以至于我们用不着在这上面停留;相反,宿命的系统(人们把斯宾诺莎看做是它的始作俑者,尽管从一切迹象来看它要更古老得多)立足于某种超感性的东西,因而是我们的洞见所达不到的,这就不是那么容易地可以反驳的了:这是因为,它的有关原始存在者的概念是根本不能理解的。但有一点是清楚的:必须把世界中的目的联系在这个系统中假定为无意的(因为这种联系导源于一个原始存在者,但不是导源于他的知性,因而不是导源于他的任何意图,而是由他的本性的必然性及发源于此的世界统一性中推导出来的),因此合目的性的宿命论就是合目的性的观念论。

2)自然的合目的性的实在论也是要么是物理的,要么是超物理的。前者把自然中的目的建立在某种按照意图来行动的能力的类似物之上,建立在物质的生命(在物质中的,或者是由于某种灌注生气的内在原则、某种世界灵魂而来的)之上,它称之为物活论。后者把这些目的从宇宙的原始根据中、即从某种有意图地创造着的(具有本源生命力的)有理智的存在者中引出来,而这就是一神论。①

---

① 我们从中看出:在纯粹理性的大多数思辨之物中,在涉及到那些独断的主张时,哲学上的各学派通常都尝试过了对某个问题所可能的一切解决方式。这样,人们为此之故对于自然的合目的性所尝试过的时而是无生命的物质,或者是无生命的上帝,时而是有生命的物质,或者又是一个有生命的上帝。对于我们来说毫无别的余地,只有当迫不得已时脱离这一切客观的主张,并只在与我们的认识能力的关系中批判地考虑我们的判断,以便为认识能力的原则取得一条准则的有效性,这种有效性不是独断的,但对于理性的可靠运用是足够的。——康德

§73. 上述系统没有一个做到了它所预定的事

什么是那一切系统所要做的呢? 它们想要解释我们关于自然的目的论判断,并想要这样来着手工作,即有一部分人否定这些判断的真理性,于是把它们解释为自然的观念论(表现为艺术);另一部分人承认它们是真实的,并许诺要阐明某种根据目的因的理念而来的自然的可能性。

1)于是,维护自然中的目的因的观念论的那些系统,一方面虽然容许目的因的原则中有某种按照运动规律的原因性(自然物通过这种原因性而合目的地实存);但它们否认这种原因性有意向性,也就是否认它对于自然物的这种合目的的产生是有意地规定的,换言之,否认一个目的是原因。这就是伊壁鸠鲁的解释方式,按照这种解释方式,自然的技艺与单纯机械作用的区别完全被抹杀了,不仅对于生产出来的产物与我们的目的概念的协和一致、因而对于技艺,甚至对于这个产生的诸原因按照运动规律的规定、因而对于这种规定的机械作用,都假定了盲目的偶然情况作为解释的根据,所以什么也没有得到解释,甚至就连我们的目的论判断中的幻相也未得到解释,因而这判断中的所谓的观念论也未得到任何阐明。

另一方面,斯宾诺莎想要使我们免除对自然目的之可能性根据的一切探求,并且剥夺这个理念的一切实在性,办法是,他根本不允许自然目的被看做什么产物,而只允许它被看做依存于某个原始存在者的偶性,对于这个作为那些自然物的基底的原始存在者,他并不将这些自然物的原因性赋予它,而只是将它们的自存性赋予它,并且(由于这原始存在者连同那一切作为依存于它的偶性的自然物的无条件的必然性)虽然为这些自然形式保证了一切合目的性所要求的根据统一性,同时却夺去了这些自然形式的偶然性,而没有这种偶然性,任何目的的统一性都是不可设想的,并且与这种偶然性同时,他还取消了一切有意图的东西,同样也从自然物的原始根据身上取消了一切知性。

但斯宾诺莎主义并没有做到他想做的事。他想为自然物的目的关联（这是他并不否认的）提供一个解释根据，并只举出了这一切自然物所依存的那个主体的统一性。但即使我们承认这个主体为了世间存在者而有这样一种实存方式，但那种本体论的统一性毕竟还并不因此立刻就是目的统一性，也根本没有使目的统一性得到理解。就是说，后者是一种完全特殊类型的统一性，它根本不是从某个主体（原始存在者）中的诸物（世间存在物）的联结中推出来的，而是完全自身带有与一个有理智的原因的关系，并且甚至当我们把这一切物都结合在一个简单的主体之中时，它也从来没有表现出一个目的关系：只要我们在这一切自然物中没有想到，第一，该实体作为一个原因的内部的结果，第二，同一个实体作为凭借其知性的原因的内部结果。没有这些形式上的条件，一切统一性都只不过是自然必然性，并且如果它仍然还被赋予那些被我们表现为相互外在的物的话，就只不过是盲目的必然性了。但是如果我们要把这一学派称之为诸物（在与其特有的本质的关系中）的先验完善性——按照这种完善性，一切物本身都具有为了是这一物而非另一物所需要的一切——的东西，称之为自然的合目的性的话：那么这就是小孩子的语词游戏，而不是概念了。因为，如果一切物都必须被设想为目的，因而有一物与有一目的是一样的，那么就根本没有任何值得被特别表现为目的的东西了。

由此看得很清楚：斯宾诺莎通过将我们关于自然界中合目的之物的概念归结为对我们自己在一个无所不包的（但同时又是单纯的）存在者中的意识，并只在这个存在者的统一性中寻求那种形式，就必然不会有意地主张自然的合目的性的实在论，而只会主张这种合目的性的观念论，但就连这一点他也没有能够作成，因为单是基底的统一性这个表象，就连一个哪怕只是无意的合目的性的理念也不能够产生出来。

2）那些不但主张自然目的的实在论、而且还以为对它作出了解释的人们，相信对某种特殊的原因性，也就是有意发生作用的原因，至少按照其可能性来说是可以看透的；否则他们就不会着手想要解释那种原因性了。因为，甚至为了有权作出最大胆的假设，也至少必须对我们

258

假定为根据的东西的可能性有所肯定，并且必须能保证这个根据的概念有其客观的实在性。

但一个有生命的物质（其概念包含一个矛盾，因为无生命性、inertia① 构成物质的本质特征）的可能性就连设想一下都不可能；一种被灌注生气的物质和全体自然作为一个动物的可能性，只有当这种可能性在自然的有机体身上从小的方面在经验里向我们显示出来的范围内（为了在自然的大的方面对合目的性作一个假设），才以可怜的方式得到运用，但决不能先天地根据其可能性而被看出来。所以，如果人们想要从物质的生命中把有机物身上的自然的合目的性推导出来，而又把这种生命当作无非就是有机物中的生命来认识，没有这种经验就不能对这种合目的性的可能性形成任何概念，那么这就不能不犯循环解释的错误了。所以物活论并没有做到它所许诺的事情。

最后，一神论同样也不能独断地把自然目的的可能性建立为解开目的论的钥匙；尽管它比起一切目的论的解释根据来具有如下的优点，即它通过自己赋予原始存在者的某种知性而把自然的合目的性最妥善地从观念论那里拯救出来，并为这种合目的性的产生引入了一种有意的原因性。

这是因为，为了有权把目的统一性的根据放到超出自然界之上，首先就必须对规定性的判断力充分地证明，通过物质的单纯机械作用，物质中的目的统一性是不可能的。但我们所能得出的只不过是这个结论，即根据我们认识能力的性状和局限（因为我们看不到这个机械作用的最初的、内在的根据本身），必须不以任何方式到物质中去寻求确定的目的关系的原则，相反，对于物质产物作为自然目的的产生，除了通过作为世界原因的一个最高知性来评判之外，没有给我们留下任何别的评判方式。但这只是对于反思性的判断力、而不是对于规定性的判断力的一个根据，是绝对不能有权作出任何客观的主张的。

---

① 拉丁文：惰性。——译者

§74. 不能独断地处理自然技艺概念的
原因是自然目的之不可解释性

260

一个概念,如果我们把它看做是包含在另一个构成一条理性原则的客体概念之下的,并按照这条原则来规定它的话,则我们对这个概念(即使它据说以经验性的东西为条件)的处理就是独断的。但如果我们只是在与我们的认识能力的关系中、因而在对它作思考的主观条件上来看待它,而不打算对它的客体有所区分,那么我们就只是在批判地处理这个概念。所以,独断地处理一个概念就是那种对于规定性的判断力是合规律性的处理,批判的处理则只是那种对于反思性的判断力而言的合规律性的处理。

现在,关于一个作为自然目的之物的概念就是一个把自然归摄到某种只有通过理性才能设想的原因性之下的概念,为的是按照这一原则对在经验中给予出来的有关客体的东西作出判断。但为了把这个概念在规定性的判断力方面作独断的运用,我们却必须预先在这一概念的客观实在性上得到了担保,因为否则我们就不能够把任何自然物归摄到它之下。但一个作为自然目的之物的概念虽然是一个以经验性为条件的概念,即只有在某种由经验给予的条件下才可能的概念,但毕竟不是能从经验中抽象出来的,而只是按照评判那对象的某种理性原则而可能的概念。所以,它作为这样一个原则,按其客观实在性来说(即一个客体按照它而可能)是根本不能被看透和独断地建立起来的;而我们并不知道它只是一个玄想的、客观上空虚的概念(conceptus ratiocinans①),还是一个理性的概念,一个给知识提供根据的、由理性得到证实的概念(conceptus ratiocinatus②)。所以这个概念不可能在规定性的判断力方面得到独断的处理:也就是说,不仅不能决定作为自然

---

① 拉丁文:推想的概念。——译者
② 拉丁文:由推理提供基础的概念。——译者

261　目的来看的那些自然物对于其产生是否需要一个完全特殊类型的原因性（按照意图的原因性）；而且甚至连提出这个问题都不可能，因为自然目的概念按照其客观实在性是根本不能通过理性来证明的（亦即它不是对于规定性的判断力具有构成性的，而只是对于反思性的判断力具有调节性的）。

　　这个概念不会是这样的，这由如下一点可以看出来，即因为它作为有关一个自然产物的概念，包含有自然必然性，但同时却又包含有在同一个作为目的之物上面的那个（与单纯自然规律相关的）客体的形式的偶然性；于是，如果其中不应当有什么矛盾的话，它就必须包含自然界中物的可能性的一个根据，但却也要包含这个自然本身及其与那并非可经验性地认识的自然（是超感性的）、因而是我们完全不可认识的某物的关系的可能性根据，以便当我们想要决定它的可能性时按照一种不同于自然机械作用类型的原因性来进行评判。所以，由于一个作为自然目的之物的概念对于规定性的判断力来说是唱高调，如果我们通过理性来考察这个客体（哪怕这概念对于反思性的判断力在那些经验对象上可以是内在的）、因而不能为规定性的判断而给这个概念取得客观实在性的话：那么由此就可以理解，为什么只要人们有可能为独断地处理自然目的概念和作为一个凭借目的因相互关联的整体的自然概念构想任何系统，这些系统就总是对任何某物都既不能从客观上作肯定的断言，也不能从客观上作否定的断言；因为，如果诸物被归摄于一个只是悬拟性的概念之下，则这概念的那些综合性的谓词（例如在这里就是：我们为诸物的产生而设想的那个自然目的，是有意的还是无意的）就必须提供出正是这样一些关于客体的（悬拟性的）判断，不论它们是肯定的还是否定的，因为我们不知道我们所判断的是某物还是无物。当然，由目的而来的（艺术的）原因性的概念是有客观实在性的，由自然的机械作用而来的原因性概念也是如此。但按照目的规则

262　的自然的一个原因性的概念，更不用说一个完全不能在经验中给予我们的存在者、即一个作为自然的原始根据的存在者的概念，虽然能够无矛盾地设想，但却不能适合于作独断的规定：因为这个概念由于不能从

经验中引出来、也不是经验的可能性所要求的,它的客观实在性就不能通过任何东西得到保障。但即使能够有保障,我们又怎么还能够把这些被确定地指定为神的艺术品的东西算作自然的产物?自然按照其规律不能产生这类东西,正是自然的这种无能才使得援引一个与它不同的原因成为了必要。

§75. 自然的客观合目的性概念是反思性
判断力的一条理性批判原则

但是我说:自然界某些物的产生、乃至于整个自然的产生,都只有通过某种按照意图来规定自己的行动的原因才是可能的;还是说:按照我的认识能力的特有的性状,我关于那些物的可能性及其产生不能作任何别的判断,只能是为此而设想出一个按照意图来起作用的原因,因而设想出一个按照与某种知性的原因性的类比来生产的存在者,那么这两种说法毕竟是完全不同的情况。在前一种情况下我想对客体断定某种东西,并有责任去阐明某个假定的概念的客观实在性;在后一种情况下,理性只是适合着我的认识能力的特点来规定这些认识能力的运用,并规定它们的范围及限度的根本条件。所以,第一条原则是对于规定性的判断力的一条客观的原理,第二条原则只不过是对于反思性的判断力的一条主观的原理,因而是反思性的判断力的一条由理性托付给它的准则。

因为,即使我们只是要通过连续不断的观察而在自然的有机产物中来研究自然,我们也必不可少地需要把一个意图的概念加之于自然;所以这个概念对于我们理性的经验运用来说已经是一个绝对必要的准则了。很明显:一旦这样一条研究自然的引线被接受并被认为得到证实了,我们也就必然会至少把这个所设想的判断力准则也在自然整体上尝试一下,因为按照同一个准则还可以发现一些自然规律,它们平常根据我们对自然的机械作用的内部加以洞见的局限性,将会是仍然对我们隐藏着的。但在后面这种运用中那个判断力准则虽然是有用的,却并非不可缺少的,因为作为(在如上所引用的最严格的词义上的)有机的整体自然并没有被给予我们。相反,就那些必须只评判为有意地如此形成而不是以别的方式形成的自然产物而言,哪怕只是为了获得自然内部性状的经验知识,那条反思判断力的准则本质上也是必要的:因为甚至把这些产物当作有机之物的那个观念,若没有与一种有意图的生产的观念与之相联结,也是不可能的。

现在,我们把一物的实存和形式在一个目的条件下想象为可能的,该物的概念就与该物的某种(按照自然规律的)偶然性的概念不可分割地结合起来了。因此那些我们只有作为目的才觉得是可能的自然物,也对世界整体的偶然性构成了最有力的证明,并且也是唯一被普通知性同样也被哲学家所承认的证据,证明世界整体依赖于并起源于一个在世界之外实存着的、确切地说(为了那种合目的性形式的)有理智的存在者:所以,目的论只有在某种神学中才能找到它的那些探讨的完全的解释。

但现在,即使是最完备的目的论,最终又证明了什么呢? 它证明了
比如说,这样一个有理智的存在者是实在的吗? 没有;它证明的无非是,按照我们认识能力的性状、因而在经验与那个最高理性原则的联结中,我们绝对不能给自己造成有关这样一个世界的可能性的任何概念,除非是这样的概念,即我们设想这个世界的一个有意起作用的至上原因。所以我们不能从客观上阐明这个命题:有一个有理智的原始存在者;而只能从主观上为了我们的判断力在其反思中关于自然中的目的的运用才能阐明它,这些目的不能按照任何另外的原则、而只能按照一个最高原因的有意的原因性这个原则来设想。

如果我们想独断地、从目的论的根据中来阐明这至上命题:那么我们就会被那些我们所无法摆脱出来的困难所缠住。因为那时这些推论就必须以这个命题作为基础:世上的有机物只有通过某种有意起作用的原因才有可能。但在这时我们就会不可避免地必然要去主张:由于我们只有在目的理念之下才能去追寻这些物的因果联系并按照这些物的合规律性来认识它们,我们也就会有权恰好把这一点也预设为对任

何思维着和认识着的存在者的必然的、因而与客体而不只是与我们的
主体相联系的条件。但我们以这样一种主张是对付不过去的。因为既
然我们本来就不是把自然中的目的作为有意的来观察，而只是在关于
自然的产物的反思中将这个概念作为一个判断力的引线来设想：则它
们就不是通过客体给予我们的。甚至我们先天地就不可能说明这样一
个概念按照其客观实在性是可接受的理由。所以留下来的完全是一个
仅仅建立在主观条件之上、也就是建立在与我们的认识能力相适合的
反思性的判断力之上的命题，这个命题如果我们把它表达为客观独断
地有效的，那就会是：一个上帝是存在的；但现在对于我们人类来说只
允许这个受限制的说法：对于那个本身必须给我们对许多自然物的内
部可能性的知识奠定基础的合目的性，我们根本不能用别的方式来思
考和理解，我们只能把这些自然物、并一般地说把这个世界想象为一个
有理智的原因（一个上帝）的作品。

　　如果说，这个建立在我们判断力的不可回避的必然准则之上的命
题，对于我们的理性在任何人类的意图中的一切思辨的和实践的运用
都是完全令人满意的：那么我想清楚地知道的是，当我们不能在更高的
存在者身上证明这种运用是有效的、即出于纯粹的客观根据（可惜这
些根据超出了我们的能力）来证明它时，这对我们会有什么损失。因
为有一点是完全确定的，即我们按照自然的单纯机械原则甚至连有机
物及其内部可能性都不足以认识，更不用说解释它们了；而且这是如此
确定，以致我们可以大胆地说：哪怕只是作出这样一种估计或只是希
望，即有朝一日也许还会有一个牛顿出现，他按照不是任何意图所安排
的自然规律来使哪怕只是一根草茎的产生得到理解，这对于人类来说
也是荒谬的；相反，我们必须完全否认人类有这种洞察力。但这样一来
就说，即使在自然中，假如我们能够在它的普遍的和我们已知的那些规
律的详细说明中一直深入到它的原则，则有机物的可能性的一个充分
的根据，无须把它们的产生置于一个意图之上（因而在它们的单纯机
械作用中），也完全不可能隐匿起来，这种说法又会是我们所作的一个
过于大胆的判断了；因为我们将从何处知道这一点呢？在事情取决于

265

纯粹理性的判断的地方,或然性于此就完全被取消了。——所以我们
关于是否有一个根据意图而行动的、作为世界原因(因而作为原始创
造者)的存在者为我们有权称之为自然目的的东西奠定基础这个命
题,是根本不能从客观上、无论是肯定地还是否定地作出判断的;只有
266 一点是确定的,即如果我们至少还是应当按照我们的本性(按照我们
理性的条件和限度)允许我们看出的东西来下判断的话,我们就绝对
不能把别的东西、而只能把一个有理智的存在者作为那个自然目的之
可能性的基础:这是唯一地符合我们反思性的判断力的准则、因而符合
某种主观的但却是紧密地与人类种族相联系的根据的。

§76. 注   释

这个很值得在先验哲学里不厌其烦地详加论述的考察在这里只能
作为题外话插入进来进行说明(而不是对在此所陈述的东西加以证
明)。

理性是一种原则的能力,并且它的最高要求是指向无条件的东西
的;相反,知性则永远只是在某种必须被给予的条件之下为理性服务
的。但没有知性的那些必须被赋予客观实在性的概念,理性就根本不
能作出客观的(综合的)判断,而理性作为理论理性本身绝对不包含任
何构成性的原则,而只包含调节性的原则。我们马上便发现,凡是在知
性跟随不上的地方,理性就成为夸大其辞的,并且就以虽然是有根据的
理念(作为调节性原则)、却不是客观有效的概念而出风头;但是,不能
和理性同步的知性对于客体的有效性却是必要的,理性的那些理念的
有效性则只限于主体,但毕竟是普遍地对我们这个类而言的一切主体,
也就是限于这种条件:按照我们(人类的)知识能力的本性,乃至于总
之按照我们关于一个有限的有理性的存在者的这种能力一般能够给自
己造成的概念,可以和必须设想成这样而不是别样:但却并不主张一个
267 这样的判断的根据存在于客体中。我们要举出一些虽然非常重要但也
很难在这里将其作为已证明的原理马上强加于读者的例子,不过这些

例子给读者提供了反思的材料,并能够用来说明我们在这里所特别探讨的事情。

　　人类的知性不可避免地必须在事物的可能性和现实性之间作出区别。其根据就在于人的诸认识能力的主体和本性中。因为假如这些认识能力的施行并不要求有两种完全异质的成分,即为了概念而要求知性,为了客体而要求与这些概念相应的感性直观的话,那就根本不会有这样一种(在可能的东西和现实的东西之间的)区别了。因为假如我们的知性是能直观的,那么它除了现实的东西就会没有任何对象了。概念(它们只是指向一个对象的可能性的)和感性直观(它们给予我们某物,但由此却并未让它作为对象被认识)两者就都会被取消了。但现在,我们对单纯可能的东西与现实的东西所作的一切区别都是基于,前者意味着一物的表象每次对于我们的概念、且一般说对于思维的能力所处的地位,后者却意味着对该物自在的本身(在这概念之外)所作的设定。所以,可能之物与现实之物的这种区别是这样一种区别,它只是主观上适合于人类知性的,因为即使某物不存在,我们总还是能够在观念中拥有它,或者即使我们对它还没有任何概念,我们也能把它想象为给予了的。所以,说事物可以是可能的而不是现实的,因而说从单纯的可能性中决不能推出现实性来,这些命题是完全正确地适合于人类理性的,由此却并不证明这一区别存在于事物本身中。因为这一点并不能从那里面推导出来,因而那些命题虽然就我们的把感性作为条件的认识能力也关注于感官的客体而言,也是适合于客体的,但不适合于一般的物:这一点由理性不断地要求把一个什么东西(原始根据)假定为无条件地必然实存的,就可以明白了,在这个东西身上,可能性和现实性就完全不再应该有什么区别,对这种理念我们的知性是绝对没有任何概念的,也就是不能找到它应当如何去想象这样一个东西及它的性质的实存的方式。因为如果它思考这个东西(它可以思考这个东西,只要它愿意),那么这个东西就只是被设想为可能的。如果知性意识到这个东西是在直观中被给予的,那么它就是现实的,而不是在这里设想任何具有可能性的某物。因此,一个绝对必然的存在者的概念虽

268

然是一个不可缺少的理性理念,但却是一个对于人类知性来说不可达到的悬拟的概念。但这个概念毕竟适合于我们的认识能力按照其特有的性状来运用,因而不是用于客体,也不是适合于任何认识着的存在者,因为我不能在任何认识着的存在者那里都假定思维和直观是施行其认识能力的两种各不相同的条件,因而是事物的可能性和现实性的条件。对于某种没有这一区别加入进来的知性而言,事情就会是这样:一切我所知道的客体都存在(实存);而那些毕竟还没有实存的东西的可能性,也就是如果它们实存的话它们的偶然性,因而甚至那必须与此相区别的必然性,就将完全不能够进入这样一个存在者的表象之中了。但使我们的知性对于要在这里用它的概念做和理性同样的事感到如此困难的原因,只不过是就它作为人类知性而言那种事是夸大其辞的(也就是按照其认识的主观条件来说是不可能的),但理性却把它作为属于客体的东西当作了原则。——于是在这里永远有效的就是这条准则,即当客体的知识超出知性的能力时,我们就按照我们的(亦即人类的)本性在实行其能力时必然与这本性相关联的那些主观条件来思考一切客体;并且如果以这种方式作出的判断(即使就那些夸大其辞的概念而言也不能不如此)不可能是构成性的原则、即把客体如同它所具有的那种性状来作规定的原则,那么它们毕竟还是一些调节性的、内

269　在于那种实行中并且是可靠的、与人的意图相适合的原则。

　　正如理性在对自然的理论性的考察中必须设定自然的原始根据的某种无条件的必然性这个理念一样,它在实践性的考察中也预设了它自己的(就其本性而言的)无条件的原因性,即自由,因为它意识到了自己的道德命令。但既然在这里,行动的客观必然性作为义务,是与这行动作为事件当其根据在自然中而不是在自由中(即在理性的原因性中)时将会具有的那种必然性相对立的,而道德上绝对必然的行动在物理学上则完全被看做是偶然的(即那必然应当发生的事却常常并不发生),那么很清楚,下述情况只是源于我们的实践能力的主观性状,即道德法则必须被表象为命令(而与这些法则相符合的行动则被表象为义务),理性不是通过存在(即发生的事)、而是通过应当存在来表达

这种必然性的;这种情况如果理性离开感性(即理性运用于自然对象上的主观条件)而被按照其原因性、因而被作为某种与道德法则完全协和一致的理知世界里的原因来考察的话,是不会发生的,在这里,在应当和做之间,在由我们才成为可能的事情的实践法则和由我们才成为现实的事情的理论法则之间,就会没有任何区别了。但是,即使说,一个理知世界中任何东西都单纯只是由于它(作为某种善的东西)是可能的就会是现实的,这理知世界、甚至作为它的形式条件的自由本身对于我们是一个夸大其辞的概念,它不适合于成为一条构成性的原则去规定一个客体及其客观实在性,然而,自由按照我们的(部分是感性的)本性和能力,对于我们和一切有理性的、受到感性世界束缚的存在者而言,只要我们能够根据我们理性的性状去设想它,毕竟也可以用作一条普遍的调节性的原则,这条原则不是从客观上把自由的性状规定为原因性的形式,而是按照那个理念使这种行动规则变成了对每个人的命令,其效力并不比假如作出那种客观规定要少。

　　同样,涉及到我们现在所讨论的情况,我们也可以承认:假如我们的知性不具有这样的性质,即它必须从普遍进到特殊,因而判断力在特殊这方面若不具有它可以把特殊归摄其下的普遍法则就不可能认识合目的性、因而不可能作出任何规定性的判断,那么,我们也就不会在自然机械作用和自然的技艺、即自然中的目的关系之间发现任何区别了。但既然特殊作为特殊,就普遍的东西而言包含有某种偶然的东西,而理性却仍然要求在自然的这些特殊法则的结合中也有统一性,因而有合规律性(这种偶然东西的合规律性就叫作合目的性),把这些特殊法则就那种偶然东西自身所包含的内容而言先天地通过对客体概念的规定而从普遍法则中推导出来又是不可能的:所以,在自然产物中的自然合目的性的概念就将是一个对于人在自然方面的判断力来说是必要的概念,但并不是关系到对客体本身进行规定的概念,因而它是理性对于判断力的一条主观原则,它作为一条调节性的(而非构成性的)原则对于我们人类的判断力同样是必然有效的,就好像它是一条客观原则那样。

§77. 使自然目的概念对我们成为
可能的那种人类知性特点

我们在上面的注释中提出了我们的（甚至是高级的）认识能力的特点,我们很容易被诱惑着去把这些特点作为客观的谓词转用于事物本身;但它们涉及的是理念,没有任何经验中的对象能适合于这些理念而被给予,于是这些理念只可能用作在对经验进行追踪时的调节性原则。虽然自然目的概念所处的情况与那涉及到这样一个谓词的可能性原因的东西一样,而这原因只能包含在这理念中;但与这原因相适应的后果（这产物本身）却毕竟是在自然中被给出的,而自然的某种因果性的概念,作为一个按照目的而行动的存在者的概念,似乎就把自然目的的理念变成了它的一条构成性原则,而这理念就在其中具有了和其他一切理念的某种区别。

但这一区别就在于:上述理念并不是对知性的一条理性原则,而是对判断力的一条理性原则,因而只是一般知性在可能的经验对象上的应用;也就是在于:判断在此不能是规定性的,而只能是反思性的,因而对象虽然是在经验中给出的,但按照理念就连对它作出确定的（更不用说完全合适的）判断都不可能,只能对它进行反思。

所以这就涉及到我们的（人类的）知性在判断力方面、在判断力对自然物的反思中的一个特点。但如果是这样,那么在这里就必须有另一个不同于人类知性的可能的知性的理念作基础（正如我们在《纯粹理性批判》中曾必须思考另一种可能的直观,如果我们的直观应当被看做一种特殊的直观,也就是对象对它说来只被视为现象的那种直观的话）,借此我们就可以说:某些自然产物必须按照我们知性的特殊性状,就其可能性而言被我们看做是有意的、并且是作为目的产生出来的,但却并不因此而要求现实地有一个特殊原因来把一个目的表象当作它们的规定根据,因而也并不否定说,没有另一个不同于人类知性的（更高的）知性,它甚至在自然的机械作用中、亦即在一种并不排除对

271

之假定某个知性作原因的因果联系的机械作用中,也能找到这样一些
自然产物的可能性根据。

　　所以在此问题就取决于我们的知性对于判断力的关系,即我们在
其中寻找我们知性的性状的某种偶然性,以便看出这种性状是我们的
知性区别于其他可能的知性的特点。

　　这种偶然性完全自然地发生于判断力应当将其纳入知性概念的共
相之下的那个特殊的东西之中;因为通过我们的(人类的)知性的共
相,那特殊的东西并未得到确定;各种不同的、但却在一个共同特征上
相一致的事物能够以怎样多种多样的方式出现于我们的知觉面前,这
是偶然的。我们的知性是一种概念的能力,即一种推论性的知性,然而
对它说来,在自然中提供给它并能够被纳入它的概念之下来的那个特
殊的东西可能是哪些以及如何各不相同,这却必须是偶然的。但由于
属于认识的毕竟也有直观,而一种直观的完全自发性的能力就会是一
种与感性区别开来并完全不依赖于感性的认识能力,因而就会是在最
普遍含义上的知性:所以我们也可以思维一种直觉的知性(用否定的
说法,就是只作为非推论性的知性),这种知性不是(通过概念)从普遍
进向特殊并这样达到个别,对它来说自然在其产物中按照特殊的规律
而与知性协调一致的那种偶然性是不会遇到的,这种偶然性使我们的
知性极其难于把自然产物的多样性纳入到知识的统一中来;这是一件
我们的知性只有通过自然特征与我们的概念能力的非常偶然的协和一
致才能完成的工作,但一种直观的知性就不需要这样做。

　　所以我们的知性在判断力方面有其特别之点,即在认识中特殊凭
借知性并未为共相所规定,因而特殊不能单从共相中推导出来;但这种　273
在自然多样性中的特殊却还是应当(通过概念和法则)与普遍的东西
协调一致,以便能被归摄于其下,而这种协调一致在这种情况下必然是
极其偶然的,并且对判断力而言必然是没有确定的原则的。

　　然而,为了至少能够思维自然物与判断力的这样一种协调一致
(我们把它设想为偶然的、因而只是通过指向这一点的某个目的才设
想为可能的),我们必须同时也思维另一种知性,在与这种知性的关系

中,确切地说首先在与被附加给它的那个目的的关系中,我们可以把自然规律与我们的判断力的那种协调一致设想为必然的,这种协调一致对于我们的知性来说只有通过目的这个结合手段才是可思维的。

因为我们的知性有这样的属性,它在自己对例如说一个产物的原因的认识中必须从分析的普遍(从概念)进向(被给予的经验性直观的)特殊;因而在此它对这特殊之物的多样性不作任何规定,而必须期待那把经验性的直观(如果这对象是一个自然产物的话)归摄于概念之下的判断力来作这种规定。但现在我们也可以思维一种知性,它由于不像我们的知性那样是推论性的,而是直觉的,它就从综合的普遍(对一个整体本身的直观的普遍)进向特殊,也就是从整体进向部分;所以它和它的整体表象并不包含各部分结合的偶然性,为的是使我们的知性所需要的某个确定的整体形式成为可能,而我们的知性是必须从作为被普遍思考的那些根据的各部分出发,而前进到各种能被作为后果而归摄于那些根据之下的可能的形式的。反之,按照我们知性的这一性状,自然的一个实在整体只能被看做是各部分竞争的推动力造成的结果。所以,如果我们不想把整体的可能性设想为依赖于各部分的,就像按照我们的推论的知性所发生的那样,而是按照直觉的(原型的)知性把各部分的可能性(按照其性状和关联)设想为依赖于整体的:那么这件事按照我们知性的同一个特点就不能够这样进行,即整体包含着各部分联结的可能性根据(这在推论性的知识中将会是自相矛盾的),而只能这样进行,即一个整体的表象包含有这整体的形式的、及隶属于这形式之下各部分之联结的可能性根据。但在这种情况下,既然整体将是一个结果(产物),它的表象被看做它的可能性的原因,而一个原因,其规定根据只不过是其结果的表象,它的产物就叫作目的:那么由此就推出,这产物只是出自我们知性的特殊性状的一个结果,如果我们把自然的产物按照不同于物质的自然规律因果性的另一种因果性、也就是仅仅按照目的和目的因的因果性而设想为可能的话,还推出,这一原则并不涉及到就这种产生方式而言这样一些物本身(哪怕作为现相来看)的可能性,而只涉及到对它们所作的在我们的知性看来是可能的评判。我们在此同时看出，为什么我们在自然知识中早就不满足于通过目的因果性来解释自然产物了，因为我们在这种解释中所要求的是对自然的产生过程仅仅适合着我们对之进行评判的能力、即适合着反思性的判断力来进行评判，而不是适合着这些物本身、为了规定性的判断力来作出评判。在此甚至完全不必要去证明这样一种 intellectus archetypus① 是可能的，而只须证明，我们在把我们的推论性的、需要形象的知性（intellectus ectypus②）和一个这样的性状的偶然性相对照时，就被引向了那个也不包含任何矛盾的理念（一个 intellectus archetypus）。

　　既然我们把一个物质整体按照其形式看做是一个各部分及其力量和自我结合的能力的产物（附带考虑其他那些与它们相通互济的物质），那么我们就是在设想这整体的一个机械的产生方式。但以这种方式得不出任何有关一个作为目的的整体的概念，这目的的内部可能性绝对要以整体理念为前提，这整体理念本身是各部分的性状和作用方式所依赖的，但却是如同我们对于一个有机体所必须设想的那样。但正如刚才所指出的，从中所推出的并非一个这样的有机体的机械产生是不可能的；因为这将会意味着说：对任何知性来说，设想这样一个多样性联结的统一性都将是不可能的（即自相矛盾的），如果这统一性的理念不同时又是这统一性产生的原因，也就是如果没有有意图的生产的话。但事实上，假如我们有权把物质的存在物看做是自在之物本身的话，这种结论仍然会被推出来。因为那样一来，构成诸自然形态的可能性根据的那种统一性将只是空间的统一性，但空间不是那些产生的实在根据，而只是它们的形式条件；虽然空间与我们所要寻求的实在根据在这一点上有些类似，即在其中没有任何部分是可以不在与整体的关系中得到规定的（因而整体的表象为各部分的可能性提供了根据）。但由于至少有可能把物质世界当作单纯的现象来考察，而把作

275

---

① 拉丁文：原型的智性。——译者
② 拉丁文：模仿的智性。——译者

为自在之物本身的(不是现象的)某物当作基底来思维,但却为这个基底配以相应的智性直观(即使它不是我们的直观):那么就会有一种尽管我们无法认识的超感性的实在根据为我们本身也同属于其中的自然界产生出来,因而我们在自然界中将会把在它里面作为感官对象是必然的东西按照机械法则来看待,但却把它里面作为理性对象(甚至作为系统的自然整体)的东西,即各种特殊法则及据此而来的诸形式的、我们在自然方面必须评判为偶然的那种协和一致性和统一性,同时也按照目的论法则来看待,并把它们按照两种不同的原则来评判,而并不用目的论的解释方式排除机械的解释方式,好像它们相互矛盾似的。

276　　由此也可以看出我们平时虽然很容易猜到、但却很难肯定地主张和证明的事,即虽然对于合目的性的自然产物来说一个机械论的指导原则可以和目的论的原则相并列,但它决不可能使后一原则成为多余的:就是说,我们虽然可以在一个我们必须作为自然目的来评判的事物(一个有机物)上探索出机械产生过程的一切已知的和还可以发现的规律,也可以希望借此取得良好的进展,但却永远也不能停止为这样一种产物的可能性去援引一个与此完全不同的产生根据,即目的因果性,并且绝对没有任何人类的理性(也没有任何与我们的理性在性质上相似、但在程度上更高超得多的有限的理性),能够希望从单纯机械的原因来理解哪怕是一株小草的产生。因为如果为了这样一个对象的可能性而把原因和结果作目的论的联结对于判断力来说是完全不可缺少的,哪怕只是为了依照经验的线索来研究这种可能性;如果对于作为现象的外部对象而言一个关系到目的的充足理由根本不可能找到,相反,这个充足理由哪怕是在自然中,却必须只在自然的超感性的基底中去寻求,但对这个基底我们一切可能的洞见都被切断了:那么,对我们来说就绝对不可能替目的关系取得从自然本身中拿来的解释根据,而按照人类认识能力的性状,就有必要在某种作为世界原因的原始知性中去为此寻求至上的根据。

§78.物质的普遍机械作用原则与自然技术中的目的论原则的结合

理性无限重视的一点就是不放弃自然在其产生过程中的机械作用,而且在解释自然时也不忽略这种作用,因为没有这种机械作用就决不可能做到洞见诸事物的自然本性。即使我们承认有一位最高的建筑师把自然的形式如同它们向来存在着的那样直接创造了出来,或者预先决定了那些在自然进程中按照同一种典范连续形成起来的形式:然而,我们的自然知识由此却丝毫也没有得到促进,因为我们根本不可能知道那位存在者的行动方式,以及他那些应当包含有自然存在物的可能性原则的理念,也不可能由他那里从上至下地(先天地)解释自然界。但如果我们因为相信在经验对象的形式中找到了合目的性,于是为了解释这种合目的性,就想要从这些形式中,因而从下至上地(后天地)援引某种按照目的而发生作用的原因:那么我们就会在解释中陷入同语反复,用言词来欺骗理性,更不用说当我们以这种解释方式迷失在我们的自然知识所不能追随的那种夸大其辞中时,理性就被诱入了诗意的狂热,而防止狂热正是理性最主要的使命。

另一方面,理性的一个同样必要的准则就是不要忽略在自然产物上的目的原则,因为这种原则即使并不使我们更加理解自然的产生方式,但毕竟是研究自然的特殊规律的一条启发性的原则;就算假定我们不愿意对这条原则作任何运用、以按照它来解释自然本身,因为哪怕这些产物明显地呈现出有意的目的统一性,在此期间我们仍然只是把这些产物称之为自然目的,也就是我们不超出自然之外去寻求它们的可能性根据。但由于毕竟最终必定会遇到自然产物的可能性问题,所以为这种可能性思考一种特殊方式的、并不在自然之中的因果性,这也是同样必要的,正如自然原因的机械性也有自己的因果性那样,因为要接受许多个与按照机械性的物质所能产生的不同的形式,就必须还加进某种原因(因而这种原因不可能是物质)的自发性,没有这种自发性就

277

278

不可能提供出任何关于那些形式的根据来。虽然理性在它走出这一步之前必须小心从事,不可试图把自然的每种技巧、即自然的那样一种为着我们的单纯领会能力本身而显示出形状的合目的性(如在正多面体那里)的生产能力,解释为目的论的,而是始终将之视为仅仅机械地可能的;不过,在这方面想要完全排除目的论原则,并且,当合目的性在对各种自然形式的可能性通过它们的原因所作的理性研究看来,完全无可否认地显示为与另一种因果性相关的地方,却还总想单纯遵循机械作用,这同样也必将使理性耽于幻想,并在关于自然能力的那些完全不能被思维的幻影之下踯躅徘徊,正如一种根本不照顾到自然机械作用的单纯目的论的解释方式也会使理性变得狂热一样。

在同一个自然物身上,这两条原则不可能作为一条由另一条来解释(来演绎)的原理而相联结,就是说,不可能为了规定性的判断力而作为自然洞见的独断的和构成性的原则结合在一起。例如当我把蛆假定为它应当被视为物质的单纯机械作用的产物(即物质当它的各要素由于腐烂而被释放出来时单凭自身而完成的新的形态的产物)时,我现在就不能把同一个物质当作按照目的来行动的原因性而从中推出上述产物来。反过来,当我把同一个产物假定为自然目的时,我也就不能指望它有一种机械的产生方式,并把这种产生方式假定为按其可能性来评判这产物的构成性原则,从而把这两条原则结合在一起。因为一种解释方式是排斥另一种解释方式的;哪怕假定一个这样的产物的可能性的两个根据客观上是基于一个唯一的根据上、但我们却没有顾及到它也罢。应当使这两种解释方式在按照它们来评判自然时的相互结合成为可能的那条原则,必须被置于那处在这两种解释方式之外(因而也是处在可能的经验性的自然表象之外)但却包含着这自然表象的根据的东西中,就是说,必须被置于超感性的东西中,而这两种解释方式的任何一种都必须与之相关。既然我们对这超感性的东西只能有某个根据的不确定的概念,这根据使得按照经验性法则对自然作评判成为可能,但除此之外我们不能用任何谓词来更切近地规定它:那么结果就是,这两条原则的结合不能建立在为着规定性的判断力而按照给予的

法则来对一个产物的可能性加以解释（说明）的基础上，而只能建立在
为着反思性的判断力而对这种可能性加以讨论（揭示）的基础
上。——因为解释就意味着从一条原则出发进行推导，因而这条原则
我们必定是清楚认识到并能清楚指出的。现在，虽然在同一个自然产
物身上，自然的机械作用原则和自然按照目的的因果性原则必须在一
个唯一的更高原则中相互关联，并共同地从中引出来，因为否则它们在
自然考察中就不可能相互并存。但如果这一客观—共同的、因而也能
使那些依赖于它的自然研究准则有理由协同一致的原则具有这样一种
性质，即它虽然能够被指明，但永远不能确定地被认识，不能为了在出
现情况时加以运用而清楚地被陈述出来：那么从这样一种原则中就不
可能对按照那两条异质原则而可能的一个自然产物的可能性引出任何
解释、即任何清楚确定的推导。但现在，这个一方面是机械性推导的、
另方面是目的论推导的共同原则是我们必须给作为现象的自然所配置
的超感性的东西。但对于这个超感性的东西我们不能出于理论的意图
给自己造成丝毫被肯定地规定了的概念。所以，为什么按照这条超感
性的东西的原则，自然界（根据其特殊的规律）对我们来说构成一个系
统，这系统可以既按照物理规律的产生原则又按照目的因的原则而被
认作是可能的：这是绝对不能解释的，而只能在那些没有目的论原理的　　280
支持就不能被我们按照机械作用原则（这原则任何时候都有权对自然
存在物提出要求）来思考其可能性的自然对象出现的场合发生时，预
先假定我们只可以依照这两个原则对自然规律作充满信心的探究（由
于自然产物的可能性对知性来说是可以从这个那个原则来认识的），
而不介意在评判这产物的诸原则之间所冒出来的那种表面的冲突，因
为至少这种可能性是肯定的，即这两者甚至在客观上也是有可能在一
条原则中相一致的（因为它们涉及到以某种超感性的根据为前提的现
象）。

　　所以，尽管自然的不论是机械作用还是目的论的（有意的）技艺，
就同一个产物及其可能性而言都可能服从于按照特殊规律的自然界的
一条共同的更高原则：然而这样一来，由于这条原则是超验的，我们根

据我们知性的局限性却不能把这两条原则在对同一个自然产生过程的解释中结合起来,即使这一产物的内部可能性只有通过某种目的因果性才被理解(正如有机物质所具有的那种性质)。所以在上述目的论原理那里仍然保持着的是:按照人类知性的性状,对自然界中有机物的可能性只能假定一个有意起作用的原因,而单纯自然机械作用在解释这种自然产物的可能性上有可能是根本不充分的,但却并不是要由此而在这些物本身的可能性方面通过那条目的论原理作出决断。

由于这条原理只是一条反思性的判断力的准则,而不是规定性的判断力的准则,因而只是对我们主观上有效,而不是客观上对这类物本身的可能性有效(那样的话这两种不同的产生方式就有可能在同一个根据中关联起来了);此外还由于,不给这种按目的论来思考的产生方式添加任何有关一个可与此同时发现的自然机械作用的概念,则这一类的产生就会根本不可能被作为自然产物来评判:所以,上述准则同时就具有把这两条原则在评判作为自然目的的事物时结合在一起的必然性,但却不是为了用一方整个地或在某些方面取代另一方。因为那被(至少是被我们)设想为只有按照目的才可能的东西是不能被任何机械作用所取代的,而那种按照机械作用被认作是必然的东西也决不能被需要一个目的用作规定根据的偶然性所取代,而只能是使一方(机械作用)隶属于另一方(有意的技艺),这种情况按照自然合目的性的先验原则倒是完全允许发生的。

因为,凡是目的被作为某些事物的可能性的根据来思考的地方,我们在那里也就假定了手段,它们的作用规律自身并不需要任何预设一个目的的东西,因而是机械性的,但毕竟可以是一个从属于有意作用之下的原因。因此,甚至在自然的有机产物中,但更多的是当自然界的无限的规模促使我们把那个在自然原因按照特殊规律的结合中的有意图的东西,现在也(至少是通过可以允许的假设)假定为反思判断力对自然整体(世界)的普遍原则时,也可以设想在自然的诸产生过程中机械规律与目的论规律的某种巨大的乃至于普遍的结合,而不把对自然的产生过程的各种评判原则相混淆,也不用一种原则取代另一种原则;因为在目的论的评判中,哪怕质料[物质]所接受的形式只是被评判为按照意图而可能的,质料按其本性却可以遵照机械规律而从属于那个所设想的目的充当手段:即使由于这种结合的根据在于那种既不是这个也不是那个(既不是机械作用也不是目的关系)、而是自然中我们根本不认识的超感性基底的东西,这些客体的可能性的两种表象方式对于我们的(人类的)理性来说也都是不能融合的,相反,我们只能把它们评判为按照目的因的联结而以一个最高知性为根据的,所以目的论的解释方式一点也没有因此而失去什么。

但是,既然自然的机械作用作为手段对自然中每个目的意图发生了多大的效用,这是完全不确定、且对我们的理性来说也永远不能确定的,并且,既然由于一般自然的可能性的上述理知性原则,我们完全可以假定自然界到处都是按照这两类普遍协调一致的规律(物理规律和目的因的规律)而可能的,即使我们根本不能看透这是如何进行的:那么,我们也就不知道对于我们是可能的这种机械的解释方式会走多远,我们所知道的只是:仅就我们尽可能达到的范围而言,这种解释方式对于我们一度承认为自然目的的事物来说每次总还是不充分的,因此我们按照我们知性的性状必须使那些根据全都隶属于一个目的论的原则之下。

于是在这之上就建立起了这种权力,并且由于按照机械作用原则而作的自然研究对于我们理性的理论运用所具有的重要性,也建立起了这种职责:把自然的一切产物和事件、哪怕最具有合目的性的,都永远在我们能力所及的范围内(它的局限我们在这种研究方式内部是不可能指出来的)加以机械的解释,但同时却永远也不放过的是,对于我们甚至也只有唯一地在目的概念之下才能提交给理性来研究的那些自然产物和事件,我们必须依照我们理性的本质性状,不顾那些机械的原因,最终还是把它们隶属于按照目的的因果性之下。

282

283

附录① 目的论判断力的方法论

§79. 是否必须把目的论当作属于自然学说的来讨论

每一门科学都必须在一切科学的百科大全中有自己确定的位置。如果它是一门哲学科学，那么就必须给它在这百科大全中的理论部分或者是实践部分指出自己的位置，而如果它在理论部分中有自己的席位，那就要么当它所考虑的是能够作为经验对象（因而是物质学说、心灵学说和普遍世界知识的对象）的东西时，就必须在自然学说中指出它的位置，要么就必须在神学（关于作为一切经验对象之总和的世界的原始根据的学说）中指出它的位置。

现在问题是：应该给予目的论什么位置？它是属于自然科学呢还是属于神学？它必须是双方中的一方；这是由于没有任何科学能够属于从一方向另一方的过渡，因为这种过渡只不过意味着该体系的结合部或机制，而不是这体系中的任何席位。

不言自明的是，这门科学并不作为神学的一部分而归属于神学，尽管在神学中它可以得到极其重要的运用。因为它把自然的诸产生过程及其原因作为自己的对象；并且即使它指向那个原因，即指向一个预定在自然之外和之上的根据（神圣的创造者），但它在考察自然时这样做却并不是为了规定性的判断力，而只是为了反思性的判断力（为的只是凭借这样一个与人类知性相适合的理念作为调节性原则而引导对世界上的事物的评判）。

① 在第 1 版中没有把这一部分标明为"附录"。——德文编者

　　但这门科学似乎同样也不属于自然科学,后者为了从自然后果中指出客观根据,所需要的是规定性的原则,而不单纯是反思性的原则。 284
事实上,对于自然理论或对诸现相通过其起作用的原因所作的机械性解释来说,人们通过对这些现相按照相互的目的关系来进行考察也没有获得过任何好处。就自然的诸产品按照目的概念构成某种系统而言来列出这些产品上的自然的目的,这本来就只属于根据某种特殊的线索拟定的对自然的描绘:这时理性虽然完成了一件辉煌的、富有教益的、在实践上有多方面的合目的性的工作,但对于这些形式的产生和内部可能性却没有提供出任何解释,而这却是理论自然科学真正要关心的。

　　所以,作为科学的目的论根本不属于任何学理,而只属于批判,而且是属于一种特殊的认识能力即判断力的批判。但就其包含有先天原则而言,它能够而且必须拿出一种该如何按照目的因原则来判断自然界的方法;这样,它的方法论就对理论自然科学的处理方式至少具有消极性的影响,甚至对于理论自然科学在形而上学中作为神学的入门对神学所可能有的那种关系也具有这种影响。

§80. 在将一物解释为自然目的时机械论
原则必须从属于目的论原则

　　旨在对一切自然产物仅作机械论方式的解释的那种权限,本身是完全不受限制的;但仅仅以此来得过且过的那种能力,根据我们的知性就其与作为自然目的的事物打交道而言的性状,却不仅是极其受限制的,而且也是有明确界限的;因为这样一来,按照某种判断力的原则仅仅通过前一种处理方式就会根本不可能在解释后面这些事物时有任何收获了,因而对这些产物的评判任何时候都必须由我们使之同时隶属 285
于一条目的论原则之下。

　　因此,合理的、甚至值得鼓励的是,为了对自然产物作出解释而紧紧追随自然机械论,直到有可能或许会发生这种事,即甚至要放弃这种尝试,不是因为在这条道路上与自然的合目的性的切合本身是不可能的,而只是因为这对于作为人类的我们来说是不可能的;因为,为了这种切合就会要求有某种不同于感性直观的直观,及某种对自然的理知性基底的确定认识,从其中甚至可能对那些按照特殊规律的现象的机械作用指出根据,而这是完全超出我们的一切能力的。

所以,自然科学家为了在工作时不白费精力,那么他就必须在评判那些其概念无疑是作为自然目的建立起来的事物(有机物)时,总是把某一个原始的有机体作为基础,这个有机体本身利用那种机械作用,以便产生另一些有机形式,或者是把它自己的形式发展为新的形态。(但这些形态永远是从那个目的中并与之相符合地产生出来的)

值得称赞的是,借助于某种比较解剖学来对有机自然的这种伟大创造探查一番,看看在其中是否存在有某种与一个系统类似、确切地说是按照生产原则而类似的东西;我们没有必要停留在单纯的评判原则那里(这原则对于洞见有机自然的生产没有提供任何解释),也没有必要绝望地放弃对于在这个领域中作出自然洞见的一切要求。如此之多的动物种类以某种共同图型而相互一致,这种图型不仅仅在它们的骨骼结构中,而且在其他部分的安排中,也显得是基础,在这里,这一值得惊叹的简单构架通过压缩一部分而延长另一部分,发展这一部分而展开那一部分,已经能够产生出物种的如此巨大的多样性了,动物种类的这种相互一致就让一缕虽然很微弱的希望的光线照进了心田,即希望在这里用自然的机械作用原则也许可以取得某种成效,没有这个原则就根本不可能有任何自然科学。这些形式的类似性,就它们尽管有一切差异却显得是按照一个共同的原型生产出来的而言,就加强了它们
286　在由一个共同的原始母体生产出来时有现实的亲缘关系的猜测,所凭借的是一个动物种类到另一个种类的渐进式的接近,即从目的性原则在其中显得最为可靠的动物种类即人类开始,直到水螅,从水螅乃至于直到苔藓和地衣,最后达到对我们显得是最低级的自然阶段,即粗糙的物质;从这种粗糙物质及其力中,按照机械性的规律(正如它在结晶体产生时据以起作用的规律一样),我们在有机体中如此难以理解、以至于我

们相信需要为此设想另一种原则的那全部自然技巧,似乎都有了源头。

于是在这里,就可以听自然的考古学家之便,从自然的最古老的革命所余留下来的痕迹中,按照自然界一切他所已知的和猜测的机械作用,而让那个各种生物的巨大家族生发出来(因为如果上述完全相关联的亲缘关系应当有一个根据的话,我们就必须这样来设想这些生物)。他可以让大地在刚刚走出其混沌状态时(仿佛一头巨大的动物),最初从它的母体中生出具有较少合目的性形式的生物来,这些生物又生出另外一些与其繁衍场所和相互关系更相适合地形成起来的生物;直到这个母体本身凝固下来,僵化起来,把自己的生育局限在了那些确定的、今后不再越轨的物种上,并保留了如同在那个富有成果的形成力运作的终局所沉淀下来的那样一种多样性。——不过,他最终仍然必须把某种被合目的地加之于这一切生物身上的有机组织赋予这个普遍的母亲,否则动物界和植物界的这些产物的目的形式按照其可能性就是根本不可设想的①但这样一来,他就只不过是把解释的根据继续推延,而不能自以为已经使那两界②的产生摆脱了目的因这个条件。　287

甚至说到有机种类的某些个体所偶然经受到的那种变化,如果我们发现它们的如此被改变了的性质成为可遗传的并被吸收到生殖力中

---

① 这样一种假设可以称之为理性的一个大胆的冒险;这是甚至在那些最敏锐的自然科学家中也可能很少有人会不曾偶尔想到过这一点的。因为这样做的荒谬并不是像 generatio aequivoca[双重生殖]那样,后者的意思是一个有机体凭借粗糙的无机物质的机械作用而产生出来。有机物的产生仍然还会是在最广泛的词义上的 generatio univoca[单一生殖],只要某种有机的东西是从另一个有机的东西中产生出来的,虽然在这一类存在物中它与后者又有特殊的区别;例如某些水生动物逐渐地演变成沼泽动物,并且在好些代的生育之后又由沼泽动物演变为陆生动物。这并不是在单纯理性的判断中先天地自相矛盾的。只不过经验并没有为此显示出任何实例;毋宁说,按照经验,我们所知的一切生育都是 generatio homonyma[同名生殖],它不仅仅是和从无机材料中的生育相对立的 univoca[单一的],而且也产生出一个在有机体本身中与生产者同质的产物,而 generatio heteronyma[异名生殖]就我们的自然知识所达到的范围来说是从来没有遇到过的。——康德

② 指动物界和植物界。——译者

287

来,那么这变化就只能确切地评判为在物种中所原始固有的、并对该种类的自我保存是合目的的某种素质的偶尔展现:因为同类的生殖在一个有机物的彻底的内在合目的性方面,非常紧密地结合有这样一个条件,即不将任何不是也在这样一个目的系统中属于某种未展现的原始素质之一的东西吸收到生殖力中来。因为如果我们离开了这一原则,那么我们就不能可靠地知道,目前在一个物种那里找得到的那个形式的好些个部分是否同样会是偶然地、无目的地发源的;而在一个有机物中对任何在其繁殖中维持下来的东西都不评判为无目的的这个目的论原则,也就必然会因此而在应用中变得非常不可信赖了,而只是对于那原始祖先才有效(但我们对它并无更多认识)。

288 　　有人认为有必要为了一切这样的自然目的而假定一种目的论的评判原则,即一个艺匠式的知性,休谟针对这些人提出了反驳:我们可以有同样的权利问,一个这样的知性又是如何可能的,即是说,构成一种同时具有实行力量的知性的可能性的那些各种各样的能力和属性,原先又是如何能合目的地聚集在一个存在物中的。只不过这种反驳是无效的。因为环绕着一个自身包含有目的并唯有通过这些目的才被理解的事物的最初产生这个问题的全部困难,是基于要探讨这个产物中把相互外在的杂多之物结合起来的那个根据的统一性;因为,如果这个根据被置于某种作为简单实体的创造性原因的知性之中,则那个问题就其是目的论的问题而言,就得到了充分的回答,但如果那个原因只是在作为许多相互外在的实体的一个集合的物质中去寻找,则对于这物质的形成的内在合目的性形式来说就完全缺乏原则的统一性;而物质在那些只能被我们的知性作为一些目的来理解的产生过程中的专制就是一个没有意义的字眼。

　　由此就导致了,那些为物质的客观合目的性形式寻找其可能性的一个至上根据的人们,恰好不去赋予这根据一个知性,却喜欢把世界整体变成一个唯一的无所不包的实体(泛神论),或是(这只不过是对前者的一个更确定的解释)变成依存于一个唯一的简单实体的许多规定的一个总和(斯宾诺莎主义),仅仅是为了弄清一切合目的性的那个条件,即那个根据的统一性;在此他们虽然凭借某种简单实体的单纯本体论的概念而考虑到了这个课题的一个条件,即目的关联中的统一性,但对于另一个条件他们却毫不提及,这就是实体对其作为目的的后果的关系,由于这种关系,对于这问题的那个本体论的根据应当得到更切近的规定,因而,他们绝对没有回答这整个的问题。甚至如果我们不把事物的那个原始根据设想为简单实体,如果对于这简单实体来说不把它的在那些以之为根据的自然形式的特殊性状方面、也就是在目的统一性方面的属性,设想为某种理智实体的属性,但又(由于我们在一切只可能思考为目的的事物上所发现的那种偶然性之故而)不把这个理智实体与那些自然形式的关系设想为一种因果性的关系的话,那么,该问题也仍然完全没有(对于我们的理性来说)得到解答。

§81. 在解释一个作为自然产物的自然目的
时机械论对目的论原则的参与

正如根据上节,自然的机械论单独地并不能够足以用来思考一个有机物的可能性,而是(至少按照我们认识能力的性状)必须本源地从属于某种有意起作用的原因一样:一个有机物的单纯目的论的根据,如果没有自然产物的机械论参与到这根据中来的话,同样也不足以把这有机物同时作为一个自然产物来考察和评判。机械论仿佛是一个有意起作用的原因的工具,自然在其机械性规律中仍然被隶属于有意起作用的原因的目的。这两个完全不同种类的因果性的这样一种结合,即自然在其普遍的合规律性中,与一个把自然限制在某种自然本身对之毫无任何根据的特殊形式上的理念相结合,其可能性我们的理性并不理解;它处于自然的超感性的基底中,对此我们不能够肯定地确定任何东西,就像它是自在的存在物那样,我们只知道它的现象。但那条原则,即"所有我们视为属于自然(phaenomenon①)并看做自然的产物的

① 拉丁文:现相。——译者

289

290

东西,也必须按照与自然相联结的机械性规律来思考"的原则,却仍然丝毫也不减少它的力量,因为没有这种因果性,作为自然目的的有机物毕竟不会是任何自然的产物。

既然产生这种存在物的目的论原则被接受下来(因为不可能有别的情况),那么我们就可能或者是用偶因论、或者是用预定论来为这些存在物的内在合目的性形式的原因奠定基础。根据前者,至上的世界原因按照其理念就会乘每次两性交合的机会而给在交合中混合起来的物质直接提供有机的形态;根据后者,他就会在他自己的这种智慧的最初产品中只放进这种素质,凭借这种素质,一个有机物就产生同类东西,而这个物种便持久地保持着自己,同样诸个体由于自己同时造成自己的破坏的本性而带来的死亡也就持续地得到了补偿。如果我们接受有机物产生的偶因论,那么在这里的一切自然连同对这样一类产物的可能性下判断的一切理性运用都将完全失去;因此我们可以假定不会有任何对哲学有兴趣的人接受这一学说。

现在,预定论也可以有两种不同的处理方式。就是说,它把每个由同类的东西产生出来的有机物要么看做离析出来的东西(Edukt),要么看做产生出来的东西(Produkt)。作为单纯离析出来的东西而生殖的这个学说叫作个体的预成学说,或者也叫先成论①;作为产生出来的东西而生殖的学说被称之为新生论②学说。后者也可以称之为种类的预成学说,因为生殖者的产生能力毕竟是根据它们的种族所分有的那些内在的合目的性素质而预先形成了的,因而那特种的形式是virtualiter③预先形成了的。与此相应地,我们甚至也许可以把相对立

---

① Evolutionstheorie,通常译作"进化论",但此处与后来达尔文进化论的意思不同。——译者
② Epigenesis,又译作"后成论",当时是与上述"先成论"相对立的学说。——译者
③ 拉丁文:潜在地。——译者

的个体预成理论更确切地称之为退行论①（或套入理论②）。

先成论的捍卫者把每个个体都排除在自然的形成力之外,以便让它直接出自创造者之手,因而他们毕竟不想冒险让个体根据偶因论的假设而发生,而使得两性交合将只不过是某个至上的有理智的世界原因决定每次都直接插手形成一个胚胎的一道手续,留给母体做的则只是释放和养育这个胚胎而已。他们宣扬预成论;就好像让这样一些形式超自然地在世界的开端或者在其进程中产生出来会有什么不同似的,而不是宁可通过随机的创造而节省一大堆超自然的部署,这些部署是那在世界的开端就形成了的胚胎要在直到它发展起来的一个长时期内都不遭受自然力的破坏而完好无损地保持下来所要求的,而与此同时,这也会使得比本应在某个时候得到发展的要多到无法计数的这种预先形成的存在物,连同一样多的创造活动,都成为不必要的和无目的的了。不过他们仍然想在这里至少给自然留下点事情做,以免完全陷入纯粹的可以不要任何自然解释的超自然学。他们虽然还是坚持自己的超自然学,甚至在畸形怪胎(我们毕竟不可能把它们看做是自然的目的)上他们也会发现某种值得惊奇的合目的性,哪怕这种合目的性的目标只应当在于,一个解剖学家总有一天会对于这种作为某种无目的的合目的性的东西感到反感和一种黯然的惊奇。但他们绝对不可能使杂种的产生契合于预成论的学说,相反,既然他们承认雄性生物的精子没有任何别的作用,而只具有用作胚胎的最初营养的机械属性,他们就毕竟不得不还是又承认了它具有一种合目的性的形成力;但他们在考虑从同一种类的两个生物体中产生出来的这个产物时,却又不想把这种形成力给予两者中的任何一个。

相反,即使我们不知道新生论的辩护者就他证明自己理论的那些经验的理由而言对于前者所拥有的巨大优势;那么理性毕竟已经预先倾向于对他的解释方式给予了优惠,因为这种解释方式就我们只能够在起源

①　Involutionstheorie,有两义:复归,衰退。——译者

②　die Theorie der Einschachtelung,又译"原形先蕴说"。——译者

291

292

上按照目的因果性而设想为可能的那些事物方面,至少在涉及到繁殖时,毕竟把自然看做是自我产生的,而不单纯看做是展开着的,因而毕竟是花了尽可能少的超自然的东西就把从第一开端以来的一切相随之物都留给了自然(但关于这个第一开端却并没有确定什么,它是物理学不论想用一种什么样的因果链条来尝试总会在上面栽跟头的)。

就这个新生论而言,没有任何人比枢密官布鲁门巴赫先生①在证明这个理论以及部分通过限制它的太大胆的运用而建立其应用的真正原则方面,有更多的成就的了。他提升了对有机物质的这种形成所作的一切形式的自然解释。因为他有理由宣称,说粗糙的物质是按照机械规律而原始地自我形成起来的,说生命本来就能够从无生命之物的本性中产生出来,而且物质本来就能够自发地把自己安排进自我维持的合目的性的形式中去,这些说法都是违背理性的;但他同时又在某种原始有机体的这种我们无法探究的原则之下为自然机械作用留下了一个不可确定的、但却也是不会弄错的份额,为此,在一个有机体中物质的能力(与物质的普遍蕴含的单纯机械的形成力不同而)被他称之为某种(仿佛是从属于对前一种形成力所作的更高的引导和指令的)形成驱力。

293

§82. 在有机物的外在关系中的目的论体系

我把外在的合目的性理解为这样一种合目的性,在那里一个自然物充当了另一个自然物达到其目的的手段。现在,那些不具有内在合目的性之物,或不以内在合目的性为其可能性的前提之物,如土、空气、水等等,仍然可以是外在地、即在与其他存在物的外在关系中很合目的性的;但这些其他存在物必须任何时候都是有机的存在物,即自然目的,因为否则的话那些东西也就不能被作为手段来评判了。这样,水、空气和土并不能被看做大山堆积起来的手段,因为大山本身根本不包

①　Blumenbach,Johann Friedrich（1752—1840）,德国生理学家和比较解剖学家,体质人类学之父。——译者

含任何要求它的可能性有一个按照目的的根据的东西,所以大山的原因永远也不能在与目的的关系中放在(用于目的的)某个手段的诸谓词之下来表现。

外在合目的性是一个完全不同于内在合目的性概念的概念,后者是与一个对象的可能性结合着的,而不论这个对象的现实性本身是不是目的。对一个有机物我们还可以问:它是为什么而存在的? 但对于那些我们在其中只看见自然的机械作用的结果的东西,我们就不好这样问了。因为在前者中,我们已经为它们的内在可能性设想了一个依据目的的原因性,一个创造性的知性,并把这种主动能力与它的规定根据、与那个意图联系起来。只有一个唯一的外在合目的性,是与有机组织的内在合目的性相关联的,并且不可以问这样一个如此组织起来的存在物本来正好是为了什么目的而必须实存、但却仍然是在一个手段的外在关系中充当目的的。这就是两性为了繁殖其种类而在相互关系中的组织;因为在这里我们总还是可以正如同在一个个体那里一样问道:这一对配偶是为了什么而必须实存的呢? 回答是:这一对在这里第一次构成了一个组织起来的整体,虽然不是一个在个别身体中被组织起来的整体。

现在如果我们问一物为什么而存有,那么回答要么是:它的存有和它的产生根本不和一个按照意图起作用的原因发生关系,而这样一来我们就总是从自然的机械作用中来理解它的起源的;要么就是:它的存有(作为一个偶然的自然存在物)是有某种有意的根据的,而这个观念我们是很难与一个有机物的概念分开的:因为,既然我们一旦有必要用一个目的因的原因性及一个作为它的基础的理念来解释有机物的内在可能性,我们也就只能把这个产物的实存思考为目的。因为被表象的结果,如果它的表象同时又是有理智的起作用的原因在产生这个结果时的规定根据,就叫做目的。所以在这种情况下,我们要么就可以说:一个这样的自然存在物的实存的目的就在它自身中,就是说,它不仅是一个目的,而且也是一个终极目的;要么就可以说:它实存的目的在它外面的另一个自然存在物中,就是说,它不是作为一个终极目的、而是必须同时作为一个手段而合目的地实存。

294

但如果我们通观整个自然界,那么我们在这个作为自然的自然中就找不到任何能够要求优先成为创造的终极目的的存在物;我们甚至可以先天地证明:那种也许还有可能成为自然的最后目的(ein letzter Zweck)的东西,按照一切我们想给它配备的想得出来的规定和属性来说,毕竟是作为自然物而永远不会是一个终极目的(ein Endzweck)。

如果我们看看植物界,那么我们一开始就可能通过它借以扩展到几乎一切土壤上的那种无法估量的丰产性,而想到把它看做只是自然在矿物的形成过程中表现出的那种自然机械作用的产物。但对其中那无法描绘的智慧的有机组织有了进一步的认识,就使我们不拘泥于这种想法,而是引起了这样的问题:这些被造物是为了什么而存在的? 如果我们回答说:是为了以它们为生并借此能够以多种多样的种类扩展到了地球上的那个动物界,那么又会产生这个问题:这些食草动物又是为了什么而存在的呢? 回答也许会是:为的是那些只能以具有性命的东西为生的食肉动物。最终的问题是:这些动物连同上面各种自然界是对什么有利的呢? 是为了人类的多种多样的利用,对所有那些被造物作这种利用是人的知性教给他的;人就是这个地球上的创造的最后目的,因为他是地球上唯一能够给自己造成一个目的概念、并能从一大堆合乎目的地形成起来的东西中通过自己的理性造成一个目的系统的存在者。

我们也可以跟随林奈爵士①走一条表面看来相反的路并说:食草动物的存在是为了抑制植物界的过度生长,这种过度生长会窒息许多的植物种类;食肉动物是为了给食草动物的贪吃建立限制;最后,人通过他追捕和减少食肉动物而造成在自然的生产能力和毁灭能力之间的某种平衡。所以,人不管他如何可以在某种关系中值得作为目的而存在,但在另外的关系中他又可能只具有一个手段的地位。

如果我们把在地球生物的种类多样性及其作为合目的的建构物的相互外在关系之中的某种客观合目的性当作原则,那么在这种关系中

---

① Linné Carl von（1707—1778）,瑞典植物学家,是植物分类法的创始人。——译者

又按照目的因来设想某个有机组织和一切自然界的一个系统,这是符合理性的。但在这里,经验看来是与这条理性准则公然相矛盾的,尤其当涉及到自然的一个最后目的时是如此,这个最后目的毕竟是这样一个系统的可能性所要求的,并且我们也只能把它设定在人身上:因为就人作为许多动物种类中的一种而言,自然界倒是无论是在毁灭性的力量方面还是在生产性的力量方面都没有给过他丝毫的例外,而是使一切都服从于自然的无目的的机械作用。

296

为了地球上自然存在物的一个合目的性的整体而必须在一个安排中有意地建立起来的第一件事,也许就是这些自然存在物的居住地即土壤和环境,它们要在其上和其中使自己繁衍起来。不过,对一切有机生产的这一基础的性状的更确切的知识并不会指示别的,只会指示出完全是无意起作用的、甚至与其说是有利于生产、秩序和目的的倒不如说是毁灭性的那些原因。陆地和海洋不仅包含有它们及一切在它们之上和之中的生物遭受到古代猛烈摧毁的遗迹,而且它们的整个结构形式,陆地的地层和海洋的边界,都完全具有一个在混乱状态中劳作的自然界的狂暴而万能的力量的产物的外观。现在,陆地的形态、结构形式和坡度无论显得是如何被安排成对于接受空中降下的雨水,对于各种各样性质的地层之间的水源充沛(对于各种物产)以及对于江河的流淌是合目的性的:但对它们的一个更进一步的研究却会证明,它们有的是作为火山爆发的结果,有的是作为洪水爆发乃至于海啸的结果而造成的;不但是这种地形的最初产生,而且尤其是它后来的改造连同它那些最初的有机产物的灭亡,都是如此。① 既然这一切生物的居住地,土

---

　　① 如果一度被接受的自然史这个名称应当为自然的描述而保留的话,那么我们就可以把这个名称字面上所表明的东西、也就是对地球上过去的古代状况——对于这种古代状况我们即使不能指望有任何确定性,却有很好的理由作大胆的推测——的展现称之为自然的考古学,以和艺术的考古学相对。那些化石将属于前者,正如那些雕刻过的石头等等属于后者一样。因为,既然我们哪怕是多么笨拙和缓慢,但毕竟现实地(以地球理论的名义)持久从事着这样一种研究,所以这个名称正好不会是给予某种只是想象出来的自然研究,而是给予大自然本身在邀请和要求着我们去从事的这样一种自然研究的。——康德

壤(陆地的)和奥区(大海的),只不过提供了其产生的某种完全无意的
机械作用的指示:我们又如何能够并有什么权利要求和主张后面这些
产物有一个另外的起源呢? 即使如同对那些自然毁灭的遗迹所作的最
精细的考查(按照坎培尔①的判断)似乎证明的那样,人类并没有一同
处于这些变革之中;但人类毕竟如此地依赖于那些剩下的地球生物,以
至于一旦承认了自然有一种普遍支配其他这些地球生物的机械作用,
则人类也就必须被视为是共处于其中的;哪怕人类的知性已有能力把
他们(至少是大部分)从这些自然灾变中拯救出来。

但是,这一论证似乎证明了比当初提出它来的意图所包含的更多
的东西:也就是不仅证明人类不可能是自然的最后目的,由于同一理
由,地球上的有机自然物之聚合也不可能是一个目的系统;而且还证
明,甚至以往被看做是自然目的的自然产物,除了自然的机械作用以
外,也没有任何别的起源。

不过,在对有机自然物的机械论的和目的论的产生方式的诸原则
的二律背反的上述解决中,我们已经看到:由于这些原则对于按照有机
自然物的特殊规律(我们缺乏打开它们的系统关联的钥匙)而形成的
自然界来说只是些反思判断力的原则,亦即它们并没有自在地规定这
些自然物的起源,而只是说我们按照我们知性和理性的性状只能根据
目的因来思考这类存在物的起源,所以在尝试对它们作机械的解释方
面作最大的努力甚至冒险就不仅是允许的,而且我们也被理性召唤着
去做这件事,尽管我们知道,由于我们知性的特殊性质和限制的种种主
观理由(而绝不是由于这种产生的机械作用与按照目的的起源本身有
什么矛盾),我们这样做是永远不够的;并且最终,在(不论是我们之外
还是我们之内的)自然的超感性原则中也许根本就不可能有这两种表
象自然可能性的方式的一致,因为按照目的因的那种表象方式只是我
们的理性运用的一个主观条件,如果它不只是想要懂得对作为现象的
对象进行评判,而且要求把这些现象甚至连同其诸原则都联系到那超

---

① 见§43 的译者注。——译者

感官的基底上去,以便能找到使它们统一的某条规律的话,而这条规律只有通过目的(在这方面理性也拥有这样一些超感性的目的)才能使这种统一表现出来。

§83.作为一个目的论系统的自然的最后目的

我们在前面指出过,我们有充分的理由把人类不仅是像一切有机物那样作为自然目的,而且在这个地球上也作为一切其他自然物都与之相关地构成一个目的系统的那个自然最后目的,而按照理性的原理来加以评判,虽然不是为了规定性的判断力,却毕竟是为了反思性的判断力。既然那种通过人类与自然的联结应当作为目的而得到促进的东西必须在人本身中发现:那么这种目的或者必须具有这种方式,即人本身可以通过大自然的仁慈而得到满足;或者这就是对能够被人利用(外在的和内在的)自然来达到的各种各样目的的适应性和熟巧。前一种自然目的将会是幸福,后一种目的则将是人类的文化。

幸福的概念并不是这样一种概念,例如说人从他的本能中抽象出来、并从他自己身上的动物性中拿来的概念;而只是对某种状态的理念,他想要使该状态在单纯经验性的条件之下与这理念相符合(而这是不可能的)。他自己为自己构想出这个理念,也就是以如此各不相同的方式通过他的与想象力和感官知觉缠绕着的知性构想出这个理念;他甚至如此经常地改变这一概念,以至于就算自然完全屈从于他的任意,自然却还是根本不能为了与这种动摇不定的概念及每个人以任意的方式给自己设置的目的协和一致,而表现出任何确定的、普遍的和固定的规律。然而,即使我们想把这个概念要么贬低到我们的种类完全与自己协和一致的那种现实的自然需要上,要么在另一方面想把它进一步提高到达到想象目的的熟巧这样的高度:但毕竟,人类所理解的幸福及事实上成为他特有的最后自然目的(而非自由目的)的东西却永远不会被他达到;因为他的本性不具有在任何地方停止并满足于占有和享受的性质。另一方面,自然界远不是把他当作自己特殊的宠儿来接受并善待他胜过一切动物的,毋宁说自然界正如对待一切其他动物一样,并没有使他免于自然的破坏作用的伤害,如瘟疫、饥饿、水患、冻伤、其他大小动物的侵袭,如此等等;更有甚者,人身上的自然素质的矛盾性还把他置于自造的磨难中,又把和他自己同类的另外的人通过统治的压迫和战争的残暴等等投入绝境,而正如在他身上发生的那样,他自己也进行着毁灭他自己的同类的工作,以至于即使在我们之外是最仁慈的自然,如果这个自然的目的是针对我们这个物种的幸福提出来的话,也是不会在地球上的一个自然系统中实现出来的,因为我们内部的自然是很难受到这个外部自然的感动的。所以人永远只是自然目的链条上的一个环节:他虽然就某些目的而言是原则,这原则似乎是自然在自己的设计中通过他自己向自己提出而给他规定了的;但他毕竟也是在其他环节的机械作用中维持合目的性的手段。他作为地球上唯一的具有知性、因而具有自己给自己建立任意目的的能力的存在者,虽然号称自然的主人,并且如果把自然看做一个目的论系统的话,他按照其使命来说是自然的最后目的;但永远只是在这个条件下,即他理解到这一点,并具有给自然和他自己提供出这样一个目的关系来的意志,这种目的关系将能独立于自然界而本身自足,因而能够是一个终极目的,但这个终极目的是根本不必到自然中去寻找的。

但是要发现我们至少可以在人的什么地方放置自然的那个最后目的,我们就必须找出自然为了使他准备去做他为了成为终极目的所必须做的事而能够提供的东西,并将它与那一切以只能期待于自然的条件为根据才有可能的目的区别开来。后一种目的是地上的幸福,它被理解为人的一切通过在人外面和内面的自然而可能的目的的总和;这是人在地上的一切目的的质料,这种质料,如果他使之成为他全部的目的,就使他不能够为他自己的实存建立一个终极目的并与之协调一致。所以,人在自然中的一切目的里面就只剩下形式上的主观条件,即这种适应性的主观条件:一般来说能为自己建立目的并(在他规定目的时不依赖于自然)适合着他的一般自由目的的准则而把自然用作手段,这是自然关于外在于它的终极目的所能够做到的,因而这件事就能被看做自然的最后目的。一个有理性的存在者一般地（因而以其自由）对随便什么目的的这种适应性的产生过程，就是文化。所以只有文化才可以是我们有理由考虑到人类而归之于自然的最后目的（而不是他所特有的在地上的幸福，也根本不只是在外在于他的无理性的自然中建立秩序与一致性的最重要的工具）。

但并不是任何文化都足以成为自然的这个最后目的。熟巧这种文化当然是对促进一般目的的适应性的最重要的主观条件；但却还不足以促进在规定和选择其目的时的意志，这种规定和选择本质上却是对目的的某种适应性的全部范围所要求的。适应性的后面这个条件我们可以称之为管教（训练）的文化，它是否定性的，它在于把意志从欲望的专制中解放出来，由于这种专制，我们依附于某些自然物，而使我们没有自己作选择的能力，因为我们让本能冲动充当了我们的枷锁，大自然赋予我们这些冲动只是充当指导线索，为使我们中的动物性的规定不被忽视乃至于受到伤害，然而我们毕竟有充分的自由，由于理性的目的的要求，而使这种动物性绷紧或是放松，延伸或是压缩。

熟巧只有借助于人们的不平等才能在人类中大大发展起来：由于绝大多数人仿佛是机械地、无需特殊技艺地为别人的舒适和方便提供生活必需品，其他人则从事着不太急需的文化、科学和艺术部门的工作，由于他们，绝大多数人保持在受压制、辛苦劳累而很少享受的状态中，但上层阶级的文化有一些终究逐渐地扩散到了这些等级中去。但随着文化的进步（它的顶点称之为奢侈，如果对非必需之物的偏好已经开始造成对必需之物的损害的话），磨难也在两个方面以同样的强度增长着，一方面是由于外来的暴行，另一方面是由于内心的不满足；但这种引人注目的苦难却是与人类身上的自然素质的发展结合着的，而自然本身的目的，虽然不是我们的目的，却在这里得到了实现。这种唯有在其之下自然才能实现自己这个终极意图的形式条件，就是人们相互之间的关系中的法制状态，在其中，交互冲突的自由所造成的损害是由一个被叫作公民社会的整体中的合法的强制力来对付的；因为只有在这种状态中，自然素质的最大发展才可能进行。不过，为了这种发

302 展,即使人类有足够的聪明去发现这一法制状态、并有足够的明智自愿地服从它的强制,却还需要一种世界公民的整体,即所有那些处于产生相互侵害作用的危险中的国家的一个系统。没有这个系统,由于荣誉欲、统治欲、占有欲,尤其是在手中有暴力的人那里,对哪怕这样一个系统的可能性所造成的阻力,则战争(在其中要么一些国家分裂并解体为一些更小的国家,要么一个国家使另一个更小的国家与自己合并而力求构成一个更大的整体)就是不可避免的:尽管战争是人类的一种(由于不受约束的情欲的激发)无意的尝试,但却是深深隐藏着的、也许是无上智慧有意的尝试,即借助于各个国家的自由,即使不是造成了、但毕竟是准备了各国的一个建立在道德之上的系统的合法性、因而准备了它的统一性,并且尽管有战争加在人类种族身上的那些极为恐怖的劫难,以及在和平时期长期备战压在人们身上的也许还是更大的磨难,但战争更多的却是一种动机(尽管离对人民幸福的安居乐业的希望越来越远),要把服务于文化的一切才能发展到最高的程度。

　　至于对那些爱好,即我们作为一个动物种类的规定上的自然的素质完全与之相适合、但却使人类的发展步履维艰的那些爱好进行训练:那么在对文化的这第二个要求上自然毕竟也表现出对某种教化的合目的性的努力,这种教化使我们能接受比自然本身所能提供的更高的目的。凭借科学,对趣味的文雅化直到理想化甚至奢侈作为虚荣的食粮,通过由此产生的一大堆不能满足的爱好而把那种祸害倾倒在我们头上,这种祸害的占优势已是无可争辩的了:与之相反,自然的目的也是一目了然的,这就是让那些更多属于我们身上的动物性而与我们更高

303 使命的教养极端对立的爱好(对享受的爱好)的粗野性和狂暴性越来越多地败北,而为人性的发展扫清道路。美的艺术和科学通过某种可以普遍传达的愉快,通过在社交方面的调教和文雅化,即使没有使人类有道德上的改进,但却使他们有礼貌,从而对感官偏好的专制高奏凯旋,并由此使人类对一个只有理性才应当有权力施行的统治作好了准备:然而那些有的是自然使我们遭受到的、有的是人类的不能相容的自私所带给我们的祸害,同时也就召唤着、提升着、坚定着灵魂的力量,使

之不被这些祸害所战胜,并让我们感到在我们心中隐藏有对那些更高目的的适应性。①

§84. 一个世界的存有的终极目的 即创造本身的终极目的

终极目的是这样一种目的,它不需要任何别的东西作为它的可能性的条件。

如果把自然的单纯机械作用看做自然合目的性的解释根据,那么我们就不能够问:世界上的事物是为什么而存有的;因为这样一来,按照这种观念论的系统所谈的只是事物的物理可能性(我们把这种可能性设想为目的只会是无客体的玄想);现在,我们尽可以在偶然性或盲目的必然性上来解释事物的这种形式,在这两种情况下那个问题都会落空。但如果我们把世界中的目的关系看做实在的,并为之假定一种特殊的原因性,即某种有意起作用的原因,那么我们就不能停留在这个问题上:世界的那些事物(有机物)为什么具有这种那种形式、被自然置于与他物的这种那种关系;相反,一旦想到某种知性必须被看做像在事物身上被现实地发现的这样一些形式的可能性的原因,那么也就必须在这个知性中询问其客观的根据了,这个根据能够规定这一生产

304

---

① 如果一种价值只是按照人们享受什么(按照一切爱好的总量这一自然目的、即幸福)来估量,那么生活对于我们有怎样一种价值就是很容易断言的了。这种价值将跌落到零度以下;因为谁会愿意再次去过那种在同样一些条件之下的生活,哪怕按照新的、由自己设计好的(但毕竟是按照自然进程的)计划,但也只是立足于享受之上的计划? 按照那种根据自然与我们共有的目的来渡过的生活所包含的东西以及按照以人们做什么(不只是享受什么)为内容的东西来生活,即使我们仍然还只是达到某个不确定的终极目的的手段,这样的生活有怎样的价值,这在上面已经指出过了。那么现在所剩下的就只有这样一种价值,即我们自己通过不仅是我们做什么、而且也是不依赖于自然而合乎目的地做什么,乃至于连自然的实存本身也只有在这个条件下才能成为目的,这样来赋予我们的生活的价值。——康德

性的知性去得出这种类型的结果,它才是这类事物之所以存有的终极
目的。

我在上面说过:这个终极目的不会是自然界足以造成、并按其理念
产生出来的目的,因为它是无条件的。这是因为,在自然(作为感性存
在物)中没有任何东西,它在自然本身中的规定根据不会永远又是有
条件的;而这不仅适用于外在于我们的自然(物质的自然),而且也适
用于我们之中的自然(思维的自然):可以理解为,我在我之中只考察
那本身是自然的东西。但一物由于其客观性状而应当作为一个有理智
的原因的终极目的必然实存,它就必须具有如下性质,即它在目的秩序
中不依赖于任何别方面的条件、而只依赖于它的理念。

现在,我们在这个世界中只有唯一的一种存在者,它们的原因性是
目的论的,亦即指向目的的,但同时却又具有这种性状,即它们必须依
据着来为自己规定目的的那个规律,是被它们自己表象为无条件的、独
立于那些自然条件的,但本身又被表象为必然的。这种类型的存在者
就是人,但却是作为本体看的人;这是唯一这样的自然存在者,我们在
它身上从其特有的性状方面却能认识到某种超感官的能力(即自由),
甚至能认识到那原因性的规律,连同这种原因性的那个可以把自己预
设为最高目的(这世界中最高的善)的客体。

现在,对于作为一个道德的存在者的人(同样,对于世上任何有理
性的存在者),我们就不再能问:他是为了什么(quem in finem①)而实
存的。他的存有本身中就具有最高目的,他能够尽其所能地使全部自
然界都从属于这个最高目的,至少,他可以坚持不违背这个目的而屈从
于任何自然的影响。——既然这个世界的事物作为按照其实存来说都
是依赖性的存在物,需要一个根据目的来行动的至上原因,所以人对于
创造来说就是终极目的;因为没有这个终极目的,相互从属的目的链条
就不会完整地建立起来;而只有在人之中,但也是在这个仅仅作为道德
主体的人之中,才能找到在目的上无条件的立法,因而只有这种立法才

① 拉丁文:目的为何。——译者

使人有能力成为终极目的,全部自然都是在目的论上从属于这个终极
目的的。①

<h1 style="text-align:center">§85. 自 然 神 学</h1>

自然神学是理性要从自然目的(它们只能经验性地被认识)中推
论出自然的至上原因及其属性的尝试。某种**道德神学**(伦理学神学)
则将是从自然中的有理性的存在者的道德目的(它可以先天地被认
识)中推论出那个至上原因及其属性的尝试。

当然,前者是先行于后者的。因为如果我们要从这个世界的事物
依照目的论推论出一个世界原因,那么这些自然目的就必须首先被给
予出来,然后我们才能为它们寻求一个终极目的,接下来再为这终极目
的寻求这一至上原因的因果性原则。

有许多自然科学的研究都能够和必须按照目的论原则进行,我们
却并没有理由去问及我们在自然的各种不同的产物上所遇到的那种合

---

① 如果世界上的有理性的存在者的幸福是自然的一个目的是有可能的,那
么幸福也就会是自然的最后目的了。至少我们不能先天地看出,为什么自然界会
不应当是这样安排的,因为通过它的机械作用这种结果至少就我们所看出的而言
是完全有可能的。但道德和从属于它之下的按照目的的原因性却是通过自然的
原因绝对不可能的;因为道德对行动进行规定的原则是超感官的,因而是在目的
秩序中唯一可能的东西,它对自然而言完全是无条件的,因而它的主体唯一有资
格成为全部自然都从属其下的创造的终极目的。——相反,幸福正如前一节根
据经验的证据已指明的那样,就具有胜过其他生物的优越性的人而言,连自然目
的也不是:说它应当是创造的终极目的就大错特错了。人尽可以把它作成自己最
后的主观目的。但如果我按照创造的终极目的来提问:人本来是必须为什么而实
存的呢? 那么这就是在谈论一个客观的至上目的,正如最高理性对它的创造会要
求有一个至上目的那样。如果我们现在回答说:为的是那些存在者实存、而那个
至上原因能够对之行善,那么我们就和人的理性甚至使他的最内在的幸福愿望所
服从的条件(也就是与他自己内在的道德立法一致)相矛盾了。这就证明:幸福只
能是有条件的目的,因而只有作为道德存在者的人才能是创造的终极目的;但说
到人的状态,幸福只是作为按照那种协和一致而来的后果,而与那个作为人的存
有的目的的终极目的相联系的。——康德

目的地起作用的可能性的根据。但如果现在我们要对这种根据也获得一个概念,那么我们对此完全不具有任何进一步的洞见,而只有反思性的判断力的准则:即哪怕只要给了我们自然界的一个唯一的有机产物,我们就能够依照我们认识能力的性状为它思考并非任何别样的根据,而只是自然本身的一个原因的根据(它可以是整个自然,也可以只是它的一部分),这个原因通过知性而包含有对该产物的因果作用;这样一条评判原则,我们在解释自然物及其起源时虽然并不因它而走得更远,但它毕竟超越于自然之上而给我们展示了一些前景,以便或许可以对某种原始存在者的本来是如此毫无成效的概念作出更切近的规定。

307

于是我说:自然神学无论它可能被推进到多么远,却并不能向我们展示有关创造的一个终极目的的任何东西;因为它甚至都没有达到提出这终极目的的问题的地步。所以它虽然可以为一个有理智的世界原因的概念,作为一个主观上与我们认识能力的性状唯一相适合的概念,即关于那些我们根据目的才能理解的事物的可能性的概念,进行辩护,但却既不能在神学意图上也不能在实践的意图上对这一概念作出进一步的规定;而它的尝试没有达到自己建立一种神学的意图,相反,它仍然还只是一种自然的目的论,因为它里面的目的关系仍然还只是被看做并且必须被看做以自然为条件的,因而这种目的关系就连把自然本身为之实存的(即必须为之寻找自然之外的根据的)那个目的引入到问题之中来都根本不可能,但那个目的的确定概念对于那个至上的有理智的世界原因的概念、因而对于一种神学的可能性来说仍然是决定性的。

世间之物相互有什么用?一物中的杂多对于该物本身有什么好处?我们甚至如何有理由来假定世上没有任何东西是白费的,而是一切东西在某些事物应当(作为目的)实存这个条件下就会在自然中有某种好处?因而,凭什么我们的理性对于判断力在其不可避免地要对之作目的论评判的那个客体的可能性上,自己并不能拥有别的原则,而只有使自然的机械作用从属于一个有理智的创世者的艺匠这条原则?所有这一切问题都使目的论的世界考察显得极为壮丽和极其令人惊叹。但由于对理智的世界原因(作为最高艺术家)的那样一个概念进行规定的那些材料,因而那些原则,都只是经验性的,所以它们除了经验在它们的作用上向我们显示出来的以外,不允许进一步推论出任何属性;而由于经验永远不可能把全部自然作为一个系统来把握,它常常不得不遇到一些(从迹象上看)与那个概念相冲突及相互冲突的证据,但即使我们有能力甚至对这整个系统就仅涉及到自然而言作经验性的概观,经验也永远不能使我们超出自然而提升到自然的实存本身的目的,并因此提升到那个至上理智的确定概念。

308

如果我们把自然神学所着意要解决的课题降低下来,那么这课题的解决就显得容易了。因为如果我们把一个神的概念滥用到每个我们所想到的有理智的存在者之上,不管这存在者是一个还是好几个,它也许具有很多且很伟大的属性,但恰好不具有为了建立一个与那最大可能的目的相一致的自然所特别需要的一切属性;或者,如果我们认为在一种理论中用任意的添加去补充由证据所提供的东西的不足是无关紧要的,并且在我们只不过有理由去假定许多完善性的地方(对于我们来说什么才是多呢?),我们就认为自己有资格去预设一切可能的完善性的话:那么,自然神学就提出了一个重要的要求,即要求有奠定一门神学的基础的荣誉。但如果我们被要求指出:究竟是什么在驱动我们并且使我们有资格作出那种补充的,那么我们就将在理性的理论运用中白费力气地寻找我们的辩护的根据,这种运用绝对要求在解释一个经验客体时不能赋予该客体比经验性材料在其可能性上可以找到的更多的属性。在更仔细的审查中我们将会看到,真正说来一个基于完全不同的理性运用(实践的运用)之上的最高存在者的理念先天地在我们里面奠定着根基,它驱动着我们把一个自然目的论关于自然中诸目的的原始根据的有缺陷的表象补充为一个神的概念;而我们也将不会去错误地想象,凭借这个理念,通过理性在自然的世界知识上的理论运用,就完成了一种神学,更不用说就证明了这个理念的实在性了。

当古代的人把他们的诸神设想成部分在其能力上、部分在其意图和意志的意向上是极其千差万别的,但却将其全部,哪怕其头领也不例

309　外,仍然总要局限于人类的方式上来设想,这时我们不可苛责他们。因为当他们在观察自然中的事物的安排和进程时,他们虽然觉得有足够的根据来假定有比机械的东西更多的东西作为它们的原因,并猜测在这个世界的机械作用的后面有某些他们只能设想为超出人类之上的更高原因的意图;但由于他们在自然中所遇到的善和恶、合目的性的和违反目的性的,至少对于人的眼光来说都是极为混杂的,并且又不能为了一个最高完善的创造者的任意的理念而冒昧地假定,毕竟有些暗中作为基础的智慧的和仁慈的目的,而他们却看不见这些目的的证据:所以他们关于至上的世界原因的判断就很难以别的方式作出,就是说,如果他们是完全一贯地按照理性的单纯理论的运用来处理问题的话。另外一些想要做物理学家同时又要做神学家的人曾设想,使理性感到满意的是,他们借助于有关某个存在者的理念来操办理性所要求的自然物原则的绝对统一性,在这个作为唯一实体的存在者中,那些自然物将全都只是些依存性的规定;这个实体虽然不是通过知性而成为世界原因的,但它作为主体,世间存在者的一切知性都可以在其中找到;因此一个存在者虽然不是按照目的而产生出某物,但在它里面一切事物毕竟都将不能不由于它们仅仅作为其规定的那个主体的统一性,即使没有目的和意图也是必然地相互处于合目的性关系之中。这样一来,他们就引进了目的因的观念论,因为他们把对一大堆合目的地结合着的实体如此困难地取得的统一性从对一个实体的因果依赖关系转变成了在一个实体中的依存性的因果依赖关系;结果这种学说从依存性的世间存在者方面来看,即作为泛神论,和(然后)从独立自存性的身为原始存在者的主体方面来看,即作为斯宾诺莎主义,都既没有解决自然合目

310　的性的最初根据问题,反而把这一问题宣布为无意义的了,因为自然合目的性的概念在剥夺了它的一切实在性之后,就被变成对有关一般之物的某种普遍本体论概念的一种单纯误解了。

　　所以,按照理性运用的那些单纯理论原则(自然神学只以它们为根据)是永远得不出对于我们有关自然的目的论评判是充分的神的概念的。因为要么是,我们把一切目的论都宣布为只是判断力在评判事

物的因果关联时的一种欺骗,而逃避到自然的单纯机械作用这个唯一的原则那里去,自然由于它只不过是作为规定实体的多种方式而似乎具有的实体统一性,才仅仅对我们显得像是包含着一个普遍的目的关系的;要么就是,如果我们想不再忠于目的因的观念论,而仍然忠于这一特种的因果性的实在论原理,那么我们就可能把许多有理智的原始存在者、或是只把一个唯一的有理智的原始存在者配置给那些自然目的:一旦我们在论证原始存在者的概念时手边所有的只不过是我们从世界中现实的目的关联中拿来的一些经验原则,那么我们一方面在对付自然在许多实例中就目的统一性而言所提供的不一致时就可能一筹莫展,另一方面,我们永远也不能从这些经验原则中为无论什么样一种(理论的或者是实践性的)可运用的神学而对一个唯一的理智原因的概念引出足够的规定,就如同我们由单纯经验的授权而得出它那样。

自然目的论虽然驱动我们去寻求一种神学;但不论我们通过经验来追踪自然到多么远,也不论我们通过理性的理念(它们在自然的课题上必然是理论性的)去支援在自然中揭发出来的目的关联到何种程度,这种神学都决不可能产生。如果人们正当地抱怨说:我们用一个伟大的、对我们来说不可测度的知性作为这一切安排的基础,并让这个知性根据意图来整理这个世界,那又有什么用呢?如果自然对这个终极意图什么也没有说、并且任何时候都不能说什么,而没有这个终极意图我们却又不能获得这一切自然目的的任何一个共同的连结点,即任何一个这样的目的论原则,它一方面足以将这些目的全都放在一个系统中来认识,另方面足以给我们制定出一个有关至上知性作为这种自然的原因的概念,这个概念能用作我们对自然作目的论反思的判断力的准绳。这样一来,我虽然会对于各自分散的目的有一个艺术理解,但对于一个原本必然包含那种艺术理解的规定根据的终极目的却不会有任何智慧。只有纯粹理性才能先天地提供出一个终极目的(因为这个世界内的一切目的都是以经验性为条件的,并且只能包含为了这个那个的作为偶然意图的东西,而不包含绝对善的东西),而唯有这个终极目的才会告诉我,我为了将自然作为目的论的系统来评判,必须设想自然

311

的至上原因的什么属性、什么程度和什么关系：对于我的有关那个我可以建立在我可怜的世界知识上的原始知性、有关这个原始存在者把他的理念实现出来的威力、有关他这样做的意志等等的极受限制的概念，我如何可以、并且有什么权利在此随意地扩展它，并把它补足为全智的无限存在者的理念？如果这种情况会在理论意义上发生的话，那就会在我自己心中预设了全知，以便在自然的整个关联中看出自然的目的，而且还能设想到除此之外一切其他的可能的计划，与这些计划相比，当前的计划就必定会有理由被评判为最好的计划。因为没有这个对于结果的完备的知识，我就不能推出有关至上原因的任何确定的概念（这概念只是在有关一个就一切方面看来都是无限的理智的概念、即神的概念中才能见到）并完成神学的奠基。

所以，不论自然目的论可能有怎样的扩展，我们按照上述原理都完全可以说：我们依照我们认识能力的性状和原则，在自然的已为我们所认识的合目的性安排中，我们只可能把自然设想为一个它所服从的知性的产物。但是这个知性是否借这个自然整体及其产生本来还会有一个终极意图（那样的话这个终极意图就不会处于感性世界的自然界中了），这是理论的自然研究永远不能向我们揭示出来的；相反，不论有多少自然知识都仍然无法断定，那个至上原因是否到处都在按照一个终极目的、而不是宁可通过某种为其本性的单纯必然性所规定要产生出某些形式来的知性（类似于我们在动物身上称之为艺术本能的东西），才成为自然的原始根源的；没有必要因此哪怕只把智慧归之于自然，更不用说把最高的、与一切为其产品有完善性所需要的其他属性结合着的智慧归之于自然了。

所以自然神学就是被误解了的自然目的论，它只有作为神学的准备（入门）才是有用的，并且只有通过添加进一条它所能依托的其他方面的原则，对于这个意图才是充分的，却并非就它本身而言，如同它的名称所想显示的那样。

§86. 伦理学神学

有一个判断是哪怕最平凡的知性在它对世界上的事物的存有及世界本身的实存进行沉思时都不能放弃的,这就是:所有这些多种多样的创造物,不管它们有多么宏伟的艺术布局,也不管它们是如何多种多样地、相互合目的性地关联着,甚至就连它们的被我们不正确地称之为诸世界的如此众多体系的那个整体,如果在其中没有人(一般有理性的存在者)的话,就都会是无意义的;也就是说,没有人,这整个创造都将只是一片荒漠,是白费的和没有终极目的的。但甚至人的认识能力(理论理性)也不是那种在与其发生关系时世界上一切其他事物的存有才第一次获得自己的价值的东西,例如为了某一个能够观察世界的人的存在吧。因为,如果这种对世界的观察向他展示出来的无非是没有终极目的的事物,那么由世界的被认识也不能够为它的存有生发出任何价值来;而我们必定先已经预设了世界的一个终极目的,在与它的关系中对世界的观察才会有某种价值。甚至对愉快的情感和对愉快的总和的情感,也都不是那种我们据以把创造的终极目的思考为给予了的东西,就是说,福利,享受(不论是肉体享受还是精神享受),一句话,幸福,都不是我们据以评价那个绝对价值的东西。因为,如果人存在,他就使这些都成为他自己的终极意图,而这并没有提供任何一个概念,来理解他一般来说为什么才会存在,以及他自己然后才会拥有何种价值、以便使他的实存对他成为快适的。所以这个概念必须是已经作为创造的终极目的而被预设下来的,以便有一个理性的根据,来说明为什么自然当它被看做一个按照目的原则的绝对整体时就必须与人的幸福相一致。——所以,只有欲求能力才是如此,但不是那种(通过感性的驱动而)使人依赖于自然的欲求能力,不是就它而言人的存有价值就基于人所感受和享受的东西上的那种欲求能力;相反,人唯一能够给予他自己的那种价值,并且是在他所做的事中,在他不是作为自然的成员、而是以自己的欲求能力的自由怎样及根据什么原则来行动中的那

313

种价值,也就是善良意志,才是人的存有唯一能借以具有某种绝对价值、而世界的存有能据以拥有某种终极目的的欲求能力。

哪怕人的健全理性的最平凡的判断都与之完全一致的就是:人只有作为道德的存在者才可能是创造的一个终极目的,如果我们把这个评判只引向这一问题并引起对此问题的尝试的话。当我们说,这个人具有如此多的才能,以至于他甚至因此而极有作为,借此他把某种有利的影响施加在公共事务上,因而既在自己的幸运方面又在对别人的好处上都有某种巨大的价值时,如果他丝毫不具有善良意志,那又有什么用呢? 当我们从他的内心来看他时,他就是一个可鄙的客体;而如果创造并不应当完全是无终极目的的,那么他哪怕作为人也属于创造,但却必定作为恶人而在一个处于道德律之下的世界中按照这些道德律而丧失掉自己的主观目的(幸福)了,后者则是他的实存能够与终极目的的共存的唯一条件。

现在,如果我们在世界上遇到一些目的秩序,并且如同理性不可避免地要求的,我们使这些仅仅是有条件的目的从属于一个无条件的至上目的,也就是一个终极目的:那么首先就很容易看出,这样一来所谈的就不是就自然的实存而言的自然目的(自然内部的目的),而是自然的实存连同它的一切安排的目的,因而是最后的创造目的,甚至真正说来,在其中所谈的也就是一个终极目的(即能产生世界存在物的某个最高知性的规定根据)唯一能够在其下发生的那个至上条件。

既然我们只把作为道德存在者的人承认为创造的目的,所以我们就初次有了一个根据,至少是主要的条件,来把世界看做一个按照目的关联着的整体和一个目的因的系统;但尤其是,对于自然目的按照我们理性的性状必然要使我们与一个有理智的世界原因发生的关系来说,我们就初次有了一条原则,来设想作为目的王国之至上根据的这个第一原因的本质和属性,从而规定它的概念:这是自然目的论所不可能做到的,后者只能引发那些不确定的、并正因此而对理论的运用和实践的运用都不适合的有关至上根据的概念。

从原始存在者的这一如此被规定的因果原则出发,我们将必须不仅仅把原始存在者设想为理智及为自然立法的,而且必须设想为在某种道德的目的国中的立法的首领。考虑到唯有在这首领的统治下才有可能的至善,也就是考虑到服从道德律的有理性的存在者的实存,我们将把这个原始存在者设想为全知的:以便甚至意向中最内在的东西(这构成有理性的世间存在者的行动的真正的道德价值)对他都不会隐藏;设想为全能的:以便有可能使整个自然都与这个最高目的相适合;设想为全善的同时又是公正的:因为这两种属性(结合着智慧)构成一个至上的世界原因作为在道德律下的至善的因果性之条件;同样,还有其他一切先验的、在与这样一种终极目的的关系中被预设的属性,如永恒性、全在性等等(因为善和公正性是道德的属性),我们也必须为这个原始存在者想到。——以这样一种方式,道德的目的论就补充了自然的目的论的不足并首次建立了一种神学,因为如果自然目的论不是暗中从道德目的论借贷,而是要贯彻到底的话,它自己单独所能建立的无非是一种不能形成任何确定的概念的鬼神学。

315

　　但是,世界由于在其中某些存在者的道德的目的规定而与一个作为神的至上原因发生关系的原则,却并不只是由于它补充了自然目的论的证据、因而有必要将这证据作为基础才这样做的;相反,它也是独立自足地这样做的,它促使人们注意到自然目的并去研究隐藏在自然目的形式后面的不可捉摸的伟大艺术,以便给纯粹实践理性所取得的那些理念在自然目的上提供附带的证实。因为在道德律下的世间存在者这一概念是人必须按照着来必然地评判自己的一条先天的原则。此外,如果到处都有一种有意地起作用的并针对某个目的的世界原因,则那个道德关系就正如同按照自然规律的关系一样(就是说,当那个有理智的原因也有一个终极目的时)必须是创造的可能性的必然条件:对这一点,理性也将之先天地视作一条为了从目的论上评判事物的实存而为理性所必要的原理。于是问题就取决于我们是否拥有任何一个对于理性(不论它是思辨理性还是实践理性)来说是充分的根据,来赋予那按照目的而行动的至上原因以一个终极目的。因为这样一来,按照我们理性的主观性状,甚至哪怕我们能够设想别的存在者的理性,这个终极目的就不可能是

316

别的,而只能是从属于道德律的人:这一点就可以先天地被看做对于我们是确实的,因为与此相反,在自然秩序中的自然目的是根本不可能先天地被认识的,尤其是,一个自然没有这种自然目的就不能存在这一点是没有任何办法可以看出来的。

注　释

　　假设一个人正值他内心趋向于道德感情的心情中。如果他在自然美景的环绕中处身于对自己生活的宁静无忧的享受,那么他在心里就会感到一种要为此而感谢某个人的需要。或者另一次,如果在同样的内心情调中,他觉得受到他只要通过自愿的牺牲就能够并愿意遵守的那些义务的逼迫;那么他在心里就会感到一种需要,借此既执行了某种命令同时又服从了某位长上。或者,例如如果他由于不谨慎而违背了他的义务,而他却又并不因此而对人负有责任;那么毕竟,严厉的自责还是会在他心里发话,就好像那些自责是一位他必须为此事对之作出辩护的法官的声音一样。总而言之:为了对他生存的目的来说有一个按照这一目的而成为他和这个世界的原因的存在者,他就需要某个道德性的理智者。要在这些情感的后面人为地造作出动机来是没有用的;因为这些情感直接地与最纯粹的道德意向相关联,因为感谢、顺从和谦恭(屈从于应得的惩罚)都是内心趋向义务的特殊心情,而这个倾向于扩展自己的道德意向的内心在此只是自愿地设想某个并不在这个世界上的对象,为的是尽可能哪怕在这样一个对象面前也把自己的义务显示出来。所以,至少有可能、并且在道德思维方式中对此也有基础的是,设想在纯粹道德上需要一个存在者的实存,在他之下我们的德性要么增强了力量,要么甚至(至少就我们的表象而言)扩大了范围、亦即获得了实行德性的一个新的对象,这也就是在世界之外,毋须考虑一切理论的证明,更毋须考虑自私的利害,而是出自纯粹道德的、摆脱了一切外来影响的(当然也只是主观的)理由,而仅仅在颂扬一个自身独立立法的纯粹实践理性方面假定一个道德上立法的存在者。并且尽管

317

内心的那样一种心情是很少会出现的,或者出现了也是不会长久保持的,而是转瞬即逝、没有持续作用的,甚至也不曾对表现在这样一种影像中的对象作一些反思、没有努力把它纳入清晰的概念之下,就消失了;然而这一点的根据,即我们身上的道德素质,作为在观察世界时不满足于其由自然原因而来的合目的性、而要给这种观察配备一个至上的、按照道德原则来支配自然的原因这一主观原则,这却是不会弄错的。——进一步说,我们感到自己由于道德律而迫不得已地追求一个普遍的最高目的,但又感到自己以及整个自然都没有能力达到那个目的;只有就我们追求那个目的而言,我们才可以判断为符合一个有理智的世界原因(假如有这样一个世界原因的话)之终极目的的;这样,现在就有了实践理性的一个纯粹的道德根据来把这个原因假定下来(因为这是可能无矛盾地发生的),再没有别的根据了,但这却使我们免得冒把那种努力在其效果上看做完全是无价值的、因而任其松懈下去的危险。

　　所有这一切在这里所想要说的只不过是:尽管恐惧最初能够产生出诸神(神魔)来,但理性借助于它的道德原则才第一次产生了上帝的概念(哪怕人们在自然目的论中如通常那样曾经极其无知,或者哪怕由于难以通过充分可靠的原则来调和在这里相互矛盾的现象而曾经极其犹疑);而人的存有的内在的道德目的使命就补充了在自然知识上所损失的东西,因为它指示人们在万物存有的终极目的上——这上面的原则只有作为伦理的原则才是使理性满意的——思考那带有各种属性的至上原因,这原因(也就是作为一个神)凭这些属性完全有能力使自然界服从于那个唯一的意图(自然界只不过是这一意图的工具而已)。

§87. 上帝存有的道德证明

　　有一种自然的目的论,它为我们的理论反思性的判断力提供着充分的证据,来假定某种有理智的世界原因的存有。但我们在自己心里,并且还更多地在一个有理性的、天赋有自由（自身原因性）的一般存在者的概念中，也发现了一种道德的目的论，但由于我们自身中的这种目的关系能够连同它的法则一起先天地得到规定，因而能够作为必然的来认识，这种道德目的论因此之故也就不会为了这种内在的合规律性而需要在我们之外的任何有理智的原因：这正如我们不可能在图形的几何属性中所发现的（对于各种可能的技术操作来说的）合目的性那里展望到一个把这种合目的性分配给那些图形的最高知性一样。但这种道德目的论毕竟涉及到我们这些世界存在者，因而涉及到与世界中其他的物结合在一起的存在者；正是同样一些道德法则对我们形成了规范，使我们针对这些存在者所作的评判要么把它们作为目的，要么作为一些对象，对它们而言我们自己才是终极目的。于是，这种道德目的论涉及到我们自己的原因性与目的的关系、甚至与我们在这个世界中不能不企求的终极目的的关系，同时也涉及到这个世界与那种道德目的及其实行出来的外部可能性的交互关系（对此没有任何自然的目的论能够给我们提供指导），从这样一种道德目的论中就引出了一个必然的问题：它是否会迫使我们的理性评判超出这个世界之外，去为自然界与我们心中的德性的那种关系寻求一个有理智的至上原则，以便把自然界甚至就道德的内在立法及其可能的实行而言也向我们表现为合目的性的。这样，当然就有了一种道德目的论，并且它是一方面与自由的立法学（Nomothetik）、另方面与自然的立法学必然地关联着的，这正如公民立法与我们应当到何处寻求行政权这个问题关联着一样，并且一般说来，凡是在理性应当指出某种合规律的、唯有按照理念才有可能的事物秩序的现实性原则的地方，都有这种关联。——我们将首先阐明理性从那个道德目的论及其与自然目的论的关系向神学的迈进，然后再着手考察这一推论方式的可能性和准确性。

　　如果我们把某些物（或者哪怕只是物的某些形式）的存有看做是偶然的，因而是只有通过某种别的作为原因的东西才是可能的：那么我们就可以在要么是自然的秩序中、要么是目的论的秩序中（按照 nexu effectivo 或 finali①），去为这种因果性寻求那至上的因果性，因而为这有条件者寻求无条件的根据。这就是说，我们可以问：哪个是至上的产生原因，或什么是这原因的至上的（绝对无条件的）目的，亦即它产生出这些产品或是一般地产生出它的一切产品的终极目的？于是在这方面的一个前提当然就是：这个原因能够产生一个目的表象，因而是一个有理智的存在者，或至少必须被我们设想为按照一个这样的存在者的法则而行动的。

现在，如果我们跟随神学的秩序，这就是一条甚至最平庸的人类理性也不能不直接予以赞同的**原理**：如果在任何地方应当有一个理性必　320须先天指定的终极目的，那么这个目的就只可能是服从道德律的人（即每一个有理性的世间存在者）。② 因为（每个人都这样判断说）如果世界纯由无生命的存在物构成，或虽然部分由有生命的、但无理性的

---

① 拉丁文：起作用的关系或目的关系。——译者

② 我故意说：服从道德律。创造的终极目的不是按照道德律的人，即这样一种其行为符合道德律的人。因为我们用后面这种表达方式将会比我们所知道的说得更多：即以为使人在任何时候的行为都适合于道德律这件事处于创世者的控制力之内；这就预设了一个自由概念和这个自然（我们只能对它设想一个外部的创造者）的概念，它将必须包含有对自然的超感性基底及其与自由的原因性在世间所可能造成的东西的等同性的洞见，而这种洞见是远远超出我们的理性的洞见之上的。只有对于服从道德律的人，我们才能够无须超出我们的洞见的局限而说：他的存有构成了世界的终极目的。这也是与从道德上反思世界进程的人类理性的判断完全相吻合的。我们相信，甚至在恶人身上，我们也察觉到某种明智的目的关系的痕迹，只要我们看到那犯罪的恶棍在死前已受到了他自己罪行的罪有应得的惩罚。按照我们关于自由的原因性的概念，善行或恶行都是基于我们自己；但我们把世界统治的最高智慧置于这一点，即引起善行的原因及善恶两种行为的后果都是按照道德律来实行的。真正说来，上帝的荣耀正在于这种后果，这种荣耀因此就被神学家们并非不恰当地称作创造的最后目的。——还要注意一点，当我们使用创造这个词时，我们只能把它理解为在这里所说的那种意思，即一个世界存有的原因，或一个世界中的物（实体）存有的原因；如同这也是由这个词的本来的概念所带来的（actuatio substantiae est creatio）［拉丁文：实体的实现就是创造。——译者］那样：所以这个词也并非已经带有了对一个自由发生作用的、因而是有理智的原因（其存有正是我们首先要证明的）的预设。——康德

存在物构成,那么一个这样的世界的存有就会完全没有任何价值,因为在它里面将会没有任何具有起码的价值概念的存在物生存。相反,即算存在着有理性的存在者,但如果他们的理性只能够把物的存有价值建立在自然对他们的关系(即他们的福利)之中,却不能够本源地(通过自由)自己为自己取得这样一种价值:那么虽然在这个世界中会有(相对的)目的,但不会有任何(绝对的)终极目的,因为这样一些有理性的存在者的存有终归总是会没有目的的。但道德律却具有一种特别的性状,即它把某物作为目的而无条件地、因而恰如一个终极目的的概念所需要的那样向理性颁布出来;所以,唯有这样一个在目的关系中能够成为它自己的至上法则的理性的生存,换言之,唯有服从道德律的理性存在者的生存,才能够被设想为一个世界的存有的终极目的。反之,如果情况不是这样,那么这世界的存有要么在其原因中就根本没有什么目的,要么给它提供根据的那些目的中就没有终极目的。

道德律作为运用我们的自由的形式上的理性条件,单凭自身而不依赖于任何作为物质条件的目的来约束我们;但它毕竟也给我们规定、并且是先天地规定了一个终极目的,使得对它的追求成为我们的责任,而这个终极目的就是通过自由而得以可能的、这个世界中最高的善。

人(依照我们的一切概念也包括每个有理性的有限存在者)得以在上述法则之下树立一个终极目的的那个主观条件,就是幸福。因此,在这个世界中所可能的、并且就我们而言可以作为终极目的来促进的最高的自然的善,就是幸福,就是在人与德性法则相一致这个客观条件下、即在配得幸福的条件下成为幸福的。

但是,根据我们的一切理性能力,我们不可能把由道德律作为任务加给我们的终极目的的这样两个要求想象为只是通过单纯的自然原因而结合起来的,并与所说的那个终极目的的理念相适合的。所以,如果我们除了自然因果性之外不把任何其他(某种手段)的因果性结合到我们的自由上来的话,关于一个这样的目的通过我们能力的应用的实践必然性这个概念就不和实现这目的的物理可能性的理论概念协调一致了。

这样,我们就必须假定一个道德的世界原因(一个创世者),以便按照道德律来对我们预设一个终极目的,并且只要后者是必要的,则(在同样程度上并出于同一根据)前者也就是必然要假定的:因而这就会是一个上帝。①

这种可以很容易使之合乎逻辑的精密性形式的证明并不是想要说:假定上帝的存有,正如承认道德律的有效性那样是同样地必要的;因而,谁要是不能使自己确信前者,他也就可以断言自己摆脱了遵守后者的责任。不! 只不过谁要是那样,就不得不放弃通过遵守道德律在世上实现终极目的这种意图(即对有理性的存在者的某种与遵守道德律和谐契合的幸福的意图,也就是对最高的世上至善的意图)。而每一个有理性者就都将不得不仍然还认为自己是严格地被束缚于道德规范之上的;因为这个道德的法则是形式上的,是无条件地命令的,而不考虑到目的(即意愿的质料)。但终极目的在实践理性把它颁布给世上存在者时的那一个要求,就是由他们的(作为有限存在者的)本性置于他们心中的一个不可抗拒的目的,对于这种目的,理性想知道的只是使它把道德律作为不可侵犯的条件来服从,或甚至也按照道德律而成为普遍的,因而和德性一致地对幸福所作的促进就使这个目的成为了终极目的。于是,在我们的能力范围内(在涉及到幸福时)促进这一目的就是道德律向我们发出的命令;不管这一努力所具有的结果会是如何。这种义务的实现在于真正意志的形式,而不在于成功的那些中间原因。

323

①　这一道德的论证不是要对上帝的存有提供任何客观上有效的证明,不是要向怀疑的信徒证明有一个上帝;而是要证明,如果他想要在道德上一贯地思考,他就不得不把这个命题的假定接受进他的实践理性的准则中来。——这也并不是想说:为了德性有必要假定一切有理性的存在者的幸福都是符合他们的道德性的,而是说:这种假定由于德性而是必要的。因而这是一个主观上对于道德的存在者来说是充分的证明。[这一注释是第 2 版加上去的。——德文编者]——康德

　　因此,假定一个人部分是由于所有那些受到如此赞扬的思辨论证的脆弱性,部分是由于在自然和感官世界中向他显示出来的好些不合规则性,而促使自己被说服相信"没有上帝存在"这一命题,那么,如果他因此就打算把义务的法则看做不过是自负的、无效的和无约束力的,并决意毫不顾忌地违犯它们的话,他在自己眼中却毕竟是一个毫无价值的人。这样的一个人,就算他最终有可能相信他开始曾怀疑过的东西,在这种情况下他凭他那种思维方式却仍然还会是一个毫无价值的人,哪怕他从结果上说正如总会被要求的那样严格地完成了他的义务,但却是出于恐惧和贪求回报的意图,而没有尊重义务的意向。反之,如果他作为一个有信仰的人而根据自己的意识真诚地、毫无私心地遵守他的义务,然而他却经常试着设想这种情况:他一旦有可能相信没有什么上帝,马上就会以为自己摆脱了一切道德责任,那么,他心中的内在道德意向就必定仍然只会是一团糟。

　　所以,我们可以拿一个正直的人(例如斯宾诺莎)来说,他坚定地相信没有上帝、并且(由于这在道德的客体方面将导致同一个结果)也没有来生;他将如何通过他实际上所尊重的道德律来评判他自己的内在目的使命呢? 他从对道德律的遵守中不为自己要求任何好处,不论是此世还是来世的好处;他宁可无私地仅仅促成善,对此那个神圣的道德律给他的一切能力指出了方向。但他的努力是有限制的;从自然那里,他虽然能够指望有时与那目的有一种偶然的赞同,但永远也不能指望与之有一种合乎规律的和根据持久的规则(正如他的准则内在地所是和必然所是的那样)来印证的协调一致,而这目的却仍然是他感到自己有责任并被催促着去实现的。欺骗、强暴和妒忌将永远在他四周横行,尽管他自己是诚实、温和与善意的;而他除了自己以外所遇到的那些正直的人,不论他们多么配得幸福,但却会从毫不顾及这一点的自然界那里遭遇到一切穷困潦倒、疾病和意外死亡的灾祸,正如地球上的其他动物一样,而且,直到一座广大的坟墓来把他们全体(不管是正直还是不正直在这里都是一样的)吞没,并把这些可能相信过有创造的终极目的的人抛回到他们曾从那里超拔出来的物质的无目的的混沌深

渊中去,情况也依然没有改变。——因此,这位意向善良的人对他在遵
守道德律时所执著并且应当执著的那个目的,却不得不作为不可能的
而加以放弃,或者,如果他即使这时也想要仍然忠实于他的内在道德使
命的呼声,而不想让那直接引起他去遵从道德律的敬重由于唯一与这
种敬重的高尚要求相适合的终极理想目的的虚无性而遭到削弱(这种
事如果没有使道德意向遭到破坏是不可能发生的):那么,他就必须在
实践的意图上,也就是为了至少对于那由道德颁定给他的终极目的的
可能性形成一个概念,而假定一个道德上的创世者、即一个上帝的存
有,这也是他完全可以做得到的,因为这样做起码是不自相矛盾的。

§88. 这个道德证明的有效性的限制　　　　325

　　纯粹理性作为实践的能力,亦即作为使我们的原因性的自由运用
通过理念(纯粹的理性概念)而得到规定的能力,并不仅仅在道德律中
包含有我们的行动的一个调节性原则,而且由此也同时在某种客体的
概念中提供出一个主观构成性原则,这种客体是只有理性才能够思维,
并且是应当通过我们的行动使之在世上按照道德律而成为现实的。因
此,在按照道德律而运用自由时的一个终极目的的理念就具有主观实
践的实在性。我们是先天地被理性规定了要尽一切力量来促进世上至
善的,这种至善在于把有理性的世上存在者的最大的福祉与他们身上
的善的最高条件、也就是把普遍幸福与最合乎法则的德性结合起来。
在这一终极目的中,一个部分即幸福部分的可能性是以经验性的东西
为条件的,亦即是依赖于自然的性状(即自然与这目的是否协和一致)
的,且在理论的考虑中是悬拟着的;然而另一部分即德性的部分,就此
而言我们是不依赖于自然的合作的,按照这部分的可能性它是先天地
肯定并且独断地确定的。因此,要使有理性的世间存在者的终极目的
概念有理论上的客观实在性,就不仅仅要求我们具有一个为我们先天
预设的终极目的,而且也要求造物、即世界本身按照其实存来说也有一
个终极目的;这一点假如能够得到先天的证明的话,就将在终极目的的

主观实在性上增添上客观的实在性。因为如果造物到处都有一个终极目的,那么我们就只能把这个终极目的设想成这样,即它必须是与道德的终极目的(唯有它才使一个目的的概念成为可能)协和一致的。但现在,我们虽然在世间发现一些目的,而自然目的论将它们表现得如此广泛,以至于当我们按照理性来判断时,我们最终有理由来假定这样一条研究自然的原则:在自然中根本没有什么东西是无目的的;不过我们在自然本身中寻求自然的终极目的是徒劳的。所以正如关于终极目的的理念只存在于理性中一样,自然的终极目的甚至就其客观可能性而言也只能并且必须只在有理性的存在者中去寻找。但这种存在者的实践理性不仅指明了这一终极目的,而且也在使造物的一个终极目的唯一能被我们设想的那些条件方面规定了这一概念。

现在的问题就是:关于造物的一个终极目的的概念,其客观实在性是否对于纯粹理性的理论要求也能得到充分的阐释,尽管这对于规定性的判断力来说无可置疑地不可能,但对于理论上反思性的判断力的准则是否仍能得到充分的阐释。这是人们对于思辨哲学所能要求的最起码的东西,思辨哲学自告奋勇要借助于一个唯一目的的理念去把自然目的和道德目的结合起来;但即使这么少的一点也是远远多于它真正能够做到的。

按照理论上反思性的判断力的原则,我们会说:如果我们有理由为自然的这些合目的性的产物假定一个自然的至上原因,它的就自然的现实性而言的原因性(即创造活动)必须被设想为与自然的机械作用所要求的具有不同的方式,即被设想为某种知性的原因性:那么,我们就会有充分的根据也为这个原始存在者不仅在自然中到处考虑各种目的,而且也考虑一个终极目的,即使不是为了阐明这样一个存在者的存有,但至少是(如同在自然目的论那里所发生的)为了使自己确信,我们能够使这样一个世界的可能性不仅按照目的,而且也只有通过我们使它的实存配备一个终极目的才得到理解。

不过,终极目的只是我们实践理性的一个概念,它不能从任何经验的材料中推导出对自然的理论评判,也不能与自然知识发生关系。除了对于按照道德律的实践理性之外,对这一概念的任何运用都是不可能的;而创造的终极目的就是世界的那样一种性状,即世界与我们唯有按照法则才能确定地指出的东西、也就是与我们的纯粹实践理性就世界在实践上所应当是的而言的终极目的是协和一致的。——于是,通过这个把终极目的托付给我们的道德律,我们就在实践的意图上、也就是为了把我们的力量用于实现终极目的,而有理由假定这个终极目的的可能性(可实现性),因而也(由于没有自然加入到不受我们的强力所支配的可能性条件中来,终极目的的实现就会是不可能的)假定事物的与之协和一致的本性。所以我们有一个道德上的理由,来为一个世界也考虑创造的某种终极目的。

于是这还并非从道德目的论到神学的推论,即推论出一个道德的创世者的存有,而只是推论出一个以这种方式被规定的创造的终极目的。现在,对于这种创造,即对于按照某种终极目的的事物的实存,首先必须假定一个有理智的存在者,但其次又不仅仅(如同对于我们曾不得不评判为目的的那些自然物的可能性那样)假定一个有理智的存在者,而且还必须假定一个同时作为创世者的道德的存在者,因而假定一个上帝:这就是第二个推论,它具有这样的性状,即人们发现,它仅仅是为了那以实践理性诸概念为根据的判断力而作出的,并且作为这样一种推论它是为了反思性的判断力、而不是为了规定性的判断力而作出的。因为我们不能自以为可以看出,虽然在我们这里道德上的实践理性和技术上的实践理性按其原则来说有本质的不同,而在一个至上的世界原因那里,如果它作为理智者来设想的话,也必定是同样的情况,并且会要求它的原因性对于终极目的比起对于单纯的自然目的来有一种特殊的和不同的形式;因而我们凭借我们的终极目的有一个道德上的理由来不仅假定一个创造的(即作用上的)终极目的,而且也假定一个作为创造的原始根据的道德上的存在者。但我们也完全可以说:按照我们理性能力的性状,没有一个同时又是道德立法者的创世者和统治者,我们就根本不可能使一个如此与道德律及其客体相关的、存在于这种终极目的中的合目的性成为我们可理解的。

　　所以，一个最高道德立法的原始创造者的现实性只有对于我们理性的实践运用才是得到了充分阐明的，而无需对其存有从理论上有什么规定。因为理性为了使那本来也是通过理性自身的立法而交给我们的目的具有可能性，需要一个理念，借此把由于不可能按照世界的单纯自然概念来奉行这种立法而产生的障碍（为了反思性的判断力而充分地）清除干净；而这个理念由此也就获得了实践的实在性，哪怕它在思辨的知识方面完全缺少任何手段为自己取得这样一种以解释自然和规定至上原因为理论意图的实在性。对于理论上反思的判断力来说，自然目的论从自然界的目的中充分证明了一个有理智的世界原因；对于实践的反思判断力来说，这一结果是道德目的论通过一个终极目的的概念而造成的，而这个终极目的是道德目的论由于实践的意图而不能不赋予造物的。于是，作为道德的创世者的上帝这个理念的客观实在性虽然不能仅仅凭自然目的就得到阐明；但如果自然目的的知识与道德目的的知识结合起来，那些自然目的就由于纯粹理性的"尽可能做到遵循原则的统一"这条准则而有了巨大的意义，以便通过这理念在理论的意图上对判断力已经具有的那种实在性来辅助它在实践上的实在性。

　　于是在这里，为了防止一种很容易出现的误解而必须引起高度注意的是，第一，最高存在者的这些属性我们只能按照类比来思维。因为对于他的本性，经验不能给我们显示出任何类似的东西，我们又如何能研究它呢？第二，我们也只能通过这些属性来思维他、而不能据此来认识他和将它们比方说在理论上赋予他；因为这对于我们理性出于思辨的意图的规定性的判断力来说也许会是必要的，为的是洞见到那个至上的世界原因自身是什么。但在这里所涉及到的只是，我们必须根据我们认识能力的性状对他形成怎样一个概念，以及我们是否必须假定他的实存，以便为纯粹实践理性没有任何这种前提而先天地托付给我们尽全力去实现的一个目的取得同样只不过是实践上的实在性，即以便能把某种故意的结果思考为可能的。无论如何，那个概念对于思辨的理性来说可能是夸大其词了；甚至那些属性，我们将它们赋予了通过

它们而被思考的那个存在者,它们在客观的运用时也可能隐含有某种
拟人主义;运用这些属性的意图也不是要借此来规定他的为我们所不
及的本性,而只是要借此来规定我们自己和我们的意志。正如我们按
照我们对结果所具有的概念来命名一个原因(但只是就这原因对这结
果的关系而言),而并不因此就要通过那些必须唯一地只由此类原因
才为我们知悉和凭借经验才被给予我们的属性,来内在地规定这原因
的内部性状;也正如我们例如说此外也把一种 vim locomotivam① 加给
灵魂,是因为身体的运动现实地产生了,这些运动的原因就在灵魂的那
些表象中,而并不因此就要把像我们知道(即通过引力、压力、斥力,因
而通过任何时候都以一个广延的存在物为前提的运动而知道)那些运
动的力时的这种唯一的方式赋予灵魂:——同样,我们也将不得不假定
某种东西,它包含有一个必然的道德终极目的的可能性、实践的实在性
亦即可实现性的根据;但我们可以按照期望于它的那个结果的性状而
把它设想为一个智慧的、根据道德律来统治世界的存在者,并且必须按
照我们认识能力的性状把它设想为事物的不同于自然的原因,这只是
为了表达出这个超越于我们的一切认识能力之上的存在者与我们的实
践理性的客体的关系;但这样一来却并没有因此而想要把我们唯一所
知道的这种方式的原因性、即一个知性和意志从理论上赋予它,甚至没
有想要哪怕只是从客观上把在它身上所想到的、对于在我们看来是终
极目的的东西而言的原因性,作为在这个存在者本身中的东西,而与对
于自然界(及其一般的目的规定)而言的原因性区别开来,而只能把这
种区别假定为对于我们认识能力的性状是主观上必要的,而对于反思
性的而不是客观规定性的判断力则是有效的。但如果事情取决于实
践,那么这样一个(对于明智和智慧的)调节性的原则:即依照唯有根
据我们的认识能力的性状才能被我们以某种方式设想为可能的那种作
为目的的东西来行动,也就同时成了构成性的,即实践上起规定作用
的;然而就是这个原则,作为对事物的客观可能性作评判的原则,却绝

330

---

① 拉丁文:能动的活力。——译者

不是理论上起规定作用的（亦即把归于我们思维能力的那唯一的可能
性方式也归于了客体），而只不过是对于反思性的判断力的一个调节
性的原则。

注　　释

这个道德的证明绝不是一个新发现的证明，而顶多是一个重新被
讨论的证明根据；因为它在人类理性能力最早萌动之前就已经置于这
能力之中了，而只是随着对这能力的进一步的培养而越来越发展起来
而已。只要人类开始反思公正和不公正，在他们还在漠不关心地忽视
自然的合目的性，在利用这合目的性而不想到这里面有某种不同于自
然的通常进程的东西的一段时间里，这种判断就必然会不可避免地到
来：一个人所做出的行为是正直的还是虚伪的，是公平的还是蛮横的，
这最终决不可能永远都是无所谓的，哪怕直到他临终时至少在表面看
来他的德行并没有使他得到幸运，或他的罪过也没有使他遭到惩罚。
这就好像他们在自己心中听到一个声音说，事情必定会有所不同的一
331　样；因而必定也隐秘地存在过有关他们曾感到有义务去追求的某种东
西的虽然模糊的表象，这样一种萌芽根本不能与那个有义务追求的东
西相协调，或者说，当他们一旦把这种世界进程看做事物的唯一秩序
时，他们又不懂得把自己内心的那个内在的目的规定与那个东西结合
起来。现在，他们就可以用各种还很粗糙的方法，去想象一种使这样的
不合规则性（它对于人类的内心来说必定是比人们也许想加给自然的
评判作为原则的那种盲目的偶然更令人愤慨得多）有可能得到平衡的
方式，但这样他们就除了一个按照道德律来统治世界的至上原因之外，
毕竟决不可能构想出关于把自然与其内在道德律相结合的可能性的另
一种原则；因为在他们心中一个作为义务而提交出来的终极目的，和一
个没有任何外在于他们的终极目的、但终极目的又应当现实地在其中
形成起来的自然界，这两者是处于矛盾之中的。对于那个世界原因的
内部性状他们现在就有可能酝酿出好些胡说八道来；那个统治世界的

道德关系却仍然还是那样,这种关系对于那种最没有得到培植的理性,只要它把自己看做实践的,就是普遍可理解的,相反,思辨的理性是远远不能与它同步的。——甚至很有可能,首先激起对自然界的美和目的的注意的也是这种道德的兴趣,后来这种注意才卓越地用于加强那个理念,但毕竟没有能给这个理念以证明,更不能缺少那种道德兴趣,因为甚至研究自然目的也只有在与终极目的的关系中才能获得这样一种直接的兴趣,它如此大规模地在对自然界的惊叹中表现出来,而不考虑从中可以获取的任何好处。

§89.这个道德证明的用处

理性在我们关于超感官之物的一切理念方面是局限于它的实践运用的诸条件之上的,这种局限就上帝的理念而言有一个显而易见的用处:它防止神学迷失于**神智学**(迷失于淆乱理性的那些夸大其词的概念),或沉溺于**鬼神学**(对最高存在者的一种拟人论的表现形式);防止宗教陷入巫术(一种狂热的妄想,以为能够感觉到别的超感官的存在者并且还对之发生影响),或是陷入偶像崇拜(一种迷信的妄想,以为能够不通过道德意向而通过别的手段来使最高存在者感到愉悦)。①

因为如果人们对于有关超出感官世界之外的东西的玄想的虚骄和狂妄作出让步,哪怕只是允许从理论上作出丝毫的规定(并扩展知识);如果人们允许自己夸口说洞见到了神的本性的存有和性状,洞见到了他的知性和意志及双方的法则,还有从中流溢到世上的那些属性:

① 在实践的知性中的偶像崇拜也仍然是这样一种宗教,它设想那最高存在者带有一些这样的属性,根据它们,除了道德性之外还有另外某种东西能够成为适合于他的条件,即以人所能做到的事情而符合于他的意志。因为尽管人们从理论上来考虑也有可能已经纯粹地和摆脱感性形象而理解到了那个概念,然而从实践上来看这概念却还是被拟人化地表象为一个偶像,亦即是按照最高存在者的意志的性状被表象的。——康德

332

那么我倒想要知道,他们想在什么地方、在哪一点上划定理性的这种僭越的边界;因为那些洞见是从何处拿来的,从那里就还可以指望带来更多的东西(如他们认为的,只要他们自己努力沉思就行)。然而这些要求的边界必将会按照某种原则而产生出来,其理由决不只是由于我们发现这些要求的一切尝试迄今都是失败的;因为这种证明丝毫也没有反驳一个更好的结果的可能性。但这里不可能再有别的原则,除非要么假定在超感官的东西上绝对不可能作出任何理论上的规定(除了只是否定性的规定外),要么就假定我们的理性包含有某种尚未被利用的、为我们和我们的后代保留着的、谁知道能扩展到多么巨大的知识宝

333 藏。——至于谈到宗教,也就是在与作为立法者的上帝的关系中的道德,那么假如对上帝的理论知识必须先行的话,道德就不能不取决于神学,并且不仅必须取代理性的内在必然的立法而引入一个至上存在者的外在任意的立法,而且即使在这种立法中,我们对上帝本性的洞见的所有那些缺陷也必然要延伸到道德的规范上来,于是就不能不使宗教变成非道德的而被颠倒了。

在对来生的希望方面,如果我们不是求教于我们按照道德律的规范必须自己去实现的终极目的,作为有关我们的使命的理性判断的指导线索(因而这种判断只是在实践的关系中被看做是必要的或值得采取的),而是求教于我们的理论认识能力,那么,出于这种意图的心理学就正如上面的神学一样,除了关于我们的能思的存在者的这样一个否定性的概念,就再提供不出丝毫更多的东西了:就是说这个存在者的任何行动和内感官的任何现象都不能作唯物主义的解释;因而关于它们的特殊本性和它们的人格性在死后的延续和非延续,我们通过我们全部的理论认识能力从思辨的根据中是绝对不可能得出任何扩展性和规定性的判断的。所以,既然在这里一切都仍然托付于以实践上必要的眼光对我们的存有的目的论评判,托付于对我们的继续延续的假定,并把这假定当作由理性绝对地委诸我们的那个终极目的所需要的条件,那么在这里同时就显示出了这样的用处(它虽然初看起来好像是一种损失):正如神学对我们来说决不能成为神智学一样,理性的心理学也决不能成为作为扩展性的

科学的灵物学,正如它从另一方面也保证决不会沦为唯物主义一样;相反地,理性心理学毋宁说只是内感官的人类学,即关于我们思维的自我在生命中的知识,它作为理论知识也仍然只是经验性的;反之,理性心理学就涉及我们的永恒存在这个问题而言,根本不是什么理论的科学,而是基于道德目的论的一个唯一推论之上的,正如它的全部运用也只是由于道德目的论,即由于我们的实践的使命,才是必要的一样。

§90. 在上帝存有的目的论证明中的
认其为真之方式

对任何证明来说,不论它是(如同在通过观察对象或做实验而证明的情况下)借助于对所要证明的东西的直接经验性的描述,还是借助于理性先天地从原则中引出来,首先要求的一点就是:它不是说服人置信,而是使人确信,或至少是促进确信;就是说,证明的根据或推论不是同意的一种单纯主观的(感性上的)规定根据(单纯的幻相),而是客观有效的,并且是知识的一种逻辑根据;因为否则知性就被迷惑住,而不是被运转起来了。下面这样一种证明就具有那种证明幻相的性质,它也许出于良好的意图,但在自然神学中进行证明时却有意隐瞒了自己的弱点:如果我们按照目的原则引证自然物之起源的一大堆证据,并且所利用的仅仅是人类理性的主观根据的话,而这种根据就是人类理性所特有的偏好,即只要能够无矛盾地进行,就用一条原则去取代许多原则,并且只要在这条原则中为规定一个概念而遇到了一些甚至很多的要求,就把其余的原则添加上去,以便通过任意的补充来使这个事物概念达到完备。因为诚然,当我们遇到这么多向我们展示了某种理性的原因的自然产物时,为什么我们不想取代这么多的原因而宁可考虑一个唯一的原因,并且在这个原因上决不仅仅是考虑一个很伟大的知性、意志等等,而是宁可考虑全智、全能,一句话,将这个原因当作某种把这些属性的那个对一切可能事物都是充分的根据包含在内的原因来考虑呢?再者,又为什么不想给这个唯一的全能的原始存在者不仅仅赋予对于自然规律和

334

335

自然产物的知性,而且还要把他作为一个道德上的世界原因,而赋予其最高的道德的实践理性,既然通过对这个概念的这种完备化而指示了一个既对自然的洞见又对道德的智慧全都是充分的原则,而又没有人能对这样一个理念的可能性提出哪怕有点儿根据的反驳? 既然在这里同时也把内心的道德动机发动起来了,并且以雄辩的力量为这个活动增添了生动的兴趣(对此道德的动机也是完全配得的),那么从这里就产生出了某种在证明的客观充分性上的说服力,以及(在运用这个证明的大多数场合下)某种甚至是有益的幻相,这幻相面对证明的一切逻辑上苛刻的检验完全不屑一顾,甚至对此心怀厌恶和反感,仿佛它们都是基于某种渎神的怀疑之上似的。——于是对此就完全不能说出任何反对意见,只要人们真正顾及到大众的需要。不过,由于毕竟不可能也不允许阻止把这个证明分解成两个包含于论证中的不同性质的部分,也就是分解为属于自然目的论的部分和属于道德目的论的部分,因为两者的混同会使人看不清这个证明的真正要害在哪里,以及它为了能在最苛刻的检验面前坚持其有效性(即使我们应当被迫部分承认我们的理性洞见的弱点)就必须在哪一部分作出修改,如何修改:所以对于哲学家来说就有一个义务(即使假定他把对他的真诚的要求看得无所谓),即揭露这个可能会产生这样的混淆的幻相,而不管这幻相是多么有益,并且,把凡是仅仅属于说服力的东西从导致确信的东西中分离出来(这两者不仅按照程度、而且按照性质也是对同意的不同的规定),以便使在这种证明中的内心状态以其完全的纯粹性明显地呈现出来,并能够使这证明坦然地经受住最严格的检验。

　　但一种为了达到确信的证明又可以有两种不同的方式,要么是一种想要断言对象自在地是什么的证明,要么就是一种想要按照对我们是必须的理性评判原则来断言对象对于我们(一般人类)而言是什么的证明(一种是 κατ̓ αληθειαν① 的证明,一种是 κατ̓ ανθρωπον② 的证明,后面

---

　　① 希腊文:就真实而言。——译者
　　② 希腊文:就人而言。——译者

这个词是就对于一般人类而言的普遍意义来说的）。在第一种情况下这证明是建立在对于规定性的判断力是充分的那些原则上的,在第二种情况下则是建立在仅仅对于反思性的判断力是充分的原则上的。在后一种情况下这证明基于那些单纯理论的原则,是永远不能促进确信的;但如果它把一种实践的理性原则当作基础（因而这个原则是普遍必然有效的）,那么它倒是可以要求某种在纯粹实践的方面是充分的即道德上的确信。但一个证明促进了确信还不就是确信了,如果它只是走在通往确信的道路上的话,就是说,它只是包含有确信的客观根据,这些根据尽管在确定性上还不是充分的,但却具有这种性质,即它们并不仅仅是用作使判断达到置信的主观根据。

于是,一切理论的证明根据对于下面这些将是充分的:1）对于由逻辑上严格的三段论推理而来的证明;或者,在没有这种推理的地方,就是2）对于按照类比的推论;或者,如果连这也根本没有,那就还有3）对于或然性的意见;或者最后,这是最起码的了,4）对于一个单纯可能的解释根据的假定,即假设。——现在我说:所有促进理论的确信的一般证明根据,都决不能导致这类从其最高程度直到最低程度的认其为真,如果想要使有关一个原始存在者作为上帝的实存的命题,在与这个概念的全部内容都相适合的意义上,也就是在作为一个道德的创世者、因而同时由他来指定着创造的终极目的这种意义上得到证明的话。

1. 关于逻辑上合规则的、从普遍进达特殊的证明,在本批判中充分阐明了的是:由于一个必须超出自然之外去寻求的存在者的概念并无任何我们的可能直观与之相应,所以它的概念甚至就其要通过综合的谓词而得到理论的规定而言,对我们来说也任何时候都仍然是悬拟的,决不会产生任何有关它的知识（而由此来对我们的理论知识的范围有丝毫的扩大）,并且这个关于一个超感官的存在者的特殊概念也不可能归摄于事物本性的普遍原则之下,以便从那些原则推论出这个概念来,因为那些原则只是对于作为感官对象的自然才有效的。

2. 对于两个不同性质的事物,我们虽然可以正好在它们不同性

这一点上对一方仍然按照与另一方的某种类比来思考①；但由它们不

338 同性质的那一点出发，却不能从一方按照类比推论出另一方来，即把
这一方的特殊区别的标志转移到另一方身上去。所以我们可以按照与
物体之间交互吸引和排斥中的作用和反作用相等的法则的类比，也来
思考一个共同体成员按照法律规则的协同关系；但我们并不把前一类
特殊的规定（物质的吸引和排斥）转移到后一种关系上去并赋予这
些公民，以构成一个叫做国家的系统。——同样，我们固然可以就作
为自然目的的世上之物而言把原始存在者的原因性按照和某种知性的
类比，即与我们叫做艺术品的某些产品形式的根据的类比来设想
（因为这样做为的只是对我们的认识能力作理论的或实践的运用，这
种运用是我们在按照某种原则的世界上的自然物方面不得不对这个概
念做的）；但我们决不能通过某种类比，而从我们不得不把知性赋

---

① （在质的意义上的）类比就是在根据和后果（原因和结果）之间的关系的
同一性，只要类比是撇开诸事物的或那些包含相似后果之根据的诸属性本身的差
异（也就是在这种关系之外来考察）而进行的话。所以我们在对动物的技巧活动
和人的技巧活动作比较时，把动物里面这些结果的我们所不知道的根据与我们所
知道的人的相似结果的那种根据（即理性）设想为理性的类似物，并且愿意以此来
表明，动物的这种技巧能力的根据以本能来命名，与理性实际上是有特殊的区别
的，但在结果上（拿海狸的建筑和人的建筑相比）却有某种相似的关系。——但我
们并不能因此就由于人在他的建筑中运用了理性而推论出海狸也必定有理性，而
且把这称之为某种依据类比的推论。但从动物的相似的作用方式（我们不能直接
知觉到它的根据）中，通过与人的作用方式（对其根据我们是直接意识到的）相比
较，我们完全可以正确地按照类比推论出动物也是依照表象来行动的（而不像笛
卡尔所以为的是一部机器），而撇开两者的特殊差异不谈，动物按照种类来说（作
为有生命的存在物）与人是同样的。有权作这种推论的原则就在于，把动物就上
述规定而言与人算作同一个种类，与把人就我们从外部按其行动来相互比较他们
这一范围内，算作同一个种类，这理由是同样的。这是 par ratio[拉丁文：同一理
由。——译者]。同样，我也可以按照与一个知性的类比对至上的世界原因的原
因性通过将其在世界中的合目的性产品与人类的艺术品相比较来设想，但却不能
按照类比来推论出人里面的这些属性，因为在这里恰好缺乏这样一种推论方式的
可能性的原则，即把最高存在者与人类（就他们双方的原因性而言）算作同一个种
类的 partitas rationis[拉丁文：理由的分享。——译者]。尘世存在者的因果性总
是以感性为条件的（凭借知性的原因性就是这样的东西），这种因果性并不能转移
到一个除了一般物的概念外与它们并不共同具有任何种类概念的存在者身上
去。——康德

予世上存在者中的某种被我们评判为人工的结果的原因，就推论出甚至那和自然完全不相同的存在者对于自然本身也应拥有如同我们在人类身上所知觉到的那种原因性：因为这恰好涉及到那种不同性质的地方，这种不同性质之点是在某种就结果而言以感性为条件的原因与就其概念而言的那超感性的原始存在者本身之间来设想的，因而不能被转移到后者身上去。——正是因为我应当仅仅按照与一个知性（这种能力我们只是在以感性为条件的人身上才看到的）的类比来设想那神圣的原因性，所以要禁止把这种知性在其本来意义上赋予他。①　　　　　　　　　　　　　　　　　　　　　　　339

3. 在先天判断中并没有任何意见，相反，我们通过这种先天判断要么把某物作为完全确定的来认识，要么根本就不认识任何东西。但即使我们由以出发的那些给予的证明根据（例如在这里就是由世界上的那些目的出发的）是经验性的，那么我们毕竟凭这些证明根据并不能提出任何超出感性世界之外的意见，并允许这些冒失的判断对于或然性有丝毫的要求。因为或然性是在某一根据系列中的某种可能的确定性的一部分（在这里可能的确定性的这些根据与充分性之间是作为部分和整体来加以比较的），那个不充分的根据必须是能够被补充到这一系列根据中去的。但既然这些根据作为同一个判断的确定性的规定根据必须是同质的，因为否则它们就不会在一起构成一个大小了（这一类大小就是确定性）：那么就不可能它们的一部分处于可能经验的范围之内，而另一部分却处于一切可能经验之外。因而，既然单纯经验性的证明根据并不导致任何超感官的东西，而在根据系列中的这一缺环也不能由任何东西来补足，那么通过这些根据来达到超感官的东西及其知识的企图也就不会有丝毫的进展，所以在对超感官的东西通过从经验中拿来的论证所下的判断也没有任何

---

① 我们丝毫也不因此而觉得在这个存在者与世界的关系的表象方面失去了什么，不论是在这个概念的理论结果方面还是在实践结果方面。至于要对它本身自在地是什么进行研究，这是一种既无意义也徒劳无益的好奇心。——康德

或然性。

4．凡是应当作为假设用来解释一个给予的现象的可能性的东西，至少其可能性必须是完全肯定的。我在作一个假设时放弃对于现实性的知识（这种知识在冒充或然性的意见那里还是被坚持的），这已经够了：我不可能放弃更多的东西了；我用作一个解释的基础的东西的可能性至少必须是不受任何怀疑的，否则空洞的幻影就会是无止境的了。但要假定一个按照某些概念来规定的超感官的存在者的可能性，由于在这里并没有把一个知识所要求的任何条件按照在其中基于直观之上的东西提供出来，因而只剩下矛盾律（它无非是一种思维的可能性，而不能证明所说的对象本身的可能性）来作为这种可能性的标准，于是这就会成为一种毫无根据的预设。

由此而来的结果就是：对于人类理性来说，关于原始存在者作为神的存有或灵魂作为不死的精神的存有，在理论的意图上、哪怕只是为了产生最起码的认其为真，都是绝对不可能有任何证明的；而这是出于完全可以理解的理由：由于为了要规定超感官的东西的理念，我们手头却没有任何材料，因为我们不能不从感性世界的事物中取得这些材料，但这样一种材料又是绝对不适合那样一种客体的，因而在没有对这些理念的任何规定的情况下，所剩余下来的也就无非只是有关一个非感性的某物的概念了，这个某物包含有感官世界的最后根据，而这根据尚不构成对这某物的内在性状的任何（作为对这概念的扩展的）知识。

§91. 由实践的信念而来的认其为真的方式

如果我们单纯着眼于某物对我们而言（即按照我们表象能力的主观性状）如何能够成为认识的客体（res cognoscibilis①）的方式，那么，这

----

① 拉丁文：可认识之物。——译者

些概念就不会和客体相结合,而将仅仅与我们的认识能力及其可能在
被给予的表象上(在理论的意图中或是实践的意图中)所作的运用相
结合;而某物是否是一个可认识的存在者这个问题,就不是什么关系到
事物本身的可能性的问题,而是关系到我们对事物的认识的可能性的
问题。

　　于是,可认识的事物就具有三种方式:意见的事(opinabile①)、事
实的事(scibile②)和信念的事(mere credibile③)。

　　1. 单纯理性理念的对象,对于理论知识来说是根本不能在任何可
能的经验中体现出来的,就此而言也绝不是可认识的事物,因而我们对
它们甚至连意见也不可能有;正如要先天地发表意见,这本身就已经是
荒谬的,并且恰好是通往纯粹的幻影之路了。所以要么我们的先天命
题是确凿无疑的,要么它就不包含任何可以认其为真的东西。所以意
见的事任何时候都是一个至少本身是可能的经验知识的客体(感官世
界的对象),但这种经验知识只是按照我们所具有的这种能力的程度
而对我们来说是不可能的。所以近世物理学家们的"以太",一种渗透
一切其他物质(与之最内在地混合着)的弹性流质,就是一种单纯意见
的事,但它却毕竟还具有这样一种方式,即假如外感官达到最高的敏锐
程度的话,它将有可能会被知觉到;但它永远不能在任何观察和实验中
表现出来。假定其他行星上的有理性的居民,这是一种意见的事;因为
如果我们能够接近这些行星,而这本身是有可能的,那么我们就可以通
过经验来断定他们是否存在了;但是,由于我们永远也不会与这些行星
靠得这样近,所以这就仍然还是停留在意见中。不过,认为在物质的宇
宙中有纯粹的、没有身体而能思维的精神,(如果我们把某些假冒为属
于它的现实的现象正当地排除掉的话),这就叫作虚构,它根本不是什
么意见的事,而是我们从一个能思维的存在者中抽掉一切物质的东西、

----

① 拉丁文:可推测的东西。——译者
② 拉丁文:可认识的东西。——译者
③ 拉丁文:值得相信的东西。——译者

但却仍然给它留下思维时所剩余下来的一个单纯的理念。但是这样一
来,这个思维(我们只有在人身上、也就是在与一个身体的结合中才认
识它)是否还会剩余下来,这是我们所不可能断定的。一个这样的东
西是一个玄想出来的存在者(ens rationis ratiocinantis①),而决不是什么
理性的存在者(ens rationis ratiocinatae②);对于后者,毕竟至少有可能
为了理性的实践运用而充分阐明其概念的客观实在性,因为这种具有
自己特有的确定无疑的先天原则的运用甚至是要求(悬设)这一概
念的。

　　2. 凡是其客观实在性能够被证明的概念(不论是通过纯粹理性还
是通过经验,在前一种场合下是出自理性的理论上或实践上的资源,但
在任何一种场合下都是凭借某种与这些概念相应的直观),它们的对
象都是(res facti③)事实。④ 大小量(在几何学中)的数学属性就是这
样的事实,因为它们有能力对于理论上的理性运用作出某种先天的描
绘。此外,能够通过经验(自己的经验或是借助于证据的他人的经验)
而阐明的物或是物的性状,同样都是事实。——但非常奇怪的是,这样
一来在事实中甚至就会有一个理性的理念(它自身并不能在直观中有
任何表现,因而也决不能够对其可能性作出任何理论的证明);而这就
是自由的理念,它的实在性作为一种特殊的原因性(有关这种原因性
的概念从理论上看将会是夸大其辞的),是可以通过纯粹理性的实践
法则、并按照这一法则在现实的行动中、因而在经验中加以阐明
的。——这是在纯粹理性的一切理念中唯一的一个,其对象是事实并
且必须被算到 scibilia⑤ 之列的。

---

① 拉丁文:进行推断的理性之物。——译者
② 拉丁文:被推断出来的理性之物。——译者
③ 拉丁文:事实的事。——译者
④ 我认为在这里有理由把事实这个概念扩展到这个词的通常的含义以外。
因为把这一术语单纯局限于现实经验之上,这在谈及物与我们的认识能力的关系
时是不必要的,甚至是不可行的,因为,为了把物仅仅当作某种确定的认识方式的
对象来谈论,只要有可能的经验就已经足够了。——康德
⑤ 拉丁文:可认识的东西。——译者

3. 那些就纯粹实践理性的合乎义务的运用而言必须得到先天的思考（不论是作为后果还是作为根据）、但对于理性的理论运用来说却是夸大其辞的对象，都只不过是信念的事。必须通过自由而产生出来的世上最高的善就是这样一类东西；其概念是完全不能在我们所可能有的经验中、因而在理性的理论运用中按照其客观实在性得到充分的证明的，但把它用来最大可能地实现那一目的，这却是由纯粹实践理性所命令的，因而是必须假定为可能的。这一被命令的结果，连同对其可能性的我们唯一能思考的那些条件，也就是上帝存有和灵魂不朽，都是信念的事（res fidei①），确切地说是在一切对象中唯一能够被如此称谓的一些对象。② 因为即使我们必须相信那种我们只能通过见证而从别人的经验中所学到的东西，然而这东西毕竟还不因此本身就是信念的事；这是因为，在那些见证人之一身上它毕竟曾经是亲历的经验和事实，或者被假定为是亲历的经验和事实。此外，通过这一途径（历史信念的途径）来达到认知必定是可能的；而历史和地理的③那些客体，正如一般说来所有按照我们认识能力的性状至少是可以认知的东西那样，都不属于信念的事，而属于事实。只有纯粹理性的那些对象也许有可能是信念的事，但并不是作为单纯的纯粹思辨理性的对象；因为在此它们根本就不可能有把握被归入这些事情、即归入我们所可能有的那种知识的客体之中去。这就是一些理念，即一些我们不能从理论上肯定其客观实在性的概念。相反，那种必须由我们来实现的最高的终极目的，就是我们唯一因此而能够配得上使自己成为一个创造的终极目的的东西，是一种对于我们来说在实践方面有客观实在性的理

343

344

---

① 拉丁文：信仰的事。——译者
② 但信念的事并不因此就是信条；如果人们把信条理解为这样一种信念的事，即人们能够被责成去（从内心或从外部去）信奉它的话；所以自然神学是不包含有这类信条的。因为既然信条作为信念的事不可能（如同事实那样）建立在理论的证明之上，那么这就是一个自由的认其为真，并且也只是作为这样一种自由的认其为真而与主体的道德性相一致的。——康德
③ "和地理的"第1版中缺，为第2、3版增加的。——德文编者

念，即一种事业［事实］；但却因为我们不可能在理论的意图上为这个概念取得这种实在性，它就只是纯粹理性的信念的事；但同时与它一起的是上帝和不朽，它们是我们能够按照我们的（人类的）理性的性状来思考对我们自由的合法运用的那种作用之可能性的唯一条件。但在信念的事中的认其为真是在纯粹实践的意图上的认其为真，即一种道德的信仰，它决不为理论上的纯粹理性知识作任何证明，而只是为实践上的、针对其义务的遵守的纯粹理性知识作证明，而且根本不会对思辨或按照自爱原则的实践上的明智规则有所扩展。如果一切道德法则的那个至上原则是一个悬设，那么这些法则的最高客体的可能性、因而甚至我们思维这一可能性的条件也就因此而被同时悬设了。这样一来，这种可能性的知识对于这些条件的存有和性状来说，当作理论上的知识类型来看就既不成其为认知也不成其为意见，而只是在实践的和为了我们理性的道德运用而在实践上应有的关系中的假定而已。

就算我们表面上能够把一个有关某种有理智的世界原因的确定的概念建立在自然目的论如此丰富地呈现在我们面前的那些自然目的之上，那么这个存在者的存有却毕竟还不是信念的事。因为既然它不是为了履行我的义务之故，而只是为了解释自然才被假定的，那么它就会只是对我们的理性最合适的意见和假设。现在，这种目的论决不是导向有关上帝的一个确定的概念，相反，这种概念只有在有关一个道德的创世者的概念中才遇见，因为只有后者才指定了这样的终极目的，即我们只有当自己按照使道德律作为终极目的托付于我们、因而使我们负有义务的东西来行事时，才能把自己视为这种终极目的。因此有关上帝的概念只是通过与我们义务的客体的关系，作为实现这义务的终极目的的可能性条件，才获得了在我们的认其为真中被看做信念的事的优先权；反之，这同一个概念却不能使它的客体作为事实有效，因为，虽然义务的必要性对于实践理性来说是很清楚的，但义务的终极目的之达到，就这目的并不完全在我们的控制范围内而言，却只是为了理性的实践运用起见而假定的，因而并非像义务本身那样在实践上是必然的。①

　　信仰②(作为一种 habitus③,而不是作为一种 actus④)是理性在把 346
对于理论知识来说难以达到的东西认其为真时的道德思维方式。所以
它是内心持存的原理,用来把必须预设为最高的道德终极目的之可能
性的条件的东西由于对此目的的职责而假定为真的⑤;虽然这目的的

---

　　① 道德法则责成去促进的那个终极目的并不是义务的根据;因为这根据存
在于道德法则之中,这法则作为形式的实践原则是无条件地进行引导的,而不顾
欲求能力的客体(意志的质料),因而也不顾任何一种目的。唯有在我的行动的这
种形式的性状(即把这些行动从属于普遍有效性的原则)中才有这些行动的内在
的道德价值,而这种性状是完全在我们的控制范围中的;并且我完全可以撇开我
按照那个法则有义务去促进的那些目的的可能性或是不可行性(因为它们只包含
有我的行动的外在的价值),将其当作有关某种永远不完全由我所能控制的东西,
为的只是着眼于我所能做的事。不过,促进一切有理性的存在者的终极目的(幸
福,就其能够与义务相一致而言)的意图毕竟正是由义务法则提交给人的。但思
辨理性根本看不出这一意图的可行性(无论是从我们自己身体上的能力方面还是
从自然界的合作方面);毋宁说,思辨理性必然会出于这样一些原因,就我们能理
性地作判断而言,而把我们的善行从单纯自然(我们之内或之外的自然)中不假定
上帝和灵魂不朽而得出的这种结果看做一种没有根据的和无谓的、即使也是好意
的期望,并且,假如思辨理性有可能对这一判断拥有完全的确定性,它就必然会把
道德法则本身看做我们的理性在实践的考虑中的单纯欺骗了。但既然思辨理性
完全相信,后面这种情况永远也不可能发生,相反那些把自己的对象置于超越自 346
然界之上的理念却可以无矛盾地被设想;所以它为了自己特有的实践法则和由此
所负有的任务、因而出于道德的考虑,就不得不承认那些理念是实在的,以免自己
和自己发生矛盾。——康德
　　② 与上文中的"信念"为同一德文词 Glaube,译者将根据情况分别译作"信
仰"和"信念"。——译者
　　③ 拉丁文:状态。——译者
　　④ 拉丁文:行动。——译者
　　⑤ 信仰是对道德法则的允诺的一种信赖;但这允诺不是作为一种包含在道
德法则中的,而是我放进去的,也就是出自道德上充分的根据而放进去的允诺。
因为一个终极目的不可能通过任何理性法则提供出来而理性不同时哪怕不肯定
地许诺它可以实现,并且不同时有权把我们的理性唯一能思考这种可实现性的那
些条件认其为真的。fides(信仰)这个词也已经表达出了这一点;而且唯一可能显
得有疑问的是,这个术语和这个特殊的理念是如何进入到道德哲学中来的,因为
它最初是和基督教一起被输入进来的,而采用它也许就会显得像是对基督教语言
的一种谄媚的模仿。但这并非唯一的情况,即这个奇特的宗教在其布道的极端朴

可能性,但其不可能性也一样,是不能为我们所看透的。信念(所说的是地道的信念)是对达到这样一个前景的信赖,促进这一前景是义务,但对它的实现的可能性却是我们所不能看透的(因而那些在我们看来唯一可以设想的条件的可能性也不能看透)。所以,与这些特殊对象相关的信念就是完全道德的,这些对象不是可能知识或可能意见之对象(在后面这种场合下,尤其是在历史的东西中,这种信念就必须叫作轻信,而不能称之为信念了)。这种信念是一种自由的认其为真,不是对于在其上可以为理论上规定性的判断力找到独断的证明的东西,也不是对于我们有责任去维护的东西,而是对于我们为了某种按照自由法则的意图所假定的东西,而认其为真;但毕竟又不是像某种意见那样没有充分的根据的,而是被当作在理性中(虽然只是就其实践的运用而言)对于理性的意图来说有充分的根据的;因为没有这种根据,道德的思想境界在违反理论理性对(道德客体的可能性的)证明的要求时就不具任何坚定的持存性,而是在实践的命令和理论的怀疑之间摇摆不定的。一个人不相信,这意思是执著于根本不相信任何证据这条准则;但一个人无信仰,他就是由于那些理性的理念缺乏其实在性的理论的证明因而否认其一切有效性了。所以他的判断是独断的。但一种独断的不信却不可能与一种在思想境界中有支配作用的道德准则相共存(因为追求一个只能被看做幻影的目的不可能是理性的命令),倒是一种怀疑的信念可以做到这一点,对它来说缺乏由于思辨理性的根据的确信只是一种阻碍,这种阻碍可以因对理性局限性的批判的洞察而失去对行为的影响,而能把一种占优势的实践性的认其为真看做对它的补偿。

*   *   *

素性中,以其比此前的德性所能提供的远为确定和纯粹的德性概念丰富了哲学,但这些德性概念一旦存在了,它们就被理性自由地赞同,并作为理性本来是完全能够和应当自发地想到和引进的这样一些概念而被采纳。——康德

如果我们想要引进一条另外的原则来取代哲学中某些错误的尝试并为它造成影响,那么看出那些尝试是如何注定要失败并且为什么注定要失败,这是带给人很大的满足的。

上帝、自由和灵魂不朽是这样一些课题,对它们加以解决是形而上学的一切筹备都当作自己最后的和唯一的目的而指望的。于是人们相信,关于自由的学说只是作为消极的条件才对于实践哲学来说是必要的,关于上帝和灵魂性状的学说则相反是属于理论哲学,必须作出单独和特别的阐明,以便然后这两者与道德律(它只有在自由这个条件下才是可能的)所命令的东西结合起来并就此建立一种宗教。但我们马上就可以看出,这种尝试注定是要失败的。因为,从一般物或某个必然存在者的实存的那些单纯本体论的概念中,绝对不可能通过能在经验中给出因而能用在知识上的谓词而产生出有关某个原始存在者的确定概念;但那建立在自然界的自然合目的性的经验之上的概念又不能提供任何对于道德、因而对于一个上帝的知识是足够的证据。同样,即使是由(我们只是在此生中做出的)经验而来的灵魂的知识,也不可能带来一个有关灵魂的精神性上的不朽本质、因而对于道德具有充分性的概念。神学和灵物学作为一些为思辨理性的诸科学所需要的课题,由于其概念对于我们的一切认识能力来说是夸大其辞的,所以不可能通过任何经验性的材料和谓词来完成。——对这两个概念的规定,不论是上帝还是灵魂(就其不朽性而言),都只有通过这些谓词而产生,这些谓词尽管本身只是出自某个超感官的根据才有可能,但却必须在经验中证明自己的实在性;因为唯有这样它们才能使有关那些完全超感官的存在者的某种知识成为可能。——类似的概念就是唯一能在人类理性中碰见的从属于道德律与终极目的的人的自由的概念,这个终极目的是自由通过这些道德律而颁定的,在这两者中,道德律适宜于把包含两者的可能性之必然条件的那些属性归于自然的创造者,终极目的则适宜于把这些属性归于人;这样一来,恰好从这一理念中就能够推论出那些平时对我们完全隐藏着的存在者的实存和性状了。

所以想要沿着单纯理论之路来证明上帝和灵魂不朽这种错误意图

的原因就在于,沿着这条路(自然概念之路)是根本不可能对超感官之
349 物有任何知识的。相反,沿着道德之路(自由概念之路)则能成功,其
原因在于:在这里作为这方面的根据的超感官之物(自由),通过从它
那里发源的某种原因性的确定法则,不仅仅获得了对其他超感官之物
(道德的终极目的及其可实现性的诸条件)的知识的材料,而且也作为
事实表明了它在行动中的实在性,但也正因此而只能够提供出在实践
的意图(这也是宗教所需要的唯一意图)中有效的证明根据。

　　但在此仍然很值得注意的是,在三个纯粹理性理念上帝、自由和不
朽中,自由的理念是唯一通过自由在自然中可能的效果而在自然身上
(凭借在此概念中被想到的原因性)证明其客观的实在性的超感官东
西的概念,并且它正是由于这一点而使另外两个概念与自然界以及所
有这三个概念相互之间联结为一个宗教成为可能;所以我们在自身中
拥有一条原则,它有能力把我们之内的超感官之物的理念、但由此也把
在我们之外的超感官之物的理念,规定为一种哪怕只是在实践的意图
中可能的知识,对此单纯的思辨哲学(哪怕它有可能对自由给出一个
单纯消极的概念)是注定没有希望的;因而自由的概念(作为一切无条
件的实践法则的基本概念)可以把理性扩展到超出那样一种边界,在
这个边界之内每个自然概念(理论性的概念)必定会仍然是毫无希望
地被限制着的。

对于目的论的总注释

　　如果有人问:道德的论证把上帝的存有只是当作实践的纯粹理性
的一种信念的事来证明,它在哲学的其他论证之中占据何种等级,那么
回答是,哲学的其他论证的一切所获都可以轻易地略过不计,而这就表
350 明,在此没有其他选择,而只有哲学的理论能力由于某种无偏颇的批判
而必须自动放弃它的一切要求。

　　一切认其为真都必须首先建立在事实上,如果它不愿意是完全无

根据的;所以在证明中只可能有这么一个唯一的区别,即对于从中引出的后果的某种认其为真是能够作为在理论知识方面的认知,还是仅仅作为在实践知识方面的信仰,而建立在事实之上。一切事实要么属于自然概念,这概念是在先于一切自然概念而被给予的(或可能被给予的)感官对象身上来证明自己的实在性的;要么属于自由概念,这概念是通过理性就某些由于它而在感官世界中可能的结果而言的原因性来充分表明自己的实在性的,而这些结果是理性在道德律中不可反驳地设定了的。于是,自然概念(仅仅属于理论知识的)要么就是形而上学的和完全先天的,要么就是物理的,即后天的和必然只有通过确定的经验才能设想的。因而形而上学的自然概念(它不以任何确定的经验为前提)就是本体论上的。

于是,由一个原始存在者概念而来的对上帝存有的本体论证明,要么是从那些唯有借此才能完全确定地设想一个原始存在者的本体论谓词中,推论出那绝对必然的存有,要么就是从任何一物、不论是何物的存有的绝对必然性中推论出原始存在者的诸谓词;因为一个原始存在者的无条件的必然性,以及(为了能把这必然性表现出来)由这原始存在者的概念所作的完全的规定,都是属于原始存在者的概念的,以便这原始存在者不是被推导出来的。于是人们相信这两种要求都存在于一个最高实在的存在者的本体论理念这个概念中;这样就产生了两种形而上学的证明。

一种是单纯以形而上学的自然概念为根据的(称作真正本体论的)证明,它从最高实在的存在者概念推出其绝对必然的实存;因为(它宣称)如果这最高实在的存在者不是实存的,那么它就会没有实在性,也就是没有实存了。——另一种证明(我们也可以称之为形而上学—宇宙论的证明)是从任何一物(即这样一物,由于在自我意识中有一个存有被给予了我们而是绝对必须被承认的)的实有的必然性,推论出对作为最高实在的存在者之物的完全规定;因为一切实存之物都必须是完全得到规定的,但绝对必然之物(也就是那种我们应当作为这样一物来认识、因而应当先天地来认识的东西)则必须是通过其概

念完全得到规定的,然而这种情况只有在一个最高实在之物的概念中
才能遇到。在这里不必去揭示在这两种推论中的诡辩,这在别的地方
已经做过了;而只是要注意,这样一种证明尽可以通过所有各种辩证的
玄妙来为之辩护,但它却永远也不可能超出学院范围之外而转入到日
常生活中去,并对单纯的健全知性发生丝毫影响的。

　　这个证明是以一个自然概念为基础的,这个自然概念只能是经验
性的,但却应当超出作为感官对象的总和的自然的边界,这种证明不可
能是别的,只能是自然目的的证明;自然目的概念虽然不可能是先天
的,而只能是由经验给予的,但毕竟预示了这样一种自然原始根据的概
念,它是在我们能够思维的一切概念中唯一适合于超感官之物的,也就
是预示了关于一个最高知性作为世界原因的概念;实际上这个证明也
是完全按照反思判断力的原则、也就是按照我们(人类的)认识能力的
性状而做到这一点的。——但现在,这个证明是否有能力从同一些材
料中提供出某个至上的、即独立的有理智的存在者的概念,哪怕是作为
一个上帝,即一个处于道德律之下的世界的创造者的概念,因而对于这
世界的存有的一个终极目的的理念来说是充分确定的概念,这是一个
关键问题:不论我们是为了全部自然知识而想要一个有关原始存在者
352　的理论上充分的概念,还是为了宗教而想要一个实践的概念,一切都取
决于它。

　　这个从自然目的论中取得的论证是值得尊重的。它对于普通知性
和对于最精敏的头脑在使人确信上具有同样的效果;而一个赖马鲁
斯①这样的人在他至今还无与伦比的著作中为自己赢得了不朽的功
勋,他在其中以他所特有的彻底性和清晰性详尽地阐述了这一证明根
据。——不过,这一证明对于内心获得了如此强有力的影响,尤其是在
通过冷静的理性进行评判时(因为由对自然界的惊叹而在内心产生的

---

　　①　Reimarus,Hermann Samuel（1694—1786）,德国启蒙哲学家、文学家,自然
神论者,由于莱辛的介绍而闻名于世,著有《论自然宗教的主要真理》等。——译
者

激动和鼓舞我们可以归于置信①之列），对于某种冷静的、毫无保留的赞同的这种影响，是从何而来的呢？并不是那些全都暗示着世界原因中的某种深不可测的知性的自然目的；因为这些自然目的由于它们并不满足提问的理性而不足以做到这一点。因为（理性问的是）所有那些有意为之的自然物是为了什么，而人本身，我们必须以之作为我们所能设想的自然的最后目的而在其面前止步的人本身，又是为了什么，这全部自然界又是为了什么而存有的，而什么才是这一伟大的丰富多彩的艺术的终极目的呢？如果把欣赏或静观、观赏和惊叹（若停留于此，那么这也无非是特种方式的享受而已）当作世界和人本身为什么存有的被创造之最后的终极目的，理性对此是不能满意的；因为理性预设了唯有人才能给予自己的人格价值，作为人及其存有唯一能够是终极目的的条件。当缺乏这一人格价值（唯有它才能有一个确定的概念）时，那些自然目的是不能满足终极目的的追问的，这尤其是因为它们不能够提供有关最高存在者作为最充分的（并且正因此也是唯一的、真正能够被这样称作最高的）存在者及有关一个知性据以成为世界原因的那些法则的任何确定的概念。

　　因而，自然目的论的证明，不论它是否同时又是一个神学的证明，它之所以同样都使人确信，其根源并不在于把自然目的的理念当作对一个最高的知性的如此多的经验性的证明根据来使用②；相反，这里不知不觉地在推论中掺杂进了寓于每个人心中并最内在地感动着他的道德的证明根据，依照这个证明根据，人们就对那个在自然目的中以如此不可思议的技巧启示出来的存在者也赋予了某种终极目的，因而赋予了某种智慧（虽然凭借对自然目的的知觉并不就有资格这样做），于是就对那个论证在它还带有缺陷的方面任意地进行了补充。所以实际

353

---

　　①　"置信"（Überredung）和上文的"使人确信"（Überzeugung）在康德那里是两个完全不同的概念，前者是主观的，后者是客观的，参看《纯粹理性批判》A820即B848。——译者

　　②　"使用"（Benutzung），康德原写作"努力"（Bemühung），据 Hartenstein 校正。——德文编者

上,只有道德的证明根据才带来了确信,而且这种确信也只是在每个人自己都最内在地对之感到赞同的道德考虑中才产生出来的;但自然——神学的论证却只有一件功劳,即在对世界的观赏中把内心引导到一条目的之路,但由此也引导到一个有理智的创世者:因为,对诸目的的道德关系,以及一个正如神学概念那样虽然也许是纯粹附加物的立法者和创世者的理念,却仍然显得是从那个证明根据中由自己发展出来的。

在这里我们可以在日常布道中也听凭这种事继续下去。因为对普遍的和健全的知性来说,通常很难把它所混为一谈、而实际上只是从其中一条正确地得出结论来的那些各不相同的原则作为不同性质的东西区分开来,如果这种分离需要很多的反思的话。但对上帝存有的证明根据真正说来也绝不只是把自然目的论的证明根据补充为一个完整的证明;相反,它是一个特殊的证明,它弥补了出自另一个证明的对于确信的缺乏:因为这种证明所能做的无非是,使理性在评判我们只有通过经验才能知悉的自然的根据和自然界的偶然的、但却是值得惊叹的秩序时,转向那按照目的而包含有自然的根据的某个原因的因果性(这个原因我们必须按照我们认识能力的性状设想为知性的原因),并对此加以注意,但这样就使它对于道德的证明更易接受。因为后面这个概念①所要求的东西是与自然概念所包含和所能告诉我们的一切如此本质上不同,以至于它需要一种特殊的、完全独立于前者的证明根据和证明,以便提出对一种神学来说是充分的有关原始存在者的概念并推论出它的实存来。——所以只要我们在世界上对于自然目的论根本找不到任何材料,或只找到模棱两可的材料,则道德的证明(它固然只是在理性的实践的、但毕竟也是不可免除的考虑中来证明上帝的存有的)就还会永远保持其力量。可以设想一下,如果有理性的存在者看到周围被一个这样的自然界围绕着,这个自然界没有显示出有机组织

---

① 据 Erdmann,此处"概念"(Begriff)应为"证明"(Beweise)。——德文编者

的任何痕迹,而只显示出粗陋物质的某种单纯机械作用的结果,为了这些结果之故并依据一些单纯偶然合目的性的形式和关系的变化,是显不出有任何理由去推论一个有理智的创造者的;那样一来,也就不会有任何理由引起自然目的论了:然而在这里没有由自然概念得到任何指导的理性,在自由概念中以及在建立于其上的道德理念中,却会找到某种实践上充分的根据来假定与这些理念相适合的、即作为一个神的原始存在者概念,并把自然(甚至我们自身的存有)假定为一个与那个神及其诸法则相符合的终极目的,而且是着眼于实践理性的不可免除的命令。——但现在,在这个现实世界中,对住在它里面的有理性的存在者来说,自然目的论方面有丰富的材料(这种情况正好不会是必然的),这就有助于对道德上的论证作出所希望的证实,只要自然界能够提出某种理性理念(道德理念)的类似物。因为一个具有知性的(但这对于一种神学来说是远不充分的)至上原因的概念由此就获得了对于反思性的判断力来说是充分的实在性;但这个概念并非在那之上建立道德的证明所需要的;而道德的证明也不能用来把那个本身独自根本不指向道德性的概念通过按照一条唯一原则的连续推论而补充为一个证明。作为自然和自由的两条如此不同性质的原则只可能表现出两种各不相同的证明方式,这是因为想从自然出发来进行道德证明的这种企图对于要被证明的东西来说,将被发现是不充分的。

　　假如自然目的论的证明根据足以达到所寻求的证明的话,那么这对于思辨理性来说会是非常满意的;因为这种证明将会给人以产生出某种神智学(Theosophie)的希望(我们不得不这样称呼对上帝本性及其实存的那种理论知识,据说它足以解释世界的性状连同道德法则的规定)。同样,假如心理学对于借此来达到灵魂不朽的知识是足够的,那么它将会使某种灵物学成为可能,这种灵物学对于思辨理性也会同样是受欢迎的。但这两者不论它们如何得到求知欲的自负的喜爱,它们都不能满足理性在必须以物之本性的知识为基础的理论方面的愿望。但是否自然目的论作为神学,心理学作为人类学,当两者都建立在道德的、也就是自由的原则之上,因而与实践的运用相适合时,就会更

355

好地实现它们的客观的终极意图,这是一个我们在此不必进一步追问的另外的问题。

但自然目的论的证明根据之所以不足以成为神学,是因为它没有给出、也不可能给出在这个意图上得到充分规定的有关原始存在者的任何概念,相反,人们不得不完全从别的地方拿来这一概念,或者不得不以这种方式、即通过某种任意的追加来弥补这一概念的缺乏。你从自然形式及其关系的伟大的合目的性中推论出一个有理智[知性]的世界原因;但推论到这一知性的什么程度呢? 毫无疑问,你不能够自以为推论到了最高可能的知性;因为对此将会要求你看出,一个比你在这个世界中的证据系列所知觉到的更伟大的知性是不可设想的:这将意味着把全知归于你自己了。同样,你从世界的伟大推论出创造者的一个非常伟大的力量;但你会告诉自己,这只是相对于你的把握能力来说才有意义,并且由于你并不知道一切可能的东西,以便能将其与你所知道的世界之伟大作比较,你按照一个这样渺小的尺度是决不可能推出创造者的全能的,如此等等。于是你由此得不到任何确定的、适合于神学的一个原始存在者的概念;因为这个概念只有在与一个知性结合着的完善性的大全的概念中才能够找到,在这方面单纯经验性的材料根本不能对你有所帮助;但没有一个这样的确定概念,你也就不可能推论出一个唯一的有理智的原始存在者,而只能(不论是为了什么目的)假定这样一个存在者。——于是我们虽然完全可以承认你的任意的添加(因为理性不能够说出任何与此相反对的有根据的东西):即凡是发现有如此多的完善性的地方,我们也就很可以假定在一个唯一的世界原因中结合有一切完善性;因为理性在理论上和实践上都能很容易与一条如此确定的原则融洽相处。但你毕竟不能够把原始存在者这个概念捧为被你所证明了的概念,因为你只是为了对理性作一个更好的运用起见而假定了它。所以对于把你的推论链条的简明性拖入怀疑中去的这种所谓的亵渎而发出的一切悲叹和无力的愤怒,都是无用的自吹自擂,它也许很乐意人们可能会把这种针对你的论证而自由说出的怀疑看做对神圣真理的怀疑,为的只是让你的论证的浅薄性在这层遮蔽底下悄悄溜掉而已。

相反,道德目的论并非不如自然目的论那样有稳固的基础,毋宁说,它由于先天地建立在与我们的理性不可分离的那些原则之上而理应获得优势,它引向一种神学的可能性所要求的东西,也就是引向作为按照道德律的世界原因的至上原因的某种确定的概念,因而是这样一个满足我们的道德终极目的的原因的概念:这个原因至少需要全知、全能、全在等等作为它所应有的自然属性,这些属性必须被设想为和那个本身是无限的道德终极目的结合在一起,因而是与之相符合的,而这样一来,道德目的论就能够完全独立地提供出适合于神学的一个唯一的创世者的概念。

以这种方式,一种神学也就直接通向了宗教,即通向了对作为神的命令的我们的义务的知识:因为对我们的义务和在其中由理性托付于我们的终极目的的知识是最先能够确定地产生出上帝概念的,所以上帝概念在其起源中已经是与对这个存在者的职责不可分割的了;相反,即使在单纯理论之路上可以确定地找到原始存在者的概念(也就是作为单纯自然原因的原始存在者的概念),接下来要通过彻底的证明来赋予这一存在者以某种依据道德律的原因性,就仍然会受制于巨大的困难,也许若没有任意的添加就完全不可能成功;但没有原因性那个所谓的神学概念就不能为宗教构成任何基础。哪怕一种宗教有可能在这个理论之路上建立起来,它也会在意向方面(它的本质的东西毕竟在于这种意向)现实地区别于那样一种宗教,在这种宗教中,上帝概念和对他的存有的(实践上的)确信是由德性的基础理念中产生出来的。因为如果我们不得不把一个创世者的全能、全知等等作为由别的地方给予我们的概念预设下来,以便此后只是把我们关于义务的概念应用于我们与这创世者的关系上,那么这些义务概念就必然会带上很强的强制和被迫服从的色彩;反之,如果是对道德律的高度尊重使我们完全自由地按照我们自己的理性规范而看到了我们的使命的终极目的,那么我们就会以最真诚的敬畏,即与病理学上的恐惧完全不同的敬畏,把某种与这终极目的及其实现协调一致的原因一起接收到我们的道德前

357

景中来,并自愿地服从于它。①

358　　如果人们问道,我们究竟是为什么会对于一般拥有某种神学这事有所挂念呢?那么很明显的是,神学对于扩展或校正我们的自然知识和一般任何理论来说都是不必要的,而只有对于宗教来说,即对于理性出于主观意图的实践上的、也就是道德上的运用来说才是必要的。现在,如果人们发现那导致神学对象的某个确定概念的唯一论证本身是道德的:那么这不只是毫不奇怪的,而且我们也会在出于这种神学终极意图的证明根据而来的认其为真的充分性方面,并不感到任何缺憾,如果我们承认这个论证只是对于我们的道德使命来说,也就是仅仅在实践的意图中,充分表明了上帝的存有,而其中的思辨则绝对没有证明自己的力量和由此扩展它的领地的范围的话。甚至在这里所主张的神学可能性的这种令人陌生,或与思辨理性批判关于范畴所说的话在表面上的矛盾——在那个批判中曾说过,范畴只有在应用于感官对象、而决不是应用于超感官的东西时,才能产生知识——也都会消失,如果我们在这里看到范畴被运用于上帝的某种知识,但并非在理论的意图上(指向那种本身对我们来说是上帝的玄妙莫测的本性的东西),而只是在实践的意图上被运用的话。——为了利用这个机会结束对于上述批判中那个非常必要的、但也使盲目的独断论者感到恼火的、要理性遵守其边界的学说的误解,我在这里附加上对这一学说的下面的解释。

　　如果我对一个物体赋予动力,因而通过因果性范畴对它加以思考,
359　那么我由此同时也就认识了它,就是说,我通过应单独归于它这个感官对象(作为那种关系的可能性条件)的东西规定了这个物体作为一般

客体的概念。因为,如果我赋予它的这种动力是一种斥力,那么应归之于它的(即使我还没有在它旁边设定一个另外的、它能对之施加斥力的物体)就是空间中的一个地点,此外是一个广延,即在它本身之内的空间,再就是通过其各部分的斥力对这空间的充满,最后则是这一充满的规律(即:各部分中斥力的程度的减少,必然以物体广延的增长,及物体借这种力使这些部分所充满的空间的增加的同一比例发生)。——反之,如果我把一个超感官的存在者设想为第一推动者,因而通过因果性范畴而在因果性的世界规定(物质运动)方面来设想他,那么我就必须不在空间中的任何地点、同样也不是作为广延性的东西来设想它,甚至也不可以把它作为在时间中与别的存在者同时实存的东西来设想。所以我就根本没有任何规定能够使我理解由这个存在者作为根据而引起的运动之可能性的条件。因此,我通过这原因(作为第一推动者)的谓词丝毫也没有认识到这存在者本身;相反,我只有关于包含有世界上各种运动的根据的某物的表象;而由于这个某物对那些运动的关系,作为它们的原因,通常并没有给我提供任何属于作为原因的该物之性状的东西,它就让有关这个原因的概念完全空着。其中的理由就在于:我借助于只有在感官世界中才找到其客体的那些谓词,虽然可以前进到那必然包含有感官世界之根据的某物的存有,但却不能前进到这某物的作为排除那一切谓词的超感官存在者的概念的规定。所以,通过原因性范畴,如果我借助于第一推动者的概念来规定它的话,我就对什么是上帝不会有丝毫的认识;但或许这样能有更好的结果:如果我从世界秩序中获得诱因,来把他的原因性不只是思考为一个至上的知性的原因性,而是也要通过前述概念的这一规定来认识他,因为这时空间和广延这些麻烦的条件都取消了。——诚然,世界上的伟大的合目的性使我们不得不把导致它及其原因性的一个至上的原因思考为凭借某种知性而来的;但由此我们根本没有权利把这种知性赋予那个至上原因(例如把上帝的永恒性思考为在一切时间中存有,因为不这样我们就根本不能造成关于单纯的存有作为一个量、即作为绵延的概念,或者把上帝的全在思考为在一切地点存有,以便使我们能理解那对于相互外在的诸事物的直接在场,尽管不允许把这些规定之中的任何一个作为某种对上帝的知识赋予上帝)。如果我在某些只有借助于有意的合目的性才能解释的产品上规定人的原因性,是由于我把这原因性思考为人的一种知性,那么我不需要停留于此,而是可以把这一谓词作为人的众所周知的属性赋予人,并由此而认识人。因为我知道,直观被给予了人的五官,并通过知性被带到一个概念之下,因而带到一条规则之下;这种概念只包含有共同标志(而舍弃了特殊的东西),因而是推论性的;为了把给予的表象带到一般意识下来的那些规则是还在那些直观之前就被知性所给予了,如此等等:所以我是把这种属性作为我由以来认识人的东西而赋予人的。但现在,如果我想把一种超感官的存在者(上帝)思考为理智者,那么这种事在我的理性的运用的某种考虑中不单是允许的,而且也是不可避免的;但自夸能够赋予它知性并以为似乎这样就能通过它的一个属性来认识它,这却是绝对不允许的:因为那样一来我就不得不取消我唯有在其之下才能知道一个知性的所有那些条件,因而根本不可能把那只是用于规定人的谓词引到某

361　个超感官的客体上来,所以通过一个如此规定的原因性是根本不能认识上帝是什么的。而所有范畴的情况也是如此,这些范畴如果不是应用于可能经验的对象,它们对于在理论的考虑中的知识来说是根本不可能有任何意义的。——但按照与一个知性的类比,我可以、甚至我必须在某种别的考虑中好好地去思考哪怕一个超感官的存在者,却仍然不是想由此而在理论上去认识它;这就是当对它的原因性的这一规定涉及到这个世界中的某种结果,而这结果包含有某种道德上必要的、但对感性存在者来说是不可实现的意图的时候:那么这时,单凭依据类比而在上帝身上设想的那些属性和那些对其原因性的规定,对上帝及其存有的知识(神学)就是可能的,这种知识在实践的关系中,但也仅仅在这种考虑中(即在道德的考虑中)才具有所要求的一切实在性。——所以一种伦理神学是完全有可能的;因为道德没有神学虽然可以凭自己的规则而存在下去,但不凭这种规则所托付的终极意图,它就不会使理性在神学方面显露出来。但一种(纯粹理性的)神学伦理

学是不可能的;因为那些法则如果不是理性自身本源地给出的,而对它们的遵守也不是理性作为纯粹实践的能力而产生的结果,那么它们就不可能是道德的。同样,一种神学物理学也将是无稽之谈,因为它并不展示任何自然规律,而是展示一个最高意志的命令;相反,一种物理的(严格说是自然目的论的①)神学却至少还可以作为对一种真正神学的入门:因为它通过对那些它提供了如此丰富的材料的自然目的的观赏,而诱导出自然界所不能提出的某种终极目的的理念;因而物理神学虽然能够使得对某种为了理性的最高实践运用而充分规定上帝概念的神学的需要变得明显起来,但却不能把这样的神学产生出来并使之充分建立在它的证据系列之上。

---

① 此处"物理的"原文为 physisch,"自然目的论的"原文为 physisch - teleologisch。——译者

附　录：

第　一　导　言*

3

Ⅰ. 作为体系的哲学

　　如果哲学就是由概念而来的理性知识的体系，那么它凭此就已经足以区别于纯粹理性的一个批判了，这种批判虽然也包含有对这类知识的可能性的一个哲学研究，但并不作为一个部分属于这样一个体系，而是甚至一开始就在规划和检验这个体系的理念。

　　这个体系的划分首先只能被分为形式的部分和质料的部分，其中，前者（逻辑学）只在一个规则体系中包括思维的形式，后者（实在的部分）则使那些被思维的对象得到系统的考察，如果它们的理性知识由概念而得以可能的话。

　　于是，哲学本身的这个实在的体系就只可能按照它们的客体的原始区别和立足于这种区别之上一门科学的诸原则的那些本质差异性，而被划分为理论的哲学和实践的哲学；这样，它的一个部分就必须是自然哲学，另一个部分就必须是道德哲学，其中，前者也可以包含经验性的原则，而后者（由于自由绝对不可能看做任何经验对象）永远只能包含纯粹的先天原则。

　　但在因此就值得引入一门实践哲学中来的这种意义上，我们应当把什么看做是实践的，对此却流行着一种严重的、甚至对这门科学的处理方式极为不利的误解。人们曾以为可以把政治谋略和国民经济、家政管理，连同交际规则，那些为了健康和身心保养的规范（为什么不干脆把所有的手艺和技艺都算在内？）都划归实践哲学；因为它们全体毕竟包含着

4

* 据费利克斯·迈纳出版社 1970 年德文单行本译出。——译者

实践原理的一个总和。不过这些实践原理虽然按照表象方式、但并不因此就按其内容而与那些包含着事物的可能性及事物的诸规定的理论原理有所区别,相反,与后者相区别的只有那些在法则之下来考察自由的原理。除此之外所有那些原理都无非是有关属于事物的自然本性的东西的理论,只不过这种东西是按照它能够被我们依照一条原则产生出来的那种方式来应用、也就是其可能性通过一个任意的行动(这个行动同样也是属于自然原因的)而得到表象而已。如力学对这个问题的解答:一个给定的力若要与某个给定的重量达成平衡,求双方力臂之间的比例,这个解答虽然被表达为一条实践的公式,但这一公式所包含的无非是一个理论的原理:如果双方处于平衡中的话,后一力臂的长度与前一力臂的长度成反比;只是这个比例按照其产生来说是通过一个原因(通过我们的任意)才被表象为可能的,这个原因的规定根据就是该比例的表象。一切单只涉及到对象产生的实践原理的情况都是这样。如果给定了一些促进幸福的规范,例如所谈论的只是人们在他自己个人方面应当做什么以便感到幸福,那么就只有幸福的可能性在知足长乐、持守爱好的中庸之道以免陷入情欲等等方面的那些内部条件,作为属于主体的本性同时又是产生这种平衡的方式的条件,被表象为一个通过我们自己而可能的原因性,因而这一切都被表象为与我们自己的本性的理论相关(我们自己作为原因)的客体理论所引出的直接结果:因而在这里,实践的规范虽然按照其公式、但不是按照其内容而与一个理论的规范区别开来的,因此也就不需要一种特殊的哲学来看穿根据和后果的关联。——总之 一句话: 5 一切从作为原因的任意性中引出自然所能包含的东西的实践原理全都属于理论哲学,即自然知识,而只有那种给自由立法的实践原理才在内容上与理论哲学有种类上的区别。对前一种原理我们可以说:它们构成了自然哲学的实践部分,只有后一种原理才建立起了一种特殊的实践哲学。

注　释

重要的是要严格按照其各部分来规定哲学,并为此目的而不把那种仅仅是哲学在特定情况下的后果或应用的东西勿须特殊原则就置入作为一个系统的哲学划分的各种成分之中。

　　实践原理和理论原理的区分，要么是凭其原则，要么是凭其后果。在后一种情况下实践原理就不构成科学的一个特殊的部分，而是隶属于科学的理论部分，作为从中得出的一种特殊后果。于是事物按照自然法则的可能性与按照自由法则的可能性在它们的原则上就有本质的区别。但这种区别并不在于，后者的原因被置于意志中，前者的原因则在意志之外，在事物本身中。因为，如果意志除了知性所看出的那些对象所据以作为单纯自然法则而可能的原则之外毕竟不遵守任何别的原则，那么通过任意的原因性而包含对象的可能性的那个原理就总是可以称之为一个实践原理，但它按照其原则却根本没有和涉及事物的自然本性的那些原理区别开来，勿宁说，它不得不从自然中借用自己的原则，以便把一个客体的表象在现实性中表现出来。

　　所以，实践原理若按其内容只涉及一个被表象的客体（通过任意
6　的行动）的可能性，它们就只不过是一个完成了的理论知识的应用，而不可能形成一门科学的任何一个特殊的部分。一种实践的几何学作为一门特殊的科学是荒谬的：尽管在这门纯粹的科学中还包含有如此多的实践原理，其中绝大部分作为问题都需要一个特殊的提示才得解决。用已知线段和直角作正方形这个题目是一个实践原理，但却是纯粹从理论中得出的结果。甚至土地测量学（agrimensoria）也决不能妄称实践的几何学之名，并称自己是一般几何学的一个特殊部分，而只是属于几何学的一些注释，也就是这门科学在事务上的运用①。

————————————

　　① 这门纯粹的、正因此而是崇高的科学，当它承认它作为初等几何学虽然只需要两种工具即圆规和直尺来构成自己的概念，它却只把这种构成称之为几何学的，而把那种更高的几何学的构成反而称之为力学的，因为后一种概念构成要求更为复杂的器械，这时它看起来就有损于自己的尊严了。不过人们也没有把前者理解为现实的工具（circinus et regula，圆规和直尺），后者是永远也不可能以数学的精密性提供出那些形状来的，相反，它们应当只是意味着先天想象力的最简单的表现方式，这种想象力并不能有任何工具与之相等。——康德

　　甚至在一门自然科学中,只要它基于经验性的原则之上,也就是在本来意义上的物理学中,那些为了揭示隐蔽的自然规律起见的实践的装备以实验物理学的名义是绝对不可能有权获得作为自然哲学一部分的一个实践的物理学(这同样也是一个怪物)的命名的。因为我们据以开展实验的那些原则本身永远必须从自然知识中、也就是从理论中拿来。同样的情况也适用于那些涉及到在我们里面任意制造某种内心状态(如想象力的激发或克制状态,意向的满足或减弱)的实践规范。并没有什么作为人性哲学的一个特殊部分的实践的心理学。因为借助于技巧而使内心状态成为可能的那些原则都必须从我们那些出自我们自然性状中的规定之可能性的原则中借来,并且,虽然前面那些原则存在于实践的原理中,但它们却形不成经验性心理学的任何一个实践的部分,因为它们并不拥有什么特殊的原则,而只属于经验性心理学的注释。

　　一般来说,实践的原理(不论它们是先天纯粹的,还是经验性的)如果直接陈述了一个客体由我们的任意而来的可能性,它们任何时候就都属于自然知识以及哲学的理论部分。只有那些仅仅通过一个行为(按照一般法则)的形式的表象直接把该行为的规定表现为必然的而不考虑能借以导致那个客体的手段的实践原理,才能够也才必然(在自由理念中)拥有自己特有的原则,并且,尽管它们正是在这些原则之上建立起一个意志客体的概念(至善),而这个客体却毕竟只是间接地作为后果而从属于实践规范的(这种规范这时才是道德的)。甚至这种客体的可能性也并不能通过自然知识(理论)而得到洞察。所以只有那些实践原理才唯一地以实践哲学的名义从属于一个理性知识体系的某个特殊的部分。

　　所有其他那些总也可以与某种科学联系起来的实行原理,如果人们担心混淆的话,都可以不叫做实践原理,而叫做技术原理。因为它们属于那种把人们想要使之存在的东西实现出来的技艺,这种技艺凭借一个完备的理论,任何时候都是某种单纯的后果,而不是任何一种提示的独立持存的部分。一切熟巧都以这种方式从属于

7

8　技术，① 因而从属于作为其后果的自然理论知识。但我们将来会在自然对象有时单纯只被评判为仿佛其可能性是建立在技艺上的场合下使用技术这一术语，在这些情况下判断既不是理论性的，也不是（在上面最后那种含义上的）实践性的，因为它们对于客体的性状以及它的产生方式没有规定任何东西，而是自然本身借助于它们得到了评判，但只是按照与某种技艺的类比、确切说是在与我们认识能力的主观关系中而非在与对象的客观关系中得到了评判。于是我们在此虽然并不把这些判断本身称之为技术性的，但毕竟把它们建立于其法则之上的那个判断力、甚至把与之符合的大自然都称之为技术性的，这样一种技术，由于它不包含任何客观的规定性的原理，就并不构成学理性的哲学的任何部分，而只构成我们的认识能力的批判。

9

Ⅱ. 为哲学奠基的高级认识能力的体系

如果所谈的不是对一个哲学的划分，而是我们凭借概念的先天认识能力（高级认识能力）的划分，就是说，如果所谈的是纯粹理性的一个批判，但只是就其思维能力来看（这时纯粹直观的方式就不在考虑之列），那么思维能力的系统化展示就一分为三，即首先分出了对普遍

8　① 这里正是纠正我在《道德形而上学基础》中所犯的一个错误的地方。因为我曾在讲过了关于熟巧的命令，说它们只提供有条件的指令、也就是单纯以那些可能的即或然的目的为条件的指令之后，我把这类实践规范称之为或然的命令，但在这种表述中就有一处矛盾。我本来应当把它们称之为技术性的、也就是技艺的命令。那些实用的命令，或者说以某种现实的甚至主观必要的目的为条件所要求的明智规则，现在当然就隶属于技术的命令之下了（因为凡是明智都不同于能够把自由的人运用于自己的意图、乃至能够在他们之间互相把自然秉赋和意向运用于自己的意图的熟巧）。不过，我们寄托于自己和别人的那个目的，也就是自己的幸福，并不属于只是任意的目的之列，它有权对这种技术性的命令要求一个特殊的命名，因为其任务并不只是像在技术性命令那里一样要求一个目的的实行，而且也要求对构成这个目的本身（即幸福）的东西的规定，这是必须在普遍的技术命令那里被作为已知的来预设的。——康德

（规则）的认识能力，这就是知性，其次是把特殊归摄于普遍之下的能力，这就是判断力，第三是通过普遍对特殊加以规定（从原则中进行推导）的能力，即理性。

曾致力于对一切先天知识的来源（因而也对那在其中属于直观的东西）的研究的纯粹理论理性批判为自然立了法，实践理性批判为自由立了法，这样看来全部哲学的先天原则现在就似乎已经被讨论完了。

但既然知性先天地提供了自然法则，反之理性则提供了自由法则，那么毕竟可以按照类比来期待的是：在两种能力之间充当其关联的中介的判断力也像前两种能力一样为此提供出自己特有的先天原则，并且也许会为哲学的一个特殊的部分提供基础，尽管哲学作为一个体系只能是两分的。

不过判断力是一个如此特殊的、根本不是独立的认识能力，以至于它对任何一个对象都既不像知性一样提供出概念，也不像理性一样提供出理念，因为它是一种仅仅把给予的概念归摄到其他方面去的能力。所以如果一个本源地从判断力中产生出来的概念或规则应当发生，那 10 它就必定会是一个有关自然事物的概念，只要这些自然事物指向我们的判断力，因而是有关自然的一个这样的性状的概念，我们对这种性状本来是根本不会形成任何概念的，除非它的格局指向我们的那种把特殊地给予的法则归摄到那本身并没有给出的普遍法则之下的能力；换言之，这必须是有关自然为了我们认识自然的能力的一种合目的性的概念，如果为此需要我们把特殊评判为包含在普遍之下并能够将之归摄到一个自然概念之下的话。

于是，这样一个概念就是对一种作为按照经验性法则的系统的经验的概念。因为虽然这种经验按照那些包含一般经验的可能性条件的先验法则构成一个系统；但毕竟可以有这些经验性法则的一种如此无限的多样性和自然的一个如此巨大的诸形式的异质性被隶属于特殊的经验之中，以至于关于一个按照这些（经验性的）法则的系统的概念对于知性必然是完全闻所未闻的，而对一个这样的整体既不能理解其可能性，更不能理解其必然性。但尽管如此，那种特殊的、通盘按照不变的原则关联起来的经验仍然也需要经验性法则的这种系统关联,以便判断力有可能把特殊的东西归摄于普遍的东西之下,即使还有经验性的法则接踵而来,一直归摄到最高层的经验性法则及与之相适合的那些自然形式,因而把特殊经验的一个聚合体 看做这些自然形式的一个系统;因为没有这个预设就不可能发生通盘合规律的关联①、也就是这11 种关联的经验性的统一。

　　这些本身(按照一切知性概念来看是)偶然的合规律性是判断力(只是为了自身的方便而)从自然中推测出来并预设为自然的前提的,它就是自然的某种形式的合目的性,它完全是我们在自然身上假定的,但由此却既没有建立一种理论性的自然知识,也没有建立一条实践性的自由原则,然而这毕竟为自然的评判和研究提供了一条为特殊经验寻求普遍法则的原则,我们可以根据这条原则处理这些特殊经验,以便产生出那种对于一个关联着的经验是必要的综合联结,而且我们具有先天地假定这个联结的理由。

　　因此,这个本源地出自于判断力并为判断力所特有的概念就是作为艺术②的自然的概念,换言之,就是着眼于自然的特殊法则的自然技术的概念,这个概念不为任何理论提供根据,也如同逻辑学那样不包含

---

　　①　一般经验的可能性就是作为综合判断的经验性知识的可能性。因此它11 不能从各种知觉的单纯比较中分析地抽引出来(如人们通常所以为的),因为把两种不同的知觉联结在一个客体的概念中(成为对客体的知识),这是一种综合,这种综合无非是按照诸现象的综合统一的原则,即按照诸现象被纳入范畴之中的那些原理,而使一种经验性的知识、也就是经验成为可能。于是这些经验性的知识按照它们必然共同拥有的东西(亦即那些自然的先验法则)构成的是一切经验的分析的统一,但并不是经验的那种作为一个系统的综合的统一,后者是把这些经验性的法则甚至按照它们所拥有的不同的东西(并且在它们的多样性可以延伸至无限的地方)也结合在一个原则之下。于是,凡是在每个特殊经验上作为范畴的东西,对于我们的判断力的机能就是自然的合目的性和适合性(哪怕就自然的特殊法则而言),由此自然不仅被设想为机械性的,而且也被设想为技术性的;这种概念虽然不像范畴那样从客观上规定综合的统一,但毕竟提供了一些可用作自然研究的引线的主观原理。——康德

　　②　"艺术"一词有时译作"技艺",原为同一德文词 Kunst.——译者

客体及其性状的知识,而只是为了按照经验法则前进以便使自然研究　12
成为可能而提供一条原则。但自然知识并没有由此而借任何特殊的客
观法则得到充实,而只不过为判断力建立起了一条用以观察自然并使
各种自然形式汇集起来的准则。

这样做并没有使哲学作为自然知识和自由知识的学理体系增加什
么新的部分;因为作为艺术的自然这一表象是一个单纯的理念,它被当
做我们的自然研究本身的、因而仅仅是主体的原则,以便通过我们赋予
自然界一种与我们这一需要的关系,而尽可能像在一个系统中那样把
一种关联带进经验性法则本身的聚合体中。正相反,我们有关自然技
术的概念作为一条评判自然时的启发性原则将属于我们认识能力的批
判,这种批判指出我们拥有何种诱因要对自然造成这样一个表象,这个
理念具有何种起源并且它是否能在某种先天的来源中找到,以及运用
它的范围和界限是什么:一句话,一个这样的研究将属于纯粹理性批判
体系的一部分,而不是学理性的哲学的一部分。

Ⅲ. 人 的 内 心 一 切 能 力 的 体 系

我们可以把人的内心一切能力无例外地归结为三种:认识能力、愉
快和不愉快的情感和欲求能力。虽然那些由于其思维方式的彻底性而
在别的方面值得大大称赞的哲学家们把这种差别宣称为只是表面上
的,并试图把一切能力都纳入到单纯的认识能力上来。然而很容易阐
明、并且很早以来人们也已经看出的是,这种在别的地方以纯正的哲学　13
精神进行的探究,似乎是徒劳地要把统一性放进这些能力的多样性中
来。因为在这些表象之间,即使它们只关系到客体并取得这些表象的
意识统一性而属于知识,仍然存在有一种很大的差别,同样,就是在这
种客观关系与这些表象单纯与主体的关系之间也有很大的差别,在前
者是因为这些表象同时被看做这一客体的现实性的原因,而被归入欲
求能力之中,在后者是因为这些表象自己是自己的根据,它们被看做只
是要在主体中维持自己的实存,并就此而言在与愉快的情感的关系中

得到考察；这种情感完全不是什么知识，也不能获取知识，虽然它可以预设为知识的规定根据。

在一个对象的知识与对该对象的实存的愉快和不愉快的情感之间的联结，或是对产生该对象的欲求能力的规定，虽然都是在经验性上足以认知的；但由于这种关联不是建立在任何先天原则之上，所以就此而言这些内心能力只构成一个聚合体，而不是一个系统。现在，我们虽然成功地在愉快的情感和另外两种能力之间造成了一种先天的联结，并且当我们把一种先天知识即自由的理性概念与作为其规定根据的欲求能力联结起来时，就同时也在这个客观规定中从主观上发现了一种包含在意志规定之内的愉快情感。但是认识能力并不是以这种方式借助于愉快或不愉快而与欲求能力结合起来的；因为认识能力并不先行于欲求能力，而是要么在欲求能力的规定之后才随之而来，要么或许只不过是感觉到通过理性本身而对意志的这种可规定性，因而根本不是什么特殊的情感和特有的感受性，后者是在内心各种属性之间的一种特殊的划分所要求的。既然在对一般内心能力进行划分时，某种不依赖

14　于欲求能力之规定、反而能够被当作欲求能力的规定根据的愉快情感无矛盾地被给出了，但为了把它与另外两种能力联结在一个系统中，就要求这种愉快的情感如同另外两种能力一样不单纯是基于经验性的根据，而且也要基于先天原则，那么，为了一个系统的哲学理念起见，也就需要（即使不是一个学理，但却是）一种对愉快和不愉快的情感的批判，就这种批判并非建立在经验性上而言。

现在，认识能力按照概念在纯粹知性中（在其关于自然的概念中）有其先天的原则，欲求能力在纯粹理性中（在其关于自由的概念中）有其先天的原则，这就在一般内心诸属性中还剩下一个中间的能力或感受性，即愉快和不愉快的情感，正如在高级认识能力中还剩下一个中间的认识能力，即判断力一样。于是再自然不过的就是猜测：判断力同样也将为愉快和不愉快的情感而包含有先天的原则。

如果说对这种联结的可能性问题尚未有所解决的话，那么毕竟在这里已经有判断力对愉快情感的某种适合性，以便把这种情感用作规

定根据或在其中找到这种规定根据,只要我们对这一点明确无误:如果在通过概念对认识能力进行划分时知性和理性使自己的表象与客体联系起来,以便获得对该客体的概念,那么唯有判断力是使自己与主体联系起来,并唯一地不为自己造成任何有关对象的概念。同样,如果在普遍对一般内心能力进行划分时认识能力和欲求能力包含有对表象的客观的联系的话,那么相反,愉快和不愉快的情感就只是对主体的某种规定的感受性,以至于凡是当判断力想要仅仅为自己规定某物时,这个某物就不可能是别的东西,只能是愉快的情感,反之,凡是当这种情感要拥有某种先天原则时,这种原则就唯一地只能在判断力中找到。

15

Ⅳ. 对判断力成为系统的经验

我们在《纯粹理性批判》中看到,整个自然作为一切经验对象的总和,按照先验法则、也就是按照知性本身先天提供的(即为现象提供的,就这些现象应当被结合在一个意识中构成经验而言)法则而构成了一个系统。正因为如此,经验不论是按照普遍法则还是按照特殊法则,只要它一般地从客观上看是可能的,它也必须(在理念中)构成可能的经验性知识的一个系统。因为这个系统依据一条把所有这些现象的总和中所包含的一切东西通盘结合起来的原则而要求这种自然统一性。于是按照知性的先验法则的一般经验在同一范围内必须被看做系统,而不是一个单纯的聚合体。

但由此并不能推出,自然界即使按照经验性法则也会是一个人的认识能力可以把握的系统,而自然现象在一个经验中的通盘的系统关联、因而这个作为系统的经验本身对于人来说也会是可能的。因为经验性法则的多样性和不同质性可以大到如此程度,以致我们虽然部分地有可能把知觉按照偶尔发现的特殊法则联结在一个经验中,但却永远也不可能使这些经验性的法则本身在一个共同原则之下达成亲缘性的统一,因为事情本身毕竟有可能是这样(至少知性可以先天地这样构想),即这些法则、连同与之相应的自然形式的多样性和不同质性将是无限巨大的,并将向我们的知性展示出一个原始混沌的聚合体,而不显出丝毫系统的痕迹,虽然我们按照先验的法则必须预设这样一个系统。

16　　　　这是因为,在时空中的自然的统一性与我们的可能经验的统一性是一回事,因为自然只不过是各种现象(各种表象方式)的总和,这种总和只有在经验中才能拥有自己的客观实在性,而经验作为本身按照经验性的法则的系统,如果我们把自然设想为一个系统的话(如同必然会发生的那样),就必须是可能的。所以一个主观上必要的先验预设就是:经验性法则的那种令人忧虑的无边无际的不同质性和自然形式的异质性并不应归于自然,勿宁说,它们通过特殊法则在普遍法则之下的亲和性将取得作为一个经验性系统的经验的资格。

　　　　现在,这个预设就是判断力的先验原则。因为判断力不仅是把特殊归摄于普遍(它的概念已被给予)之下的能力,而且反过来也是为特殊发现普遍的能力。但知性使自己对自然的先验立法抽掉了可能的经验性法则的一切多样性;它在那种立法中只对一般经验的可能性条件按经验的形式进行了考察。所以在知性中就不能发现各种特殊自然法则的那种亲和性原则。不过,有责任把特殊法则即使按照它们在同一个普遍自然法则底下所具有的各种不同的东西却也纳入到更高的、虽然仍旧是经验性的法则之下来的那个判断力,却必须把这样一种原则作为其运作的基础。因为对自然形式与那些共同的经验性的、但却是更高的法则的协调一致,判断力仍然会视为完全偶然的,而通过在这些自然形式之间来回摸索,情况将会越加是偶然的了,如果特殊知觉一旦有幸取得了一个经验性法则的资格的话;更有甚者,杂多经验性法则在它们的整个关联中与某种可能经验中的自然知识的系统统一性相适合

17　并不需要通过一条先天原则在自然中预设这样一种形式。

　　　　所有那些流行的公式:自然采取最短的路程——它不做任何无用的事——它在各种杂多形式中不作任何跳跃(continuum formarum①)——它在种的方面是丰富的,但在类的方面却很节约,如

---

　　① 拉丁文:连续律。——译者

此等等,这些无非都正是对判断力为了使经验成为系统、因而也是为了自己的需要而确定一条原则所作的同一个先验表达。能够先天地建立起这样一条自然法则的既不是知性,也不是理性。这是因为,自然在其单纯的形式法则中(由此它就是一般经验的对象)遵照着我们的知性,这一点是很容易看出来的,但在特殊法则方面,在这些法则的多样性和不同质性方面,自然就摆脱了我们立法的认识能力的一切限制,这就有判断力的一条单纯的预设,即为了判断力的独特的运用而从经验性的特殊随时攀升到更普遍而同样是经验性的东西,以便把经验性的诸法则统一起来,而上述原则所建立的就是这种统一。我们也决不能把这样一条原则算在经验的账上,因为只有在这一原则的预设下经验才有可能以系统的方式进行。

Ⅴ. 反思性的判断力

　　判断力要么可以被看做只是对于一个给予的表象为了某种由此而可能的概念按照某个原则加以反思的能力,要么就可以被看做通过一个给予的经验性表象来规定一个作为基础的概念的能力。在前一种情况下它就是反思性的判断力,在第二种情况下它就是规定性的判断力。但反思(反省)就是:把所予的表象要么和其他的表象相互比较和对照,要么和自己的认识能力在与一个由此而可能的概念的关系中相互比较和对照。反思性的判断力就是这样一种我们也可称之为评判能力(facultas dijudicandi①)的判断力。

　　反思活动(它甚至在动物那里也会发生,虽然只是合乎本能地,也就是并非在与一个由此而能达到的概念的关系中、而是在与一个由此也许能够被规定的爱好中发生)对于我们来说正如规定活动一样也需要一条原则,在规定活动中是作为基础的客体概念为判断力颁定了规则,因而代替了原则的位置。

18

---

　　①　拉丁文:评判的机能。——译者

对于那些所予自然对象的反思的原则就是:对一切自然物都可以找到在经验性上是确定的概念①,这意思就等于是说,我们每次都可以在自然的产物上预设一种按照我们可认识的普遍法则而可能的形式。

19 因为,假如我们不预设这一点,不把这一原则作为我们处理经验性表象的基础,那么一切反思就都会是靠碰运气和盲目地进行了,因而不能对它与自然的协调一致有基本的期望。

就一个经验概念(不带特殊的经验性规定)一般说来首次借以成为可能的那些普遍的自然概念而言,反思在一般自然的概念中、即在知性中就已经有它的指导作用了,判断力不需要任何特殊的反思原则,相反,它先天地图型化了,并把这些图型应用于每种经验性综合之上,没有这种综合就根本不可有任何经验判断。判断力在这里既是在其反思中,同时又是规定性的,而其先验的图型法把它同时用作使给予的经验性直观借以得到归摄的规则。

但是,为了这样一些首先应当为所予的经验性直观找出来、并预设了一条唯一使特殊经验成为可能的特殊的自然法则的概念,判断力需要自己的反思有一条特有的、同样是先验的原则,人们不能再把判断力

---

① 这条原则初看起来完全不像是一条综合的和先验的原理,而显得更像是同语反复的和属于逻辑学的。因为逻辑告诉我们如何把一个给予的表象与别的表象相比较,并通过把这些表象与不同表象所共同具有的东西作为特征抽出来作普遍的运用,就能制造出一个概念来。不过,自然界在每个客体上是否除了在形式上与客体有某些共同之处的那些比较对象之外还显示了许多别的东西,对此逻辑却一言不发;勿宁说,逻辑学应用于自然界之上的这个可能性条件,就是自然表象对于我们的判断力是一个系统这一原则,在这个系统中杂多的东西被划分为类和种,这就使一切出现的自然形式通过比较而纳入到(或多或少具有普遍性的)概念上来成为了可能。虽然纯粹知性已经告诉我们(但也是借助于综合原理),一切自然事物都被思考为包含在一个按照先天概念(即范畴)的先验系统中了;但除此之外,哪怕为了经验性的表象本身也要去寻求概念的那种(反思性的)判断力却仍然还必须为此而假定:自然在其无边无际的多样性中采取了将其分为类和种的这样一种划分,这种划分给我们的判断力通过比较自然形式而发现一致性、达到经

19 验性的概念并通过上升到普遍而同样是经验性的概念达到那些经验性概念的相互关联,提供了可能:就是说,判断力即使按照经验性的法则也预设了一个自然系统,而这就是一个先天的、因而是借助于先验原则造成的系统。——康德

又指向那些已经认知了的经验性法则,而把反思转变为只是与我们已
经具有了其概念的那些经验性形式的比较。因为人们会问,我们怎么
能够希望通过对各种知觉加以比较就达到各种不同的自然形式所共同
的东西的经验性概念,如果这个自然(如同毕竟可以设想的那样)在这
些不同形式中由于其经验性法则的巨大差异性而放进了如此大的不同
质性,以至于所有的或至少是绝大多数的比较都是白费力气地要从它
们中间产生出一致性和种与类的等级秩序来的话。但为了借自然物来
认识经验性法则,认识与这些经验性法则相符合的那些特种的、通过把
这些经验性法则与其他经验性法则相比较甚至也在种属上达到一致的
形式,所有对经验性表象的比较都预设了一个前提:大自然甚至在其经
验性法则上也遵守着某种与我们的判断力相适合的节约性和我们所能
把握的一律性,而且这一预设必须作为判断力的先天原则而先行于一
切比较。

　　所以,反思的判断力为了把给予的现象纳入到特定自然物的经验
性概念之下来,不是图型化地处理这些现象,而是技术性地处理它们,
不是仿佛像在知性和感官的引导下那样机械地处理,而是按照自然在
一个系统中的合目的性秩序的那种普遍的、但同时又是不确定的原则
来处理,仿佛是要通过判断力的特殊法则(对这些法则知性一言不发)
与经验作为系统的可能性相适合而有利于我们的判断力,没有这一预
设我们就不可能有希望在那些可能的特殊法则的错综复杂的多样性中
找到头绪。所以判断力本身先天地使自然的技术成为了自己反思的原
则,但却不能在解释自然上作进一步的规定,或是为此拥有对(出自有
关自在之物本身的知识的)普遍自然概念的某种客观的规定根据,而
只是为了能够按照它自己固有的主观法则、按照自己的需要、但同时又
与一般自然法则相一致地进行反思而已。

　　但是,使自然按照经验性法则被设想为系统的这个反思性判断力
的原则只不过是一条为了判断力的逻辑运用的原则,它虽然按照其起
源来说是一条先验原则,但只是为了把自然先天地看做有资格在那些
经验性的法则底下使自己的多样性成为一个逻辑系统而已。

21　　　　一个系统的逻辑形式仅仅在于,通过把特殊(在此就是经验性的东西)连同其差异性按照一个确定的原则思考为包含在普遍之下的,而对给予的普遍概念(它在此就是一般自然的概念)加以划分。为了做到这一点,如果我们从经验性上着手而从特殊上升到普遍的话,就需要对杂多东西作一种类型化(Classifikation),也就是对各自从属于一个确定概念的多个类型作一种相互比较,并且当这些类型按照共同的特征达到完备时就把它们归摄于更高的类型(类),直到我们获得包含有整个类型化的原则于自身(并构成最高的类型)的那个概念为止。相反,如果我们从普遍概念开始,以便通过完备的划分而下降到特殊,那么这种做法就称之为在一个给予的概念之下使杂多的东西特异化(Specification),这时就从最高的类进到较低的类(属或种),又从种进到亚种。更准确的表达则是:我们不是(如同通常的用语那样)说我们必须使从属于一个普遍的东西之下的特殊的东西特异化,而是宁可说,我们通过把杂多东西引进到普遍概念下来而使普遍概念特异化了。因为类(从逻辑上看)仿佛是大自然通过在特殊的种或亚种上的许多规定而进行加工的质料或原始的基质,而这样我们就能够依照与法学家在谈到对某种原始材料的分门别类①时这个词在他们那里的运用相类比,而说大自然按照某种原则(或一个系统的理念)自己把自己特异化了。②

　　　　于是就很清楚,反思性的判断力按其本性来说,如果它不是预设了大自然按照自己的某种原则而自己特异化了自己的那些先验法则,它是不能够从事把整个自然界按照其经验性的差异而类型化这件工作

22　的。现在,上述原则无非就是对判断力的这样一种能力本身的适合性的原则,这种能力在按照经验性法则的不计其数的多样性中发现其足够的亲缘关系,以便把这种多样性纳入到经验性的概念(类型)之下、

---

　　① 即"特异化"(Specification)这个德文词的另一个含义:分列、开列细目。——译者

　　② 甚至亚里士多德派也曾把类称之为质料,而把特异化的差别称之为形式。——康德

并把这些概念纳入到更普遍的法则(更高的类)之下,从而能够达到大自然的一个经验性的系统。——于是,正如这种类型化并不是什么通常的经验知识,而是一种技艺性的知识,所以大自然就其被这样思考以至于它按照这样一条原则将被特异化而言,也被看做是艺术,所以判断力也必然会先天地带来一条自然技术的原则,这种技术与大自然按照先验的知性法则的立法学(Nomothetik)之区别在于,后者可以使自己的原则被看做法则,前者却只能被看做必要的预设①,所以判断力所特有的原则就是:大自然为了判断力而把自己的普遍法则特异化为符合一个逻辑系统的形式的经验性法则。

在这里就产生出了一种自然合目的性的概念,也就是并非理性的、而是反思判断力的一个特有的概念;因为目的并未建立在客体中,而只是建立在主体中,也就是建立在主体的单纯反思能力中。——这是因为,我们把那种东西称之为合目的的,它的实存显得是同一个事物的表象所预设了的;但自然法则却具有这样一种性状和相互的关联,即好像它是判断力为了它自己的需要而设计出来的,这些自然法则具有与那些把自己的表象预设为自己的根据的事物之可能性相类似的性质。所以判断力是在凭借经验性法则把自己的形式特异化时通过自己的原则来设想自然的合目的性的。

但这样一来,被设想为合目的性的就不是这些形式本身,而只是这些形式相互之间的关系,以及这些形式尽管有巨大的多样性却对经验性概念的一个逻辑系统的适合性。——现在,如果自然界仅仅向我们显示出这种逻辑的合目的性,那么我们就会虽然已经有理由对它在这方面加以赞叹,因为我们按照普遍的知性法则无法给它指出任何根据;然而这种赞叹除了先验的哲学家之外,将很难由某个人做出,甚至就连

23

---

① 假如林耐不得不担心,当他找到一块他称之为花岗岩的石头时,这块石头与看起来一样的任何别的石头按其内部性状却可以是不同的,所以他永远只可以指望找到在知性看来仿佛只是孤立的个别事物,却决不可能指望找到它们能够被纳入到类和种的概念之下的类型,那么林耐还能够指望去构想一个自然系统吗?——康德

这种哲学家也不可能举出任何确定的场合,在其中这种合目的性会具体地表现出来,相反,合目的性必须仅仅在普遍中来思考。

Ⅵ. 作为这样多特殊系统的诸自然形式的合目的性

自然界在其经验性法则中自己使自己这样特异化了,就好像这是一个可能经验作为经验性知识的一个系统所要求的一样,自然的这种形式包含有一种逻辑的合目的性,也就是自然与一个经验的整体中诸经验性概念的可能关联方面之判断力的主观条件协调一致的合目的性。但从这里丝毫也推不出自然在其产物中对一个实在的目的的适应性,也就是推不出在形式上是由系统产生出来的那些个别事物:因为这些个别事物在直观看来永远只能是单纯的聚合体,但却可以是按照在逻辑划分的系统中与其他经验性法则相关联的那些经验性法则而可能的,而不需要为了它们的特殊可能性而假定一个真正为此所采用的概24　念作为其条件、因而假定一个为其奠定基础的自然合目的性。我们以这种方式把泥土、石头、矿物等等不具任何合目的性形式的东西看做单纯的聚合体,但按其可能性的那些内部特性和知识根据来说却有这样的亲缘关系,以至于它们在经验性的法则之下是与一个自然系统中的事物的类型化相适应的,但却并不在它们自身显示出某种系统的形式。

因此我把那些自然形式的绝对的合目的性理解为它们的这样一种外部形态,或者甚至是内部构造,这些形态或构造具有这种性状,以至于它们的可能性必须以一个在我们的判断力中有关它们的理念为基础。因为合目的性就是偶然的东西本身的一种合规律性。自然界就其作为聚合体的产物而言仅仅作为自然而机械地运作;但就其作为系统而言,例如在晶体的形成中,在各种各样的花卉形态中,或者在植物和动物的内部构造中,它是技术性地、亦即同时作为艺术而运作。对自然物进行评判的这两种不同的方式的区分只是通过反思性的判断力才作出来的,后者完全能够做到、并且也许还不得不让其发生的事,是规定性的判断力(在理性的原则之下)就这些客体本身而言不允许它做、或许还会把一切都归结到机械的解释方式上去的事;因为理性按照客观原则所从事的事务是对现象加以解释,这是机械性的;但对这个事务的对象按照关于它的反思的主观原则所进行的评判的规则却是技术性的,而这两者是完全能够相互并存不悖的。

　　虽然判断力的有关自然在其普遍法则之特异化中的合目的性这一原则决没有伸展到如此之远,以便能从中推出自在的合目的性的自然形式之产生,(因为即使没有这些自然形式,自然按照经验性法则的系统也是可能的,判断力单独就有理由去悬设这一系统),而这些形式必须唯一地通过经验被给予出来:然而一旦我们有根据把一个合目的性原则在自然的特殊法则中赋予自然,　就毕竟总还是有可能和允许当经验把合目的性形式在自然产品上显示给我们时,就把这些产品正好归因于该经验可以建立于其上的同一个根据。

　　哪怕这个根据本身可能完全处于超感官的东西中并超出了我们可能看到的自然领域,我们也已经由于为存在于经验中的自然形式的合目的性在判断力中准备了一条自然合目的性的先验原则而有所收获了,这条原则即使不能充分地解释这样一些形式的可能性,但却至少使一个像合目的性概念这样特殊的概念应用到自然及其合规律性上去得到了允许,尽管这个概念决不可能是客观的自然概念,而只是从自然与内心能力的主观关系中拿来的概念。

Ⅶ. 判断力的技术,作为某种
自然技术之理念的根据

　　如上所述,判断力第一次使得在机械的自然必然性之外也在自然身上设想一种合目的性成为可能,没有这种合目的性,在按照经验性法则的那些特殊形式之通盘类型化中的系统统一就会是不可能的。我们曾首先指出,既然那条合目的性原则只是一个对自然进行划分和特异化的主观原则,它就将在自然产品的诸形式方面丝毫也不作规定。所以这个合目的性以这种方式就只会是停留在概念中,并且虽然会赋予判断力在经验中的逻辑运用以某种按照自然的经验性法则来统一自然界的准则,为的是把理性运用于自然的客体,但从系统统一的这种特殊方式、也就是按照那个目的表象而统一的方式中,却不会有任何在自然中的对象作为与这个表象的自然形式相应的产品被给予出来。——于是,自然在其产品的形式方面作为目的的这种原因性我将称之为自然的技术。它与自然的机械过程是相对立的,后者就在于自然通过结合杂多东西而来的原因性,而没有某种给它的统一性提供根据的概念,差不多就像某些起重装置,它们即使没有一个给它们提供根据的理念也可以有自己针对某个目的的作用,例如杠杆、斜面之类,我们会把它们称之为机器,但不称为艺术品,因为它们虽然可以用于某个目的,但并非只有与该目的相联系才是可能的。

在这里首先一个问题就是:自然的技术如何能够在自己的产品上被知觉到? 合目的性的概念根本就不是什么经验的构成性概念,也不是对属于客体之经验性概念的某个现象的任何规定;因为它并非范畴。我们在自己的判断力中知觉到合目的性,如果判断力对一个给予的客体只进行反思的话,这或者是有关经验性直观本身的,以便把它带到任何一个(不确定是哪一个)概念上来,或者是有关经验概念本身的,以便把它所包含的法则带到共同的原则上来。所以判断力真正说来是技术性的;自然就其与判断力的那种处理方式协调一致并使之成为必要的而言就仅仅被表象为技术性的。因而我们将指出使诸表象的某种合目的性的内部知觉成为可能的反思判断力概念以怎样的方式也能够应用于包含在它之下的客体的表象①。

这就是,任何经验性的概念都需要主动的认识能力的三件行为:

---

①　我们可以说是把目的因放进事物中去的,而不是仿佛把它从事物的知觉中取出来的。——康德

1.对直观杂多的领会(apperhensio①);2.概括,即对这种杂多在一个客　　27
体的概念中的意识的综合统一(apperceptio comprehensiva②);3. 在直
观中对与这个概念相应的对象的展现(exhibitio③)。第一个行为需要
想象力,第二个行为需要知性,第三个行为需要判断力,后者当涉及到
一个经验性的概念时就会是规定性的判断力。

　　但由于在关于一个知觉的单纯的反思中所关心的不是一个确定的
概念,而一般只关心为了作为概念能力的知性而对一个知觉进行反思
的规则:所以我们就会看出,在一个单纯反思性的判断中想象力和知性
被看做处于在一般判断力里面它们必然会相互反对的那种关系中,而
与它们在其中通过一个给予的知觉而现实地相处的那种关系形成
对照。

　　既然一个在经验性直观中被给予的客体的形式具有这样一种性
状,即在想象力中对该客体之杂多东西的领会与知性的某个概念(不
确定是哪一个概念)的展现是协调一致的,那么在单纯的反思中知性
和想象力也就会互相协调一致地去促进它们的事情,而该对象就被知
觉为仅仅对于判断力是合目的的,因而这合目的性本身也就仅仅被看
做主观的;正如既不为此要求有关客体的任何确定的概念、也不由此而
产生出任何这样的概念一样,而这种判断本身决不是什么认识判
断。——一个这样的判断就称之为一个**审美的**反思判断。

　　相反,如果已经给出了经验性的概念,同样也给出了符合自然的机
械作用的这样一些法则,并且判断力把一个这样的知性概念与理性及
其有关系统可能性的原则进行了比较,那么当这种形式在对象身上遇
见时,合目的性就被评判为客观的,而该物就称之为一个自然目的,而
在此之前事物只被评判为不确定的合目的性的自然形式。对于自然的　　28
客观合目的性的这种判断就称之为**目的论的**。它是一种认识判断,但

---

　　①　拉丁文:领会。——译者
　　②　拉丁文:统握的统觉。——译者
　　③　拉丁文:表现。——译者

却只属于反思性的判断力,而不属于规定性的判断力。因为一般说自然的技术不论它是单纯形式上的还是实在的,都只是事物和我们的判断力的一种关系,唯有在判断力中才可能找到自然的一个合目的性的理念,这理念也仅仅在与判断力的关系中才被赋予自然。

Ⅷ. 评判能力的感性学(Aesthetik)

　　感性的①表象方式这一说法,如果被理解为表象与一个作为现象的对象在对该对象的认识上的关系,那是完全没有歧义的;因为这时感性的(aesthetischen)这个说法意味着这样一个表象必然要带上感官性②(如同主体被刺激起来那样)的形式,并且这表象不可避免地要被转到客体(但只是作为现象的客体)身上。因此就可以有一种先验感性论作为一门隶属于认识能力的科学。但很长时间以来人们形成了这种习惯,把某种表象方式在下述意义上也称作感性的(aesthetisch)即感官性的(sinnlich),这就是:将它不是理解为一个表象与认识能力的关系,而是理解为一个表象与愉快和不愉快的情感的关系。现在,虽然我们习惯于把这种情感(按照这种命名)也称之为一种感觉(我们状态的改变),但它毕竟不是那种其规定将会被运用于对一个对象的认识之上的客观感觉(因为带着愉快去直观或一般地认识某物,这就不单纯是表象与客体发生关系,而且是与主体的某种感受性发生关系了),相反,它对于对象的认识毫无贡献。正是因为情感的一切规定都只具有主观的意义,所以它不可能像例如已有一门认识能力的感性学那样提29　供出一门作为科学的情感感性学。所以,如果我们把感性的表象方式一会儿理解为那种激发起愉快和不愉快的情感的方式,一会儿理解为

---

　　① 原文为 aesthetischen,有时根据上下文也译作"审美的",参看译者对第二导言"Ⅶ. 自然的合目的性的审美表象"这一节标题的注释。——译者

　　② 德文 Sinnlichkeit 一词通译作"感性",但在此为了区别于也译作"感性"的 aesthetisch 一词,在与后者并用时特译作"感官性",相应的 sinnlich 则译作"感官性的"。——译者

那种只是涉及到认识能力的方式，就这种认识能力中含有只让对象作为现象被我们认识的感官性直观而言，那么在"感性的表象方式"这一说法中就仍然总是有一种不可避免的歧义性。

然而，如果我们把 aesthetisch 这个术语既不是用于直观上，更不是用在知性的表象上，而只是用在判断力的活动上，那么上述歧义毕竟是可以消除的。一个感性的（aesthetisch）判断如果我们要把它用作客观的规定，那它就会是如此触目地自相矛盾，以至于我们足以保证不被这一术语所误导。因为直观虽然可以是感性的，判断却绝对只属于（从广义上来理解的）知性，而感性的或感官性的判断，就其应当是某个对象的知识而言，那就成了一种自相矛盾，如果感官性干犯到知性的事务并（通过 vitium subreptionis①）给知性一个错误的方向的话；毋宁说，客观的判断总是仅仅通过知性而作出的，就此而言它不可能称之为感性的（aesthetisch）。因此我们有关认识能力的先验感性论尽可以谈论感官性的直观，但决不能谈论感性的（aesthetisch）判断；因为既然它只是与规定客体的那种认识判断有关，它的那些判断就全都必须是逻辑性的。所以，通过某种有关一个客体的感性［审美］判断这一命名马上就显示出来的是，一个给予的表象虽然与一个客体相关，但在这个判断中所指的却不是对客体的规定，而是对主体及其情感的规定。因为在判断力中知性和想象力是在相互关系中得到考察的，而这种关系虽然首先是客观地被看做属于认识的（正如在判断力的先验图型法中所发生的）；但我们同样也可以只从主观上来考察两种认识能力的这一关系，30只要在同一个表象中一方促进或阻碍了另一方并由此刺激了内心状态，因而是一种可以感觉到的关系（是在任何另一种认识能力的特别运用时都不会发生的一种情况）。现在，虽然这种感觉决不是对一个客体的感官表象，但它毕竟由于自己主观上与知性概念通过判断力而来的感性化（Versinnlichung）结合起来，而可以作为被那种能力的一个行动所刺激起来的主体之状态的感官性表象而被归于感官性之列，而

---

①　拉丁文：偷换概念的错误。——译者

且虽然下判断(也就是客观地下判断)是一个(作为一般高级认识能力的)知性的活动,而不是感官性的活动,一个判断也可以是感性的(aesthetisch)、亦即感官性的(即按照主观效果而不是按照规定根据来说)。

每一个规定性的判断都是逻辑性的,因为它的谓词是一个给予的客观概念。但对某个给予的个别对象的单纯反思性的判断却可以是审美的(aesthetisch),如果没有为给予的直观准备好任何概念的那个判断力(在还未着眼于把这对象与别的对象相比较以前就)把想象力(仅仅在对该对象的领会中)与知性(在对一般概念的展现中)会合在一起并知觉到这两种认识能力的关系的话,这种关系构成了一般判断力的客观运用之主观的、仅仅是可感觉到的条件(即那两种能力相互之间的和谐一致)。但甚至也可能有一种审美的(aesthetisch)感官判断,就是说,如果判断根本不属于认识能力,因而判断的谓词根本就不可能是有关一个客体的概念的话,例如"葡萄酒是快适的",这时谓词表达的是一个表象直接与愉快情感的关系,而不是与认识能力的关系。

所以,一般说来一个感性的[审美的]判断可以被解释为那样一种判断,它的谓词永远也不能是知识(不能是关于一个客体的概念,尽管它可以包含有一般知识的主观条件)。在一个这样的判断中有感觉的规定根据。但现在只有一种唯一的这样列举出来的感觉是永远不可能成为有关一个客体的概念的,这就是愉快和不愉快的情感。这种感觉只是主观的,与此相反,一切其他的感觉都可以被用作知识。所以一个审美的(aesthetisch)判断就是这样的判断,它的规定根据在一个与愉快和不愉快的情感直接结合着的感觉中。在感性的(aesthetisch)感官判断中这就是这样一种感觉,它是从对象的经验性直观中直接产生出来的,但在审美的(aesthetisch)反思判断中则是这样一种感觉,它在主体中引起判断力的两种认识能力即想象力和知性的和谐的游戏,因为在给予的表象中一方面领会能力、另一方面展现能力在交替地互相促进,在这种情况下的这种关系通过这个单纯形式而引起一种作为判断的规定根据的感觉,这判断因而称之为审美的(aesthetisch),并且是作为

（无概念的）主观合目的性而与愉快的情感结合着的。

感性的感官判断包含的是质料的合目的性，审美的［感性的］反思判断包含的则是形式的合目的性。但由于前者根本不和认识能力发生关系，而是直接通过感官而与愉快的情感发生关系，所以就只有后者能够被看做是建立在判断力的特有原则之上的。就是说，如果对一个给予的表象的反思先行于（作为判断的规定根据的）愉快的情感的话，那么这种主观合目的性就是当它于自己的结果中被感觉到之前就被思考了的，而这个审美判断就此而言、即从自己的原则来看就是属于高级认识能力也就是判断力的，对象的表象则被归摄于这个判断力的主观的但同时又是普遍的条件之下。但由于单是一个判断的主观条件并不允许有任何关于这判断的规定根据的确定概念，所以这规定根据只能由愉快的情感提供，但这就导致审美判断永远是一个反思判断：因为在相反的情况下，一个判断若不预先把表象与那些在判断力中协调一致地起作用的认识能力作任何比较，它就是一个感性的感官判断，它也会使一个给予的表象与愉快的情感发生关系（但不是借助于判断力及其原则）。对这一差异作出判定的标志在这场讨论本身中才能指出来，它就在于判断对普遍有效性和必然性的要求；因为如果审美［感性］判断带有这种要求，那它也会要求自己的规定根据必须不仅仅只是孤立地包含在愉快和不愉快的情感之中，而且同时也在高级认识能力的某种规则之中，在此首先就是在判断力的规则之中，所以判断力就反思的条件而言是先天立法的，并且表现出**自律**；但这种自律并不是（像知性在自然的理论法则方面的自律、或是理性在自由的实践法则方面的自律那样）客观的，即通过关于事物或可能的行动的概念而自律，而只是主观的，对于出自情感的判断有效的，这种判断如果能够对普遍有效性提出要求，就证明了它建立在先天原则上的来源。这种立法严格说来我们将称之为再自律①，因为判断力并不为自然、也不为自由、而只是

32

---

① 该词原文为 Heautonomie，来自于希腊文 Autonomie（自律）前面加上一个 He（再），表明它是更高阶的自律。——译者

为它自身提供法则,而且决不是产生关于客体的概念的能力,而只是把出现的情况与从其他方面已经给予它的情况作比较并指出作这种先天联结的可能性的主观条件的能力。

正是由此也就可以理解,为什么判断力在它自己为自己(不以客体概念为根据而)采取的行动中,不是把给予的表象与它自己特有的规则连同对这规则的意识相联系,而只是把这种反思直接与像一切感觉一样总是伴有愉快或不愉快的那种感觉相联系(这是其他任何高级认识能力都不会发生的);这是因为,这规则本身只是主观的,而与这规则的协调一致只有凭那种同样只表达出与主体的关系的东西、也就是凭作为这判断的标志和规定根据的感觉,才能得到认识;因此这判断也叫做审美的,因而我们的一切按照高级认识能力的秩序而来的判断就可以划分为理论的、审美的和实践的,而这里的感性的[审美的 aesthetisch]判断只被理解为反思判断,唯有它是与作为高级认识能力的判断力的一条原则相联系的,与此相反,感性的感官判断则只是与表象对内部感官就其是情感而言的关系直接打交道。

注　　释

在此有必要首先说明的是将愉快解释为一个对象的完善性之感官表象这一做法。按照这一解释,一个感性的[审美的]感官判断或反思判断就会永远都是有关客体的一个认识判断了;因为完善性就是以一个对象概念为前提的规定,因而赋予该对象以完善性的那个判断凭借这一规定并没有与其他的逻辑判断有任何区别,除非像人们所以为的凭借加在那个概念上的模糊性(人们自以为这种模糊性就叫作感官性),但这种模糊性其实绝对不可能构成这些判断的任何特殊区别。因为否则的话,不仅无限数量的知性判断、而且甚至连无限数量的理性判断,也都会由于在其中一个客体被一个本身是模糊的概念所规定而不得不叫做感性的(aesthetisch)了,例如有关公正和不公正的判断,因

33

为很少有人(哪怕是哲学家)对什么是公正拥有清晰的概念①。完善性
的感官表象是一个明显的矛盾,并且,如果多和一的协调就应当叫做完 　34
善性的话,那么这种完善性就必须通过一个概念来表象,否则它就不能
领有完善性之名。如果我们想要使愉快和不愉快只不过是通过知性而
对事物的认识(只是这种知性没有意识到自己的概念而已),而这些认
识在我们看来又只不过像是些感觉,那么我们就必定会把通过它们而
对事物的评判不是称之为感性的(感官的),而是到处都称之为智性
的,而这些感官从根本说来就会只不过是一种(虽然对自己的特别行
动并无充分意识的)进行判断的知性了,而感性的(asthetisch)表象方
式就会与逻辑的表象方式没有特殊的区别了,这样一来,由于我们不可
能以确定的方式在两者之间划出界限,这种命名的方式就会是完全是
无用的了。(这里不涉及对世俗事物的那种神秘的表象方式,这种表
象方式不允许任何与概念有根本区别的直观是感官性的,因而对于它
来说所剩下的就会只是某种直观的知性了。)

　　有人也许还会问:自然的合目的性的概念难道和完善性的概念所　35
说的不是同一个意思吗?因而,主观合目的性的经验性意识,或者对某
些对象的愉快的情感,难道不就是某种完善性的感官直观,就像某些人
愿意一般地解释愉快那样?

　　我的回答是:完善性,作为多就其合起来构成一而言的单纯完备

---

① 我们可以一般地说:事物肯定永远也不会由于一种性质仅仅通过其程度
的增加或减少 而转化为任何其他性质就被看做在种类上不同的事物。现在,概 　34
念的清晰和模糊的区别仅仅取决于对各种特征按照对其加以注意的大小而来的
意识程度,所以就此而言一种表象方式与另一种表象方式并没有特殊的区别。但
直观和概念相互之间却有特殊的区别;因为它们并不互相转化:哪怕对两者的意
识和对其特征的意识可以任意增加或减少。因为由概念(如公正的概念)而来的
一种表象方式的最大的不清晰性也总是还会留下这些概念由知性的起源而来的
特殊差别,而直观的最大的清晰性也丝毫也不能使直观接近于那些概念,因为后
面这种表象方式的位置是在感官性中。逻辑的清晰性与感性的(aesthetisch)清晰
性也有天壤之别,而后者是哪怕我们对于对象根本没有用任何概念来加以表象
时,也就是哪怕这个表象作为直观是感官性的时,也会发生的。——康德

性,是一个本体论的概念,该概念与一个复合物的整体性(全体性)的概念(即通过杂多在一个聚合体中的互相配合,或同时通过它们作为根据和结果在一个系列中的隶属关系的互相协调)是一样的,而与愉快和不愉快的情感没有丝毫的关系。一物在其杂多性与其概念发生关系时的完善性只是形式上的。但如果我谈到一个完善性(一物的多可以在该物的同一个概念之下给予这个完善性),那么就总是有某种作为一个目的的某物的概念作根据了,基于 这一根据,那个多与一相和谐的本体论的概念才得到应用。但这一目的不必总是以对一个客体的实存的愉快为前提或包含这愉快的实践目的,相反,它也可以是属于技术的,因而只涉及到事物的可能性,并且就是客体中杂多的一个本身偶然的结合的合规律性。可以作为例子的是我们在一个正六边形中就其可能性而必然想到的那种合目的性,因为六条相等的直线在一个平面上恰好以完全同样的角度汇聚在一起,这完全是偶然的,因为这个合规律的结合要以一个作为原则使之成为可能的概念为前提。在自然物上(尤其是在有机物上)所观察到的这样一类客观合目的性就被设想为客观的和质料上的,并必然会带有一个(现实的或者是为自然构想出来的)自然目的的概念,我们也在与这种概念的关系上赋予事物以完

36 善性,有关这一点的判断就叫做目的论的,并丝毫不带有任何愉快的情感,正如这种愉快一般说来也根本不可以在有关单纯因果关系的判断中去寻求一样。

所以一般而论,作为客观合目的性的完善性的概念与愉快的情感、以及这种愉快与那个概念都是毫不相干的。为了评判前者,必然会需要一个有关客体的概念,而为了通过后者进行评判,这种概念则完全不必要,而唯有经验性的直观才能造成这种评判。反之,一个客体的主观合目的性的表象与愉快的情感则甚至是一样的(都同样不需要一个这方面的目的关系的抽象概念),而在这种主观合目的性与前一种客观合目的性之间有一条很大的鸿沟。因为要确定那主观合目的性的东西是否也是客观的,不仅需要对实践哲学的多方面的详尽研究,而且也需要对不论是自然的还是艺术的技术作多方面详尽的研究,就是说,为了

发现一物中的完善性，需要的是理性，为了发现它的快意性，需要的只是感官，而为了找到它的美，则只需要对一个给予的表象作（没有任何概念的）单纯的反思。

所以，感性的［审美的］反思能力只对于对象的主观合目的性（而不是完善性）下判断：而这就有一个问题，这种判断是仅仅借助于在这上面所感觉到的愉快或不愉快呢，还是甚至也是关于这种愉快或不愉快，以至于该判断同时要确定这愉快或不愉快必须与这对象的表象结合在一起？

这个问题正如上面所提到的，在此还不能够得到充分的解决。这种解决必须通过在这篇文章中对这一类的判断作出阐明才能得出，即阐明它们是否带有某种能使它们有资格从一个先天的规定根据中被推导出来的普遍性和必然性。在这种情况下，那种虽然是借助于愉快或不愉快的感觉所作出的、但毕竟同时也是关于这感觉与一个给予的表象相结合的规则之普遍性的判断，就会通过认识能力（主要是判断力）而先天地得到某种规定。反之，假如这判断所包含的无非是表象对情感的关系（而不借助于一条认识原则），如同在感性的感官判断（它既不是一个认识判断也不是一个反思判断）那里的情况一样，那么一切感性判断就都会被归于单纯的经验性领域了。 37

目前还可以指出的是：从认识到愉快或不愉快的情感并不存在任何凭借有关对象的概念而来的过渡（就这些对象应当与那种情感相关而言），所以我们不能指望对一个给予的表象在内心所造成的影响作先天的规定，就像我们前此在《实践理性批判》中所发现的那样，即：意愿的一个普遍的合规律性同时必须是规定意志的，并且也必须是唤起敬重的情感的，这是一条包含在我们的道德判断中、而且是先天地包含于其中的法则，但我们却毕竟仍然未能从概念中推导出这种情感。同样，感性的［审美的］反思判断将在自己的展开中向我们阐明它里面所包含的、基于一条先天原则之上的概念，即客体的形式的、但却是主观的合目的性的概念，这概念与愉快的情感在根基上是一样的，但却不能从任何一些概念中推导出来，虽然对这些概念的可能性的关系是表象能力当其通过对一个对象的反思而刺激内心时仍然一般地设想着的。

　　普遍地来看待对这种情感的解释,而不是着眼于它是伴有感官感觉或是反思或是意志规定这种区别,就必定是一种先验的解释①。这种解释的内容可以是这样的:愉快是一种内心状态,在其中一个表象要

38

---

①　试图为我们作为一些经验性的原则来运用的概念下一个先验的定义是有好处的,如果我们有理由猜测这些原则与先天的纯粹认识能力有亲缘关系的话。于是我们就像数学家那样来处理问题,数学家由于他让自己的课题的经验性的材料不加规定而只将它们的综合纳入到纯粹算术的表达之下,就使这个课题的解决变得容易了。但有人曾反驳我对欲求能力的一个类似的解释(见《实践理性批判》,序言,第16页[按:参看中译本《实践理性批判》,邓晓芒译,杨祖陶校,人民出版社2003年版,第9页。——译者])说:欲求能力不能定义为通过其表象而成为这些表象的对象的现实性之原因的能力,因为单纯的希望也是一些欲求,但我们却对它们不能导致自己客体的产生心安理得。但由此所证明的无非是欲求能力也有这样一些规定,这时它与它自己处于矛盾之中:这是一种对于经验性的心理学来说值得注意的现象(就像注意到偏见给予知性的影响对于逻辑学那样),但这并不必然对欲求能力在客观上看、即对这种能力在不论由于什么而从其规定中偏离开来以前本身会是什么所作的定义发生影响。的确,人可以最热烈地和持续不断地欲求某物,但他却确信,自己并不能达到它,或者这根本就是绝对不可能的:例如希望发生过的事情未曾发生,急切地欲求一段使我们难受的时间更快地消逝等等。甚至对于道德来说,针对这样一种空洞的和幻想出来的欲求着重提出警告也是一个重要的信条,这些欲求大量通过小说、有时甚至通过与之类似的对超人的完善性和幻想出来的天福的神秘表象来滋养。但甚至这样一些使心灵膨胀和枯萎的空洞的欲望和渴求在内心上所产生的结果,即内心由于耗尽精力而疲惫不堪,就足以表明这些内心力量实际上是由于那些表象而反复绷紧,以便现实地造成自己的客体,但正是这样就经常让内心跌回到对自己无能的意识中去。对于人类学来说这也是一个并非不重要的研究任务:到底为什么大自然在我们里面造成了对于像空洞的希望和渴求(它们在人类的生活中肯定扮演着一种重要的角色)这样一种无结果的浪费力气的禀赋? 在我看来大自然在这里也正如在一切其他方面一样有自己恰好是智慧的安排。因为假如我们不是在直到我们能力的充分性已经确保我们能够产生出客体来之前,就应当早已由这客体的表象规定去作力量的应用了的话,那么这种力量也许绝大部分都会仍然是无用的。因为通常我们只有通过我们对自己力量的尝试才会认识这些力量。所以大自然把力量的规定与客体的表象结合起来是在我们能力的知识之先,这种知识常常是恰好只有通过那最初为内心本身燃起一种空洞希望的努力才产生出来的。所以这种智慧的任务就在于使这种本能受到限制,但它永远也不会做到、或者说它永远也不会哪怕去要求根除这种本能。——康德

38

39

么作为仅仅是自我维持的根据(因为这种诸内心力量交互促进的状态在一个表象中自我维持着)、要么作为产生出它自己的客体的根据,而自己与自己协调一致。如果是前者,那么关于这个给予表象的判断就是一个审美的[感性的]反思判断。但如果是后者,那它就是一个感性的—病理学的或者感性的—实践的判断。 在此很容易看出,愉快或不愉快由于它们不是什么知识,就根本不可能单独为自己得到解释,而要被感到而不是被洞悉;因此我们只有通过一个表象借助于这种情感在内心诸力的活动上所具有的影响才能勉强对它们作出一点解释。

Ⅸ. 目的论的评判

　　我所谓自然的形式技术是指自然在直观中的合目的性;但却把自然的实在技术理解为自然按照概念的合目的性。前者为判断力提供了合目的性的形态,也就是这种形式,凭着它的表象,想象力和知性为了自身概念的可能性而交互地协调相处。后者意味着那些作为自然目的之物的概念,这样一些物的内部可能性预设了一个目的、因而预设了一个概念,它作为条件给这些物的产生之原因性提供了根据。

　　直观的这些合目的性形式可以是先天的判断力自己指定和建构起来的,就是说如果它为了领会而如此来构想这些形式,就好像它们要适应于表现一个概念一样。但诸目的,亦即那些本身被看做其(作为结果的)对象之原因性条件的表象,一般说来却必须在判断力去探讨杂多事物为此协调一致起来的那些条件之前,就被从无论什么地方被给予了,并且如果这里说的是自然目的,那么某些自然物就必须能够这样被考察,就好像它们是一个原因的产物,这个原因的原因性只有通过该客体的表象才能被规定。但现在我们并不能先天地确定,这些物是如何以及以何种多样的方式由自己的原因而成为可能的,对此必须要有经验法则。

　　把自然物中的合目的性当作这些自然物的可能性根据(当作自然目的)来判断,就叫做目的论的判断。现在,即使感性的[审美的]判断

39

40

本身并不是先天可能的,但作为一个系统的那些先天原则却毕竟在某种经验的必要理念中提供出来了,它们包含有自然对于我们的判断力的形式合目的性的概念,并由此先天地彰显了那些建立在先天原则之上的审美的[感性的]反思判断的可能性。大自然以必然的方式不仅在其先验法则方面与我们的知性相协调,而且也在其经验性的法则中与判断力及其在通过想象力领会自然的形式时把大自然描绘出来的能力相协调,而这虽然只是为了经验之故,在这里自然的形式的合目的性就后一种协调一致而言还可以被阐明为必然的。只是这种协调一致作为一种目的论评判的客体也应当按照它所造成的有关一个目的的概念而被设想为根据其原因性而和理性也相互协调的;这就超出了判断力能够被单独期望的东西,判断力虽然可以包含对于直观形式所特有的先天原则,但并不能包含对于有关事物产生的概念所特有的先天原则。

41 所以一个实在的自然目的的概念就完全处于超出判断力的领域之上,如果这判断力被单独当作它自身来看的话,而由于它作为一种抽象的认识能力在一个先于一切概念的表象中仅仅考察两种能力即想象力和知性的关系,并由此在(通过想象力)领会对象时知觉到该对象对于认识能力的主观合目的性,于是它在作为自然目的的那些事物的目的论的、只能通过概念来表象的合目的性中,就必须把知性置于与(一般并不是经验所必要的)理性的关系中,以便能把事物作为自然目的来表象。

对自然形式的审美的[感性的]评判能够没有一个有关对象的概念作基础而在对直观的单纯经验性的领会中发现某些显现出来的自然对象是合目的的,当然仅仅是就与判断力的主观条件的关系而言。所以审美评判并不要求也不产生出任何客体概念:因此审美评判也不是在一个客观判断中为了自然目的、而只是在主观关系中为了表象能力,才宣布这些客体是合目的性的,这种形式的合目的性我们可以称之为图象性的,自然的技术就这方面而言也可以作同样的称谓(technica speciosa①)。

① 拉丁文:美妙的技术。——译者

相反,目的论的判断是以一个客体概念为前提的,并且是按照一条因果联系的法则对该客体的可能性所进行的判断。因此我们可以把这种自然技术称之为造型性的,如果人们不是已经把这个词在更普遍的含义中、也就是既对于自然的美也对于自然的意图都加以通用了的话,所以这种技术,如果人们愿意的话,可以叫做自然的有机技术,这个术语也就表明了合目的性概念不仅是对于表象方式而言的,而且也是对事物本身的可能性而言的。

但本节最具本质性和重要性的也许是证明了:在自然中的终极因的概念,作为一个把对自然的目的论的评判与按照普遍的机械法则所作的评判分离开来的概念,是一个只隶属于判断力而不隶属于知性或理性的概念,就是说,既然我们可以把自然目的概念也在客观的意义上作为自然的意图来运用,则这样一种运用当其已经被玄想出来时就绝对不是建立在经验中的,经验虽然可以说明这些目的,但它却不能用任何东西来证明这些目的同时又是有意图的,因而凡是在经验中被发现是属于目的论的东西,都只包含经验的对象与判断力的关系,也就是包含一条判断力借以为它自己(而不是为自然)立法的判断力原理,即作为反思判断力的原理。

目的和合目的性的概念虽然是一个理性概念,就此而言人们把一个客体的可能性根据赋予了理性。但自然的合目的性,乃至于作为自然目的的事物的概念,都把理性作为原因而置于与这样一些事物的关系之中,在这种关系中我们凭任何经验都不能把理性认作这些事物的可能性根据。因为只有在艺术作品上我们才能意识到理性对于客体的原因性,这种原因性因此才叫做合目的的,或叫做目的,而就这些作品而言把理性称之为技术性的,这是适合于我们自己的能力之原因性的经验的。不过自然界,即使是对某个理性表现为技术性(并这样来赋予自然以合目的性甚至目的)的自然界,也是一个我们在经验中不可能找到而只是判断力置于其有关一个对象的反思中的特殊概念,为的是按照它的指示去处理那符合特殊法则即符合一个系统的可能性法则的经验。

　　这就是说,我们可以把大自然的合目的性要么看做自然的(Forma finalis naturae spontanea①),要么看做有意的(intentionalis②)。单纯的经验仅仅赋予了前一种表象方式以权利;第二种表象方式则是一种添加在那个作为自然目的之事物概念上的假设式的解释方式。前一种有关作为自然目的之物的概念从根源上说属于反思性(尽管不是审美的[感性的]反思性、却是逻辑的反思性)的判断力,后一种则属于规定性的判断力。对于前一种概念虽然也要求有理性,但只是为了一个必须按照原则来着手的经验起见(因而是在其内在的运用中),对于后一种概念却要求有一种把自己抬高到言过其实的理性(在其先验的运用中)。

　　我们能够和应当尽我们所能地努力在经验中对自然在它按照其单纯机械法则的因果关联中加以探究:因为在这些机械法则中有各种真实的物质性的解释根据,其中的关联构成了遵循理性的科学的自然知识。但现在,我们发现在自然的产物中有些特殊的分布很广的种类,它们在自身中包含那些起作用的原因的这样一种结合,我们必须用一个目的的概念来作这种结合的根据,即使我们只想涉及经验、即涉及按照一条与经验的内部可能性相适合的原则所作的观察也罢。假如我们想对这种结合的形式和它的可能性仅仅按照机械法则来评判,凭这些法则,结果的理念不得被视为其原因的可能性的根据,而是恰恰相反,那么就将不可能从这些自然物的特种的形式中哪怕获得一个经验概念,使得我们能够从它们的作为原因的内部结构中推出这个结果来,因为这些机械物的各部分并不是就每一部分都独自拥有其可能性根据而言,而仅仅是就所有的部分都一起拥有其可能性的一个共同根据而言,才是在这些部分上显示出来的那个结果的原因。既然说这个整体就是各部分的原因性之可能性的原因,这是完全违背那些物理—机械原因的本性的,相反,为了从中把握一个整体的可能性,各部分就必须先行

---

① 拉丁文:自然自发的合目的形式。——译者
② 拉丁文:故意的。——译者

被给予;另外,既然一个整体的特殊表象作为先行于各部分之可能性的表象是一个单纯的理念,而这个理念当它被看做原因性之根据时就叫做目的:那么很清楚,如果有这样一类自然产物,就不可能对它们的性状及其原因哪怕在经验中加以研究(更不用说通过理性来解释它们了),而不设想它们本身、它们的形式和原因性都是按照一条目的原则来确定的。

44

现在很清楚:在这种情况下,自然的一个客观合目的性的概念只是用于对这客体加以反思的目的,而不是用于通过目的概念来规定这一客体,而对一个自然产物的内部可能性的目的论判断只不过是一个反思性的判断,而不是一个规定性的判断。例如,当我们说眼睛里的晶状体有一个目的,就是通过对光线的一个双重的折射使得从一个点放射出的光线重新在眼睛的视网膜上结合于一点,这时我们所说的只是,大自然在产生眼睛时的原因性中的一个目的之表象之所以被我们想到,是因为有这样一个理念被用作原则来借以在涉及眼睛的上述部分时指导对眼睛的研究,同样也是因为我们有可能会想出的为了促进那种作用的办法。大自然就凭这一点还没有被赋予一个按照目的表象即有意地起作用的原因,那将会是一个规定性的目的论判断,并且本身将会是超验的,因为它带来了一种超越于自然边界之外起推动作用的原因性。

所以自然目的概念只是一个反思性的判断力为了它自己的缘故去跟踪经验对象的因果关系的概念。通过在解释某些自然形式的内部可能性时的一个目的论原则,并没有确定这些形式的合目的性是有意的还是无意的。凡主张这两者之一的那个判断就将不再只是反思性的,而会是规定性的了,而一个自然目的的概念也会不再只是一个为了内在运用(经验运用)的判断力概念,而会和一个有关超越自然之上而设立的有意起作用的原因的理性概念相结合,后者的运用是超验的,不论我们在这种情况下想要肯定地还是否定地作判断。

45

Ⅹ. 寻求一条技术性的判断力的原则

如果仅仅是要为发生的事情找到解释的根据,那么这个根据就可以要么是一条经验性的原则,要么是一条先天的原则,要么就是由两者复合起来的原则,正如我们在对物质世界中的事件作物理—机械的解释时所能看到的那样,这些解释部分在普遍的(合理的)自然科学中,也有一部分在那种包含有经验性运动法则的自然科学中,找到了自己的原则。类似的事情也发生在当我们要为我们内心在先所出现的东西寻求心理学的解释根据时,区别仅仅在于,凡是我所意识到的东西,其原则全部都是经验性的,唯一例外的原则就是一切变化中的持续性原则(因为只有一个维度的时间是内直观的形式条件),这原则先天地被作为这些知觉的根据,但我们从中同样丝毫也不能为这种解释起见有任何作为,因为普遍的时间学说不像纯粹的空间学说(几何学)那样能为一门完整的科学提供充分的材料。

所以,假如问题取决于要解释我们称之为鉴赏的东西最初是如何在人们中产生出来的,为何这些对象比别的对象更多地引起了鉴赏,并使有关美的判断在这种或那种地方和社会的不同情形下都流行起来,又是由于什么原因鉴赏得以一直增长到奢侈的程度,如此等等,那么这46 样一种解释的原则大部分都必须到心理学中去寻找(心理学在这样一种情况下永远只被理解为经验性的)。所以道德学家要求心理学家给他们解释吝啬鬼的这种奇怪现象,吝啬鬼光是拥有过幸福生活(或任何别的意图)的手段,但却把永远也不运用它们的决心设立为一种绝对的价值,或是解释荣誉欲,这种欲望相信自己的意图只在单纯的名声而没有其他意图,道德学家借此就能够不是按照道德法则本身、而是按照对于抗拒道德法则影响的那些障碍的清除来校正自己的规范了;但在这里我们却不得不承认,与物理的解释比较起来,心理学解释的情况是很可怜的,它们是没完没了地假设性的,我们完全可以很容易地在三个不同的解释根据之上再想出第四个同样是似是而非的解释根据,因此一大批这种类型的所谓心理学家就懂得为每一种内心激情或为在戏剧中、在诗意的表象中以及由自然对象所唤起的感动去指出原因,也许还会把他们的这种机智称之为在物质世界中科学地解释通常的自然事件的哲学,这些人不仅没有显示出任何知识,而且就连获取知识的能力也许都还没有显示出来。从心理学上加以观察(就像博克在其关于美和崇高的著作中那样),因而为将来能够系统地加以结合的那些经验规则搜集材料,却并不想概念式地把握这些规则,这也许是经验性的心理学唯一的职责,这种心理学永远也不能要求提升到一门哲学科学的等级。

但如果一个判断把自己冒充为普遍有效的,因而要求在自己的主张中有必然性,不论这种所谓的必然性是建立在客体的先天概念上还是基于用作先天根据的那些概念的主观条件之上,那么如果我们承认这样一个判断的此类要求,就会由于从心理学上解释这一判断的起源而荒谬地把这种要求当作是正当的。因为这样一来我们就会违背这种要求自己的意图行事,而假如这种被尝试的解释获得完全的成功,那么恰好正因为我们可以指明它自己的经验性的起源,就会表明这判断对于必然性绝对不可能有任何要求。

现在,审美的[感性的]反思判断(对此我们后面将在鉴赏判断的名下进行分析)就具有上面所说的性质。这些判断对必然性提出了要求,却并不说每个人都是这样判断的——那将会使它们面临一个为经验性的心理学作出解释的任务——,而是说人们应当这样来判断,而这就等于说:它们为自己而拥有一条先天的原则。假如和这条原则的关系不是由于这原则要求必然性而被包含于这类判断之中的话,那么我们就会不得不假定,我们之所以能在一个判断中主张它应当是普遍有效的,是因为它如同观察所证明的那样实际上是普遍有效的,反之,则从每个人都在以某种方式作判断而推出他也应当以这种方式作判断,而这都是显然荒谬的事。

于是,虽然审美的[感性的]反思判断表现出这样的困难,即它绝对不能被建立在概念上,因而也不能从任何确定的原则中引申出来,因

47

为否则它就会是逻辑的判断了；但合目的性的主观表象也绝对不应当是任何目的概念。然而与一个先天原则的关系却总还是能够和必须在这种判断提出必然性要求的地方发生，哪怕在这里所谈的只是这种要求和一个这样的要求的可能性，但一种理性的批判正是被这种要求引发去探究那作为根据的、虽然是不确定的原则本身，而它也能够成功地发现这一原则并承认这一原则，这就从主观上并且先天地给这种判断提供了基础，虽然这种判断永远也不可能带来一个确定的客体概念。

＊　　　　　＊　　　　　＊

48

正是这样，我们就必须承认，目的论的判断是建立在一个先天原则之上的，而且它没有这一原则是不可能的，尽管我们在这类判断中只是通过经验才发现了自然的目的，而且没有经验我们本来哪怕连这类事物是可能的都不会认识到。因为，目的论判断虽然把一个关于为某些自然产物的可能性提供根据的目的的概念和客体的表象结合起来（这在审美判断中是不会发生的），但它仍然如同审美判断一样只是一种反思判断。这根本不是要僭妄地主张大自然（或由它而来的别的存在物）在这种客观的合目的性中实际上是有意地在运作，亦即在这种合目的性及其原因中有关一个目的的观念在规定着原因性，相反，所主张的是我们只须按照这种类比（按照因果关系）来利用自然的机械法则去认识这样一些客体的可能性并获得有关它们的一个概念，这概念能够在一个可以系统处理的经验中为那些客体带来一种关联。

一种目的论的判断把一个自然产物的概念按照其所是的而与它所应当是的东西加以比较。在这里对该产物的可能性的评判是以一个先天地先行于它的（有关目的的）概念为根据的。以这种方式在艺术品上设想这种可能性是没有任何困难的。但对于一个自然产物，要设想它本来应当是某物，并据此来对它是否现实地也是这样存在着加以评判，这就已经包含有一个原则的预设了，这个原则从经验中本来是不可能引出来的（经验只告诉我们这些事物是什么）。

我们能够用眼睛看,这是我们直接经验到的,我们同时也经验到眼睛的外部的和里面的结构,这是眼睛的这种可能的运用的各种条件中所包含着的,所以这些条件也包含按照机械法则的原因性。但我也可以把一块石头用来在上面砸碎某种东西,或是在上面建造某种东西等等,而这些结果也可以作为目的而与它们的原因发生关系,但我不能因此就说这石头本来是应当用来建造的。只有对于眼睛我才判断说,它本来是应当用来看的,虽然眼睛一切部分的造型、性状及其组合,按照单纯机械的自然法则来评判,对于我的判断力来说都完全是偶然的,但我仍然在这种形式和眼睛的构造中思考一种以某种方式被构造成的必然性,亦即它是按照某个先行于这个器官的构造性的原因概念被构造成的,没有这个概念,这一自然产物的可能性对于我来说就是按照任何机械的自然法则都无法理解的(而在石头的情况下就不是这样)。于是这个"应当"就包含有一种必然性,它是与一物据以按照单纯的(没有一个该物的先行理念而)起作用的原因法则而可能的那种物理—机械的必然性有明确区别的,并且它也正像通过心理学法则不能规定审美判断的必然性一样,也不能通过单纯物理的(经验性的)法则来加以规定,而是要求一种在判断力中——只要这种判断力是反思性的——所特有的先天原则,目的论判断所服从的就是这种原则,它也必须从这一原则中按照其有效性和局限而得到规定。

所以,一切有关自然合目的性的判断,不管它是审美的还是目的论的,都要服从先天的原则,也就是这样一些特定地和专门地属于判断力的原则,因为这些判断只是些反思性的判断,而不是规定性的判断。正因为如此,它们也隶属于(从最广义来看的)纯粹理性批判之下,而目的论的判断比审美的判断更需要这种批判,因为它们沉湎于自身而诱使理性去作有可能使自己迷失于夸大其辞之中的推论,相反,审美的判断则需要一种艰苦的研究,仅仅是为了防止它们不按自己本身的原则而只局限于经验性的东西上,并借此取消它们对于每个人都必然有效的要求。

XI. 在纯粹理性批判体系中判断力批判的全景式的导论

对一本书的任何导言要么是导入一个现存的学说,要么是把该学说本身导入它作为一部分所隶属的一个系统之中。前者先行于那个学说,后者最好应当仅仅构成这一学说的结论,以便按照原理来指出这一导言在它通过共同原则而与之相关联的各种学说的总和中所占的位置。前者是一种入门性的导言,后者可以叫做一种全景式的(encyclopadische)导言。

入门式的导言就是通常的导言,即它们是为一个将要阐明的学说做准备的,因为它们把那种为此所必要的知识从别的已经现存的学说或科学中引伸出来,以便使这种过渡成为可能。如果我们使这些导言致力于把那个新出现的学说所特有的诸原则(domestica①)与属于另外一个学说的诸原则(peregrinis②)小心地区别开来,那么它就可用于对各门科学确定界限,即一种怎么推崇也决不会过分的谨慎,因为没有这种谨慎就不可能指望任何彻底性,尤其是在哲学知识中。

但全景式的导言却绝对不以一个有亲缘关系的、并且为新预告的学说做准备的学说为前提,而是以一个由这一导言才首次得到完成的系统的理念为前提。既然这样一个系统并不是由于对在研究道路上所发现的杂多事物的领会和搜集而可能的,而只是当我们能够完备地提供出某种知识的主观的或客观的源泉时,通过一个整体的形式概念——这概念同时包含有一个完备划分的先天原则——才可能的,所以我们就很容易理解,为什么全景式的导言哪怕很有用处却毕竟如此地不常见。

51　　　　由于在这里应当为之找到其特有的原则并加以讨论的那种能力

---

① 拉丁文:本土的。——译者
② 拉丁文:外来的。——译者

（即判断力）具有如此特殊的性质，以至于它单独根本不带来任何知识（不论是理论的还是实践的知识），并且尽管它的原则是先天的，但却并不给作为客观学说的先验哲学提供出任何部分，而只是构成其他两个高级认识能力（知性和理性）的纽带：所以我就可以被允许在规定这样一种本身决不能作为学理、而只能是一种批判的能力的诸原则时，从其他所有场合下是必要的秩序中偏离开来而为这一秩序预先准备一个简明的全景式的导论，也就是并非导入到纯粹理性各门科学的一个系统中去的导论，而只是导入到对一切先天可规定的内心能力就其在内心中相互构成一个系统而言的批判中去的导论，并以这种方式把入门式的导论和全景式的导论结合起来。

判断力的这种导入到凭借概念的纯粹认识能力的系统中去的导论是完全建立在判断力之先验的、它所特有的原则之上的，这就是：自然界在先验的知性诸法则（作为一般自然的自然可能性的诸原则）的特异化中，亦即在自然的经验性法则的多样性中，是按照某种为了作为一个经验性系统的经验之可能性而对这种多样性进行划分的系统的理念来运作的。——这就首先提供了一个客观上是偶然的、但主观上（对我们的认识能力来说）是必然的合规律性概念，即一种自然合目的性概念，而且是先天的概念。虽然这个原则在特殊的自然形式方面并没有作任何规定，而是任何时候都必须经验性地把这些自然形式的合目的性提供出来，但对这些形式的判断作为单纯反思性的判断，通过所予表象对于判断力而言的主观合目的性与判断力的那个先天原则的关系，而从自然界在其经验性的一般合规律性中的合目的性那里毕竟获得了一种普遍性和必然性的资格，于是一个审美的反思性判断就将有可能被看做是建立在一个先天原则之上的（尽管它并非规定性的），而判断力在这一原则中就会发现自己有权在对高级的纯粹认识能力的批判中占一席之地。

但既然自然的合目的性（作为与实践的合目的性有本质不同的技术性的合目的性）的概念，如果它不应当只是把我们从自然中所造成的东西偷换成自然所是的东西，它就是一个与一切独断论哲学（无论

52

是理论的还是实践的)都脱离了关系的概念,它仅仅建立在判断力的
那个先行于经验性法则并首次使这些法则与它们的一个系统统一性相
互和谐成为可能的原则之上,那么由此可见,在反思性的判断力的两种
运用方式(即审美判断力和目的论判断力)中,那种先行于一切客体概
念的判断、因而审美的反思性判断是完全独自拥有自己判断力的规定
根据的,而不和另一种认识能力相混淆,反之,对于自然目的概念所作
的目的论判断,尽管这个概念在判断中本身也只是作为反思性判断的
原则而不是规定性判断的原则来运用的,却毕竟只有通过理性与经验
性的概念的结合才能被作出。因此有关自然的一个目的论判断的可能
性就可以很容易指出来,而无须判断力的一个特殊的原则来为之提供
根据,因为这种判断力所遵循的只是理性原则。反之,单纯反思的一个
审美的、但却建立在一条先天原则之上的判断,也就是一个鉴赏判断,
如果我们能够证明它现实地有权要求普遍有效性的话,它的可能性就
绝对需要对判断力作为一种(像知性和理性一样)具有特别的先验原
则的能力所作的批判,并且唯一借此才有资格被接受到纯粹认识能力
53　的系统中来;这样做的根据在于,审美判断不以一个有关其对象的概念
为前提,但却赋予、确切说是普遍有效地赋予该对象以合目的性,所以
为此就必须将这原则置于判断力本身中,与此相反,目的论判断则以一
个由理性纳入到目的关系原则之下的客体概念为前提,只不过这个自
然目的的概念只会被运用于反思性判断中的判断力上,而不是规定性判
断的判断力上。

　　所以真正说来只有鉴赏,而且是对自然对象的鉴赏,才是唯一地在
其中显示出判断力是一种拥有自己特别的原则并借此有理由要求在对
高级认识能力的普遍批判中占有一席之地的,而我们本来也许并不相
信它会有这种资格。但判断力的这种为自己先天地建立原则的能力一
旦被给予,那么它也就必然要规定自己的范围,并为了这一批判的完备
性而要求把判断力的审美能力与目的论的能力一起认作包含在一个能
力之中并基于同一条原则之上的,因为甚至关于自然物的目的论判断

也完全与审美判断同样隶属于反思性的(而非规定性的)判断力。

但鉴赏的批判本来只是被用来改善或加强鉴赏本身的,而当我们在先验的意图中对它加以处理时,由于它填补了我们认识能力系统中的一个漏洞,它就向一切内心能力的一个完备系统方面展示了一幅诱人的、我以为是大有希望的前景,只要它在自己的使命中不仅仅是关系到感官的东西,而且也关系到超感官的东西,但却不去推倒那块由对内心能力的后面这种运用的严密批判所竖立的界碑。如果我在这里把这一系统的联系作一个粗略的勾画, 当然这种勾画只是像目前整个这一节一样本应当在本书的结论部分才真正拥有自己的位置,那么这也许对于读者能够更容易地综观以下探讨的关联可以有所帮助。

就是说,内心诸能力全部可以归结到如下三种:

> 认识能力
>
> 愉快和不愉快的情感
>
> 欲求能力

但所有这些能力的实施却永远都是以认识能力为基础的,虽然并不总是以认识为基础(因为一个属于认识能力的表象也可以是无概念的直观,不管是纯粹直观还是经验性直观)。所以,就所谈的是按照原则的认识能力而言,在这些一般内心能力旁边就会排有如下高级认识能力:

> 认识能力————————知性
>
> 愉快和不愉快的情感——判断力
>
> 欲求能力————————理性

这就会是:知性是为认识能力而包含有特别的先天原则,判断力只是为愉快和不愉快的情感而包含特别的先天原则,理性则仅仅为欲求能力而包含特别的先天原则。这些形式原则为一种必然性奠定了基础,这种必然性部分是客观的,部分是主观的,也有一部分则是由于它是主观的而同时具有客观有效性,据此这些原则就通过排在它们旁边

54

的高级能力来规定与它们相应的内心能力：

　　认识能力——————————知性————————合规律性

　　愉快和不愉快的情感—判断力————————合目的性

　　欲求能力——————————理性—同时是规律的合目的性（义务）

最后，与这些形式的可能性的上述先天根据相伴随的也有作为其产物的形式：

55

内心能力	高级认识能力	先天原则	产物
认识能力————————知性————————合规律性————————自然			
愉快和不愉快的情感————判断力————合目的性————艺术			
欲求能力————————理性————同时是规律的合目的性（义务）—道德			

所以，**自然**把自己的合规律性建立在作为认识能力的知性之先天原则上；**艺术**在其先天的合目的性中所遵守的是与愉快和不愉快的情感相关的判断力；最后，**道德**（作为自由的产物）所服从的是这样一个合目的性形式的理念，它作为理性对于欲求能力的一个规定根据而取得了普遍法则的资格。以这种方式从内心的每一种基本能力所特有的那些先天原则中发源的判断，就是理论的判断、审美的判断和实践的判断。

这就揭示出了一个内心能力在其对自然和自由的关系中的系统，其中每一种内心能力都有自己特有的规定性的先天原则，并因此构成作为学理系统的哲学（理论哲学和实践哲学）的两个部分，同时借助于靠一个特有的原则把两部分联结起来的判断力构成一个过渡，即通过对某种能力（判断力）的批判而从前一种哲学的感官的基质向后一种哲学的理知的基质过渡，那种能力（判断力）只是用于联结，因而本身虽然不能获得任何知识，或不能以任何方式为学理作出贡献，但它们的

56　判断在审美[感性]判断的名下（其原则只是主观的）却由于和一切在逻辑判断名下的、其原理（不论是理论的原理还是实践的原理）必须是客观的那些判断区别开来，而具有这样一种特殊的性质，即它们把感官直观与自然的一个理念联系起来，自然的合规律性没有这理念与某种

超感官的基质的关系就不可能得到理解；在本书中将对这一点加以证明。

　　我们将把对这种能力的批判就前一类判断而言不称之为感性论①（仿佛是感官的学说），而称之为对审美的[感性的]判断力的批判，因为前一个术语具有太宽泛的含义，它也可以指直观的感官性，而直观是属于理论知识并为逻辑的（客观的）判断提供材料的，因此我们已经将感性论这一术语作为在认识判断中属于直观的谓词确定下来了。但一个判断力之所以称之为审美的[感性的]，是因为它不是把一个客体的表象联系于概念，因而不是把判断联系于认识（根本不是规定性的，而只是反思性的），这就不用担心有任何误解；因为对于逻辑的判断力而言必须把直观提交给概念，虽然这些直观是感官性的（感性的），但却必须预先提交，以便用于对客体的认识，而在审美的[感性的]判断力方面则不是这种情况。

Ⅻ. 判断力批判的划分

　　为了把某种性质的知识之范围表现为一个系统而对它进行划分，这种做法有其未被足够认识到的重要性，但也有其同样经常被低估的困难。如果我们把这些部分看做对于这样一个可能的整体已经是完备的，则这种划分就是机械地、仅仅按照一种比较来进行的，而这个整体就成了聚合体（大致就像一个城市在没有对警察的顾虑时每个声称在此定居的人都按照自己的意图划分出一块地盘来那样）。但如果我们能够和应当在规定这些部分之前按照某种原则预设有关一个整体的理念，那么这种划分就必须科学地进行，而且只有以这种方式，整体才成为一个系统。后面这种要求总是在谈到先天知识（这种知识及其原则

57

————————

　　① 康德此处用的是 Aesthetik 一词，在希腊文中原意是"感性学"。该词自鲍姆加通（Baumgarten）以来通常被理解为"关于美的科学"，日译作"美学"，中译从之。但康德明确表示不赞成这种理解，认为应将之归于认识论范畴。所以在康德这里该词宜译作"感性论"或感性学，而不译作"美学"。——译者

都基于主体的某种特殊的立法能力）的一个范围时提出来,因为在这里这些法则的运用范围是通过这种能力的特有的性状仿佛是先天地被规定的,但由此也仿佛先天规定了这些部分的数目和对一个整体的关系。但我们如果不同时造成这个整体本身,并把它在其一切部分中哪怕只是按照批判的规则预先完整地体现出来,就不能够作任何有根据的划分,而后来再把这一整体纳入到一种学理（就一般说来在认识能力的本性方面可以有学理而言）的系统形式中,所需要的则只不过是应用于特殊情况时的详尽性和与此结合的精确灵敏。

于是,为了对判断力（这种能力恰好是那种虽然以先天原则为根据但却永远不能为一个学理提供材料的能力）的批判进行划分,必须以这种区分作为基础,即并不是规定性的判断力,而是只有反思性的判断力,才具有自己特有的先天原则;前者只是在一种另外的能力（即知性）的法则之下图型化地运作,只有后者才是（按照自己的法则）技术性地运作,后面这种运作是以一条自然技术的原则、因而是以我们必须在自然中先天预设的合目的性概念为根据的,这种合目的性虽然按照反思性的判断力原则只被我们预设为主观的,确切说是预设为在这种能力本身上是必要的,但毕竟也带有一个可能的客观合目的性概念,即自然物作为自然目的的合规律性的概念。

58 　　一个仅从主观上来评判、因而不是建立在任何概念上,而且就其单纯主观地被评判而言也不可能建立在任何概念上的合目的性,就是与愉快和不愉快的情感的关系,而关于这种愉快和不愉快的判断就是审美的［感性的］（同时也是进行审美的［感性的］判断的唯一可能的方式）。但由于,如果这种情感仅仅伴随着对客体的感官表象、即对客体的感觉,这种感性［审美］判断就是经验性的,确切地说它要求一种特殊的接受性而不是特殊的判断,此外还由于,假如这种判断力被看做规定性的而必须以一个目的的概念为根据,因而这种目的性就必须被评判为客观上不是感性的［审美的］,而是逻辑的:那么,在这种作为一种特殊能力的感性的［审美的］判断力之下就必然只有反思性的判断力,是必须被看做将愉快的情感（它与主观合目的性的表象是一样的）并

不附加在客体的一个经验性表象中的感觉之上,也不附加在这客体的
概念之上,从而只是被看做附加在判断力借以从经验性的直观去追求
一般概念的那种反思及其形式(即判断力所特有的行为)之上、并按照
一条先天原则与判断力联结着的。所以反思判断力的感性论将研究这
一能力的批判的一个部分,正如这同一个能力的逻辑学以目的论的名
义构成这一批判的另外一个部分一样。但在这两者那里,自然本身都
被看做技术性的、即在其产物中是合目的性的,一方是从主观上看,是
指向主体的单纯表象方式的,但在另一方的情况下则被看做在与对象
本身的可能性的关系中是客观合目的性的。结果我们就会看到:现象
中形式的合目的性就是美,而对美的评判能力就是鉴赏。于是从这里
似乎就会得出,把判断力批判划分为审美的和目的论的,就必然会只把
鉴赏学说和(对于那些作为自然目的的世上事物之评判的)自然目的
学说纳入自身。

不过我们可以把一切合目的性,不论它是主观的还是客观的,都划 59
分为内在的合目的性和相对的合目的性,前者是建立在对象的表象自
身中,后者则只是建立在对这表象的偶然的运用中。据此,一个对象的
形式首先可以独立地、也就是在无概念的单纯直观中对反思性的判断
力而言已经被知觉为合目的性的,而这样一来主观合目的性就被赋予
了这些事物和自然本身,其次在这种知觉中所反思的客体本身对其形
式的规定不可能拥有丝毫合目的性,但尽管如此,它的表象可以通过应
用于一种先天地存在于主体中的合目的性去激发起对这表象的某种情
感(例如对主体内心能力的超感官使命的情感),而建立起一种甚至与
一条(虽然只是主观的)先天原则相关联的审美[感性]判断,但并不是
如同前一种判断那样建立在就主体而言的自然合目的性上,而是建立
在凭借单纯反思性的判断力对某些感官直观按其形式所作的某种可能
的合目的性运用上。所以如果说,前一种判断赋予自然对象以美,后一
种判断则赋予它以崇高,其实这两者都是通过审美的(反思性的)判
断、没有对象概念而仅仅考虑到主观合目的性才赋予的,那么对后一种
审美判断来说却毕竟不会以自然的任何特殊的技术为前提,因为在这

里关键只在于对这表象的一个偶然的运用,不是为了客体的知识,而是为了一种另外的情感,亦即为了对内心能力的禀赋中内在合目的性的情感。然而在自然中关于崇高的判断并不会从反思性的判断力之感性论的划分中被排除出去,因为它也表达了一种并非建立在一个客体概念上的主观合目的性。

对于自然的客观合目的性、即作为自然目的之物的可能性,有关它们的判断只是按照对这些事物的概念、也就是并非审美地(即关系到愉快或不愉快的情感地)、而仅仅是逻辑地作出并叫做目的论的判断的,情况亦复如此。客观合目的性要么是客体的内在可能性的根据,要么是客体的外部后果的相对可能性的根据。在前一种情况下目的论判断考察的是某事物按照包含在它自身中的一个目的来看(由于在它里面杂多处于交替地互为目的和手段的关系中)的完善性,在后一种情况下对一个自然客体的目的论判断只是指向这客体的有用性,即指向它与一个存在于别的事物中的目的的协调一致。

与此相应地,审美判断力批判首先包含有鉴赏力(对美的事物的评判能力)的批判,其次包含有对精神情感的批判,因为我暂且这样来称呼那种在对象上表象一种崇高的能力。——由于目的论的判断力把自己的合目的性表象不是借助于情感,而是通过概念而联系到对象上去,所以就不需要为了区别在这表象中所包含的不论是内在的还是相对的能力(但在这两种情况下都是客观合目的性的能力)作任何特殊的命名,因为它们都把自己的反思通盘和理性(而不是情感)联系起来。

还必须注意的是:我们在这里把合目的性作为判断力的一个调节性概念来探究而不是作为艺术美或某种艺术完善性的原则来寻求,这是着眼于自然的技术而不是我们称之为人的表象能力之原因性技术的艺术(在这个词的严格意义上),尽管当我们把自然当作技术性的(或造型性的)来看时,我们可以由于自然的原因性被表象出来所不能不依据的、与艺术的原因性的某种类比,而在其处理方式中称之为技术性的、即仿佛是人工的。因为这里所涉及的只是反思性判断力的原则而非规定性判断力的原则(后一种判断力为一切人类艺术作品奠定了基础),所以在前一种判断力那里合目的性应当被看做是无意的,因而只可能归之于自然。因此对艺术美的评判就必须被看做只是从那些为有关自然美的判断奠定基础的同样的原则中所引出的结果。　　61

所以对于自然的反思判断力所作的批判是由两个部分构成的,这就是对自然物的审美评判能力的批判和对自然物的目的论评判能力的批判。

前一部分将包含有两卷,其中第一卷是对鉴赏力的批判或对美的评判的批判,第二卷是对(在有关一个对象的单纯反思中的)精神情感的批判或对崇高的评判的批判。

后一部分同样包含有两卷,其中第一卷将把自然目的之物就其内在可能性方面的评判纳入到原则之下,另一卷则将把对它们的相对合目的性所作的判断纳入到原则之下。

上述的每一卷都将包含有两章,即对评判能力的一个分析论和一个辩证论。

分析论将试图在这么几个主要部分中来完成,首先是对自然合目的性概念的阐明,然后是对它的演绎①。

---

① 这里康德所提到的"部分"(Teil)、"卷"(Buch)、"章"(Abschnitt)和"主要部分"(Hauptstueck)等等及计划中的划分方式,与后来发表的《判断力批判》的实际划分并不完全相符。——译者

汉德词汇索引

表中页码为德文原版页码,见本书边码。

Y

314,318,320—322,325,326,341,
345,354,357

有理智的 **verständig** 247,253,256,
263—266,291,294,304,307,308,
310,314,315,317—320,328,344,
351,353—356

有利的/有用性 **nützlich/Nützliche/**
Nützlichkeit 43,44,46,66,67

有效性 **Gültigkeit** 26—28,49,51,52,
54—56,71,81,128—130,135,139,
141,196—200,256,266,322,325,
335,345,347

有兴趣/有趣 **interessant** 41,119,124

诱因 **Anlaß** 57,129,169,360

愚 蠢 **Torheit/töricht** 42,45,50,
109,230

愉快 **Lust** 1,2,4,13,14,23—31,35,
36,39,40,42,46,49,52,53,55—
58,60—62,78,87,88,102,103,
105,113,115,125,129,130,135,
138—143,146,148,149,152,158,
159,182,191,198,204,213,244,
303,313

愉悦 **Wohlgefallen** 35,40—44,46—
48,50,51,53,54,56—60,62,64—
66,70—72,77,78,81—84,87,88,
90,93,96,98,102,106,108,115,
116,118—120,123,124,126—128,
130,131,135,138—140,142,143,
148,149,152,153,166,181,182,
186,188—191,198,206,207,210,

213—215,228,244,332

宇宙 **Universum** 341

宇宙论的 **kosmologisch** 351

预成 **Präformation** 290,291

预定论 **Prästabilismus** 290

预感 **Ahnung** 254

预演 **Vorspiel** 168

欲求 **Begehrung** 1,2,4,7,13—15,
18,24,28,35,36,40,46,47,59,91,
113,119,156,204,211,213,313,345

欲望 **Begierde** 43,125,132,301

原理 **Grundsatz** 6,19,31,32,42,50,
108,119—121,123,124,135,143,
145,150,162,164,197,199,240,
250—253,262,267,278,280,298,
310,311,316,320,346

原始存在者 **Urwesen** 257,307,309—
311,314,315

原始根据 **Urgrund** 268,269,283,308

原始型 **Archetypon** 178

原因 **Ursache** 7,13,14,18—20,33,
34,58—60,109,110,116,124,128,
134,153,155,165,188,190,192,
201,206,208,223,228—233,235—
237,239,240,246—248,253—255,
257—260,262,264,265,269,271,
273—278, 280—284, 288—291,
293,294,296,304—312,314—320,
322,323,325,326—331,334,335,
337,338,344,345,348,349,351—
357,359,360

Z

德汉人名索引

表中页码为德文原版页码,见本书边码。

合 集 后 记

　　摆在读者面前的《康德三大批判合集》是康德三大批判三个单行本(《纯粹理性批判》、《实践理性批判》、《判断力批判》)的改版,它与三个单行本同时在市场发行,"合集"相对于三个单行本并无实质性的改变。康德三大批判这一百万余字的系统翻译工程是我与邓晓芒教授历时七年通力合作完成的。

　　康德三大批判新译此次改版或再版,不禁使我浮想联翩……我与邓晓芒教授相识至今已有三十年了。邓晓芒是我与陈修斋先生合招的第二届硕士研究生,他的硕士论文《论康德人类学的核心——〈判断力批判〉》(1982年4月)是在我直接指导下完成的。毕业留校数年后,他回到西方哲学教研室。起初他在陈修斋先生的"唯理论与经验论课题组",但是他的研究兴趣主要在德国古典哲学,后来就一直与我在一起从事教学与研究。他天赋甚高,哲学悟性好。对于惜才如命的我,由衷的愿望是想通过教学与研究的共同实践为德国古典哲学培养出一个优秀人才来,何况我一直践行甘当人梯的处事原则。他协助完成了我在而立之年、初到珞珈山时写的四十万字的教材的整理,最终成果为《德国古典哲学逻辑进程》。我则为邓晓芒的著作《思辨的张力》作了序,并竭力将他和他的著作推到学术前台。他在该书后记中这样写道:"在写作期间,我几乎每星期都要和负责本课题的杨祖陶先生交换看法,讨论写作进展,深化观点,获得了许多极为宝贵的意见和启发。本书初稿完成后,杨先生又不辞辛劳,带病将本书稿从头至尾仔细阅读了三遍,除提出大量的整体修改意见外,还就其中某些章节、段落、用语及某些观点与作者反复切磋,并对照德文原版对许多引文的译法仔细推敲。可以说,本书能有目前这个样子,完全是杨先生与我共同努力的结果。当此书定稿之际,老一辈学者的深厚学识和长者风范,对后进者的一片拳拳之意,对学术事业的真诚与厚望,都历历如在眼前,此时作者的心情,是无法用'感谢'二字来形容的。"

　　我与邓晓芒教授合作撰写的《康德〈纯粹理性批判〉指要》一书是这样开始的:他不止一次主动提出协助我将"毕生用力最多,研究最深的康德《纯粹理性批判》的讲稿整理出版",我一直未置可否。在他的"一再鼓动下",我几经考虑,才同意了。"但这次给我规定的任务不是一般的整理讲课稿。而是合作撰写一部研究专著"(见《指要》后记)。

　　说起我开设研究型《纯粹理性批判》选修课的情景,令我难以忘记的是,当时还是讲师的黄见德教授对我的热情的支持与切实的帮助。他渴望我能将《纯粹理性批判》的讲授内容整理出版,他花了很多时间与精力,根据我的讲授提纲、他自己几次听课的笔记和当时的硕士生冯俊教授的笔记,整理出了一个约二十余万字的、体现我集中讲授康德这部名著的主体部分的初稿。虽然就其已经讲到的部分而言,已达到相当的深度与新度,而且我当时对后来采用的书名都想好了。但我并没有想就此出版。这个初稿对于我后来与邓晓芒教授合作完成的《康德〈纯粹理性批判〉指要》来说,是一个重要的环节,其全部内容都发挥了应有的作用,纳入到了《指要》之中。我还记得1945年我在西南联大第一次买到郑昕先生的《康德学述》时的欣喜,以及听郑先生讲康德时起初那种如在云雾中的感觉。于是,一种新的想法突然呈现出来:如果说我国的读者和学术界当前在这方面还有什么新的、迫切的需要的话,那就应该是一本逐章逐节解读《纯粹理性批判》的书。这样的书也许有几分类似于郑昕先生寄希望于后学为康德这部巨著所作的"长编"吧。为了坚持我提出来的《指要》的撰写方针——既要指要,又要解惑,最后达到读懂《纯粹理性批判》全书的目的,我进行了十分艰苦的工作,主要针对我此前未讲到的部分。我对《指要》全部书稿做了两遍逐字逐句的修改,最终由我定稿,署名为"杨祖陶、邓晓芒"。对于这次合作,邓晓芒教授在《指要》后记中写道:"我感到杨先生的思想中,的确有些很硬的东西,是先生数十年用全部生命和心血凝聚而成的,它像一个范型,使我的无拘无束的思辨受到规范和'训练'。"

我向来行事十分低调,只是想干点实事。我遵循的是优势互补、取长补短,尽我所能、合作双赢的共事原则。这集中体现在我与邓晓芒教授合作的康德三大批判新译中。

1998年11月,学校决定在全国率先推行博士生导师退休制度,我与江天骥、萧萐父、刘纲纪教授同时首批退休。退休对我来说不会改变什么。但是,具体做什么,却是由一些偶然因素引发的。在我还没有安排退休之事时,人民出版社张伟珍同志1997年1月20日给我本人的一封手写约稿书信,似乎对我退休后的学术工作做了"小长征"式的安排。这个小长征分两步走:

第一步是我应约承担的"西方学术文化读本"之"康德读本",我自然地找到邓晓芒教授一起做。我们的工作流程是:邓晓芒在电脑上初译2万—3万字样稿——杨祖陶手工逐一校核、改正——邓晓芒再在电脑上订正;下一部分初译稿又来了,经过20来个回合,如此周而复始地完成了编译四十余万字的工作。后来读本更名为《康德三大批判精粹》,我又精心撰写了近三万字的导言与导语,署名为"杨祖陶、邓晓芒编译",2001年由人民出版社出版了。

第二步是将康德三大批判的选集——四十余万字的《精粹》扩大到人们所熟知的一百余万字的三大批判全集——《纯粹理性批判》、《实践理性批判》、《判断力批判》三个单行本。《精粹》所选的四十多万字的译文原封不动地纳入了上述的三个单行本。我们的合作仍然是一环扣一环的流水作业的三部曲的方式。这种工作方式,对像这样庞大的翻译经典名著的工程,既能保证工作进度,又能保证翻译质量。三大批判的选集(精粹)与三大批判全集(三个单行本或合集)的署名方式不同,后者是"邓晓芒译、杨祖陶校",这完全是我作出的安排。

这一"小长征"的两步走,一走就是七年! 我们完成了一百余万字的三大批判新译工程。它的每一个词、每一个句子都是经过我精心思索、审视与修正的。邓晓芒教授在《判断力批判》中译者序中写到"校改得密密麻麻,几乎要把原文都湮没不见了",从一个侧面反映了我们合作翻译的真实。我所抱持的就是四个负责——对康德、对学术、对读

者、对我们翻译者负责,其实是对历史负责。邓晓芒教授曾经感叹:
"这一套书是杨老师一句一句校出来的,要管几十年。"

　　我为合作翻译的"三大批判"持续良好的社会影响、为其有利于学
人研读康德哲学和推动学术界对康德哲学的研究深感欣慰,心中无比
踏实。康德三大批判新译在经受学界的反复考量后,第一个五年合同
期已经结束。伴随着"三大批判"翻译进入耄耋之年的我,心中没有任
何奢望,只求一种心绪的宁静。

杨 祖 陶

2009 年 12 月 31 日